KB039361

| 제3판 |

형법
총론

성낙현

박영사

머리말

본서의 제2판을 출간한 이후 9년이 흐르는 동안 여러 차례 법령의 개정이 있었고 많은 새로운 판례들이 나왔다. 이를 반영하지 않은 제2판은 매우 낡은 책이 되어 버렸다. 여기에 저자가 그간 발표한 논문과, 법리적으로 새로이 고찰했거나 견해가 수정된 부분을 추가적으로 반영하여 개정판을 내게 되었다.

주지하는 바와 같이 법학전문대학원으로 법조인 양성과 선발의 체제가 변화됨에 따라 이에 발맞추어 국내 교과서는 대체로 전체 분량을 줄여 가는 경향을 보이고 있다. 저자도 이 부분에 고심을 하지 않은 것은 아니지만, 획일화보다는 다양화에 가치가 있다고 판단하여 오히려 전판에서 다루지 않은 내용의 일부를 추가하였다. 다만 초판을 집필할 때부터 형법을 처음 접하는 독자라도 쉽게 이해할 수 있도록 평이하게 풀어서 서술하겠다는 의도가 있었으나, 그렇게 하자면 책의 분량이 과도하게 비대해질 수밖에 없다. 이를 피하고자 때로는 함축적으로 기술하다 보니 아직도 이해하기 어려울 수 있는 부분이 있음을 시인한다. 초판 때와 마찬가지로 독자의 혜안으로 저자의 의중을 헤아리길 바라 마지않는다.

이번 개정판에서는 국내의 형법총론 교과서에 대해서는 가능한 한 최신판을 참조하였으나 국내 형법각론 교과서와 독일문헌에 대해서는 갱신하지 못했음에 아쉬운 마음으로 양해를 구하고자 한다. 독일 Regensburg 대학에 1년간 머물면서 본서 초판을 집필할 때에는 필요한 독일자료를 어려움 없이 마음껏 접할 수 있었으나, 현재 국내에서는 그러하지 못한 현실에 근거한다.

법학전문대학원에서의 강의는 예전의 법학부 시절의 경우와는 달라질 수밖에 없다. 당장의 변호사시험을 대비해야 하는 현실을 도외시할 수 없기 때문이다. 그렇다고 하더라도 로스쿨 도입 당시 내걸었던 거창한 교육이념에 조금이라도 부응하려면, 판례나 법조문 인지 위주의 교육보다는 형법의 철학적 기본법리에 대한 이해를 바탕으로 이를 실제사안에 응용하여 해결하는 능력을 배양하는 교육이 되어야 한다. 본서를 통해 이러한 저자의 의도가 조금이라도 읽혀진다면 다행이라 생각한다. 형법학의 학문으로서의 성격이 변호사시험의 시험과목이라는 현실의 좌표에 매몰되지 않기를 바라는 마음이다.

    본 개정판의 출간을 허락해 주신 박영사 안종만 회장님께 감사드리며, 기획과 행정에서 많은 도움을 주신 장규식 과장님, 편집과 교정작업을 맡아 수고를 아끼지 않으신 편집부 윤혜경 선생님께도 깊은 감사의 마음을 전한다.

2020년 2월
영남대학교 법학전문대학원
성 낙 현

머리말

2008년 여름부터 2009년 여름까지 1년간의 안식년 기간에 독일 Regensburg 대학에 머물면서 이 책을 집필하는 데 전념할 수 있었던 것은 퍽 다행스러운 일이다. 2000년의 역사가 나른하게 꿈을 꾸듯 조용한 마을에서의 이 기간은 필자의 형법관을 한걸음 물러서서 객관적으로 재정리할 수 있는 기회이기도 했다.

지난 수십 년간 우리 형법학계에는 눈부신 발전과 성장이 이루어졌고 이에 따라 이미 훌륭한 형법총론 교과서가 다수 존재하는 마당에 또 하나의 유사한 교과서를 내놓는다는 것이 학계에 괜한 부담만 가중시키는 시키는 꼴이 되지 않을까 하는 두려움이 있음은 사실이다. 따라서 애초에 핵심적 부분에 대한 함축적·체계적 서술을 통해 적어도 체계와 분량에서나마 기존의 교과서들과는 차별화된 책을 쓰겠다고 구상했으나 독자의 입장에서 가능한 한 이해를 돕기 위해 쉽게 풀어 쓰다 보니 형식이나 분량에서 다른 책들과 닮은꼴이 되어버렸다. 하지만 각 저자마다의 고유한 형법관은 반드시 존재하며 이 책에도 필자만의 독자적 요소가 분명히 있을 것이라는 점에 위안을 삼는다.

이 책을 집필하면서 우리 형법의 독일형법에 대한 종속성의 정도를 재확인하게 되었다. 우리 민족의 역사와 함께 발전되어 오던 우리의 법문화는 외세의 영향으로 단절되고 오늘날 독일형법을 모태로 한 형법체계를 갖고 있는 것이 현실이다. 하지만 독일 역시 로마법과 이탈리아 형법을 계수하여 오늘날의 독일적 형법체계를 이룩한 것이다. 우리의 법현실이 그렇다 하더라도 오랜 세월 동안 민중의 삶 속에 용해되어 객관적 법을 구체화한 기존의 법의식이나 사상마저 소멸되어 버리는 것은 아니고 그 존재는 사회저변이나 민중의 의식 속에 유기적으로 살아 움직이며 새로운 시대의 새로운 법체계에도 영향을 미친다는 사실을 부인할 수 없다. 결국 전통적 법의식과 법체계의 변천에 대한 고찰을 통해서 앞으로의 실정법체계에 우리의 전통적 법의식을 반영하고 계승하는 방법과 방향을 찾아 나가야 할 것이다(본문 중).

이 책을 쓰면서 특히 주의를 기울인 몇 가지 부분을 든다면 다음과 같다. 우선 앞에서 지적한 우리 형법의 특수성의 이유에서 필자의 독일어 실력이 보잘 것 없지만 가능한 한 독일 문헌을 충실히 이해하고 이를 바탕으로 각 세부적 영역을 접근하고자 노력했다. 우리 형법이 독일법과 많은 공통점이 있다고는 하나 실정법이 완전히 일치하는 것은 아니며, 이러한 실정법상의 괴리가 있는 부분에 있어서는 독일형법이론에 대한 기본적 이해가 소홀하면 자칫 오해와 혼란을 초래할 수 있기 때문이다. 둘째로, 교과서의 내용범위는 공식적 국가시험의 범위에 깊은 상관관계가 있는 만큼 교과서에서 다루어야 할 부분과 그렇지 않은 부분을 구분하는 데 염두를 두었다. 그리고 전체적 지면이 늘어나는 것을 피하기 위해 첨예하고 심각한 이론다툼에서 비교적 자유로운 형벌론은 최소한도의 분량으로 축소했다. 마지막으로 판례의 소개부분이다. 요즘 판례의 태도에 근거하여 정답을 구하는 출제형식이 자주 사용되는 만큼 법학교육에서 판례의 비중이 매우 높아졌다. 처음에는 특히 학습효과가 높은 판례만을 엄선하여 제한적으로 소개하겠다는 생각이 있었으나 판례의 중요성은 결코 무시할 수 없으므로 적어도 참조의 필요성이 있는 판례를 빠뜨리지 않고 제시하려고 애를 썼다.

이 자리를 빌려 Regensburg 대학의 Pawlik 교수께 다시 한번 진심으로 감사를 드린다. 필자를 연구교수로 흔쾌히 초청해 주셨을 뿐 아니라 연구에 필요한 공간과 자료의 제공 등 조금도 불편함이 없도록 세심하게 배려해 주셨다. 또한 마무리 교정과 함께 값진 학문적 대화에 응해 준 박사과정을 수료한 제자 최정일에게도 감사의 뜻을 전한다.

2010년 초봄 압량벌 연구실에서
성 낙 현

제3판

차 례

제1편 형법의 일반기초이론

제1장 형법과 범죄 • 3

제1절 형법의 개념 · 과제 · 본질 ···3
  I. 형법의 의미와 개념 ··· 3
  II. 형법의 과제 ·· 4
    1. 형법의 임무 _ 5
    2. 보충성의 원칙에 의한 형법적용의 제한 _ 9
  III. 형법의 본질 ·· 10
    1. 형법의 체계적 지위 _ 10
    2. 행위형법과 책임형법 _ 13

제2절 형법의 구성 ·· 15
  I. 형법(실체법) ··· 16
  II. 형사소송법(절차법) ·· 17
  III. 형집행법 ·· 17

제3절 형법의 발달 ·· 18
  I. 형법발달의 시대적 구분 ··· 18
  II. 복수형시대 ··· 18
  III. 중세의 형법 ··· 20

IV. 근대 계몽기와 그 이후의 형법 ·· 21

V. 우리나라 형법의 발전 ·· 22

제4절 ┃ 범죄의 의미 ··· 23

I. 절대적 · 상대적 범죄개념 ··· 23

　1. 절대적 범죄개념 _ 23

　2. 상대적 범죄개념 _ 23

II. 형식적 · 실질적 범죄개념 ·· 24

제5절 ┃ 형법의 기능 ··· 25

I. 규제적(규율적) 기능 ··· 25

II. 보호적 기능 ··· 25

III. 보장적 기능 ··· 26

제2장　형벌과 보안처분 • 27

제6절 ┃ 형벌 ··· 27

I. 형벌의 의미 ··· 27

II. 형벌의 한계 ··· 28

III. 형벌이론 ·· 28

　1. 응보형주의(절대설) _ 29

　2. 목적형주의(상대설) _ 30

　3. 합일설 _ 31

　4. 각 이론에 대한 비판 _ 32

　5. 결론 _ 33

제7절 ┃ 보안처분 ··· 35

I. 의의 ·· 35

II. 보안처분의 요건 및 비례성의 원칙 ·································· 36

III. 보안처분의 집행방법 ·· 37

　1. 일원주의 _ 37

　2. 이원주의 _ 37

　3. 대체주의 _ 37

제3장 **형법규범학** • 39

제8절 ┃ 형법의 적용범위 ··· 39

  I. 형법의 시간적 적용범위 ·· 39

    1. 소급적용의 금지 _ 40

    2. 소급효금지의 예외 _ 42

    3. 한시법 _ 44

  II. 장소적 적용범위 ·· 46

    1. 의의 _ 46

    2. 우리 형법의 입장 _ 49

  III. 인적 적용범위 ··· 50

    1. 국내법상의 인적 적용범위의 예외 _ 50

    2. 국제법상의 예외 _ 50

제9절 ┃ 죄형법정주의 ··· 51

  I. 서론 ··· 51

    1. 의의 _ 51

    2. 연혁 _ 52

    3. 죄형법정주의의 적용범위 _ 52

  II. 죄형법정주의의 4가지 원칙 ··· 53

    1. 명확성의 원칙 _ 54

    2. 유추적용금지의 원칙 _ 61

    3. 소급효금지의 원칙 _ 68

    4. 법률주의(관습법금지의 원칙) _ 73

    5. 적정성의 원칙 _ 75

제2편 범죄론

제1장 **범죄론 일반 및 행위론** • 79

제10절 ┃ 범죄체계론의 발전과정 ·· 79

I. 서론 ··· 79

II. 중세 자연법 시대의 범죄체계론 ········· 80

III. 고전적 범죄개념 ······························· 80

    1. 시대적 배경 _ 80

    2. 고전적 범죄체계론의 내용 _ 81

IV. 신고전적 범죄개념 ···························· 82

    1. 행위 _ 83

    2. 구성요건 _ 84

    3. 위법성 _ 84

    4. 책임 _ 85

V. 목적적 범죄개념 ································· 85

VI. 신고전적 · 목적적 범죄체계의 합일체계 ············ 87

제11절 ┃ 범죄의 유형 ····································· 87

I. 결과범과 거동범 ································· 87

    1. 결과범 _ 87

    2. 거동범(형식범) _ 89

II. 침해범과 위험범 ································· 89

    1. 침해범 _ 89

    2. 위험범 _ 90

III. 상태범과 계속범 ······························· 91

    1. 상태범 _ 91

    2. 계속범 _ 91

IV. 작위범과 부작위범 ···························· 91

V. 일반범, 신분범, 자수범 ···················· 92

    1. 일반범 _ 92

    2. 신분범 _ 92

    3. 자수범(自手犯) _ 93

VI. 단일범과 결합범 ······························· 93

VII. 단일행위범과 다행위범 ···················· 94

제12절 ┃ 행위론 ··· 94

I. 행위개념의 의의 ·· 94

II. 행위론의 기능 ·· 96

    1. 한계기능 _ 96

    2. 분류기능 _ 96

    3. 결합기능 _ 96

III. 행위론의 종류 ··· 97

    1. 자연적 · 인과적 행위론 _ 97

    2. 목적적 행위론 _ 98

    3. 사회적 행위론 _ 101

    4. 인격적 행위론 _ 104

    5. 소극적 행위개념 _ 106

    6. Baumann/Weber의 행위개념 _ 107

IV. 행위론의 결과 ··· 108

V. 행위존재 유무의 평가단계 ·· 109

VI. 법인의 행위능력 ·· 109

    1. 서론 _ 109

    2. 연혁과 입법례 _ 110

    3. 법인의 행위능력에 대한 학설의 대립 _ 111

    4. 양벌규정에 대한 이론적 근거 _ 113

제2장 구성요건론 • 119

제13절 ┃ 구성요건이론 ··· 119

I. 총설 ··· 119

    1. 구성요건의 의의 _ 119

    2. 구성요건 개념의 종류 _ 120

    3. 구성요건과 구성요건해당성 _ 121

II. 구성요건의 발전 ·· 122

    1. 용어의 유래 _ 122

    2. 고전적 범죄체계에서의 구성요건 _ 122

    3. 주관적 구성요건표지의 발견 _ 123

    4. 규범적 구성요건표지의 발견 _ 124

III. 구성요건과 위법성의 관계 ·· 124

1. 인식근거설 _ 124

2. 규칙-예외의 관계 _ 125

3. 구성요건과 정당화규범의 상호 보완관계 _ 126

IV. 구성요건의 기능 ··· 126

1. 선별기능 _ 126

2. 보장적 기능 _ 127

3. 기초기능 _ 128

4. 위법성의 징표기능 _ 129

5. 경고기능(환기기능) _ 129

V. 소극적 구성요건표지이론 ··· 130

1. 이론의 내용 _ 130

2. 장점과 비판 _ 130

VI. 개방적, 봉쇄적(폐쇄적) 구성요건 ······························ 133

1. 개방적 구성요건 _ 133

2. 봉쇄적 구성요건 _ 133

VII. 불법구성요건의 개별적 요소 ····································· 134

1. 기술적, 규범적 구성요건 _ 134

2. 객관적 구성요건요소, 주관적 구성요건요소 _ 135

VIII. 구성요건의 구조 ·· 136

1. 기본구성요건 _ 136

2. 변형구성요건 _ 136

3. 독자적 변형구성요건 _ 137

제14절 ▌행위반가치와 결과반가치 ·································· 137

I. 고전적 불법론 ··· 138

1. 이론의 내용 _ 138

2. 비판 _ 138

II. 인적 불법론 ··· 139

1. 일원적 · 주관적 인적 불법론 _ 139

2. 결과 · 행위불법 이원론 _ 140

제15절 ┃ 인과관계와 객관적 귀속이론 ·· 141

  I. 의의 ··· 141

    1. 거동범과 결과범에서의 인과관계의 의미 _ 141

    2. 인과개념의 역할 _ 142

  II. 인과관계의 종류 ·· 142

    1. 기본인과관계 _ 142

    2. 이중(택일)인과관계 _ 143

    3. 누적(중첩)인과관계 _ 143

    4. 가설(假說)인과관계 _ 143

    5. 비유형적 인과관계 _ 144

  III. 인과관계의 이론 ·· 145

    1. 조건설 _ 146

    2. 합법칙적 조건설 _ 153

    3. 상당인과관계설 _ 156

    4. 중요설 _ 158

    5. 원인설 _ 160

    6. 목적설 _ 160

  IV. 객관적 귀속이론 ·· 160

    1. 서론 _ 160

    2. 본질과 내용 _ 161

    3. 귀속가능성의 기준(일반적 귀속론) _ 161

    4. 객관적 귀속의 척도 _ 163

    5. 비판 및 평가 _ 169

    6. 형법 제17조의 해서 _ 170

제16절 ┃ 주관적 구성요건 ·· 170

  I. 서론 ··· 170

  II. 고의 ··· 171

    1. 의의 _ 171

    2. 고의의 체계적 지위 _ 172

    3. 고의의 구성요소 _ 173

    4. 고의의 본질에 대한 일반론 _ 174

5. 고의의 종류 _ 176

6. 미필적 고의와 인식 있는 과실의 구별 _ 178

7. 그 밖의 고의의 종류 _ 191

8. 고의의 인식대상 _ 193

제17절 | 구성요건착오 ·· 197

   I. 착오의 의미 ·· 197

   II. 사실의 착오와 법률의 착오의 구분 ························· 198

1. 사실의 착오와 법률의 착오의 수평적 구분 _ 198

2. 사실의 착오(구성요건착오)와 법률의 착오(금지착오)의 수직적 구분 _ 199

   III. 구성요건착오의 종류 ·· 200

1. 객체의 착오 _ 200

2. 방법의 착오 _ 201

3. 인과과정의 착오 _ 207

제3장 **위법성론** • 215

제18절 | 위법성의 본질과 기본개념 ································ 215

   I. 위법성의 의의 ·· 215

   II. 구성요건과 위법성의 관계 ····································· 216

   III. 위법성과 불법 및 책임과의 관계 ·························· 217

1. 위법성과 불법 _ 217

2. 위법성과 책임 _ 218

   IV. 위법성의 본질 ·· 218

1. 형식적 · 실질적 위법성론 _ 218

2. 객관적 위법성론과 주관적 위법성론 _ 219

   V. 위법성조각사유의 효과 ··· 220

제19절 | 위법성조각사유의 체계 ································· 221

   I. 일원설 ·· 222

1. 목적설 _ 223

2. 이익교량(較量)설 _ 223

   II. 이원설 ··· 223

III. 삼분설 ·· 224

  1. 피해자 책임의 원칙 _ 224

  2. 피해자에 의한 이익한정의 원칙 _ 225

  3. 연대성의 원칙 _ 225

제20절 ┃ 주관적 정당화요소 ··· 225

I. 주관적 정당화요소의 필요성 여부 ···························· 226

  1. 주관적 정당화요소 불필요설(객관설) _ 227

  2. 필요설 _ 228

  3. 결론 _ 229

II. 주관적 정당화요소의 내용 ····································· 230

  1. 의사적 요소 필요설 _ 230

  2. 인식적 요소 충분설 _ 230

  3. 의무합치적 검토의 요구 _ 232

III. 주관적 정당화요소가 결여된 경우의 법적 효과 ············· 233

  1. 위법성조각설 _ 233

  2. 기수범설 _ 234

  3. 불능미수범설 _ 234

  4. 평가 및 결론 _ 235

제21절 ┃ 허용구성요건착오(위법성조각사유의 객관적 전제사실에 대
한 착오) ·· 236

I. 의의 ·· 236

II. 허용구성요건착오의 법적 취급에 관한 학설 ·················· 238

  1. 고의설 _ 238

  2. 소극적 구성요건표지이론 _ 239

  3. 책임설 _ 240

  4. 결론 _ 245

제22절 ┃ 정당방위 ··· 247

I. 정당방위의 의의 ··· 247

II. 정당화의 법적 근거 ··· 248

  1. 자기보호의 원리 _ 248

2. 법확증의 원리 _ 248

III. 정당방위 성립요건 ·· 249

1. 정당방위상황 _ 249

2. 방위행위 _ 257

3. 상당성 _ 257

IV. 정당방위의 제한 ··· 262

1. 책임 없는 자의 공격 _ 262

2. 도발된 정당방위상황 _ 263

3. 과실에 의한 도발 _ 265

4. 보증인 관계에 있는 사람들 간의 정당방위 _ 266

V. 정당방위의 효과 ··· 266

1. 법리적 효과 _ 266

2. 판례의 태도 _ 266

VI. 과잉방위 ·· 267

1. 과잉방위의 종류 _ 267

2. 법적 취급과 근거 _ 268

VII. 착오관련문제 ·· 270

VIII. 오상과잉방위 ··· 270

제23절 ┃ 긴급피난 ·· 271

I. 개념 및 이론사 ··· 271

1. 개념 _ 271

2. 긴급피난의 불가벌사유에 관한 이론사 _ 271

II. 긴급피난의 불가벌사유 ··· 272

1. 일원설 _ 272

2. 이원설 _ 274

III. 긴급피난의 구조와 정당화 원리 ··· 275

1. 긴급피난의 구조 _ 275

2. 정당화 원리 _ 276

IV. 긴급피난의 성립요건 ··· 276

1. 긴급피난 상황 _ 276

　　2. 피난행위 _ 280

　　3. 상당성 : 상당한 이유 _ 281

　　4. 주관적 정당화요소와 주의 깊은 검토의 의무 _ 286

　Ⅴ. 긴급피난의 효과 ··· 287

　Ⅵ. 과잉과 착오의 문제 ··· 288

　　1. 과잉피난 _ 288

　　2. 착오의 문제 _ 288

　Ⅶ. 의무의 충돌 ·· 288

　　1. 의의 _ 288

　　2. 의무의 충돌의 종류 _ 289

　　3. 법적 성질 _ 290

　　4. 의무의 충돌의 요건 _ 291

제24절 ▌자구행위 ··· **293**

　Ⅰ. 개념 ··· 293

　Ⅱ. 법적 성질 ··· 294

　Ⅲ. 자구행위의 특징 ·· 295

　Ⅳ. 자구행위의 성립요건 ··· 295

　　1. 자구행위 상황 _ 295

　　2. 자구행위 _ 298

　　3. 상당성(상당한 이유 있는 행위) _ 298

　Ⅴ. 효과 ··· 299

　Ⅵ. 과잉자구행위 ·· 299

　Ⅶ. 착오의 문제 ·· 300

제25절 ▌피해사의 승낙 ··· **300**

　Ⅰ. 의의 ··· 300

　Ⅱ. 양해와 승낙의 구분 ··· 301

　　1. 이론의 대립 _ 301

　　2. 결론 _ 302

　　3. 양해와 승낙의 내용적 차이 _ 303

　Ⅲ. 위법성조각의 근거 ·· 304

1. 법률행위설 _ 304

2. 이익포기설 _ 304

3. 법률정책설 _ 305

4. 기타의 견해 _ 305

IV. 피해자의 승낙의 요건 ·· 306

1. 승낙의 객체와 주체 _ 306

2. 승낙 _ 307

3. 주관적 정당화요소 _ 309

V. 피해자의 승낙의 제한 ··· 310

1. 이 효력을 부정하는 특별한 규정이 있을 경우 _ 310

2. 사회상규에 위배되는 경우 _ 310

제26절 ▌추정적 승낙 ··· 311

I. 개념 및 의의 ·· 311

II. 법적 성질 ·· 312

1. 긴급피난설 _ 312

2. 사무관리설 _ 313

3. 독자적 위법성조각사유설 _ 313

4. 피해자 승낙설 _ 313

III. 추정적 승낙의 종류 ·· 314

1. 피해자의 이익을 위한 경우 _ 314

2. 행위자 자신이나 제3자를 위한 경우 _ 314

IV. 추정적 승낙의 성립요건 ·· 315

1. 피해자의 승낙의 요건 _ 315

2. 승낙의 불가능 _ 316

3. 피해자의 가상적 의사에 합치되는 행위 _ 316

4. 주관적 정당화요소 _ 317

V. 효과 ··· 317

제27절 ▌정당행위 ··· 317

I. 의의 ·· 317

II. 정당행위의 입법구조 및 법적 성격 ·· 318

　　　1. 정당행위의 입법구조 _ 318

　　　2. 정당행위의 법적 성질 _ 319

　　III. 정당행위의 개별적 내용 ·· 319

　　　1. 법령에 의한 행위 _ 319

　　　2. 업무로 인한 행위 _ 329

　　　3. 기타 사회상규에 위배되지 않는 행위 _ 334

제4장 **책임론** • 340

제28절 ▌**범죄체계에서의 책임의 특성과 기본개념** ····················· 340

　I. 불법과 책임의 과제 ·· 340

　II. 책임원칙 ··· 341

　　　1. 의의 _ 341

　　　2. 책임원칙의 내용 _ 341

　III. 법적 책임 ·· 342

　　　1. 윤리적 책임과의 구별 _ 342

　　　2. 법적 책임의 한계 _ 344

　IV. 기능적 책임개념 ·· 345

　V. 책임비난의 대상 ··· 346

제29절 ▌**책임론상의 책임개념** ·· 347

　I. 형식적 · 실질적 책임개념 및 행위 · 행위자책임 ··················· 347

　　　1. 형식적 책임개념과 실질적 책임개념 _ 347

　　　2. 개별행위책임과 생활영위책임 _ 348

　II. 책임의 근원 ··· 349

　　　1. 비결정주의 _ 350

　　　2. 결정주의 _ 350

　　　3. 절충설 _ 351

　　　4. 결론 _ 352

　III. 책임의 근거 ·· 352

　　　1. 도의적 책임론 _ 352

　　　2. 사회적 책임론 _ 353

　IV. 책임의 본질 ··· 353

1. 심리적 책임론 _ 353

2. 규범적 책임론 _ 354

제30절 ▎책임조각사유와 책임표지 ··· 356

Ⅰ. 책임조각사유 ·· 356

Ⅱ. 책임표지 ·· 357

1. 책임표지의 내용 _ 357

2. 책임표지의 한 요소로서의 책임형식 _ 358

제31절 ▎책임능력 ··· 359

Ⅰ. 의의 ··· 359

Ⅱ. 책임능력 판정방법 ··· 360

Ⅲ. 책임무능력자 ·· 360

1. 형사미성년자 _ 360

2. 심신장애자 _ 362

Ⅳ. 한정책임능력자 ·· 366

1. 심신미약자 _ 366

2. 농아자 _ 366

제32절 ▎원인에 있어서 자유로운 행위 ·································· 367

Ⅰ. 의의 ··· 367

Ⅱ. 가벌성의 근거되는 행위시점 ··· 368

1. 원인행위에 두는 견해 _ 368

2. 실행행위에 두는 견해(책임능력 동시존재의 원칙의 예외모델) _ 370

3. 절충설 _ 371

4. 결론 _ 371

Ⅲ. 가벌성의 요건으로서의 고의 ··· 371

Ⅳ. 원인에 있어서 자유로운 행위의 유형 ··· 372

1. 고의에 의한 경우 _ 372

2. 과실에 의한 경우 _ 373

Ⅴ. 착수시기 ·· 374

Ⅵ. 형법 규정의 해석 ··· 375

1. 위험발생의 예견 _ 375

2. 자의에 의한 심신장애 _ 376

3. 효과 _ 376

4. 입법비교 _ 376

제33절 │ 위법성의 인식 ··· 378

I. 의의 ··· 378

II. 내용 ··· 378

1. 법적 금지에 대한 인식 _ 378

2. 실질적 위법성에 대한 인식 _ 379

3. 위법성인식의 분리 가능성 _ 379

III. 고의와의 비교 ··· 380

IV. 위법성인식의 체계 ··· 381

1. 고의설 _ 381

2. 책임설 _ 383

제34절 │ 법률의 착오 ·· 385

I. 개념 ··· 385

II. 법률의 착오의 여러 형태 ·· 386

1. 서설 _ 386

2. 직접적 · 간접적 법률의 착오 _ 387

3. 허용구성요건착오의 취급 _ 389

4. 법률의 착오의 정당한 이유 _ 390

5. 형법 제16조의 해석 _ 397

제35절 │ 적법행위에 대한 기대가능성 ·· 399

I. 서설 ··· 399

II. 책임영역에서의 체계적 지위 ·· 401

1. 책임요소의 일종으로 보는 견해 _ 401

2. 책임조각사유로 보는 견해 _ 402

3. 책임조건(고의, 과실)의 성립요소로 보는 견해 _ 402

III. 초법규적 책임조각사유의 인정가능성 ···································· 402

1. 의미와 독일학설의 태도 _ 402

2. 우리나라 학설 및 판례의 태도 _ 404

　　　3. 결론 _ 405

　IV. 기대가능성의 판단기준 ·· 406

　　　1. 행위자 표준설 _ 406

　　　2. 평균인 표준설 _ 406

　　　3. 국가표준설 _ 407

　　　4. 결론 _ 407

　V. 기대가능성의 착오 ··· 407

　VI. 기대불가능으로 인한 책임조각사유 ·································· 408

　　　1. 강요된 행위 _ 408

　　　2. 면책적 긴급피난 _ 412

　　　3. 면책구성요건착오 _ 416

　　　4. 면책착오 _ 416

　　　5. 과잉방위 _ 417

　　　6. 오상과잉방위 _ 420

　　　7. 과잉피난, 과잉자구행위 _ 421

　　　8. 기타 관련문제 _ 422

제3편 범죄의 특수유형

제1장 과실범론 • 429

제36절 ┃ 과실범 ·· 429

　I. 과실범의 기본개념 ··· 429

　　　1. 과실범 구조의 독자성 _ 429

　　　2. 과실의 범죄체계상의 지위 _ 430

　　　3. 과실의 종류와 등급 _ 435

　II. 과실범의 불법구성요건 ·· 439

　　　1. 객관적 주의의무의 위반 _ 440

　　　2. 결과발생, 인과관계, 객관적 귀속 _ 451

　　　3. 주관적 구성요건 _ 458

4. 과실범에서의 위법성 _ 459

5. 과실범에서의 책임 _ 460

6. 기타 관련문제 _ 463

제37절 ▌ 결과적 가중범 ·· 465

I. 서설 ·· 465

1. 의의 _ 465

2. 결과적 가중범의 종류 _ 466

3. 결과적 가중범의 불법내용과 책임원칙 _ 468

II. 결과적 가중범의 구성요건 ··· 469

1. 기본범죄행위 _ 469

2. 중한 결과의 발생 _ 470

3. 인과관계와 객관적 귀속 _ 470

4. 예견가능성 _ 472

5. 주관적 요소의 이중구조 _ 473

III. 관련문제 ··· 473

1. 결과적 가중범의 공동정범 및 공범의 성립가능성 _ 473

2. 결과적 가중범의 미수 _ 475

제2장 **부작위범론 · 484**

제38절 ▌ 부작위범론 ·· 484

I. 서론 ·· 484

1. 의의 _ 484

2. 부작위와 작위의 구분 _ 485

3. 부작위범의 종류 _ 488

II. 부진정부작위범의 구성요건 ··· 491

1. 객관적 구성요건 _ 491

2. 주관적 구성요건 _ 495

III. 부진정부작위범의 동치성(同置性) ·· 495

1. 보증인지위 _ 496

2. 행위양태의 동가치성 _ 510

IV. 위법성 ··· 512

1. 의무충돌 _ 512

2. 보증인의무의 체계상의 지위 _ 513

V. 책임 ·· 513

1. 기대가능성 _ 513

2. 금지착오 _ 514

VI. 고의 부작위범의 미수 ··· 515

1. 미수의 요건 _ 515

2. 중지미수 _ 517

VII. 공범 ··· 518

1. 부작위범죄에의 관여 _ 518

2. 부작위에 의한 작위 혹은 부작위범죄에의 관여 _ 519

VIII. 해석론과 입법론 ·· 519

제3장 미수범론 • 521

제39절 | 미수론의 기본개념 ·· 521

I. 범행완성의 단계 ·· 521

II. 미수범의 처벌근거 ·· 523

1. 객관설 _ 524

2. 주관설 _ 525

3. 절충설 _ 526

제40절 | 미수의 체계와 성립요건 ··· 527

I. 미수범의 입법체계 ·· 527

II. 기본구조로서의 장애미수 ·· 527

1. 성립요건 _ 527

2. 처벌 _ 542

제41절 | 중지미수 ··· 542

I. 의의 ··· 542

1. 개념 _ 542

2. 법률효과와 그 법적 성격 _ 543

3. 법률효과의 법적 근거 _ 544

II. 중지미수의 성립요건 ·· 546

  1. 주관적 요건 _ 547

  2. 객관적 요건 _ 554

  3. 처벌규정 _ 560

III. 관련문제 ·· 561

  1. 공동정범의 중지미수 _ 561

  2. 공범의 중지미수 _ 562

제42절 ▎불능미수 ·· **563**

I. 개념과 의의 ·· 563

  1. 불능미수의 개념 _ 563

  2. 구별되는 개념 _ 563

  3. 구성요건 흠결이론 _ 565

II. 불능미수의 성립요건 ·· 566

  1. 주관적 성립요건 _ 566

  2. 객관적 성립요건 _ 566

  3. 위험성 _ 569

III. 처벌 ··· 574

제43절 ▎예비죄 ·· **575**

I. 개념과 의의 ·· 575

  1. 개념 _ 575

  2. 예비와 음모의 구분 _ 575

  3. 처벌 _ 576

II. 예비죄의 법적 성격 ·· 577

  1. 기본범죄와의 관계 _ 577

  2. 예비죄의 실행행위성 _ 578

III. 성립요건 ·· 579

  1. 주관적 요건 _ 579

  2. 객관적 요건 _ 580

IV. 예비죄의 중지미수 ·· 582

  1. 의의 _ 582

　　　2. 학설의 대립 _ 582

　V. 예비죄의 공동정범 및 공범 ··· 583

　　　1. 공동정범 _ 583

　　　2. 공범 _ 584

제4장　정범 및 공범론 • 586

제44절 ▌ 범죄참가형태, 범죄관여의 요건과 가벌성의 근거 ······· 586

　I. 범죄참가형태 ··· 586

　　　1. 의의 _ 586

　　　2. 용어의 문제 _ 587

　　　3. 범죄참가의 전제조건 _ 588

　II. 범죄참가형태의 체계 ··· 589

　　　1. 단일정범체계 _ 589

　　　2. 이원적 관여체계 _ 589

　III. 제한적 정범개념과 확장적 정범개념 ··· 590

　　　1. 제한적 정범개념(객관설) _ 590

　　　2. 확장적 정범개념(주관설) _ 591

　　　3. 결론 _ 592

　IV. 정범과 공범의 구별 ··· 592

　　　1. 정범과 공범의 의미 _ 593

　　　2. 정범과 공범의 구별에 관한 이론 _ 593

제45절 ▌ 정범론 ··· 599

　I. 서론 ··· 599

　　　1. 정범의 여러 형태 _ 599

　　　2. 정범의 요건 _ 600

　II. 공동정범 ··· 602

　　　1. 의의 _ 602

　　　2. 구별되는 개념 _ 603

　　　3. 공동정범의 본질론 _ 604

　　　4. 공동정범의 성립요건 _ 607

　　　5. 관련문제 _ 617

6. 처벌 _ 628

　III. 합동범 ·· 629

　　1. 의의 _ 629

　　2. 법적 성질 _ 629

　　3. 합동범의 공동정범 _ 634

　IV. 동시범 ·· 636

　　1. 의의 _ 636

　　2. 형법 제19조의 해석 _ 638

　V. 간접정범 ·· 642

　　1. 개념 및 의의 _ 642

　　2. 간접정범의 본질 _ 643

　　3. 간접정범의 성립요건 _ 646

　　4. 간접정범의 처벌 _ 654

　　5. 관련문제 _ 654

　　6. 특수교사 · 방조죄 _ 660

제46절 ▌공범론의 기초이론 ··· 661

　I. 공범의 처벌근거와 가벌성의 요건 ·· 661

　　1. 공범의 처벌근거 _ 661

　　2. 공범처벌 요건으로서의 공범의 종속성 _ 665

　II. 공범의 종류 ·· 668

　　1. 임의적 공범 _ 668

　　2. 필요적 공범 _ 669

제47절 ▌교사범 ··· 671

　I. 개념 및 의의 ·· 671

　II. 성립요건 ··· 672

　　1. 실행행위 _ 672

　　2. 교사행위 _ 672

　　3. 공범종속성 _ 685

　III. 교사의 착오 ·· 685

　　1. 과소 혹은 초과실현의 경우 _ 685

2. 피교사자의 착오 _ 687

　Ⅳ. 교사의 미수 ·· 690

제48절 ▍종범(방조범) ··· 691

　Ⅰ. 의의 ··· 691

　　1. 종범의 개념 _ 691

　　2. 종속성의 문제 _ 692

　Ⅱ. 성립요건 ·· 693

　　1. 방조행위 _ 693

　　2. 고의 _ 697

　　3. 정범의 실행행위 _ 699

　Ⅲ. 처벌 ··· 700

　Ⅳ. 기타 관련문제 ·· 700

　　1. 방조범의 착오 및 초과 _ 700

　　2. 방조의 공범 및 공범의 방조 _ 702

　　3. 부작위에 의한 종범 _ 702

　　4. 죄수 _ 703

제49절 ▍공범과 신분 ·· 703

　Ⅰ. 서론 ··· 703

　Ⅱ. 신분의 의의 및 분류 ··· 704

　　1. 신분의 의의 _ 704

　　2. 신분의 종류 _ 706

　Ⅲ. 형법 제33조의 해석 ·· 708

　　1. 타입법례와의 비교 _ 708

　　2. 형법 제33조 본문 및 단서의 해석론상의 학설대립 _ 710

　　3. 소극적 신분과 공범 _ 715

　　4. 입법론적 제안 _ 717

제4편 죄수론

제1장 **죄수론 일반** • 721

제50절 **죄수론 총설** ··· 721

  I. 죄수(罪數)의 의의 ··· 721

  II. 죄수결정기준 ··· 722

    1. 행위표준설 _ 722

    2. 법익(결과)표준설 _ 723

    3. 의사표준설 _ 724

    4. 구성요건표준설 _ 724

    5. 결론 _ 725

  III. 수죄처벌의 원칙 ··· 726

    1. 병과주의 _ 726

    2. 흡수주의 _ 727

    3. 가중주의 _ 727

제2장 **일죄와 수죄** • 728

제51절 **일죄** ··· 728

  I. 법조경합 ··· 729

    1. 법조경합(法條競合)의 의의 _ 729

    2. 법조경합의 종류 _ 730

    3. 법조경합의 취급 _ 736

  II. 포괄일죄 ··· 737

    1. 포괄일죄의 의의 _ 737

    2. 포괄일죄의 종류 _ 737

    3. 포괄일죄의 법적 효과 _ 747

제52절 **상상적 경합과 실체적 경합** ··· 748

  I. 상상적 경합 ··· 748

    1. 개념 및 의의 _ 748

    2. 요건 _ 749

3. 연결효과에 의한 상상적 경합 _ 752

4. 상상적 경합의 법적 효과 _ 754

II. 실체적 경합 ·· 756

1. 의의 _ 756

2. 경합범의 종류 _ 756

3. 실체적 경합범의 성립요건 _ 758

4. 실체적 경합범의 취급 _ 760

제5편 형벌과 보안처분

제1장 형벌 • 765

제53절 ‖ 형벌의 일반이론 ··· 765

I. 형벌의 의의 ··· 765

II. 형벌의 종류 ·· 766

제54절 ‖ 형벌의 종류 ··· 766

I. 사형 ·· 766

1. 의의 _ 766

2. 사형존폐론 _ 767

II. 자유형 ··· 769

III. 재산형 ·· 769

1. 벌금형 _ 770

2. 과료 _ 771

3. 몰수 _ 771

IV. 명예형 ·· 774

1. 자격상실 _ 774

2. 자격정지 _ 774

제55절 ‖ 형법의 개념 · 과제 · 본질 ··· 775

I. 양형의 의의 ·· 775

II. 양형의 절차 ··· 775

  1. 법정형 _ 775

  2. 처단형 _ 776

  3. 선고형 _ 776

III. 형의 가중 · 감경 · 면제사유 및 순서 ················ 776

  1. 형의 가중 · 감경사유 _ 776

  2. 형의 면제사유 _ 777

  3. 임의적 면제사유로서의 자수 · 자복 _ 777

  4. 형의 가중 · 감경의 순서 _ 778

IV. 양형의 조건과 기준 ·································· 778

  1. 양형의 기초 _ 778

  2. 양형의 조건과 이중평가의 금지 _ 779

  3. 양형의 합리화 _ 780

제56절 ▌누범 ·· **780**

I. 의의 ··· 780

II. 누범가중규정의 위헌성 여부와 책임주의 ················ 781

  1. 누범가중규정의 위헌성 여부 _ 781

  2. 누범가중과 책임원칙 _ 782

III. 누범의 요건 ··· 783

  1. 금고 이상의 형의 선고 _ 783

  2. 형의 집행종료 또는 면제 후 3년 이내의 범죄 _ 783

  3. 금고 이상의 죄 _ 783

IV. 법적 효과 ··· 784

제57절 ▌형의 유예제도 ·································· **784**

I. 선고유예 ··· 784

  1. 의의 _ 784

  2. 선고유예의 요건 _ 785

  3. 선고유예의 효과 _ 785

  4. 선고유예의 실효 _ 786

II. 집행유예 ··· 786

1. 의의 및 법적 성격 _ 786

2. 집행유예의 요건 _ 787

3. 집행유예의 선고와 효과 _ 789

4. 선고유예의 실효와 취소 _ 790

제58절 │ 가석방 ·· 790

Ⅰ. 의의 ··· 790

Ⅱ. 가석방의 요건 ··· 791

1. 징역 또는 금고의 집행 중에 있는 자 _ 791

2. 행상이 양호하여 개전의 정이 현저할 것 _ 791

3. 벌금 또는 과료의 병과가 있는 때에는 그 금액을 완납할 것 _ 792

Ⅲ. 가석방의 기간 및 보호관찰 ·· 792

Ⅳ. 가석방의 효과 ··· 792

Ⅴ. 가석방의 실효 · 취소 및 그 효과 ·· 792

제59절 │ 형의 시효 · 소멸 · 기간 ·· 793

Ⅰ. 형의 시효 ·· 793

1. 의의 _ 793

2. 형의 시효기간 및 효과 _ 794

3. 시효의 정지와 중단 _ 794

Ⅱ. 형의 소멸 ··· 795

Ⅲ. 형의 실효 ··· 795

Ⅳ. 복권(復權) ··· 796

Ⅴ. 사면(赦免) ··· 796

제2장 　보안처분 · 798

제60절 │ 보안처분의 기초이론 ·· 798

Ⅰ. 보안처분의 의의 ··· 798

Ⅱ. 보안처분의 정당성 · 요건 · 비례성 ··· 799

1. 보안처분의 정당성 _ 799

2. 보안처분의 요건 _ 800

3. 보안처분의 비례성의 원칙 _ 800

III. 보안처분의 집행방법 ··· 801

　　1. 일원주의 _ 801

　　2. 이원중복집행주의 _ 801

　　3. 이원대체집행주의 _ 801

제61절 ▌보안처분의 실제 ··· 802

I. 보안처분의 종류 ·· 802

　　1. 대인적 보안처분 _ 802

　　2. 대물적 보안처분 _ 802

II. 현행법상의 보안처분제도 ··· 803

　　1. 치료감호법 _ 803

　　2. 보안관찰법 _ 804

　　3. 보호관찰 등에 관한 법률 _ 805

　　4. 소년법 _ 805

판례색인 ··· 807

사항색인 ··· 818

주요 참고문헌

[국내문헌]

권오걸, 형법총론, 형설출판사, 2005

김성돈, 형법총론, 제3판, SKKUP, 2014

김성천/김형준, 형법총론, 제6판, 소진, 2014

김신규, 형법총론 강의, 박영사, 2018

김일수, 한국형법 I · II, 박영사, 1992

김일수/서보학, 형법총론, 제12판, 박영사, 2014

김혜정/박미숙/안경옥/원혜욱/이인영, 형법총론, 제2판, 피엔씨미디어, 2019
　(김/박/안/원/이)

남흥우, 형법총론, 박영사, 1983

박상기, 형법총론, 제7판, 박영사, 2007

배종대, 형법총론, 제8판, 홍문사, 2005

백남억, 형법총론, 제3판, 1963

서거석/송문호, 신 형법총론, 전북대학교 출판문화원, 2017

성낙현(역), 독일형법의 이론과 연습, 법문사, 1998

손동권/김재윤, 새로운 형법총론, 율곡출판사, 2011

손해목, 형법총론, 법문사, 1996

신동운, 형법총론, 제9판, 법문사, 2015

신동운, 판례백선 형법총론, 경세원, 1997 (신동운, 판례백선)

안동준, 형법총론, 학현사, 1998

오영근, 형법총론, 제4판, 박영사, 2018

유기천, 형법학(총론강의), 개정24판, 일조각, 1983

이건호, 형법학개론, 고대출판부, 1964

이상돈, 형법강의, 제1판, 법문사, 2010

이용식, 형법총론, 박영사, 2018

이재상/장영민/강동범, 형법총론, 제9판, 박영사, 2017

이정원, 형법총론, 신론사, 2012

이태언, 형법총론, 형설출판사, 2000

이형국, 형법총론, 법문사, 1997

이형국, 형법총론연구 I, 법문사, 1986

임웅, 형법총론, 제8판, 법문사, 2016

정성근/박광민, 형법총론, 제2판, 삼지원, 2005

정영석, 형법총론, 제5판, 법문사, 1987

정영일, 형법총론, 제3판, 박영사, 2010

조준현, 형법총론, 법원사, 1998

진계호, 형법총론, 제5판, 대왕사, 1996

차용석, 형법총론강의 I, 고시연구사, 1998

8인 공저, 신고 형법총론, 사법행정, 1978

하태영, 사회상규, 법문사, 2018

하태훈, 사례중심 형법강의, 법원사, 1998

한국형사법학회 편, 형사법강좌 II, 박영사, 1984

허일태(역), 독일형법총론, 세종출판사, 1998

황산덕, 형법총론, 방문사, 1982

기타 국내 형법각론 교과서

[독일문헌]

AK, Kommentar zum Strafgesetzbuch(Reihe Alternativkommentare), 1990

Baumann/Weber, Strafrecht, Allgemeiner Teil, 9. Aufl., 1985

Baumann/Weber/Mitsch, Strafrecht, Allgemeiner Teil, 11. Aufl., 2003

Blei, Hermann, Strafrecht I, Allgemeiner Teil, 18. Aufl., 1983

Bockelmann/Volk, Strafrecht, Allgemeiner Teil, 4. Aufl., 1987

zu Dohna, Alexander Graf, Übungen im Strafrecht und Strafrechtsprozeß, 3.
   Aufl., 1929

Eser, Albin, Juristischer Studienkurs, Strafrecht I, II, 3. Aufl., 1980

Frank, Reinhard, Das Strafgesetzbuch für das Deutsche Reich, 18. Aufl., 1931

Freund, Georg, Strafrecht, Allgemeiner Teil, 1999

Frister, Helmut, Strafrecht, Allgemeiner Teil, 3. Aufl., 2008

Gropp, Walter, Strafrecht, Allgemeiner Teil, 2. Aufl., 2001

Haft, Fritjof, Strafrecht, Allgemeiner Teil, 3. Aufl., 1987; 6. Aufl., 1994

Hillenkamp, Thomas, 32 Probleme aus dem Strafrecht, Allgemeiner Teil, 12. Aufl., 2006

v. Hippel, Robert, Deutsches Strafrecht, Bd. II; Das Verbrechen, 1930

Hoyer, Andreas, Strafrecht, Allgemeiner Teil I, 1996

Jakobs, Günther, Strafrecht, Allgemeiner Teil, 2. Aufl., 1991

Jescheck/Weigend, Lehrbuch des Strafrechts, Allgemeiner Teil, 5. Aufl., 1996

Joecks, Wolfgang, Studienkommentar zum StGB, 7. Aufl., 2007

Kleinknecht/Meyer−Goßner, Strafprozeßordnung, 45. Aufl., 2001

Köhler, Michael, Strafrecht, Allgemeiner Teil, 1997

Kohlrausch/Lange, Strafgesetzbuch, 43. Aufl., 1961

Kühl, Kristian, Strafrecht, Allgemeiner Teil, 6. Aufl., 2008

v. Liszt, Franz, Lehrbuch des deutschen Strafrechts, 9. Aufl., 1912

Lackner/Kühl, Strafgesetzbuch mit Erläuterungen, 24. Aufl., 2001

Liszt/Schmidt, Lehrbuch des deutschen Strafrechts, 26. Aufl., 1932

Leipziger Kommentar, 10. Aufl., 1978−1989; 11. Aufl.. ab 1992

Maurach/Gössel/Zipf, Strafrecht, Allgemeiner Teil, Teilband II, 7. Aufl., 1989

Maurach/Zipf, Strafrecht, Allgemeiner Teil, Teilband I, 7. Aufl., 1987

Mayer, Helmuth, Strafrecht, Allgemeiner Teil, 1953

Mayer, Max Ernst, Der Allgemeine Teil des deutschen Strafrechts, 1915

Mezger, Edmund, Strafrecht, 3. Aufl., 1949

Mezger/Blei, Strafrecht, Bd. I, Allgemeiner Teil, 9. Aufl., 1983

Nomos Kommentar zum Strafgesetzbuch, ab 1995

Otto, Harro, Grundkurs Strafrecht, Allgemeine Strafrechtslehre, 4. Aufl.,; 7. Aufl., 2004

Roxin, Claus, Strafrecht, Allgemeiner Teil, Band I, 2. Aufl., 1994

Roxin, Claus, Strafrecht, Allgemeiner Teil, Band II, 2003

Roxin, Claus, Täterschaft und Tatherrschaft, 8. Aufl., 2006

Schmidhäuser, Eberhard, Strafrecht, Allgemeiner Teil, Lehrbuch, 2. Aufl., 1975

Schmidhäuser, Eberhard, Strafrecht, Allgemeiner Teil, Studienbuch, 2. Aufl., 1984

Schönke/Schröder, Strafgesetzbuch, Kommentar, 17. Aufl.,; 27. Aufl., 2006

Stratenwerth, Günther, Strafrecht, Allgemeiner Teil I, 3. Aufl., 1981; 4. Aufl., 2000

Stratenwerth/Kuhlen, Strafrecht, Allgemeiner Teil, 5. Aufl., 2004

Systematischer Kommentar zum Strafgesetzbuch, 4. Aufl., ab 1983; 8. Aufl., ab
  2002

Tröndle/Fischer, Strafgesetzbuch und Nebengesetze, 51. Aufl., 2003

Welzel, Hans, Das Deutsche Strafrecht, 11. Aufl., 1969

Wessels, Johannes, Strafrecht, Allgemeiner Teil, 13. Aufl., 1983

Wessels/Beulke, Strafrecht, Allgemeiner Teil, 36. Aufl., 2006

제 1 편

형법의
일반기초이론

제 1 장 형법과 범죄
제 2 장 형벌과 보안처분
제 3 장 형법규범학

제 1 장

형법과 범죄

제1절 형법의 개념 · 과제 · 본질

I. 형법의 의미와 개념

형법은 타인, 사회 혹은 국가의 이익을 위해하는 중대한 행위를 범죄로 규정하여 이를 처벌함으로써 당해 이익을 보호하고자 하는 국가적 법률이다. 하지만 형법의 적용을 위해서는 이익이 침해되었다는 결과만이 중요한 것은 아니다. 예컨대 어떤 사람이 소중히 여기는 자동차가 손괴되었을 때 그 결과가 악의에 의한 범죄자의 소행에 의한 것이었든 철모르는 어린이의 행위에 기인한 것이든 침해의 결과는 동일하고 피해자의 피해감정도 다르지 않다. 이때 결과가 악의적 성인 범죄자에 의해 발생한 경우에는 형법에 의한 처벌이 가능하나 어린이에 의한 경우에는 처벌되지 않는다. 즉 형법이 적용되기 위해서는 행위자의 형법적 의미에서의 책임이 전제되어야 하는 것이다. 법규범에 대한 통찰력이 없는 사람에게는 이러한 책임이 인정되지 않거나 제한적으로 인정되므로 경우에 따라 처벌이 배제되거나 혹은 감경되어야 한다. 그러나 책임이 없는 자라도 장차 사회의 중대한 이익을 침해할 수 있는 위험이 있는 경우에는 국가는 그 위험으로부터 사회를 보호하기 위한 적절한 제재조치를 취해야 한다.

사회상황의 변화에 따라 형법의 기능이나 역할도 확장적으로 변화하게 되어 '범죄행위에 대해 법률효과로서 형벌을 부과하는 법규범의 총체'라고 했던 종래의 형법에 대한 정의에도[1] 변화가 불가피하게 되었다. 이러한 정의로는 오늘날 형법의 의미를 모두 담을 수 없게 되었기 때문이다. 형법은 그 기능이나 의미의 관점에서 다른 법 영역과 구분되어야 하는 특별한 이유가 있다는 점도 형법의 정의를 내리는 데 있어서 염두에 두어야 한다. 앞에서 언급한 바와 같이 책임 있는 행위형태에 대한 형벌로서의 대응뿐 아니라 책임 없이 행해진 다양한 행위형태에 대해 다양한 제재조치로서의 반응을 보여야 하는 것이 오늘날 형법의 과제이다. 따라서 형법은 특정한 행위에 대해 법률효과로서 특정한 형벌이나 처분의 부과를 규정한 법규범의 총체로 정의하는 것이 옳다고 하겠다. 다시 말해 형법은 어떠한 행위가 범죄에 해당되며 이러한 행위에 대한 법적 효과로서 어떠한 형벌 또는 보안처분이 따르게 되는가를 규정하는 법이라 할 수 있다.[2]

II. 형법의 과제

인간은 서로의 신뢰와 협력, 교류를 통해서 하나의 공동체를 형성하고 그 구성원으로서 더불어 살아가게 된다. 본래 이기적 존재인 인간의 공동체생활에서 충돌과 갈등은 불가피한 요소이며 인간은 여러 가지의 동기와 목적에 따라 다른 사람의 생활영역을 침범하고 또한 그들의 이익을 침해하게 된다. 이러한 행위 및 결과를 피하기 위한 규범의 존재가 필요함에 따라 윤리·도덕률, 종교율, 법률 등이 발생하였다. 그중 도덕률이나 종교율은 실제적 제재조치가 불완전하여 타인의 법익보호와 행위가치의 보호에는 한계가 있을 수밖에 없다.

이에 따라 국가는 최후의 수단으로 법률을 제정하여 국민각자로 하여금 규율을 준수할 것을 명령하고, 이를 위반하는 행동에 대해서는 일정한 제재를 가함으로써 책임을 묻고 법률의 존재를 확인하며 이로써 사회의 평안과 질서를 수호하고자 한다.

---

1) 유기천, 3면.
2) Jescheck/Weigend, § 2 I 1.

1. 형법의 임무

1) 윤리규범의 임무와 형법의 임무

형법의 대다수의 규범은 타인의 생명, 신체, 자유, 재산, 명예, 정조 등을 침해해서는 안 된다는 윤리규범에서 출발한다. 다른 법 영역과 비교할 때 특히 형법규범은 윤리규범과 가장 밀접한 관련성을 가지며 양자는 상당한 범위에서의 동질성을 보유하고 있다. 그렇다고 하더라도 이들은 항상 동일한 성질과 범위를 갖는 규범은 아니다. 모든 윤리규범에 대해 이에 상응하는 하나의 형법규범이 반드시 존재하는 것이 아니며 그 반대의 경우도 마찬가지이다. 그리고 윤리규범과 형법규범이 큰 부분에서 일치한다고 하더라도 형법의 기능은 윤리규범의 기능과는 별개의 것이다. 법적 명령이나 제재를 통해서 모든 국민을 윤리적 인간상에 부합하도록 강제하는 것이 형법의 궁극적 목표가 아니다. 전체 법 영역의 한 부분으로서의 형법의 임무는 인간의 공동체생활의 규제이다. 사회적 공동체생활에 있어서는 한 개인이 타인으로부터 침해를 받지 않기 위해서 법적 명령과 규율적 강제가 요구된다. 제재규범으로서의 형법의 임무는 인간에게 필수적인 법의 평화질서를 유지하는 데 한정된다.

2) 다른 법규범의 임무와 형법의 임무

사회의 공동체생활 혹은 사회적으로 중요한 이익을 보호하기 위해 형법뿐 아니라 다른 여러 가지 영역의 법률이 존재한다. 이 다양한 법률들은 각기 기능과 임무를 달리한다. 예컨대 채무를 변제하지 않는 행위에 형법은 개입하지 않는다. 이런 경우 사법(私法)은 채권자에게 채무변제를 받을 권리를 보장하고 채무변제의 지체로 발생될 수 있는 손해 등에 대해서는 강제집행을 통해 배상을 받을 수 있는 가능성을 보호한다. 사법은 법익침해행위에 대하여 손해배상책임을 묻는 것으로 법적 분쟁상태를 해결하고자 하고, 다른 한편으로는 이로써 이러한 불법행위를 미리 예방하는 효과를 얻는다.

하지만 사법의 법익보호기능은 그 보장성의 면에서 완벽하다고 할 수 없다. 즉 처음부터 손해배상을 각오하고 있는 사람의 의도적 법익침해행위는 사법으로는 막을 수가 없다. 가령 갑이 을의 소중한 골동품을 고의로 손괴했을 때 민법은 을에게 손해배상청구권을 보장하지만 이러한 법적 작용만으로는 침해되었던 법질서가 다시 평온을 되찾는다고 할 수 없다. 을에게는 골동품에 대한 애착이 강하여 이에 상응하는 시장가격 이상의 현금으로 배상을 받는다고 하더라도 불만족스러울 수 있기 때문이다. 민법만이 존재하는 사회에서라면 돈이 많은 사람에게는 타인의 어떠한 재물이라도 마음대로 손괴할 수 있는 가능성이 주어지며, 또한 벌금이나 손해배상을 이행할 능력이 없는 자에게도 이러한 가능성이 주어지는 것은 마찬가지이다.

그리고 금전적 손해배상이 이루어졌다고 하더라도 재물이 손괴되기 이전의 상태로 원상회복되는 것은 아니라 재물 혹은 재물 이면의 법익은 침해된 상태로 계속 유지되는 것이다. 그러므로 국가공동체의 가치와 법적 평화의 유지에 관한 국가적 이익을 보호하기 위해서는 일정한 사회적 해악을 가져오는 행위양식을 법질서가 사전에 금지해야 할 필요성이 나타난다. 남의 물건을 마음대로 손괴하는 등의 행위에 의한 법익침해는 민법적으로 피해자와 가해자 사이에 손해배상의 문제로 해결하는 단계를 지나서 형법적으로 자유형과 같은 형벌이 가해질 것이라는 단호한 경고를 통해서 더욱 효과적으로 방지할 수 있다. 더구나 생명, 신체, 자유 등과 같은 다수의 법익은 한번 침해되면 금전 또는 용역에 의한 손해배상 따위로는 원상회복이 불가능하다. 이러한 일신전속적 법익을 위해서는 특별히 형법적 보호방법이 요구된다.

3) 형법의 법익보호임무

모든 법은 인간을 위해, 구체적으로 말해 인간의 생활상의 이익보호를 위해 존재한다. 개인 혹은 공동체의 생활상의 이익 중에서 법으로 보호되는 이익을 법익이라 칭한다. 이익은 법질서가 아닌 생활이 만들어 내는 것이지만 법적 보호의 영역에 들어가게 됨으로써 법익의 성격을 띠게 된다. 형법의 근본과제는 바로 이러한 법익의 보호이다. 법익침해 혹은 위해를 본질로 하는 범죄에 대한 제재로서의 형법규범은 궁극적으로 법익보호에 기여할 경우에만 고유의 기능을 발휘할 수 있는 것이므로 법익보호와 관련 없는 범죄구성요건은 존재의 당위성마저도 인정받지 못하게 된다. 이를 전제로 한다면 형법입법자는 입법행위 이전에 무엇을 법익으로 정할 것이며 법익의 영역을 어떻게 정할 것인지를 우선 고심해야 한다. 즉 법익개념은 입법자로 하여금 형법적 보호대상이 되는 법익을 이성적으로 가려내게 함으로써 반가치적 성격을 띠는 모든 행위에 대한 무조건적 처벌을 피하고 이를 합리적으로 제한한다. 입법자는 이러한 자신의 결정이 누구에게나 예측가능하며 현실성 있는 기준에 부합하는지를 스스로 평가하고 비판해야 한다.[3]

법익의 종류에는 개인이 향유주체가 되는 개인적 법익과 사회공동체나 국가에 귀속되는 법익으로서의 보편적 법익이 있다.[4] 지배설인 이원론은 이들 개인적 법익과 보편적 법익의 독립적 병존관계를 인정하는 데 비해 일원론은 이러한 병존관계를 부정하는 대신 양자 간의 종속관계를 인정한다. 이 견해는 다시금 국가적 혹은 사회적 법익 일원론과 개인적 법익 일원론으로 나뉜다. 전자는 법익이란 원래 국가로부터 발생하므로 모든 법익의 주체는 전체적 공동체 혹은 국가이고 생명, 자유, 재산과 같은 개인적 법익은 법을 통해 분배된 이익 혹은 국가기능에 의해 도출된 이익으로 생성되는 것으로 이해하며, 후자는 법익은 개인에 속하는 것을 원칙으로 하되 공동체적 법익은 개인의 인격신장에 도움이 되는 경우에 한해 법적 보호대상으로 인정한다는 입장이다. 보편적 법익 일원론과 맥락을 같이 하는 기능적 법익론은 법이 궁극적으로 보호해야 하는 것은 인간공동체에서의 생활의 조건이며, 따라서 형벌의 정당화의 문제에 있어서 중요한 것은 형법적으로 보호될 가치 있는 이익의 침해가 아니라 가벌적 행위의 사회유해성 여부라고 본다.[5]

형법의 보호대상으로서의 법익이라는 개념은 물리적 실체는 아니더라도 적어도 실제로 위해되거나 침해될 수 있는 실재를 요구한다. 다시 말해 법익이란 순수한 추상적 · 관념적 가치가 아니라 그 침해 혹은 위해의 결과가 관찰자의 오감을 통해 인지될 수 있는 것이어야 한다.

보호법익과 행위객체는 구분되어야 한다. 예컨대 살인죄의 행위객체가 "사람"이라면 보호법익은 그의 생명에 대한 권리가 되며, 절도죄의 행위객체는 타인의 재물이고 그 보호법익은 이에 설정되어 있는 소유권이다. 만일 갑의 물건을 을이 훔쳐 보관하던 중에 병이 다시금 이 물건을 훔쳤다면 을은 그 물건에 관한 한 형법의 보호를 받을만한 지위에 있지 않더라도 병은 절도죄로 처벌될 수 있다. 물건 자체가

---

3) 일반적으로 법익개념은 이와 같이 입법자를 제한 · 통제 · 지도하는 체계비판적 기능을 수행해야 할 것으로 본다. 자세한 것은 성낙현, 법익개념의 내용적 실체와 기능, 저스티스 통권 제144호, 2014.10, 296면.
4) 성낙현, 앞의 논문, 300면 이하 참조.
5) 성낙현, 앞의 논문, 305면 이하.

손괴되거나 소모되지 않은 한 병의 행위가 있었더라도 그 자체의 가치에는 변함이 없다. 그러나 갑의 입장에서는 병의 행위로써 그 물건에 대한 권리를 주장할 수 있는 가능성이 한층 약화되었다. 즉 물건 자체가 아닌 물건에 대한 갑의 권리를 약화시킨 이유로 병의 행위는 처벌될 수 있는 것이다. 이로써 형법의 보호대상은 물건 자체가 아니라 물건에 설정된 소유권이라는 사실이 확실해진다. 그러나 단순한 소유권이라기보다는 법가치(Rechtswert)로서의 소유권이라고 표현하는 것이 정확하다. 만일 병이 갑과 절친한 관계라면 병의 행위로 갑의 단순한 의미에서의 소유권의 침해는 더욱 심화되지 않을 수 있다. 그러나 그런 관계가 아닌 병의 행위를 통해 법가치로서의 소유권은 침해되었다.

4) 법익과 범죄의 불법내용과의 관계

형법이 법익보호의 목적을 위해 법익침해행위를 처벌하고자 한다면 법익침해에서의 어떠한 요소가 불법을 형성하는 것인가 하는 점이 구체적으로 확정되어야 한다. 형법의 대상이 되는 범죄란 특정 법적 의무의 침해를 통해서 형법의 대상으로서의 법익을 침해하는 결과를 야기하는 일련의 행위과정이다. 우선 (잠재적) 피해자의 관점에서 법익이 형성되면 이에 대해 상대적으로 누구도 그 법익을 침해해서는 안 된다는 행위자 관점에서의 법적 의무가 형성된다. 이러한 의무위반에 따른 법익침해라는 특별한 결과가 행위자의 불법을 형성한다. 타인의 법익을 침해해서는 안된다는 의무를 위반하여 타인의 법익을 침해하는 동작이 행위불법을, 이에 따른 침해결과가 결과불법을 형성하는 것이다.

부분적으로 형법은 사회윤리적 가치를 보호하는 기능을 갖는다거나, 혹은 일차적으로 사회윤리적 심정가치를 보호하는 것이며 법익보호는 이에 따른 간접적·부수적 효과일 뿐이라거나, 혹은 범죄는 법적 의무위반에 본질이 있는 것이므로 결과반가치와 함께 행위반가치도 중시해야 한다는 설명이 가능하다.6) 다만 윤리적 규범과 법적 규범은 혼동되어서는 안 되며, 불법의 요소를 행위에서가 아닌 행위자의 인적 영역에서 찾음으로 인해 심정형법에 근접하게 되는 위험을 주의해야 한다.

형법은 법심정으로부터의 이탈을 처벌하는 것이 아니라 중대한 법익의 침해를

---

6) 김일수/서보학, 15면; 이형국, 28면; 배종대, [8] 8 이하; 임웅, 8면; 정성근/박광민, 8면 참조.

벌하는 것이다. 심정반가치 혹은 심정표지는 가벌성의 요건과 전혀 관계가 없는 것은 아니지만 적어도 불법을 형성하는 요소는 아니다. 법익에 대한 사고 없이는 법심정으로부터의 이탈이 무엇인지 규정할 수도 없다. 파리 한 마리를 죽인 행위와 곤충학자의 실험 대상이 된 개미 한 마리를 죽인 행위 중에서 어떤 것이 법심정으로부터의 이탈이라고 할 수 있을 것인지에 대한 판단을 위해서는 법익에 대한 고려가 전제가 되지 않으면 안 된다. 특정한 이익에 대해 보호할 가치가 있다는 법사회의 인정이 법심정이탈의 근거가 된다. 의무위반 혹은 사회윤리적 심정으로부터의 이탈을 범죄로 보는 학설들도 법익을 떠나서 생각할 수 없다. 왜냐하면 의무나 가치 있는 심정 그 자체가 스스로 존재하는 것이 아니라 법익보호의 요구를 통해서만 확정될 수 있기 때문이다.

2. 보충성의 원칙에 의한 형법적용의 제한

특정 법익의 중대성이 인정되었고 또 이러한 법익이 침해되었다고 해서 바로 형벌이 부과되는 것은 아니다. 법익침해행위에 의한 당벌성에 대해서는 개별적으로 세밀한 검토가 따라야 한다. 왜냐하면 형법은 단호한 법효과 때문에 최후의 수단(ultima ratio)으로서의 성격이 고려되어야 하기 때문이다.[7] 사회의 질서를 유지하기 위한 사법적(私法的) 처분 혹은 행정처분 등과 같은 다른 법적 수단으로는 소기의 목적을 달성할 수 없을 때에 비로소 국가는 가장 엄한 형법이라는 최후의 수단을 활용하게 된다. 이것이 형법의 보충성의 원칙(Subsidiaritätsprinzip)이다.[8]
이러한 보충성의 원칙은 인간은 개별적 인격체이며 목적 그 자체라는 점을 인식한 계몽주의철학에서 비롯된다.[9] 이러한 인식은 일반적으로 인간의 행위의 자유를 보장하고자 하는 헌법을 통해 구체적으로 실현된다.[10] 따라서 사회의 질서유지를 위해서 불가피한 경우에만 국가는 행동의 자유를 제한할 수 있다. 형법도 개인 혹은 사회의 법익을 보호하기 위해 불가피한 경우에만 적용된다.

---

7) 배종대, [7] 11; BVerfGE 39, 47.
8) Arthur Kaufmann, FS－Henkel, 1974, S. 89.
9) 배종대, [8] 22.
10) 헌법 제1조 제2항, 제10조, 제11조 제1항, 제12조 제1항, 제13조 제1항; BVerfGE 6, 36.

그런데 보충성의 원칙은 대상이 되는 법익이 무엇이냐에 따라 그 의미가 달라질 수 있다. 예컨대 재산가치의 경우 형법적 보호의 망은 비교적 느슨해진다. 즉 과실에 의한 재물손괴와 영득의사 없이 남의 물건을 취거하는 행위는 처벌되지 않는다. 이러한 정도라면 민사법적 보호나 해결로 충분하다. 형법은 재산을 침해하는 모든 행위를 처벌하는 것이 아니고 사기나 공갈과 같은 특히 위험한 공격행위를 통한 침해만을 처벌한다. 반면에 형법은 일신전속적 법익인 사람의 생명 혹은 신체 등에 대해서는 비교적 치밀하게 보호한다. 이에 대해서는 고의뿐 아니라 과실에 의한 행위, 그리고 미수범도 처벌되며 태아의 생명도 보호대상이 된다. 이러한 핵심영역에서 형법은 윤리율에 밀접하게 관련되어 있는 만큼 입법자의 임의의 개입은 가능한 한 배제되어야 한다. 따라서 중한 정신병자나 생존유지에 고비용이 드는 노환자에 대한 살해를 형법적으로 정당화할 수 없다.

형법보충성의 원칙에 따라 모든 형법규범의 존재에는 저마다의 근거를 필요로 한다. 국가가 국민의 자유를 보장해야 한다는 것을 원칙으로 한다면, 어떠한 하나의 행위를 범죄로 규정하여 금지하고자 할 때에는 그 원칙을 제한해야 하는 특별한 상대적으로 우월한 이익이 있어야 하는 것이다. 하지만 반대로 형법규범의 삭제나 형법범위의 축소에는 이러한 근거가 필요하지 않다.

실체적 형법이 중대한 법익의 침해에 대한 제재에 집중되어 있는 데에는 절차법적인 이유도 있다. 왜냐하면 사법인력이 제한되어 있는 상태에서 사소한 행위까지 처벌하게 된다면 정작 중대한 범죄는 처리되지 못 할 위험도 있기 때문이다.

III. 형법의 본질

1. 형법의 체계적 지위

1) 공법으로서의 형법

형법은 공법의 성질을 갖는다. 오늘날에 이르러서는 그다지 큰 의미가 있는 것은 아니지만 공법과 사법의 구분을 위한 이론으로서의 이익설과 주체설 중 어느 이론에 의하더라도 형법은 공법으로서의 요건을 충족시킨다. 이익설은 법률이 국가 또는 공공의 이익을 위한 것일 때 공법, 사인을 위한 것일 때 사법이 되는 것으로 구분하는 입장이며, 주체설은 하나의 법을 사이에 두고 서로 대립하는 양 당사자 중의 어느 일방이라도 국가, 사회 혹은 공공기관인 경우에는 그 법은 공법이 되며 양당사자가 모두 개인일 때 사법이 된다는 입장이다.

특정한 법익을 침해한 범죄자는 이를 원상회복하는 비용을 부담해야 한다. 특히 신체 혹은 건강을 침해한 경우에는 이에 추가하여 위자료까지 지불해야 하는 등 범죄자는 피해자에게 물질적 · 비물질적 손해를 배상해야 한다. 이러한 손해배상은 경우에 따라 당사자에게 심한 경제적 타격을 줄 수 있어 하나의 형벌로서 체감될 수 있으나, 이는 어디까지나 사적 영역에서의 발생된 피해에 대한 절충이며 형법적 의미에서의 해악성을 본질로 하는 형벌은 아니다. 이러한 손해배상청구권은 민법이 다루는 내용이며 형사절차 밖의 영역에서 민사재판을 통해 이행된다.

동등한 지위의 양 당사자의 이익을 절충하는 것이 사법의 역할이라고 한다면 형법은 국가와 범인 사이의 관계에서 발생한 공법적 제재요구를 형벌로써 해결하고자 하는 역할을 담당한다. 형법은 범죄피해자를 그 상태에서 최대한 안전하게 보살피고 그에게 발생된 손해를 회복할 수 있게 하기 위한 개인적 배려에 대해서는 적어도 일차적으로는 관심이 없다. 형법에 의한 형벌은 범죄행위를 통해 침해된 법규범의 적용에 대한 공공의 이해관계에 따른 국가의 반응이다. 즉 형법에서는 가해자와 피해자 사이의 이해관계의 조율을 문제로 다루는 것은 아니라 개인의 권리나 사회 · 국가적 이익을 보장하고자 하는 국가의 공적 이해관계를 규율한다. 피해자의 의사에 관계없이 형식적 요건이 갖추어짐에 따라 이루어지게 되는 것이 원칙인 처벌도 공공의 이익의 범위에 속하는 것이므로 피해자에 관련한 조치가 아니라 국가사법기관의 고유한 임무일 뿐이다.[11]

형법은 사회공동체생활에서의 기본적 가치를 보호함으로써 법적 평화와 법적 안정성을 유지하는 것을 일차적 목표로 한다. 형사사법기관을 통한 형벌권의 행사는 엄격한 고유원칙에 따라 이루어진다. 피해자와 가해자 사이의 청구권의 범위와 내용 혹은 그 포기요건 등의 문제는 형법의 직접적 관심사가 아니다.

2) 형법에서의 피해자의 지위

형벌권의 유일한 주체는 법공동체의 대표자로서 국가이며 벌금형의 경우에도 벌

---

11) Baumann/Weber/Mitsch, § 3 Rdnr. 68; Frister, 1/4.

금수취의 주체는 피해자가 아닌 국가이다. 형사피해자에게 주어지는 민사법적인 반환청구권 혹은 손해배상청구권을 당사자는 민사소송에서 포기할 수 있으나 국가의 형벌청구권에 대해 피해자는 판결 전후를 막론하고 그 처분권한을 가지지 않는다. 심지어 절도피해자가 물건을 도난당한 이후에 물건에 대한 소유권을 포기하거나 범인의 행위를 추후 승낙했다고 하더라도 범인의 가벌성(可罰性)에는 변함이 없다. 피해자의 이러한 사후행위는 범인이 행위 당시 소유권이라는 법익을 침해했고 국가의 형벌청구권을 발생시켰다는 점에 영향을 주지 못한다. 형사절차는 반의사불벌죄, 친고죄 등 몇몇 예외의 경우를 제외하고는 대체로 피해자의 의지와는 상관없이 개시되고 진행된다.

다른 사람에 대한 권리침해가 당사자 간의 사적 문제를 지나 공공의 문제가 된 것은 비로소 사회에 지배권력이 형성된 이후부터이다. 이것은 지배자의 이익을 위해서 피지배자에게 의무만을 강요할 것이 아니라 인간의 공동체생활에서의 일반적 복지를 보장할 것에 대한 요구가 실현된 결과인 것이다. 그 이전에는 처벌 여부는 상당부분 피해자의 의사에 종속적이었다.12) 오늘날에는 형사피해자가 형사절차에 관여할 수 있으며, 피해자의 승낙 등이 구성요건해당성을 배제하거나 위법성을 조각하여 범인의 가벌성 여부에 영향을 줄 수도 있으나 이러한 요소가 형법의 공법적 성격을 퇴색시키지는 않는다.13)

그러나 형벌이 공공의 문제라는 관념이 오늘날의 경우에 무조건적인 것은 아니다. 친고죄 혹은 반의사불벌죄 등의 경우 피해자의 의사가 행위자의 처벌을 위한 전제가 되며, 행위자가 피해를 원상회복하고 피해자와 화해하는 등의 일정한 요건을 충족시키는 조건으로 형벌을 임의적으로 감면하는 제도가14) 등장함에 따라 이러한 경향이 더욱 뚜렷해졌다.

3) 형법적 법률효과와 소송법의 공법적 성격

형법의 범위에서의 법률효과인 형벌과 보안처분 또는 소송법이나 행형법상의 강제처분은 모두 국가의 공권력에서 기인한다. 형사소송법도 다른 모든 소송법과 마

---

12) Frister, 1/4.
13) Baumann/Weber/Mitsch, § 3 Rdnr. 70; Jescheck/Weigend, § 3 I.
14) 독일형법 제46a조 Täter-Opfer-Ausgleich(행위자·피해자 화해제도).

찬가지로 공법에 속한다. 실체법이 실현되기 위해서는 이를 실현하는 도구로서의 소송법이 필요하다. 실체법으로서의 민법 혹은 형법의 단순한 존재만으로는 법은 실현될 수 없다. 특히 당사자에게 자구행위나 민법상의 자력구제마저 허용하지 않는 경우에는 더욱 그러하다. 예컨대 채무자가 채무변제를 하지 않는다고 하여 채권자가 직접 채무자를 상대로 하여 그 청구권을 스스로 집행할 수 없다. 이는 법적으로 허용되지 않을 뿐 아니라 허용된다고 하더라도 채무자가 협조를 하지 않는 한 사인으로서 이를 집행할 현실적 가능성은 매우 적은 것이 일반적이기 때문이다. 따라서 채권자는 민사소송이라는 공적 절차를 통해 자신에게 정당한 청구권이 있음을 확증받고 승소의 경우 그에 따른 강제집행이 이루어지도록 해야 한다. 즉 공권력의 도움을 받아야만 하는 것이다.

형사소송도 이와 유사하다. 검사와 판사 등 사법기관은 특정 행위에 대한 국가의 형벌청구권이 존재하는지를 확인하고, 존재가 확인된 경우에 이를 법적 절차에 따라 실현하는 것이다. 국가의 형벌요청권이라는 공법적 성질에서 형사소송의 주요 원칙들이 형성된다.

2. 행위형법과 책임형법

형사제재를 위해서는 구체적인 유책한 행위와 결과가 있어야 한다. 처벌의 대상이 되는 미수범의 경우에도 행위객체가 침해되었다는 물리적 결과는 존재하지 않지만 범죄적 의사를 가지고 적어도 실행에 착수함으로써 법익평온상태를 교란했다는 평가적 의미에서의 형법적 결과는 존재하는 것이다.

1) 행위형법과 행위자형법의 구분

범죄란 행위자의 범행의사를 외부세계에 표출하는 행위로서 귀속주체인 범인의 인간성과 전혀 무관한 것은 아니다. 범죄행위는 범인의 인간적 유형과 장래의 범죄적 잠재력을 표시해 주는 인간의 작품이기도 하기 때문이다. 입법자는 이에 따라 처벌의 요건을 행위표지(行爲標識)에 따라 정할 것인지 행위자의 범죄적 생활유형에 따를 것인지를 선택할 수 있다. 그중 형벌을 위법한 행위의 표지에 따라 부과하도록 정하는 것을 행위형법(Tatstrafrecht), 범인의 생활유형의 위험성에 따르도록 하는 것을 행위자형법(Täterstrafrecht)이라 한다.[15] 행위형법에서는 범인에 의해 실행된 행위, 즉 법익침해라고 하는 외부세계의 변화의 전제가 되는 행위가 형벌의 근거가 되고 동시에 가장 중요한 양형의 기준이 된다. 반면에 행위자형법은 범인의 고유한 성질(유형)을 본질적인 양형관점으로 삼는다.[16]

생각건대 행위가 아닌 행위자의 인간적 성질 때문에 행위자를 처벌한다면 양형에 있어서 법익침해의 정도가 아닌 행위자의 범죄의사가 그 기준이 되어야 할 것이다. 그렇다면 범죄실행과 법익침해에 대해서는 고려할 이유조차 없게 된다. 따라서 행위자의 인간적 유형을 형벌의 근거로 삼거나 혹은 심지어 형벌의 출발점으로 보게 되는 극단적 행위자형법은 심정형법에 근접하는 만큼 지양되어야 한다. 반면 처벌의 요건은 행위로 확정하되 양형에서만은 행위자의 인간성이 충분히 고려되어야 한다는 제한적 행위자형법은 논의의 대상은 된다.[17]

자유법치국가원리에 입각한 우리 형법은 본질적으로 행위형법의 입장을 취하고 있다. 우리 형법이 미수범의 경우 감경처벌가능성을 인정하는 부분에서 행위형법의 성격을 확인할 수 있다. 순수 행위자형법의 입장이라면 미수와 기수를 완전히 동일시할 수밖에 없다. 행위자의 범죄적 심정은 행위가 기수에 이르렀건 미수에 그쳤건 동일하고 기수에 이르지 못한 것은 단지 범인에게 우연히 운이 따르지 않았을 뿐이기 때문이다. 반면 행위형법의 관점에서는 원칙적으로 기수의 법익침해만이 처벌의 대상이 된다.

우리 형법에서의 행위자형법적 성질은 행위자의 인간성이 고려되는 양형조건에 관한 규정, 작량감경규정, 누범과 상습범의 가중규정, 불능미수범처벌규정 및 보안처분제도 등에 예외적으로 있을 뿐이다.[18] 즉 우리 형법은 행위자의 나쁜 의도나 심정을 처벌하게 되는 극단적 행위자형법을 회피하고 단지 행위를 처벌하는 것을 원칙으로 하되 행위자의 인간성을 양형에서 고려하는 등의 제한적 행위자 형법은

---

15) Jescheck/Weigend, § 7 III 1.
16) 행위자형법이론의 창시자로 일반적으로 v. Liszt를 든다. 그는 형벌을 받게 되는 인간으로서의 범인을 주목할 것을 요구했다. v. Liszt에 의해 시작된 사회학파 혹은 근대학파는 독일형법의 발전에 매우 의미 있고 긍정적인 영향을 끼쳤다. 이 학파의 요구는 이미 1871년의 독일형법의 부분개정에서 상당부분 실현되었다.
17) Baumann/Weber/Mitsch, § 3 Rdnr. 81.
18) 김일수/서보학, 60면. 독일의 현행법도 이와 유사하며 순수한 행위자처벌규정의 예는 존재하지 않는다. Jescheck/Weigend, § 7 III 2.

인정하고 있다.

2) 책임형법

행위자를 처벌할 수 있기 위해서는 위법한 행위에 행위자의 책임이 뒤따라야 한다. 책임 없이는 처벌도 없다(nulla poena sine culpa). 처벌전제와 관련해서 우리 형법은 행위형법 외에 책임형법으로서의 성격을 인정한다. 책임은 처벌의 법적 전제일 뿐 아니라 법률효과의 특수성과도 밀접한 관련성을 갖는다.

형법은 형벌이라는 법률효과 외에 보안처분을 인정하는 이원적(二元的) 법률효과 체제를 갖추고 있다. 심신상실자나 약물중독자가 범죄를 저지른 경우에는 책임이 결여되어 형벌이 부과될 수 없으나 행위자의 사회에 대한 위험성은 여전히 남을 수 있다. 법사회는 이러한 사람으로부터의 위험성이 구체화되는 것을 방지할 의무가 있다. 형벌도 본래의 기능은 아니더라도 부차적으로는 행위자의 위험으로부터 사회를 보호하는 기능을 갖는다. 그러나 책임의 범위를 초과하여서는 부과될 수 없는 형벌은 이러한 정신이상자에게 적용될 수 없고, 또한 적용된다고 하더라도 이들의 위험을 제거하는 데는 한계가 있다. 곧 형벌로는 사회방위의 기능을 다하지 못하므로 형법은 이를 보완하고자 보안처분의 가능성을 마련하고 있다. 다만 형벌과 보안처분이라는 두 가지의 법률효과를 인정하는 이원주의에 대해서는 보안처분에도 형벌적 해악성의 효과가 있고 당사자의 입장에서는 통절한 법적 제재조치가 될 수 있으므로 법률효과를 형벌에 한정해야 한다는 일원주의 입장에서의 반론이 지속적으로 제기된다.

제 2 절 형법의 구성

넓은 의미의 형법은 실체법으로서의 형법, 절차법으로서의 형사소송법, 형벌을 집행하는 법으로서의 형집행법 등 세 가지 영역을 포함한다. 넓은 의미의 형법학은 위 세 가지 분야에 대한 문제 외에 실제학문으로서의 범죄학 및 형사정책학을 포함한다.

I. 형법(실체법)

실체법으로서의 형법(materielles Strafrecht)이란 처벌될 수 있는 행위를 열거하고 처벌의 조건 및 적용될 수 있는 형벌이나 보안처분의 종류와 크기(형법 제41조, 제62조의2), 그 밖의 부수적인 법률효과, 양형의 기본원칙 등을 구체적으로 규정해 놓은 형벌법규를 통틀어 일컫는 말이다.[1] 실체적 형법을 통해 국가형벌권의 한계가 정해진다. 즉 실체적 형법의 범위 안에서만 국가형벌권은 작동되므로 이것은 국가형벌권이 넘을 수 없는 경계가 된다.

실체적 형법은 형법전뿐만 아니라 실질적 의미의 형법규정을 담고 있는 폭력행위 등 처벌에 관한 법률, 특정범죄 가중처벌 등에 관한 법률, 보안관찰법(구 사회안전법), 도로교통법, 그 밖에 각종 세법, 공무원법 등 수많은 부수형법을 포함한다. 그중 1953년 9월 18일에 법률 제293호로 제정·공포된 형법전을 형식적 의미의 형법 또는 협의의 형법이라 한다.

형법전은 입법기술상의 필요에 의해서 총칙(제1조-제86조)과 각칙(제87조-제372조)으로 구분된다. 18세기 중엽부터 이미 모든 유럽의 형법전은 총칙 부분을 담고 있었다. 그중 19세기 유럽의 형법입법의 모범이 되는 것은 1810년의 프랑스 형법전의 총칙이었다.[2]

총칙과 각칙의 구분에는 형식적 의미와 실체적 의미가 있다. 총칙은 형식적으로 각칙의 모든 규정들에 대해 의미 있는 일반적 규율을 모아 놓은 부분에 해당되며 각칙의 범위를 넘어서는 독자적인 새로운 불법을 규정짓지는 않는다. 즉 개개의 범죄행위에 공통적으로 관련될 수 있는 고의, 인과관계, 위법성조각사유, 책임조각사유, 과실, 미수, 공범 등의 문제를 다룬다.

실체적으로 각칙은 개개의 범죄에 대한 기술(記述)을 통해 형법적 불법의 근거를 제시하고 한정짓는다. 곧 각칙에 언급된 행위만이 불법을 성립시킬 수 있고 그렇지 않은 행위는 불법적인 것이 아니다. 이는 각칙의 규정은 불법의 제한적 열거에 해당함을 의미한다. 각칙에서는 더 나아가 해당 불법에 대한 법적 효과로서 부과될 형벌의 종류와 범위를 제시한다. 형법의 보장적 기능의 일부(관습법 적용금지, 유추

---

1) Jescheck/Weigend, § 3 II 1.
2) Jescheck/Weigend, § 3 III 1.

적용의 금지 등)는 각칙의 구체적 구성요건에 관련하여서만 의미가 있을 수 있다.

II. 형사소송법(절차법)

법치국가의 범주 안에서는 국가의 형벌권을 실제적인 범법행위에 구체적으로 적용하고 실현하기 위해서 법적인 절차가 필요하다. 즉 인지된 범죄를 수사하고, 그 실체를 밝혀내어 소추·심리·판결하여 그에 상응하는 형벌을 선고하고, 나아가 부과된 형벌을 집행하기 위한 공적인 절차가 요구되는데, 이러한 절차를 규정하는 법률체계가 형사소송법인 것이다. 형법이 형벌권의 발생요건을 정하는 법률이라고 한다면 형사소송법은 형벌권을 실현하기 위한 법률이다. 형사절차법의 대표적인 예는 형사소송법이라 할 수 있으며 그 외에 형사소송규칙, 법원조직법, 검찰청법 등도 이에 속한다.

형사소송법이 가지는 현실적 의미는 첫째로 실제적 범죄행위에 대한 일련의 정해진 절차에 따른 판결을 통하여 범죄행위로 인해 침해된 법사회의 평온을 회복한다는 점이고, 둘째로 형법이 정한 형벌권을 실현하는 과정에서 국가권력에 의한 불법이나 부정의(不正義) 혹은 오류가 개입될 가능성을 되도록 배제하여 형사사법에 의한 정의를 실현한다는 데 의미가 있다. 즉 수사와 심리의 과정에서 피의자 혹은 피고인의 인격 및 인권을 부당하게 침해하지 않는 범위에서 실체진실을 밝히고 사법경찰, 검사, 판사의 부당한 폭력이나 독단, 자의 등을 배제하기 위한 장치로서의 의미를 갖는 것이다.

III. 형집행법

형집행법은 벌금형, 자유형, 생명형 등 형벌 및 보호관찰처분, 치료감호처분, 보안관찰처분과 같은 보안처분에 관한 판결의 개시, 집행, 종료 등을 규율하는 모든 법규범을 말한다. 여기에는 교도시설 내에서의 징역형, 금고형 및 노역장유치와 구류형을 받은 자의 수용, 교육과 교회(敎誨), 급여, 작업, 처우, 휴대금품의 영치(領置), 가석방과 석방 등에 관하여 정한 행형법이 속한다. 소년범의 형집행을 위해서는 성인과 구별하여 특별히 보호하기 위한 별도의 규정이 소년법에 마련되어 있다.

제 3 절 형법의 발달

I. 형법발달의 시대적 구분

형법의 발전과정은 복수형(復讐刑)시대, 위하형(威嚇刑)시대, 형벌의 박애시대, 과학화시대 등으로 구분할 수 있다.[1] 원시종교나 미신적 사회규범에 의한 지배를 받던 원시시대를 거쳐 고대시대에 들어오면서 공형벌제도가 발달하기 시작했다. 복수형시대라 할 수 있는 이 시대를 대표하는 법문화로는 바빌로니아의 함무라비 법전(재위 B.C. 1792 – 1750)을 들 수 있다. 절대왕권사상에 입각한 이 법전은 "눈에는 눈, 이에는 이"라는 동해보복(同害報復)의 원칙(Lex Talionis)을 표방하며 왕명불복종, 간통, 강도, 노예은닉, 위증, 무고 등에 대해서는 사형을 규정하는 내용을 담고 있다. 이와 더불어 인간존중사상을 기본원리로 하는 속죄형제도(贖罪刑制度)가 등장하게 되었다. 이는 범죄자에게 동해보복을 하는 대신 피해자에게 곡식, 가축, 노예 등을 속죄물로 제공하게 하거나 사회공동체에 속죄금이나 평화금을 물게 하는 제도였다.

신성로마제국의 영향하에 있던 중세 유럽에서는 기독교적 세계관의 형성으로 교회법의 지위가 강했으며, 1532년 카롤리나 형법전이 제정되어 전 독일국가에 적용되었다. 이 당시의 국가형벌권은 통치권을 확립하고 강화하기 위한 수단으로 행사되었다는 점에서 위하시대(威嚇時代)라 일컫는다. 그 이후 Feuerbach, Kant, Hegel 등 계몽주의 철학자들에 의한 박애시대를 거쳐 v. Liszt, Binding, Birkmeyer 등으로 대표되는 과학화시대로 접어들게 되었다. 이 시대에서 국가가 형벌권을 행사함에 있어서 형법의 기계적 적용으로 만족하지 않고 범죄자의 인권을 최대한 보장하는 범위에서 그의 재사회화를 촉진하며, 나아가 효율적 사회방위에 기여할 수 있는 형사처분의 개별화 방안을 구상하기에 이르렀다.

II. 복수형시대

인류문명의 발전이 사적(私的) 형벌에서 공적(公的) 형벌로의 변천을 가져온 것은

---

1) 임웅, 12면.

결과에 있어 무척 다행스런 일이다. 게르만 민족이동이 끝날 무렵인 6세기경의 게르만법에서 형법은 관습법적·사적 형법의 성격이 지배적이었다. 가족, 씨족 또는 종족의 규율에 따라 개인의 법적 지위가 정해졌으며 씨족사회에서는 가부장이 형벌권을 행사했다. 씨족과 씨족 간의 살인행위 등과 같은 중대 범죄행위에 대해서는 공권력에 의한 조정 대신 씨족의 최고 주요인물을 중심으로 거듭된 세대에 걸친 보복과 복수행위가 연속되었다. 끊임없는 보복과 복수로 인한 희생과 분쟁을 끝내 종결짓기 위해서 당사자 간에 화해조약 혹은 화평협정이 체결되고 이는 복수단념 서약이나 맹세를 통해 뒷받침되었다. 전시반역죄나 종족단체에 대한 제례적(祭禮的) 악행에서처럼 공동체에 대한 해악의 성격이 있는 범행에 대해서는 공동체에 의한 형벌이 이루어졌으며, 그렇지 않은 경우에는 당사자 간의 배상금(Wergeld) 혹은 속죄금(Buße)의 지불로 마무리되었다.

프랑크 시대에[2] 접어들어 국가권력이 강화되면서 범죄행위를 피해자에 대한 속죄금 혹은 관헌에 대한 벌금(Friedensgeld)의 납부로써 처벌할 수 있는 가능성을 마련하는 법률이 제정되는 등 형벌의 공적 성격이 강조되기 시작했다. 아직 관습법적인 사적 형벌이 존속하긴 했으나 그 외에 공적 형벌도 차츰 자리 잡기 시작했다. 국가권력의 형성과 함께 왕권, 공공의 평화와 종교가치 등 국가와 일반의 이익을 위해 보호되어야 할 법익들이 형성되었고, 이러한 법익에 대한 침해는 공적 형벌을 통해 보호되어야 했기 때문이다.[3] 형벌권은 도시단위 혹은 그보다 좁은 영역의 지배자들에 분산·귀속되었고 이로써 사형벌(私刑罰)이 공형벌(公刑罰)로 대체되는 비율이 높아졌다. 여기에는 교회법의 영향도 크게 작용했다.[4] 그 당시의 형사절차에는 임의성이 배제되지 않았고, 중죄에 대해서는 생명형이나 신체형의 형벌이 부과되고 경죄에 대해서도 낙형(烙刑), 장형(杖刑) 또는 예컨대 명예훼손죄에 대해서 혀절단형을 부과하는 등 응보와 해악, 잔인성이 본질적이었다.

---

2) Chlodwig(482–511)가 Merowinger 왕국을 세운 후로부터 서기 843년의 Verdun 조약체결시까지로 본다. Jescheck/Weigend, § 10 II.
3) Jescheck/Weigend, a.a.O.
4) Jescheck/Weigend, § 10 III.

III. 중세의 형법

중세는 한편으로는 형법발달의 지체 혹은 후퇴의 시기이자 다른 한편으로는 면밀한 형법의 형성을 위한 중요한 전기가 있던 시기였다. 11세기에 들어서 특히 교황과 황제 간의 성직임명권에 대한 다툼으로 국가권력이 약화되자 형벌은 재차 사형화(私刑化)되고 사적 재판(Selbstjustiz)이 부활되는 결과로 이어졌다. 당시에 국가권력은 "신의 평화(Gottesfrieden = 특정한 사람들에 의한 기간을 정한 평화협정)"나 "란트평화령(Landfrieden)"이라는 제도를 통해서 공적인 형사사법을 관철하고자 시도했다. 1495년 Worms지방의 사투(私鬪)를 형벌로써 금지하는 "영구 란트평화령 (Ewiger Landfrieden)"의 선포 이후에 사투는 차츰 극복되었다. 이는 특정 지역의 지배자가 자신의 법적 권한의 실행에 폭력행사를 포기한다는 계약에 의한 협정을 이르는 것으로서 이것은 사적인 폭력행사 없이 법을 실현할 수 있는 정치적 기초가 되었다.

13세기에 들어 법의 성문화 작업이 활발히 이루어지기 시작했는데 이 중 가장 대표적인 것으로 Sachsen의 귀족이었던 Eike von Repgow가 개인적으로 작성한 "Sachsenspiegel"[5] 혹은 "Schwabenspiegel" 등을 들 수 있다. 이러한 사적 법전들은 광범위하게 인정되어 실제로 법률로서의 역할을 담당하게 되었다. 이들의 출발점은 시종 "행위가 사람을 죽인다"라는 원칙에 근거한 결과귀책(Erfolgshaftung)이었다.

독일형법의 발전은 15 – 16세기에 와서야 비로소 로마법 – 교회법 – 이탈리아법의 계수를 통해 큰 전기를 맞게 되었고 이로써 형법의 일반적 학설에 대한 이론적 완성을 보게 되었다. 사법(私法)의 경우와는 달리 형법의 계수는 관습법적으로가 아니라 입법행위를 통해 이루어졌다. 이 시기에 작성된 대표적 형법전으로 1532년 제정된 Karl 5세의 Constitutio Criminalis Carolina를 빼놓을 수 없다. 이른바 이 Carolina 형법전은 1507년 Bamberg의 법관이었던 Freiherr von Schwarzenberg 의 업적인 Constitutio Criminalis Bambergensis에 기초하여 만들어진 것으로 최초의 독일제국형법전이었다. 이것은 물론 Salvator약관(Salvatorische Klausel)에 의해 란트법(Landesrecht)에 비해 단지 보충적인 것으로만 인정되었다. 즉 이 제국법

---

5) 작센의 거울이라는 의미로 작센란트법에 해당하는 법전이다.

은 Landesrecht의 효력적 우위를 넘지 못했다.[6] 그럼에도 불구하고 Carolina 형법
전은 그 내면적 권위의 덕으로 17세기까지 독일형법의 기초로 이어져 왔다.

Carolina 형법전의 중요한 형법적 위업은 다음과 같다. ① 형벌의 사적 성격을
극복하고 궁극적으로 공적 성격을 관철시킨 것, ② 범죄구성요건의 명확한 윤곽의
형성, ③ 책임귀책(Schuldhaftung)에 의한 결과귀책(Erfolgshaftung)의 배제, ④ 미수
의 정의, ⑤ 공범이론의 진보 등이다. 이러한 발전은 물론 17세기에 그 당시의 혼
란과 야만성으로 인해 잠시 지체되었다. 특히 구성요건이 제멋대로 확장되거나 유
추적으로 적용되었다. 즉 법관의 권위에 의해 구성요건의 한계가 와해되었다. 다만
이 시대에 있어서 긍정적으로 받아들일 수 있는 것은 Carolina 형법전의 가혹한 형
벌이 차츰 완화되고 그 대신 자유형의 비중이 증가되었다는 사실이다. 1595년에
Amsterdam에 최초의 감옥이 세워졌다는 것도 이러한 시대상을 반영하는 것이라
할 수 있다.

IV. 근대 계몽기와 그 이후의 형법

18세기에 들어 특별형법전들이 Carolina 형법전을 대체하기 시작했다. 이 당시에
주류를 이루었던 계몽정신은 형법의 합리화(법을 통한 법관의 구속)와 형벌의 인도주
의화를 이루는 기초가 되었다. 이러한 계몽주의적 이념의 토대 위에서 1813년에
Paul Johann Anselm von Feuerbach가 Bayern주(州) 형법을 작성함으로써 근대형
법의 기초를 세웠으며 이 형법으로 진보적인 법실증주의의 시대가 시작되었다. 이
형법전의 본질적 표지(標識)는 ① 구성요건의 정확한 서술, ② 형벌의 일반예방주의
(심리강제설), ③ 엄격한 유추적용금지(nulla poena sine lege), ④ 개념적 명확성, ⑤
체계적 구성 등이다. 그 이후 특히 1851년의 프로이센 형법 등 몇몇 특별법들을 거
쳐 1871년의 독일제국형법전(Reichsstrafgesetzbuch)이 제정되기에 이르게 되었다. 이
법전은 몇 차례의 개정을 통한 본질적 변경을 거쳤으나 그 근간은 오늘날에까지 적
용되고 있다.

---

6) Baumann/Weber/Mitsch, § 6 Rdnr. 3.

V. 우리나라 형법의 발전

한서지리지(漢書地理志)의 연조(燕條)는 고조선시대에 형법에 해당하는 8조금법이 있었다고 전한다. 이는 범금팔조(犯禁八條)라고도 하는데 그 중 살인죄는 사형, 상해죄는 곡물배상, 절도죄는 노비로 삼는 것을 원칙으로 하나 50만전의 자속(自贖 : 배상)으로 대체가 가능하다는 3개조의 내용만이 오늘날 전해진다.

고려시대에는 당나라의 당률(7세기)을 계수한 고려율이 있었으며 조선시대에는 명나라의 대명률(14세기)이 계수되었다. 경국대전은 조선 건국 초의 법전인 경제육전(經濟六典)의 원전과 속전, 그리고 그 뒤의 법령을 종합하여 만든 통치의 기본이 되는 통일법전이다. 세조는 즉위 후 법령들 간의 모순이나 미비점 등의 결함이 발견될 때마다 속전을 간행하는 편찬방법을 피하고 당시까지의 모든 법을 전체적으로 조화시켜 만세성법(萬世成法)을 이루기 위해 육전상정소(六典詳定所)를 설치하여 1460년에 호전(戶典)을 완성하고 이듬해에 형전(刑典)을 완성하여 공포·시행했다. 경국대전 이후 속대전(續大典), 대전통편(大典通編), 대전회통(大典會通) 등이 편찬되었으며 1905년에는 대전회통, 대명률, 갑오경장 이후의 신법 등을 참조하여 형법대전이 편찬되었다.

1911년 이후 일제의 강점으로 인해 우리나라는 일본형법을 의용하는 처지가 되었다. 일본형법은 원래 프랑스 형법을 본받았던 것을 그 이후 1871년의 독일제국형법을 참고하여 수정된 것이었다. 해방 이후 1953년에 독일형법, 일본개정형법가안 등을 참조하여 현행형법이 제정되었고 오늘날까지 크고 작은 개정이 이루어지고 있다. 현행형법은 독일제국형법을 참고한 구 일본형법의 큰 틀을 벗어나지 못함으로 인해 독일제국형법이 우리 형법의 모태가 됨을 부인할 수 없다.

1894년의 갑오개혁을 통해서 서구적 근대법체계의 점진적 계수가 시작되었고 일제치하에서 일본을 통하여 근대법체계가 전폭적으로 계수됨으로 말미암아 19세기까지 이어져 내려오던 우리의 전통적 법체계는 그 맥이 단절되고 말았다고 할 수 있다. 해방 이후에도 대륙법을 중심으로 한 외국법의 무분별한 수입도 피할 수 없는 것이었다. 그렇다고 하더라도 오랜 세월 동안 민중의 삶 속에 용해되어 객관적 법을 구체화한 기존의 법의식이나 사상마저 소멸되어 버리는 것은 아니고, 그 존재는 사회저변이나 민중의 의식 속에 유기적으로 살아 움직이며 새로운 시대의 새로운 법체계에도 영향을 미친다는 사실을 부인할 수 없다. 결국 전통적 법의식과 법체계의 변천에 대한 고찰을 통해서 앞으로의 실정법체계에 우리의 전통적 법의식을 반영하고 계승하는 방법과 방향을 찾아 나가야 할 것이다.

제 4 절 범죄의 의미

I. 절대적 · 상대적 범죄개념

1. 절대적 범죄개념

한 국가의 후천적이고 인위적인 법질서와 무관하게 어느 시대, 어느 사회를 막론하고 보편적으로 범죄로 인정될 수 있는 행위, 곧 자연적 의미의 범죄개념을 절대적 범죄라고 한다.[1] 인간은 자연법과 함께 이 절대적 의미의 범죄개념을 찾으려는 노력을 기울여 왔다. 만약 이러한 범죄개념이 존재한다면 여기에 근거를 두고 제정한 형법은 영원불변할 것이고 어느 국가에서도 통용될 것이므로 모든 국가 혹은 사회가 저마다 고유의 형법을 제정하고 연구할 필요성이 없을 것이나 그러한 절대적 의미의 범죄개념은 존재하지 않는다고 보아야 한다.

2. 상대적 범죄개념

어느 국가에서 일정한 법질서에 의해 범죄라고 규정된 범위 내의 행위만이 상대적 개념의 범죄가 된다. 실제로 현재 그 나라에서 적용되는 형법이 금지하는 행위만이 범죄가 된다고 해야 한다. 각 사회의 일반적 인식에 따라 범죄에 대한 관념은 다르고, 같은 사회라고 하더라도 시간과 환경의 변화에 따라 범죄관념은 끊임없이 변하게 된다. 따라서 상대적이라는 개념에는 시간적 의미와 공간적 의미가 포함된다. 예컨대 예전 독일형법은 제175조에 남자끼리의 동성애 행위의 금지규정을 두고 있었으나 1994년의 제29차 형법개정법을 통해 삭제되어 현재는 존재하지 않는

---

1) 배종대, [2] 2.

다. 이 행위는 우리 형법과 비교하면 공간적 개념의 상대적 범죄였으며 폐지된 현재의 독일 실정법과 비교하면 시간적 개념의 상대적 범죄이다.

II. 형식적 · 실질적 범죄개념

형식적 의미의 범죄란 실정법이 범죄의 성립을 위해 요구하는 모든 본질적인 형식적 요건을 충족시키는 행위를 의미한다. 말하자면 특정 범죄구성요건에 해당되며 위법하고 유책한 행위가 형식적 의미의 범죄이다.

반면에 실질적 의미의 범죄는 실정법의 존재에 앞서 혹은 이와 무관하게 불법과 책임의 실질적 내용을 염두에 둔 개념으로서, 법적으로 보호될 가치가 있는 법익의 침해와 불가분성이 있기 때문에 (사회의 평온상태를 유지하기 위해서) 처벌의 당위성과 필요성이 인정되는 행위를 말한다.[2] 형법입법자는 이러한 개념을 토대로 보충적 의미를 가지는 형법으로써 어떠한 행위를 처벌하고 어떤 행위를 허용해야 할지 그 한계를 정하게 된다.

헌법은 인간의 행동의 자유를 보장한다. 따라서 헌법의 하위법인 형법이 일정한 행위를 형벌로 금지하는 데에는 엄격한 제한이 요구된다. 즉 인간의 평화로운 공동체생활을 보장하기 위해 형벌에 의한 법익보호가 불가피할 때에 한해서 일정한 법익침해행위는 금지되고 처벌되어야 한다. 처벌의 대상은 인간이고 인간은 우선 그의 행위에 의해서 평가될 수 있다. 그 행위는 실체적 불법을 포함하는 것이어야 한다. 실체적 불법이 무엇인가 하는 질문에 대한 답은 실정법과는 무관한 실질적 범죄개념이 무엇인가 하는 문제에서 출발한다.

법의 임무는 각 개인이 동등한 자격으로 자신의 인격을 펼칠 수 있는 조건을 형성하고 보장하는 것이라고 본다면 실질적 불법은 평등한 인격발현의 조건을 해하는 행위이다. 그러나 이러한 의미의 행위가 발견되었다고 하더라도 실정법의 테두리 밖에 놓여 있을 때에는 실제적으로 아직은 범죄가 되지 않는다. 법치국가에서는 실정법의 지배를 받을 수밖에 없고 실정법은 그 최고규범인 헌법에 구속되어야 하기 때문이다. 다만 실질적 범죄개념은 행위에 대한 평가를 통해 형법상의 범죄행위를 비범죄화 한다든지, 반대로 형법상의 비범죄행위를 범죄화 할 필요성이 나타날

---

2) Sch/Sch/Eser, § 12 Rdnr. 21.

때 실정법의 개정을 위한 기초적 판단자료가 된다는 의미를 지닌다.

제 5 절 형법의 기능

형법이 사회에 대하여 가하는 영향과 작용을 형법의 기능이라고 한다. 형법은 여러 가지의 기능을 가질 수 있겠으나 대체로 다음의 세 가지 기능으로 대별할 수 있다.

I. 규제적(규율적) 기능

형법은 일정한 행위를 범죄로 규정하고 이러한 행위에 대하여는 형벌 또는 보안 처분의 제재를 가할 것을 선언함으로써 그 행위에 대한 국가의 규범적 입장을 밝히는 작용을 하는데 이것이 형법의 규제적 기능이다. 이러한 행위를 반가치적인 것으로 평가하는 형법의 태도는 일반 국민에 대해서는 행위규범의 준수에 대한 명령이 되며 자신이 행하고자 하는 행위에 대한 평가기준, 즉 의사결정규범이 된다. 동시에 사법기관에 대해서는 사법활동의 기준을 제시하는 재판규범이 된다.

II. 보호적 기능

형법은 일정한 행위를 범죄로 규정하여 처벌함으로써 그러한 행위로 인하여 침해될 수 있는 일반적, 개인적 이익 및 사회윤리적 행위가치를 보호하게 된다. 이러한 형법의 보호적 기능은 다른 법영역의 보호기능과는 성격을 달리한다. 예컨대 타인의 재물을 고의로 손괴한 경우 민법에 의한 손해배상청구권만으로는 법익 혹은 법질서를 만족스럽게 보호할 수 없다. 돈이 많은 사람에게는 어떠한 재물이라도 마음대로 손괴할 수 있는 가능성이 주어지며 또한 벌금이나 손해배상을 지불할 능력이 없는 자에게도 마찬가지이기 때문이다. 그리고 손해배상이 이루어졌다고 하더라도 재물이 손괴되기 이전의 상태로 원상회복되는 것이 아니라 법익은 침해된 상태로 계속 유지되는 것이다. 그러므로 사회공동체의 가치와 법적 평화의 유지에 관한 공동체적 이익을 보호하기 위해서는 일정한 사회적 해악을 가져오는 행위양식을 손해배상의 문제로 해결하는 단계를 넘어 형벌에 의한 위하를 통해 금지해야 할 필요성이 나타난다.

이렇게 형법을 통하여 보호되는 이익을 보호법익이라고 하며 그 주체에 따라 개인적, 사회적, 국가적 법익으로 나눌 수 있다. 형법 각칙도 이를 기준으로 편성되어 있다. 국가의 존속 및 국가의 자유롭고 민주적인 질서유지, 국가의 비밀유지, 공무원의 청렴성 등의 가치가 국가적 법익에 포함되며, 화폐거래의 안전성, 문서의 신용성 등은 사회적 법익이다. 개인의 생명, 신체의 불가침성, 신체적 자유, 명예, 소유권, 재산 등은 개인적 법익에 해당한다.

III. 보장적 기능

형법은 범죄되는 행위를 열거하여 특정한 행위를 하지 말 것과 예외적으로 특정 행위를 행할 것을 의무지우지만 그 이면에서는 범죄행위의 제한적 열거를 통하여 국가의 형사사법의 무분별한 발동에 제한을 가하는 기능을 한다. 즉 형법에 열거된 행위만이 처벌의 대상으로 한정되며 그 이외의 행위에 대해서는 자유가 보장된다. 비록 사회적 비난의 대상이 되거나 특정 권력이나 권리에 침해가 되는 행위일지라도 형법에 열거된 행위에 포함되지 않는 한 소추되거나 처벌될 수 없으므로 이러한 행위에 대한 일반 국민의 자유는 보장된다.

이러한 보장적 기능으로 인하여 형법을 '시민의 자유의 대헌장(magna charta liberatum des Bürgers)'이라 부를 수 있다. 그리고 범죄행위를 행한 범법자에게도 형법에 규정된 범위 내에서만 처벌받게 되며 그 이상의 어떠한 불이익도 배제될 것이 보장된다. 이러한 점에서 형법은 '범죄인의 대헌장(magna charta des Verbrechers)'이라고도 부를 수 있는 것이다.

제 2 장

형벌과
보안처분

제 6 절 형벌

I. 형벌의 의미

형벌이란 법규범의 명령을 어긴 데 따르는 법률효과이다. Grotius의 정의에 따르면 형벌이란 해악에 대한 응보로서의 가해이다.[1] 오늘날에는 일반적으로 형벌이란 특정 행위가 어느 정도의 불법과 책임을 내포한 행위로서 법질서를 침해한 해악이라는 점에서 형법적 평가에 따를 때 공적으로 승인될 수 없다는 표시로 이해된다. 형벌은 동시에 행위자에게 해악을 부여함으로써 예방적 차원에서 일반적인 법익을 보호하고 법질서를 수호하며 나아가 범인의 재사회화를 꾀하고자 하는 공적 제재 수단으로서의 의미도 갖는다.[2]

형벌은 과거의 범죄행위에 대한 국가의 반응이어야 하므로 미래지향적 예방조치의 목적으로 형벌을 부과할 수 없다. 어떤 사람의 일련의 행위가 그 사람의 사회에 대한 잠재적 위험성을 징표한다고 하더라도 그 위험이 구체화되기 이전에는 형벌

---

1) Frister, 1/1 ff.
2) Jescheck/Weigend, § 2 II 1.

은 가해질 수 없는 것이다. 다른 한편으로 형벌은 범죄에 대한 비난이므로 해악적 요소가 불가피하며 따라서 범인에게 해악적 요소 없이 이익만을 제공하는 성격의 처분은 형벌이라 할 수 없다. 또한 형벌은 법을 근거로 한 국가의 공권력에 의해서만 집행되어야 하므로 이러한 요건을 구비하지 못한 개인에 의한 사형(私刑)은 형벌이 아닌 별개의 범죄 행위에 지나지 않는다.

II. 형벌의 한계

국가는 형벌권의 단독 소유권자이기는 하나 이 권리는 무제한적으로 행사될 수 없다. 법치국가에서의 형벌권에는 책임원칙과 형벌필요성의 원칙에 의해 명확한 한계가 주어진다. 책임원칙에 의한 한계란 특정 행위자가 불법행위의 귀속주체라고 하더라도 그 행위에 형법상의 책임이 인정되지 않으면 처벌이 되지 않으며, 처벌되더라도 책임의 정도를 초과하는 형벌은 부과될 수 없음을 의미한다. 다른 한편으로 처벌은 행위자 자신의 책임에 의한 행위에 한정되며 타인의 책임에 의한 행위로는 절대적으로 처벌될 수 없다는 의미도 담는다. 현재의 법치국가에서는 연좌제는 인정되지 않는다.

형벌필요성의 원칙은 형벌은 범죄행위를 예방하고 진압하기 위한 최후수단으로서의 성격이 인정될 때 부과될 수 있다는 형벌보충성의 원칙과, (예컨대 정신질환에 의해 행위자의 의지와 상관없이 특정한 범죄행위를 반복하는 경우처럼) 형벌을 부과하더라도 형벌 고유의 실효성이 나타날 수 없는 경우에는 형벌은 무의미하므로 배제되어야 하다는 형벌실효성의 원칙을 포함한다.

III. 형벌이론

법익보호와 사회의 평온 및 질서유지를 위해 형법과 형벌은 당연히 존재해야 한다는 점에 대해서는 특별한 이의가 없는 데 반해 법률효과인 형벌이 어떻게 법익보호의 효과를 달성해야 할지에 대해서는 다툼이 있다. 여기에는 형벌의 의미 또는 목적에 대한 질문 자체가 불필요하다고 보는 절대설(정의설)과 이를 부정하는 상대설(목적설)이 대립된다. 그중 상대설은 일반예방이론과 특별예방이론으로 나뉘며,

절대설과 상대설의 중간에서 절충적 입장을 취하는 견해도 존재한다.

1. 응보형주의(절대설)

Kant와 Hegel에 의해서 주장되는 절대설에 의하면 형벌은 어떠한 목적성도 가지지 않는다.[3] 즉 형벌이 부과되는 데에는 특별한 이유가 있는 것이 아니라 단지 범인에 의해 자행된 범죄 혹은 책임에 대한 대가로 조건 없이 따르는 응보이며 보속(補贖)일 뿐이다. 오로지 정의실현의 목적만을 위해서 범인에게 형벌이 부과되는 것이므로 범인이 범죄를 저질렀을 때에는 언제라도 그 목적을 위해서 형벌은 주어져야 한다는 것이다. 처벌이 사회적 관점에서의 긍정적 요소가 전혀 없더라도 이와 상관없이 형벌의 요건이 갖추어진 이상 형벌은 주어져야 한다. 절대설에 따르면 형벌은 범죄자 본인이나 타인, 또는 사회에 선을 유도하기 위한 수단으로 존재하는 것이 아니다. Kant는 형벌에 대한 자신의 이해를 다음과 같이 표현한다. "하나의 시민사회가 모든 구성원의 합의를 통해 해체되는 경우라도 감옥에 갇혀있는 마지막 살인자에게까지 사형집행이 이루어져야 한다. 그래야만 각자는 자신의 행위에 대한 책임을 지게 되고, 범죄자의 피의 대가가 처벌을 강요하지 않은 국민에게 돌아가지 않게 된다. 처벌을 강요하지 않은 국민은 정의의 공공연한 침해의 동참자로 간주될 수 있기 때문이다."[4]

절대설의 입장에서 Hegel은 Feuerbach의 일반예방이론에 대해 이는 개를 몽둥이로 다루듯 인간을 다루는 이론이라고 반박한다.[5] Hegel은 보편의지로서의 법질서를 긍정, 특별의지로서의 범죄를 부정으로 보고 형벌은 이 부정에 대한 부정으로서 이를 통해 침해된 법질서가 다시 회복된다는 주장을 편다. 그러나 그는 Talio원칙에서 벗어나 동해보복(同害報復)의 원칙이 아닌 범죄와 형벌의 등가성의 원칙을 강조했다.

---

3) 그러나 절대설은 이미 Seneca의 "죄를 지었으므로 처벌된다; punitur, quia peccatum est"라는 단순공식으로 거슬러 올라간다. Gropp, § 1 Rdnr. 102.
4) Kant, Metaphysik der Sitten, Allg. Anm. E zu §§ 43 – 49.
5) Hegel, Grundlinie der Philosophie des Rechts, § 99.

2. 목적형주의(상대설)

목적형주의는 절대설과는 달리 형벌을 그 자체가 목적이 아닌 다른 목적을 위한 수단으로서 이해한다. 형벌은 범죄를 방지하고 사회를 보호하고자 하는 목적을 달성하고자 부과되는 것이라고 한다. 목적형주의는 범죄가 존재하더라도 형벌의 목적이 실현되지 않는 곳에서는 형벌이 배제될 수 있음을 인정한다는 점에서 상대설 (relative Theorien)이라고도 한다.

상대설의 관점에서 볼 때 절대설의 견해는 "인간 없는 정의"에 지나지 않는다. 법규범과 법효과는 인간의 공동체생활을 떠나서는 사회적으로든 법적으로든 의미가 없음은 분명하다. 현대 사회에서 극히 일부의 행위만이 최소한 법적인 평가의 대상이 될 뿐이며 인간에 의해 자행되는 대부분의 불법은 버젓이 처벌되지 않은 채 남아 있다. 절대적 도덕성의 실현은 국가의 책무가 아니므로 정의가 침해되는 곳이라면 어디에서든 기계적으로 형벌이 주어져야 하는 것은 아니다. 다만 사회보호를 위해서 필수적인 곳에만 형벌이 주어진다. 즉 형벌은 법적 강제를 통해 평화롭고 안전한 인간의 공동체생활의 기초를 유지한다는 특정한 목적을 염두에 두고 부과되어야 한다는 것이다.[6]

목적형에 대한 논의는 Socrates 이전으로 거슬러 올라간다. 이미 Protagoras도 "처벌한다고 해서 이미 행해진 일을 없던 것으로 돌이킬 수 없는 이상 죄인을 처벌하는 것은 그의 과거의 불법 때문이 아니며, 따라서 처벌은 미래지향적이다. 처벌은 죄인 자신이 다시는 범죄를 반복하지 않게 하거나(특별예방) 이 처벌을 지켜 본 다른 사람이 같은 불법을 저지르기 않게 하기 위함(일반예방)이다"라고 서술한다.[7] 이처럼 목적형주의는 일반예방주의와 특별예방주의를 포함한다.

1) 일반예방주의

일반예방주의 이론은 Aristoteles, Hobbes 등의 위하사상(威嚇思想)에 이어 Feuerbach의 심리강제설로 대표된다. 국가가 범죄를 억제하기 위해 국민 각자에 대해 범죄적 욕구를 표출하지 못 하도록 신체적으로 강제를 가할 수 있다면 이상

---

6) Jescheck/Weigend, § 8 III 4.
7) Baumann/Weber/Mitsch, § 3 Rdnr. 37.

적이겠으나 이는 현실적으로 불가능하므로 심리에 강제를 가하는 수밖에 없다는 것이다. 바로 이성적·타산적 동물인 인간에게 범죄를 범하게 되면 범죄의 쾌락보다 더 큰 형벌에 의한 해악 또는 불쾌감이 따른다는 인식을 주입하여 겁을 줌으로써 범죄행위를 지양시킬 수 있다는 것이다.

2) 특별예방주의

Montesquieu, Voltair, Rousseau, v. Liszt 등은 형벌의 목적은 잠재적 범인에 대한 위하를 통한 일반예방보다는 특히 실제로 죄를 저지른 자에 대한 개선, 교육 또는 위하를 통한 특별예방에 있다고 보았다. 다시 말해 형벌이란 기회범은 재범을 범하지 않도록 위하를 가하고, 개선이 가능한 상습범은 교화하며, 개선이 불가능한 상습범은 사회로부터 격리하여 위험을 차단함으로써 사회를 보호하기 위한 목적을 갖는 것이라고 한다.[8]

3. 합일설

절대설과 상대설 외에 각 이론의 장단점을 상호 보완하여 합리적 형벌이론을 형성하고자 하는 합일설이 많은 지지를 얻고 있다.[9] 합일설은 형벌을 행위책임의 범위 안에서 부과하되 동시에 형벌목적을 염두에 둠으로써 양 이론의 모순점이 조정되어야 한다는 입장이다. 이 이론은 양형과 관련하여 재량여지이론(Spielraumtheorie)이라고 불린다. 책임에 상응하는 형량이 결정되기 위해서는 형벌목적이 참작될 수 있는 특정한 재량의 여지가 마련되어야 하기 때문이다. 독일판례도 이 입장을 취하고 있다.

관련판례

BGHSt 7, 32 : 어떠한 형벌이 책임에 상응하는지는 정확하게 확정하기는 어렵다. 최소한 책임에 상응하는 형벌을 하한으로 하고 책임을 초과하지 않는 최대한의 형벌을 상한으로 하는 범위 사이에서 재량의 여지가 있다. 판사는 상한선을 침범해서는 안 된다. 정도나 종류에 있어서 판사 스스로도 책임에 상응하지 않는다고 생각되는 형벌을 부과해서는 안 된다.

---

8) v. Liszt, Der Zweckgedanke im Strafrecht, ZStW 3, 36 ff.
9) 손동권/김재윤, [§ 2] 21.

> 그러나 그는 이 판단여지의 범위 안에서는 형의 높낮이는 재량껏 결정할 수 있다.10)

형벌의 일차적인 근거는 인적 책임에 대한 보속(補贖)의 필요성, 곧 넓은 의미의 응보에 있다. 그 밖에 부수적으로 개선 혹은 위하의 목적을 위해 형벌은 부과될 수 있다.11) 즉 특별예방과 일반예방은 보충적 성격을 갖는 것으로 보는 것이 옳다.

따라서 범죄를 저지른 자라면 그가 처벌을 받지 않아도 스스로 다시는 범행을 반복하지 않을 것이라고 해도, 혹은 다른 모든 사회구성원이 모범적이어서 위하의 필요성이 없다고 하더라도 처벌이 포기되어서는 안 되는 경우가 있다. 특별예방만을 중시하는 입장이라면 전자의 경우, 일반예방만을 중시하는 경우라면 후자의 경우 처벌은 부정되어야 한다. 보편적 법감각에 따라 이러한 경우 행위자를 처벌한다고 하더라도 이러한 보편적 의미에서의 형벌근거가 일반예방 혹은 특별예방의 요소를 전적으로 부정한다는 의미는 아니다.

다만 가령 마약밀매를 업으로 삼아오면서 많은 사람에게 마약의 폐해를 안겨 준자가 자기 스스로도 마약 중독으로 인해 거의 폐인이 되어 평생 병원신세를 질 수밖에 없게 된 경우에는 처벌할 수가 없다는 결론에 이르러야 하는 극단적 특별예방이론의 집착에서는 벗어나야 한다. 따라서 "형벌을 대체하는 치료"가 아닌 "형벌을 통한 치료"로서의 법률효과가 되어야 한다. 또한 일반예방이론에 지나치게 중점을 두다 보면 개별적 행위자에 대해 자신의 행위책임에 따른 형벌보다는 오히려 범죄발생률에 따른 형벌부과 여부가 평가될 수 있다는 위험성이 있음을 고려해야 한다. 이러한 점이 합일설의 주요논거가 된다.

4. 각 이론에 대한 비판

1) 응보이론

형벌은 책임에 대한 대가일 뿐 다른 목적을 갖지 않는다는 응보이론의 입장을 취한다면 형벌 혹은 범죄자가 이른바 일벌백계 등의 목적을 위한 수단으로 사용될 위험은 크게 줄어든다. 그러나 응보이론은 예컨대 살인에 대해서는 동등한 가치를

---

10) 같은 취지로 BGHSt 20, 266 f; 24, 133 f.
11) 배종대, [4] 57.

가지는 사형으로 책임을 상쇄시켜야 한다고 주장하나, 하나의 법익침해로서의 범죄행위의 악행이 어째서 형벌이라고 하는 다른 법익침해로 상쇄가 되는지 설명하기 어렵다. 또한 이 이론에 의거한 형벌로는 범인의 재사회화나 재범방지의 효과를 기대하기 어렵다.

2) 특별예방이론

특별예방이론에 입각한 형벌의 부과는 범죄자의 재범을 막고 재사회화의 효과를 최대화할 수 있는 장점이 있으나 반면에 이 이론은 재범의 위험이 없는 죄인을 처벌할 근거를 제시하지 못한다. 또한 이 이론을 충실히 따른다면 경미한 범죄자라도 재범의 위험이 없어질 때까지 처벌해야 하므로 경우에 따라서는 책임의 한도를 넘어서 필요 이상으로 형벌이 무한정 확장될 위험성도 있다.

3) 일반예방이론

이 이론이 가지는 가장 큰 장점은 재범의 위험이 없는 범죄자도 처벌함으로써 일반인에게 위하감을 주어 일반인의 잠재적 범죄의식을 억제시킨다는 점이다. 그러나 이에 따르는 형벌은 일반인에 대한 위하가 목적이므로 범죄자의 재사회화에는 소홀할 수밖에 없다. 또한 처벌은 죄인에게 하되 효과는 일반인에게 구하고자 함으로써 범죄자가 다른 목적을 위한 수단으로 전락하게 되며, 그 목적달성을 위해 형벌이 과도해질 수 있어 이에 따라 책임원칙에 충돌되는 부분이 나타날 수 있다.

5. 결론

법익보호 및 사회질서유지라고 하는 형법의 특수임무는 범죄자의 처벌을 통한 위하로써가 아니라 그 이전에 형법규범의 존재와 효력을 통해서 이미 상당부분 달성될 수 있다(위하적 일반예방). 개별적 범죄자에 대한 처벌강화를 통해서 일반예방의 효과를 높이겠다는 사고는 사회질서유지를 위해 범인이라는 인간을 도구로 사용하겠다는 것과 다를 바 없다. 하지만 범죄자를 포함한 모든 인간은 사회질서를 위한 도구가 아니라 그 목적이다. 일반예방의 사고에 의한다면 범죄자 개인은 타인을 범죄피해자가 되는 고통 또는 범죄자가 되어 형벌을 받는 고통으로부터 방지해

주는 대신 자신이 그 고통을 감수해야만 한다. 목적이 아무리 정당하다고 할지라도 법치국가의 법질서는 이러한 목적을 위해 범죄자를 도구로 전락시켜 그에게 이러한 고통을 전가해서는 안 된다.

범죄와 법률효과 사이에 특별예방의 관점을 지나치게 부각시키면 형벌은 행위에 따르는 법률효과라기보다는 행위자의 특수한 형태에 따르는 효과로 보여 질 위험이 있다. 극단적으로 특별예방의 관점에서 말하자면 법률효과로서의 형벌의 부수적 전제는 범죄자에 대한 교육필요성이라고 해야 할 것이다. 그렇다면 이 사회에서 누가 자신에게 교육필요성이 인정된다고 시인하고 자신의 구체적 행위에 대해 이런 전제가 존재한다고 인정할 것인지 의문스럽다.

모든 개별적 사례에서 책임원칙에 따라 형벌의 부과 여부가 확정되고 또한 책임의 정도에 따라 형량이 확정될 때 비로소 형법은 실제의 위하적 일반예방효과를 가질 수 있다. 여기에서도 이 행위책임은 응보의 의미로 처벌되는 것이 아니라 행위자에 의한 속죄의 의미로 해석하는 것이 바람직하다. 속죄란 넓은 의미의 응보에 해당하는 개념이라 할 수 있다. 혹은 양자는 동일체이지만 응보를 형벌권자 관련적 측면이라고 한다면 속죄는 범죄자 관련적 측면이라는 관계로 이해할 수 있을 것이다. 하지만 양자를 엄밀히 구분하자면 행위에 따른 무조건적 반응이라는 의미의 응보와 달리 속죄는 범인이 자신이 행한 행위의 성격을 이해하고 이에 따른 법률효과로서의 형벌에 대한 동의를 한다는 점을 본질로 한다는 데 특징이 있다고 하겠다.

행형은 속죄가능성을 보장하고 열어주는 역할을 해야 하며, 따라서 범죄자의 내면적 회개를 위한 동기부여를 목표로 해야 한다. 물론 행위책임이 가감 없이 바로 형벌로 직결이 될 수 있는 것이 아니며 특별예방의 요소가 맹목적으로 책임의 속죄이론에 자리를 내주어야 하는 것도 아니다. 특수한 경우에는 책임에 상응하는 형벌 대신 얼마든지 개선목적을 위한 처분이 대체될 수 있다.

이와 관련하여 형벌과 관련한 전체로서의 형법의 임무 또는 기능을 존재규범의 임무, 개별적 범죄자에 대한 개별적 처벌의 임무 그리고 행형의 임무로 단계별로 구분해 볼 수 있을 것이다. 다시 말해 형법은 규범의 단순한 존재를 통해 이미 규제적 기능을 수행하며, 구체적 범죄행위가 발생한 경우에는 그 행위자에게 형벌을 부과함으로써 인간의 공동생활을 위한 가치를 보호한다는 목적을 추구한다. 이러한 단계 중 규범의 존재와 관련하여서는 일반예방의 의미에, 개별적 처벌의 경우에는 특별예방의 의미에 상대적 중점을 두어야 하며, 형집행의 경우에는 일반예방의 목적을 극소화하는 반면 특별예방의 의미에 최대한 중점을 두어야 한다.

	일반예방 ↑	특별예방 ↓
규범의 존재를 통한 규제	대	소
개별적 행위에 대한 형법적용	중	중
형집행	소	대

제 7 절 보안처분

I. 의의

범죄자에게 존재하는 사회에 대한 위험성을 제거하기 위해서는 의료적 혹은 교육적 처방 또는 그 밖의 특별한 처방이 필요한 경우가 있다. 이러한 범죄자에 대해서는 형벌을 부과하는 것만으로는 범죄예방 혹은 진압효과를 거둘 수 없다. 더구나 행위자에게 책임이 결여된 경우에는 형벌마저 부과할 수가 없다. 이러한 경우 형벌의 예방적 기능의 한계를 보충해 주고 위험한 범죄행위자에 대해서 의료 혹은 사회교육적 수단을 통해 그 위험성을 제거하기 위해 요구되는 법적 처분을 일컬어 보안처분제도라고 한다.[1] 이러한 의미에서 보안처분은 사회에 대한 위험성이 있는 행위자를 치료·교육·개선을 통하여 재사회화하며 그의 위험으로부터 사회를 방위하기 위한 형벌 이외의 제2의 형사제재로 정의할 수 있다. 보안처분의 등장으로 형사제재의 이원주의(Zweispurigkeit des Strafrechts)가 성립되었다.

보안처분의 역사적 기원은 1794년의 독일의 일반란트법(Das Allgemeine Landrecht)으로 거슬러 올라간다는 기록이 있지만[2] 현대적 의미의 보안처분의 기원이 되는 것은 1893년의 Carl Stooß에 의한 스위스 형법준비초안이라고 할 수 있으며, 1933년 독일의 상습범규제법률[3]에 도입되었다가 1975년 독일형법개정을 통해 일반형

---

1) Jescheck/Weigend, § 9 I 1.
2) Jescheck/Weigend, a.a.O., 각주 5).

법을 통해 시행되기 시작했다.

우리 형법상 보안처분의 시초가 된 것은 1980년에 제정된 사회보호법이었다. 이 법률은 보호감호, 치료감호, 보호관찰의 세 종류의 보안처분을 인정했었으나 2005년 폐지되었다. 그러나 치료감호와 보호관찰은 현행 치료감호 등에 관한 법률(치료감호법)에 승계되었고 그 밖에 다수의 보안처분제도가 여러 특별법에 산재되어 있다.

II. 보안처분의 요건 및 비례성의 원칙

보안처분은 과거에 행해진 범죄행위를 대상으로 부과되는 것이 아니라 범인의 위험성으로부터 사회를 보호하기 위한 목적만을 위해서 주어진다. 따라서 형벌과는 달리 책임에 관련되는 것이 아니라 행위자의 구체적 위험성에 관련된다. 이 구체적 위험성은 형식적 범죄행위를 통해서 확인될 수 있다. 형식적 범죄행위가 존재하더라도 행위자의 책임이 결여되는 사례에서는 형벌은 부과될 수 없으나 보안처분은 부과가 될 수 있다. 다만 구체적인 사례에서 실제적으로 행위자의 위험이 발현되었을 것을 요건으로 한다.[4] 위험성에 대한 추상적 추측만으로는 부족하다.

보안처분은 형벌과 근본적인 성격이 다르고 형벌 그 자체는 아니지만 형벌이 가지고 있는 자유의 박탈 혹은 제한과 같은 해악성이 완전히 배제된 것은 아니므로 무분별하게 부과되어서는 안 되며, 책임원칙이 아닌 수단과 효과 사이의 균형성을 고려한 비례성의 원칙에 의해 실행되어야 한다.

비례성의 원칙은 적합성의 원칙과 필요성의 원칙의 두 가지 하위원칙을 포함한다. ① 적합성의 원칙이란 보안처분 조치는 그로부터 달성하고자 하는 피처분자로부터의 사회보호 및 당사자의 사회복귀라는 목적에 부합해야 함을 의미한다. ② 필요성의 원칙이란 보안처분은 피처분자의 법익을 최소한도로 침해하는 필요불가결한 수단으로서 선택되어야 함을 의미한다. 보안처분은 원칙적으로 그 요건이 되었던 위험이 제거됨으로써 종료된다.

---

3) Gesetz gegen gefährliche Gewohnheitsverbrecher und über Maßregeln der Sicherung und Besserung.

4) Frister, S. 67.

III. 보안처분의 집행방법

1. 일원주의

형벌의 특별예방기능에 과도한 중점을 두는 사고에서 출발하여, 형벌과 보안처분은 근본적으로 성격과 취지에서 차이가 없으므로 형벌을 부과하여 특별예방의 효과를 구하기 어렵다고 인정되는 경우에 형벌 대신 보안처분이 선택되어야 한다는 입장이다. 이 제도는 형벌의 기능에 관한 이론 중 특별예방이론의 이론상의 단점이 현실로 나타날 수 있는 위험성을 안고 있다.

2. 이원주의

형벌과 보안처분은 그 목적과 취지를 달리하는 별개의 것이므로 행위자에게 사회안전의 관점에서 제거되어야 할 위험성까지 인정되는 경우라면 행위에 대한 형벌로써의 응보뿐 아니라 이 위험성을 제거하는 보안처분절차가 별도로 필요하다는 입장이다. 보안처분은 형벌의 보충적 기능을 하는 것에 지나지 않는다고 보기 때문에 양자를 동시에 선고하고 형벌집행이 종료된 후에 보안처분을 집행한다. 예전의 사회보호법 제23조 1항은 이러한 입장을 담고 있었다. 독일은 부분적으로 이 제도를 취하며 이 경우 형집행기간 중에 보안처분의 필요성이 없거나 소멸되었다고 인정되면 보안처분은 집행을 유예한다.

3. 대체주의

책임원칙에 따른 형벌과 행위자의 위험성 제거를 위한 보안처분을 동시에 선고하게 되는 경우에 보안처분을 형벌에 앞서 집행하고 그 기간을 형기에 산입하는 제도이다. 이것을 원칙으로 하는 독일형법은 제67조 제1항 및 제4항에 이러한 내용을 밝히고 있으며 동조 제2항은 만일 형벌 또는 그 일부를 보안처분에 앞서 집행함으로써 보안처분의 목적이 용이하게 달성될 수 있을 경우에는 법원은 그렇게 결정할 수 있다고 규정한다. 우리나라도 치료감호법 등에서 이 제도를 원칙적으로 취하고 있다. 여기에는 행위자의 특수성을 감안한 특별 예방적 목적처분을 형벌에 앞서 우선 실시함으로써 재사회화를 확보하며, 보안처분에도 형벌에 상응하는 해악의 요소가 인정되는 만큼 이 기간을 형기로 환산한다는 합리성이 들어 있다.

제 3 장

형법규범학

제 8 절 형법의 적용범위

I. 형법의 시간적 적용범위

형법의 시간적 적용범위의 문제는 어떠한 시기에 발생한 행위가 형법의 적용대상이 되는가의 문제이다. 형법은 시행된 때부터 폐지될 때까지 효력을 가지므로 그 사이에 발생한 행위에 적용되는 것이 원칙이다. 그러나 행위시와 재판시 사이에 법규의 변경이 있는 경우에는 특별한 문제가 발생한다. 형법 제1조 제1항은 행위 당시의 법이 적용되는 것으로 명시하고 있다. 이에 따라 행위 당시의 법인 구법을 적용한다면 재판 당시에는 이미 삭제되어 없어진 법을 적용하게 되어 이른바 구법의 추급효(追及效) 인정의 문제가 발생되며, 반대로 재판시의 법인 신법을 적용한다면 행위 당시 아직 존재하지도 않았던 법을 적용하게 됨으로써 신법의 소급효(遡及效)가 문제된다.

독일은 이런 경우 행위완료시 적용되었던 법률이 판결 이전에 변경되었을 때에는 가장 가벼운 법률을 적용한다는 규정을 두고 있다.[1] 이때 여러 개의 중간시법

---

1) 독일형법 제2조 제3항.

이 존재한다면 판사는 구체적 사례에서 피고인에게 가장 유리한 법률효과를 가져다주는 법을 가려 적용해야 한다.[2]

　형법의 시간적 적용범위의 문제는 법이 적용되는 대상자에게 가장 유리한 적용이 이루어져야 한다는 원칙의 문제이다. 따라서 형법이 행위 이후에 중한 형으로 변경되었을 때에는 소급적용금지의 원칙에 따라 재판 당시의 중한 법을 행위 당시로 소급해서는 안 된다는 점과, 반대로 법이 가벼운 형으로 변경되었을 때에는 행위 당시까지 확장하여 소급적용한다는 원칙이 고려되어야 한다.

1. 소급적용의 금지

　소급적용금지의 원칙이란 형법은 제정되기 이전의 행위까지 소급하여 적용해서는 안 된다는 원칙으로서 법적 안정성과 국민의 인권보장을 위해 특히 형법상 절대적으로 요구되는 원칙 중의 하나이다.

　이 원칙은 특정한 과거의 행위를 처벌하기 위한 소급입법은 허용되지 않는다는 의미에서 입법의 영역에서 뿐 아니라 행위 이후의 법을 그 이전의 행위에 적용하여 처벌할 수 없다는 의미에서 사법(司法)의 영역에서도 준수되어야 한다는 데에는 이의가 없다. 다만 특정한 행위의 가벌성 여부와 관련하여 행위 당시의 판례와 재판시의 판례의 입장이 변경된 경우에도 이 원칙이 고수되어야 할지에 대해서는 다툼이 있다.

1) 판례변경의 경우 소급효부정설

　행위 당시의 판례에 따르면 불가벌성이 인정되었던 행위에 대해 재판시의 판례가 가벌성을 인정하더라도 당해 사건에 대해서는 가벌성을 인정할 수 없다는 견해로서 소급효금지원칙이 판례와 관련해서도 그대로 유지되어야 한다는 입장이다. 즉 자신에게 유리한 판례를 신뢰하여 행위한 피고인에게 불리하게 변경된 판례를 소급적용하여 처벌하는 것은 사후입법을 통한 소급적 처벌에 상응하는 정도의 법적 신뢰 및 안정성을 해하는 효과를 초래하게 되므로 죄형법정주의원칙에 위배된다는 점을 강조한다.[3]

---

2) 배종대, [16] 9; 대판 1968.12.17, 68도1324.

2) 소급효긍정설

판례는 법원성(法源性)을 갖지 못 하므로 여기에는 소급효금지의 원칙이 적용되지 않는다는 견해이다.4) 이에 따르면 행위자가 행위 당시의 불가벌을 인정한 판례를 신뢰하여 행위를 했더라도 재판 당시의 판례가 가벌성 인정의 방향으로 변경되었다면 이 범위에서는 처벌되는 것이 원칙이다. 판례의 변경은 소급적 처벌 혹은 처벌의 강화라는 의미보다는 기존에 법문 속에 존재하던 입법자의 원래의 의도가 이제야 비로소 올바르게 해석되었다는 의미로 받아들여져야 하기 때문이라고 한다.5) 다만 이전 판례에 대한 신뢰가 금지착오의 요건을 충족시킨다면 책임영역에서 가벌성 배제의 가능성을 열어 두는 것으로 족하다고 본다.6)

사법기관으로서의 법원의 기능은 입법기관이 마련해 놓은 법률을 구체적 사례에 가능한 한 충실히 적용하기 위해 입법자의 진의를 탐구하는 것에 한정된다 할 것이다. 그런데 판례에 대해 소급적용을 부정한다는 것은 법원의 법문에 대한 해석결과에 하나의 새로운 법창조라는 의미를 부여한다는 것이 되며 이는 입법권과 사법권의 경계를 흐리게 하는 결과를 가져오게 되므로 이는 지양되어야 할 것이다.7) 독일에서 판례와 다수의 학자가 취하는 입장이며8) 대법원도 피고인에게 불리하게 변경된 판례의 소급적용을 지속적으로 인정하고 있다.9)

---

3) 배종대, [12] 42; 손해목, 61면; 신동운, 47면; 하태영, 적극적 일반예방의 관점에서 본 피고인에게 불리한 판례변경, 오선주 정년논문집, 2001, 114면. 정형적으로 확립되어 유지되고 있는 판례에는 예외적으로 소급효금지의 원칙이 적용되어야 한다는 견해로 이정원, 34면.

4) 김일수/서보학, 45면 이하; 박상기, 32면; 손동권/김재윤, [§ 3] 40; 안동준, 19면; 오영근, 35면; 이재상/장영민/강동범, § 2 - 21; 임웅, 26면; 정영일, 51면.

5) Roxin, AT I, § 5 Rdnr. 59.

6) 이에 대해서 형법은 금지착오를 "법령"에 의하여 죄가 되지 않는 것으로 오인한 경우로 한정하기 때문에 문제가 될 수 있다는 견해로 배종대, [12] 41.

7) 김일수/서보학, 45면.

8) BVerfG NStZ 90, 537; BGHSt 21, 157; Wessels/Beulke, § 2 Rdnr. 51; Tröndle, FS Dreher, S. 117.

9) 대판 1983.12.13, 83도2330, 대판 1984.10.10, 82도2595.

📖 **관련판례**

대판 1999.9.17, 97도3349 : 형사처벌의 근거가 되는 것은 법률이지 판례가 아니고, 형법 조항에 관한 판례의 변경은 그 법률조항의 내용을 확인하는 것에 지나지 아니하여 이로써 그 법률조항 자체가 변경된 것이라고 볼 수는 없으므로, 행위 당시의 판례에 의하면 처벌대 상이 되지 아니하는 것으로 해석되었던 행위를 판례의 변경에 따라 확인된 내용의 형법 조 항에 근거하여 처벌한다고 하여 그것이 헌법상 평등의 원칙과 형벌불소급의 원칙에 반한다 고 할 수는 없다.

3) 이분설(절충설)

판례의 견해가 변경된 원인이 무엇인가에 따라 결론을 달리해야 한다는 견해로서 우선 판례변경이 법적 견해의 변경에 기인하는 경우의 법관의 활동은 법률 영역 밖에 서의 법률보충적 법창조활동으로 인정되어 소급적용이 부정되어야 하나, 판례변경이 객관적 상황의 변경에 기인한 경우라면 이때의 법관의 활동은 법률 영역 내에서의 법 발견활동에 불과하므로 판례의 소급적용은 가능하다는 것이다.[10]

4) 결론

물론 불리한 판례의 변경으로부터 행위자를 보호해야 할 필요성은 충분히 인정 되나 판례는 법원성(法源性)을 갖지 않으며 또한 법률의 해석이나 적용변경의 가능 성은 얼마든지 존재하는 것이다. 또한 형법 제1조 제1항은 소급효금지의 대상을 법 률에 한정하고 있으므로 판례를 이에 포함시킬 이유는 없다고 하겠다. 다만 행위자 가 행위 당시의 자신에게 유리한 판례를 신뢰한 데 대해 상당한 이유에 있는 경우 에는 법률의 착오를 적용하여 그를 보호하는 것으로 족하다고 할 수 있다.

2. 소급효금지의 예외

소급효금지의 원칙은 법률에 의한 인권의 부당한 침해를 막으려는 데 있으므로 신법의 적용이 행위자에게 오히려 유리할 때는 신법이 적용되는 것이 마땅하다.[11]

---

10) 김일수, 한국형법 I, 207면 이하.

소급적용금지의 원칙에 예외를 두어 행위자를 형벌에서 구제하는 것은 사법정의에 위배되는 부당한 일이 아니다. 형벌이란 단지 법질서에 대한 거역을 탓한다는 의미만 있는 것이 아니라 침해된 법규범이 장래에도 계속 유효하다는 상징성보존의 의미를 함께 가지는 것이므로, 입법자가 침해된 법규범을 아직 보호할 가치가 있다고 평가하는 범위에서만 규범침해에 대한 형벌이 합당성을 가질 수 있는 것이다.[12] 따라서 어떤 행위에 의해서 하나의 법규범이 침해되었다고 하더라도 행위 후에 입법자가 그 규범의 가치를 포기하여 삭제한 경우라면 그 행위를 형벌로 추궁할 이유가 소멸되었거나 현저히 약화되었다고 할 수 있다. 형법은 이러한 정신에 따라 다음과 같은 개별적 상황을 규정한다.

① 실행행위가 구법과 신법의 시기에 걸쳐 행하여진 경우에는 당연히 신법이 적용된다. ② 실행착수 후 기수에 이르기 전에 신법에 의해 그 행위가 범죄를 구성하지 않게 된 경우에는 구성요건해당성이 조각되는 효과를 인정한다(형법 제1조 제2항). 형법 제1조 제1항의 "행위시"란 범죄행위종료시를 의미하기 때문이다. 다만 여기에는 결과발생까지 포함되는 것은 아니다.[13] 행위의 기수 이후 그리고 재판 이전에 법률의 변경이 있는 경우에는 공소를 제기할 수 없으며, 공소제기 후 법률이 변경되었을 때에는 면소판결을 선고하게 된다. 범죄 후 법률의 변경에 의하여 형이 구법보다 경한 때에는 신법에 의한다(형법 제1조 제2항). ③ 재판확정 후 법률의 변경에 의하여 그 행위가 범죄를 구성하지 아니하는 때에는 기판력(旣判力)은 인정되나 형의 집행을 면제한다(형법 제1조 제3항).

법률의 변경에서 법률은 총체적 법률상태를 의미하므로 형법에 국한되는 것이 아니며 여기에는 형식적 의미의 법률뿐 아니라 명령, 규칙, 조례 등도 포함된다. 형의 경중이라고 할 때 여기서의 형은 법정형을 의미하며, 그 경중은 형법 제50조에 따라 정해진다. 여기에서 주형(主刑)뿐 아니라 주형이 동일한 경우에는 부가형(附加刑)도 비교해야 하며, 가중 또는 감경 대상의 형이 있는 경우 최종적으로 가중·감경된 형이 비교되어야 한다.[14]

---

11) 형법 제1조 제2항; 형사소송법 제326조 제4호.
12) Frister, S. 52.
13) 임웅, 64면.
14) 이재상/장영민/강동범, § 3-7.

3. 한시법

한시법을 협의의 개념으로 이해한다면 법의 유효기간이 제정 당시 이미 명시된 법을 의미하며, 광의의 한시법이란 예컨대 국가비상사태 혹은 특정 경제위기의 극복 등 내용상 일시적인 특수사정에 대응하기 위한 목적이나 취지로 제정된 법률로서 그 존속에 시간적 관련성이 결부된 법률을 말한다.[15]

한시법과 관련하여서는 법의 유효기간 내에 범해진 행위를 법의 폐지 이후에 처벌할 수 있는지 여부의 문제가 발생한다. 이 경우에 추급효를 인정하여 처벌한다면 형법 제1조 제2항에 위배되기 때문이다. 독일의 경우와[16] 달리 한시법의 유효기간 중의 범죄에 대해서는 추급효를 인정한다는 명문의 규정이 없는 우리의 입장에서는 추급효 인정 여부를 두고 이론상 다양한 견해가 제시될 수 있다.

1) 추급효 인정설

법의 효력이 종료된 이후에도 법의 유효기간 내에 범해진 행위에 대해서는 비난의 가치는 있는 것이므로 추급효가 적용되어야 한다는 견해이다. 이것은 한시법이 폐지된 것은 처벌 대상이 되었던 행위에 대한 평가가 달라져서가 아니라 법을 필요로 했던 사회적 상황이 소멸되었기 때문이라는 사고에 기인한다.[17] 또한 추급효를 부정하게 된다면 유효기간의 종료에 임박해서는 위반행위가 늘어날 것이므로 법의 실효성 자체가 문제될 것이라는 점도 하나의 근거로 제시된다.

2) 추급효 부정설

우리나라의 다수설로서[18] 우리 형법이 한시법에 대해 추급효를 인정한다는 명문의 규정을 두고 있지 않은 상황에서는 당연히 형법 제1조 제2항의 규정에 따라야 하며 이를 어기고 추급효를 인정한다는 것은 죄형법정주의에 위배된다는 견해이다. 특히 형법 제1조 제2항은 동 제1항의 예외를 인정하는 특별규정이라는 점도 간과

---

15) Jescheck/Weigend, § 15 IV 6.
16) 독일형법 제2조 제4항 : 일정 기간 동안에만 적용될 법률은 그 적용기간 중에 행해진 행위에 대해 효력이 소멸된 이후에도 적용된다.
17) Jescheck/Weigend, § 15 IV 6.
18) 임웅, 70면; 오영근, 49면; 손동권/김재윤, [§ 4] 17.

되어서는 안 된다고 한다. 추급효를 인정하지 않을 경우 유효기간의 종료에 임박해서는 위반행위가 늘어날 것이라는 추급효 인정설의 주장은 형사정책적 이유가 뒷받침할 수 있을 뿐 법리에는 맞지 않는다고 하겠다. 이러한 우려가 있는 사안에 있어서는 추급효를 인정한다는 사실을 명문화함으로써 간단히 해결될 수 있다.

독일과 같은 특별규정이 없는 이상 실정법의 범위 내에서 형법 제1조 제2항이 적용되는 것이 당연하다고 보아 부정설의 입장이 타당하다.

3) 동기설

한시법의 추급효 인정 여부를 일괄적으로 긍정 혹은 부정할 것이 아니라 법률에 유효기간을 두고자 했던 입법자의 동기에 따라 정하여야 한다는 입장이다. 말하자면 유효기간의 제한이 법적 견해의 변경에 기인하는 경우에는 추급효는 부정되어야 하며, 이와 달리 사실관계의 변경에 관련되는 것이라면 추급효는 인정되어야 한다는 견해이다.[19] 대법원도 이러한 입장을 취하는 것으로 볼 수 있다.[20] 그러나 이에 대해서는 이 견해를 지탱해 줄 핵심적 요소라고 할 수 있는 입법자의 동기판단을 위한 객관적 기준이 없어 해석자의 자의에 일임될 수밖에 없다는 단점이 지적된다.[21]

📖 **관련판례**

① 법적 견해의 변경으로 추급효를 부정한 사례

대판 2000.12.8, 2000도2626 : 피고인들이 운영한 이 사건 각 여관들은 구 청소년보호법 제2조 제5호 소정의 청소년유해업소에 해당하여 (...) 처벌받도록 규정되어 있었으나, 기록상 피고인들의 주장처럼 종전부터 청소년의 숙박업소 출입을 전면적으로 금지하는 것이 과연 합리적이고 바람직스러운 것인지 문제되어 왔다고 보일 뿐만 아니라, 1999. 2. 5.자 제14125호 관보에 의하면 청소년보호를 강화하려는 사회적 분위기에 맞추어, 청소년을 각종

---

19) 이재상/장영민/강동범, § 3 – 15; 정영석, 66면.
20) 대법원이 추급효를 인정한 사례로 대판 1985.5.28, 81도1045(계엄령 사건); 대판 1988. 3.22, 87도2678을 들 수 있으며, 추급효를 부정한 사건으로 대판 1979.2.27, 78도1690 (犬肉사건); 대판 1988.3.22, 88도47을 들 수 있다. 그 밖에 대판 2013.2.28, 2012도 13737 참조.
21) 배종대, [17] 10.
22) 그 밖에 대판 1997.12.9, 97도2644; 대판 1994.4.12, 94도221; 대판 1987.3.10, 86도42.

유해행위로부터 보호하기 위하여 청소년유해행위에 대한 처벌규정을 신설하고, 사회문제화되고 있는 청소년폭력과 학대 등으로부터 청소년의 보호를 강화하는 등 종합적이고 실효성 있게 청소년을 보호하려는 내용으로 위 법률 제5817호가 개정되었다는 것인데 구법과 달리 1999. 7. 1.부터 시행된 청소년보호법에서는 오히려, 숙박업은 청소년유해업소 중 청소년의 출입은 가능하나 고용은 유해한 것으로 인정되는 업소에 해당하는 것으로 변경된 점 [청소년보호법 제2조 제5호 (나)목 (2) 참조], 및 위 법 개정 당시 그 부칙 등에 위 법 시행 전의 위와 같은 출입허용행위에 대한 벌칙의 적용에 있어서는 이에 대한 아무런 경과규정을 두지 아니한 점 등을 종합하여 보면, 그 변경은 청소년의 숙박행위까지 처벌대상으로 삼은 종전의 조치가 부당하다는 데서 나온 반성적 조치라고 보아야 할 것이므로 이는 범죄 후 법률의 변경에 의하여 그 행위가 범죄를 구성하지 아니한 경우에 해당한다고 할 것이다.

② 사실관계의 변화로 추급효를 인정한 사례[22]

대판 2000.6.9, 2000도764 : 식품위생법 제30조의 규정에 의하여 단란주점의 영업시간을 제한하고 있던 보건복지부 고시가 유효기간 만료로 실효되어 그 영업시간 제한이 해제됨으로써 그 후로는 이 사건과 같은 영업시간제한 위반행위를 더 이상 처벌할 수 없게 되기는 하였으나, 이와 같은 영업시간제한의 해제는 법률 이념의 변천으로 종래의 규정에 따른 처벌 자체가 부당하다는 반성적 고려에서 비롯된 것이라기보다는 사회상황의 변화에 따른 식품접객업소의 영업시간제한 필요성의 감소와 그 위반행위의 단속과정에서 발생하는 부작용을 줄이기 위한 특수한 정책적인 필요 등에 대처하기 위하여 취하여진 조치에 불과하므로, 위와 같이 영업시간제한이 해제되었다고 하더라도 그 이전에 범하여진 피고인의 이 사건 위반행위에 대한 가벌성이 소멸되는 것은 아니다.

독일은 한시법의 추급효를 인정한다는 명문의 규정이 있으므로 학자들도 인정설을 취하는 것이 당연하나 이 논리적 근거는 동기설에 가깝다고 할 수 있다. 또한 대부분의 한시법은 법률이념의 변경보다는 객관적 상황에 대비한다는 현실적 필요성에 결부되어 나타나는 것이 보통이라고 본다면 동기설은 사실상 추급효 인정설과 크게 다르지 않다.[23]

II. 장소적 적용범위

1. 의의

이것은 형법이 구체적으로 어떠한 장소에서 발생한 행위를 적용대상으로 할 것

---

23) 손동권/김재윤, [§ 4] 16; 오영근, 49면; 이재상/장영민/강동범, § 3 19.

인가 하는 문제이다. 이에 관한 입법주의로는 속지주의, 속인주의, 보호주의, 세계주의의 4가지가 있다.

1) 속지주의

국가는 자국의 영역 내에서의 인간의 공동체생활을 규율하는 임무를 띠고 있다. 그리고 하나의 행위가 그 국가의 질서유지규범을 침해했을 때 국가의 형벌권은 비로소 발동될 수 있다. 자국의 영역 내에서 그러한 행위가 발생한 이상 그 행위의 주체가 내국인이든 외국인이든 막론하고 그 행위에 형법이 적용된다는 것이 속지주의이다.

대한민국의 영역에는 영해와 영공뿐 아니라 대한민국 영역 외에 있는 대한민국의 선박과 항공기도 포함된다(형법 제4조의 기국주의). 헌법 제3조의 규정에 의거하여 북한지역도 속지주의 개념상 대한민국의 영역에 속한다는 견해도 있으나[24] 대한민국의 재판권이 배제되는 등 사실상 형법적 국가권력이 미치지 않는 곳이라면 북한지역을 여기에 포함시킬 이유는 없다고 하겠다.[25]

통설과[26] 판례에[27] 따르면 실행행위나 결과 중 어느 하나라도 대한민국 영역 내에서 발생하면 대한민국 영역 내에서 범한 죄의 범위에 해당되며, 공모공동정범의 경우 공모지가 대한민국일 경우에도 속지주의에 따라 우리 형법이 적용된다고 본다.[28] 이것은 국외에서의 주범행위에 대한 국내에서의 공범행위뿐 아니라 국내에서의 주범행위에 대한 국외에서의 공범행위도 자국 형법의 적용이 가능함을 의미한다.[29] 그러나 가령 마약밀매업자가 일본에서 마약을 포장하여 송달한 것이 한국을 거쳐 중국으로 전달되는 경우라면 한국은 행위지도 아니고 결과발생지도 아니므로 우리 형법이 적용될 여지가 없다.

또한 국내에 체류하는 외국인이 자신의 본국에 있는 회사를 상대로 횡령을 범하는 경우처럼 형식적으로는 규범침해에 해당하나 자국의 법익보호라는 규범의 목적

---

24) 대판 1957.9.20, 4290형상228.
25) 김일수/서보학, 34면; 배종대, [20] 2.
26) 오영근, 50면.
27) 대판 2000.4.21, 99도3403.
28) 대판 1998.11.27, 98도2734.
29) Baumann/Weber/Mitsch, § 7 Rdnr. 47.

을 벗어난 행위에 대해서는 자국의 형법을 적용할 필요가 없다. 속지주의의 범위에
서는 자국민의 법익이 침해되는 경우라도 외국이나 무국적지에서의 행위에 대해서
는 통제가 불가능하다.

2) 속인주의

자국민의 범죄는 지역과 범죄대상자를 불문하고 자국의 형법을 적용한다는 원칙
을 말한다. 이를 적극적 속인주의라 한다면, 행위자의 국적을 불문하고 외국에서의
자국민 혹은 자국의 법익을 상대로 한 범죄에 대하여만 자국 형법을 적용하는 것
을 소극적 속인주의라 한다.[30] 이것은 후술하는 보호주의원칙의 하위개념으로 이
해할 수 있다. 형법 제3조는 "대한민국 영역 외에서 죄를 범한 내국인에게 적용한
다"라고 명시함으로써 속인주의를 택하되 문언상 소극적 속인주의로 제한하는 바
는 없다.

속인주의에 대해서는 형법이란 시간적·공간적 상대성을 갖는 것임에도 불구하
고 행위장소의 특수성을 감안하지 않고 행위자의 국적이라는 신분에 따라서만 특
정 형법을 적용한다는 것은 재고의 여지가 있다는 비판이 있다.[31] 즉 내국인이 국
외에서 범죄를 저지른 경우 당해 국가의 법의 적용으로 법익보호는 충분하며, 반대
로 외국인의 국내에서의 행위에 대해 행위자 국가의 법률이 적용되지 않는 경우 국
내의 법을 적용하는 것은 의미가 없을 경우가 대부분일 것이다.

3) 보호주의

자국의 국가적으로 특히 중대한 법익의 침해에 대하여 행위 장소나 행위자의 국
적과 관계없이 자국의 법을 적용하는 것을 말한다. 이것은 자국의 이익보호에 중점
을 둔 원칙으로서 소극적 속인주의의 형태로 실현될 수 있다. 여기에는 국가 간의
범인인도, 상호주의적 수사공조 등의 조약 또는 협약과 같은 현실적 보조가 뒷받침
되어야 한다.

---

30) 독일은 형법 제7조 제1항(§ 7 I StGB)에서 보호주의 원칙에 따라 소극적 속인주의를,
   동 제2항 제1호에서는 제한된 적극적 속인주의를 각각 취하고 있다.
31) 이재상/장영민/강동범, § 3 – 33.

4) 세계주의

행위의 일반적 위험성이 인정되는 경우 행위자의 국적이나 행위장소, 대상자를 막론하고 모든 국가가 자국법을 적용한다는 원칙을 말한다. 행위가 현지의 법에 의할 때 처벌대상이 되는지의 여부와도 관계없다. 대부분의 문화국가가 공통적으로 퇴치해야 할 필요성이 있다고 인정하는 해상강도나 인신매매 등과 같은 반인륜적 행위, 마약·무기밀매, 통화위조, 국제적 범죄조직의 행위 등 다수국가의 공동이익에 관계되는 범죄에 대응하기 위해서는 세계주의가 요구된다. 여기에도 보호주의에서와 같은 국제적 연대가 뒤따라야 한다.

2. 우리 형법의 입장

우리 형법은 장소적 효력범위에 관하여 형법 제2조와 제4조에서 속지주의를 원칙으로 취하면서 제3조의 속인주의로[32] 이를 보충하고 있다. 또한 "대한민국 영역 외에서 내란의 죄, 외환의 죄, 국기에 관한 죄, 통화에 관한 죄, 유가증권·우표와 인지에 관한 죄, 문서에 관한 죄 중 제225조 내지 제230조, 인장에 관한 죄 중 제238조의 죄를 범한 외국인에 적용된다"고 한 형법 제5조와 "대한민국 영역 외에서 대한민국 또는 대한민국 국민에 대하여 제5조에 기재한 이외의 죄를 범한 외국인에게도 형법이 적용된다"고 한 제6조의 규정을 통해 보호주의를 부가하고 있다.[33]

---

32) ① 대판 2001.9.25, 99도3337 : 형법 제3조는 '본법은 대한민국 영역 외에서 죄를 범한 내국인에게 적용한다.'고 하여 형법의 적용 범위에 관한 속인주의를 규정하고 있는바, 필리핀국에서 카지노의 외국인 출입이 허용되어 있다 하여도, 형법 제3조에 따라, 필리핀국에서 도박을 한 피고인에게 우리나라 형법이 당연히 적용된다. ② 대판 1986.6.24, 86도403 : 국제협정이나 관행에 의하여 대한민국 내에 있는 미국문화원이 치외법권 지역이고 그곳을 미국영토의 연장으로 본다 하더라도 그 곳에서 죄를 범한 대한민국 국민에 대하여 우리 법원에 먼저 공소가 제기되고 미국이 자국의 재판권을 주장하지 않고 있는 이상 속인주의를 함께 채택하고 있는 우리나라의 재판권은 동인들에게도 당연히 미친다 할 것이며 미국문화원측이 동인들에 대한 처벌을 바라지 않았다고 하여 그 재판권이 배제되는 것도 아니다.

33) 대판 2002.11.26, 2002도4929 : 형법 제239조 제1항의 사인위조죄는 형법 제6조의 대한민국 또는 대한민국 국민에 대하여 범한 죄에 해당하지 아니하므로 중국 국적자가 중국에서 대한민국 국적 주식회사의 인장을 위조한 경우에는 외국인의 국외범으로서 그

이것도 역시 보호주의에 의한 속지주의의 보충이라고 할 수 있다.

우리 형법은 독일형법 제6조와 같은 세계주의 규정을 두지 않았으나 2013년의 개정을 통해 형법 제296조의2 약취·유인 및 인신매매의 죄에 세계주의를 규정하고 있다.

III. 인적 적용범위

형법은 장소와 시간에 관한 적용범위가 인정되는 한 모든 사람에게 차별 없이 적용되는 것이 원칙이나 형법의 인적 적용범위에는 몇 가지의 예외가 인정된다.

1. 국내법상의 인적 적용범위의 예외

대통령은 내란, 외환죄를 범한 경우를 제외하고는 재직 중 형사상의 소추를 받지 않는다(헌법 제84조). 대통령에 대한 이 소추제한의 특권은 재직기간 중에만 적용되는 것이므로 임기 후에는 재직기간 중에 범한 범죄행위에 대해 소추가 가능하다.

국회의원은 국회에서 직무상 행한 발언과 표결에 관하여 국회 외에서 책임을 지지 아니한다(헌법 제45조). 국회의원의 면책특권은 국회의원의 신분을 상실한 이후에도 그대로 유효하므로 이는 인적 형벌조각사유의 성격을 갖는다고 하겠다.

2. 국제법상의 예외

외국의 원수와 외교관 및 그 가족, 그리고 내국인이 아닌 공관의 행정 및 기능직원과 그의 가족에게는 우리 형사관할권이 적용되지 않는다.[34] 외국 영사의 직무상의 행위에 대해서도 우리 형법은 적용되지 않는다.[35]

우리나라와 협정이 체결되어 있는 외국군대에게는 형법이 적용되지 않는다. 예컨대 대한민국에서의 미군의 지위에 관한 협정(Status of Forces Agreement)에 따라 미군이 공무집행 중에 범한 범죄에 대해 우리의 전속적 재판권 행사가 제한된다.

에 대하여 재판권이 없다.
34) 1961.4.18, 외교관계에 관한 비엔나협약 제31조 제1항, 제37조.
35) 1963.4.24, 영사관계에 관한 비엔나협약.

제 9 절 죄형법정주의

I. 서론

1. 의의

'법률 없이는 범죄 없고, 법률 없이는 형벌 없다(nullum crimen sine lege, nulla poena sine lege)'라는 명제로 대표되는 죄형법정주의(Gesetzlichkeitsprinzip)[1]는 현대적 법치국가에서 형법상의 최고원리로 인정된다. 즉 어떤 행위를 범죄로서 처벌하기 위해서는 그 행위 이전의 시점에 그 행위를 범죄로 규정하고 그에 대한 법적 효과까지 명문으로 규정해 놓은 실정법이 존재해야 한다는 원칙이다.

죄형법정주의는 그 자체로서 처음부터 당연한 것으로 인식되었던 것은 아니다. 이것은 전제군주국가시대에 국가형벌권이 소수의 권력자에 독점되어 무분별하게 남용되거나 자의적(恣意的)으로 행사됨으로써 인간의 존엄성과 자유 및 권리가 묵살되었던 사실에 대한 반응으로서 여러 차례의 역사적 계기를 걸쳐 단계적으로 확립된 것이다. 1532년의 Carolina 형법전[2]만 하더라도 형법적 처벌이 법전에 정해지지 않거나 설명이 충분치 않아 이해되지 않을 경우에는 황제의 법과 사회질서에 위배되지 않는 범위에서 관계당사자와 사안의 형편에 따라 처벌할 수 있는 재량권을 법관에게 부여하고 있었다. 국가기관에 임의의 형벌권을 보장하는 이러한 사회상황의 보편적 태도에 대항하여 Feuerbach는 1801년 "모든 형벌의 부과는 형법을 전제로 한다(nulla poena sine lege)"라는 형법사에 획기적인 문장을 제시했다. 이것이 오늘날 입법자와 재판관의 구속을 통해 개인의 인권과 기본자유를 보호하기 위한 헌법과 형법의 기본정신이 되었다.

이 원칙은 입법자에게는 행위의 가벌성을 법으로 확정할 것을 명하고, 재판관에

---

1) 국내 다수의 학자가 "Gesetzlichkeitsprinzip"이라는 용어를 죄형법정주의의 한 항목으로서의 관습법금지의 원칙에 상응하는 "법률주의"를 의미하는 독일어로 이해하고 있으나 이것은 죄형법정주의의 하위 4가지 항목을 모두 포괄하는 상위개념으로서 "죄형법정주의"와 같은 의미로 이해하는 것이 옳다. Jescheck/Weigend, § 15 III; Gropp, § 2 Rdnr. 2 ff; Roxin, AT I, § 5 Rdnr. 7 ff.

2) 실체적 형법전과 형사소송법을 모두 포함하는 이 법전은 일부 분야에서는 1871년의 현행 독일형법의 제정에 이르기까지 수세기 동안 독일의 형사재판의 기본을 형성했다.

게는 그 법을 피고인에게 불리하게 유추적용하는 것을 금하며, 입법자와 재판관 모두에게 소급입법 혹은 소급적용을 금한다.

2. 연혁

죄형법정주의의 형성은 1215년 영국의 John왕에 의해 조인된 대헌장(magna charta)으로 거슬러 올라간다. 대헌장 제39조는 '어떠한 자유인도 동등한 신분을 가진 자의 적법한 재판이나 국가의 법률에 의하지 아니하고는 체포·감금되지 아니하며, 재산을 빼앗기거나 법적 보호를 박탈당하지 아니하고 추방이나 훼멸(毀滅)되지 아니하며 폭력이 가해지거나 투옥되지 아니한다'고 규정한다. 이 조항은 그 당시의 사회적 배경에 비추어 볼 때 특별한 인권의식의 표현으로 볼 수 있는 것은 분명하나, 이것은 실체법적 의미에서의 인권보장이라기 보다는 소송절차적 보장에 지나지 않는 것으로 볼 수 있으므로 진정한 의미의 죄형법정주의의 기원이라고 보기는 어렵다.[3]

그러나 이러한 정신적 사조는 지속적으로 발전되어 오다가 1776년 미국 Virginia와 Maryland주(州) 헌법(제15조)에서 입법화되었으며, 1789년 프랑스혁명의 인권선언은 제8조에 '누구든지 범죄 이전에 제정·공포되고 적법하게 적용되는 법률에 의하지 아니하고는 처벌되지 아니한다'고 규정하여 죄형법정주의 원칙을 표명했다. 그후 이 원칙은 1813년 Feuerbach가 기초한 Bayern주(州) 형법초안에 명시됨으로써 Bayern형법은 자유법치국가적 실증주의의 새로운 시대를 열었으며, 1948년의 UN 일반인권선언 제11조, 1950년의 유럽인권협약 제7조 제1항[4] 등에도 채택되어 현재로서는 전 세계 대부분의 법치국가의 포기될 수 없는 공동의 법문화적 가치가 되었다.

3. 죄형법정주의의 적용범위

"법률 없이는 범죄 없고 형벌도 없다"로 표현되는 죄형법정주의 명제의 핵심적

---

3) 김일수/서보학, 39면; Jescheck/Weigend, § 15 II 1.
4) Europäische Konvention zum Schutze der Menschenrechte und Grundfreiheiten vom 4. 11. 1950.

의미는 형법의 보장적 기능에 있다. 여기에서의 형법은 넓은 개념으로 이해되는 것으로서 형법각칙이나 모든 부수형법이 포함하는 범죄성립요건 혹은 가벌성의 조건(nullum crimen : 범죄 없다)뿐 아니라 법률효과(nulla poena : 처벌 없다)까지도 포괄한다. 범죄성립요건에는 불법구성요건과 객관적 가벌성의 조건으로서의 책임과 특수책임표지 그리고 불법의 범위를 넘어서 형벌을 성립시키거나 가중시키는 표지도 포함한다.

죄형법정주의 명제는 일차적으로 각칙의 구성요건에 관련되지만, 총칙의 규정도 직접 혹은 간접적으로 그리고 궁극적으로는 가벌성의 범위와 한계를 다루는 것이기 때문에 이 명제의 적용범위에서 배제할 이유는 없다.[5] 다만 이 명제는 실체 형법에만 적용되는 것이고 형사소송법과 같은 절차법에는 적용되지 않는 것이 원칙이다. 즉 고소, 시효 등과 같은 소송조건에 대해서는 소급효금지의 원칙, 유추적용금지의 원칙은 적용되지 않는다.[6]

II. 죄형법정주의의 4가지 원칙

죄형법정주의는 구체적으로 명확성(明確性)의 원칙, 소급효금지(遡及效禁止)의 원칙, 유추적용금지(類推適用禁止)의 원칙 그리고 관습법적용금지(慣習法適用禁止)의 원칙을 내용으로 한다.

---

5) 죄형법정주의는 법이 존재하는 범위에서만 적용되는 것이고 총칙은 이 범위에 부분적으로만 해당된다는 견해로, Haft, 9. Aufl., S. 31 f.
6) 이재상/장영민/강동범, § 2 − 20.

• 죄형법정주의의 4원칙 •

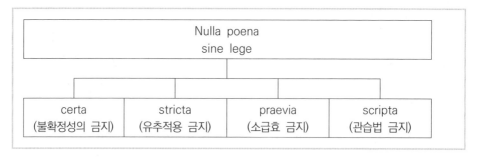

1. 명확성의 원칙

1) 의의

범죄행위에 따르는 법적 효과는 형사법관의 개인적 자의(恣意)에 따라 결정되어
서는 안 된다. 하나의 행위를 처벌할 수 있기 위해서는 범죄구성요건과 법률효과에
대한 최소한의 명확성을 갖춘 형법조문이 전제된다. 법률효과와 범죄행위의 가장
중요한 성립의 전제는 법률에 의해 주어진 구성요건이며, 이를 범인이 충족해야만
형벌이 주어진다. 형법의 모든 각칙규정들은 개별적인 불법을 서술한 것이며, 바로
이 법정 구성요건의 울타리 너머에는 형사처벌될 수 있는 행위는 존재하지 않는다.

오늘날 형법에서 명확성의 원칙이 요구된다는 사실에 대해서 더 이상 의심의 여
지가 없으나 다만 이 요구를 어떻게 혹은 어느 정도까지 충족시킬 것인가의 문제
는 남는다. Feuerbach 당시의 입법자들은 법문의 의미에 대해서 논란이 있을 수
없는 명확하고 명백한 법률의 제정이 가능하다고 믿었다. Feuerbach 스스로도 자
신의 법전에 대해서는 어떠한 주석도 불필요할 뿐 아니라 오히려 주석을 다는 것
은 위험하다고 생각할 정도로 그 법전이 명확성에 있어서 완전하다고 믿었다. 실제
로 당시에는 공무원이나 학자들이 사적으로 형법주석서를 발간하는 것은 금지되었
다.[7] 그러나 이것은 형법발달사에 있어서의 단편적 이야깃거리에 지나지 않는다고

---

7) Montesquieu는 이에 대해 "법관은 법의 말을 발음하는 입에 지나지 않는다(Les juges
ne sont que la bouche qui prononce les paroles de la loi)"는 견해를 제시했다.
이 자주 인용되는 문장은 Montesquieu의 "De l'esprit des Lois", 1748, Buch XI,
Kap. VI에서 찾을 수 있다.

할 만큼 오늘날에 있어서는 명확성의 원칙과 관련하여서는 무한한 난제가 존재한다. 규범적 구성요건요소의 경우에는 물론이거니와 기술적(記述的 : deskriptiv) 구성요건요소의 경우에도 입법자의 의도를 명확히 판단하기 어려운 경우는 허다하다.

예컨대 교통사고로 병상에 누워 있는 환자는 기술적 구성요건이라 할 수 있는 형법 제250조의 행위객체로서의 의미의 "사람"에 해당한다는 것은 특별한 논의가 필요 없을 만큼 명확하다. 그러나 이 환자가 뇌사상태의 환자라면 문제는 달라진다. 즉 이러한 환자에게 부착된 인공심폐기의 작동을 중지시킨 행위가 "사람"의 살해에 해당되는지에 대해서는 논란이 성립될 여지는 있는 것이다. 혹은 남의 전기를 몰래 끌어 쓰는 행위가 절도에 해당되는지, 남의 식기에 오물을 담아 두는 행위나 남의 앵무새에게 욕설을 가르치는 행위가 재물손괴에 해당하는지에 대해서는 자명한 답이 주어지는 것은 아니다.

이러한 사례에 있어서는 법문에 대한 문법적 해석, 입법연혁사적 해석, 체계적·객관적·목적적 해석을 통해 명확성의 원칙에 대한 결함이 보충되어야 한다. 일상의 언어에서 사용되는 단어는 일반인이 공통적으로 소유할 수 있는 의미의 일정한 영역 및 한계를 갖는다. 법률에 사용된 단어의 개념은 바로 이 영역 및 한계의 범위 안에서 해석할 수 있고 해석되어야 한다. 따라서 법문의 해석은 문법적 해석으로부터 시작되어야 한다. 문법적 해석으로 부족한 경우에는 해당 규범이 속한 체계관련성에 대한 고려를 통해 그 규범의 의미를 파악하는 체계적 해석을 함으로써 보완될 수 있다. 그래도 의심이 있는 경우에는 객관적·목적적 해석에 의존해야 할 것이다. 이것은 법문에 들어 있는 의미가 오늘날은 어떤 의미를 가지는지를 알아내기 위해 법률의 전체적 흐름이나 정신, 주도적인 목적관 혹은 가치관을 찾아내는 데 대한 문제이다.

형벌법규를 제정함에 있어서 일반조항(Generalklausel : 사회상규, 공공의 위험, 흉기 등과 같이 포괄적 의미를 담는 개념)과 개개의 사례에 따라 의미보충이 필요한 개념의 사용이 전혀 배제될 수는 없지만, 형벌법규의 효력범위와 적용범위는 일반 국민에게 충분히 인식될 수 있어야 한다. 즉 개인은 형법에 의해 어떠한 행동이 금지되는지를 파악할 수 있어야만 자신의 행위를 그 요청에 맞출 수 있는 것이다. 그러므로 범죄구성요건의 모든 요소는 해석을 통하여 그 의미와 내용이 가능한 한 확연히 파악될 수 있도록 구체적으로 규정되어야 한다.

2) 명확성의 원칙의 내용

(1) 법률요건에서의 명확성

형법조문의 작성에 있어서는 우선 법률요건으로서의 범죄구성요건을 정확히 묘사할 것이 요구된다. 법률요건이란 정확한 서술로써 범죄 되는 행위의 한계를 정하고 이에 대한 가벌성을 표시하는 표지(標識)를 말한다. 절도죄를 예로 들자면 절도죄를 성립시키기에 필요한 모든 행위상황과 요소, 곧 구성요건표지를 빠짐없이 열거하여 어떠한 행위가 절도죄에 해당하는지를 명백히 정하여 제시해야 한다. 형법에서 구성요건의 명확성의 요구에 대한 인식이 처음부터 있었던 것은 아니다. 중세 독일의 최고(最古)의 법전이라 할 수 있는 1225년의 Sachsenspiegel은 절도에 대한 구체적 설명 없이 제2권 제13조에 단지 "절도범은 교수형에 처한다"라는 규정을 두고 있었을 뿐이며 1532년의 Carolina 형법전 제157조에도 절도의 종류를 구분하긴 했으나 어떠한 행위가 절도인지에 대해서는 자세히 정하고 있지 않았다. 1800년대에 이르러 비로소 Feuerbach에 의해 구성요건이 명확히 서술된 근대적 형법이 제정되었다.

현행법상 행위자를 절도죄로 처벌하려면 행위자는 형법 제329조가 정하는 바에 따라 타인의 재물을 절취해야 한다. 이에 비해 독일형법 제242조 제1항은 타인의 동산(動産)을 자신 또는 제3자에게 불법적으로 영득케 할 의도로 취거한 자는 처벌한다고 규정한다. 독일의 절도죄 규정과는 다른 우리의 입법현실로 인해 오늘날에는 매우 제한적이기는 하지만 과거에는 부동산도 절도의 객체가 되는지의 여부와 절도죄 성립에 불법영득의 의사가 반드시 필요한 것인지의 여부에 대해 어느 정도의 논란이 있었다.

과거의 소수설을 고려하지 않고 일반적 견해에 의한다면 동산이 아니거나 행위자 자신의 물건 또는 무주물(無主物)이어서 타인성(他人性)이 결여된 경우에는 절도죄가 성립하지 않는다. 행위자가 속임수를 써서 어떠한 권리를 취득한 경우와 같이 행위객체에 물건으로서의 성격이 존재하지 않거나, 물건이더라도 취거가 아닌 다른 방법으로 자기 손으로 들어오게 한 경우는 횡령 또는 사기에 해당할 수 있을지는 별론으로 하더라도 절도에는 해당되지 않는다. 또한 다른 구성요건표지가 다 충족되었더라도 명백한 사용절도의 경우처럼 위법영득의사라는 표지가 결여된 경우도 절도죄에 해당하지 않는다. 구성요건은 그 명확성을 통해 우선 가벌성의 여부가 판단되도록 해야 하며, 나아가 타인의 소유권을 침해하는 이와 유사한 행위를 절도 혹은 사기, 횡령 혹은 배임으로 처벌할지를 결정할 수 있게 해야 한다.

표면상으로는 가벌적 행위에 대한 법적 윤곽을 제시하는 것으로 보이지만 사실은 개별적·구체적 사례에서 그 규정을 적용할 것인지 여부에 대한 결정이 완전히 혹은 상당 범위에서 법관의 재량에 의존할 수밖에 없는 형법규범은 명확성의 원칙에 위배된다. 입법자가 법문을 작성함에 있어 지나치게 규범적이고 가치충전이 필요한 구성요건표지를 사용하고 그러한 가치충전이 법관에 의해 비로소 이루어져야 한다면 그러한 규범은 표면상으로만 확정성을 가진 것으로 보일 뿐 실제 내용은 그렇지 않은 것이다. 법관에 의한 가치충전이 불가피한 규범적 구성요건표지는 형법 입법기술상 완전히 배제될 수는 없다. 경우에 따라서는 가벌적 행위를 불가벌적 행위로부터 합리적으로 구별하는 데 그러한 구성요건표지가 매우 유용할 때가 많기 때문이다. 그러나 규범적 표지들을 무분별하게 사용한다는 것은 입법자에게 주어진 가벌성의 확정임무를 법관에게 전가하는 결과가 된다.

관련판례

헌법재판소 1995.9.28, 93헌바50 : 형사처벌의 대상이 되는 범죄의 구성요건은 형식적 의미의 법률로 명확하게 규정되어야 하며, 만약 범죄의 구성요건에 관한 규정이 지나치게 추상적이거나 모호하여 그 내용과 적용범위가 과도하게 광범위하거나 불명확한 경우에는 국가형벌권의 자의적인 행사가 가능하게 되어 개인의 자유와 권리를 보장할 수 없으므로 죄형법정주의의 원칙에 위배된다.[8]

---

8) 같은 취지로 대판 1998.6.18, 97도2231. 명확성의 원칙에 위배되지 않는다는 결론의 판례로는 ① 대판 2003.12.26, 2003도5980 : 청소년보호법 제26조의2 제8호 소정의 "풍기를 문란하게 하는 영업행위를 하거나 그를 목적으로 장소를 제공하는 행위"의 의미는 청소년보호법의 입법 취지, 입법연혁, 규정형식에 비추어 볼 때 "청소년이 건전한 인격체로 성장하는 것을 침해하는 영업행위 또는 그를 목적으로 장소를 제공하는 행위"를 의미하는 것으로 보아야 할 것이고, 그 구체적인 예가 바로 위 규정에 열거된 "청소년에 대하여 이성혼숙을 하게 하거나 그를 목적으로 장소를 제공하는 행위" 등이라고 보이는바, 이는 건전한 상식과 통상적인 법감정을 통하여 판단할 수 있고, 구체적인 사건에서는 법관의 보충적인 해석을 통하여 그 규범내용이 확정될 수 있는 개념이라 할 것이어서 위 법률조항은 명확성의 원칙에 반하지 아니하여 실질적 죄형법정주의에도 반하

예컨대 별도의 추가설명 없이 "도로상에서 자동차를 과속 또는 부주의하게 운행한 자는 벌금형에 처한다"라는 규정은 명백히 명확성의 원칙에 위배되어 법조문으로서의 효력을 가질 수 없다. 어떠한 경우를 과속 또는 부주의한 운행이라 할지 구체적 판단기준이 없기 때문이다. 그러나 이러한 규정에 장점이 전혀 없는 것은 아니다. 왜냐하면 행정구역상 시내라고 하더라도 시야가 잘 확보되어 있고 보행자나 통행차량이 드문 곳이라면 시속 80km 이상으로 달리더라도 위험하지 않을 수 있는 반면, 국도라도 경운기나 사람이 수시로 횡단할 수 있는 장소라면 시속 30km로 달리는 것도 위험할 수 있기 때문이다. 따라서 이성적으로 사고하는 법관이라면 획일적 규정의 경우에서 보다 오히려 이러한 규정 하에서 구체적이고 개별적 상황에 따른 합리적인 판단의 여지를 가질 수 있다. 그러나 이러한 판단을 위한 사고작용은 법관의 과제를 넘어서는 입법자의 과제이므로 입법자는 가능한 한 다양한 행위상황을 염두에 두고 이에 상응하는 합리적인 규정을 만들어야 한다. 다만 여기에는 명백히 한계가 있는 것이다.

지 아니한다. ② 대판 2000.10.27, 2000도4187 : 유해화학물질관리법 제35조 제1항에서 금지하는 환각물질을 구체적으로 명확하게 규정하지 아니하고 다만 그 성질에 관하여 '흥분·환각 또는 마취의 작용을 일으키는 유해화학물질로서 대통령령이 정하는 물질'로 그 한계를 설정하여 놓고, 법 시행령 제22조에서 이를 구체적으로 규정하게 한 취지는 과학 기술의 급격한 발전으로 말미암아 흥분·환각 또는 마취의 작용을 일으키는 유해화학물질이 수시로 생겨나기 때문에 이에 신속하게 대처하려는 데에 있으므로, 위임의 한계를 벗어난 것으로 볼 수 없고, 한편 그러한 환각물질은 누구에게나 그 섭취 또는 흡입행위 자체가 금지됨이 마땅하므로, 일반적으로 술을 마시는 행위 자체가 금지된 것이 아니라 주취상태에서의 자동차 운전행위만이 금지되는 도로교통법상의 주취상태를 판정하는 혈중알코올농도와 같이 그 섭취 기준을 따로 정할 필요가 있다고 할 수 없으므로, 법 제35조 제1항의 '섭취 또는 흡입'의 개념이 추상적이고 불명확하다거나 지나치게 광범위하다고 볼 수도 없다. ③ 대판 1994.5.24, 94도930 : 국가의 안전을 위태롭게 하는 반국가활동을 규제함으로써 국가의 안전과 국민의 생존 및 자유를 확보함을 목적으로 하는 국가보안법이 헌법에 위배되는 법률이라고 할 수 없고, 국가보안법의 규정을 그 법률의 목적에 비추어 합리적으로 해석하는 한 국가보안법 소정의 각 범죄구성요건의 개념이 애매모호하고 광범위하여 죄형법정주의의 본질적 내용을 침해하는 것이라고 볼 수도 없다.

🏛️ **관련판례**

헌법재판소 1998.4.30, 95헌가16 : 이 사건 법률조항의 "음란" 개념은 적어도 수범자와 법집행자에게 적정한 지침을 제시하고 있다고 볼 수 있고 또 법적용자의 개인적 취향에 따라 그 의미가 달라질 수 있는 가능성도 희박하다고 하지 않을 수 없다. 따라서 이 사건 법률조항의 "음란" 개념은 그것이 애매모호하여 명확성의 원칙에 반한다고 할 수 없다. (...) "음란"의 개념과는 달리 "저속"의 개념은 그 적용범위가 매우 광범위할 뿐만 아니라 법관의 보충적인 해석에 의한다 하더라도 그 의미내용을 확정하기 어려울 정도로 매우 추상적이다. 이 "저속"의 개념에는 출판사등록이 취소되는 성적 표현의 하한이 열려 있을 뿐만 아니라 폭력성이나 잔인성 및 천한 정도도 그 하한이 모두 열려 있기 때문에 출판을 하고자 하는 자는 어느 정도로 자신의 표현내용을 조절해야 되는지를 도저히 알 수 없도록 되어 있어 명확성의 원칙 및 과도한 광범성의 원칙에 반한다.

(2) 법률효과에서의 명확성

명확성의 원칙은 형벌의 종류와 정도(법률효과)에도 적용되어야 한다. 부과할 수 있는 형벌의 종류와 양형의 선택범위를 전적으로 판사에게 위임하는 법률은 허용될 수 없다. 형법규범에서 법률효과의 명확성은 법률요건의 명확성 못지않게 중요하다. 범죄 되는 행위를 아무리 명확히 기술했다고 하더라도 그에 따르는 법률효과에 대해서 판사에게 벌금형에서 생명형까지의 범위에서 하나의 형량을 선택하라고 한다면 그야말로 막연해질 수밖에 없다.

사실상 선택의 여지없이 절대적 형벌을 제시하는 입법례는 흔치 않다.[9] 대부분의 경우에는 형벌의 종류와 양형의 범위에 있어서 재판관에게 폭넓은 선택권이 부여된다. 법관의 양형에 대한 현행법 규정은 일반인의 기대를 절대적으로 충족시킬 수 있는 것은 아니다. 형벌의 제시 부분에 있어서 심지어 거의 불확정성의 한계에 근접할 정도로 불명확한 양형범위를 제시하는 조문도 있다. 형법 제250조의 살인죄 규정만 하더라도 집행유예에서 사형까지 가능하다. 이러한 규범에 있어서 재판관은 자신의 재량에 따라 허용된 형량의 하한선을 하회하지 않는 범위에서 형량을 결정할 수 있다.

재판관에게 양형의 범위가 폭넓게 주어진다는 것은 하나의 부담으로 작용될 수

---

9) 예컨대 형법 제93조 여적죄에 대해서는 다른 선택의 여지없이 사형, 독일형법 제211조 제1항의 모살죄(謀殺罪)에 대해서는 종신자유형만이 부과된다.

있지만, 같은 구성요건에 해당하는 행위라도 그 불법의 크기는 각기 다를 수 있기 때문에 재판관에게 주어지는 재량의 여지는 불가피한 것이다. 편의점에서 음료수 한 병을 훔친 경우와 수백억 원의 가치에 해당하는 산업기밀이 담긴 디스켓이나 usb를 훔친 경우는 같은 절도라고 해도 동일하게 처벌할 수 없다. 입법자는 이러한 실무상의 차이점을 모두 고려하여 입법에 반영할 수는 없다. 그렇다고 해서 하나의 구성요건에 하나의 형량만을 제시한다면 오히려 더 큰 불합리성이 발생할 수 있다.

따라서 판사에게 우선 각 구성요건에 따른 형량의 범위를 제시함으로써 하나의 구성요건이 다른 구성요건과의 비교에서 어느 정도의 무게를 가지는지를 가늠하게 하고, 둘째로 객관화된 양형기준을 제시하여 구체적 사례에 걸맞은 정당한 형량을 찾게 하는 것이 최선이다.[10] 법조문으로 허용되는 모든 형벌이 구체적 사례에서 다 정당한 것은 아니다. 법은 구체적 행위에 대한 적절한 형량을 찾아내는 데 법관의 공조를 요구하는 것이다. 형벌의 확정은 항상 법적 안정성의 요구에 부응하는 법의 확정성과 개별적 사례에서의 정의를 구하는 재판관의 판단의 절충이 되는 것이다.

(3) 부정기형과 보안처분에 있어서의 문제

부정기형은 형의 기간이 형의 선고시가 아닌 집행단계에서 정해지는 것을 말한다. 여기에는 형의 장기와 단기가 전혀 특정되지 않은 절대적 부정기형과 장기와 단기는 정해진 상대적 부정기형이 있다. 이 중에서 절대적 부정기형은 법률효과의 명확성의 원칙에 반하므로 허용될 수 없으나 상대적 부정기형은 특별한 목적달성을 위해 허용될 수 있다. 형법에서의 법정형은 상대적 부정기형으로 규정되어 있는 것이 보통이나 성인에 대한 형의 선고에 있어서만은 그 기간이 반드시 확정되어야 하며 부정기형을 선고할 수는 없다.

그러나 소년법 제60조 제1항은 소년범에 대해서는 상대적 부정기형을 인정하고 있다. 장기 2년 이상의 유기형에 해당하는 경우 장기는 10년, 단기는 5년의 범위 안에서 장기와 단기를 정하여 선고하되 개선 및 교화의 정도에 따라 장기 이전에 라도 석방할 수 있으나 어떤 경우라도 구금기간은 장기를 초과할 수 없다. 이것은 형기에 신축성을 부여함으로써 특별예방적 목적형 이념을 효과적으로 구현할 수 있다는 긍정적 사고에 기인한 것이다.

---

10) Frister, S. 43.

절대적 부정기형의 금지원칙은 보안처분에도 적용되어야 한다. 현재는 폐지된 구 사회보호법 제9조 제2항에서처럼 보안처분의 기간을 "치유될 때까지" 등으로 규정한다면 이것은 전형적인 절대적 부정기형의 성격을 갖는 것으로서 명확성의 원칙에 어긋난다고 할 수 있다. 보안처분은 형벌과 근본적인 성질을 달리한다고 하더라도 보안처분에도 자유의 제한 또는 박탈과 같은 해악의 요소는 있는 것이므로 이를 감안한다면 여기에도 명확성의 원칙은 기해져야 한다.11)

관련판례

헌법재판소 2005.2.3, 2003헌바1 : 이 사건 법률조항이 치료감호의 종료시점을 일정한 기간의 도과시점으로 하지 않고 감호의 필요가 없을 정도로 치유된 때로 정한 것은, 치료감호가 지향하는 정신장애 범죄자의 치료를 통한 사회복귀와 시민의 안전 확보라는 목적을 확실하게 달성하기 위한 취지이므로 그 입법목적은 정당하다. 그리고 치료감호의 종료시점을 치유의 완성시점으로 정한 것은 보안처분의 본질에 부합하고, 치료감호의 목표인 피치료감호자의 개선과 사회보호를 위한 효과적이고 적절한 하나의 수단이 된다. 감호의 필요가 없을 정도로 치유되었다고 하는 것은 재범의 위험성이 없게 되었다는 것을 의미하는 것으로 보아야 하고, 재범의 위험성이라는 개념은 비록 추상적이긴 하지만 건전한 일반상식을 가진 수범자에 의하여, 그리고 법관의 해석에 의하여, 형법과 형사소송법 그리고 사회보호법의 전반적 체계와 내용에 비추어 그 의미의 범위가 일의적으로 충분히 귀결될 수 있는 정도의 것이라고 인정되므로, 이 사건 법률조항에서 '피치료감호자가 감호의 필요 없을 정도로 치유되어'라고 규정한 부분이 명확성의 원칙에 위반된다고 볼 수 없다.

2. 유추적용금지의 원칙

1) 의의와 역사

명확성의 원칙이 법률요건과 그 법률효과에 있어서의 명확성을 요구하는 입법자에 대한 구속이라면 유추적용(類推適用)의 금지는 법관에 대한 구속이다.12) 법관이 특정한 행위를 해악적이고 반가치적으로 평가할지라도 그것이 구성요건의 기술(記

---

11) 다수설로서 박상기, 29면; 배종대, [12] 22; 손해목, 60면; 안동준, 20면; 오영근, 32면; 이형국, 45면; 임웅, 36면 이하; 차용석; 137면. 반대견해로 이재상/장영민/강동범, §2-29. 보안처분의 선고와 집행을 구분하여 절대적 부정기의 선고는 명확성의 원칙에 반하지 않으나 절대적 부정기의 집행은 그렇지 않다는 견해로 손동권/김재윤, [§ 3] 20.
12) 물론 법관도 명확성의 원칙에서 완전히 자유로운 것은 아니다.

述)의 영역 밖에 존재하는 것이라면 법적 의미에서의 불법은 인정될 수 없다. 유추란 법조문언(法條文言)의 의미한계를 넘어 유사한 사례에 적용하는 것을 말하므로 형법에서 이러한 유추를 인정한다는 것은 문언에 명시되지 않은 행위에 대해서도 처벌하는 결과를 가져오게 되므로 죄형법정주의원칙에 위배된다. 유추는 법의 해석과는 별개의 것으로서 법관에 의한 법의 창조를 의미한다.

독일에는 나치시절 1935. 6. 28.의 법률에 의거하여 "건강한 국민감각에 따른" 형벌부과에 유추를 허용하게 했었던 유추보율의 역사가 있다. 국민개인을 자신보다는 사회를 위한 구성원으로 보았던 국가에서는 국가에 앞서 개인을 우선적으로 보호한다는 사고는 불필요하거나 과분한 것으로 보았다. 그러나 매우 보수적인 태도로 일관했던 당시의 독일제국재판소는 유추를 허용하는 법률의 적용에 매우 소극적이었으며 오히려 유추를 더욱 강력히 거부했다.[13] 한 시대의 죄형법정주의에 대한 왜곡의 역사는 1945년 이후에 유추허용조항을 삭제함으로써 막을 내리게 되었다.

2) 해석과 유추

(1) 형법의 추상성

입법자가 인간 사회에서 발생할 수 있는 모든 가능한 사례를 염두에 두고 이에 각각 해당하는 하나의 법조문을 마련하는 것은 실로 불가능한 일이다. 인류 역사상 발생한 하나의 법률적 사례가 다른 사례와 동일한 경우는 존재하지 않는다. 행위자와 피해자, 행위의 동기나 객관적 상황은 각각 다를 수밖에 없다. 따라서 입법자는 일정한 범위에서 유형적 공통성을 갖는 모든 행위를 포섭하는 추상적 법문으로써 규율하게 된다. 법문은 "갑이 자신의 정치적 경쟁자인 을의 음료수에 독을 몰래 타서 마시게 함으로써 그를 살해하면 처벌한다"라는 문장이 아닌 "사람을 살해한 자는 처벌한다"라는 문장으로 형성된다. 추상적이라 함은 법조문이 자연인으로서의 구체적인 행위자, 행위객체 혹은 상황을 개별적으로 규율하는 것이 아니라 어떠한 공통적 특성을 갖는 행위를 살인, 사기 혹은 절도라 지칭하며 각각의 경우 어떠한 법률효과를 가지는가를 제시한다는 의미이다. 유추적용의 문제는 바로 이러한 형법의 추상성에서 기인한다.

---

13) RGSt 70, 360; BGHSt 1, 158.

(2) 해석과 유추의 의미

명확성의 원칙에 아무리 충실하고자 노력한다고 하더라도 구조적으로 불확정성을 담고 있을 수밖에 없는 구성요건들을 포함하는 추상적 규범은 우선 그 의미내용이 파악되어야 하고, 그 다음으로 그 의미내용이 구체적 사례에 일치하는지 여부가 검토되어야 한다. 여기서 전자를 해석(Auslegung)이라 하고 후자를 포섭(包攝 : Subsumtion)이라 한다. 규범의 해석과 사안의 포섭은 법률가의 주된 임무에 해당한다. 일반적으로 해석과 포섭은 서로 분리되어 나타나는 것이 아니라 동시에 혹은 순차적으로 이루어진다. 포섭에 있어서는 사안에서의 구성요건을 위해 중요한 관점만이 고려대상이 된다.

이에 비해 유추(Analogie)란 허용된 해석의 범위를 초과하여 목적적으로 법률의 흠결을 보충하고자 하는 것으로서 법창조의 의미를 지니는 것이다. 유추는 보편적 명제로부터 특수명제를 추론(연역적 추론)하거나 특수명제로부터 보편적 명제를 추론(귀납적 추론)하는 것이 아니라 바로 특수명제에서 특수명제를 추론하는 것이다. 지배설에 의하면 이러한 추론이 새로운 구성요건을 창출하거나 기존의 구성요건의 범위를 확장하는 한 이 추론은 허용되지 않는다.[14] 해석의 범위에서 전기는 "물건"이 아니기 때문에 전기의 "절도"는 (이에 관한 오늘날의 특별 규정이 없는 한) 처벌할 수 없음에도 불구하고 이를 처벌하고자 한 과거 독일제국재판소 시절의 하급심의 견해는 허용되지 않는 유추적용의 대표적 예이라 하겠다.[15] 반면 범인에게 유리한 유추는 예외적으로 허용될 수 있다.

(3) 형법과 사법(私法)에서의 유추의 의미 차이

해석과 유추는 적어도 형법의 범위에서는 대립적 개념이다. 해석은 법의 적용과정에서 필수적인 요소이며 허용되어야 하는 것인 반면에 유추는 금지되어야 하는 것이기 때문이다.[16] 어떠한 법영역을 막론하고 법적으로 해결되어야 할 중대한 사

---

14) Haft, S. 49.
15) 1900년 이전에는 타인의 전기를 무단 사용하는 행위에 대해 하급심에서는 절도죄를 인정했으나 제국재판소는 무죄를 인정하는 등 혼란이 발생하자 독일의 입법자는 1953년에 제248c조를 새로이 신설함으로써 이 문제를 입법적으로 해결했다.
16) 이러한 관점에서 본다면 판례에서 아직도 사용되고 있는 "유추해석"이라는 단어의 조합은 매우 어색한 것으로서 이는 "유추" 혹은 "유추적용"이라는 용어로 대체될 필요가 있다.

례가 발생했으나 이 사례에 적용할 법규정이 없는 경우는 흔히 있을 수 있는 일이다. 만일 이러한 사례가 사법의 영역에서 해결되어야 할 성질의 것이라면 법관은 이에 적용할 법규가 없다는 이유를 들어 판결의 의무에서 스스로 물러나 판결을 포기해서는 안 된다. 법률에는 공백이 있을 수밖에 없는 것이며, 민사법관은 오히려 이 공백을 위한 하나의 법을 개발하고 법의 정신에 따라 판결함으로써 그 공백을 메워야 하는 의무가 있다. 이 경우 민사법관은 이러한 의무를 이행하기 위해 법유추(Rechtsanalogie)와 법률유추(Gesetzesanalogie)를 이용한다. 하나의 법률적 규정의 의미로부터 하나의 새로운 법문을 개발하는 것을 법률유추라고 하며, 여러 개의 법률규정의 조합으로 (현재 당면한 사안을 판결하기에 필요한) 새로운 법문을 개발하는 것을 법유추라고 한다.

형법에도 당연히 공백은 있다. 그러나 형법에 있어 유추적용은 민법의 경우와는 의미가 전혀 다르다. 하나의 행위에 형법이 적용된다 함은 곧 그 행위가 범죄로 평가되어 형벌의 법률효과가 따른다는 것을 의미하는 것이다. 즉 행위자를 범죄자로 만든다는 것이다. 이는 행위자 당사자에게는 물론이거니와 사회적으로도 매우 중요한 의미를 갖는 것이므로 형법적 불법은 반드시 법을 근거로 확정되어야 하며, 형법상의 공백은 불가벌로 남아있어야 한다. 아무리 처벌되어야 하는 현실적 필요성이 인정되더라도 이는 입법적으로 해결되어야 할 문제이지 유추로 해결되어서는 안 된다. 유추는 형법의 보장적 기능의 파괴에 직결되는 것이다.

하나의 행위에 하나의 규범을 적용하는 데는 입법과 사법의 공조작업이 요구된다. 입법자는 규범을 만들 때 당연히 포섭되어야 할 사안만을 포섭하고 그렇지 않은 사안은 포섭되지 않도록 하는 규범을 만들어야 하며, 법관은 사안의 모든 불필요한 부분을 버리고 그중에서 하나의 규범에 포섭시키는 데 본질적인 부분만을 가려내야 한다. 앞의 살인죄의 법문에 관한 예에서 행위자가 자신의 행위가 절대적 정의에 부합하는 것으로 생각을 했는지의 여부나 피해자가 이미 정계를 떠날 결심했는지 혹은 행위자 이외의 다른 사람도 그에 대한 살해결의를 하고 있었는지의 여부는 살인구성요건을 위해서는 중요하지 않다.

(4) 해석과 유추의 한계

형법에서는 법규범의 의미를 파악하는 해석만이 허용되며 가벌성의 범위를 확장하는 새로운 법문을 형성하는 유추는 금지된다는 데에는 이의가 없다. 이제는 무엇이 해석이고 어디부터 유추라고 할 수 있을지 그 한계를 찾는 것이 문제가 된다. 해석이란 법문장에 관련한 의미파악이고 유추란 하나의 새로운 법문의 개발이라고 하는 서술적 개념정의는 현실적으로 아무런 도움이 되지 않는다. 이와 관련하여 법이란 당위와 실재 그리고 규범과 사안의 상응이며, 이 상응이라는 것은 법인식이라는 유추적 바탕에서 기인한다는 사고에서, 법이란 근원적으로 유추라는 설명도 가능하다.17)

하나의 개념의 사용이 통상적이지 아니할수록 이 개념의 사용을 확실하게 근거 짓는 것이 중요하다. 이 개념사용에 대해 다른 사람을 납득시킬 수 있는 가능성이 끝나는 곳에서 허용된 해석의 영역이 끝나고 금지된 유추가 시작된다. 따라서 형법에서는 공동체 구성원의 대다수가 공통적으로 의미를 이해하고 있는 문언의 범위 안에서만 해석이 가능하고 이를 벗어나는 것은 유추라고 구분을 하게 된다. 구성요건표지로서 주어지는 의미는 언어적 의미의 범위에 속해야 한다. 그 언어적 의미의 범위를 벗어나는 이해는 허용되지 않은 유추를 뜻한다.

반면 일반적 어의의 한계적 경계로서 문언상 가능한 범위 내에서의 확장해석은 허용되는 것으로서 이와 구별된다. 예컨대 자동차나 자극성이 강한 화학약품, 뜨거운 기름 등을 특수폭행죄(형법 제261조)의 위험한 물건으로 보는 것은 허용되는 확장해석이며 건물의 벽을 위험한 물건으로 보는 것은 유추이다.18)

📖 **관련판례**

① 대판 1997.3.20, 96도1167 : 형벌법규의 해석에 있어서 법규정 문언의 가능한 의미를 벗어나는 경우에는 유추해석으로서 죄형법정주의에 위반하게 된다. 그리고 유추해석금지의 원칙은 모든 형벌법규의 구성요건과 가벌성에 관한 규정에 준용되는데, 위법성 및 책임의 조각사유나 소추조건 또는 처벌조각사유인 형면제 사유에 관하여 그 범위를 제한적으로 유추적용하게 되면 행위자의 가벌성의 범위는 확대되어 행위자에게 불리하게 되는 바, 이는 가능한 문언의 의미를 넘어 범죄구성요건을 유추적용하는 것과 같은 결과가 초래되므로 죄형법정주의의 파생원칙인 유추해석금지의 원칙에 위반하여 허용될 수 없다. 한편 형법 제52조나 국가보안법 제16조 제1호에서도 공직선거법 제262조에서와 같이 모두 '범행발각 전'이라는 제한 문언 없이 "자수"라는 단어를 사용하고 있는데 형법 제52조나 국가보안법 제16조 제1

---

17) Arthur Kaufmann, JuS 1965, 7 참조.
18) BGHSt 22, 235, 236.

호의 "자수"에는 범행이 발각되고 지명수배 된 후의 자진출두도 포함되는 것으로 판례가 해석하고 있으므로 이것이 "자수"라는 단어의 관용적 용례라고 할 것인 바, 공직선거법 제262조의 "자수"를 '범행발각 전에 자수한 경우'로 한정하는 풀이는 "자수"라는 단어가 통상 관용적으로 사용되는 용례에서 갖는 개념 외에 '범행발각 전'이라는 또 다른 개념을 추가하는 것으로서 결국은 '언어의 가능한 의미'를 넘어 공직선거법 제262조의 "자수"의 범위를 그 문언보다 제한함으로써 공직선거법 제230조 제1항 등의 처벌범위를 실정법 이상으로 확대한 것이 되고, 따라서 이는 단순한 목적론적 축소해석에 그치는 것이 아니라, 형면제 사유에 대한 제한적 유추를 통하여 처벌범위를 실정법 이상으로 확대한 것으로서 죄형법정주의의 파생원칙인 유추해석금지의 원칙에 위반된다.
② 대판 1992.10.13, 92도1428 : 무기징역형을 선택한 후 형법 제56조 제6호의 규정에 의하여 작량감경을 하는 경우에는 (...) 7년 이상의 징역으로 감형되는 한편, (...) 유기징역형의 상한은 15년이므로 15년을 초과한 징역형을 선고할 수 없는 것이다. 원심은 강도치사죄의 소정형 중 유기징역형이 있다고 가정하여 유기징역형을 선택하였다면 누범가중 또는 경합범가중을 하여 징역 25년 또는 징역 22년 6월의 상한범위 내에서 형을 양정할 수 있어 이러한 경우와의 균형상 이 사건에서도 유기징역형을 가중하는 경우의 처단례에 따르는 것이 상당하다는 것이나, 이는 유기징역형을 가중하는 경우의 처단례를 유추하여 피고인에게 불리하게 징역 15년을 초과하는 처단형을 정할 수 있다는 것이어서 유추해석금지의 원칙에 정면으로 위배된다.[19] BGHSt 7, 32 : 어떠한 형벌이 책임에 상응하는지는 정확하게 확정하기는 어렵다. 최소한 책임에 상응하는 형벌을 하한으로 하고 책임을 초과하지 않는 최대한의 형벌을 상한으로 하는 범위 사이에서 재량의 여지가 있다. 판사는 상한선을 침범해서는 안 된다. 정도나 종류에 있어서 판사 스스로도 책임에 상응하지 않는다고 생각되는 형벌을 부과해서는 안 된다. 그러나 그는 이 판단여지의 범위 안에서는 형의 높낮이는 재량껏 결정할 수 있다.[20]

---

19) ① 대판 2004.5.14, 2003도3487 : 형법 제207조 제3항의 외국에서 통용하는 지폐에 일반인의 관점에서 통용할 것이라고 오인할 가능성이 있는 지폐까지 포함시키면 이는 위 처벌조항을 문언상의 가능한 의미의 범위를 넘어서까지 유추해석 내지 확장해석하여 적용하는 것이 되어 죄형법정주의의 원칙에 어긋나는 것으로 허용되지 않는다. ② 대판 2004.2.27, 2003도6535 : 피고인이 허위의 주민등록번호를 생성하여 사용한 것이 아니라 타인에 의하여 이미 생성된 주민등록번호를 단순히 사용한 것에 불과하다면, 피고인의 이러한 행위는 피고인에게 불리한 유추해석을 금지하는 법리에 비추어 위 법조 소정의 구성요건을 충족시켰다고 할 수 없다. ③ 대판 1978.9.26, 75도3255 : 형벌법규인 여권법 제13조의 해석에 있어서는 확장해석 내지 유추해석을 금하는 것이 죄형법정주의의 요청이라 할 것이므로 여권법시행령 부칙 제3항 소정의 여권의 유효확인신청에 따른 부정행위를 여권법 제13조 제2항 제1호에서 말하는 여권의 발급신청에 따른 부정행위로 의율함은 위법하다.

(5) 해석의 방법

모든 법률의 해석은 문리해석에서 시작해야 한다. 문리해석이란 일상적이고 특별한 법률상의 용어관행을 근거로 법조문에 담긴 입법자의 의도를 파악하는 것이다. 문리해석에 의할 때 두 가지 이상의 해석이 가능한 경우에는 법률의 입법역사(역사적 해석)와 법률 전체에서의 체계적 관련성(체계적 해석)을 고려한 해석을 시도할 수 있다. 그러나 입법자의 역사적 의도는 파악되기 어려울 경우가 많고 시대상황의 변화로 본래의 입법자의 의도가 파악되기 어려운 경우도 있을 수 있으므로 결과적으로 법률해석에서 가장 중요한 관점이 되는 것은 법률의 의미와 목적이라고 할 수 있다. 이를 객관적·목적론적 해석(objektiv-Teleologische Auslegung)이라 한다.

3) 유추적용금지의 범위

유추의 금지는 가벌성 여부를 결정하는 형벌법규의 모든 요소뿐 아니라 법률효과를 대상으로 한다. 법률효과에는 보안처분도 포함된다.[21] 또한 유추적용금지는

반대로 유추적용을 부정한 판례로 ① 대판 2003.1.10, 2002도2363 : 권한 없는 자에 의한 명령 입력행위를 '명령을 부정하게 입력하는 행위' 또는 '부정한 명령을 입력하는 행위'에 포함된다고 해석하는 것이 그 문언의 통상적인 의미를 벗어나는 것이라고 할 수도 없고, 그렇다면 그 문언의 해석을 둘러싸고 학설상 일부 논란이 있었고, 이러한 논란을 종식시키기 위해 그와 같이 권한 없이 정보를 입력, 변경하여 정보처리를 하게 하는 행위를 따로 규정하는 내용의 개정을 하게 되었다고 하더라도, 구 형법상으로는 그와 같은 권한 없는 자가 명령을 입력하는 방법에 의한 재산상 이익 취득행위가 처벌대상에서 제외되어 있었다고 볼 수는 없는바, 이러한 해석이 죄형법정주의에 의하여 금지되는 유추적용에 해당한다고 할 수도 없다. ② 대결 1994.12.20, 94모32 : 형법 제170조 제2항에서 말하는 '자기의 소유에 속하는 제166조 또는 제167조에 기재한 물건'이라 함은 '자기의 소유에 속하는 제166조에 기재한 물건 또는 자기의 소유에 속하든, 타인의 소유에 속하든 불문하고 제167조에 기재한 물건'을 의미하는 것이라고 해석하여야 하며, 제170조 제1항과 제2항의 관계로 보아서도 제166조에 기재한 물건(일반건조물 등) 중 타인의 소유에 속하는 것에 관하여는 제1항에서 규정하고 있기 때문에 제2항에서는 그 중 자기의 소유에 속하는 것에 관하여 규정하고, 제167조에 기재한 물건에 관하여는 소유의 귀속을 불문하고 그 대상으로 삼아 규정하고 있는 것이라고 봄이 관련 조문을 전체적, 종합적으로 해석하는 방법일 것이고, 이렇게 해석한다고 하더라도 그것이 법규정의 가능한 의미를 벗어나 법형성이나 법창조행위에 이른 것이라고는 할 수 없어 죄형법정주의의 원칙상 금지되는 유추해석이나 확장해석에 해당한다고 볼 수는 없을 것이다.
20) 같은 취지로 BGHSt 20, 266 f; 24, 133 f.

백지형법(Blankettstrafgesetz)에도 적용된다.[22] 일반적 견해에 따르면 유추금지는 실체적 형법에서 피고인에게 불리한 범위에서만(in malam partem) 적용되고 범인의 이익을 위해서는(in bonam partem) 유추가 가능하고 필요하다. 특히 입법자가 인식하지 못한 법규상의 흠결은 유추를 통해 보충될 수 있다. 예컨대 다른 유사한 범죄의 경우에는 감경규정이나 처벌조각사유 또는 친고죄나 반의사불벌죄를 인정하면서도 성질상 이에 준하는 특정한 범죄에 대해서는 입법의 미비로 행위자에게 유리한 이러한 규정들이 빠뜨려진 경우에 범인에게 유리한 유추적용은 허용된다.

실체법이 아닌 절차법인 형사소송법에서의 유추가능성에 대한 문제에는 다툼이 있을 수 있다. 그러나 유추금지는 행위의 가벌성 여부를 결정하는 실체법에서 본질적 의미가 있는 것이므로 실체법이 아닌 소송법에 있어서는 피고인에게 소송절차상 불리한 위치에 놓이게 하는 경우라도 유추가 원칙적으로 허용된다고 보아야 한다.[23] 그뿐만 아니라 형법전에 들어 있는 소송절차에 관한 규정들에 대해서도 피고인에게 불리한 유추가 가능하다.[24] 예컨대 고소는 소송요건이므로 친고죄에서의 고소와 관련하여서도 유추는 허용된다. 그러나 해당 소송조건이 객관적 가벌성의 요건 혹은 실체법상의 처벌배제사유에 밀접한 것일 때에는 개별적 사례에서 법치국가원칙에 입각한 재검토가 요구된다.[25]

3. 소급효금지의 원칙

1) 의의

'범죄의 성립과 처벌은 행위시의 법률에 의한다'고 하는 형법 제1조 제1항의 규정과 '모든 국민은 행위시의 법률에 의하여 범죄를 구성하지 아니하는 행위로 소추되지 아니하며, 동일한 범죄에 대하여 거듭 처벌받지 아니한다'는 헌법 제13조 제1항의 규정은 모두 형법의 시간적 적용범위를 제시하는 것이다. 형벌법규는 그것이

---

21) Krey, Gesetzestreu und Strafrecht, ZStW 101, 838; BGHSt 18, 140.
22) Roxin, AT I, § 5 Rdnr. 40.
23) 박상기, 35면; Baumann/Weber/Mitsch, § 9 Rdnr. 101; Kleinknecht/Meyer-Goßner, StPO, Einleitung Rdnr. 198; Roxin, AT I, § 5 Rdnr. 43.
24) 다른 견해로 김일수/서보학, 53면.
25) Roxin, AT I, § 5 Rdnr. 43. 앞의 대판 1997.3.20, 96도1167 참조.

시행된 이후의 행위에 대해서만 적용되고 시행 이전의 행위에 대해서까지 소급하여 적용되어서는 안 된다.

소급효금지의 원칙(Rückwirkungsverbot)은 입법자에게 하나의 구성요건에 소급효를 적용하는 것을 금지할 뿐 아니라, 형사재판에서의 법관에게도 행위 당시에 그 행위에 대한 가벌성을 규정하는 구성요건이 존재할 경우에 한해서 그 구성요건의 적용가능성을 검토할 수 있도록 제한한다. 이렇게 입법자에게 형법의 소급적 제정을 금지하고 법관에게 소급적 적용을 금지해야만 법적 안정성과 법률에 대한 예측가능성이 확보될 수 있다.

2) 이론적 근거

소급효금지의 원칙은 법적 안정성의 요구와 책임원칙의 실현을 보장하기 위해 필요한 것이라 할 수 있다.[26] 이 원칙 없이는 국민의 법에 대한 신뢰감과 안정감 및 형법 적용의 예측가능성이 침해되어 법은 본래의 의미를 잃게 되고 법질서의 혼란을 초래하게 될 것이다. 예컨대 특정 정치인이나 경제인 등에 대한 목적적 처벌을 위해 사후에 의도적 입법을 한다면 형법의 보장적 기능은 파괴되고 말 것이다.

3) 적용범위

(1) 형법에 제한

이러한 원칙은 형법에만 고유한 것이다. 다른 법영역에도 효력을 미치는 일반적 의미의 소급효 금지의 원칙은 없다.[27] 따라서 형법 이외의 영역에서는 법관은 원칙적으로 판결 당시 유효한 법률을 적용하게 된다. 이를테면 민법의 경우 법의 변경에 따른 특별한 경과조치규정이 없는 한 최신의 법을 적용하는 것이 원칙이므로 사안 발생시의 법과 재판시의 법이 다를 경우 재판시법을 따라야 한다.[28]

(2) 입법과 사법

소급효 금지의 원칙은 새로운 범죄를 신설하거나 기존의 구성요건 및 처벌규정의 확장과 같은 사후입법의 제정[29]뿐 아니라 법관에 의한 소급적용(司法)도 금지한

---

26) Jescheck/Weigend, § 15 IV 1.
27) Jescheck/Weigend, § 15 IV 1.
28) Baumann/Weber/Mitsch, § 9 Rdnr. 21.
29) 소급입법의 예로 1933년의 Lex van der Lubbe와 1936년의 자동차함정강도법을 들 수

다. 입법영역에서의 이 원칙은 일차적으로 각칙의 구성요건의 보장기능에 관련되지만 그 효력은 당연히 총칙의 규정에도 미친다. 가령 불능미수의 감경규정이 삭제되는 경우가 발생된다면 그 효력은 법의 변경 이후의 행위에만 적용되어야 한다.

이 원칙은 입법자에게는 가벌성을 소급적으로 확정하는 것뿐 아니라 소급적으로 가중하는 것도 금지한다. 사법(司法)영역에서 판사는 단순히 현행법의 형량을 적용할 것이 아니라 행위 당시의 법률과 개정된 현행 법률을 비교하여 현행 법률에 의할 때 형량이 더 가볍다면 현행 법률을 따라야 한다. 행위 당시 그 행위의 가벌성을 인정하는 법률이 존재했고 재판 당시의 법률에는 형량만이 강화되었다면 이 사안은 "범죄 없다(nullum crimen)"는 원칙과는 상관이 없다. 행위는 행위당시의 법을 통해서 범죄로 확정되었기 때문이다.

그러나 "처벌 없다(nulla poena)"는 원칙은 적용된다. 법관의 선고형량은 행위 당시의 법률에 정한 바를 초과할 수 없으므로 이 사례에서는 현행법이 아닌 구법을 따라야 한다. 반면 신법의 형량이 더 가볍다면 신법을 따라야 한다. 그리고 행위 이후에 형량이 낮아졌다가 재판시에는 오히려 행위시보다 높아진 경우에는 그중 가장 형량이 낮았던 법이 적용되어야 한다. 임시적 조치도 형법적 평가에서 범인에게 불확실성의 부담으로 돌아가서는 안 되기 때문이다.

이 원칙은 당사자에게 유리한 방향으로 예외가 적용될 수 있다. 즉 형법 제1조 제2항에 의해 범죄 후 법률의 변경에 의하여 그 행위가 범죄를 구성하지 않거나 형이 구법보다 경한 때에는 신법이 적용되며, 동조 제3항에서는 재판확정 후 법률의 변경에 의하여 그 행위가 범죄를 구성하지 않는 경우에는 형의 집행을 면제한다고 규정한다.

(3) 소송법 규정

이 원칙은 실체법을 대상으로 하는 것이므로 소송법에서는 신법우선의 원칙이 적용된다. 독일의 판례에 따르면 소송법에 속하는 고소규정이나 공소시효에 관해서도 소급적용이 허용된다.[30] 법을 개정하여 반인륜적 범죄에 대해 공소시효를 없애는 것도 헌법에 위배되지 않는다. 따라서 반의사불벌죄나 공소시효와 관련한 법

있다.

30) 이재상/장영민/강동범, § 2-20; 임웅, 25면; BVerfGE 1, 423; BVerfGE 25, 269(287); 아직 완성되지 않은 공소시효를 연장하는 법률은 위헌이 아니라는 입장이다.

규정이 행위자에게 불리하게 변경된 경우 소급적용은 가능하다.[31] 다만 소급적용
을 위해서는 신법 시행 이전에 고소기간이 경과하지 않았거나 공소시효가 완성되
지 않았을 것이 전제된다고 해야 할 것이다.[32]

> **관련판례**
>
> 헌재결 1996.2.16, 96헌가2, 96헌바7, 96헌바13 : 형벌불소급의 원칙은 "행위의 가벌성"
> 즉 형사소추가 "언제부터 어떠한 조건하에서" 가능한가의 문제에 관한 것이고, "얼마동안"
> 가능한가의 문제에 관한 것은 아니므로, (5·18민주화운동등에관한특별법이) 과거에 이미
> 행한 범죄에 대하여 공소시효를 정지시키는 법률이라 하더라도 그 사유만으로 헌법 제12조
> 제1항 및 제13조 제1항에 규정한 죄형법정주의의 파생원칙인 형벌불소급의 원칙에 언제나
> 위배되는 것으로 단정할 수는 없다. (...) 위 법률조항의 경우에는 왜곡된 한국 반세기 헌정
> 사의 흐름을 바로 잡아야 하는 시대적 당위성과 아울러 집권과정에서의 헌정질서파괴범죄
> 를 범한 자들을 응징하여 정의를 회복하여야 한다는 중대한 공익이 있는 반면, 공소시효는
> 행위자의 의사와 관계없이 정지될 수도 있는 것이어서 아직 공소시효가 완성되지 않은 이상
> 예상된 시기에 이르러 반드시 시효가 완성되리라는 것에 대한 보장이 없는 불확실한 기대일
> 뿐이므로 공소시효에 대하여 보호될 수 있는 신뢰보호이익은 상대적으로 미약하여 위 법률
> 조항은 헌법에 위반되지 아니한다.

(4) 보안처분

소급효금지의 원칙이 보안처분에도 적용되어야 할 것인가 하는 문제에 대해 견
해는 일치하지 않는다. 보안처분의 자유제한 혹은 박탈의 정도를 감안하면 여기에
도 형벌과 동일하거나 이에 준하는 효과가 있기 때문에 이에 대해서도 소급효금지
의 원칙은 적용되어야 한다는 견해(소급적용부정설)와 이에 대한 반대견해(소급적용
긍정설)로 대립된다.

소급적용긍정설의 입장에서는 보안처분이란 과거의 불법에 대한 책임에 근거를
두는 해악과 비난의 제재가 아니라 장래의 위험성으로부터 행위자를 보호하고 사
회를 방위하기 위한 합목적적이며 행위자에게도 유리한 조치이므로, 행위시가 아

---

31) Baumann/Weber/Mitsch, § 9 Rdnr. 29; BGHSt 21, 367(369).
32) 김일수/서보학, 42면; 이재상/장영민/강동범, § 2-20; 신동운, 43면. 소송법에도 특수
　　예외적인 경우를 제외하고는 소급효금지의 원칙이 적용되어야 한다는 견해로 오영근,
　　34면.

닌 판결 당시의 법률에 의하면 족한 것으로 보아 여기에는 소급효금지의 원칙은 적용되지 않는다고 주장한다.[33] 독일형법은 보안처분에 대해서는 특별한 규정이 없는 한 재판시의 법을 따른다는 명문규정을 두고 있다.[34] 이것은 범죄예방을 위한 최신의 치료조치나 방식이 우선적으로 활용되어야 한다는 사고에 따른 것이다. 독일은 이미 1952년에 운전면허를 박탈할 수 있는 법을 시행하면서 법 시행 이전의 행위까지 적용할 수 있도록 했다. 따라서 독일의 입법현황은 보안처분에 대해 소급효금지의 원칙에 상당한 예외를 두고 있는 입장이라고 할 수 있다.

　그러나 보안처분이 부분적으로는 형벌보다 가혹할 수 있다는 현실을 감안하면 이러한 입법태도는 우려스러운 것이라는 견해가 우세하다. 소급적용부정설의 논거가 설득력이 있고 우리나라에서는 특히 독일과 같은 명문규정도 없는 만큼 보안처분에도 소급효는 금지되어야 하는 것이 옳다.[35]

📖 **관련판례**

대판 1997.6.13, 97도703 : 보호관찰은 형벌이 아니라 보안처분의 성격을 갖는 것으로서, 과거의 불법에 대한 책임에 기초하고 있는 제재가 아니라 장래의 위험성으로부터 행위자를 보호하고 사회를 방위하기 위한 합목적적인 조치이므로, 그에 관하여 반드시 행위 이전에 규정되어 있어야 하는 것은 아니며, 재판시의 규정에 의하여 보호관찰을 받을 것을 명할 수 있다고 보아야 할 것이고, 이와 같은 해석이 형벌불소급의 원칙 내지 죄형법정주의에 위배되는 것이라고 볼 수 없다.

헌재 2015.9.24, 2015헌바35 : 전자장치 부착은 전통적 의미의 형벌이 아니며, 이를 통하여 피부착자의 위치만 국가에 노출될 뿐 그 행동 자체를 통제하지 않는다는 점에서 비형벌적 보안처분에 해당되므로, 이를 소급적용하도록 한 부칙경과조항 ('특정 범죄자에 대한 위치추적 전자장치 부착 등에 관한 법률' 부칙(2008. 6. 13. 법률 제9112호) 제2조 제1항 (2010. 4. 15. 법률 제10257호로 개정된 것))은 헌법 제13조 제1항 전단의 소급처벌금지 원칙에 위배되지 아니한다.

---

(5) 백지(白地)형법

　형벌의 종류와 한도만을 정하고 구성요건의 전부 또는 일부내용은 별도의 보충

---

33) 이정원, 31면.
34) 독일형법 제2조 제6항.
35) 배종대, [12] 33; 손해목, 61면; 안동준, 18면; 오영근, 33면; 이재상/장영민/강동범, §
　　2-19; 임웅, 23면; 정영일, 46면; 조준현, 83면; 차용석, 137면.

규범에 위임하는 형벌법규를 백지형법이라 한다. 이 경우 백지법규와 보충규범의
결합에 의해 구성요건이 완성되는 것이며, 형법 제1조 제2항에서의 법률의 의미는
총체적 법률상태를 뜻하는 것으로 보는 것이 당연하므로 소급효금지의 원칙은 양
자에 모두 적용된다.[36]

> [입법례] 독일형법 제315a조 제1항 제2호
> "선로차량, 선박, 항공기 등의 운전자나 이에 대한 안전책임이 있는 자가 중대한 의무위반의 행
> 위로 이에 대한 '안전규정'을 어김으로써 타인의 생명이나 신체 또는 중대한 가치가 있는 타인
> 의 재물에 위해를 가한 경우 5년 이하의 자유형 또는 벌금형에 처한다."

이 조항에서의 '안전규정'이 보충규정에 해당한다.

(6) 판례의 변경과 한시법[37]

4. 법률주의[38](관습법금지의 원칙)

1) 의의

법률주의(Kodifizierungsgebot)란 범죄와 형벌은 성문의 법률로 정해져야 한다는
원칙을 말한다. 국회를 통해 제정된 형식적 의미의 법률에 의해서만 범죄의 성립과
형벌의 부과가 가능하다. 백지형법이나 벌칙의 제정을 명령이나 조례에 위임하는
것까지 금하는 것은 아니다. 위임 혹은 수권(授權)의 범위에 대한 명백한 법률적 근
거를 전제로 이는 허용된다.[39]

2) 내용

법률주의의 주된 내용은 관습법금지의 원칙이다. 민법 제1조는 관습법의 적용을
인정한다. 그러나 형법에서는 그렇지 않다. 성문법과 달리 그 존재여부 및 내용과

---

36) 박상기, 46면 이하; 배종대, [18] 4 이하; 손해목, 83면; 안동준, 27면; 오영근, 48면;
    이재상/장영민/강동범, § 3 24; 이정원, 47면; 이형국, 87면; 임웅, 72면; 정성근/박광
    민, 51면; Baumann/Weber/Mitsch, § 9 Rdnr. 28.
37) 앞의 시간적 적용범위 부분 참조.
38) 앞에서 지적한 바와 같이 법률주의는 "Gesetzlichkeitsprinzip"의 번역에 해당하는 것이
    아니다.
39) 이재상/장영민/강동범, § 2 – 13.

범위가 확정되지 않은 관습법은 형법의 법원(法源)으로서 적용되어서는 안 된다는 원칙 때문이다. 즉 범죄와 형벌을 인정하기 위해서는 국회에서 제정한 형식적 의미의 법률을 요건으로 한다.

관습법이란 이러한 형식적 의미의 법률이 아니라 특정 규율에 이해관계를 가지는 특정 국민계층의 일반적인 확신과 오랜 기간의 실행으로 형성된 규제적 관습을 말한다. 형법에 있어서는 이런 방식으로 새로운 구성요건이 형성될 수도 없고 기존의 구성요건이 확장되거나 형벌이 강화될 수도 없다. 곧 "감옥의 문은 성문의 법률만이 열 수 있는 것이다(Mezger)." 이런 관습법은 다른 법영역에는 적용될 수 있으나, 형법에 그 적용을 인정하면 법관의 자의가 개입될 우려가 있으며 성문법에 없는 새로운 구성요건을 인정하거나 기존의 구성요건을 임의로 확장할 수도 있어 법의 기본이념에 반한다.

그런데 관습법은 형법의 일차적 법원으로서 적용될 수는 없지만 형식적 형벌법규의 내용 및 의미를 파악하는 데는 관습법의 도움이 불가피한 경우가 있다.[40] 형법총칙상의 대부분의 이론형성은 직·간접적으로 관습법의 의미에 따를 경우가 많다. 예를 들자면 부진정부작위범에 있어서 작위의무의 근거나 사회상규의 범위 등은 관습에 의해 결정될 수 있다. 또한 형법각칙의 범위에서 수리방해죄(형법 제184조)의 수리권(水利權)의 해석에도 관습법이 간접적 해석기준이 될 수 있으며[41] 관습으로 인정된 경계도 경계침범죄(형법 제370조)의 보호법익으로 인정될 수 있다.[42]

그리고 관습법도 피고인에게 유리한 경우, 가령 부모나 이웃 주민 등에 의한 교육목적적 체벌 등과 같이 관습법적으로 인정되는 위법성조각사유나 면책사유 또는 형벌의 경감 또는 면제 등에는 그 보충적 적용이 인정된다.

---

40) Jescheck/Weigend, § 15 III 1.
41) 배종대, [12] 9; 이재상/장영민/강동범, § 2 16.
42) 대판 1976.5.25, 75도2564 : 형법 제370조 소정 경계라 함은 소유권 등 권리의 장소적 한계를 나타내는 지표를 말함이니 실체상의 권리관계에 부합하지는 않더라도 관습으로 인정되었거나 일반적으로 승인되어 왔다거나 이해관계인의 명시 또는 묵시의 합의에 의하여 정하여 진 것이거나 또는 권한 있는 당국에 의하여 확정된 것이어야 함도 아니고 사실상의 경계표로 되어 있다면 침해의 객체가 되는 것이다.

5. 적정성의 원칙

형법은 형벌을 통해 개별적 법익을 보호하고 또한 이를 통해 사회의 질서 및 평온상태를 유지하기 위한 목적을 갖는 것이다. 적정성의 원칙이란 형법은 인간의 기본권과 존엄성을 최대한 보장할 수 있는 범위에서 위의 목적을 달성할 수 있는 합리적인 것이어야 한다는 원칙을 의미한다. 이 원칙을 죄형법정주의의 한 항목으로 인정하고자 하는 견해도 있으나 그렇게 되면 죄형법정주의의 개념은 더 이상 형식적인 개념이 아닌 실질적 개념이 된다.[43] 죄형법정주의는 국가형벌권행사에 관한 형식적 제한에 그쳐야지, 그 실질적 내용으로서의 법이 어떠한 모습을 갖춰야 할지를 구속하는 데까지 관여할 것은 아니다. 즉 법치국가원칙의 형식적인 면과 실질적인 면은 구분하여 대체로 전자는 죄형법정주의가, 후자는 입법론 및 해석론이 그 기능을 담당하는 것으로 보는 것이 합리적이다.

---

43) 독일의 경우와는 달리 국내에서는 다수의 학자들이 적정성의 원칙에 죄형법정주의의 제 5의 항목으로서의 지위를 인정하고 있다.

제 2 편

범죄론

제 1 장   범죄론 일반 및 행위론
제 2 장   구성요건론
제 3 장   위법성론
제 4 장   책임론

제 1 장

범죄론 일반 및 행위론

제 10 절 범죄체계론의 발전과정

I. 서론

근대 형법학의 발달의 큰 흐름은 고전적(das klassische Verbrechenssystem), 신고전적(das neoklassische Verbrechenssystem), 목적적 범죄체계(das finale Verbrechenssystem)로 나눌 수 있다. 오늘날 형법학에서 일반적으로 통용되고 있는 범죄체계론에 따르면 범죄의 성립은 구성요건, 위법성, 책임의 3단계로 구분되는데 이것이 이른바 신고전적 범죄체계에 따른 이해이다. 고전적 범죄체계에서는 범죄를 외적 요소와 내적 요소로 양분하고 전자에는 구성요건과 위법성이, 후자에는 책임을 비롯한 모든 주관적 요소가 포함되는 것으로 이해했다.[1] 신고전적 범죄체계에 와서는 고의를 구성요건에 포함시킴으로써 고전적 범죄체계에 획기적 수정이 가해졌다. 목적론적 체계구도는 책임요소에서 행위자와 행위 사이의 심리적 관련성을 제거함으로써 순 규범적 책임개념(rein normativer Schuldbegriff)을 성립시켰다.[2]

---

1) Roxin, AT I, § 7 Rdnr. 12.
2) Baumann/Weber/Mitsch, § 12 Rdnr. 6.

II. 중세 자연법 시대의 범죄체계론

고전적 범죄체계 이전에는 근대적 자연법의 영향 아래에 놓여 있었던 16세기와 17세기의 이탈리아 형법학이 있었다. 자연법 시대는 Platon, Aristoteles의 시대인 고대 자연법, Thomas von Aquino로 대표되는 중세 기독교적 자연법, 그리고 18세기의 법전편찬운동으로 자연법 시대를 마감하게 될 때까지의 근대 자연법의 세 시대로 구분된다. 그중 특히 Pufendorf의 귀속이론(imputatio)과 같은 근대 자연법 시대의 사고의 산물은 오늘날의 형법이론의 기초에 지대한 영향을 끼쳤다. 이 시대의 귀속론은 객관적 귀속(imputatio facti)과 책임귀속을 의미하는 주관적 귀속(imputatio iuris)을 구분했다. 이것이 현대적 의미의 위법성과 책임 간의 구분의 유래가 된다.[3]

III. 고전적 범죄개념

1. 시대적 배경

Beling과 v. Liszt의 시대로 지칭할 수 있는 고전적 범죄체계 시대에는 형법의 실증주의적 작업(Positivismus)에 주안점을 두었으며, 이것은 곧 형벌의 응보주의이론을 부정하고 특별예방을 지향하는 목적형 사상으로 연결되었다. 법의 안정성 및 보장성과 예측가능성의 기초를 세운 자유법치국가사상도 이 시대를 통해 형성되었다.

실증주의란 논리학과 수학처럼 실존에 대한 인식과 확증에 한정하는 학문을 말한다. 실증주의 시대에는 모든 형태의 형이상학(形而上學), 즉 물리적으로 경험할 수 있는 존재의 세계를 넘어선 정신세계에 관한 사고나 진술은 비학문적인 것으로

---

3) 범죄의 형법적 판정은 범인에게 관련된 귀속판정으로서 다음의 3단계로 이루어지는 것이라고 설명한다. 제1단계에서는 행위에 대한 귀속이 이루어지는데 여기서는 인간으로서의 가능성(Menschenmögliche)을 묻는다(인간작품으로서의 행위귀속). 제2단계에서는 어떤 사람으로서의 가능성(Jemandmögliche)을 묻는 위법에 대한 귀속이 이루어진다(사회의 특정한 부류의 한 사람의 작품으로서의 행위귀속). 제3단계에서는 당사자가능성(Selbstmögliche)을 묻는 책임귀속이 이루어진다(행위의 당사자라는 인간의 작품으로서의 행위귀속).

서 배척되었다. 이러한 경향은 법학에도 심대한 영향을 끼쳐 법학에서의 개념마저
도 실증적 해석으로 제한시켰다. 그 결과 v. Liszt는 언어적 모욕을 아주 실증적으
로 "일련의 후두의 떨림, 음파조성, 청각의 자극, 두뇌의 작용"으로 표시했다. 모욕
의 본질이라는 것은 "사실 그 자체"에 어떠한 정신적 가치평가를 부가할 때에만 이
해될 수 있는 것이지만 논리일관적 실증주의의 관점에서는 이러한 점을 깨닫지 못
했다.

• 고전적 범죄개념의 구조 •

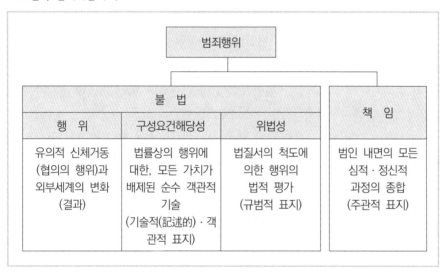

2. 고전적 범죄체계론의 내용

고전적 범죄체계에서는 범죄에서의 객관적 요소와 주관적 요소를 엄격히 구분하
여, 후자는 철저히 책임으로 분류하는 특징을 갖는다. 즉 범죄를 구성요건 및 위법
성을 포함하는 외적·객관적 요소와, 책임과 책임의 한 형태로서의 고의를 포함하
는 내적·주관적 요소로 구분하는 단순하고 명확한 입장을 취한 것이다. 구성요건
에 앞서는 행위개념은 법익침해적 결과가 발생했더라도 그것이 자연현상이나 동물
의 행위처럼 사람과 관계없는 원인에 기인한 경우나, 그리고 더 나아가서는 의사가
수반되지 않은 인간의 행위에 기인한 경우 형법상의 가벌성심사 대상에서 제외시

키는 역할을 한다.

고전적 범죄체계에서 구성요건은 전적으로 객관적인 기술로써 범죄행위를 정확하게 확정하는 도구로 인식된다. 그러기 위해서 여기에는 재물, 사람, 살해 등 오직 외형적이고 기술가능한 표지만이 포함될 수 있다. 이로써 구성요건은 객관적이고 엄격한 형식논리적 포섭작업(Subsumtion)의 기초자료가 될 수 있다. 실증주의적 사고방식에 따르면 실행된 구성요건은 위법성의 간접증거가 된다. 즉 구성요건 해당 행위는 특별한 사유가 없는 한 위법한 행위가 되는 것이다. 어떤 특별한 정당화사유가 있는 경우에만 이 간접증거는 부정된다. 따라서 기술된 구성요건의 충족과 이 행위에 적용될 수 있는 정당화사유의 부존재는 행위의 위법성이 인정되기 위해 필요한 두 가지 요건이다. 이 체계에서 위법성은 그 실질적 내용에 대한 평가가 필요 없는 순 객관적이고 형식적인 것으로 이해되었다.

고전적 범죄체계에서의 책임은 위법적 행위와 관련하여 범인 내면에 존재하는 모든 주관적으로 파악될 수 있는 표지를 체계적으로 열거하는 개념이다. 실증주의적 사고는 여기서도 구성요건실현에 대한 인식이나 의사처럼 실증적 파악이 가능한 표지에 한정했다. 이 인식은 구성요건표지에 대한 인식과 위법성에 대한 인식을 모두 포함하는 개념으로서 과실과 함께 책임표지로 파악되었다.[4] 이러한 모형의 책임개념을 "심리학적 책임개념(psychologischer Schuldbegriff)"이라[5] 칭한다.

IV. 신고전적 범죄개념

고전적 범죄개념은 법철학적으로 논증된 법실증주의에 대한 비판을 토대로 그 기본구조를 유지하는 범위에서 체계내적 수정이 이루어졌다. 그중 가장 주목할 것은 자연과학적 관찰방식뿐 아니라 인문과학적 이해와 가치평가의 방식에도 고유한 가치를 부여하고자 했던 신칸트주의였다. 이에 따라 형법의 목적과 가치에 따른 형법의 본질을 추구하기 시작했으며[6] "사물논리적 구조(sachlogische Strukturen)"에 입각한 사고를 통해 사물(법적 사례)에 본질적으로 내재하는 질서를 인식하려고 노력

---

4) 김일수/서보학, 67면.
5) Roxin, AT I, § 7 Rdnr. 12.
6) Jescheck/Weigend, § 22 III 1.

했다. 신고전적 범죄체계에서는 고전적 범죄개념의 4 가지 표지가 모두 개조되었다.

· 신고전적 범죄개념의 구조 ·

	불 법			
	행 위	구성요건해당성	위법성	책 임
고전적 체계에 대한 비판과 개조	행위의 의미는 고려되어야 함. 고전적 범죄체계는 부작위를 설명하지 못함.	구성요건에는 규범적 표지와 주관적 표지도 포함된다.	위법성은 실질적으로 규정되어야 하며 가장 본질적인 것이다. (구성요건은 단지 형식적 보조수단이다.)	책임은 심리학적으로가 아니라 "비난가능성(Vor werfbarkeit)" 이라는 관점에서 평가적으로 파악되어야 한다. (규범적 책임개념)

(표 상단: 범죄행위)

1. 행위

신고전적 범죄체계에서는 자연과학적 행위개념을 적어도 가치관련적 형법체계에 적응시키는 작업이 이루어졌다. 고전학파들도 자신들이 기초한 실증주의적·의미배제적 행위개념에 의해서는 예컨대 모욕죄 혹은 부작위를 설명할 수 없다는 사실을 깨달았다. 왜냐하면 부작위의 본질적 의미는 가치평가에 의해서 나타나는 것이지 존재론적 실재(ontologische Realität)를 담고 있지 않기 때문이다. Beling은 부작위에 대해 의도된 "동력적 신경의 억제"라는 설명을 통해 객관적 현실성을 인정하고자 시도했으나 이러한 노력은 늦어도 인식 없는 과실의 부작위범에 와서는 더 이상 아무런 의미가 되지 못한다.[7]

---

7) Jescheck/Weigend, § 22 III 2 b).

2. 구성요건

불법은 항상 객관적 요소만을 담고 있는 것이 아니며, 반대로 책임에도 항상 주관적인 요소만 있는 것은 아니라는 인식이 고전적 범죄체계를 수정하게 되는 계기가 되었다. 무엇보다 "주관적" 구성요건표지의 발견이 획기적 변화를 가져왔다. 이런 주관적 표지는 구성요건적 불법을 규정하는 데 불가결한 것이기 때문에 책임의 부분으로 돌릴 수 없는 요소가 된다.

> 예 도서관의 이용자가 책 한 권을 그 다음날 되돌려 놓을 생각으로 집으로 가지고 갔을 경우 절도는 부정되어야 한다. 절도의 부정이라는 결론에 이르는 방식의 하나로, 예컨대 행위의 불법은 충족되었으나 영득의사의 결여로 단지 책임이 결여되기 때문이라는 방식은 절대적으로 타당하지는 않다. 행위자의 영득의사를 배제한 채 순 객관적 요소로 절도의 구성요건이 이미 충족되는 것으로 보아서는 안 되기 때문이다. 전형적 절도의 구성요건은 타인의 소유권을 지속적으로 침해하겠다는 의도가 있을 때에만 충족된다. 그렇지 않은 경우는 단순한 점유이탈에 해당될 뿐이다. 따라서 영득의사는 절도의 구성요건에 해당하는 것이지 책임에 해당하는 것은 아니다.[8]

나아가 문서 혹은 재물의 타인성과 같이 법적 평가를 통한 가치충전을 필요로 하는 규범적 구성요건표지(normative Tatbestandsmerkmale)에 대한 인식도 고전적 구성요건 체계의 붕괴를 가속시켰다. 뇌사자의 인공심폐기를 제거하는 사례에서의 사람 혹은 살해의 개념처럼 심지어 기술적 구성요건표지로 여겨왔던 개념에도 가치평가가 요구되는 경우마저 드물지 않게 되었다.

3. 위법성

구성요건이 이미 규범적 가치개념을 포함한다는 인식의 변화는 위법성 부분에도 영향을 미쳤다. 여기서는 위법성이 더 이상 법규범의 형식적 위반이 아니라 실질적 사회해악성으로 이해되었다.[9] 이로써 구성요건은 물론 필수적이긴 하지만 불법의 유형화라는 보조수단으로서 후면으로 밀리는 반면 불법은 실질적 사회해악성으로

---

8) Roxin, AT I, § 7 Rdnr. 13; Jescheck/Weigend, a.a.O.
9) Jescheck/Weigend, § 22 III 2 c).

서 관심의 전면에 놓이게 된다. 이러한 이유로 "구성요건"이라는 용어는 "불법구성요건"이라는 용어로 대체가 가능하다.

이러한 위법성 개념에 입각한 새로운 실질적 고찰 방법으로 이익침해의 정도에 따라 불법의 정도를 평가할 수 있게 되었다. 결과적으로 아무런 이익침해가 인정되지 않는다면 행위는 불법이 아닌 것으로 평가될 수도 있는 것이다. 또한 실질적 위법성 개념을 통해 초법규적 정당화사유도 찾아낼 수 있게 되었다. 그러나 "초법규적"이라는 개념에 대해서는 논란의 소지는 충분히 존재한다.

4. 책임

마지막으로 범죄행위에 대한 이해가 실증주의적 이해에서 가치이입적(價値移入的) 이해로 변천하는 영향 하에 책임의 개념도 변형되었다. 실증주의적 범죄개념은 실증적으로 나타나는 한에 있어서는 모든 주관적 표지를 단순하게 합산했다. 그러나 신고전적 범죄체계에서의 책임개념은 행위 당시의 행위자의 정신적·심리적 상황 그 자체가 아닌 의사형성에 대한 규범적 평가를 본질적 내용으로 하는 것이 되었다. 즉 심리학적 책임개념으로부터 규범적 책임개념으로 변모된 것이다. 이 규범적 책임의 인정을 위해 중요한 것은 행위자가 법을 거부하고 불법을 행했다는 사실로 그를 비난할 수 있을 것인가의 평가에 있다.

이러한 생각은 오늘날에도 빈번히 인용되는 독일연방대법원의 정의에서 간명하게 나타난다:[10] "형벌은 책임을 전제로 한다. 책임은 비난가능성(Vorwerfbarkeit)이다. 책임의 반가치판정으로써 범인에게는 그가 합법적으로 행동할 수 있었고 법을 선택할 수 있었음에도 불구하고 불법적으로 행동하고 불법을 선택했다는 사실에 대한 비난이 가해진다."

V. 목적적 범죄개념

법실증주의에는 실제로 경험할 수 있는 자연적 형상(Gegebenheiten)과 단순히 정신적으로만 모형화할 수 있는 가치와의 사이에는 넘나들 수 없는 벽이 존재한다. 말하자면 법실증주의는 존재(Sein)와 당위(Sollen) 사이의 엄격한 경계로 인해 법규

---

10) BGHSt 2, 200 f. 아래 제 28 절 Ⅱ. 2. 참조.

범은 자신의 영역에 존재하는 다른 법규범하고만 교류할 뿐이지 경계 너머에 존재하는 현실이라는 영역과는 결코 교류할 수 없다고 믿는다.

　Welzel은 이러한 법실증주의의 경직성을 극복하기 위해 사물에 내재되어 있는 "사물논리적 구조(sachlogische Struktur)"를 확정하고자 노력했다. 그는 우선 행위 개념에 대한 이해와 관련하여 인간의 행위는 그의 목적적 구조, 즉 특정된 결과를 향한 행위의 계획적 조종(목적성 : Finalität)으로 인하여 다른 모든 존재의 범주로부터 구별된다는 인식에서 출발한다. 자의에 의한 원인야기의 확정(인과성 : Kausalität)만으로 한정되는 고전적 행위론에 대항하여 그는 행위를 "목적활동의 수행(Ausübung der Zwecktätigkeit)"이라 칭한다. 의미를 수반한 의지적 행위가 범죄론적 의미에서의 행위라는 개념의 토대에서 새로운 범죄체계가 생성되었다.

　이러한 새로운 범죄체계의 가장 중요한 특성은 목적성을 고의와 동일시한다는 것이다. 이로 인해서 불가피하게도 고의가 책임이 아닌 구성요건에 배속된다. 고의를 책임에서 분리함에 따라 독자적 책임요소인 위법성의 인식도 역시 고의에서 분리된다. 책임능력과 위법성의 인식, 책임조각사유의 결여는 책임의 충분조건이 된다.[11] 이것이 순 규범적 책임개념이다. 이 변형된 체계는 착오론에 있어서도 큰 의미가 있다.

• 목적적 범죄체계의 구조 •

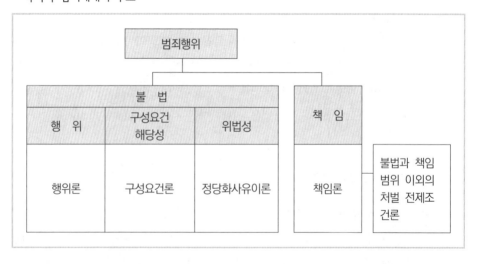

---

11) Gropp, § 3 Rdnr. 62.

VI. 신고전적 · 목적적 범죄체계의 합일체계

목적적 범죄체계는 행위론 자체로서는 성공적이라 할 수 없지만 행위론을 제외하더라도 고의와 객관적 과실을 구성요건에 배치한 이 체계는 설득력이 있는 것이기 때문에 오늘날의 형법이론학의 기초로 유지되고 있다.12) 목적성과 고의를 동일시함으로써 구성요건해당행위의 사회적 의미를 규범적 · 가치적으로 평가할 수 있게 되었다는 점은 목적적 범죄체계의 매우 의미 있는 업적이다. 범죄체계론에 있어서 오늘날의 일반적 견해는 이러한 목적적 범죄체계에 바탕을 두고 종래의 이론을 부분적으로 수용하는 합일체계적 범위에 머물러 있다.

신고전적 · 목적적 합일체계에서는 고의와 과실은 불법을 근거짓는 기능을 할 뿐 아니라(목적적 범죄체계 입장) 동시에 책임형식으로서 이에 상응하는 불법요소와 부합하는 이중적 기능을 인정함으로써 고전적 범죄체계의 입장도 반영하고 있다.13)

합일체계에서는 불법을 행위반가치, 책임을 심정반가치로 구분하며, 불법은 사회해악성이며 책임은 비난가능성이라는 신고전적 범죄체계에서의 구분방식도 목적론적 체계에 거스르지 않고 오늘날의 범죄체계론에 연결되고 있다. 여기에서는 불법은 행위에 대한 반가치판정, 책임은 행위자에 대한 판정으로 구분된다.14)

제 11 절 범죄의 유형

I. 결과범과 거동범

1. 결과범

범죄란 특정한 행위를 하거나 혹은 특정한 결과를 발생시킴으로써 성립된다. 그 중 특정한 행위를 지나서 그 행위와 구분되는 일정한 결과가 발생될 것이 구성요

---

12) Gropp, § 3 Rdnr. 63; Jescheck/Weigend, § 22 VI.
13) 이재상/장영민/강동범, § 6 37; 김일수/서보학, 69면; 임웅, 133면 이하.
14) Roxin, AT I, § 7 Rdnr. 22.

건상 요구되는 범죄유형을 결과범이라 한다. 살인죄, 상해죄, 재물손괴죄, 낙태죄 등 거의 대부분의 범죄가 이에 해당한다. 이러한 형태의 범죄의 경우 행위의 양태 (樣態)에 대해서는 원칙적으로 제한이 없으나 구성요건이 제시한 특정한 결과가 발생되어야 하며, 나아가 그 결과는 행위와의 특정한 관련성에 의해서 야기되었어야 한다.

특히 과실범의 경우처럼 행위 자체의 내용에 대해서는 구체적 서술이 되지 않고 오로지 결과만이 언급되는 경우도 많다. 이러한 좁은 의미의 결과가 발생됨으로써 범인의 행위는 구성요건해당행위가 된다. 예컨대 과실치상이 성립되기 위해서는 범인이 행위를 통해서 피해자의 건강침해를 야기시켰다는 사실이 요구되고 또한 이것으로 충분하다. 즉 여기에서 이러한 의미의 결과는 대체로 해당 구성요건의 충족을 위한 필요충분조건이 된다. 결과에 비해 행위 자체의 해악성 여부는 상대적으로 중요한 요건이 되지 않는다. 지붕수리작업을 잠시 중단한 자리에서 만일 기와가 떨어져서 누군가가 다쳤다면 작업자의 의사내용에 따라 고의 혹은 과실치상죄가 성립된다.

결과범에서는 살인"행위" 혹은 재물손괴"행위" 등 전형적인 범죄구성요건적 행위가 아니라도 의지적으로 조종되는 신체동작을 통해 예견가능성의 범위에서 결과만 발생되면 족하다. 심지어 작위뿐 아니라 부작위를 통해서도 결과는 나타날 수 있다. 입법자는 하나의 결과를 야기시킬 수 있는 행위가 다양한 경우에는 결과범으로서의 구성요건 서술방식을 채택하며, 반면에 하나의 행위양식을 서술함으로써 범죄의 불법내용을 명백히 객관적으로 정의할 수 있는 경우에는 후술하는 거동범으로서의 구성요건 서술방식을 채택한다.

결과범에서는 거동범에서와는 달리 행위와 결과 사이의 인과관계의 문제가 중요시 된다. 즉 결과범에서는 행위가 있고 결과가 발생되었더라도 양자간의 인과관계가 인정되지 않는다면 범죄는 성립되지 않는다.

결과적 가중범은 결과범의 특수한 형태이다. 만일 어떤 기본적 범죄를 실현하면서, 부수적으로 중한 범행결과를 초래하게 되면 형법은 이 결과에 대해서 형벌을 가중한다. 예를 들자면 기본구성요건인 상해를 실현하다가 상대방을 사망에 이르게 한 경우의 상해치사죄, 강간 또는 강도를 실현하다가 사망에 이르게 한 강간치사죄, 강도치사죄 등이 이에 속한다.

2. 거동범(형식범)

거동범이란 결과범에서와 같은 어떠한 외부적 결과발생을 요건으로 하지 않는 범죄유형으로서, 이 경우에는 법문에서 규정하는 형식적 행위가 존재하는 것만으로 구성요건이 충족된다. 여기에는 외부적 행위와 넓은 의미의 법익침해는 존재하나 이 행위에 뒤따르는 결과가 요구되는 것은 아니다. 따라서 이를 형식범이라고도 이른다. 여기에서는 어떤 사안이 객관적 구성요건에 충족되는지의 판단은 오로지 법문의 구성요건 행위에 대한 기술에 따른다.

예를 들어 주거침입죄(형법 제319조), 모욕죄(형법 제311조), 공연음란죄(형법 제245조), 무고죄(형법 제156조) 및 위증죄(형법 제152조) 등이 거동범에 해당한다. 주거침입을 통해 주거의 평온이 침해되었는지 혹은 무고를 통해 상대방이 형사절차상 불이익을 받았는지의 여부와는 상관없이 범인의 형식적 행위만으로 범죄는 성립하는 것이다.

II. 침해범과 위험범

1. 침해범

범죄행위를 통해 보호법익은 직접 침해될 수도 있고 그 이전의 단계인 위해상태에 이를 수도 있다. 당해 범죄행위의 대상 혹은 엄밀히 말해 보호법익에 대한 보호 정도에 따라 침해범과 위험범으로 나눈다. 그중 침해범(Verletzungsdelikt)은 구성요건상 제시되어 있는 행위대상[1] 혹은 보호법익의[2] 훼손, 곧 현실적인 가치상실을 구성요건적으로 요구하는 범죄이다. 살인죄, 상해죄, 재물손괴죄에서와 같은 침해범에서는 행위대상의 현실적 침해사실이 있어야 범죄가 성립된다. 생명이라는 법익의 침해를 통해서만 살인죄의 구성요건은 충족된다. 이것은 행위가 기수에 이르렀음을 전제로 하는 것으로서 미수범은 별개의 문제이다.

---

1) 김일수, 한국형법 I, 350면 이하.
2) 이형국, 73면.

2. 위험범

위험범(Gefährdungsdelikt)이란 구성요건에서 보호하고자 하는 보호법익에 대한 침해 이전에 그 위험이 초래됨으로써 이미 범죄가 성립되는 경우이다. 예컨대 침해범인 살인죄와는 달리 유기죄에서는 피해자의 생명이 실제적으로 침해되기 이전에 생명에 대한 구체적 위험이 발생함으로써 객관적 구성요건은 이미 완성된다. 따라서 위험범에서는 법익의 보호가 앞당겨지고 또한 두터워진다. 위험범은 구체적 위험범과 추상적 위험범으로 나뉜다.

1) 구체적 위험범

보호법익에 대한 현실적 위험이 야기될 것을 범죄성립의 요건으로 하는 범죄이다. 대체로 "~에 대한 위험을 발생시킨 자"라는 형식으로 구성되는 구체적 위험범의 법적 근거는 규범위반행위가 보호객체 혹은 법익에 대한 침해의 가능성이 있고, 또한 그 위험이 개별적 사건에서 구체적으로 나타나는 한 처벌할 만 하다는 점에 있다.

여기서는 특정 위험의 발생이 하나의 구성요건요소이기 때문에 행위를 처벌하기 위해서는 해당 위험의 구체적 발생에 대한 법관의 객관적 확인이 있어야 한다. 자기소유일반건조물방화죄(형법 제166조 제2항), 일반물건방화죄(형법 제167조 제1항), 과실일수죄(형법 제181조), 유기죄(형법 제271조 제3, 4항) 등이 이에 해당한다.

2) 추상적 위험범

범죄성립을 위해 행위의 현실적 위험의 야기를 필요로 하지 않고 일반적인 위험성으로 족한 범죄유형이다. 이 추상적 위험범은 일정한 행위방식에 보호객체에 대한 일반적 위험이 불가피하게 결부된다는 법률상의 추정에 근거하여 법익보호를 앞당기고자 하는 구성요건의 형태이다. 추상적 위험범은 형식적 행위만으로 범죄가 성립되므로 거동범의 일종이라 할 수 있다.

추상적 위험범에서는 행위를 통한 구체적 위험발생이 구성요건의 성립요건이 아니므로 법관은 원칙적으로 개별사건에서 위험성이 실제로 발생되었는지에 대해 검토할 필요가 없다. 법조문이 기술한 형식적 행위가 존재함으로써 족하다. 현주건조물방화죄(형법 제164조 제1항), 위증죄(형법 제152조), 무고죄(형법 제156

조), 유기죄(형법 제271조 제1, 2항), 낙태죄(형법 제269조) 등이 그 예이다.

III. 상태범과 계속범

1. 상태범

구성요건행위에 따른 위법상태의 지속성 여하에 관련하여 상태범(Zustands—delikt)과 계속범(Dauerdelikt)으로 구분할 수 있다. 그중 상태범이란 구성요건적 결과의 발생과 함께 기수가 되며 동시에 종료되는 범죄형태를 이른다. 상해죄, 살인죄, 재물손괴죄 등 대부분의 범죄가 이에 속한다. 법익침해상태는 행위종료 이후에도 존속된다. 예컨대 범인이 상해행위를 통해 피해자의 시력을 잃게 했다면 상해행위는 그 순간 종료된다. 범인의 범죄행위는 시력이 상실되어 있는 기간만큼 지속되는 것이 아니다.

2. 계속범

계속범은 구성요건의 실현으로 범죄가 종료되는 것이 아니라 행위에 의해 야기된 위법한 상태가 행위자의 의지에 따라 지속될 수 있는 범죄형태이다. 계속범의 전형적인 예로서 약취·유인죄(형법 제287조), 주거침입죄(형법 제319조), 체포·감금죄(형법 제276조) 등과 같은 경우 법익침해는 범인이 피해자의 자유를 구속하거나 타인의 주거를 침입한 상태가 유지되는 한 지속된다. 위법상태의 종료시까지 구성요건실현행위도 함께 지속된다.

계속범은 위법한 상태의 발생으로 이미 기수에 이르지만 위법한 상태의 해제가 있을 때 비로소 행위가 종료(완수)에 이르게 된다. 계속범의 경우 기수 이후의 위법상태 계속 중에도 공동정범의 개입이 가능하며, 공소시효의 기산점은 기수시가 아닌 위법상태의 종료시가 된다는 점에 특수성이 있다.

IV. 작위범과 부작위범

부작위범에는 진정부작위범과 부진정부작위범의 두 종류가 있다.[3] 진정부작위범은 구성요건에 규정된 행위명령을 단순히 이행하지 않거나 거부함으로 이루어지는 범죄로서 여기에는 전시군수계약불이행죄(형법 제103조), 다중불해산죄(형법 제116조), 전시공수계약불이행죄(형법 제117조), 국가보안법상의 불고지죄 등이 포함된다.

부진정부작위범은 작위범의 보충적 형태를 형성하는 것으로서 작위범의 구성요건과 형량의 범위는 부진정부작위범에도 동일하게 적용된다.[4] 즉 구성요건적 결과의 발생을 방지해야 할 보증인의 지위에 있는 사람이 그 결과의 발생을 방지할 수 있었음에도 불구하고 결과가 발생되도록 내버려 둔 행위의 불법은 적극적 행위에 의한 결과발생의 경우와 동일하다고 보는 것이다.

V. 일반범, 신분범, 자수범

하나의 구성요건의 범죄주체가 될 수 있는 자격과 관련하여 일반범과 신분범 그리고 자수범으로 구분된다.

1. 일반범

누구나가 범죄행위의 주체가 될 수 있는 범죄유형을 이르는 것으로서 법조문이 행위주체를 특별한 조건 없이 " ~한 자"라고 지칭하는 경우가 모두 이에 속한다. 절도죄나 살인죄 등 대다수의 범죄는 누구라도 범행주체가 될 수 있는 일반범에 해당한다.

2. 신분범

법정 구성요건상 특수한 신분적 요건을 갖춘 자만이 행위주체로 한정되는 범죄를 신분범이라고 한다. 이러한 구성요건은 특정한 주체에 의해서만 실현될 수 있으므로, 특히 진정신분범에서는 해당 신분관계가 결여된 사람은 원칙적으로 어떠한 형태이든 정범은 될 수 없고 다만 교사 혹은 방조범의 가능성이 있을 뿐이다. 비신분자가 신분

---

3) 진정·부진정 부작위범의 구분에 대해서 자세한 것은 제38절 I. 3. 참조.
4) 독일의 경우는 임의적 감경규정이다(§ 13 II StGB).

범에 가담한 경우의 가벌성인정 여부에 대해서는 형법 제33조가 정하고 있다.

신분범은 진정신분범과 부진정신분범으로 구분된다. 진정신분범은 일정한 신분적 관계가 구성요건의 성립요건이 되는 경우를 말하는 것으로서, 여기서의 신분적 요건은 구성요건해당성 여부를 결정짓는 요소가 되는 것이므로 이를 구성적 신분이라고 한다. 수뢰죄(형법 제129조)에 있어서 공무원, 위증죄(형법 제152조)에서의 선서한 증인이라는 신분이 이에 해당한다.

부진정신분범은 신분이라는 요소가 구성요건해당성 여부를 결정짓는 요소가 아닌 단지 가벌성의 가중·감경에만 영향을 주는 범죄이다. 존속살해죄(형법 제250조 제2항)가 그 한 예로서 말하자면 누구라도 살인죄의 주체가 될 수 있는데, 행위자가 피해자의 직계비속이라는 신분은 보통살인죄의 경우보다 형량을 중하게 해주는 역할만을 하는 것이다. 낙태죄(형법 제270조 제1항)에 있어서 의사, 약사, 조산사, 약제사 등의 신분도 이와 같다. 신분으로 인하여 형이 감경되는 경우로 영아살해죄(형법 제251조)가 있다.

3. 자수범(自手犯)

행위의 특성상 특수한 행위주체의 필요성이 요구되는 자수범도 신분범의 영역에 속한다. 이것은 직접 자기 손으로 구성요건을 실행한 자만이 정범이 될 수 있는 범죄를 말한다. 도주죄(형법 제145조), 위증죄(형법 제152조), 군형법 제30조의 군무이탈죄 등의 특별한 정범적 행위반가치는 특정 신분적 성격을 가진 사람의 실행행위를 통해서만 현실화될 수 있기 때문에 이 경우 범죄실행을 스스로하지 않은 자는 단독정범이나 공동정범, 간접정범은 될 수 없고 교사범이나 방조범 등의 공범의 가능성밖에 없다.

VI. 단일범과 결합범

특정 구성요건들은 다양하게 서로 결합이 되어 새로운 구성요건을 형성할 수 있고 이에 따라 범죄행위가 가벼워지거나 무거워질 수 있다. 구성요건의 폐쇄성과 비분리성에 여하에 따라 단일범과 결합범으로 나눌 수 있는데, 하나의 구성요건이 내용적으로가 아니라 형식적인 면에서 자체로 폐쇄적인 경우를 단일범이라 한다. 폭행죄, 협박죄나 절도죄는 더 이상 분리할 수 없는 단일범이다. 반면에 강도죄는 자체로 폐쇄적이고 독립적인 앞의 구성요건들이 결합되어 만들어진 새로운 구성요건으로서 이러한 형태를 결합범이라 한다.

단일범 중 이른바 기본구성요건의 토대 위에서 가중 혹은 감경구성요건이 만들어질 수 있는 범죄가 있다. 살인죄에서 존속살해죄는 가중구성요건, 영아살해죄는 감경구성요건으로 각각 단일범이다. 그런데 가중구성요건의 일부는 결합범이 될 수 있다. 즉 기본구성요건에 추가되는 구성요소가 스스로 독립적인 구성요건이 되는 경우에는 결합범이 되지만 그렇지 않은 경우는 단일범이다. 예컨대 야간주거침입절도죄는 절도죄에 주거침입이라는 행위가 추가된 범죄인데, 여기서 주거침입은 그 자체로 독립적으로 처벌될 수 있는 독립적 구성요건이므로 전체로서의 야간주거침입절도는 결합범이 된다. 이와 달리 합동범에 의한 특수절도는 합동이라는 개념이 하나의 독립적 구성요건을 형성하는 것은 아니므로 이 전체적 행위는 단일범에 해당한다.

VII. 단일행위범과 다행위범

하나의 구성요건행위로 범죄가 성립되는 경우가 단일행위범(einaktige Delikte)이며 반면에 범죄성립을 위해서 둘 이상의 구성요건행위가 필요한 경우를 다행위범(mehraktige Delikte)이라 한다. 일회의 신체거동으로 결과를 발생시킬 수 있는 살인죄, 상해죄, 재물손괴죄 등은 단일행위범이며, 강도죄나 준강도죄 혹은 강간죄의 경우에는 폭행 또는 협박 외에 재물의 절취나 간음이라는 별도의 행위가 요구되므로 다행위범이다.

제 12 절 행위론

I. 행위개념의 의의

법률효과의 전제가 되는 가벌적 행위를 서술하는 형법각칙의 구성요건은 특정한 행위를 해서는 안 된다는 금지와, 예외적으로 특정 행위를 하라는 명령을 포함한다. 이러한 금지와 명령규범은 인간의 행위를 통해서만 위반될 수 있으며 인간만이 형법구성요건의 주체가 될 수 있다. 이는 곧 범죄행위는 인간의 행위가 전제됨을 뜻한다. 즉 민법에서는 법적 분쟁의 계기가 된 특정한 상태가 사고의 준거점이 된다고 한다면, 형법적 사고의 준거점이 되는 것은 상태 이전의 행위라 할 수 있다.

형법도그마를 통해 찾고자 하는 행위개념은 다음의 두 가지 과제를 이행할 수 있어야 한다. 하나는 인간의 행위와 그렇지 않은 것을 구분하여 법익침해결과가 발생되었더라도 인간의 행위가 아닌 다른 원인에 의한 경우에는 처음부터 형법적인 가벌성심사에서 배제할 수 있게 하는 것이고, 다른 하나는 형법적 구성요건을 충족시키는 모든 인간의 행위양태를 포괄하는 하나의 범주를 규정하는 것이다.

즉 형법적 행위로 인정되어야 하는 것은 행위범주로, 형법적 행위가 아닌 것은 행위범주 밖으로 구분하여 나눌 수 있는 행위개념, 다른 한편으로 거동범과 결과범, 고의범과 과실범, 기수범과 미수범, 작위범과 부작위범, 금지와 명령을 위배하는 행위 등에 모두 적용될 수 있는 행위개념을 찾아야 한다. 이러한 행위개념의 과제가 엄격히 이행될 수 있기 위해서는 우선 뚜렷한 행위개념의 윤곽이 확정되어야 한다. 인간의 행위가 고의, 과실, 미수, 부작위 등 다양한 방법으로 구성요건을 충족시킬 수 있다면 행위개념은 이러한 모든 형법상의 행위가능성을 처음부터 포함하는 것이어야 한다.

행위개념과 구성요건은 서로 밀접한 관련성을 갖는다. 하지만 엄밀히 말해 행위개념은 개별적 구성요건과는 독립적이며 구성요건론의 영역 밖에 존재하는 것이다. 즉 하나의 행위가 특정 구성요건을 충족시킴으로써 비로소 그 행위는 형법적 의미를 담은 구성요건적 행위가 된다. 행위개념은 구성요건에 앞서는 개념이지만 실정법의 구성요건구조에 종속적일 수밖에 없다. 이는 과실 혹은 부작위에 대한 처벌을 전혀 인정하지 않는 실정법에서는 행위개념이 그만큼 축소되어야 하며, 범행결의만으로도 처벌이 인정되는 형법에서는 반대로 행위개념은 확장되어야 함을 의미한다. 동물의 행위에 대한 가벌성을 인정하는 형법에서는 이를 포섭하는 또 다른 행위개념이 필요하게 된다.

II. 행위론의 기능

[설문사례]
갑과 을이 좁은 시장골목에서 다투던 중 갑이 을을 밀쳐 넘어뜨리는 바람에 상인 병이 진열해 놓은 도자기들이 무너지며 모두 깨졌다. 갑은 도망가고 을이 붙잡혔다.

1. 한계기능

행위개념이 전체적 범죄체계에서 제 기능을 제대로 수행하기 위해서는 다양한 요구를 충족시켜야 한다. 우선 구성요건해당성 판단에 앞서 형법적으로 인간의 행위라 볼 수 없는, 즉 형법적 판단의 대상이 될 수 없는 행태나 거동을 분류해서, 이로부터 비롯된 사건을 처음부터 형법적 고찰에서 제외하는 기능을 해야 한다. 이를 한계기능(Abgrenzungsfunktion)이라 한다. 이러한 한계기능을 통해서 무의식적 신체 거동으로 인한 재물손괴나 동물 또는 자연현상 등에 의한 결과에 대해서는 형법적 고찰은 시작조차 이루어지지 않는다. 설문사례에서 을의 행동은 형법적 행위에 해당하지 않는다.

2. 분류기능

행위개념은 형법에서 중요시될 수 있는 모든 인간의 행태, 즉 고의와 과실, 작위와 부작위, 기수와 미수 등에 공통적으로 적용될 수 있어야 한다. 분류기능(Klassifikationsfunktion)은 이러한 종(種)개념으로서의 모든 가벌적 행태에 공통적으로 적용될 수 있는 상위개념(유(類)개념)으로서의 기능을 말한다. 이를 근본요소(Grundelement)라고도 칭한다.

3. 결합기능

행위개념은 구성요건해당성, 위법성, 책임에 대해서는 중립적이어야 하며 구성요건 단계에 앞질러 들어가서는 안 되지만 이 전체적 범죄체계를 관통하며 각각의

단계를 연결하고 결합해 주는 중추적 기능을(Verbindungsfunktion)해야 한다.[1]

III. 행위론의 종류

1. 자연적 · 인과적 행위론(Der naturalistische · kausale Handlungsbegriff)

모든 객관적 · 인과적인 것은 불법에, 모든 주관적 · 정신적인 것은 책임에 분류했던 고전적 범죄체계에서는 행위란 외부세계에 영향을 미친 인간의 의지작용에 근거한 육체적 동작으로 이해한다. 이때 인간의 의지에 관련하여서는 결과를 유발하는 기능만을 생각할 뿐이지 사건경과를 조종하는 능력에는 의미를 두지 않는다. 이에 따라 인간의 행위를 단순한 인과적 과정으로만 보았던 이 인과적 행위론의 범위에서 '의사에 따른 육체동작', 유의적 · 의욕된 신체거동(Beling) 또는 '인간의 의사에 기인한 외부세계의 변경작용'(Liszt) 등의 행위에 대한 정의가 나타난다.[2] 이를 도식적으로 표현하자면 유의성 · 거동성 · 인과성만으로 행위는 성립된다.

인과적 행위론에서는 행위를 자연과학적으로만 평가하여, 모욕을 성대의 진동을 통하여 공기진동을 일으켜 이로써 피해자의 정신체계에서의 생리적 변화의 결과를 가져다주는 과정이라고 한다거나 공무원수뢰죄를 가벌적 근육운동으로 묘사하였다. 이 행위개념은 행위에서 정신적 혹은 가치의 평가는 제외하므로 무심코 돌을 던져 뜻하지 않게 다른 사람에게 상처를 입혀도 돌을 던진다는 의식만 있었으면 결과에 대한 고의가 있었던 경우와 동일하게 취급된다. 즉 적어도 구성요건의 영역에서는 고의와 과실은 구분되지 않았다.

이 이론을 적용하면 동물의 독립적인 행동은 인간의 행동이 아니기 때문에, 잠꼬대와 같은 무의식적인 행위는 유의성이 없기 때문에, 그리고 생각의 범위를 벗어나지 않은 사고작용은 신체거동이 없기 때문에 행위에서 제외된다. 이로써 한계적 기능은 어느 정도 수행이 된다.

그러나 분류기능에 있어서는 그렇지 못 하다. 우선 부작위에는 유의성은 있으나 이 의사를 외부에 표출하는 거동은 없으므로, 거동성을 행위의 한 요소로 요구하는

---

1) Jescheck/Weigend, § 23 I 2에서는 이를 정의기능(Definitionsfunktion)으로 부른다.
2) Wessels/Beulke, Rdnr. 89.

이 이론의 단순논리에 따르면 부작위는 행위개념에서 벗어나는 것이다. 부작위도 의심의 여지없이 형법적 행위의 범위에 포함되어야 하는 것이므로, 인과적 행위론자의 한 사람으로서 Beling은 부작위도 '동력적 신경의 억제'로서 거동성이 있다는 논리를 들어 행위범주에 포함시키려고 시도했으나 이러한 설명은 존재론적 현실성이 없다. 그의 논리는 결국 a와 non−a가 공통적 상위개념에 속한다는 말과 다르지 않기 때문이다. 더 나아가 운동신경의 억제조차도 필요 없는 인식 없는 과실의 부작위에서는 더욱 어려워진다.

미수에서도 살해의도로 상해에 그친 경우와 상해의도에 의한 상해의 구별이 어렵다. 즉 이 행위개념은 과실 자체를 행위로서는 인정할 수 있으나 불법의 영역에서 고의와의 구별이 어려운 것이다.

2. 목적적 행위론(Der finale Handlungsbegriff)

1) 이론의 내용

목적적 행위론은 1920년대의 존재의 층(Seinsschichten)에 관한 Hartmann의 사고심리학적 논제[3]에서 비롯된다. 이 논제는 인간의 행위를 분석하면 몇 가지 단계로 이루어진다고 설명한다. 행위자는 우선 목적을 설정하고, 다음으로 부수적인 결과까지 고려하여 목적을 달성하기 위한 수단을 선택한 후 마지막으로 이를 실행에 옮긴다. 즉 인간의 행위는 목적적인 것이며, 이러한 행위의 목적성(혹은 목적부합성)은 어느 정도의 범위 내에서 인과적 지식을 기초로 하여 자기 행동과정의 가능한 결과를 예견하고 자기가 설정한 목표에 도달하기 위해 자신의 행동을 계획적으로 조종하는 인간능력에 기초를 둔다.

따라서 행위는 목적활동의 수행이라고 할 수 있는 목적적 사건이지, 단순한 인과적 사건은 아니라고 본다.

---

3) Roxin, AT I, § 8 Rdnr. 16.

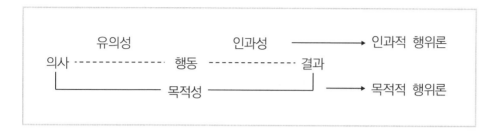

목적적 행위론은 유의성에 의사내용을 포함한다는 점에서 인과적 행위론과 본질적으로 구별된다. 이에 따르면 행동의 목적성은 인과적 행위론에서의 의사가 깃들어 있다는 뜻인 유의성(Willkürlichkeit)과는 다른 의미를 가진다. 즉 인과적 행위론에서는 행위에 대한 인식만 있으면 유의성이 있고 따라서 행위라고 인정되는데, 목적적 행위개념에서는 인간의 행위를 그 본질적 특징인 행위의 구체적이고 특정된 내용에서 이해하려고 한다. 즉 의사를 통해 목적을 설정하고, 목적에 도달할 수 있는 수단을 선택하고, 인과적 목적달성을 위해 수단을 투입하므로 목적성은 인과성 위에 존재한다. 따라서 여기에서도 인과성은 불가결한 요소이다.

2) 비판

목적적 행위론에 대해서도 다양한 비판이 가능하다. 우선 이론의 기초에 관련하여 우발적 행동이나 무신경적 단순반응의 경우처럼 목적 없는 인간의 행위는 충분히 존재할 수 있으며, 심각하고 다급한 상황에 처해 있는 사람의 경우처럼 자신이 선택한 수단에서 나오는 부작용을 고려하지 못할 경우도 얼마든지 있다는 비판이 가능하다. 즉 격정범의 경우에는 목적성은 결여되지만 고의개념은 충족되어야 하는 것이다.

또한 이 행위개념은 행위자의 목적을 행위내용에 포함시킴으로써 인간의 행동방식에 대한 규범적 평가를 내포하고 있다는 점에도 비판이 가해진다.[4] 이러한 행위개념은 행위와 구성요건해당행위를 혼동하게 될 위험이 있으며, 나아가 반가치적 결과를 주관화하여 행위의 범위로 옮김으로써 사회윤리적 심정가치를 보호하고자 하는 경향에 가까운 이론이라 할 수 있다.

---

4) Baumann/Weber/Mitsch, § 13 Rdnr. 70.

목적적 행위론은 행위개념에 행위와 결과 사이의 인과성과 더불어 최종결과에 대한 목적성을 요구하므로 과실범과 미수범을 행위개념에 포함시키기 어려워진다는 점도 문제점으로 지적된다. 이 이론을 엄격히 적용하면 운전 중의 과실로 사망의 결과를 발생케 한 경우에는 살인행위는 존재하지 않는다는 결론에 이르러야 할 것이다. 이 이론에서 요구하는 목적적 살인행위가 아닌 단지 목적적 운전행위만 있기 때문이다. 운전행위에는 당연히 목적성은 인정되지만 운전행위는 자체로서 살인행위가 아니기 때문에 이것만으로 과실치사를 인정할 수 있는 것은 아니다. 따라서 목적적 행위론에서는 이러한 사례에서 살인행위의 존재를 부정하는 것이 논리 귀결적이다.

그러나 목적적 행위론자들도 이러한 사례에 과실치사죄가 적용되어야 한다는 점에는 전혀 의문의 여지가 없을 것이다. 따라서 이 이론의 토대 위에서 여기에 과실 치사죄를 인정한다는 것은 결국 행위 없는 처벌을 인정하는 꼴이 된다는 비판을 면치 못하게 된다. 또한 목적성은 있으나 인과성이 결여된 미수행위에서도 행위는 부정되어야 할 것이다.

부작위도 목적적 행위론에게는 커다란 난제가 된다. 부작위에 있어서는 대체로 사전적 목적이나 인과과정의 설정 또는 조종이 불가능하기 때문에 목적성을 핵심으로 하는 행위론으로써는 이를 행위로 설명할 수 없다. 목적적 행위개념은 이에 대해 "목적부합적 의사조종의 능력에 지배되는 신체적 능동성이나 수동성"으로 수정을 시도했으나 부작위에는 의사작용을 통한 인과적 조종의 능력은 부정된다고 보아야 한다.5) 의사조종능력이라는 개념에는 작위와 부작위를 행위범주에 포함시켜 줄 만한 공통적 표지가 없는 것이다.

3) 목적적 행위론의 성과

목적적 행위론은 행위론의 범위에서 근거 있는 무수한 비판의 대상이 됨을 부정할 수 없는 만큼 행위론 자체로서는 유용한 도구는 되지 못했지만, 고의를 주관적 구성요소에 포함시키고 위법성인식을 책임요소로 인정함으로써 전체적 범죄체계, 특히 착오론과 공범론에서 현실적이고 실용적인 변화를 가져왔다.6) 즉 착오와 관

---

5) Jescheck/Weigend, § 23 III 2 b).
6) 배종대, [37] 20; Roxin, AT I, § 8 Rdnr. 17.

련하여 법률의 착오를 책임에 귀속시키는 책임설의 근거가 되었다.

3. 사회적 행위론(Der soziale Handlungsbegriff)[7]

1) 이론의 기초

Eb. Schmidt는 행위를 자연과학적 관점에서의 물리적 현상으로서가 아니라 사회적 현실에 대한 작용방향성의 관점에서의 사회적 현상으로서 이해되어야 할 대상으로 인식했다. 사회적 행위론의 발단은 목적적 행위론 이전에 있었으나 1970년대에 이르러 비로소 현재의 내용적 실체가 형성되었다. 인과적 행위론과 목적적 행위론 사이에 중재적 의미를 가지는 이 이론은 내부적으로 상당히 다양한 하위이론들로 구성된다. 이들은 모든 행동양식(고의, 과실, 작위, 부작위, 기수, 미수 등)에 공통적인 행위개념판단의 표준을 인간행위에 결부된 사회적 중요성에서 찾는다는 공통점으로 인해 사회적 행위론이라는 공동의 범주에 분류된다.

이에 따르면 형법적 의미의 행위란 인간의 의사에 의해 지배되거나 지배될 수 있는 사회적으로 중요한 행동을 말한다. 사회적으로 중요한 행동이라는 것은 각 개인이 자신이 속한 환경과 특정한 관계를 맺는 행동으로서 사회적 영역 내에서 자기가 노력한 결과, 혹은 기대하지 않은 결과 때문에 가치관계적 평가의 대상이 될 수 있는 모든 행동을 의미한다. 다시 말해 형법적 의미의 행위란 인격적, 목적적, 인과적, 규범적 요소를 포함한 사회적 현실성을 형성하는 원동력이라 이해하는 것이다.

예컨대 농사일을 하는 부모가 방 안에 무심코 방치해 둔 농약을 어린 아이가 먹었을 경우, 이를 인식하지 못한 채 결과를 방지하지 못한 부모의 행동에 목적성은 결여되나 사회적 중요성은 여전히 남는다. 즉 목적적 행위론에 의할 때 목적의 결여에 의해서 행위의 범주 밖으로 밀려나야 할 행태를 사회적 행위론은 이를 사회적 중요성이라는 요소를 이용해 행위범주에 포함되는 것으로 설명할 수 있다.

반대로 설문사례의, 시장골목에서 밀려 넘어진 을의 행동에 사회적 중요성은 존재한다. 그렇지만 행위자의 의사에 의한 행위의 지배가능성이 결여되어 이 이론에 의할 경우 행위범주에서 배제된다.

---

7) Liszt/Schmidt, S. 132.

2) 내부적 하위견해들

사회적 행위론은 위의 인과적 행위론과 목적적 행위론 중 어느 것도 배제하지 않으며 오히려 두 개념을 포섭하여 결점을 보완한다는 의미를 갖는다. 여기에 대해서도 많은 비판은 가능하나 현재로서는 절대다수설의 지위를 차지하고 있다. 이 이론의 내부에 존재하는 다양한 하위견해들은 객관적 행위경향에 중점을 두는 입장과 주관적 목적설정에 중점을 두는 입장으로 크게 대별할 수 있다.

(1) 객관적 행위경향에 중점을 두는 입장

① 타인의 생활 영역을 간섭하고, 규범적 관점에서 볼 때 사회적 의미를 갖는 의사가 깃든 행동(Eb. Schmidt), ② 객관적으로 성취가능하고 사회적으로 중요한 결과를 야기하는 유의적 작용(Engisch), ③ 객관적으로 예견가능한 사회적 결과를 지향하면서 객관적으로 인간에 의해 지배가능한 행동(Maihofer) 등의 행위에 대한 정의가 이에 해당한다.

(2) 주관적 목적설정에 중점을 두는 견해

이러한 입장의 대표적 학자로 Jescheck을 들 수 있다. 그는 행위란 "인식하고 있거나 최소한 인식할 수 있는 상황적 요구에 대하여, 인간 자신을 자기 이웃과의 관계적 역할로서 나타나게 하는 사회적으로 중요한 인간의 활동"으로 정의한다. Jescheck의 이 정의는 목적적 행위론의 바탕 위에서 부작위를 행위범주에 포함시키고자 하는 시도에서 비롯되었다.[8] 그는 존재의 범위에서는 일치될 수 없는 작위와 부작위라는 양 요소를 규범적 범위에서 일치시키는 평가적 형태의 상위관점을 찾아야 한다면 인간의 행태를 환경과의 관계라는 관점에서 바라보아야 할 것이라고 한다.

그 밖에 "인간의 의사에 의해 지배되거나 지배가능한 사회적으로 중요한 인간의 행태"[9]라고 하는 Wessels의 정의도 주관적 사회적 행위론에 분류할 수 있다.

3) 평가

사회적 행위론은 인과적 행위론과 목적적 행위론을 합목적적으로 결합함으로써

---

8) Jescheck/Weigend, § 23 IV 1.
9) Wessels/Beulke, Rdnr. 93.

분류기능은 무리 없이 수행하는 것으로 볼 수 있다. 즉 고의범뿐 아니라 과실범이나 미수범에도 사회적 중요성은 인정되며 부작위범도 사회적으로 중요한 결과유발의 원동력이라는 요소에 의해 행위로서의 성격이 인정된다. Jescheck의 논리대로 작위와 부작위는 존재론적으로는 통합할 수 없는 모순관계이나 규범적으로는 의사가 깃든 행동의 상이한 발현형태로서 사회적으로 중요한 결과유발의 원동력이라는 공통점이 있음을 납득할 수 있다. 이로써 사회적 행위론은 이전의 인과적 혹은 목적적 행위론에 비해 한계기능 및 분류기능을 원만히 수행할 수 있다는 점에서 한 단계 진보한 이론이라는 평가가 가능하다.

4) 비판

사회적으로 중요하지 않은 행태는 형법에서 뿐 아니라 다른 어떤 법영역에서도 의미가 없는 것이므로 이를 행위개념에서 제외하는 것은 문제가 되지 않는다. 문제는 행위개념에 인간의 거동의 사회적 중요성이라는 요소를 추가할 수 있는가 하는 점이다. 이를 긍정한다면 바로 사회적 중요성에 대한 하나의 판단기준이 필요하게 되고 이것은 다시금 가치평가의 문제가 된다.[10] 그렇다면 사회적 행위론은 합법과 불법의 판단에 포함되어야 할 평가문제를 행위단계에 포함시킴으로써 그 행위개념은 결국 비실용적이고 혼란만 가중시키게 될 뿐이라는 우려를 낳게 된다.

행동의 사회적 가치는 우선 형법적 구성요건의 충족 여하에 따라 나타나게 된다는 점도 이 이론에 대한 비판의 근거가 되는 요소이다. 인간의 행동이 구성요건을 충족시키면 사회적으로 중요한 행위가 되고 그렇지 않으면 사회적 중요성이 없는 거동일 뿐이다. 예컨대 공원에서 산책하는 행위는 자체로서 사회적 중요성이 없는 행동이었으나 다른 보행자를 부딪쳐서 상해를 유발시켰다면 이것은 사회적 행위론에 의할 때 행위가 된다.[11]

다른 예를 들어 설명하자면, 도로사정이 좋고 인적이나 차량의 통행이 드물어서 비교적 과속으로 운행하더라도 문제가 될 것이 없는 시내의 특정지역에서 시속 85Km로 달리는 행위는 그 자체로서는 사회적 중요성이 없으나 이 지역에서의 제한속도를 규정하고 있는 법률에 의해서 행위의 사회적 의미가 발생한다고 할 수

---

10) Baumann/Weber/Mitsch, § 13 Rdnr. 87.
11) Baumann/Weber/Mitsch, § 13 Rdnr. 88.

있다. 즉 행위의 사회적 중요성을 평가할 때 행위 그 자체로는 사회적으로 중요하지 않지만 이를 규제하는 인위적 법률에 의해 중요성이 인정되는 경우도 있는 것이다. 이로써 구성요건에 앞서는 위치에서 구성요건에 가치중립적이어야 하는 행위개념이 구성요건에 종속되는 결과가 되고 만다.12) 이는 궁극적으로 사회적 행위론은 행위론으로서의 결합기능을 부분적으로는 수행하지 못한다는 의미가 되는 것이다.

그 밖에 법인의 행위, 단순한 육체적 반사작용, 절대폭력(vis aboluta) 등은 행위에서 제외되는 것이 원칙이나 여기에도 사회적 중요성이 있으므로 이 이론에 의하면 행위범주에 포함되어야 한다는 비판이 제시된다. 하지만 형법적 행위는 인간에 의해 지배되어야 한다는 조건이 있으므로 이 비판은 오히려 근거가 결여되었다고 할 수 있다.

4. 인격적 행위론(Der personale Handlungsbegriff)

1) 내용

인격적 행위론은 Arthur Kaufmann이13) 형법적 행위를 "의사에 지배될 수 있는 인과적 결과가 결부된 현실을 의미 있게 형성하는 것"으로 정의함으로써 시작되었다. 이를 이어 Roxin은 심리적·정신적 활동중심체인 인간의 인격의 발현(Persönlichkeitsäußerung)을 행위로 이해한다.14) 즉 심리적·정신적 통제기관인 자아를 통한 의사실현이 인격의 발현이며 이것이 형법적 의미의 행위에 일치한다고 보는 것이다.

따라서 절대폭력에 의한 거동(vis absoluta)이나 무신경 반사운동 혹은 무의식적 행위에는 '인격'이 결여되며, 외부세계에 표출되지 않고 아직 사람의 정신세계에 머물러 있는 사고, 감정 혹은 욕구 등에는 '발현'이라는 요소가 각각 결여되어 행위가 아니다.

---

12) 배종대, [37] 27.
13) FS—H. Mayer, 1966, S. 116.
14) Roxin, AT I, § 8 Rdnr. 42 이하.

2) 결과

(1) 분류기능(근본요소)

이 견해는 고의뿐 아니라 과실, 부작위, 미수 등 모두가 인격의 발현에 의한 것
이라 할 수 있으므로 이들을 무리 없이 행위범주에 포함시킬 수 있다. 다만 이 견
해에서는 인식 없는 과실의 부작위에도 그 결과를 규범위반으로서의 주체(Subjekt)
의 작품으로 귀속시킬 수 있다면 인격발현은 긍정될 수 있다고 주장하나[15] 이는
다소 지나친 논리비약이라는 의문은 배제할 수 없다.

(2) 결합기능

범죄를 구성요건에 해당하고, 위법하고, 유책한 인격의 발현으로 바꾸어 표현할
수 있다면 그로써 이 이론은 결합기능에 충실하다고 할 수 있다. 인격의 발현이라
는 것은 구성요건 이전 범위에서의 법적 평가에 중요한 현실적 단계를 포함하는
실체로서 행위개념 이후 단계에 나타나는 형법적 평가는 인격의 발현이라는 실체
를 따르게 된다.[16]

(3) 한계기능

동물의 행위, 심리적·정신적 실체가 없는 법인의 행위, 순수 내면적·정신적 사
고는 인격발현이 아니므로 행위개념에서 제외된다. 자아중심체계의 조종이 없는
무신경 반사운동도 같은 의미에서 역시 행위개념에서 제외된다.

3) 비판

인격적 행위론에 대해서는 첫째, 사회적 중요성과는 무관하게 개인의 인격의 발
현만을 행위의 판단기준으로 삼게 되므로 사회적 중요성이 없는 행위도 인격적 행
위에 포함되어야 하므로 행위개념이 필요 이상으로 넓어진다는 점과 둘째, 위험상
태를 인식하지 못한 경우의 부작위는 인격의 발현은 아니지만 처벌되어야 하는 행
위여야 하나 이 이론은 이를 행위범주에 담지 못한다는 점에 비판이 주어진다.[17]
즉 인식은 없더라도 사회적 중요성의 의미를 갖는 주의의무의 위반은 존재한다는

---

15) 아래 3) 비판 부분 참조.
16) Roxin, AT I, § 8 Rdnr. 51.
17) Jescheck/Weigend, § 23 V.

점에서 행위여야 한다.

이를 당연히 행위개념에 포함시켜야 할 것으로 보는 인격적 행위론의 입장에서는 인식 없는 과실의 부작위에 의한 결과를 주의의무위반의 주체의 작품, 즉 인격발현으로 인정함으로써 행위성격이 긍정될 수 있다고 주장은 하나, 언급한 바와 같이 다소 무리가 있는 논리라 할 수 있다.

인식마저 결여된 이러한 사안에서는 인격이라는 요소보다는 오히려 사회적 중요성이라는 요소에 의해 행위가 인정된다고 해야 할 것이다.

5. 소극적 행위개념

1) 내용

Herzberg는 부작위의 보증인지위와 동치문제(同置問題) 등을 해결하기 위해 소극적 행위론(Der negative Handlungsbegriff)을 구상했다. 이 이론은, 만일 갑이 X를 살해하기 위해 칼로 한 번 찌르고는 현장을 떠났는데 우연히 이 사실을 목격한 X의 아들 을은 아직 구조가 가능하다고 생각했음에도 불구하고 이를 행하지 않아 결국 사망했다면 갑과 을의 행태에 있어서는 결과의 '회피'라는 공동의 핵심적 요소가 작용하는 것으로 이해한다. 즉 갑은 살해행위를 부작위함으로써, 을은 작위로써 X의 사망을 회피했어야 하는 상황에서의 작위와 부작위는 '회피가능한 불회피'라는 공동의 개념으로 합치를 이루게 된다는 것이다.[18] Herzberg는 이로써 긍정과 부정 혹은 a와 non-a를 공동의 상위개념하에 배치시킬 수 없듯이 작위와 부작위는 하나의 상위개념에 합치될 수 없다는 Radbruch의 명제는[19] 옳지 않다고 반박한다.

소극적 행위개념은 무엇인가를 회피할 수 있음에도 불구하고 회피하지 않는 것이 행위이며[20] 모든 작위에는 부작위가 소극적 개념(minus)으로서 포함되어 있다

---

18) Herzberg, Die Unterlassung im Strafrecht und das Garantenprinzip, 1972, 169면 이하.
19) Radbruch, Handlungsbegriff in seiner Bedeutung für das Strafrechtssystem, 1903, S. 140.
20) Herzberg, 앞의 논문, 177면.

고 파악한다.[21] 행위개념에서 중요한 것은 범인이 무엇을 행하느냐가 아니라 무엇을 행하지 않느냐가 중요하다는 것이다. 행위개념의 과제는 행위개념을 최소한으로 축소하여 순수하게 소극적 기능만을 가진 개념으로 파악하여, 법익침해를 할 수 있는 행태 중 예컨대 의사지배를 받지 아니한 모든 신체동작 등과 같은 비행위만을 가려내고 나머지는 모두 행위로 인정하게 하는 데 그치는 것이라고 본다.

2) 비판

이 행위개념은 '회피가능한 불회피'라는 개념을 통해 부작위를 행위범주에 포함시키고자 하는 노력은 있었으나 여기에서 요구하는 '불회피'는 회피당위성을 전제로 하는 것이고 회피당위성은 구성요건해당성에서 비롯되는 것이다. 따라서 회피가능한 불회피란 금지된 위반행위 혹은 규범침해라는 표현과 다를 바 없다. 그렇다면 행위개념은 범죄체계 3단계로부터 중립적이어야 한다는 점에서 소극적 행위개념은 결합요소로서의 기능을 다 하지 못 한다는 점을 시인하지 않을 수 없게 된다.[22]

6. Baumann/Weber의 행위개념

이들은 행위를 의사에 의한 인간의 행태로 정의함으로써 행위에서 단지 첫째로, 인간의 행태와 둘째로, 수의성(隨意性)만을 요구한다. 인간만이 규범의 대상이 되는 만큼 첫 번째 요소를 통해서 자연현상이나 동물의 행위처럼 인간의 영향을 받지 않은 사건 경과를 형법적 사고에서 제외한다. 이 요소는 또한 생각, 결심, 원망(願望) 등과 같은 순수한 인간의 내면의 정신상태를 행위개념에서 제외함으로써 한계 기능을 수행한다. 두 번째 요소는 인간의 거동이 있더라도 의사가 수반되지 않은 행태를 행위개념에서 제외시킨다.

이 이론은 목적적 행위론을 구속한 목적성을 포기할 뿐 아니라 (구성요건적) 결과는 행위개념에서 벗어나는 것으로 보아 행위와 결과 사이의 인과성조차 불필요한 것으로 이해함으로써 인과적 행위론보다 폭넓고 융통성 있는 행위개념을 택하고 있다. 이들은 인과적 행위론과 목적적 행위론을 겨냥하여, 거동과 결과 사이의 인

---

21) Herzberg, JZ 1988, 579.
22) 그 밖의 소극적 행위론에 대한 비판은 Roxin, AT I, § 8 Rdnr. 34 이하 참조.

과성을 요구하는 것은 '행위'와 결과범에서의 '구성요건적 행위'를 혼동하는 것이라고 한다.[23] 구성요건해당성의 고유한 성질은 행위와 결과 사이의 인과관계에서 나오는 것이라 할 수 있다. 말하자면 방아쇠를 당기는 행위를 통해서 사람이 죽었을 때 그 행위는 구성요건적 행위가 되는 것이다. 그러나 결과를 생각하지 않은 단순한 손가락의 움직임만으로도 행위개념은 충족되어야 한다는 것이다. 이들의 사고에 의하면 인과성까지 포함한 행위개념은 이미 구성요건해당행위에 가까운 것이므로 행위개념에서 인과성은 결부될 필요가 없게 된다.[24]

행위론의 수많은 이론 중에서 이 이론이 내용과 결론에서 합당하며 논리구성이 간명하고 뚜렷한 결함이 없다는 점에서 가장 공감할 만하다.

IV. 행위론의 결과

행위론의 기능은 형법적 귀속이 이루어질 수 없는 인간의 신체거동 중에서 무의식적 행위, 절대적 힘에 의한 거동(vis absoluta), 외부자극에 의한 반사운동을 행위개념에서 제외시키는 데 그친다.[25] 이러한 결론은 행위개념에 관한 격한 논의가 있기 이전부터 이미 객관적으로 알려진 바였다. 수학이나 물리학에서는 모르는 답을 정확하고 손쉽게 구하기 위해서 공식을 필요로 한다. 하지만 행위론은 그 반대로 이미 알고 있는 답에 공식을 맞추려는 공허한 노력이었다. 따라서 행위론은 그 체계내적 가치를 넘어서는 가치는 없다고 할 수 있다.

현대적 귀속이론이 행위개념으로부터 중심적 귀속기준을 찾으려는 노력을 포기함으로써 행위론의 의미는 더욱 크게 상실되었다. 오늘날 어떠한 행위론을 취하느냐에 따라 가벌성 심사의 결과가 달라질 사안은 거의 존재하지 않는다고 해도 무방하다. 독일에서도 행위론에 관한 입장을 밝힌 판례는 한 건도 없었다.[26] 실제 사례에서 목적적 행위론에 따라 고의를 행위요소로 보고 고의범의 구성요건해당성에 귀속시키든 혹은 고의를 책임요소로 보든 결론에서 달라질 것은 없다.

설문사례에서 갑이 을을 밀쳐 넘어지는 바람에 타인의 질그릇을 깨뜨린 경우에

---

23) Baumann/Weber/Mitsch, § 13 Rdnr. 36.
24) Baumann/Weber/Mitsch, § 13 Rdnr. 56.
25) 배종대, [38] 2 이하; Jescheck/Weigend, § 23 VI 3.
26) Baumann/Weber/Mitsch, § 13 Rdnr. 95.

구성요건적 결과는 발생했으나 그 원인은 절대폭력에 의한 것으로서 의식적 신체거동이 결여되어 행위의 성질을 갖지 못한다. 따라서 범죄가 성립되지 않는다. 이러한 경우는 인과적 행위론, 목적적 행위론 등을 비롯하여 어떠한 행위론을 적용하더라도 결론은 동일하다.

V. 행위존재 유무의 평가단계

법익침해 결과에 대한 형법적 가벌성심사의 초기단계로서 행위의 존재 여부에 관한 판단은 다음의 단계로 이루어질 수 있다. 첫째로 인간의 신체거동 혹은 행태가 존재하는가를 평가한다. 여기서 동물이나 자연현상에 의한 결과발생의 경우에 행위의 존재는 부정된다. 이것이 긍정되면 둘째로 유의성이 있었는가를 판단한다. 절대폭력 혹은 무의식적 반사운동 등의 경우 유의성은 부정된다. 셋째로 유의성이 인정된 경우 행위에 사회적 중요성이 있는가를 평가한다.

예컨대 졸음운전을 하다가 중앙선을 침범하여 마주 오는 차와 정면충돌한 경우 사고 당시의 행위만을 떼놓고 생각한다면 잠결에 의한 행위에는 유의성이 부정되어야 하므로 행위라 할 수 없다. 자동차를 운전하는 행태는 형법적 행위개념에 해당한다고 할 수 있으나 허용된 위험의 행위로서 구성요건행위는 아니므로 가벌성의 근거가 되지 못 한다. 그렇다면 이 사례의 가벌성은 부정되어야 한다. 하지만 이는 현실에 부합하지 않는 부당한 결론이므로 가벌성의 논리를 찾아야 한다.

엄격한 논리에 의존한다면, 행위자는 운전 중 졸음이 오기 시작한다고 느낄 때 위험성을 예견하고 위험을 제거해야 하는 의무가 있음에도 불구하고 이를 이행하지 않음으로 인해 부작위의 행위에 의한 과실의 가벌성이 인정되는 사례라 할 수 있다.

VI. 법인의 행위능력

1. 서론

형법의 적용대상자는 원칙적으로 자연인이다. 그러나 현대 사회에서는 기업체나 회사와 같은 법인의 활동이 차지하는 의미와 비중이 매우 크며, 또한 이들의 활동을 통해 개인이나 사회의 중대한 법익이 침해되는 경우도 빈번히 발생한다. 나아가 법인에 의한 법익침해는 개인에 의한 경우보다 그 범위나 정도에서 심각성이 더욱 클 수 있으므로 형사정책적 필요성에 의해서라도 법인에 대한 처벌가능성이 인정되어야 한다는 경향이 나타난다.[27] 우리나라에서도 환경범죄 등의 단속 및 가중처벌에 관한 법률 제10조에 자연인뿐 아니라 법인에게도 벌금형을 부과한다는 이른바 양벌규정을 두게 되었다. 이에 따라 형법은 자연인을 대상으로 한다는 원칙에 예외를 인정하여 법인도 형법의 대상 혹은 주체가 될 수 있을 것인지에 대한 논의가 필요하게 되었다.

2. 연혁과 입법례

로마법 시대에는 제한은 있었더라도 "단체는 죄를 범하지 못한다(societas delinquere non potest)"라는 원칙이 적용되었던 데 반해 게르만법이나 중세 이탈리아 법은 인적 단체에 대한 처벌을 널리 인정하고 있었다. 그러다가 19세기로 넘어오는 시점에서 개인만이 처벌대상이 된다는 이해로 방향이 전환되었다. 당시에는 법인의 본질에 관한 다툼보다는 도그마적·형사정책적 논의에 의미를 두었다.[28]

이와는 달리 영국에서는 19세기 이전까지 법인에 대한 처벌가능성을 인정하지 않는 것이 원칙이었으나 부작위에 의한 의무불이행에 법인의 형사책임을 인정하게 된 것을 계기로 법인의 범죄능력은 널리 인정되고 있다. 미국의 판례는 법인의 기관을 통해 이루어진 불법행위에 대해 법인의 사용자 책임 혹은 대위책임을 인정하는 민법상의 원리를 형법에도 적용할 뿐 아니라 모범형법전은 법인의 자기책임을 인정하고 있다.[29]

형법의 실용성에 가치를 두어 법인처벌의 사회적 필요성을 중시하는 영미법계와는 달리 독일법에서는 법인의 처벌가능성은 부정된다. 도의적 책임론에 바탕을 둔 독일의 책임원칙의 견지에서 보면 책임비난은 이에 답책성이 있는 개별 개인만을

---

27) Roxin, AT I, § 8 Rdnr. 56a; Baumann/Weber/Mitsch, § 13 Rdnr. 17.
28) Jescheck/Weigend, § 23 VII 1.
29) 오영근, 93면; 이재상/장영민/강동범, § 7 – 3.

대상으로 하는 것이며, 법인의 처벌은 행위개념 혹은 책임개념과 같은 이론적 구조
와도 상응하지 않을 뿐 아니라 나아가 형벌이 포함하고 있는 사회윤리적 불인정은
법인의 처벌에서는 의미가 없다고 이해하는 것이 당연하다.

3. 법인의 행위능력에 대한 학설의 대립

1) 부정설

법인의 행위능력과 책임능력을 포괄하는 넓은 의미로서 범죄능력을 부정하는 것
이 판례[30] 및 통설의[31] 입장이다. 그 논거는 다음과 같다.

① 법인은 사람과 같은 신체와 정신이 없고 정서가 없으므로 행위능력이 부정된
다. ② 법인에는 사회윤리적 책임비난을 가할 수 없다. ③ 법인의 기관으로서 실행
행위를 한 자연인을 처벌하는 것으로 충분하며 법인을 처벌할 필요는 없다. ④ 법
인에 대한 처벌의 효과가 당해 행위와 직접 관계가 없는 타 구성원에게 미치게 된

---

30) ① 대판 1997.1.24, 96도524 : 법인격 없는 사단과 같은 단체는 법인과 마찬가지로 사
  법상의 권리의무의 주체가 될 수 있음은 별론으로 하더라도 법률에 명문의 규정이 없
  는 한 그 범죄능력은 없고 그 단체의 업무는 단체를 대표하는 자연인인 대표기관의 의
  사결정에 따른 대표행위에 의하여 실현될 수밖에 없는 바, 구 건축법(1995. 1. 5. 법률
  제4919호로 개정되기 전의 것) 제26조 제1항의 규정에 의하여 건축물의 유지·관리의
  무를 지는 '소유자 또는 관리자'가 법인격 없는 사단인 경우에는 자연인인 대표기관이
  그 업무를 수행하는 것이므로, 같은 법 제79조 제4호에서 같은 법 제26조 제1항의 규
  정에 위반한 자라 함은 법인격 없는 사단의 대표기관인 자연인을 의미한다.
  ② 대판 1994.2.8, 93도1483 : 법인은 기관인 자연인을 통하여 행위를 하게 되는 것이
  기 때문에, 자연인이 법인의 기관으로서 범죄행위를 한 경우에도 행위자인 자연인이 범
  죄행위에 대한 형사책임을 지는 것이고, 다만 법률이 목적을 달성하기 위하여 특별히
  규정하고 있는 경우에만 행위자를 벌하는 외에 법률효과가 귀속되는 법인에 대하여도
  벌금형을 과할 수 있을 뿐이다. 그 밖에 대판 1985.10.8, 83도1375 : 법인이 처리할 의
  무를 지는 타인의 사무에 관하여는 법인이 배임죄의 주체가 될 수 없고 법인을 대표하
  여 사무를 처리하는 자연인인 대표기관이 바로 타인의 사무를 처리하는 자로서 배임죄
  의 주체가 된다 할 것이다.
31) 남흥우, 79면; 박상기, 71면; 배종대, [50] 27 이하; 손동권/김재윤, [8] 12 이하; 손해
  목, 218면; 안동준, 57면; 이재상/장영민/강동범, § 7 - 10 이하; 이정원, 74면; 이태언,
  154면; 이형국, 110면; 정영석, 77면; 정영일, 87면; 조준현, 158면; 진계호, 124면; 황
  산덕, 79면.

다면 자기책임의 원칙에 위배된다. ⑤ 법인은 사형, 자유형 등에 대해서는 수형능력이 없다. ⑥ 법인이 부당하게 달성한 재산에 대해서는 벌금형 이외의 방법으로도 제재가 가능하다.

2) 긍정설[32]

부정설에 대해 긍정설은 다음과 같은 논거를 제시한다. ① 법인도 유기체처럼 의사능력이나 행위능력 있다. ② 책임능력을 형벌적응능력이라 보면 재산형, 자격형은 법인에게도 적용될 수 있는 형사제재이므로 법인도 이런 범위에서 수형능력이 있다. ③ 자연인에게 주어지는 자유형, 생명형에 상응하는 법인에 대한 제재로서 활동정지, 허가취소, 법인의 해산 등을 고려할 수 있다. ④ 법인의 반사회적 행위를 방지하는 데에는 구성원만을 처벌하는 것으로 한계가 있으므로 형사정책적으로 법인의 범죄능력을 인정할 필요가 있다. ⑤ 법인에게도 사회적·윤리적 책임비난이 가능하다. ⑥ 법인은 구성원의 단순합산 이상의 성격과 의미를 갖는 사회적 실체이고 구성원의 행동은 이러한 법인의 성격과 결부되어 나타나는 경우가 많다.[33]

3) 부분긍정설

법인이 관련된 범죄에서 형사범과 행정범은 그 성격이 다르므로 이에 상응하게 차별적으로 취급해야 한다는 견해이다. 형사범의 경우에는 법인의 범죄능력이 부정되지만 행정범인 경우에는 반윤리적 성격 때문에 처벌하는 것이 아니라 단속을 해야 하는 합목적적 필요에 의해 처벌이 불가피하므로 이런 경우에는 법인의 범죄능력은 인정되어야 한다는 것이다. 법인의 범죄능력은 부정되는 것이 원칙이지만 법인에 대한 처벌규정이 있는 경우에는 예외가 인정되어야 한다는 것이다.

4) 결론

자연인이 아닌 법인에게는 범죄능력이 없으며 자연인만 처벌의 대상이 된다는 점이 확인되어야 할 것이다. 형벌이란 행위의 귀속주체인 행위자에 대한 반가치판

---

32) 김성천/김형준, 79면 이하; 김일수/서보학, 88면; 정성근/박광민, 91면; 하태훈, 44면.
33) 오영근, 94면 이하 참조.

단에 따르는 법적 효과이다. 법인은 그 조직을 통해서만 행위능력이 발생되므로 그 자체에 대해서는 처벌이 불가능하다. 그리고 법인에 대해서는 형벌이 포함하고 있는 사회윤리적 불인정은 의미가 없다. 책임비난은 이에 답책성이 있는 개별 개인만을 대상으로 하는 것이며 이에 직접 관련이 없는 구성원이나 재산을 대상으로 하는 것은 아니다. 법인의 처벌은 행위개념 혹은 책임개념과 같은 이론적 구조와도 상응하지 않는다.

한편으로 조직범죄의 형태로 이루어지는 경제범죄, 환경범죄, 돈세탁과 같은 행위를 통한 법익침해의 현상은 심히 우려스러운 수준인데 그 조직의 구성원 한두 명을 처벌한다고 하더라도 법인은 여전히 체제를 유지하며 존속할 것이므로 이러한 식의 대처로는 형벌을 통한 법익보호라는 형법의 기능에는 크게 미치지 못 한다는 입장도 충분히 설득력은 있다. 그러나 예외가 원칙을 무너뜨려서는 안 된다. 따라서 법인의 범죄행위와 관련한 형사정책적 해결이 부득이한 부분에 있어서는 이를 위한 별도의 규정이나 규칙을 마련함으로써 해결하도록 해야 한다. 형사정책적 필요에 따라 몰수(Einziehung), 폐기, 범죄수익의 몰수 등 형벌 이외의 방법으로 제재를 가할 수 있을 것이다.

4. 양벌규정에 대한 이론적 근거

심리적·정신적 실체가 결여된 법인은 행위능력이 없고 따라서 수형능력도 없다고 이해하는 것이 원칙이나 우리의 입법현실에는 행위자뿐 아니라 법인도 함께 처벌하는 양벌규정이 산재하고 있다.[34] 대부분의 양벌규정은 아무런 조건을 두지 않고 법인의 처벌을 인정하는 형태를 취하는 것이 보통이지만(도로교통법 제159조, 식품위생법 제100조 등) 이 중에는 법인이 행위자의 위반행위를 알고도 필요한 조치를 취하지 않고 방관 또는 교사한 경우 공범책임을 근거로 처벌하는 유형이나(구 선원법 제148조 제2항, 구 근로기준법 제115조), 법인의 과실책임을 근거로 처벌하되 무과

---

34) 관세법 제279조; 교통사고처리 특례법 제6조; 대외무역법 제57조; 도로교통법 제159조; 마약류관리에 관한 법률 제68조; 부정경쟁방지 및 영업비밀보호에 관한 법률 제19조; 조세범처벌법 제8조; 청소년 보호법 제62조; 폐기물관리법 제67조; 하천법 제97조; 환경범죄 등의 단속 및 가중처벌에 관한 법률 제10조 등.

실증명으로 면책을 인정하는 유형(구 선원법 제148조 제1항 단서)도 있다.

이러한 양벌규정이 현실적으로 존재하는 이상 적어도 해석론상으로는 법인의 수형능력은 인정될 수밖에 없다. 법인의 범죄능력에 관한 긍정설의 입장에서는 이러한 입법의 이론적 근거를 설명하는 데 큰 문제가 없겠으나 부정설의 입장에서는 입법적으로 인정되어버린 법인의 수형능력(형벌능력)에 대해서는 별도의 이론적 근거를 마련해야 하는 과제가 생겨난다.

1) 법인의 범죄능력 긍정설의 경우

(1) 과실책임설

법인의 범죄능력을 인정하는 입장에서는 자연인인 행위자의 책임뿐 아니라 이와 구별되는 법인의 자체적 책임이 함께 인정되는 것으로 본다. 곧 구성원에 대한 감독의무에 충실하지 못한 법인의 감독과실에 책임이 인정된다는 것이다.

(2) 고의 · 과실책임설

앞의 견해의 시각이 법인의 과실에만 한정되는 데 비해 이 견해는 법인의 감독의무위반은 과실뿐 아니라 고의로도 실현될 수 있다는 견해이다. 구성원의 위법행위를 통제할 수 있었음에도 불구하고 그대로 방임한 경우는 과실책임이 아닌 고의책임이 성립된다는 것이다.[35] 다만 이 경우 고의의 부작위를 인정하기 위해서는 자연인이 아닌 법인의 보증인책임에 대한 인식과 결과발생의 방지가능성이 입증되어야 하는데 이것은 현실적으로 거의 불가능하다는 문제점이 남는다.

2) 법인의 범죄능력 부정설의 경우

(1) 무과실책임설

행위자인 법인의 구성원을 처벌할 뿐 아니라 이에 추가하여 과실조차 확인되지 않은 법인을 함께 처벌하는 것은 법인의 무과실책임을 인정한 결과라는 것이다. 양벌규정은 형사범이 아닌 사회윤리적 비난의 성격이 상대적으로 약한 행정범에 대하여 합목적적 · 정책적 필요에 따라 주어지는 것인 만큼 범죄주체와 수형주체의 일치를 요구하는 책임원칙에 대한 예외로서 대위책임(代位責任) 혹은 전가책임(轉嫁責任)이 인정되어야 한다는 입장이다.[36] 그러나 민법에서는 무과실책임이라는 법형

---

35) 임웅, 97면 이하.

상이 인정될 수 있을지라도 근본적인 목적과 취지를 달리하는 형법에서는 과실조차도 없는 책임은 어떠한 논리로도 성립될 수 없는 것으로 보아야 한다.[37)]

(2) 과실책임설

법인의 범죄능력은 부정되더라도 적어도 임직원에 대한 선임·관리·감독을 소홀히 한 과실은 인정된다는 견해이다. 여기에는 법인에게 과실이 없었음을 증명하지 못하는 경우 과실이 추정된다는 과실추정설과 법인의 과실은 입증 여부와 상관없이 의제되는 것으로 보는 과실의제설이 있으나 이는 모두 무죄추정의 원칙과 실체진실주의에 반한다는 비판이 가능하다.

3) 판례의 태도

판례는 양벌규정의 법적 성격에 대해서 하나의 일관된 입장을 취하는 것으로 보이지 않는다. 양벌규정이 없는 경우에는 법인의 범죄능력을 부정하되,[38)] 양벌규정이 있는 경우에는 그 규정의 조문에 따라 각기 그 해석을 달리 하는 것으로 볼 수있다.

(1) 무과실책임설을 취한 경우

① 대판 1990.10.12, 90도1219 : 양벌규정인 구 건축법 제57조는 실제의 위반행위자 이외에 그 이익귀속주체인 법인 또는 자연인이 별도로 있을 경우 그 법인 또는 자연인이 실제 위반행위를 분담하지 아니하였다 하더라도 그 법인 또는 자연인을 처벌할 수 있다는 규정일 뿐 행위자 처벌규정이라고 해석할 수 없는 것이므로 이를 근거로 실제의 위반행위자를 처벌할 수 없다.

② 대판 1982.9.14, 82도1439 : 도로교통법 제81조(현행 제159조)의 법인의 대표자 또는 법인이나 개인의 대리인·사용인 기타의 종업원이 그 법인 또는 그 개인의 업무에 관하여 이 법에 위반하였을 때에는 행위자를 처벌하는 외에 그 법인 또는

---

36) 유기천, 108면; 이재상/장영민/강동범, § 7-16 참조; 황산덕, 78면. 기왕에 존재하는 양벌규정의 법적 성질은 무과실책임으로 설명할 수밖에 없으나 이러한 입법은 책임원칙에 반하는 잘못이 있으므로 수정되어야 한다는 견해로 배종대, [50] 37.
37) 배종대, [50] 35; 이정원, 76면; 임웅, 95면.
38) 대판 1997.1.24, 96도524 : 법인격 없는 사단과 같은 단체는 (...) 법률에 명문의 규정이 없는 한 그 범죄능력은 없고 그 단체의 업무는 단체를 대표하는 자연인인 대표기관의 의사결정에 따른 대표행위에 의하여 실현될 수밖에 없다.

개인에 대하여도 각 본조의 벌금형 또는 과료를 과한다는 양벌규정은 도로에서 발생하는 모든 교통상의 위해를 방지·제거하여 교통의 안전과 원활을 도모하기 위하여 도로교통법에 위반하는 행위자 외에 그 행위자와 위 법 소정의 관계에 있는 고용자 등을 아울러 처벌하는 이른바 질서벌의 성질을 갖는 규정이므로 비록 행위자에 대한 감독책임을 다하였다거나 또는 행위자의 위반사실을 몰랐다고 하더라도 이의 적용이 배제된다고 할 수 없다.

③ **대판 1991.11.12, 91도801** : 구 환경보전법 제66조 제1호, 제16조의2 제1항 소정의 벌칙규정의 적용대상은 사업자임이 그 규정자체에 의하여 명백하나, 한편 같은 법 제70조는 법인의 대표자 또는 법인이나 개인의 대리인·사용인 기타의 종업원이 제66조 내지 제69조의 규정에 위반하여 죄를 범한 때에는 그 행위자를 벌하는 외에 그 법인 또는 개인에 대하여도 각 본조의 벌칙규정을 적용하도록 양벌규정을 두고 있고, 이 규정의 취지는 각 본조의 위반행위를 사업자인 법인이나 개인이 직접 하지 않은 경우에도 그 행위자와 사업자 쌍방을 모두 처벌하려는 데에 있으므로, 이 양벌규정에 의하여 사업자가 아닌 행위자도 사업자에 대한 각 본조의 벌칙규정의 적용대상이 되는 것이다.

④ **대판 1983.3.22, 81도2545** : 무역거래법 제34조의 양벌규정에 의하여 법인이 처벌을 받는 경우, 범죄의 주관적 구성요건으로서의 범의는 실지 행위자인 동법인의 사용인에게 정당한 절차를 거치지 아니하고 수입을 한다는 인식이 있으면 족하다.

(2) 과실책임설을 취한 경우

① **대판 1987.11.10, 87도1213** : 양벌규정에 의한 영업주의 처벌은 금지위반행위자인 종업원의 처벌에 종속하는 것이 아니라 독립하여 그 자신의 종업원에 대한 선임·감독상의 과실로 인하여 처벌되는 것이므로 영업주의 위 과실책임을 묻는 경우 금지위반행위자인 종업원에게 구성요건상의 자격이 없다고 하더라도 영업주의 범죄성립에는 아무런 지장이 없다(청소년보호법 현행 제62조).

② **대판 1977.5.24, 77도412** : 식품위생법 제47조(현행 제100조)의 양벌규정은 식품영업주의 그 종업원에 대한 감독태만을 처벌하려는 규정으로서 종업원이 영업주의 업무를 수행함에 있어서 동조 소정의 위반행위가 있을 때는 설사 그 위반행위의 동기가 직접적으로 종업원 자신의 이익을 위한 것에 불과하고 그 영업에 이

로운 행위가 아니라 하여도 영업주는 그 감독 해태에 대한 책임을 면할 수 없다.

③ 헌재 2000.6.1, 99헌바73 : 과적차량을 운행한 자나 그 운행을 지시·요구한 자를 처벌하는 것은 직접 위반행위를 한 자를 처벌하는 것이고, 행정형벌법규에서 양벌규정으로 사업주인 법인 또는 개인을 처벌하는 것은 위반행위를 한 피용자에 대한 선임·감독의 책임을 물음으로써 행정규제의 목적을 달성하려는 것이므로 형벌체계상 합리적인 근거가 있다고 할 것이나, 과적차량의 운행을 지시·요구하지도 않고 과적차량을 운행한 자에 대한 선임감독의 책임도 없는 화주 등을 과적차량을 운행한 자와 양벌규정으로 처벌하는 것은 형법상 책임주의의 원칙에 반하므로, 이 사건 법률조항이 과적차량을 운행하는 자와 화주 등을 양벌규정으로 처벌하지 않고 화주 등은 과적차량의 운행을 지시·요구한 때에만 처벌하도록 규정한 데에는 합리적인 이유가 있는 것으로 평등의 원칙에 위반된 것이라고 볼 수 없다.

(3) 과실추정설을 취한 경우

대판 1992.8.18, 92도1395 : 법인의 경우, 종업원의 위반행위에 대하여 행위자인 종업원을 벌하는 외에 업무주체인 법인도 처벌하고, 이 경우 법인은 엄격한 무과실책임은 아니라 하더라도 그 과실의 추정을 강하게 하고, 그 입증책임도 법인에게 부과함으로써 양벌규정의 실효를 살리자는 데 그 목적이 있다고 할 것인바, 이 사건에서 피고인 법인이 종업원들에게 소론과 같이 윤락행위알선을 하지 않도록 교육을 시키고, 또 입사시에 그 다짐을 받는 각서를 받는 등 일반적이고 추상적인 감독을 하는 것만으로는 위 법 제45조 단서의 면책사유에 해당할 수는 없는 것이다 (구 공중위생법 제45조).

4) 결론

형법의 범위에서 무과실책임이란 인정될 수 없는 것이므로 무과실책임설은 타당성이 없다. 무과실책임설은 법인의 행위능력을 인정하지 않으려는 데 집착한 무리한 결론이다. 이론상으로는 법인의 행위능력은 당연히 부정되어야 하는 것이지만 이미 법인에 대한 처벌규정이 존재한다면 그 행위능력은 입법적으로 인정된 것이다. 그렇다면 법인에게 최소한 임직원에 대한 관리감독에서의 과실을 처벌요건으로 하는 과실책임설이 비교적 합리적인 결론으로 남는다.[39] 여기에는 고의가 있었

---

39) 김/박/안/원/이, 73면; 임웅, 98면.

던 경우는 당연히 포함된다(고의·과실책임설). 결론적으로 말해 무과실책임과 법인의 행위능력 중 하나를 포기하라는 다툼이라면 법인의 행위능력이 상대적으로 포기가 가능한 요소이다.

제 2 장

구성요건론

제 13 절 구성요건이론

I. 총설

1. 구성요건의 의의

형법상 불법의 기초는 법정(法定)구성요건의 실현이라 할 수 있다. 법정구성요건은 실체적 불법내용을 성립시키는 모든 요소를 담고 있어야 하는 것이므로 이를 통해 대상 보호법익이나 행위객체, 침해범 혹은 위험범인지의 여부, 또는 요구되는 행위양태나 고의의 특수성 여부 등에 대한 입법자의 의도가 명백히 이해되어야 한다. 이러한 구성요건에는 금지의 실체적 자료가 빠짐없이 서술되어야 하는 것이 원칙이나 입법기술상의 한계로 이 원칙은 완전한 충족이 불가능하다. 과실범에서의 주의의무위반이라는 요소, 부진정부작위범에서의 보증인지위·의무라는 요소는 기술되지 않았더라도 법관에 의해 보충되어야 하는 구성요건요소이다.

구성요건이라는 개념은 다의적인 것으로서 경우에 따라 서로 다른 의미로 사용될 수 있다. 전형적 불법에 대한 법적 기술(記述)로서의 불법구성요건으로 이해되기도

하고, 형법의 보장적 기능을 수행하는 표지의 총체로서의 의미로도 사용된다. 일반적 법이론학에서는 법률효과를 위한 요건들의 총체로서 이해된다.[1]

2. 구성요건 개념의 종류[2]

1) 총체적 구성요건(Gesamttatbestand)

실체적 가벌성의 요건을 모두 포함하는 개념으로서 전체 객관적·주관적 요건, 적극적·소극적 요건 혹은 기술되지 않은 가벌성의 요건을 포함하며, 나아가 가벌성의 전제가 되는 모든 객관적 사실에 해당하는 객관적 처벌배제사유(Strafausschließungsgrund)의 결여도 포함된다.

2) 보장구성요건(Garantietatbestand)

총체적 구성요건보다는 좁은 의미로서 형법의 보장기능을 위해 법적으로 규정된 가벌성의 조건으로 구성되는 개념이다. 따라서 이러한 개념의 구성요건에는 유추적용이나 관습법은 배제된다.

3) 범죄구성요건(Deliktstatbestand)

각각의 범죄에 대해 고유한 특징을 부여하고, 타 범죄와 비교해서 그 범죄의 고유한 불법성 혹은 책임내용을 특성화하는 표지만을 담는 개념이다. 위법성조각사유 혹은 책임조각사유로서 구체적 행위를 정당화하거나 면책시켜주는 이른바 범죄유형의 외부에 존재하는 사항은 여기에 포함되지 않는다.

4) 불법구성요건(Unrechtstatbestand)

범죄유형이 특정 범죄종류의 고유한 불법을 성립시키는 표지를 포함한다면, 따라서 범죄유형을 불법유형이라고 한다면, 여기에서 불법구성요건이 도출된다. 불법구성요건은 범죄행위의 기술을 통한 불법의 유형화를 말하며 이로써 구성요건의 선별기능이 이루어질 수 있다. 이것은 범죄유형 범위 밖에 존재하는 허용구성요건

---

1) Jescheck/Weigend, § 25 I 3.
2) Sch/Sch/Lenckner/Eisele, Vor § 13 Rdnr. 44.

(정당화사유)으로 보충된다. 일반적으로 형법에서 지칭되는 구성요건이라는 개념은 바로 이 불법구성요건을 의미한다.

5) 총체적 불법구성요건(Gesamt – Unrechtstatbestand)

모든 성문·불문의 불법구성요건과 허용구성요건(위법성조각사유)을 합친 개념이다. 불법의 본질을 형성하는 모든 표지를 담는 개념으로서 소극적 구성요건표지이론이 의미하는 구성요건의 개념에 상응한다.

3. 구성요건과 구성요건해당성

1) 구성요건

형벌이 부과되는 범죄행위를 형성하는 요건, 즉 범죄성립요건들을 일반화하여 추상적으로 기술한 개념이다. 즉 살인의 모든 행위양태를 일일이 열거하지 않고 작위이든 부작위이든, 직접적이든 간접적이든, 물리적이든 정신적이든 사망의 결과를 야기하는 행위는 모두 일반적·추상적 기술인 '사람을 살해한' 행위에 해당할 수 있다.

2) 구성요건해당성

구체적 행위가 이런 법률이 규정한 범죄성립요건(범죄정형적 불법기술)에 일치하는 것, 또는 그 모든 범죄성립요건을 충족시키는 것을 말한다. 대전제로서의 추상적 법문에 소전제로서 구체적 사안이 일치하는지 여부를 검토하는 사고절차를 포섭(Subsumtion)이라 하며[3] 양자 간의 일치가 확인됨으로써 구체적 사안은 구성요건해당성을 갖추게 된다.

구성요건에 해당한다고 해서 반드시 행위의 가벌성이 인정되는 것은 아니다. 불법을 배제시켜 주는 정당화사유는 예외적으로 위법성을 조각시킬 수 있기 때문이다. 행위의 가벌성이 인정된 후에도 행위자에 대한 책임의 검토단계가 남아 있다.

---

3) 이재상/장영민/강동범, § 8 – 2.

II. 구성요건의 발전

1. 용어의 유래

독일어의 'Tatbestand'의 번역에 해당하는 구성요건이라는 용어는 1500년대 이탈리아에서 사용되었던 'corpus delicti'라는 표현에서 유래한다. 이것은 특별한 소추조치를 가능케 하는 범죄의 외형적 표시를 이르는 것으로 대체로 절차법적 의미를 가지는 것이었다. 그 후 'corpus delicti'의 의미는 절차법적 의미보다는 실체법적 의미가 강한 오늘날의 사안(Sachverhalt)이라는 의미로 이해되었다. 'corpus delicti'에 상응하는 독일어의 'Tatbestand'라는 용어가 처음 사용된 것은 1700년대 말 E. F. Klein에 의해서였다. 그는 특정 종류의 범죄개념을 함께 확정하는 여러 사실들의 결합으로 'Tatbestand'는 성립된다고 설명했다. 후에 Feuerbach는 특정 위법행위의 법적 개념에 포함되는 행위 혹은 사실(Tatsache)을 범죄의 구성요건으로 칭한 이래[4] 1800년대를 지나면서 구성요건은 실체법적 의미로서 범죄를 구성하는 여러 표지의 총체를 뜻하는 개념으로 자리를 잡았다.

2. 고전적 범죄체계에서의 구성요건

Beling의 저서 "범죄론(Lehre vom Verbrechen, 1906)"은 구성요건이론의 발전과정에서 하나의 획을 긋는 계기가 되었다. 구성요건과 범죄는 대체로 서로 일치하는 개념으로 이해하던 당시 상황에서, 이 저서를 통해 행위와 위법성 사이의 구성요건이라는 새로운 독립된 범죄체계의 범주를 발견했다는 것은 실로 획기적 사건이라할 수 있다. 그는 범죄를 구성요건에 해당하며 위법하고 책임 있는 행위로서 이에 맞추어진 처벌조건을 충족시키는 행위로 규정했다. 또한 구성요건은 범죄유형의 윤곽이며, 구성요건의 명확성을 통해서 범죄개념이 확립되어야 한다고 설명했다.[5]

그러나 Beling이 이해했던 구성요건의 개념은 오늘날의 것과는 아직도 많은 차이를 보인다. 그의 구성요건에 대한 이해는 순 객관적이며 몰가치적(沒價値的)이라

---

4) Jakobs, 6/48.
5) Jakobs, 6/49.

는 두 가지의 뚜렷한 특징을 갖는다.

① 그의 구성요건 개념은 순 객관적인 것이었다. 즉 구성요건은 단지 외형적인 것일 뿐이며 행위자의 내면세계는 모두 책임에 속한다. 따라서 고의, 과실, 그 밖의 주관적 요소는 담지 않는다. 그는 인과적(자연적) 행위론의 입장에서 고의나 과실은 구성요건에 대한 심리적 관계이지 구성요건의 한 부분은 아니라고 본 것이다.[6]

② 이 당시의 행위개념은 몰가치적 혹은 가치중립적인 것으로 이해되었다. 즉 구성요건은 그 자체로서 중요할 뿐 어떠한 위법성을 징표하는 법적 평가나 그 밖의 어떠한 법적 의미를 갖지 않는 것이었다. 구성요건에서는 일정한 행위가 법이 정한 행위유형의 범위에 속하느냐에 대한 사실판단에 한정되는 것이고 가치판단은 위법성 혹은 책임영역에서 논해져야 할 것으로 보았다. 여기서 위법성은 객체에 대한 객관적 가치판단, 책임은 주관적 가치판단을 담는 것이었다.

Beling의 이러한 사고는 당시를 지배하던 실증주의와 자연주의의 영향에서 비롯된 것이나 훗날 사회윤리적 혹은 정신적 가치개념과 형법의 형사정책적 실용성 및 합목적적성을 함께 고려하는 가치관계적 시각에 의해 불가피하게 많은 변화를 겪게 된다.

3. 주관적 구성요건표지의 발견

Hegler, Mezger, M. E. Mayer 등은 책임 단계 이전에 이미 행위의 불법성립 여부가 행위자의 주관적·내적 요소에 좌우될 수 있음을 발견했다. 우선 정당화사유가 인정될 수 있기 위해서는 행위자의 주관적 정당화요소가 결여될 수 없는 요건임을 인식했고, 곧이어 구성요건이 범죄의 유형을 결정짓는 모든 요소를 포함해야 하는 것이라면 여기에는 객관적 행위뿐 아니라 주관적 요소도 포함되어야 한다는 사실을 깨달았다.[7]

이를테면 착오에 의한 절도나 사용절도가 처벌되지 않아야 한다면 그 불가벌의 근거를 책임조각으로 설명하는 것은 부족하다고 본 것이다. 타인의 소유권에 대한 의식적 침해에 절도의 불법이 존재한다고 해야 하기 때문에 이러한 의식이 결여된 행

---

6) Jakobs, a.a.O.
7) Roxin, AT I, § 10 Rdnr. 8.

위에는 책임단계 이전에 이미 불법이 성립되지 않는 것으로 이해하게 된다. 이러한 이해에 따르면, 행위자의 강화된 의사방향이 보호법익에 대한 위험성으로 작용하기 때문에 행위자의 특별한 내적 행위경향이 구성요건표지가 되는 경향범의 경우에도 외형적 행위만으로는 범죄가 성립하지 않는다. 따라서 행위자의 주관적 요소의 한 부분은 책임이 아닌 불법구성요소의 성질을 갖는 것이다.

4. 규범적 구성요건표지의 발견

구성요건이 몰가치적, 가치중립적이라는 견해는 구성요건에는 기술적(記述的) 구성요건뿐 아니라 규범적 요소도 있고, 기술적 요소에도 예컨대 사람의 시기(始期)와 종기(終期) 등을 따지는 경우에서처럼 법적 평가를 필요로 하는 부분이 있다는 점이 발견됨으로써 크게 흔들리게 되었다.

사실세계에 존재하는 대상물에 대한 일반언어 혹은 법률언어적 기술로써 그 의미인식이 확실하게 이루어질 수 있는 표지를 기술적 구성요건표지(deskriptive Tatbestandsmerkmale)라고 하고, 법관이 자신이 활용할 수 있는 규범이나 가치척도에 대한 해석론의 도움으로 해당 개념에 대한 가치충전을 스스로 해야 하는 표지를 규범적 구성요건표지(normative Tatbestandsmerkmale)라[8] 한다. 형법각칙의 법조문(구성요건)을 서술하는 데에는 기술적 구성요건표지뿐 아니라 규범적 구성요건표지도 불가피하다. 즉 구성요건은 법적 평가와 무관하지 않고 위법성과 관련한 가치 혹은 평가의 내용을 갖지 않는 것이라 할 수 없다.

III. 구성요건과 위법성의 관계

1. 인식근거설

앞의 설명에서와 같이 Beling의 구성요건개념은 행위의 경과에 관한 순수 외형적 기술만을 포함할 뿐 어떤 가치도 담지 않는 것이었다. 정당방위에 의한 살인이나 피해자의 승낙에 따른 재물손괴의 경우처럼 행위에 결부되어 있는 정당화사유

---

8) Maurach/Zipf, AT I, § 20 Rdnr. 55.

와 같은 법률적 고찰은 위법성 부분에서 이루어지되 여기에서도 순 객관적인 것만
이 다루어진다. 즉 구성요건은 아직 아무런 위법성의 요소를 담고 있는 것이 아니
었으며, 다만 구성요건해당성은 위법성의 존재에 대한 징표가 된다는 정도의 관련
성이 인식되었을 뿐이다.9)

법규명령에 대한 준수의무는 보편적인 것이고 정당화사유의 존재는 이에 비해
상대적으로 특별한 것으로서, 보편의 의무를 위반한 구성요건해당성은 일반적으로
위법하지만 특별한 정당화사유가 존재함으로써 이에 대한 예외가 성립되는 것이다.
이러한 구성요건과 위법성의 관계를 M. E. Mayer는10) 연기(구성요건)와 불(위법성)
의 관계에 비유한다. 연기가 곧 불은 아니지만 연기가 보인다면 굳이 확인하지 않
더라도 그 밑에 불이 있는 것으로 믿을 수 있다. 이처럼 연기와 불은 불가분의 관
계로 이해하는 것이 보통이나 예외가 있을 수 있다. 불이 꺼진 이후에도 연기는 피
어오를 수 있다. 즉 구성요건이 충족되었더라도 정당화사유에 의해 위법성이 배제
될 경우도 있다. 구성요건과 위법성은 바로 이러한 관계에 있다는 설명이다.

구성요건은 위법성과 직접적인 관련성은 있으나 구성요건 자체는 위법성에 일치하
거나 위법성을 포함하는 것은 아니라 다만 위법성을 징표할 뿐이라고 한다. 이를 인
식근거설이라고 한다. 이 명제는 개별적 행위가 불법유형을 충족시켰다면 예외적으
로 정당화사유가 개입되지 않는 한 그 행위의 불법은 성립된다는 내용을 표현한다.

2. 규칙-예외의 관계

상호 보완적 입장에 있는 구성요건과 위법성의 관계는 규칙－예외의 관계로 이해된
다. 구성요건을 하나의 규칙이라 한다면 위법성은 이에 대한 예외에 해당한다. 형사실
무에서 구성요건실현의 판단은 이미 위법성의 판단이라는 의미와 크게 다르지 않다.
소송절차에 있어 구성요건해당성의 판단을 위해서는 정당화사유가 존재하지 않는다는
사실도 동시에 증명되어야 하며 이때 어느 부분에도 행위자에게 입증책임이 있는 것
이 아니다. 즉 행위자에게는 구성요건해당성의 결여를 입증할 책임도, 정당화사유의

---

9) Jescheck/Weigend, § 22 II 1.
10) M. E. Mayer, S. 10. 독일의 통설로서 이를 따르는 견해로 Kühl, § 6 Rdnr. 2;
　　Maurach/Zipf, AT I, § 24 Rdnr. 7; Tröndle/Fischer, Vor § 13 Rdnr. 8, 27.

존재를 입증할 책임도 부과되지 않는다. 이러한 책임은 국가가 동시에 지는 것이다.

구성요건과 정당화사유는 달리 취급될 수 없으며 따라서 금지규범과 허용규범은 법적으로 동등한 가치를 갖는 것으로 볼 수 있다. 허용규범은 금지를 무효화하고 금지규범은 허용을 무효화한다. 형법적으로 보호되는 법익의 침해를 허용하는 규범도 동일한 가치를 갖는 규범이다. 금지규범과 허용규범의 공조로 비로소 형법적 보호의 영역이 형성된다.

3. 구성요건과 정당화규범의 상호 보완관계

위법성은 범죄성립요소임은 분명하지만 행위상황 그 자체는 아니므로 구성요건은 아니다. 우리 형법은 구성요건과 위법성을 명백히 구분하고 있다. 그러나 이러한 입법체계와 사고방식이 절대적이거나 처음부터 당연한 것은 아니다. 경우에 따라서는 특정 구성요건에서 행위의 위법성을 요구함으로써 이를 구성요건요소로 만들 수도 있다.[11] 이러한 경우 이 위법성은 구성요건이므로 이에 관한 착오는 구성요건착오로서 고의를 조각하게 되는 결과로 연결될 것이다.

위법성과 구성요건이 구분된 우리 형법상에서도 정당화요소는 구성요건요소와 호환이 가능하다. 예를 들어 형법 제347조의2 컴퓨터 등 사용사기죄의 "컴퓨터 등 정보처리장치에 허위의 정보 또는 부정한 명령을 입력하거나 권한 없이 정보를 입력·변경하여(...)"라는 법문에서 "권한 없이"를 구성요건으로 보든, 반대로 권한을 취득하는 것을 정당화사유로 보든 이것은 해석의 문제이지 실무상의 결론에서는 본질적 차이가 없다.

IV. 구성요건의 기능

1. 선별기능

구성요건은 형법적으로 중요한 행위를 그렇지 않은 행위로부터 걸러내는 작용을

---

11) 예컨대 독일형법 제240조 제1항의 강요죄는 구성요건에서 행위의 위법성을 요구하며 같은 조 제2항에서 위법성의 개념을 설명한다.

한다. 즉 불법 중에서 당벌적 행위유형을 구체적으로 가려내는 기능을 선별기능이라 한다. 소유권이나 재산권의 침해행위에 관련하여 민법적 영역에서의 불법행위 개념도 존재할 수 있다. 형법은 이러한 넓은 의미의 불법행위 중 고의적 절도, 사기, 횡령, 배임, 재물손괴 등 당벌성이 인정되는 행위만 선별하여 처벌대상으로 인정한다.

하나의 불법유형의 범위에서도 구체적 요건을 제시함으로써 형법적으로 중요하지 않은 행동을 구성요건적으로 가려내는 기능을 한다. 예를 들어 형법 제225조나 제231조의 공·사문서 등의 위조죄는 행사할 목적으로 문서 등을 위조할 것을 명시함으로써 행사할 목적이 없는 외형상의 위조행위는 범죄성립범위에서 배제하며, 형법 제329조의 절도죄는 행위객체를 타인의 재물로 한정하여 재산상의 이익에 대한 절도는 성립되지 않는다.

구성요건을 충족시키는 행위만이 이 단계를 통과하여 다음의 평가단계인 위법성으로 넘어갈 수 있다(구성요건의 보장적 기능 참조). 구성요건의 선별기능은 절대적인 것은 아니지만 그렇다고 소홀히 취급할 것도 아니다. 구성요건해당행위가 선별과정을 통과했다고 해서 이미 범죄행위로 인정되는 것은 아니다. 선별기능은 가벌성 심사의 첫 번째 관문의 의미에 지나지 않는 것으로서 합법적 행위라도 구성요건해당성의 요건만 충족되면 위법성 단계에서 면밀한 심사를 받게 하기 위해 통과시킨다. 반면에 선별기능이 너무 엄격해지면 당벌적 행위마저 걸러져서 위법성심사 단계에도 이르지 못하고 불가벌적 행위로 분류될 위험이 있다. 선별기능에 있어서는 바로 이러한 점이 고려되어야 한다.

2. 보장적 기능

구성요건은 법정구성요건이다. 성문법주의를 취하고 있는 우리나라에서는 성문의 법률만이 구성요건의 법원(法源)이 될 수 있다. 구성요건은 "법률 없이는 형벌 없다"라는 문장에서의 "법률"의 의미를 좁게 이해한 부분에 해당한다. 이러한 의미의 구성요건은 명확해야 하며 유추 혹은 소급 적용되어서는 안 되며 관습법으로 대체되어서는 안 된다는 죄형법정주의의 원칙이 철저히 지켜져야 하며, 이로써 형법의 보장기능이 수행될 수 있다. 그러한 의미에서 구성요건은 형법의 보장기능을

수행하는 가장 근원적 단계라 할 수 있다.[12]

3. 기초기능(Fundamentalfunktion)

구성요건해당성의 심사로 실질적 가벌성 심사는 시작된다. 각칙의 구성요건들은 일반적인 형법적 불법을 유형화한 것이므로 예외는 항상 가능하지만 구성요건적 행위의 위법성은 추정된다. 이 위법성 판정은 아직 잠정적인 것으로, 소극적으로 정당화사유가 존재하지 않음이 확인되어야 비로소 위법성은 확정된다. 여기에서 구성요건과 위법성의 규칙 - 예외로서의 관계가 나타난다. 즉 구성요건해당행위는 위법하다는 것이 하나의 규칙이지만 위법성조각사유는 이에 대한 예외로서의 기능을 한다. 불법구성요건의 영역에서는 다음의 순서로 심사가 진행된다.[13]

① **구성요건 해당가능성 여부에 대한 판단** : 과실에 의한 재물손괴나 이득의사 없는 기망행위에는 외형상의 재물손괴 혹은 사기의 구성요건은 존재하는 것으로 보이고 또한 넓은 의미의 불법은 있을지 모르나, 구성요건해당성은 결여된다. 이로써 형법적 심사는 종료된다. 곧 가벌성은 부정되며 더 이상의 형법적 심사는 불필요하게 된다.

구성요건해당성 없는 반가치적 행위는 행위자 당사자에게는 형법적으로 아무런 의미가 없으나 제3자에게는 의미가 있을 수 있다. 예컨대 누군가가 구성요건 없는 행위로 특정 법익을 위해하는 경우에 제3자에게는 긴급피난 상황은 성립될 수 있는 것이다.

② **구성요건 해당행위의 정당화 여부에 대한 판단** : 구성요건은 성립되었더라도 그것이 정당방위에 의한 상해라든가 혹은 긴급피난에 의한 재물손괴라면 구성요건의 위법성 징표기능은 상실된다.

③ **구성요건 해당행위의 정당성 결여에 대한 확정** : 이로써 행위에 대한 위법성 판단이 확정된다.

---

12) Maurach/Zipf, AT I, § 20 Rdnr. 39.
13) Maurach/Zipf, AT I, § 20 Rdnr. 40 이하.

4. 위법성의 징표기능

입법자는 구성요건을 위법성보다 넓은 개념으로 잡는다. 우선은 구성요건에 법질서가 불법으로 인정하지 않는 사례까지 포함되도록 그 범위를 넓게 획정한 후 그중 불법이 아닌 사례는 예외규정을 통해서 걸러내는 방식을 취한다. 즉 구성요건 충족을 통해 징표된 위법성을 특별히 정한 요건에 따라 사후적으로 배제하는 것이다. 입법자는 규칙으로서의 규범과 예외로서의 반대규범을 정하고, 이 두 가지 요소의 결합을 통해 불법의 개념을 확정한다.

구성요건해당행위에는 위법성이 아닌 합법성이 인정되는 범위가 확실히 존재한다. 특정 법익을 보호하고자 존재하는 구성요건을 충족시키는 행위라 할지라도 그것이 사회적으로 허용되거나 혹은 오히려 요구된 경우도 빈번하다. 바꾸어 말하자면 일정한 조건하에서는 법익보호를 포기해야 하거나 법익에 대한 특정한 침해방식을 허용해야 할 때도 있는 것이다. 그렇다고 해서 법익침해가 정당화되는 경우의 수에 반비례하여 구성요건 자체를 축소하는 것은 바람직하지 않다. 그 과정에서 당벌적 행위가 합법적 행위로 분류될 부작용이 염려되기 때문이다. 따라서 구성요건에 위법성을 잠정적으로 부과하였다가 특정한 요건이 인정되는 경우에 사후적으로 이를 탈락시키는 현행의 입법방식을 취하는 것이 옳다.

5. 경고기능(환기기능)

구성요건 해당행위는 특별한 사유가 존재하지 않는 한 위법하다고 하는 위법성의 징표기능은 행위자로 하여금 자신의 행위의 위법성에 대해 고려할 계기를 제공한다. 즉 구성요건 해당행위는 일반적으로 불법이므로 포기해야 한다는 경고 혹은 자신의 행위에 대한 합법·불법에 대한 판단을 다시 하라는 환기기능을 갖는다.[14]

---

14) 오영근, 83면; 임웅, 130면 이하.

V. 소극적 구성요건표지이론

1. 이론의 내용

불법구성요건에는 불법을 적극적으로 근거지우는 요소뿐 아니라 불법을 배제시키는 요소도 포함된다. 입법자는 형법 각칙의 대부분의 구성요건에 공통적으로 적용되는 요소는 입법기술상 각칙이라는 괄호 밖으로 빼내 총칙이라는 별도의 부분으로 모으는데, 불법을 배제시키는 정당화사유도 그러한 요소 중의 하나에 포함된다. 그렇지 않으면 모든 각칙 구성요건에서 정당방위, 긴급피난 등의 정당화사유가 존재하는 경우는 예외라는 단서가 항상 따라야 할 것이다.

각칙에 기술된 모든 구성요건표지는 적극적으로 존재함으로써, 정당화사유는 소극적으로 존재하지 않음으로써 구성요건이 충족된다. 즉 구성요건과 정당화사유는 모두 불법을 확정한다는 동일한 기능을 하는데, 단지 전자는 그것을 적극적으로 형성하고 후자는 소극적으로 형성한다는 차이가 있을 뿐이다. 소극적 구성요건표지이론은 이러한 정당화사유를 위법성의 요소가 아닌 구성요건요소로 보아 정당화사유의 존재는 위법성을 조각시키는 것이 아니라 이미 구성요건해당성을 조각시키는 것으로 이해한다.

이러한 시각에서의 범죄체계는 구성요건, 위법성, 책임의 3단계가 아닌 (구성요건을 충족하는) 불법과 책임의 2단계로 구성된다. 불법을 확정하는 표지의 총체는 하나의 단일한 불법구성요건에 총괄된다.

2. 장점과 비판

1) 장점

착오의 한 특수유형인 위법성조각사유의 전제되는 상황에 대한 착오(허용구성요건착오)는 사실의 착오와 법률의 착오의 성격을 부분적으로 포함하고 있는데 이에 대한 법적 규정이 존재하지 않아 이러한 착오의 법적 취급에 대해 다양한 견해가 대립된다. 이에 대해서 소극적 구성요건표지이론을 적용함으로써 구성요건 고의가 조각되는 구성요건의 착오로 취급할 수 있다는 간명한 결론에 이를 수 있다. 불법을 배제하는 위법성조각사유는 소극적 구성요건요소, 곧 구성요건요소이므로 이에 대한 착오는 당연히 고의를 배제한다는 결론에 이르는 것이다. 제한책임설 혹은 법 효과제한책임설이 취하는 복잡하고 기교적인 과정을 거치지 않고도, 이르고자 하는 결론에 이를 수 있으므로 적어도 이와 관련한 착오론의 범위에서는 이 이론이 장점을 가진다.

2) 비판

(1) 구성요건의 독자적 의미 간과

구성요건과 위법성을 하나의 합일체로 보는 견해에 의하면 정당화사유가 존재하는 경우에는 구성요건해당성이 이미 부정된다. 이 견해는 정당화사유에 대비되는 구성요건의 독자적 의미를 간과할 위험을 안고 있다. 한 마리의 모기를 죽인 행위와 정당방위에 의한 살인이 모두 불법행위가 아니라는 공통점이 있다고 해서 형법적 가치에서 차이가 전혀 없는 것으로 취급해서는 안 된다. 행위의 구성요건해당성은 가벌성 여부와 관계없이 독자적인 의미를 갖는다.

자신의 행위가 살인의 구성요건에 해당한다는 데 대한 인식조차 없는 사람은 생활상의 주의의무에 대한 고찰의 동기 밖에 갖지 못하는 데 비해서 구성요건 해당 행위에 대한 인식을 갖는 자는 정당화의 요건이 실제로 존재하는지에 대해 면밀히 검토해야 한다. 이러한 각각의 행위가 살인의 결과로 연결되었다면 전자에는 단지 과실치사에 의한 처벌이 가능한 데 비해 후자의 경우에는 금지착오의 회피가 가능했다면 고의살인에 의한 처벌이 가능하다.

살인은 구성요건에 해당하나 특별히 존재하는 정당화사유에 의해 예외적으로 불법이 배제된다는 단계적 사고가 바람직하다.

(2) 정당화사유의 부존재에 대한 인식의 요구

구성요건표지의 적극적 존재와 정당화상황의 부존재로서 총체적 불법구성요건이 성립된다는 소극적 구성요건표지이론을 따른다면, 그 이론구조상 행위자의 고의를 인정하기 위해서는 구성요건의 충족이라는 인식에 추가하여 정당화사유가 존재하지 않는다는 데 대한 인식까지 요구되어야 할 것이라는 비판이 이루어질 수 있다. 즉 행위자가 살인을 하면서 여기에 적용될 만한 어떠한 정당화사유도 존재하지 않는다는 점을 추가적으로 인식한 경우에만 살인고의가 인정될 수 있다면 고의범죄의 성립범위가 지나치게 축소되어 부당하다는 비판이다.

그러나 이에 대해서, 고의는 모든 정당화 가능성을 검토한 후 아무런 정당화사유가 존재하지 않는다는 확인을 전제로 하는 것이 아니라 정당화사유 자체에 대한 인식결여로 족하다고 해야 할 것이라는 변론이 제시될 수 있다. 말하자면 인적 불법론에 의할 때 고의기수범의 불법은 행위불법과 결과불법으로 이루어지는데, 그 중 결과불법은 법에 의해 허용되지 않은 결과의 야기로, 행위불법은 이러한 결과를 향한 행위의사로 성립된다. 따라서 이 이론에 의하면 결과불법을 위해서는 구성요건 결과와 정당화사유의 결여가 요구되며, 이에 상응하여 행위불법을 위해서는 결과를 야기한다는 고의와 정당화사유의 존재에 대한 인식의 결여가 요구된다. 다시 말해 구체적 정당화사유가 존재한다는 적극적 인식만이 행위불법을 배제할 뿐, 정당화사유의 존부에 대한 소극적 불인식은 불법성립에 관계가 없다는 주장이다. 이러한 변론은 충분히 설득력이 있다고 할 수 있다.

3) 결론

소극적 구성요건표지이론은 허용구성요건착오의 해결에 있어서는 편리한 구조를 가지고 있지만, 하나의 이론은 범죄체계 전반에 걸쳐 제한 없이 보편적으로 적용되어야 하는 것이지 한 영역에서만 특수한 목적에 따라 제한적으로 인정되거나 사용될 수 있는 개념으로 이해되어서는 안 된다. 따라서 부분적 장점에도 불구하고 체계적 단점을 인정한다면 결국은 전체로서의 소극적 구성요건표지이론은 부정되어야 한다.

범죄체계에서의 구성요건과 위법성은 엄격히 구분되어야 한다. 범죄체계에서의 구성요건은 하나의 구성요건에서 요구되는 모든 구성요건표지를 실현하지 못한 행위를 이미 법적 불법유형의 범위에서 축출하는 기능을 하지만 위법성은 그렇지 않다. 정당방위에 의해 사람을 살해한 행위와 달리 모기를 죽인 행위는 살인의 불법유형의 범위에도 들지 못하는 것이다.[15]

---

15) Baumann/Weber/Mitsch, § 16 Rdnr. 32; LK - Hirsch, Vor § 32 Rdnr. 8.

VI. 개방적, 봉쇄적(폐쇄적) 구성요건

1. 개방적 구성요건

구성요건 중에는 그 안에 불법표지가 완전히 기술된 것이 아니라 그중 일부만이 기술되어 있고 나머지는 위법성 표지에 기초한 법관의 판단에 의한 보충이 필요한 구성요건이 존재한다는 견해가 있다.[16] 이러한 이해에 따른 구성요건을 개방적 구성요건이라 한다. 이런 경우에는 구성요건의 기술만으로는 금지와 허용의 구분이 불가능하며, 구성요건이 위법성을 징표하는 것이 아니라 다른 특별한 위법성 표지에 대한 적극적 검토를 통해 확정될 수 있다. 독일형법 제240조 제1항의 강요죄를 예로 들 수 있다. 이에 따르면 행위자가 위법한 협박을 통해 상대방의 특정한 행위를 유발함으로써 구성요건은 충족된다. 그리고 동조 제2항에서 행위의 위법성 판단 기준으로 비난가능성을 설명한다. 따라서 제1항의 구성요건은 불법성을 근거짓는 표지를 완전히 담은 것이 아니라 강요의 비난가능성이 확인됨으로써 불법은 성립한다는 것이다.[17]

또한 부진정부작위범에서의 보증인지위의 요소나 과실범의 성립을 위해 요구되는 주의의무위반 등은 법문에 기술되어 있지 않음에도 불구하고 구성요건요소로서의 기능을 한다는 점에는 의심의 여지가 없으므로 이러한 것들을 개방구성요건표지로 볼 수 있다고 한다.[18]

2. 봉쇄적 구성요건

구성요건을 개방적 개념으로 이해한다면 구성요건에 따른 불법유형의 정형성은 이미 상실되었다고 보여지며, 이는 죄형법정주의에 위배되므로 이러한 구성요건의 이해는 부정되어야 한다.[19] 구성요건이 불법유형을 정하는 것이라면 구성요건은 특

---

16) Welzel, S. 82.
17) Roxin, AT I, § 10 Rdnr. 43.
18) Welzel. a.a.O.
19) 박상기, 77면; 이재상/장영민/강동범, § 8 – 13; 이정원, 87면; 이형국, 연구 I, 151면; 임웅, 122면; 정성근/박광민, 127면.

정 범죄유형의 불법을 형성하는 표지를 빠짐없이 포함하여 구성요건 자체에서 위법성이 도출되어야 한다. 이러한 이해에 의한 구성요건을 폐쇄적 구성요건이라 한다.

구성요건해당성은 위법성의 간접증거가 되며, 구성요건이 충족되더라도 정당화사유가 확인되면 예외적으로 위법성의 간접증거능력은 소멸된다. 이러한 구성요건의 위법성 징표기능은 폐쇄적 구성요건에서만 가능하다. 구성요건은 모든 불법유형을 빠짐없이 규정하여 구성요건 자체에서 위법성이 도출되므로 정당화사유에 대한 검토는 이에 대한 의심의 여지가 있는 경우에 예외적으로 이루어지는 것이 원칙인 데 반해, 개방적 구성요건을 인정한다면 구성요건이 충족되는 경우에는 예외 없이 정당화사유에 대한 적극적 검토를 거쳐야 하기 때문이다.

법관의 일반적 가치판단이나 다른 표지와의 관련성에서 얻어지는 법관의 의미보충도 구성요건표지에 해당하는 것으로 보아야 할 것이다. 독일형법 제240조 제2항의 수단-목적의 관계에 따른 판단요소도 위법성표지가 아닌 구성요건표지로 이해해야 한다.[20] 또한 부작위범에서의 보증인지위나 과실범에서의 주의의무위반도 규범적 구성요건요소 또는 가치충전을 요하는 구성요건영역의 범위에 속하는 문제로 판단해야 한다. 절도죄에서의 불법영득 의사, 결과범에서의 인과관계, 사기죄에서의 기망과 피기망자의 재물의 교부행위의 인과관계 등도 구성요건영역내의 기술되지 않은 구성요건표지(Ungeschriebene Tatbestandsmerkmale)로 이해해야 한다.

VII. 불법구성요건의 개별적 요소

1. 기술적, 규범적 구성요건

1) 기술적(記述的) 구성요건요소(deskriptive Tatbestandsmerkmale)

기술적 구성요건요소란 사실세계에 속하는 사항을 물적·대상적으로 기술하여 사실확정만으로 그 의미인식이 가능한 구성요건표지를 말한다. 사람, 살해, 재물, 주거, 건조물 등이 대표적 예이다. 이러한 대상에 대해서는 일반적으로 오감을 통한 감지로써 그 의미가 인식될 수 있으므로 그 개념의 이해에 별도의 가치평가가 요구되지 않는다.

---

20) Maurach/Zipf, AT I, § 24 Rdnr. 7 이하.

2) 규범적 구성요건요소(normative Tatbestandsmerkmale)

자연적 사실이 아닌 제도적 사실을 기술한 것으로 그 존재 여부에 대한 확인을 위해서는 법적 규범 혹은 관습이나 윤리와 같은 법외적 규범의 논리를 전제로 한 판사의 규범적 가치판단이 요구되는 표지이다.[21] 소유권범에서의 재물의 타인성, 불법영득(領得)의 의사, 문서의 개념 등이 이에 해당한다.

3) 구별의 실익

양자를 구별하는 실익은 고의인정 여부와 관련한 착오의 분류에 있다. 기술적 구성요건요소에 대해서 단순한 사실인식의 결여로 인한 착오가 발생한 경우 고의를 배제하는 사실의 착오가 성립된다. 반면에 규범적 의미에 대한 인식이 요구되는 규범적 구성요건요소에 대해서 행위자가 일반인에게 가능한 정도의 인식마저 갖추지 못하여 착오를 일으킨 경우에는 금지착오가 인정된다.

그러나 실제에 있어서는 양자를 명백히 구분하는 것은 쉽지 않기 때문에 이 구분은 제한적 가치밖에는 없다. 기술적 표지도 일상생활에서의 의미와 형법적 의미가 다를 수 있으므로 일정한 해석이 따라야 할 경우도 있다. 예컨대 전형적 기술적 표지라고 할 수 있는 사람이라는 개념도 그 종기(終期)와 관련해서는 법적 평가에 따른 가치충전이 요구되며, 시기(始期)와 관련해서도 민법의 해석과 형법의 해석이 반드시 일치하는 것은 아니다.[22] 따라서 절대적 의미의 기술적 표지는 존재하지 않고, 상대적 기술적 표지 혹은 상대적 규범적 표지만이 가능하다는 견해[23]를 부정할 수 없다.

2. 객관적 구성요건요소, 주관적 구성요건요소

1) 객관적 구성요건요소

구성요건의 객관적 요소란 범죄의 사물적·실제적 핵심에 해당하는 요소로서 행

---

21) Kühl, § 5 Rdnr. 92.
22) Maurach/Zipf, AT I, § 26 Rdnr. 56.
23) Baumann/Weber/Mitsch, § 8 Rdnr. 17.

위자의 정신세계 밖에 존재하는 모든 것을 포괄하는 개념이다. 행위주체, 행위객체, 행위, 결과, 행위와 결과 사이의 인과관계 등 행위의 전체적 외부현상이 이에 포함된다. 고의범의 경우에 고의는 이러한 모든 개별적 표지에 미쳐야 한다.

2) 주관적 구성요건요소

주관적 구성요건요소란 범죄성립을 위해 불가결하게 요구되는 행위자의 내면적·정신적 상황을 말한다. 그중 고의는 인적 행위불법의 핵심적 요소로서 일반적인 주관적 구성요건요소라 할 수 있다. 그 밖에 특수 주관적 구성요건요소인 목적범에서의 목적, 경향범에서의 내적 경향, 소유권범에서의 불법영득의사, 과실범에서의 주의의무위반 등이 이에 속한다.

VIII. 구성요건의 구조

1. 기본구성요건

기본구성요건이란 하나의 불법유형의 기초가 되는 구성요건으로서 범죄의 정형적 특성을 정함과 동시에 가벌성을 위한 최소한의 조건으로 이루어진 것을 이른다. 살인죄에서의 형법 제250조 제1항, 상해죄에서의 동 제257조 제1항, 절도죄에서의 동 제329조 등이 이에 해당한다.

2. 변형구성요건

기본구성요건에 불법내용 혹은 책임내용에 변화를 주는 특수한 표지가 추가되어 변형 또는 확장된 구성요건이다. 구체적으로 행위시간이나 장소의 제한, 행위방법, 범인과 피해자와의 신분관계 등에 제한을 가함으로써 불법 혹은 책임이 가중되거나 감경될 수 있다.

1) 가중구성요건

기본구성요건에 형벌가중사유표지가 추가된 경우이다. 보통살인·상해죄에 대한 존속살해죄(형법 제250조 제2항)·존속상해죄(형법 제257조 제2항), 단순폭행에 대한 특수폭행죄(형법 제261조), 단순절도에 대한 특수절도죄(형법 제330조) 등이 이에 해당한다.

2) 감경구성요건

영아살해죄(형법 제251조)는 보통살인죄에 대한 책임감경구성요건이며, 촉탁·승낙에 의한 살인죄(형법 제252 제1항)는 기본구성요건에 대해 불법이 감경된 구성요건이다.

3. 독자적 변형구성요건

절도죄에 대한 횡령죄 혹은 절도죄에 대한 준강도죄의 관계에서처럼 하나의 구성요건이 다른 구성요건의 일부 또는 전부를 포함하는 등의 상당한 관련성이 있지만, 각각의 구성요건은 독자적 특성이 인정되어야 하는 이유로 기본구성요건과 변형구성요건의 관계가 아닌 독자성이 인정되는 범죄유형을 말한다.

이것은 결과적 가중범과도 구별된다. 결과적 가중범에서는 기본구성요건의 고의와 중한 결과에 대한 과실(진정결과적 가중범) 또는 고의나 과실이(부진정결과적 가중범) 있어야 하나, 독자적 구성요건은 다른 구성요건의 고의와는 독립된 자체의 구성요건에서 요구되는 모든 객관적 표지에 대한 고의가 있어야 한다. 여기에서 이러한 고의는 해당 범죄의 주관적 구성요건의 충족을 위한 필요·충분조건이 된다.

제 14 절 행위반가치와 결과반가치

가벌적 불법을 유책하게 실현하는 행위는 처벌된다. 가벌성 판정을 위해서는 불법과 책임이 인정되는 행위자의 행위가 있어야 한다. 여기에서 불법을 일반적 당위(generelles Sollen)라고 한다면 책임은 개별적 가능성(individuelles Können)의 관점에서 판정이 이루어진다. 불법은 행위에 대한 일반적 반가치 판정을 말한다. 이 반가치 판정의 실체가 무엇인지에 대해서 견해는 일치하지 않으나 일반적 견해는 보호법익의 침해라는 관점에서의 결과반가치(反價値)와 결과야기의 종류와 방식이라는 관점에서의 행위반가치로 이루어진다고 이해한다.[1]

I. 고전적 불법론(비인적 불법론 : Lehre von der impersonalen Natur des Unrechts)

1. 이론의 내용

고전적 범죄체계에서는 불법이란 순 객관적이며 비인적(非人的) 개념으로 불법의 범위에는 외부세계의 변화라는 결과만이 존재할 뿐이고 행위개념을 성립시키는 수의성(隨意性)조차도 인과성을 확인하는 기능으로 그 임무를 다 하는 것이었다. 고전적 범죄체계의 대표자 중의 한 사람으로서 Mezger는 법이란 객관적 생활규율이고 불법은 이러한 객관적 생활규율에 대한 침해로 이해한다. 또한 규범은 수취인이 존재하지 않는 비인적 당위(unpersönliches Sollen)라고 한다. 이러한 이해를 바탕으로 그는 불법은 추상적 규범에 대한 형식적 거부이자 실체적 이익침해일 뿐[2] 그 이상의 내용을 담지 않는 것이라고 정의한다.

이러한 사고의 기초 위에서 결과반가치란 단순히 행위를 통해서 나타난 외부세계의 인과적 변화 상태와 동일한 개념 혹은 적어도 그러한 상태로 완성되는 것으로 이해되는 것이 당연했다. 또한 결과반가치는 행위를 전제로 하는 것으로서 여기에는 행위반가치라는 개념이 이미 내포된 것이었다.

2. 비판

법의 본질에 비추어 볼 때, 법익침해 혹은 법익위태화라는 객관적 결과를 불법의 중심에 두는 것이 당연하며 또한 불법판단에서 주관적 요소를 배제함으로써 행위

---

1) 반가치와 불법의 관계에 대해서는 성낙현, 인적 불법론에서의 불법내용, 영남법학 제31호, 2010, 313면 이하 참조.
2) Mezger, GS 89, (207) 242, 245 f.

자의 인권이 보장될 수 있는 장점도 가진다는 주장은,[3] 불법은 행위요소뿐 아니라 행위자적 요소에도 종속될 수 있다는 점을 간과했다는 점에서 전적으로 옳다고 할 수 없다. 즉 행위 주체에 대한 고려 없이 불법은 확정될 수 없는 것이다. 정신장애자의 행위는 비장애자의 행위와 달리 평가가 되어야 하며, 이에 대한 조치도 달라야 한다.

또한 객관적 행위만을 놓고 그 행위에 어떤 불법이 존재하는지 확정한다는 것도 현실적으로 어려운 일이다. 미수 혹은 불능미수와 같은 경우에는 특히 행위 주체의 내면적 요소가 함께 고려되어야만 그 불법내용을 확인할 수 있다.

II. 인적 불법론

오늘날의 일반적 견해에 따르면 보호법익의 침해 혹은 위해에 결과반가치가 존재하며, 그러한 행위의 종류와 방식에 행위반가치가 존재한다. 행위반가치는 행위에 관련한 경우도 있고 행위자에 관련한 경우도 있다. 행위반가치 혹은 결과반가치가 구성요건의 범위에 포섭됨으로써 행위불법 혹은 결과불법이 된다.[4]

1. 일원적 · 주관적 인적 불법론

목적적 행위론의 범위에서는 행위의지만이 불법을 성립시키는 것이고, 결과반가치는 불법과 관계가 없는 것으로 이해한다. 여기서는 형법의 금지와 명령은 단순한 맹목적 인과경과에 구속되는 것이 아니라, 특정한 목적의사로써 미래의 특정한 상황을 형성할 수 있는 인간의 행위에 구속된다는 점을 강조한다. 특정한 행위자의 작품으로서의 행위가 위법하고, 그것은 객관적 행위에 지향된 목적, 동기, 견지 혹은 의무 등 심정적 요소에 의해 평가되며, 이것만이 행위의 불법내용을 결정한다고 한다.

이에 따르면 결과는 불법을 구성하는 기능이 아닌 불법제한기능, 곧 행위불법으로 이미 확정된 불법에서 예외를 가려내는 기능을 할 뿐이며, 우연종속적인 결과반가치는 가벌성의 객관적 요건에 지나지 않는다.[5] 다시 말해 결과반가치는 가벌성

---

3) 차용석, 409면. 이에 대한 비판으로, 배종대, [49] 6 이하; 오영근, 101면.
4) Jescheck/Weigend, § 24 III 3.

의 본질인 행위반가치에 부수적으로 따르는 산물의 의미밖에는 없는 것으로 이해하는 것이다.

이러한 일원적·주관적 견해는 부정되어야 한다. 불법은 규범에 대한 거역뿐 아니라 피해자나 사회가 겪어야 하는, 그리고 금지규범을 통해서 회피되어야 하는 사회해악적 결과로서 구성된다.[6] 결과불법은 인적 위법행위의 한 부분이 아니라 전체불법의 독립적 요소로서 행위불법에 동등한 지위를 가지는 것으로 이해해야한다. 결과반가치를 무시한다면 장애미수와 기수를 동일하게 취급해야 하기 때문에 불법에서 결과반가치를 잘라내는 것은 형사정책적으로도 타당하지 않다고 할것이다.

2. 결과·행위불법 이원론

이 견해에 따르면 범죄의 불법은 동등한 지위의 행위반가치와 결과반가치로 이루어진다. 이 두 가지 요소 중 어느 하나만 결여된다고 하더라도 가벌적 범죄는 완성되지 않는다. 예를 들어 운동경기 도중 심한 반칙 없이 상대방 선수를 다치게 한경우 상해라는 구성요건적 결과는 발생되었으나 행위반가치가 존재하지 않으므로가벌성의 범위에서 벗어난다. 반대로 정당방위상황이 존재하나 이를 모르고 상대방을 공격하여 다치게 했거나, 권한 있는 자의 재물손괴에 대한 동의의 의사표시가있었으나 이를 모르고 손괴한 경우에는 행위반가치는 있으나 결과반가치는 존재하지 않는다.[7]

인적 행위불법에는 순 객관적 규범관련적 요소만 한정적으로 존재하는 것이 아니라 객관적 행위자 표지(objektive-täterschaftliche Merkmale)도 존재하는 것으로 본다. 일반범에서의 구성요건표지는 누구에 의해서라도 충족되는 것과는 달리 예외적으로 행위자가 가지는 특별한 의무지위에 의해서만 충족될 수 있는 표지가 그 예이다.

인적 행위불법에는 또한 주관적 불법표지가 포함된다. 이것은 법익침해를 향한 행위의사에 포함된 내적 불법의 핵심을 표시해 준다. 이론상의 다툼은 있으나 다수

---

5) Zielinski, Handlungs- und Erfolgsunwert, 1973, S. 128 ff; Horn, Konkrete Gefährdungsdelikte, 1973, S. 78 ff.
6) Jescheck/Weigend, § 24 III 2.
7) Maurach/Zipf, AT I, § 17 Rdnr. 5.

설은 행위불법의 한 구성성분으로서 고의도 포함되는 것으로 본다. 행위불법표지는 위법성의 본질에서 도출되어야 하는 것이고, 위법성의 본질에 따르면 구성요건적 결과를 추구하는 의사실현뿐 아니라 결과발생가능성을 인식한 정도의 의사실현도 금지된다. 행위자의 내면적 요소도 위법성 평가의 대상이 되는 것이므로 행위불법에는 주관적 불법표지 외에 구성요건실현의사도 포함된다. 이러한 관점에서 고의는 인적 행위불법의 핵심요소가 된다.[8]

제 15 절 인과관계와 객관적 귀속이론

I. 의의

형법 각칙의 대부분의 구성요건은 일정한 법익침해의 결과를 요건으로 한다. 이러한 결과는 인간의 행위를 전제로 하는 것이므로 인간의 구성요건적 행위와 구성요건적 결과가 객관적 구성요건의 핵심요소가 된다. 그러나 이 두 가지 요소가 존재하는 것만으로는 객관적 구성요건이 완성되었다고 할 수 없으며 양자 사이의 특정한 관련성이 확인되어야 한다. 행위 이외에 행위와 구별되는 일정한 결과의 발생을 요구하는 형법법규에 의거하여 그 행위를 처벌할 수 있기 위해서는 행위와 결과 사이의 특수한 관련성, 이른바 인과관계가 성립하여야 한다. 다만 이 인과관계의 성립요건 혹은 그 실체적 내용은 어떠한 것이어야 하는지의 문제는 지난 수십 년간의 격렬한 논의의 대상이었다.

1. 거동범과 결과범에서의 인과관계의 의미

구성요건에 서술된 내용에 일치하는 형식적 행위만으로 객관적 구성요건이 충족되는 거동범에서는 인과관계의 문제는 발생되지 않는다. 모욕죄, 주거침입죄, 위증죄와 같은 단순거동범은 형식적 행위만으로 객관적 구성요건이 완성되며, 이 행위에 결부된 외부세계의 변화라는 의미의 결과는 필요하지 않다. 이러한 범죄유형에

---

8) Jescheck/Weigend, § 24 III 4.

서의 불법은 행위자체의 반사회성에 존재하기 때문이다.

반면 행위와는 구분되는 외부세계의 변화라는 결과가 발생되어야 구성요건이 충족되는 결과범에서는 인과관계의 문제는 객관적 구성요건의 한 요소로서 중요한 의미를 가진다. 결과범이란 반가치적 평가를 받는 하나의 특정한 결과를 구성요건의 한 요소로 포함시키는 범죄유형을 말한다. 결과범에서의 불법은 행위 자체뿐 아니라 행위가 야기한 결과의 반사회성에도 존재한다. 이 경우 인과성에 따른 후속결과를 평가하기 이전의 행위 자체에 대한 평가만으로는 아직 불법내용이 완전히 확인되었다고 할 수 없다.

> 예 고층건물에서 창문 밖으로 화분을 집어 던지는 행위는 일반적으로 위험한 행위로 인식된다. 하지만 이 행위를 통해서 누군가가 다쳤거나 적어도 다칠 뻔 했다는 사실이 확인되기 이전에는 이 행위는 아직 어떠한 형법적 가치도 담지 않은 중립적 행위이다. 반대로 공사장의 감독자가 공사현장의 위험성을 경고하고 일반인의 접근을 차단하기 위해 비닐테이프로 경계선을 치는 행위 자체는 매우 긍정적이며 바람직한 것으로 평가될 수 있다. 그러나 야간에 이를 식별하지 못한 보행자가 여기에 걸려 넘어지는 바람에 크게 다치는 결과가 발생되었다면 그로써 감독자의 행위는 결과에 의해 반가치성을 띤 행위가 되고 만다.

2. 인과개념의 역할

인과개념은 형법이 금지하는 결과가 발생했을 경우 이와 관련된 무수한 행위 중에서 가벌적 관련성이 있는 행위를 가려내는 역할을 한다. 이것은 특히 범인이 자신의 행위에 따르는 반가치적 결과를 예견하지 못했고 원하지도 않았기 때문에 행위자와 결과 사이에 심리적 관련성이 존재하지 않는 인식 없는 과실의 경우에서도 가벌적 관련성이 어디에 존재하는지 찾아내는 역할을 해야 한다.

II. 인과관계의 종류

1. 기본인과관계

갑이 을을 총으로 쏘아 현장에서 즉사하게 한 경우처럼 행위가 다른 원인이나 우연이 개입됨이 없이 결과로 직접 연결된 경우를 기본인과관계라 한다. 이 경우에는 인과관계에 대한 특별한 검토가 요구되지 않는다.

2. 이중(택일)인과관계

이중 혹은 택일인과관계란 단독으로도 결과 발생시킬 수 있는 여러 원인이 함께 작용하여 하나의 결과를 발생시킨 경우이다. 예를 들어 갑과 을이 서로 의사연락 없이 병의 음료수에 각각 치사량이 넘는 독약을 몰래 혼입하여 병을 살해한 경우처럼 갑과 을의 행위 중 택일적으로 어느 한 행위만 있었더라도 동일한 결과가 발생되었을 것이 확실시 될 때의 각자의 행위와 결과사이의 관계를 말한다.

3. 누적(중첩)인과관계

단독으로는 결과를 발생시킬 수 없는 여러 원인이 상호 보충적으로 결합하여 하나의 결과를 발생시킨 경우를 누적 혹은 중첩인과관계라 한다. 앞의 이중인과관계의 예에서 갑과 을이 각각 치사량에 못 미치는 독약을 탔으나 이들의 독약의 합이 치사량을 초과하여 병이 사망하게 된 경우가 이에 해당한다.

4. 가설(假說)인과관계

결과를 직접 발생시킨 원인행위가 없었다고 가정하더라도 어떤 '다른' 원인에 의해 동일한 결과가 발생되었을 개연성이나 필연성이 인정되는 사례에서 그 '다른' 원인과 결과 사이의 관계를 가설인과관계라 한다. 주로 다음의 두 가지 조합으로 나타난다.

1) 경합인과관계

결과를 발생시킬 수 있는 두 가지 이상의 원인이 동일한 결과발생을 지향하여 동시 혹은 같은 기회에 작용했거나 작용할 수 있었던 경우를 경합인과관계라고 한다. 그런데 그중 하나는 결과로 연결이 되었으나 다른 원인은 그렇지 못한 경우 결과로 연결되지 않은 원인은 곧 가설인과관계에 해당한다.

갑이 X를 살해한 직후 곧바로 을도 X를 살해하러 온 경우, 혹은 갑이 집에서 식사를 하려고 하는 X를 전화로 불러내어 집 앞에서 살해했는데 그 순간 을이 이미 X의 음식에 치사량의 독약을 타 놓았던 경우를 예로 들 수 있다. 각각의 사례에서 갑과 을의 행위는 경합인과관계에 있으며 그중 갑의 행위는 결과로 직접 연결되었으므로 기본인과관계가 성립한다. 이때 갑의 행위가 없었더라도 을에 의해 X의 사망이라는 결과가 발생했을 개연성은 매우 높지만 을의 행위는 구체적 결과의 원인이 되지 못했으므로 여기에 가설인과관계가 성립할 뿐이다.

2) 추월 · 단절인과관계

자연스런 사건경과에 의한 결과가 발생하기 전에 다른 원인의 개입으로 인해 결과가 앞당겨지는 경우를 말한다. 쉽게 교과서 범죄적 예를 들자면, 갑이 X를 살해하기 위해 치사량에 해당하는 독약을 먹였는데 약효에 의해 사망하기 이전에 을이 나타나 X를 총을 쏘아 살해한 경우 X는 구체적으로 을의 총에 의해 사망한 것이다. 을의 행위가 없었더라도 갑의 독약에 의해 마침내 죽었을 것이라는 추정은 가설인과관계에 불과하다. 따라서 여기에서는 을의 행위에 추월인과관계이자 동시에 기본인과관계가 성립하며, 갑의 행위는 단절인과관계로서 가설인과관계에 해당한다.

5. 비유형적 인과관계[1]

하나의 원인에 행위자나 일반인의 예견가능성을 벗어나는 우연이 개입되어 특이한 경로를 통해 결과로 연결된 경우이다. 이미 치명상을 입은 환자를 수송하던 응급차가 뜻하지 않은 교통사고를 당하는 바람에 환자가 현장에서 사망하는 경우, 혹은 보통의 경우라면 사망과는 거리가 먼 경미한 상처만이 유발되었으나 피해자가 혈우병과 같은 특이체질이었기 때문에 사망하는 사례를 예로 들 수 있다.

행위자의 행위와 결과 사이에 자연과학적 관련성이 전혀 존재하지 않는 미신범은 이 범주에도 포함되지 않는다. 가령 누군가가 죽기를 바라면서 주문(呪文)을 외운다든가 주술적 행위를 하는 경우에는 인과관계를 포함한 어떠한 형법적 고찰의

---

1) 이것은 독일어 atypischer Kausalverlauf의 번역으로서 비전형적 인과관계(김일수/서보학, 103면)로 번역하는 것이 옳을 것으로 생각된다.

가치가 없다. 저주나 기도는 상대방에게 특별한 심리적 영향을 주지 않는 한 그로 인해 사망의 결과는 발생되지 않을 것이기 때문이다.

III. 인과관계의 이론

행위가 하나의 객관적 불법구성요건을 실현했다고 할 수 있기 위해서는 행위에 의한 결과를 행위자의 작품으로 귀속시킬 수 있어야 한다. 그러기 위해서는 우선 행위와 결과 사이에 인과관계가 성립되어야 한다. 앞서 언급한 바와 같이 거동범에 서는 결과의 발생을 요구하지 않으므로 인과관계의 확인문제는 결과범에서만 의미 를 갖는다. 인과관계는 가벌성 판단에 있어서 절대적 요소가 되는 것임에도 불구하 고 형법은 인과관계의 존부를 판단하는 데 대한 어떠한 기준도 제시하지 않고 있 어 이는 전적으로 학설에 내맡겨진 문제가 되었다.

따라서 학설의 범위에서 인과관계의 판단기준을 찾아내기 위한 끊임없는 노력과 무수한 시도가 있었다. 그 과정에서 자연과학적 방법론의 무분별한 도입을 시도하 는 바람에 혼란이 거듭되기도 하였다. 그러나 결국은 인과관계개념도 법적 개념으 로 이해해야 한다는 올바른 방향설정이 이루어졌다. 형법상의 인과관계이론은 인 과성에 관한 자연과학적 인식과 관련성이 전혀 없는 것은 아니지만 전적으로 자연 과학적 방법에만 의존하여 해결될 수 있는 문제가 아니다.

부작위에 의한 살인인 경우 자연과학적 관점에서 인과관계를 확정하기는 어려우 나 법적 인과관계는 분명히 인정되어야 하는 만큼 존재론적·자연과학적 인과관계 가 아닌 규범적·사회적 인과관계가 필요한 것이다. 다시 말해 고유한 실천적 규범 학으로서 형법적 개념에 상응하는, 즉 실무적 이해와 실용적 가치를 염두에 둔 인 과관계이론이 필요하다. 반가치적 결과와 어느 정도의 관련이 있는 모든 행위를 형 사처벌을 위한 고려의 대상으로 포섭할 수 있는 반면에 반가치적 결과와 그 어느 정도의 관련성조차 없는 사례는 고려의 대상에서 명확하게 제외시킬 수 있는 인과 관계론이라면 이상적일 것이다.

1. 조건설(Äquivalenztheorie)

1) 이론의 내용과 본질

인과성 판단을 위해 절대적 전제가 되는 것은 인과성 판단 이전에 이미 구체적으로 발생된 객관적 결과와 이에 관련된 구체적 행위이다. 이 결과에 대해서만 특정 행위의 인과성이 논해질 수 있다. 이 개별적 결과가 행위자의 행위가 아니더라도 다른 유사한 방법으로도 발생될 수 있었을 것이라는 추정 또는 가설은 구체적 사실에서의 인과성 판단에 영향을 주어서는 안 된다. 그렇지 않으면 모든 살인자에게는 자신의 행위가 아니더라도 피해자의 생명이라는 보호법익은 적어도 언젠가는 노환에 의한 사망으로 어차피 침해될 법익이라는 변명이 가능해진다.

조건설은 이러한 구체적 결과에 관련된 여러 조건들 중에서, 그 조건이 없었다면 결과가 발생되지 않았을 모든 조건이 결과에 대한 인과성을 갖는다고 한다(conditio sine qua non). 이 이론은 결과발생을 위해 불가결했던 모든 조건 혹은 결과에 기여한 모든 조건은 동등한 가치를 갖는 것으로 본다는 점에서 등가설(等價說 : Äquivalenztheorie)이라도 한다. 조건설은 가벌성 심사의 대상이 되는 문제의 행위를 없었던 걸로 간주하면 결과가 발생하지 않았을 것인가를 묻는 방식을 취한다.

Julius Glaser가 오스트리아 형법에서 이론을 구성하고 Maximilian von Buri가 독일 제국재판소 판결에[2] 도입한 이 이론은 결과에 대한 원인의 규명은 결과에서 조건에로의 소급적 검토방식을 취한다. 이러한 검토방식에 따라 그 조건이 아니면 결과가 발생하지 않았을 것이 확인되는 모든 조건은 형법적 가치에 있어서 동등하며, 이들 사이의 등급을 정하는 것은 의미가 없다고 보는 것이다.

어떠한 조건이든 다른 조건과 완전히 독립적일 수 없고 각각의 조건들은 그보다 시간적으로 앞서 존재하는 다른 조건들의 연쇄적 결과이기 때문에, 이러한 연쇄고리는 무한정하게 소급이 되고 그 범위는 넓을 수밖에 없다. 그러나 조건설에 따르면 이러한 요소는 인과관계 판단에 본질적인 영향을 주는 것은 아니다. 피해자 스스로가 결과에 대한 원인을 함께 제공을 했더라도 마찬가지이다.

---

2) RGSt 1, 374.

> 🏛 **관련판례**
>
> 자전거운전자 사건(BGHSt 11, 1) : 술에 취한 상태에서 자전거를 타던 사람이 법정 최소 간격보다 좁은 간격으로 추월하던 화물차의 뒷바퀴에 치였다. 화물차가 법정 간격을 유지했다고 하더라도 피해자 스스로가 술에 취해 자전거를 제대로 운전할 능력이 떨어져 있던 상태였으므로 결과는 동일했을 것이라는 감정결과가 나왔다.

이 사례에도 조건설의 공식을 적용하면 인과관계는 의심 없이 인정된다. 화물차 운전자의 행위(추월)가 없었더라면 결과(자전거 운전자의 사망)는 발생되지 않았을 것이기 때문이다. 행위자가 규정을 위반했다는 사실이 인과관계 인정의 핵심적 기능을 하는 것은 아니다. 적어도 인과관계의 판단에 있어서는 규정위반에 대한 법적 평가는 본질적 요소가 아니다. 법률에 관한 비전문가라고 하더라도 누구나 화물차 운전자가 피해자를 사망에 이르게 했다는 데 의심을 두지 않는다. 여기서는 우선 인과관계가 인정된다는 사실만이 중요하지 객관적 귀속의 여부는 그 다음의 문제인 것이다.

> 학설의 일부에서는 인과관계 영역에서도 귀속의 문제가 관련되므로 결과를 행위자에게 귀속시키지 않을 사례에서는 인과성을 주장하는 것은 의미가 없다는 견해도 제기된다. 행위와 결과 사이에 위법성이 탈락되는지 혹은 이미 인과성이 탈락되는지의 여부는 언어규칙에 관한 문제라는 것이다. 오로지 중요한 것은 책임이 우선 탈락되지 않는다는 것이다. 이 한도에서는 이러한 인과개념도 충분히 따를만한 것이다.

조건설에서는 가까운 조건과 먼 조건, 정형적 조건과 우연적 조건에도 차이가 없다. 예컨대 갑이 운전사 을의 택시를 타고 현장에 도착하여 병으로부터 구입한 총으로 정을 쏘아 살해했을 경우 정의 사망이라는 구체적인 결과에는 무수한 행위가 원인이 된다. 갑이 총을 쏜 행위뿐 아니라 을의 택시운전, 병의 총기 매입 및 대여 등 여러 가지 원인이 존재하나 이들 중 어느 하나만이라도 결여되면 결과는 발생되지 않았을 것이라는 점에서 결과에 대한 원인이 되며 그러한 의미에서 이들은 모두 동등한 가치를 갖는다.

이러한 사고는 처음에는 생소하게 느껴질 수 있다. 처벌되어야 할 사람은 갑에 한정되는데 을과 병의 행위가 인과관계에 무슨 관련이 있는지 의문스러울 수도 있다. 그러나 을과 병이 갑과 함께 범행을 계획했을 경우 각자의 행위의 인과관계가 중요하게 된다는 점에서 이러한 사고의 필요성이 나타나게 된다. 조건설에서의 인과관계범위의 확장은 이러한 관점에서 매우 큰 장점을 가진다. 조건설은 특히 특이하고 복잡한 인과과정에서 장점을 보인다. 이런 경우 배후에서 사건을 조종하는 범인에게도 인과관계를 인정할 수 있다.

다른 사례로 갑이 A와 B로부터 각각 총을 한 자루씩 빌린 후 현장에서 A의 총으로 X를 살해했다면, 이 경우에는 B의 행위가 없었더라도 X는 죽었을 것이므로 조건설에 의하면 B의 행위에는 인과성이 부정된다.

2) 조건설의 적용예

(1) 가설적 인과관계의 배제

현실적 사건진행과 구체적 결과발생간의 인과적 결합만이 인과관계 판단의 자료가 된다. 즉 가설적 대체원인(혹은 유보원인)은 기존의 인과관계를 제거하거나 변경시키지 못한다. 갑이 비행기 탑승하는 을을 총으로 쏴 죽였는데 그 비행기가 이륙 직후 추락해서 탑승자 모두가 사망한 경우에도 갑의 행위가 을의 사망에 대한 원인이라는 데에는 변화가 없다.

(2) 공동의 원인에 대한 인과성 인정

어느 행위가 다른 여러 조건 중의 하나였거나 결과발생을 촉진만 했더라도 그 행위에 인과관계는 인정된다. 예컨대 갑과 을이 서로 독립적으로 각각 치사량 미달의 독약을 피해자의 음료수에 혼입하였으나 합쳐진 독약이 치사량이 되어 사망의 결과가 발생했거나, 갑과 을이 각각 치사량의 독약을 혼입했는데 두 독약의 결합으로 사망시간이 단축된 경우에 모두 각자의 행위의 인과성은 인정된다.

(3) 비유형적 인과관계의 인과성

조건설에 따르면 비유형적 인과관계의 인과성도 인정되어야 한다. 보통의 경우라면 사망과 거리가 먼 단순상해를 유발시켰으나 피해자의 혈우병 혹은 심장질환 등의 특이체질로 인해 사망결과가 발생한 경우도 인과관계는 인정된다. 전혀 예상할 수 없었던 상황의 개입으로 인해 결과로 연결된 행위에도 인과관계가 결여되는 것은 아니다. 이때 행위자의 행위는 사망결과를 위해서는 없어서는 안 될 조건이다.[3] 피해자의 특이체질이라는 조건은 행위자의 행위에 동등한 하나의 조건이다.

이 결과의 일반적인 예견가능성이나 갑의 개인적인 예견가능성은 인과관계와 상관이 없다.

(4) 단절인과관계

단절인과관계에는 인과성이 부정된다. 갑이 X에게 독약을 먹였는데 효과가 발생되기 전에 을이 X를 사살했을 때, 갑의 행위는 결과로 연결되지 않고 단절되었으므로 갑의 행위에 대한 인과성은 부정된다. 따라서 여기서는 살인기수의 책임은 부정되고 다만 살인미수의 책임이 남게 된다.

그러나 이 사례에 약간의 변형을 가하면 문제가 달라질 수 있다. 만일 X가 독약을 마시지 않았다면 을이 나타나는 순간 도망을 가거나 반항할 능력이 있었을 것이 추정되는 상황이라면, 그리고 갑의 경우 그가 생각했던 인과과정과 실제의 인과과정 사이에 본질적 상위(相違)가 인정되지 않는 한 갑과 을은 모두 살인죄의 정범으로서 처벌될 요건이 성립된다.

(5) 소급금지와 인과관계 중단론

고의의 유책한 행위에 특별한 범죄의도 없이 개입하는 경우에 이 행위는 형법적 책임으로부터 자유롭다. 예컨대 채무자가 채권자에게 돈을 갚으면서 그 돈을 범죄에 사용하리라는 짐작을 할 수 있었고 실제로 채권자가 그 돈을 범죄에 사용했다고 하더라도 채무자의 채무변제행위에 형사책임은 인정되지 않는다. 이를 소급금지(Regreßverbot)원칙이라고 한다. 인과관계를 객관적 귀속의 의미로 이해했던 과거의 소급금지이론은 이 경우 채무자의 가벌성을 부정하기 위해 인과관계가 단절된 것으로 보았다.[4]

그러나 현재는 소급금지원칙을 무시하고 인과과정에 제3자의 고의 또는 과실에 의한 개입이 있을 경우 인과관계는 영향을 받지 않는 것으로 파악한다. 다만 인과관계와 객관적 귀속을 분리하여 추후의 객관적 귀속의 문제는 남을 수 있는 것으로 보는 것이다. 앞의 예에서 채무를 이행하는 행위가 처벌되지 않아야 하는 것은 맞지만 그 불가벌의 근거는 인과관계가 아닌 다음의 심사단계에 찾아야 할 일이다.

가령 의사 갑이 맹독성의 치료제를 소홀히 방치한 틈을 타 을이 이를 사용하여 병을 독살하였다면 갑의 행위는 병의 사망결과를 위해서는 없어서는 안 될 조건이

---

3) RGSt 54, 349.
4) Jakobs, 24/14.

므로 인과관계는 인정된다. 객관적 귀속은 역시 별개의 문제이다.

3) 조건설 적용상의 문제점

(1) 구체적 인과관계의 입증이 어려울 경우

구체적 인과관계의 입증이 어려울 경우 조건설은 인과관계의 판명에 도움이 되지 못 한다. 갑과 을이 동시에 병을 쐈는데 누구의 총알에 의해 죽었는지 알 수 없을 때 인과관계는 확인될 수 없으므로 '의심이 있는 경우 피고인에게 유리하게(in dubio pro reo)'의 원칙에 따라 모두 살인미수가 인정되어야 한다.

또한 예컨대 다수의 임산부가 특정 약품을 복용한 이후 동일한 형태의 기형아를 출산하는 사례가 빈발하더라도 그 약품과 기형아 출산 사이의 자연과학적 관련성을 판명하지 못 하는 한 조건설에 의하더라도 인과관계는 확정될 수 없다.

(2) 이중인과관계의 경우의 난점

갑과 을이 의사연락 없이 동시에 병의 음식에 치사량의 독약을 각각 투여해 병을 독살한 경우에는 갑의 행위가 없어도 을의 행위로 인해, 반대로 을의 행위가 없어도 갑의 행위로 인해 결과가 나타났을 것이다. 갑과 을의 행위는 이미 구체적으로 존재하는 객관적 사실이기 때문에 가설이 아니다. 이때 그 조건이 아니면 결과가 발생하지 않았을 조건에 인과관계가 인정된다고 하는 조건설의 공식을 적용하면서 각자에게 유리한 관점에서 판단한다면 갑의 행위와 을의 행위 모두 병의 사망이라는 결과에 대한 원인이 되지 않는다는 결론에 이를 수 있다. 말하자면 원인 없이 결과가 발생하고 행위자 없이도 결과가 발생할 수 있다는 결론에 도달할 수 있는데 이는 분명히 잘못된 것이다. 두 사람 모두 살인기수로 처벌되는 것이 당연하기 때문이다.

따라서 이러한 사례의 해결을 위해서는 면밀한 자연과학적 접근방법이 요구된다. 사망한 병의 시신을 부검하면 다음 세 가지 중 하나의 결과가 나타날 것이다. ① 갑의 독이 먼저 병의 체내에 흡수된 경우, ② 을의 독이 먼저 흡수된 경우, ③ 갑과 을의 독의 혼합체가 흡수된 경우이다. ①의 사례에서는 갑이, ②의 사례에서는 을이 각각 살인고의 기수범으로 처벌되고 나머지 한 사람은 살인미수로 처벌된다.

현실에서 개연성이 가장 높은 ③의 사례에서는 다음과 같은 사고절차가 필요하다. 치사량의 절반에 해당하는 갑의 독과 같은 양의 을의 독을 합친 분량이 혈관으로 흡수됨으로써 병은 사망한 것이다. 그렇다면 이 경우에는 갑의 독이 없었다면 치사량 절반의 을의 독에 의해서는 병은 죽지 않았을 것이므로 갑의 행위는 결과에 대한 원인이 되는 것으로 인정해야 한다. 나머지 을의 독이 마저 흡수되었을 것이라는 가설은 보충적으로 생각되어서는 안 된다. 그것은 구체적으로 발생된 객관적 사실이 아니기 때문이다. 을의 관점에서도 동일하다.

그러나 진정한 이중인과관계는 실무에서 거의 발생하지 않으므로 무시해도 좋을 것이며(BayObLG NJW 1960, 1964) 순 이론적 의미밖에 없다고 하겠다. 하지만 실제로 이러한 사례가 발생했고 범인들의 각각의 행위에 따른 효과발생 관련성에 의심이 있는 경우에는 in dubio pro reo의 원칙에 따라 각각의 행위자에 대하여 그의 행위가 늦게 효과를 발생시킨 것으로 추정해야 한다. 따라서 위 사례에서 각 행위자는 모두 살인미수로 처벌되어야 할 것이다.[5]

📖 관련판례

① BGH MDR 1956, 526 : 갑이 X를 총으로 쏜 결과 고통에 신음하자 을이 동정심에 확인사살했을 때 갑과 을의 행위 모두 살인의 원인이 된다고 판시했다. 이는 조건설의 적용으로 합리적 결과에 이른 예이다.

② BGH NJW 1966, 1823 : 딸이 자신을 괴롭히는 아버지 갑의 머리를 후라이팬으로 쳐넘어지자 경찰에 신고하려고 자리를 떠났을 때 역시 갑을 증오하던 그의 부인이 피해자의 머리를 같은 방법으로 재차 가격하여 사망시킨 사례에서 부인의 가격은 갑의 죽음을 촉진하지 않았다고 판단했으며, 또한 딸의 이익을 위해 in dubio pro reo의 원칙을 적용하여 갑의 죽음은 부인의 가격에 의한 것이라고 보아 모두에게 살인미수가 인정되었다. 이는 조건설을 회피한 데서 온 부당한 결과라 할 수 있다.

---

4) 조건설에 대한 비판

조건설에 대한 비판은 다음의 두 가지로 정리할 수 있다.

① 결과에 대한 원인이 무엇인가를 찾아내는 것이 아니라 결과와 원인이 존재하는 것을 전제로 한 후 이 원인이 없으면 결과가 어떠했을까를 생각하는 가설적 제거절차방식을 취함으로써 순환논리에 빠진다는 비판이다. 이것은 실무에 있어서는

---

5) Jescheck/Weigend, § 28 II 5.

일반적 경험지식에 기초한 합리적 판단에 의해 필요한 경우에는 얼마든지 순환과정에서 빠져나올 수 있으므로 큰 문제가 되지 않는다.[6]

② 원인의 무한정한 확대나 소급을 막지 못한다는 비판이다. 사실 조건설에 의하면 심지어 장차 살인을 범하게 될 아기를 출산하는 행위도 살인결과에 대한 인과성이 인정된다. 그 밖에 삼촌을 살해하기 위해 안전도가 낮은 비행기로 여행을 시키는 조카의 행위나, 하인을 살해하기 위해 번개 치는 날 들판에 나가 일하게 한 주인의 행위에 모두 인과관계가 인정되어야 한다는 고전적 교과서 범죄의 예를 들 수 있다.

구성요건과 책임은 각각 자신의 영역에서 가벌성이 부정되는 행위를 가려내는 고유한 기능을 가지는 것인데, 조건설은 인과관계의 범위를 무제한적으로 넓게 잡음으로써 구성요건 범위에서 가벌성이 부정되어야 할 행위가 가벌성이 인정되어 책임단계마저 통과하여 궁극적으로 처벌로 연결될 위험성이 있다는 것이다.[7]

그러나 구체적인 경우에 있어서 구성요건의 의미합치적 해석을 통해서 무한정한 인과관계의 범위는 합리적으로 축소할 수 있으며 이로써 조건설에 대한 비판은 충분히 극복할 수 있다는 반론이 가능하다.[8] 후술하는 상당인과관계설에 의한다면 인과관계가 부정될 사례에서는 조건설이 설령 인과관계를 인정하게 되더라도 고의 검토단계나[9] 늦어도 위법성 검토단계에서 합리적 교정이 이루어질 수 있으므로 염려할 바는 아니라 할 것이다. 오히려 상당인과관계설이 인과관계의 범위를 좁게 잡음으로써 궁극적으로 가벌성이 인정되어야 할 사례가 검토 초기단계에서 이미 가벌성이 배제될 위험이 있다는 점이 문제가 될 수 있다.

앞에서 언급한 고전적 교과서 범죄의 예에서 고의를 부정함으로써 이 문제를 해결하고자 한 시도가 있었다.[10] 즉 범인은 비행기 추락이나 낙뢰의 결과를 의도(wollen)한 것이 아니라 단순히 바랐을(wünschen) 뿐이기 때문에 고의가 부정되어야 한다는 설명이지만 의도와 바람은 질적인 차이가 아닌 양적인 차이만 있을 뿐이므로 이러한 해결방식에는 의문의 소지는 있다. 이와 관련하여 지배가능성이나

---

6) Haft, § 6–3, S. 61.
7) 이재상/장영민/강동범, § 11–12.
8) Jescheck/Weigend, § 28 II 2.
9) 성낙현(역), 23면 이하.
10) Frank, § 59 IX 2.

개연성의 결여를 이유로 들어 인과성을 부정하거나, 사회상당성의 결여로 위법성이 부정된다는 견해도 제시될 수 있다.

사회상당성 이론은 상황에 따라서 구성요건 혹은 위법성을 배제할 수 있다고 한다. 살해의도를 갖고 누군가를 비행기에 태우거나 들판으로 보내는 일은 그 행위 자체로는 하자 없는 사회상당한 일이기 때문에 구성요건해당성이 부정되어야 한다는 주장이다. 그러나 해당 비행기의 사고발생 가능성이나 당일 들판에 벼락이 떨어질 가능성이 현저히 높다는 사실을 행위자만은 알고 있었다면 그 행위가 사회상당하다고 단정할 수 없다. 따라서 이러한 구상도 완전하다고 할 수 없는 것으로서 이를 둘러 싼 문제는 이러한 논의과정을 거쳐 결국은 객관적 귀속의 문제로 귀착된다.

2. 합법칙적 조건설

1) 이론의 내용

이것은 조건설의 기초 위에서 일상의 경험법칙에 의한 합법칙성이라는 조건을 추가함으로써 결과에 대한 인과관계 인정의 무한정한 범위를 합리적으로 제한하기 위한 것이다. 이 학설의 대표적 주장자의 한 사람으로서 Engisch는 "행위에 외부세계의 변화(결과)가 시간적으로 연결되면서, 그 결과는 우리가 일상적으로 이해할 수 있는 자연법칙적 관련성으로 행위에 연결될 때 인과관계가 인정된다"[11]고 한다. 즉 인과관계의 판단에 있어서 구체적 행위가 구체적 결과에 대해 자연법칙적 관점에서 볼 때 실질적 효력이 있었는가를 묻는 것이다.

총을 쏘아 상대방을 현장에서 살해한 경우처럼 행위와 결과 사이의 자연과학적 관련성 여부에 의심이 없는 경우에는 합법칙적 조건설의 공식을 바로 적용하여도 큰 오류는 발생하지 않는다. 그러나 이에 대한 의심이 있을 때에는 우선 자연과학적 검토를 거쳐야 한다. 이를 거치지 않고 바로 법관이 자신의 주관적 확신에 따라 인과성을 판단하는 것은 허용되지 않는다. 예컨대 특정 제품의 어떠한 요소가 구체적으로 인체에 어떻게 작용하여 부작용을 일으키는지에 대한 상세한 확인은 아니

---

11) Engisch, Kausalität als Merkmal der strafrechtlichen Tatbestände, 1931, S. 21, 25; NK-Puppe, Vor § 13 Rdnr. 83 ff; Sch/Sch/Lenckner/Eisele, Vor § 13 Rdnr. 75; SK-Rudolphi, Vor § 1 Rdnr. 41; Jakobs, 7/12; Kühl, § 4 Rdnr. 27.

라도, 적어도 어떠한 부작용이 발생할 수 있다는 점이 확인되었을 때 비로소 법관은 이를 바탕으로 이 제품에 관련한 행위의 인과관계를 주관적으로 판단하여 결정할 수 있다.[12]

2) 합법칙적 조건설의 적용

(1) 이중적 인과관계와 중첩인과관계

합법칙적 조건설은 조건설과 마찬가지로 이중적 인과관계와 중첩인과관계에서 인과성을 인정한다. 다만 중첩인과관계에서는 인과관계는 인정되나 결과에 대한 객관적 귀속의 문제는 남는다. 객관적 귀속이론에 의하면 이 경우 각각의 행위자에게 미수가 인정된다.

(2) 가설적 인과관계

가설적 인과관계에서 현실적 결과에로 연결되지 않은 가설적 유보원인은 사실적 인과관계를 배제하지 않는다.

(3) 단절인과관계

하나의 행위를 통해 인과경과가 시작되었으나 나중에 개입한 행위로 그 경과가 단절된 경우 앞선 행위의 인과성은 부정된다. 다만 앞선 행위가 나중의 행위 혹은 그 행위로 인한 결과발생에 어떠한 영향이라도 주었다면 앞선 행위에도 합법칙적 관련성은 인정될 수 있다.

(4) 비유형적 인과관계

비유형적 인과과정에서도 인과관계는 인정된다. 사건경과의 비유형성은 시간적으로 앞선 행위와 뒤따르는 결과 사이의 합법칙적 관련성이 인정된다는 점에 영향을 주지 않는다.[13]

(5) 부작위범의 인과관계

부작위범의 경우에도 인과관계는 인정된다. 인과관계개념은 부작위범의 경우 특정 능동적 작위가 불가능했기 때문에 결과의 발생을 방지하지 못해서 나타난 결과를 부작위자에게 귀속시키지 않는다는 정도의 기능에 그쳐야 한다. 바꾸어 말하면 결과를 방지할 수 있는 가능성이 있었음에도 불구하고 행위로 나아가지 않은 경우

---

12) Roxin, AT I, § 11 Rdnr. 14 f.
13) Kühl, § 4 Rdnr. 30.

무위(無爲)와 결과 사이에 합법칙적 연관성은 인정되어야 한다고 할 것이다.

(6) 구조적(救助的) 인과관계

구조적 인과관계란 법익침해를 방지하고자 하는, 혹은 방지할 수 있는 인과관계를 말한다. 이러한 인과과정에 개입하여 이를 차단함으로써 결과를 발생하게 했다면 그 차단행위와 결과발생 사이에 인과관계는 인정된다. 예컨대 물에 빠진 사람을 보고 수영을 잘하는 갑이 구조하기 위해 뛰어들려고 하는 순간 을이 갑의 행위를 방해하여 구조를 못하게 한 경우, 을에게는 결과에 대한 인과관계의 인정을 넘어서 고의에 의한 살인기수의 죄책이 인정되어야 한다. 만일 을의 방해행위가 없었더라면 갑은 충분히 희생자를 구조했을 것이기 때문이다.

그러나 이 같은 상황에서 이러한 결론에 이르는 데에는 한 가지 문제가 있다. 바로 인과관계의 확정판단을 위한 자료는 기왕에 구체적으로 발생된 결과에 한정된다는 전제이다. 이러한 전제에도 불구하고 을을 처벌하기 위해 그의 행위가 아니었으면 희생자는 죽지 않았을 것이라고 하는 가설을 근거로 하여 인과관계를 인정한다는 것은 지금까지 인정되어 온 조건설의 원칙에 어긋나는 것으로 보인다.

여기에서 보듯 구조적 인과관계에 있어서는 인과관계 확정을 위해 현실화되지 않은 상황에 대한 보충적 추정이 개입되어서는 안 된다는 원칙에 하나의 예외가 인정되어야 한다. 말하자면 특정한 조건이 없었다고 가정하더라도 다른 조건에 의해 동일한 법익침해 '결과가 발생했을 것'이라는 가설은 금지되는 반면, 합법칙적 관점에서 볼 때 그 행위가 없었더라면 법익침해의 '결과를 회피할 수 있었을 것'이라는 상황의 보충적 추정은 허용된다고 해야 한다.[14]

3) 이론적 한계

합법칙적 조건설도 조건설의 기초에서 출발하는 것이어서 양자 간에 본질적 차이가 없다. 따라서 조건설에 주어지는 비판이 여기에도 동일하게 적용된다. 가장 중요한 것은 행위의 일정한 요소가 구체적 결과발생에 효력이 있었는지에 대해 자연과학적 방법으로도 답을 얻지 못하는 사례에 있어서는 역시 조건설과 마찬가지로 인과관계의 판단에 유용한 도구가 되지 못한다는 것이다.[15]

---

14) Vgl. Roxin, AT I, § 11 Rdnr. 30.
15) 김일수/서보학, 107면.

3. 상당인과관계설(Adäquanztheorie)

1) 개요

조건설을 결과적 가중범에 적용했을 때 나타나는 단점을 해결하기 위해 생리학 의사였던 Johannes von Kries는 자신의 인과관계에 대한 구상을 형법에 도입했다. 그는 결과적 가중범의 중한 처벌의 근거가 기본구성요건에 중한 결과의 위험이 결부되어 있다는 데 있다는 점을 전제로 한다면, 행위자의 기본구성요건 행위가 전형적인 방법으로 그 중한 결과에 연결되었을 때에만 가중적 처벌이 합당하다고 했다.[16]

이러한 기초로 형성된 상당인과관계설에 따르면 결과발생을 위해 상당한 조건만이 결과에 대한 원인이 되며, 상당한 조건이란 결과의 발생을 위해 전형적으로 적합한 조건을 의미하는 것이다. 이 이론은 인과관계 인정을 위해 행위를 통한 결과의 발생이 개연성의 정도에 이를 것을 요구한다. 따라서 결과발생이 변칙적이고 비유형적 인과과정, 즉 일상의 생활경험에 비추어 볼 때 예견되기 어려운 경로를 거쳐 이루어졌다면 인과관계는 부정된다.

개연성 없는 인과관계의 무한정한 확장을 제한할 수 있다는 이유로 독일 민법[17]은 이를 일반적으로 인정하고 있으며, 우리나라에서는 형사판례도 이를 따르고 있다.[18] 종래에는 다수설이었으나 현재는 지지자가[19] 많이 줄었다.

2) 상당성의 판단기준

상당인과관계설은 결과발생을 위해 상당한 조건에만 인과성이 인정된다고 하는데, 그 상당성의 판단척도 혹은 그 기준을 정하는 문제가 간단하지 않다. 이를 사전적(事前的)으로 평가해야 할지 혹은 당해 인과과정 후의 추가적 경험까지 포함해

---

16) Jescheck/Weigend, § 28 III 2.
17) RGZ 42, 291; 69, 57; BGHZ 3, 261; 7, 198. 반면 독일의 형사판례에서는 이 이론을 취한 사례는 존재하지 않는다.
18) 대판 1956.7.13, 4289형상129; 대판 1989.10.13, 89도556; 대판 1991.2.12, 90도2547; 대판 1995.5.12, 95도425; 대판 2001.6.1, 99도5086; 대판 2017.3.15, 2016도17442. 상당인과관계가 부정된 판례로 대판 1993.1.15, 92도2579; 대판 1998.9.22, 98도1854.
19) 남흥우, 101면; 이건호, 67면.

서 사후적으로 평가해야 할지, 또는 범인이 가지고 있던 인과관계에 대한 주관적 인식을 기준으로 평가해야 할지 혹은 범인의 인식보다는 크거나 작을 수 있는 제3의 객관적 관찰자의 경험지식의 관점에서 평가해야 할 것인가에 대해서 다양한 견해가 있었으나[20] 상당인과관계설의 범위 내에서 현재의 지배적 견해는 객관적 사후 예측방법(objektiv nachträgliche Prognose)을 취한다.

이에 따르면 법관은 행위 당시의 시점을 기준으로 판단하게 된다. 즉 행위 시점 그리고 행위 장소에서 객관적으로 알려져 있거나 알 수 있었던 모든 상황이 판단 기준이 된다. 결과발생의 방지를 위해서 행위자에게 객관적으로 요구된 행동이 무엇이었는가 하는 객관적 귀속을 위한 질문은 행위자의 지식에만 의존해서 답할 수 없으므로, 통찰력 있는 제3자가 가질 수 있는 모든 경험지식으로 행위자의 인과지식을 보충해야 한다는 것이다.[21] 이에 대해 이것은 객관과 주관의 불분명한 혼합방식일 뿐 아니라, 얼마나 개연성이 높아야 하는지에 대해서도 스스로 답을 주지 못한다는 비판이 주어진다.[22]

3) 비판 및 결론

상당인과관계설이 조건설의 한정 없는 인과범위의 확장에 제한을 가하려 한 의도는 이해할 수 있으나 여러 가지 이론적, 현실적 한계에 부딪힌다. 이에 대한 비판은 다음과 같이 정리할 수 있다.

① 인과관계라는 자연과학적 범주를 정하는 데 상당성이라는 규범적 기준을 사용한다는 점에 문제가 있다.[23]

② 상당성 혹은 일반적 경험법칙의 개념설정이 확실치 않으며 나아가 상당성의 판단척도로도 다양한 가능성이 제시될 수 있다.

---

20) 우리나라에서는 대체로 ① 주관설, ② 객관설(범행 이전의 제3자의 인식능력에 따라 결과야기에 상당하다고 간주했을 조건을 기준으로 하므로 여기에서는 행위자의 특수한 지식은 고려되지 않는다), ③ 절충설로 나누고 객관적 사후예측방법을 객관설로 분류하는 경향이 있으나 이러한 분류방식은 근거가 명확하지 않다. 객관적 사후예측 방식에는 행위자의 주관적 지식과 평가하는 통찰력 있는 제3자의 객관적 지식이 모두 고려되므로 오히려 절충설로 이름 붙이는 것이 바람직하다.
21) Jescheck/Weigend, § 28 III 2; BGHZ 3, 261, 266 f.
22) Jakobs, 7/32.
23) Haft, S. 62.

③ 인과관계와 결과귀속(Haftung)의 문제를 혼동하는 학설이라는 비판이 있다. 귀속의 중요성을 부정해야 하는 곳에서 인과관계를 부정함으로써 두 개념을 혼동하고 있다는 것이다.[24] 예를 들어 의사인 갑이 보관하는 독약을 을이 훔쳐내 병을 독살하는 데 사용했다면 갑에게는 결과귀속을 부정함으로써 불가벌에 이르러야 하는데 상당인과관계설은 이미 인과관계를 부정한다. 따라서 이 이론은 더 이상 인과관계론이 아닌 귀속이론이라 할 수 있다.

④ 상당인과관계설을 적용할 때 조건설과 달리 하나의 조건이 특정한 결과발생에 일반적으로 적합한지에 대해서 명백한 판단을 내리기 어려운 한계사례는 무수히 많다. 따라서 법적 안정성을 하나의 큰 덕목으로 추구하는 형법에서는 실용화되기 어렵다.

이 이론은 오늘날 형법에서는 산발적으로만 주장되는데[25] 그것은 조건설의 무한한 소급범위에 맞서서 상당설이 취하는 인과관계의 제한은 형법에서는 더 이상 소용이 없기 때문이다. 이미 언급한 바와 같이 조건설이 인과관계를 넓게 인정하더라도 결국 가벌성이 부정되어야 할 사례라면 범죄체계의 다른 부분에서 다양한 방법으로 교정이 이루어질 수 있는 것이다.[26] 조건설과는 달리 상당인과관계설이 인과관계를 부정하게 되는 사례에서는, 고의범인 경우는 고의의 범위에서 혹은 과실범인 경우라면 주의의무위반의 범위에서 교정이 이루어진다. 상당인과관계설은 법적·규범적 평가를 내용으로 담고 있는 것이어서 형법의 범위에서 적합한 인과관계론은 조건설이라 할 수 있다.

4. 중요설(Relevanztheorie)

Mezger의 구상에 의한 중요설은 상당인과관계설에 주어지는 비판을 염두에 두고, 결과발생의 원인과 결과의 형법적 책임귀속(Haftung)을 명확히 구분하는 2단계

24) 허일태(역), 110면; Baumann/Weber/Mitsch, § 14 Rdnr. 61; Roxin, AT I, § 11 Rdnr. 33. 이 비판에 대한 비판으로 배종대, [51] 29.
25) 오영근, 113면; Jescheck/Weigend, § 28 III 2; 지금은 제한적이지만 Maurach/Zipf, AT I, § 18 Rdnr. 30; v. Hippel, Bd. II, S. 144 ff; Stratenwerth, Rdnr. 223; Bockelmann/Volk, § 13 A V 4a; Welzel, § 9 III 2(과실범 영역에서 상당설을 취한다).
26) SK-Rudolphi, Vor § 1 Rdnr. 52 ff.

검토방식을 취한다.[27] 우선 조건설에 따른 첫 번째 검토단계에서 인과성이 인정되면, 이어서 행위의 인과성이 구성요건해당성을 인정하기에 충분한가를 묻는다. 즉 인과성 판단에 이은 독립적인 귀속의 문제가 검토되는 것이다.[28] 두 번째 단계의 검토방식은 상당인과관계설과 유사하나, 중요설은 결과발생의 개연성만을 척도로 삼는 것이 아니라 사건경과의 형법적 의미에서의 중요성과 개별적 범죄구성요건의 보호목적에 따른 특수성을 함께 중시한다는 점에서 차이가 있다.

중요설은 인과성 판단에서는 자연과학적 인과론을 따르지만 자연과학적 의미에서의 모든 인과관계에 법적 중요성을 함께 부여하지는 않는다. 이 이론은 비유형적 사건의 진행에서 인과관계는 인정하지만 법적으로 중요한 것은 아니라고 보는 것이다. 문제는 비유형적 사건진행과 그렇지 않은 것을 어떻게 구분할 것인가 하는 것이다. 결론에 있어서는 상당인과관계설의 경우와 유사한 구분의 어려움이 남는다. 이에 대해 중요설은 개별적 범죄구성요건의 보호목적에 따른 특수성 등을 고려하여 유형적인 것과 비유형적인 것을 구분한다.

Mezger 스스로는 자신의 이론을 객관적 귀속이론으로 연결하지 못했으나 중요설은 결국 추후에 객관적 귀속이론의 이론적 기초가 되었다. 독일연방대법원은 술에 취한 자전거 운전자를 법정 간격보다 좁은 간격으로 추월하다가 치어 사망에 이르게 한 화물차 운전자의 행위에 대해, 적정간격을 확보하고 추월했더라도 동일한 사고가 났으리라는 확신이 있을 때 좁은 간격으로 추월한 것이 구성요건상 중요성이 있었느냐에 따라 판단해야 할 것이라고 보았다. "행위자가 제공한 조건이 법적 평가기준에 의할 때 결과를 위해 중요성이 있는 것이었는지가 문제된다. 이를 위해 다시금 법규범을 준수했을 때 결과가 어떠했을 것인가를 물어야 한다. 법규범을 준수했더라도 결과는 동일했을 것이라면 행위자가 제공한 조건은 결과발생과 관련하여 형법적으로 중요한 의미는 없다고 할 것이다."[29]

---

27) Haft, S. 62.
28) Blei, § 28 IV.
29) BGHSt 11, 7.

5. 원인설

다수의 조건의 범위에서 결과발생에 유력하게 작용한 원인을 찾아내고자 하는 이론이다. 즉 조건을 개별화하여 조건과 원인을 구분하고자 하는 것이다. 이 이론은 내부적으로 다시금 여러 개의 하위 이론으로 세분되는데 그 중 Binding은 적극적 조건과 소극적 조건이 동시에 존재할 때 적극적 조건이 우월하다고 하며(우월적 원인설 : Übergewichtstheorie), Kohler는 결과를 만들어 내는 동력이 강한 조건이 원인이 된다고 한다(동적 원인설). 그 밖에도 Ortmann의 최후 원인설, Birkmeyer의 최유력 원인설, Nagler의 결정적 원인설 등 다양한 견해가 제시되나 이 이론의 가장 큰 문제는 개별적 사례의 종류와 상황에 따라서 가장 눈에 드러나지 않는 조건들도 결과발생에 얼마든지 중대하고 본질적인 영향을 줄 수도 있는 것이기 때문에 그 하위 이론들의 일반적 명제나 제목은 현실적으로 아무 의미가 없다는 점이다.

6. 목적설

인과관계 판단의 목적은 미수와 기수를 구별하여 미수의 경우 책임감경을 인정하고자 하는 데 있음을 전제로 하여, 행위가 결과에 대해 필연적인 기수의 경우와는 달리 행위가 결과에 대해 우연적인 미수의 경우에는 책임감경이 이루어져야 한다는 견해이다. 객관적 구성요건의 범위에 책임을 끌어들이고 객관의 범위에 한정되어야 할 인과관계의 판단에 행위자의 내면세계를 끌어들인다는 점에서 현재 보편적으로 인정되는 범죄체계와는 거리가 있는 이론이다.

IV. 객관적 귀속이론

1. 서론

인과관계의 검토는 가벌성 심사의 초기단계에 해당한다. 가벌성이 최종적으로 확정되기까지는 아직도 거쳐야 할 수많은 심사단계가 놓여 있다. 가벌성이 부정되어야 할 행위가 비교적 넓은 범위에서 인과관계가 인정되더라도 불가벌의 판정을 받게 될 기회는 앞으로도 충분히 있다. 빠르면 이미 객관적 구성요건의 단계에서 교정이 이루어질 수 있다. 비유형적 인과관계의 사례 혹은 결과발생과는 비교적 거리가 먼 조건으로 인과관계가 인정된 사례는 가능한 한 빠른 단계에서 가벌성 심사에서 제외시킬 필요가 있다. 형법적·규범적 가치내용과는 아직 거리가 있는 존재론적 인과관계의 확정만으로 이미 객관적 구성요건이 충족되었다고 하기에는 이르므로 객관적 구성요건의 범위에서 객관적 귀속의 평가가 이루어져야 한다. 이러한 보장이 있기 때문에 형법에서는 조건설 혹은 합법칙적 조건설을 적용할 수 있다.

2. 본질과 내용

객관적 귀속이론이란, 하나의 결과는 행위자의 위험한 행위에 의해 창출된 작품으로서 그에게 귀속시킬 수 있을 때 비로소 객관적 구성요건이 충족되었다고 인정할 수 있다는 것을 전제로 하고 귀속가능성의 판단기준을 구체화하고자 하는 이론이다. 객관적 귀속이론은 기존의 인과관계론을 대체하는 것이 아니라 인과관계론의 부족한 점을 보완하고자 하는 의미를 갖는다. 인과관계를 일단 검토하여 그것이 인정된 후에 객관적 귀속 가능성의 규범적 검토를 거쳐 구성요건적 결과의 객관적 구성요건해당성을 최종적으로 판단하는 기능으로 이해해야 한다.

행위가 보호법익에 대한 법으로 금지된 위험을 발생(위험창출) 또는 증대시켰고 바로 이 위험이 구성요건적 결과를 실현했을 때 행위에 의한 결과는 행위주체에의 객관적 귀속이 가능하다.[30]

3. 귀속가능성의 기준(일반적 귀속론)

오늘날의 귀속이론에도 영향을 미치고 있는 중세 보통법시대의 일반적 귀속이론에 의하면 귀속판정은 3단계로 이루어지며 귀속가능성의 기준은 각 평가단계에서 각각 다르게 나타난다.[31]

---

30) Jakobs, 7/35 ff; Kühl, § 4 Rdnr. 43; Sch/Sch/Lenckner/Eisele, Vor §§ 13 ff. Rdnr. 92a; SK-Rudolphi, Vor § 11 Rdnr. 57; Wessels/Beulke, Rdnr. 178 f.
31) 이에 대해 자세한 것은 성낙현, Pufendorf의 귀속이론과 의무론, 영남법학 제49호,

1) 회피가능성, 지배가능성, 예견가능성

(1) 행위 단계

여기서는 행위를 통한 결과의 야기가 인간의 능력으로서 가능한 것이었는지를 묻는다(인간적 가능성 : Menschenmögliche). 하인을 천둥치며 비 오는 날 들판에 내보내 벼락을 맞게 한 경우는 인간의 지배가능성의 범위를 벗어나는 것이므로 인간적 행위에 대한 귀속이 배제된다.

(2) 객관적 불법구성요건 단계

특정 부류의 한 사람으로서의 가능성(Jemandmögliche)이 판단기준이 된다. 어떤 사람이 자신이 속한 사회적 지위에서(예컨대 의사, 자동차 운전자, 법대학생, 주부, 경찰관 혹은 환경보호단체 회원으로서) 가질 수 있는 회피가능성 혹은 예견가능성의 범위 밖에서 결과를 발생시켰다면 불법구성요건적 귀책이 제한된다. 교통사고 현장에서 응급환자에 대한 처치를 서툴게 하여 그의 상태를 악화시킨 경우 그 행위자가 의사인지 아닌지에 따라 귀속 여부는 달라질 수 있다. 일반인과 달리 그 결과를 회피할 수 있거나 회피할 수 있어야 할 것으로 기대되는 의사 또는 약사에 의한 경우라면 결과에 대한 귀속가능성은 인정되어야 한다.

(3) 책임 단계

당사자 가능성(Selbstmögliche)의 기준에 따라 책임귀속 여부가 결정된다. 평균인이 아닌 바로 그 행위자에게 결과에 대한 예견 또는 회피가능성이 없었다면 책임귀속이 제한된다. 일반인에게는 위법성인식을 통해 회피가 가능하더라도 행위자만은 회피할 수 없는 금지착오에 빠진 경우 등이 이에 해당한다.

2) 의무위반에 기인한 결과

의무를 위반하여 구성요건적 결과를 발생시킨 경우 의무에 합당하게 행동했더라도 동일한 결과가 발생되었을 것이라는 추정이 가능하다면 객관적 귀속은 부정된다.

2019.12, 21면 이하 참조.

3) 객관적 귀속의 전제조건[32]

객관적 귀속을 위해서는 다음의 요건이 갖추어져야 한다.

① **인과관계** : 행위자의 작위 또는 부작위가 구성요건적 결과의 원인이거나 적어도 공동원인 중의 하나여야 한다.

② **구성요건에 상당한 위험** : 행위자가 결과에 대한 예견·회피가능성을 가져야 한다. 이는 상당인과관계설에서의 객관적 사후예측방법에 상응하는 것으로 볼 수 있다.

③ **위험의 실현** : 행위자에 의해서 창출된 특정한 위험의 실현이 있어야 한다.

4. 객관적 귀속의 척도

1) 위험창출(일반적 척도)

객관적 구성요건은 허용되지 않은 위험을 통해 구성요건적 결과가 발생되었을 것을 전제로 한다. 따라서 행위자의 행위에 의해서 결과가 발생되었다고 하더라도 행위가 허용되지 않은 위험을 창출했다고 볼 수 없는 다음과 같은 경우에는 객관적 귀속은 이루어지지 않는다.

(1) 위험감소

행위자가 기존의 인과과정에 개입하여 법익침해라는 결과는 가져왔으나 행위를 하지 않았을 때 예상될 수 있었던 침해보다 감소된 침해를 가져온 경우이다. 공사현장에서 갑의 머리로 떨어지는 벽돌을 목격한 동료 을이 갑을 옆으로 밀쳐 어깨만 다치게 한 경우를 예로 들 수 있다. 이러한 경우 갑의 상해결과는 을에게 귀속되지 않는다.

하지만 이러한 유형의 행위가 새로운 독자적 위험을 야기한 경우에는 위험감소의 원칙이 적용되지 않는다. 예컨대 불난 집 옥상에서 생명의 위험이 있는 어린아이를 구하기 위해 아래서 대기하고 있는 구조대에 던졌으나 이를 통해 부상을 입게 된 경우에는 객관적 귀속은 가능하다. 다만 위법성 부분에서 긴급피난에 의한 정당성이 고려될 수 있을 뿐이다.[33]

---

32) Haft, S. 63 f; Wessels/Beulke, Rdnr. 180.

(2) 허용된 위험

보호법익에 대한 위험은 발생시켰다고 하더라도 이것이 허용된 위험의 범위에서 이루어진 것이라면 객관적 귀속은 부정된다. 허용된 위험이란 행위 자체에는 어느 정도의 위험은 결부되어 있으나 이 때문에 금지하기 보다는 더 큰 이익을 위해 허용된 경우를 말한다. 갑이 을에게 사고로 죽기를 바라면서 기차여행을 권했다고 하더라도 통계학적인 사고발생률과 기차의 공적 유용성을 감안한다면 갑의 행위에 담겨있는 위험은 법질서가 금지할만한 정도에 이르지 못한다. 을이 불행하게도 그 기차여행에서 사고로 사망했더라도 그 결과는 갑에게 귀속되지 않는다.

일반적으로 도로교통에 있어서도 교통규칙을 준수하는 다른 운전자의 피해자가 될 수 있는 위험부담은 누구에게나 계산되어야 한다. 따라서 이러한 위험이 실현되었을 경우에는 이 위험실현에 함께 관여한 누구에게도 그 결과에 대한 귀속은 이루어지지 않는다.[34]

사회상당하고 경미한 위험도 허용된 위험의 범위에 포함되는 것으로 볼 수 있다.[35] 따라서 등산이나 산책을 권고하거나 함께 운동할 것을 제의한 결과 상대방이 다치게 되었더라도 결과의 귀속은 부정된다. 화물차 운전자가 차 뒤에 매달려 노는 어린이를 인식 못한 채 후진하다가 어린이를 다치게 한 경우에도 허용된 위험의 범위에서 주의의무위반이 없으므로 불행한 사건은 있을지라도 불법의 상해는 존재하지 않는다. 이 결과는 객관적으로 회피불가능했던 것이다.

2) 법적으로 중요한 위험의 실현(개별적 · 구체적 척도)

구성요건적 결과는 법적으로 중요한 (상당한) 위험의 실현인 경우에 한해서 객관적 귀속이 가능하다. 이 요건이 결여되는 경우는 미수의 검토가능성만 남는다.

(1) 위험의 상당한 실현

해당 구성요건을 충족시키기에 상당한 위험을 창출해야 하며, 만일 그보다 낮은 위험을 발생시켰는데 우연한 인과과정을 통해 결과가 나타났다면 객관적 귀속은 제한된다.

---

33) Jakobs, 13/30; Kühl, § 4 Rdnr. 55; Jescheck/Weigend, § 28 IV 2; Otto, § 8 Rdnr. 183; Wessels/Beulke, Rdnr. 195.
34) Kühl, § 4 Rdnr. 48.
35) 임웅, 149면.

가령 타인에게 치명상이라고는 할 수 없는 부상을 입혔는데 그 피해자가 다른 사람의 부주의에 의한 교통사고로 사망했다면 사망결과의 객관적 귀속은 부정된다. 그러나 이 피해자를 출혈이 심한 상태로 현장에 방치하여 사망에 이르게 했다면 이때의 결과에 대한 객관적 귀속은 가능하여 최소한 상해치사의 책임은 물을 수 있다.

이 피해자가 병원으로 무사히 이송은 되었으나 의사의 수술과정에서의 과실이나 수술도구의 소독을 소홀히 한 결과 사망에 이르게 된 경우에도 선행위자(先行爲者)에게 결과의 귀속은 인정된다. 의사의 인간으로서의 과실은 언제라도 계산에 넣을 수 있는 것으로 판단할 수 있기 때문이다. 반면 의사의 중대한 과실에 의해 사망결과가 발생된 경우라면 그 결과는 선행위자에게 귀속되지 않는다.

살해의 의도로 상대방의 목을 조른(제1행위) 후 죽은 줄 알고 강물에 던져(제2행위) 익사케(결과) 했을 때 결과의 객관적 귀속은 부분적으로만 인정된다. 결과가 제1의 미수행위에 의해 창출된 상당한 위험에 기인한 결과실현이라고 평가될 때에 한해서만 객관적 귀속이 인정되는 것이다.[36)]

상대방에게 경미한 부상을 입혔을 뿐인데 피해자가 이미 앓고 있던 지병 혹은 특이체질이 원인이 되어 사망한 경우 객관적 귀속은 부정된다.[37)] 행위자의 행위는 여기서 법적으로 중요한 위험을 실현시킨 것이 아니기 때문이다. 이러한 비유형적 인과관계 사례에서의 가벌성 판단에 대한 교정은 책임단계로 미룰 것이 아니라 객관적 구성요건에서 이루어져야 한다.[38)]

(2) 법적으로 허용되지 않은 위험실현의 원칙

결과가 법적으로 허용되지 않은 행위에 기인한 경우에만 행위자에게 귀속된다.

---

36) 이에 대해 자세한 것은 아래 제16절 II. 7. 4); 제17절 III. 3. 참조.

37) 대판 1982.1.12, 81도1811 : 피고인의 욕설과 폭행으로 충격을 받은 나머지 위와 같은 상해를 입게 된 것이라 하더라도 일반 경험칙상 위와 같이 욕설을 하고 피해자의 어깨를 잡고 조금 걸어가다가 놓아준 데 불과한 정도의 폭행으로 인하여 피해자가 위와 같은 상해를 입을 것이라고 예견할 수는 없다고 할 것이고, 피해자가 평소 위와 같이 고혈압증세로 뇌출혈에 이르기 쉬운 체질이어서 위에서 본 바와 같은 정도의 욕설과 폭행으로 그와 같은 상해의 결과가 발생한 것임을 피고인이 이 사건 당시 실제로 예견하였거나 또는 예견할 수 있었다고 볼 만한 자료는 없으니 피고인에게 상해의 결과에 대한 책임을 물어 폭행치상죄로 처벌할 수는 없다고 할 것이다.

38) 허일태(역), 112면.

행위자가 법규범을 준수했더라도 동일한 법익침해의 결과가 발생했을 것이라는 추정이 가능한 경우에는, 행위자의 행위는 법적으로 탓할 것이 못 된다는 것이다.

예컨대 운전자가 자동차를 시내에서 법정속도를 초과하여 달리다가 사고지점에 도달하여서는 법정속도를 유지하고 있었는데 육교 밑에서 보행자가 갑자기 차도로 뛰어드는 바람에 피하지 못하고 상해를 입힌 경우 결과는 법으로 허용되지 않은 행위에 기인한 것이 아니므로 귀속되지 않는다. 처음부터 법정속도로 달렸으면 사건 발생시각에 차가 그 장소에 도달하지 않았을 것이기 때문에 결과를 회피할 수 있었을 것이라는 조건설의 주장에 따르면, 적어도 인과관계는 인정된다. 그러나 시내에서의 속도제한의 목적은 당해 현장에서 위험회피의 가능성을 높이는 데 있는 것이지 특정 지점에의 도착을 지연시키는 데 있는 것은 아니므로 객관적 귀속은 부정되어야 한다. 또한 사고현장에 도착하기 이전의 규범위반행위를 소급적용해서도 안 된다.[39]

반면에 물에 빠진 사람에게 던져 준 구명대를 훼손하는 행위, 환자 치료를 위해 긴급히 필요한 약을 치우는 행위 등 구조적(救助的) 인과관계를 단절하는 행위에 대해서는 객관적 귀속이 인정되어야 한다. 이 경우는 법적으로 허용되지 않은 위험 실현에 해당되기 때문이다.

🏛 관련판례

① 대판 1991.2.12, 90도2547 : 연탄가스에 중독되어 치료를 받은 환자가 의사에게 자신의 병명을 문의하였지만 아무런 요양방법을 알려주지 않아, 자신들이 일산화탄소에 중독되었던 사실을 모르고 퇴원 즉시 사고가 났던 자기 집 안방에서 다시 취침하다 일산화탄소 중독을 입었다면 이에 대한 설명을 충분히 해 주지 않은 행위에 업무상 과실이 있다고 보아야 할 것이고, 이 과실과 재차의 일산화탄소 중독과의 사이에는 인과관계가 있다. 환자가 원인 사실을 모르고 병명을 문의하는 경우에는 그 병명을 알려주고 피해가 발생한 방의 수선이나 환자에 대한 요양의 방법 기타 건강관리에 필요한 사항을 지도하여 줄 요양방법의 지도의무가 있는데(의료법 제22조 참조), 이를 태만하였다면 의사로서의 업무상 과실이 인정된다.[40]
② 대판 1989.9.12, 89도866 : 피고인이 자동차를 몰고 가다가 판시와 같은 주의의무를 게을리 하여 열차건널목을 그대로 건너는 바람에 그 자동차가 열차좌측 모서리와 충돌하여 20여 미터쯤 열차 진행방향으로 끌려가면서 튕겨나갔고 피해자가 타고 가던 자전거에서 내

---

39) Baumann/Weber/Mitsch, § 14 Rdnr. 91 f.

려 위 자동차 왼쪽에서 열차가 지나가기를 기다리고 있다가 위 충돌사고로 놀라 넘어져 상처를 입은 사실을 적법하게 확정하고 있는바 사실이 이와 같다면 비록 위 자동차와 피해자가 직접 충돌하지는 아니하였다 하더라도 피고인의 위 사실과 피해자가 입은 상처 사이에는 상당한 인과관계가 있다고 할 것이므로 피고인은 그에 대한 업무상 과실치상의 죄책을 면할 수 없다.

위 열차건널목 사건에서 객관적 귀속은 부정되어야 한다는 견해가 있다. 도로교통법상의 일단멈춤의 보호목적은 충돌 자체에서 발생하는 생명, 신체에 대한 위해를 방지하는 데 한정되는 것이지 그 옆에 서 있다가 놀라서 다친 결과까지 포함하는 것은 아니라는 설명이다.[41] 그러나 우선멈춤 규정의 보호목적을 조금 넓게 잡아 행위자 자신의 손상만을 방지하는 것이 아니라 이와 직접 관련되는 제3자의 추상적 위험도 함께 방지한다는 데 있다고 본다면 행위자에게 업무상 과실치상을 인정한 판례의 태도는 합당한 것이라 할 수 있다. 우선멈춤의 규정을 무시할 때에는 위 사례에서와 같은 피해자의 발생은 충분히 예견가능성의 범위에 속한다고 할 수 있기 때문이다.[42]

3) 규범의 보호목적과 자기책임의 원칙

하나의 행위를 통해 법익침해가 이루어졌고 행위와 결과 사이에 인과관계가 인정되더라도 그 법익침해가 규범의 보호목적 범위 밖에 존재하는 경우에는 객관적 귀속이 배제된다. 법질서는 법익의 주체가 그 법익의 보호에 관심이 있을 때에 한해서 그 법익을 보호할 의무를 가지며, 법익주체가 스스로 자신의 법익을 포기하거나 침해위험에 방치하는 경우 이를 침해하는 행위는 규범의 보호목적 범위 밖에 놓이게 된다. 따라서 법익침해 결과에 피해자 자신의 책임이 인정될 때에는 그 결

---

40) 재차 중독의 회피는 의료법 제22조(현 제24조)의 규범목적이 아니라는 이유로 객관적 귀속을 부정하는 견해로 김일수, 한국형법 I, 392면. 이에 대해 이상돈, § 11-109 참조.
41) 김일수, 앞의 책, 393면.
42) 같은 취지의 판례로 대판 1988.11.8, 88도928 : 피고인이 운행하던 자동차로 도로를 횡단하던 피해자를 충격하여 피해자로 하여금 반대차선의 1차선 상에 넘어지게 하여 피해자가 반대차선을 운행하던 자동차에 역과되어 사망하게 하였다면 피고인은 그와 같은 사고를 충분히 예견할 수 있었고 또한 피고인의 과실과 피해자의 사망사이에는 인과관계가 있다고 할 것이므로 피고인은 업무상 과실치사죄의 죄책을 면할 수 없다.

과를 공동으로 야기한 제3자의 행위에 죄책을 물을 수 없다.

이러한 사고에 따른다면 특정 종교를 신봉하는 신자에게 부상을 가했는데 환자가 종교적 신념에 따라 수혈을 거부하여 사망한 경우 행위자에게 결과에 대한 객관적 귀속은 부정된다. 갑과 을이 술에 상당히 취한 상태에서, 갑이 제안한 오토바이 경주에 을이 합의하여 오토바이를 달리다 넘어져 사망한 사례에서 독일판례는 갑에게 과실치사를 인정했으나 자기책임의 원칙을 적용한다면 이는 부당한 결론이다.[43]

또한 갑은 자신의 자동차에 결함이 있어 운전을 하지 않으려고 함에도 불구하고 을이 자신을 태워달라고 강요하여 운전을 하던 중 사고가 발생하여 을이 다친 경우에도 갑에게 결과귀속은 부정된다. 다만 피해자의 위험에 대한 양해가 있었다는 이유만으로 결과에 대한 귀책이 항상 부정된다고는 할 수 있는 것은 아니다. 이에 대해서는 세분화된 판단기준을 제시하는 견해도[44] 있고, 결과귀속의 문제가 아니라는 견해도[45] 있으나, 이러한 사례에서는 피해자의 양해보다는 행위자의 결과유발에 대한 범죄적 기여도가 중심적 판단기준이 되어야 할 것이다.

4) 과실범에서의 의무위반관련성과 객관적 귀속

앞에서 언급한 독일판례의 화물차 추월사건(BGHSt 11, 1)에서 법원은 화물차 운전자인 행위자가 추월을 위한 법정 간격을 준수하지 않은 의무위반은 인정되나, 피해자가 혈중알코올농도 1.96ppm에 이를 정도로 술에 취한 상태였기 때문에 적정 간격을 두고 추월했더라도 같은 결과가 났으리라는 감정에 따라 행위와 결과 사이의 관련성은 부정되어야 한다고 판시했다. 즉 사고의 원인은 법정의무를 위반한 데 있는 것이 아니라 오히려 피해자가 만취한 데 있는 것이라면 행위자가 적법한 행위를 했더라도 동일한 결과가 나타났을 것이므로 결과에 의무위반관련성이 존재하지 않는다는 것이다.

과실범의 경우 결과의 귀속을 위한 판단기준이 되는 것이 의무위반관련성이다. 이와 관련하여 위험증대이론은[46] 행위자의 행위가 허용되지 않은 위험한 행위에

---

43) BGHSt 7, 112.
44) 김일수/서보학, 121면.
45) 이재상/장영민/강동범, § 11 − 51.
46) Roxin, ZStW 74 (1962), 411 ff; Roxin, AT I, § 11 Rdnr. 72 ff.

해당되고 그로써 위험은 증대되었다고 할 것이므로 그에게 결과의 객관적 귀속은 가능하다고 한다. 그러나 위험증대이론은 많은 지지를 얻고 있음에도 불구하고 다수의 학자들은 "in dubio pro reo"의 원칙에 위배되며 침해범을 위험범화 할 수 있다는 점 등을 이유로 부정한다.[47]

결과적 가중범의 경우에는 기본구성요건에 내재된 전형적 위험이 결과로 나타나 기본범죄와 결과의 직접적 관련성이 인정되는 경우에만 결과귀속이 가능하다. 여기서는 시간적 관련성보다 행위에 결부된 전형적 위험이 결과로 실현되었는지 여부가 중요하다.[48]

5. 비판 및 평가

객관적 귀속이론은 독일에서 거의 완전한 의견의 일치를 이루는 논제 중의 하나로 인정됨에도[49] 불구하고 우리나라에서는 이에 대한 비판적 견해가 존재한다. 객관적 귀속이론은 불확정적 기준 이외에 특별한 내용을 담고 있는 것이 아니고 대륙법계의 생명이라 할 규범성마저 결여되었다는 지적이다.[50] 또 이 이론이 아니더라도 기존의 범죄론으로 충분할 것을 이에 추가하여 객관적 귀속의 척도를 논하는 것은 불필요한 척도의 중첩으로 비효율적일 뿐 아니라 오히려 범죄체계상의 혼란만을 가중시킨다는 견해도 제시된다.[51] 이러한 비판은 내용면에서 절대적으로 타당하다. 하지만 이러한 비판적 시각은 객관적 귀속이론을 과대평가한 데서 비롯된 것으로 보인다.

객관적 귀속이론은 단지 상당인과관계설이 자연과학적 인과관계의 확정과 규범적 평가를 단일화함으로써 야기되는 문제점을 이들의 단일화 대신 명백히 두 단계로 분리함으로써 해결하고자 한 시도로만 이해하면 될 것이다.[52] 객관적 귀속판정은 수많은 가벌성 심사단계의 하나이거나 또는 보조도구일 뿐이며 여기서의 부족함은 다른 단계에서 보완·교정된다. 또 이것이 다른 심사과정에 본질적 영향을 주

---

47) 이재상/장영민/강동범, § 11–49; Jakobs, 7/98 ff; Schlüchter, JuS 1977, 107 f; SK– amson, Anh. zu § 16 Rdnr. 26 ff; Ulsenheimer, JZ 1969, 364 ff.
48) Jescheck/Weigend, § 28 IV 7.
49) Kühl, § 4 Rdnr. 37.
50) 배종대, [52] 19 이하.
51) 임웅, 151면.
52) 신동운, 174면; 임웅, 152면.

는 것도 아니고 가벌성심사에서의 절대적 묘약은 더욱 아니다.

6. 형법 제17조의 해석

형법 제17조는 표제를 "인과관계"로 하고 본문은 "어떤 행위라도 죄의 요소 되는 위험발생에 연결되지 아니한 때에는 그 결과로 인하여 벌하지 아니한다"고 서술하고 있다. 일반인이 읽어서는 그 의미를 헤아리기 어려운 문장에 해당하나, 우선 문장의 후반부인 "그 결과로 인하여 벌하지 아니한다"의 의미는 기수범으로는 처벌되지 않지만 미수범으로의 처벌가능성은 유보되어 있는 것으로 해석하는 것이 당연하다.

행위는 위험발생에 연결되어야 하는데, 이 연결은 자연과학적 관련성으로 해석해야 할 것이다. 바로 조건설 혹은 합법칙적 조건설의 의미에서의 관련성을 말한다. "죄의 요소되는 위험발생"은 이미 규범적 의미를 담는다. 따라서 본조는 상당설 혹은 객관적 귀속이론에서 척도로 제시되는 상당한 위험의 창출, 실현, 규범의 보호목적 등의 모든 요소들을 포괄적으로 내포하는 개념으로 이해해야 한다.

행위와 결과사이의 관련성은 합법칙적 조건설에 따라 확정되어야 하며, 죄의 요소되는 위험의 판단은 객관적 귀속론에 따라야 할 것이다.[53]

제 16 절 주관적 구성요건

I. 서론

주관적 구성요건이란 객관적 구성요건실현에 관련한 행위자의 내면적, 정신적 요소를 말한다. 즉 행위주체, 행위객체, 행위, 결과, 행위와 결과 사이의 인과관계 등 범죄성립을 위해 필요한 모든 행위상황에 대한 인식 또는 이에 추가되는 의사라고 할 수 있다. 객관적 구성요건실현은 주관적 요소에 의해 비로소 구성요건적 행위가 된다. 고의 또는 과실을 일반적인 주관적 불법요소라고 한다면, 목적범에서의 목적이나 경향범에서의 경향은 고의와는 구별되는 특수주관적 불법요소라 할 수 있다.

---

53) 이재상/장영민/강동범, § 11 – 52; 임웅, 135면.

예컨대 목적범의 대표적 예로서 통화위조죄(형법 제207조)의 경우 통화를 위조 또는 변조한다는 인식과 의사로 본 죄의 고의는 완성되나, 본 구성요건으로 처벌되기 위해서는 행위자가 위의 고의를 넘어서 위조행위 시점에 위조된 통화를 진정한 통화인 양 행사하겠다는 목적의식까지 가져야 한다. 고의가 객관적 구성요건 혹은 객관적 행위상황에 대한 인식을 초과하지 않는 것인데 비해, 목적은 그 범위를 넘어서는 것으로서 이러한 목적을 주관적 구성요건요소로서 요구하는 범죄형태를 초과된 내적 경향범(Delikt mit überschießender Innentendenz)이라고 지칭한다.

경향범(傾向犯)이란 법에 의해 요구된 구성요건적 행위가 이를 처벌하고자 하는 법조항의 입법취지에 상응하는 행위자의 주관적 경향에 의한 것이어야 범죄가 성립되는 유형을 말한다. 공연음란죄(형법 제245조)나 준강제추행죄(형법 제299조)의 경우 객관적 행위와 이에 대한 인식만으로 범죄가 성립되는 것이 아니라 성적 수치심을 유발함과 동시에 내면적 성적 만족을 위한 것이라는 특별한 행위경향이 결부될 때 비로소 범죄가 성립된다.

그 밖에 표현범(表現犯)에서도 고의와는 구별되는 특수 주관적 불법요소가 요구된다. 표현범이란 행위자의 특정한 내심적 상태의 표현으로서 행위가 행하여졌을 때 범죄로 되는 경우를 이르는 것으로서,[1] 예컨대 위증죄(형법 제152조)는 선서한 증인이 단지 객관적으로 진실에 부합하지 않는 허위의 진술을 한 것만으로 범죄성립에 부족하며, 자신의 기억에 반하는 진술을 하겠다는 내면세계의 표현이 요구되는 것이다. 따라서 의도적으로 기억에 반하는 진술을 한 경우에는 진술내용이 우연히 사실에 일치하더라도 위증죄가 성립한다.[2]

II. 고의(Vorsatz, dolus)

1. 의의

주관적 구성요건의 본질과 핵심은 일반적으로 고의로 이루어지는 것으로 이해할 수 있다.[3] 고의는 고의범에서의 불가결의 심리적 기본요소이다. 형벌의 원칙적 대

---

1) 신동운, 185면.
2) 통설과 판례의 입장이다. 신동운, 185면; 대판 1989.1.17, 88도580.

상이 되는 것은 고의범이고 과실범은 예외적으로만 처벌된다. 형법 제13조나 독일 형법 제15조는4) 이러한 내용을 명백히 밝히고 있다. 과실범은 처벌이 된다고 하더라도 그 형량은 고의범에 비해 비교가 되지 않을 정도로 현격히 가볍다. 고의가 불법의 형성에 있어서 특수한 의미를 갖고 있기 때문이다.

고의의 이러한 형법적 의미는 로마법에서 유래된다. 중세 이탈리아의 법률가들이 로마법의 "dolus"라는 개념을 가져와 모든 중한 범죄의 전제로 삼았다. Carolina 형법전과 독일 형법이론이 이러한 정신을 이어받았고 현재 전체 대륙형법체계의 공통의 법적 개념이 되었다.5)

2. 고의의 체계적 지위

1) 책임요소설

모든 객관적인 것을 구성요건 및 위법성에 분류하던 고전적 범죄체계에서는 행위자의 주관적 · 정신적 요소에 해당하는 고의는 당연히 책임영역에 분류되었다. 이러한 범죄체계에서 고의는 책임요소나 책임형식 또는 책임조건의 의미로 이해되었다.

2) 구성요건요소설

신고전적 범죄체계에서는 "주관적" 구성요건표지의 발견으로 객관은 불법, 주관은 책임이라는 구도가 해체되기 시작했으며, 아직 규범과는 무관한 순 행위상황에만 관련된 주관적 표지는 구성요건적 불법을 규정하는 데 불가결한 것이기 때문에 책임의 부분으로 돌릴 수 없는 것으로 이해되기에 이르렀다.

목적성을 고의와 동일시하는 목적적 범죄체계에서도 고의는 책임이 아닌 구성요건에 배속된다. 즉 행위상황에 대한 인식과 위법성에 대한 인식을 분리하여 전자를 구성요건으로 돌리게 됨에 따라 독자적 책임요소에는 위법성인식만이 남게 되었다.

---

3) 물론 개별구성요건의 형태에 따라 고의 이외에 몇몇 특수 주관적 구성요건요소가 존재한다. 이들은 기본구성요건을 성립시키는 기능을 하거나 또는 구성요건의 가중 또는 감경에만 관여할 수도 있다.

4) § 15 StGB : 과실범에 대해 법률이 처벌을 명시하지 않는 한 고의의 행위만이 처벌의 대상이 된다.

5) Jescheck/Weigend, § 29 II 1.

3) 이중지위설

불법을 행위반가치, 책임을 행위자에 대한 심정반가치 판정으로 구분하는[6] 신고 전적－목적적 합일체계에서는 고의는 불법을 근거짓는 기능을 할 뿐 아니라 동시에 책임형식으로서 이에 상응하는 불법요소와 부합하는 이중적 기능을 하는 것으로 이해한다[7]

고의범과 과실범을 비교한다면 결과반가치는 동일하며 오직 행위반가치만이 서로 다를 뿐인데, 이 행위반가치의 차이만으로는 양자 간의 그토록 큰 형량의 차이를 설명하지 못하며, 오히려 불법에 상응하는 책임내용의 차이가 양자 간의 형량의 격차를 메울 수 있다는 것이다. 따라서 고의와 과실은 서로 다른 행위형태일 뿐 아니라 동시에 서로 다른 책임형태로서의 의미를 갖는 것으로 이해해야 한다는 것이 이중지위설의 설명이다.

고의에는 행위상황에 대한 인식을 통한 위험인식이 있었음에도 불구하고 행위를 결심한다는 구성요건고의와 자신의 행위가 법으로 금지되었다는 사실을 인식했음에도 행위를 결정했다는 책임고의의 이중적 성격이 존재하는 것이다. 여기서 전자가 행위반가치의 판단대상이 된다면, 후자는 법적대적(法敵對的) 의사형성을 내용으로 하는 것으로서 심정반가치의 판단대상이 된다.

불법 및 책임 모두가 고의범인 경우 혹은 모두가 과실범인 경우의 법정형은 존재하나 불법은 고의범이면서 책임만 과실범인 경우의 법정형은 존재하지 않는 마당에, 이중지위설은 이러한 사례(허용구성요건착오의 경우)에서 과실범을 인정하고자 한다면 그것은 결론에서 타당하지 않다는 비판이 가능하나[8] 고의의 이중지위의 구도는 그 자체로서 설득력이 있는 것이라 판단된다.

3. 고의의 구성요소

일반적 견해는 고의는 죄의 성립요소인 사실에 대한 인식이라는 지적(知的) 요소

---

6) Roxin, AT I, § 7 Rdnr. 22.
7) 김일수/서보학, 126면 이하; 이재상/장영민/강동범, § 12 – 4; 임웅, 157면.
8) 손동권/김재윤, [§ 9] 8.

와 구성요건실현의 의사 혹은 의도라는 의적(意的) 요소의 결합으로 이루어지는 것
으로 본다. 형법 제13조가 '죄의 성립요소인 사실을 인식하지 못한 행위는 벌하지
아니한다'라고 규정하여 외형상 의적인 요소는 요구하지 않는 것으로 보일지라도
통설은 의적인 요소는 당연히 포함되는 것으로 해석한다.

4. 고의의 본질에 대한 일반론

고의란 일반적으로 말해 범죄구성요건실현에 지향된 행위의사로서 인과적 행위
론에서의 단순한 유의성보다는 좁으며 해악적 의사보다는 넓은 개념이다. 고의의
본질이 무엇인가에 대해서는 인식설과 의사설이 대립된다.

1) 인식설

고의의 본질은 지적 요소라는 견해이다. 즉 행위상황과 결과발생가능성에 대한
인식이 있음으로써 고의가 성립되므로 의적인 요소는 불필요하다는 것이다.9) 이
견해에 충실하면 인식 있는 과실의 사례는 이미 고의범으로 처벌 되며 인식 있는
과실이라는 개념 자체가 성립하지 않는다.

2) 의사설

구성요건실현의 의지가 고의의 본질이라는 견해이다. 의지적 행위는 결과발생가
능성에 대한 인식을 전제로 하는 것이므로 의사설은 이미 지적 요소와 의적 요소를
모두 요구하는 이론이라 할 수 있다. 다만 고의의 본질을 의사라고 강조함으로써 결
과에 대한 의도가 없거나 그 정도가 약한 미필적 고의를 설명하기 어려워진다.

의사는 인식을 전제로 하는 것이며, 회피되어야 할 결과발생을 예견했음에도 행
위로 나아갔다는 것은 결과에 대한 의지가 있었음을 의미한다. 따라서 이 두 가지
요소는 상호 종속적이라 할 수 있다.

---

9) Frisch, Vorsatz und Risiko, S. 255 ff; Herzberg, JZ 1988, 573; Schmidhäuser, AT,
S. 178 f(의적 요소만이 고의에 해당되며 지적 요소는 책임에 귀속된다는 견해); NK-
Puppe, § 15 Rdnr. 26 ff. 이에 대한 반대견해는 Brammsen, JZ 1989, 71; Küper,
GA 1987, 479, 508; Wessels/Beulke, Rdnr. 205.

3) 구체적 의미

(1) 지적 요소(인식)

고의는 모든 객관적 구성요건요소에 대한 현실적 파악이나 감지를 전제로 한다. 이것이 고의의 지적 요소이다. 사람, 동물, 자동차, 건조물 등과 같이 평균인이라면 감각기관을 통한 사실확인에 의해 그 자연적 의미인식이 가능한 기술적(記述的) 구성요건표지에 대해서는 단순한 사실인식으로 고의의 지적 요소는 충족된다. 이와 달리 문서, 재물의 타인성, 공공의 위험과 같은 규범적 구성요건표지에 대해서는 행위자가 이에 대한 완전한 의미인식을 가지고 있어야 고의가 성립한다. 다만 여기에서 법률전문가적 지식수준을 요구할 수는 없다. 따라서 평균인으로서의 행위자가 구체적 행위상황에서 자신의 행위가 입법자에 의해 규범으로써 금지된 사안에 해당한다는 정도의 인식, 바로 비전문가로서 일반인과 평행한 수준의 가치판단을 한 것으로 충분하다고 해야 한다.[10] 그렇지 않으면 상당히 넓은 영역에서 법률전문가만이 고의의 지적 요소를 충족시킬 수 있기 때문이다.

예컨대 말의 신경을 건드려 주행능력을 떨어뜨린 행위는 재물손괴에 해당한다. 여기에서 말을 재물로 인식하지 못했다는 행위자의 변명은 의미가 없다.[11] 행위자가 적어도 평균인 정도의 판단능력을 지녔다면 자신의 행위가 법에 저촉될 것이라는 (혹은 금지규범과 전혀 무관하지 않다는) 짐작이 가능할 것이며, 이러한 정도의 인식으로 해당 구성요건표지에 대한 고의의 지적 요소는 충족된다.

(2) 의지적 요소

고의의 의적 요소란 구성요건실현상태에 대한 단순한 소망이나 바람이 아닌 구성요건실현을 위한 결정과 욕구를 말한다. 고의에는 지적 요소 외에 의적 요소가 반드시 필요하다고 주장하는 입장에서는 행위자가 결과의 발생가능성을 인식하지만 그 결과를 원하지 않는 경우에는 고의는 부정된다고 한다. 따라서 빌헬름 텔이 아들의 머리 위에 있는 사과를 향해 활을 쏠 때 생명에 대한 위해의 고의는 있었을지라도 살인고의가 있었던 것은 아니라고 한다.[12]

---

10) 김일수/서보학, 127면; Jescheck/Weigend, § 29 II 3 a). 다른 견해로 Kindhäuser, GA 1990, 417; Puppe, GA 1990, 157.
11) RGSt 37, 411.
12) Baumann/Weber/Mitsch, § 20 Rdnr. 12.

일반적 견해에 의하면 의적 요소는 절대적인 것이어야 하며 조건부 의지로는 부족하다. 범인의 결심이 확정적이지 않거나 행위결정 자체를 어떤 가설적 조건에 결부시킬 때, 혹은 철회의 유보를 둔 결정에는 고의의 요소로서의 의사는 아직 존재하지 않는다.[13] 반면에 주관적으로는 행위에 대한 결정은 확실히 이루어졌고, 행위실행 여부만을 객관적 조건에 종속시키는 경우에는 고의가 성립한다.

예를 들어 주머니에서 총을 꺼내는 순간 진정으로 쏠 것인지 혹은 위협만 할 것인지 결정이 안 된 상태는 고의가 부정되지만,[14] 피해자가 나타나면 총으로 쏘겠다고 생각하며 잠복하고 있는 범인이나, 변심한 애인이 마음을 다시 돌리지 않으면 살해하겠다는 마음을 먹은 범인,[15] 주점에서 취객에게 어떤 수를 써서라도 돈을 뜯어낼 결심을 한 범인은 살인 혹은 강도의 고의를[16] 가지고 있는 것이다.[17]

5. 고의의 종류

여러 가지 형태와 종류의 고의를 분류하는 방식으로 첫째, 확정적 고의와 불확정적 고의의 둘로 나누고 전자에는 직접고의를, 후자에는 미필적 고의, 택일적 고의 그리고 개괄적(概括的) 고의를 포함시키는 방식과[18] 둘째, 의적 요소와 지적 요소의 크기에 따라 의도적 고의, 지정고의, 미필적 고의의 3단계와 기타의 고의 종류를 열거하는 방식의[19] 두 가지가 있으나 고의의 종류에 따른 분류는 이론적으로나 실무적으로나 실질적 의미가 있는 것은 아니다.

1) 의도적 고의[20](제1급 직접고의 : dolus directus 1. Grades)

구성요건적 결과의 실현에 대한 강한 의도를 내용으로 하는 고의이다. 목표지향

---

13) Jakobs, 25/29; Jescheck/Weigend, § 29 III 3 e); SK – Rudolphi, § 22 Rdnr. 3 f; Stratenwerth, Rdnr. 143, 264.
14) RGSt 68, 339, 341.
15) BGHSt 21, 14, 18.
16) BGHSt 14, 383.
17) Sch/Sch/Eser, § 22 Rdnr. 18; Baumann/Weber/Mitsch, § 20 Rdnr. 14.
18) 오영근, 119면 이하; 이재상/장영민/강동범, § 12 – 13 이하; 임웅, 169면.
19) 손동권/김재윤, [§ 9] 45; 배종대, [53] 23 이하.
20) 용어에 대한 비판적 견해로 오영근, 119면 각주 3). 임웅, 169면 참조.

적 의사가 매우 높은 정도에 이르러야 하며 결과발생가능성에 대한 지적 요소의 정도 여하는 불문한다. 목표지향적 욕구가 어느 정도 높아야 하는지에 대한 객관적 기준은 없다.

형법 제288조의 추행 등 목적 약취·유인죄, 형법 제87조의 내란죄, 그 밖에 각종 위조죄 등에서 보듯 '~할 목적으로(absichtlich), ~을 위하여'로 규정되어 있는 목적범에서의 목적을 이러한 형태의 고의로 분류하는 견해가 있으나, 엄밀히 말해 여기서의 목적은 고의의 범위를 초과하는 특수 주관적 구성요건요소로서 의도적 고의와 구분되는 개념이다.[21]

2) 지정고의(제2급 직접고의 : dolus directus 2. Grades)

결과발생의 가능성, 일정한 행위사정의 존재에 대한 확실한 인식을 내용으로 하는 고의이다. 결과발생에 대한 내심의 태도는 행위자의 관심의 방향에서 볼 때 매우 긍정적이든 무관심 혹은 감수의 정도이든 불문한다. 여기에서는 구성요건 행위상황에 관한 지적인 요소가 주가 되고 의적인 요소는 부수적 의미만을 갖는다. 경우에 따라서는 의적인 요소도 의도적 고의에 이를 만큼 높아 의도적 고의와 지정고의가 동시에 인정될 수도 있다. 가령 살인목적으로 자동차에 폭탄을 장치했다면 자동차의 파괴에 대해서는 의도적 고의와 지정고의가 모두 인정된다.

형법 제133조 제2항의 뇌물의 지정 수령(知情 受領), 형법 제210조의 위조통화 취득 후 지정 사용(知情 使用) 등에서처럼 '~정을 알면서'로 규정된 구성요건이 이에 해당한다.

3) 미필적 고의(bedingter Vorsatz, dolus eventualis)

미필적(未必的) 고의란 자기 행위로 인한 구성요건적 결과실현의 가능성은 존재하는 것으로 인식했으나 결과에 대한 의욕이나 관심의 정도는 매우 낮은 경우의 고의를 말한다.[22] 우리나라나 독일의 형법은 이에 대한 정의를 내리지 않아[23] 그

---

21) 김성돈, 238면; 손동권, [§ 9] 45 각주 2). 이로써 본서 초판의 견해를 수정한다.

22) 대판 2012.8.30, 2012도7377 : 만 12세 6개월인 중학교 1학년생으로서 또래보다 체격이 큰 피해자가 나이를 묻는 피고인에게 14세라고 말하였고, 피고인이 피해자를 모텔로 데리고 들어갈 때 모텔 관리자로부터 특별한 제지를 받은 바 없었던 사정 등에 비추어 보면, 피고인이 이 사건 강간 범행 당시 피해자가 13세 미만인 사실을 미필적으로라도 인

의미를 확정하여 인식 있는 과실과 구별하는 문제는 학설에 위임되어 있다.

독일에서는 이를 조건부 고의라는 용어로도 사용하는데, 고의는 언제라도 확정적이어야 하며 무조건적 행위의사를 전제로 하는 것이라면 조건부 고의라는 용어는 문제의 소지가 있다. 미필적 고의는 조건부 행위의사와는 혼동되어서 안 되는 개념이다.

6. 미필적 고의와 인식 있는 과실의 구별

하나의 결과에 대해 고의와 과실 중 어느 것이 적용되느냐에 따라 형량에서 현격한 차이가 나므로 미필적 고의와 인식 있는 과실의 구분은 현실적으로 매우 중요한 문제이다. 그러나 서로 매우 유사하며 관념적이고 추상적인 이 두 개념의 구분은 형법에서 가장 어려운 논제 중의 하나이다.

하나의 특정한 행위가 목적으로 하는 본래의 결과 외에 다른 부수적 (구성요건적) 결과를 함께 유발시킬 가능성을 행위자가 인식했을 때, 그 부수적 결과 때문이 아니라 단지 본래의 목적을 위해 의사실행을 감행한 결과 행위자가 예견했던 바의 부수적 결과가 발생되었다면 이에 대해 고의를 인정할 수 있을 것인가, 그리고 인정할 수 있다면 과실에 비해 현저히 중한 고의비난의 근본적 요소는 어디에서 찾을 수 있을 것인가 하는 것이 고의와 과실의 구분에서의 핵심적 문제이다.

1) 의사설

의사설은 미필적 고의와 인식 있는 과실에는 모두 인식요소가 기본적으로 내재되어 있으므로 의도(Absicht)에 유사한 의적 요소의 존재 여부에 따라 미필적 고의와 인식 있는 과실은 구분되어야 한다고 한다. 이 이론에 따르면 행위자의 보호법익에 대한 감정적·심적 태도가 양자의 구분에 결정적 역할을 하게 된다.

고의의 본질에 대해 결과에 대한 추구로서의 의도(Absicht)를 고의의 이상적 형태로 보는 견해와[24] 고의란 인식이기 때문에 결과에 대한 확실한 예견가능성(제2급

식하고 있었음이 합리적 의심의 여지없이 증명되었다고 쉽사리 단정할 수 없다.
23) 예컨대 오스트리아 형법은 미필적 고의를 '결과발생을 진지하게 가능한 것으로 여기고 그것을 감수했을 때'로 정의하고 있다.
24) v. Hippel, S. 308.

직접고의)이 고의의 본질이라는 견해의 대립이 있으나[25] 전통적·보편적 견해는[26] 대체로 고의를 구성요건에 포함되는 객관적 표지에 대한 인식과 의도, 혹은 모든 객관적 상황에 대한 인식이 있는 상태에서의 구성요건실현의 의지, 곧 구성요건실현의 인식과 의도로 표현한다. 이 견해는 인간은 자신의 행위에 따르는 침해결과를 인식은 하더라도 그 예견되는 침해결과가 발생되지 않고 다행스런 결말에 이르게 될 것이라는 신뢰를 한다면, 설혹 그 신뢰에 반해 결과가 발생되었다고 하더라도 그 결과는 원한 것이 아니므로 고의는 배제되어야 한다고 보는 것이다. 따라서 가능성에 대한 인식만으로 미필적 고의를 인정한다면 미필적 고의가 인식 있는 과실의 범위를 크게 침범할 것이고 양자 간의 합당한 구분이 어려워지게 되므로 고의의 의적 요소는 포기할 수 없다고 한다.[27]

이러한 전통적 견해에 따르면, 고의는 의적 요소를 포함하는 것이기 때문에 미필적 고의는 인식 있는 과실로부터 특별한 의적 요소의 존재로 구분된다. 의사설은 이런 의적 요소를 결과에 대한 용인으로 표현하는 용인설로 대표된다고 할 수 있다.

(1) 용인설

미필적 고의를 위해서 결과에 대한 예견뿐 아니라 이에 대한 범인의 심적 용인 혹은 승낙을 요구하는 입장으로 우리나라에서는 다수설이라 할 수 있다.[28] 독일의 판례도 예전 제국재판소의 승낙설(Billigungstheorie)의 견해를 견지하고 있고, 최근에까지 수많은 판결에서 결과에 대한 행위자의 긍정적 심적 태도를 미필적 고의인정을 위한 본질적 판단기준으로 삼는다.[29] 우리의 판례는 일반적으로 용인설을[30]

---

25) Frank, ZStW 1890, 217; Frank, § 59, S. 179 ff.

26) Sch/Sch/Cramer/Sternberg−Lieben, § 15 Rdnr. 9; Wessels/Beulke, § 7 Rdnr. 203; BGHSt 36, 10; BGH NStZ 1988, 175.

27) Wessels/Beulke, § 7 Rdnr. 205.

28) Maurach/Zipf, AT I, § 22 III, Rn 36 ff; Tröndle/Fischer, § 15 Rdnr. 11; 김/박/안/원/이, 105면, 111면; 박상기, 118면 이하; 배종대, [53] 50; 임웅, 171면; 신동운, 197면; 정성근/박광민, 169면. 이재상/장영민/강동범, § 12 − 25, 26; 김일수/서보학, 132면 (외형상 감수설을 취하나 내용에서 일치함).

29) RGSt 33, 6; 67, 425; 73, 168; BGHSt 7, 369; 14, 256; BGH JZ 1981, 35.

30) 대판 2004.2.27, 2003도7507 : 미필적 고의라 함은 결과의 발생이 불확실한 경우 즉 행위자에 있어서 그 결과발생에 대한 확실한 예견은 없으나 그 가능성은 인정하는 것으로, 이러한 미필적 고의가 있었다고 하려면 결과발생의 가능성에 대한 인식이 있음은 물론 나아가 결과발생을 용인하는 내심의 의사가 있음을 요한다. 같은 취지의 판례로

취하고 있으나 살인죄에 있어서만은 인식설을[31] 취하는 것으로 볼 수 있다.

용인이라는 판단기준을 일반적인 언어관념에서 구한다면, 행위에 따를 것으로 예상되는 결과에 대해 행위자가 적어도 부정적으로 생각하지 않은 경우에만 고의가 인정되어야 한다. 용인의 의미를 바로 이렇게 이해한다면, 행위자가 이러한 결과를 회피하기 위한 실질적 노력을 기울였을 경우 이는 결과에 대한 내면적 거부가 객관화된 것이므로 고의는 부정되고, 과실범 처벌규정이 존재하는 범위에서 과실범으로 처벌될 뿐이어야 한다. 실제로 이 견해를 독일의 가죽 끈 사건에[32] 적용한다면, 중한 결과를 회피하기 위해 비교적 안전하다고 생각되는 범행 방법을 선택했고 범행 후 피해자를 되살리려는 노력까지 기울였던 이 사건의 범인들은 피해자의 죽음을 결코 용인했다 할 수 없으므로 살인의 미필적 고의범이 아니라 인식 있는 과실범으로 취급되어야 한다.

독일연방대법원은 용인설의 기초 위에서 이 사건 피고인들에게 미필적 고의를 인정했다. 그러면서 미필적 고의와 인식 있는 과실의 결정적 구분표지로서의 결과에 대한 용인은 반드시 결과가 범인의 원망(願望)에 상응해야 한다는 뜻은 아니므로 범인이 그 결과를 원하지 않은 경우에도 미필적 고의는 존재할 수 있다고 설명한다. 따라서 다른 방법으로는 자신의 목적을 이룰 수 없는 범인이 그 목적을 달성하기 위한 행위를 하면서, 자신의 행위가 그 자체로는 원치 않는 결과를 야기할 수 있음을 알았을 뿐 아니라 결과가 발생되더라도 자신의 목적달성을 위해서는 이를 내심 받아들일 수밖에 없다고 생각했다면, 법적 의미에서의 결과에 대한 용인은 긍

대판 1987.2.10, 86도2338; 대판 1985.6.25, 85도660.

31) 대판 1998.6.9, 98도980 : 살인죄에 있어서의 범의는 반드시 살해의 목적이나 계획적인 살해의 의도가 있어야만 인정되는 것은 아니고, 자기의 행위로 인하여 타인의 사망의 결과를 발생시킬 만한 가능 또는 위험이 있음을 인식하거나 예견하면 족한 것이고 그 인식 또는 예견은 확정적인 것은 물론 불확정적인 것이라도 이른바 미필적 고의로 인정된다. 같은 취지의 판례로 대판 1988.2.9, 87도2564; 대판 1994.3.22, 93도3612; 대판 1994.12.22, 94도2511.

32) BGHSt 7, 363. 갑과 을이 병에 대해 강도를 할 것을 모의하면서 상대의 반항을 억압하기 위해 가죽 끈으로 목을 조르는 방법을 취하려고 하다가 이것이 위험하다는 생각이 들어 모래주머니를 준비했으나 현장에서 모래주머니가 터지자 만일을 위해 준비한 가죽 끈으로 병의 목을 졸라 사망에 이르게 한 사건. 행위자들은 피해자의 사망을 원하지 않았기 때문에 여러 방법으로 회생을 시키려고 노력했으나 결국 성공을 거두지 못했다.

정된다는 것이다. 말하자면 법적 의미에서의 승낙은 일반적 언어의미상의 승낙과 일치하지 않을 수 있다는 것이다.[33] 이렇게 함으로써 본 법원은 표현상으로는 미필적 고의를 위해 용인이 필요하다고 하지만 그 내용에 있어서는 인식만으로 고의를 확정하고 만 것이다. 일반적 언어관용상의 용인과 법적 의미의 용인이 일치하지 않을 수 있다는 이 판례의 설명은 납득하기 어려우며 이러한 무리한 개념적용의 근거를 찾기도 어렵다.

다른 한편으로 용인설은 미필적 고의의 인정을 위해 결과발생가능성에 대한 행위자의 구체적 인식을 요구하는 것이 아니라, 가능성에 대한 표상 그 자체로서 충분한 것으로 봄으로써,[34] 미필적 고의에서 지나치게 낮은 정도의 지적 요소를 요구한다는 점에서 이론적 비판의 대상이 될 수 있다.

(2) 무관심설

무관심설은[35] 행위자가 가능한 것으로 인식되는 법익침해적 부수결과를 긍정적으로 보거나 최소한 무관심하게 받아들이는 경우는 미필적 고의를 인정하지만, 부수결과를 바람직하지 않은 것으로 보아 결과의 불발생을 희망한 경우는 미필적 고의를 부정한다. 완화된 용인설의 형태를 취하는 이 이론은 무관심이란 것이 결과발생에 대한 감수의 간접증거가 될 수 있다는 점에서는 공감이 가나, 반대로 결과를 희망하지 않는다고 해서 항상 고의가 배제되는 것은 아니라는 점에서 만족스럽지 못하다 할 수 있다. 예컨대 행위자가 결과발생에 대한 매우 높은 개연성을 인식한 경우라면 그는 자신의 행위에 따른 결과를 의식적으로 계산에 넣었음을 의미한다. 이러한 계산은 단순한 결과불발생에 대한 희망에 의해 상쇄될 수 없는 것이므로 결과가 발생하지 않을 것이라는 하찮은 희망은 아무 의미가 없는 것이다. 고의를 위해서는 발생가능한 결과에 관련하여 어떠한 결정을 내리느냐가 중요하지, 결과발생에 대해 어떠한 원망이나 희망을 가지느냐는 중요하지 않은 것이다.

무관심설의 이론적 특징은 범인이 결과발생에 대해 높은 개연성을 인식한 경우뿐 아니라 단순한 가능성을 인식한 경우에도 그 결과를 최소한 무관심하게 받아들

---

33) BGHSt 7, 369.
34) 김일수, 한국형법 I, 437면 참조.
35) Engisch, Untersuchungen über Vorsatz und Fahrlässigkeit im Strafrecht, S. 186 ff; Engisch, NJW 1955, 1689. Sch/Sch/Cramer/Sternberg-Lieben, § 15 Rdnr. 84도 무관심설을 따른다.

였다면 고의는 인정되어야 한다는 점에 있다. 하지만 여기서도 용인설의 경우와 마찬가지로 언제 고의인정 여부를 위한 척도로서의 무관심이 존재한다고 평가할 수 있을 것인가 하는 점이 문제이다. 즉 절대적 무관심이라는 개념이 무엇인지에 대해서조차 견해는 일치하지 않는다. 예를 들어 가죽끈사건에서의 행위자들은 결과발생을 원하지 않는다는 의사를 여러 차례 객관적 행위로써 보인 만큼 고의가 아닌 과실만이 인정되어야 할 것이라는 견해36)뿐 아니라 이 사례에서 무관심설의 본질적 의미에서의 절대적 무관심은 당연히 존재한다는 주장도 얼마든지 가능하다.

그러나 이 무관심설은 그 실무적 적용가능성 여부를 논하기 이전에 이미 논리적 타당성이 결여되었다는 비판이 가능하다. 무관심설은 범인의 법익 혹은 결과에 대한 무관심성 여하에 따라 고의와 과실을 구분한다는 구상에서 출발하는데 특정 법익에 대한 존중의 요구에 반하는 무관심성은 고의범뿐 아니라 과실범의 표지도 될 수 있다는 점이 간과되어서는 안 된다는 것이다. 즉 행위에 따라서는 무관심성에 의해 고의 혹은 과실을 구분하기보다는 오히려 무관심성은 두 가지 귀속형태에 공통적인 책임내용을 담고 있는 것으로 볼 수 있다.

또한 무관심성은 의사결정의 형성에도 관여될 수 있고 결정의 결과에도 관여될 수 있다면, 범인이 결과에 대한 인식이 있음에도 불구하고 행위하는 과정에는 무관심성이 항상 존재할 수 있기 때문에 무관심성은 고의와 과실의 구분표지로서의 기능을 제대로 수행할 수 없다고 보아야 할 것이다.

2) 인식설

(1) 가능성설

가능성설은 결과발생의 가능성에 대한 인식이 있다면 어떠한 의적 요소가 없어도 미필적 고의는 성립된다는 견해로서, 이에 따르면 이미 주어진 상황 혹은 불확실하더라도 미래의 상황에 대한 인식으로 고의귀속은 이루어지므로37) 고의인정을 위해서 범인은 단지 구성요건의 실현이 구체적으로 가능하다고 인식한 것으로 충분하다.

초기인식설에 있어서는, 행위상황에 대한 인식 혹은 결과발생의 가능성에 대한

---

36) Roxin, AT I, § 12 Rdnr. 37.
37) Schmidhäuser, JuS 1980, 241.

인식은 행위자에게 자신이 행하고자 하는 행위를 중지해야 한다는 동기를 부여하는 기능을 하는데, 이러한 기능에도 불구하고 하나의 행위가 실행되었다면 여기에 바로 고의가 인정되어야 할 것으로 보았다. 반면에 행위자가 결과의 불발생에 대한 신뢰를 가졌다면 그는 이미 결과발생의 가능성을 부정한 것이라 할 수 있다는 것이다. Schröder도 이와 유사하게, 결과에 대한 생각이 있었음에도 불구하고 하나의 행위가 실행되었다면, 행위자는 그 행위를 통해서 자신의 생각에 떠오른 불리한 결과의 가능성은 자신의 동기를 위해서는 중요하지 않다는 관념을 표현하는 것으로 이해한다.[38]

이 이론을 가죽끈사건에 적용한다면 범인에게 미필적 고의를 인정하게 된다는 합리적 결과에 이르게 된다는 점에서는 긍정적이다. 그러나 이 이론에 대해서는 단지 결과발생에 대한 예견가능성만으로 항상 고의를 인정할 수 있는 것은 아니라는 비판이 따른다. 행위자가 자신의 행위에 따르는 부수적 결과의 발생가능성을 명백히 인식했다고 하더라도 아무 일 없을 것으로 인정함으로써 그 가능성의 실현을 심각하게 계산에 넣지 않는다는 상황도 충분히 가능하다. 이때 결과발생가능성과 관련하여 심정적으로 뚜렷한 결정을 하지 않았다면 단순한 인식 있는 과실로 인정될 수 있다.

예컨대 행위자가 먼 거리에서 사람이 맞을 가능성이 전혀 없는 것은 아니라고 생각하고 총을 쏜 결과 실제로 사람이 맞았을 때, 그가 만일 그 결과를 의도했던 경우라면 고의범으로 처벌되는 것은 당연하지만 단지 짐승을 잡겠다는 욕심에 사람이 맞을 가능성을 소홀히 생각했을 뿐이라면 그 결과는 인식 있는 과실에 의한 불행한 사고에 지나지 않는다는 주장이 가능하다. 다시 말해 인식수준이 동일한 경우에도 미필적 고의나 인식 있는 과실 모두가 가능하다는 것이다.[39]

(2) 개연성설

개연성설은 고의인정을 위해서 결과에 대한 예견이 단순한 가능성보다는 높고 고도의 필연성보다는 낮은 형태로서의 개연성이 있는 것이어야 한다는 조건을 부가시킨다.[40] 고의범의 범위를 부당하게 확장한다는 가능성설의 단점을 보완하려는 노력

---

38) Schröder, FS-Sauer, S. 232.
39) Roxin, AT I, § 12 I Rdnr. 39; Roxin, JuS 1964, 60.
40) H. Mayer, S. 250 ff.

이었다. 이에 따르면 결과발생의 가능성에 대한 인식이 있었거나 혹은 그 정도를 지나 심지어 고도의 개연성이 예견됨에도 불구하고 행위를 계속한다는 것은 항상 가능한 법익침해를 위한 결정이 될 수밖에 없기 때문에 고의가 인정되어야 한다.

그러나 개연성이라는 범위는 최하의 급수에서 고도의 확실성에 이르기까지의 연속성 위에 존재하는 개념이기 때문에 개연성과 가능성 사이에 확연한 구분점을 제시해 줄 수 없는 이상 이 이론은 실용성이 없을 뿐 아니라 잘못된 결론에 이를 수 있다는 비판을 받는다.[41] 또한 범인이 개연성이 없다고 믿는 부수적 결과를 오히려 원했던 경우나 성공할 가능성이 희박하다고 인식한 바를 의도적으로 추구한 경우에 고의를 부정한다면, 이런 사례에서는 의도의 정도가 높으므로 지적 요소는 경미한 정도의 가능성 인식으로도 충분하다고 보는 전통적 고의개념에 모순되는 결론에 이르게 되어 부당하다. 따라서 개연성의 정도는 고의와 과실을 객관적으로 구분할 수 있는 기준은 못 된다.

3) 인식설에서의 새로운 논의(신인식설)

Jakobs는 "구성요건실현에 대한 인식과 의도"라고 하는 고의의 일반적 공식에서 의도를 배제하고 "행위와 그 결과에 대한 인식"으로 축소하여 정의했다.[42] 그는 미필적 고의는 하나의 부수적 결과가 어쩌면 실현될 수도 있다는, 즉 결과발생가능성의 인식에 관한 문제임을 전제로 하고, 고의와 과실의 구분은 양자의 구분목적의 기초 위에서 결과발생의 회피가 용이했는지의 여부에만 따라야 할 것으로 본다.[43]

이에 따르면, 결과발생가능성에 대한 지적 요소가 있는 한 고의와 과실의 구분에 있어서는 범인이 결과를 동의했는지 혹은 거부하거나 무관심하게 받아들였는지 혹은 오히려 애석하게 생각했는지 따위의 의적·감정적 요소는 아무런 역할을 하지 않는다. 왜냐하면 예컨대 정당방위를 하는 행위자의 경우 자신의 방위행위로 상대방에게 상해 결과가 발생되기를 원하든 혹은 그러한 결과를 원치는 않지만 자기보

---

41) Sch/Sch/Cramer/Sternberg–Lieben, § 15 Rdnr. 76.
42) Jakobs, 8/8.
43) Roxin이 신중설에 따라 자신이 인지한 법익침해라는 결과발생가능성을 진지하게 받아들이는 자는 그렇지 않은 자에 비해 결과회피에 훨씬 유리하기 때문에 경솔한 자(과실범)에 비해 중하게 처벌되는 근거가 된다고 설명한다면 이것도 법익침해 회피의 용이성이라는 기준에 따라 구분하는 견해로서 내용상 이와 일치한다, AT I, § 12 Rdnr. 31.

호를 위해 어쩔 수 없다는 생각으로 행위 하든 고의는 인정되어야 하기 때문이다. 다만 범인이 구성요건실현에 대해서는 어쨌든 책임이 없다는 사실은 안다는 것만 이 중요하다.[44]

구성요건적 결과 회피의 난이도는 유일하게 범인이 어느 정도의 정확성을 가지 고 상황과 기대되는 결과를 바라보는가에 달려 있다. 범인이 행위와 결과 사이에 관련성이 있을 수 있다고 보았다면, 여기서 발생되는 우세한 회피동기로 인해 그에 게 행위중단에 대한 숙고는 무조건 필수적인 것으로 나타나므로 결과회피는 그만 큼 용이해진다. 반면에 행위와 결과의 관련성을 모르는 행위자에게는 행위의 중단 이나 포기가 상대적으로 용이하지 않은 것이다.

Jakobs는 고의의 요소로서 유일하게 요구되는 것은 지적 요소라고 하며, 이러한 요소로서 구성요건실현의 개연성이 없지 않다는(nicht unwahrscheinlich) 인식의 형 태를 요구한다. 그러나 결과발생의 가능성에 생각이 미치는 것만으로는 고의가 완 성되는 것이 아니라 이런 인식을 전제로 범인이 유효한 판정을 내렸어야 한다. 위 험에 대한 표상과, 행위가 결과 없이 끝날 것이라는 기대 사이에서 결정을 내리지 않은 자는 결과발생에 개연성이 없지 않다는 판단조차 내린 것이 아니기 때문이라 고 설명한다. 중요한 것은 행위 순간의 범인에게 유효한 인식의 정도이다.[45] 그는 판정의 성격이 없는 단순한 위험성에 대한 표상을 인식 있는 과실이라고 칭한다.

예컨대 결과가 긍정적일 것이라고 경솔하게 신뢰하는 자는 결과발생은 개연성이 없다고 인정한 것이며, 이런 경우에만 미필적 고의가 결여되는데 그것은 구성요건 실현이 불가능하지 않다는 신중한 판정이 이미 결여되었기 때문이다.[46]

---

44) Jakobs, 8/24. 이와는 달리 결과발생에 대한 의적 태도의 질적 차이에 고의범의 중한 처벌의 이유가 있다고 보는 견해로 임웅, 에이즈(AIDS)감염행위의 형사책임, 형사법연 구 제8호, 1995, 112면.

45) 이러한 의미에서도 이 이론은 Roxin의 결정설 혹은 신중설의 견해와 내용상 거의 일치 한다고 할 수 있다.

46) 실패가능성이 높은 위험한 수술의 경우와 같이 범인이 결과를 방지하고자 추구하지만 그런 노력이 실패로 돌아 갈 수도 있다고 인식한 그런 행위결과도 고의성이 인정된다. 이것은 정당화의 문제이지 고의인정 여부와는 관계가 없다. 또한 경찰이 데모대를 향해 공격을 가하면서 데모대에 속해 있는 자기 친구에게만은 큰 해가 없기를 바라는 경우 처럼 동일한 종류의 다수의 법익이 하나의 행위를 통해 동일한 방법으로 침해되는 사 안을 생각할 수 있고 범인은 동일한 발생가능성을 인식하나 부분적으로는 애착이 가는 법익에 대해서는 결과에 대해 용인하지 않을 수도 있고 그렇지 않은 법익에 대해서는

Jakobs는 해당법익의 중요성에 따라 차등을 두어, 신체나 생명 같은 법익에 대한 위해는 미필적 고의를 인정하지만 그 보다 가치가 낮은 법익에 대해서는 미필적 고의를 제한적으로 인정한다. 이 점에 대해 Roxin은 살인에 대해서는 훨씬 강한 반대동기에 의한 높은 저지의 문턱이 존재하기 때문에 오히려 가치가 낮은 법익에 비해 인식 있는 과실을 인정하는 것이 옳다고 주장한다.[47] 그러나 중요한 법익을 더욱 두텁게 보호하고자 하는 법체계의 관점에서 보면 그의 비판은 타당하지 않다.[48]

유사한 입장에서 Frisch는 고의란 구성요건해당행위에 대한 인식으로 이해한다. 그는 행위의 개념을 구체적 상황에 비추어 보아 구성요건 정형적 결과의 발생이라는 허용되지 않은 위험의 가능성 혹은 개연성을 내포하는 행태로 정의하고, 고의는 이러한 대상에 대한 인식으로 완성된다고 본다. 이로써 고의는 행위의 구성요건해당성을 성립시키는 위험에 대한 인식일 뿐 어떠한 의적 요소도 여기에서 필요하지 않다.[49]

Frisch는 예외적으로만 경미하게 처벌되는 과실범에 비해 고의범이 상대적으로 중하게 처벌되는 유일한 근거는 고의범의 위험에 대한 지식뿐이라고 설명한다. 자신의 행위에 포함되는 구성요건적 위험을 인식한 자는 이 위험을 인식하지 못한 사람에 비해서 그 해당 위험을 발현시켜서는 안 된다는 규범명령을 따르기에 용이한 위치에 있는 것이다.[50] 법익을 위해하는 행위가 부주의나 실수의 표현인 경우에 비해 개인의 인식 있는 결정의 표현으로서 표출된 경우에 비난의 정도는 당연히 훨씬 중하다 할 것이다.[51]

4) 그 밖의 이론들

(1) 결과회피의도이론(회피설)

고의를 구성요건상황에 이르고자 하는 목적적 실현의사로 이해하는 목적적 행위

용인할 수도 있는 사안에서 아무런 작용이 없고 행위에서 전혀 객관화되지 않은 행위자의 입장에 따라 차이를 둘 근거가 없다는 설명은 지당하다, Jakobs, 8/26. 이 견해는 Roxin, JuS 1964, 53 ff, 58의 견해에 근접해 있다.

47) Roxin, AT I, § 12 Rdnr. 55.
48) 살인죄에 대해서는 인식설을 적용하는 반면 살인죄가 아닌 여타의 구성요건에 대해서는 대체로 용인설을 취하는 우리 대법원의 입장도 이에 부합한다고 할 수 있다.
49) Frisch, Vorsatz und Risiko, S. 341.
50) Frisch, a.a.O., S. 97 f.
51) Frisch, a.a.O., S. 100; 성낙현(역), 72면.

론에 의하면 고의와 결과회피의도는 서로 배타적 개념으로서 공존할 수 없다. 목적적 행위론의 기초 위에 서 있는 결과회피의도이론에 따르면 목적적 구성요건실현의사는 실행된 결과회피의사가 존재하는 지점에서는 마침내 그 존립이 소멸된다.52) 즉 고의의 지적 요소는 자신의 행위에 따르는 결과발생가능성을 포함하는 것이지만, 조종하는 의사가 결과의 발생을 방지하고자 하는 방향으로 설정되고 실행된 경우에는 인식 있는 과실만이 인정될 수 있을 뿐이며 고의는 부정되어야 한다는 것이다.53)

그러나 이 이론이 제시하는 결과방지노력이라는 기준은 실무적으로 고의와 과실을 구별하기에 적합하지 않은 것으로 나타난다. 위의 가죽끈사건에 이 이론을 적용하면, 범인들은 여러 단계에서 결과를 회피하고자 하는 자신들의 의사를 구체적 행위를 통해 표현했기 때문에 당연히 고의가 배제되어야 한다. 이는 만족스런 결론이 아니다.

인간의 경솔성은 결과방지의 노력과 같은 특별한 주의조치 없이도 문제가 되지 않을 경우가 흔히 있을 수도 있고, 다른 한편으로는 결과방지를 위한 노력이 있더라도 그 노력이 성공할 것이라는 신뢰가 없는 경우에는 고의를 배제하지 못한다는 점을 염두에 두어야 한다.54) 가죽끈사건에서 범인들은 피해자의 목을 주의를 기울여 조르면서 이를 통해서 자신들이 심각하게 예견했던 피해자의 사망을 방지할 수 있으리라 기대했다고 하더라도 고의범처벌은 면할 수 없다. 결과회피의사를 실행하면서 그 행위의 실패가능성을 50% 이상 예상한 행위자는, 자신의 구성요건실현가능성을 50% 이상으로 보고도 자신의 의지를 포기하지 않는 행위자와 다를 바가 없다.55)

이 이론을 주장하는 학자들은 이 사례에서 미필적 고의를 인정하지만56) 이 이론을 가감 없이 적용한다면 인식 있는 과실이 인정되어야 한다.

(2) 차단되지 않은 위험이론

차단되지 않은 위험이론은 우선 결과발생에 관련되는 위험을 차단되지 않은 위

---

52) Armin Kaufmann, ZStW 1958, 64 ff.
53) Armin Kaufmann, a.a.O., S. 86.
54) 김일수, 한국형법 I, 440면.
55) 박상기, 113면; Roxin, AT I, § 12 Rdnr. 45.
56) Armin Kaufmann, a.a.O., S. 77.

험과 차단된 위험으로 나눈다. 행위자의 이성적 판단에 의할 때 행위 도중이나 행위 후에 자기 스스로 혹은 제3자의 노력으로 예견되는 결과발생의 위험이 지배될 수 있으리라고 신뢰할 수 없는 경우를 차단되지 않은 위험,[57] 행위자 스스로 혹은 피해자나 제3자가 주의함으로써 그 위험이 통제되고 결과발생이 방지될 수 있는 경우를 차단된 위험[58]이라고 한다. 그런 다음 '고의는 차단되지 않은 구성요건실현의 위험에 대한 인식'으로 정의한다. 범인이 자신의 행위에 이러한 차단되지 않은 위험이 결부되었다는 사실을 알았다면 고의에 유일하게 결정적인 지식을 가지고 있었던 것으로 보는 것이다.

이 이론은 인식대상, 곧 위험의 종류에 따라 고의와 과실을 구분하고자 한다. 즉 위험의 종류가 차단된 위험이라면 이에 대한 인식이 있었다고 하더라도 고의는 부정된다. 이로써 고의와 과실의 구분은 이미 객관적 구성요건의 범위에서 이루어지게 된다.

이 이론의 핵심은 범인이 인식한 위험을 심각하게 받아들였느냐의 여부에 좌우되는 것이 아니라 인식한 위험 자체가 심각하게 받아들여야 할 위험이었느냐 그렇지 않은 위험이었느냐의 여부에 좌우되는 문제라는 것이다. 결국 인식한 위험에 대한 행위자의 내면의 평가가 중요한 것이 아니라 객관적으로 존재하는 위험의 성격 자체가 중요한 것이다.

(3) 신중설과 결정설

Stratenwerth는 고의에 대한 관념을 목적적 행위론에 의해 변화된 인간 행위에 대한 관점, 곧 상황에 대비된 개인의 자유를 강조한다는 데 가치를 두는 목적적 행위론의 관점으로부터 도출했다.[59] 목적적 행위론의 관념에 따른 이러한 개인의 자유는 개인에게 행위결과에 대해 어떠한 입장을 취할 것인가를 선택할 자유까지 포함한다. 이러한 자유의 주체인 행위자가 결과에 대해 신중한 입장을 취한다면 고의이고, 이를 경솔하게 대한다면 인식 있는 과실이라고 하는 것이 그의 신중설의 내용이다.

신중설에 영향을 받은 Roxin의 결정설에 따르면 법익보호를 궁극적 목적으로 하

---

57) Herzberg, JZ 1988, 639.
58) Herzberg, a.a.O., S. 642.
59) Stratenwerth, ZStW 71 (1959), 51, 55 ff.

는 형법체계 내에서는 행위자의 특정한 결과에 대한 의적·감정적 측면보다는 오직 범인의 범행이 저지되어야 한다는 것이 중요하다. 자기가 가능한 것으로 인식한 구성요건실현을 계산에 넣고도 자신의 행위계획을 포기하지 않는 자는 설사 결과의 발생을 바라지 않고 발생되지 않을 것이라는 희망을 가지고 있었더라도 의식적으로 구성요건을 통해서 보호되는 법익에 거슬리는 결정을 한 것이다. 결정설은 이러한 법가치에 역행하는 결정에 미필적 고의를 인식 있는 과실로부터 분리해 내는 불법내용이 존재한다고 본다. 이에 따르면 이러한 법가치에 역행하는 결정이 존재하지 않을 경우에 고의가 아닌 과실의 가벼운 책임형태가 인정된다. 즉 결과발생가능성을 내다보기는 했으나 그것을 심각하게 받아들이지 않고, 따라서 만일의 경우 발생할 수 있는 그 결과에 대해 감수하는 대신 경솔하게 구성요건실현의 회피를 신뢰한 경우는 인식 있는 과실에 해당한다.

구성요건상황에서의 신중 혹은 경솔성의 대립은 고의와 과실의 경계선이 된다. 옆 사람의 만류에도 불구하고 자신의 운전실력만 믿고 굴곡이 심하고 시야가 확보되지 않은 국도를 과속으로 달리다가 사고를 낸 경우와 가죽끈사건을 비교한다면 양자 모두에게 위험에 대한 인식은 공통으로 존재하나 전자의 경우에는 과실이, 후자의 경우에는 고의가 인정된다. 이 이론내용을 한마디로 축약한다면 고의는 계획실현이고 과실은 단지 경솔성이다.[60)]

결정설에 대한 중점적인 이의는 다음의 두 가지로 요약할 수 있다.

① 이 이론에서 판단기준으로 제시되는 "신중" 또는 "경솔"은 범인의 위법성인식을 전제로 하는 것이므로 위법성인식을 고의의 범위에서 제외하는 책임설에 위배된다는 점이다. 부수적 결과의 야기를 포함한 행위계획과 그 계획의 포기 사이의 결정의 필연성은 위험에 대한 신중만으로 성립되는 것이 아니라 선택가능한 행위의 가치관련성에서 성립된다. 다시 말해 고의에 특유하게 존재하는 위험에 대한 심적 태도는 동기형성과정에 중대한 정보를 제공하기는 하지만 이것이 곧바로 고의와 등식을 이루는 것은 아니다. 오히려 자신의 행위로써 발생가능한 부수적 결과의 반가치성으로 인해 이에 대한 윤리적 부담이 존재할 때 비로소 범인은 자신의 생각을 관철시킬 것인지 혹은 결과를 회피해야 할지를 선택할 것이 강제된다.

결정설이 고의를 바로 이러한 결정과 동일시한다면 그것은 이미 특정한 결과야

---

60) Roxin, AT I, § 12 Rdnr. 21 ff.

기를 회피하라고 호소하는 구체적인 행동지침을 제시하는 규범에 대한 기본적 인식을 전제로 하는 것이다. 바로 결정설은 결과발생의 위험을 인식한 범인은 자신의 행위가 법규범을 침해할지 모른다는 데 대해서만 어떠한 심적 태도를 갖게 되고 나아가 법적 금지만이 결정의 기초를 성립시킨다고 한다. 이러한 심적 태도는 형법에 대한 지식에만 관련되는 것이기 때문에 이런 의미의 고의개념은 불법과 책임을 혼동하는 것이다. 그렇게 되면 위법성인식 없는 고의의 개념은 아예 존재하지 않게되고, 따라서 금지착오의 경우 책임설이 모순에 빠진다고 할 수 있다는 것이다.[61]

② 둘째로는, 이 이론에 따르면 생각이 미친 모든 가능성을 신중하게 받아들이고 적어도 그 부분에 대해 사려가 깊었던 사람에 비해 무분별하고 경솔했던 사람이 오히려 유리한 지위에 놓일 수 있다는 문제점에 대한 지적이다. 이에 대해서 Roxin은 자신이 인지한 결과발생가능성을 진지하게 받아들이는 자는 그렇지 않은 자에 비해 결과회피에 훨씬 유리하기 때문에 그것은 문제가 되지 않는다고 한다. 이점은 법익침해의 회피용이성 여부에 따라 고의와 과실을 구분하고자 하는 Jakobs나 Frisch의 견해와 일치한다.

그러나 이와 관련하여 실패의 가능성이 높은 위험한 수술의 경우처럼 결과를 신중하고 심각하게 생각하더라도 고의가 부정되어야 하는 경우도 있고, 반대로 과격한 범인이 자신을 공격하는 것으로 오해하고 무고한 상대방에게 공격을 가하는 경우처럼 자신의 행위의 위험성에 대해 신중하게 생각하지 않아도 고의가 인정되어야 하는 경우도 있을 수 있다는 점이 고려되어야 한다.[62] 따라서 위험성에 대한 신중한 태도가 아니라 이에 대한 잠재적 인식만으로 족하다고 해야 할 것이다. 그렇다면 굳이 "신중"이라는 개념은 추가적으로 요구할 필요성이 없어진다.

5) 결론

미필적 고의와 인식 있는 과실의 구분문제에서 결정적인 해결점을 찾지는 못하였으나, 새로운 인식설 혹은 신중설이나 결정설 등의 논의에서 나타나듯이 고의에 있어서 의적 요소의 의미는 현격히 축소되는 반면 행위의 위험에 대한 인식으로

---

61) Schumann, JZ 1989, 431.
62) Schroth, Vorsatz als Aneignung der unrechtskonstituierenden Merkmale, 1994, S. 108 f.

고의는 완성된다고 보는 견해가 상대적으로 높은 비중을 차지해 가는 경향을 보인
다.[63]

신중설이나 결정설의 경우에도 의적인 요소가 완전히 배제될 수 없다고 주장은
하지만, 여기에서 요구되는 의적 요소는 전통적 의미의 의사설이 이해하는 바의 결
과에 대한 용인, 무관심 등의 등급에 이르는 의적 요소는 아니다. 따라서 그들의
견해는 오히려 인식설에 가깝다. 자신의 행위에 따를 수 있는 구성요건적 결과의
발생을 예견했기 때문에 행위를 중단해야 할 필요성을 인식했음에도 불구하고 행
위를 한 경우라면 여기에는 지적 요소에 불가피하게 종속되는 의적 요소가 있음을
뜻하는 것이다. 따라서 독립적 지위를 가지는 의적 요소가 아니라 지적 요소에 종
속적으로 결부되는 의적 요소로서 충분한 것이다.

범인의 결과발생에 대한 승낙이 그에게 행위책임의 의미에서 상승된 답책성을
부여한다고 볼 수 있는 것은 아니다. 행위자의 법익침해에 대한 감정적 태도는 형
법적 평가의 대상이라 할 수 없다. 범인이 결과발생에 대해 심적으로 용인 혹은 승
낙하지 않더라도 행위자의 위험에 대한 인식에 이미 상승된 고의책임이 있다. 의식
적으로 법익침해를 꾀하는 범인이 있다면 그가 어떤 감정적 입장을 가지든 관계없
이 그로부터의 법익침해를 방지하고자 하는 데 고의구성요건의 과제가 존재한다는
점이 간과되어서는 안 된다. 예상되는 결과에 대해 행위자가 어떠한 감정적 태도를
가지는가 하는 부분은 양형에서 고려될 수 있을지언정 고의성립 여부와는 무관한
것이라는 점에서 인식설의 새로운 논의는 의미가 있다.[64]

7. 그 밖의 고의의 종류

1) 사전고의(dolus antecedens)

사전고의란 행위 이전의 시점에 구성요건실현의사를 가진 적이 있으나 행위 당
시에는 이에 대한 인식이 없었던 경우를 말한다. 이것은 명칭만 고의일 뿐 실질적
으로는 형법적 고의에 해당하지 않는다. 따라서 이러한 고의에 관련하여 발생된 결
과에 대해서는 과실범 처벌규정이 있는 경우에 한해서 과실에 의한 처벌이 가능할

---

63) Roxin, AT I, § 12 Rdnr. 68.
64) 이에 대한 비판적 견해로 이상돈, § 8−88.

뿐이다.

2) 사후고의(dolus subsequens)

행위 당시에는 구성요건실현의사 없었으나 행위 이후 발생된 결과를 용인하는
경우로서 사전고의와 마찬가지로 형법적 고의가 아니다. 특히 다행위범에 있어서
는 모든 행위단계에 고의가 동시에 존재해야 한다. 예컨대 실수로 다른 사람을 부
딪쳐 상대방이 넘어지자 그 사람이 떨어뜨린 손가방을 주워 도망가는 경우에는 강
도죄가 아닌 단순절도만 인정된다.

3) 택일적 고의(dolus alternativus)

(1) 종류

행위자가 구성요건실현을 목표로 행위를 하면서 어느 객체에 어떤 결과가 발생
되어도 무방하다고 생각하는 경우이다. 여기에는 자동차로 도망가는 사람을 향해
총을 쏘면서 다치든 죽든 상관없다고 생각하는 경우와 두 사람이 도망가는 경우
누가 맞아도 좋다고 보는 경우 혹은 결과가 발생될 대상이 사람이든 자동차이든
무방하다고 보는 경우가 모두 포함된다. 다중이 모인 장소에서 자동차를 질주하면
서 누가 다쳐도 좋다고 생각한 경우처럼 다수의 객체에 대해서도 택일적 고의는
성립한다.

(2) 택일적 고의의 처벌관계

택일적 고의에 의한 행위의 법적 취급에 대해서는 다음의 세 가지 견해가 제시
된다.

① 기수의 결과에 대해서만 기수범으로 처벌하되 다만 미수의 범죄가 기수의 범
죄보다 중한 것일 때에는 상상적 경합을 인정한다. 예컨대 사람이 죽든 자동차가
손괴되든 상관없다고 생각하며 자동차를 타고 도망가는 사람을 향해 총을 쏜 결과
자동차만 손괴된 경우 살인미수와 재물손괴의 기수가 발생되었으나 이때 살인미수
가 재물손괴의 기수에 비해 중한 범죄이므로 예외적으로 양자를 상상적 경합으로
취급한다는 것이다.

② 미수, 기수를 가리지 않고 중한 범죄에 대해서만 처벌한다.

③ 발생된 결과의 기수와 미발생 결과의 미수의 상상적 경합으로 처벌한다.

위 세 가지 견해를 실무에 적용한다면 결론에서는 그다지 큰 차이가 나지 않게 되지만 이론적으로는 ③의 견해가 가장 타당하다.

4) 개괄적 고의(概括的 故意 : dolus generalis)

개괄적 고의란 고의의 한 형태나 종류를 지칭하는 것이 아니라, 행위자가 특정의 결과를 실현할 고의로 실행에 착수하여 결국 의도한 결과는 발생되었으나 사실은 고의가 있었던 처음의 행위가 아닌 그 후속의 고의 없던 행위에 의해 결과가 발생된 사례군의 가벌성을 논하는 과정에서 형성된 개념이다. 예컨대 살인의 의도로 상대방을 돌로 수차례 내리쳐 정신을 잃고 쓰러지자 죽은 것으로 알고 범행증거를 없애기 위해 웅덩이에 매장하였는데 그 바람에 그때까지 살아있던 피해자가 질식사한 경우이다.[65] 이러한 사례에 대해 개괄적 고의설은 밀접한 관련성으로 연결된 전체행위에 첫 행위의 고의가 개괄적으로 적용된다는 논거로써 고의기수의 죄책을 인정하고자 하나 그 논지와 결론에서 의문의 여지가 없지 않다. 그런데 엄밀히 말하자면 이는 객관적 구성요건요소 중 인과과정에 관련한 착오의 문제이므로 이에 관한 자세한 내용은 아래의 인과과정의 착오 부분에서[66] 다루도록 한다.

8. 고의의 인식대상

고의가 인정되기 위해서 고의의 지적 요소는 모든 객관적 구성요건표지에 미쳐야 한다. 객관적 구성요건표지란 행위객체 또는 보호법익, 주체, 행위, 결과, 행위와 결과의 관련성 등 객관적 행위상황을 뜻하며, 행위에 대한 위법성의 인식, 자신의 책임능력에 대한 인식, 소추 및 처벌조건에 대한 인식은 고의범위에서 요구되는

---

65) 대판 1988.6.28, 88도650 : 범인은 자신의 처를 희롱하는 피해자에 대해 순간적으로 분노가 폭발하여 살해하기로 마음먹고 피해자의 머리와 가슴을 돌로 수차례 내리쳐 뇌진탕으로 정신을 잃자 죽은 것으로 오인하고 증거를 인멸할 목적으로 웅덩이를 파고 매장하였는데 그 결과 피해자는 질식사 하였다. 그렇다면 피해자가 구타에 의해 직접 사망한 것이 아니라 죄적을 인멸할 목적으로 행한 매장행위에 의해 사망하게 되었더라도 전과정을 개괄적으로 보면 피해자의 살해라는 애초의 예견사실이 결국 실현된 것이기 때문에 살인죄의 죄책을 면할 수 없다.

66) 제17절 III. 3.

것은 아니다. 이러한 고의의 지적 요소로서의 행위상황에 대한 인식은 법문에 특별한 규정이 없는 한 미필적 인식으로 족하다.

1) 구성요건적 행위

행위자는 자신의 행위에 대한 사실을 인식해야 한다. 특히 각각의 구성요건에서 요구되는 특별한 행위양태에 대한 인식이 있어야 한다. 예컨대 자신의 행위가 타인의 점유 또는 권리의 목적이 된 자기의 물건을 취거하는 행위라든가(형법 제323조 권리행사방해죄), 상대방의 궁박한 상태를 이용하여 현저하게 부당한 이익을 취득하는 행위(형법 제349조 부당이득죄) 혹은 타인을 착오에 빠뜨려 부당하게 재물 또는 재산상의 이익을 취득하고자 하는 기망에(형법 제347조 사기죄) 해당한다는 사실을 인식해야 한다.

2) 주체, 객체, 결과

신분범이라는 범죄형태의 경우에 행위자는 자신의 행위주체로서의 성격을 인식해야 한다. 따라서 공무원 또는 중재인이라는 자신의 신분을 인식하지 못한 경우에는 수뢰죄(형법 제129조)가 성립되지 않으며, 특정 사안에 관련하여 자신이 타인의 사무를 처리하는 자라는 사실을 알지 못한 경우에는 타인의 재산상의 이익을 취득함으로써 타인에게 손해를 가했더라도 배임죄(형법 제355조 제2항)가 성립되지 않는다.

형법 제305조의 미성년자 의제강간죄(擬制强姦罪) 등을 적용하기 위해서는 상대방이 만13세 미만이라는 사실을, 존속살해죄에서는 상대방이 자기 또는 배우자의 직계존속이라는 사실을 각각 인식해야 하며, 장물죄(형법 제362조)에서도 자신이 취급하는 물건이 장물이라는 사실을 인식해야 한다. 이러한 인식이 결여되면 과실범 처벌규정이 있는 경우에 한해서 과실범으로 처벌되며 그렇지 않으면 범죄는 성립하지 않는다.

행위자는 자신의 행위에 따를 사망, 상해, 재물손괴 등 구성요건적 결과를 예견하거나 인식해야 한다. 특히 구체적 위험범의 경우 특정 위험의 발생은 객관적 구성요건요소의 하나이므로 이에 대한 인식이 있어야 한다. 이에 대한 미필적 인식마저 없었다면 해당 행위가 여타의 구성요건을 충족시킬지 여부는 별론으로 하더라도 당해 위험범 구성요건의 기수고의는 부정된다.

3) 행위와 결과의 연관성

고의의 성립 여부는 행위 당시를 기준으로 판단되어야 하며, 행위 당시를 기준으로 할 때 행위가 결과에로 연결되는 과정은 아무리 순간적으로 이루어지는 경우라고 하더라도 미래에 해당한다. 인간으로서 미래의 경과를 조금의 오차도 없이 정확하게 예견하는 것은 이론상 불가능하다고 해야 한다. 따라서 행위자의 인식과 실제의 경과가 완전하게 일치하지 않았다고 하더라도 그 불일치가 일상의 생활경험의 범위에 존재하는 것이라면 인과과정에 대한 인식은 인정되어야 한다. 자신의 행위에 따르는 결과를 예견한다는 것이 본질적 문제이며 실현과정의 세부적 내용까지 인식해야 하는 것은 아니다.[67)

4) 가중 · 감경 구성요건요소

범죄의 기본성립요소뿐 아니라 가중 혹은 감경적 구성요건요소에 대해서도 인식은 필요하다. 예컨대 늦은 저녁에 대문을 열고 들어오는 아버지를 강도로 오인하여 상해를 입힌 경우는 특별히 중한 죄가 되는 사실을 인식하지 못한 행위로서 형법 제15조 제1항에 따라 존속상해죄(형법 제257조 제2항)가 아닌 보통상해죄(같은 조 제1항)로 처벌된다.

이러한 원칙은 감경구성요건에서도 동일하게 적용된다. 피해자가 자신을 살해해 달라는 촉탁의 의사표시를 하지 않았음에도 불구하고 이러한 의사표시가 있었던 것으로 오인한 행위자가 피해자를 촉탁살인(형법 제252조 제1항)의 고의로 살해한 경우 형법 제15조 제1항의 입법정신을 고려한다면 행위자가 가졌던 경한 범죄에 대한 고의의 범위에서 처벌하는 것이 마땅하다.[68)

---

67) 오영근, 124면.
68) 김일수/서보학, 147면; 박상기, 125면; 손동권/김재윤, [§ 9] 13; 이재상/장영민/강동범, § 13-7. 독일형법 제16조 제2항은 감경사유가 존재하지 않지만 존재하는 것으로 오인한 경우 그 감경구성요건의 고의로 처벌할 수 있다고 규정한다.

5) 규범적 구성요건요소

(1) 규범적 구성요건요소의 인식 대상과 내용

기술적(記述的) 구성요건표지에 있어서는 오관의 작용을 통한 대상에 대한 사실인식을 통해 고의의 지적 요소는 충족된다. 기술적 구성요건표지의 경우에는 외적 요소를 인식하지 못했거나 오인한 경우에 구성요건착오로서 고의가 조각된다는 점에 견해가 일치한다. 다만 갑을 살해하려는 자가 을을 갑으로 오인하여 살해한 경우에는 을에 대한 살인고의는 인정된다.

소유권범에서의 재물의 타인성, 문서위조죄(형법 제225조)에서의 문서의 개념, 음화반포죄(형법 제243조) 등에서의 음란성과 같은 규범적 요소에도 인식은 미쳐야 한다. 여기서의 인식은 사실에 대한 감지가 아닌 정신적 이해를 뜻하는 것이라 해야 한다.

그러나 규범적 구성요건표지의 의미인식에 관련해서는 사실관계에 대한 인식 자체로 고의를 인정하기에 충분하다는 견해와 사실관계에 대한 인식뿐 아니라 이것을 법문의 진정한 의미에 상응하는 포섭까지 요구된다는 견해가 대립된다. 후자는 총체적 구성요건표지에 대한 인식에는 자연적 의미로서의 행위에 대한 표상뿐 아니라 실정법적 의미에서의 행위에 대한 인식도 포함된다는 견해에서 출발하는 것인데, 이에 의한다면 자신이 위조한 서류가 법적 의미의 문서에 해당하는지 몰랐던 경우에 고의가 배제된다.[69] 이 견해는 고의인정범위를 극단적으로 제한하는 불합리한 결과에 이르게 된다.[70]

(2) 비전문가층에 평행한 평가이론

규범적 표지에 대한 인식은 법률전문가적 가치평가를 뜻하는 것이 아니라 평균인으로서의 소박한 사회적 의미인식을 뜻한다. 즉 규범적 표지에 대해서는 비전문가층의 평가에 준하는 정도의 행위자의 이해가 있음으로써 고의는 성립된다. 오늘날의 지배설인[71] 비전문가층의 평가에 평행한 평가이론은 Binding의[72] 견해에 의존한 Mezger[73]의 견해로 거슬러 올라간다. 이 이론에 의하면 규범적 표지 혹은 적어

---

69) v. Liszt, S. 179.
70) Frank, § 59 II.
71) Jescheck/Weigend, § 29 II 3 a); Arth. Kaufmann, FS−Lackner, 1987, S. 185, 191; Roxin, AT I, § 12 Rdnr. 85; Sch/Sch/Cramer/Sternberg−Lieben, § 15 Rdnr. 43a.
72) Binding, Die Normen und ihre Übertretung, Bd. 3, 1918, S. 148 ff.

도 규범적 성격을 가진 표지에 있어서는 구성요건실현의 경험가능한 기초(Substrat)에 대한 단순한 인식, 곧 단순한 사실인식은 고의에 충분하지 못하기 때문에 범인은 순수한 사안인식을 능가하는 자신의 행위의 의미에 대한 인식을 가져야 한다. 그러나 고의에 포함되는 지식의 대상은 개별적 법적 개념 혹은 그에 대한 전문적 정의가 아니라 이런 개념들로 서술된 실제의 생활상황이기 때문에[74] 객관적·주관적 구성요건 사이의 완전한 일치(Kongruenz)가 요구되는 것은 아니다. 다만 비전문가층에 평행한 평가에 따르면 범인이 자신의 교육의 정도와 전문지식에 따라 행위상황의 법적·사회적 의미내용을 일반적인 수준으로 옳게 이해한 것으로 충분하다.[75]

형법적 의미에서의 문서의 개념은 모르더라도 대학교 성적증명서의 일부 내용을 임의로 수정하여 입사원서로 제출하면 안 된다는 정도의 인식만 있으면 문서위조의 고의는 인정된다. 대학까지 졸업한 행위자가 개인적으로 판단하여 성적증명서는 문서가 아니라고 오인을 했다고 하더라도 이는 포섭의 착오로서 고의성립에는 영향을 주지 않는다. 반면에 특별한 이유로 행위자에게 평균인이 가질 수 있는 판단능력이 결여되어 이를 인식하지 못한 경우에는 고의는 조각될 수 있다.

그러나 이 이론이 제시하는 착오구분의 판단척도로서의 사회적 의미내용이라는 개념이 불명확하다는 점과 행위자가 사회적 의미내용을 인식했는지의 여부를 확정하기 어렵다는 점으로 인해 이 공식은 명백한 구분기준을 제시하기보다는 오히려 애매하다는 비판을 받게 된다.[76]

제 17 절 구성요건착오

I. 착오의 의미

행위주체는 자신의 의식범위 내에서 객체를 인식하게 되고 이러한 인식에서 객체관련적 인식내용이 형성되는데, 이 인식내용과 사실세계의 객체가 일치하지 않

---

73) Mezger, JW 1927, 2007.
74) Warda, Jura 1979, 71, 80.
75) BGHSt 8, 323; 15, 338; 15, 352.
76) Herzberg, JZ 1993, 1018 f.

는 경우를 착오라고 할 수 있다. 따라서 착오는 인식과 실재(Wirklichkeit 혹은 Tatsache)의 불일치[1] 혹은 좀 더 정확히는 잘못된 인식내용(fehlerhafte Bewußtseinsinhalt)으로 정의할 수 있다.[2]

II. 사실의 착오(Tatsachenirrtum)와 법률의 착오(Rechtsirrtum)의 구분[3]

1. 사실의 착오와 법률의 착오의 수평적 구분

독일제국재판소는 초기에 사실의 착오(ignorantia facti)와 법률의 착오(ignorantia iuris)라는 두 종류의 착오만을 인정하고 그중 사실의 착오만이 가벌성 심사에서 형법적 의미를 갖는 착오로 보았다. 즉 행위상황에 대한 올바른 인식을 고의책임을 위한 본질적 근거로 인정하는 만큼 이 사실에 대한 인식이 결여된 사실의 착오에서는 고의가 조각되는 반면, 사실에 대한 인식은 있으나 위법성의 판단만이 결여된 법률의 착오는 행위자의 고의나 책임의 인정에 아무런 변수가 되지 않는 것으로 이해했다.[4] 일반인은 누구나 법규범의 존재와 내용을 알고 있어야 할 의무가 있다고 보았던 제국재판소는 처음에는 위법성에 대한 현실적·잠재적 인식의 결여는 책임고의인정에는 아무 영향을 주지 않는다는 입장을 취하고 있었던 것이다.[5]

하지만 일반인에게 법규범에 대한 완전한 지식을 요구하는 것이 무리라는 비난이 일자 제국재판소는 착오에 관한 자신의 견해를 약간 수정하여 법률의 착오를 형법외적 법률의 착오(außerstrafrechtlicher error iuris)와 형법적 법률의 착오(strafrechtlicher error iuris)로 세분하여 형법외적인 법률의 착오는 고의를 조각하는 사실의 착오와 대등한 것으로 취급하고[6] 형법적 법률의 착오만을 가벌성 심

---

1) Engisch, Logische Studien zur Gesetzesanwendung, 3. Aufl., 1963, S. 39 ff.
2) Gössel, Über die Bedeutung des Irrtums im Strafrecht, 1. Band, 1974, S. 27. 이에 대해 김영환, 방법의 착오의 문제점, 고시계 95/7, 35면과 문채규, 구성요건착오의 한계사례와 인과과정의 착오, 비교형사법연구, 제3권 제1호, 2001, 30면 각주 3) 참조.
3) 용어형성의 배경에 대해서는 배종대, [54] 1 각주 1) 참조. 성낙현, 착오의 체계와 이론, 정성근 화갑논문집, 1997, 465면.
4) RGSt 2, 269; 12, 275; 57, 205; 58, 11; 61, 208; 61, 258; 63, 218.
5) "법률에 대한 무지는 형벌로부터 보호되지 아니한다(nemo censetur ignorare legem)"라는 격언이 이를 말해 준다.

사에 영향을 주지 못하는 착오로 취급하였다. 이러한 수정된 견해에도 형법외적인 착오와 형법적 착오를 엄밀히 구분할 수 없다는 이유와 형법의 범위 내에도 그 존재에 대한 인식을 요구하기에는 무리라고 할 수 있는, 일반인에게는 잘 알려지지 않은 영역이 있다는 사실을 들어 비판이 가해졌다.7)

2. 사실의 착오(구성요건착오)와 법률의 착오(금지착오)의 수직적 구분

2차 세계대전 이후에 판례는 이러한 제국재판소의 견해에서 탈피하기 시작하였고 이러한 변화의 결과 독일연방대법원8)은 오늘날에도 일반적으로 인정되는 새로운 착오의 체계를 위한 발판을 구축했다. 독일연방대법원은 제국재판소의 견해에 대한 두 가지 비판점에서 출발한다. 하나는 과거 판례의 견해는 행위자의 위법성에 대한 통찰가능성을 가벌성의 전제로 하지 않음으로써 책임원칙과 부합되지 않는다는 점이고, 둘째는 형법적 법률착오와 비형법적 법률착오를 항상 무리 없이 논리적으로 구분할 수 있는 것이 아니라는 사실이다.9)

따라서 연방대법원은 책임설에 입각하여 착오를 구성요건적 불법을 이미 배제하는 구성요건착오와10) 구성요건의 인정에는 영향 없이 책임의 인정 여부만이 검토대상이 되는 금지착오로 구분한다. 즉 착오의 구분이라는 작업은 책임단계에만 관련되는 것이 아니고 책임 이전의 구성요건단계라고 하는 다른 범위에도 관련될 수 있는 것으로 보았다. 이로써 착오구분은 더 이상 수평적이 아니라 수직적으로 이루어진다고 할 수 있다. 구성요건착오에 빠진 행위자는 자신이 무엇을 행하는지도 모르기 때문에 자신의 행위가 허용된 것으로 인식하는 데 비해 금지착오에 빠진 행위자는 적어도 자신의 행위에 대한 사실관계는 제대로 파악하고 있지만 착오에 의해서 그것이 허용된 것으로 안다는 점에서 본질적 차이가 있는 것이다.11)

---

6) RGSt 1, 368; 10, 234; 72, 309.
7) Haft, 3. Aufl., S. 250 f.
8) BGHSt 2, 194.
9) Schroth, Vorsatz und Irrtum, 1998, S. 17.
10) 이 용어는 사실 정확한 표현은 아니다. 이 착오는 구성요건 자체가 아니라 구성요건에 포섭되는 대상 혹은 행위상황에 관련된 착오이기 때문이다.
11) BGHSt 2, 197.

III. 구성요건착오의 종류

1. 객체의 착오

객체의 착오(Irrtum über das Handlungsobjekt; Error in persona vel objecto)란 행위자가 결과를 발생시키고자 하는 객체의 성질 또는 동일성에 대한 인식이 잘못된 경우를 말한다. 여기에는 행위자의 인식내용의 객체와 실제로 결과가 발생된 객체가 구성요건적으로 동일한 가치를 가지는 경우와 서로 다른 가치를 지니는 경우가 포함된다. 객체의 착오 사례 중에서 동가치 객체 간의 착오일 때와 이가치 객체 간의 착오일 때 고의인정 여부에 있어 결론은 다르게 나타난다.

1) 동가치 객체 간의 착오(구체적 사실의 착오)[12]

행위 당시 행위자가 인식한 행위객체와 실제로 결과가 발생된 객체 사이에 구성요건적 가치에서 차이가 없는 경우이다. 갑으로 알고 살해를 하고 보니 을이었던 경우, 혹은 갑의 자동차인 것으로 알고 손괴를 했으나 사실은 을의 자동차였던 경우이다. 인식객체와 결과가 발생된 객체 간에 동가치성이 인정될 때에는 발생된 결과에 대한 고의는 인정된다. 곧 앞의 사례에서 을에 대한 살인고의 혹은 을의 자동차에 대한 손괴고의가 인정된다. 행위자는 자신이 원하는 객체에 원하는 결과를 발생시켰다고 보아야 하며 객체의 동일성에 대한 착오는 가벌성에 아무런 영향을 주지 않기 때문이다. 이런 경우의 착오는 형법적으로 의미 없는 동기의 착오에 불과한 것이므로 후술하는 어느 이론을 따르더라도 고의기수는 인정된다.[13]

2) 이가치 객체 간의 착오(추상적 사실의 착오)

행위자가 인식한 행위객체와 결과가 발생된 행위객체 사이에 구성요건적 가치에서 본질적인 차이가 있는 경우를 말한다. 예컨대 어둠 속에서 허수아비로 알고 총

---

12) 구체적 사실의 착오와 추상적 사실의 착오라는 용어가 일반적으로 사용되고 있으나 용어 이전의 일상의 단어로서 가지는 통념의 의미와 용어로서의 의미 사이에 관련성을 찾기가 어렵다. 따라서 이 책에서는 동가치, 이가치 객체 간의 착오의 용어를 사용하고자 한다.

13) BGHSt 11, 268. Preußisches Obertribunal, GA 1859 (Bd. 7), 332 참조.

을 쏘았으나 사실은 사람이었던 경우, 혹은 반대로 사람인줄 알고 밀쳐 넘어뜨렸으나 마네킹이었던 경우가 이에 해당한다. 이가치 객체 간의 착오일 때에는 발생된 결과에 대한 고의는 부정된다. 가령 갑이 밤중에 을을 살해하고자 하는 의도로 총을 쏘았는데 그 객체는 낮에 을이 만들어 세워 둔 허수아비였다면 갑에게는 구성요건 성립에 중요한 객관적 행위상황에 대한 인식이 결여되어 발생된 결과에 대한 고의는 부정되는 것이다. 따라서 살인의 불능미수와 과실에 의한 재물손괴의 상상적 경합이 인정된다는 점에 이의가 없다. 재물손괴에 대해서는 과실범 처벌규정이 없으므로 살인의 불능미수의 책임만이 남는다.

동가치성 판단기준에 대해서는 행위자 주관의 가치에 따른 분류를 해야 한다는 주관설과 법적·사회적 의미에 따라 객관적으로 판단해야 한다는 객관설이 제시된다. 어둠 속에서 상대방을 강도일 줄 알고 몽둥이로 때렸는데 사실은 자기 동생이었을 경우 주관적으로는 인식내용상의 객체의 가치와 실제의 가치가 서로 다르다. 이때 주관설에 의한다면 이가치 객체 간의 착오가 인정되어야 할 것이다. 하지만 법적으로 사람은 모두 동일한 가치를 지니므로 객관적 판단기준에 따라 동가치성이 인정되어야 한다.

2. 방법의 착오(aberratio ictus)

방법의 착오는 행위수단 혹은 방법의 잘못으로 자신이 결과를 발생시키고자 의도했던 객체가 아닌 다른 객체에 결과가 발생한 경우이다. 타격의 착오라고도 한다. 착오를 인식내용과 사실의 불일치로 정의한다면 착오는 인식과 관련되어야 하는 것인데 방법의 착오사례는 인식내용과는 무관한, 단지 객관적 사건진행이 의도에 어긋나는 결과로 연결된 사례로서 엄밀히 말하면 착오의 범위에 속하는 것은 아니다.[14]

1) 이가치 객체 간의 방법의 착오

방법의 착오에서 행위자가 의도했던 객체와 실제로 결과가 발생된 객체가 서로 다른 구성요건적 가치를 띤다면 결과가 발생한 객체에 대한 과실과 결과를 발생시

---

14) 김일수/서보학, 149면.

키고자 했던 객체에 대한 미수의 상상적 경합으로 취급한다는 데 큰 이견은 없다. 예를 들어 갑이 먼 거리에서 을을 살해하기 위해 총을 쏘았으나 총알이 빗나가 을이 아닌 을의 자동차에 맞아 자동차가 손상된 경우라면 살인미수와 과실에 의한 재물손괴의 상상적 경합이 인정된다. 반대로 자동차 손괴의 의도로 행위를 하였으나 을이 맞아 죽게 된 경우는 재물손괴의 미수와 과실치사의 상상적 경합이 성립된다.

이러한 결론은 의도했던 객체와 결과발생 객체 간에 동가치가 인정되는 사례에서 그중 하나의 객체에 정당화사유가 존재하는 경우도 동일하게 나타난다. 예컨대 갑은 자신을 공격하는 을에 대해 정당방위 의사로 흉기를 휘둘렀는데 옆에서 악의 없이 을을 말리던 을의 친구를 다치게 한 경우에 후술하는 구체적 부합설은 물론 법정적 부합설에 의하더라도 적어도 을에 대한 상해미수는 인정되어야 한다.[15)]

2) 동가치 객체 간의 착오

이가치 객체 간의 착오와는 달리 동가치 객체 간의 방법의 착오의 경우에는 견해의 대립이 발생된다.

(1) 구체적 부합설(Konkretisierungstheorie)[16)]

구체적 부합설은 고의의 인정은 행위 당시의 인식범위 내에 확정된 대상에 대해서만 이루어진다는 점을 원칙으로 한다. 따라서 갑이 을을 살해하기 위해 총을 쏘았는데 빗나간 총알이 옆에 있던 병에 맞은 경우나, 혹은 을에 대한 살해의도로 독이 든 술을 선물했는데 을의 부인인 병이 마시고 죽은 각각의 경우에 행위 당시 갑이 의도했던 행위객체는 병이 아닌 을이었으므로 병이라는 객체에 발생한 결과에 대한 고의는 인정할 수 없게 된다. 결론적으로 고의의 대상이었던 을에 대해서는 결과가 발생되지 않았으므로 이에 대한 살인미수와 고의가 없이 결과가 발생된 병에 대한 과실의 상상적 경합이 인정된다.

구체적 부합설은 방법의 착오인 이상 인식객체와 현실적 객체가 동가치이든 이

---

15) Roxin, AT I, § 12 Rdnr. 146. RGSt 58, 27.

16) Baumann/Weber/Mitsch, § 21 Rdnr. 13; Herzberg, JA 1981, 472; Jescheck/Weigend, § 29 V 6 c); Lackner, § 15 Rdnr. 13; LK-Schroeder, § 16 Rdnr. 8; Sch/Sch/Cramer/Sternberg-Lieben, § 15 Rdnr. 59; SK-Rudolphi, § 16 Rdnr. 29; Tröndle/Fischer, § 16 Rdnr. 6; RGSt 13, 338; 19, 179; BGHSt 11, 268; OLG Neustadt NJW 1964, 311.

가치이든 결론에서 동일하다. 다만 객체의 착오에서 이가치 객체의 경우에 인식객체에 대한 불능미수와 결과가 발생된 객체에 대한 과실의 상상적 경합이 인정되지만, 동가치인 경우에는 인식객체가 무엇이었든 고려할 필요 없이 단지 결과가 발생된 객체에 대한 고의가 인정된다.

(2) 법정적 부합설(Gleichwertigkeitstheorie)

법정적 부합설은 행위자가 인식·의도한 객체와 현실적으로 결과가 발생한 객체가 일치하지 않더라도 구성요건적 가치가 부합하는 한 결과가 발생된 객체에 고의기수를 인정하고자 한다.[17] 법정적 부합설 중에서 구성요건 부합설은 '법정(法定)'의 범위를 '구성요건'의 범위에 일치하는 것으로 이해하여 인식한 사실과 실제로 결과가 발생한 사실이 서로 다른 구성요건의 범위에 해당하는 경우에는 미수와 과실의 상상적 경합이 성립하지만, 동일한 구성요건의 범위에 든 경우에는 발생결과에 대한 고의를 인정한다. 우리 판례의 입장이라 할 수 있다.[18]

(3) 죄질부합설

죄질부합설은 발생된 결과에 대한 고의를 인정하기 위해 인식사실과 결과발생사실이 반드시 구성요건적으로 부합할 필요는 없고 죄질이 동일하면 결과에 대한 고의가 인정되어야 한다는 견해이다. 예컨대 주인이 잠시 전화를 걸기 위해 길거리에 방치해 둔 물건을 범인이 분실물로 생각하고 집으로 가져온 경우 행위자의 고의는 점유이탈물 횡령이지만 현실적으로는 절도의 결과가 발생한 것이다. 이때 구성요건부합설에 의하면 점유이탈물 횡령의 미수와 과실에 의한 절도의 상상적 경

---

17) 신동운, 216면. 이에 대해 자세한 것은 성낙현, 공범관계에 있어서의 객체의 착오와 방법의 착오, 영남법학 제2권 제1·2호, 1995, 223면 이하 참조.

18) ① 대판 1984.1.24, 83도2813 : 피고인의 형수의 등에 업혀 있던 피고인의 조카 피해자 2에 대하여는 살인의 고의가 없었으니 과실치사죄가 성립할지언정 살인죄가 성립될 수 없다는 주장을 살피건대, 피고인이 먼저 피해자 1을 향하여 살의를 갖고 소나무 몽둥이를 양손에 집어 들고 힘껏 후려친 가격으로 피를 흘리며 마당에 고꾸라진 동녀와 동녀의 등에 업힌 피해자 2의 머리 부분을 위 몽둥이로 내리쳐 피해자 2를 현장에서 두개골절 및 뇌좌상으로 사망케 한 소위를 살인죄로 의율한 원심조처는 정당하게 긍인되며 소위 타격의 착오가 있는 경우라 할지라도 행위자의 살인의 범의성립에 방해가 되지 않는다. ② 대판 1975.4.22, 75도727 : 피고인이 설령 공소 외 1을 살해할 목적으로 발사한 총탄이 이를 제지하려고 피고인 앞으로 뛰어들던 병장 공소 외 2에게 명중되어 공소 외 2가 사망한 본건의 경우에 있어서의 공소 외 2에 대한 살인죄가 성립한다 할 것이므로 공소 외 2에 대한 피고인의 살의를 부정하는 논지도 이유 없다.

합이 성립되지만 이에 대한 처벌규정이 모두 존재하지 않아 무죄가 된다. 이러한 경우 죄질부합설에 의하면 양자가 부합하는 범위, 곧 점유이탈물 횡령의 고의책임은 인정될 수 있다고 한다.[19]

(4) 실체적 동가치설

실체적 동가치설(materielle Gleichwertigkeitstheorie)은 절충적 견해로 방법의 착오사례에서 인식객체와 결과가 발생된 객체가 모두 생명, 신체와 같은 일신전속적(一身專屬的) 법익인 경우에는 구체적 부합설을 따르는 반면, 소유권이나 재산 등과 같이 인적 관련성이 없는 법익에 있어서는 방법의 착오는 중요하지 않으므로 발생된 결과에 고의를 인정하는 것으로 족하다는 견해이다.[20]

이 견해는 결론에서의 실용성이 있다는 점에서 부분적으로는 공감이 가나 본질적으로 일신전속적 법익과 그렇지 않은 법익을 구분하는 논거를 찾기 어렵다.

(5) 추상적 부합설

인식사실과 결과발생 사실에 구성요건의 정형성이나 보호법익의 동질성 따위를 고려할 필요 없이 두 가지 사실이 모두 범죄구성요건에만 해당하면 이로써 추상적 부합은 성립되고, 이 범위 안에서 고의가 인정되어야 한다는 입장이다. 이 견해에 따르면 인식대상으로서의 객체와 실제로 결과가 발생된 객체 사이에 동가치성이 인정되면 방법의 착오이든 객체의 착오이든 발생된 결과에 대한 고의가 인정된다. 이 부분에서는 법정적 부합설과 결론이 동일하다.

반면에 이가치성이 인정되는 경우에는 방법의 착오와 객체의 착오에 대한 구별 없이 다음의 두 가지 경우로 나뉘어진다. (i) 중죄의 고의로 행위하여 경죄의 결과가 발생한 경우에는 중죄의 미수와 경죄의 기수의 상상적 경합이 성립되며(결국 경죄 고의를 흡수한 중죄 미수로 처벌), (ii) 경죄의 고의로 중죄의 결과를 발생시킨 경우에는 경죄의 기수와 중죄의 과실의 상상적 경합으로 취급한다. (i)의 사례에서 사람인 줄 알고 총을 쏘았는데 마네킹이었던 경우 혹은 사람을 향해서 총을 쏘았는데 옆에 세워진 자동차에 맞은 경우 모두 경죄인 재물손괴는 고의 없이 발생된 것

---

19) 죄질부합설을 지지하는 입장으로 김신규, 169면; 서거석/송문호, 147면; 이재상/장영민/강동범, § 13-17; 임웅, 180면; 정성근/박광민, 183면.

20) Hillenkampf, Die Bedeutung von Vorsatzkonkretisierungen bei abweichendem Kausalverlauf, 1971, S. 125. 이에 대한 반대 견해는 Roxin, AT I, § 12 Rdnr. 151; Rudolphi, ZStW 86 (1974) 94.

이므로 이에 대한 과실이 인정되어야 함에도 기수를 인정하고 (ii)의 사례에서는 (i) 사례의 반대 경우를 생각하면 경죄는 발생이 되지 않았으므로 미수가 인정되어야 할 것을 기수로 인정한다는 데 특징이 있다. 이 이론은 과실범 및 미수범 처벌규정이 약한 법체제에서 그 실정법적 결함을 이론적으로 극복하고자 한 노력으로 볼 수 있으나 우리의 현행형법에는 타당성이 전혀 없는 이론이다.

(6) 구체적 부합설과 법정적 부합설의 비교평가

법정적 부합설은 객체의 착오에서는 동가치의 경우와 이가치의 경우 각각 구체적 부합설과 결론을 같이 한다. 방법의 착오에서도 이가치의 경우는 구체적 부합설과 결론은 같다. 동가치 객체 간의 방법의 착오의 경우에만 구체적 부합설과는 달리 발생된 결과에 대해 고의를 인정한다. 그러나 법정적 부합설은 행위 당시의 인식 내용에 상관없이 발생한 결과에 따라 사후적으로 행위자의 고의를 확대하여 인정한다는 점에서 합리적이지 못하다.

갑이 을에 대한 살해의도로 총을 쏘아 병을 잘못 맞춘 경우에 병에 대해서는 본의 아니게 원하지 않았던 결과가 발생했다는 점과 을에 대해서는 의도했던 바를 이루지 못했다는 이 두 가지 요소는 고의의 관점에서 엄격히 분리되어 평가되어야 한다. 목적적 행위론의 관점에서 인간의 행위를 인과진행의 목적적 결정을 통한 법적으로 중요한 행태로 정의한다면, 방법의 착오는 바로 인과과정이 범인의 의도에서 일탈하여 목적적 조종이 존재하지 않는 사례에 해당한다.

법정적 부합설의 주장대로 어차피 행위자는 살인의 의도로 실행착수를 했고 결과적으로 살인죄의 구성요건이 충족되었으므로 결과에 따른 고의가 인정되어야 한다면, 이는 사전고의 혹은 사후고의가 아닌 행위 당시의 인식내용이 고의의 판단기준이 되어야 한다는 기본적 원칙을 무시하고 부당하게 가벌성의 범위를 확장하는 이론일 수밖에 없다.

더군다나 위 사례에서 총알이 을을 스쳐 병이 맞는 바람에 병이 사망했음은 물론 을도 중상을 입은 경우 (이른바 병발사례) 구체적 부합설은 논리일관되게 을에 대한 (상해기수가 흡수된) 살인미수와 병에 대한 과실치사를 인정하게 되어 이론적용과 결론에서 문제가 없지만, 법정적 부합설은 어려움에 빠지게 된다. 을에게 아무런 결과 발생 없이 병에게만 결과가 발생한 경우와는 달리, 여기서는 을에게 살인미수의 의미를 내포하는 상해라는 형법적 결과가 발생되었고, 이를 전체적 가벌성 판단에서 무시할 수 없다는 점이 부합설을 혼란에 빠뜨리는 것이다.

법정적 부합설의 범위에서는 이런 사례에서 을에 대한 살인미수와 병에 대한 살인기수의 상상적 경합이 된다는 주장이 있을 수 있으나 이것은 이미 이 이론의 원칙이 포기되었음을 의미하는 것과 다를 바 없다. 따라서 이론 내적 논리일관성을 존중한다면 이러한 사례에서도 (을에 대한 살인미수와 상해기수가 흡수된) 병에 대한 살인기수만이 인정될 수밖에 없다.21) 이런 논리귀결은 엄연히 독립된 법익주체인 을의 일신전속적 법익침해에 대한 평가가 오히려 고의 대상이 아니었던 병에 대한 법익침해 결과에 묻혀 버리게 되는 결과로 이어진다.22) 따라서 법정적 부합설은 이론내용과 결과에 있어 치명적 단점을 안고 있는 견해라 하겠다.

각각의 사례에 대한 각 학설의 결론을 도식화 하면 다음과 같다.

		객체의 착오	방법의 착오
구체적 부합설	동가치 객체 간의 착오	고의기수	미수 + 과실
	이가치 객체 간의 착오	불능미수 + 과실	미수 + 과실
법정적 부합설	동가치 객체 간의 착오	고의기수	고의기수
	이가치 객체 간의 착오	불능미수 + 과실	미수 + 과실
추상적 부합설	동가치 객체 간의 착오	고의기수	고의기수
	이가치 객체 간의 착오	중죄 고의로 경죄 발생(중죄 미수와 경죄 기수) 경죄 고의로 중죄 발생(경죄 기수와 중죄 과실)	

3) 결론

우선 추상적 부합설은 이가치 객체 간의 착오에 있어서 경죄는 과실이거나 미수가 인정되어야 하는 사례에서 무조건 기수를 인정한다는 점은 논리상 절대적으로 부당하며, 동가치 객체 간의 방법의 착오에서도 발생된 결과에 고의를 인정한다는 점도 만족스런 결론이라 할 수 없다. 과실범과 미수범에 대한 처벌규정이 매우 약

---

21) 이재상/장영민/강동범, § 13 − 16; 임웅, 180면; 정성근/박광민, 184면 이하.
22) 같은 논지로 김일수/서보학, 155면 이하.

한 법체계에 상응하는 견해일 수 있으나, 우리의 법현실에는 전혀 타당성이 없는 이론이므로 논의할 가치가 없다고 하겠다.

법정적 부합설은 전술한 바와 같이 동가치 객체 간의 방법의 착오에서 고의 없이 결과가 발생된 객체에 사후적으로 고의를 확장하여 인정한다는 점에서 부당하다. 이것은 고의와 행위의 동시존재의 원칙에 어긋나므로 논리적으로도 부당하고, 결론에 있어서도 가벌성의 범위가 부당하게 확장된다는 점에서 결코 만족스럽다고 할 수 없다.

자연스런 논리에 따르면 의도했던 객체에 대한 미수와 결과가 발생된 객체에 대한 과실의 상상적 경합이 인정되어야 한다. 발생된 결과에 대해서는 객관적·주관적 구성요건의 일치(Kongruenz)가 부정되는 것이 당연하므로 고의기수범에 의한 처벌은 배제된다. 이것은 구체적 부합설의 당연한 귀결이다.

3. 인과과정의 착오

인과관계도 객관적 구성요건요소의 하나이므로 고의가 성립되기 위해서는 사건의 인과경과에 대한 행위자의 예상과 실제가 일치될 것이 원칙적으로 요구된다. 따라서 행위 당시에 행위자가 예상했던 인과과정과는 다른 과정을 거쳐 실제의 결과가 발생했을 때 행위자에게 인과과정의 착오가 인정된다. 그러나 인과관계는 행위시점을 기준으로 할 때 미래에 해당하는 것이고, 자신의 현재의 원인행위가 장차 어떠한 경과를 거쳐 어떠한 결과에 이르게 될지를 정확하게 예견한다는 것은 보통의 인간으로서 매우 어려운 일일 수 있다. 그러므로 일반적 견해는 고의인정을 위해서 인과과정에 대한 행위자의 생각과 실제가 완전히 일치하기를 요구하기보다는 인과과정의 본질적 내용을 인식한 것으로 족하다고 본다. 이에 따라 인과관계의 범위에서 어느 정도의 세부적인 요소에서의 불일치가 있다고 해서 반드시 행위자의 고의가 배제되어야 하는 것은 아니라고 해야 한다.23)

행위자의 인과과정에 대한 인식과 실제가 서로 일치하지 않아 고의인정 여부가 문제되는 사례로서 개괄적 고의 사례와 그 반전된 사례, 곧 결과가 계획보다 앞당겨 발생한 사례를 들 수 있다.

---

23) 오영근, 156면.

1) 개괄적(槪括的) 고의 사례

이는 행위자가 특정의 결과를 실현하겠다는 의도를 가지고 행위를 하여 결국 의도했던 결과는 발생되었으나, 그 결과는 사실 그가 원래 생각했던 제1행위가 아닌, 생각지 않았던 제2행위에 의해서 비로소 이루어진 경우이다. 판례에서도 볼 수 있듯이, 범인이 살인의 의도로 피해자를 돌로 머리와 가슴을 수차례 내리쳐 정신을 잃고 쓰러지자 죽은 줄로 알고 자신의 범행증거를 없애기 위해 웅덩이에 매장하였는데, 사실은 그때까지 살아있던 피해자가 매장으로 인해 질식사한 사례가[24] 이에 해당한다.

이러한 사례에서 행위자가 가졌던 인과과정에 관한 착오가 전체 행위의 가벌성 판단에 어떠한 영향을 줄지에 대해서는 두 가지의 상반되는 관점이 형성된다. 하나는, 행위자가 제1행위 당시 가지고 있던 고의의 내용이 결국 실현된 데 지나지 않으므로 결과에 따른 고의기수범이 인정되어야 할 것이며, 그의 우연한 착오가 가벌성 판단에서 유리하게 작용해서는 안 된다는 입장이다. 다른 하나는, 행위과정에서 행위자의 인과과정에 관한 착오가 명백히 존재함을 인정하고 이에 대해서 현재 보편적으로 인정되는 구성요건착오의 논리를 왜곡 없이 객관적으로 적용하여 결론을 도출할 것이지, 이를 제한하거나 예외를 인정할 이유가 없다는 점이다. 이에 관련한 다양한 견해가 제시된다.

(1) 개괄적 고의설

개괄적 고의(dolus generalis)라는 개념을 처음 체계화한 v. Weber는 하나의 범행결의가 본질적 결과에 영향을 줄 수 있는 여러 개의 행위 혹은 여러 개의 행위단락을 포괄하는 경우, 그 전체 과정은 단일한 고의에 의한 단일한 행위로서 하나의 고의기수범이 인정되어야 한다고 보았다. 범인이 제1의 행위 당시 이미 제2의 부분

---

24) 대판 1988.6.28, 88도650 : 범인은 자신의 처를 희롱하는 피해자에 대해 순간적으로 분노가 폭발하여 살해하기로 마음먹고 피해자의 머리와 가슴을 돌로 수차례 내리쳐 뇌진탕으로 정신을 잃자 죽은 것으로 오인하고 증거를 인멸할 목적으로 웅덩이를 파고 매장하였는데 그 결과 피해자는 질식사하였다. 그렇다면 피해자가 구타에 의해 직접 사망한 것이 아니라 죄적을 인멸할 목적으로 행한 매장행위에 의해 사망하게 되었더라도 전과정을 개괄적으로 보면 피해자의 살해라는 애초의 예견사실이 결국 실현된 것이기 때문에 살인죄의 죄책을 면할 수 없다.

행위를 예정했다면, 그의 개괄고의(槪括故意)는 제2행위에까지 연장되어 계속적으로 미치므로 여기에는 여러 개의 부분행위가 아닌 하나의 전체행위만이 존재하는 것으로 이해할 수 있으며, 이러한 경우 전체로서의 살인기수를 인정함으로써 족하다는 것이다.

하나의 전체범행을 총괄적으로 지배하는 의도에 모든 개별적 부분행위는 종속되고 마지막 부분행위를 끝으로 전체범행이 종결되는 것으로 본다면, 살인행위 후 시체를 은폐한다는 것은 총괄적 살인의도의 이성적 귀결부분일 뿐 독립적 범죄행위에 해당하는 것이 아니라고 보는 것이 가능하다. 이러한 시각에서 Welzel 역시 은밀하게 행해지는 살인범죄에서 증거인멸을 위해 피해자를 매장하는 것은 전체범죄에서 비독립적 부분행위에 지나지 않아 통틀어 하나의 단일한 고의기수범이 인정되는 것으로 본다.[25]

그러나 개괄적 고의설은 죄의 성립요소인 사실을 인식하지 못한 행위는 적어도 고의범으로 처벌되지 않는다는 형법 제13조의 법문에 위배되므로 부정되어야 한다. 고의범으로 처벌하려면 행위상황과 결과에 대한 인식이 있어야 하는데 개괄적 고의 사례의 제2행위에는 이 요소가 결여되었음에도 불구하고 개괄적 고의개념을 끌어들여 고의범으로 처벌한다는 것은 법치주의원리에도 부합하지 않는다.

개괄적 고의설의 범위에서, 시체를 은닉하겠다는 고의를 제1행위 종료 후에 비로소 가졌다면 개괄적 고의가 존재하지 않으므로 두 구성요건의 일치가 성립하지 않으며, 단지 미수와 과실범의 실체적 경합만이 인정될 수 있다는 견해가 제시된다.[26] 그러나 이러한 견해는 살인죄의 귀속문제를 어째서 사망결과와는 관련 없는 다른 결과(피해자의 은닉)를 행위자가 처음부터 의도했었는지의 여부에 종속시켜야 하는지를 설명하지 못한다.

(2) 인과과정의 착오설

개괄적 고의이론에 대한 비판의 토대에서 출발한 인과과정 착오설은 행위자가 생각했던 인과과정과 실제의 사건경과가 꼭 일치하지는 않았더라도 그 차이가 생활경험법칙상 무시해도 좋을 정도여서 형법적으로도 특별한 의미가 없는 경우라면

---

25) Welzel, S. 74.
26) Welzel, S. 74. Vgl. Sch/Sch/Cramer/Sternberg−Lieben, § 15 Rdnr. 58; Tröndle/Fischer, § 16 Rdnr. 7.

인과과정의 착오는 부정되므로 고의가 인정되지만, 그 차이가 본질적인 경우는 인과과정의 착오로서 고의는 부정된다는 견해이다.[27] 이 견해의 입장에서 본다면 앞의 판례사례에서 살인고의기수의 결론에 이르는 것이 당연하다.[28]

그러나 인과과정 착오설은 고의에 의한 제1행위만이 본질적이며 그에 잇따르는 제2행위는 최종결과에 대해 단순 기계적·인과적 의미만 지닐 뿐 독자적 의미는 없다고 보는 큰 오류를 범하고 있다. 요컨대 하나의 범죄에 대한 결과귀속은 매순간 행위자의 예견 혹은 지배가능성을 전제로 하며, 일련의 행위과정에 있어서 단락구분이 가능한 범위에서는 모든 단락에서 귀속의 문제는 새로이 제기되어야 한다. 여러 단락의 행위가 결합되어 하나의 결과를 발생시킨 경우라도 이들 행위를 전체로서의 행위단일성으로 묶을 만한 특별한 요건이 존재하지 않는 이상 각각의 행위는 그 자체로 분리되어 평가되어야 한다.

따라서 제1행위에 자연스럽게 이어진 제2행위에 고의가 결여되어 과실로 평가되는 경우라도, 이를 제1행위의 인과적 요소로만 인정하여 이에 결속시킴으로써 법적 평가에서 배제해서는 안 된다. 제1행위에는 살인고의가 있었으나 결과로 실현되지 않았고, 제2행위에서는 살인고의 없이 그 결과가 실현되었을 때, 제2행위의 관점에서 보는 제1행위의 고의는 사전고의에 지나지 않을 만큼 두 행위의 개별적 의미는 강하다. 만일 제2행위를 제1행위에 대한 종속적·인과적 속성으로 축소한다면 이러한 사실은 묻혀 버리고 이는 마침내 행위책임원칙(Tatschuldprinzip)에도 어긋난다.[29]

결국 인과과정 착오설은 제1행위를 기수범으로 처벌하기에 모자라는 부분을 제2행위의 과실에 의한 결과발생으로 메움으로써 전체행위를 하나의 고의기수범으로 빚어내고자 하는 견해로서, 과거의 개괄적 고의이론의 취지내용과 결론에서 조금도 바를 바가 없다는 점에서 새 술이 아닌 옛 술을 새 부대에 담은 데 불과하다는 비판을 받아 마땅하다.[30]

27) 김/박/안/원/이, 124면; 김성천/김형준, 119면; 박상기, 140면; 이재상/장영민/강동범, § 13-29 등 다수설이다.
28) 허일태(역), 147면; Jescheck/Weigend, § 29 V 6 d); NK-Puppe, § 16 Rdnr. 102 ff.
29) 성낙현, 개괄적 고의사례와 그 반전된 사례의 형법적 평가에 대한 재론, 형사법연구 제28권 제2호, 2016 여름, 40면 이하.
30) 성낙현, 앞의 논문, 40면.

(3) 계획실현설

행위자가 제1행위 시점에 제1급 직접고의를 가졌다면, 그가 생각했던 인과경과와 실제의 경과 사이에 예견가능한 정도의 차이가 있었다고 하더라도 결과는 행위자의 당초의 계획에 일치하는 그의 작품으로 볼 수 있어 고의기수범이 성립되지만, 처음의 고의가 미필적 고의였거나 혹은 제1행위 이후 범행을 포기하고 피해자를 살리려 했으나 실패한 것으로 오인하여 제2행위로 나아간 경우에는 계획실현은 부정되어 고의기수범이 아닌 미수범만이 성립한다는 견해이다.[31]

본질과 결론에서 인과과정 착오설과 크게 다르지 않은 이 견해 역시 만족스럽지 못하다. 전체범죄에 대한 최종결론이 제1행위 당시의 고의의 종류에 필연적으로 종속되는 것은 아니며, 이 견해에서 확정적 고의를 의미하는 '계획'만 실현되었다고 해서 실제 인과경과의 사실적 의미를 무시하고 규범적 관점에서 고의를 인정하는 것은 부당하기 때문이다.

(4) 객관적 귀속 및 주관적 귀속설

이러한 사례는 고의의 문제로서가 아니라 객관적 귀속의 문제로 보아 해결이 가능하다는 견해이다. 이에 따르면 전체 행위에 대해 위험창출, 위험의 상당한 실현, 규범의 보호목적 등 객관적 귀속의 척도에 따른 평가가 이루어져야 한다는 것이다. 이 평가에 의해 객관적 귀속이 부정되면 가벌성 심사가 그것으로 끝나게 되지만, 그렇지 않은 경우에는 어차피 고의와 관련한 가벌성심사가 계속 이루어져야 한다.

이 견해는, 객관적 귀속과 고의인정에 관한 심사는 일원적으로 동시에 이루어지거나 후자가 전자에 항상 자동적으로 종속되는 것은 아니며 시간적 순서를 달리하는 독립적 판단단계라는 사실을 간과하고 있다. 객관적 귀속은 주관적 귀속판단의 전제일 뿐 고의인정 여부에 관한 종국적 판단이 될 수 없는 것이다.[32]

(5) 미수설

미수설은 고의의 죄책을 물을 수 있기 위해서는 고의의 내용과 객관적 사건경과가 일치(Kongruenz)되어야 함을 전제로 한다. 이를 중시하면, 행위 당시 행위자가 최종적으로 발생된 결과에 대한 고의를 가졌던 것은 사실이라 하더라도, 객관적 사

---

31) Roxin의 견해로서 자세한 것은 성낙현, 앞의 논문, 43면 이하. 유사한 견해로 오영근, 159면 이하.
32) 김성돈, 230면; 신동운, 227면; 이재상/장영민/강동범, § 13 – 27.

실경과가 행위자의 고의내용과 명백히 일치하지 않았다면 고의범 처벌은 예외 없이 부정되어야 한다. 즉 미수설은 개괄적 고의 사례에서 제1행위의 미수, 혹은 경우에 따라서 제1행위의 미수와 제2행위의 과실과의 실체적 경합이 성립된다는 결론에 이른다.[33] 제1의 행위와 제2의 행위를 각각 서로 다른 고의로 실행된 독립적 행위로 보는 것이다. 인과과정의 착오설에서 제기된 비판을 진지하게 수용한다면 그 결론은 미수설로 귀착된다. 이것이 주어진 규범과 기본적 법리에 가장 충실한 견해라고 할 수 있다.

미수설에 대해서는 인식과 실제의 차이가 사회적 통념상 무시해도 좋을 만큼 본질적 차이가 아닌 경우에도 고의를 무조건 부정하는 것은 객관적 정의에 부합하지 않는다는 반론이 제기될 수 있다. 설령 반론의 취지가 옳다고 하더라도 이에 상응하는 결론을 위해서는 법규범이 전제되어야 한다. 이를 무시한 채 사회적 통념상의 감정에 따른 목적론적 사고로 고의기수범으로 처벌한다는 것은 가벌성 평가의 기초이자 한계인 법규범을 부당하게 이탈하는 것이다. 현행의 법체제와 법리의 바탕에서 개괄적 고의 사례는 제1행위의 미수와 제2행위의 과실의 실체적 경합으로 다루어야 한다.[34]

2) 결과가 조기단계에 발생한 사례(반전된 개괄적 고의 사례)

(1) 의의

결과 조기발생사례란 제1의 준비행위로 결과실현의 토대를 마련한 후 제2의 결정적 행위로 특정의 결과를 실현하고자 했으나 범인의 의도와는 달리 제1행위단계에서 이미 결과가 발생되었고, 이러한 사실을 알지 못한 범인이 처음의 계획대로 제2행위를 마저 실행한 경우이다. 이는 곧 개괄적 고의 사례에서 원래 결과실현을 의도했던 제1행위가 아닌 제2행위에서 결과가 발생된 것과는 반대로, 원래 의도했던 제2행위가 아닌 제1행위에서 결과가 실현된 사례로서 반전된 개괄적 고의 사례로 지칭할 수 있다.

---

33) Jakobs, 8/79; Maiwald, Der "dolus generalis", ZStW 78 (1966) 54 ff; Maurach/Zipf, AT I, § 23 Rdnr. 35.
34) 성낙현, 앞의 논문, 46면 이하; 이용식, 61면. 제1행위의 기수와 제2행위의 과실의 포괄일죄로 보는 견해로 김신규, 180면.

이러한 사례의 범위에서도 세부적 성격을 달리하는 다양한 형태가 존재하겠으나 그중 일반적 형태라 할 수 있는 독일의 한 판례를 예로 들 수 있다.

> **관련판례**
>
> 독일연방대법원 BGH NStZ 2002, 309 : 범인은 자기 아내를 살해하고자 입에 재갈을 물려 포박한 후 마취제로 마취시켰다. 그런 다음 자동차로 피해자를 산 속 오두막으로 옮긴 후 피해자가 깨어나면 재산관련 위임장에 서명하게 한 후 살해하여 시신은 근처 호수에 버릴 생각이었다. 그러나 오두막에 도착해 자동차 트렁크를 열어보니 피해자는 이송 중에 질식사한 상태였다. 이 사례에서 독일연방대법원은 예비단계에서의 행위는 비록 범죄실현에 기여하기는 했으나 범인의 계획과 의도에 따른다면 범행완수에 직접 연결된 인과과정은 아직 개시되지 않았으므로 법적으로 중요한 고의는 부정되며, 이로써 과실범으로서의 처벌가능성만 있음을 확인했다.

(2) 법적 취급

독일에서의 통설은 이러한 사례도 개괄적 고의 사례와 마찬가지로 인과과정의 착오문제로 보아, 행위자의 생각과 실제의 인과과정이 일반적 통념상 동등한 가치를 갖는다면 행위에 대한 특별한 평가를 거칠 필요 없이 전체행위에 대한 고의기수가 인정된다고 한다.[35] 제1행위와 제2행위의 불법의 총합에 당초 행위자가 가졌던 고의내용이 결과적으로 실현되었다는 점을 결합하면 고의기수범으로 처벌할 불법은 넉넉히 마련된 것으로 보려는 입장이다.

그러나 개괄적 고의 사례에서와 같이 여기서도 고의기수 성립을 위해서는 불법의 객관과 주관의 일치가 전제되어야 한다는 동일한 법리가 적용되어야 한다. 우선 제1행위 단계에서 궁극적으로 의도했던 결과가 발생되었다면 이로써 불법의 객관은 성립되었다. 이에 대한 주관적 귀속이 이루어져야 하며, 이를 위해서는 착수고의가 아닌 기수고의가 필요하다. 행위자가 자신이 의도하는 결과를 발생시키기 위해서는 아직 추가적 행위가 필요하다고 믿는 이른바 미종료미수의 단계에서의 고의는 완전한 기수고의가 아니다. 즉 주관적 귀속을 위해서는 종료미수가 전제되는데, 반전된 개괄적 고의 사례의 제1행위는 종료가 아닌 미종료미수의 단계에 지나지 않으므로 이에 대한 고의는 인정될 수 없다.

---

35) Sch/Sch/Cramer/Sternberg-Lieben, § 15 Rn. 58.

정리하자면 반전된 개괄적 고의 사례는 인과과정 착오에서의 그 정도에 관한 문제가 아니라 제1행위의 결과발생에 대한 구체적 적격성 및 객관적 위험성 여부와 이에 대한 행위자의 인식의 문제로 보아야 할 것이다. 이에 따른다면 이러한 사례에서 고의기수가 인정되기 위해서는 제1행위가 객관적으로 결과를 발생시킬 수 있는 적격성을 가져야 하고, 나아가 행위자는 이 행위로 결과가 발생될 수 있다는 가능성을 인식했어야 한다. 이러한 요건을 완전히 갖추지 못한 이상 결과에 대한 고의기수는 인정될 수 없다.36)

만일 범인이 피해자를 일단 마취제로 마취시킨 후 호수에 던져 익사시킬 의도였으나, 피해자가 마취상태에서 이미 질식사한 사실을 모르고 이를 살해의도로 호수에 빠뜨렸다면 제1행위의 과실치사죄와 제2행위의 살인죄의 불능미수의 실체적 경합이 성립한다.37)

---

36) 자세한 것은 성낙현, 앞의 논문, 55면 이하.
37) 같은 결론으로 김성돈, 231면.

제3장

위법성론

제 18 절 위법성의 본질과 기본개념

I. 위법성의 의의

가벌성심사의 첫 번째 단계로서 구성요건은 형법적으로 중요한 행위를 그렇지 않은 행위로부터 걸러내는 작용한다. 구성요건을 충족시킨 행위는 그 다음의 형법 적 평가단계인 위법성으로 넘어갈 수 있다. 하나의 행위가 구성요건의 선별과정을 통과했다고 하더라도 이것으로 이미 범죄행위로 인정된 것은 아니다. 구성요건을 실현시킨 행위라도 정당화사유에 해당하지 않을 때에만 형법적 불법이 인정되기 때문에 정당화사유의 부존재에 대한 확인절차를 더 거쳐야 한다. 구성요건단계의 선별과정은 비교적 넓은 망을 사용하여 다수의 합법적 행위도 다음의 면밀한 위법 성 심사단계를 믿고 통과시킨다. 망을 처음부터 너무 좁게 잡아 당벌적 행위도 그 다음의 심사단계로 넘어가기 전에 불가벌적 행위로 걸러지게 하는 것보다는 낫기 때문이다.

각칙의 구성요건들은 형법적 불법을 유형화하여 기술한 것이므로 일반적으로 구 성요건해당성은 위법성을 징표한다. 이 징표된 위법성이 실제로 위법성의 가치를 가지는지에 대한 판정은 행위자의 행위가 특별한 예외적 사유로 정당화가 이루어지는지 여부에 대해 확인이 되기 전까지는 아직 잠정적인 것이다. 불법의 정형화는 우선은 구성요건규범의 범위를 법질서가 불법으로 인정하지 않는 사례까지 포함할 수 있도록 넓게 정한 후 예외적 불법배제사유규정을 통해 구성요건의 충족으로 징표된 위법성을 사후적으로 배제하는 방식을 취한다.

예컨대 정당방위로 상대방에게 상해를 가하거나 절도범을 현장에서 붙잡아 경찰에 인계하는 행위는 일단은 상해죄 혹은 체포죄의 구성요건에 해당하나, 입법자가 인정하는 정당방위 내지 정당행위로서의 정당화사유를 통해 불법은 사후적으로 배제된다. 앞에서도 밝혔듯이 구성요건을 규칙이라고 한다면 정당화사유는 이에 대한 예외에 해당한다. 바로 원칙으로서의 규범과 예외로서의 반대규범, 이 두 가지 요소의 조합으로 불법은 형성된다. 위법성조각규범은 이러한 구성요건에 대한 반대규범으로서의 의미를 갖는다.

II. 구성요건과 위법성의 관계

전술한 바와 같이 구성요건규범과 위법성조각규범은 상호 결합으로 궁극적 불법을 함께 규정짓는 보충적 관계에 있다. 구성요건과 위법성의 궁극적 목표는 동일하나 각각의 성격과 기능에서는 구별이 된다.

구성요건의 충족이라는 것은 범인의 행위에 대한 위법성판단이라는 의미에서의 '가치판단'은 아니다. 또한 잠정적 가치판단도 아니다. 구성요건의 실현은 '규범위반'으로서 단일 법규명령에 대한 위반의 의미를 넘어서지 못하는 것이다.

반면에 위법성은 행위자의 행위가 전체로서의 법질서에 충돌하고 거슬려서 '규범침해'에 해당한다는 부정적 가치판단이다. 위법성의 판단은 적극적인 확정절차를 요하지 않고 소극적으로 위법성조각사유(阻却事由)의 부존재확인으로 이루어진다. 위법성조각사유는 형법에만 특수하게 존재하는 실체가 아니라 전체적 법질서에 걸쳐서 존재할 수 있고 심지어 관습법에 의해서도 형성될 수 있다. 다시 말해 민법이나 여러 공법상 허용되거나 인정되는 법익침해행위는 형법에서도 위법이 될 수 없다. 특히 환경형법인 경우 행정법이 허용하는 범위에서는 형법의 구성요건이 충족되는 경우라 하더라도 위법성이 부정된다는 행정종속성의 원칙이

지켜져야 한다. 법질서의 통일성이나 비모순성도 이 범위에서는 큰 가치이기 때문이다.

III. 위법성과 불법 및 책임과의 관계

1. 위법성과 불법

형법이론상 용어로서의 위법성과 불법은 동의어로 사용될 수도 있으나 엄밀한 의미내용은 구별된다.[1] 위법성은 행위의 법적 당위규범에 대한 불일치를 뜻하며, 불법은 위법성 판정을 받은 행위 그 자체를 말한다.[2]

말하자면 위법성이란 정당화사유를 고려하지 않은 형식적 구성요건에 해당하는 행위의 속성에 대한 술어로서 형식적인 것이다. 위법성은 특정한 행위와 관련하여 그 행위가 당위규범에 일치하는지 그렇지 않은지만을 구분한다. 따라서 위법성의 개념은 언제나 질과 양이 동일하다. 위법성에 대한 인식과 불법에 대한 인식의 구분은 착오론에 있어서 중요한 의미를 갖게 된다. 위법성에 대한 인식은 금지에 대한 인식을 뜻하며, 금지는 존재하거나 존재하지 않는 두 가지 가능성밖에 없으므로 금지에 대한 인식에 등급을 나눌 수 없다.

위법성이 특정한 행위에 대한 형식적 술어라면 불법은 실체적이다. 이것은 위법성조각사유, 곧 정당화사유가 없는 구성요건 해당행위의 성격을 의미하는 것으로 위법성의 경우와는 다르게 질과 양을 달리 한다. 따라서 하나의 행위를 불법이라고 한다면 그 행위의 불법의 정도는 높거나 낮을 수도 있고, 크거나 작을 수도 있다. 위법한 행위의 범위 안에는 다양한 불법의 등급이 존재할 수 있다. 형법적 불법은 사법상(私法上)의 불법보다 등급이 높다고 할 수 있다. 예컨대 점유이탈은 사법적(私法的)으로는 법에 위배될 수 있지만 폭행이나 협박이 없는 단순한 점유이탈이라면 불법의 기준을 높게 잡는 형법에서는 위법하지 않은 것이다.

가벌성의 확정을 위해서는 범인이 자신의 행위의 위법성뿐 아니라 개별적 불법에 대한 인식까지도 했을 것이 요구된다. 예컨대 존속을 살해하는 경우 자신의 행

---

1) 이러한 구별의 문제점에 대한 지적으로 오영근, 177면 각주 1).
2) Jescheck/Weigend, § 24 I 1.

위가 살인죄의 위법을 실현한다는 인식뿐 아니라 존속살해의 불법에 대한 인식도 가져야 한다. 단일한 행위를 통해서 두 가지 이상의 구성요건이 충족되었을 경우 각각의 구성요건에 대한 불법인식 여부는 달리 나타날 수 있다. 자신을 지속적으로 학대해 오던 양부를 살해하는 경우 행위자가 가지는 보통살인죄의 불법인식과 존속살해죄의 불법인식은 그 정도가 다를 수 있다. 나아가 보통살인죄의 불법인식은 있더라도 존속살해죄의 불법인식은 없을 수도 있다. 각각의 구성요건에 따라 불법인식은 나누어질 수 있는 것이다.

2. 위법성과 책임

위법성은 특정 행위가 일반적 당위규범(법규명령)에 대해 일치하는지 여부에 관련한 문제로서 그 평가대상이 되는 것은 객관적 행위이다. 즉 범죄체계 3단계 중의 위법성 부분은 행위의 반가치성을 평가하는 단계이다. 여기서의 행위반가치는 결과반가치를 포괄하는 개념이다. 이에 비해 책임은 행위가 아닌 행위자 개인에 대한 비난가능성을 판단하는 단계이다. 책임판단의 중심내용은 행위자반가치인 것이다.

IV. 위법성의 본질

1. 형식적 · 실질적 위법성론

1) 형식적 위법성론

형식적 위법성론은 행위가 법규범에 제시된 작위 또는 부작위의무를 위반함으로써 위법성이 성립된다는 견해이다. 이 견해는 규범에 대한 형식적 위반, 바로 행위와 규범 사이의 충돌이라는 순수한 관계에 위법성의 본질이 존재하는 것으로 본다. 그러나 규범의 형식적 침해는 공동체 내에서 요구되거나 강요되는 신뢰의 침해와 불가분의 관계에 있는 것으로 본다면 결국 형식적 위법성은 실질적 위법성의 내용을 담고 있는 그릇이라고 이해할 수 있다. 그렇지 않고 내용을 무시하고 외형의 형식만을 강조하는 형식적 위법성은 구성요건해당성과 다를 바가 없어진다.

2) 실질적 위법성론

실질적 위법성론은 위법성의 본질은 행위와 규범 사이의 순수한 관계를 지나 규범이 보호하고자 한 법익의 침해에 있다고 보는 입장이다. 여기서 침해의 대상은 단순한 물리적 행위객체가 아닌 인간의 이상적 가치, 즉 보호법익을 의미하는 것이며 이러한 법익의 침해는 사회공동체에 대한 침해가 된다. 범죄행위의 위법성은 결국 사회해악적 법익침해에 존재한다는 것이다.

실질적 위법의 개념은 몇 가지 현실적 의미를 갖는다. 형식적 위법성론의 관점에서는 의사의 수술행위는 형식적으로 위법하나 환자의 동의에 의해(피해자의 승낙) 정당성을 회복한다. 반면에 실질적 위법성론의 관점에서라면 설령 수술의 결과가 성공적이지 못한 경우라 하더라도 의술에 입각한 이상 의사의 행위에 실질적 위법성은 존재하지 않는다. 이것은 실질적 위법성 개념으로써 각각의 구성요건에 대한 목적과 가치 또는 사회적 의미에 따른 합리적 해석을 가능하게 한다는 것을 의미한다. 이러한 사고는 구체적 사례에 있어서 적용할 만한 성문의 정당화사유가 존재하지 않더라도 입법의 전체정신에 따라 초법규적 정당화사유를 찾아내기 위한 기초, 혹은 넓게 보아 위법성조각사유의 내용적 발전을 기할 수 있는 기초가 된다. 나아가 실질적 위법성의 개념을 통해 불법의 등급을 정하는 것이 가능해지고 또한 이를 양형의 기초로 삼을 수 있다.

그리고 사회해악이라는 개념은 범죄구성요건의 폐지 혹은 비범죄행위의 구성요건화 등 입법정책의 수립에 중요한 판단자료가 될 수 있다. 그러나 지나치게 실질적 위법성 개념에 의존한 나머지, 행위의 경향으로 볼 때 '사회에 대한 득보다 실이 클 때' 위법하다든가 '정당한 목적을 위한 정당한 수단'은 언제나 합법이라는 등의 결론이 도출되어서는 안 된다.[3]

2. 객관적 위법성론과 주관적 위법성론

객관적 위법성론에서의 법규범은 행위의 위법성을 판단하기 위한 평가규범에 지나지 않으며, 그 수명자(受命者)는 일반적 인간일 뿐 개개인의 특성은 고려하지 않

---

3) Jescheck/Weigend, § 24 I 3.

는다. 따라서 누구의 행위라도 객관적 평가규범을 위반했다면 그 행위는 위법한 것이 된다. 이에 비해 주관적 위법성론은 법규범이란 평가규범으로서의 성격뿐 아니라 의사결정규범으로서의 성격도 가지는 것이므로 규범의 의미를 이해할 능력이 있는 자만이 수명자가 된다고 한다. 책임무능력자는 명령위반의 능력마저 부정되므로 이들에게는 의사결정규범의 기능이 미치지 못하여, 설령 객관적 규범을 위반한 결과가 존재하더라도 이들의 행위는 행위로서의 성격조차 부정된다고 한다.

규범에 평가기능과 의사결정기능이 모두 존재한다는 점을 인정하는 한 이 부분에 대한 논의는 불필요하다는 견해도 가능하다.[4] 하지만 위법성의 판단은 아직 그 대상을 객관적 행위로 한정하는 것이므로, 행위자의 주관적·정신적 능력을 고려하지 않고 규범을 위반한 객관적 행위가 존재하면 그것으로 위법성은 인정되어야 한다. 행위자에게 규범을 이해할 능력이 없었던 경우라면 다음 심사단계에서 책임을 조각시키면 될 것이다.[5] 판례도 객관적 위법성론을 취하는 것으로 볼 수 있다.[6]

V. 위법성조각사유의 효과

어떠한 행위로 구성요건이 충족되더라도 위법성조각사유는 구성요건으로 징표된 위법성을 조각한다. 위법성이 조각된 행위는 법적 정당성이 인정되어 가벌성은 배제되더라도 구성요건해당성은 그대로 남는다. 이 구성요건해당성은 학설에 따라(공범종속성설에서 최소한의 종속형식설) 이 행위에 가담한 타 공범자의 가벌성에 영향을 줄 수 있다.

위법성조각의 대상이 되는 것은 전체로서의 행위가 아니라 개별적 구성요건해당

---

4) 김일수/서보학, 179면; 배종대, [56] 11 이하.
5) 같은 견해로 손동권/김재윤, [§ 10] 8; 임웅, 207면.
6) 대판 2000.4.25, 98도2389 : 형법 제20조 소정의 '사회상규에 위배되지 아니하는 행위'라 함은 법질서 전체의 정신이나 그 배후에 놓여 있는 사회윤리 내지 사회통념에 비추어 용인될 수 있는 행위를 말하고, 어떠한 행위가 사회상규에 위배되지 아니하는 정당한 행위로서 위법성이 조각되는 것인지는 구체적인 사정 아래서 합목적적, 합리적으로 고찰하여 개별적으로 판단되어야 할 것인바, 이와 같은 정당행위를 인정하려면 첫째 그 행위의 동기나 목적의 정당성, 둘째 행위의 수단이나 방법의 상당성, 셋째 보호이익과 침해이익과의 법익균형성, 넷째 긴급성, 다섯째 그 행위 외에 다른 수단이나 방법이 없다는 보충성 등의 요건을 갖추어야 한다.

행위이다. 하나의 행위가 동시에 여러 개의 구성요건을 충족시키는 경우에 그중 일부의 구성요건에 대해서만 선별적으로 정당화사유가 적용될 수 있는 것이다. 예컨대 갑이 을의 승낙에 따라 아파트에 살고 있는 을의 집 거실에 불을 놓아 아파트 건물의 상당부분이 연소되었다면, 갑의 행위는 을의 승낙에도 불구하고 현주건조물방화죄의 불법을 성립시킨다. 승낙이라는 위법성 조각(감경)사유는 을의 개인소유에 해당하는 물건에 대한 재물손괴에만 한정된다.

정당화사유에 의해서 정당성이 인정된 행위에 대해서는 행위자의 가벌성이 배제되고, 이러한 행위에 대한 정당방위는 성립되지 않는다. 정당화사유에 의해 행위가 허용되었다는 의미는 침해권을 보장한다는 의미를 내포하므로 정당방위에 대한 정당방위는 인정되지 않는다. 따라서 정당방위행위자의 상대방은 수인의무(受忍義務)만을 가진다.

공범종속성설 중 공범성립을 위해서는 본범의 행위가 구성요건에 해당하고 위법해야 한다는 제한종속형식을 취한다면, 객관적·주관적으로 정당성이 인정되는 행위에 관련해서는 교사범과 방조범 등 공범이 성립되지 않는다. 다만 행위자의 적법한 행위를 이용한 자에게는 간접정범의 성립가능성은 있다.

정당한 행위는 유책성 여부와 관계없이 보안처분의 대상에서 제외된다.[7] 모든 정당화사유는 그것이 개인적 긴급피난처럼 단순히 허용된 것이든 경찰관의 직무집행행위처럼 요구된 것이든 구별 없이 동등한 효과를 가진다. 여기에는 허용된 것과 단순히 금지되지 않은 것 사이의 구별이 있을 수 없다.[8]

제 19 절 위법성조각사유의 체계

형법 각칙의 구성요건들은 입법자가 사회공동체의 의미 있는 가치를 침해하는 당벌적 혹은 가벌적 행위를 형벌의 위하(威嚇)를 통해 금지하고자 제한적으로 기술한 것이다. 이러한 구성요건의 모든 요소를 충족시킨 구성요건 해당행위는 원칙적

---

7) 김일수/서보학, 188면; Jescheck/Weigend, § 31 Ⅵ 1.
8) Jescheck/Weigend, § 31 Ⅵ 2.

으로 위법하다. 그러나 구성요건으로 징표된 위법성은 특별한 예외적 사유로 인해 현실로 발현되지 않을 수 있다. 즉 구성요건이 포함하는 원칙은 일정한 요건을 구비한 정당화사유라는 예외에 의해 파기된다. 따라서 구성요건 해당행위는 예외적 정당화사유가 존재하지 않는 경우에 한해서 위법하다고 해야 한다.

현재 법률로 인정되고 있는 정당화사유 이외에는 다른 정당화사유가 존재하지 않는다고 단정할 수 없다. 사회현상이나 구조의 변화에 따라 새로운 정당화사유가 현실에서 입법적으로 필요하게 될 가능성은 얼마든지 있는 것이다. 이러한 가능성의 현실화에 대비하여 다양한 종류의 위법성조각사유를 하나의 상위개념에 포함시키기 위한 기본적 원칙이 필요하다. 이러한 원칙을 통해 이미 인정되고 있는 정당화사유에 체계를 부여하고 새로운 정당화사유의 인정에 필요한 근거와 요건을 마련할 수 있기 때문이다.

현행 형법은 정당화사유로서 총칙에서 정당행위(제20조), 정당방위(제21조), 긴급피난(제22조), 자구행위(제23조), 피해자의 승낙(제24조)을[1] 인정하고 있으며, 각칙에서 명예훼손죄에서의 사실의 증명(제310조)도 위법성조각사유에 해당한다. 형법 이외의 영역에서의 정당화사유로는 형사소송법의 현행범의 체포행위(형사소송법 제212조)와 민법에서의 정당방위·긴급피난(민법 제761조), 자력구제(동 제209조) 등이 있다.

독일형법은 정당방위와 긴급피난에 관한 규정만을 두고 있을 뿐 여타의 정당화사유에 대해서는 형법상의 명문규정을 두지 않고 있다. 정당방위나 긴급피난 또는 자구행위 등에 대해서는 형법에 앞서 민법 혹은 기타의 법률을 우선 적용하거나 혹은 이에 의존하며, 피해자의 승낙은 관습법(volenti non fit iniuria)에 의거한 정당화사유로 인정하고 있다.

I. 일원설

일원설은 모든 정당화사유를 유일한 한 가지 관점에서 설명하고자 하는 견해들이다. 다양한 정당화사유를 모두 포괄하여 설명할 수 있는 유일한 개념을 찾다보니 그 개념은 실용성이 전혀 없는 추상적 개념이 되는 경우가 일반적이다. 예를 들어 '손

---

1) 구성요건해당성 배제사유로 보는 견해로 김일수/서보학, 189면.

해보다 큰 이익의 원칙(Sauer)', '이익과 반대이익의 사회적 조정(Roxin)' 등의 개념
이 등장한다.[2) 일원설에서 대표적인 것으로는 목적설과 이익교량설을 들 수 있다.

1. 목적설

정당한 목적을 위한 상당한 수단, 혹은 법질서가 정당한 것으로 승인한 목적을
위한 정당한 수단은 위법성을 조각시키는 사유가 된다는 입장이지만[3) 가장 핵심적
내용으로서 무엇이 정당한 목적이고 정당한 수단인지, 그리고 그 정당성에 대한 개
념이 무엇인지를 구체화 하지 않는다.

2. 이익교량(較量)설

하나의 행위가 이해관계의 충돌을 빚어내는 경우라면 경미한 이익이 우월한 이익
을 위해 희생될 수밖에 없다는 입장이다. 즉 손해를 능가하는 이익의 원칙을 적용하
여, 행위에 따른 결과를 전체적으로 고려할 때 행위가 사회공동체에 구체적 손해보
다는 더 큰 정신적·문화적 이익을 가져오는 경우라면 그 행위는 정당하다는 것이다.
이 이론의 범위에서는 이익이라는 개념을 가치라는 넓은 개념으로 이해하여 법
익과 법익의 단순교량뿐 아니라 법익과 국가질서, 법질서 보호라는 이익까지를 교
량하고자 하는 가치교량설이[4) 합리성의 측면에서 비교우위적 이론이라고 할 수 있
다. 그러나 전체적으로 정당화사유를 인정하는 데 이익교량만이 유일한 요소가 될
수 없다는 비판은 벗어날 수 없다.

II. 이원설

이원설은 일원설이 정당화사유가 인정되어야 할 사례로서 두 가지 이익이 충돌되
어 그중 하나의 법익이 양보되어야 하는 사례만을 염두에 두었을 뿐 이익 그 자체가

---

2) Jescheck/Weigend, § 31 II 1.
3) 대표적으로 Graf zu Dohna, Die Rechtswidrigkeit, 1905, S. 48.
4) Lenckner, GA 1985, 300 ff.

결여된 사례를 고려하지 않음을 지적한다. 다시 말해 일원설은 정당화와 관련한 사고(思考)를 부당한 공격을 방어하기 위해 상대방에게 상해를 가하는 경우나 임부의 건강을 위해 낙태를 하는 경우와 같은 정당방위 내지 긴급피난의 사례에 한정하여, 침해된 법익에 대해 법익의 주체가 아무런 관심이 없는 경우를 생각하지 못하고 있다는 것이다. 법익보호에 대한 이익이 명시적으로나 묵시적으로 포기된 법익의 침해에도 정당성은 인정되어야 하므로, 이원설은 정당화사유는 우월적 이익의 원칙과 이익흠결의 원칙에 따라 인정되어야 한다고 한다.

　정당방위나 긴급피난의 경우처럼 두 가지 이상의 이익이 충돌하는 경우에는 우월한 이익의 보호를 위해 상대적으로 낮은 가치의 법익을 침해하는 행위는 우월적 이익의 원칙에 따라 정당성이 인정되며, 이와 달리 피해자의 승낙 혹은 추정적 승낙의 경우에서와 같이 법익의 주체가 당해 법익의 보호에 관심이 없거나 포기한 법익의 침해행위에는 이익흠결의 원칙에 의한 정당성이 인정된다는 것이다.

III. 삼분설[5]

1. 피해자 책임의 원칙

　침해된 법익의 주체에 침해결과에 대한 책임이 인정되는 경우에 그 침해행위에는 정당성이 인정되어야 한다. 예컨대 갑이 강도의 고의로 칼로 을에게 위협을 가하자 을은 주위에 있던 돌을 집어들어 갑의 얼굴을 가격한 후 도망간 경우(정당방위), 혹은 관리소홀에 의해 갑이 기르는 개의 목줄이 풀어져 개가 집 밖으로 나와 행인 을에게 덤벼들자 을이 방어하기 위해 개를 발로 걷어차 죽게 한 경우(위난을 초래한 자의 법익에 대한 침해로서 방어적 긴급피난) 각각의 사례에서 갑은 자신의 법익을 침해당한 피해자이다. 하지만 그 결과에 대해 갑은 스스로 원인을 제공한 자로서의 책임이 있으며, 이러한 책임은 상대적으로 을의 행위에 대한 정당성의 근거가 된다. 이 밖에 자구행위(민법상 자력구제), 현행범인의 체포 등과 같은 정당행위의 일부가 이에 해당한다.

5) Jakobs, 11/9 ff.

2. 피해자에 의한 이익한정의 원칙

법익의 주체가 그 법익에 대한 이익을 포기하거나 한정한 경우에 법익침해행위는 정당성이 인정된다. 여기에는 피해자의 승낙, 추정적 승낙, 법률상 침해적 권한을 허용하는 경우로서의 정당행위 등이 포함된다. 예컨대 범죄자에게 형을 집행함으로써 그의 법익은 침해된다. 하지만 형벌이 예상되는 범죄를 저지른 행위 자체가 자신의 이익에 대한 포기 혹은 한정에 해당하는 것이다.

3. 연대성의 원칙

앞의 피해자 책임의 원칙은 공격적 긴급피난의 사례를 포섭하지 못한다. 예를 들자면 앞의 방어적 긴급피난사례에서 을이 몸집이 큰 개를 감당하지 못해 일단 대문이 열려진 병의 집으로 뛰어들어 피신하거나 혹은 그 집 마당에 있던 우산으로 개를 때려 쫓아 보냈으나 우산은 파손된 경우이다. 이것은 위난초래자인 갑과 무관한 제3자의 법익이 침해되었다는 점에서 방어적 긴급피난과는 구별된다.

위의 이원설에서는 바로 이 부분을 심각하게 고려하지 못했다. 공동체의 구성원으로서 자신의 낮은 가치의 법익이 희생됨으로써 다른 사람의 높은 가치의 법익이 보호될 수 있는 경우라면 그 결과를 어느 정도는 감수해야 할 의무가 있다는 것이 연대성의 원칙이다. 물론 피해자인 병의 입장을 위해서는 민법적으로 손해배상청구권을 인정할 수 있겠으나 을에 대한 정당방위 권한을 인정하거나 행위자를 형사처벌할 사례는 되지 못하는 것이다.

제 20 절 주관적 정당화요소

객관적 정당화사유는 존재하지만 행위자가 이를 인식하지 못했거나 인식은 했더라도 객관적 정당화사유가 행위자의 구성요건실현을 위한 동기는 되지 못한 경우에 주관적 정당화요소는 결여된다. 이러한 사례는 존재하지 않는 정당화사유를 존재하는 것으로 오인한 허용구성요건착오(위법성조각사유의 객관적 전제사실에 관한 착오)의 반전된 형태라 할 수 있다. 이러한 상황에서 행위자의 행위를 통해 구성요건적 결과가 발생한 경우에 이를 객관적 행위상황에 따라 우연방위 혹은 우연피난이라 부른다.

I. 주관적 정당화요소의 필요성 여부

행위의 정당성 인정을 위해 객관적 정당화상황의 존재 외에 주관적 정당화요소도 필요한 것인가 하는 문제에 대해 우선 고의와 과실의 사례는 구분할 필요가 있다. 과실범에 있어서는 대체로 주관적 정당화요소의 필요성은 부정된다. 객관적 정당화요소가 존재함으로써 방위를 통한 상대방에 대한 침해가 객관적으로 필요한 것이었다면, 그 결과는 범인이 원하지 않았거나 사려 깊은 검토를 통해서 회피할수 있었던 경우라도 정당성이 인정되어야 하기 때문에 과실범의 주관적 정당화요소는 행위의 정당성 여부에 아무런 관련이 없다고 보는 것이 일반적 견해이다.[1]

객관적 정당화요소가 존재하는 상황이라면 법질서의 시각에서 볼 때 해당 법익은 침해되어도 좋은 상황이므로 결과반가치는 소멸되고 이를 인식하지 못한 행위에는 행위반가치만 남게 된다. 이러한 경우는 미수의 불법상황에 상응한다. 그런데 행위불법은 위험인식을 전제로 하는 고의에 의해 성립되는 것이며 과실에는 이러한 고의가 존재하지 않으므로 과실에 의한 미수는 처벌대상이 되지 않는다. 따라서 행위불법 상쇄를 위한 주관적 정당화요소가 불필요하다. 그러나 과실범과는 달리 고의범인 경우에는 다수설은 주관적 정당화요소를 요구한다.

---

1) 박상기, 289면; 배종대, [156] 36; 손동권/김재윤, [§ 20] 42; 신양균, 주관적 정당화요소에 대한 검토, 성시탁 화갑논문집, 1993, 239면; 안동준, 103면; 이재상/장영민/강동범, § 14-34; 진계호, 270면; Frisch, FS-Lackner, S. 130 ff; Puppe, FS-Stree/Wessels, S. 187; Sch/Sch/Lenckner/Perron, § 32 Rdnr. 64; Stratenwerth, § 15 Rdnr. 39. 이에 대한 반대견해로서 OLG Frankfurt, NJW 1950, 119는 결과발생가능성을 인식하지 못한 자는 처음부터 그 결과를 합법적으로 야기하겠다는 의사를 가지지 못했으므로 설령 의식적으로 그 결과를 야기 시킬 권한이 있는 경우라고 하더라도 행위의 정당화 가능성은 부정된다고 한다. 손해목, 742면; 이정원, 416면; 임웅, 216, 547면; LK-Hirsch, Vor § 32 Rdnr. 58도 과실범에서 주관적 정당화요소를 요구한다.

1. 주관적 정당화요소 불필요설(객관설)

구성요건해당행위의 정당성이 인정되기 위해서 객관적 정당화사유만 존재하면 족하고 이에 대한 행위자의 주관적 인식은 불필요하다는 견해로, 이는 주관적 구성요건요소 없이 행위와 결과만 구성요건에 해당되면 구성요건해당성이 인정된다고 하는 것과 같은 취지이다. 객관설은 행위의 객관적 목적은 행위자의 주관적 의도로부터 구분되어야 함을 전제하고, 고의범에 있어서도 행위의 위법성 판단은 행위자의 내면의 방위의사나 주관적 목적추구가 아닌 행위의 객관적 목적부합성과 객관적 성격, 곧 행위의 정당방위효과에 따라 이루어져야 한다고 주장한다. 순수한 결과반가치로 불법이 완성된다는 입장의 순 객관적 위법성론에 의하면 결과반가치는 이미 그 결과 속에 침해위험성의 평가가 들어 있기 때문에 위험성판단에 행위자의 주관은 아무런 작용을 하지 않는다고 한다.[2]

이 이론은 특히 행위자 자신의 법익에 대한 위험인식 없이 우연히 이를 보호하게 된 우연방위의 경우, 행위자는 상대방에 의해 이미 자신의 권리를 위협받거나 침해당한 피공격자이므로 그의 행위에 대하여 법은 행위자의 특정한 내면적 자세의 평가가 아닌 외부적 행위에 대한 평가만을 해야 한다고 설명한다.[3]

예컨대 야간에 무기를 소지하고 자기 집으로 들어오는 강도를 매일 자신을 학대하는 남편으로 알고 혼을 내 줄 생각으로 몽둥이로 쳐서 상해를 입힌 주부 갑녀의 행위에 대해, 객관설의 입장에서는 정당방위로서의 정당성을 인정한다. 갑녀는 비록 방위의사 없이 상대에 대한 침해의사만 가지고 행위했더라도, 이러한 신속한 공격이 아니었으면 신체적으로 우월한 침입자의 현재의 부당한 침해를 달리 방어할 수 없었을 것이기 때문이다. 따라서 갑녀의 행위에 대해서는 불가벌이 인정되어야 하며,[4] 만일 가벌성이 인정되어야 한다는 견해가 있다면 그것은 행위자의 공격적 의사, 곧 해악적 의사(böser Wille)를 처벌한다는 의미로서 곧 심정형법에 해당할 것이라고 한다.[5]

---

2) 차용석, 596면.
3) Spendel, FS-Oehler, S. 207.
4) LK-Spendel, § 32 Rdnr. 140.
5) LK-Spendel, a.a.O.

2. 필요설

순 객관적 불법론의 입장과는 달리 목적적 행위론과 인적 불법론(personale Unrechtslehre)의 관점으로는 단지 정당화사유의 객관적 요건만으로 정당성이 인정되는 것이 아니라 이에 추가하여 주관적 정당화요소를 갖추어야 한다.[6]

그 논거의 하나로서 '방위'라는 개념을 제시한다. 방위에 지향된 의사가 행위자에게 존재해야지만 방위라고 할 수 있다는 것이다.[7] 이러한 견해는 형법 제21조 내지 제23조에서 "방위하기 위한 행위", "피난하기 위한 행위" 등으로 표현하여 주관적 정당화요소를 명문으로 요구한 문언에도 일치하는 것이라 할 수 있다.[8]

그러나 주관적 정당화요소의 필요성에 대한 가장 중요한 이론적 근거는 인적 불법론이다. 이 이론에 의하면 불법은 행위불법과 결과불법의 결합으로 이루어지는 것으로서 이에 대한 정당화를 위해서는 결과반가치뿐 아니라 행위반가치도 조각되어야 한다. 그중 결과반가치는 객관적 정당화요건에 의해, 행위반가치는 객관적 정당화사유에 대한 인식, 즉 주관적 정당화요소에 의해 각각 상쇄된다고 한다. 여기에서 주관적 정당화요소는 주관적 구성요건으로서의 고의에 상대되는 개념으로 이해할 수 있다. 행위에 따른 결과만으로 불법이 완성되는 것이 아니라 법적으로 허용되지 않은 결과를 내심 지향함으로써 행위반가치가 존재하고 이로써 완전한 불법이 성립되는 것으로 이해하는 인적 불법론을 따른다면, 비록 객관적으로는 정당화상황이 존재하나 범인이 이를 인식하지 못한 때에는 자신의 표상에 따라 법이 인정하지 않는 불법적 결과를 지향하고 행위한 것으로 이해하게 된다.

범인이 생각하는 결과반가치의 발생가능성은 전혀 없으나 범인의 주관적 관점에서 행위반가치가 인정되는 행위는 불능미수로 처벌된다는 점을 고려한다면, 앞의 사례에서 주관적 정당화요소가 결여된 갑녀의 행위 전체를 정당화하고자 하는 주

6) 박상기, 150면; 배종대, [57] 7; 신동운, 판례백선, 225면; 안동준, 101면; 이재상/장영민/강동범, § 16 – 24; 이형국, 159면 이하; 임웅, 211면; 정성근/박광민, 202면; Blei, S. 131: 김일수/서보학, 185면은 한층 강화된 정당화상황의 인식과 정당화의사를 요구한다.
7) Baumann/Weber, 9. Aufl., § 20 I 1 b).
8) 임웅, 211면 각주 32); 배종대, [57] 8; 김재봉, 정당방위와 방위의사의 내용, 형사법연구 제9호, 1997, 113면 이하.

관적 정당화요소 불필요설의 입지는 좁아진다. 행위자가 적어도 범행고의를 가졌고 이것을 실행행위로 옮긴다는 생각을 했다는 점에서 불능미수와 반전된 허용구성요건착오는 공통점을 가지는데, 그것은 바로 범인이 범죄를 실현한다는 생각을 가지고 행위를 한 이상 그 행위는 비록 결과반가치가 실현될 가능성이 없다고 하더라도 합법적일 수 없다는 공통점이다. 여기에는 적어도 행위반가치는 그대로 존재하고 있기 때문이다.[9]

법질서가 법익의 침해를 허용하는 범위에 속하는 객관적 사안의 존재 그 자체는 결과반가치만을 배제할 뿐 행위반가치까지 동시에 배제하는 기능을 갖는 것은 아니다. 따라서 이러한 사안에서의 행위가 정당화되기 위해서는 행위반가치마저 탈락되어야 하는데, 이것은 주관적 구성요건요소를 상쇄시킬 수 있는 행위자의 내면의 작용이 있음으로써 탈락된다.[10] 즉 불법구성요건의 성립을 위해 객관적 구성요건뿐 아니라 이에 추가하여 주관적 요소도 필요하다면, 반대로 불법구성요건을 배제하거나 상쇄하는 데에도 객관적 정당화요소 뿐 아니라 주관적 불법요소에 상응하는 주관적 정당화요소가 필요하다고 보는 것이 당연하다.[11]

3. 결론

불법을 인적 불법론에 따라 행위불법과 결과불법의 결합체로 이해한다면, 이 두 가지 요소가 모두 존재해야 완전한 불법이 성립하듯이 반대로 완전한 합법성이 이루어지기 위해서는 양자 모두 탈락되어야 하는 것이 당연하다. 따라서 결과불법은 탈락되었으나 행위불법의 반대요소인 주관적 정당화요소가 존재하지 않음으로써 남게 되는 행위불법은 가벌성 판단을 위해 법적으로 평가가 되어야 한다. 이 점은 고의범의 경우에는 모든 정당화사유에 적용된다.[12]

---

9) Roxin, AT I, § 14 Rdnr. 93.
10) Sch/Sch/Lenckner, Vor §§ 32 Rdnr. 13.
11) 이재상/장영민/강동범, § 16－24; 이형국, 159면 이하.
12) RG DStrZ 1916, 250; BGH MDR 1972, 16; 대판 1980.5.20, 80도306; 대판 1986.9.23, 86도1547; 대판 1993.8.24, 92도1329; 대판 2000.4.25, 98도2389.

II. 주관적 정당화요소의 내용

주관적 정당화요소의 필요성을 주장하는 견해에서도 정당화상황에 대한 인식이 있는 것으로 족하다고 볼 것인가, 혹은 이러한 인식을 전제로 행위자가 정당한 권한행사를 위해 행위를 한다는 목적의식이나 동기까지 요구된다고 할 것인가에 대해 견해는 다시 나누어진다.

1. 의사적 요소 필요설

독일의 판례와 일부의 학자들은 행위자가 방위의도(Verteidigungsabsicht) 혹은 정당화 목적을 추구할 것을 요구한다. 주관적 정당화요소는 주관적 불법요소인 고의의 대응요소로서, 이를 상쇄시킬 수 있기 위해서는 어느 정도 정당화상황의 인식과 정당화 행위의 수행을 위한 목적이 수반되어야 하기 때문이라는 주장이다.[13] 다만 정당화 목적은 행위자가 추구하는 유일한 목적일 필요는 없고 다른 목적들과 더불어 함께 추구되는 것으로 족하다고 본다.[14]

2. 인식적 요소 충분설

인식적 요소 충분설은 정당화사유가 존재하는 상황에서 행위자가 객관적으로 허용된 행위를 한다는 인식을 하는 것으로 충분하므로, 자신에게 부여된 권한행사를 위한 목적적 행위라는 특별한 동기가 요구되지 않는다고 한다.[15] 일반적인 의미에서의 고의로써 형성된 행위불법을 상쇄시키기 위해서는 추가적인 합법화 의도(Rechtfertigungsabsicht)가 필요치 않은 것으로 보기 때문이다. 정당방위상황에서의 방위를 위한 법익침해는 공격을 받은 행위자가 상대방에 대한 방위행위를 함으로써 비로소 허용되는 것이 아니라, 상대방의 위법한 공격에 의해서 이미 행위자에게

---

13) 배종대, [57] 10; 오영근, 187면; 임웅, 212면 이하; 정성근/박광민, 203면.
14) BGHSt 3, 198; BGH NStZ 1983, 117; Jescheck/Weigend, § 31 IV 1; Niese, Finalität, Vorsatz und Fahrlässigkeit, S. 17 ff; .
15) 안동준, 102면; 이형국, 159면; Frisch, FS-Lackner, S. 135 ff; Jakobs. 11/10; Roxin, AT I, § 14 Rdnr. 94; Rudolphi, FS-Maurach, S. 57; Stratenwerth, § 9 Rdnr. 143.

정당방위권한이 주어졌기 때문에 허용된다는 것이다. 즉 방위행위 이전에 상대방의 불법한 공격으로 이미 방위권한은 주어진 것이므로 행위자가 마음속으로 확인한 법질서에 의한 승낙을 근거로 해서 행위를 했을 것을 요구할 필요는 없는 것으로 본다.

정당방위상황에서의 법익침해행위는 법질서에 외적으로 부합되는 것이며, 법치국가원칙에 의하면 객관적으로 합법인 영역에서 행위하는 자의 내면적 동기는 법적으로 아무 의미를 갖지 않는 것으로 인정해야 한다. 법에 의해 처벌되어야 할 대상은 동기가 아닌 행위에 한정되어야 하기 때문이다. 특정한 행위의 합법성에 대한 평가에 있어서 행위자의 동기를 고려한다는 것은 행위의 도덕성에 대한 평가의 한계를 넘어설 수 있다는 위험을 내포하는 것이므로, 행위자가 어떤 동기에서 자신의 권한을 행사하려고 했는지에 대한 평가는 지양되어야 할 것이다.16)

그리고 행위자가 객관적 정당화요소가 존재한다고 확실히 믿은 이상 그의 의사는 단순한 불법구성요건의 실현이나 그 가능성에 지향될 수 없다. 그것은 반대로 말하면 행위자가 제2급 직접고의를 가진 이상 결과의 불발생에 대한 신뢰나 바람은 배제되는 것에 상응한다. 반면에 행위자가 객관적 요소가 존재할 수 있다는 가능성만 인식한 경우라면 정당화를 위해서 그는 그 가능성인식을 토대로 객관적 요소의 존재를 신뢰해야만 한다. 그래야지만 행위자가 어쩌면 가능할 수도 있는 불법구성요건의 실현을 각오해야만 했던 상황은 아니라고 할 수 있다. 이렇게 봄으로써 주관적 정당화요소는 정확히 고의의 반대요소 혹은 대응적 요소를 형성한다고 할 수 있다. 따라서 객관적 정당화상황에서의 행위의 정당성 인정을 위해서는 고의의 지적 요소에 상응하는 것 이상의 어떠한 주관적 요소도 요구되지 않는다.17)

이 점에 대해 고의가 지적 요소와 함께 의적 요소를 포함하는 개념으로 파악한다면 주관적 정당화요소도 의적 요소를 당연히 포함해야 할 것이라는 견해도 가능하다. 하지만 오히려 고의에 관한 이러한 일반적 개념의 필연성에 대해 재고찰 해야 할 필요성이 있다. 왜냐하면 이미 검토한 바와 같이 고의는 지적 요소만으로 완성될 수 있다는 견해에 합리성이 있다 할 것이기 때문이다. 고의범을 과실범과 구

---

16) Sch/Sch/Lenckner/Perron, § 33 Rdnr. 63.

17) Jakobs, 11/21; Roxin, AT I, § 14 Rdnr. 94 ff; Sch/Sch/Lenckner, Vor §§ 32 Rdnr. 14; Stratenwerth, § 9 Rdnr. 144.

별하여 상대적으로 중하게 처벌하는 이유는, 위험에 대한 지적 요소가 있는 행위자
는 이로써 결과의 방지를 위해 행위를 중단해야 한다는 사실을 인식하게 되고, 이
를 바탕으로 합법적 행위에 대한 동기부여를 받게 된다는 점에 있다. 결과의 발생
가능성을 인식하고 행위를 결정했다면 여기에 의적 요소는 자연적으로 내포되었다
할 것이기 때문에[18] 고의에서 의적 요소는 독립적 지위나 의미를 가지는 것은 아
니라고 이해할 수 있다. 요컨대 고의에 의적 요소가 전혀 필요 없는 것은 아니고
지적 요소에 수반되는 의적 요소로 충분하다고 볼 수 있는 것이다. 고의를 뒤집은
주관적 정당화요소에 있어서도 마찬가지이다.

주관적 정당화요소에 지적 요소만으로 충분하다고 할 수 있는 다른 하나의 이유
는 객관적 정당화요건의 성립에 의해 법익침해를 방지하기 위한 정당화 행위가 강
요된 상황이라는 점이다. 정당화상황에서의 행위는 일반 고의범의 행위와는 달리
의도적 행위가 아닌 외부 상황에 대한 반응으로서 강제된 행위인 것이다. 따라서
정당화 행위가 요구되는 상황이라는 인식을 하기에 필요한 지적 요소가 정당화의
필요·충분조건이라고 할 수 있다. 설령 고의에 의적 요소가 포함된다는 일반적 견
해를 취한다고 하더라도 긴급성을 내포한 정당화 행위의 필요성이 고의의 의적 요
소를 대체한다고 할 수 있다.

3. 의무합치적 검토(pflichtmäßige Prüfung)의 요구

주관적 정당화요소의 범위에서 개별적 사안에 따라 특별히 객관적 정당화 사안
에 대한 의무합치적 검토 혹은 양심적 검토(gewissenhafte Prüfung)가 추가적으로
요구되는 경우가 존재한다는 견해가 있다. 독일의 판례는 특히 초법규적 긴급피난
상황에서 행위자는 긴급피난상황의 존재에 대해서 명백히 검토하고 상충되는 이익
을 의무합치적으로 교량할 것을 요구한다.[19] 낮은 가치의 법익을 침해하지 않고도
높은 가치의 법익을 보존할 수 있었던 경우에는 성실한 검토를 통해 그러한 법익
이 헛되이 희생되는 결과를 가능한 한 회피해야 한다는 이유에서이다.[20] 따라서

---

18) 배종대, [57] 10.
19) RGSt 61, 255; 62, 138; BGHSt 2, 114; 14, 2.
20) BGHSt 3, 12.

이 견해에 의하면 객관적 상황을 피상적으로만 검토한 경우라면 정당화사유가 실제로 존재하더라도 정당화는 배제된다.

그러나 다수설은 이를 부정한다.[21] 긴급피난상황이 실제로 존재하고 행위자가 이를 믿었다면 성실한 검토가 없었더라도 정당화는 인정된다는 것이다. 주의 깊은 검토를 하지 않았는데도 합법적 결과에 이르게 된 것은 뜻하지 않은 행운일 뿐이었다는 이유로 구조행위의 정당성을 부정할 수 있는 것은 아니다. 행위권한은 행위자가 위험상태를 의무합치적으로 검토했다는 데 기인하는 것이 아니고 행위상황에서 존재하는 위험 자체에 기인하기 때문이다. 행위자가 검토의무를 이행하지 않았다고 하더라도 결과는 법적으로 허용된 것이기 때문에 검토의무의 불이행은 특별한 의미를 갖는 것이 아니다.[22] 이것은 과실결과범에서 주의의무위반을 했음에도 결과가 나타나지 않은 경우 처벌되지 않는 것에 비유할 수 있다.

III. 주관적 정당화요소가 결여된 경우의 법적 효과

1. 위법성조각설

객관설의 입장에서는 객관적 정당화사유가 존재함으로써 이미 위법성은 조각되므로, 이에 대한 행위자의 인식이 없었더라도 구성요건적 결과를 초래한 행위는 위법성이 조각된다는 결론에 이르게 된다. 그러나 이 견해를 주장하는 학자들도 결론에서는 대체로 불능미수범설의 경우와 유사하게 미수범처벌에 이르게 된다.[23] 그렇더라도 앞에서도 언급한 바와 같이 이 이론은 불법의 성립과 불성립에 대한 고려에서 주관적 요소를 배제한다는 점에서 받아들이기가 어렵다.

21) 김일수/서보학, 185면 이하; 안동준, 102면; 정성근/박광민, 203면; LK-Hirsch, § 34 Rdnr. 77, 90; Kühl, § 9 Rdnr. 186; Sch/Sch/Lenckner/Perron, § 34 Rdnr. 49; SK-amson, § 34 Rdnr. 55. 반대견해로 이재상/장영민/강동범, § 16-26; Blei, S. 170 f. 부분긍정설로 Jescheck/Weigend, § 31 IV 3.
22) 다만 위법성 조각사유의 객관적 전제사실에 관한 착오에서의 검토자료의 하나라는 의미는 있다. 김일수/서보학, 186면.
23) Sch/Sch/Lenckner, Vor §§ 32 ff. Rdnr. 15. 불가벌을 주장하는 견해로 Spendel, FS-Oehler, S. 197 ff.

2. 기수범설

객관적 정당화상황이 존재하더라도 주관적 정당화요소가 결여되면 법익침해행위의 위법성은 인정되고, 이에 따른 구성요건적 결과는 기수범으로 처벌되어야 한다는 견해이다.[24] 위법성조각사유의 객관적·주관적 전제조건이 서로 일치할 때에만 위법성조각의 효과가 발생함을 전제로 하여, 주관적 정당화요소를 결한 이상 결과반가치와 행위반가치가 모두 인정된다는 것이다.

기수범설은 특히 불능미수범설에 대한 비판적 시각에서 다음의 몇 가지 논점을 제시한다. ① 특정 결과를 목표로 하여 실행에 착수했으나 그 결과에 이르지 못했다는 점이 미수의 본질인데, 구성요건적 결과가 발생되었음에도 불구하고 단순한 미수범으로 처벌하는 것은 논리가 성립되지 않는다.[25] 객관적 정당화요소가 존재하는 경우는 그렇지 않은 경우와 구분되어야 할 필요성은 인정된다고 하더라도 범죄구조가 다른 미수범규정을 이러한 사례에 유추적용하는 것은 방법론적으로 적합하지 않다는 것이다.[26] ② 정당화상황에서의 방위행위 자체가 미수에 그친 경우에 불능미수범설을 적용하면 미수의 미수가 인정되어야 하는데, 이러한 법형상은 존재하지 않기 때문에 결국 비합리적인 불가벌의 결과로 이어질 수밖에 없다. ③ 또한 이러한 상황에서의 행위 역시 구성요건실현에 지향되어 있음을 전제로 한다면, 객관적 정당화요건이 존재하더라도 이에 관련한 주관적 정당화요소가 없는 행위자의 구성요건지향성은 순수한 고의와 다를 바 없으므로 이 행위는 결국 기수범으로의 처벌로 이어져야 한다는 것이다.[27]

3. 불능미수범설

불능미수범설은 객관적으로 존재하는 정당화상황이 결과반가치를 상쇄시키고 주

---

24) 이재상/장영민/강동범, § 16 – 28; 정영일, 217면.
25) LK – Hirsch, Vor § 32 Rdnr. 61.
26) 배종대, [57] 15.
27) Alwart, GA 1983, 454 f도 주관적 정당화요소는 개념적 독자성을 가지며 불법배제는 불법을 성립시키는 대상과는 내용적으로 다르게 구성되는 대상물에 관련되는 것이므로 이러한 사례는 기수범으로 처벌되어야 한다고 주장한다.

관적 정당화요소의 결여로 행위반가치만 남는다는 점이 불능미수의 불법구조에 상
응하므로, 처벌도 이에 상응해야 한다는 견해이다. 객관적 구성요건이 충족된다고
해서 결과불법도 당연히 충족되는 것은 아니며, 정당화요소의 개입으로 이것은 배
제될 수 있다는 것이다. 즉 긴급피난상황에서 법익을 침해했다면 그 결과는 법질서
가 허용하거나 심지어 요구하는 상황이며, 행위자가 이러한 객관적 상황을 인식하
지 못했다고 하더라도 결과적으로 행위자는 법으로부터 부정적 평가를 받는 사안
을 실현한 것은 아니라는 것이다.28)

4. 평가 및 결론

기수범처벌을 주장하는 입장에서는 객관적 정당화사유와 위법성조각의 상관관계
에 대해서 미수범설과는 달리 고찰한다. 불능미수로 처벌되어야 한다는 결론은 객
관적 정당화요소는 결과불법을 배제한다는 사고에서 비롯되나, 기수범설은 정당화
사유가 있는 경우의 위법성은 법적으로 중요한 사실이 발생되지 않아서 탈락되는
것이 아니라, 구성요건적 결과를 야기하는 범인이 예외적 정당화규정의 주관적·객
관적 요건을 실현시키기 때문에 탈락되는 것으로 이해한다. 이러한 이해에 따르면
객관적으로 존재하는 정당화요건은 기수범 처벌에 대한 감경가능성으로만 고려될
수 있을 뿐이다. 이러한 논리를 취함으로써 지배설이라고 할 수 있는 불능미수범설
이29) 취하는 바의 무리한 이론구성으로부터 벗어날 수 있음과 동시에 지배설이 원
하는 바의 미수범으로서의 감경된 처벌의 결과에 이를 수 있다고 한다.30)

구성요건적 결과가 발생되었음에도 불구하고 단순한 미수범으로 처벌하는 것은
미수범의 본질을 망각한 비논리적 사고라는 기수범설의 비판에 대해서는, 가벌성
의 전제가 되는 결과불법은 단순한 물리적 의미에서의 법익침해의 결과를 의미하
는 것이 아니라 법질서가 회피하고자 하는 불법적 결과로 이해해야 하며, 객관적
정당화요소는 존재하나 주관적 정당화요소가 결여된 경우에는 이러한 의미의 불법
적 결과는 성립되지 않는다는 논리로 대응할 수 있다. 이런 관점에서 본다면 불능

28) 성낙현(역), 226면.
29) 김일수/서보학, 187면; 박상기, 152면; 안동준, 104면; 임웅, 216면; Jakobs, 11/23 f;
   Roxin, AT I, § 14 Rdnr. 101.
30) LK–Hirsch, Vor § 32 Rdnr. 61.

미수범 규정이 적어도 유추적용 된다고 할 수도 있다.[31]

무엇보다 객관적 정당화사유가 아예 존재하지 않는 경우와 이것이 존재함으로 인해 법질서가 법익의 침해에 대하여 그 결과반가치를 부정하는 경우를 구분하지 않고, 단지 행위자의 주관에 의해서만 불법을 결정지어야 한다고 주장하는 점은 기수범설의 중대한 오류이다. 주관적 정당화요소가 결여되면, 그 행위는 정당성이 인정될 수는 없다고 하더라도 적어도 객관적 정당화요소의 존재는 평가되어야 한다면, 이 상황은 미수범의 상황에 준한다고 할 수 있다.

미수범에서는 구성요건적 결과가 아예 발생되지 않은 반면, 우연방위 사례에서는 그 결과가 발생하였으므로 기수범으로 보일 수 있다. 그러나 객관적 정당화요소가 존재한다는 사실을 모르고 야기한 결과는 법질서가 허용한 결과이다. 즉 긴급피난상황에서 법익을 침해했다면 그 결과는 법질서가 허용하거나 심지어 요구하는 상황이며, 행위자가 이러한 객관적 상황을 인식하지 못했다고 하더라도 결과적으로 행위자는 법으로부터 부정적 평가를 받는 사안을 유발시킨 것은 아니다. 따라서 결과반가치는 배제되어 행위반가치만 남게 되고 이 행위반가치가 불능미수범의 가벌성을 형성한다.[32]

제 21 절 허용구성요건착오
(Erlaubnistatbestandsirrtum : 위법성조각사유의 객관적 전제사실에 대한 착오)

I. 의의

허용구성요건상황이란 하나의 행위가 외형상 구성요건을 충족시키기는 하지만 정당방위나 긴급피난과 같은 정당화 성립요건이 동시에 존재하는 경우를 말한다. 실제로 이러한 요건이 존재한다면 이러한 상황에서의 구성요건적 행위는 당연히 정당성이 인정되지만, 행위자의 인식의 결함으로 실제로는 존재하지 않는 이러한 정당화요건을 존재하는 것으로 잘못 판단한 경우를 허용구성요건착오라 한다.

---

31) 신양균, 주관적 정당화요소에 대한 검토, 성시탁 화갑논문집, 1993, 245면.
32) 김일수/서보학, 282면; 박상기, 152면; 성낙현(역), 226면; 손동권, [§ 10] 28; 이용식, 141면; 이정원, 148면; 이형국, 159면; 임웅, 216면; 정성근/박광민, 204면 이하.

구성요건적 상황에서의 단순한 사실관계에 대한 인식이 결여되거나 잘못된 인식으로 비롯된 착오를 구성요건착오라 한다면, 허용구성요건착오란 구성요건적 행위에 대한 정당화요건, 곧 허용구성요건의 성립에 관련한 객관적 사실관계의 착오를 의미한다.[1] 따라서 '위법성조각사유의 객관적 전제사실에 관한 착오'로도 지칭된다.

이에 해당하는 사례로는 예를 들어 오상방위(誤想防衛), 오상긴급피난, 오상자구행위 등이 있다. 처벌가능성의 관점에서 보아 객관적 상황에 비해 행위자 자신에게 유리한 방향에로의 착오이다. 이는 객관적 정당화사유는 존재하나 이에 대한 인식이 결여된 우연방위나 우연피난과 상반된 내용을 담고 있는 것이어서 우연방위 등을 반전된 허용구성요건착오(행위자 자신에게 불리한 방향에로의 착오)라고도 할 수 있다.

허용구성요건착오와 구별되는 개념으로서 허용착오(Erlaubnisirrtum)가 있다. 허용착오란 행위자는 자신의 행위가 그 자체로서는 금지되었다는 사실을 구체적으로 인식하나, 특수한 상황에서의 자신의 행위를 정당화하는 반대규범이 작용할 것으로 믿은 경우이다.[2] 즉 허용구성요건착오가 정당화 '상황'에 관련한 착오라면 허용착오는 정당화 '규범'에 관련한 착오이다. 허용착오는 다시금 법으로 인정되지 않는, 즉 현실적으로 존재하지도 않는 정당화규범이 존재하는 것으로 오인한 허용규범존재의 착오(Bestandsirrtum)와 법이 인정하는 정당화규범이 실제로 존재하기는 하나 그 효력은 자신에게 미치지 아니함에도 불구하고 이를 넓게 파악하여 자신에게도 적용되는 것으로 오인한 한계의 착오(Grenzirrtum)로 구분한다.[3]

---

1) 용어에 대한 비판적 견해로 오영근, 296면 각주 1) 참조.
2) LK-Schroeder, § 17 Rdnr. 9; Maurach/Zipf, AT I, § 38 Rdnr. 14 ff; Sch/Sch/Cramer/Sternberg-Lieben, § 17 Rdnr. 10.
3) 그러나 이러한 구분은 엄격히 따지자면 불필요하다는 견해가 타당하다. 예를 들어 긴급피난이나 정당방위상황에서 자신의 법익을 보호하기 위해 법이 인정하는 범위를 벗어나는 침해행위를 해도 좋은 것으로 잘못 인식했다는 것은 넓게 보면 법이 인정하지 않는, 즉 존재하지 않는 정당화사유를 표상한 것으로 평가할 수도 있기 때문이다. Geerds, Jura 1990, 424.

II. 허용구성요건착오의 법적 취급에 관한 학설

[설문사례]
병이 기르는 사나운 개로 인해 항상 불편을 겪어 오던 갑이 병으로부터 문자메시지를 받게 되었다. 갑은 이 메시지를 읽고 이 개를 마음대로 처치해도 좋다는 병의 승낙의 의사표시가 있는 것으로 오인하고는 다른 이웃 주민인 을에게 상황을 설명하고 그로부터 총을 빌려 개를 사살하였다. 병의 진심을 잘 이해하는 을은, 병의 그러한 의사표시는 없지만 갑이 오인하고 있다는 사실을 잘 알 수 있는 처지였다. 그러나 자신도 내심 그 개에 대해 공포심을 느꼈던 터라 착오에 빠진 갑이 개를 사살한다면 자신에게도 좋은 일이라 생각해 사실을 모르는 척 총을 빌려 준 것이었다. 갑과 을의 각각의 죄책은 어떠한가?

1. 고의설

엄격고의설은[4] 어떤 행위를 고의범으로 처벌할 수 있기 위해서는 행위자의 객관적 행위상황에 대한 인식이나 결과발생의 의도뿐 아니라 행위의 위법성에 대한 인식까지 존재할 것이 요구된다고 한다. 이러한 고의는 범인에게 자신의 작위나 부작위가 일반의 안녕이나 공동체생활에 불가결한 규범에 위배된다는 인식이 있는 경우 혹은 법질서에 위배하여 불법을 행한다는 인식이 있을 때 존재한다.[5]

엄격고의설에 의할 때, 확신범은 자신의 범행에 대한 확신을 법사회에 반항하여 성립시키기 때문에[6] 대체로 실질적·형식적 불법인식을 가지는 것으로 인정될 수 있으므로 고의범처벌은 당연히 가능한 데 비해, 오히려 법의 요구에 대해 무관심하기 때문에 그 요구를 모르는 법무지자(法無知者 : Rechtsblinde)에게는 고의범으로서의 가벌성이 극히 제한되는 불합리성이 나타난다. 따라서 제한고의설에 의해 법무지자나 법적대자(法敵對者)는 고의범으로 처벌해야 한다는 제안이 제기된다.[7] 그러나 엄격고의설의 입장에서는 이런 제한은 고의설의 명제에 부합하지 않으며 결론에서 범인에게 불리한 금지된 유추적용에 이르게 된다는 이유로 반대한다.[8]

---

4) Lang/Hinrichsen, JR 1952, 184; Schönke/Schröder, 17. Aufl., § 59 Rdnr. 76 ff; Schröder, MDR 1950, 646; ders., ZStW 1953, 178 ff.
5) Schönke/Schröder, a.a.O., Rdnr. 116.
6) Schönke/Schröder, a.a.O.
7) Mezger, FS－Kohlrausch, S. 180 ff.
8) Schröder, MDR 1950, 650.

고의설은 위법성의 인식을 고의와 구분하여 책임요소로 인정하는 현재의 범죄체계론에 맞지 않으며, 위법성의 인식에 대한 결여를 책임관련 착오로 취급하고 있는 실정법에도 맞지 않는 것이어서 따를 수 없다. 또한 이 견해에 따를 때 상응하는 과실범규정이 없는 경우에 처벌가능성이 극히 제한된다는 데 대해서도 비판을 받는다. 고의설은 이에 대해, 실체적 불법인식이 부정되는 경우, 과실범 처벌은 예외적 규정이므로 범인의 불가벌성에 이르게 되는 경우가 보통이라고 인정하면서, 그 불만족성은 이론상의 문제가 아니라 입법에 관한 문제로 돌린다.[9]

2. 소극적 구성요건표지이론

구성요건과 정당화사유의 부존재를 결합시킨 개념을 총체적 불법구성요건으로 이해하는 소극적 구성요건표지이론은[10] 개개의 정당화요건을 소극적 구성요건표지로 본다. 이러한 이해에 따르면 고의에는 법적 구성요건에 관련된 실행의사와 행위상황의 인식 외에도 행위자 자신의 행위가 객관적 정당화요건을 충족시키는 행위가 아니라는 데 대한 인식 또는 그러한 행위상황이 존재하지 않는다는 데 대한 인식도 포함된다. 즉 객관적 정당화요소의 소극적 부존재는 구성요건요소이다. 따라서 구성요건착오의 규정은 허용구성요건착오에 직접 적용되므로 이에 관련한 착오의 회피가 불가능했다면 고의가 배제된다. 회피가 가능했던 착오의 경우에 한하여, 과실범처벌규정이 있다면 과실범 처벌만이 가능하다. 그 결과 공범의 처벌가능성도 종속적으로 제한된다.

이 이론에 대해서는, 정당화표지가 소극적 구성요건에 포함된다면 고의는 정당화사유의 결여에 대한 인식을 포함해야 할 것인데, 범인들은 대체로 정당화사유의 결여에 대해서는 능동적으로 고찰하지 않는 것이 보통이라면 고의범으로 처벌될 가능성이 극히 제한된다는 비판이 제기될 수 있다. 이에 대해 이 이론은, 고의범 처벌을 위해 소극적 행위상황의 결여에 대한 능동적 사고를 요구하는 것이 아니라, 소극적 행위상황의 존재 자체에 대한 표상의 결여를 전제로 할 뿐이라고 밝힌다.

---

9) Geerds, Jura 1990, 424; Langer, GA 1976, 210 f.
10) Arthur Kaufmann, JZ 1954, 653 ff; ders., FS−Lackner, S. 194 ff; Schroth, FS−Arthur Kaufmann, S. 595; Schünemann, GA 1985, 347 ff; 이상돈, § 14−114.

다시 말해 고의는 범인이 정당화상황에 대한 생각을 떠올리지 않은 것으로 족하며, 전체적인 정당화사유의 요건이 결여되었다는 데 대한 적극적 인식을 요하는 것은 아니라는 것이다.[11)]

그러나 이 허용구성요건착오에 관한 논의 이전에, 구성요건과 위법성을 범죄체계적 관점에서 구분하지 않는 소극적 구성요건표지이론에 대해 구성요건과 위법성은 구별되어야 할 실체적 의미가 있다는 체계론적 비판이 가능하다. 말하자면 구성요건해당성이 없는 행위를 한 사람과 구성요건해당행위를 하되 위법성조각사유를 가지고 행한 사람은 불법을 행하지 않았다는 점에서는 동일하나, 전자의 경우에는 구성요건의 충족이 아예 이루어지지 않았고 후자는 정당하게 구성요건이 충족되었다는 점에서 형법적 의미는 동일하지 않다. 요컨대 각각의 사례에서 착오가 결부되었을 경우, 전자는 일반적 주의의무의 동기밖에 갖지 않는 데 비해, 후자는 행위상황에 대한 인식을 가지고 있었으므로 자신의 행위의 정당성에 대해서 정확히 숙고할 더욱 강한 동기를 가져야 할 것으로 보아야 한다. 그러한 점에서 양자 간의 법적 의미와 취급은 달라야 한다. 소극적 구성요건표지이론은 이를 염두에 두지 않는다는 점에서 비판의 대상이 될 수 있다.

3. 책임설

1) 엄격책임설

(1) 내용

고의를 단지 객관적 구성요건표지에만 관련된 것으로 이해하는 엄격책임설에[12)] 따르면, 고의는 (구성요건적) 행위를 실현하겠다는 인식과 의도를 초과하지 못하므로, 불법을 실현한다는 범인의 인식은 당연히 고의와는 상관없는 책임요소로 인정된다. 그렇다면 위법성단계에서의 착오는 그것이 객관적 상황에 대한 인식의 결함에 기인한 것이든, 행위에 대한 그릇된 법적 평가에서 기인한 것이든 구별 없이 금

---

11) 성낙현(역), 171면.

12) 오영근, 298면; Hirsch, Die Lehre von den negativen Tatbestandsmerkmalen, S. 220 ff; Hirsch, ZStW 1982, 257ff; Armin Kaufmann, JZ 1955, 37; Welzel, ZStW 1955, 208 ff; Welzel, S. 164 ff.

지착오로 취급되어야 한다는 것이 논리적 귀결이다. 따라서 정당방위상황이라고 오인했기 때문에 상대방을 살해한 범인에게도 살인고의는 그대로 인정되며, 그의 착오는 단지 책임을 감경시키거나 착오가 회피불가능했던 경우에 한해 책임을 조 각시키는 작용만을 하게 된다.

(2) 비판

이 이론은 결과에서 법감각에 부합하지 않는다는 비판을 받는다.[13] 자신의 행위를 정당화시켜 주는 사유가 존재하는 것으로 잘못 알았기 때문에 그것을 허용된 행위로 인식하고 행하는 자는 목적설정이라는 관점에서 법규범에 합당한 행위를 한 것이다. 행위자의 표상과 실제가 일치한다는 것을 전제로 한다면 이 경우 행위자의 합법과 불법에 대한 판단은 입법자의 판단과 일치한다. 다만 자신의 행위가 구성요건에는 해당한다는 인식이 있었으므로 정당화상황이 실제로 존재하는지에 대해 다시 한번 주의를 기울여 확인해야 할 의무가 주어진다. 바로 이 주의의무를 다하지 않았던 결 과, 실제로는 금지된 행위를 합법적이라고 오인한 행위자에게는 주의의무위반에 대 해서만 과실범의 가벌성이 인정되어야 한다.[14] 이점이 허용구성요건착오가 금지착오 와는 본질적으로 차이가 나는 부분이다.

금지착오에 빠진 행위자는 입법자의 합법과 불법에 관한 판단과는 다른 판단을 하고 있는 것이고, 이 점은 고의의 성립에는 영향을 주지 않고 단지 고의범죄의 책 임감경의 정도에만 영향을 줄 수 있는 것이라는 점에서 허용구성요건착오와는 양 적인 차이가 아닌 질적인 차이가 있다. 그럼에도 불구하고 엄격책임설이 허용구성 요건착오를 금지착오로 취급하고자 한다면 양자 간의 이러한 가치의 차이를 간과 하는 것이어서 미흡하다.[15]

2) 제한적 책임설

판례와 다수설은 허용구성요건착오에 대해서 고의범처벌을 부정하고, 행위에 상 응하는 과실범규정이 존재하는 범위 내에서 범인을 과실범으로 처벌함으로써 엄격 책임설에 대한 제한을 가하려고 한다.[16] 허용구성요건착오에 있어서는 고의범 처

---

13) Jescheck/Weigend, § 41 IV 1 b) 각주 51 참조.
14) Roxin, AT I, § 14 Rdnr. 62.
15) Roxin, AT I, § 14 Rdnr. 63.
16) Engisch, ZStW, 1958, 583 ff; Krümpelmann, GA 1968, 129; Kühl, § 13 Rdnr. 73;

벌이 배제된다는 결론에 대해서는 견해가 일치되지만 그 논거에 있어서는 일치하지 않는다. 광의의 제한책임설에는 법효과제한책임설과 협의의 제한책임설(구성요건착오 유추적용설)이 포함된다.[17)]

(1) 법효과제한책임설

가) 고의의 이중구조 사고에 기초한 이론내용

법효과제한책임설(rechtsfolgenbeschränkende Schuldtheorie)은[18)] 고의가 행위고의로서 구성요건해당성의 요소라는 지위와 책임고의로서 독자적 책임요소라는 이중의 지위를 가지고 있다는 점에서[19)] 출발한다. 이 입장에 따르면 허용구성요건착오에 따른 행위에는 행위불법의 중심체인 행위고의(Tatvorsatz), 곧 범행실현의사는 착오의 영향을 받지 않고 그대로 존속하나, 범인은 객관적으로 존재하는 법의 의미에서 합법적으로 행위하고 있다고 믿음으로써 정당화인식을 가졌다는 점에서 심정반가치와 함께 책임고의는 탈락된다. 허용구성요건착오에 따른 행위는 자체로는 고의범죄에 해당하나 범인의 감경된 책임 때문에 법효과의 면에서만 과실범과 동일하게 취급하고자 한다.

허용구성요건착오 상황에서 범행고의를 형성하게 된 동기는 법에 대한 그릇된 성향에서 기인하는 것이 아니라 객관적 상황에 대한 판단에서의 부주의에 기인하는 것이다. 범인이 법이 인정하는 정당화사유가 존재하는 것으로 잘못 인식했기 때문에 행위로 나아갔다면 고의범에 전형적인 법사회의 가치관념으로부터의 비난은 벗어나게 된다.[20)] 비록 착오 때문이기는 하지만 행위자는 자신을 법에 충실한 자로 인정한

Roxin, AT I, § 14 Rdnr. 62; Sch/Sch/Cramer/Sternberg−Lieben, § 16 Rdnr. 18; Stratenwerth, § 9 Rdnr. 153 ff; BGHSt 3, 106; 196; 359; BGH NStZ 1983, 500 등 참조.

17) 이 점에 대해서는 광의의 제한책임설의 개념을 염두에 두지 않고 단순히 구성요건착오를 유추적용한다고 하는 제한책임설과 법효과제한책임설만의 대립관계로 이해할 수도 있다.

18) 김성천/김형준, 220면; 박상기, 251면; 배종대, [97] 9; 손해목, 560면; 신동운, 437면; 이재상/장영민/강동범, § 25−14; 임웅, 343면 등 우리나라의 다수설이다. Jescheck/Weigend, § 41 IV 1 d).

19) Gallas, FS−Bockelmann, S. 169 ff; Herdegen, FS−BGH, S. 208; Herdegen, ZStW 1955, 45 f; Krümpelmann, GA 1968, 142 ff; Maurach/Zipf, AT I, § 37 Rdnr. 43; Wessels/Beulke, Rdnr. 478 f; BGHSt 31, 286 f.

20) Jescheck/Weigend, § 41 IV d).

상태에서 행위를 하는 것이다.[21] 따라서 행위의 책임요소는 현저히 감소되고, 이러한 이유에서 허용구성요건착오를 그 법효과 면에서는 구성요건착오와 동등하게 취급하는 것이 합당하게 된다. 다만 범인의 잘못된 인식이 부주의에서 비롯된 것이라면 주의의무위반에 대한 책임은 물어야 하며, 이에 적용될 과실범처벌규정이 존재하는 범위에서 과실범의 죄책은 인정할 수 있다.

구성요건단계에서의 범행고의(실행의사)의 성격과 책임단계에서의 심정반가치의 내용으로서의 성격을 함께 지닌다는 고의의 이중적 지위개념의 본질적 실리는 허용구성요건착오에 빠져 있는 정범의 행위에 가공한 교사범 혹은 방조범의 가벌성을 확보하는 데 있다.

요컨대 스스로는 착오에 빠지지 않은 공범이 착오에 빠진 정범을 자신의 범행에 이용했다면 그에게는 당연히 비난가능성이 인정되어야 마땅하다. 그러나 현재 절대적 지배설인 공범종속성설에 의하면 정범이 고의가 조각되어 처벌되지 않는다면 그 배후의 공범도 역시 처벌될 수 없다. 이러한 법리의 굴레를 뚫고 처벌되어야 할 사람에 대한 처벌가능성이 확보되어야 할 필요성이 있다. 고의의 이중구조 사고를 통해 비로소 이러한 유형의 가담자에게 공범으로서의 가벌성 인정이 가능하게 된다.[22]

후술하는 구성요건착오 유추적용설과는 달리 법효과제한책임설에 의하면, 어떤 하나의 대상을 인식하지 못함으로써 구성요건착오규정에 의해 고의가 탈락되는 대상이 있다면 이에 대한 고의가 성립되기 위해서는 그 대상을 인식하면 된다. 즉 어떤 대상에 대해 인식을 하지 못했을 때 고의가 탈락된다는 것은, 뒤집어 말하면 그 대상에 대한 인식을 함으로써 고의는 성립된다는 것을 의미하는 것이다. 이에 따르면 허용구성요건착오에서의 범인은 그 대상을 인식했으므로 고의는 인정되며, 이로써 이 범인(정범)의 행위에 대한 가벌적 공범의 성립이 가능하게 한다.

설문사례에서 갑의 행위는 구성요건 착오와 법효과만 같을 뿐 행위의 불법내용마저 동일한 것은 아니다. 고의가 완전히 조각되는 것이 아니라 책임고의만 탈락하고 구성요건고의는 존재한다. 이 구성요건고의에 의해서, 갑의 착오를 이용한 을의 행위는 공범종속성설을 따른다 하더라도 방조범으로 처벌이 가능하다.

---

21) BGHSt 3, 107.
22) Dreher, FS−Heinitz, S. 224.

나) 실무적 의미와 비판

사실 법효과제한책임설은 공범관계에서 큰 의미를 인정받고 있으나 실제에 있어서의 그 의미는 크게 제한된다. 설문사례에서 갑은 자신의 착오로 인해 을의 도구로서 사용되었다면 을의 범죄관여형태로는 공범과 간접정범 모두가 고려 대상이 된다. 이때 정범 우선의 원칙에 따라 공범성은 간접정범성에 밀리게 된다. 예컨대 을이 갑의 착오를 인식하지 못했기 때문에 범행지배가 탈락된다든가, 정범성이나 구성요건의 특수성에서 요구되는 의도가 결여되었거나 혹은 구성요건이 자수범(自手犯)이라는 등의 이유에서 이 간접정범의 성립이 부정되는 경우에 한해서 법효과제한책임설은 실질적 의미가 있다. 이러한 사례에서 법효과제한책임설을 적용함으로써 구성요건착오 유추적용설이 처음부터 그 가능성을 배제한 공범으로서의 처벌가능성을 기대할 수 있게 된다. 그러나 실무적인 관점에서는 이 학설이 제시하는 공범가벌성의 효과는 그다지 크지 않다.[23] 또한 입법자가 공범종속성을 완화시킬 의사가 없는 한 어느 정도 처벌의 공백은 존재할 수밖에 없고, 이는 각오되어야 한다.

실무적 관점뿐 아니라 이론적인 면에서의 비판도 가능하다. 즉 법효과제한책임설이 허용구성요건착오를 법효과적인 면에서 구성요건착오와 동일하게 취급해야 한다고 하면, 결과적으로 구성요건착오에 의해 자신은 구성요건해당성이 배제된 자의 범행에 가담한 제3자는 공범종속성의 원리에 따라 가벌적 공범은 성립될 수 없다는 결론에 이르러야 할 것이다. 그리고 이런 결과는 허용구성요건착오의 경우에도 동일하게 적용되어야 한다. 그런데 이 견해는 구성요건착오에서는 공범성립의 가능성을 부정하고 허용구성요건착오에서는 이를 긍정하는데 이는 쉽게 납득할 수 없다.

(2) 구성요건착오 유추적용설[24]

허용구성요건착오에 의한 행위에는 고의가 배제되어야 한다는 점에서 구성요건착오와 결론에서 동일하나, 양자 간에 본질적 차이가 있기 때문에 구성요건착오규정의 직접적용이 아닌 유추적용이 이루어져야 한다는 견해이다.[25] 허용구성요건착

---

23) Herzberg, JA 1989, 298 f; 성낙현, 착오의 체계와 이론, 정성근 화갑논문집, 1997, 464면.
24) Herzberg, JA 1989, 294는 불법설(Unrechtstheorie)이라고 칭한다.
25) Engisch, ZStW 1958, 566; Grünwald, FS−Noll, S. 183; Herzberg, JA 1989, 243, 294; Hruschka, GA 1980, 1; Arthur Kaufmann, JZ 1954, 653; ders., JZ 1956, 353; Puppe, FS−Sree/Wessels, S. 192 f; Roxin, MSchrKrim 1961, 211; Sch/Sch/Cramer/

오의 상태에서 행위하는 자는 최소한 가벌적 구성요건에 관련한 범행실현의도를 가지고 행하기는 하지만, 고의의 본질을 형성하는 구성요건적 불법을 실현하겠다는 고의범의 결의는 존재하지 않기 때문에 고의적 행위불법은 결여된다.[26] 이 착오에서의 행위자는 자신의 의사가 실현되더라도 법적으로 합법성이 인정되는 사안의 실현에 목적을 두고 있는 것이며, 구성요건착오에서처럼 법적으로 허용되지 않은 결과반가치의 실현의사는 없었다고 해야 할 것이다.

구성요건착오에서의 행위자에게는 구성요건의 경고기능(Appellfunktion)도 미치지 못하지만, 허용구성요건착오에서의 행위자는 적어도 자신의 행위가 그 자체로는 일종의 구성요건에 해당한다는 인식은 하고 있으므로 여기에서는 구성요건의 경고기능은 작동한다. 이 점에서 허용구성요건착오는 구성요건착오와 정확히 일치하는 것은 아니므로 구성요건착오규정을 바로 적용할 수 없다. 하지만 허용구성요건착오에 관한 법적 규정이 없는 상황에서 구조적으로 가장 유사한 구성요건착오에 관한 규정을 유추적용하는 것이 현실에 가장 근사한 방법이라 할 수 있다. 이 이론에 의하면 고의범의 불법은 배제되므로 이 착오에 빠진 본범의 행위에 가담한 공범의 처벌가능성은 탈락된다.[27]

4. 결론

고의범죄에 자신의 행위에 대한 불법성의 인식을 요구하는 고의설은 그 이론구조가 현재 보편적으로 인정되는 범죄체계에 부합하지 않을 뿐 아니라 고의범 처벌가능성을 부당하게 제한한다는 비판을 피할 수 없다. 고의설 혹은 수정된 고의설의 논리가 부분적으로 설득력이 있다고 하더라도, 책임설을 취하고 있는 실정법적 현실의 관점에서 보면 이들에 대해서는 더 이상 해석론적 의미도 없는 것으로 볼 수 있다.

엄격책임설은 정당화상황이 존재한다는 인식하에 그 자체로서는 구성요건 해당 행위를 하는 자에게는 구성요건의 경고기능이 작동하기 때문에 사안에 대한 주의

Sternberg-Lieben, § 15 Rdnr. 35; SK-Rudolphi, § 16 Rdnr. 10, 12.
26) SK-Rudolphi, § 16 Rdnr. 12.
27) Jescheck/Weigend, § 41 IV 1 c). 이 이론의 범위 내에서는 교사범이나 방조범규정에 의한 공범가능성을 부정하는 반면 Rudolphi는 공범규정의미의 고의를 엄격하게 실현의사에 한정함으로써 공범처벌가능성을 긍정한다. Rudolphi, FS-Maurach, S. 67 ff. 참조.

깊은 검토의 의무가 있고, 이러한 의무의 위반에 기인한 법익침해행위의 불법은 보통의 구성요건착오에 빠져 있는 자의 행위불법보다는 중하다고 한다. 엄격책임설은 이러한 논거로 양자를 구별하여 허용구성요건착오에 의한 행위에 대해서는 행위자의 고의를 인정하는데, 이는 부당하다.

착오에 의해 그런 허용사유가 있다고 믿고 행동하는 자에게 주의의무위반에 대한 비난은 가능하지만 법적대적(法敵對的) 심정에 대한 비난은 할 수 없다. 행위자는 법질서의 정신에 합치된 행동을 한다고 믿기 때문에 행위반가치는 부정되며, 다만 결과반가치만이 구성요건착오 경우와 동일한 상황이다. 객관적 상황을 충분히 주의 깊게 검토하지 않았기 때문에 불법을 행한 자의 불법내용은 고의범의 불법이 아니라 항상 과실범의 불법이다.[28]

법효과제한책임설은 구성요건착오 유추적용설과 결론에서 차이가 나는 것은 아니나, 고의범의 행위불법은 인정하되 감경된 책임내용에 따라서 과실범으로 처벌한다는 이론적 구성이 설득력을 갖지 못한다. 고의범죄란 법이 고의범처벌을 규정해 놓은 구성요건을 충족하는 행위이다. 처벌요건으로서 요구된 고의라는 요건의 존재를 인정하되 그 법적 효과로서는 과실범 처벌을 인정한다는 것은, 법적 개념에 따라 그 법적 효과가 결정되어야 한다는 원칙에 위배된다.

그리고 정당화요건이 존재하는 것으로 오인하고 행위를 한 자는 고의적 행위불법을 실현하고자 했다는 명제도 적합하지 않다. 고의범의 행위불법은 법질서가 불법판정을 내린 대상을 행위자가 실현하고자 목적으로 설정했을 때 존재하기 때문이다.[29] 이 이론은 착오에 빠진 정범의 행위에 가담한 공범의 처벌가능성의 관점에서 큰 장점을 갖는 것으로 인식되나 앞에서 검토한 바와 같이 실제적 의미는 그다지 크지 않다.

법효과제한책임설에 따라 문제를 해결한다면, 가벌성 심사절차에서 행위의 구성요건과 위법성이 인정되고 난 이후 책임고의를 부정하는 순서를 거치게 된다. 그러나 정당화상황이 존재하는 것으로 오인한 자는 규범에 합치된 행위를 하고자 한 것이며, 다만 주의의무를 다하지 않은 잘못으로 상황을 오인하여 결과를 발생시키게 되었다면 그에게는 위법성을 인정하기 이전에 과실범의 비난만이 가능하다. 따라서

---

28) Roxin, AT I, § 14 Rdnr. 64 ff.
29) Roxin, AT I, § 14 Rdnr. 70.

허용구성요건착오에는 구성요건착오의 규정을 유추적용하는 것이 합리적이다.[30]

제 22 절 정당방위

I. 정당방위의 의의

자기 또는 타인의 법익에 대한 현재의 부당한 침해를 방위하기 위한 행위는 그것이 구성요건을 충족하는 것이라도 상당한 이유가 있는 때에는 처벌되지 않는다(형법 제21조 제1항). 법질서에 의해 정당하게 보호받아야 할 법익을 침해하거나 위해를 가하는 부당한(위법한) 공격이 이루어지는 경우, 그 법익을 보호하기 위하여 그 공격자의 법익을 침해하는 행위는 정당방위로서 법적으로 허용된다. 정당방위는 자연법적 성격을 담고 있는 것으로서 거의 모든 법질서에 의해 인정되는 법형상이다.

정당방위는 부당한 침해에 대한 정당한 행위로서 부정 대 정(不正 對 正), 또는 불법 대 합법의 관계(Recht gegen Unrecht)를 형성하는 것으로, 이는 소극적으로 단순히 처벌이 되지 않는 행위의 의미가 아니라 적극적으로 정당성을 가지는 행위의 의미로 이해되어야 한다. Kant에 따르면 사회구성원 각자는 자신에게 주어진 권리와 자유에 상응하는 영역을 모든 타인에게도 인정해야 할 의무가 있는 만큼, 자신에게 주어진 법적 자유의 범위를 초과하여 타인의 권리영역을 침범하는 것은 허용되지 않으므로 그러한 행위는 결국 강제로 차단되어야 한다. 이러한 의미에서 부당한 공격을 받는 상대방은 공격자의 법익을 침해할 강제적 권한(Zwangsbefugnis)을 가지는 것이며, 이에 대해 공격자는 수인(受忍)의 의무(Duldungspflicht)밖에는 가지지 않는다. 즉 정당방위에 대한 정당방위는 원칙적으로 인정되지 않는다. 법은 불법에 길을 내어 줄 필요가 없으므로 부당한 공격의 피해자는 이를 단순히 회피함으로써 위험으로부터 벗어날 수 있는 경우라도 회피할 필요 없이 자신의 정당방위권한을 행사할 수 있다.[1]

---

30) 김일수/서보학, 288면 이하; 이정원, 237면; 조준현, 201면; Herzberg, JA 1989, 299 f;
    Roxin, AT I, § 14 Rdnr. 54, 62.
 1) Kühl, § 7 Rdnr. 2 f.

II. 정당화의 법적 근거

1. 자기보호의 원리(Selbstschutzprinzip)

정당방위의 정당화의 자연법적 근거 중 하나는 개인의 자기보호원리이다. 개인적 권리와 법익은 어떠한 불법으로부터도 보호된다. 누구도 자신의 법익에 대한 부당한 침해를 수인할 필요가 없다. 예컨대 갑이 을의 법익을 부당하게 공격했다면, 을은 당연히 자신의 법익을 보호하기 위해 갑에게 반격을 가할 권리가 있다. 법질서의 기본 과제가 개인의 법익을 부당한 침해로부터 보호하는 것이라면, 법질서는 갑의 법익을 을의 방위행위로부터 보호할 의무가 없다. 이로써 정당방위의 정당화가 성립한다.

여기서의 보호대상에는 전체적 법질서에 의해 보호되는 개인적 재화, 권리, 이익이 포함되며, 형법적 보호법익에 국한되는 것은 아니다. 단, 개인적 법익에 한정되므로 사회적·국가적 법익을 보호하기 위한 정당방위는 인정되지 않는다. 예컨대 교통법규위반, 음주운전, 문서위조, 공무원수뢰 등의 행위에 대해서는 정당방위가 허용되지 않는다.

그런데 자기보호원리만으로는 재물을 강취하려는 상대방에게 치명상을 가하는 경우처럼 비례성의 범위를 벗어나는 방위행위에 대한 정당화를 설명하기 어렵다. 나아가 상대방의 부당한 공격을 회피할 수 있고, 오히려 피함으로써 법익을 더 효과적으로 보호할 수 있는 상황에서의 공격적 정당방위의 정당성을 설명하기는 더욱 어렵다. 또한 타인을 위한 정당방위인 긴급구조 사례에서 방위자는 타인의 법익 보호에 아무런 의무나 이익이 없을 수 있으므로 자기보호원리이론은 이러한 사례에서 정당화근거를 찾는 데에도 제약이 따른다.[2]

2. 법확증의 원리(Rechtsbewährungsprinzip)[3]

개인의 법익이 부당하게 침해되었다는 것은 동시에 이러한 행위 또는 결과를 금지하는 법규범의 침해를 뜻한다. 따라서 정당방위를 통해 보호법익의 부당한 침해를

---

2) 성낙현, 정당방위의 정당화근거와 그 제한원리, 동아법학 제52호, 2011.8, 359면.
3) 용어에 대해서 김일수/서보학, 292면.

방지한다는 것은, 그렇지 않았으면 침해될 수 있었던 법질서를 침해로부터 보호한다는 효과를 가져 온다. 법은 불법에 길을 내어 줄 필요가 없으므로 정당방위에서는 이익교량(利益較量)이 요구되지 않는다. 즉 상대적으로 낮은 가치의 법익을 보호하기 위해 높은 가치의 법익을 침해하는 행위에도 정당성이 인정된다. 또한 부당한 공격에 대한 회피가 가능한 상황에서도 비겁하게 도망할 필요가 없다. 이러한 정당방위의 과단성은 법확증의 원리에 근거를 두고 있는 것이다.

법확증의 원리의 기반 위에서는 피공격자 자신뿐 아니라 타인의 법영역에의 침해에 대한 정당방위, 곧 긴급구조의 정당화근거도 수월하게 성립된다. 다른 한편으로 법확증의 원리에 따르면 책임 없는 자의 공격을 받은 상대방이나 과실에 의해 정당방위상황을 유발한 당사자에 대해서는 법질서 수호의 필요성이 없거나 법질서에 대한 공격 자체가 부정되기 때문에 정당방위 권한은 그만큼 제한된다는 결론에 이를 수 있다는 점도 장점이다.

반면에 애초의 부당한 공격이 경미한 법익을 겨냥한 경우나, 정당방위로 인해 침해된 법익이 이를 통해 보호한 법익에 비해 극단적으로 우월한 경우의 정당방위는 제한되어야 할 것이나, 법확증의 원리만으로는 그 제한의 근거를 설명하기 어렵다.[4]

III. 정당방위 성립요건

정당방위가 성립하기 위해서는 크게 ① 정당방위상황, ② 정당방위행위, ③ 상당한 이유의 세 가지 요건이 충족되어야 한다.

1. 정당방위상황

정당방위상황은 다시금 ① 인간의 침해행위, ② 침해의 현재성, ③ 침해의 위법성을 요건으로 한다.

---

4) 성낙현, 앞의 논문, 360면 이하.

1) 침해행위

(1) 침해대상이 되는 법익

정당방위상황이 성립되기 위해서는 침해행위가 있어야 하는데, 이것은 정당방위행위자 자신의 법익이나 타인의 법익을 위협하는 모든 인간의 행태를 말한다. 여기서의 법익은 형법뿐 아니라 전체적 법률상 보호되는 개인적 이익을 말한다. 따라서 생명, 신체, 자유, 명예, 재산, 정조 등 전형적인 형법상 보호법익 이외에도 민법상의 점유, 자녀에 대한 부양권, 가족관계,5) 직업상의 능력, 사생활 영역 등도 이에 해당된다.

여기서의 법익에는 정당방위행위자 이외의 타인의 법익도 포함되며, 또 타인에는 자연인뿐 아니라 법인도 포함된다. 타인의 법익을 위한 정당방위를 특히 긴급구조(Nothilfe)라고 한다. 다만 보호대상이 되는 법익은 개인적 법익에 한정되므로, 예컨대 외설영화의 상영이나6) 외설물을 가판대에서 판매하는 행위를 방해하는 등의7) 순수한 사회적 법익에 대한 침해행위에 대해서는 정당방위상황이 성립하지 않는다. 사회질서유지는 국가기관에 일임된 고유한 의무이며 이에 관한 모든 사적 사법(司法)은 지양되어야 한다. 다만 방화죄나 교통방해죄 등과 같이 침해행위가 사회적 법익에 관한 행위라도 이 법익의 침해가 개인적 법익의 침해에 직접적 영향을 주게 되는 경우라면, 구체적 위험에 처한 개인에게는 예외적으로 정당방위가 허용되어야 할 것이다. 그렇다고 하더라도 결국은 개인의 법익을 보호하기 위한 정당방위가 되는 것으로 이해되어야 한다. 공기를 오염시키는 행위를 방해하는 행위가 구성요건을 충족시키는 경우에도 사회적 법익이라는 일반적 이익을 위한 정당방위가 성립하는 것이 아니라, 공기오염이 개인의 건강을 위협한다고 인정될 때 타인을 위한 정당방위가 성립된다.8)

---

5) 대판 1974.5.14, 73도2401 : "타인이 보는 자리에서 자식으로부터 인륜상 용납할 수 없는 폭언과 함께 폭행을 가하려는 피해자를 1회 구타한 행위는 피고인의 신체에 대한 법익뿐 아니라 아버지로서의 신분에 대한 법익에 대한 현재의 부당한 침해를 방위하기 위한 행위로서 기록에 나타난 정황에 비추어 볼 때 아버지 되는 피고인으로서는 피해자에게 일격을 가하지 아니할 수 없는 상당한 이유가 있는 경우에 해당한다고 봄이 타당하다 할 것"이다.

6) BGHSt 5, 245.

7) BGH NJW 1975, 1162.

8) Kühl, § 7 Rdnr. 38.

국가적 법익을 위한 정당방위도 허용이 안 되는 것이 원칙이므로, 예컨대 공무원의 직무에 관한 비리 등에 대해서는 정당방위가 인정되지 않는다. 국가의 독점적 권력에 사인이 개입하는 것은 용납될 수 없기 때문이다. 그러나 국가를 위한 사인의 긴급구조행위가 아니면 중대한 법익이 침해될 수밖에 없는 상황에서는 예외가 인정되어야 한다는 견해도 제시된다.9) 이러한 상황에서도 긴급피난이나 정당행위 등의 법적 제도를 합목적적으로 적용하여 원만한 결과에 도달할 수 있다면 굳이 정당방위의 예외를 인정할 필요는 없을 것으로 보인다.

(2) 인간의 행위

침해행위는 행위론에서의 행위개념에 부합하는 인간의 행위에 의한 것이어야 한다. 따라서 신체거동이 있더라도 무신경 반사운동이라든가 무의식적 동작에 대해서 정당방위는 성립하지 않는다. 이에 대해서 긴급피난의 적용가능성은 있다.

동물에 의한 공격도 인간의 행위가 아니므로 형법적 정당방위는 성립될 여지가 없지만 민법 제761조 제1항의 적용가능성은 존재한다. 단, 동물의 공격이라도 이것이 인간에 의해 사주(使嗾)된 경우라면 인간의 의사에 의해 지배되는 도구라 할 것이며, 따라서 여기에는 전체적으로 인간의 행위가 존재하는 것이므로 이때에는 도구 또는 사주한 사람에 대해 정당방위가 가능하다.

사람의 고의에 의한 사주가 아니라 단순한 관리소홀에 의해 동물의 공격행위가 이루어졌다면 이때는 사육주의 과실이 인정된다. 어린이, 정신장애자, 착오 혹은 긴급피난 상황에서의 행위자의 공격행위와 마찬가지로 과실에 의해 야기된 정당방위상황에서도 정당방위가 인정되기는 하나, 여기서의 정당화 근거는 자기보호의 원리에 한정된다. 이 상황에서의 침해행위자는 의도적으로 법질서를 침해하고자 한 것이 아니기 때문에 법확증의 원리는 정당화 근거로서 작용하지 못한다. 따라서 이 경우의 공격피해자는 다른 법익을 침해하지 않고도 자신이 보호하고자 하는 법익을 보호할 수 있다면, 그의 정당방위 행위는 자기보호원리의 범위 안에서 이루어져야 한다.10) 물론 그것이 여의치 않을 때에는 공격자의 법익을 침해하는 정당방위가 당연히 허용된다.

---

9) 신동운, 280면; Haft, S. 84; Kühl, § 7 Rdnr. 37.
10) Jescheck/Weigend, § 32 III 3 a).

(3) 부작위에 의한 침해

부작위에 의한 침해도 성립이 가능하다. 다만 여기에 필요한 하나의 요건은 형법적 의미에서의 부작위여야 한다는 것이다. 다시 말해 부작위에 의한 의무의 불이행이 가벌적이어야 한다. 남의 집에 세 들어 살고 있는 임차인은 임대차계약기간의 만료에 따라 집을 비워줘야 하는 법적 의무를 갖는다. 그러나 이것은 민법적 의무이며 이 의무의 불이행에 대해 형사처벌은 부과될 수 없다. 이러한 민사상의 부작위로는 정당방위상황이 성립되지 않는 것이다. 이에 비해 남의 집에 무단 침입한 자에 대해 집주인이 퇴거할 것을 명했으나 이에 응하지 않는 경우에는, 집주인은 침입자를 멱살을 잡아 끌어낼 수 있다. 이 경우의 부작위는 퇴거불응죄의 구성요건에 해당하기 때문에 정당방위가 가능하다.

2) 침해의 현재성

정당방위상황이 성립하기 위해서는 법익침해가 현재적이어야 한다. 침해의 현재성은 정당방위상황의 시작과 종료시점을 한정하는 시간적 제한요소가 된다. 현재성은 긴급성을 의미하는 것이며, 바로 이 긴급성이 국가 고유의 권한인 형벌권에 대한 예외를 허용하는 본질적 요소가 되는 것이므로 과거나 장래의 침해에 대해서는 정당방위가 인정될 수 없다. 침해의 현재성은 공격에 의한 침해가 진행 중인 경우뿐 아니라 이와 직접적 관련성이 있는, 곧 그 효과가 살아있는 전후의 시점으로 확장될 수 있다.

우선 침해행위가 시작되기 이전의 시점이라도 침해가 급박한 상황에 이른 경우, 즉 중간단계를 거치지 않고 바로 침해행위로 연결될 수 있는 상태라면 현재성은 인정된다. 장래에 있을 침해에 대한 예견이 충분히 가능하더라도 그 침해의 현재성이 결여된 이상 이에 대한 예방조치는 정당화될 수 없다. 바로 예방적 정당방위(Prä—ventivnotwehr)는 인정되지 않는다. 반복적인 성폭행을 견디지 못해 자신의 의붓아버지를 살해한 사건에서, 판례는 상당성이 결여되었다는 이유로 정당방위를 부정하긴 했지만, 이는 상당성의 판단 이전에 침해의 현재성이 부정되어야 할 사안이다.[11]

---

11) 김일수/서보학, 199면; 이재상/장영민/강동범, § 17 − 12.

> ⚖ **관련판례**
>
> 대판 1992.12.22, 92도2540 : "피고인이 약 12살 때부터 의붓아버지인 피해자의 강간행
> 위에 의하여 정조를 유린당한 후 계속적으로 이 사건 범행 무렵까지 피해자와의 성관계를
> 강요받아 왔고, 그 밖에 피해자로부터 행동의 자유를 간섭받아 왔으며, 또한 그러한 침해행
> 위가 그 후에도 반복하여 계속될 염려가 있었다면, 피고인들의 이 사건 범행 당시 피고인의
> 신체나 자유 등에 대한 현재의 부당한 침해상태가 있었다고 볼 여지가 없는 것은 아니나,
> (...) 정당방위가 성립하려면 침해행위에 의하여 침해되는 법익의 종류, 정도, 침해의 방법,
> 침해행위의 완급과 방위행위에 의하여 침해될 법익의 종류, 정도 등 일체의 구체적 사정들
> 을 참작하여 방위행위가 사회적으로 상당한 것이었다고 인정할 수 있는 것이어야 할 것인데
> (당원 1966.3.15, 선고 66도63 판결; 1984.6.12, 선고 84도683 판결 각 참조), 피고인
> 들이 사전에 판시와 같은 경위로 공모하여 범행을 준비하고, 술에 취하여 잠들어 있는 피해
> 자의 양팔을 눌러 꼼짝 못하게 한 후 피해자를 깨워 피해자가 제대로 반항할 수 없는 상태
> 에서 식칼로 피해자의 심장을 찔러 살해한다는 것은, 당시의 상황에 비추어도 사회통념상
> 상당성을 인정하기가 어렵다고 하지 않을 수 없다."

현재성의 요건충족을 위해 행위자의 범행계획에 비추어 구성요건실현을 위한 직접적 개시라는 개념의 착수에 이르렀을 필요는 없다. 현재성의 존재 여부는 현재의 방위행위가 아니면 법익보호가 매우 어려워지거나 불가능하게 되는 상황이라는 것이 판단기준이 된다. 예컨대 별장주인이 장기간 별장을 비우면서 침입자를 대비해서 자동발사장치를 설치했는데, 누군가가 이를 모르고 침입을 시도하는 순간 설치된 장치가 작동하여 상해를 입은 경우에도 침해의 현재성은 인정된다(이른바 예측방위 : antizipierte Notwehr).[12] 다만 이러한 장치의 설치가 정당방위의 한 요건으로서의 상당성에 해당되는지는 의문이다.[13]

계속범에서는 위법상태가 제거될 때까지 침해의 현재성은 유지된다는 데 이견이 없다. 계속범이 아닌 상태범의 경우에도 기수를 지난 시점에서도 침해의 현재성은 지속될 수 있다. 흔한 예로 현행 절도범을 현장에서 추적하여 폭행을 통해 도품을 탈환하는 경우를 들 수 있다. 이 경우 절도의 구성요건은 이미 기수에 이르렀으나 침해의 현재성은 존재하므로 도품의 탈환과정에 수반된 폭행에 대해서는 자구행위뿐 아니라 정당방위도 성립한다.[14] 하지만 공격의 형식적 완료 이후에는 피공격자가 공격자에

---

12) 임웅, 237면.
13) Kühl, § 7 Rdnr. 43.

대해 정당방위행위를 한다고 해도 이를 통해 보호되어야 할 법익이 보호되는 효과는 나타나지 않는다. 즉 과거의 공격에 대해서는 더 이상 정당방위는 성립하지 않는다.

3) 침해의 위법성(부당성)

상대의 침해가 부당할 때 한해서 정당방위가 성립한다. 법문은 "부당"이라는 표현을 사용하고 있으나 이는 위법이라는 내용으로 이해해야 한다. 일반적 어의 상 부당이라는 개념은 그 윤곽이 뚜렷하지 않을 뿐더러 필요 이상으로 그 범위가 넓어질 수 있기 때문이다. 예컨대 채무변제 능력이 충분히 있으면서 돈을 갚지 않는 행위 등 정당방위와 관계없는 부당함은 얼마든지 있을 수 있다. 그러나 일반적 견해는 여기서의 위법의 개념은 범죄체계 3단계의 하나로서의 위법성이라는 개념과 반드시 일치하는 것은 아니고 이보다는 상대적으로 넓은 개념으로 이해한다.[15] 그 의미에 대해서 견해는 일치하지 않으나 정당방위, 정당화된 긴급피난 및 자구행위 또는 정당행위 등 자체적 정당성을 띠는 행위는 위법한 행위가 아니므로 이에 대해서는 정당방위가 허용되지 않는다는 점은 명백하다. 침해행위의 위법성(부당성)의 구체적 의미에 대해서는 견해의 다툼이 있다.

(1) 결과반가치 요구설

이 견해는 여기서의 위법성(부당성)이란 결과반가치를 가져오는 행위로서 충족된다고 한다.[16] 이에 따르면 구성요건의 충족이나[17] 가벌성을 요건으로 하는 것은 아니며 고의나 유책성 역시 요구되지 않는다.

침해행위의 결과반가치를 요구함으로써 자기보호의 원칙에는 충실을 기할 수 있다. 이 견해에 의하면 행위반가치에 대한 고려 없이 자신의 눈앞에서 마땅히 보호되어야 할 법익이 침해되는 상황이라면 누구라도 이에 대항해서 결과의 발생을 저지할 권한이 주어진다.

(2) 행위반가치 요구설

침해행위의 행위반가치를 요구하는 견해는 법질서에 대한 객관적 충돌을 요구한다. 여기에는 고의뿐 아니라 과실도 포함된다. 이에 따르면 하나의 행위가 본의 아

14) 김일수/서보학, 223면; 신동운, 282면; 임웅, 237면 이하.
15) 부당과 위법성은 동일한 의미라는 데 예외가 인정되어야 한다는 견해로 이용식, 140면.
16) Jescheck/Weigend, § 32 II 1 c).
17) Kühl, § 7 Rdnr. 59.

니게 일정 법익에 침해위협이 되는 경과를 유발시켰다고 해서 무조건 정당방위 권한이 부여되어서는 안 된다.

정당방위의 과단성의 근거로서의 법확증원리는 하나의 행위가 규범침해를 통해 합법과 불법의 충돌을 유발하고 이 상황에서 합법이 불법을 극복해야만 하는 경우에 한해서 적용될 수 있다.[18] 이 견해에서는 공격자에게 최소한 과실범에서 요구되는 주의의무위반 정도의 행위불법이 있어야 정당방위가 가능하다.

(3) 평가

법질서를 준수하는 범위에서 다른 사람의 법익에 위해를 가하는 동일한 행위에 대해서 위 두 가지 견해는 결론을 달리한다. 예컨대 모든 규정을 준수하며 운전하는 중에 부주의한 보행자가 차도에 급히 뛰어드는 바람에 위험이 야기된 경우, 결과반가치만을 요구하는 다수설에 따르면 적어도 결과반가치가 실현될 위험은 존재하므로 이 운전자에 대한 정당방위는 허용된다. 반면에 행위반가치를 요구하는 입장에서는, 행위반가치가 존재하지 않는 운전자의 행위에 위법성(부당성)이 결여되므로 보행자 혹은 제3자에게 정당방위를 부인하게 된다. 그러나 이 견해에서도 적어도 방어적 긴급피난의 가능성은 인정되어야 할 것이다. 행위반가치가 없으므로 위법성 이전에 공격 자체가 부정된다는 극소수설의 견해도 있을 수 있다.

행위반가치 없는 행위에 대해서는 정당방위의 법확증의 원리는 의미를 갖지 못한다. 정당방위의 정당화 혹은 과단성의 근거에 대해 원론에서는 법확증의 원리를 인정하면서 각론에서는 마음대로 무시하는 것은 논리적이지 못하다. 정당방위의 기본원리를 충실히 따른다면 행위반가치와 결과반가치를 동시에 포함하는 행위가 위법하며, 이에 대해서만 정당방위가 성립한다고 해야 한다.[19] 그렇다면 이 위법의 개념은 범죄체계상의 위법성 개념에 원칙적으로 부합하는 것으로[20] 보아야 하며 이는 구성요건의 해당성을 전제로 하는 것이다. 물론 형법적 보호법익 이외의 법익에 대한 정당방위의 경우는 예외이다. 이 요건이 충족되지 않는 범위에서 정당화를 인정해야 할 필요가 있는 경우에는 강력한 과단성이 허용되는 정당방위가 아닌 다른 정당화사유의 적용가능성을 검토하는 것이 바람직하다.

---

18) Roxin, AT I, § 15 Rdnr. 15.
19) 김일수/서보학, 200면.
20) Roxin, AT I, § 15 Rdnr. 14.

4) 유책성

침해행위는 책임이 인정되는 행위일 필요는 없다. 자체적 정당화사유가 존재하지 않는 것으로 족하다. 따라서 책임능력이 없는 심신상실자나 형사미성년자의 행위에 대한 정당방위가 가능하다.[21]

법질서의 존재가치에의 공격에 대한 방어를 통해서 정당방위의 법질서확증이 이루어진다는 점을 강조하는 입장에서는 침해행위의 유책성을 요구하게 된다. 범인이 위법성인식을 가지고 행할 때에만 법규범에 대한 부정과 함께 법질서의 존재가치에 대한 공격도 존재하는 것이며, 이는 책임을 전제로 한다는 것이다.[22] 이에 따르면 책임무능력자의 공격에 대해서는 정당방위가 아니라, 이익교량이 핵심내용이 되는 긴급피난이 성립한다는 결론에 이르게 된다.

5) 격투행위에 대한 평가

두 사람이 맞서 격투를 벌이는 경우, 상호 간에 공격과 방어가 교차하는 상황에서 어떤 행위가 부당한 공격에 대한 정당한 방어인지 평가하는 것은 현실적으로 매우 어렵다. 따라서 여기에서는 어떠한 행위에 대해서도 정당방위는 적용이 불가능하다.[23] 단, 상대방의 예견가능성의 범위나 정도를 벗어난 과격한 공격에 대해서는 정당방위가 허용된다.[24] 외관상 격투로 보일지라도 한쪽이 일방적으로 공격

---

21) 신동운, 281면.
22) 독일에서도 극소수설로 Schmidhäuser, StudB, 6/62 f; Schmidhäuser, FS – Honig, 1970, 185.
23) 신동운, 292면. 대판 2000.3.28, 2000도228 : 몸무게가 85kg 이상이나 되는 피해자가 62 kg의 피고인을 침대 위에 넘어뜨리고 피고인의 가슴 위에 올라타 목 부분을 누르자 호흡이 곤란하게 된 피고인이 안간힘을 쓰면서 허둥대다가 그 곳 침대 위에 놓여있던 과도로 피해자에게 상해를 가한 사건에서 피고인의 행위는 피해자의 부당한 공격을 방위하기 위한 것이라기보다는 서로 공격할 의사로 싸우다가 먼저 공격을 받고 이에 대항하여 가해하게 된 것이라고 봄이 상당하고, 이와 같은 싸움의 경우 가해행위는 방어행위인 동시에 공격행위의 성격을 가지므로 정당방위 또는 과잉방위행위라고 볼 수 없다. 같은 취지로 대판 2011.5.13, 2010도16970, 대판 1996.9.6, 95도2945; 대판 1993.8.24, 92도1329; 대판 1986.12.23, 86도1491; 대판 1984.6.26, 83도3090; 대판 1984.5.22, 83도3020; 대판 1960.9.7, 4293형상411; 대판 1960.2.17, 4292형상860.
24) 대판 1968.5.7, 68도370.

을 하는 반면 다른 한쪽은 소극적으로 방어만 하는 경우는 사실상 격투가 아니므로 정당방위는 허용된다.[25]

2. 방위행위

방위행위는 객관적으로는 정당한 법익보호를 위해 필요하고 요구된, 그리고 상당한 이유 있는 행위여야 하며, 주관적으로는 정당방위의사에 의할 것이 요구된다. 정당방위의사는 정당방위상황에 대한 인식과, 자신의 행위가 정당방위에 해당한다는 인식으로 이루어진다. 이로써 구성요건고의의 불법이 상쇄된다고 할 수 있다. 이러한 인식에 추가하여 부당한 침해를 방위하기 위한 목적의식까지 요구하는 견해도 있으나, 이는 구성요건고의의 불법내용을 초과하는 것으로서 이에 대한 요구는 불필요한 것으로 봄이 타당하다.

방위행위는 부당한 공격자의 법익에 대해서만 이루어져야 한다. 즉 공격자가 아닌 제3자의 법익을 침해한 경우에는 정당방위가 인정되지 않는다. 다만 공격자가 타인의 물건을 사용하여 공격을 한 경우 방위행위를 통해서 이 물건이 손괴된 경우에는 예외적으로 정당방위가 인정되어야 할 것이라는 견해가 있다.[26] 예컨대 갑이 다른 사람의 개를 사주하여 을을 공격하자 을이 이 개를 죽인 경우를 생각할 수 있다. 그러나 이러한 사례에서도 공격적 긴급피난 혹은 민법상의 정당성 인정으로 충분히 해결이 가능하므로[27] 굳이 정당방위를 확장적으로 적용할 필요는 없을 것이다.

3. 상당성

1) 서론

정당방위는 부정 대 정의 관계로서 자기보호의 원칙뿐 아니라 법확증의 의미도 갖는 것이기 때문에 상당한 정도의 과단성과 엄격성이 인정된다. 즉 보호되어야 할 법익에 비해 상대적으로 높은 가치의 법익을 침해하거나, 혹은 단순히 회피함으로

---

25) 대판 1999.10.12, 99도3377; 대판 1985.10.22, 85도1455; 대판 1985.3.12, 84도2929.
26) LK-Spendel, § 32 Rdnr. 211; Welzel, S. 87.
27) Jakobs, 12/28; SK-Samson, § 32 Rdnr. 18.

써 법익을 충분히 보호할 수 있음에도 불구하고 방위행위로 나아가는 경우에도 정당성은 인정되는 것이 원칙이다. 그러한 점에서 정당방위라는 법제도는 자칫 잘못하면 그 존재의 당위성을 초과하는 부작용을 낳을 수 있는 위험을 안고 있는 것이다. 이러한 부작용의 위험을 최소한으로 줄이기 위해서 정당방위는 사회윤리적 관점에서의 제한을 통해 합리적으로 관리되어야 할 필요가 있다. 이러한 합목적적 제한요소를 모두 포괄하는 개념이 상당한 이유, 곧 상당성이다.

상당성은 평이하게 말하자면, 가령 이러한 정도의 공격에 대해 이러한 정도의 방위행위라면 사회통념상 충분히 수용이 가능하다고 할 것인가의 여부에 대한 판단기준이다. 이 상당성이라는 개념은 가벌성 판단에 매우 중요하고도 결정적인 기능을 하는 것임에도 불구하고, 형법총칙상의 개념 중에서 가장 추상적이며 모호한 개념에 속한다. 심지어 죄형법정주의의 명확성의 원칙에 위배되는 것이라는 우려마저 가능할 정도로 추상적이다.

독일형법은 상당성이라는 표현마저 생략하여, 정당방위의 요건으로 "자기 또는 타인에 대한 현재의 위법한 공격을 회피하기 위해 필요한 행위"로만[28] 규정할 뿐 그 이상의 상세한 요건은 전적으로 학설에 일임하고 있다. 이에 따라 독일의 학설은 필요성, 균형성, 적합성 등의 사실적 개념으로 이를 보충하고자 한다. 우리의 법현실에 있어서도 모호하기 짝이 없는 상당성이라는 개념에 정당방위 인정여부를 맡길 수 없는 노릇이기 때문에, 이를 구체화하기 위한 보조적 판단기준이 필요하다는 데 대해서는 의문의 여지가 없다. 이와 관련하여 독일학설에서의 구체적 요건을 우리 형법의 상당성 개념에 도입함으로써 우리의 상당성 개념을 혼란하게 한다는 비판이 제기될 수 있으나,[29] 양자는 그 본래의 취지뿐 아니라 내용에 있어서도 본질적 차이가 있는 것은 아니라고 본다.[30]

몇몇 구체적인 하위개념들의 조합으로 상당성 개념을 구체화하기 위한 이론적 시도에도 불구하고 완벽에는 이를 수 없는 것이어서 그 부족한 부분은 결국 실무에서 법관의 개인적 양심에 따른 판단에 맡겨질 수밖에 없다.

---

28) 독일형법 제32조 제2항.
29) 임웅, 242면.
30) 같은 취지로 박상기, 177면.

2) 필요성(Erforderlichkeit)

방위행위는 부당한 공격으로부터 법익을 보호하기 위한 불가피한 행위여야 한다. 그러나 부당한 공격에 대해 방어자는 단순히 회피함으로써 법익을 안전하게 보호할 수 있는 상황이라고 하더라도, 법은 불법에 길을 내어 줄 필요가 없다는 원칙에 따라 회피하거나 도망하는 대신 반격을 함으로써 법익을 보호하는 방법을 선택할 수 있다. 즉 긴급피난과는 달리 위난을 피할 다른 방법이 없었을 것이 요구되는 것이 아니므로 이 경우에도 방위행위는 불가피한 행위로 인정된다.

📖 관련판례

대판 1966.3.5, 66도63 : 일련의 연속적 공격방위의 투쟁행위를 예견하면서 이를 피하지 않고 수많은 부락민에게 마치 대항이라도 할 듯이 차에서 내린 끝에 봉변을 당하고 일시 분개하여 칼을 휘둘렀다 함은, 결국 침해를 방위하기 위한 상당한 행위라 할 수 없다고 판시하여 피고인의 주장을 배척하였으나, 정당방위에 있어서는 긴급피난의 경우와 같이 불법한 침해에 대해서 달리 피난방법이 없었다는 것을 반드시 필요로 하는 것이 아니므로 본건의 경우, 피고인이 다중의 가해를 피할 수 있었다는 한 가지 이유만을 들어 피고인의 주장을 배척한 것은 결국, 정당방위에 관한 법리를 오해하여 법률적용을 그르친 것이라고 함에 있다.

---

3) 적합성(Geeignetheit)

정당방위자는 상대방의 부당한 공격을 즉시 그리고 확실하게 종료시킬 수 있는 수단, 혹은 공격의 위험성을 궁극적으로 배제하기 위한 가장 적합한 수단을 선택할 수 있다. 불충분하거나 온화한 수단을 선택함으로써 자신의 위험을 증대시키거나 법익보호에 실패할 가능성을 높일 필요가 없다. 다소 필요한 정도를 초과하는 방위행위라고 하더라도 결과적으로 법익보호의 결과에로 연결되었다면 적합성은 무난히 인정된다. 무기 없이 공격하는 사람에 대해 옆에 있던 각목을 휘둘러 상대의 공격을 종료시켰다면 매우 긍정적 결과라 할 수 있다. 따라서 객관적 정당방위상황과 정당방위결과가 존재하는 상황이라면 적합성의 원칙은 정당방위의 제한요소로는 큰 의미가 없다.

이와 관련하여 흔히 언급되는 최소침해의 원칙도 마찬가지로 별다른 의미가 없다. 이것은 법익보호효과의 면에서 동등한 가치를 가지는 여러 방위가능성이 있다면 그중에서 상대방에게 최소한의 피해를 주는 방법을 선택해야 한다는 원칙을 말하는 것인데, 그 자체로는 물론 매우 이상적이다. 필요 이상의 행위를 통해 침해하지 않아도 될 법익을 침해할 필요가 없는 것은 당연하기 때문이다. 하지만 정당방위에서의 방위행위는 그것이 유일한 수단이거나 최후의 수단일 것이 요구되지 않는다는 점에서 보충성의 원칙은 적용되지 않는다.[31] 더구나 객관적 정당방위상황이라고 하는 긴급상황에서의 인간은, 자신에게 어떠한 방위가능성이 주어져 있으며 그중 가장 이상적인 방법이 무엇인지를 고려할 정신적 여유를 갖지 못하는 것이 보통이다. 설령 여러 가지 방위가능성 간의 교량이 가능하다고 하더라도, 위기상황에서의 인간은 필요한 최소한의 방법을 선택하기 보다는 자신을 위해 가장 안전하고 확실한 방법을 선택하게 될 것이다. 그러므로 수비(방호)방위로 충분할 상황이라도 극단적으로 불필요한 경우를 제외하고는 공격방위도 허용되어야 한다.[32]

4) 균형성(비례성 : Verhältnismäßigkeit)

(1) 법익균형성

정당방위상황은 하나의 법익이 보존되기 위해서 다른 법익은 침해되어야 하는 상황이다. 이때 정당한 법익의 보호를 위해 침해된 법익은 보호된 법익보다 높은 가치를 갖는 것이어도 상관없다. 물건을 훔쳐 달아나는 절도범을 붙잡기 위해 상해를 가하더라도 정당성은 인정된다. 보호된 법익과 침해된 법익 사이에 상당한 정도의 불균형이 이루어지는 경우에도 정당방위는 허용되어야 하는데, 그 격차를 메워 주는 것은 법질서확증의 원리이다.

그러나 상충되는 법익 간에 극단적 불균형이 이루어지는 경우까지 정당방위가 허용되는 것은 아니다. 침해된 법익에 비해 보호법익 자체가 매우 경미한 법익일 경우와 같은 극단적 불균형이 인정되는 사례에서는 예외적으로 정당방위는 허용되지 않는다. 따라서 맥주잔을 가지고 도망가는 자에 대한 사격,[33] 몇 개의 빈병을 훔쳐가는 자에 대한 사격,[34] 기합을 받지 않으려고 상관을 사살하는 행위,[35] 밤 18개 때문에

---

31) 김일수/서보학, 201면; 오영근, 196면; 임웅, 242면.
32) 임웅, 219면.
33) RGSt 23, 116.
34) OLG Stuttgart DRZ 1949, 42; Jescheck/Weigend, § 32 III 3 b); Sch/Sch/Lenckner/ Perron, § 32 Rdnr. 50.

상해를 가하는 행위,36) 이혼소송 중의 남편이 가위로 폭행하고 변태적 성행위를 강요한다고 해서 살해한 행위,37) 멱살을 잡고 끌고 가려는 사람을 발로 차 숨지게 한 경우38) 등에는 법익균형성은 인정되기 어렵고, 따라서 정당방위가 부정된다. 침해된 법익에 비해 보호된 법익이 상대적으로 극히 경미한 경우 이 경미한 법익에 대한 공격은 처음부터 공격으로 간주하지 않음을 원칙으로 해야 한다는 견해도 가능하다.

반면 피해자가 피고인이 운전하는 차량 앞에 뛰어들어 함부로 타려고 하고 이에 항의하는 피고인의 바지춤을 잡아 당겨 찢고 피고인을 끌고 가려다가 넘어지자, 피고인이 피해자의 양 손목을 경찰관이 도착할 때까지 약 3분간 잡아 누른 행위,39) 매매와 인도가 완료된 토지의 종전 경작자인 피고인이 파종한 보리가 30센티 이상 성장하였으나 토지매수자가 자신의 경작을 위하여 소와 쟁기를 이용하여 위 보리를 갈아엎는 행위를 한 데 대하여 이를 저지한 행위,40) 두 사람으로부터 강제추행을 당하던 피고인이 정조와 신체를 지키기 위해 상대의 혀를 절단한 행위41) 등에 있어서는 법익균형성은 인정된다 하겠다.

(2) 행위균형성

상충되는 법익들 간의 균형성뿐 아니라 공격행위에 대한 방위수단의 균형성도 고려되어야 한다. 방위수단의 균형성 여부는 대체로 법익 간의 균형성에 직접 결부되는 것이 보통이지만, 경우에 따라서는 법익 간의 균형은 이루어지나 행위균형성이 문제될 수 있는 사안도 존재할 수 있다. 가령 자신보다 신체등위가 훨씬 낮은 사람이나 미성년자가 멱살을 쥐며 공격을 해 오는 경우에, 말로써 타이르거나 멱살 쥔 손을 떼어내는 것으로 공격을 종료시킬 수 있음에도 불구하고 상해에 이르는 반격을 했다면 행위균형성은 부정된다. 상대의 공격이 부당한 것은 사실이지만 이때에는 안전하면서도 효과적인 수단을 얼마든지 선택할 수 있는 상황이기 때문이다. 이러한 경우에는 최소침해의 원칙이 적용될 수 있다.

따라서 방호방위(Schutzwehr)로 큰 위험부담 없이 자신의 법익을 보호하기에 충

---

35) 대판 1984.6.12, 84도683.
36) 대판 1984.9.25, 84도1611.
37) 대판 2001.5.15, 2001도1089.
38) 대판 1965.7.20, 65도421.
39) 대판 1999.6.11, 99도943.
40) 대판 1977.5.24, 76도3460.
41) 대판 1989.8.8, 89도358.

분하다면 바로 공격방위(Trutzwehr)로 나아가서는 안 된다. 이때의 공격방위는 필요성의 요건을 초과한 것으로서 더 이상 정당화사유로서의 정당방위가 아닌 책임조각 또는 감면사유인 과잉방위에 해당한다. 과수원의 과일을 보호하기 위해 감전되면 사망의 위험마저 있을 정도의 고압선을 설치하는 행위도 법익균형성의 문제에 직결되기도 하지만 행위균형성에 어긋난다고 할 것이다.[42]

IV. 정당방위의 제한

정당방위의 형식적 성립요건이 갖추어진 곳에 항상 정당방위권한이 따르는 것은 아니다. 정당방위권한은 절대적인 것이 아니어서 특정한 요건에 따라 제한되어야 할 경우도 있다. 특히 법확증이라는 사회권적 기본원리에서 사회윤리적 제한의 근거가 발생된다. 예컨대 책임 없는 자의 공격인 경우, 경미한 침해, 도발된 정당방위 사례, 밀접한 생활관계에서의 공격 등과 같은 사례에서는 법확증의 이익이 제한된다고 할 것이고, 그렇다면 방위권한도 방어적 긴급권에 상응하는 정도로 축소된다. 다만 법확증의 이익이 현저히 감소되는 사례에서도 정당방위상황이 공격자에서 비롯되었다는 점은 고려되어야 한다. 아래에서 사례별로 검토한다.

1. 책임 없는 자의 공격

정당방위 요건으로서의 상대방의 공격은 부당(위법)한 공격으로 족하고 유책할 필요는 없다. 따라서 형사미성년자, 술에 만취한 자, 심신상실자, 회피할 수 없는 법률의 착오에 빠진 자 등의 공격에 대해서도 위법성이 인정되는 범위에서는 정당방위가 가능하다. 단, 책임 없는 자에 의한 공격일 경우, 여기에는 법질서에 대한 의도적 침해가 존재하는 것은 아니므로 이에 대한 정당방위에는 법질서 확증의 의미는 상실된다. 따라서 이러한 사례에서 피공격자는 자신의 법익을 포기해야 하거나 특별한 위험이 예견되지 않는 한 우선 회피하는 것으로 만족해야 하며, 이것이 불가능할 때에는 방어행위가 허용된다.

---

42) 김일수/서보학, 202면 이하.

2. 도발된 정당방위상황

정당방위를 악용하여 상대방에게 (외견상 정당한) 침해를 가할 의도로, 상대방으로 하여금 자신에게 먼저 공격을 가해 오도록 유도하여 정당방위상황을 성립시키는 경우이다. 예컨대 갑이 을을 말로써 자극하여 을로 하여금 먼저 공격해 오도록 하여, 이에 대해 을을 칼로 찔러 살해하면서 자신은 정당방위를 했을 뿐이라고 주장하는 경우이다. 이러한 갑의 행위에 대한 법적 취급에 대해 다음의 견해가 제시된다.

1) 법질서 확증설

위의 사례에서 아무리 갑의 유책한 도발행위에 의해 을의 공격이 이루어졌다 해도 을의 공격 자체에 정당화사유가 없어 위법성이 인정된다면, 이에 대한 정당방위는 허용되어야 법적 안정성이 유지될 것이라는 견해이다. 즉 도발자의 책임에 의해 정당방위권을 제한하는 것은 옳지 않다는 것이다.

2) 자기보호이론

도발행위자에게 정당방위권한을 완전히 박탈하는 것은 옳지 않고 적어도 자기보호원리는 인정되어야 할 것이므로, 이 경우 도발행위자는 상대의 공격을 우선 회피해야 하나 회피가능성이 없을 때에 한해서는 정당방위가 허용되어야 한다는 것이다.[43] 만일 이 상황에서 정당방위를 허용하지 않는다면, 도발자에게는 상대방의 법익을 침해한 행위에 따른 형사처벌 아니면 공격자에 의한 자신의 법익침해의 수용이라는 두 가지 가능성 중 하나의 선택권만이 주어지는데, 이것은 가혹하다는 입장이다.[44] 그러나 범인은 애초에 이러한 상황을 자유로운 의사로 충분히 회피할 수 있었고, 오히려 이를 악의로 유발시켰다는 데 대해서 법질서가 동정심을 보일 필요는 전혀 없다고 보겠다.

3) 원인에 있어서 불법한 행위

정당방위상황을 의도적으로 유발시키는 행위는 불법한 원인행위(actio illicita in causa)이며, 이것과 인과관계를 갖는 모든 결과에 대해 그 원인제공자가 책임을 져

---

43) Jescheck/Weigend, § 32 III 3 a).
44) BGH NStZ 1989, 113; 1993, 133; Bockelmann, FS−Honig, S. 29 ff.

야 한다는 견해이다. 이에 따르면 위의 사례에서 을의 공격행위가 구성요건적 침해행위가 되는 것이 아니라 그 이전의 갑의 도발행위가 이미 침해행위에 해당한다.[45] 따라서 갑에게는 정당방위 권한이 주어지지 않는다.

4) 승낙설

의도적으로 자신의 법익에 대한 공격을 유발하는 행위는 자신의 법익침해에 대한 승낙의 의사표시에 해당하여, 당해 법익은 법질서가 더 이상 보호할 가치가 없는 법익이 된다. 따라서 이러한 도발을 받은 자의 공격에는 결과반가치가 존재하지 않는다. 이러한 입장이라면 진의야 어떻든 법적으로는 도발자의 정당방위 의사가 부정되어야 한다고도 할 수 있다.

5) 권리남용설

타인의 법익을 침해하기 위해 정당방위상황을 도발하는 행위는 정당방위라는 법적 제도를 남용하는 행위로서,[46] 정당방위라는 보호막은 이런 경우 오용되어서는 안 된다는 입장이다. 여기에는 선행행위(先行行爲)로 위험을 초래한 자는 보증인지위를 갖는다는 부작위범의 원리가 적용될 수 있다. 갑이 을을 자극하여 자신을 공격하게 했고 그 공격을 벗어나기 위해 을의 일정 법익을 침해해야 하는 상황이라면, 해당 을의 법익에 대한 위험발생은 갑의 선행행위에 기인한 것으로서 갑은 그 법익을 보호해야 할 보증인지위에 서게 되는 것이다. 그 밖에 어린이나 정신장애자, 책임 없이 착오에 빠진 자에 대한 정당방위도 일종의 권리남용이라 할 수 있으므로 이 경우에도 정당방위는 제한된다.

6) 결론

범행의 의도에 의해 자신의 법익을 스스로 위험에 노출시켰다면 해당 법익은 이미 법질서가 보호할 가치가 없는 것으로서, 이에 대한 침해는 결과반가치를 성립시키지 않는다. 또한 범인의 의도는 권리남용에 해당하며 그의 행위는 원인에 있어서 불법한 행위라 할 수 있다. 이러한 요소들이 모두 정당방위의 제한사유로

45) Baumann/Weber/Mitsch, § 17 Rdnr. 37.
46) Wessels/Beulke, Rdnr. 346.

작용한다. 따라서 도발된 정당방위에 적어도 부분적으로 정당방위를 허용해야 한다는 견해를 제외한 모든 견해에 논리적 타당성이 있다고 할 수 있다.

3. 과실에 의한 도발

과실에 의해 정당방위상황이 유발된 경우는 고의에 의한 경우와는 법적 성격에서 차이가 있다. 이러한 상황에서는 법확증의 원칙의 의미는 매우 약화되며, 오로지 자기보호원칙만이 정당방위의 가능성을 변론할 뿐이다. 이러한 상황을 유발한 자는 가능한 한 상대의 공격을 회피하여야 하지만 회피가 여의치 않을 때에는 정당방위가 허용되어야 한다.

독일의 한 판례의 사안을 예로 들어 설명할 수 있다. 훔친 자동차를 타고 도망가던 갑은 주차하는 과정에서 잘못하여 그만 을의 자동차를 손괴했다. 손괴에 대해 법적으로 해결할 처지가 되지 못하는 갑은 어쩔 수 없이 도망을 쳤으나, 을은 계속 추격하여 결국 갑을 차에서 끌어내 주먹과 발로 심하게 공격을 가했다. 갑은 처음에는 최선의 방어에 힘썼으나 을의 공격이 집요하여 마침내는 그를 칼로 찔러 살해할 수밖에 없었다.

이 사례에 대해 독일 판례는 방호방위(Schutzwehr)가 가능하면 그 범위 내에서 정당방위가 이루어져야 하므로 공격방위로 넘어가서는 안 되지만, 방호방위가 불가능하면 공격방위(Trutzwehr)가 가능하다는 논거를 들어 갑의 정당방위를 인정했다. 독일판례가 일반적으로 취하고 있는 이러한 입장을 이른바 3단계이론(Drei Stufen Theorie)이라 한다. 이에 따르면 회피, 방호방위, 공격방위의 순서를 지켜야 하며, 회피나 방호방위가 가능했음에도 불구하고 바로 공격방위로 나아간 경우에는 당연히 정당방위는 부정된다.[47] 또한 공격방위를 해야 하는 경우라도 상황유발자는 자신의 법익에 대한 어느 정도의 침해는 감수해야 하며, 이에 상응하여 최소침해의 원칙을 지켜야 한다.[48] 자기보호원칙만이 적용되는 상황에서는 공격의 회피가능성 여부가 가벌성 심사의 관건이 된다고 하겠다. 이 점이 정당방위가 전면적으로 부정되어야 하는 고의에 의한 도발의 경우와의 차이점이다.

---

47) Kühl, § 7 Rdnr. 258; BGHSt 24, 356 ff; 26, 143 ff; BGH NStZ 1988, 269 f; BGH NStZ 1993, 133.
48) Jakobs, 12/53 Fn. 109.

4. 보증인 관계에 있는 사람들 간의 정당방위

부부 또는 친족 사이처럼 상호 신뢰와 보증관계에 의해 맺어진 사람들 간에 일방의 공격이 있는 경우에도 법확증의 원리보다는 자기보호의 원리가 우선한다. 그러므로 여기서도 앞의 3단계이론에 따라 회피, 방호방위, 공격방위의 순서가 지켜져야 하며, 공격방위가 불가피한 상황이라도 생명의 위협에 이르는 정도의 정당방위는 금지된다.

다만 외형상 신뢰관계로 맺어진 사이라도 일방의 공격이 객관적으로 보기에 그러한 사실관계를 의심케할 정도의 심각한 공격으로 나타나는 경우라면 두 사람 사이의 실제적 내적 관계는 무의미해진다고 할 수 있다. 예컨대 아내가 남편을 살해하여 그 유산을 차지할 생각으로 정부(情夫)와 짜고 남편을 공격하는 입장이라면 행위자 스스로가 피공격자와의 신뢰에 의한 내적 관계를 포기한 것이라 할 수 있으므로, 이 경우에는 일반적인 정당방위상황이 성립한다고 볼 것이다.[49]

V. 정당방위의 효과

1. 법리적 효과

하나의 행위에 정당방위의 모든 요건이 충족되면 그 행위가 비록 구성요건은 충족시켰다 할지라도 형법 제21조 제1항에 의거하여 처벌되지 않는다. 처벌되지 않는 이유는 위법성의 조각으로 범죄가 성립되지 않기 때문이다. 이것은 범죄는 성립되었으나 특별한 이유로 형의 집행만을 면하는 것과는 다른 의미이다. 형의 집행만이 면제되는 경우의 범죄행위에 대해서는 상대방이 정당방위를 할 수 있으나, 위법성이 조각되는 정당방위 행위는 그 자체로 합법적 행위이므로 이에 대해서는 정당방위가 성립되지 않는다는 차이가 있다.

2. 판례의 태도

대법원은 앞의 상당성 부분에서 언급한 사례 외에, 피해자가 구타행위를 하는 데

---

49) 김일수/서보학, 205면.

대해 피고인이 길이 26센티미터의 과도로 복부와 같은 인체의 중요한 부분을 3, 4회나 찔러 상해를 입힌 행위50) 그리고 여자인 피해자가 칼을 들고 피고인을 찌르자 그 칼을 빼앗아 그 칼로 반격을 가하여 상해를 입게 한 행위51) 등에 대해서도 정당방위나 과잉방위를 부정한다.

정당방위의 사회권적 근거를 충실히 따른다면, 정당방위는 회피가 가능한 상황에서도 허용되며 충돌되는 법익 간의 교량도 필요 없으므로 이러한 사례들에서도 법익 간의 극단적 불균형이 존재하지 않는 이상 정당방위는 당연히 인정되어야 한다. 하지만 이렇게 대법원이 소극적 방어행위에 대해서는 정당방위를 관대히 적용하는 반면, 필요성의 범위를 벗어나는 공격방위에 대해서는 엄격한 태도를 보이는 것은 정당방위의 사회윤리적 제한이라는 영역에서 법익균형성과 함께 행위균형성까지 현실적으로 고려하는 것으로 볼 수 있다.

정당방위상황의 긴급성으로 행위자에게는 상충되는 법익을 교량(較量)할 정신적 능력이 크게 감소되었다는 점과 법수호의 원리를 함께 감안하더라도, 정당화를 위해서는 행위균형성에도 간과할 수 없는 의미가 있음 부정할 수 없다. 정당방위의 사회권적 근거가 아무리 정당방위의 과단성과 준엄성을 보장해 준다고 하더라도 보호방위로 충분한 경우에는 공격방위는 제한되어야 하며, 공격을 단순히 회피함으로써 상황이 평화적으로 종료될 수 있는 경우라면 보호방위마저도 제한되는 것이 합리적이라 할 수 있다. 다만 정당방위의 적용범위를 너무 엄격하게 축소하는 바람에 현재의 불법한 공격을 받는 피해자가 보호영역에서 부당하게 내쫓기는 지경에 이르러서는 안 될 것이므로 정당방위의 제한요건을 다룸에 있어 세심한 절충과 조화가 요구된다.

VI. 과잉방위

1. 과잉방위의 종류

과잉방위란 정당방위가 그 정도를 초과하여 이루어진 경우로서 여기에는 양적 과잉방위와 질적 과잉방위가 있다. 양적 과잉방위는 침해가 존재하기 이전에 혹은 침해의 위험

---

50) 대판 1989.12.12, 89도2049.
51) 대판 1984.1.24, 83도1873.

이 종료된 후에 방위행위를 하는 것으로서 외적 과잉방위(extensiver Notwehrexzeß)라고도 한다. 이에 비해 질적 과잉방위는 정당방위의 필요성(Erforderlichkeit)의 범위를 초과한 경우로서 내적 과잉방위(intensiver Notwehrexzeß)라고도 한다.[52]

여기에서 양적 과잉방위는 정당방위의 객관적 상황이 결여된 상태에서의 행위, 즉 정당방위의 시간적 한계를 초과한 경우로서 정당방위로 인정될 수 없으므로[53] 진정한 의미의 과잉방위는 질적 과잉방위에 한정된다.

2. 법적 취급과 근거[54]

과잉방위는 책임감경으로 형의 임의적 감면사유에 해당하거나(형법 제21조 제2항), 면책으로 필요적 불가벌 사유(형법 제21조 제3항)에 해당한다. 그 이론적 근거로는 긴급상황(당황, 공포, 경악, 흥분 등)으로 책임능력 결여되었기 때문이라는 책임

---

52) Jescheck/Weigend, § 45 I 1.
53) 독일에서도 이런 경우에는 독일형법 제33조의 과잉방위 규정이 적용되지 않는다. Jescheck/Weigend, § 45 II 4.
54) 과잉방위를 인정한 판례: ① 대판 1986.11.11, 86도1862 : 평소 흉포한 성격인데다가 술까지 몹시 취한 피해자가 심하게 행패를 부리던 끝에 피고인들을 모두 죽여 버리겠다면서 식칼을 들고 공소외 1에게 달려들어 찌를 듯이 면전에 칼을 들이대다가 공소외 2로부터 제지를 받자, 다시 공소외 2의 목을 손으로 졸라 숨쉬기를 어렵게 한 위급한 상황에서 피고인이 순간적으로 공소외 2를 구하기 위하여 피해자에게 달려들어 그의 목을 조르면서 뒤로 넘어뜨린 행위는 공소외 1, 2의 생명, 신체에 대한 현재의 부당한 침해를 방위하기 위한 상당한 행위라 할 것이고, 나아가 위 사건당시 피해자가 피고인의 위와 같은 방위행위로 말미암아 뒤로 넘어져 피고인의 몸 아래 깔려 더 이상 침해행위를 계속하는 것이 불가능하거나 또는 적어도 현저히 곤란한 상태에 빠졌음에도 피고인이 피해자의 몸 위에 타고 앉아 그의 목을 계속하여 졸라 누름으로써 결국 피해자로 하여금 질식하여 사망에 이르게 한 행위는 정당방위의 요건인 상당성을 결여한 행위라고 보아야 할 것이나, 극히 짧은 시간 내에 계속하여 행하여진 피고인의 위와 같은 일련의 행위는 이를 전체로서 하나의 행위로 보아야 할 것이므로, 방위의사에서 비롯된 피고인의 위와 같이 연속된 전후행위는 하나로서 형법 제21조 제2항 소정의 과잉방위에 해당한다 할 것이다. ② 대판 1974.2.26, 73도2380 : 피고인이 1969.8.30. 22:40경 그의 처와 함께 극장구경을 마치고 귀가하는 도중 피해자(19세)가 피고인의 질녀 등에게 행패를 부리는 것을 피고인이 술에 취했으니 집에 돌아가라고 타이르자 도리어 피고인의 뺨을 때리고 돌을 들어 구타하려고 따라오는 것을 피고인이 피하자, 위 피해자는 피고인의 처 공소외 1을 땅에 넘어뜨려 깔고 앉아서 구타하는 것을 피고인이 다시 제지하였지만 듣지 아니하고 돌로서 위 공소외 1을 때리려는 순간 피고인이 그 침해를 방위하기 위하여 농

감소·소멸설과, 자기보호의 원리와 법질서 확증의 원리를 강조하는 입장에서의 책임 및 위법성 감소·소멸설이[55] 있으나, 질적 과잉방위에는 이미 상당성이라는 객관적 정당화사유가 결여된 상황으로서 과잉방위는 정당화의 문제가 아니라 책임의 문제로 보는 것이 옳다.[56]

🏛 **관련판례**

대판 2007.4.26, 2007도1794 : 피고인이 피해자와 말다툼을 하다가 건초더미에 있던 낫을 들고 반항하는 피해자로부터 낫을 빼앗아 그 낫으로 피해자의 가슴, 배, 등, 뒤통수, 목, 왼쪽 허벅지 부위 등을 10여 차례 찔러 피해자로 하여금 다발성 자상에 의한 기흉 등으로 사망하게 하였다면, (...) 피해자가 피고인에게 한 가해의 수단 및 정도, 그에 비교되는 피고인의 행위의 수단, 방법과 행위의 결과 등 제반 사정에 비추어, 피고인의 이 사건 범행행위가 피해자의 피고인에 대한 현재의 부당한 침해를 방위하거나 그러한 침해를 예방하기 위한 행위로 상당한 이유가 있는 경우에 해당한다고 볼 수 없고, 또 피고인의 이 사건 범행행위는 방위행위가 그 정도를 초과한 때에 해당하거나 정도를 초과한 방위행위가 야간 기타 불안스러운 상태 하에서 공포, 경악, 흥분 또는 당황으로 인한 때에 해당한다고 볼 수도 없어 정당방위 및 과잉방위에 해당하지 않는다.

구화 신은 발로서 위 피해자의 복부를 한차례 차서 그 사람으로 하여금 외상성 12지장 천공상을 입게 하여 동년 10.13. 06:25경 사망에 이르게 한 (...) 피고인의 행위는 형법 제21조제2항 소정의 이른바 과잉방위에 해당한다 할 것이고, (...) 피고인의 이 행위는 당시 야간에 술이 취한 위 피해자의 불의의 행패와 폭행으로 인한 불안스러운 상태에서의 공포, 경악, 흥분 또는 당황에 기인되었던 것임을 알 수 있다.
과잉방위를 부정한 판례로 대판 1991.5.28, 91도80 : 피고인이 피해자로부터 갑작스럽게 뺨을 맞는 등 폭행을 당하여 서로 멱살을 잡고 다투자 주위 사람들이 싸움을 제지하였으나 피해자에게 대항하기 위하여 깨어진 병으로 피해자를 찌를 듯이 겨누어 협박한 경우, 피고인의 행위는 자기의 법익에 대한 현재의 부당한 침해를 방어하기 위한 것이라고 볼 수 있으나, 맨손으로 공격하는 상대방에 대하여 위험한 물건인 깨어진 병을 가지고 대항한다는 것은 사회통념상 그 정도를 초과한 방어행위로서 상당성이 결여된 것이고, 또 주위사람들이 싸움을 제지하였다는 상황에 비추어 야간의 공포나 당황으로 인한 것이었다고 보기도 어렵다.

55) 손해목, 463면; 정성근/박광민, 236면; 차용석, 605면.
56) 오영근, 200면; 이형국, 180면; 임웅, 252면.

VII. 착오관련문제

정당방위와 관련된 착오는 두 가지 형태로 나타난다.

① 정당방위상황이 객관적으로 존재하는데 행위자가 이를 인식하지 못한 경우이다. 이것은 주관적 정당화요소가 결여된 상황으로서 법적 효과는 불능미수와 동일하다.

② 정당방위상황이 객관적으로 존재하지 않는데 존재하는 것으로 오인한 경우로서 오상방위(誤想防衛) 혹은 위법성조각사유의 객관적 전제사실의 착오(허용구성요건착오)이다. 이에 대해서는 공범의 가벌성을 염두에 둔 법효과제한책임설이 다수설이라 할 수 있다. 하지만 이 경우의 배후의 범행관여자는 간접정범으로의 처벌이 가능할 수 있으며, 간접정범으로도 처벌이 불가능한 경우라면 현실적으로 처벌할 의미가 옅은 사안이라고 보아야 할 것이다. 따라서 공범처벌가능성에 대한 집착을 버릴 수 있다면 이론적으로는 구성요건착오 유추적용설이 가장 합리적 해결책이라 할 수 있다.

VIII. 오상과잉방위

오상과잉방위란 객관적 정당화사유가 존재하지 않는데 존재하는 것으로 알았기 때문에, 주관적으로는 정당방위를 한다는 생각으로 행위를 하면서 그 상당성의 정도를 초과한 경우이다. 바로 오상방위와 과잉방위가 중첩된 형태인데, 이에 대해 형법은 별도의 규정을 두고 있지 않으므로 이에 대한 법적 취급에 대해서 다양한 견해가 제시된다. 우선 이것은 오상방위나 과잉방위 어디에도 속하지 않는 고유의 범죄형태라는 견해와, 상당성의 초과에 대한 인식유무에 따라 달리 취급해야 한다는 견해 등이 있으나,57) 다수의 견해는 오상과잉방위의 기초는 오상방위이므로 오상방위의 규정을 따르는 것이 합리적이라는 데 동의한다.58)

---

57) 다양한 견해의 내용에 대해서는 배종대, [66] 8 이하 참조.
58) 배종대, [66] 10 이하; 임웅, 253면.

제 23 절 긴급피난

I. 개념 및 이론사

1. 개념

긴급피난(Notstand)이란 자기 또는 타인의 법익을 현재의 위난으로부터 보호하기 위해서 제3자의 정당한 이익을 침해하는 행위로서 상당한 이유가 있는 행위를 말한다(형법 제22조 제1항). 이러한 넓은 의미의 긴급피난의 개념은 형법적 취급이 각기 상이할 수 있는 여러 가지 다양한 형태와 종류의 긴급피난을 포괄하는 것이다.

예컨대 구조대원이 응급환자를 병원으로 신속히 옮기기 위해 과속으로 차를 모는 행위, 자기 집의 불을 끄기 위해 이웃집 문을 부수고 들어가 소화기를 꺼내오는 행위, 물에 빠진 사람을 구하기 위해 남의 보트를 허락 없이 사용하다가 고장을 낸 경우는 공격적 긴급피난에 해당한다. 이웃집의 사나운 개가 덤벼들자 가지고 있던 우산으로 때려 죽게 한 행위는 방어적 긴급피난이다. 급한 물살에 두 명의 동료가 휩쓸렸는데 구명튜브가 하나뿐이어서 한 명만 구조할 수 있었던 경우, 두 사람이 하나의 안전밧줄로 서로를 연결하여 암벽등반을 하던 중 한 사람이 미끄러지는 바람에 모두가 절벽에 매달리게 된 상황에서 밧줄이 두 사람의 하중을 견디기 어려워지자 혼자라도 살기 위해 밧줄을 끊어 아래쪽에 매달린 사람을 떨어지게 한 경우는 면책적 긴급피난에 해당한다.

2. 긴급피난의 불가벌사유에 관한 이론사

하나의 행위가 객관적으로 법익침해 결과를 유발했다고 하더라도 긴급피난행위에 의한 것이라면 형법은 이를 벌하지 않는다. 형법은 이를 벌하지 않는다고만 밝히고 있을 뿐 그 이유에 대해서는 언급이 없다. 정당방위의 정당화 근거에 대해서는 대체로 의문의 여지가 없는 데 비해, 긴급피난 자체 또는 긴급피난의 불가벌 사유의 본질에 대해서는 견해가 일치하지 않는다. 정당방위는 부당한 공격을 하는 자에 대한 반격으로서, 이것은 법질서 확증의 관점에서 누가 보아도 당연한 것으로 받아들일 수 있는 반면, 긴급피난은 위난의 원인과는 무관한 무고한 제3자의 법익을 침해하는 것(공격적 긴급피난)이라는 점에서 어려움은 발생한다. 그 제3자의 주관에서 평가한다면 자신은 억울한 피해자일 뿐이다.

이러한 특수성이 존재하는 만큼 Kant는 긴급피난을 정당방위와 엄격히 구분하여 긴급피난의 정당화는 부정되어야 한다고 보았다. 그는 불법을 합법으로 만드는 위난은 존재할 수 없으며, 아무리 극단적 위난에서라도 불법을 행할 수 있는 권리는 인정될 수 없다는 전제로, 긴급피난의 정당화는 법이론에 대한 모순이라고 단정했다. 따라서 긴급피난에 의한 법익침해는 책임은 인정되나(nicht inculpabilis) 단지 처벌은 할 수 없는 행위(impunibilis)로 판단한다. 즉 행위상황의 특수성을 감안할 때 능히 그럴만했다는 이유(합당성의 이유 : Billigkeitsgrund)로 불가벌이 인정될 따름이라고 한다. 달리 피할 수 없는 위난에 처한 사람에게 법은 합법적 행위를 강제할 수 없기 때문인 것이다.

위난상황에서 법질서는 명령과 금지의 입장에서 한 걸음 물러나 위난에 처한 개인의 판단에 맡긴다는 견해도 있다(Fichte). 반면에 Hegel은 위난을 당한 자는 진정한 긴급피난의 권리를 갖는다고 한다.[1] 따라서 둘 이상의 법익이 상충되는 위난상황에서는 생명이라도 침해할 수 있다는 입장이다.[2]

이러한 이론사적 대립에도 불구하고 오늘날의 지배적 견해는 첫째, 자신의 생명을 구하기 위해 타인의 생명을 침해하는 경우는 정당성은 부정되며 다만 책임인정 여부가 문제될 뿐이라는 점과 둘째, 긴급피난행위는 처벌하지 않는다는 규정일 뿐 그런 행위에 대한 권리가 있는 것은 아니라는 점에 일치를 보인다.

II. 긴급피난의 불가벌사유

1. 일원설

1) 법으로부터 자유로운 영역

법이 이익침해와 관련된 모든 인간의 행위를 통제할 수 있는 것은 아니다. 법이

---

1) Kühl, § 8 Rdnr. 1 ff.
2) Jescheck/Weigend, § 33 I 1.

인간의 행위영역을 통제하는 데에 그 가능성은 제한되는 것이 당연하며, 특히 마땅히 보호되어야 할 법익들이 정 대 정의 관계에서 충돌하는 갈등상황에서 법은 어느 편을 들 수도 없다. 이런 경우 앞에서 언급한 Fichte의 견해처럼 법은 한 걸음 뒤로 물러나 그 판단을 당사자인 개인에게 미룰 수밖에 없을 것이다. 이런 상황에서 법이 수수방관할 수밖에 없다는 것은 행위 또는 결과에 대해 누구에게도 법적 책임을 묻지 않는다는 의미가 된다. 이에 따르면 긴급피난행위를 통해 충족된 구성요건해당행위에 대해서는 가벌성 심사 자체가 이루어지지 않으므로 결국 불가벌이 된다.

이에 대해 법은 가능한 한 반사회적 혹은 반가치적 의심이 가는 모든 행위에 대해 합법과 불법에 대한 판단을 내려줄 의무가 있다는 비판이 주어지지만 그 비판의 정당성에 대해서는 오히려 의심의 여지가 충분히 있다. 현재 이 견해는 관심 밖으로 밀려나 있는 상태이다.

2) 위법성 조각설

긴급피난 상황에서 행한 피난행위는 정당성이 인정된다는 입장이다. 다만 정당성이 인정되기 위해서는 보호된 법익과 이 때문에 침해된 법익을 비교하여 보호된 법익이 상대적으로 우월해야 한다는 요건을 필요로 한다는 것이다.

이 이론은 상충되는 법익이 생명이나 신체처럼 이익교량이 불가능할 경우에 문제가 된다. 예를 들어 배가 침몰되어 물에 빠진 사람들끼리 하나의 구명대를 놓고 서로 다투는 경우처럼 자신의 생명을 위해 타인의 생명을 공격하는 행위가 긴급피난으로 정당하다면, 이에 대한 정당방위가 불가능해진다. 이것은 결론에서 만족스럽다 할 수 없으므로 이 경우 위법성은 인정하되 최종 판단은 책임영역으로 미루어야 할 것이다.

3) 책임조각설

위난에 처해있는 사람이 이를 벗어나기 위해, 즉 자신의 이익을 위해 위난에 책임이 없는 무고한 제3자의 법익을 침해하는 것은 위법한 행위이지만 달리 합법적 행위에 대한 기대가능성이 없기 때문에 책임이 조각된다는 견해이다. 하지만 자신의 법익을 위해 이보다는 상대적으로 낮은 타인의 법익에 대한 희생을 강요하는 것은 인간으로서의 본능적 행위로 볼 수 있기 때문에 기대가능성의 문제로 설명이 가능하지만, 행위자 자신의 법익이 아닌 타인의 법익보호를 위한 피난행위에 있어서 이 견해는 기대가능성의 문제로 설명하기가 어려운 부분이 있다. 이러한 상황은 이익충돌이론에 근거하여 위법성이 조각되는 사안이라는 설명이 논리적이라 할 것이다.

2. 이원설

긴급피난은 내용상 정당화적(위법조각 : 違法阻却) 긴급피난과 면책적(책임조각 : 責任阻却) 긴급피난의 두 종류로 이루어진다고 보는 견해이다. 현행 독일형법은 제34조에 정당화적 긴급피난을, 제35조에 면책적 긴급피난을 분리규정하여 이 이원설을 명문화하고 있다.

독일형법은 제34조에 '생명, 신체, 자유, 명예, 소유권 기타의 법익에 대한 현재의 달리 회피할 수 없는 위험에 직면하여, 자기 또는 타인의 위험을 피하기 위해 행위한 자는 위법하게 행위한 것이 아니라'고 규정한다. 단 여기에 '보호되는 법익이 침해된 이익보다 본질적으로 우월해야 하며, 피난행위는 위험을 회피할 적절한 수단이어야 한다'는 단서를 두고 있다. 독일형법 제35조는 '생명, 신체, 자유에 대한 현재의 달리 피할 수 없는 위험에 직면하여, 자기 또는 가족 또는 자기와 밀접한 관계에 있는 사람의 위험을 피하기 위해 위법한 행위를 한 자는 책임이 없다'고 규정한다. 단, 상황에 비추어 보아, 특히 그 위험을 행위자 스스로가 야기시켰거나, 특별한 법률관계에 따라 그 위험을 감수해야 할 것으로 보이는 경우는 예외이다.

독일형법의 이분적 구조와는 달리 단일구조를 취하고 있는 우리 형법상 긴급피난은 적어도 해석론적으로는 정당화적 긴급피난의 단일형태로 받아들여야 한다는 견해가 있다.[3] 이러한 일원설을 취하는 입장이라도 불가벌의 이유를 정당화가 아닌 면책사유로써만 설명할 수 있는 긴급피난사례가 존재함을 부정할 수 없다. 즉 긴급피난에서 우월이익의 원칙은 정당화의 근거가 되지만, 동등한 가치가 충돌되는 경우나 오히려 낮은 법익을 보호하기 위해 높은 가치의 법익이 침해된 경우에는 우월이익의 원칙은 정당화를 위해 개입될 처지가 못 된다. 이런 경우 일원설의

---

3) 박상기, 194면.

입장에서는 초법규적 책임조각사유를 인정하게 된다.

독일형법 제34조의 정당화적 긴급피난조항은 1969년의 제2차 형법개정을 통해서 처음으로 입법화되었다. 그 이전에는 정당화적 긴급피난 규정이 존재하지 않았다. 그러나 독일의 학설과 판례는[4] 공통적으로 초법규적 긴급피난이라는 개념을 보편적으로 인정해왔으며, 그 실질적 내용도 현재 실정법상 인정되는 긴급피난의 내용과 본질적으로 일치한다고 볼 수 있다.[5] 즉 '초법규'라는 개념은 충분히 사용이 가능하다는 의미이다. 더구나 이러한 개념이 행위자에게 유리한 방향으로 작용을 하는 경우에는 더욱 그러하다. 그러나 성문법주의를 채택하고 있는 이상 실정법의 객관적 테두리는 가능한 한 명확하고 엄격해야 한다는 점은 부정할 수 없다. 규범의 존재와 범위의 명확성은 죄형법정주의의 매우 중요한 요소 중의 하나이다. 아무리 작은 예외라도 법영역의 여러 곳에서 반복되어 인정되다보면 법적 안정성을 해하는 결과로 이어질 위험성이 있기 때문에 '초법규'라는 개념의 사용은 최소한으로 축소해야 한다.

생각건대 이론적으로 정당화적 긴급피난과 면책적 긴급피난의 두 종류가 존재하며 법적 취급이 각각 상이할 수 있음이 명백하다면 독일처럼 입법적으로 해결하는 것이 가장 바람직하다. 그 이전에는 초법규적 긴급피난을 인정하는 것보다는 현행의 단일규정에 정당화적 긴급피난 형태뿐 아니라 면책적 형태도 함께 포함되는 것으로 넓게 해석하는 것이 그나마 합리적이라고 생각된다.[6]

III. 긴급피난의 구조와 정당화 원리

1. 긴급피난의 구조

긴급피난은 보호되어야 할 하나의 법익에 현재의 긴급한 위난이 가해지고 있는 상태에서 이 위난을 극복하고 법익을 보호하기 위해서는 위난의 원인과 관계없는 무고한 제3자의 법익이 침해되어야 하는 정 대 정의 관계의 구조로 형성된다. 이러한 상

---

4) RGSt 61, 242.
5) Baumann/Weber/Mitsch, § 17 Rdnr. 45.
6) 김일수/서보학, 210면.

황이 긴급피난에서 일반적이라 할 수 있는 공격적 긴급피난에 해당하며, 위난초래자의 법익을 침해함으로써 위난에서 벗어날 수 있는 방어적 긴급피난의 경우도 있다.

긴급피난의 구조에 있어서 대립관계에 있는 법익을 비교할 때 보호될 법익이 침해될 법익에 비해 우월한 지위에 있어야 한다는 점에 큰 의미가 주어진다. 위난에 책임이 없는 제3자의 법익은 가능한 한 존중되고 보호되어야 하기 때문이다. 단, 독일민법 제228조는 방어적 긴급피난인 경우 보호법익이 침해법익에 비해 상당한 가치가 있을 것을 요구하지 않는다. 위난의 원인을 제공한 사람은 응분의 대가를 치러야 할 의무가 있기 때문이다.

2. 정당화 원리

정 대 정의 관계에서 서로 충돌하는 두 개의 법익 중 낮은 가치의 법익을 희생하여 높은 가치의 법익을 보호한다면 그것은 결과에서 합리적이며, 이러한 결과를 지향한 행위는 정당하다 할 것이다. 따라서 긴급피난의 근본적 정당화 원리는 법익경제의 원칙, 곧 우월이익의 원리라 할 수 있으며, 그 밖에 행위자 자신을 위한 긴급피난의 경우 자기보호원리와, 타인을 위한 긴급피난의 경우 사회적 연대성의 원리가 함께 작용한다.

또한 개인의 법익보호를 위한 국가의 도움이 미칠 수 없는 긴급한 상황에서 당사자 스스로로 하여금 국가의 시민 보호의무를 대행하게 하는 긴급성도 중요한 정당화 원리의 한 요소가 된다.

IV. 긴급피난의 성립요건

1. 긴급피난 상황

1) 자기 또는 타인의 법익에 대한 위난

긴급피난 상황은 우선 법익에 대한 위난을 요건으로 한다. 이것은 정당방위의 침해에 상응하는 개념이지만, 엄밀히 말하자면 정당방위의 침해보다는 포괄적 의미를 갖는다. 말하자면 긴급피난의 위난은 정당방위의 침해에 대한 상위개념으로서 침해는 위난의 구체적인 한 종류에 해당한다고 할 수 있다.

(1) 위난의 대상 법익

위난은 모든 법익을 대상으로 한다. 생명, 신체, 자유, 재산, 명예, 정조 등의 형법적 법익이 주된 대상이 되겠으나, 이러한 형법적 법익뿐 아니라 재산상속권, 손해배상청구권 등 민법적 법익과 노동3권, 근로조건 등 노동법상의 법익 등도 제한없이 위난의 대상 법익이 된다.

그리고 그 법익은 행위자의 법익이 아닌 타인의 법익이어도 상관없으며, 타인은 자연인뿐 아니라 법인도 포함한다. 나아가 국가적, 사회적 법익도 최소한 부분적으로는 포함된다고 할 수 있다. 예컨대 도로교통의 안전, 환경 등도 긴급피난으로 보호될 수 있는 법익에 포함된다.[7]

그러나 이에 대한 반대견해도 가능하다. 국가의 법익을 보호하기 위해 다른 법익을 침해해야 하는 상황은 국가적 법익보호에 대한 경찰권의 임무태만에서 오는 것인데, 이를 사인이 개입하여 국가가 해야 할 긴급구조를 대행할 필요성도 정당성도 없다는 반대견해의 논거에도[8] 설득력이 있다. 그러나 국가의 경찰력이 하시를 막론하고 사회 구석구석에 통제력을 행사할 수 있기를 기대하기 어려우며, 또한 국가 혹은 사회적 법익이라고 해서 개인과 전혀 무관한 것은 아니므로 개인에 대한 포괄적 보호에 가치를 둔다면 사인에 의한 국가긴급구조를 인정한다고 해서 나쁠 게 없을 것으로 판단된다.[9]

보호법익과 침해법익의 주체는 서로 다른 사람일 것을 원칙으로 한다. 보호법익과 침해법익이 동일인에 속하는 경우도 긴급피난에 해당한다는 견해가 있으나, 이런 경우는 오히려 피해자의 승낙 혹은 추정적 승낙의 전형적인 예이므로 이를 적용하는 것이 합리적이라 생각된다.[10]

(2) 위난의 원인 및 성격

위난의 원인은 무엇이든 상관이 없다. 정당방위의 요건이 사람에 의한 부당한 공격으로 제한이 되는 것과 달리 긴급피난의 위난은 사람에 의한 경우뿐 아니라 자

---

7) 이재상/장영민/강동범, § 18-14; 임웅, 257면; Baumann/Weber/Mitsch, § 17 Rdnr. 53; Sch/Sch/Lenckner/Perron, § 34 Rdnr. 11.

8) 배종대, [70] 3; 오영근, 205면.

9) 유사한 견해로 이상돈, § 15-29.

10) Baumann/Weber/Mitsch, § 17 Rdnr. 54; Roxin, AT I, § 16 Rdnr. 86.

연현상, 천재지변 또는 동물에 의해서도 비롯될 수 있다. 사람에 의한 경우에도 위법 혹은 부당할 필요도 없다.

위난은 법질서가 회피하고자 하는 결과, 즉 결과반가치를 지향하는 것이어야 한다. 정당한 침해행위에 대한 정당방위가 부정되는 것과 마찬가지로 결과반가치와 결부되지 않은 위난에 대해서는 긴급피난이 부정된다. 예컨대 행위자가 위난상황을 유발했고 그 위난을 감수해야 할 의무가 있다면 그 위난에 따른 법익침해결과는 법질서가 회피하고자 하는 결과가 아니며, 따라서 결과반가치가 결여된다.

> 📖 **관련판례**
>
> 대판 1995.1.12, 94도2781 : 피고인이 스스로 야기한 강간범행의 와중에서 피해자가 피고인의 손가락을 깨물며 반항하자 물린 손가락을 비틀며 잡아 뽑다가 피해자에게 치아결손의 상해를 입힌 소위를 가리켜 법에 의하여 용인되는 피난행위라 할 수 없다.

이 판례에서 피고인은 스스로 유책하게 위난상황을 초래했으므로 피해자가 피고인의 손가락에 상해를 입힌다고 해도 여기에 결과반가치는 결여되므로 그 결과를 모면하기 위한 긴급피난은 성립되지 않는다.

위난의 당사자가 위난을 스스로 감수할 의도가 있는 경우에도 긴급피난은 부정된다. 회식자리에서 술에 취한 갑이 일어나다가 넘어지는 바람에 크게 다쳤을 때 갑은 스스로 택시를 타고 병원으로 가겠다고 함에도 불구하고 역시 술에 취한 동료 을이 자기 차에 태워 병원으로 가면서 음주로 인한 교통사고의 위험성을 유발시킨 경우도 긴급피난에 의한 정당화는 이루어지지 않는다.

2) 위난의 현재성

위난은 현재성을 띠어야 한다. 개연적 법익침해가 임박하여 현재 손을 쓰지 않으면 침해가 즉시 발생할 것으로 예견되는 상태, 혹은 위난을 피할 수 없거나 피하기가 현저히 곤란해질 수 있는 상태가 요구되는 것이다. 침해가 이미 발생했더라도, 즉시 수습하지 않으면 침해가 더 심화되거나 확대될 수 있는 상황도 이에 포함된다.

피난행위로서의 구성요건해당행위 시점이 현재성의 판단기준시점이 된다. 피난행위는 위난의 존재시기를 기준으로 너무 이르거나 너무 늦게 이루어져서는 안 된다. 법익의 침해가 이미 시작되어 종료되지 않은 상태가 가장 확실한 현재의 위난이 존재하는 상태이다. 갑의 집에 불이 나서 을의 집으로 옮겨 붙기 직전의 상황이라면 을에게만이 아니라 갑에게도 현재의 위난은 존재한다. 소화기를 이용해서 불씨를 완전히 제거하거나, 늦어도 건물이 완전히 전소되기 전까지는 위난은 존재한다고 해야 하기 때문이다.

긴급피난에서의 위난의 현재성은 정당방위에서의 부당한 공격의 현재성보다 범위가 넓다. 법익침해가 발생할 수 있는 가능성의 등급도 정당방위와 비교하면 상대적으로 낮은 정도로도 충분하다. 계속적 위난에 대해서도 현재성은 인정될 수 있으므로 붕괴 위험이 있는 교각이나 건조물, 또는 인화물질이나 폭발물을 지속적으로 소홀히 다루는 이웃의 행위에 대해서도 긴급피난은 가능하다.

📘 **관련판례**

대판 1992.12.22. 92도2540 : 피고인이 약 12살 때부터 의붓아버지인 피해자의 강간행위에 의하여 정조를 유린당한 후 계속적으로 이 사건 범행 무렵까지 피해자와의 성관계를 강요받아 왔고, 그 밖에 피해자로부터 행동의 자유를 간섭받아 왔으며, 또한 그러한 침해행위가 그 후에도 반복하여 계속될 염려가 있는 상황에서 (...) 피고인들이 사전에 공모하여 범행을 준비하고, 술에 취하여 잠들어 있는 피해자의 양팔을 눌러 꼼짝 못하게 한 후 피해자를 깨워 피해자가 제대로 반항할 수 없는 상태에서 식칼로 피해자의 심장을 찔러 살해한다는 것은, 당시의 상황에 비추어도 사회통념상 상당성을 인정하기가 어렵다고 하지 않을 수 없다.

위 판례에서 상당성의 부정으로 정당방위는 부정되었으나, 앞에서 언급한 바와 같이 상당성을 검토하기 이전에 침해의 현재성이 이미 부정되었어야 했다. 이 사례에서 긴급피난이 최종적으로 인정될 수 있을지 여부를 위해서는 후속적 검토가 이루어져야 하겠지만 적어도 긴급피난에서의 위난의 현재성은 인정될 수 있다. 즉 정당방위에서의 '현재의 침해'는 부정되더라도 긴급피난에서의 위난의 현재성은 인정될 가능성 있다는 것이다. 공격 자체와 공격을 할 위험성은 시간적 개념을 서로 달리 한다. 공격의 위험성은 공격 이전과 이후에도 존재할 수 있기 때문에 상대적으로 시간적 범위가 넓다. 위 사안에서 피해자는 술에 취해 잠을 자고 있는 상태였기 때문에 공격의 현재성을 요구하는 정당방위에는 해당되지 않지만, 피해자가 잠에서 깨어나

면 언제라도 공격을 가해 올 수 있으므로 위난의 현재성은 존재한다고 봐야 한다.

3) 자초위난

자초위난의 경우에도 긴급피난이 허용되어야 할지 여부에 대해서 다툼이 있다. 독일형법 제35조 제1항의 면책적 긴급피난은 문언 상으로도 명확히 자초위난을 배제하고 있는 데 비해, 같은 법 제34조의 정당화적 긴급피난은 이에 대해 언급을 하지 않고 있다. 이는 자초위난의 경우 면책적 긴급피난은 아니더라도 정당화적 긴급피난은 적용이 가능함을 시사하는 것이라 볼 수 있다. 하지만 모든 자초위난을 일률적으로 취급하기 보다는, 자초위난이 고의에 의한 것인지 여부에 따라 구분하여 적용하는 것이 바람직하다. 의도적으로 혹은 적어도 인식이 있는 상태에서 위난을 자초한 경우에는 법질서는 당사자의 법익을 보호할 가치를 느끼지 못하므로 긴급피난은 부정되어야 한다. 하지만 과실에 의한 자초위난의 경우에는 정당화적 긴급피난은 인정되어야 할 것이다.

4) 위난의 판단시기와 척도

긴급피난행위라고 하는 법익침해 행위의 필요성 혹은 당위성 여부에 대한 판단은 사후의 재판시가 아닌 행위시(ex ante)를 기준으로 해야 한다. 사후적 판단기준에 의한다면 긴급피난행위로써 보호되어야 할 법익이 보호된 경우에는 항상 그 피난행위는 요구된 행위로 평가될 수밖에 없기 때문에 결과론적 판단은 아무런 실질적 의미가 없다. 또 판단척도는 일반적 평균인이나 행위자의 주관이 아닌 행위자의 특수지식을 포함한 이해력 있는 관찰자가 되어야 한다(사전적·객관적 척도).[11] 이러한 관점에서 행위당시 현재 긴급피난행위를 하지 않으면 안 될 정도의 위난이 존재한다고 할 것인지에 대한 판단이 이루어져야 한다. 이 엄격한 판단 척도는 정 대 정 관계에서의 무고한 제3자의 법익을 최대한 보호하기 위해 필요한 것이다.

2. 피난행위

피난행위란 현재의 위난으로부터 벗어나 궁극적으로 보호하고자 하는 법익을 보

---

11) 김일수/서보학, 213면; Gropp, § 6 Rdnr. 117.

호하기 위해 타인의 법익을 침해하는 행위이다.

객관적으로는 우월적 법익을 보호하고자 하는 구성요건 해당행위로서 상당한 이유가 있어야 하며, 주관적으로는 피난의사(주관적 정당화요소)가 있어야 한다. 여기에서 요구되는 주관적 정당화요소는 정당방위의 경우에 준한다. 즉 객관적 정당화상황에 대한 인식으로 족하며,12) 어떻게 이에 대한 인식을 하게 되었는지는 물을 필요가 없으므로 의무합치적 검토(pflichtmäßige Prüfung)도 불필요하다.13)

3. 상당성 : 상당한 이유

1) 필요성(Erforderlichkeit)

긴급피난행위는 위난에 처한 법익을 보호할 수 있는 수단이며, 동시에 법익보호를 위해 요구된 행위여야 한다. 즉 그 피난행위 없이는 법익보호를 기대할 수 없는 상황에서의 행위여야 하는 것이다. 단, 유일무이한 최후행위일 필요는 없다. 위난이 위법한 행위에 기인할 필요가 없으므로 법질서 확증의 의미보다는 위난의 제거를 통한 법익보호의 의미가 우선하는 상황에서, 피난행위자는 가장 확실하고 종국적으로 법익침해를 방지할 수 있는 행위를 선택할 수 있다. 행위자가 피난행위를 한 결과 자신의 의도대로 보호하고자 했던 법익이 보호되었다면 적합성은 인정되므로, 이것은 대체로 포괄적인 개념이라 할 수 있다. 적합성이 인정되는 여러 가지의 수단이 존재한다면 그중에서 피해자에게 최소한의 침해를 가져올 수 있는 온화한 수단을 선택할 것이 요구된다. 긴급피난에서의 이러한 최소침해의 원칙은 정당방위의 경우에 비해 상대적으로 의미가 크다.

2) 균형성

긴급피난은 정 대 정의 관계에 놓여 있는 두 가지의 법익이 충돌되는 상황이므로, 긴급피난에 의한 정당성이 인정되기 위해서는 보호되는 법익이 침해되는 법익

---

12) Kühl, § 8 Rdnr. 183; Roxin, AT I, § 16 Rdnr. 90; Sch/Sch/Lenckner/Perron, § 34 Rdnr. 48.
13) Kühl, § 8 Rdnr. 186; LK–Hirsch, § 34 Rdnr. 77; Maurach/Zipf, AT I, § 27 Rdnr. 46; Roxin, AT I, § 14 Rdnr. 82; SK–Samson, § 34 Rdnr. 55.

에 비해 상대적으로 우월한 가치를 가지는 것이어야 한다는 점이 엄격히 요구된다. 침해된 법익이 보호된 법익에 비해 우월하거나 동등한 가치를 가지는 것일 때 혹은 교량(較量) 자체가 불가능한 경우에는 위법성이 아닌 책임부분에서 논의되어야 할 것이다.

긴급피난의 규정이 우월한 법익의 보호에만 가치를 두는 것으로서 사회의 법익경제에만 기여하는 것으로 이해한다면 법익교량으로 충분하다고 할 것이다. 그러나 법익경제는 긴급피난 규정의 본질적 목적이 아니다. 이 규정은 오히려 한 개인이 자신의 법익을 희생함으로써 다른 사회구성원과의 연대책임을 이행해야 하는 한계와 범위를 확립한다는 과제를 갖고 있다.

따라서 긴급피난에서의 균형성은 순수한 법익 간의 교량으로 그칠 수 있는 것이 아니라 해당 법익에 직·간접적으로 관련성이 있는 모든 이해관계가 포괄적으로 교량되어야 한다. 법익교량에는 법적으로 고려할 가치 있는 모든 이익이 포함되는 것이므로, 사안의 긍정적이고 부정적인 특수한 경향을 빠짐없이 밝혀내어 이에 대한 상호교량을 해야 한다. 즉 법익교량에서는 구체적인 상충상태의 총체적 요소에 대하여 포괄적으로 평가하는 것이 필수적이다.14)

(1) 법익의 비교

해당 법익을 보호하고자 하는 구성요건이 정한 형량의 크기에 따라 법익 간의 우월성을 비교·판단할 수 있다. 따라서 신체와 재산을 단순비교한다면 신체가 상대적으로 우월한 법익임을 알 수 있다. 인간의 생명은 교량이 불가능한 절대적 법익이므로 생명 대 생명의 비교는 성립되지 않는다. 그러므로 극한상황에서 생명을 연장하기 위해 한 사람을 살해하여 인육을 먹는 행위는15) 정당화 여부의 문제가 아니라 적법행위에 대한 기대가능성의 결여에 관련한 면책의 문제가 될 뿐이다.

(2) 법익침해의 정도

법익 간의 단순비교에서 우열이 정해지더라도 구체적 사례에서 각 법익의 침해정도에 따라 그 우열은 바뀔 수 있다. 예컨대 단순비교에 따르면 재물의 소유권에

---

14) SK‒Samson, § 34 Rdnr. 3.
15) 1883년 영국 요트 Mignonette호가 풍랑에 침몰되어 선장을 비롯한 여러 명이 구명보트에서 양식 없이 20일간 구조를 기다려야 했던 사건이 있다.

비해 신체의 완전성이 높은 가치를 가지는 것이지만, 국가적 문화유산으로서의 가치가 있는 건조물 혹은 물건을 구하기 위해 타인에게 중하지 않은 정도의 상해를 가하는 행위는 정당화될 수 있다.

(3) 법익침해의 개연성

신속히 대처하지 않으면 법익침해의 가능성이 높을수록 긴급피난행위로서 정당화가 이루어질 가능성은 높아진다. 예를 들어 위급한 환자를 싣고 시내를 과속으로 달리는 행위처럼 구체적 위험을 피하기 위해 잠재적 위험을 내포한 행위를 하는 것은 정당화될 수 있다.

(4) 구조가능성

긴급피난행위를 하더라도 해당 법익에 대한 구조가능성을 확신할 수 없다면 굳이 다른 법익을 침해해야 할 근거가 없다. 구조가능성에 의심이 있을 경우에는, 피난행위를 하지 않을 경우의 법익침해의 개연성과 피난행위를 할 경우의 법익보호가능성의 정도를 비교해야 한다. 불난 집 5층에서 아이를 구할 수 있는 다른 방법이 없어 창밖으로 던졌으나 밑에서 대기하던 구조원들이 제대로 받지 못하는 바람에 아이가 사망한 경우에, 행위자의 행위가 아니었더라도 어차피 처음부터 죽었을 가능성이 높았다면 이 행위는 긴급피난의 정당화가 인정될 수 있으나, 오히려 이 행위가 아니었으면 살았을 가능성이 있었을 것이라고 할 경우 정당화는 부정되고 기대가능성 여부의 면책사유에 문의할 수 있을 것이다.

(5) 자율성의 원칙

이것은 법익주체자의 자기결정권에 관한 문제로서 균형성 판단에 중요한 영향을 줄 수 있는 요소가 되며, 후술하는 적절성과도 직접적 관련성이 있다. 예를 들어 같은 병원에서 치료를 받고 있는 환자 갑의 신장을 본인의 의사에 반하여 적출하여 위급한 환자 을에게 이식수술을 하여 을의 생명을 구한 의사의 행위에는, 최소침해의 원칙과 갑의 후유증을 감안하더라도 법익교량의 관점에서 균형성은 인정된다. 그렇다고 해서 의사의 행위에 긴급피난의 정당성이 인정된다고 단정하기에는 이르다.

이익교량 혹은 적절성의 관점에서 출발한다면 연대책임에 의한 신체완전성의 희생과, 이에 따라 궁극적으로 신체의 "사회의무성(Sozialpflichtigkeit)"을 요구한다는 것이 가능한지에 대해서는 심각히 고려해야 한다. 긴급피난의 규범을 통해서 요구되는 사회의무성이라는 것은 확정적으로 제한된 범위에서만 적용되어야 한다. 즉 사회의무성은 긴급피난행위의 피해자 자신에게 중대한 이익의 포기나 위험의 발생가능성이 없는 경우에만 한정적으로 요구되어야 하는 것이다. 그렇게 본다면 의사는 을의 생명이라는 절대적으로 우월한 법익을 구조하기 위해 갑의 생리적 기능을 훼손했지만, 갑의 입장에서는 자신의 건강상의 불이익을 감수하면서까지 타인의 법익구조에 희생을 강요당하지 않을 권리의 보장을 주장할 수 있어야 할 것이다. 따라서 의사의 행위에는 긴급피난에 의한 정당성이 인정되기 어렵다.

(6) 특별한 의무지위

형법 제22조 제2항은 이에 해당하는 사람을 구체적으로 열거하지는 않지만 특정한 상황에서의 군인, 경찰, 소방관, 의사 등은 일반인보다 어느 정도 높은 위난감수의 의무가 있다. 위난상황을 고의로 자초한 경우에 면책적 긴급피난은 물론이고 정당화적 긴급피난에 의한 정당화는 부정되므로 이때에도 위난감수의 의무가 있다.[16]

(7) 공격적 긴급피난과 방어적 긴급피난의 구분

공격적 긴급피난이란 위난상황에서 특정 법익을 보호하기 위해 위난의 원인과 관계없는 제3자의 법익을 침해하게 되는 상황으로서 긴급피난의 일반적 사례에 해당한다. 반면에 방어적 긴급피난은 위난의 원인이 되거나 책임이 있는 자의 법익을 침해하게 되는 상황으로서, 이것은 긴급피난의 특수사례에 해당한다. 방어적 긴급피난의 경우 위난상황의 원인을 제공한 자는 이에 대한 책임을 져야하므로 심한 불균형이 아닌 이상, 비교적 낮은 가치의 법익을 보호하기 위해 높은 가치의 법익을 침해하는 것이 허용된다(독일민법 제228조). 즉 균형성의 요구가 공격적 긴급피난에 비해 상대적으로 완화된다.

3) 적합성(혹은 적절성 : Angemessenheit)

피난행위가 균형성까지 갖추었다고 하더라도 적절한 수단이 아니면 정당성은 인정되지 않는다. 적합성은 정당방위의 적합성(Geeignetheit)[17] 개념과는 구별되는 것

---

16) 앞의 본절 IV. 1. 3) 참조.
17) 우리나라에서는 대체로 이를 적합성이라 칭하고 있으나 정당방위에서의 "Geeignetheit"를 적합성으로 번역한다면 여기서의 "Angemessenheit"는 이와 구별하기 위해 적절성으로 번

으로서 독일형법 제34조 제2문의 명문규정에 근거하는 것이다. 우리의 판례와[18] 통설과는[19] 달리 독일의 다수 학자들은 필요성과 성실한 심사에 따른 균형성의 요건을 구비한 긴급피난행위라면 당연히 적절한 수단에 해당될 것이기 때문에 독일 실정법상의 적절성 조항에 특별한 의미를 부여할 것은 아니라고 보고 있다.[20]

그러나 적절성 조항은 정 대 정의 관계에서의 무고한 제3자의 법익을 가능한 한 두텁게 보호하고자 하는 사회윤리적 관점에서의 적어도 하나의 보조적 교정장치의 의미는 있는 것으로 보는 것이 옳다. 좁은 의미의 사회상당성 개념에 해당하는 적합성이란, 하나의 정당하게 보호받아야 할 법익이 다른 법익을 보호하기 위해 침해된다는 것이 사회통념상 타당하고 필요한 조치로 수용될 수 있을 것인가에 관련한 문제이다.

예컨대 교통사고를 당한 환자 갑이 수혈을 받아야만 생명을 구할 수 있는 상황에서, 함께 사고를 당했지만 비교적 경미한 상처를 입은 환자 을이 갑과 동일한 희귀한 혈액형의 소유자라고 해서 그의 의사에 관계없이 강제채혈을 하여 갑의 생명을 구하는 행위는 사회통념상 수용될 수 없다. 따라서 긴급피난으로서 정당화될 수 있는 행위가 아니다. 생명을 구하기 위해 그보다 훨씬 낮은 법익을 공격하는 상황으로서 균형성은 인정됨에도 불구하고 이러한 행위는 목적에 대한 적절한 수단이 되지 않는다.

역하는 것이 나을 것으로 보인다. "Geeignetheit"는 위험으로부터 법익을 보호하고자 하는 행위의 효과성을 내용으로 하는 개념이라면 "Angemessenheit"는 수단과 목적 사이의 균형, 조화 혹은 상응성을 내용으로 하는 것이다.

18) 대판 2013.6.13, 2010도13609 : 긴급피난이란 자기 또는 타인의 법익에 대한 현재의 위난을 피하기 위한 상당한 이유 있는 행위를 말하고, 여기서 '상당한 이유 있는 행위'에 해당하려면, 첫째 피난행위는 위난에 처한 법익을 보호하기 위한 유일한 수단이어야 하고, 둘째 피해자에게 가장 경미한 손해를 주는 방법을 택하여야 하며, 셋째 피난행위에 의하여 보전되는 이익은 이로 인하여 침해되는 이익보다 우월해야 하고, 넷째 피난행위는 그 자체가 사회윤리나 법질서 전체의 정신에 비추어 적합한 수단일 것을 요하는 등의 요건을 갖추어야 한다.

19) 김일수, 한국형법 I, 650면; 박상기, 199면; 손해목, 484면; 신동운, 308면; 이정원, 173면; 임웅, 259면 이하; 정성근/박광민, 247면.

20) Baumann/Weber/Mitsch, § 17 Rdnr. 83; LK–Hirsch, § 34 Rdnr. 79; Maurach/Zipf, AT I, § 27 Rdnr. 38; Roxin, AT I, § 16 Rdnr. 79; Sch/Sch/Lenckner/Perron, § 34 Rdnr. 46.

여기서 사회공동체의 구성원으로서 을에게 요구 또는 기대할 수 있는 의무는 윤리적 의무가 아닌 법적 의무에 한정되는 것이라면, 을은 비교적 심각한 불이익을 감수하면서 갑을 구조해야 할 법적 의무는 지지 않는다. 이 경우에 법적 의무를 인정한다면, 희귀한 혈액형의 소유자는 살아있는 혈액창고로서 언제라도 헌혈이 필요한 장소에 끌려 나갈 준비가 되어 있어야 할 것이다. 이익교량의 연장선상에서 도출되는 적합성의 요건은 신중한 이익교량의 실현을 보장할 뿐 아니라 동시에 인간의 존엄성이 다른 이익보호의 수단으로 전락되는 것을 방지하는 기능을 가진다는 점에서 중요한 의미가 있다.[21]

4. 주관적 정당화요소와 주의 깊은 검토의 의무

긴급피난의 주관적 요소로는 객관적으로 존재하는 긴급피난상황에 대한 인식으로 족하므로 이 요건이 충족된 이상 행위자에게 순수한 피난의사 이외에 해악적 의사가 있었더라도 정당화의 인정에는 영향이 없다. 이웃집의 사나운 개가 항상 시끄럽게 짖어대는 데 불만을 품고 있던 참에, 이 개가 갑자기 덤벼들자 오히려 좋은 기회라고 생각하고는, 들고 있던 지팡이로 쳐서 죽게 했더라도 긴급피난이 인정되는 데 지장이 없다.

학설의 일부견해는 피난의사와 함께 주의 깊은 검토의 의무(gewissenhafte, pflichtmäßige Prüfung)를 요구한다. 긴급피난은 그 결과의 유·불리가 운명에 맡겨질 수 있는 문제가 아니라 우월이익의 원칙에 입각한 목적적 구조행위여야 하며, 이익형량을 위해서는 사안의 정확한 파악이 전제가 된다는 것이다.[22] 판례도 주의 깊은 검토를 의무화하지 않으면, 낮은 가치의 법익을 침해하지 않고도 높은 가치의 법익을 충분히 보존할 수 있는 경우에도 검토의 소홀로 인해 법익이 헛되이 희생될 위험이 있음을 우려한다.[23]

---

21) 김일수/서보학, 219면; 박상기, 198면. 적절성 조항을 불필요한 것으로 보는 입장에서는 이에 대한 고려가 균형성 부분에서 충분히 이루어지는 것으로 판단한다. Haft, S. 100; LK – Hirsch, § 34 Rdnr. 79; Maurach/Zipf, AT I, § 27 Rdnr. 38; Roxin, AT I, § 16 Rdnr. 80; Sch/Sch/Lenckner/Perron, § 34 Rdnr. 46.
22) Baumann/Weber/Mitsch, § 17 Rdnr. 84.
23) BGHSt 3, 7, 12.

주의 깊은 검토의 의무와 관련하여서는 객관적 정당화사유가 존재하는 경우와 그렇지 않은 경우의 두 가지 사례군으로 나누어 고찰할 수 있다. 양심적 검토의 의무가 법익보호의 취지로 요구되는 요건이라면 전자의 사례에서는 특별한 기능을 하지 않는다. 즉 행위자가 의무에 따라 상황을 충실히 검토를 하면 긴급피난이 필요한 사안임을 파악하게 될 것이고, 또 합당하게 법익침해로 나가게 될 것이기 때문이다. 반면에 이를 제대로 검토하지 않은 채 긴급피난행위로 나아갔을 경우, 검토의무설은 의무를 이행하지 않았다는 이유로 행위의 위법성을 인정하고자 할 것인데, 이 결론은 만족스럽지 못하다. 어차피 하나의 법익을 보호하기 위해서 다른 법익은 침해되어야 할 상황이었다면, 행위자가 주의 깊은 검토를 했는지 여부는 본질적 의미를 갖는 것은 아니라고 해야 한다.

후자의 사례에서 주의 깊은 검토를 하지 않아 객관적 요건이 존재하는 것으로 오인한 피난행위에 대해 검토의무설을 적용하면, 이는 회피가능한 금지착오로서 고의범 처벌의 결론에 이르게 된다. 이것은 결과적으로 제한책임설이 아닌 엄격책임설의 결론에 해당하는 것이다. 위법성인식에 대해 엄격책임설을 주장하는 입장이라면 이 결론은 논리일관성이 있다. 하지만 제한책임설을 따르는 입장이라면 이 결론은 회피되어야 한다. 그렇다면 결국 주의 깊은 검토의무는 긴급피난의 요건이 되지 않는다.[24]

V. 긴급피난의 효과

긴급피난의 요건을 갖춘 행위는 위법성이 조각되어 정당화가 이루어진다. 긴급피난에 의한 법익침해는 위법하지 않으므로 이에 대한 정당방위는 불가능하다. 그러나 이에 대한 긴급피난은 가능하다.

---

24) Kühl, § 8 Rdnr. 186; Roxin, AT I, § 14 Rdnr. 82; Rudolphi, GS–Schröder, 1978, S. 73 (85).

VI. 과잉과 착오의 문제

1. 과잉피난

과잉피난이란 피난행위가 그 정도를 초과한 경우로서 형의 감경 또는 면제의 대상이 된다(형법 제22조 제3항, 제21조 제2항). 피난행위가 야간 기타 불안스러운 상태하에서 공포, 경악, 흥분 또는 당황으로 인한 때에는 처벌되지 않는다(제22조 제3항, 제21조 제3항). 처벌감면 또는 불가벌의 이유는 위법성이 아닌 책임의 감경 또는 조각에 있다.

2. 착오의 문제

긴급피난에 착오가 결부되었을 때의 법적 취급은 정당방위의 경우에 준한다고 할 수 있다. 우선 긴급피난의 객관적 상황이 존재하는데 이를 인식하지 못한 경우, 즉 주관적 정당화요소만이 결여되었을 때에는 불능미수 규정이 유추적용되며, 반대로 객관적 긴급피난 상황이 존재하지 않음에도 존재하는 것으로 오신한 경우에는 제한책임설에 따라 구성요건착오로 취급되어 고의는 조각된다.

VII. 의무의 충돌

1. 의의

의무의 충돌은 정당화의 문제이자 부작위의 문제이다. 즉 부작위에 따른 법익침해의 결과에 대한 가벌성 여부에 관한 문제로서 부작위범의 한 특수형태에 해당한다. 의무의 충돌이란 자신에게 주어진 법적 의무를, 자신의 다른 법적 의무를 희생함으로써만 충족시킬 수 있는 경우를 말한다. 이때 하나의 의무 이행을 위해 어쩔 수 없이 희생된 다른 의무의 불이행이 가벌적 부작위에 해당될 경우, 전체 행위에 대한 법적 취급이 문제된다. 여기서 문제가 되는 것은 법적 부작위에 한정되며 윤리적 의미에서의 의무 불이행은 논외가 된다. 법적 부작위는 구성요건해당성을 전

제로 하며 진정 혹은 부진정 부작위의 여부는 불문한다.[25]

2. 의무의 충돌의 종류

1) 하나의 작위와 하나의 부작위의무의 충돌

실례로 나치정권하에서 정신장애자들의 안락사 작업에 참여했던 의사들에게는 환자들의 생명을 가능한 한 구조해야 할 작위의 의무와, 일정 수의 환자들을 죽도록 내버려 둬야 하는 부작위의무가 충돌되었다. 만일 이 부작위의무에 따르지 않을 경우 의사들은 축출되고, 그 자리는 환자들을 미련 없이 몰살시킬 준비가 되어 있는 정권의 하수인들로 대체될 수밖에 없기 때문이었다.[26]

일반적인 예로 의사에게는 환자의 개인적 정보에 대한 비밀을 유지해야 하는 부작위의무와 전염병 환자를 발견했을 경우 소속 의료기관장 혹은 관할 보건소장에게 환자의 인적 사항 및 기타상항을 신고해야 하는 작위의 의무가(감염병의 예방 및 관리에 관한 법률 제11조; 감염병의 예방 및 관리에 관한 법률 시행규칙 제6조) 충돌한다. 이처럼 하나의 작위의무와 부작위의무 간에 법적 모순이 있는 경우를 논리적 충돌이라 한다.

2) 두 개의 작위의무 간의 충돌

교통사고가 발생하여 한꺼번에 여러 명의 응급환자가 병원으로 이송되는 바람에 병원의 인공심폐기가 부족하여 모든 환자의 생명을 구하지 못한 경우, 혹은 물에 빠진 두 아들 중 한 명만을 구조할 수밖에 없던 경우이다. 이렇게 둘 이상의 작위의무가 충돌하는 경우를 실질적 충돌이라 한다.

3) 의무의 충돌의 범위

학설의 일부는 하나의 작위의무와 하나의 부작위의무가 충돌되는 경우도 의무의 충돌로 인정하고자 한다. 이러한 견해에 의하면 의무의 충돌은 긴급피난의 하위개념의 한 유형으로 분류된다.[27] 그러나 다수설은 진정한 의미의 의무충돌은 충돌되

---

25) Baumann/Weber/Mitsch, § 17 Rdnr. 132.
26) Roxin, AT I, § 16 Rdnr. 31 참조.

는 의무가 모두 작위의무인 경우에 한정되는 것으로 본다. 이러한 견해가 타당하다.

법익침해행위에는 그 행위를 하지 않음으로써 법익을 보존해야 하는 부작위의무의 침해가 항상 불가결하게 내포되어 있는 것이며, 따라서 모든 범죄행위가 작위와 부작위의무의 충돌로 형성되는 것이라면 의무의 충돌을 굳이 하나의 독립적 법형상으로 구분하여 고찰할 필요성이 없기 때문이다.[28]

하나의 법익을 보호하기 위한 작위의무와 위난에 관계없는 제3자의 법익을 침해하지 않아야 하는 부작위의무가 충돌하는 상황이 긴급피난의 전형적 형태이다. 이렇게 작위의무와 부작위의무가 충돌하는 경우, 혹은 나아가 여러 가지의 부작위의무 간의 충돌이 이루어지는 경우라면, 일반적인 긴급피난 혹은 정당방위에 의한 정당화로 충분히 해결이 가능할 것이므로 의무의 충돌이라는 개념이 개입될 필요가 없는 것이다.[29]

3. 법적 성질

의무의 충돌에 관해 형법은 어떠한 규정도 마련하고 있지 않으므로 그 법적 취급에 대해서 긴급피난의 한 특수형태로 다루어야 한다는 견해,[30] 초법규적 위법성조각사유로 보아야 한다는 견해,[31] 사회상규에 위배되지 않는 행위로서 위법성조각을 인정해야 한다는 견해 등이 대립된다. 진정한 의미의 의무충돌을 두 개의 작위의무 간의 충돌에 한정한다면, 이것의 법적 성질은 긴급피난의 일종이[32] 아닌 하나의 특수한 정당화사유라고 보아야 한다. 또한 긴급피난은 이익교량을 주된 내용으로 하는 데 비해 의무충돌은 의무의 교량을 주된 내용으로 한다는 점에서도 구별된다. 이익과 의무는 본질적으로 구별되는 개념이다. 따라서 의무충돌은 사회상규에 위배되지 않는 정당행위의 한 형태로 보는 것이 타당하다.[33]

---

27) Jescheck/Weigend, § 33 V 1.
28) Roxin, AT I, § 16 Rdnr. 102.
29) Baumann/Weber/Mitsch, § 17 Rdnr. 133; LK – Hirsch, Vor § 32 Rdnr. 76; Sch/Sch/Lenckner, Vor §§ 32 ff Rdnr. 71; SK – Rudolphi, Vor § 13 Rdnr. 29a.
30) 이재상/장영민/강동범, § 18 – 37.
31) 손해목, 502면.
32) 김성천/김형준, 234면; 신동운, 312면; 이형국 (I), 345면; 정성근/박광민, 250면.
33) 오영근, 211면; 임웅, 262면; 차용석, 482면.

4. 의무의 충돌의 요건

1) 의무의 충돌

둘 이상의 법적 행위의무가 충돌되는 상황에서 그중 적어도 하나 이상의 의무는 이행될 수 없는 상황이어야 한다. 충돌되는 의무는 모두 법적 의무여야 하며 윤리적 혹은 종교적 의무로는 충분하지 않다. 중요한 종교적 행사에 급히 참석하느라 아이를 위험에 방치한 결과 심각한 상해를 입게 된 경우는 단순한 부작위에 의한 상해이다.

법적 의무는 구성요건해당성을 전제로 한다. 형법 외적인 법적 의무가 관련되는 상황이라면 그 의무의 불이행에 대해 정당화 여부와 관련한 형법적 고찰을 할 필요성이 없어지기 때문이다.

의무충돌의 상황에 행위자의 유책사유가 인정될 경우에도 의무충돌이 적용된다고 하는 긍정설과, 이에 대한 반대견해 혹은 절충설 등이 제시된다. 이에 대해서는 도발된 정당방위나 자초위난의 경우에 준하는 것으로 판단하는 것이 옳다. 즉 의도적으로 이러한 상황을 유발시킨 자의 법익은 법질서가 보호할 가치가 없으므로 의무충돌이 인정되어야 할 필요가 없으나, 과실에 의한 경우는 행위자가 법질서를 고의로 무시한 것은 아니므로 의무충돌로 인정해야 한다.

2) 의무의 선택적 이행

이러한 상황에서 행위자는 충돌되는 두 가지 의무 중 어느 하나를 선택해야 한다. 선택의 옳고 그름에 따라 이행하지 못한 의무에 관련한 정당화 여부가 달라질 수 있다. 이것은 다시금 충돌되는 이익이 동가치인 경우와 이가치인 경우에 따라 달라진다. 의무에 대한 가치평가에는 의무와 관련된 법익의 크기, 위해의 정도와 긴급성, 법익과 의무자 간의 보증인지위 등과 같은 인적 관련성 등이 종합적으로 고려되어야 한다.

(1) 이가치적 충돌일 때(해결할 수 있는 충돌)

예컨대 사람과 재물이 동시에 물에 빠진 경우처럼 이행해야 할 의무의 가치에 차이가 있을 때에는 높은 가치의 의무를 선택해야 한다(부진정 의무의 충돌). 이때는 이행하지 못한 낮은 가치의 의무에 대해서는 정당화가 이루어진다.

이행해야 할 의무 중 아무 의무도 이행하지 않았을 경우에는 높은 가치의 의무에 대해서는 정당화가 부정되지만 낮은 가치의 의무에 대해서는 정당화가 인정된다는 견해와[34] 두 가지 의무 모두에 대한 정당화는 부정되어야 한다는 견해로 나뉜다.[35] 생각건대 의무충돌의 정당화의 본질적 근거가 다른 의무를 이행하느라 당해 의무를 이행할 가능성이 없었다는 점에 있다고 보아야 한다면, 아무 의무도 이행하지 않고 완전히 부작위에 머문 의무자에게는 두 가지 의무에 대한 위법성을 인정하는 것이 옳다. 하지만 결국 양형과정에서 두 가지 의무에 대한 부작위는 상상적 경합으로 취급되어야 할 것이므로 결론에서는 동일하다.

행위자가 낮은 가치의 의무를 선택한 경우에는 이행되지 못한 높은 가치의 의무에 대해서는 부작위의 위법성이 인정된다.

(2) 동가치적 충돌일 때(해결할 수 없는 충돌)

두 사람이 동시에 물에 빠진 경우처럼 교량이 불가능한 생명과 생명이 경합되는 경우는 동가치적 의무가 충돌되는 상황으로서 이때 의무자는 임의로 어떠한 선택을 하더라도 무방하다(진정 의무의 충돌). 나머지 이행되지 못한 의무에는 정당화가 이루어진다.[36] 이에 대해서는 어떠한 경우에도 생명에 대한 포기는 정당화될 수 없다는 이유로 위법성은 인정하되 책임조각 여부를 물어야 할 것이라는 견해가 있다.[37] 법익보호를 중시한다는 의미에서는 찬성할 수 있으나, 이것은 작위도 아닌 결과회피의 가능성을 전제로 하는 부작위의 문제로서 오히려 가능성의 결여에 따른 구성요건조각에 가까운 사안을 위법성까지 인정하고 책임으로 넘기는 것은 만족스럽지 못하다고 할 수 있다. 법질서는 인간에게 불가능을 요구할 수 없는 것으로 보아 위법성이 조각된다고 하는 견해가 합리적이다.[38] 그렇게 되면 결론적으로 진정·부진정 의무의 충돌을 나눌 필요성도 없어지게 된다.[39]

구조해야 할 두 사람 중 한 사람에 대해서만 보증인적 지위를 가질 때에는 당연히 보증인 관계에 있는 자를 우선 구조해야 할 의무가 있다. 이 의무를 이행하는

---

34) Baumann/Weber/Mitsch, § 17 Rdnr. 135.
35) LK—Hirsch, Vor § 32 Rdnr. 81.
36) 이용식, 157면.
37) 배종대, [73] 12.
38) 오영근, 211면; 이재상/장영민/강동범, § 18－43: 임웅, 263면.
39) 이재상/장영민/강동범, § 18－32; Roxin, AT I, § 16 Rdnr. 110.

과정에서, 이행하지 못하는 의무에 대한 다른 부정적 내면적 작용이 있어도 정당화 결과에는 영향이 없다. 물에 빠진 자기 아들을 구하면서 평소에 미워하던 아들의 친구를 함께 구하지 못하게 된 상황을 내심 긍정적으로 생각하더라도 결과에서 달라지지는 않는다. 하지만 사실상 이 상황은 동가치가 아닌 이가치적 의무충돌의 상황이다. 상충되는 법익은 생명으로 동가치이지만 한 사람에게만 인정되는 보증인 지위에 의해서 의무는 이미 동가치가 아닌 것이다.

이 상황에서도 아무런 행동을 취하지 않은 의무자에게는, 적극적 구조행위를 했더라도 어차피 한 사람밖에는 구조할 수 없는 입장이므로 한 사람에 대한 부작위의 위법성만이 인정된다는 견해가 있겠으나,[40] 여기에서도 두 가지 의무에 대한 부작위의 위법성을 우선 인정하고 난 후 상상적 경합이라는 양형의 문제로 해결하는 것이 바람직하다.

3) 주관적 정당화요소

의무의 충돌에서의 주관적 요소로서, 둘 이상의 의무가 충돌되며 그 의무가 모두 이행될 수 없다는 객관적 현실에 대한 인식이 요구된다. 나아가 의무의 가치와 이에 따른 우선순위에 대한 인식이 있어야 한다. 의무합치적 검토는 여기에서도 요구되지 않는 것으로 보아야 한다.

제 24 절 자구행위

I. 개념

법치국가에서는 개인 간에 권리를 둘러싼 다툼이 있더라도 권리를 주장하는 사람은 상대방에게 의무이행을 사적 실력(私的 實力)으로 강제할 수 없다. 국가는 권력독점을 통해 개인 간의 분쟁을 법적 수단과 절차에 의해 해결하고자 하며, 채권자는 경우에 따라서 최종적으로 국가의 법적 강제처분을 기다려야 한다. 정상적인 법적 절차를 밟을 시간적 여유가 충분치 않을 때에는 가처분신청을 통해 임시로

---

40) Baumann/Weber/Mitsch, § 17 Rdnr. 137.

자신의 권리를 확보해 둘 수 있다. 그런데 이러한 정도의 시간적 여유마저 허락되지 않는 긴급한 상황이라면 개인에게 사력을 통해 자신의 청구권을 보전할 수 있는 가능성이 주어져야 한다. 형법은 이를 인정하여 제23조 제1항에 자구행위(自救行爲) 규정을 둔다.

법질서체제가 정비되지 않았던 고대국가의 경우와는 달리 근대 이후의 법치국가에서는 공권력에 의한 청구권 보전을 원칙으로 한다. 사적 분쟁의 해결을 개인에게 맡긴다면 객관적이며 공정한 가치판단의 부재로 하나의 분쟁은 끊임없는 악순환의 연속으로 이어질 것이 자명하기 때문이다. 그러나 공권력이 적재적소에서 항상 완전무결하게 행사된다는 것은 불가능하기 때문에 긴급한 사정이 있을 때에는 예외적으로 개인의 자력에 의한 청구권 보전이 허용되어야 한다. 예를 들어 음식 값이나 상품의 값을 치르지 않고 도망가는 손님을 실력으로 붙잡아 둠으로써 청구권의 실행불능을 막아야 할 것이다. 만약 이런 상태에서 자구행위를 인정하지 않는다면 불법이 자행되고 법질서가 침해되도록 불법을 두둔하는 결과가 될 것이다.

II. 법적 성질

정당화의 결과로 연결되는 자구행위의 법적 성질에 대해서는 ① 자기 권리를 주장하고 정당하게 행사할 수 있는 권한에서 주어지는 권리행위라는 견해, ② 현재 침해되는 상황에 있는 자신의 권리라는 법익에 대하여 공권력을 통한 신속한 구제를 기대할 수 없는 위급한 상태에서의 자기보호 수단으로서 긴급행위의 일종이라는 견해, ③ 현재 당장 국가권력을 통한 도움이 불가능하므로 해당 개인이 국가를 대신해서 자기보호를 대행하는 행위라는 견해 등이 제시된다. 그 중 권리라는 것은 자구행위의 전제가 되는 요건임에는 틀림없으나 정당화의 본질적 혹은 원천적 사유가 된다고 보기는 어렵다. 그렇다면 자구행위의 법적 성질은 ②, ③ 견해의 결합을 통해 권리보호에 관련된 긴급한 상태에서의 국가권력 대행행위로 설명하는 것이 타당하다.

독일 형법은 이에 대한 규정을 두지 않으며 독일민법 제229조, 제230조 제1항이 이를 규정하고 있다. 자구행위의 법적 성질에 대한 독일의 학설은 이러한 민법 규정에서 출발하여, 긴급한 상황에서 권리추구를 위한 예외적 강제권의 하나로서, 그리고 불법에 대한 투쟁원리로서의 위법성 조각사유로 인정한다.

결론적으로 자구행위는 정당방위나 긴급피난과 유사한, 위법성 조각을 요하는 국가권력 대행행위로서의 긴급행위라고 할 수 있다.

III. 자구행위의 특징

자구행위는 긴급상황에서 정당한 법익을 보호하기 위한 상당한 이유 있는 행위라는 점에서 정당방위나 긴급피난과 동일하다. 주관적 정당화요소가 요구된다는 점도 공통적이다. 그러나 아래와 같은 본질적 차이점도 있다.

① 자구행위는 현재 청구권을 부당하게 침해하는 자에 대한 공격이므로 부정 대 정의 관계로서 정당방위와 유사하고 긴급피난과 다르다. ② 정당방위나 긴급피난에서는 보호대상이 되는 법익에 행위자 자신의 법익뿐 아니라 타인의 법익도 포함되는 데 비해, 자구행위에서는 타인의 법익은 제외되며 단지 자신의 법익만이 보호객체가 되는데, 그것도 청구권에 한정된다. ③ 정당방위나 긴급피난은 현재의 침해나 위난에서 법익의 침해 이전에 이를 보호하기 위한 사전적 긴급행위인 데 비해, 자구행위는 이미 침해된 청구권의 보전을 위한 사후적 긴급행위이다. 따라서 자구행위를 위해서는 청구권 침해'행위'가 아닌 침해'상태'가 요건이 된다. ④ 정당방위와 특히 방어적 긴급피난에서는 보충성의 원칙이 엄격히 요구되지 않는 데 비해, 자구행위는 법질서 유지를 위한 국가의 의무적 조력이 존재하지 않는 긴급상황에서만 예외적으로 인정되는 권한이므로 보충성의 원칙이 엄격하게 적용된다.[1] 반면에 자구행위에서의 상당성 요건은 완화된다.

IV. 자구행위의 성립요건

1. 자구행위 상황

1) 청구권을 전제

(1) 청구권의 범위
청구권이란 타인에게 특정한 행위를 요구할 수 있는 사법상의 권리를 말하는 것

---

[1] 신동운, 315면; Baumann/Weber/Mitsch, § 15 Rdnr. 152.

으로 자구행위의 대상으로서는 그 원인이 채권이든 물권이든 불문하며 무체재산권, 친족권, 상속권도 포함된다.2) 여기서의 청구권은 일정한 권리의 침해에 기인하여 발생하는 권리이므로 소구(訴求)하여 직접강제할 수 없는 청구권까지 포함되는 것은 아니라고 보는 것이 옳다.3) 그렇다고 해서 재산권에 한정할 필요는 없다. 단, 청구권은 보전이 가능해야 하므로 생명, 신체, 자유, 명예, 정조 등과 같이 한 번 침해되면 원상회복될 수 없는 법익은 여기에서 제외된다.

(2) 청구권의 귀속주체

청구권의 귀속주체는 자구행위자 자신에게 한정된다. 따라서 타인의 청구권 보전을 위한 자구행위는 성립되지 않는다. 그러나 수금사원의 경우처럼 청구권의 주체자로부터 자구행위 실행을 위임받은 자는 가능하다.

2) 청구권에 대한 침해

(1) 불법한 침해

청구권에 대한 침해는 불법한 것이어야 한다. 이는 법문에 명시된 요건은 아니나 적법한 침해에 대해서는 자구행위를 허용할 이유가 없으므로, 기술되지 않은 당연한 요건으로 이해해야 한다. 자구행위는 정당방위와 같은 부정 대 정의 상태가 요구되는 것이다. 침해의 불법성에 대한 판단은 민법에 의존해야 할 문제이다. 민법이 정하는 바에 따른 계약의 유효성 여부, 의무이행의 시기 및 방법 등의 사실관계에 불법성 여부가 종속되기 때문이다. 그러나 형법적으로는 우선은 추상적 판단에서 출발해야 할 것이다.

여기에서 중요한 것은 부당한 침해'행위'가 아닌, 이 행위를 통한 청구권의 침해 '상태'가 자구행위의 근거가 된다는 점이다.

(2) 정당방위와의 한계

절도피해자가 범인을 현장에서 추적하여 재물을 탈환하는 것은 절도범의 부당한 침해의 현재성이 인정되므로 이에 대해서는 정당방위가 가능하다. 이런 경우 물건의 탈환에 한해서는 행위자의 위법영득의사뿐 아니라 어떠한 반가치도 존재하지 않으므로 구성요건해당성 자체가 부정되며,4) 다만 이 과정에 수반된 폭행이나 상

---

2) 배종대, [76] 2; 정성근/박광민, 259면.
3) 임웅, 267면.

해 또는 체포 등의 구성요건해당행위에 대해서는 정당방위가 성립한다. 절도행위 종료 후 상당한 시일이 지난 후의 물건의 탈환은 침해의 현재성이 부정되는 경우 이므로 사후적 자구행위만이 가능하다.

(3) 부작위에 의한 침해

부작위에 의한 침해에 대해서도 정당방위는 가능하다. 예컨대 남의 주거에 무단침 입한 자의 퇴거불응은 형법적으로 가벌적 부작위이므로, 이에 대해서 권리자가 폭력 을 사용하여 강제로 퇴거시키는 행위는 정당방위로서 정당성이 인정된다. 그러나 정 당방위는 의무불이행이 가벌적인 경우에 한정되므로 전세계약기간이 만료된 이후에 도 집을 비워주지 않는 세입자에 대해서는 자구행위의 가능성밖에 없다(통설).

3) 법정절차에 의한 청구권 보전의 불가능[5]

법정절차에 따른 청구권 보전이 불가능한 경우에 한해서 자구행위는 허용된다. 여기서의 법정절차에는 민사소송법상의 절차(가압류, 가처분) 및 그에 유사한 행정 처분 등 모든 공권력에 의한 구제수단이 포함된다. 청구권 보전이 불가능한 경우란 시간적·공간적 긴급성 때문에 공적 구제수단에 의존할 여유가 없거나, 지체 없이 자력구제의 수단을 쓰지 않으면 장차 공적 구제수단의 힘을 빌리더라도 그 실효성 을 기대할 수 없게 될 경우를 말한다. 법정절차에 따른 청구권 보전은 당장은 어렵 더라도 인적·물적 담보로써 법적 실행가능성이 보장된 경우라면 자구행위의 적용 은 배제된다.

---

4) 김일수/서보학, 223면.
5) 대판 2007.3.15, 2006도9418 : 주민들이 농기계 등으로 그 주변의 농경지나 임야에 통 행하는 데 이용하여 사실상 일반 공중의 왕래에 공용되는 육상의 통로에 해당하는 도 로에 깊이 1m 정도의 구덩이를 파는 등의 방법으로 통행을 방해한 사건에서 대법원은 "형법상 자구행위라 함은 법정절차에 의하여 청구권을 보전하기 불능한 경우에 그 청 구권의 실행불능 또는 현저한 실행곤란을 피하기 위한 상당한 행위를 말하는 것인바(대 판 1984.12.26, 84도2582; 대판 2006.3.24, 2005도8081 등 참조), 이 사건 도로는 피 고인 소유 토지상에 무단으로 확장 개설되어 그대로 방치할 경우 불특정 다수인이 통 행할 우려가 있다는 사정만으로는 피고인이 법정절차에 의하여 자신의 청구권을 보전 하는 것이 불가능한 경우에 해당한다고 볼 수 없을 뿐 아니라, 이미 불특정 다수인이 통행하고 있는 육상의 통로에 구덩이를 판 행위가 피고인의 청구권의 실행불능이나 현 저한 실행곤란을 피하기 위한 상당한 이유가 있는 행위라고도 할 수 없다"고 판시했다.

2. 자구행위

자구행위는 청구권의 실행불능 또는 현저한 실행곤란을 방지하기 위한 행위로서 청구권의 보전에 그치는 행위여야지, 청구권을 스스로 실행시키거나 충족시키는 행위로 넘어가서는 안 된다.[6] 또한 입증곤란을 막기 위한 자구행위도 허용되지 않는 것으로 보아야 한다.[7]

주관적 정당화요소로서 자구행위 상황의 인식과 자신의 행위에 대한 의미인식을 요한다. 따라서 자구행위가 아니더라도 청구권의 보전이나 실행이 가능하다는 사실을 인식한 경우에는 자구행위의 정당성은 성립되지 않는다.

자구행위의 수단과 방법에 대해 우리의 법문은 아무런 언급을 하지 않고 있으나 독일민법 제229조는 자력구제의 수단으로 물건탈환, 파괴, 손상, 의무자의 체포, 또는 저항의 제거 등을 열거하고 있다. 이러한 방법적 수단은 형법적 해석에도 준용될 수 있다.

3. 상당성(상당한 이유 있는 행위)

자구행위는 국가의 법질서 유지수단이 미치지 않는 긴급상황에서만 예외적으로 인정되는 권한으로서, 자구행위 상황이 존재하는지의 여부에 대해서는 보충성의 원칙에 따라 엄격히 판단되어야 하며, 자구행위상황이 인정되는 경우 자구행위의

---

6) 신동운, 315면. 대판 1984.12.26, 84도2582 : 피고인은 피해자에게 금 16만원 상당의 석고를 납품하였으나 그 대금의 지급을 지체하여 오다가 판시 화랑을 폐쇄하고 도주한 사실이 엿보이고 피고인은 판시와 같은 야간에 폐쇄된 화랑의 베니아판 문을 미리 준비한 드라이버로 뜯어내고 판시와 같은 물건을 몰래 가지고 나왔다는 것인바 위와 같은 피고인의 강제적 채권추심 내지 이를 목적으로 하는 물품의 취거행위는 형법 제23조 소정의 자구행위의 요건에 해당하는 경우라고 볼 수 없으며, 피고인의 이 사건 범행의 수단 방법에 미루어보아 절도의 범의가 인정된다.
   술집 주인인 피고인이 길에서 만난 손님으로부터 외상 술값의 변제를 이유로 그의 지갑을 빼앗아 얼마의 돈을 강취한 경우에도 자구행위의 정당성은 부정된다. BGHSt 17, 89 f.
7) BGHSt 17, 328(창녀화대사건)에서 독일판례는 입증곤란을 막기 위한 강요행위 자체는 허용되지 않으나, 행위상황에서의 강요의 비난가능성은 부정되고 따라서 이에 대한 위법성은 조각된다고 판시했다.

강도와 지속성의 정도는 필요성(Erforderlichkeit)의 범위에 한정되어야 할 것이다(독일민법 제230조 제1항 참조).

　이것은 부정 대 정의 관계로서 청구권보전의 이익과 침해이익 간의 균형성의 요건은 긴급피난의 경우보다 완화된다고 할 수 있다. 심한 불균형이 아닌 사회통념상 인정될 수 있는 정도의 불균형이라면 자구행위는 허용될 수 있다.

V. 효과

　자구행위가 성립되면 그 행위는 정당하다. 따라서 자구행위에 대해서는 정당방위가 허용되지 않는다. 만일 음식 값을 지불하지 않고 도망가려는 손님을 주인이 뒤따라가 붙잡으려고 할 때 체포를 면탈하기 위해 폭력으로 맞선다면, 이 손님의 행위는 현재의 부당한 침해가 되므로 여기에는 정당방위가 가능해진다.

VI. 과잉자구행위

　상당성의 범위를 초과한 경우의 과잉자구행위는 형이 감경 또는 면제될 수 있다(형법 제23조 제2항). 위법성이 아닌 책임의 감경 또는 면제사유에 해당하기 때문이다. 과잉자구행위에는 야간 기타 불안스러운 상태하에서 공포, 경악, 흥분 또는 당황으로 인한 때에는 벌하지 아니한다는 과잉방위 규정(형법 제21조 제3항)이 준용되지 않는다.

📖 관련판례

서울고법 2005.5.31. 2005노502 : 중소기업체 사장 등이 고의로 부도를 내고 잠적한 거래업자를 찾아내어 감금한 후 약속어음 등을 강취하고 지불각서 등을 강제로 작성하게 한 행위가, 사기 피해액 상당의 민사상 청구권을 통상의 민사소송절차 등 법정 절차로 보전하기가 사실상 불가능한 경우에 그 청구권의 실행불능 내지 현저한 실행곤란을 피하기 위한 행위로서 상당한 이유가 있으나, (...) 다만, 피고인들은 불구속 수사를 염려하였다고 보이는 사정 때문에 지명수배되어 있는 피해자를 발견한 후 수사기관에 신고하고 신병을 수사기관에 넘기지 않고 자신들이 직접 오랜 기간 동안 감금한 점, 감금과정에서 피해자가 적지 않은 상처를 입었고 피고인들이 상당한 정도의 폭행을 가하여 피해자의 반항을 억압하고 이 사건 금품이나 점유를 취득한 점을 감안하면, 그 자구행위는 위법성이 조각되는 자구행위의 정도를 초과하였다고 보여지고, 이 사건에서 보여지는 여러 정황에 비추어 보면 형법 제23조 제2항 소정의 과잉자구행위에 해당한다고 봄이 상당하다.

VII. 착오의 문제

우연자구행위 또는 오상자구행위에 대해서는 정당방위나 긴급피난의 경우와 동일한 적용이 이루어진다.

제 25 절 피해자의 승낙

I. 의의

처분할 수 있는 자의 승낙에 의하여 법익을 훼손한 행위는 법률에 특별한 규정이 없는 한 처벌되지 않는다(형법 제24조). 법익의 주체가 자기 법익에 대한 침해를 허락한 경우 그 법익의 침해행위는 불가벌이며, 그 불가벌사유는 위법성의 배제라는 점에 우리나라에서는 거의 의견이 일치된다. 실정법에 이러한 규정을 두지 않는 독일형법은 피해자의 승낙이 있는 경우의 법익침해는 자연법적 혹은 관습법적 사상에 입각하여 처벌가능성이 배제된다고 보고, 그 이유로 위법성이 조각된다고 해석한다.[1] 그 사상적 근원은 "원하는 자에게 행해진 행위는 불법이 아니다(Nulla iniuria est, quae in volentem fiat)"[2]라는 로마법 시대의 법언으로 거슬러 올라간다. 자연법학의 사조를 따르는 학자들은 피해자의 승낙은 공공의 이해를 건드리지 않는 주관적 권리의 포기에 한정되는 것으로 보았다. Hegel학파를 거쳐 오늘날의 일반적 법이론도 이와 유사한 입장을 취하고 있다.

피해자의 승낙에 관련하여 과거 첨예한 이론대립이 있었던 적이 있다. 역사학파

---

1) Baumann/Weber/Mitsch, § 17 Rdnr. 92.
2) 로마법 시대 Ulpian(서기 170-228)의 문장.

는 국가적 질서의 발현형태로서의 형법이 개인의 권리포기의사에 종속될 수 없는 것으로 보아 피해자의 승낙은 가벌성에 영향을 주지 못하는 것으로 이해했으며, 사회법학파는 범죄의 본질을 이익침해로 보아 피해자의 승낙은 심지어 생명이나 신체에 관련된 경우에도 권리침해에서 제외된다고 본다.3) 현재의 보편적 견해는 다소 완화된 사회법학파의 견해를 취하는 입장이라 할 수 있다.

II. 양해와 승낙의 구분

1. 이론의 대립

Geerds가4) 자신의 박사논문에서 구성요건을 배제하는 양해와 위법성을 조각하는 승낙을 구분한 이래 독일과 한국의 통설은 양자 간의 구분을 인정하고 있다.5) 피해자의 의사에 반하거나 의사에 의하지 않은 침해를 전제로 하는 구성요건의 경우에는 피해자의 동의가 구성요건해당성 자체를 배제하게 되는데, 이때의 동의는 승낙과는 구별되는 양해에 해당한다는 것이다.

좀 더 자세히 설명하면 다음과 같다. ① 강간, 주거침입, 절도 등과 같이 피해자의 의사에 반하는 법익침해로써만 범죄가 성립되는 경우에 피해자의 동의는 구성요건해당성을 조각하게 되며, 이를 구성요건배제의 승낙(tatbestandsausschließende Einwilligung) 혹은 양해(Einverständnis)라고 한다. ② 이와는 달리 상해, 재물손괴 등의 경우에는 객관적, 주관적 구성요건이 충족되더라도 피해자의 승낙이 있는 경우 그로 인해 위법성만 조각되는데, 이때의 승낙이 좁은 의미의 승낙(위법성 조각의 승낙 : rechtfertigende Einwilligung)이 된다고 한다.

통설에 따르면 예컨대 주거침입, 절도, 강간, 강요, 체포 등은 법익주체의 법익침해에 대한 동의로써 처음부터 구성요건이 성립되지 않는다. 이러한 구성요건의 경우에는 당사자의 동의에 의해 당사자뿐 아니라 사회 전체에도 아무런 해악적 결과를 남기지 않는다. 반면에 상해의 경우에는 의사의 치료용역이나 약물이 소요되고, 재물

---

3) Roxin, AT I, § 13 Rdnr. 1.
4) Einwilligung und Einverständnis des Verletzten, Diss. Kiel, 1953.
5) Bockelmann/Volk, § 15 C I 1 b bb; Jescheck/Weigend, § 34 I 1 b); SK-Samson, Vor § 32 Rdnr. 64. Jakobs, 7/112는 구성요건배제의 양해, 구성요건배제의 승낙, 위법성 조각의 승낙으로 나눈다.

손괴의 경우에는 물건이라는 가치 자체가 사회에서 멸실된다는 점에서 반가치적 결과를 남기게 된다. 따라서 이런 경우에는 구성요건해당성은 인정되나 당사자의 승낙에 의해 위법성만은 조각되는 것으로 보아야 한다. 이 경우는 법익 주체의 자기결정권의 행사에 따라 법익보호가 포기된 상황으로서[6] 법질서는 법익의 보호이익뿐 아니라 법익주체자의 법익포기이익도 존중해야한다는 점에서 위법성이 조각된다.

이에 비해 양해와 승낙은 체계적 차이가 없을 뿐만 아니라 어떠한 경우에든 자신의 법익침해에 대한 동의의 의사표시는 구성요건해당성을 배제하는 기능을 한다는 반대견해도 존재한다.

2. 결론

피해자의 승낙은 다른 위법성조각사유와 크게 다른 특성이 있는데, 그중 특히 피해자의 승낙에 따른 법익침해 결과에 대해서는 결과반가치가 성립되지 않는 특성을 고려한다면 이것을 위법성 이전에 구성요건해당성의 문제로 보아야 할 것이라는 견해에 대해서는 몇 가지 논거에 따른 반론이 가능하다.

우선 양해냐 승낙이냐 하는 언어의 문제는 본질적 문제가 아니다. 법익 침해에 대한 동의의 의사표시가 가지는 법적 효력이나 의미가 구성요건에 따라 다를 수 있다는 점이 중요하다. 언급한 바와 같이 일반적으로 양해에 해당되는 절도와 승낙에 해당되는 손괴를 비교해 볼 수 있다. 침해에 대한 동의가 있었던 경우 전자의 경우에는 개인적으로나 사회적으로 아무런 반가치적 결과가 생성되거나 남지 않는데 비해, 후자의 경우에는 적어도 사회적 관점에서의 반가치적 요소는 있는 것이다. 즉 어떤 물건에 대한 소유권이 권리자의 동의에 의해 다른 사람에게 이전된 경우에는 사회적 수준에서의 법익경제에는 아무런 변화가 없으나, 손괴의 경우에는 전체로서의 사회적 법익에 가치감소의 결과가 나타난다. 물건이 손괴되지 않고 소유권만 이전되었다면 누군가가 그 물건을 유용하게 사용할 수 있지만, 손괴됨으로써 이러한 가능성은 완전 소멸되는 것이다. 개인의 법익이라도 사회의 생활이익이라는 의미가 결부된 경우에는 이에 대한 침해에 권리자의 승낙이 있었다고 해도 법질서가 전혀 무관한 것으로 볼 수 있는 것이 아니다.[7]

---

6) Roxin, AT I, § 13 Rdnr. 3.

피해자의 승낙으로 결과반가치가 배제된다는 점은 옳다. 하지만 결과반가치는 불법의 성립을 위한 필요·충분조건이 아니라 기수범의 필요조건일 뿐이다. 결과반가치는 없더라도 행위반가치만으로도 불능미수의 불법은 성립될 수 있다. 따라서 피해자의 승낙으로 구성요건해당성이 일괄적으로 배제된다는 결론은 성급한 면이 있다. 그러므로 양해와 승낙의 구분가능성과 필요성을 전제로 하되 각각의 구성요건의 특수성과 구성요건에 결부된 보호법익의 본질에 따라 차별적 취급을 하는 방식이 합리적이라 할 수 있다.

3. 양해와 승낙의 내용적 차이

1) 의사표시

양해의 경우에는 양해자의 내면의 의사로 충분하므로 외부에 전달되는 의사표시가 필요 없다. 따라서 누군가를 도둑으로 몰아 혼내 줄 목적으로 그 사람이 발견하기 좋은 장소에 물건을 일부러 방기한 경우에는 절취행위가 이루어졌더라도 점유침탈이 부정되므로 불능미수에 해당할 뿐이다.[8]

승낙의 경우에는 말이나 행동 또는 문서에 의해 의사가 상대방에게 인식되어야 한다.

2) 통찰능력

양해에는 통찰능력이 요구되지 않는다. 자연적 의사로 충분하며 의사표시의 법률적 효력이 있을 필요가 없다.[9] 미성년자나 정신미약자의 양해도 인정된다.

승낙을 위해서는 통찰력을 바탕으로 자기 의사표시의 영향력을 인식할 수 있는 정도의 통찰능력이 필요하다.

3) 사회적 상당성

양해에는 사회상규에 위배되지 않는 범위에서만 허용된다는 제한이 필요 없으나

---

7) 이재상/장영민/강동범, § 20-3 참조.
8) BayObLG NJW 1979, 729; OLG Düsseldorf, NStZ 1992, 237.
9) BGHSt 23, 1.

승낙의 경우에는 이러한 제한이 필요하다. 예컨대 피해자의 승낙에 의한 살인은 처벌된다(형법 제252조 제1항).

그러나 이러한 구분기준은 기초적 판단자료일 뿐 개별적 사례에서의 구체적인 판단은 각각의 구성요건의 특수성 등을 고려하여 이루어져야 한다.

III. 위법성조각의 근거

형법 각칙의 구성요건 중에는 법익주체의 의사에 반한 침해에 불법의 본질이 존재하는 구성요건과 그렇지 않은 구성요건이 있다. 전술한 바와 같이 전자의 경우에는 권리자의 동의에 의해서 구성요건 자체가 성립되지 않는 것이 원칙인 데 반해 후자의 경우에는 법익침해 자체는 인정된다. 여기에서는 법익주체의 처분권과는 별개의 사회의 생활이익으로서의 가치가 침해된다. 이 경우에는 구성요건해당성은 인정되지만 피해자의 동의에 의해 위법성만이 조각된다.[10] 다만 위법성조각의 근거에 대해서는 여러 가지 견해가 제시된다.

1. 법률행위설

승낙은 하나의 법률행위로서 행위자에게 침해의 권리를 부여하는 것이며, 이러한 권리의 행사는 불법일 수 없으므로 형법적으로 정당성을 가진다는 견해이다. 이에 대해서 이러한 사고는 민법적 발상에 의한 것으로서 민법과 형법의 궁극목적이 같지 않음을 간과한 견해라는 비판이 따른다.

2. 이익포기설

법질서는 법익주체에 그 법익의 처분권을 위임했으므로 법익 자체뿐 아니라 법익 주체의 법익 처분권도 함께 보호해야 할 의무가 있다는 것이다.[11] 구성요건적

10) 이재상/장영민/강동범, § 20−7; Jescheck/Weigend, § 34 I 1 c).
11) v. Liszt/Schmidt, S. 217; Mezger, S. 208; Otto, S. 115; Sch/Sch/Lenckner, Vor. §§ 32 Rdnr. 33; Welzel, S. 95.

불법의 본질은 피해자의 의사침해에 있으므로 피해자의 승낙에 의한 법익침해에는 침해된 법익이 보호법익이라는 개념의 일부가 상실되었다는 보호객체결여설도 여기에 포함시킬 수 있다. 구성요건적 불법은 보호법익침해와 보호의사침해를 포함하는 것인데, 피해자의 승낙이 있는 경우 보호의사침해는 존재하지 않는다는 것이다. 즉 피해자의 승낙은 형법에 의한 법익보호를 요구하지 않고 포기한다는 의사표시로 인정한다는 견해이다.

그러나 이 견해는 경우에 따라서는 비윤리적 동기에 의한 것일 수도 있는 개인의 주관적인 법익포기가 국가의 객관적이며 공적인 법익보호의무를 면제시킬 수 있는지를 설명하기 쉽지 않다.[12]

3. 법률정책설

개인의 자기법익에 대한 평가권한 혹은 주관적 법익처분권은 개인의 자유권에 속하는 것으로서 사회적 가치의 일종으로 받아들여져야 하며, 이러한 개인의 법익에 대한 자기결정권이라는 이익과 해당 법익보호에 대한 공동체이익을 교량하여 전자가 우월한 한도에서는 법익주체의 침해에 대한 승낙은 침해행위의 불법을 상쇄한다고 한다.[13] 위의 두 견해의 법률행위 혹은 이익포기라는 요소도 부분적으로는 정당화의 근거가 되므로 전혀 쓸모없는 이론이라고는 할 수 없으나, 이에 비해 법률정책설이 합리적이며 우리나라의 다수설이다.[14]

4. 기타의 견해

피해자의 승낙이라는 실정법의 규정을 두지 않는 독일에서는 그 정당화 근거로 관습법을 드는 견해가 있으나, 이에 대해서는 이론적 근거가 제시되지 않고 있다. 우리나라에서는 사회상당성의 개념에 부합하기 때문에 위법성이 조각된다는 사회

---

12) Jescheck/Weigend, § 34 II 2.
13) Eser/Burkhardt, Strafrecht I, Nr. 13 A Rdnr. 7a; Jakobs, 7/104, 14/4; Jescheck/
    Weigend, § 34 II 3; Maurach/Zipf, AT I, § 17 Rdnr. 36; Stratenwerth, Rdnr. 362.
14) 신동운, 323면 이하; 안동준, 128면; 이재상/장영민/강동범, § 20 − 10; 이형국, 201면;
    임웅, 276면; 정성근/박광민, 272면.

상당설이[15] 있으나 이것 역시 이론적 내용이 추상적이기는 마찬가지이다.

IV. 피해자의 승낙의 요건

피해자의 승낙에 따른 정당성이 인정되기 위해서는 법익의 포기가 법적으로 허용되는 것이어야 한다. 여기에는 다음과 같은 몇 가지의 요건을 필요로 한다.

1. 승낙의 객체와 주체

1) 객체

피해자의 승낙은 개인이 처분할 수 있는 법익에 대해서만 성립된다. 사회적 법익과 국가적 법익은 개인으로서 포기할 수 있는 법익이 아니므로 피해자의 승낙은 개인적 법익에 관한 죄에 한정된다. 개인의 자유, 명예, 정조, 재산 등이 피해자의 승낙의 일반적 대상이 된다. 개인적 법익이라도 생명과 신체에 대해서는 그 특수성 때문에 별도의 취급이 불가피하다.

생명은 대체불가능(代替不可能)한 절대적 법익으로서, 법익주체자 스스로는 이에 대한 처분권은 가진다 할 수 있을지라도(자살미수가 불가벌이라면) 처분의 의사표시에 따른 제3자의 침해행위는 온전히 정당화될 수 없다. 이 경우는 승낙에 의한 살인죄(형법 제252조 제1항)가 적용되어야 한다. 폭행이 피해자의 승낙에 의한 것이었더라도 이것이 예견가능성의 범위에서 사망의 결과로 이어졌다면, 폭행치사죄는 피해자의 승낙에 의해 정당성이 인정되지 않는다.[16]

---

15) 황산덕, 176면.
16) 대판 1989.11.28, 89도201 : 각종의 장기와 신경이 밀집되어 있어 인체의 가장 중요한 부위를 점하고 있는 흉부에 대한 강도의 타격은 생리적으로 중대한 영향을 줄 뿐만 아니라 신경에 자극을 줌으로써 이에 따른 쇼크로 인해 피해자를 사망에 이르게 할 수 있고, 더욱이 그 가격으로 급소를 맞을 때에는 더욱 그러할 것인데, 피할만한 여유도 없는 좁은 장소와 상급자인 피고인이 하급자인 피해자로부터 아프게 반격을 받을 정도의 상황에서 신체가 보다 더 건강한 피고인이 피해자에게 약 1분 이상 가슴과 배를 때렸다면 사망의 결과에 대한 예견가능성을 부정할 수도 없을 것이며 위와 같은 상황에서 이루어진 폭행이 장난권투로서 피해자의 승낙에 의한 사회상규에 어긋나지 않는 것이라고도 볼 수 없다.

신체의 완전성 역시 절대적인 일신전속적 법익이므로, 이에 대한 침해에 법질서를 거스르는 의도가 있는 경우에는 법익주체의 승낙이 있더라도 정당화에 제한이 따른다. 예컨대 병역의무의 기피나 감면을 목적으로 한 신체손상이나(병역법 제86조) 근무기피를 목적으로 한 상해는(군형법 제41조 제1항) 처벌되며, 상해의 승낙이 선량한 풍속이나 사회질서 위반의 법률행위에 해당되는 경우 민법 제103조는 이를 허용하지 않는다. 독일형법 제228조도 상해가 피해자의 승낙에 따른 것이라도 양속에 반하는 경우는 위법하다고 규정하고 있다.

2) 주체

법익에 대한 처분권한을 가진 자만이 피해자 승낙의 주체가 될 수 있다. 승낙자는 피해법익의 단독주체이어야 한다. 법익의 주체가 아니더라도 처분권을 처분권자로부터 위임받은 자는 주체가 된다. 사망한 자는 승낙의 주체가 될 수 없다.[17]

2. 승낙

1) 승낙능력

승낙은 정신적·윤리적 성숙의 정도에 따라 법익포기에 대한 그 의미와 효과를 인식하고 사물적으로 판단할 수 있는 능력을 요건으로 한다. 형법에는 간음의 경우 만13세(형법 제305조), 아동혹사죄의 경우 만16세(형법 제274조) 등으로 구성요건에 따라 특별히 승낙능력을 위한 나이를 정해 놓은 규정이 있다. 즉 각각의 구성요건에서 피해자의 외형적 승낙이 있더라도 규정나이에 미달하는 경우에는 승낙능력이 없는 자의 승낙이므로 법적 효력이 없는 것이다. 승낙능력은 민법에서의 행위능력과 동일시할 수 없고, 형법의 독자적 취지에 따라 이익포기의 본질이나 효과 등에 대한 자연적 인식능력 또는 판단능력으로 이해한다.[18] 본인에게 승낙능력이 없는 경우 법정대리인의 승낙으로 가능하다.

---

17) 신동운, 330면; 대판 2011.9.29, 2011도6223.
18) 배종대, [81] 6; 이재상/장영민/강동범, § 20 - 19; 임웅, 277면.

2) 자유의사에 의한 승낙

승낙은 하자 없는 의사에 의한 것이어야 하므로 강박, 강요, 착오, 기망에 의한 승낙은 효과가 없다. 따라서 의사가 설명의무를 위반한 상태에서의 수술승낙에도 유효성은 배제된다.[19] 다만 법익포기의 의미와 효과에 관련되는 본질적 사안이 아닌, 법익과 직접 관련성이 없는 부수적 사안에 착오를 일으킨 경우에는 승낙의 효과는 인정된다.

3) 승낙의 상대방

승낙의 상대방은 원래 특정될 필요는 없으나, 기왕에 특정된 경우에는 그 당사자 이외의 제3자에게는 승낙의 효력이 미치지 않는다. 가령 불치의 환자가 병원 내의 불특정 의사나 간호사들에 대해 자신을 죽게 해 달라고 요청을 했다면, 그 요청을 받지 않은 사람이라도 이 환자를 안락사시킨 경우 형법 제252조 제1항의 감경구성요건이 적용되지만, 환자가 특정 의사에 대해 이러한 요청을 한 경우에는 해당 의사 이외의 자가 안락사시켰을 때 감경구성요건이 아닌 보통살인죄가 적용된다.

4) 표시방법

승낙의사의 표시방법에 대해서는 승낙자의 내면적 동의로 충분하므로 대외적 표현행위가 불필요하다는 주관설(의사방향설)과 법률적 형식을 갖춘 표현행위가 필요하다는 객관설(의사표시설)이 대립된다. 생각건대 승낙은 양해와 달리 내면적 동의로 충분하다고 할 수 없고, 법익주체자의 의사를 오해 없이 명확하게 인식시킬 수 있는 외부적 표현행위가 필요하다 하겠다. 결과범인 경우에는 행위뿐 아니라 결과에 대해서도 동의한다는 데 대한 인식이 가능해야 한다. 하지만 특정한 표현형식을 요하는 것은 아니다. 따라서 명시적 표현뿐 아니라 묵시적 표현으로도 의사내용의 명백한 전달이 가능하다면 그것으로 족하다.[20] 이는 절충설로서 완화된 의사표시

---

19) BGHSt 11, 111; 16, 309.
20) Baumann/Weber/Mitsch, § 17 Rdnr. 104; 김일수/서보학, 260면; 배종대, [81] 13에서는 묵시적 승낙은 여기서 제외된다고 하지만 표현형식보다는 의사의 전달이 핵심적 요소라고 한다면 제외할 이유가 없는 것으로 판단된다.

설이라 칭할 수 있겠다.

5) 승낙의 시기

구성요건적 행위 시점에 정당화사유는 존재해야 하므로 승낙도 행위 이전이나 늦어도 행위시작 시점에는 이루어져야 한다. 행위 이후의 사후추인에는 형법적 효력을 인정할 수 없다.[21] 승낙과 구성요건적 행위 사이의 시간적 간격에는 제한이 없다. 따라서 승낙 이후 행위시까지 수개월 또는 수년이 걸리는 경우도 생각할 수 있다. 다만 그 사이에 승낙자에게 중대한 상황의 변화가 있는 경우 이는 고려되어야 한다.[22]

승낙은 법익침해 이전에는 항시 철회가 가능하며, 그러한 철회에는 법률적 의미가 인정되어야 한다. 철회에는 특별한 요건이 따르지 않는다.

3. 주관적 정당화요소

행위자는 행위시에 승낙에 대한 인식이 있어야 한다. 승낙이 객관적으로 있었지만 이 사실을 모르고 행위를 했다면, 승낙에 의해 결과반가치가 상쇄되므로 가벌성의 범위는 행위반가치에 한정된다. 따라서 불능미수범으로 처벌하는 것이 합당하다. 반면에 피해자의 승낙이 없는데 있는 것으로 오인한 경우는 허용구성요건착오 사례로서 제한책임설에 따라 책임고의는 조각되더라도 오신에 과실이 인정될 경우 과실범 처벌가능성은 남는다.

---

21) 대판 2012.1.27, 2010도11884 : 피고인이 진정하게 성립된 근무성적평정서를 작성권자의 사전 동의 없이 수정하도록 지시하고 공소외인이 그 지시에 따라 진정하게 성립된 근무성적평정서를 수정한 이상 곧바로 공문서변조죄는 성립하고, 비록 위 피고인이 공소외인에게 근무성적평정서의 작성명의자들로부터 수정한 부분에 도장을 받아 놓으라고 지시하였다고 하더라도 그것은 사후적인 승낙을 받으라는 것에 불과하여 공문서변조죄의 성립에 지장이 없다.

22) Baumann/Weber/Mitsch, § 17 Rdnr. 106.

V. 피해자의 승낙의 제한

1. 이 효력을 부정하는 특별한 규정이 있을 경우

피해자의 승낙의 정당화를 부정하는 규정으로는 승낙에 의한 살인죄(형법 제252조 제1항), 동의낙태죄(형법 제269조 제2항, 제270조 제1항), 13세 미만자에 대한 간음 등(형법 제305조), 업무상 위력 등에 의한 간음(형법 제303조 제2항), 병역의무나 근무기피를 위한 자상(병역법 제86조, 군형법 제41조 제1항) 등이 있다. 개인이 자신의 법익을 처분하는 경우라도 해당 법익보호에 대한 공적 이익이 개인의 법익처분권에 비해 우월한 경우라고 판단하여 법질서는 개인의 법익처분을 제한하는 것이다.[23]

2. 사회상규에 위배되는 경우

승낙의 동기 여하는 피해자 승낙의 정당화와 원칙적으로 관련이 없다. 즉 비윤리적 동기에 의한 승낙이라도 승낙의 정당화 효과에 영향을 주지 않는다.[24] 다만 생명, 신체, 자유와 같은 일신전속적 법익에 대해서는 예외가 인정되어야 한다. 이러한 법익에 대한 피해자의 승낙이 사회상규에 위배되거나 반윤리적인 경우에는 정당화 효과는 제한된다.

⚖ 관련판례

대판 1985.12.10, 85도1892 : 몸에서 잡귀를 물리친다면서 뺨 등을 때리고 팔과 다리를 붙잡고 배와 가슴을 손과 무릎으로 힘껏 누르고 밟는 등 하여 그로 하여금 우측간 저면파열, 복강내출혈로 사망에 이르게 한 사건에서 대법원은 "위법성이 조각되는 소위 피해자의 승낙은 해석상 개인적 법익을 훼손하는 경우에 법률상 이를 처분할 수 있는 사람의 승낙을 말할 뿐만 아니라 그 승낙이 윤리적, 도덕적으로 사회상규에 반하는 것이 아니어야 한다고

---

23) 임웅, 279면.
24) Baumann/Weber/Mitsch, § 17 Rdnr. 112; Roxin, AT I, § 13 Rdnr. 40; BGH NStZ 2000, 88.

풀이하여야 할 것이다. 이 사건에 있어서와 같이 폭행에 의하여 사람을 사망에 이르게 하는
따위의 일에 있어서 피해자의 승낙은 범죄성립에 아무런 장애가 될 수 없는 윤리적, 도덕적
으로 허용될 수 없는 즉 사회상규에 반하는 것이라고 할 것"이라 판시한다.

제 26 절 추정적 승낙(mutmaßliche Einwilligung)

I. 개념 및 의의

추정적 승낙(推定的 承諾 : mutmaßliche Einwilligung)이란 피해자의 현실적 승낙
은 없으나 행위 당시의 모든 객관적 상황에 비추어 볼 때 피해자의 확실한 승낙이
기대된다고 판단한 행위자가 피해자의 법익을 침해한 경우의 가벌성을 문제로 삼
는 법형상이다.[1] 예컨대 장기간 여행으로 비어 있는 이웃집의 수도관이 파열되어
비상열쇠를 이용하여 문을 열고 들어가 수리를 하거나, 위험에 처한 이웃집 어린아
이를 보살피기 위해 문을 부수고 들어가는 행위 등이 이에 해당한다. 추정적 승낙
은 피해자의 승낙과 유사한 점이 많지만 추정적 승낙은 구성요건배제사유가 아닌
정당화사유라는 점에 견해가 일치한다.[2]

추정적 승낙은 허용된 위험의 요소를 갖는다. 행위자는 피해자의 동의를 구할 수
없는 상황에서 피해자가 동의할 것을 추정하여 행위를 하는 것이다. 그러나 피해자
가 명백하게 자신의 의사를 밝히기 전에는 누구도 본인의 진의를 정확하게 알기
어렵고, 또한 객관적으로는 승낙이 명백히 추정되는 상황일지라도 피해자의 의사
는 전혀 다를 경우도 충분히 존재할 수 있는 것이다. 그렇다고 해서 추정적 승낙의
위법성을 조각하지 않고 침해된 법익에 대한 법적 책임을 물어 일관되게 처벌한다
면, 추정적 승낙의 정당화를 인정할 때의 경우와 비교하여 득보다 실이 클 수 있

---

1) 대판 2003.5.30, 2002도235 : 사문서의 위·변조죄는 작성권한 없는 자가 타인 명의를
모용하여 문서를 작성하는 것을 말하는 것이므로 사문서를 작성·수정함에 있어 그 명
의자의 명시적이거나 묵시적인 승낙이 있었다면 사문서의 위·변조죄에 해당하지 않고
한편 행위 당시 명의자의 현실적인 승낙은 없었지만 행위 당시의 모든 객관적 사정을
종합하여 명의자가 행위 당시 그 사실을 알았다면 당연히 승낙했을 것이라고 추정되는
경우 역시 사문서의 위·변조죄가 성립하지 않는다.

2) Baumann/Weber/Mitsch, § 17 Rdnr. 114; Roxin, AT I, § 18 Rdnr. 3.

다. 따라서 법질서는 어느 정도의 부작용을 감수하고 추정적 승낙을 정당화사유로 인정하고 있다.[3]

II. 법적 성질

1. 긴급피난설

학설의 일부는 추정적 승낙을 긴급피난의 한 형태로 이해한다.[4] 그러나 이 견해는 추정적 승낙과 긴급피난의 공통점만을 보고 본질적 차이점을 간과하는 면이 있다. 긴급피난에서의 정당화는 객관적 이익의 형량에 관련된 문제인 데 비해, 추정적 승낙에서는 피해자의 가설적 의사가 본질적 문제라는 점에서 차이가 난다. 즉 객관적으로 볼 때 행위자가 피해자의 이익에 부합하는 행위를 했다고 인정되더라도, 행위과정에서 침해된 법익과 관련하여 피해자가 그 결과를 원치 않음을 행위자가 알았거나 알 수 있었다면 추정적 승낙은 인정될 수 없다. 객관적으로 우월한 이익을 위한 행위였다는 사실은 추정적 승낙에 있어서는 위법성 판단을 위한 보조적 역할 또는 피해자의 가설적 의사에 대한 간접증거일 뿐 본질적 요소가 되지 않는다.[5]

긴급피난과 추정적 승낙은 보호법익과 침해법익이 동일한 주체에게 속하는 것인지 여부와 관련하여서도 구분되어야 한다. 말하자면 보호법익과 침해법익의 주체가 동일인인 사례는(interne Güterkollision) 긴급피난의 범주에서 제외하여 피해자의 승낙 또는 추정적 승낙으로 해결하는 것이 논리적이다.[6] 그리고 긴급피난은 보호법익과 침해법익의 주체가 서로 다른 사례에(externe Güterkollision) 한정해야 한다.[7] 그렇다면 추정적 승낙은 긴급피난의 한 형태로 보기에는 어려움이 있다.

---

3) Baumann/Weber/Mitsch, § 17 Rdnr. 116.
4) Welzel, § 14 V.
5) Roxin, AT I, § 18 Rdnr. 5 f.
6) Baumann/Weber/Mitsch, § 17 Rdnr. 54; Mitsch, Rechtfertigung und Opfer-verhalten, 2003, § 23; Renzikowski, Notstand und Notwehr, 1994, S. 65; Roxin, AT I, § 16 Rdnr. 86.
7) 같은 견해로 임웅, 281면.

2. 사무관리설

추정적 승낙의 외형이 민법의 위임 없는 사무관리에 유사하고, 민법은 이런 경우 부수적으로 발생된 법익침해에 위법성을 부정하거나 손해배상의 의무를 부정하므로 형법적으로도 위법성이 당연히 조각되어야 한다는 견해이다(민법 제734조 이하). 그러나 민법 제739조 제1항과 제740조의 규정에서 보듯이 민법에서는 행위의 위법성 여부보다는 관리자가 선의로 지출한 필요비 또는 유익비에 대한 상환청구권 또는 무과실손해보상청구권 등에 본질적 가치를 두고 있다. 형법의 정당화 근거를 그 목적과 취지를 달리하는 민법에서 찾는다는 시도는 적절하지 않다고 볼 수 있다.

3. 독자적 위법성조각사유설

피해자의 승낙과 정당화적 긴급피난의 중간영역에 존재하면서 피해자의 승낙 가능성에 근거한 독자적 위법성조각사유에 해당한다는 견해이다. 추정적 승낙의 정당화는 이익형량, 피해자의 가상적 의도에 대한 객관적 추정, 양심에 따른 심사를 전제로 하는 허용된 위험 등의 요소의 조합으로 성립된다.8) 우리나라와 독일에서의 통설로 타당하다.

4. 피해자 승낙설

피해자의 승낙이라는 실정법의 규정을 두고 있지 않은 독일에서는 이 위법성조각사유의 정당화 근거를 관습법에서 찾을 것이라는 견해가 있고, 이 입장에서는 추정적 승낙의 정당성 역시 관습법에 기인한다고 하는 것이 논리일관적이다. 이와 상응되게 피해자의 승낙의 규정을 두고 있는 우리나라에서는 추정적 승낙의 정당화 근거를 피해자의 승낙의 연장선상에서 구하고자 하는 견해가9) 매우 현실적이라고 할 수도 있다. 그러나 이에 대해서는 실제로 존재하지 않는 승낙을 존재하는 것으로 인정한다는 것은 논리상 무리라는 비판이 주어진다.10)

---

8) Jescheck/Weigend, § 34 VII 2.
9) 배종대, [82] 4, 8; 신동운, 340면.

또한 추정적 승낙은 피해자의 승낙과 비교할 때 단지 현실적 승낙만이 결여된 것이 아니라 양자 간에 구조적 차이도 있음을 고려해야 한다. 즉 피해자의 승낙에 있어서는 구성요건 조각의 양해와 위법성만을 조각하는 승낙의 구별이 인정되거나 적어도 이에 대한 다툼이 있을 수 있는 데 비해, 추정적 승낙에서는 구성요건을 조각하는 양해는 존재할 수 없다. 구성요건을 배제하는 양해의 의사표시는 현실적으로 존재해야 하며, 피해자의 의사에 대한 추정만으로 구성요건 배제의 효과를 인정하기는 곤란하기 때문이다.[11]

III. 추정적 승낙의 종류

1. 피해자의 이익을 위한 경우

충돌하는 이익의 주체가 동일인일 경우 행위자가 피해자의 큰 이익을 보존하기 위해서 작은 이익을 침해하는 경우이다. 예컨대 의사가 의식을 잃은 응급환자의 생명을 구하기 위해 신체 일부를 절단하는 수술을 결정하거나, 불이 난 이웃집의 문을 부수고 들어가 어린아이를 안전하게 대피시키는 사례가 이에 해당한다. 이 경우에는 보호된 법익이 침해된 법익에 비해 우월해야 하는 우월이익의 원칙이 적용된다. 여기까지는 정당화적 긴급피난과 동일하다. 그러나 추정적 승낙은 이 경우에도 정당화를 위해서는 행위자의 행위가 피해자의 가상의 의사에 일치할 것이 요건이 된다는 점에서 본질적 차이가 있다.

이때 행위자가 성실한 검토를 거쳐 가설적 피해자의 의도에 따른 행위를 하는 것으로 판단했다면 실제적 피해자의 의도와 다르더라도 정당성은 인정되어야 할 것이다.

2. 행위자 자신이나 제3자를 위한 경우

피해자의 이익을 위해서가 아니라 행위자 자신 혹은 제3자를 위해 피해자의 법3

---

10) 이재상/장영민/강동범, § 20 – 26; 임웅, 281면.
11) 배종대, [82] 15; 임웅, 284면.

익을 침해하는 경우이다. 시내에 급히 나갈 일이 있어 친구의 책상서랍에서 동전을 꺼내 쓰거나, 얼마든지 복사가 가능하고 복사가 허용된 친구의 음악CD를 다른 친구에게 줘 버리는 경우를 들 수 있다. 이때는 법익주체가 해당 법익에 대해 보호가 치를 느끼지 않을 정도의 경미한 법익이 대상이 되어야 하므로 이익흠결의 원칙이 적용되어야 하는 사례라 할 수 있다. 만일 해당 법익의 가치가 객관적으로는 경미하더라도 주관적으로는 중대한 법익일 경우, 피해자의 추정적 승낙이 있다고 인정함에 과실이 없어야 한다.

IV. 추정적 승낙의 성립요건

1. 피해자의 승낙의 요건

승낙객체는 개인이 처분할 수 있는 법익에 한정된다는 점과 승낙주체는 법익의 단독주체로서 통찰능력과 판단능력을 전제로 하는 승낙능력이 있어야 한다는 점은 피해자의 승낙의 경우와 동일하다. 승낙의 추정은 행위시에 존재해야 하며 사후승낙은 효력을 갖지 못한다는 점 또한 동일하다. 행위 당시의 모든 객관적 상황이 피해자의 승낙을 추정가능하게 하는 것이어야 한다.12)

---

12) ① 대판 1993.7.27, 92도2160 : 실제수령액과 다른 내용의 2중 봉급명세서 작성행위는 피고인이 공소외 학교법인의의 누적된 사채 등의 원리금을 상환하기 위하여 편법으로 재정을 확보하려 한 것으로서 그 명의자들의 이익을 위한 것이 아니었던 점, 당시 그 명의자들은 위 봉급명세서의 작성에 대하여 승낙 여부의 의사결정을 할 수 없는 사정에 놓여 있었던 것이 아니고 피고인도 이러한 사정을 잘 알고 있으면서 의도적으로 그들의 승낙을 받지 않고 이 사건 행위를 감행하였던 점 등이 엿보이는바, 이러한 여러 정황에 비추어 볼 때 이 사건은 피고인이 위 각 2중 봉급명세서의 작성 당시 비록 명의자들의 승낙을 얻지 못하였으나 명의자들이 행위의 내용을 알았더라면 그들 명의로 위 봉급명세서를 작성하는 것을 승낙하였으리라는 사정이 객관적으로 보아 분명하다고 할 수는 없고, 이러한 경우라면 이 사건 범행에 대하여 위 봉급명세서 명의자들의 추정적 승낙이 있었던 때에 해당한다고는 할 수 없다. ② 대판 1989.9.12, 89도889 : 문제의 가옥이 가사 피고인 주장과 같이 피고인의 소유라 할지라도 주거침입죄의 성립에는 아무런 장애가 되지 아니하고 또 이 사건 범행당시 피고인과 피해자 사이에는 이 사건 가옥의 소유권에 대한 분쟁이 있어 현재까지도 그 분쟁이 계속되고 있는 사실에 비추어 볼 때, 피고인이 이 사건 가옥에 침입하는 것에 대한 피해자의 추정적 승낙이 있었

2. 승낙의 불가능

피해자의 현실의 승낙을 얻는 것이 불가능한 상태여야 한다. 따라서 피해자와 연락이 가능하여 의견을 물을 충분한 가능성이 있는 경우나, 이미 피해자가 명시적으로 승낙을 거부한 경우에는 정당화는 부정될 수밖에 없다. 이에 대해서는 피해자의 이익을 고려하여 사회상당성의 척도에 따라 판단할 문제라는 견해가 있을 수 있으나, 피해자의 명시적 반대의사가 있다면 추정적 승낙이라는 개념에서 이미 벗어나는 상황이므로 더 이상 고려의 가치가 없다고 볼 수 있다.

3. 피해자의 가상적 의사에 합치되는 행위

전술한 바와 같이 추정적 승낙은 피해자의 의사를 물을 수 없는 상황에서 그의 동의를 추정하여 행위를 하는 상황으로서, 피해자가 명백하게 자신의 의사를 밝히기 전에는 누구도 본인의 진의를 단정할 수 없다. 객관적으로는 승낙이 명백히 추정되는 상황일지라도 피해자의 의사는 전혀 다를 수 있다. 그러나 피해자의 진의를 알 수 없다거나 혹은 사후에 피해자의 의사가 행위자의 추정과 다르다고 해서 일률적으로 정당성을 부정해야 하는 것은 아니다.

행위자는 자신이 처한 상황에서 모든 객관적 사정을 종합하여 피해자의 가상의 의도를 객관적으로 추정해야만 할 따름이다. 이것은 양심에 따른 심사(gewis-senhafte Prüfung)를 전제로 한다.[13] 양심에 따른 성실한 검토를 했다면 설령 피해자의 실제의사가 행위자의 추정에 일치하지 않았더라도 행위의 정당성은 인정되어야 한다. 단, 이러한 검토의무를 소홀히 했기 때문에 피해자의 의도를 잘못 파악했다면 그 행위는 당연히 위법하다 할 것이다.

다거나, 피고인의 이 사건 범행이 사회상규에 위배되지 아니한다고 볼 수 없다.
13) 추정적 승낙상황에 대한 인식과 이에 기초한 행위의사로 족하며 양심에 따른 심사까지 요구되는 것은 아니라는 견해로 김성돈, 320면; 손동권/김재윤, [§ 14] 42; 정영일, 259 면; Jescheck/Weigend, § 31 IV 3; Roxin, AT I, § 18 Rdnr. 28.

4. 주관적 정당화요소

주관적 정당화요소로서, 양심에 따른 심사에 의거하여 피해자의 가상적 의도에 따른 행위를 한다는 행위자의 인식이 요구된다.

V. 효과

위의 모든 요건을 갖춘 구성요건해당행위는 위법성이 조각된다. 다만 그 위법성 조각의 근거에 대해서는 피해자의 승낙과는 별개의 독자적 정당화사유임을 확인했다. 그런데 성문법주의를 취하는 입장에서는 '초법규'라는 개념의 사용을 가능한 한 자제해야 한다면, 명문의 규정이 없는 추정적 승낙의 독자적 정당화근거를 성문법의 범위에서 찾아야 할 과제가 발생한다. 이 문제는 추정적 승낙에 대해서 형법 제20조의 정당행위 중 사회상규에 위배되지 않는 행위로서 정당성을 인정함으로써 해결하는 것이 바람직하다.

제 27 절 정당행위

I. 의의

구성요건에 해당하는 행위라도 법령에 의한 행위, 업무로 인한 행위, 기타 사회상규에 위배되지 아니하는 행위는 처벌되지 않는다(형법 제20조). 그 불가벌 사유는 위법성의 조각이라는 데 특별한 이견이 없다. 즉 법익침해에 해당하는 행위 중에서 사회의 건전한 법감각이나 사회의 지배적 윤리관에 비추어 볼 때, 일반적으로 허용가치가 있는 것으로 인정되는 행위에 대해서는 정당성이 인정되는 것이다.

독일형법은 우리와 같은 정당행위 규정을 두고 있지 않다. 독일의 입법자는 모든 위법성 조각사유를 제한적으로 열거하는 것은 입법적으로 뿐 아니라 이론적으로도 불가능한 것으로 인정하고 있다. 사회의 지배적 가치관은 항상 변하는 것이며 정당화사유도 이에 따라 유기체적으로 생성·소멸되거나 제한·확장을 거듭할 수밖에 없으므로, 이를 입법적으로 따라잡는 것은 불가능할 뿐더러 현실적 의미가 없다고 보는 것이다. 따라서 중요하고도 명백한 정당화사유로서 정당방위와 정당화적 긴급피난만을 대표적으로 법규화 하여 제시하고, 나머지는 관습법이나 초법규적 정당화사유로서 해결한다는 원칙을 취하고 있다.[1]

이에 비해 사회상규에 위배되지 않는 행위는 벌하지 않는다는 우리 형법 제20조의 규정은 초법규적 정당화사유를 실정법의 범주로 끌어들였다는 데 큰 의의가 있다. 하지만 사회상규라는 개념의 윤곽과 그 실질이 지극히 모호한 것이어서 사실상 독일의 입법자가 생각하는 초법규라는 개념에 크게 다르지는 않다고 하겠다.

정당행위의 성격을 다른 정당화사유와 비교한다면 대체로 포괄적·보편적·보충적 성격을 갖는다. 말하자면 다른 정당화사유가 특별법적 성격을 갖는다면 정당행위, 그 중 특히 '사회상규에 위배되지 아니하는 행위'는 상대적으로 일반법적 성격을 갖는 것이라 할 수 있다.[2] 형법은 정당행위를 다른 위법성조각사유보다 앞선 위치인 제20조에 두고 있어, 우리 교과서 중에는 이 순서에 맞춰 정당행위를 정당방위 앞에 서술하는 경우가 있다. 그 순서는 본질적으로 중요한 문제는 아니다. 다만 행위의 위법성 판단에 있어 특별법적 의미를 가진 정당방위 혹은 긴급피난 등의 적용가능성을 먼저 검토하고, 이에 해당하지 않을 경우 최종적으로 일반법적 성격의 정당행위의 적용가능성을 검토하는 것이 순서라고 한다면, 교과서의 서술도 입법순서와 달리 개별적 정당화사유 뒤에 정당행위를 언급하는 것이 자연스러울 것이라고 생각된다.

II. 정당행위의 입법구조 및 법적 성격

1. 정당행위의 입법구조

형법 제20조는 정당행위에 해당하는 것으로 법령에 의한 행위, 업무로 인한 행위, 기타 사회상규에 위배되지 아니하는 행위 등 세 가지 행위를 열거하고 있다. 이 세 가지 행위들의 관계에 대해, 사회상규에 위배되지 않는 행위가 가장 포괄적인 의미를 가지는 것으로서 법령에 의한 행위와 업무로 인한 행위는 이에 대한 예

---

1) Jescheck/Weigend, § 31 III 2.
2) 이용식, 168면.

시에 지나지 않는다는 견해와, 세 가지 행위는 각각 독립적인 지위와 기능을 가지는 것이라는 견해가 대립된다. 법문의 형식으로 보면 전자의 견해가 타당할 수 있으나, 법령이나 업무로 인한 행위가 반드시 사회상규에 위배되지 않는 행위의 하위개념에 해당하는 것으로 볼 필요는 없을 것이다. 예컨대 존속을 살해한 범인에게 종신형을 선고하는 법관의 행위는 법령이나 업무로 인한 정당한 행위일 수 있다. 그럴지라도 범인보다는 오히려 살해된 존속이 극도로 비난받아야 할 상황이었다는 사실을 잘 아는 사람의 관점에서는 법관의 행위는 가혹하고 따라서 사회상당하지 않다고 평가할 수도 있는 것이다. 혹은 형식적으로는 법령이나 업무에 의한 행위라도 실질적으로는 권리남용에 해당되는 경우도 얼마든지 가능하다.

따라서 후자의 견해가 상대적으로 바람직한 것으로 판단된다.[3] 하지만 이 부분의 논의는 실무적 의미는 전혀 없는 이론상의 다툼일 뿐 아니라 다툼의 실익도 없다고 보겠다.

2. 정당행위의 법적 성질

정당행위의 불가벌 사유에 대해서는 우선 예컨대 사형집행관의 집행행위는 처음부터 살인행위가 아니라는 구성요건 배제설, 구성요건의 실현은 인정되나 사후적 정당성을 인정하는 위법성조각사유설 그리고 정당행위는 그 범위가 넓어 위법성조각뿐 아니라 구성요건배제사유도 포함된다고 하는 절충설이 제시되나, 정당행위는 구성요건해당성을 전제로 사후적 정당화의 인정 여부에 한정되는 것으로 보아야 한다.[4]

III. 정당행위의 개별적 내용

1. 법령에 의한 행위

법령에 근거한 의무 혹은 권리로서의 행위, 또는 법령의 집행을 위해 행해지는

---

3) 김일수/서보학, 233면.
4) 배종대, [59] 3; 이재상/장영민/강동범, § 21 – 2; 임웅, 217면.

행위 일체는 위법성이 조각된다. 여기서의 법령은 실체법, 절차법, 정당한 법률을 근거로 제정된 규칙과 명령을 포함한다. 형법 이외의 법률이라도 어떤 행위를 허용하거나 요구했다면 이 행위가 설령 법익침해의 결과를 가져왔다고 하더라도 형법은 이를 위법하다고 할 수 없다. 이것은 형법의 최후의 수단으로서의 성질 혹은 보충성의 원칙을 생각한다면 지극히 당연한 것으로, 이에 대한 명문의 규정은 사족에 지나지 않는다고도 할 수 있다.

각종의 법률은 전체 법질서의 통일성과 조화를 중요시해야 한다. 따라서 법률 간의 모순은 최대한도로 회피되어야 한다. 하지만 각기 목적과 취지를 달리하는 다양한 법률이 제정되다보면 상호 간에 모순이 발생하는 경우가 전혀 없을 수 없을 것이다. 예컨대 감염병 환자를 치료한 의사는 형법 제317조(업무상 비밀누설죄)와 감염병예방법(감염병의 예방 및 관리에 관한 법률 제11조; 감염병의 예방 및 관리에 관한 법률 시행규칙 제6조) 사이에서 갈등을 겪어야 한다. 법률 간의 모순이 있을 때에는 헌법, 법률, 명령, 규칙의 순서를 따라야 하며, 같은 등급에서는 특별법이 일반법에 우선하며 신법이 구법에 우선한다는 원칙으로 조정되어야 한다.

법령에 의한 행위일지라도 그 법의 입법취지에 비추어 볼 때 권리남용에 해당되는 경우에는 정당화되지 않는다.5) 법령에 의한 행위는 법령상 요구된 행위와 법령상 허용된 행위로 나누어진다.

---

5) 대판 2007.9.28, 2007도606 : 권리행사나 직무집행의 일환으로 상대방에게 일정한 해악을 고지한 경우, 그 해악의 고지가 정당한 권리행사나 직무집행으로서 사회상규에 반하지 아니하는 때에는 협박죄가 성립하지 아니하나, 외관상 권리행사나 직무집행으로 보이더라도 실질적으로 권리나 직무권한의 남용이 되어 사회상규에 반하는 때에는 협박죄가 성립한다고 보아야 할 것인바, 구체적으로는 그 해악의 고지가 정당한 목적을 위한 상당한 수단이라고 볼 수 있으면 위법성이 조각되지만, 위와 같은 관련성이 인정되지 아니하는 경우에는 그 위법성이 조각되지 아니한다. 따라서 정보보안과 소속 경찰관이 자신의 지위를 내세우면서 타인의 민사분쟁에 개입하여 빨리 채무를 변제하지 않으면 상부에 보고하여 문제를 삼겠다고 말한 사안에서, 상대방이 채무를 변제하고 피해변상을 하는지 여부에 따라 직무집행 여부를 결정하겠다는 취지이더라도 정당한 직무집행이라거나 목적 달성을 위한 상당한 수단으로 인정할 수 없어 정당행위에 해당하지 않는다.

1) 법령상 요구된 행위

(1) 공무원의 직무집행행위

법령에 의한 공무원의 직무수행에 법익침해가 강제되거나 불가결하게 결부될 때, 법익침해의 부분에 대해서는 정당행위로서 정당성이 인정된다. 이에 해당하는 경우에는 형법상의 형벌집행행위(형법 제66조 이하), 보안관찰, 치료감호 등의 보안처분, 형사소송법상의 구속(형사소송법 제70조), 현행범인 체포(형사소송법 제212조), 압수, 수색, 검증, 소환 불응자에 대한 구인(拘引) 등이 있다. 경찰관 직무집행법상의 불심검문, 수갑·포승·경찰봉 등 경찰장구 및 무기 등을 포함한 경찰장비의 사용과 헌병무기사용령에 의한 헌병의 무기사용, 민사소송법상 집행관의 강제집행행위, 세법상의 강제처분 등도 이에 해당한다.

직무집행행위로서의 정당성이 인정되기 위해서는 행위가 직무관할 범위 내에서 이루어져야 하며, 법령에 규정된 요건을 구비하여야 하고, 법정의 절차가 있을 경우 이를 따라야 한다.[6]

(2) 명령복종행위

상관의 직무상의 명령에 따른 행위도 법령에 의한 행위로서 정당성이 인정된다. 특히 상명하복의 위계질서에 의해 통제되는 조직체에서는 더욱 그러하다. 단, 명령이 법령에 의한 행위로 인정되기 위해서는 발령자의 건전한 판단에 의한 적법한 명령이어야 한다. 상관의 명령이라도 법규에 위배되거나 자기 권한 외의 사항에 관한 명령은 적법한 명령은 될 수 없다.

구속력은 있으나 불법한 상관의 명령에 따른 행위의 법적 평가에 대해서는 다음과 같은 다양한 견해가 제시된다.

가) 위법성이 조각된다는 견해

위법한 명령이라고 하더라도 수명자(受命者)가 이를 의무감에 의해서 행할 때에

---

6) 대판 1971.3.9, 70도2406 : 법정절차 없이 피해자를 이른바 경찰서 보호실에 구금케 한 행위는, 피고인이 이를 수사목적 달성을 위한 적절한 행위라고 믿고 한 행위라 할 수 없을 것이고, 설사 이를 정당한 행위로서 법령에 의하여 죄가 되지 아니하는 것으로 믿었다 하더라도, 기록상 그와 같이 믿을만한 정당한 이유가 있었다 할 수 없으며, 피고인이 위와 같이 그 직무상의 권능을 행사함에 필요한 법정조건을 구비하지 않았음에도 불구하고 이를 행사한 것이니, 이는 곧 그 직권을 남용한 것에 해당한다 할 것이다.

는 정당성이 원칙적으로 인정되어야 한다는 견해이다. 만일 이러한 명령수행행위를 위법한 행위로 본다면 이에 대한 정당방위의 가능성은 처음부터 차단되어야 할 것인데 이는 바람직한 귀결이 아니라는 것이다. 다만 명령복종행위의 정당화를 위해서는 상관의 명령에 대한 구체적 복종의무가 보편적 의미에서의 법질서 수호의무보다 중해야 한다는 요건은 필요하다고 한다. 독일에서의 다수설이다.[7]

나) 위법하지만 면책된다는 견해

상관의 위법한 명령이 합법화될 수 없고 상관은 불법한 일을 명령체계를 이용해 실현할 수 없으므로 그 명령에 따르는 행위는 위법하지만, 명령복종의 의무관계로 인해 적법행위에 대한 기대가능성이 결여되어 초법규적 면책사유에 해당할 수 있을 뿐이라는 견해이다. 우리나라의 통설이고[8] 독일에서의 소수설이다.[9]

다) 면책적 긴급피난에 해당한다는 견해

우리 형법은 독일 형법과 달리 면책적 긴급피난에 관한 규정을 따로 두고 있지는 않으나, 학설의 일부는 형법 제22조 제1항에 정당화적 긴급피난과 면책적 긴급피난의 두 요소가 함께 포함된다는 것으로 해석하고자 한다. 진정한 의미의 의무의 충돌은 작위의무 사이의 충돌만을 그 내용으로 하는데, 불법한 명령에 따르는 행위는 명령수행이라는 작위의무와 불법을 행하지 말아야 한다는 부작위의무의 충돌이므로 이에 해당하지 않는다고 보는 것이 옳은 결론이다. 이 문제를 의무의 충돌로 해결할 수 없다면 바로 언급한 학설의 일부견해에 따라 긴급피난으로 해결할 수 있을 것이다. 단, 정당화적 긴급피난은 충돌하는 이익 사이에 교량이 가능해야 하는데, 명령에 대한 작위와 부작위에 관련한 법익은 거의 동가치이거나 혹은 이들 간의 객관화된 공식에 따른 교량은 거의 불가능할 수 있으므로 면책적 긴급피난에 해당하여 책임이 조각된다고 한다.[10]

---

7) Jakobs, 16/14; Jescheck/Weigend, § 35 II 3; Lenckner, FS−Stree/Wessels, S. 224; Maurach/Zipf, AT I, § 29 Rdnr. 7 ff; Roxin, AT I, § 17 Rdnr. 18; Sch/Sch/Lenckner, Vor. § 32 Rdnr. 88a; 허일태(역) 216면. 독일의 다수설을 우리나라의 고문치사 사건과 같은 끔찍한 사례는 처음부터 고려대상에서 배제한 것으로 보아야 한다. 절충적 견해로는 김일수/서보학, 338면.
8) 배종대, [59] 6; 손동권/김재윤, [§ 15] 7; 유기천, 192면; 이재상/장영민/강동범, § 21−6; 임웅, 218면; 대판 1961.4.15, 4290형상201.
9) 김일수, 한국형법 I, 687면 각주 2) 참조.
10) 김일수, 한국형법 I, 688면.

라) 처벌되어야 한다는 견해

우리 판례11)의 일관된 입장은 상관의 위법한 명령에 따른 행위는 위법한 행위로 보며 초법규적 책임조각사유, 면책적 긴급피난, 강요된 행위 등에 의한 책임조각을 인정하지 않는다.

마) 결론

위법명령수행행위에 정당성을 인정하여 이에 대한 정당방위를 불허한다는 점은 부당하므로, 위법하지만 면책된다는 견해를 따라야 한다. 명령 자체가 위법하다면 당연히 그 수행행위의 위법성도 인정되어야 하며 다만 책임조각의 가능성에 대한 검토가 필요하다. 물론 이론상으로는 직무 이외의 명령, 혹은 인간의 존엄성을 침해하거나 형법상의 범죄를 저지르게 하는 명령에 대해서는 수행거부를 할 수 있다 하겠지만,12) 수명자의 명령에 대한 현실적 거부가능성의 여부에 대한 검토는 생략되어서는 안 된다. 명령불복에 따르는 징계, 처벌, 신분보장의 문제 및 발령자가 어느 정도의 행동방식과 자율성을 부여해 주었는지에 따라 명령불복의 가능성의 정도가 결정되어야 한다.

불복종의 가능성이 현실적으로 존재하지 않거나 극히 제한되었다면 이는 형법 제12조의 강요된 행위13) 혹은 면책적 긴급피난에 해당되는 것으로 보아 최소한 부

11) 대판 1988.2.23, 87도2358 : 공무원이 그 직무를 수행함에 있어 상관은 하관에 대하여 범죄행위 등 위법한 행위를 하도록 명령할 직권이 없는 것이며, 또한 하관은 소속 상관의 적법한 명령에 복종할 의무는 있으나 그 명령이 참고인으로 소환된 사람에게 가혹행위를 가하라는 등과 같이 명백한 위법 내지 불법한 명령인 때에는 이는 벌써 직무상의 지시명령이라 할 수 없으므로 이에 따라야 할 의무는 없다 할 것이고, 설령 치안본부 대공수사단 직원은 상관의 명령에 절대 복종하여야 한다는 것이 그 주장과 같이 불문율로 되어있다 할지라도, 국민의 기본권인 신체의 자유를 침해하는 고문행위 등이 금지되어 있는 우리의 국법질서에 비추어 볼 때 그와 같은 불문율이 있다는 점만으로는 이 사건 판시 범죄와 같이 중대하고도 명백한 위법명령에 따른 행위가 정당한 행위에 해당하거나 강요된 행위로서 적법행위에 대한 기대가능성이 없는 경우에 해당하게 되는 것이라고는 볼 수 없고 더욱이 일건 기록에 비추어 볼 때 위와 같은 위법한 명령이 피고인들이 저항할 수 없는 폭력이나 방어할 방법이 없는 협박에 상당한 것이라고 인정되지 않을 뿐 아니라 같은 피고인들이 그 당시 그와 같은 위법한 명령을 거부할 수 없는 특별한 상황에 있었기 때문에 적법행위를 기대할 수 없었다고 볼만한 아무런 자료도 찾아볼 수 없다. 그 밖에 대판 1997.4.17, 96도3376; 대판 1999.4.23, 99도636.
12) 대판 1967.1.31, 66도1581; 대판 1983.12.13, 83도2543; 대판 1986.5.27, 86도614; 대판 1988.2.23, 87도2358; Welzel, S. 89, 402.

분적인 면책은 인정되어야 하고,[14] 실무적 발령자가 (간접정범으로서) 이 결과에 대한 책임을 져야할 것이다.

직무관련성을 벗어나 구속력이 없으면서 위법한 명령을 수행한 행위는 위법성뿐 아니라 책임조각도 이루어지지 않는다. 이러한 명령에 따른 행위에는 정당방위가 허용된다.[15]

2) 법령상 허용된 행위

(1) 사인(私人)의 현행범인 체포(형사소송법 제212조)

수사공무원이 범인을 체포하는 행위는 법령상 요구된 행위에 해당되지만, 현행범인은 누구든지 영장 없이 체포할 수 있으므로 이에 대한 고유한 권한이 없는 사인에 의한 경우는 관헌을 위해 법령상 허용된 행위로서 정당화가 이루어진다. 현행범인 체포의 요건으로서는 행위의 가벌성, 범죄의 현행성 및 시간적 접착성, 범인·범죄의 명백성 외에 체포의 필요성, 곧 도망 또는 증거인멸의 염려가 있을 것을 요한다. 여기에서는 보충적 성격이 강하게 작용된다 할 것이므로 가능한 한 최소한의 수단에 머물러야 한다. 따라서 무기사용, 상해, 재물손괴 등은 허용되기 어렵다.

적정한 한계를 벗어나는 현행범인 체포행위는 그 부분에 관한 한 법령에 의한 행위로 될 수 없다고 할 것이나, 적정한 한계를 벗어나는 행위인가의 여부는 결국 정당행위의 일반적 요건을 갖추었는지 여부에 따라 결정되어야 할 것이지 그 행위가 소극적인 방어행위인가 적극적인 공격행위인가에 따라 결정되어야 하는 것은 아니다.

판례는[16] 피고인의 차를 열쇠 꾸러미로 긁어 손괴하고 도망하려는 것을 보고 이에 격분하여 도망하지 못하게 피해자의 멱살을 수회 잡아 흔들어 피해자에게 약 14일간의 치료를 요하는 흉부찰과상을 가한 행위에 대해 최종적으로 정당행위를 인정하였으나, 그 정당성의 근거는 현행범인의 체포에서 찾기 보다는 사회통념상 허용될 수 있는 행위로서 사회상규에 위배되지 않는 행위 혹은 자구행위로서의 정

---

13) 배종대, [104] 16.
14) 다수설은 초법규적 책임조각사유를 인정하고자 하나 이는 부득이한 경우 예외적으로 인정될 수 있을 것이다.
15) LK – Spendel, § 32 Rdnr. 74 f.
16) 대판 1999.1.26, 98도3029.

당성에서 찾아야 할 것이라고 보여 진다.

주관적 정당화요소로 형사소추를 돕는다는 목적의식이 필요하다. 행위자에 대한 단순한 증오에 의한 경우나 스스로 공적을 세우기 위한 경우에는 정당성은 부정될 수 있다.

(2) 징계행위

가) 공무원의 직무집행상의 징계

공무원의 직무집행상 허용되는 징계에는 초·중등교육법 제18조 제1항에 의한 각 학교장의 교육상 필요에 의한 징계가 포함된다. 초·중등교육법시행령 제31조 제1항은 징계의 종류를 학교 내의 봉사, 사회봉사, 특별교육이수, 1회 10일 이내·연간 30일 이내의 출석정지, 퇴학처분의 다섯 가지를 제한적으로 열거하고 있다. 본조 제8항은 학교장이 지도를 할 때에는 학칙으로 정하는 바에 따라 훈육·훈계 등의 방법으로 하되, 도구나 신체 등을 이용하여 학생의 신체에 고통을 가하는 방법을 사용해서는 안 된다고 규정하므로 체벌은 허용되지 않는다. 이에 대해 교육의 목적을 위한 사회상당한 정도의 체벌은 사회상규에 위배되지 아니하는 행위로서의 정당성이 인정되어야 한다는 견해도 있을 수 있으나,[17] 체벌은 아무리 경미하더라도 육체적 고통을 수반하며 특히 인간의 존엄성에 관련된 문제로서 어떤 경우라도 허용되어서는 안 된다.[18] 학교장의 체벌이 허용되지 않는다면 교사의 체벌 역시

---

[17] 제한적으로 허용될 수 있다는 견해로 손동권/김재윤, [§ 15] 39; 임웅, 219면.

[18] 판례는 이에 대해 정도에 따른 차별적 취급을 한다. ① 대판 1976.4.27, 75도115 : 중학교 교장직무대리자가 훈계의 목적으로 교칙위반학생에게 뺨을 몇 차례 때린 정도는 감호교육상의 견지에서 볼 때 징계의 방법으로서 사회 관념상 비난의 대상이 될 만큼 사회상규를 벗어난 것으로는 볼 수 없어 처벌의 대상이 되지 아니한다. ② 대판 1990.10.30, 90도1456 : 교사가 국민학교 5학년생을 징계하기 위하여 양손으로 교탁을 잡게 하고 길이 50cm, 직경 3cm 가량 되는 나무 지휘봉으로 엉덩이를 두 번 때리고, 학생이 아파서 무릎을 굽히며 허리를 옆으로 틀자 다시 허리부분을 때려 6주간의 치료를 받아야 할 상해를 입힌 경우 위 징계행위는 그 방법 및 정도가 교사의 징계권행사의 허용한도를 넘어선 것으로서 정당한 행위로 볼 수 없다. ③ 대판 1991.5.14, 91도513 : 교사가 학생을 엎드러지게 한 후 몽둥이와 당구큐대로 그의 둔부를 때려 3주간의 치료를 요하는 우둔부심부혈종좌이부좌상을 입혔다면 비록 학생주임을 맡고 있는 교사로서 제자를 훈계하기 위한 것이었다 하더라도 이는 징계의 범위를 넘는 것으로서 형법 제20조의 정당행위에는 해당하지 아니한다. ④ 헌법재판소 전원재판부 2000.1.27, 99헌마481 : 교사가 학교장이 정하는 학칙에 따라 불가피한 경우 체벌을 가하는 것이 금지되어 있지

허용되지 않는다.

보호소년 등의 처우에 관한 법률 제15조에 의해 소년원장 등에 인정되는 징계권에도 훈계, 원내 봉사활동, 서면사과, 근신, 교정성적의 감점 등이 포함되며 체벌권은 이에 포함되지 않는다.

나) 친권자의 자녀에 대한 징계

친권자의 자녀에 대한 보호 또는 교양을 위한 징계는 민법상 허용된다(민법 제915조). 후견인의 미성년자에 대한 친권대행으로 행하는 징계도 마찬가지이다(민법 제945조, 제948조). 사인의 징계권에는 가정폭력이라 할 정도에 이르지 않는 한 체벌이 포함되는 것으로 이해해야 한다. '법원은 가정에 들어가지 않는다'라는 법언이 말해 주듯이 가정 내의 사적 영역에 형법이 개입할 필요성이 없기 때문이다. 그러나 징계가 폭력의 수준에 이른다면 더 이상 가정 내의 문제가 아니라 사회적인 문제가 되므로 가정폭력범죄의 처벌 등에 관한 특례법 등이 적용될 수밖에 없다.

타인의 미성년자인 자녀에 대한 징계는 이에 관한 허용법령이 존재하지 않으므로 원칙적으로 허용될 수 없다. 다만 개인 간의 친소관계 등에 따라 부모의 추정적 승낙이 예상되는 경우에는 사회상규에 위배되지 아니하는 행위에 해당할 수 있다.

친권자는 자녀에 대한 징계권을 특별한 경우에 교사 혹은 지도·감독자에 대해 한시적·제한적으로는 위임을 할 수 있으나 아무런 제한 없는 포괄적 위임은 인정될 수 없다.[19]

(3) 노동쟁의 행위

헌법은 단결권, 단체교섭권, 단체행동권을 보장하고(헌법 제33조 제1항) 이것은 노동조합 및 노동관계조정법에 의해 실천된다. 동법 제2조 제6호가 설명하듯 "쟁의행위"라 함은 파업·태업·직장폐쇄 기타 노동관계 당사자가 그 주장을 관철할 목

는 않다고 보여진다. 그러나 어떤 경우에 어떤 방법으로 체벌을 가할 수 있는 지에 관한 기준은 명확하지 않지만 대법원은 징계행위는 그 방법 및 정도가 교사의 징계권행사의 허용한도를 넘어선 것이라면 정당한 행위로 볼 수 없다고 판시(대판 1990.10.30, 90도1456)함으로써 그 기준을 일응 제시하고 있다. 따라서 피청구인으로서는 체벌의 수단과 그 정도 및 피해자의 피해정도를 면밀하게 수사하여 만약 청구인들의 행위가 체벌로서 허용되는 범위 내의 것이라면 형법 제20조 소정의 정당행위에 해당하므로 '죄가 안 됨' 처분을 하였어야 한다.

19) 김일수/서보학, 238면 이하.

적으로 행하는 행위와 이에 대항하는 행위로서 업무의 정상적인 운영을 저해하는 행위를 말한다. 따라서 쟁의행위는 업무방해죄의(형법 제314조 제1항) 구성요건을 성립시키는 것이 보통이다. 그러나 노동조합이 단체교섭·쟁의행위 기타의 행위로서 근로조건의 유지·개선과 근로자의 경제적·사회적 지위의 향상을 도모하고, 노동관계를 공정하게 조정하여 노동쟁의를 예방·해결함으로써 산업평화의 유지와 국민경제의 발전에 이바지할 목적을 달성하기 위하여 한 정당한 행위에 대하여는 정당행위로서의 정당성이 인정된다(동법 제4조 제1문).[20] 따라서 이러한 목적을 벗어난 (예컨대 정치적으로 노동쟁의를 오용하는) 행위에는 정당성이 인정될 수 없다.[21] 또한 합법적 목적을 가졌더라도 어떠한 경우에도 폭력이나 파괴행위는 정당한 행위로 해석되어서는 아니 된다(동법 제4조 제2문).

판례가[22] 제시하는 쟁의행위의 정당성의 요건은 다음과 같다. 첫째, 그 주체가 단체교섭의 주체로 될 수 있는 자이어야 하고, 둘째, 그 목적이 근로조건의 향상을 위한 노사 간의 자치적 교섭을 조성하는 데에 있어야 하며, 셋째, 사용자가 근로자의 근로조건 개선에 관한 구체적인 요구에 대하여 단체교섭을 거부하였을 때 개시하되 특별한 사정이 없는 한 조합원의 찬성결정 등 필요한 절차를 거쳐야 하고, 넷째, 그 수단과 방법이 사용자의 재산권과 조화를 이루어야 하며, 폭력의 행사나 제3자의 권익을 침해하는 것이 아니어야 한다.[23]

📖 **관련판례**

① 대판 2001.6.12, 2001도1012 : 공소외 주식회사의 노동조합이 사용자와의 단체협상이 원만히 진행되지 아니하자 1998. 10. 31. 그 교섭권한을 민주노총 금속산업연맹 광주전남지역본부에 위임하였고, 공소외 주식회사노동조합의 조합장 또는 금속산업연맹 광주전남지역본부의 간부들인 피고인들은 새정치국민회의 소속 제15대 국회의원으로서 공소외 주식회

---

20) 김일수/서보학, 239면은 정당성의 근거로 사회상규에 반하지 않는 행위를 든다. 정당한 노동쟁의의 이면에 사회상규의 합치성이 있는 것은 당연하나 상대적으로 불명확한 개념을 명백히 존재하는 법령에 우선하는 정당화사유로 보기에는 어려운 면이 있다.
21) 배종대, [59] 16.
22) 대판 2001.6.12, 2001도1012.
23) 같은 취지의 판례로 대판 1991.5.24, 91도324; 대판 1998.1.20, 97도588; 대판 1999.6.25, 99다8377; 대판 2008.1.18, 2007도1557; 대판 2014.11.13, 2011도393.

사의 대주주이지만 경영에는 직접 관여하지 아니하고 있는 피해자를 비방하는 집회를 개최하면 노사협상에서 유리한 위치를 차지할 수 있을 것으로 생각하고, 1998. 2. 4.부터 1999. 2. 15.까지 사이에 그 판시 기재와 같이 담양읍, 광양시, 순천시, 서울 여의도 소재 새정치국민회의 중앙당사 앞 등지에서 공소외 주식회사부당노동행위 규탄대회 등을 개최하여 피해자의 노동조합을 탄압하고 국회의원임을 이용하여 법도 지키지 아니한다는 등의 연설을 하고 그러한 내용이 기재된 유인물을 시민들에게 나누어주는 등 피해자를 모욕하거나 그의 명예를 훼손하였다고 인정한 다음, 피고인들의 이와 같은 행위의 동기나 목적에 정당성이 없고 또한 그 수단과 방법에 상당성도 없으므로 피고인들의 행위가 근로자들의 단체행동으로서 정당행위에 해당하지 아니한다고 판단한 것은 옳다.

② 대판 2000.5.12, 98도3299 : '교섭할 권한'이라 함은 교섭한 결과에 따라 단체협약을 체결할 권한을 포함하는 것이라고 할 것인데, 그럼에도 불구하고 이 사건 노동조합의 규약에는 단체협약안에 대하여 조합원의 결의로 동의를 얻어야 효력을 갖는다는 내용이 있고, 비록 조합원들이 노동조합을 결성하면서 단체협약의 체결에 관한 사항을 위원장과 중앙집행위원회에 위임하기로 의결하였다고 하더라도 노동조합 측에서 이와 같이 별도의 위임까지 받았다는 사정을 회사 측에 통보하지 않은 이상, 회사 측으로서는 노사 쌍방 간의 타협과 양보의 결과로 단체협약 요구안에 대하여 합의를 도출하더라도 노동조합 총회에서 그 단체협약안을 받아들이기를 거부하여 단체교섭의 성과를 무로 돌릴 위험성이 있어 최종적인 결정 권한이 확인되지 않은 교섭대표와 성실한 자세로 교섭에 임하는 것을 기대할 수 없으니, 노동조합 측에서 회사 측의 단체협약 체결권한에 대한 의문을 해소시켜 줄 수 있음에도 불구하고 이를 해소시키지 않은 채 단체교섭만을 요구하였다면 단체교섭을 위한 진지한 노력을 다하였다고 볼 수 없고 따라서 그러한 상황에서 가진 단체교섭이 결렬되었다고 하더라도 이를 이유로 하는 쟁의행위는 그 목적과 시기, 절차에 있어서 정당한 쟁의행위라고 볼 수 없을 것이다.

③ 대판 2017.7.11, 2013도7896 : 노동조합 및 노동관계조정법 제46조가 규정한 사용자의 직장폐쇄는 사용자와 근로자의 교섭태도 및 교섭과정, 근로자의 쟁의행위의 목적과 방법 및 그로 인하여 사용자가 받는 타격의 정도 등 구체적인 사정에 비추어 근로자의 쟁의행위에 대한 방어수단으로서 상당성이 있어야만 사용자의 정당한 쟁의행위로 인정할 수 있다. 한편 근로자의 쟁의행위 등 구체적인 사정에 비추어 직장폐쇄의 개시 자체는 정당하다고 할 수 있지만, 어느 시점 이후에 근로자가 쟁의행위를 중단하고 진정으로 업무에 복귀할 의사를 표시하였음에도 사용자가 직장폐쇄를 계속 유지하면서 근로자의 쟁의행위에 대한 방어적인 목적에서 벗어나 적극적으로 노동조합의 조직력을 약화시키기 위한 목적 등을 갖는 공격적 직장폐쇄의 성격으로 변질되었다고 볼 수 있는 경우에는, 그 이후의 직장폐쇄는 정당성을 상실한 것으로 보아야 한다.

(4) 모자보건법상의 낙태

모자보건법 제14조에 의하면 본인 또는 배우자에게 우생학적·유전학적 정신장애나 신체질환 또는 전염성 질환 있는 경우, 강간 또는 준강간으로 인한 임신인 경우, 법률상 결혼할 수 없는 혈족이나 인척간의 임신인 경우, 임신의 지속이 보건의학적으로 모체의 건강에 위험할 때, 의사는 본인과 배우자의 동의를 얻어 인공임신중절수술을 할 수 있다. 이때 충족되는 형법상의 낙태죄의 구성요건은 위법성이 조각된다. 임신의 지속이 모체의 건강을 심히 해한다는 의사의 판단에 과실이 없는한 낙태수술을 한 결과 산모가 사망했더라도 의사의 행위는 업무상 낙태치사죄에 해당하지 않는다.[24]

(5) 장기적출(臟器摘出)행위

살아있는 자의 장기 등을 적출하는 행위는 자체로 상해 또는 중상해에 해당된다. 또한 뇌사자라고 하더라도 장기의 적출로 사망한 경우에는 살인죄에 해당한다. 장기 등 이식에 관한 법률 제21조 제1항은 뇌사자가 이 법에 의한 장기 등의 적출로 사망한 때에는 뇌사의 원인이 된 질병 또는 행위로 인하여 사망한 것으로 본다고 규정한다. 이것은 이러한 행위가 살인죄의 구성요건에 해당함을 인정함과 동시에 이에 대한 위법성조각을 인정하는 것이다. 그 밖에 이 법률이 정하는 요건을 갖춘 행위는 상해, 중상해 및 사체영득죄(형법 제161조 제1항)의 구성요건에 대한 위법성이 조각될 수 있다.

(6) 기타 법령에 의한 행위

집회 및 시위에 관한 법률의 요건을 갖춘 집회 혹은 시위행위는 형법상의 소요죄(형법 제115조)나 교통방해죄(형법 제185조)의 구성요건을 충족시키더라도 법령에 의한 행위로서 위법성이 조각된다. 승마투표권 발매행위(한국마사회법 제6조), 주택복권 발매행위(구 주택건설촉진법 제17조) 등은 원래 복표에 관한 죄(형법 제248조)에 해당하나 각각 법령에 의한 행위로 위법성이 조각된다.

2. 업무로 인한 행위

형법에서의 업무란 직업 또는 사회생활상의 지위에 기하여 계속적으로 종사하는

---

24) 대판 1976.7.13, 75도1205.

사무나 사업의 일체를 의미하고, 그 업무는 사회생활적인 지위에 기한 것이면 족하고 그것이 주된 것이거나 경제적인 것이어야 할 필요는 없다. 일회적인 사무라 하더라도 그 자체가 어느 정도 계속하여 행해지는 것이거나 혹은 그것이 직업 또는 사회생활상의 지위에서 계속적으로 행하여 온 본래의 업무수행과 밀접·불가분의 관계에서 이루어진 경우도 이에 해당한다.[25] 업무는 법적 형식을 요건으로 하지 않기 때문에 면허나 허가 없이 행하는 부적법 행위도 업무라 할 수 있지만 행위의 내용 자체가 사회통념상 용인될 수 없는 행위는 업무라 할 수 없다.

(1) 교사의 징계행위

교사의 징계행위는 학교장 또는 소년원장의 징계권처럼 법률상 허용된 것이 아니며, 더구나 학교장 등의 징계권에 체벌은 포함이 되지 않으므로 교사의 체벌에는 법률에 의한 정당화가 인정될 수 없음은 전술한 바와 같다. 교사의 체벌에 대해서는 이를 업무로 인한 행위 또는 사회상규에 위배되지 아니하는 행위로서 제한적으로 허용해야 할 것이라는 견해가 있으나,[26] 인간의 존엄성에 진정한 가치를 부여하는 성숙한 사회가 되기 위해서는 체벌은 어떠한 경우에도 허용되어서는 안 된다고 보는 것이 옳다. 법적 수준은 현재의 사회상황에 눈높이를 맞출 것이 아니라 미래지향적으로 나아가야 한다. 더구나 봉사활동, 자율학습, 행동으로서의 반성 등 체벌이 아니더라도 교육목적 달성을 위한 효과적인 징계행위도 얼마든지 있다. 이러한 체벌대체행위에 구성요건해당성이 인정되는 부분이 있다면 이에 대해서는 업무로 인한 행위로서 정당화가 이루어져야 한다.

(2) 변호사·성직자의 업무

변호사가 피고인을 위한 변론 중에 부득이 하게 타인의 명예를 훼손할 만한 사실을 적시하여 명예훼손죄(형법 제307조) 혹은 업무상 비밀누설죄(형법 제317조)의 구성요건을 충족시켰더라도 이는 업무로 인한 행위로서 정당화가 이루어진다. 다만 행위자가 아무리 변호사라고 하더라도 행위의 정당성을 위해서는 변호사로서의 업무관련성이 있어야 한다.

성직자가 고해성사를 통해 인지하게 된 범인의 범죄사실에 대해 이를 수사기관에 신고하지 않거나 묵비하더라도 예컨대 국가보안법 제10조의 불고지죄로 처벌되

---

25) 대판 1995.10.12, 95도1589.
26) 대판 1976.4.27, 75도115.

지 않는다. 그러나 범인을 은닉하거나 도피할 수 있도록 적극적으로 돕는 행위는
성직자의 정당하고 고유한 직무범위에 속하는 것이 아니므로 위법성이 조각되지
않는다.[27]

(3) 의사의 치료행위

신체상해를 수반하는 의사의 치료행위의 법적 성질에 대해서, 정당행위의 규정
을 두고 있지 않는 독일에서는 환자 자신의 신체에 대한 자기결정권에 큰 가치를
두어, 환자의 승낙 혹은 추정적 승낙에 의한 정당성을 인정하는 경향을 보인다. 우
리나라에서는 의사의 치료행위에 구성요건이 결여된다는 견해, 업무로 인한 행위
로서 위법성이 조각된다는 견해, 피해자의 승낙 혹은 추정적 승낙에 의해 위법성이
조각된다는 견해가 있다.

구성요건이 결여된다는 견해는, 의사의 치료행위는 환자의 불량한 건강상태를
양호한 상태로 회복시키고자 하는 행위로서 치료가 성공했을 경우에는 결과반가치
와 행위반가치가 당연히 부정되며, 설령 실패했더라도 주관적으로 의사로서 정상
적인 치료의 목적이 있었고 객관적으로 의술에 입각한 치료행위를 한 경우라면 행
위반가치 이전에 고의가 조각된다고 보는 것이다. 이러한 경우에는 나타난 결과에
따라 과실책임을 물을 것도 아니라고 본다.[28] 그러나 이러한 논리는 소극적 구성
요건표지이론을 취하는 입장이라면 가능하겠지만, 그렇지 않다면 업무로 인한 행
위로서의 정당성을 인정하는 것이 합리적이라는 이견이 있고[29] 판례도[30] 이러한
입장을 취한다.

---

27) 대판 1983.3.8, 82도3248 : 성직자라 하여 초법규적인 존재일 수 없다. 성직자의 직무
    상 행위가 사회상규에 반하지 아니한다 하여 그에 적법성이 부여되는 것은 그것이 성
    직자의 행위이기 때문이 아니라 그 직무로 인한 행위에 정당, 적법성을 인정하기 때문
    이다. (...) 적극적으로 은신처를 마련하여 주고 도피자금을 제공하는 따위의 일은 이미
    그 정당한 직무의 범위를 넘는 것이며 이를 가리켜 사회상규에 반하지 아니하여 위법
    성이 조각되는 정당행위라고 할 수 없다. (...) 비록 죄인을 숨겨주는 똑같은 행위일지
    라도 그것이 성직자가 아닌 일반의 평범한 시민의 행위라면 바로 공공질서에 반하고
    선량한 풍속에도 반하여 사회상규에도 벗어나는 행동으로 인정될 수밖에 없겠지만 그
    것이 피고인과 같은 성직자의 입장에서일 때에는 그 반대로 사회상규에 위배되지 아니
    하는 행위로서 위법성을 조각한다는 논지는 (...) 채용할 수 없다.
28) 김일수/서보학, 243면. 안동준, 138면; 이재상/장영민/강동범, § 21 – 15; 이형국, 141면.
29) 남흥우, 153면; 배종대, [60] 5; 진계호, 205면; 황산덕, 170면.
30) 대판 1976.6.8, 76도144; 대판 1978.11.14, 78도2388; 대판 1986.6.10, 85도2133.

위법성조각사유로 보는 견해 중에서 피해자의 승낙을 정당화의 근거로 드는 견해도 제시된다. 환자는 의사의 일방적인 치료객체가 아닌 만큼 환자의 자기결정권이 존중되어야 한다는 입장에서, 의사는 수술에 관한 설명의무를 충실히 이행해야 하며 이를 기초로 한 환자의 승낙에 의해 의사의 치료행위는 위법성이 조각될 수 있다는 견해이다.31) 또한 승낙의 범위에 따라 치료가 실패했을 경우의 결과에 대해서 업무상 과실 인정 여부를 판단할 수 있다고 한다. 판례 중에서도 환자(피해자)의 승낙에 일정한 가치를 인정한 판례도 볼 수 있다.32)

피해자승낙설이 현실적이고 합리적이며 간명한 견해라고 할 수 있다. 하지만 법리적으로 판단한다면 정상적인 의사의 치료행위에는 (현저히 우월한 환자의 자기결정권의 가치와 충돌하지 않은 한) 어떠한 반가치도 존재하지 않으며 고의도 성립되지 않으므로 구성요건이 성립되지 않는다고 보아야 한다. 그렇다면 이와 관련한 가벌성 심사에서는 위법성의 단계에까지 내려올 필요가 없다. 구성요건결여설을 취할 때 문제가 될 수 있는 것은 피해자의 명시한 의사에 반해서 의사가 치료를 한 경우이다. 이때에는 다음의 몇 가지 사례로 나누어 고찰해야 한다.

① 의술에 입각한 치료행위를 전제로 했을 때, 치료행위가 성공적인 경우에는 법익침해의 결과는 존재하지 않고 오히려 불량한 상태의 법익이 개선된 상태이므로 상해의 구성요건은 성립되지 않는다. 단, 강요죄 등 기타의 구성요건의 성립가능성이 있음은 별론으로 한다. 치료행위가 실패한 경우에도 결과반가치는 인정될 수 있겠으나 행위반가치는 존재하지 않으며, 상해의 고의도 없으므로 상해의 구성요건은 결여된다. 의술에 입각한 치료행위였으므로 과실치상죄도 적용되지 않는다고 할 것이다.

② 의술의 법칙에 반하는 행위로써 실패했을 때에는 구성요건해당성뿐 아니라

---

31) 박상기, 159면; 신동운, 348면; 임웅, 226면; 정성근/박광민, 213면,
32) 대판 1993.7.27, 92도2345 : 의사가 자신의 시진, 촉진결과 등을 과신한 나머지 초음파 검사 등 피해자의 병증이 자궁 외 임신인지, 자궁근종인지를 판별하기 위한 정밀한 진단방법을 실시하지 아니한 채 피해자의 병명을 자궁근종으로 오진하고 이에 근거하여 의학에 대한 전문지식이 없는 피해자에게 자궁적출술의 불가피성만을 강조하였을 뿐 위와 같은 진단상의 과오가 없었으면 당연히 설명 받았을 자궁 외 임신에 관한 내용을 설명받지 못한 피해자로부터 수술승낙을 받았다면 위 승낙은 부정확 또는 불충분한 설명을 근거로 이루어진 것으로서 수술의 위법성을 조각할 유효한 승낙이라고 볼 수 없다.

위법성까지 인정된다. 이때에는 상황에 따라 상해죄나 과실치상죄가 적용되어야
할 것이다.

③ 의사자격이 없는 자가 치료행위를 하여 환자의 상태가 호전되었다면, 상해의
고의나 구성요건적 결과는 부정되어야 하므로 상해죄는 성립되지 않는다. 다만 계
속·반복의 의사로 행위를 하는 경우에는 의료법 제27조 제1항의 무면허 의료행위
에 해당된다.[33]

(4) 안락사

가) 의의와 종류

안락사란 죽음이 임박하고 의학적으로 소생의 가능성이 없다고 판단된 환자에
대해, 고통을 제거하거나 이를 덜기 위해 생명의 단축을 가져올 수 있는 의료조치
를 취하거나 인위적으로 생명을 단절시키는 경우를 말한다.[34]

그중 적극적 생명연장행위를 취하지 않거나 중단하는 경우를 소극적 안락사라
하며, 직접 생명을 단축시키거나 단절시키는 행위를 적극적 안락사라 한다. 간접적
안락사란 고통을 덜기 위한 목적으로 생명을 단축시킬 수 있는 진통제나 마취제
등을 사용하는 경우를 말한다.

나) 안락사의 법적 문제

소극적 안락사와 간접적 안락사의 경우에는 정당성을 인정하는 데 큰 이견은 없
는 것으로 판단된다. 죽음이 임박한 환자의 진지한 촉탁에 의해 고통을 덜기 위한
목적으로 윤리적으로 타당한 방법에 의한 것이라면 업무로 인한 행위, 피해자의 승
낙 또는 사회상규에 위배되지 않는 행위 등에 의한 위법성 조각사유가 인정될 수
있을 것이다.[35]

적극적 안락사의 허용 여부에 대해서는 첨예하게 견해가 대립된다. 이에 대해 우
선 언급할 것은 안락사의 종류를 나눈다는 데에는 큰 의미가 없다는 것이다. 적극
적 안락사와 간접적 혹은 소극적 안락사와의 구분을 위해 적용될 수 있는 확실한
경계선이나 판단기준이 있는 것이 아니다. 인공심폐기의 작동을 멈추거나 지금까

---

33) 무면허 의료행위의 위헌 여부에 관해서는 헌재 2013.6.27, 2010헌바488; 헌재 2010.7.29,
2008헌가19 참조.
34) 의사회는 다만 불치의 자만이 그 객체가 되는 것으로 한정하며 무의미한 생명연장의
포기는 윤리에 어긋나지 않는다고 밝히고 있다.
35) 김일수/서보학, 244면; 오영근, 247면.

지의 생명연장을 위한 투약행위를 중단하면 당장 사망에 이를 것을 확실히 인식하고 중단하는 것을, 관점에 따라 적극적 안락사라고도 할 수 있고 소극적 안락사라고도 할 수 있다.

다수의 견해는 어떠한 경우에도 적극적 안락사는 허용되어서는 안 된다고 한다.[36] 인간의 생명은 절대적으로 보호될 가치가 있다는 점에는 의문의 여지가 없다. 그러나 엄밀히 말해 형법에는 절대적이라는 가치는 존재하지 않는다고 봐야 한다. 어떠한 가치라도 다른 우월한 가치에 양보되어야 할 수도 있다. 소생가능성이 없는 상태에서의 무의미한 생명연장은 인간의 본디 착한 자연적 심성의 발로일 뿐이다. 그러나 그것보다는 환자의 자기결정권을 존중하거나 인간답게 죽을 수 있는 권리를 인정하는 것이 오히려 인간적이며 윤리적일 수 있다. 일각에서는 적극적 안락사는 이를 허용할 경우 남용될 우려가 있으므로 허용되어서는 안 된다는 주장을 하나, 남용의 우려는 비단 이 문제에만 결부되는 것은 아니므로 안락사 금지의 본질적 근거로 보기는 어렵다.[37]

이러한 문제를 둘러싼 고심에 찬 논의 끝에 현재 호스피스·완화의료 및 임종과정에 있는 환자의 연명의료결정에 관한 법률(연명의료결정법)[38]이 제정되었고 이에 따라 연명의료 중단의 결정과 이행이 가능해졌다.

3. 기타 사회상규에 위배되지 않는 행위

1) 의의

형법 제20조는 정당행위의 세 번째 요건으로 사회상규에 위배되지 아니하는 행위를 제시한다. 이 요건은 정당행위의 다른 두 가지 요건을 포함한 개별적 위법성

---

36) 배종대, [60] 12; 이재상/장영민/강동범, § 21 – 17; 이존걸, 직접적 안락사에 관한 연구, 명형식 화갑논문집, 1998, 188면; 전지연, 현행 형법에 따른 안락사의 허용여부에 관한 검토, 명형식 화갑논문집, 1998, 164면.
37) 같은 견해로 오영근, 247면.
38) 2016년에 처음 제정되어 2017년부터 시행된 연명의료결정법은 회생가능성이 없고, 치료해도 회복되지 않으며, 급속도로 증상이 악화되어 사망에 임박한 환자를 대상으로 심폐소생술, 혈액 투석, 항암제 투여, 인공호흡기 착용 등의 치료효과 없이 임종과정의 기간만을 연장하는 연명의료를 시행하지 아니하거나 중단하여 존엄하게 죽음을 맞이할 수 있도록 하는 내용을 담는다.

조각사유와 내용상 중복되는 부분이 있음은 분명하다. 하지만 여타의 개별적 정당
화사유의 요건은 충족하지 않지만 실질적으로 위법하다고 할 수 없어 처벌대상에
서 제외되어야 할 구성요건해당행위에 정당성을 부여하는 마지막 법적 근거로서
기능을 한다는 데 의의가 있다.

사회상규는 정당행위의 다른 두 가지 요건의 보충적 기능을 하는 것은 아니다.
법령에 의한 행위나 업무로 인한 행위의 요건은 그 각각의 내부에서 확정되는 것
이며, 그 범위를 벗어나는 추가적 요건은 존재하지 않는 것으로 보아야 한다.39) 법
령에 의한 행위라도 그것이 권리남용에 해당하면 정당성은 배제된다. 그렇다고 그
권리남용이 사회상규에 어긋나는 것이라고 해석해서는 안 된다. 권리남용은 법령
에 의한 행위의 제한요건인 것이다.

사회상규라고 하는 처음부터 모호하고 추상적인 개념을 조금이라도 구체화하여
정의하고자 하는 시도는 자연스런 요청이라고 할 수 있다. 이에 따라 학설과 판례는
'공정하고 건전한 사회적 관념을 가지는 평균인의 사고방식에 비추어 용인될 수 있
는 행위', '국민일반의 건전한 도의감 또는 공정하게 사유하는 일반인의 건전한 윤리
감정에 비추어 용인될 수 있는 행위',40) '법질서 전체의 정신이나 그 배후에 놓여 있
는 사회윤리 내지 사회통념에 비추어 용인될 수 있는 행위',41) '극히 정상적인 생활
형태의 하나로서 역사적으로 생성된 사회질서의 범위 안에 있는 것'42) 등으로 설명
하고자 하나, 이러한 설명들 또한 추상적이기는 마찬가지여서, 사회상규의 의미확
정에 매달리기 보다는 개괄적이나마 사회상규에 위배되지 않는 행위의 유형이나
판단원리를 정하는 것이 그나마 실리적이라는 견해에 공감한다.43)

2) 사회상당성과의 비교

사회상규와 유사하지만 구분되어야 할 개념으로 사회상당성이 있다. 사회상당성
이론(Lehre von der sozialen Adäquanz)에 따르면, 역사적으로 형성된 사회생활의
질서범위 내에서의 의무합치적 주의를 기울인 행위는, 그것이 보호법익에 대한 침

39) 같은 취지로 김일수/서보학, 246면; 천진호, 사회상규에 위배되지 아니하는 행위에 대
    한 비판적 고찰, 비교형사법연구 제3권 제2호, 2002, 156면 이하.
40) 이재상/장영민/강동범, § 21-19.
41) 대판 2004.8.20, 2003도4732.
42) 대판 1994.11.8, 94도1657.
43) 배종대, [61] 11; 임웅, 227면; 천진호, 앞의 논문, 146면 이하.

해위험을 내포하는 것이라도 구성요건해당성을 배제한다. 이 범위를 현저히 벗어나는 위험한 행위만이 금지된다.[44] 사회상당성의 범위 안에서는 행위자가 법익침해 결과에 대한 예견이 가능했고 실제로 결과가 발생했더라도 행위자가 주의의무를 다한 이상 처벌되지 않는다. 입법자는 이런 경우 주의를 기울인 행위 이상의 것을 요구할 수 없기 때문이다.

따라서 권투나 축구와 같은 운동경기에서 부상이 발생하거나, 제조물의 생산에 따른 일반적으로 예견가능한 부작용이 발생한 경우(예컨대 자동차사고나 과다음주로 인한 숙취 등) 상해의 구성요건이 충족되지 않으며, 도피 중인 범인에게 음식물을 판매하는 행위도 아직은 범인은닉죄의(형법 제151조 제1항) 구성요건에 해당하지 않는다.[45] 이처럼 사회상당성은 구성요건성립의 보충적 역할을 하는 데 비해, 여기서의 사회상규는 구성요건해당성이 전제된 행위에 대한 위법성 평가척도의 하나이다.

3) 사회상규에 관한 판단기준

형식적으로 구성요건에 해당하는 행위라도 실질적 불법내용을 담고 있지 않아 처벌의 가치가 없지만 다른 어떠한 위법성조각사유의 요건도 충족시키지 못할 경우에, 정당화의 법적 근거로 마지막으로 내세울 수 있는 것이 사회상규의 규정이다. 하지만 사회상규의 개념이 모호하므로 그 개념을 확정하여 이를 사회상규에 위배되는지 여부를 위한 판단기준으로 삼기보다는, 사회상규에 위배되지 않는 행위의 유형이나 판단원리를 찾는 것이 바람직하다고 할 수 있다. 그러나 이 또한 생각처럼 수월한 작업은 아니다. 판례는 사회상규에 합치되는 행위로서 정당성이 인정되기 위해서는 ① 행위의 동기나 목적의 정당성, ② 행위의 수단이나 방법의 상당성, ③ 보호법익과 침해법익의 균형성, ④ 긴급성, ⑤ 다른 대체수단이 없다는 보충성 등의 요건이 충족되어야 한다고 한다.[46]

---

44) Welzel, S. 55.
45) Jescheck/Weigend, § 25 IV 1.
46) 대판 2006.4.27, 2005도8074 : 어떠한 행위가 사회상규에 위배되지 아니하는 정당한 행위로서 위법성이 조각되는 것인지는 구체적인 사정 아래서 합목적적, 합리적으로 고찰하여 개별적으로 판단하여야 할 것이고, 이와 같은 정당행위를 인정하려면, 첫째 그 행위의 동기나 목적의 정당성, 둘째 행위의 수단이나 방법의 상당성, 셋째 보호이익과 침해이익과의 법익균형성, 넷째 긴급성, 다섯째 그 행위 외에 다른 수단이나 방법이 없다는 보충성 등의 요건을 갖추어야 할 것이다. 같은 취지로 대판 2007.5.11, 2006도

따라서 피고인이 피해자에 대하여 채권이 있다고 하더라도, 그 권리행사를 빙자하여 사회통념상 용인될 수 없는 정도의 협박으로 상대방에게 겁을 주어 재물이나 재산상의 이익을 취득했다면 공갈죄가 성립되는 것이다.[47] 또한 비록 불법선거운동을 적발하려는 목적이었더라도, 타인의 주거에 침입하여 도청장치를 설치하는 행위는 그 수단과 방법의 상당성을 갖추지 못하여 정당행위에 해당하지 않는다.[48]

또한 다른 대체수단이 있음에도 불구하고 교사가 학생에 대해 체벌과 모욕을 가한 경우에도 정당성은 부정되어야 한다. 예컨대 여자중학교 체육교사가 많은 학생들이 있는 곳에서 손과 주먹 또는 슬리퍼로 학생의 머리와 양손을 때리고 모욕감을 느낄 지나친 욕설을 하였다면 사회관념상 객관적 타당성을 잃은 지도행위로서 정당행위가 되지 않는다.[49]

관련판례

대판 2017.5.30, 2017도2758 : 갑 주식회사가 피고인에게 공립유치원의 놀이시설 제작 및 설치공사를 하도급주었는데, 피고인이 유치원 행정실장 등에게 공사대금의 직접지급을 요구하였으나 거절당하자 놀이시설의 일부인 보호대를 칼로 뜯어내고 일부 놀이시설은 철거하는 방법으로 공무소에서 사용하는 물건을 손상하였다는 내용으로 기소된 사안에서, 피고인에게 공사대금 직불청구권이 있고 놀이시설의 정당한 유치권자로서 공사대금 채권을 확보할 필요가 있었다고 하더라도, 위와 같은 피고인의 행위가 수단과 방법의 상당성이 인정된다거나 공사대금 확보를 위한 유치권을 행사하는 데에 긴급하고 불가피한 수단이었다고 볼 수 없는데도, 공용물건손상의 공소사실에 대하여 무죄를 선고한 원심판결에 정당행위에 관한 법리오해의 잘못이 있다.[50]

반면에 상대방의 공격에 대해 자신을 보호하고자 하는 행위와, 자신의 권리를 실

4328; 대판 2016.5.12, 2013도15616.

47) 대판 2000.2.25, 99도4305(대판 1996.9.24, 96도2151; 대판 1996.3.22, 95도2801; 대판 1990.3.27, 89도2036 등 참조). 이 판례에 대한 비판적 견해로 허일태, 권리행사의 빙자와 공갈죄의 성립여부, 형사법연구 제17호, 2002, 163면.

48) 대판 1997.3.28, 95도2674.

49) 대판 2004.6.10, 2001도5380. 이 판례는 다른 사람이 없는 곳에서 개별적 훈계·훈육의 방법으로 지도·교정될 수 있는 상황이었음을 행위의 정당성이 부정되어야 할 이유 중의 하나로 든다.

50) 이 판례의 자세한 평석은 하태영, 244면 이하.

338 제 3 장 위법성론

현하고자 하는 행위에 대해서는 대체로 정당성이 인정된다.[51] 전자의 예로는 피해자가 양손으로 피고인의 넥타이를 잡고 늘어져 목이 졸리게 된 피고인이 피해자를 떼어놓기 위하여 왼손으로 자신의 목 부근 넥타이를 잡은 상태에서 오른손으로 피해자의 손을 잡아 비튼 경우,[52] 피해자가 술에 만취하여 가정주부인 피고인의 집에 들어가 행패를 부리고 상스러운 욕설을 계속하므로 피해자의 어깨부분을 밀치자 피해자가 몸을 제대로 가누지 못하고 앞으로 넘어져 시멘트 바닥에 이마를 부딪쳐 사망한 경우,[53] 강제연행을 모면하기 위하여 팔꿈치로 뿌리치면서 가슴을 잡고 벽에 밀어붙인 경우,[54] 피해자가 승객을 택시로부터 강제로 끌어내리려고 양손으로 운전사의 멱살을 잡아 단추가 떨어질 정도로 심하게 흔들어대자 운전사가 피해자의 손을 뿌리치면서 택시를 출발시켜 운행한 경우를[55] 들 수 있다.

후자의 예로는 피해자에게 치료비를 물어주지 않으면 고소하거나[56] 가해자를 구속시키겠다고 하는 경우를[57] 들 수 있다. 그러나 채권자에게 일정한 법적 권리가 인정되더라도 채권추심행위에 있어서 수단이나 방법의 상당성이나 법익간의 균형성의 요건을 갖추지 못하면 사회상규의 범위를 벗어나게 되고 위법성은 조각되지 않는다.[58]

---

51) 이재상/장영민/강동범, § 21 – 24.
52) 대판 1996.5.28, 96도979.
53) 대판 1992.3.10, 92도37, "피고인의 위와 같은 행위는 피해자의 부당한 행패를 저지하기 위한 본능적인 소극적 방어행위에 지나지 아니하여 사회통념상 용인될 수 있는 정도의 상당성이 인정된다."
54) 대판 1982.2.23, 81도2958.
55) 대판 1989.11.14, 89도1426.
56) 대판 1971.11.9, 71도1629.
57) 대판 1977.6.7, 77도1107.
58) ① 대판 1984.12.26, 84도2582 : 피해자에게 석고를 납품한 대금을 받지 못하고 있던 중 피해자가 화랑을 폐쇄하고 도주하자, 피고인이 야간에 폐쇄된 화랑의 문을 드라이버로 뜯어내고, 피해자의 물건을 몰래 가지고 나온 경우 자구행위의 정당성은 부정된다.
② 서울고법 2004.10.20, 2004나16244 : 신용정보상 채권추심대행업체가 변제금의 수령이라는 행위를 넘어 채권자를 대리하여 변제약정을 하거나 채무자 이외의 자와 변제약정 등을 하는 행위는 일체 허용되지 않으며, 비록 채권자의 위임을 받았다고 하더라고 마찬가지이다.

4) 효과

사회상규에 위배되지 않는 행위에 대해서는 위법성이 조각된다. 사회상규에 위배되지 않는 행위 등을 포함한 정당행위는 정당방위, 긴급피난 등에 비해 일반법의 성질을 갖는다.

제 4 장

책임론

I. 불법과 책임의 과제

형벌은 위법한 행위와 책임을 요건으로 한다. 위법성 조각사유가 존재하지 않는 구성요건해당행위, 즉 불법행위뿐 아니라 행위의 주체인 행위자에 대한 개인적 비난가능성으로서의 책임이 확인되어야 형벌은 부과된다. 이렇게 형벌의 요건으로 객관적 행위 및 결과에 추가하여 책임을 요구하는 것을 책임원칙이라 한다.

구성요건과 위법성을 아우르는 개념으로서의 불법은 하나의 행위가 법질서의 당위규범에 합치되는지의 여부를 판단대상으로 한다면, 책임에서는 그 위법한 행위 때문에 행위자를 개인적으로 비난할 수 있는가의 여부가 핵심적 문제가 된다. 불법의 단계에서는 행위가 예컨대 절도 혹은 사기나 횡령의 구성요건을 충족하는지, 혹은 이를 거쳐 정당화사유의 존재유무만이 검토되며, 행위자 개인의 특수성은 고려대상이 되지 않는다. 하지만 책임영역에서는 행위자가 어떻게 위법한 행위를 하게 되었는지, 이 행위에 대한 결정이 불가피했던 개인적 특수성이 있었는지를 검토한다. 나아가 불법을 회피할 수 있는 자유 혹은 가능성 유무와 관련하여 범행에 대한 의사형성을 했다는 데 비난을 가할 수 있을지 여부가 판단된다.

책임은 불법을 전제로 한다. 불법한 행위가 있어야 그 행위의 주체를 비난할 수 있을 것인지를 판단할 수 있다. 불법행위 없이는 책임을 판단할 근거가 없는 것이다. 책임은 구성요건, 위법성과 함께 가벌성의 근거의 하나이며 동시에 양형(量刑)의 기초가 된다. 양형의 기초라는 의미는 책임의 크기에 비례하여 형량이 결정되어야 하며 책임의 범위를 벗어나는 형벌은 허용되지 않는다는 것이다.

II. 책임원칙

1. 의의

범죄체계의 한 단계 혹은 가벌성의 한 요건으로서의 책임이란, 합법과 불법을 가릴 수 있는 지적 능력과 이를 기초로 불법을 배제하고 합법을 선택할 수 있는 의적 능력을 가진 인간으로서 합법으로 나아갈 수 있었음에도 불구하고 끝내 불법을 선택했다는 데 대한 비난가능성을 의미한다.

죄형법정주의(nulla poena sine lege)가 헌법(제13조)에 명시된 것과 달리 책임원칙(nulla poena sine culpa)에 대한 명문규정은 존재하지 않으나, 행위 또는 결과만으로는 처벌될 수 없으며 여기에는 행위의 주체에 대한 개인적 비난가능성이 따라야 한다는 원칙은 헌법의 인간의 존엄성 보호와 자유법치국가원리(헌법 제10조, 제13조)에 부합하는 것으로서 당연히 요구되는 것이라 할 수 있다.

2. 책임원칙의 내용

책임은 행위자의 처벌의 전제가 된다. 처벌은 행위결과 혹은 행위자의 인격이나 생활태도 여하에 따르는 것이 아니라 개별행위책임을 원칙으로 한다. 즉 심사대상이 된 개별행위를 할 당시 행위자에게 모든 책임요건이 갖추어졌는지 여부에 따라야 하는 것이다. 개별행위책임의 확정에 의심이 있을 때에는 'in dubio pro reo'의 원칙이 적용되어야 한다.

책임은 양형의 기초가 된다. 가벌성이 확정되면 판사는 법정형의 범위 내에서 선고할 형량을 구해야 한다. 이러한 양형 과정에서 선고형량은 행위자의 책임의 정도를 초과하여 정해져서는 안 된다.[1)]

책임원칙은 불법과 책임의 합치를 요구한다. 어떠한 경우이든 양과 질이 동일한 위법성과는 달리, 양과 질을 달리하는 불법의 내용은 이에 비례하여 책임의 양과 질을 정한다.

📖 관련판례

BGHSt 2, 194, 200 ff. : "형벌은 책임을 전제로 한다. 책임은 비난가능성이다. 책임의 반가치판정으로 범인은 그가 합법적으로 행위 할 수 있었고 합법을 택할 수 있었음에도 불구하고 합법적으로 행위 하지 않고 불법을 택했다는 점에 대해 비난을 받는다. 책임비난의 내적 근거는, 인간은 자유롭고 책임 있고 도의적인 자기결정을 할 수 있는 소질을 갖춘 존재로서, 도덕적 성숙에 이르는 즉시 그리고 자유롭고 도의적인 자기결정의 소질이 제51조에 제시된 병적 경과로써 일시적으로 마비되거나 지속적으로 침해되지 않은 한, 법을 택하고 불법을 거부할 수 있으며 자신의 행동을 법적 당위규범에 합치시킬 수 있고 법적으로 금지된 것을 회피할 수 있는 능력이 있다는 데 있다. 인간이 자유롭고 책임 있고 도의적인 자기결정 안에서 법을 택하고 불법을 거부할 수 있음의 전제는 법과 불법에 대한 인식이다. 자신이 자유로운 상태에서 택하는 그 어떤 행위가 불법이라는 사실을 아는 사람이 그럼에도 불구하고 그것을 행한다면 유책하게 행위하는 것이다. (...) 인간은 자유롭고 도의적인 자기결정을 할 수 있는 존재이기 때문에 항상 책임 있는 결정을 통해서 법공동체의 참여자로서 합법적으로 행동하고 불법을 회피하도록 촉구된다. 인간은 자신의 눈앞에 불법으로서 나타나는 것을 행하지 않는 것만으로는 이 의무를 다하는 것은 아니다. 인간은 오히려 자신이 당장 행하고자 하는 모든 행위에 대해서 법적 당위규범에 일치하는가에 대한 인식을 가져야 한다. 그는 숙고나 조회를 통해서 의문을 없애야 하며 여기에는 양심의 긴장(Anspannung des Gewissens)이 필요하다."

III. 법적 책임

1. 윤리적 책임과의 구별

형법상의 책임이란 법규범과의 관련성의 범위 안에서만 존재하는 개념으로서 윤

---

1) 독일형법 제46조 제1항.

리적 책임과는 구별된다. 대부분의 형법 구성요건은 개인 및 사회공동체의 가치를 보호하기 위한 목적으로 존재한다. 이러한 가치에 대한 침해는 개인이나 사회공동체에의 심각한 피해를 의미하는 것이기 때문에, 정상적인 사회화 과정을 겪은 개인이라면 금지규범의 존재 이전에 윤리감각에 따라 그러한 침해행위는 해서는 안 되는 것으로 인식한다. 따라서 법적 책임은 윤리적 책임과 큰 부분에서 일치한다. 다른 법영역과 비교할 때 특히 형법의 범위에서 그러하다. 그러나 법적 책임은 윤리적 책임 그 자체는 아니며, 양자는 반드시 일치하는 것은 아니어서 각각을 독립적인 개념으로 이해해야 한다.

경우에 따라서는 윤리적 책임과는 관계없는 금지규범도 존재할 수 있는 것이다. 이러한 경우에 책임판단의 기준은 형식적 법규범이다. 즉 형식적 법규범을 통해 내려진 입법자의 불법에 대한 가치판단과 일치하지 않는 판단에 의거한 행위에는 책임이 인정된다. 일반적 의미에서의 윤리적 책임을 바탕으로 한 법규범이 존재한다고 할 때, 이에 대해 행위자가 자신의 개인적 양심에 따라 규범에 내재된 윤리적 의무를 거부했기 때문에 이 규범을 어긴 경우에도 법적 책임은 인정되어야 한다. 법적 책임을 묻기 위해서는 행위자가 일정한 사회공동체의 질서를 유지하기 위한 목적으로 합법적 절차에 따라 제정된 유효한 법규범을 어긴다는 인식을 한 것으로 족하다.[2]

윤리적 책임과 구별되는 법적 책임의 실체적 내용은 다음과 같다.

① 법적 책임은 법의식에 대한 거부, 곧 객관적으로 존재하는 법규범에 내포된 입법자의 불법에 대한 가치판단을 거스른다는 심정반가치이다.

② 형식적인 법의 기준에 따른다. 예컨대 물건을 사면서 판매원이 착오에 의해 거스름돈을 과다하게 내준다는 것을 알면서 잠자코 수령하는 행위에는 윤리적 비난가능성은 있을지 몰라도 법적 책임은 존재하지 않는다.[3] 행위자의 심적 동기야 어떻든 그에 상관없이 형식적 법규범에만 반하지 않으면, 즉 형식적 합법성만 갖추면 형법적 책임으로부터 자유롭다.

③ 형법상의 책임판단은 행위자의 내적 양심에 따라 주관적으로 이루어지는 것

---

2) Jescheck/Weigend, § 38 I 1.
3) 이 사례에 대해 부작위에 의한 사기를 인정하는 견해가 있을 수 있으나 죄가 성립하지 않는 것으로 보는 것이 옳다.

이 아니라 법원의 법적 절차에 따라 공적으로 이루어져야 한다. 따라서 자신의 양심에 비추어 자신의 행위에 잘못이 없다고 주장하는 확신범의 경우 이 주관적 확신으로 형법적 책임에서 벗어나는 것은 아니다.

2. 법적 책임의 한계

형법규범은 대체로 일반의 윤리적 가치체계에 일치한다고 하더라도 형법은 일반적 윤리와 직접 관련이 없는 의무를 요구할 수도 있고 특정 개인의 윤리적 가치관에 일치하지 않을 수도 있다. 이러한 의미에서 형법의 윤리는 사적 윤리가 아닌 공적인 윤리라고 해야 한다. 이러한 공적 윤리를 기반으로 한 법률에 대한 위반은 아무리 개인의 선한 양심에 따랐다 하더라도 허용되지 않는 것이 원칙이다.

하지만 이것은 하나의 원칙일 뿐 여기에도 한계는 있다. 법규범은 각 개인의 동의를 얻어 제정되는 것이 아니라 국가의 입법기관이 스스로의 판단에 의해 제정하는 것이다. 따라서 법규범이 공권력에 의한 구속력을 가진다고 하더라도 특정 법규범은 개인의 양심에 일치하지 않을 수도 있는 것이다. 이러한 경우 법규범의 공권력은 개인의 양심을 무한정 구속할 수 있는 것은 아니다. 독일의 경우 특정 종교를 신봉하는 자가 어떠한 형태의 병역의무이든 모두 자신의 종교적 양심에 위배된다는 이유로 이를 거부한 사례에서 독일연방헌법재판소는 이를 이유 없다고 판단하였다.[4] 그러나 재차 대체복무의 징집소환에 불응한 행위에 대해 다시금 유죄선고를 하는 것은 독일 기본법 제103조 제3항의 동일한 행위에 대한 반복처벌금지조항에 위배되므로 이는 허용될 수 없다는 판단을 내렸다. 중간에 한번 유죄선고가 있었더라도 '동일한 행위'의 개념은 인정되기 때문이라는 이유를 든다.[5] 이러한 경우 병역의무를 거부하는 개인의 양심을 법으로 더 이상 구속할 수는 없다고 할 것이다. 또한 같은 종교를 믿는 부부로서 부인이 출산에 따른 수혈이 요구되는 긴급한 상황에 빠졌을 때 남편이 수혈을 설득하지 않았더라도 과실치사죄나 구조의무 불이행죄에(독일형법 제323c조) 해당하지 않는다는 결론을 내린다.[6]

---

4) BVerfGE 23, 127 (132).
5) BVerfGE 23, 191 (203).
6) BVerfGE 32, 98 (106).

죄형법정주의의 절대성마저 무시했던 나치시대의 반인륜적 법률처럼 명백히 보편적 정의관념에 반하는 법률에 의해 처벌되는 것은 책임과 관계없는 강제적 폭력에 의한 억압이라 볼 수 있다. 법률 자체가 공적 윤리에 부합할 때에만 책임을 논할 수 있다. 그러나 이러한 상황은 특수한 예외로 차치하고 정상적인 법치국가에서는 악법으로서의 소지가 있더라도 적법 절차를 통해 법이 폐지되거나 개정되기 전까지는 사회의 법질서에 합당하는 법으로 추정할 수밖에 없다.[7]

IV. 기능적 책임개념

독일 형법 제46조 제1항은 책임은 양형의 기초이며 가벌성의 전제조건이라고 명시하고 있다. 이는 책임개념에 대한 일반이론의 이해와 내용을 같이 하고 있다. 이에 비해 형벌의 목적부합성이 인정되는 경우에만 책임이 인정된다는 시각에서 출발하는 기능적 책임이론은 책임개념을 종래와는 다른 시각에서 접근하고자 한다.

기능적 책임론은 종래의 책임론에 대한 일반예방의 관점에서의 수정이라 할 수 있다.[8] 말하자면 이 이론은 책임개념의 내용은 위하의 의미가 아닌 법적 충실을 위한 적응훈련의 의미로서 일반예방의 목적에 일치하는 것이며, 책임은 오직 예방목적 달성을 위한 형벌한계적 기능만을 갖는 것으로 이해한다.[9] 범죄는 공동체의 기대에 대해 실망을 끼침을 뜻하며, 이 실망은 그 원인이 된 행위에 책임을 인정하여 처벌함으로써 치유되는데, 책임의 목적은 범죄로 침해된 질서에 대한 신뢰를 재확립하는 데 있다는 것이다.

과실범이나 격정범인 경우 심정반가치가 크지 않으므로 이때 주어지는 형벌에는 응보의 기능은 희박하며, 특히 과실범의 경우 행위자 스스로도 자신의 범죄에 대해 부정적 판단을 내린다면 특별예방의 기능은 더욱 의미가 없다. 그런데도 형벌을 부과하는 이유는 일반예방의 목적에서 찾을 수 있다고 한다. 즉 처벌이 일반인에 대한 규범의식의 강화 등 예방목적 달성에 의미가 있으면 처벌대상이 되는 행위의 책임은 인정되어야 한다는 것이다. 이 견해에 따르면 책임은 결국 일반예방의 파생

---

7) 김일수/서보학, 256면.
8) Jakobs, Schuld und Prävention, 1976, S. 10; Jakobs, 17/1 ff.
9) 신동운, 365면.

어에 지나지 않게 된다.

이에 근접한 벌책성(罰責性 : Verantwortlichkeit) 이론에 따르면 형법적 벌책성은 행위의 유책성만으로 충족되는 것이 아니라 오히려 범죄예방 목적을 위해 형벌이 필수적으로 요구되는 경우에만 인정된다.[10] 행위자가 특정 행위상황에서 규범의 경고기능을 인식하고 이에 따라 자신의 행동을 스스로 통제할 능력이 있음에도 불구하고 구성요건을 충족시킨 경우에 책임은 인정된다. 그리고 그러한 구성요건 해당행위에 위법성 및 책임조각사유가 결부되지 않는 한 일반적인 경우에는 예방목적을 위해 형사제재가 가해지게 되는 것으로 보게 된다. 그러나 회피가 불가능한 금지착오 혹은 책임능력이 결여된 경우, 또는 기타 면책사유가 존재하는 사례에서는 형벌의 예방목적부합성은 존재하지 않는다. 일반적 책임론에 의하면 책임이 인정됨으로써 여기에 자연스런 효과로서 가벌성이 따르는 것으로 이해되는 데 비해, 벌책성론은 인간의 규범적응능력이 책임의 근거이며 이것은 예방적 제재필요성에 의해 보충되어야 한다는 시각에서 출발하여, 벌책성이 인정되기 위해서는 처벌의 예방적 기능이 전제가 되어야 한다는 것이다.[11] 다시 말해 행위자에게 행위에 따른 벌책성을 인정하려면, 첫째, 행위에 책임이 인정되어야 하고, 둘째, 이 행위를 벌하기 위해서는 예방적 필요성이 있어야 한다. 형벌의 예방적 필수성은 스스로가 책임의 한 부분이 아니라 벌책성의 한 요소로 볼 수 있다. 즉 행위의 책임과 형벌의 예방적 필수성의 결합으로 벌책성이 성립된다는 도식으로 이해해야 할 것이다.

이와 같은 기능적 책임론 혹은 벌책성 이론에 대해서는, 형법은 형사정책의 뛰어넘을 수 없는 한계인데 이 이론들은 형사정책으로 형법에 변형을 가하게 될 수 있는 이론이라는 점에 의문을 제기하지 않을 수 없다.

V. 책임비난의 대상

사회화 과정을 통해 보편적인 사고력과 통찰력을 갖춘 사람이라면 법질서가 자

---

10) Roxin, AT I, § 19 Rdnr. 3 ff. Jakobs, Schuld und Prävention, 1976, S. 9 참조.

11) 주의할 것은 처벌의 예방적 기능은 책임의 요소가 아니라 책임개념과는 다른 벌책성의 요소이다. 즉 Roxin이 사용하는 'Verantwortlichkeit'는 책임과 예방적 처벌필요성을 담는 개념으로서 김일수, 한국형법 II, 26면 이하에서처럼 답책성보다는 벌책성으로 번역하는 것이 적절하다.

신에게 요구하는 바가 무엇인지를 인식할 수 있으며, 이를 바탕으로 개별적 행위상
황에서 양심의 긴장을 통해 법질서에 의해 금지된 바를 피할 능력이 있는 것으로
간주된다. 법질서는 이러한 사람에 대해 자기의 요구에 상응하는 행동을 할 것을
기대한다. 그러므로 합법과 불법에 대한 판단과 자유로운 자기결정 가능성을 가짐
에도 불구하고 법질서의 요구에 거슬러 위법한 행위를 선택한 행위자의 잘못된 태
도가 바로 책임비난의 대상이 된다.

불법이 행위반가치와 결과반가치로 성립된다고 하면 책임은 법질서의 요구에 반
하는 행위자의 태도로서의 심정반가치로 성립된다. 행위반가치와 심정반가치는 모
두 행위자의 정신적·내면적 요소라는 공통점이 있으나 행위반가치는 객관적 행위
상황에 관련한 위험에 대한 인식을 내용으로 하는 데 비해 심정반가치는 법적 금
지에 대한 인식을 내용으로 하는 점에서 구별된다.

심정반가치는 가벌성의 한 요건임과 동시에 양형의 기준이 된다. 가벌성의 본질
적 근거는 심정반가치 그 자체가 아니라 이것의 객관화된 작품으로서의 행위이다.
심정반가치의 주된 기능은 책임의 정도에 따른 차등적 비난에 있다.

심정반가치의 판단대상이자 준거점이 되는 것은 개별적·구체적 불법행위이다.
이 개별적 행위에 대해서만 책임판단이 이루어질 수 있다. 이 행위에 대한 책임판단
에 있어서는 행위자의 평소의 태도나 생활습관, 지적 수준이나 판단능력 혹은 나아
가 전과사실 유무 등은 문제되지 않는다. 고의의 구성요건실현행위라도 당해 행위에
있어서 특별한 사유로 인해 법준수의 요구에 응할 수 없었다면 그 행위의 심정반가치
는 부정된다. 책임은 구체적·개인적 회피가능성을 전제로 하기 때문이다.

제 29 절 책임론상의 책임개념

I. 형식적·실질적 책임개념 및 행위·행위자책임

1. 형식적 책임개념과 실질적 책임개념

형식적 책임개념이란 실정법상 책임인정을 위한 요건으로서 적극적으로 요구되

는 모든 책임요소를 포괄하는 개념이다. 형식적 의미의 책임은 역사적으로 이어져 내려오는 형법체계에서 주관적 귀속의 전제로서 인정되는 표지(標識)의 총체와 동일한 개념이다.

반면 실질적 책임개념은 어떠한 조건하에서 주관적 귀속을 인정할 것인가의 문제를 담는 개념이다. 이것은 사회일반의 윤리의식, 구체적 사회현상의 변화에 따른 사회보호의 필요성, 특히 일반예방과 관련한 형벌의 목적, 인간의 범죄성향이나 통제능력 등 복합적 요소에 대한 반응으로 형성되는 것으로서 입법자의 책임표지형성에 대한 판단기준이 된다.[1]

2. 개별행위책임(Einzeltatschuld)과 생활영위책임(Lebensführungsschuld)

책임비난의 대상은 행위자에 의해 나타난 위법한 행위이며 이 행위에 대해서 형벌이 주어지는 것이므로 우리의 형법을 행위형법으로 지칭한다. 책임판단의 대상은 개별적 행위에 한정된다.[2] 범죄행위를 한 사람에 대해 그가 범죄자가 되었다는 데 책임을 물어 형벌이 주어진다는 행위자 형법의 사고는 죄형법정주의에 반하므로 용인될 수 없다. 그러나 행위가 행위자에서 완전히 절연된 것으로 이해할 수는 없다. 행위는 어디까지나 행위자로부터 나오는 것이기 때문이다. 따라서 행위자 책임의 한 요소로서의 생활영위책임이 경우에 따라서는 책임인정의 근거로서 대체적 기능할 수 있을 것으로 보는 견해가 제시된다. 범인이 자신의 생활영위 방식에 의해서 규범의 명령이나 양심의 요구에 감응하지 못하는 사람으로 만들었다는 데 책임을 인정할 수 있다는 것이다.[3]

이에 따르면, 예컨대 인식 없는 과실범에 대해서는 생활영위책임을 통해서만 책임비난이 가능해진다고 한다. 즉 이 사례에서는 행위자가 항상 위험에 대비해서 적절한 조치를 취해야 할 준비태세를 갖추지 않은 생활영위태도에 책임이 있다고 하는 것이다. 같은 맥락에서 회피가능한 금지착오의 경우에 있어서도 범인은 법익보호를 위해 요구되는 지식의 취득 혹은 양심의 긴장에 소홀한 인간이 되었다는 점

---

1) Jescheck/Weigend, § 38 III.
2) 신동운, 362면 이하.
3) Blei, § 112 III; Mezger, ZStW 1943, 688.

에 책임비난이 가능하다.[4] 또한 특수한 범죄적 환경에서 성장하여 절도 정도에는 전혀 죄의식을 못 느끼는 행위자에게도 개별적 행위에 대한 책임을 묻기보다는 자신을 인격적 붕괴에 이르게 한 생활영위태도에 책임을 물을 수 있다는 것이다.[5]

형사정책적 관점에서나 양형의 관점에서라면 생활영위책임의 의미는 고려될 수 있을지 모르나 최소한 형법도그마의 영역에서는 이러한 생활영위책임개념의 책임인정 기능은 부정되어야 한다.[6] 책임비난은 행위자가 의식적으로 무엇을 할 수 있느냐에 따라 판단될 문제이지 행위자가 존재론적으로 누구이냐에 따른 문제가 아니라면[7] 이 개념에 의한 책임인정은 가벌성 범위의 부당한 확장을 의미하며 이는 곧 죄형법정주의원칙의 위배에 직결되기 때문이다.[8] 물론 개별행위 당시의 심정은 행위자의 평소의 생활태도에 밀접한 관련이 있을 수 있으므로, 이것은 구체적 사례에서 예컨대 금지착오의 회피가능성 혹은 행위충동의 억제 가능성 등의 판단을 위한 자료로서 중요한 의미가 될 수 있다. 그러나 그 이상의 의미는 인정되어서는 안 된다.

이 밖에 개별적 행위에 대한 판단이 아닌 행위자의 범죄행위 당시의 특정한 상태의 형성에 관한 판단을 내용으로 하는 생활결정책임(Lebensentscheidungsschuld)이나 성격책임(Chrakterschuld)도[9] 유효한 책임개념의 범주에서는 제외되어야 한다.

II. 책임의 근원

책임원칙은 인간의 의사결정의 자유를 전제로 한다. 이것은 법적 책임영역뿐 아니라 윤리적 책임영역에서도 마찬가지이다. 합법과 불법 혹은 선과 악에 대한 판단

---

4) Haft, S. 121.
5) Baumann/Weber/Mitsch, § 18 Rdnr. 30. 이러한 사례에서 제한고의설은 절도의 금지에 대한 잠재적 인식으로, 책임설은 회피가능한 금지착오로 처벌이 가능하다는 결론에 이른다.
6) 위험한 상습범에 있어 생활영위책임의 의미의 행위자 책임으로 인한 형벌가중규정인 독일 구형법 제20a조가 삭제된 것도 이러한 의미로 해석할 수 있다.
7) Welzel, S. 139.
8) Baumann/Weber/Mitsch, § 18 Rdnr. 31; Jescheck/Weigend, § 21 II 2; § 38 IV 2. 생활영위책임개념을 대체로 긍정하는 견해로 김일수, 한국형법 II, 29면.
9) Jescheck/Weigend, § 21 II. 2; Wessels/Beulke, Rdnr. 402.

가능성과 선택의 자유가 있는 사람이, 달리 행동할 수 있었음에도 불구하고 범행을 했을 때에만 책임을 물을 수 있기 때문이다. 즉 타행위'가능성'은 불법회피'당위성'의 전제가 되는 것이다. 예컨대 정을 모르고 간접정범의 도구로 이용된 사람이나 회피불가능한 법률의 착오에 빠진 사람에게는 자신의 행위에 대한 선택 혹은 결정에 있어 의사자유가 없으므로 불법회피의 당위성이 결여되어 행위에 대한 책임이 부정된다.

그러나 여기서 본질적인 문제가 되는 것은 과연 인간에게 의사결정의 자유가 인정될 수 있을 것인가 하는 점이다. 이 문제에 대해서 비결정주의와 결정주의이론이 대립된다.

1. 비결정주의(Indeterminismus)

고전적 견해인 비결정주의론은 인간은 매순간 양심과 유혹 사이에서 법과 불법 혹은 선과 악을 선택하는 것이 가능하다고 한다. 말하자면 인간은 본능을 억제하고 이성으로 행동을 지배할 수 있는 존재라는 것이다. 그러나 이에 대해서는 인간의 의사자유는 일반적 가능성으로서 인정될 뿐이고 모든 개별적 행위에서 구체적으로 입증될 수 있는 것은 아니라는 비판이 주어진다. 즉 개별적 행위자의 의사자유를 통해 책임비난의 근거가 성립된다는 주장은 옳지 않으며, 그보다는 평균인이 범인의 위치에 있었다면 달리 행동을 할 수 있었을 것인가를 묻는 것은 가능할 것이라고 한다.[10] 그 밖에 성격책임론(Charakterschuld)은 개별적 행위의 의사형성에서 책임의 근거를 찾기보다는 행위자가 평소에 불법을 거부할 수 있는 의지력이나 윤리적 이성을 갖춰놓지 않았다는 점에서 찾아야 한다고 한다.[11]

2. 결정주의(Determinismus)

결정주의는 인간의 행위나 행태는 타고난 소질과 행위환경의 복합적 요소에 의한

---

10) Blei, S. 178 f; Bockelmann/Volk, S. 110 f; Haft, S. 119.
11) Engisch, Die Lehre von der Willensfreiheit in der strafrechtsphilosophischen Doktrin der Gegenwart, 2. Aufl., 1965, S. 65.

필연적 소산으로서 행위자의 내적인 면이 개별적 행동을 좌우하지 않는다는 견해이다. 즉 세상의 모든 사물은 강제적 인과법칙에 의해 움직이는 것이므로 범죄행위도 강제에 따른 표현일 뿐이라고 한다. 이에 따르면 다른 사람에게라면 가능했을 타행위일지라도 당해 행위자가 가지고 있는 성격상 당사자에게는 불가능한 것이 되며, 이에 대해 제3자뿐 아니라 행위자 스스로도 책임을 인정하게 된다.[12]

이러한 결정주의 견해에 대해서는 인간은 자신의 충동을 억제하고 이성적 가치에 따른 행동을 선택할 수 있는 가능성을 가진 존재라는 비판이 가해진다.[13] 인간이 스스로 존엄성과 가치를 인정하기 위해서 의사자유는 부정되어서는 안 된다. 의사자유를 인정함으로써 사회구성원으로서의 인간의 사회적 행동에 대한 통제나 제한이 가능해질 수 있다. 동시에 다른 한편으로 국가형벌권의 확장된 적용을 합리적으로 제한할 수 있다. 의사자유를 인정하지 않으면 극단적으로 같은 유형의 행위에 대해서는 개별적 사안의 차이에 따른 비례적 처벌이 아닌 일괄적으로 동일한 처벌만 가능해질 수 있다.

3. 절충설

비결정론이나 결정론은 모두 자연과학적으로 그 진위를 증명할 수 없기 때문에, 인간은 자유롭게 행동할 수 있다는 일반적 확인으로 만족해야 한다는 입장이다. 이 견해는 이러한 보편적 가능성으로부터 구체적 사례에서의 가능성이 도출될 수 있다고 본다. 윤리적으로 성숙하고 정신적으로 건강한 사람은 자신의 행위에 대해서 스스로 답책성을 부담하는 범위에서 자유로운 의사결정이 가능하다는 현실의 인식으로 절충하고자 하는 것이다.[14]

행위 당시에는 자유롭지 않으나 개별적 행위에 연결되는 인과영역의 학습에 있어서는 자유롭다고 하는 생활영위책임설도 양자 간의 절충적 입장에 있다고 할 것이다.[15]

---

12) Schopenhauer의 견해로서 이에 대한 소개는 Roxin, AT I, § 19 Rdnr. 25.
13) Haft, S. 119.
14) 허일태(역), 195면.
15) Baumann/Weber/Mitsch, § 18 Rdnr. 29.

4. 결론

행위는 행위자의 타고난 소질과 인격형성 및 행위환경의 필연적 소산이라고 하는 주장에 대해서는 부분적으로 긍정이 가능하다. 하지만 동물이 대체로 본능에 따른 행위를 한다면, 인간은 복합적 원인에 따른 행위충동을 영적 통제기관으로서의 자아중심세계의 여과를 거칠 기회를 갖게 된다.[16] 말하자면 형법적 책임개념과 관련하여 인간은 소질적·환경적 제약에 의한 충동을 통제하고 사회윤리적 의무와 가치관념에 기초한 동의과정을 거쳐 행위할 수 있는 가능성을 지닌 존재라는 점에서 출발해야 한다. 다만 인간의 행위에는 이러한 인간의 의사자유가 전혀 작용하지 않는 부분도 충분히 있음을 간과해서는 안 된다.

의사자유의 존재 여부는 자연과학적으로 입증될 수 있는 것도 아니고 또 입증되어야 할 문제가 아니라, 책임의 근원이라는 관점에서 규범적으로 판단해야 할 문제로서 접근해야 할 것이다. 즉 형벌목적성의 관점에서 상대적으로 입증이 가능한 감응가능성의 개념으로 해결해야 한다. 예컨대 도로교통에서 감속하라는 교통표지에 따라 운전자가 감속을 했을 때, 이것이 자유로운 의지에 의한 것인지 외적 강제에 의한 것인지는 판단하기 어렵다. 다만 교통표지는 행동지침을 위해 중요한 정보를 제공한 것이고 이것은 운전자의 의사결정에 큰 영향력을 줄 수 있다는 점은 분명하다. 정상적 운전자라면 이러한 정보에 감응가능성을 가지고 있으며, 이에 반응을 하지 않은 행위는 형벌 합목적성의 관점에서 중요한 행위라 할 것이다.[17]

III. 책임의 근거

1. 도의적 책임론

책임의 근거는 의사자유에 있다는 관점에서 출발하는 도의적 책임론에 따르면 의사자유가 없는 자에게는 책임능력이 없고 범죄능력 또한 부정된다. 바로 합법과 불법을 자유롭게 선택할 가능성이 있는 자가 불법을 택한 경우에 도의적 책임이

---

16) 허일태(역), 196면.
17) Gropp, § 7 Rdnr. 35.

인정된다는 것이다.

　그렇다면 의사자유가 있는 자에게 주어지는 형벌과 의사자유가 없는 자에게 주어지는 보안처분에는 양적 차이가 아닌 질적 차이가 존재하게 된다.

2. 사회적 책임론

　Tarde, Lacassagne 등을 중심으로 하는 환경학파에 의한 사회적 책임론은 결정론의 입장에서, 범죄는 인간의 자유로운 의사에 의해 좌우되는 것이 아니라 행위자의 소질과 환경의 지배를 받는 것으로 이해한다. 이 견해에 따르면 책임의 근거는 행위자의 반사회적 성향이나 사회에 대한 위험성에 있으며, 형벌이나 보안처분은 모두 이러한 행위자의 사회에 대한 위험성으로부터 사회를 방위하고자 하는 목적을 위해 취해지는 것이라는 점에서 그 의미가 동일하며, 다만 합목적적 관점에서 형벌과 보안처분 간의 대상적용자를 구분할 뿐인 것이므로 양자 간에는 양적 차이만이 있을 뿐이다.

IV. 책임의 본질

1. 심리적 책임론

　인과적 행위론에서처럼 고의행위의 불법이 위법한 구성요건행위의 의도적 실현으로 성립되는 것으로 이해한다면, 행위자의 행위에 대한 주관적 관계로서 고의 또는 과실이 책임요소가 된다. 인과적 행위론은 행위에 대한 행위자의 주관적·정신적 관계에서 책임을 인정하고자 하며, 고의와 과실을 책임의 두 가지 가능한 종류로 보았다. 이에 따르면 고의는 행위자가 행위 또는 이에 따른 결과를 원했던 경우의, 그리고 과실은 이를 원하지 않았을 경우의 책임의 종류이다. 즉 고전적 범죄체계에서는 인식과 불인식, 의욕과 무의욕 혹은 주의의무의 충실한 이행 또는 태만 등과 같은 행위자의 행위에 대한 심리적 사실과 책임개념을 동일시하여 이러한 심리적 내용 자체를 책임의 본질로 이해하게 된다.

　그러나 이러한 방식의 책임에 대한 이해는, 행위와 결과에 대한 어떠한 심리적 관계가 중요한지, 그것이 책임의 본질이 되는 이유가 무엇인지, 따라서 그것이 결여되면 어떠한 효과로 연결되는지에 대해 구체적으로 설명을 해 줄 수 있는 내용을 갖지 못한다.[18] 말하자면 이 견해에 따르면 행위에 고의 혹은 과실만 있으면 책임은 인정되어야 할 것인데, 고의는 있으나 면책되어야 할 상황은 얼마든지 성립이 가능함에도 이 견해는 바로 이러한 상황에서의 면책귀결을 설명하지 못하게 된다. 예컨대 강요된 행위에서 피강요자는 자신의 법익보호를 위해 강요자의 지시에 따라 구성요건적 행위를 할 수밖에 없다. 이때 피강요자에게는 고의뿐 아니라 위법성인식이라는 심리적 관계까지 있음에도 결국 책임은 부정되어야 할 것인데, 심리적 책임론은 그 귀결의 논리를 설명을 하지 못한다.

심신미약 혹은 심신상실자의 행위에 있어서도 마찬가지이다. 판단능력은 책임의 전제일 뿐이며 정신장애자도 자연적 의미에서 고의적 행위를 할 수 있다고 해야 할 것이다. 이러한 사람이 총기난사를 하는 경우에도, 다만 자신의 행위의 불법성에 대한 통찰이 결여될 수 있을지라도 적어도 자신이 사람을 살해한다는 데 대한 인식과 의도는 있을 수 있기 때문이다. 이러한 상황에서의 고의행위에 책임은 배제되어야 한다.

인식 없는 과실의 경우에 있어서도 심리적 책임론에는 어려움이 따른다. 이러한 사례에서 행위나 결과에 대한 행위자의 심리적 관계가 있을 수 없으므로 심리적 책임론은 책임을 인정할 수 없게 되는데, 형법은 인식 없는 과실에 대한 처벌가능성을 인정하므로 이 결론은 부당하다.

2. 규범적 책임론

1) 이론내용

행위와 행위자를 연결하는 심리적 관계를 책임의 본질로 이해하는 심리적 책임론과 달리, 규범적 책임론은 행위에 관한 행위자의 내면적 관련성 또는 심리적 사실에 대한 규범적 평가에서 책임의 본질을 찾는다. Frank는 규범명령에 기초한 심리적 사실관계에 대한 가치평가로서의 책임의 본질은 의사형성과 의사실현에 대한 비난가능성이라고 설명한다.[19] 이에 따르면 행위는 이에 대한 행위자의 심리적 관계가 있을

---

18) 이재상/장영민/강동범, § 22 - 10.

뿐 아니라 행위자가 이로 인해 비난 받을 수 있을 때 비로소 책임 있는 행위로 인정
된다. 비난가능성은 책임과 동일시되는 것이 아니라 행위자의 책임의 결과라는 관계
를 형성한다. 비난가능성은 행위와 행위자에 대한 객관적 제3자의 가치평가를 담는
것으로서, 행위자의 책임이 인정되고 난 후 이에 대한 비난가능성 여부가 검토되어
야 할 것으로 보는 것이 일반적이라 하겠다.

규범적 책임론에 따르면 심리적 관계는 책임개념 자체가 아니라 여러 책임표지
의 하나일 뿐이다. 고의도 책임의 형태가 아닌 책임요소이며 책임능력도 마찬가지
이다. 이러한 것들은 가치평가를 담는 규범적 개념이다. 즉 책임판단을 위해서는
이러한 요소 그 자체가 중요한 것이 아니라 이들에 대한 규범적 가치판단이 중요
하다는 것이다. 의도나 인식 혹은 주의의무위반이 아닌, 이와 관련한 적법의 타행
위 가능성 여부가 책임비난의 판단대상이 된다.

고삐를 스스로 물어 당기는 위험한 습성이 있는 말을 부리기 위해 장터로 끌고
나가서는 안 된다는 인식이 있었으나, 고용주의 명령에 따라 어쩔 수 없이 그러한
행동을 하다 사람을 다치게 한 마부의 행위에[20] 대한 판단에 있어서, 의사형성 사
실 그 자체가 중요한 것이 아니라 그 사실에 대한 규범적 관점에서의 평가결과가
중요한 것이다. 그는 위험에 대한 인식하에 의사형성을 했으나 그것은 규범적 관점
에서 의무위반적 의사형성은 아니었으므로 책임은 배제되어야 한다.

2) 비판

이에 대해서, 규범적 책임개념은 (주관적 구성요건인) 고의라는 '평가객체'와 행위자
의 동기에 대한 평가로서 '객체의 평가'를 모두 포함하는 개념인데, 서로 조화될 수
없는 이들 이질적 요소를 하나의 개념에 담는 것은 부적절하다는 이견이 제시된
다.[21] 즉 심리적 관계로서의 고의를 책임개념에서 배제해야만, '평가의 객체'를 배제
하고 '객체의 평가'만을 담는 순수한 평가적 규범적 책임개념이 될 것이라고 한다. 이
에 대해 다수설은 평가의 객체도 평가의 범주에 속하는 것이라고 반론한다.

목적적 행위론은 책임개념에서 고의와 과실을 축출하여 책임요소에는 책임능

---

19) Frank, Über den Aufbau des Schuldbegriffs, 1907, S. 11.
20) Leinenfänger 사건으로 RGSt 30, 25.
21) Graf zu Dohna, Aufbau der Verbrechenslehre, 3. Aufl., 1947, S. 22, 40.

력, 위법성인식, 기대가능성만을 남겨 두고자 했다. 책임은 행위에 대한 행위자의 관계의 평가로서 순수 평가적 성격으로 이해했다. 책임이 유책한 행위의사로서 평가의 객체와 이에 대한 평가를 모두 담는 것이라는 견해에 대해, 책임이라는 것은 평가의 객체는 제외된 행위의사에 대한 순수한 평가만을 담는 것이어서 평가객체로서의 고의는 결코 책임에 속하는 것이 아니라고 한다.[22] 목적적 행위론에 따르면 고의는 행위자의 머릿속에, 그리고 순수 평가의 개념으로서의 책임은 평가자의 머릿속에 있는 것으로 이해한다. 하지만 목적적 행위론이 생각하는 바의 순수 평가적 개념으로서의 책임은 존재할 수 없다. 전체행위에 대한 비난가능성에 관련한 문제로서의 책임은 사물적·객체적 요소를 담지 않을 수 없으므로 책임개념은 복합적인 것일 수밖에 없다고 해야 할 것이다.[23]

제 30 절 책임조각사유와 책임표지

I. 책임조각사유

책임조각사유는 책임배제사유와 면책사유로 크게 나눌 수 있다. 그중 책임배제사유(Schuldausschließungsgrund)란 책임인정을 위해 요구되는 모든 표지가 완전히 충족되지 않아 책임성립 자체가 부정되는 사유를 말한다. 여기에는 형사미성년자(형법 제9조)와 심신상실(형법 제10조 제1항) 등과 같은 책임무능력의 사유와 회피 불가능한 금지착오(형법 제16조)가 포함된다. 면책사유(Entschuldigungsgrund)란 다른 모든 책임성립요소는 갖추어졌으나 단지 적법행위에 대한 기대가능성이 결여되거나 불충분하여 이미 성립된 책임을 사후적으로 감면하게 되는 사유를 말한다. 여기에는 강요된 행위(형법 제12조), 과잉방위나 과잉피난의 특수사례의 경우(형법 제21조 제3항, 제22조 제3항)처럼 불가벌인 경우와 보통의 과잉방위(형법 제21조 제2항), 과잉피난(형법 제22조 제

---

22) Welzel, § 19 III.
23) Baumann/Weber/Mitsch, § 18 Rdnr. 16 ff; Jakobs, 17/15; Roxin, "Schuld" und "Verantwortlichkeit" als strafrechtliche Systemkategorien, FS−Henkel, 1974, S. 172; Sch/Sch/Lenckner/Eisele, Vor § 13 Rdnr. 114.

2항), 과잉자구행위(형법 제23조 제2항)처럼 형벌감면에 그치는 경우가 있다.

• 책임조각사유의 분류 •

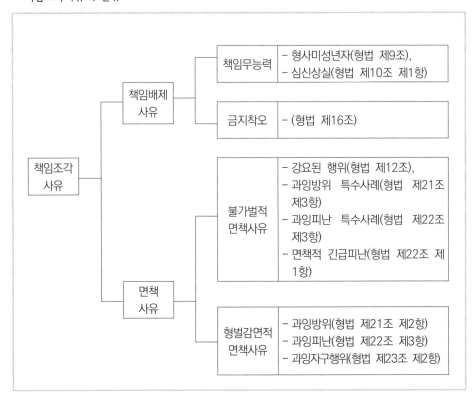

II. 책임표지

1. 책임표지의 내용

심정반가치의 판단은 행위자의 인격에 대한 전체적 인상을 바탕으로 일괄적으로 내려지는 것이 아니라 법이 정한 개별적 책임표지에 입각한 검토를 거쳐야 한다. 여기에는 책임판단기준을 판사 개인의 재량에 맡겨서는 안 된다는 의미에서 피고인을 위한 법치국가적 보장기능을 확보한다는 의미가 있다. 다른 한편으로는 구성요건해당행위의 위법성이 인정되면 이에 따라 잠정적 책임도 자동적으로 인정되므로, 책임조각사유의 부존재라는 소극적 요건에 대한 구체적 검토를 통해 책임을 최종적으로 확정하도록 하는 형법의 엄격성의 의미가 있다.[1]

책임성립을 위한 표지로서는 ① 책임형식으로서의 고의 또는 과실, ② 행위의 불법통찰능력과 이 통찰에 따른 행위조종능력을 의미하는 책임능력, ③ 행위가 규범에 위반된다는 사실에 대한 인식, ④ 법이 요구하는 합법적 행위에 대한 기대가능성이 있다.

2. 책임표지의 한 요소로서의 책임형식

개별적 행위에서의 책임의 크기와 정도는 행위의 불법내용에 종속된다. 즉 책임은 불법에 비례하거나 적어도 양자는 상관관계를 가진다고 할 수 있다. 이와 마찬가지로 고의인가 혹은 과실인가 하는 행위형태는 책임형식에 상응하는 상관관계를 갖는다.

고의의 이중적 성격에 따르면 이것은 범행을 통해 실현된 심정반가치를 담는 그릇임과 동시에 책임의 한 유형이다. 책임유형으로서의 고의는 법질서가 요구한 행동규범에 의식적으로 거스르는 행위자의 태도이다.

구성요건해당성은 위법성을 징표한다. 정당화사유가 존재하지 않음이 확인됨으로써 구성요건으로 징표된 위법성은 불법으로 치환되며, 반대로 정당화사유의 존재가 확인됨으로써 그 위법성은 실질이 소멸된다. 고의책임도 구성요건 고의에 의해 단지 징표될 뿐이다. 따라서 허용구성요건착오의 경우 행위자가 존재한다고 믿었던 정당화사유가 실제로 존재했다면 행위자에게 고의책임은 배제된다. 이 경우 행위자의 행위고의는 입법자의 반가치 판단에 상응하는 내용을 담지 않는다. 따라서 구성요건고의에 의해 징표 되었던 고의책임은 배제되고 단지 과실에 대한 책임비난의 여지만이 남게 된다.[2] 즉 자신의 생각 속에 존재하는 객관적 정당화상황이 실제로 존재하는지 여부에 대한 확인을 하지 않음으로써 주의의무를 위반했다는 데 대한 비난가능성만이 남는 것이다.

고의에 비교할 때 책임형식으로서의 과실은 법질서에 의해 요구되는 주의의무에

---

1) Jescheck/Weigend, § 39 IV 1.
2) Wessels/Beulke, Rdnr. 426.

대한 경솔한 태도이다.

제 31 절 책임능력

I. 의의

행위에 대한 책임이 인정되기 위해서는 행위시에 책임능력이 있었을 것이 전제
가 된다. 형법은 위법성의 범위에서와 마찬가지로 책임영역에서도 행위에 책임능
력이 요구된다는 특별한 규정을 두지 않고, 모든 구성요건적 위법행위에 책임이 존
재함을 전제로 하되 특별히 책임이 배제되어야 하는 경우를 위해 책임조각사유를
한정적으로 열거하는 방식을 취한다. 책임능력(Schuldfähigkeit)의[1] 결여도 이러한
책임조각사유의 하나이다. 책임능력은 행위의 옳고 그름에 대한 내용적 평가에 관
련되는 것이 아니라, 행위 당시 행위자의 심리적 상태로 보아 범죄행위에 대한 자
기결정가능성이 있었는지의 여부에 관한 문제이다. 행위자의 정신적·의지적 상태
에 있어 규범의 요구에 응할 수 있는 가능성이 결여된 경우에 행위자에게는 자신
의 결정에 대한 책임을 인정할 수 없다.

행위능력은 자신의 신체거동을 자신의 의지로 조종할 수 있는 능력을 말하는 것
으로 형사미성년자나 정신장애자에게도 행위능력은 인정될 수 있다. 따라서 이들
에 의해서도 구성요건에 해당하며 위법한 행위는 성립이 가능하다. 이에 비해 책임
능력은 법규범의 명령 및 금지에 대한 인식·통찰능력과 이에 따라 행할 수 있는
행위의 조종능력, 곧 총체적 규범적응능력을 의미하는 것이다. 법질서가 평균인에
게 요구하는 책임능력은 문화가 요구하는 가치관에 따라 달라질 수 있으며, 특정
개인에게 요구하는 책임능력도 개인의 환경, 소질, 성격 등에 따라 가변적으로 결
정된다. 개별적 사례에서 책임능력은 사회윤리적 가치관과 법규범에 부합하는 행

---

1) 독일에서 19세기까지는 책임능력이라는 용어보다는 착오나 강제가 배제되어 주관적 귀
   속에 장애가 존재하지 않는다는 의미의 'Zurechnungsfähigkeit(귀책능력)'이라는 용어
   가 주로 사용되었으나 오늘날의 규범적 책임개념하에서는 'Schuldfähigkeit'를 보편적으
   로 사용하게 된다. Jescheck/Weigend, § 40 I 1.

동에 대한 결정의 자유나 가능성이 존재한다는 것을 전제로 한다. 이 능력이 결여된 자는 형사책임무능력자로 분류된다.

II. 책임능력 판정방법

책임능력의 판정방법으로서의 생물학적 방법은 행위자의 생물학적·정신병리학적 비정상성의 유무에 따라 책임능력 여부를 판단하는 방법이다. 이러한 판정방법은 생물학적 혹은 정신병리학적 비정상성을 가진 자라도 구체적 사례에서는 정상인과 다름없이 행동할 수 있으며, 각각의 구체적 행위에 대해 비정상성의 작용의 의미가 다를 수 있다는 점을 간과할 수 있다.

규범적·심리적 판정방법은 사물의 변별능력과 의사결정능력의 존재 유무에 따라 책임능력 여부를 판단하는 방법이다. 사물변별능력은 책임의 지적 요소로서 행위의 불법을 인식할 수 있는 통찰능력이며, 의사결정능력은 책임의 의적 요소로서 불법통찰에 따라 행위 할 수 있는 능력이라 할 수 있다. 독일형법 제20조와 제21조는[2] 이러한 판정방법을 기술하고 있으며, 여기에서 변별능력과 의사결정능력의 기초로서의 생물학적 장애여부가 이미 고려되어야 하는 것이므로 이 규정들은 생물학적·심리적 판정방법의 혼합적 형태라 할 수 있다. 우리 형법 제10조 제1항과 제2항의 규정도 동일한 취지에 의한 것으로 볼 수 있다.[3]

III. 책임무능력자

1. 형사미성년자

형법 제9조는 14세 되지 아니한 자의 행위는 벌하지 않는다고 규정한다. 이로써

---

2) 독일형법 제20조 : 행위시 병적 정신장애, 심한 의식장애, 정신박약 혹은 다른 중대한 정신이상으로 행위의 불법성을 통찰하지 못하거나 통찰에 따른 행동을 할 수 없는 경우에 행위자에게는 책임이 없다.
   독일형법 제21조 : 불법성을 통찰하거나 통찰에 따른 행동을 할 수 있는 능력이 전조에 제시한 이유로 현저히 저하된 경우에 형을 감경할 수 있다.
3) 이재상/장영민/강동범, § 23-8.

형사미성년자는 절대적 책임무능력자로 인정된다. 형사미성년자에 대해서는 개인적 차이를 감안하지 않고 일률적으로 책임능력을 인정하지 않는 방법과 개인의 지적 발육의 정도, 윤리적 성숙도, 의지력 등에 따라 연령을 감안하여 형법을 적용할 것인지를 판단하는 방법이 있겠으나, 후자는 현실적으로 매우 어려운 작업일 뿐 아니라 판단 결과에 대한 문제의 소지가 많으므로 한국이나 독일의 입법자는(독일형법 제19조) 전자의 방법을 택하고 있다. 즉 14세 미만의 자에 대해서는 개인차를 고려하지 않고 일률적으로 책임능력을 부정하며 이는 책임배제사유(Schuldausschließungsgrund)가 된다. 이에 대한 책임능력 있는 자의 공범가담은 가능하다.

형사미성년자의 책임능력은 부정되므로 책임을 전제로 하는 형벌은 어떠한 경우에도 부과될 수 없다. 보안처분은 책임을 전제로 하는 것이 아니지만 형사미성년자에게는 일반형법을 적용하지 않음을 원칙으로 하므로 보안처분의 부과도 배제된다.[4] 그러나 형사미성년자는 소년법상 보호처분의 대상은 될 수 있다. 소년법은 형벌법령에 저촉되는 행위를 한 10세 이상 14세 미만의 촉법(觸法)소년과 범법의 우려가 있는 10세 이상의 우범(虞犯)소년에 대해 보호처분을 할 수 있다고 규정한다 (소년법 제4조 제1항 제2, 3호, 제32조 제1항).

행위 당시 만 14세가 지난 경우에는 일반 형법상의 책임능력이 인정된다. 그러나 만 19세 미만의 경우에는 일반 성인과는 달리 소년법상의 별도의 취급을 받게 된다. 일례로 상대적 부정기형의 선고가 가능하다. 장기 2년 이상의 법정형에 해당하는 범죄를 범한 경우 장단기를 정한 부정기형을 부과할 수 있다. 이때 장기는 10년, 단기는 5년을 초과 할 수 없다(소년법 제60조 제1항). 형의 집행유예나 선고유예를 선고할 경우에는 정기형을 선고해야 한다(소년법 제60조 제3항).

죄를 범할 당시 만 18세 미만인 소년에 대하여는 사형 또는 무기형은 불가하며 사형 또는 무기형으로 처할 경우에는 15년의 유기징역으로 한다(소년법 제59조).[5] 이 밖에 구속영장의 제한 및 분리수용(소년법 제55조), 심리의 분리(소년법 제57조), 환형처분금지(소년법 제62조), 징역·금고의 분리집행(소년법 제63조), 가석방 요건의 완화(소년법 제65조) 등의 특칙이 있다.

---

4) 이재상/장영민/강동범, § 23-9 각주 3)은 형사미성년자에게 보안처분이 배제되는 것은 형법 제9조의 요구에 의한 것이 아니라 보안처분 규정의 해석에 따른 문제라고 한다.
5) 이에 대한 예외규정으로 특정강력범죄의 처벌에 관한 특례법 제4조 제1항 참조.

2. 심신장애자

사물에 대한 통찰능력 또는 의사조종능력이 결여되거나 온전치 못한 심신장애의 경우 책임능력이 배제되거나 제한될 수 있다. 심신상실자(형법 제10조 제1항), 심신미약자(형법 제10조 제2항), 농아자(형법 제11조)가 이에 해당한다. 그중 심신상실자는 절대적 책임무능력자인 데 비해 심신미약자와 농아자는 한정책임능력자라는 점에서 구별된다.

1) 규정방법

전술한 바와 같이 심신장애의 인정요건을 규정하는 방법에 ① 생물학적 혹은 정신병리학적 장애요인 유무에 따라 결정하는 생물학적 방법과 ② 사물에 대한 변별능력이나 의사결정능력의 유무에 따르는 심리학적 방법이 있다면, 형법 제9조의 형사미성년자에 관한 규정은 만 14세 미만의 자는 생물학적 요인에 의해 책임능력을 갖추지 못하는 것으로 간주하는 것이므로 생물학적 방법에 의한 규정이라 하겠다. 형법 제10조 제1항 전단의 심신장애도 생물학적 판단기준이다. 반면 같은 항 후단이 요구하는 사물에 대한 변별능력이나 의사결정능력은 심리학적 판단기준이다. 따라서 형법 제10조는 생물학적 요인과 심리학적 요인 모두를 요구하는 혼합적 방법에 의한 규정이라 할 수 있다.[6]

2) 심신장애의 생물학적 요인

형법은 심신장애에 따른 책임능력의 배제요건으로 생물학적 요소와 심리학적 요소를 모두 요구한다.[7] 물론 생물학적 책임능력요소가 결여되면 심리학적 요소는 거의 당연히 결여되기 때문에 혼합적 방식은 그다지 큰 의미가 없는 것으로 보여질 수 있다.[8]

---

6) 대판 2013.1.24, 2012도12689 : 형법 제10조에 규정된 심신장애는 정신병 또는 비정상적 정신상태와 같은 정신적 장애가 있는 외에 이와 같은 정신적 장애로 말미암아 사물에 대한 변별능력이나 그에 따른 행위통제능력이 결여 또는 감소되었음을 요하므로, 정신적 장애가 있는 자라고 하여도 범행 당시 정상적인 사물변별능력과 행위통제능력이 있었다면 심신장애로 볼 수 없다.

7) Jescheck/Weigend, § 40 III 1.

그러나 생물학적 결함은 없으나 심리학적 능력이 완전히 결여된 경우가 존재할 수 있는데, 이런 경우는 심신장애에 의한 책임조각이 인정되는 것이 아니라 위법성 인식이라는 책임표지가 충족되지 않았기 때문에 책임이 조각되는 것이다. 따라서 심신장애에 의한 책임무능력이 인정되기 위해서는 우선 생물학적 요인이 존재한다는 것이 확인되어야 하며, 이것이 확인되면 이 생물학적 요인이 심리학적 요인에 영향을 주었는지 여부가 검토되는 2단계 검토방식이 이루어진다. 이렇게 함으로써 정신적 장애의 정도뿐 아니라 장애의 구체적 행위에 관련한 의미에 대한 검토가 이루어진다는 점에서 순수한 생물학적 방법에 비해 장점이 있다.[9]

독일형법 제20조는 병적 정신장애, 심한 의식장애, 정신박약 기타 정신이상 등 네 가지 심신상실의 구체적 이유를 제시하는 데 비해 우리 형법에는 단지 심신장애라는 언급만 있을 뿐이다. 하지만 이 심신장애라는 의미는 독일형법이 제시하는 정도의 내용과 크게 다르지 않은 것으로 이해하면 무리가 없을 것이다.

병적 정신장애는 쉽게 말해 정신병을 의미하는 것으로 정신분열증,[10] 조울증, 간질[11] 등이 이에 해당된다. 선천성 뇌조직의 이상, 내인성 정신이상이나 뇌의 손상 또는 충격 등으로 인한 외인성 정신이상 등이 모두 포함된다. 여기서 중요한 것은 반드시 의학적 질병 개념에 부합할 필요 없이 정신적 장애가 인격적 정상성에 침

---

8) 따라서 변별능력이나 의사결정능력과 같은 심리학적 요소를 언급한 우리나라나 독일형법의 법문에 별도의 의미가 있는 것은 아니다. 다만 생물학적 결함에 의해 심리학적 능력이 현저히 저하된 경우에는 책임감경이 인정되어야 한다는 점에서 형법 제10조 제2항은 법문으로서의 의미를 가진다.

9) Jescheck/Weigend, a.a.O.

10) 대판 1991.5.28, 91도636 : 피고인은 이미 10여 년 전부터 만성형 정신분열증 질환을 앓아 왔고 (...) 외면상으로는 정상적인 지적 판단능력을 갖춘 듯이 보이나 (...) 이 사건 범행 당시 심한 만성형 정신분열증에 따른 망상에 지배되어 사물의 선악과 시비를 구별할 만한 판단능력이 결여된 상태에 있었다고 보여지므로 피고인의 이 사건 범행에 대하여는 형법 제10조 제1항에 따라 벌할 수 없다.

11) 대판 1984.8.21, 84도1510 : 피고인은 5살 때 나무에서 떨어진 후부터 의식을 잃고 손발이 뒤틀리는 경기를 앓아오다가 1966년부터 간질병을 앓게 되었고 이 사건 2년 전부터는 그 간질병 발작이 심화되면서 편집성 정신병을 갖게 되었으며 (...) 이 사건 범행 당시에는 그 증상이 더욱 악화되어 (...) 현실을 판단하는 자아의 힘을 상실한 상태에 있었던 사실에 비추어 볼 때 피고인의 이 사건 범행은 형법 제10조 제1항 소정의 심신장애로 인하여 사물을 변별한 능력과 의사를 결정할 능력이 없는 자의 행위라고 봄이 상당하다.

해를 가져왔다는 규범적 판단을 가능하게 하는 사실이 중요한 것이다.

정신박약은 백치나 치매 등과 같은 선천적 지능박약을 말하며, 의식장애는 병적 장애 이외의 원인에 의한 정신적 결함상태(실신, 마취, 혼수상태, 최면, 과도한 피로, 명정(酩酊)[12] 등), 분노, 증오, 질투, 공포가 포함된다고 할 수 있다.[13]

기타 정신이상에는 노이로제,[14] 충동장애,[15] 인격장애 등 생체적 결함이 확인되거나 추정되는 사례가 이에 해당한다. 책임인정에 영향을 주지 못하는 단순한 의지박약이나 성격적 결함은 세심한 검토를 통해 여기서의 충동장애나 인격장애와 구분되어야 한다.

3) 심신장애의 심리학적 요인

생물학적·심리학적 혼합방식에 따르면 생물학적 장애의 확정만으로는 부족하며, 이러한 장애가 사물을 통찰할 수 있고 의사를 지배·조종할 수 있는 정신적 능력의 침해에 결정적 영향을 주었다는 사실이 확인되어야 한다.

---

12) 대판 2004.7.9, 2004도2116 : 피고인이 음주상태로 운전하다가 교통사고를 내었고, 또한 사고 후에 도주까지 하였다고 하더라도 피고인이 술에 만취되어 사고 사실을 몰랐다고 범의를 부인함과 동시에 그 범행 당시 심신상실 또는 심신미약의 상태에 있었다는 주장으로서 형사소송법 제323조 제2항에 정하여진 법률상 범죄의 성립을 조각하거나 형의 감면의 이유가 되는 사실의 진술에 해당하므로 피고인은 적어도 공소사실을 부인하거나 심신상실의 책임조각사유를 주장하고 있는 것으로 볼 여지가 충분하다.

13) BGHSt 3, 199; 8, 125; 11, 23.

14) 노이로제에 의한 방화욕구 사례로 BGH NJW 1955, 1726.

15) 대판 2013.1.24, 2012도12689 : 특별한 사정이 없는 한 성격적 결함을 가진 사람에 대하여 자신의 충동을 억제하고 법을 준수하도록 요구하는 것이 기대할 수 없는 행위를 요구하는 것이라고는 할 수 없으므로, 무생물인 옷 등을 성적 각성과 희열의 자극제로 믿고 이를 성적 흥분을 고취시키는 데 쓰는 성주물성애증이라는 정신질환이 있다고 하더라도 그러한 사정만으로는 절도 범행에 대한 형의 감면사유인 심신장애에 해당한다고 볼 수 없고, 다만 그 증상이 매우 심각하여 원래의 의미의 정신병이 있는 사람과 동등하다고 평가할 수 있거나, 다른 심신장애사유와 경합된 경우 등에는 심신장애를 인정할 여지가 있으며, 이 경우 심신장애의 인정 여부는 성주물성애증의 정도 및 내용, 범행의 동기 및 원인, 범행의 경위 및 수단과 태양, 범행 전후의 피고인의 행동, 범행 및 그 전후의 상황에 관한 기억의 유무 및 정도, 수사 및 공판절차에서의 태도 등을 종합하여 법원이 독자적으로 판단할 수 있다.

(1) 사물을 변별할 능력

행위의 불법을 인식할 수 있는 통찰능력을 말하는 것으로서 책임능력의 지적 요소에 해당하는 것이다. 이것은 단순한 도덕적 선악의 판단능력이 아닌 형법적 의미에서의 위법성인식과 판단에 관한 능력으로 규범적 내용을 담는 것으로 이해해야 한다.[16] 정신적 장애에도 불구하고 불법통찰능력이 있었다면 책임인정의 전제는 성립한다.

(2) 의사결정능력

불법통찰능력이 있더라도 의사결정능력이 결여되면 책임능력은 부정된다. 이것은 사물의 통찰에 따라 자기 행위를 지배할 수 있는 조종능력으로서 책임능력의 의적 요소에 해당한다. 독일형법 제20조는 이를 불법성 인식에 따라 행동 할 수 있는 능력으로 표현하는데, 자신의 행위의 위법성에 대한 인식은 있으나 살해욕 혹은 재물욕 등에 의해 행위에 대한 충동을 억제하지 못하여 범죄로 나아가는 경우 억제불가능의 정도에 따라서 책임능력은 부정될 수 있다.[17]

4) 책임무능력의 입증과 효과

형법 제10조 제1항의 요건이 적극적으로 존재하거나 적어도 소극적으로 배제되지 않는다면 책임은 조각된다. 책임능력 존재 여부에 관한 판단은 법적인 문제로서 의사나 그 밖의 전문가의 소견을 기초로 하여 법관이 최종적으로 확정한다.[18] 판단기준시점에 대해서 법문에 명기되지는 않았지만 개별행위책임원칙에 따라 심사의 대상이 되는 행위시가 판단기준시점이 된다.[19] 즉 당해 행위 당시에 책임능력이 있었는지 여부만이 중요하므로 평상시의 일반적 책임능력은 책임판단에 영향을 줄 수 없다(행위·책임능력 동시존재의 원칙).

행위자의 책임무능력이 입증되면 이에 따른 책임조각으로 형벌은 부과될 수 없

---

16) Baumann/Weber/Mitsch, § 19 Rdnr. 21.
17) BGHSt 7, 325.
18) 이에 관해 참조할 판례로 대판 1991.9.13, 91도1473 : 형법 제10조 제1항 및 제2항 소정의 심신장애의 유무 및 정도를 판단함에 있어서 반드시 전문감정인의 의견에 기속되어야 하는 것은 아니고 범행의 경위, 수단, 범행 전후의 피고인의 행동 등 기록에 나타난 제반자료와 공판정에서의 피고인의 태도 등을 종합하여 법원이 독자적으로 심신장애의 유무를 판단할 수 있는 것이다. 그 밖에 대판 1994.5.13, 94도581.
19) 이 사항은 법문에 명기할 필요성이 있다고 생각된다.

으나 일정한 요건에 따른 보안처분의 부과가능성은 존재한다(치료감호 등에 관한 법률 제2조 제1항 제1호).

IV. 한정책임능력자

한정책임능력은 책임능력과 책임무능력 사이의 한계가 매우 모호하고 불분명한 중간영역이다. 책임무능력과 한정책임능력 사이의 본질적 차이는 생물학적 요소에 보다는 심리적 요소에 관련되어 나타나는 것이라 할 수 있다. 한정책임능력상태란 정신적 결함으로 인해 통찰능력과 조종능력이 완전히 배제된 것은 아니지만 현저히 저하된 상태를 말한다. 형법은 한정책임능력자로 심신미약자와 농아자를 들고 있다.

1. 심신미약자

심신미약이란 심신장애의 일종으로 그 요건은 심신상실의 경우와 동일하되 정도의 차이만이 있을 뿐이다. 특히 통찰능력과 조종능력의 정도가 책임능력과 무능력의 중간단계에 놓여 있는 상태라 할 수 있다. 그 원인은 대체로 가벼운 정도의 정신분열, 간질, 노이로제, 조울증, 명정상태 등이 될 수 있다. 이에 대한 판단 역시 전문가의 감정을 토대로 법관이 내려야 할 법률문제이다.

심신미약은 형의 필요적 감경효과를 갖는다. 이 경우에는 형벌뿐 아니라 보안처분의 부과가능성도 존재한다(치료감호 등에 관한 법률 제2조 제1항 제1호).

2. 농아자

농아자(聾啞者)란 청각기능과 발성기능 모두에 결함이 있는 경우를 말한다. 그 원인은 선천적이든 후천적이든 불문한다. 형법 제11조는 농아자의 행위에 대해 형을 감경한다. 이 규정에 대해서는 입법론적 문제가 제기될 수 있다. 책임능력은 본질적으로 정신능력에 제한적으로 관련되는 문제이지 육체적 결함과는 직접관련이 없기 때문이다. 농아자의 경우 신체결함에도 불구하고 통찰능력이나 판단능력은 정상인과 다르지 않을 수도 있다. 물론 신체적 결함이 정신능력에 영향을 줄 수 있으나 이 경우에는 규범적 관점에서 정신능력만 분리하여 심사하더라도 아무런 무리가 없을 것으로 보인다.[20] 독일도 구형법 제55조에 우리 현행법과 유사한 규정이 있었으나 현재는 삭제되고 없으며 농아로 인한 정신적 결함이 있는 경우에는 생물학적 요소에 포섭시키는 것으로 해결한다.[21]

제 32 절 원인에 있어서 자유로운 행위

I. 의의

원인에 있어서 자유로운 행위(actio libera in causa)[1]란 책임능력이 있는 상태에서 결의한, 혹은 적어도 예견이 가능한 범죄행위를 책임능력이 상실되거나 한정책임능력 상태에서 실행하는 것을 말한다. 즉 책임능력이 있는 상태에서 범행을 결심한 자가 고의로 술을 마셔 명정상태에 이른 이후에 범행으로 나아가거나, 또는 술을 마시게 되면 음주운전을 하게 될 가능성을 예견하는 자가 술을 마신 후 운전하다가 사고를 낸 경우를 들 수 있다.

책임능력은 행위시에 동시존재 해야 한다는 원칙에 따르면 위의 행위들은 책임능력의 부존재로 인해 가벌성은 부정되어야 한다. 하지만 이에 대한 특별한 규정을 두지 않는 독일형법은 원인에 있어서 자유로운 행위를 관습법상으로 인정되는 예외적 개념으로 본다.[2] 이에 비해 우리 형법은 위험의 발생을 예견하고 자의로 심신장애를 야기한 자의 행위에는 책임무능력에 따른 책임조각에 관한 규정을 적용하지 않는다는 규정을 두어 입법적으로 해결하고 있다(형법 제10조 제3항).

---

20) 이재상/장영민/강동범, § 23 – 28.
21) Jescheck/Weigend, § 40 III 1.
 1) 이 용어는 1794년 Kleinschrod가 최초로 사용했으나 이에 대한 실질적 연구는 2차 세계대전 이후에 본격적으로 이루어졌다; Roxin, AT I, § 20 Rdnr. 56. 이에 대한 형법사적 언급으로 성낙현, Pufendorf의 귀속이론과 의무론, 영남법학 제49호, 2019.12, 24면 이하 참조.
 2) Jescheck/Weigend, § 40 VI 1.

II. 가벌성의 근거되는 행위시점

원인에 있어서 자유로운 행위의 경우, 책임능력이 존재하는 상태에서의 원인설정 행위 자체는 구성요건에 해당되지 않으므로 가벌성을 인정하기 어렵고, 반면에 책임능력이 흠결된 상태에서의 범죄실행행위는 구성요건에는 해당되나 책임능력이 결여되었다는 점에서 또한 가벌성을 확정하기가 쉽지 않다. 우리 형법 제10조 제3항과 같은 규정을 두고 있지 않은 독일에서는 예전부터 이에 해당되는 행위의 가벌성을 아예 부정하는 학자도 있었다.[3] 오늘날에도 행위 당시 행위의 위법성에 대한 통찰능력을 요구하는 독일형법 제20조의 법문을 따른다면, 원인이야 어찌되었든 행위 당시에 책임능력이 결여되면 처벌은 불가능하며 기껏해야 독일형법 제323a조(명정상태에서의 범죄행위)에 의한 처벌가능성만이 있다는 주장이[4] 제기될 수 있다. 하지만 원인에 있어서 자유로운 행위라는 법형상은 절대다수설이 인정하고 있다.

1. 원인행위에 두는 견해

독일의 통설과 판례는[5] 책임능력 동시존재원칙에 입각하여 원인설정행위를 포함한 전체행위를 범죄행위로 보아, 책임능력 흠결상태에서의 구성요건실현행위는 책임능력이 존재하는 자유로운 상태에서 자신을 책임무능력의 상태로 빠뜨리는 행위로부터 시작된다고 이해한다. 행위자가 책임 있는 자유로운 상태에서 자신을 책임무능력의 상태로 만든다는 것은 결과발생의 결정적 원인이 되므로 여기에 가벌성의 근거가 있다고 보는 것이다. 구성요건의 범위를 확장시킴으로써 책임비난을 앞당긴다는 의미에서 구성요건모델이라고도 불리는 이 견해는, 범행을 개시할 시점에 범인의 책임능력이 인정되면 그것으로 족하고 이 책임능력은 구성요건이 완전히 실행될 때까지 존속해야 하는 것은 아니라고 본다. 따라서 이 견해에 따르면

---

3) Lilienthal이나 Katzenstein 등을 예로 들 수 있다.

4) Hettinger, Die actio libera in causa Strafbarkeit wegen Begehungstat trotz Schuldunfähigkeit, 1988, S. 437 ff; Köhler, AT, 1997, S. 397; NK-Paeffgen, Vor § 323a Rdnr. 1 ff.

5) Hoyer, S. 104 Fn. 304; Jescheck/Weigend, § 40 VI 2; Puppe, JuS 1980, 348f; Roxin, AT I, § 20 Rdnr. 58 ff; SK-Rudolphi, § 20 Rdnr. 28d, e.

책임능력의 흠결상태에 돌입하는 순간이 착수시점이 된다.6)

원인설정행위 자체는 구성요건의 정형성(定型性)을 갖추지 못한 행위로서 가벌성을 인정하는 것은 무리라는 반론에7) 대해 구성요건모델은 간접정범의 논리로 대응한다.8) 즉 간접정범의 경우에도 행위자가 자신의 범행도구로 사용될 피이용자에게 작용을 가함으로써 착수는 시작되고 그 도구가 간접정범자의 지배영역을 떠나는 순간 착수는 종료되듯이, 원인에 있어서 자유로운 행위에서도 행위자가 자신을 책임능력이 결여된 자신의 도구로 만듦으로써 그 상태 이후의 경과에 대해서는 행위자 스스로가 더 이상 통제할 수 없는 단계에 이르게 되므로 이를 착수로 보아야 한다는 것이다.9)

이 이론은 더 나아가 형법적으로 중요한 결과에 대한 답책성을 평가함에 있어서 조건설의 입장에서 출발한다면, 책임무능력의 상태에서 최종적으로 행해진 구성요건적 행위만이 평가의 대상으로 한정될 수 있는 것이 아니고, 책임능력이 있는 상태에서의 결과야기의 원인이 될 수 있는 모든 준비행위도 함께 고려되어야 한다고 한다. 이러한 구성요건 충족에 지향된 사전(事前)행위에 있어서 행위자의 책임능력 외에 책임요소로서의 고의나 과실도 내포된다면 가벌성을 도출하는 행위와 책임은 일치되며,10) 그러한 의미에서 이 이론은 행위와 책임능력의 동시존재원칙(Koinzidenzprinzip 혹은 Simultanitätsprinzip)에 부합된다는 장점을 가진다.

이 견해에 대해서는 무엇보다 가벌성이 부당하게 확장된다는 비판이 가능하며, 나아가 이 견해가 논거의 하나로 내세우는 간접정범의 도구로서의 논거는 다소 무리가 따르는 것으로 보인다. 말하자면 간접정범은 책임 없는 도구의 설정과 조종만 있으면 족하며 따라서 구성요건실행행위 이전의 사전행위가 중요한 비중을 차지한다. 그에 비해 원인에 있어서 자유로운 행위에서는 행위자 자신이 자기의사의 수행자라는 점에서 원인설정행위보다 실행행위의 비중이 더 크며, 행위자와 도구가 분리되어 있는 간접정범의 경우와 달리 행위자의 내부에 행위자와 도구가 일원화되

---

6) Puppe, JuS 1980, 348 f; Roxin, AT I, § 20 Rdnr. 60.
7) 신동운, 387면.
8) 특히 Jakobs, 17/68.
9) Baumann/Weber/Mitsch, § 19 Rdnr. 45 ff; Roxin, AT I, § 20 Rdnr. 60; SK-Rudolphi, § 20 Rdnr. 23b.
10) Baumann/Weber/Mitsch, § 19 Rdnr. 35.

었다는 점에서 체계상의 차이가 있다.

2. 실행행위에 두는 견해(책임능력 동시존재의 원칙의 예외모델)

예외모델은 원인에 있어서 자유로운 행위의 가벌성의 근거는 원인설정행위가 아니라 책임능력 흠결상태에서의 구성요건실행행위에 있다고 보는 견해이다. 책임무능력의 상태에서의 행위는 자유롭지 못한 행위인 것은 맞지만 자유로운 행위에 대해서만 책임귀속이 가능하다는 원칙에 대한 예외를 인정하고자 하는 것이다. 행위시점에 행위자의 책임능력이 흠결되었다고 하더라도 행위자가 바로 그 행위를 염두에 두고 유책하게 자신의 책임능력을 박탈한 경우라면, 이 요건이 책임능력의 흠결효과를 상쇄하는 것으로 인정함으로써 그 행위의 가벌성에 도달할 수 있다고 설명한다.11) 즉 여기서는 가벌성이 인정되는 행위의 범위를 넓히는 것이 아니라 단지 책임만을 앞당겨 사전책임(culpa praecedens)을 인정하게 된다. 이 이론은 고의에 의한 원인에 있어서 자유로운 행위의 경우, 책임무능력이라는 보호막 아래 처벌을 피하면서 계획된 범행을 수행하려는 범인의 책략은 권리남용일 뿐 책임은 그대로 인정되어야 한다고 한다.12) 이 견해에 따르면 원인설정행위는 예비단계에 불과하며 책임능력 흠결상태에서의 구성요건 해당행위에 비로소 책임이 인정된다.

그러나 예외로서 법의 원칙적 적용에 제한을 둔다는 근본적 단점을 안고 출발하는 이 이론은 책임원칙 및 죄형법정주의에 위배될13) 뿐 아니라, 무엇보다도 구성요건모델과 비교할 때 책임능력 동시존재를 함축적으로 요구하는 행위책임의 관념(Tatschuldgedanken)에는 상대적으로 잘 부응하지 못한다는 비판을 받게 된다.14)

---

11) Sch/Sch/Lenckner/Perron, § 20 Rdnr. 35는 이러한 해결방법이 오히려 책임원칙에 부합되며 이 방법이 아니고서는 고의에 의한 원인에 있어서 자유로운 행위의 가벌성을 인정하기 어렵다고 한다. 또한 Wessels/Beulke, Rdnr. 415는 전판에 비해 예외모델을 취함을 명백히 밝힌다. 우리나라에서 예외모델을 취하는 입장으로는 신동운, 386면 이하; 이정원, 226면.

12) Otto, Allgemeine Strafrechtslehre, 4. Aufl., S. 193 f; Paeffgen, ZStW 1985, 523 f.

13) Roxin, AT I, § 20 Rdnr. 57. 예외모델은 구성요건모델에 비해 상대적으로는 죄형법정주의에 충실한 면은 있으나 이는 정도의 차이일 뿐 예외모델 역시 본질적으로 죄형법정주의에 위배된다는 사실에는 변함이 없다.

14) Baumann/Weber/Mitsch, § 19 Rdnr. 43.

3. 절충설

완전한 책임을 져야 할 선행행위(先行行爲)와 책임능력 흠결상태에서의 실행행위가 불가분적·인과적 관련성에 의해 하나의 행위로 연결된 것으로 보고 이 전체행위에 책임의 근거가 있다는 견해이다. 즉 구성요건행위뿐 아니라 원인설정행위를 고의로 했다는 데도 가벌성의 근거가 있다는 것이다.[15]

4. 결론

앞의 세 가지 해결방안 중 어느 하나도 완전하다고 할 수 없다. 예외모델에는 간단명료하다는 장점이 있지만 책임능력 동시존재의 원칙과 이에 결부된 죄형법정주의 원칙에 위배된다는 단점이 있다. 반면에 구성요건모델을 취할 경우 구성요건의 정형성을 갖추지 못한 예비행위도 구성요건행위로 인정하게 되어 가벌성의 범위가 불합리하게 확장되고 원인설정행위와 실행행위의 구분이 어려워진다는 단점이 있다.[16]

그렇더라도 구성요건모델을 따르는 것이 합리적이다. 원인행위에 구성요건적 정형성이 없다는 반론에 대해 간접정범이론을 끌어들일 필요 없이 책임능력의 동시존재원칙으로 돌파하는 것이 옳다. 형법적 책임을 물을 수 있기 위해 행위시에 책임능력의 존재가 전제되는 것이라면, 책임무능력의 상태에서의 구성요건적 행위보다는 오히려 책임능력이 있는 상태에서의 결과야기를 위한 준비행위가 가벌성의 근거로서 더 큰 가치가 있다고 보아야 한다. 더구나 이것이 가치중립적이어서 매우 무의미하다고 할 수 있는 준비행위가 아니라 의도적 구성요건실현을 위한 준비행위라면 더욱 그러하다. 이러한 사전행위에 책임요소로서의 고의나 과실도 내포된다면 가벌성을 도출하는 행위와 책임은 일치하는 것이라 할 수 있다.

III. 가벌성의 요건으로서의 고의

고의의 원인에 있어서 자유로운 행위의 가벌성을 위해서는 이중고의가 요구된

---

15) 김/박/안/원/이, 226면; 이재상/장영민/강동범, § 23 – 37; 임웅, 312면.
16) 배종대, [91] 5.

다. 즉 범인은 책임능력이 있는 자유로운 상태에서 자신을 책임무능력의 상태로 빠뜨린다는 고의와 추후 책임능력이 배제된 상태에서 구성요건적 행위를 실행한다는 고의를 가지고 있어야 한다.[17] 특히 책임무능력 상태의 야기가 곧 책임무능력 상태에서의 행위의 개시라고 주장하는 구성요건모델은 이 이중고의의 전제하에서만 성립된다. 예외모델을 취하는 입장에서도 책임원칙을 포기하지 않는 한 구체적 범죄를 염두에 두고 의식적으로 자신의 책임능력을 배제할 것을 요구한다.[18]

예외모델이나 절충설의 입장에서는 책임능력의 배제와 실행행위와 관련한 고의는 모두 미필적 고의로 족한 것으로 보게 된다.[19] 그러나 실행행위와 관련해서는 적어도 폭행, 살인 혹은 방화 등 구성요건의 종류는 확정되어야 하며 그 대상에 대해서는 이른바 택일적 고의로도 충분하다. 다만 대상이 특정된 경우 그 대상이 아닌 다른 대상에 대해 범행을 했다면 처벌되지 않는다. 특정 대상에 대해서 폭행을 의도하고 술을 마셔 명정상태에 빠진 후 폭행이 아닌 재물손괴를 범한 경우에도 결과에 의해 처벌되지 않는다. 범인이 매우 구체적인 범행고의를 가졌음에도 불구하고 다른 형태의 범죄가 이루어진 경우에는 그 상위가 비본질적인 경우에 한해서 책임이 인정된다. 책임무능력의 상태에서 객체의 착오가 이루어진 경우라면 이는 본질적 상위라고 할 수 있다.[20]

IV. 원인에 있어서 자유로운 행위의 유형

1. 고의에 의한 경우

범행을 하기 위해 행위자가 고의로 자기 스스로를 책임능력흠결의 상태에 빠뜨리는 경우로서 이때 원인설정행위와 실행행위 모두에 고의가 있어야 한다.[21] 구성

---

17) Jakobs, 17/66; SK-Rudolphi, § 20 Rdnr. 30. 아래 각주 21)에서 제시하듯 여기에 실행행위 당시의 구성요건고의가 추가되어야 하므로 실제로 3중의 고의가 요구된다.
18) Kühl, § 11 Rdnr. 20.
19) Sch/Sch/Lenckner/Perron, § 20 Rdnr. 37; 이재상/장영민/강동범, § 23-38. 그러나 김일수/서보학, 271면 이하에서는 구성요건모델의 입장에서 책임능력배제에 관련한 고의는 확정고의일 것을 요구한다.
20) Sch/Sch/Lenckner/Perron, § 20 Rdnr. 37.
21) 임웅, 313면은 전체적 범행결의, 원인설정행위의 고의, 실행위시의 구성요건고의의 3중

요건모델을 취하는 입장에서는 원인설정행위가 어느 정도의 목적의식에 따른 것이어야 하므로 여기에서는 확정적 고의가 요구된다.

2. 과실에 의한 경우

행위자가 책임능력흠결의 상태에 빠지면 범행을 저지를 수 있다는 예견 또는 예견가능성에도 불구하고 고의 또는 과실로 책임능력흠결상태를 초래한 이후에 범행이 이루어진 경우를 말한다. 예컨대 자동차를 운전해야 할 사람이 음주하여 만취된 후 어쩔 수 없이 운전하다가 사고를 낸 경우 혹은 잠을 자면서 젖먹이 아기를 압사시킨 어머니의 행위가 대표적 예이다. 책임능력흠결에 이어지는 구성요건결과에 대한 예견가능성이 있었다면 원인행위를 하지 말았어야 했음에도 그러지 않았다는 데 이 사례의 불법의 본질이 존재한다. 과실에 의한 원인에 있어서 자유로운 행위를 좁게 본다면 이러한 사례에 한정되는 것으로 볼 수 있다.

그러나 우리나라의 다수설과 판례는 이보다는 훨씬 넓은 개념으로 이해한다. 그렇다면 이에 상응되는 과실에 의한 원인에 있어서 자유로운 행위의 성립요건을 정하는 문제가 발생하는데 이것은 실제로 어려운 일이며 따라서 이에 대해서는 무척 논란이 심하다.[22] 우선 가장 기본적인 전제는 원인설정행위시에 실행행위에 대한 예견가능성이 있어야 한다는 점이다. 예컨대 술을 마실 당시에는 나중에 누군가를 폭행할 것이라는 생각이 전혀 없었으나 술에 취한 후 우연히 마주치게 된 피해자에 대해 폭행을 가했다면 이 경우는 원인에 있어서 자유로운 행위가 아닌 보통의 책임감면사례일 뿐이다. 원인행위시의 실행행위에 대한 관련성을 전제로 원인설정행위나 실행행위 중 어느 하나에 고의가 아닌 과실(즉 예견가능성)이 성립되어야 한다.

실행행위에 과실이 인정되면 원인행위는 고의에 의한 것이든 아니든 상관없다. 형법 제10조 제3항의 '자의로'라는 개념은 고의보다는 넓은 개념인 것은 분명하지만 여기에 과실이 포함되는지 여부에 대해서는 견해가 일치하지 않는다. 법문의 일상적 언어의미에 충실한 해석을 한다면, 자의에 의한 과실이라는 개념은 성립되지

적 고의관련성을 요구한다.
22) 모든 가능한 경우의 수에 따른 치밀한 분석으로 임웅, 314면 이하; 오영근, 269면 이하 참조.

않으므로 과실은 여기에서 제외된다고 해야 한다. 현실적으로 특별한 다른 이유가 없는 한 일상의 언어의미의 범위에서 해석하는 것이 바람직하다고 하겠다. 그러나 다른 한편으로는 구체적 사례의 적용에서 자의가 아닌 것만을 가려내는 소극적 방법을 취한다면 여기에 처음부터 과실이 포함되는지 여부를 놓고 다툴 필요는 없어진다.

실행행위에 고의가 인정되면 원인행위는 반드시 고의에 의한 것이 아니어야 한다. 즉 자의라는 범위에서 (확정적) 고의를 뺀 나머지 부분에 해당하여야 한다.

V. 착수시기

원인에 있어서 자유로운 행위의 착수시점은 가벌성의 근거와 불가분적으로 관련될 수밖에 없다. 가벌성의 근거가 원인행위에 있다고 보는 견해에 의하면 실행착수 시점도 이와 일치하는 것으로 보게 된다.[23] 이에 대해 술을 마시는 행위가 살인의 실행착수가 될 수 없다는 반론이 제기된다.[24] 물론 범죄실행을 용이하게 해 줄 사전조건을 갖추는 것만으로는 실행착수라고 보기는 어렵다. 그러나 여기서는 원인행위만을 분리해서 고찰할 것이 아니라 이와 연결된 구성요건행위를 전체행위의 한 부분으로 함께 고찰해야 한다.

만일 음주 후 만취된 상태에서 폭행을 하고자 한 자가 취한 나머지 그대로 잠이 드는 바람에 실제로는 폭행을 하지 않았다면 음주행위는 형법적으로 의미가 없는 준비행위에 지나지 않는다. 이와 달리 행위자가 당초의 의도대로 폭행을 했을 경우, 음주행위를 사후적으로 고찰하면 이것은 책임능력 있는 상태에서의 제1단계 부분행위에 해당되고, 이 행위로써 범인은 추후의 범죄실현의 위험을 의무위반적으로 발현시켰다는 의미가 있다고 볼 수 있다.[25] 다시 말해 원인설정행위가 나중의 구성요건행위와 동기의 연속성에 의해 연결되었다면 원인설정행위가 이미 책임이 인정되는 범죄실행행위로 인정될 수 있으나, 구성요건행위로 연결되지 않고 원인설정행위만으로 종결된 경우라면 이것은 단순한 예비행위에 지나지 않는 것으로

---

23) Roxin, AT I, § 20 Rdnr. 60에서는 그렇게 하지 않고는 구성요건모델의 근거를 세울 수 없다고 한다.
24) 이재상/장영민/강동범, § 23 − 39; Hettinger, GA 1989, 14.
25) Kühl, § 11 Rdnr. 17.

구분해야 한다.26)

가벌성의 근거가 원인행위와 실행행위의 불가분적 관련성에 있다고 보는 입장에서는 착수시기는 구성요건해당행위의 개시시점이 된다. 현재 우리나라의 다수설이다.27)28)

VI. 형법 규정의 해석

형법 제10조 제3항은 위험발생을 예견하고 자의로 심신장애 상태를 야기한 자의 행위에는 전 2항의 규정을 적용하지 않는다고 규정한다. 즉 본 조항의 적용을 위한 위험발생예견과 자의에 의한 심신장애 상태의 야기라는 두 가지 요건과 이에 따른 법적 효과를 정하고 있다.

1. 위험발생의 예견

이 요건에는 현실적으로 위험발생을 예견했던 경우(고의)29)뿐 아니라 예견가능성이 있었으나 주의를 게을리하여 예견하지 못했던 경우(과실)도 포함되는 것으로30) 해석해야 한다는 데 이견은 없는 것으로 보인다.31)

---

26) 정영일, 300면; Herzberg, FS-Spendel, 1992, S. 226, 236; Kühl, § 11 Rdnr. 17; 김일수/서보학, 271면은 가벌성의 근거는 원인행위에 있는 것으로 보되 착수는 구성요건 실현의 개시시점으로 본다. 이정원, 226면은 이와 반대로 가벌성의 근거는 실행행위에 있는 것으로 보되 착수는 행위자의 범행계획에 따라 앞당겨질 수 있다고 본다.

27) 권오걸, 321면; 김/박/안/원/이, 231면; 김성천/김형준, 277면; 오영근, 266면; 이재상/장영민/강동범, § 23-39; 임웅, 314면.

28) 절충적 견해로는 이상돈, § 20-113.

29) 대판 1996.6.11, 96도857 : 대마초 흡연시에 이미 범행을 예견하고도 자의로 위와 같은 심신장애를 야기한 경우에 해당하므로, 형법 제10조 제3항에 의하여 심신장애로 인한 감경 등을 할 수 없다.

30) 대판 1992.7.28, 92도999 : 형법 제10조 제3항은 "위험의 발생을 예견하고 자의로 심신장애를 야기한 자의 행위에는 전2항의 규정을 적용하지 아니 한다"고 규정하고 있는 바, 이 규정은 고의에 의한 원인에 있어서의 자유로운 행위만이 아니라 과실에 의한 원인에 있어서의 자유로운 행위까지도 포함하는 것으로서 위험의 발생을 예견할 수 있었는데도 자의로 심신장애를 야기한 경우도 그 적용 대상이 된다고 할 것이어서, 피고인이 음주운전을 할 의사를 가지고 음주만취한 후 운전을 결행하여 교통사고를 일으켰

2. 자의에 의한 심신장애

문언에 충실한 해석을 하자면 과실에 의한 심신장애는 자의에 의한 것이라 할
수 없으므로 여기에는 고의만 포함되는 것으로 제한해석을 해야 하나, 합목적적 해
석에 따라 고의와 과실 모두 포함된다고 보는 입장이 타당하다.[32] 따라서 강제 혹
은 간교한 사술 등에 의해 심신장애상태가 초래된 경우와 같은 비자의성에 의한
사례만을 여기에서 제외하는 것으로 족하다고 해야 한다.

3. 효과

위의 두 요건이 갖추어지면 비록 행위 당시 심신상실이나 심신미약의 상태였다
고 하더라도 책임이 배제되거나 감경되지 아니한다. 행위자의 고의 또는 과실로 초
래된 책임능력 흠결상태에서의 행위에 대해서는 형벌로부터 보호할 가치가 없기
때문이다.

4. 입법비교

근래 우리 사회에서 주취에 따른 폭행·성폭력·살인 등 강력사건이 빈번히 발생
되고 있다. 사안에 따라서는 행위당시 범인이 주취상태였다는 이유로 감형이 이루
어질 수도 있다. 주취범죄의 해악과 반사회성으로 인해 일반의 우려와 비난의 목소
리가 높다고 하더라도 이를 법적·이론적 근거 없이, 그리고 책임원칙마저 무시하
고 처벌할 수는 없는 노릇이다. 다른 한편으로 책임원칙에 입각할 때 명정범죄는
사실상 책임조각 혹은 감경이 되어야 함에도 불구하고 우리 법원이 특별한 근거
없이 책임감면에 대해 소극적 태도를 취하는 것[33] 또한 만연히 용인만 하고 있을

다면 피고인은 음주 시에 교통사고를 일으킬 위험성을 예견하였는데도 자의로 심신장
애를 야기한 경우에 해당하므로 위 법조항에 의하여 심신장애로 인한 감경 등을 할 수
없다.
31) 배종대, [91] 20; 오영근, 269면 이하 참조; 이재상/장영민/강동범, § 23-42; 정영일,
299면.
32) 신동운, 395면. 견해의 대립에 대해서 정영일, 299면 각주 2) 참조.

수 있는 현상이 아니다.

이와 같은 진퇴양난의 문제에 대한 절충적 대응책으로 독일형법은 제323a조에 완전명정죄(Vollrausch) 처벌규정을 두고 있다. 이 규정은 고의 또는 과실로 알코올 등에 의한 명정상태에서 위법한 행위를 했으나 책임무능력으로 처벌될 수 없는 경우에 5년 이하의 자유형 또는 벌금형을 부과한다는 규정이다. 명정상태를 야기하기 위한 원인설정행위시 이미 통찰능력이나 조종능력이 결여된 경우라면 본 규정은 적용되지 않지만 그렇지 않은 경우에는 명정 상태 이후의 범죄행위에 아무런 인식이나 의도가 없었더라도 결과에 따른 형벌의 부과가 가능하다.

이 규정은 구성요건행위 당시 책임능력이 없을 뿐 아니라 원인에 있어서 자유로운 행위의 규정도 적용할 수 없어 처벌이 원칙적으로 불가능하나, 경험적으로 명정자에게 인정되는 위험으로부터 법익을 보호하기 위해서는 처벌의 필요성이 있다고 인정한 결과에 의한 것으로서, 이는 형사정책적 필요에 의한 보충적 규정이라 할 수 있다.34) 독일에서도 이 규정에 대해 책임원칙과 관련하여 다툼이 있으나35) 현실적 존재가치는 있다고 생각된다.

책임원칙의 문제에 관련해서는 책임원칙을 존중하되 이에 양해를 구하여 완전명정죄 처벌규정을 예외적 책임인정규정으로서 해석하는 방법이 그나마 합리적이다. 요컨대 책임의 핵심을 위험에 대한 인식을 통해 불법의 회피가 가능했음에도 불구하고 불법을 선택함으로써 법의무를 다하지 못했다는 비난가능성에 둔다면, 명정 이후의 행위에 대한 예견이 가능했던 범인이 명정상태에서 임의의 불법을 행한 경우 구체적 법익침해에 대한 불인식을 이유로 책임조각을 주장하는 것은 허용되지 않는다. 그러한 결과는 전형적으로 위험한 행동방식에서 연유한 것이며 당사자에게는 이를 회피할 사회적 책무가 있기 때문이다. 이때 음주행위 자체를 금지하는 것이 아니라, 범인이 예견했던 개별적 위험을 실현한 행위에만 제한적으로 개입하여 위험을 단속하고 법익을 보호하는 것은 입법자의 의무일 뿐 아니라 그러한 규정은 책임원칙에 전적으로 충돌하는 것은 아니라는 논리로 해결하는 것이 바람직하다.36)

---

33) 주취가 책임능력에 부정적 영향을 준 것으로 인정한 대법원 판례는 대판 1977.9.28, 77도2450 등 극소수에 불과하다.
34) 신동운, 389면.
35) Tröndle/Fischer, § 323a Rdnr. 2 f.

제 33 절 위법성의 인식

I. 의의

책임은 자신의 행위가 법질서에 반하고 법으로 금지되어 있다는 사실에 대한 인식을 전제로 한다. 법규범은 법적 충실에 대한 경고기능을 가지며, 이는 행위자의 의사결정을 직접 구속하는 데 존재의 의미가 있다. 이러한 법규범의 경고기능에 대한 인식에도 불구하고 법을 의식적으로 무시하겠다는 결정에는, 이 규범을 통해 보호되는 타인의 법익에 대한 존중의 요구를 함께 무시한다는 의미가 내포되어 있다. 금지규범에 대한 충분한 인식에도 불구하고 행위실행을 결정했다는 것은 행위자에게 법적 충실에 대한 의식이 결여되었음을 명백히 밝히는 것이며 이점이 책임비난의 근거가 된다. 따라서 위법성의 인식은 책임비난의 핵심적 내용이라 할 수 있다.[1]

II. 내용

1. 법적 금지에 대한 인식

위법성의 인식을 위해 법률전문가로서의 지식을 갖출 것을 요구할 수는 없다. 보통 사람이 사회화 과정을 통해 얻어지는 평균적 법가치의식의 수준에서 위법성인식은 가능한 것으로 판단되어야 한다. 그렇지 않으면 법률전문가가 아닌 일반인에게는 책임이 인정될 가능성이 극도로 제한될 수밖에 없다. 위법성인식은 구체적 법문에 대한 인식을 대상으로 하는 것이 아니다. 공동체질서의 요구에 위배되고 그렇기 때문에 법으로 금지되었다는 사실의 인식으로 족하다.[2]

---

36) 명정범죄 처벌에 관한 입법론에 대해서는 성낙현, 완전명정죄 처벌규정의 입법론, 법제연구 통권 제55호, 2018.12, 137면 이하 참조.
 1) Jescheck/Weigend, § 41 I 1. 이를 위한 결정적 판례는 BGHSt 2, 194. 앞의 제 28 절 II. 2. 참조.
 2) 대판 1987.3.24, 86도2673 : 범죄의 성립에 있어서 위법의 인식은 그 범죄사실이 사회정의와 조리에 어긋난다는 것을 인식하는 것으로서 족하고 구체적인 해당 법조문까지 인식할 것을 요하는 것은 아니다.

또한 행위가 처벌될 것이라는 데 대한 인식을 요구하는 것도 아니므로 형법에 의한 금지인식에 한정되지 않는다.3) 자신이 침해하는 규범이 형식적으로 유효하다는 데 대한 인식으로 족하다. 당해 규범의 부당성을 주관적으로 확신하는 확신범이나 양심범이라도 적어도 형식적으로 헌법상 유효성이 인정되는 법률이라는 인식을 하고 있는 한 법질서에 대한 의도적 거부는 인정된다. 반면에 자신의 행위가 윤리적 혹은 도덕적 가치에 위배된다는 인식만으로는 부족하다.4)

2. 실질적 위법성에 대한 인식

위법성의 인식은 형식적 위법성이 아닌 실질적 위법성에 대한 인식을 내용으로 한다. 즉 일상생활에서 평상시에 가지고 있는 일반적 불법의식이 아닌 구체적·개별적 행위에 대한 위법성 의식을 말한다. 예컨대 평소에는 낙태행위란 법으로 금지된 행위라는 데 대한 인식을 하고 있었더라도 자신이 낙태를 하는 상황에서 자신의 행위는 모자보건법상의 허용요건을 충족하는 것으로 인식하는 경우에는 위법성인식이 부정될 수 있다.

3. 위법성인식의 분리 가능성

하나의 행위로 여러 개의 구성요건이 충족되는 경우 행위자가 그중 하나의 구성요건에 대한 위법성인식이 있었다고 해서 모든 구성요건에 대한 위법성인식이 긍정되는 것은 아니다.5) 예컨대 양자가 양친을 살해하면서 살인죄에 대한 위법성인식은 있었으나 양자와 양친의 관계는 존속살해죄의 구성요건에 해당되지 않는다고 믿은 경우 존속살해죄의 위법성인식은 결여된다.

---

3) 배종대, [94] 1; 이재상, § 24−3; 임웅, 318면.
4) 배종대, [94] 2; 손동권, 양심범처벌의 법이론적 기초, 형사법연구 제4호, 1991, 39면 이하 참조. 행위에 대한 금지규범이 존재하나 이에 대한 인식이 결여된 상태에서 자신의 행위가 도덕적으로 용납되는 것은 아니라는 인식만으로는 위법성인식은 인정되지 않는다. 반대로 금지규범의 존재에 대한 인식에도 불구하고 자신의 행위의 윤리적 정당성을 확신하는 행위자에게 위법성인식은 긍정될 수 있다.
5) BGHSt 10, 35 = JZ 1957, 549; BGHSt 15, 383; Jescheck/Weigend, § 41 I 3 d); SK−Rudolphi, § 17 Rdnr. 7.

행위자는 자신의 행위로써 비난받게 될 개별적 구성요건의 불법을 구체적으로 인식해야 한다. 이에 대한 근거는, 행위자가 행위로 침해될 구성요건의 경고기능에 의해 의사결정에 구속을 받을 수 있었던 곳에서만 책임을 물을 수 있다는 데 있다. 범인이 자신의 행위에 관련된 일부 규범을 알지 못했거나 이에 대한 개별적 위법성인식이 결여된 경우라면 규범의 경고기능은 행위자에게 미치지 못한 것이며, 다른 구성요건에 대한 위법성인식은 이에 영향을 주지 않는다.

위법성인식은 실체적 경합의 사례뿐 아니라 상상적 경합의 사례에서도 분리가 가능하다. 이렇게 함으로써 "versari in re illicita"의[6] 관념이 배제된다.

III. 고의와의 비교

지배적 견해에 따르면 고의는 객관적 행위에 대한 인식과 결과실현 의도이다. 곧 어떠한 상황에서 어떠한 행위를 하고자 하며 이 행위에 따를 결과가 무엇인지에 대한 예견 및 그 결과에 대한 욕구로서의 고의는 규범관련성 이전의 순수한 사실관계에 대한 정신적 작용이다. 이에 비해 위법성인식은 행위가 법질서의 금지 또는 명령에 위배된다는 데 대한 인식으로, 이는 법적 평가의 문제이며 규범의 존재를 떠나서는 성립되지 않는 개념이다.

고의설은 위법성에 대한 인식은 고의의 구성요소가 되는 것이라고 주장하지만 이러한 견해는 부정되어야 한다. 위법성인식은 책임성립요소이지 고의성립요소는 아니다. 고의가 결여되면 구성요건이 조각되는 효과가 발생되지만, 위법성의 인식이 결여되면 책임이 조각된다.

고의에 제1급, 제2급 직접고의와 미필적 고의가 있듯이 위법성인식에도 이러한 등급이 존재할 수 있다. 예컨대 살인, 강도, 상해, 폭행 등과 같은 일반적 범죄행위에 대해서는 평균인이라면 누구나 그러한 행위가 위법하다는 데 대한 인식을 동일하게 가질 수 있다. 이러한 경우의 위법성인식은 제1급 직접고의의 의적 요소나 제2급 직접고의의 지적 요소의 정도에 상응한다. 그러나 특히 특별형법의 범위에서는 해당 행위의 법적 금지 여부에 대해 일반인으로서 확신을 하지 못하는 경우가 흔히 있을 수 있다. 이 경우 행위자가 법적 금지가능성을 신중히 고려하여 인식하고, 이를 감수하는

---

6) 허용되지 않은 행위에서 비롯된 모든 결과는 그 행위자에게 귀속된다는 원칙.

정도로 위법성인식은 긍정된다. 이러한 경우는 미필적 고의에 상응하는 경우로서 미
필적 위법성인식(bedingtes Unrechtsbewußtsein)[7]으로 족하다.

위법성인식의 형태는 반드시 구체적이거나 현재적(顯在的)일 필요는 없고 아주 낮
은 인식의 정도인 잠재적 인식으로 충분하다. 행위자가 항상 행위시나 행위에 앞서
자신의 행위에 대한 법적 성격을 고찰하는 것은 아니다. 그렇다고 해서 위법성인식
이 부정되는 것은 아니다. 행위에 대한 규범관련적 평가는 아니더라도 막연하게나
마 행위에 법적 반가치성이 존재한다는 데 대한 지속적 수반의식이면 족하다.[8]

IV. 위법성인식의 체계

1. 고의설

고의설은 위법성의 인식을 고의의 성립요소로 본다. 이 입장에 따르면 위법성인
식이 결여(법률의 착오)되면 고의행위는 성립되지 않는다. 다만 법률의 착오에 과실
이 있고 과실 처벌규정 있을 때에 한해 과실범으로의 처벌이 가능할 뿐이다.

고의설 중 엄격고의설은[9] 어떤 행위를 고의범으로 처벌할 수 있기 위해서는 행
위자의 객관적 행위상황에 대한 인식이나 결과발생의 의도뿐 아니라 행위의 위법
성에 대한 인식까지 현재적으로 존재할 것을 요구한다. 이 견해는 고의란 그 핵심
과 기초로서 객관적 구성요건표지에 대한 인식이나 의도 외에 가벌성에 대한 인식
혹은 법에 거슬리는 행위를 한다는 인식을 요구하는 것이라는 이해에서 출발한다.
이러한 고의는 범인에게 자신의 행위나 부작위가 일반의 안녕이나 공동체생활에
불가결한 규범에 위배된다는 인식이 있는 경우 혹은 법질서에 위배하여 불법을 행
한다는 인식이 있을 때 존재한다.[10]

엄격고의설의 일반적 견해에 의하면 불법인식은 우선 법사회의 기반을 침해한다
는 인식(실질적 불법인식 : materielles Unrechtsbewußtsein)이라기보다는 위법성에 대

7) Haft, 3. Aufl., S. 134; Jescheck/Weigend, § 41 I 3 b).
8) Haft, a.a.O.
9) Lang/Hinrichsen, JR 1952, 184; Schönke/Schröder, 17. Aufl., § 59 Rdnr. 76 ff;
   Schröder, MDR 1950, 646; ders., ZStW 1953, 178 ff.
10) Schönke/Schröder, 17. Aufl., § 59 Rdnr. 116.

한 인식(형식적 불법인식 : formelles Unrechtsbewußtsein)을 뜻한다.[11] 이와 달리 Schmidhäuser는 불법인식은 형법이나 그 밖의 실정법을 침해한다는 데 대한 인식을 요구하는 것이 아니라, 실체적 불법이라는 의미에서의 공동체생활의 기본적 요구를 침해한다는 인식을 요구하는 것이라고 한다.[12]

엄격고의설에서의 불법인식의 척도는 법의 존재에 대한 범인의 긍정 여부가 아니라 법사회의 불법판정이므로 확신범이 고의범으로 처벌될 수 있을 것인가의 여부는 이 이론에서 문제가 되지 않는다. 확신범은 자신의 범행에 대한 확신을 법사회에 반항하여 성립시키기 때문에[13] 대체로 실질적일 뿐 아니라 형식적 불법인식을 가지는 것으로 인정될 수 있으므로 고의범으로 처벌하는 데 문제가 없다. 고의설에 의하면 오히려 법의 요구에 대해 무관심하기 때문에 그 요구를 모르는 법무지자(Rechtsblinde)에게 고의범에 의한 가벌성이 극히 제한되는 불합리성이 나타난다. 따라서 위법성인식은 반드시 현재적으로 존재해야 하는 것이 아니라 위법성인식의 가능성으로 족한 것으로 보는 제한고의설에 의해 법무지자나 법적대자(法敵對者)는 고의범으로 처벌해야 한다는 제안이 제기된다.[14]

그러나 엄격고의설의 입장에서는 이런 제한은 고의설의 명제에 부합하지 않으며 결론에서 범인에게 불리한 금지된 유추적용에 이르게 된다는 이유로 반대한다.[15] 우리 판례에서는 부분적으로 고의설을 취하는 경향을 볼 수 있다.[16]

---

11) Geerds, Jura 1990, 429.
12) Schmidhäuser, StudB, 7/74.
13) Schönke/Schröder, a.a.O.
14) Mezger, FS−Kohlrausch, S. 180 ff.
15) Schröder, MDR 1950, 650. 그 밖에 고의에는 불법구성요건표지로서의 실체적 위법성인식 (materielles Unrechtsbewußtsein)만이 포함되는 것으로 보고, 형식적 위법성인식(formelles Unrechtsbewußtsein)은 고의에서 분리하여 책임요소로 분류하는 수정된 고의설(Otto, ZStW 1975, 590 ff.)도 제시되나 결론에서 큰 차이는 없다.
16) 대판 1974.11.12, 74도2676 : 주민등록법 제17조의 7에 의하여 주민등록지를 공법관계에 있어서의 주소로 볼 것이므로 주민등록지를 이전한 이상 향토예비군설치법 제3조 4항 동법시행령 제22조 1항 4호에 의하여 대원신고를 하여야 할 것이기는 하나 이미 같은 주소에 대원신고가 되어 있었으므로 피고인이 재차 동일주소에 대원신고(주소이동)를 아니하였음이 향토예비군설치법 제15조 6항에 말한 정당한 사유가 있다고 오인한 데서 나온 행위였다면 이는 법률착오가 범의를 조각하는 경우라고 보아서 좋을 것이다. 같은 취지의 판례로 대판 1970.9.22, 70도1206.

2. 책임설

1) 엄격책임설

책임설은 고의설과 달리 위법성인식을 고의가 아닌 책임성립요소로 이해한다. 이 이론에 따른다면 행위자에게 위법성인식이 결여된 경우, 즉 법률의 착오는 고의 성립 여부와는 상관없이 책임성립 여부에만 관여할 뿐이다. 착오가 회피할 수 없는 것이었다면(오인에 정당한 이유가 있는 때) 책임이 조각되어 처벌되지 않을 수 있겠 지만, 회피가능성이 있었다면 책임마저 인정되어 결과적으로 행위자는 고의범으로 처벌이 가능하다. 책임설의 범위에서 허용구성요건착오(위법성조각사유의 객관적 전 제에 관한 착오)의 취급에 대해서만은 엄격책임설과 제한책임설이 결론을 달리한다.

목적론적 범주에서 발생한 엄격책임설은[17] 구성요건착오만 고의를 조각하고, 법 적으로 인정되는 정당화사유에 관련한 행위상황의 착오는 단순하게 금지착오로 취 급한다. 이 이론은 고의란 단지 객관적 구성요건표지에만 관련된 것으로 이해한다. 따라서 여기서의 고의는 법정 구성요건에 서술된 행위를 실현하겠다는 인식과 의 도를 초과하지 못하므로, 불법을 실현한다는 범인의 인식은 당연히 고의와는 상관 이 없는 요소로 인정된다. 이에 따르면 위법성단계에서의 착오는 그것이 객관적 상 황을 잘못 판단한 데서 기인한 것이든, 자신의 행위에 대한 법적 평가가 잘못된 데 서 기인한 것이든, 차별 없이 금지착오로 취급되어야 한다. 따라서 정당방위상황이 라고 잘못 믿었기 때문에 상대방을 살해한 범인도 원칙적으로 고의 살인범으로 인 정된다. 다만 그의 착오는 책임만을 감경시키거나 혹은 착오가 회피불가능했던 경 우라면 책임을 조각시키는 작용만을 하게 된다. 따라서 이 이론은 결과에서 법감각 에 부합하지 않는다는 비판을 받는다.[18]

자신의 행위를 정당화시켜 주는 객관적 상황이 존재하는 것으로 잘못 알았기 때 문에 그것을 허용된 행위로 인식하고 행하는 자는 목적설정이라는 관점에서 법규 범에 합당하다. 이 경우 행위자의 합법과 불법에 대한 판단은 입법자의 판단과 일

---

17) Hirsch, Die Lehre von den negativen Tatbestandsmerkmalen, S. 220 ff.; Hirsch, ZStW 1982, 257 ff.; Armin Kaufmann, JZ 1955, 37; Welzel, ZStW 1955, 208 ff; Welzel, S. 164 ff.

18) Jescheck/Weigend, § 41 IV 1 b) 각주 51 참조.

치한다. 다만 주의의무를 다하지 않음으로 인해 존재하지 않는 정당화상황이 존재하는 것으로 오인하여, 실제로는 금지된 행위를 합법적이라고 판단한 행위자에게 적어도 주의의무위반에 대해서만은 법적 평가가 따라야 한다. 곧 과실범의 가벌성이 인정되어야 한다.[19)]

반면에 금지착오에 빠진 행위자는 허용구성요건착오의 경우와 달리 입법자의 합법과 불법에 관한 판단과는 다른 판단을 하고 있다. 이 점은 고의의 성립에는 영향을 주지 않고 단지 고의범죄의 책임감경의 정도에만 영향을 줄 수 있는 것으로서, 허용구성요건착오와는 양적인 차이가 아닌 질적인 차이가 있다. 그럼에도 불구하고 엄격책임설이 허용구성요건착오도 금지착오로 취급하고자 한다면 양자 간의 이러한 가치차이를 무시하는 것이 되어 부당하다.[20)]

2) 제한적 책임설

판례와 다수설은 허용구성요건착오에서 고의범처벌을 부정하고 행위에 상응하는 과실범규정이 존재하는 범위 내에서 범인을 과실범으로 처벌함으로써 엄격책임설에 대한 제한을 가하려고 한다.[21)] 광의의 제한책임설에는 협의의 제한책임설(구성요건착오 유추적용설)과 법효과제한(지시)책임설(rechtsfolgenverweisende Schuldtheorie)이 포함된다.[22)] 법효과제한책임설은 고의의 이중구조에서 구성요건고의는 인정되고 책임고의만 조각된다고 함으로써 허용구성요건착오에 빠진 정범을 이용하는 배후자를 제한종속성의 원칙을 피해 공범으로 처벌할 수 있는 가능성을 확보한다는 이점이 있다.

---

19) Roxin, AT I, § 14 Rdnr. 62.
20) Roxin, AT I, § 14 Rdnr. 63.
21) Engisch, ZStW, 1958, 583 ff; Krümpelmann, GA 1968, 129; Kühl, § 13 Rdnr. 73; Roxin, AT I § 14 Rdnr. 62; Sch/Sch/Cramer/Sternberg−Lieben, § 16 Rdnr. 18; Stratenwerth, Rdnr. 503. 특히 참조할 판례로는 BGHSt 3, 106; 196; 359; BGH NStZ 1983, 500 등.
22) 이 점에 대해서는 광의의 제한책임설의 개념을 염두에 두지 않고 단순히 구성요건착오를 유추적용한다고 하는 제한책임설과 법효과제한책임설만의 대립관계로 이해할 수도 있다. 자세한 것은 앞의 제21절 허용구성요건착오 부분 참조.

3) 결론

독일형법 제17조는 행위자가 행위시 행위의 위법성에 대한 인식을 잘못했고 이 착오가 회피불가능했다면 책임이 배제된다고 규정함으로써 입법적으로 책임설을 채택하고 있다. 우리 형법도 제13조에 고의와 제16조에 위법성인식을 분리하여 규정함으로써 책임설을 취하고 있다. 입법현실에 부합하지 않는 고의설은 따라서 이론으로서의 의미만 있을 뿐이다.

제34절 법률의 착오

I. 개념

법률의 착오(Rechtsirrtum)란 행위상황에 관련한 사실에 대해서는 올바른 인식이 있었으나 자신의 행위가 법으로 금지되었다는 데 대한 인식이 결여된 경우를 말한다. 구성요건착오(사실의 착오)는 사실관계에 관한 착오로서 고의가 조각되는 효과를 가지는 데 비해, 법률의 착오는 행위의 법적 성격에 대한 평가에 결함이 있었던 경우이기 때문에 법률의 착오라 칭하며, 이는 결국 법으로 금지되었다는 사실에 대한 인식의 결여와 다를 바 없으므로 금지착오(Verbotsirrtum)라고도 칭한다.

법률의 착오라는 법형상은 객관적으로 위법한 자신의 행위를 위법하지 않은 것으로 오인함에 있어 실제로 책임 없는 자를 형벌로부터 보호하려는 데 본질적 의미가 있다. "법령에 의하여 죄가 되지 아니하는 것으로 오인한 행위"를 법률의 착오로 정하고 있는 형법 제16조의 법문에 따르면 법률의 착오는 법령에 관련된 위법성인식의 결여를 전제로 한다는 점은 분명하다. 다만 여기서의 위법성인식이 일반적 위법성에 대한 인식으로 족한지, 혹은 형법적 위법성, 곧 가벌성에 관련된 것이어야 하는지에 대해서는 다툼이 있다.

생각건대 범인의 책임인정을 위해서는 오로지 자신의 행위가 사회질서의 요구에 거스르기 때문에 법적으로 금지되고, 따라서 자신의 행위를 통해서 유효한 법규범이 침해된다는 그의 인식만으로 족하다고 보는 것이 옳다. 이와 달리 여기에 형법적 위법성인식과 이에 따른 제재에 대한 인식까지 요구되는 것으로 본다면, 일반적 위법성인식을 가지고 위법행위를 한 범인이 형법적 실정법을 몰랐다고 잡아뗄 경우 그 진위를 입증하지 못하는 한 무죄를 인정할 수밖에 없게 된다. 하지만 어떠한 변명에도 불구하고 범죄적 동력이 있었고 나아가 적어도 하나의 규범을 침해한다는 데 인식이 있었거나 인식했어야 했던 행위자가 금지착오라는 법형상으로 보호되는 것은 부당한 것이다.[1]

II. 법률의 착오의 여러 형태

1. 서설

법률의 착오는 우선 실제로는 위법하지 않은 행위를 위법한 것으로 오인한, 곧 실제보다 자신에게 불리한 방향에로의 착오와, 실제로 위법한 행위를 위법하지 않은 것으로 오인한 유리한 방향에로의 착오로 나눌 수 있다. 전자는 반전(反轉)된 법률의 착오로서 환각범(Wahndelkit)이라고도 하며, 이 행위에 대해서는 처벌할 수 있는 법규정이 없으므로 불가벌이다. 본질적 의미의 법률의 착오라 함은 후자를 뜻한다.

사실의 착오에 있어서도 이에 상응하는 관계가 성립된다. 단, 사실의 착오에 있어서는 착오의 유·불리의 방향에 따른 가벌성 여부는 법률의 착오와 반대된다. 즉 타인의 물건을 자신의 것으로 알고 가져온 경우는 고의가 조각되어 불가벌이지만, 반대로 자신의 물건을 타인의 것으로 생각하고 가져온 경우는 (불능)미수에 의한 처벌가능성이 존재한다.

법률의 착오에는 자신의 금지된 행위가 적극적으로 허용되었다고 믿은 경우뿐 아니라 법적 평가 혹은 금지사실에 대한 표상 자체가 결여되었던 경우도 포함된다. 법률의 착오는 직접적 법률의 착오와 간접적 법률의 착오로 나뉜다.

---

1) 성낙현, 법률의 착오의 인식대상과 착오의 회피가능성의 판단, 중앙법학 제18집 제4호, 2016, 309면 이하.

2. 직접적 · 간접적 법률의 착오

1) 직접적 법률의 착오

직접적 법률의 착오(direkter Verbotsirrtum)란 자신의 행위를 금지하는 규범이 있음에도 불구하고 이에 대해 인식이 없거나 잘못된 인식을 가졌던 경우로서 다음의 세 가지 사례가 포함된다.

(1) 금지규범 존재의 부지 또는 불인식

예컨대 도박을 하거나 복표판매 행위를 하면서 이를 금지하는 형법규정이 존재한다는 사실을 알지 못했던 경우이다.

대법원은 법률의 착오는 일반적으로 범죄가 되는 행위이지만 자기의 특수한 경우에 한해서는 법령에 의한 허용을 통해서 죄가 되지 아니하는 것으로 오인한 경우에 한정되며, 단순한 법률의 부지에 의해서 자신의 행위가 금지된 사실을 몰랐던 경우는 여기서 제외된다는 입장을 견지하고 있다.[2] 과거 독일 제국재판소도 이와 같은 입장을 취했었다. 제국재판소는 '법률의 부지는 용서되지 않는다'는 로마법시대의 관념에서 출발하여, 사실의 착오는 고의를 조각시키지만 형법 규정에 대한 인

---

2) 대판 1985.4.9, 85도25 : 형법 제16조에 자기의 행위가 법령에 의하여 죄가 되지 아니하는 것으로 오인한 행위는 그 오인에 정당한 이유가 있는 때에 한하여 벌하지 아니한다고 규정하고 있는바, 이는 단순한 법률의 무지의 경우를 말하는 것이 아니고, 일반적으로는 범죄가 되는 행위이지만 자기의 특수한 경우에는 법령에 의하여 허용된 행위로서 죄가 되지 아니한다고 그릇 인식하고 그와 같이 그릇 인식함에 있어서 정당한 이유가 있는 경우에는 벌하지 아니한다는 취지로 풀이할 것이다. 이 사건에 있어서 위에서 본 바와 같이 피고인은 유흥접객업소 내에 출입시키거나 주류를 판매하여서는 아니 되는 대상을 18세 미만자 또는 고등학생에 한정되고, 20세 미만의 미성년자 전부가 이에 해당된다는 미성년자보호법의 규정을 알지 못하였다는 것이므로 이는 단순한 법률의 부지에 해당한다 할 것이고 피고인의 소위가 특히 법령에 의하여 허용된 행위로서 죄가 되지 아니한다고 적극적으로 그릇 인정한 경우는 아니므로 범죄의 성립에 아무런 지장이 될 바 아니고 또 미성년자보호법 제4조 제1, 2항에 위반되는 이상 경찰당국이 당시 미성년자의 유흥접객업소 출입단속대상에서 고등학생이 아닌 18세 이상의 미성년자를 제외하였다 하여 그로 인하여 그 범죄의 성립에 어떠한 영향을 미친다고는 할 수 없을 것이므로 피고인이 이를 믿었다고 하여 법령에 저촉되지 않는 것으로 오인함에 정당한 사유가 있는 경우에 해당한다고도 할 수 없을 것이다. 같은 취지로 대판 1991.10.11, 91도1566; 대판 1995.11.10, 95도2088; 대판 1994.4.15, 94도365; 대판 1995.6.16, 94도1793; 대판 2015.1.15, 2014도9691; 대판 2015.2.12, 2014도11501.

식이나 위법성인식이 결여된 법률의 착오는 행위자의 고의나 책임의 인정 여부에 아무런 영향을 주지 않는 것으로서, 결국 가벌성 판단에 있어 행위자에게 전혀 혜택으로 작용할 수 없는 착오로 이해했다.[3] 이러한 제국재판소의 입장이 일본의 판례를 거쳐 오늘날의 우리 대법원 판례에까지 연결되고 있는 것으로 보인다.[4]

그러나 '법률의 부지는 용서되지 않는다'라는 법언은 법조문이 단순한 사회에서 누구라도 상식적으로 범죄로 인식할 수 있는 행위를 하고 나서 그런 금지규범을 몰랐다는 핑계는 변명으로서 가치가 없다는 의미로서 이해될 뿐이지, 오늘날과 같은 법률전문가조차도 전체 법률의 윤곽과 내용을 파악하기 어려울 정도로 복잡다기한 법문화 속에서는 통하지 않는 법언이다. 따라서 이러한 관념은 당연히 극복되어야 하고 또한 이미 극복된 지 오래되었음에도 불구하고 대법원이 여기에서 벗어나지 못하는 이유를 이해하기 어렵다.[5] 법률의 부지는 금지착오의 한 원인으로 인정되어야 한다.[6]

(2) 효력의 착오

금지규범의 존재에 대한 인식은 있었으나 더 이상 효력이 없는 것으로 판단한 경우를 말한다. 예컨대 낙태죄에 대한 개념은 인식하나 금지규범으로서 더 이상 실효가 없는 개념으로 이해하여 이를 범하는 사례가 이에 해당한다.

(3) 포섭착오

금지규범에 대한 해석을 부당하게 자신에게 유리하게 하는 경우로서, 예컨대 이웃집 개를 살해하면서 동물을 재물로 이해하지 않아 자신의 행위가 재물손괴에는 해당되지 않는다고 판단한 경우를 들 수 있다.

2) 간접적 법률의 착오

간접적 법률의 착오(indirekter Verbotsirrtum)란 행위의 금지 혹은 금지규범에 대한 인식은 있으나, 특별한 사정으로 자신의 개별적 행위는 허용되는 것으로 오인한

---

3) RGSt 2, 269; 12, 275; 57, 205; 58, 11; 61, 208; 61, 258; 63, 218.
4) 오영근, 293면.
5) 대법원 판례에 대한 상세한 비판은 오영근, 293면, 또한 대판 1985.4.9, 85도25 판례에 대한 비판적 평석으로 허일태, 법률의 부지의 효력, 형사판례연구 제1호, 1993, 40−61면.
6) 다수설로서 김성천/김형준, 288면; 김일수/서보학, 281면; 신동운, 425면; 안동준, 160면; 이재상/장영민/강동범, § 25−3; 이정원, 232면; 임웅, 332면; 정성근/박광민, 331면.

때가 이에 해당한다. 직접적 법률의 착오가 '금지'규범에 대한 착오라고 한다면 간접적 법률의 착오는 법질서가 인정하지 않는 '허용'규범 혹은 반대규범의 존재에 대한 착오이다.

(1) 허용착오(Erlaubnisirrtum)

자신의 행위가 원칙적으로 금지되었으나 자신의 행위에 특별히 적용되는 허용규범이 존재하는 것으로 오인한 경우이다. 예컨대 상대방의 촉탁 혹은 승낙이 있는 경우에는 살인을 해도 처벌되지 않는다고 믿은 사례를 들 수 있다(허용규범의 존재에 관한 착오).

허용규범이 실제로 존재하기는 하나 행위자가 허용한계를 자신에게 유리하게 확장해석한 경우도 이에 포함된다. 즉 학교장의 징계권에 체벌까지 포함되는 줄 알았을 때, 혹은 사인이 현행범 체포시 폭력을 사용해도 좋은 것으로 알았던 경우 등이다(허용규범의 효력범위에 관한 착오).

(2) 허용구성요건의 착오(Erlaubnistatbestandsirrtum)

이것은 정당화 '규범'이 아닌 정당화 '상황'이 존재한다고 오인한 경우로서 위법성조각사유의 객관적 전제사실의 착오라고도 한다. 오상방위, 오상피난 등이 이에 해당한다.

허용착오의 두 종류는 모두 형법 제16조의 규정을 적용하여 해결이 가능하다. 그러나 허용구성요건착오에 대해서는 법규정이 없으므로 이에 대한 법적 취급에 대해서는 이론상의 다툼이 있다.

3. 허용구성요건착오의 취급[7]

1) 엄격책임설

허용구성요건착오를 포함한 모든 위법성에 관련한 착오를 법률의 착오로 보는 입장으로서, 이에 따르면 허용구성요건착오에 있어서 객관적으로 정당화사유가 존재하지 않으므로 정당화는 이루어지지 않고 이는 단지 책임의 문제일 뿐인 것이다.

---

7) 허용구성요건착오는 위법성과 책임에 공통적으로 관련된 사항이므로 위법성 영역이나 책임영역의 착오 부분에서 언급할 수 있으나 어디에서 언급하느냐 하는 것은 중요한 문제는 아니다. 본서는 이를 위법성 부분에서 중점적으로 다루었다.

이때 착오에 정당한 이유가 없으면 이미 인정된 고의와 함께 책임마저 인정되므로 고의범 처벌이 가능하다는 결론에 이르게 된다. 이 이론은 이 착오 사례에 객관적 행위상황에 관한 착오의 존재를 평가에서 제외했다는 점에서 만족스럽지 못하다.

2) 제한책임설

행위자는 객관적 행위상황에 대한 오인으로 인하여 주관적으로는 법질서에 충실한 것으로 판단하므로 구성요건착오와 유사하게 평가하여, 고의범 처벌은 불가능하고 착오에 회피가능성이 있었다면 경우에 따라 과실범으로 처벌할 수 있다는 견해이다. 여기에는, 고의를 구성요건고의와 책임고의로 구분하여 행위자가 자신의 구성요건해당성은 인식할 수 있었으므로 구성요건고의는 인정하되 주관적인 법적 충실성을 인정하여 책임고의만 탈락시켜 법효과만 사실의 착오와 동일시하고자 하는 법효과제한책임설과, 단순히 사실의 착오의 규정을 유추적용하는 것으로 족하다고 하는 유추적용설이 포함된다. 전자는 이에 가담한 공범에 대한 처벌가능성을 확보한다는 장점이 있어 이를 지지하는 학자들이 많으나 이론적 비판의 여지가 없는 것은 아니다.[8]

3) 소극적 구성요건표지이론

소극적 구성요건표지이론은 이러한 사례의 행위자에게 고의를 배제하는 제한책임설의 결론에 명료하게 도달할 수 있다는 장점이 있으나, 구성요건과 위법성을 구별하지 않는 이 이론에 대해서는 구성요건과 위법성은 구별되어야 할 실체적 의미가 있다는 체계론적 비판이 여기에서도 적용된다.

4. 법률의 착오의 정당한 이유

1) 착오의 회피가능성과 판단시점

법률의 착오가 있었다는 사실만으로는 책임이 조각되지 않는다. 형법 제16조는 착오에 정당한 이유가 있는 경우에 한해서 처벌을 배제한다. 여기서의 정당한 이유의 의미해석이 문제인데, 대체로 독일 실정법이 제시하는 회피가능성의 개념에 일치하

---

8) 자세한 것은 앞의 제21절 허용구성요건착오 부분 참조.

는 것으로 볼 수 있다. 행위자가 행위의 구성요건해당성에 대한 인식을 할 수 있었다면 이를 바탕으로 자신이 가진 법적·상식적 지식역량을 최대한 활용하여 자신의 행위에 대한 법적 평가를 내려야 한다. 이러한 사고의 결과 자신의 행위가 법에 저촉되는 것이 아니라는 결론을 도출했을 경우, 제3자인 평가자의 관점에서 이 결론에 무리가 없었다고 인정되는 때 혹은 이를 비난할 수 없을 때[9] 행위에 대한 책임비난은 배제되어야 할 것이다. 이때 행위자의 판단에 착오가 있었다고 하더라도 책임비난이 배제되어야 하는 이유를, 그 착오에 정당한 이유가 있기 때문이라고 하든 혹은 회피가 불가능했기 때문이라고 설명하든 그 내용은 본질에서 다르지 않다.

행위자의 지식수준이나 담당하는 업무내용 등에 비추어 행위의 위법성을 충분히 알 수 있었거나 알았어야 했음에도 알지 못한 경우에 비난가능성이 인정된다. 다만 이 경우 행위자는 위법성의 인식을 전제로 출발하는 것이므로, 다시 말해 자신의 행위가 타인의 법익침해에 해당되고 또한 법질서의 위반에 해당된다는 가능성을 인식한 상태라면, 보통의 과실범의 주의의무에 상응하는 정도의 주의를 가지고 행위를 평가해야 할 의무가 인정되어야 한다. 일반적으로 행위상황에 대한 인식이 곧바로 위법성인식으로 직결된다면 보통의 과실범에서보다 엄격한 기준이 요구될 필요가 없다.[10]

책임은 위법성의 인식가능성을 전제로 하며, 위법성의 인식가능성은 자신의 행위에 대한 법적 평가에 대한 동기를 부여한다. 이러한 동기부여에도 불구하고 위법성의 인식능력을 최대한 활용하지 않고 법의무에 따른 행동결정 가능성을 져버렸다는 데 책임비난의 근거가 존재한다.[11]

위법성인식의 존재 여부에 대한 판단시점은 행위당시를 기준으로 하는 것이 원칙이다. 그러나 모든 수범자는 법확증을 위해 법에 대한 지식을 갖추어야 하며 평소에 이를 위한 성실의무를 갖는다는 입장에서 출발한다면, 평소에 규범합치적 판단을 위한 인격형성에 소홀했다는 점에서 비난의 근거가 되는 시점은 앞당겨질 수 있다. 이렇게 위법성인식에 대한 판단의 기준시점을 앞당기는 것은 행위책임원칙

---

9) 임웅, 332면. 오스트리아 형법 제9조 제1항.
10) Jakobs, 19/38; Jescheck/Weigend, § 41 II 2 b); Lackner/Kühl, § 17 Rdnr. 7; LK – Schroeder, § 17 Rdnr. 27; Roxin, AT I, § 21 Rdnr. 43; Tröndle/Fischer, § 17 Rdnr. 8.
11) 손동권/김재윤, [§ 18] 29.

에 위배되지 않는다.[12]

2) 회피가능성 판단의 사고절차

금지착오의 회피가능성 여부에 관한 판단은 다음과 같은 단계적 절차에 따른다. [1] 첫 단계는 행위자의 위법성인식의 여부에 대한 확인이다. 행위자가 자신의 행위에 관련하여 최소한 미필적 위법성인식을 가졌다면 이로써 금지착오는 아니므로 회피가능성 심사는 불필요하다. [2] 위법성인식이 없었다면 행위자가 행위를 해도 좋을지에 대해 의문을 제기할 계기가 있어야 하고 이에 대한 답을 얻기 위해 양심에 따른 심사라는 절차를 거쳤는지를 판단한다. [2.1] 양심적 심사가 없었던 경우 : 범인이 행위의 법적 성격을 양심에 물을 수는 있었는지 혹은 물었어야 했는지를 검토해야 한다. 그럴만한 시간적 여유가 없었거나 행위 자체가 일상적이고 특별한 해악적 성격이 없는 행위여서 양심적 심사가 기대되지 않았을 경우에만 책임이 조각된다. [2.2] 양심적 심사가 있었던 경우 : 행위의 위법성에 대한 의심이 형성되었는지 여부가 문제된다. [2.2.1] 이에 대한 의심이 없었던 경우에는 행위자가 어떠한 하나의 의심을 가질 수 있었는지 혹은 심지어 가졌어야 했는지가 문제된다. 여기서는 지능, 행위영역의 친소성, 법적 지식 여부가 문제된다. [2.2.2] 행위자가 의심을 가졌다면 의심을 해소하기 위해 숙고 혹은 조회를 했는지 검토되어야 한다. 범인이 두 가지를 다 행하지 않았다면 이와 관련된 비난가능성이 검토된다. 이러한 의무를 다했다면 그 결과를 행위자가 신뢰할 수 있었는지가 문제된다.

이로써 법률의 착오에서의 회피가능성 판단의 본질적 내용은 위법성인식의 계기와 인식수단으로 축약된다.[13]

3) 위법성인식의 계기

착오의 회피가능성은 행위자가 자기 행위의 법적 성질에 대해 고려할 기회, 곧 위법성인식의 계기를 전제로 한다.[14] 이러한 계기를 전제로 행위자는 양심적 심사를 통해 행위의 불법성 여부에 대한 평가를 할 수 있다. 판단의 기준은 구체적 행위

---

12) 성낙현, 앞의 논문, 318면 이하.
13) 성낙현, 앞의 논문, 323면 이하.
14) 김일수/서보학, 285면; 신동운, 423면; Jescheck/Weigend, § 41 II 2 b).

상황에서의 행위자의(직업이나 생활권에 관련한 지식 등을 포괄한) 개인적 능력이다. 행위상황에서 행위자는 자신의 지적 인식능력을 성실하게 활용했어야 한다. 자신이 행하고자 하는 행위영역에 특별한 법규범이 존재한다는 사실을 아는 경우라면 행위와 규범 사이의 관계에 대한 이해를 위해 노력해야 한다.15)

행위가 법질서뿐 아니라 동시에 윤리규범을 침해하는 경우라면 착오는 일반적으로 회피가능한 것으로 볼 수 있다. 법규범이 윤리규범에 밀접한 경우에는 양심의 긴장을 통해 쉽게 행위의 위법성을 인식할 수 있을 것으로 법질서는 기대할 수 있기 때문이다. 행위가 타인 혹은 사회일반에 대한 침해에 해당된다는 인식이 있던 경우도 마찬가지이다.

4) 인식수단으로서의 숙고와 조회

위법성인식의 계기가 주어진 경우 행위자는 숙고를 통해 행위의 불법성 여부를 판단하되, 그 행위가 객관적으로 위법한 이상 이에 상응하는 결론으로써 결국 이 행위를 포기할 것이 요망된다. 행위의 적법성이 의심되는 상황에서 행위자는 자신에게 주어진 능력과 인지자료를 충분히 활용하여 자신의 행위가 객관적 법질서에 상응하는지를 숙고해야 한다. 이러한 능력을 제대로 활용하지 않았기 때문에 잘못된 행위를 선택하게 되었다면 이로써 책임인정의 전제가 성립한다. 다만 성실한 숙고를 다한다고 해서 누구라도 항상 법규범이 요구하는 해석에 이를 수 있는 것은 아니므로, 당사자가 처한 그 상황에서의 상식적 통찰로써 자신의 행위가 법적으로 문제가 없다는 결론을 내린 경우에는 착오는 회피가 불가능한 것으로 평가될 수 있다.16)

---

15) Roxin, AT I, § 21 Rdnr. 55.

16) ① 대판 1986.10.28, 86도1406 : 근무시간 여하를 막론하고 수시로 영외에 있는 중대장의 관사에 머물면서 중대장이나 그 처의 심부름을 관사를 떠나서까지 해오던 중대장의 당번병이 중대장의 지시에 따라 관사를 지키고 있던 중 중대장과 함께 외출나간 그 처로부터 24시 경 관사로부터 1.5킬로미터 가량 떨어진 지점까지 우산을 들고 마중을 나오라는 연락을 받고 당번병으로서 당연히 해야 할 일로 생각하고 그 지점까지 나가 동인을 마중하여 그 다음날 01:00경 귀가하였다면 위와 같은 당번병의 관사이탈 행위는 중대장의 직접적인 허가를 받지 아니 하였다 하더라도 당번병으로서의 그 임무범위 내에 속하는 일로 오인하고 한 행위로서 그 오인에 정당한 이유가 있어 위법성이 없다고 볼 것이다. ② 대판 1974.7.23, 74도1399 : 이복동생의 이름으로 해병대에 지원입대

숙고로써 문제가 해결되지 않을 경우 다음과 같은 대상에 대한 조회를 통해 행위의 적법성 여부에 대한 의문을 제거해야만 한다.

(1) 법률

법률은 행위의 위법성 여부에 의심이 있는 행위자에게 중요한 판단자료가 될 수 있다. 하지만 모든 법조문을 누구라도 단조로이 해석할 수 있는 것은 아니다. 일반인이 쉽게 이해하기 어렵거나 다양한 해석이 가능한 규범에 대해서는, 필요하다면 전문가의 조언을 구해야 한다. 하나의 법률이 일반적으로 요구되는 수준, 혹은 그 이상의 노력으로도 그 의미를 이해하기 어려운 경우라면 이에 대한 착오는 회피가 불가능할 수 있다.

(2) 판례

행위의 적법성에 대한 의문을 없애기 위해 판례를 찾아볼 의무가 있다. 특정 행위에 대해 일관되게 불법을 부정하는 판례의 신뢰에 따른 행위에는 착오의 정당한 이유가 인정된다. 곧 이 경우의 착오는 회피할 수 없으므로 책임은 배제된다.

합법과 불법에 대한 판례의 견해가 뚜렷한 일관성이 없이 유동적이라는 사실을 범인이 알고 행위를 한 경우라면 최소한 미필적 불법인식이 존재할 수 있다. 다만 불법을 인정하는 판례가 상식적 수준에서 판단하더라도 명백히 그릇된 경우라면, 사안에 따라서는 이를 무시하더라도 문제되지 않을 수도 있다.

판결의 진의 파악이 어려워 이에 대해 상반된 해석이 가능한 판례에 근거한 착오는 회피불가능하다. 행위자가 자신의 행위의 법적 평가를 위해 요구되는 최소한의 성실의무를 다했고 그에 따라 행위가 합법적인 것으로 평가하기에 이르렀다는 점만으로 행위자를 형벌로부터 보호할 충분한 근거가 성립한다.

문제된 행위 이후에 비로소 판례가 가벌성을 인정하는 방향으로 변경된 경우 판례에 대해서는 소급효금지의 원칙이 적용되지 않으므로 가벌성이 인정될 수 있다는 논리는 성립가능하다. 하지만 행위자가 행위 당시의 판례를 신뢰할 수 있었다면

하여 근무 중 휴가 시, 위 동생이 군에 복무중임을 알았고, 다른 사람의 이름으로 군생활을 할 필요가 없다고 생각하여 귀대치 않다가 징병검사를 받고 예비역으로 복무중이라면 그 후 군무이탈자의 자진복귀명령에 위반하였다 하더라도 그 행위가 죄 되는 행위가 아닌 것으로 오인함에 있어 정당한 이유가 있다고 할 것이다.

반면 숙고가 있었더라도 회피가 가능한 착오로 판단한 사례로 대판 1979.8.28., 79도1671; 대판 1965.11.23, 65도867.

착오는 정당한 이유가 있었던 것으로 판단하여 행위자를 보호하는 것이 옳다.[17]

동급법원의 서로 상반된 판결에 대한 인식이 있었을 때에는 자신에게 불리한 판례를 신뢰해야 하며 심급이 다른 경우에는 상급법원의 판례를 신뢰해야 한다.

> **관련판례**
>
> 대판 1995.8.25, 95도717 : 가감삼십전대보초와 한약 가지 수에만 차이가 있는 십전대보초를 제조하고 그 효능에 관하여 광고를 한 사실에 대하여 이전에 검찰의 혐의없음 결정을 받은 적이 있다면, 피고인이 비록 한의사 약사 한약업사 면허나 의약품판매업 허가가 없이 의약품인 가감삼십전대보초를 판매하였다고 하더라도 자기의 행위가 법령에 의하여 죄가 되지 않는 것으로 믿을 수밖에 없었고, 또 그렇게 오인함에 있어서 정당한 이유가 있는 경우에 해당한다.

그러나 아무리 대법원 판례를 신뢰하여 행위를 했다고 하더라도 자신의 사례와 사안이 다른 판례를 자신에게 유리하게 잘못 믿은 경우에는 정당한 이유는 인정되지 않는다.[18]

법률문외한으로서 자신의 행위에 대한 법적 성격을 법률전문가에게 문의하여 그의 견해나 답변을 신뢰한 경우라면 정당한 이유가 인정된다.[19]

---

17) 성낙현, 앞의 논문, 328면.
18) 대판 1995.7.28, 95도1081 : 설사 피고인이 대법원의 판례에 비추어 자신의 행위가 무허가 의약품의 제조·판매행위에 해당하지 아니하는 것으로 오인하였다고 하더라도, 이는 사안을 달리하는 사건에 관한 대법원의 판례의 취지를 오해하였던 것에 불과하여 그와 같은 사정만으로는 그 오인에 정당한 사유가 있다고 볼 수 없다.
19) 대판 1982.1.19, 81도646 : 특허나 의장권 관계의 법률에 관하여는 전혀 문외한인 피고인으로서는 위 대법원판결이 있을 때까지는 자신이 제조하는 양말이 타인의 의장권을 침해하는 것이 아니라고 믿을 수밖에 없었다고 할 것이니, 위 양말을 제조·판매하는 행위가 법령에 의하여 죄가 되지 않는다고 오인함에 있어서 정당한 이유가 있는 경우에 해당하여 처벌할 수 없는 것이다.
반면에 변리사의 감정결과를 신뢰한 사례에서 정당한 이유가 부정된 판례도 볼 수 있다. 대판 1995.7.28, 95도702 : 피고인이 변리사로부터 타인의 "BIO TANK"라는 등록상표가 상품의 품질이나 원재료를 보통으로 표시하는 방법으로 사용하는 상표로서 효력이 없다는 자문과 감정을 받아 자신이 제작한 물통의 의장등록을 하고 그 등록상표와 유사한 상표를 사용한 경우, 설사 피고인이 위와 같은 경위로 자기의 행위가 죄가 되지 아니한다고 믿었다 하더라도 이러한 경우에는 누구에게도 그 위법의 인식을 기대할 수

(3) 관청의 의사표시

관청은 조회자에게 중요한 정보제공자가 될 수 있다. 행위자가 관할책임이 있는 관청의 사실에 부합하지 않는 설명에 의해 자신의 행위가 허용된 것으로 믿었다면 그의 착오는 회피가 원칙적으로 불가능하다.[20] 이와 달리 관청의 의사표시를 행위자가 잘못 이해했거나 자신에게 유리하게 부당한 확대해석을 한 경우, 혹은 관청의 의사표시가 자신의 사안과는 다른 사안에 관련한 것이었다면 착오에 정당한 이유는 부정될 수 있다.[21] 또한 관청의 의사표시가 있었더라도 명백히 그릇된 처분이었거나 담당직원의 개인적 오류나 비리에 기인한 것이라면 조회자는 이를 신뢰해서는 안 된다.[22][23]

없다고 단정할 수 없으므로 피고인은 상표법 위반의 죄책을 면할 수 없다.

20) ① 대판 1983.2.22, 81도2763 : 서울특별시 공문, 동시의 식품제조허가지침, 동시의 제분업소허가권 일원화에 대한 지침 및 피고인이 가입되어 있는 서울시 식용유협동조합 도봉구 지부의 질의에 대한 구청의 질의회시 등의 공문이 미숫가루를 제조하는 행위는 양곡관리법 및 식품위생법상의 허가대상이 아니라는 취지이어서 별도의 허가를 얻을 필요가 없다고 믿고서 미숫가루 제조행위를 하게 되었다면, 그렇게 오인함에 정당한 이유가 있다. ② 대판 1995.7.11, 94도1814 : 관할관청에 법무부훈령 제255호의 "외국인 산업기술연수사증 발급 등에 관한 업무처리지침"에 의거 산업기술연수자의 신분으로 입국하는 외국인들에 대하여 그들을 받아들이는 국내기업체의 의뢰에 따라 위 훈령에 규정된 입국절차를 대행하여 주는 허가절차에 관하여 문의하였으나, 허가를 담당하는 공무원이 허가를 요하지 않는 것으로 잘못 알려 주어 이를 믿고 법적으로 필요한 허가를 받지 아니한 것이라면 허가를 받지 않더라도 죄가 되지 않는 것으로 착오를 일으킨 데 대하여 정당한 이유가 있는 경우에 해당한다. 같은 취지의 판례로 대판 2005.8.19, 2005도1697; 대판 2015.1.15, 2013도15027.

21) 대판 1991.8.27, 91도1523 : 보건사회부 고시 등에 의하여 미승인 오락기구를 당국에 등록하고 그 사용기간을 일정기간 받았다 하더라도 보건사회부장관고시 등은 그 기간 내에 형식승인기구로 교체하지 아니하더라도 허가의 취소 등 행정제재를 하지 않는다는 취지일 뿐, 공중위생법상의 벌칙규정에 대한 면책적 효력이 있다고 할 수 없다. 같은 취지의 판례로 대판 2004.2.12, 2003도6282; 대판 2009.1.30, 2008도8607.

22) 대판 1987.12.22, 86도1175 : 건설업면허가 없는 피고인으로서는 시공할 수 없는 건축공사를 피고인이 타인의 건설업면허를 대여 받아 그 명의로 시공하였다면 비록 위 면허의 대여가 감독관청인 진주시의 주선에 의하여 이루어졌다 하더라도 그와 같은 사정 만으로서는 피고인의 소위를 사회상규에 위배되지 않는 적법행위로 볼 수는 없을 뿐만 아니라, 나아가 설사 피고인으로서는 이를 적법행위로 오인하였다 하더라도 위와 같은 사정 만으로서는 그 오인에 정당한 이유가 있다고 볼 수도 없다.

23) 그 밖에 자세한 것은 성낙현, 앞의 논문, 329면 이하.

관청의 법해석에 관한 잘못된 의사표시를 신뢰한 행위에도 착오의 회피가능성은 부정되어야 한다.

📖 관련판례

대판 1992.5.22, 91도2525 : 피고인들이 이 사건 산림훼손 등의 행위를 하기 직전에 제주시장에게 위 산림훼손지역이 속한 골프장 중 다른 지역에 대하여 산림법 제90조에 의한 입목벌채허가신청을 하였던 바, 제주시장은 위 지역이 국토이용관리법에 의하여 관광휴양지역으로 결정 고시된 장소로서 산림법 제90조의 적용이 배제된다는 이유로 위 신청서를 반려한 사건에서 "행정청의 허가가 있어야 함에도 불구하고 허가를 받지 아니하여 처벌대상의 행위를 한 경우라도, 허가를 담당하는 공무원이 허가를 요하지 않는 것으로 잘못 알려 주어 이를 믿었기 때문에 허가를 받지 아니한 것이라면 허가를 받지 않더라도 죄가 되지 않는 것으로 착오를 일으킨 데 대하여 정당한 이유가 있는 경우에 해당하여 처벌할 수 없다고 할 것이다"라고 판시했다.[24]

---

5. 형법 제16조의 해석

자기의 행위가 법령에 의하여 죄가 되지 아니하는 것으로 오인한 행위는 그 오인에 정당한 이유가 있는 때에 한하여 벌하지 아니한다.

1) 죄가 되지 아니하는 것으로 오인한 행위

'오인'의 문언에 충실한 해석에 따르면 잘못된 인식에 한정되므로 금지규범의 존재에 대한 단순한 부지는 이에 해당되지 않는 것으로 볼 수 있다. 이러한 입장을 견지하는 대법원 판례에 의하면 소극적 법부지의 사례에는 고의범의 처벌가능성이

---

24) 같은 취지의 판례로 대판 2005.8.19, 2005도1697 : 피고인이 자신의 소유인 대지상에 양어장 및 여관 신축공사를 하는 과정에서 생긴 토석을 사실상 나대지 상태인 위 임야에 적치할 계획을 가지고, 이에 관하여 양평군 산림과 담당공무원인 공소외인에게 문의하였던 바 산림법상 문제가 되지 않는다는 답변을 듣고 위 임야 상에 토석을 쌓아둔 것이라면 행정청의 허가가 있어야 함에도 불구하고, 허가를 받지 아니하여 처벌대상의 행위를 한 경우라도 허가를 담당하는 공무원이 허가를 요하지 않는 것으로 잘못 알려 주어 이를 믿었기 때문에 허가를 받지 아니한 것이라면 허가를 받지 않더라도 죄가 되지 않는 것으로 착오를 일으킨 데 대하여 정당한 이유가 있는 경우에 해당하여 처벌할 수 없다. 대판 1989.2.28, 88도1141 판결 역시 같은 취지이다.

존재한다. 그러나 앞에서 지적한 바와 같이 법규의 다양·다변화 시대에 맞지 않는 대법원의 이러한 태도는 극복되어야 한다. 따라서 죄가 되지 아니하는 것으로 오인한 행위의 원인에는 금지규범의 존재에 대한 무지나 불인식이 당연히 포함되어야 하며 그 밖에 금지규범의 효력착오, 포섭착오(직접적 금지착오)와 허용규범의 존재, 허용규범의 효력범위에 관한 착오(간접적 금지착오)가 포함된다. 엄격책임설의 입장에서는 허용구성요건착오도 여기에 포함된다.

2) 정당한 이유

독일형법은 위법성인식에 관한 착오가 '회피할 수 없을 때' 책임은 배제된다고 명문으로 표현하고 있다. 우리 형법은 그 대신에 '정당한 이유가 있는 때'라는 표현을 사용하고 있다. '정당한 이유가 있는 때'는 '회피할 수 없을 때'보다 상대적으로 폭넓은 개념으로 이해될 수도 있다. 따라서 문언의 해석에 따라 착오의 회피는 가능했더라도 책임배제를 위한 정당한 이유가 인정되어야 할 경우도 생각할 수 있을 것이다. 하지만 두 개념의 실질적 내용은 본질적으로 거의 일치하는 것이라 보는 것이 합당하다. 개별적 특수사례를 제쳐둔다면 대체로 위법성인식의 오인에 과실이 없을 때[25] 혹은 오인을 비난할 수 없을 때 정당한 이유가 존재하는 경우라 하겠다.

3) 벌하지 않는다

벌하지 않는 이유는 책임조각이라는 데 이견이 없다. 또한 오인에 정당한 이유가 있는 때에 한하여 벌하지 아니한다고 했으므로 정당한 이유가 없는 경우에는 당연히 처벌되는 것으로 해석해야 한다. 그렇다면 처벌되는 경우에 어떻게 처벌되어야 하는지의 문제가 남는다. 책임설을 취한다면, 위법성에 관련한 착오는 고의성립과는 무관한 것이므로, 착오에 정당한 이유가 인정된다면 고의의 불법행위에 책임이 조각되지만, 그렇지 않은 경우에는 고의와 책임이 모두 인정된다. 형법 제53조에 의한 작량감경의 가능성만 남을 뿐이다.

4) 위법성인식 가능성의 판단기준

책임은 어디까지나 행위자 개인의 비난가능성을 검토하는 과정이므로 행위자의

---

25) 대판 1983.2.22, 81도2763.

지적 인식능력이 판단기준이 되어야 한다는 것이 통설이다. 일부 소수설은 판단기준을 행위자에게 둔다면, 행위자가 어떠한 이유에서든 행위가 위법하지 않다고 믿은 이상 착오는 항상 회피 불가능한 것으로 인정될 수밖에 없다는 우려에서 일반인·평균인이 기준이 되어야 한다고 한다. 그러나 행위자가 자기 확신에 의해 위법성을 부정했다고 무조건 착오의 회피 불가능성을 인정하는 것이 아니라, 그 사람의 지적 인식능력에 비추어 그런 확신이 가능했었는가를 제3자가 판단하는 것이다.

독일판례가[26] 제시했던 양심긴장의 의무는 착오의 회피가능성의 판단기준으로서 적격성이 없다고 해야 한다. 양심의 긴장은, 위법성인식의 대상이라고 할 수 없는, 행위의 반윤리성에 대한 고찰의 동기는 될 수 있어도 법적 가치판단이나 의사결정과는 무관한 것이기 때문이다.[27] 그보다는 숙고 혹은 조회가 착오회피의 적절한 수단이 될 수 있다. 법률비전문가인 행위자는 이와 관련하여 변호사나 법학교수 등과 같은 법률전문가나 해당 기관에 문의하여 도움을 받을 수 있다. 하지만 조회 의무는 언제라도 엄격히 요구할 수 있는 것은 아니며, 조회의 가능성이 충분히 있었을 경우에만 제한적으로 인정되는 것이라 할 수 있다. 또한 예컨대 변호사에게 문의한 경우 그의 답변이 신뢰할 만한 것인지에 대해서까지 조회할 의무는 없다. 비전문가는 변호사가 해당 법적 조언을 해 줄 수 있는 공식적 자격을 갖춘 사람으로 신뢰하는 것으로 족하다. 하지만 변호사 스스로가 자신의 조언에 의문의 여지가 있음을 표현했거나 혹은 그의 조언이 누가 보더라도 잘못 되었다는 사실이 자명한 경우는 예외이다.[28]

제 35 절 적법행위에 대한 기대가능성

I. 서설

적법행위에 대한 기대가능성은 책임능력, 위법성인식과 함께 책임성립을 위해

---

26) BGHSt 2, 201.
27) 손동권/김재윤, [§ 18] 32; Roxin, AT I, § 21 Rdnr. 44; SK-Rudolphi, § 17 Rdnr. 32.
28) Roxin, AT I, § 21 Rdnr. 61 f.

요구되는 책임표지의 하나이다. Karneades의 널빤지 사례[1]에서처럼, 배가 난파되어 익사의 위험에 처한 행위자가 다른 사람이 이미 차지하고 있던 널빤지를 빼앗아 자신의 목숨은 부지한 대신 그 상대방은 익사하게 되었다면 이 행위자에게는 어떠한 정당성도 인정되지 않는다. 우선 이 상황은 상대방의 부당한 공격이라는 정당방위로서의 요건이 결여되어 정당방위상황이 아니며, 타인의 생명이 행위자의 생명보다 가치가 낮은 것도 아니기 때문에 정당화적 긴급피난에 의한 정당성도 인정되지 않는다. 하지만 행위자에게 위법행위를 하지 않을 기대가능성, 바꾸어 말해 적법행위에 대한 기대가능성이 없는 경우이므로 형법은 이 행위로 인해 행위자에게 책임비난을 가할 수 없다. 형법은 일반적인 인간에 대하여 가질 수 있는 기대가능성 이상의 것을 요구할 수는 없기 때문이다.

책임조각사유로서의 책임배제사유(Schuldausschließungsgrund)는 내재적 책임제한사유로서 책임이 아예 성립하지 않은 경우이다. 여기에는 책임무능력과 회피가능성이 없는 금지착오가 포함된다. 이러한 사례는 행위자에게 위법성인식이 처음부터 결여된 상황이다. 위법성에 대한 통찰능력이나 통찰할 계기가 없었기 때문에 법의식의 결여에 대해 비난할 근거가 존재하지 않는다.

반면에 같은 책임조각사유의 하나인 면책사유(Entschuldigungsgrund)는 책임이 처음부터 배제되는 것이 아니라 이미 성립한 책임의 감면에 그칠 뿐인 경우이다. 책임조각사유의 경우와는 달리 여기서의 행위자는 극단적 행위상황에도 불구하고 책임능력이나 위법성인식능력을 갖추고 있는 상태이기 때문이다. 다만 입법자는 극단적 행위상황으로 인해 책임비난의 정도가 처벌필요성의 하한선에 미치지 못하는 정도라면 처벌은 배제되어야 한다고 판단하는 것이다.[2] 따라서 면책사유란 적법행위에 대한 기대가능성의 결여에 의한 후발적 책임감면사유라 할 수 있다. 그러나 기대가능성의 결여상황은 다른 관점에서 보면 행위자의 냉철한 판단능력이 존재하는 상황일 수도 있다. 말하자면 자기보호본능과 이기적 판단이 혼합적으로 존재하는 사례라고 할 수 있다. 여기에는 강요된 행위, 과잉방위와 과잉피난, 과잉자구행위, 면책적 긴급피난 등이 포함된다.

---

1) 기원전 키레네에서 태어나 아테네에서 플라톤 아카데미를 이끌었던 그리스의 철학자 Karneades(B.C. 213−128)가 설정한 사례.
2) Jescheck/Weigend, § 43 II 2.

📖 **관련판례**

RGSt 30, 35 : 면책사유에 관한 사례로서 Leinenfänger 사건을 들 수 있다. 고삐를 물어 당기는 위험한 악습이 있는 말을 다루는 마부가 주인에게 말의 위험성을 설명하고 다른 말로 교체해 줄 것을 요구했으나, 주인이 이를 거절하자 어쩔 수 없이 다시금 말을 몰다가 행인에게 상해를 가한 사례이다. 여기서 행위자는 경험에 의해 말을 거리로 몰고 나오는 행위에 따를 수 있는 결과에 대한 예견가능성을 가지고 있었다. 이 행위에 대한 가벌성심사의 단계를 살펴보면, 과실치상의 구성요건과 위법성이 인정되었으며 책임 부분에서도 책임능력과 위법성인식까지 긍정된 상태이다. 하지만 말의 위험성을 이유로 작업을 포기한다는 것은 곧바로 해고에 직결될 수 있는 상황에서, 법질서는 행위자에게 무조건 위험한 행위는 하지 말라고 강요할 수 없는 노릇이다. 제국재판소는 행위자에게 적법행위에 대한 기대가능성이 없었다는 이유를 들어 무죄를 선고했다.

II. 책임영역에서의 체계적 지위

기대가능성은 Leinenfänger사건에 대한 독일제국재판소 판례의 계기를 통해 심리적 책임론에 상대적인 규범적 책임론의 관점에서 도출된 개념이다. 책임의 본질은 의사형성에 대한 규범적 평가라고 보는 입장에서는 행위에 대한 인식, 더 나아가 행위의 위법성에 대한 인식까지 있었다고 하더라도 이러한 의사형성에 대한 규범적 평가를 했을 때, 행위자가 이 의사를 형성하고 수행할 수밖에 없는 특별한 이유가 드러난다면 규범적 비난가능성은 배제되어야 한다. 규범적 책임론은 적법행위에 대한 기대가능성의 결여는 일반적 초법규적 면책사유에 해당한다고 한다.

1. 책임요소의 일종으로 보는 견해

복합적 책임개념(komplexer Schuldbegriff)의 관점에서는 책임이란 책임능력, 고의 또는 과실이라는 책임조건, 적법행위에 대한 기대가능성 등의 복합적 요소의 결합으로 성립되는 것이며, 이들 중 어느 한 요소라도 결여되면 책임은 조각되는 것으로 본다.[3] 즉 이 견해에 따르면 기대가능성은 다른 책임요소에 동등하게 병존하

---

3) Frank, Goldschmidt, Mezger의 견해를 바탕으로 한 Maurach/Zipf, AT I, § 30 Rdnr. 22.

는 독립된 책임요소로의 적극적 지위를 갖는다.

2. 책임조각사유로 보는 견해

책임에서의 기대가능성의 지위를, 구성요건과 위법성의 관계에서 위법성의 지위
에 상응하는 것으로 이해하는 견해이다. 말하자면 책임능력, 책임조건이 존재하면
당연히 책임이 인정되나, 이것은 다만 적법행위에 대한 기대가능성의 결여라는 특
수한 책임조각사유가 존재하지 않음을 전제로 한다는 것이다. 여기서 기대불가능
성은 소극적으로 존재하지 않음으로써 책임성립에 기여하는 소극적 책임요소가 된
다. 이는 마치 위법성조각사유가 소극적으로 존재하지 않음으로써 구성요건으로
징표된 위법성이 확정되는 것과 같은 구조로 이해하는 것이다. 우리나라의 통설로
서 타당하다.

3. 책임조건(고의, 과실)의 성립요소로 보는 견해

기대가능성이 없으면 고의나 과실이 성립되지 않고 책임도 조각된다는 견해이
다. 그러나 기대가능성은 고의나 과실 더 나아가 위법성의 인식마저 인정된 이후에
행위의 외부적·객관적 사정을 포함한 행위와 행위자 사이의 관련성에 대해 이루어
지는 가치평가로서 책임조건과는 무관한 개념이라고 해야 하므로, 이는 받아들일
만한 견해가 되지 못한다.

III. 초법규적 책임조각사유의 인정가능성

1. 의미와 독일학설의 태도

초법규적 책임조각사유란 현행의 실정법을 초월하여 보편적으로 인정되는 책임
조각사유를 말한다. 독일형법에는 피해자의 승낙 혹은 원인에 있어서 자유로운 행
위 등과 같이 실정법적 규정이 없으나 관습법적으로 인정되는[4] 법형상이 더러 존

---

4) Jescheck/Weigend, § 40 VI 1.

재한다. 이에 따라 적법행위에 대한 기대불가능성도 초법규적 책임조각사유로 인정될 수 있을 것인가에 대한 논의가 이루어지게 된다. 위법성조각사유에 있어서는 보호법익의 다양성과 보호범위의 다변성으로 인해 모든 정당화사유에 공통적으로 존재하는 정당화근거를 찾기 어려운 반면에, 모든 면책사유와 책임배제사유의 공통적 근원은 적법행위에 대한 기대가능성의 결여라고 할 수 있다. 그렇다면 기대불가능성은 실정법이 인정하는 범위를 넘어서는 일반적 책임조각사유로서 인정될 수 있을 것이다. 행위의 위법성조각은 한정적으로 열거된 실정법의 규정에 의거해서만 인정될 수 있는 반면, 책임영역에서는 기대불가능성이 인정되는 곳에서는 대부분 책임조각이 이루어지는 것이 현실이기 때문이다. Freudenthal이[5] 개인윤리적 책임개념의 바탕에서 답책성은 기대가능성을 전제하는 것이므로 행위상황에 의해 행위의 회피가능성이 없었다면 형벌은 부과될 수 없다는 주장을 한 이래, 일반적 초법규적 책임조각사유의 존재가능성에 대해 활발한 논의가 이어졌다.

그러나 다수의 견해는, 입법자가 책임조각사유의 인정이 필요한 경우를 충분히 고려하여 입법에 충실히 반영했을 것이므로 실정법의 범위를 넘어서는 책임조각사유의 인정은 불필요하며, 오히려 법적 안정성을 침해할 위험이 있을 따름이라는 이유로 초법규적 책임조각사유의 가능성을 반대한다.[6] 즉 독일의 다수설은 기대불가능성이 곧바로 초법규적 책임조각사유로 될 수는 없다고 믿는다. 기대가능성의 판단은, 법관에게 개별적 사례에서 판단에 중요한 모든 행위상황을 충분히 고려하라는 지시로서의 규제적 원칙(regulatives Prinzip)에 지나지 않는 것으로 이해하는 것이다.[7] 그러나 학설의 일부에서는 초법규적 책임조각사유가 인정되지 않는다면 책임원칙에 위배될 수 있으므로 과실범과 부작위범의 경우에만 예외적으로 인정되어야 한다는 견해도 있다.[8]

---

5) Freudenthal, Schuld und Vorwurf, 1922, S. 25 ff.
6) 독일의 통설로 Achenbach, JR 1975, 492; Blei, S. 213; Bockelmann/Volk, S. 131; Eser/Burkhardt, Strafrecht I, Nr. 1; Henkel, FS-Mezger, 1954, S. 295; Jescheck/Weigend, § 47 II 2.; Kohlrausch/Lange, Vorbem. III Vor § 51; LK-Hirsch, Vorbem. 196 Vor § 32; Stratenwerth, Rdnr. 603. 그러나 나치정권에서의 안락사 시행에 참여하는 의사의 행위 등 예외적 의무충돌인 경우 초법규적 면책사유를 인정할 여지는 있는 것으로 보는 견해도 있다.
7) Jescheck/Weigend, § 43 III 1.
8) Baumann/Weber/Mitsch, § 23 Rdnr. 63.

2. 우리나라 학설 및 판례의 태도

우리나라에서는 구속력 있는 상관의 위법한 명령에 따른 행위, 상당성이 인정되지 않는 의무의 충돌, 생명이나 신체 이외의 법익에 대한 강요된 행위, 정당화사유가 인정되지 않는 긴급피난 등의 경우 초법규적 책임조각이 예외적으로 인정될 수 있다는 견해,9) 또는 일반적 초법규적 책임조각사유는 원칙적으로 인정되어서는 안 되지만 기대불가능 사유를 엄격히 제한하고 있는 우리 실정법상에서는 이를 인정하지 않을 수 없다는 견해가 제시된다.10) 예컨대 우연한 기회에 출제될 시험문제를 미리 알게 되어 그에 대한 답을 암기하였을 경우, 그 답안지에 미리 암기한 답을 기입하여서는 안 된다고 기대할 수 없어 업무방해죄로 처벌할 수 없다고 한 판례를11)보면 이러한 주장에 이해가 간다. 이 사례는 강요된 행위를 포함한 어떠한 실정법적 범위에서의 책임조각사유에도 해당되지 않으나 가벌성 배제의 결론에는 도달해야 할 사안이기 때문이다. 그러나 실상 이 사례에서의 불가벌 사유는 책임영역이 아닌 고의를 포함한 구성요건의 부분에서 충분히 찾을 수 있을 것이다.12)

📖 **관련판례**

① 대판 1967.10.4, 67도1115 : 어로작업 중 북한 함정에 납치되어 북한에서 한 찬양, 고

---

9) 김일수/서보학, 290면 이하.
10) 손동권/김재윤, [§ 19] 11.
11) 대판 1966.3.22, 65도1164 : 입학시험에 응시한 수험생으로서, 자기 자신이 부정한 방법으로 탐지한 것이 아니고 우연한 기회에 미리 출제될 시험문제를 알게 되어 그에 대한 답을 암기하였을 경우, 그 암기한 답에 해당된 문제가 출제되었다 하여도 위와 같은 경위로서 암기한 답을 그 입학시험 답안지에 기재하여서는 아니 된다는 것을 그 일반 수험자에게 기대한다는 것은 보통의 경우 도저히 불가능하다 할 것인 바, 본건에 있어서 위에서 말한 바와 같이 피고인은 자기 누이로부터 어떠한 경위로 입수되었는지 모르는 채점기준표를 받았고 그에 기재 된 답을 암기하였으며 그 암기한 답에 해당된 문제가 출제되었으므로 미리 암기한 기억에 따라 답안을 작성·제출하였다는 것이므로 위와 같은 경우에 피고인으로 하여금 미리 암기한 답에 해당된 문제가 출제되었다 하여도 그 답안지에 미리 암기한 답을 기입하여서는 안 된다고 기대하는 것은 수험생들의 일반적 심리상태로 보아 도저히 불가능하다 할 것이다.
12) 박상기, 256면 이하; 배종대, [101] 10.

무 또는 이에 동조하고 우리나라로 송환됨에 있어 여러 가지 지령을 받아 수락한 소위는 살기 위한 부득이한 행위로서 기대 가능성이 없다고 할 것이다.13)

② 대판 1987.7.7, 86도1724 : 피고인이 증인으로 선서한 이상 진실대로 진술한다고 하면 자신의 범죄를 시인하는 진술을 하는 것이 되고 증언을 거부하는 것은 자기의 범죄를 암시하는 것이 되어 피고인에게 사실대로의 진술을 기대할 수 없다는 이유로 위증죄의 성립을 부정하고 있으나 피고인과 같은 처지의 증인에게는 증언을 거부할 수 있는 권리를 인정하여 위증죄로부터의 탈출구를 마련하고 있는 만큼 적법행위의 기대가능성이 없다고 할 수 없고 선서한 증인이 증언거부권을 포기하고 허위의 진술을 한 이상 위증죄의 처벌을 면할 수 없다 할 것이다. 자기에게 형사상 불리한 진술을 강요당하지 아니할 권리(헌법 제11조 제2항)는 결코 적극적으로 허위의 진술을 할 권리를 보장한 취지는 아닌 것이다. 이러한 견해와 저촉되는 당원 1961.7.13. 선고 4294형상194 판결은 폐기하기로 한다.14)

3. 결론

구속력 있는 상관의 위법한 명령에 따른 행위, 상당성이 인정되지 않는 의무의 충돌 등 일부 특수한 사례에서 예외적으로 초법규적 책임조각사유가 인정되어야 한다는 견해가 있을 수 있으나 이 사례들에 있어서도 불가벌의 근거는 실정법의 해석의 범위에서 가능한 것으로 볼 수 있다.

형법 총칙에서는 강요된 행위(형법 제12조), 과잉방위(형법 제21조 제3항), 과잉피난(형법 제22조 제3항), 과잉자구행위(형법 제23조 제2항)와 각칙에서는 친족 간의 범인은닉, 증거인멸(형법 제151조 제2항, 제155조 제4항) 등을 규정하고 있다. 다만 위 규정들에서 벌하지 않는 이유를 밝히고 있지 않으나, 그 이유는 기대가능성의 결여에 있다고 해석하는 데 이견이 없을 것으로 보인다.

그 이외의 책임조각사유는 현실적으로 찾기 어렵다. 만약 존재한다면 이에 대한 규정을 신설하여 입법적으로 해결해야 할 것이다. 적법행위에 대한 기대불가능에 따른 무죄판정은 실정법의 해석의 범위에서 이루어져야 한다. 합목적성에 따라 허용된 범위에서 피고인에게 최대한 유리하게 해석할 수 있을 것이다. 그러나 결론을

---

13) 이 판례도 형법 제12조의 강요된 행위로 해결이 가능하다.

14) 이 사례에 있어서 자신에게 불리한 진술을 거부하는 정도를 지나 허위의 진술을 한 경우 적법행위에 대한 기대가능성은 부정될 수 없으므로 유죄를 인정한 판례로서 합당한 결론이다.

위해 실정법에 대한 가능한 해석의 범위를 벗어나거나 실정법이 인정하지 않는 법형상을 끌어들이는 것은 용납되어서는 안 된다. 형법이나 헌법에 초법규적 책임조각사유에 대한 규정이 없는 상태에서 이를 인정한다는 것은 넓게는 죄형법정주의에 반하며, 좁게는 법관의 법률에 의한 구속이념에 배치될 뿐 아니라 법관 자의에 의한 판단에 따른 비합리적 법적용의 위험성마저 존재하므로 이는 부정되어야 한다.15) 부언한다면 부득이한 경우 입법적 해결이 이루어져야 할 것이다.

IV. 기대가능성의 판단기준

1. 행위자 표준설

적법행위에 대한 기대가능성의 존부는 행위자의 능력과 행위 당시에 행위자에게 주어진 특수한 사정에 따라 판단해야 한다는 입장이다. 책임은 개인에 대한 비난가능성이므로 개인의 능력이나 주관적 심리상태를 고려하지 않고는 기대가능성 판단은 이루어질 수 없다는 것이다.16) 그러나 이 견해를 충실히 따른다면 행위자가 이미 불법행위를 한 이상 적법행위의 가능성은 거의 부정되어야 할 수도 있다. 확신범의 경우는 물론이고, 행위가 억제할 수 없는 욕심이나 법무지 혹은 경솔에서 기인했더라도 행위자가 이를 극복하지 못하여 행위를 한 이상 그에게는 타행위의 가능성이 없다고 할 수 있는 것이다.17)

2. 평균인 표준설

행위자의 주관적 기준이 아닌 양심적인 사회평균인이라는 객관적 기준에 의해 판단해야 한다는 견해이다.18) 이에 대해서는 평균인이라는 개념이 추상적이며, 척

---

15) 김일수, 한국형법 II, 111면 이하; 박상기, 256면; 배종대, [101] 1 이하; 신동운, 443면; 이정원, 257면; 조준현, 244면. 제한적 반대견해로 김성돈, 404면; 정성근/박광민, 354면.
16) 배종대, [102] 5; 이정원, 242면 이하.
17) 임웅, 347면.
18) 신동운, 446면; 이재상/장영민/강동범, § 26 – 17; 정영일, 321면; 대판 2008.10.9, 2008

도 자체가 추상적이라면 결국 법관의 주관에 의해 판단이 좌우될 가능성이 있다는 비판이 주어진다.

3. 국가표준설

국가의 사법정의의 가치관이나 법질서 유지의 의지 또는 목적에 따라 판단해야 한다는 입장이다. 국가이념의 요구라는 모호한 개념에 기대가능성의 기준을 종속시킨다는 것은 불확실성에 가벌성 여부의 운명을 맡긴다는 의미이므로 이 또한 인정할 만한 견해가 못된다.

4. 결론

기대가능성의 판단기준은 위법성인식가능성의 경우에서와는 다르다. 평균인은 행위의 위법성을 인식할 수 있는 경우라도 행위자만은 이를 인식하지 못할 사유는 얼마든지 존재할 수 있고, 이를 행위자가 인식 못했다고 해서 항상 비난이 가능한 것은 아니기 때문에, 위법성인식의 판단기준은 행위자가 되어야 한다. 하지만 기대가능성의 경우 판단기준을 행위자에게 둔다면, 앞에서 지적한 바처럼 어떤 이유에서건·(아무리 비열한 동기에 의하더라도) 행위가 일단 이루어진 이상 행위자에게는 타행위가능성은 없다고 할 수밖에 없다. 따라서 기대가능성 판단은 평균인 표준설에 입각하되 행위자의 특수한 사정을 보충적으로 감안하는 것이 합리적이라고 판단된다.

V. 기대가능성의 착오

이에 관련한 착오의 한 유형으로 기대가능성이라는 법형상의 존재 또는 한계에 관한 착오가 있다. 즉 자신의 행위에는 기대불가능에 따른 책임조각이 개입될 여지가 없음에도 행위자가 이를 있는 것으로, 자신에게 유리한 방향으로 오인한 경우이다. 이러한 착오는 형법상 의미가 없는, 무시해도 좋은 착오에 지나지 않는다.

객관적 행위상황에 대한 오인에 따른 착오는 전자의 경우와는 다른 유형으로서

도5984.

의미가 다르다. 예를 들어 자기 또는 친족의 생명이나 신체에 대한 위해가 존재하지 않는데 존재하는 것으로 오인한 경우이다. 이는 책임조각에 관련한 행위상황에 대한 착오로서, 허용구성요건착오의 경우처럼 형법에는 이를 위한 아무런 규정이 없어 이론으로 해결하는 수밖에 없다. 기대가능성에 관련한 상황의 착오는 결국 고의와는 아무런 상관이 없고 단지 책임인정 여부에만 관련을 갖는 것이므로 법률의 착오(형법 제16조) 규정을 유추적용하는 것이 무리 없는 해결방안이라고 볼 수 있다. 따라서 착오가 회피불가능했다면 책임이 조각되지만 회피가 가능했던 경우라면 책임은 인정되어야 할 것이다.[19)]

독일형법 제35조 제2항은 면책적 긴급피난의 경우 행위상황에 대한 착오가 있었을 때 착오가 회피가능했던 경우에만 처벌하되 필요적으로 감경할 것을 규정하고 있다. 우리 입장에서도 착오의 회피가능성이 인정되더라도 정상을 참작하여 책임감경할 수 있는 여지는 남겨 두는 것이 좋을 것으로 보인다.[20)]

VI. 기대불가능으로 인한 책임조각사유

1. 강요된 행위

1) 의의

저항할 수 없는 폭력이나 자기 또는 친족의 생명 혹은 신체에 대한 위해를 방어할 방법이 없는 협박에 의하여 강요된 행위는 처벌되지 않는다(형법 제12조). 이것은 위법성에 대한 인식까지도 있었으나 내적·외적 강제상태로 인해 적법행위를 기대할 수 없는 경우에서의 구성요건적 행위에는 책임비난이 배제된다는 이념의 예시적 규정이다. 강요된 행위는 독일 구형법 제52조 제1항의 "행위자가 저항할 수 없는 폭력이나 자기 또는 친족의 생명이나 신체에 대한 달리 피할 수 없는 현재의 협박에 의하여 강요된 행위를 한 때에는 죄가 되지 않는다(Nötigungsnotstand)"는 규정을 연원으로 한다. 이 규정은 1974년 독일의 형법개정으로 삭제되었으나 그 정신은 현행 독일형법 제35조의 면책적 긴급피난 규정에 승계된 것으로 볼 수 있다.[21)]

---

19) 김일수/서보학, 293면; 이재상/장영민/강동범, § 26-19.
20) 임웅, 352면.

　이러한 연유로 현재 우리 형법의 강요된 행위 개념은 면책적 긴급피난의 경우와 일부 공통적 요소를 갖는다. 외부적 강제에 의해 정 대 정의 관계에 있는 법익 중 어느 하나를 보호하기 위해 다른 하나가 희생되어야 하는 상황이라는 점과, 행위자가 행위 상황에 대한 이해를 바탕으로 자신의 행위가 구성요건에 해당한다고 인식한다는 점이 그것이다. 따라서 이를 면책적 긴급피난의 한 형태로 보는 견해도 있을 수 있다.[22]

　그러나 다음과 같은 본질적 차이점도 존재한다. ① 긴급피난의 경우 자기 또는 타인의 법익에 대한 현재의 위난이 요건이 되며 위난의 원인은 묻지 않는다. 즉 사람의 행위에 의한 것이어야 한다는 제한이 없고 법적 성격에 있어 불법성 여부와도 상관없다. 하지만 강요된 행위에서는 폭력 또는 협박에 의한 강요 상태가 요구되며 이는 반드시 사람에 의한 것이어야 한다. 여기서는 강요하는 배후자의 범행의도에 의해 위난원인의 불법적 성격이 상대적으로 강하다는 특징이 있다. ② 긴급피난에는 이익균형의 원칙이 적용되나 강요된 행위는 강제상태로 인한 적법행위의 기대가능성 없다는 것으로 충분하다.

2) 성립요건

(1) 강요된 상황

　행위를 강제하는 상황이 형성되어야 하며, 그 원인은 저항할 수 없는 폭력 또는 방어할 방법이 없는 협박의 두 가지이다.

가) 폭력에 의해 강요된 행위

　i) 폭력 : 다른 사람의 손에 떠밀려 타인의 주거에 침입하게 된 경우처럼 물리적 힘을 이용하여 신체거동을 유발하는 절대폭력(vis absoluta)은 이미 행위개념에서 제외된다. 심리적 작용을 통하여 의사형성에 구속을 가하는 강제폭력(vis compulsiva)만이 여기서의 폭력의 의미에 해당한다고 보는 다수설과 판례의 입장이 당연하다.[23] 심리적 작용으로 의사형성을 구속하고 침해하는 이상 폭력의 방법과 수단은

---

21) 입법연혁에 대해 자세한 것은 성낙현, 강요된 행위의 법적 성격과 체계적 지위, 저스티스 통권 제127호, 2011.12, 328면 이하.
22) 이상돈, § 22-51 이하 참조.
23) 신동운, 448면; 이재상/장영민/강동범, § 26 – 24 각주 2). 대판 1983.12.13, 83도2276 : 형법 제12조의 저항할 수 없는 폭력은, 심리적인 의미에 있어서 육체적으로 어떤 행위

불문한다.[24)]

ii) **폭력의 기준** : 폭력 그 자체의 물리적 성격이 기준이 되는 것이 아니라 강요자와 피강요자 사이의 관계 및 상태에 따라 구체적으로 결정되어야 한다. 객관적으로 볼 때 폭력의 정도가 매우 약하더라도 당사자들의 관계에서 피강요자가 현실적으로 이에 대항할 수 없을 처지에 이르는 것이라면 여기서의 폭력이 되기에 족하다. 피강요자의 폭력에 대한 극복능력의 유무는 절대적인 판단요소가 아니다.

iii) **현재성** : 독일 구형법 제52조와 현행 제35조의 면책적 긴급피난에는 위난의 현재성을 요건으로 제시하고 있는 데 반해, 우리 형법 제12조는 이에 대한 언급이 없다. 생각건대 객관적 행위상황과 위법성인식을 포함한 행위의 법적 성질에 대한 인식이 있는 행위자에게 강제상태의 긴급성이 없는 경우라면 적법행위에 대한 기대가능성은 현저히 높아진다. 따라서 기대가능성의 결여를 이유로 책임을 조각하기 위해서는 폭력의 현재성은 불가피한 요건이라고 해야 한다. 즉 당연히 법문에 명기되어야 할 부분이 탈락된 것으로 볼 수 있다. 다만 현재성을 언급하지 않고 있는 현행 법문의 해석에서는 이를 요건으로 포함할 수 없다.[25)] 그렇게 하면 가벌성의 범위가 법문의 범위보다 확대되기 때문이다.

나) **협박에 의해 강요된 행위**

i) **협박** : 협박이란 상대방에게 공포심을 느끼게 할 정도의 해악을 고지하는 것을 말한다. 해악은 고지에 그쳐야 하며 해악 자체를 이미 담고 있는 협박은 이로써 폭력에 해당한다. 길흉화복이나 천재지변 등에 대한 고지로 행위자가 그 내용의 발생을 좌우할 수 없는 경우는 구성요건에 해당되지 않는 경고로서 협박과 구별된다. 협박이라고 할 수 있기 위해서는 고지되는 해악의 발생이 행위자에 의해 직·간접으로 좌우될 수 있거나 적어도 좌우될 수 있는 것으로 상대방이 믿을 수 있는 정도여야 한다.

ii) **협박의 내용과 범위** : 자기 또는 친족의 생명·신체에 대한 위해에 관한 협박

를 절대적으로 하지 아니할 수 없게 하는 경우와 윤리적 의미에 있어서 강압된 경우를 말할 수 있다

24) 대판 1972.5.9, 71도1178 : 18세 소년이 취직할 수 있다는 감언에 속아 도일하여 조총련 간부들의 감시 내지 감금하에 강요에 못 이겨 공산주의자가 되어 북한에 갈 것을 서약한 행위를 한 것은 강요된 행위로 인정된다.

25) 이재상/장영민/강동범, § 26-28.

이어야 한다.[26] 자유, 재산, 명예, 정조 등 나머지 법익에 관한 경우는 면책적 긴급
피난이나 초법규적 책임조각사유에 해당한다는 견해도 있다.[27] 다만 "초법규"라는
개념을 인정하게 되면 법관의 법률에 대한 구속이념이 해제되어 법관의 자의에 따
른 판단이 가능하다는 점에서 그 개념의 사용은 극히 제한할 필요가 있다.[28]

친족의 개념은 민법 제767조 이하의 규정에 따라야 하나, 사실혼 관계의 부부나
사생자는 포함되는 것으로 보는 다수설의[29] 견해를 따를 만하다.

iii) 방어 불가능성 : 위해를 방어할 방법이 없는 협박이어야 한다. 통설에 따르면
현실적으로 의사결정과 행동의 자유가 박탈될 정도에 이른 상태여서 당해 구성요
건적 행위만이 행위자가 취할 수 있는 유일한 가능성이어야 한다.[30] 다만 강제상
태의 현재성을 요건으로 하지 않는다면 방어불가능성이 인정될 수 있는 사례는 크
게 제한 될 수밖에 없다. 방어불가능성 여부도 구체적 행위상황과 양 당사자 간의
관계, 피협박자의 능력 등을 종합적으로 검토하여 결정할 문제이다.

다) 자초한 강제상태

행위자가 강제상태를 자초한 경우라면 강요된 행위로서의 책임조각에 해당되지
않는다고 해야 한다. 책임은 행위자 개인에 대한 비난가능성이라고 한다면 스스로
위험을 예견하고 자기 책임으로 이러한 상황을 유발한 행위자를 법질서가 책임조
각으로 보호할 이유가 없는 것이다. 따라서 북한집단구성원과 회합이 예상가능했
음에도 자의로 북한지역으로 탈출한 경우,[31] 어로작업 중 자의로 북한지역으로 들
어간 경우에는[32] 강요된 행위가 적용되지 않는다.

(2) 강요된 행위

폭력이나 협박에 의해 피강요자가 의사결정과 의사실행의 자유가 구속된 상태에
서 강요자의 지시에 따른 행위를 말한다. 이 행위는 구성요건해당성, 위법성 및 여
타의 책임표지가 인정되는 것이어야 한다. 이러한 전제가 충족되지 않은 경우라면

---

26) 대판 1983.12.13, 83도2276.
27) 김일수/서보학, 303면, 임웅, 356면 이하; 정영일, 325면.
28) 현행 형법에 있어 면책사유에 관련한 규정이 상당히 완비되어 초법규적 책임조각사유를
    적용해야 할 사례나 판례는 사실상 매우 드문 것으로 볼 수 있다.
29) 손동권/김재윤, [§ 19] 24이재상/장영민/강동범, § 26 – 29.
30) 이것은 보충성의 원칙이 적용되어야 한다는 의미이다. 임웅, 351면.
31) 대판 1973.1.30, 72도2585.
32) 대판 1973.9.12, 73도1684.

기대가능성 여부에 따른 책임조각을 검토할 필요가 없다.

폭력 및 협박과 강요된 행위 사이에는 인과관계가 인정되어야 한다. 주관적 요소로서 강제상태에서 자신에게 주관적으로 중대한 가치를 보존하기 위해 불가피하게 행위 한다는 인식이 필요하다.

3) 효과

강요된 행위의 효과로서 위법성조각의 가능성이 논의될 수 있으나 강요된 행위의 특수성을 고려한다면 정당화 가능성은 부정하는 것이 타당하다. 즉 보통의 긴급피난행위자는 단순히 우월한 법익을 보호하기 위해 행위를 하는 데 비해, 강요된 행위에서의 행위자는 배후인의 불법적 의사실현에 인식 있는 기여를 함으로써 한층 강한 정도로 법질서를 침해하기 때문에 이러한 행위의 불법성은 위법성 단계에서 상쇄되는 것으로 인정할 수 없다.[33] 다만 강요된 행위에 있어서는 적법행위에 대한 기대가능성이 배제되므로 피강요자에게 이는 불가벌적 책임조각사유가 된다. 이때 행위의 위법성은 인정되므로 이에 대한 정당방위는 가능하다.[34]

강요자는 우월한 의사지배를 통해 피강요자를 도구로 이용하였으므로 강요된 행위로 충족된 구성요건의 간접정범으로 처벌되며, 동시에 강요죄(형법 제324조)의 죄책도 인정될 수 있다. 양 구성요건은 상상적 경합에 해당된다.[35]

2. 면책적 긴급피난

1) 개념과 의미

우리 형법은 긴급피난을 정당화적 긴급피난과 면책적 긴급피난으로 이원화하는 독일과 달리 단일체제를 취하고 있다. 이러한 우리의 입법현실에 대해 독일처럼 입법적 이원화가 되어 있지 않은 상황에서 우리의 단일규범에 마치 정당화적 긴급피

---

33) 성낙현, 앞의 논문, 339면 이하.
34) 강요된 행위를 한 자는 상대방의 정당방위를 감수해야만 한다면 이는 그에게 너무 가혹할 수 있으므로, 충돌되는 법익을 교량할 때 우월이익의 원칙이 인정되는 사례에서는 강요된 행위자의 행위에 위법성을 배제하고 오히려 그 상대방에게 연대성의 원칙에 따른 긴급피난을 인정하는 것이 바람직하다. 자세한 것은 성낙현, 앞의 논문, 342면.
35) 신동운, 450면.

난과 면책적 긴급피난의 두 가지 개념이 모두 포함되는 것으로 해석하는 것은 무리라는 견해가 있다. 이 견해에 따르면 형법 제22조에는 정당화적 긴급피난만이 규정되어 있을 뿐이어서 독일형법의 면책적 긴급피난에 해당하는 사례는 적법행위에 대한 기대가능성의 결여로 인한 초법규적 책임조각사유로 해결하게 된다.[36] 그러나 형법 제22조는 외형상 단일체제를 취하고 있으나 내용상 정당화적·면책적 긴급피난의 두 가지 요소를 포괄한다는 시각에서 해석하는 것이 합리적이다.[37] 위법성은 조각되지 않지만 책임과 관련하여 처벌할 수 없는, 즉 면책적 긴급피난에 해당할 수 있는 다양한 사례들을 모두 존재와 한계가 불분명한 초법규적 책임조각사유에 의탁하여 해결할 수 없는 노릇이기 때문이다.

면책적 긴급피난은 정당화적 긴급피난과는 달리 이익교량의 관점이 아닌 적법행위에 대한 기대가능성의 관점에 의해 책임이 조각되는 경우이다. 면책적 긴급피난은 책임배제사유가 아닌 면책사유에 해당하는 여타의 사례에서와 유사하게 행위자가 자기보호본능에 따라 위법한 행위를 한 사례라 할 수도 있겠으나 냉철한 판단가능성에 따른 이기적 결정을 내릴 수 있는 상황이다.

따라서 면책적 긴급피난을 극한적 상황에서의 자기결정능력의 저하와 위험에 처한 법익보호에 따른 불법감소에 따른 이중의 책임감면사유라는 주장은 설득력이 약하다. 설령 자기결정능력이 저하되었다고 하더라도 이는 불법을 완전히 배제하는 것은 아니기 때문이다.[38]

2) 요건

형법은 면책적 긴급피난에 관한 명문의 규정을 두지 않고 있다. 면책적 긴급피난은 형법 제22조 제1항의 규정에 대한 이원적 해석론의 범위에서 이론적으로 존재할 뿐이다. 따라서 이를 위한 구체적 요건에 대해서는 독일의 형법규정을 추상적 모델로 삼아 설명할 수밖에 없다.

(1) 긴급피난상황

자기 또는 타인의 법익에 대한 현재의 위난이 존재하는 상황일 것이 요구된다.

---

36) 임웅, 349면.
37) 김일수/서보학, 210면; 배종대, [68] 13; 손해목, 473면; 신동운, 302면; 이정원, 167면; 진계호, 331면.
38) Frister, 20/3.

독일형법 제35조 제1항 제1문은 생명, 신체, 자유의 법익이 현재의 달리 피할 수 없는 위험에 처해 있을 것을 요건으로 제시한다. 위의 중대한 일신전속적 법익 이외의 법익, 예컨대 재산권이나 명예 등과 같은 법익에 대한 위험상황의 경우에는 적법행위에 대한 기대가능성이 추정되는 것으로 입법자는 평가한다. 법익 주체가 해당법익에 어떠한 주관적 가치를 인정하는지에 대해 법질서는 관심이 없다.

이러한 규정을 두지 않는 우리 형법에서는 이에 구속될 이유는 없으나 입법론적으로 이에 준하는 제한적 요건이 필요할 것으로 보인다.[39] 침해된 법익은 보호된 법익에 동가치적 수준인 것으로 족하며, 이익충돌에 있어서는 상대적으로 낮은 가치의 이익을 보호하기 위한 행위에도 면책이 인정되어야 할 것이다. 여기에서는 이익교량보다는 기대가능성이 면책의 본질적 요소가 되는 것이다.

위난상황의 제한과 이익교량의 원칙 대신에 기대가능성의 원칙이 적용되는 것만 제외하면 나머지는 정당화적 긴급피난의 요건과 동일하다. 따라서 위난의 원인은 묻지 않는다. 자체로 정당성이 인정되는 인간의 공격에 의한 경우뿐 아니라 지속적 위난이나 경제적 위난도 이에 포함된다.[40]

정당화적 긴급피난에서 행위자가 자신을 위해서가 아니라 제3자의 이익을 위해서 행한 경우에도 정당성이 인정된다는 견해가 있다. 만일 이 견해를 따르지 않는다고 하더라도 적어도 면책적 긴급피난에는 해당된다. 단 생명, 신체, 자유라는 법익의 위험이 행위자, 가족 또는 밀접한 관계에 있는 사람에 적용되는 경우라야 한다.

(2) 긴급피난행위

위난상태에서의 위법한 구성요건적 행위는 법익을 위험으로부터 보호하기 위한 최후의 수단이어야 한다. 또한 여러 가지의 가능성이 주어진 경우에는 침해를 최소화할 수 있는 수단을 선택해야 한다(최소침해의 원칙). 침해법익이 중할수록 최소침해에 대한 검토의 의무는 엄격해진다.[41] 이는 정당화적 긴급피난의 경우에서와는 구별되는 책임비난의 제한을 위해 요구되는 특수한 요건이라 할 수 있다.

(3) 주관적 요건

행위자는 행위상황에 대한 인식과 이에 관련한 자신의 행위에 대한 목적의식을

---

39) 김일수/서보학, 294면.
40) Bauman/Weber/Mitsch, § 23 Rdnr. 20.
41) Bauman/Weber/Mitsch, § 23 Rdnr. 24.

가져야 한다. 객관적으로 긴급피난의 요건이 성립되었더라도 이에 대한 인식이 없는 행위자는 자기 행위의 법적 성격을 깨닫지 못한다. 이런 경우에는 면책되지 않는다.

법익보호에 대한 인식이 있는 경우라면 이에 추가된 다른 목적의식이 있더라도 면책에 지장을 주지 않는다. 예컨대 이웃집 노인이 애지중지 기르는 강아지가 물에 빠졌을 때 특정 법익침해를 감수하며 이를 건져주면서 사례금을 기대한 경우에도 면책이 되는 데에는 지장이 없다.

3) 면책의 제한

(1) 자초위난

위난을 자초하였거나 위난에 자기 책임이 있는 경우에도 면책이 이루어져야 하는가에 대해 견해는 일치하지 않는다. 면책이 부정되기 위해서는 단순야기로 족하다는 견해 외에 유책한 야기인 경우여야 한다는 견해가 있으며,[42] 혹은 적어도 객관적 의무위반에 따른 야기인 경우에[43] 면책이 부정되어야 한다는 견해가 제시된다. 이에 대해서는, 자초위난은 타인이 아닌 자기 자신의 법익에 위해를 가하는 것이며 이러한 행위는 형법이 금지하는 것이 아니라는 점에 입각해야 한다. 따라서 행위자가 특별한 사유 없이 위난상태에 대한 예견이 가능한 위험을 실현하거나 야기한 경우에는 이에 따르는 모든 부담은 전적으로 본인 스스로가 져야 한다고 볼 것이다.[44]

(2) 특수한 의무지위

경찰관, 소방관, 구조원 등 위난상황에서 위험을 감수할 특별한 직업적 혹은 법적 의무관계에 있는 사람이 이를 감수하지 않은 경우에는 면책은 부정되며 임의적 형벌감경의 가능성만이 남는다.[45] 다만 이 경우에도 위험의 감수를 무한정하게 요구할 수 있는 것은 아니라 위험감수가 기대가능한 범위에서 요구할 수 있을 것이다.

---

42) Sch/Sch/Lenckner/Perron, § 35 Rdnr. 20.
43) Gropp, § 7 Rdnr. 79; LK−Hirsch, § 35 Rdnr. 49 ff; SK−Rudolphi, § 35 Rdnr. 15; Wessels/Beulke, Rdnr. 441.
44) Roxin, AT I, § 22 Rdnr. 46 ff.
45) 김일수/서보학, 296면.

4) 효과

이상의 요건들을 갖춘 구성요건해당행위는 위법성이 인정되더라도 면책이 가능하다. 이익교량을 정당화의 본질로 하는 정당화적 긴급피난의 경우 생명은 처음부터 교량이 불가능한 절대적 법익이므로 생명의 침해에 대한 정당화는 이루어질 수 없는 반면, 적법행위에 대한 기대불가능성에 따른 면책적 긴급피난에는 해당될 수 있다. 법질서는 인간에게 불가능한 것을 요구할 수 없기 때문이다.

우리 형법에는 이러한 명문규정은 없으나, 이익교량의 원칙에 따르면 정당화가 부정되어야 하나 가벌성이 배제되어야 할 현실적 필요성이 인정되는 사례에서는 적법행위에 대한 기대가능성의 요건을 적용하여 면책으로 인한 불가벌을 인정해야 할 것이다. 이때 기대불가능성의 판단척도로 독일 실정법상의 요건을 활용할 수 있을 것이다.

3. 면책구성요건착오(Entschuldigungstatbestandsirrtum)

실제로는 면책적 상황이 존재하지 않음에도 불구하고 존재하는 것으로 오인하여 행위를 한 경우를 말한다. Karneades의 널빤지 사례에서 널빤지에 두 명이 충분히 의탁할 수 있었지만 그중 한 사람이 두 명이 매달리면 가라앉을 것으로 오인하여 다른 사람을 밀쳐낸 경우이다. 즉 행위자가 표상한 상황이 실제로 존재했다면 면책이 이루어질 수 있는 상황이 현실적으로는 존재하지 않았던 이 같은 사례에서는, 허용구성요건착오의 경우에서 엄격책임설을 적용할 때처럼 착오의 회피가 불가능했던 경우에 한해서 책임이 조각된다.

4. 면책착오(Entschuldigungsirrtum)

위의 면책구성요건착오가 사실관계에 관한 착오라면 이것은 규범에 관한 착오이다. 실제로 존재하지 않는 면책규범을 존재하는 것으로 믿었다든가 실제로 존재하기는 하나 그 효력범위와 한계에 대해 자신에게 유리한 방향으로 확장해석한 경우이다. 이런 경우에는 면책을 허용하는 규범이 존재하지 않으므로 책임은 그대로 인정되어야 한다. 따라서 이것은 형법적 의미가 없어 무시되어야 할 착오인 것이다. 그런데 만일 초법규적 책임조각사유의 존재를 긍정하는 입장이라면, 행위자의 착오에 상당한 이유가 있다고 인정될 경우에 그가 표상한 면책사유가 실정법에 존재하지 않더라도 실정법을 초월한 책임조각을 허용하게 될 가능성이 크다. 그렇게 되면 법적 안정성에 혼란만이 야기될 뿐이다.

5. 과잉방위

1) 종류

과잉방위란 정당방위가 그 정도를 초과한 경우를 이르는 것으로서, 그중 침해가 존재하기 이전에 혹은 침해의 위험이 종료된 후에 방위행위를 하는 양적 과잉방위는 정당방위의 객관적 상황이 결여된 상태에서의 행위, 곧 정당방위의 한계를 초과한 경우이므로 정당방위로 인정될 수 없다.[46] 이에 비해 질적 과잉방위는 정당방위의 필요성(Erforderlichkeit)의 범위를 초과한 경우로서 내포적 과잉방위(intensiver Notwehrexzeß)라고도 한다.[47] 이 경우만이 진정한 과잉방위에 해당한다. 방위행위가 그 정도를 초과한 때에는 정황에 의하여 그 형을 감경 또는 면제할 수 있다(형법 제21조 제2항). 과잉방위의 특수사례로서 그 행위가 야간 기타 불안스러운 상태하에서 공포, 경악, 흥분 또는 당황으로 인한 때에는 벌하지 아니한다(제21조 제3항).

2) 의의와 이론적 근거[48]

정당방위에서 방위행위가 필요성의 범위를 벗어난 부분에 대해서는 객관적으로 위법성이 인정된다. 그럼에도 불구하고 형법에 따르면 책임감경으로 임의적 감면사유에 해당하거나(형법 제21조 제2항), 면책으로 필요적 불가벌사유(형법 제21조 제3

---

46) 외연적 과잉방위(extensiver Notwehrexzeß)라고도 하며 정당방위상황의 불법감소기능이 작용하지 않기 때문에 독일에서도 이런 경우에는 독일형법 제33조의 과잉방위 규정이 적용되지 않는다. Jescheck/Weigend, § 45 II 4; RGSt 54, 36; 61, 216; 62, 76. 반면에 외연적 과잉방위도 독일형법 제33조에 포함되어야 한다는 견해로 Roxin, AT I, § 22 Rdnr. 88.
47) Jescheck/Weigend, § 45 I 1.
48) 과잉방위를 인정한 판례 : 대판 1974.2.26, 73도2380; 대판 1986.11.11, 86도1862. 과잉방위를 부정한 판례로 대판 1991.5.28, 91도80.

항)에 해당한다. 그 이론적 근거로는 긴급상황(당황, 공포, 경악, 흥분 등)으로 책임능력이 결여되었기 때문이라는 책임감소·소멸설과 자기보호의 원리와 법질서 확증의 원리를 강조하는 입장에서의 책임 및 위법성 감소·소멸설이[49] 있으나, 우선 질적 과잉방위의 경우에는 이미 상당성이라는 객관적 정당화사유가 결여된 상황으로서 정당화의 소지는 배제되며 결국 책임의 문제로 이해해야 할 것이다.[50]

책임조각의 구체적인 이론적 근거로 위법한 공격에 대한 방위행위 자체로 불법에 비례하여 책임이 일정 부분 감소되었고, 이에 추가하여 상황에 따른 정신적 비정상성이 나머지 책임을 감소하여 결국 책임의 정도가 가벌성의 최소한에 미치지 못하게 되었다는 견해가 제시된다. 이른바 이중책임감소이론(Theorie der doppelten Schuldminderung)이다.[51] 그러나 이 견해에 대해서는 공포, 경악, 흥분 또는 당황 등의 심약적·소극적 충동(asthenische Affekte)이 면책사유가 된다면 증오, 분노, 복수심 등과 같은 공격적·적극적 충동(sthenische Affekte)의 경우에도 동일하게 책임조각이 인정되어야 하는데 입법현실이 그렇지 않은 이유를 설명하기 어렵다는 비판이 따른다.[52]

한편으로 기능적 책임론의 입장에서는 정당방위의 원인을 제공한 공격자의 부책성(負責性)으로 인해 정당방위의 정도를 초과한 부분에 대한 행위자의 처벌에는 예방적 기능의 관점에서 형벌목적이 결여된다고 할 것이기 때문에 처벌이 배제되는 것이라고 설명한다.[53]

위의 두 가지 견해는 각각 비판의 여지가 없는 것은 아니나, 부분적으로 그리고 상호 보완적으로 과잉방위의 면책근거에 대한 설명이 된다고 하겠다.

3) 요건

(1) 과잉방위상황

외연적 과잉방위는 과잉방위의 범위에서 제외되는 것으로 보는 다수설의 입장이라

---

49) 손해목, 463면; 정성근/박광민, 230면; 차용석, 605면.
50) 김일수/서보학, 297면 이하; 신동운, 290면; 오영근, 200면; 이형국, 180면; 임웅, 251면 이하.
51) Gropp, § 7 Rdnr. 77; SK−Rudolphi, § 33 Rdnr. 1 참조.
52) Frister, 16/37.
53) Jakobs, 20/28; NK−Herzog, § 33 Rdnr. 6; Roxin, AT I, § 22 Rdnr. 69.

면 과잉방위의 인정을 위해 침해의 현재성은 당연히 요구된다고 해야 한다.[54]

(2) 주관적 요소

법문이 명시하는 바대로 행위가 공포, 경악, 흥분 또는 당황 등의 심약적·소극적 충동에 기인한 경우에 한해서 책임조각이 가능하다. 따라서 증오, 분노, 복수심 등과 같은 공격적·적극적 충동에 의한 경우는 이에 해당되지 않는다. 단, 심약적 충동에 추가하여 공격적 충동이 함께 존재한 경우에는 책임조각에 지장이 없다.

행위자가 정당방위의 허용한계를 초과하고 있다는 사실을 인식하지 못한 경우에는 정당방위의 요건에 관한 허용구성요건착오이거나 금지규범의 한계에 관한 금지착오 중 하나에 해당한다. 그러나 정당방위의 한계를 초과한다는 사실을 알았더라도 면책이 인정되어야 할 것인가에 대해 다툼이 있다. 이에 대해서는 정신적 평상성을 이탈한 범위에서 인식이냐 과실이냐를 구분하는 것은 현실적으로 어려우므로 그대로 면책을 인정해야 할 것이라는 독일의 다수설의 견해를 따를만하다.[55]

> **관련판례**
>
> 대판 1985.9.10, 85도1370 : 피해자 3명이 도망하려는 피고인에 대해 면도칼, 소주병, 시멘트벽돌, 각목 등으로 무차별적으로 공격하는 데 대해 피고인도 곡괭이자루를 마구 휘두른 결과 피해자 1명의 사망과 나머지 피해자에 대한 상해 등을 야기 시킨 사건에서 집단구타를 당하게 된 피고인이 더 이상 도피하기 어려운 상황에서 이를 방어하기 위하여 반격적인 행위를 하려던 것이 그 정도가 지나친 행위를 한 것이 뚜렷하므로 이는 과잉방위에 해당한다.

위와 같은 상황이라면 행위자에게 정상의 사고와 판단에 따른 행동이 불가능하다는 이유만으로 이미 과잉방위가 인정되어야 한다는 판례의 태도는 옳다. 이러한 상황에서 과잉에 대한 인식 여부 혹은 과실 여부를 논한다는 것은 의미가 없는 일이기 때문이다.[56]

---

54) Gropp, § 7 Rdnr. 84.
55) RGSt 56, 34; BGH NStZ 1987, 20; Baumann/Weber/Mitsch, § 23 Rdnr. 46; Blei, § 62; Jescheck/Weigend, § 45 II 3; LK–Spendel, § 33 Rdnr. 52; Roxin, AT I, § 22 Rdnr. 82 ff.
56) 박상기, 267면 이하.

4) 효과

과잉방위는 책임조각사유에 해당한다. 그중에서도 책임배제사유가 아닌 면책사유이다. 면책사유에 해당하는 사례에서 행위자에게는 의사결정의 자유와 자율적 판단가능성이 절대적으로 존재하지 않는 것은 아니다. 오히려 자신의 이익에 따른 판단가능성이 있는 상태이다. 따라서 책임이 배제되는 것이 아니라 감소된 경우에 지나지 않는다. 다만 행위가 야간 기타 불안스러운 상태하에서 공포, 경악, 흥분 또는 당황 등 심약적 충동에 기인한 때에는 가벌성의 최소한에 이르지 못할 만큼 책임이 감소된 경우로서 형법은 이를 벌하지 아니한다(제21조 제3항). 반면 이러한 특별한 사유 없이 단순히 방위행위가 그 정도를 초과한 때에는 정황에 의하여 그 형을 감경 또는 면제할 수 있다(형법 제21조 제2항). 책임감소의 정도에 차이가 있을 수 있으며 이에 따라 예방적 기능의 관점에서 형벌목적이 잔존하는 경우이다.

과잉방위행위에는 책임만이 감소될 뿐 위법성은 인정되므로 이에 대해서는 정당방위나 긴급피난이 가능하다.

6. 오상과잉방위

1) 의의

오상과잉방위(Putativnotwehrexzeß)란 실제로 정당방위상황이 아님에도 정당방위상황으로 오인했을 뿐 아니라 방위행위가 그 정도마저 초과한 경우이다. 이미 어두워진 저녁에 공원을 가로질러 귀가하던 노인에게 관광객이 길을 묻기 위해 접근하자, 이를 강도로 오인한 노인이 지팡이로 상대방의 머리를 세게 쳐 실신시켰을 뿐 아니라 그 이후에도 사실상 불필요한 치명적 가격을 몇 차례 더 가한 경우이다. 이러한 사례를 직접적으로 규율하는 규정은 없으므로 오상방위의 예를 따를 가능성 혹은 과잉방위규정의 원용가능성을 검토할 수밖에 없다.[57]

정당방위는 실제로 존재하는 현재의 공격을 전제로 하므로 이 전제가 결여되면 정당방위 규정이 직접 적용될 수 없다. 실제로 공격은 있었으나 일단의 방위행위로

---

57) 우리의 경우와는 달리 독일에서는 면책적 과잉방위규정(독일형법 제33조)의 유추적용 가능성 여부에 논의의 초점이 모아진다.

상대의 항거가능성을 제압한 이후에는 이미 현재의 공격이 존재하지 않는 경우이 므로 정당방위의 요건이 이미 사라진 외적 과잉방위상황으로서 정당방위규정이 적 용되지 않는다. 이러한 상황에서 항거불능의 상대방에게 추가적 공격을 가한다면 이 부분에 대해서는 당연히 정당화가 이루어지지 않는다.[58]

2) 법적 취급

이러한 원칙에 입각하여, 오상과잉방위에서도 정당방위상황이 현실적으로 결여 된 상태에서는 정신적 충동상태로 인한 면책의 혜택을 인정할 만한 동기는 존재하 지 않는다는 견해가 독일의 다수설이다.[59] 이에 따르면 과잉방위의 면책규정이 직 접적용은 물론 유추적용도 될 수 없다. 그러나 현재의 공격에 대해 착오가 결부되 어 나타나는 오상과잉방위의 취급에 대해서 다른 시각에서의 접근도 가능하다. 말 하자면 상황에 대한 인식결여에서 고의가 배제되는 오상방위와 기대불가능성에 따 라 책임이 조각되는 과잉방위의 결합체로서의 특수성은 고려되어야 할 것으로 보 인다. 따라서 의무합치적 검토에도 불구하고 행위상황에 대한 착오가 회피불가능 했던 경우에 한해서는 과잉방위규정이 유추적용되어야 한다.[60] 착오에 과실이 인 정되는 경우에는 과실범의 처벌가능성은 존재한다.

7. 과잉피난, 과잉자구행위

정당화적 긴급피난이 상당성의 정도를 초과한 경우를 과잉피난이라 한다. 최소 침해의 원칙을 준수할 가능성이 있었음에도 이를 어긴 경우, 혹은 상대적으로 높은 가치의 법익을 침해한 경우가 이에 해당한다. 과잉방위의 경우에서와 같이 여기서 도, 행위의 불법이 낮은 데 비례하여 책임의 정도가 낮고 예방적 기능에서의 형벌 목적이 현저히 감소됨을 이유로 형이 감경 또는 면제된다. 과잉피난은 책임감면사 유에 해당되는 것이므로 위법성은 그대로 인정된다. 따라서 과잉피난행위에 대해

---

58) RGSt 62, 76.
59) Jakobs, 20/33; Jescheck/Weigend, § 45 II 4; Timpe, JuS 1985, 122; BGH NJW 1962, 309; BGH NStZ 1983, 453.
60) Baumann/Weber/Mitsch, § 23 Rdnr. 48; Köhler, S. 424; Sch/Sch/Lenckner/Perron, § 33 Rdnr. 8; SK-Rudolphi, § 33 Rdnr. 6.

서 정당방위가 가능하다.

과잉자구행위는 청구권보전수단으로서의 행위가 상당한 정도를 초과한 경우로서 정황에 따라 형이 감경 또는 면제될 수 있다(형법 제23조 제2항, 임의적 감면). 이것도 위법성은 인정되는 책임감면사유이다. 자구행위의 경우 형법 제21조 제3항의 규정은 준용되지 않는다. 따라서 행위의 과잉이 공포, 경악, 흥분 또는 당황 등 심약적 충동에 기인한 경우에도 책임조각이 인정되기 어렵다. 다만 그 정황으로 형벌면제적 효과가 인정될 수는 있다.

긴급피난이나 자구행위에 있어서도 정당방위에서와 같이 오상과잉의 사례는 발생할 수 있다. 이에 대한 법적 취급은 오상과잉방위에 상응한다고 하겠다.

8. 기타 관련문제

다수설은 행위의 위법성까지 인정되나 적법행위에 대한 기대불가능의 관점에서 처벌의 필요성이 인정되지 않는 사례에 있어, 이에 대한 불가벌의 근거가 되는 규정이 없을 경우에 적어도 제한적으로 초법규적 책임조각사유를 인정할 필요가 있다고 본다.[61] 물론 초법규적 책임조각사유라는 개념은 부정되는 것이 원칙이나, 기대불가능성에 의한 책임조각규정이 엄격하게 제한되어 있는 우리 법현실상 이것마저 인정하지 않는다면 책임원칙에 위배된다고 할 정도로 가벌성의 범위가 확장된다는 우려감의 표현이다. 다시 말해 법전체의 정신과 흐름에 따를 때 책임조각으로 처벌이 되지 않아도 좋을 행위에 대해 이를 위한 마땅한 명문규정이 없다고 해서 처벌하는 것이 능사가 아니라는 의미이다. 따라서 적어도 면책적 긴급피난, 위법한 명령에 따른 행위, 의무의 충돌의 일부, 강요된 행위의 일부에 한해서는 예외적으로 초법규적 책임조각이 인정되어야 할 것이라고 한다. 이러한 다수설의 주장이 무리는 아니다. 하지만 실정법의 해석의 범위에서 위에 열거한 사례들에 대한 불가벌의 결론을 도출할 수 있다면 굳이 초법규 개념을 끌어들일 필요가 없는 것이다.

1) 상관의 위법한 명령에 따른 행위

거역할 수 없는 상관의 명령에 의해 자체로는 위법성이 인정되는 행위를 수행한

---

61) 손동권/김재윤, [§ 19] 11; 오영근, 281면 이하.

경우, 우리나라의 다수설은 초법규적 책임조각사유로 보아 해결이 가능하다고 한다.[62]

📖 **관련판례**

① 대판 1983.12.13, 83도2543 : 휘발유 등 군용물의 불법매각이 상사인 포대장이나 인사계 상사의 지시에 의한 것이라 하여도 그 같은 지시가 저항할 수 없는 폭력이나 자기 또는 친족의 생명, 신체에 대한 위해를 방어할 방법이 없는 협박에 상당한 것이라고 인정되지 않은 이상 강요된 행위로서 책임성이 조각된다고 할 수 없다.

② 대판 1988.2.23, 87도2358 : 설령 치안본부 대공수사단 직원은 상관의 명령에 절대 복종하여야 한다는 것이 그 주장과 같이 불문율로 되어 있다 할지라도, 국민의 기본권인 신체의 자유를 침해하는 고문행위 등이 금지되어 있는 우리의 국법질서에 비추어 볼 때 그와 같은 불문율이 있다는 점만으로는 이 사건 판시 범죄와 같이 중대하고도 명백한 위법명령에 따른 행위가 정당한 행위에 해당하거나 강요된 행위로서 적법행위에 대한 기대가능성이 없는 경우에 해당하게 되는 것이라고는 볼 수 없다.

위 판례들에서 보듯이 대법원은 이런 경우 책임조각을 부정하여 유죄를 인정한다. 학설의 일부는 이를 강요된 행위에 해당하는 것으로 본다. 즉 위법한 상관의 명령은 형법 제12조의 자기 또는 친족의 생명·신체에 대한 위해를 방어할 방법이 없는 협박에는 해당되지 않는다고 하더라도, 상관의 명령이 사실상 거역할 수 없는 것이라면 이는 심리적 폭력으로서 저항할 수 없는 폭력에 해당할 수 있다는 것이다.[63] 위와 같은 조직사회에서 명령의 불복종은 단순히 근무상의 불이익 혹은 진급에 불이익을 받는 것으로 그칠 문제가 아닐 수 있다. 최악의 경우 직장을 잃을 수도 있고 나아가서는 유사한 공무원직에 재취업하는 데 결정적 장애사유가 될 수도 있다. 이러한 상황이라면 상관의 명령은 심리적 폭력으로서의 성격이 충분히 인정된다. 더구나 형법 제12조가 폭력의 현재성을 성립요건으로 제시하지 않는다면 해당 사례들이 이에 해당하지 않는다고 볼 이유가 없다. 명령의 위법성에 대한 인식은 당연히 존재하는 것이므로 행위자가 이를 인식했다고 해서 강요된 행위의 적용에 지장이 있는 것은 아니다. 오히려 이에 대한 인식이 없는 경우에는 제12조의

---

62) 김일수/서보학, 304면은 면책적 긴급피난 혹은 기대불가능성에 의한 초법규적 면책이 가능할 것으로 본다. 유사한 입장으로 서거석/송문호, 266면.

63) 배종대, [104] 16.

적용 이전에 금지착오에 해당한다.

2) 의무의 충돌

하나의 의무만이 이행가능한 상태에서 두 가지 이상의 의무가 충돌하는 경우에 있어서 행위자가 의무에 결부된 이익교량 후 높은 가치의 의무를 이행했다면 이행되지 못한 낮은 가치의 의무에 관련해서는 정당화적 긴급피난의 예에 따라 위법성이 조각된다. 반면에 행위자가 낮은 가치의 의무를 이행하면 다수설은 기대불가능의 이유로 초법규적 책임조각에 해당한다고 본다.

그 밖에 동가치적 작위 혹은 부작위의무 중 한 가지 의무를 이행한 경우, 동가치적 작위와 부작위의무 사이에서 작위의무를 이행한 경우, 이가치적 작위의무의 충돌에서 낮은 가치의 의무를 이행한 경우도 면책적 긴급피난의 요건을 충족시킬 수 없는 사례에 해당하여 초법규적 면책사유를 인정할 수밖에 없다고 한다. 이것은 기대불가능성의 관점이 아닌, 법으로 해결할 수 없는 곳에는 행위자에게 관용을 베풀 수밖에 없다는 의도로도 해석이 가능하다.

그러나 면책적 긴급피난의 요건이 독일처럼 확정되어 있지 않은 우리의 실정법에서는 해석의 범위를 합목적적으로 넓히는 방안을 생각해 볼 수 있다. 혹은 이러한 방법은 결국 초법규적 책임조각사유를 인정하는 결과가 될 것이므로 이를 부정한다면, 기대불가능성은 인정되더라도 이를 적용할 책임조각 규범이 없을 때에는 책임은 그대로 인정하되 작량감경사유로서만 인정하는 방법도 고려할만 하다.

3) 생명 · 신체 이외의 법익에 대한 강요된 행위

형법 제12조의 규정에서 '저항할 수 없는 폭력'과는 별도로 '협박'에 의하여 강요된 행위는 그 대상이 자기 또는 친족의 생명이나 신체로 제한되어 있다. 따라서 상대방의 강요행위가 폭력에 해당된다면 이로 인한 위해의 대상이 되는 법익은 제한이 없는 데 비해 협박에 의한 경우에는 제한된다. 즉 자기 또는 친족의 생명이나 신체 이외의 법익에 대한 협박의 경우에는 본조가 적용되지 않으므로 이에 대해서도 통설은 기대불가능성을 조건으로 한 초법규적 책임조각 사유가 인정되어야 한다고 본다.

이 경우에도 상당부분은 면책적 긴급피난으로 해결이 가능하다고 본다. 면책적 긴급피난에 해당이 안 된다면 여기서도 책임은 인정하되 기대불가능성은 작량감경 사유만으로 인정될 수 있을 것이다. 법에 예외가 없을 수는 없다. 독일에서도 초법 규라는 개념을 부정하는 입장에서도 나치정권에서 안락사 작업에 동참할 수밖에 없었던 의사들의 행위 등에 대해서는 예외가 인정되어야 한다고 본다. 개별적 사례 에서 부득이한 경우에 예외를 인정하는 한이 있더라도 처음부터 실정법의 한계를 무시하고 출발하는 것은 결코 바람직하지 않다.

제 3 편

범죄의 특수유형

제 1 장 과실범론
제 2 장 부작위범론
제 3 장 미수범론
제 4 장 정범 및 공범론

제 1 장

과실범론

제 36 절 과실범

I. 과실범의 기본개념

1. 과실범 구조의 독자성

모든 범죄의 기초가 되는 것은 인간의 행위이며 여기에는 고의뿐 아니라 과실도 포함된다. 고의가 법적 구성요건에 포함되는 객관적 표지들에 대한 인식과 의도라면, 과실은 생활관계상 요구되는 주의의무를 위반함으로써 의도하지 않은 구성요건을 실현하는 것이다. 주의의무위반은 결과에 대한 예견가능성 또는 회피가능성을 전제로 하는 것이어서 이러한 전제마저 결여된 상태에서 발생된 구성요건적 결과는 범죄행위의 성격이 없는 단순한 사고로서 과실과 구별된다.

형법은 원칙적으로 고의의 범죄를 대상으로 한다. 과실범은 부차적·예외적 의미를 가질 뿐이다. 그러나 기술문명의 발달과 산업화로 인한 사회의 위험요소의 증가로 전체 범죄에서 차지하는 과실범의 비중은 점차 증대되고, 이에 따라 과실범의 형법적·형사정책적 의미가 커지게 되었다. 따라서 형법은 과실범에 대한 예외적 처벌규정을 통해 이를 통제한다. 형법 제14조는 정상의 주의를 태만히 하여 죄의 성립요소인 사실을 인식하지 못한 행위는 법률에 특별한 규정이 있는 경우에 한하여 처벌한다는 기본입장을 밝힌다. 형법각칙에서는 실화(형법 제170조 이하), 과실에 의한 폭발성물건파열 등(형법 제173조의 2), 과실일수(형법 제181조), 과실교통방해(형법 제189조), 과실치사상(형법 제266조 이하), 업무상 혹은 중과실에 의한 장물취득(형법 제364조) 등의 범위에서 과실범의 처벌을 규정한다.

과실범은 고의 없이 구성요건이 충족된 경우이지만 고의가 부정된다고 해서 자동적으로 과실이 인정되는 것은 아니다. 결과에 대한 예견가능성, 회피가능성 또는 주의의무의 위반과 같은 과실범의 독자적 전제조건이 갖추어져야 한다.

과실은 고의의 약화된 형태가 아니라 고의와는 독립적 개념이다. 과실은 법질서의 요구를 인식하고 이를 침해하는 고의와는 달리 부주의에 의해 법질서를 침해하는 것으로서, 그 불법과 책임의 정도는 고의행위에 비해 현저히 낮다. 또한 고의와 과실은 서로 배타적 관계에 있다.

2. 과실의 범죄체계상의 지위

1) 책임요소설

모든 주관적 요소를 책임에 귀속시키는 고전적 범죄체계에서는 과실행위를 고의와 더불어 하나의 책임형식으로 이해했다. 여기에서 책임은 위법적 행위와 관련하여 범인 내면에 존재하는 모든 주관적으로 파악될 수 있는 표지를 포괄하는 개념으로, 고의란 범죄사실에 대한 인식 또는 의욕이라는 심리적·주관적 요소에 의한 책임형식이며, 과실은 주의의무의 위반이라는 요소로 형성되는 책임형식인 것이다. 이러한 범죄체계에서 불법은 행위와 결과 그리고 양자의 인과관계만으로 완성되며 고의나 주의의무의 불이행 등은 책임단계에서 고려된다. 예컨대 갑이 을에게 일정한 장소에서 만날 것을 제의하여 을이 약속장소에서 기다리고 있었는데, 그때 마침 몇 년 전에 미국에서 쏘아 올렸으나 행방불명된 인공위성의 잔해 중 일부가 그의 머리에 떨어져 사망했다면, 고전적 범죄체계에서는 갑의 행위에 살인죄의 구성요건해당성과 위법성을 인정한다. 다만 과실책임의 결여로 처벌되지 않는다고 본다. 즉 고전적 범죄체계에서는 과실을 하나의 감경된 책임형태로 이해했던 것이다.

2) 구성요건요소설

오늘날 독일에서의 다수설적인 견해는 과실을 구성요건의 문제로 본다. 따라서 행위의 고의성 혹은 과실성 여부의 판단은 구성요건의 범위에서 이루어진다. 그런 만큼 과실행위는 개별적 사례에서 정당화도 될 수 있고 책임조각도 될 수 있다. 과실을 구성요건의 문제로 보는 현재의 관점에 따르면 위 사례에는 과실치사의 구성요건이 결여되었다고 본다.[1] 과실범의 성립요소인 예견가능성이 충족되지 않았기 때문이다

이러한 견해가 형성되기까지 몇 단계의 발전과정을 겪었다. 특정한 규범, 특히 구성요건에 일정한 행동방식이 제시된 경우에는 주의의무위반의 행위만이 금지될 수 있으므로 결과의 발생만으로는 구성요건은 충족되지 않는다는 견해가 나타났다. 즉 결과발생 자체가 중요한 것이 아니라 반드시 주의의무위반에 따른 결과여야 한다는 것이다. 이런 경우에 주의의무의 위반은 구성요건이 된다.

목적적 행위론에 의해 행위반가치를 구성요건의 범위에 배치하고자 하는 경향이 심화되었다. 그러나 목적적 행위론은 자체의 한계로 인해 오히려 과실범에서의 행위반가치를 구성요건에 배치하는 데 논리적 어려움을 겪을 수밖에 없었다. 적어도 모든 범죄유형, 특히 작위범의 경우 목적성으로써 행위반가치의 본질을 설명할 수 있으나, 일반적 관점에서 목적성이 없다고 해야 할 과실범이라고 해서 그 구성요건을 행위반가치를 제외한 결과에 한정할 수는 없는 것이다. 따라서 목적적 행위론은 과실범의 행위불법은 주의의무위반이라는 행위수행방식에 있다고 설명한다. 이를 잠재적 혹은 실제적 목적성으로 설명하는 등 논거의 제시방법은 다양하더라도 과실범에 고유한 행위반가치 요소를 인정하고자 하는 점은 분명하다. 고의를 책임에서 분리하여 주관적 구성요건에 배치한 목적론에서의 인적 불법론도 과실범체계의 구조변화에 한몫을 했으며, 목적론에 대한 반론으로 제기된 객관적 귀속이론도 과실을 구성요건에 편입시켰다.

과실의 행위불법이 구성요건의 범위에 배치되어야 한다는 데 의견이 일치되는 반면, 결과가 과실범 구성요건에 포함되는 것인지 혹은 훨씬 더 나아가 불법의 범위 밖에 존재하는 단순한 객관적 처벌조건이 아닌지에 대해 다툼이 있다. 결과가

---

1) Roxin, AT I, § 24 Rdnr. 3.

아닌 행위만을 금지할 수 있다는 견해에 따르면 행위반가치, 즉 과실의 행위만이 구성요건에 남는다고 한다. 이것은 결과만을 구성요건표지로 보고 행위반가치를 여기에서 축출했던 고전적 견해에 상반되는 것이다. 현재로서는 행위반가치와 결과반가치 모두가 동등하게 구성요건에 포함된다는 절충적 견해를 따라야 한다.[2]

3) 위법성요소설

과실의 범죄체계상 지위와 관련하여 구성요건요소설과는 다른 위법성요소설이 소개되는 경우가 있다.[3] 과실은 책임요소가 아니라 객관적 불법요소로서, 주의의무를 준수했음에도 불구하고 결과가 발생했을 경우 위법성이 조각되므로 책임은 검토의 필요성조차 나타나지 않는다는 견해이다. 즉 허용된 위험의 영역이 존재하는 만큼 과실범은 위법성 단계에서의 주의의무의 위반을 전제로 한다는 것이다. 그러나 이 견해는 특별한 의미가 있는 것이라 볼 수 없다. 구성요건과 구별되는 고유한 위법성요소란 존재하지 않기 때문이다. 위법성은 구성요건과 일체를 이루는 것으로서 구성요건의 이면일 뿐이며, 오히려 위법성을 예외적으로 배제시켜주는 특별한 사유만이 존재할 뿐이다. 이 견해가 과실을 책임에 상대되는 불법성립요소로 보고자 한다면 이 견해는 이미 구성요건요소설인 것이다.

4) 이중적 지위설

현재의 다수의 견해는 과실을 단순한 책임유형이 아니라 불법요소와 책임요소가 결합한 가벌적 행동의 특수유형으로 파악한다. 말하자면 과실은 행위형식과 책임형식으로서의 이중적 성격을 갖는 것으로 이해하는 것이다.[4] 이에 따르면 과실은 이중의 척도에 의해 판단된다. 한편으로 구체적인 위험상황에서 의도하지 않은 법익침해를 회피하기 위해 객관적으로 어떠한 행동이 요구되는지, 다른 한편으로 이

2) Roxin, AT I, § 24 Rdnr. 7.
3) 박상기, 274면 참조.
4) 김성천/김형준, 162면; 배종대, [155] 5; 손동권/김재윤, [§ 20] 9; 손해목, 700면; 신동운, 235면; 오영근, 128면; 이재상/장영민/강동범, § 14-8; 이형국, 375면; 임웅, 524면; 정성근/박광민, 417면; Bockelmann/Volk, S. 158, 167; Engisch, Untersuchungen über Vorsatz und Fahrlässigkeit im Strafrecht, 1930, S. 334 ff; Eser, Strafrecht II, Nr. 21 A Rdnr. 9 ff; Jescheck/Weigend, § 54 I 3; Kühl, § 17 Rdnr. 7; Roxin, AT I, § 24 Rdnr. 47; Sch/Sch/Cramer/Sternberg-Lieben, § 15 Rdnr. 119.

러한 행동이 행위자의 개인적 성격과 능력에 비추어 개인적으로 요구될 수 있는지를 검토한다. 이 견해에 따르면 과실의 구성요건적 불법은 결과의 발생만으로 완성되는 것은 아니다. 과실행위는 행위자가 속한 생활관계에서의 통찰력 있는 평균인에게 부과되고 인식될 수 있는 주의의무를 침해함으로써 존재한다. 따라서 과실범의 구성요건은 객관적으로 발생한 결과에 더하여 추가적인 법적 평가로 보충되어야 한다.

과실범에 있어서는 개인의 능력에 따라 위험인식 및 결과의 회피가능성의 정도는 크게 달라질 수 있다. 따라서 이에 대한 판단은 언급한 바와 같이 객관적·주관적 두 단계로 나누어 행하는 것이 합리적이다. 우선 일반적 주의 및 예견의무의 침해가 존재하는지가 확정되어야 한다. 이것은 과실범의 객관적 측면으로서 과실범의 불법구성요건에 해당한다. 구성요건이 확정되고 난 이후, 객관적 주의 및 예견의무가 행위자의 지식수준, 인식능력, 생활경험 및 사회적 지위, 직업 등에 비추어 행위자 개인에게도 이행이 가능했었는지를 검토하게 된다. 이것은 과실범의 주관적 측면으로서 과실범의 책임에 해당한다.

예컨대 운전이 미숙한 행위자가 자동차를 몰다가 교통규칙을 위반하면서 사고를 낸 경우에 객관적 주의의무의 위반은 존재하므로 과실의 구성요건은 성립된다. 다만 행위자 개인의 운전미숙에 따른 회피불가능성으로 인해 과실책임이 부정될 뿐이다. 여기에서도 행위자가 자신의 운전미숙을 인식하고 운전을 해서는 안 된다는 사실을 알았거나, 알 수 있었거나, 적어도 알았어야 했다면 바로 여기에 과실책임도 인정된다(2단계설).

이에 반해 행위자 개인의 위험인식능력 및 회피능력은 이미 불법구성요건에 포함되어야 한다는 견해가 있다(개별화설).[5] 즉 동일한 상황에서 사고를 낸 경우 행위자의 이러한 개인적 능력 여하에 따라 이미 과실에 의한 가벌성 여부가 결정되어야 한다는 것이다. 이에 따르면 평균인은 회피가능성의 결여로 가벌성이 배제될 수 있더라도, 행위자가 개인적 능력이 뛰어난 사람이어서 자신의 능력을 최대한 활용했더라면 결과를 피할 수 있었으나 그렇게 하지 않았기 때문에 결과가 발생한 경우에는 처벌이 가능하게 된다. 반대로 행위자가 평균인의 능력에 못 미치는 경우에는 구성요

5) Gössel, FS-Bruns, S. 51 ff; Jakobs, 9/1 ff; SK-Samson, Anh. zu § 16 Rdnr. 13 ff; Stratenwerth, Rdnr. 1096 ff.

건(개별화설)이 결여되든 책임이 결여되든(2단계설) 처벌은 부정된다.

행위자가 평균인 이상의 능력을 가진 경우 객관적 척도에 따르면 평균인 이상의 능력을 발휘할 필요가 없으므로 처벌이 되지 않는 데 비해 개별화설에서는 자신의 능력을 최대한 발휘할 것을 요구하므로 이를 행하지 않은 경우 처벌될 수 있다. 이 처럼 개별화설에 의할 때 가벌성의 범위가 상대적으로 넓어질 수 있다. 그러나 불 필요한 가벌성의 확장을 해소할 필요가 있다면 이 이론의 범위에서 이에 상응하는 판단척도를 개발함으로써 조정이 가능할 것이다.

5) 새로운 이론

바로 언급했듯이 다수설은 객관적 주의의무위반은 불법요소로, 주관적 주의의무 위반을 책임요소로 보는 비교적 단순화된 공식을 취한다. 이와는 달리 객관적 주의 의무위반은 고의범과 과실범에 공통적으로 적용되는 객관적 귀속의 척도의 하나로 서 객관적 구성요건요소가 되고, 주관적 주의의무위반이 과실범의 주관적 구성요 소가 되거나 혹은 과실범의 주관적 구성요소인 동시에 책임요소로서의 이중적 지 위를 갖는다는 견해가[6] 제기된다.

과실범에 객관적 귀속이론을 적용한다면, 객관적 주의의무위반은 객관적 귀속의 척도로서 그리고 불법성을 근거짓는 구성요건요소로서의 이중의 기능을 하게 된다. 소수설의 견해는 과실범에 객관적 귀속론을 적용하는 과정에서 나타나는 이러한 기능의 중복을 해소하고 체계적 논리일관성을 유지하기 위한 노력으로 보인다.[7] 그러나 소수설이 주관적 주의의무위반을 과실범의 주관적 구성요소로 보고자 한다 면, 우선 과실범에 주관적 구성요소가 존재하는지, 존재한다면 무엇을 내용으로 하 는지가 확인되어야 한다.

과실범에서 객관적·주관적 구성요건의 구분여하에 대해서는 의문의 여지가 있 다. 이에 대해서는 과실범의 내적·외적인 면에 대한 구분을 가능하나 객관적·주관적 구성요건의 구분은 부정되어야 한다는 견해가 있다. 과실범의 실현의사는 형법적 으로 중요한 결과를 지향하는 것이 아니기 때문이라는 것이다.[8] 이 문제에 관해서

---

6) 김일수, 한국형법 II, 453면 이하.
7) 김일수/서보학, 316면 이하 참조.
8) Stratenwerth, Rdnr. 1086.

는 인식 있는 과실과 인식 없는 과실의 경우를 나누어 고찰할 필요가 있다. 인식 있는 과실에서는 주관적 구성요건의 존재를 확인할 수 있다. 말하자면 허용되지 않은 위험에 대한 인식 혹은 구성요건적 결과의 미발생에 대한 신뢰와 같은 모든 행위상황에 대한 행위자의 표상이 존재하는 것으로 볼 수 있다. 이것이 미필적 고의와 접해 있으되 구분되어야 하는 주관적 구성요건의 서로 다른 형태라고 할 수 있다. 반면에 객관적 구성요건표지나 전제에 대한 행위자의 표상이 전혀 존재하지 않는 인식 없는 과실에서는 주관적 구성요건이란 존재는 확인하기 어렵다.[9] 따라서 소수설을 따를 때 인식 없는 과실에서는 주관적 주의의무위반의 성격이 모호해질 수밖에 없다.

과실은 고의와 정반대되는 개념으로서, 과실범에서는 고의범의 경우와 같은 객관적·주관적 구성요건체제를 기대하기는 어렵다. 고의범에서의 주관적 구성요건을 이루는 핵심적 실체로서의 고의가 과실범에는 아예 존재하지 않기 때문이다. 또한 과실범에서의 주관적 주의의무위반은 행위자 개인의 결과에 대한 회피가능성 여부에 따른 비난가능성 여부를 결정짓는 요소로서의 기능을 한다. 이것은 불법구성요건에서의 기능이 아니라 책임영역에서의 기능이다. 따라서 여기에 구성요건요소와 책임요소의 이중적 기능을 인정할 실익이 없다.

그렇다면 객관적 주의의무위반은 불법요소로, 주관적 주의의무위반을 책임요소로 나누는 다수설인 이중적 지위설의 견해가 명료할 뿐 아니라 범죄체계론의 관점에서 논리적이라 할 수 있다.

3. 과실의 종류와 등급

1) 과실의 종류

(1) 인식 없는 과실

행위자가 주의의무를 위반함으로써 위험을 야기할 수 있다는 데 대한 인식 없이 구성요건을 실현하는 경우이다. 여기에서는 주의를 기울임으로써 위험을 인식했어야 하는데 주의태만으로 이를 인식하지 못했다는 데 비난이 주어질 수 있다.

---

9) Roxin, AT I, § 24 Rdnr. 66 ff.

(2) 인식 있는 과실

자신의 행위로 인한 구성요건의 실현가능성에 대한 인식이 있었으나 결과가 발생하지 않을 것을 주의의무를 다하지 않고 신뢰한 경우이다. 형법 제14조는 인식 없는 과실만을 규정한 것으로 보이나 인식 있는 과실도 당연히 포함되는 것으로 해석해야 한다.

(3) 구분의 필요성

형법이나 민법은 인식 있는 과실과 인식 없는 과실을 구분하지 않는다. 과실은 자체로서 고의에 비해 가벌성의 조건으로서 매우 낮은 단계에 위치하므로 이 범위 안에서 양자를 구별한다는 것은 현실적 의미가 없는 것으로 보인다. 하지만 인식 있는 과실의 경우 위험에 대한 인식이 있었으므로 이것이 없던 경우에 비해 결과 회피의 가능성은 상대적으로 높다. 그 차이는 크지 않을지라도 양자를 구별할 필요성이 없는 구성요건이 아니라면 양형에서 고려될 수 있는 사항이라 할 수 있다.[10] 또한 인식 있는 과실은 미필적 고의와, 인식 없는 과실은 불가벌의 비과실과의 경계를 이룬다는 점에서도 의미가 있다.

2) 과실의 등급

(1) 경과실(culpa levis), 중과실(culpa lata)[11]

법은 원칙적으로 인식 있는 과실과 인식 없는 과실을 구분하지 않지만 적어도 민법에서는 책임의 근거가 특정한 과실의 등급에 종속될 수 있다. 민법은 과실을 중과실(grobe Fahrlässigkeit)과 경과실(leichte Fahrlässigkeit)로 나누는데, 과실개념을 민법에서 차용하는 형법에서는 과실의 가중형태가 요구되는 경우에 한해 등급의 차이를 인정한다. 민법의 중과실에 해당하는 형법에서의 중과실(Leichtfertigkeit)은 통상의 주의의 정도를 심하게 벗어난 경우, 혹은 주어진 상황에서 누구에게라도 명백하게 인식될 수 있는 주의의무를 다하지 않은 경우,[12] 혹은 인식된 위험을 지극히 경솔한 태도로 무시한 경우에[13] 인정된다.

행위의 책임내용의 판단은 행위자가 행위상황에 대해 충분히 알 수 있었던 상황

---

10) 신동운, 232면; 임웅, 527면; Sch/Sch/Cramer/Sternberg‒Lieben, § 15 Rdnr. 205.
11) Jescheck/Weigend, § 54 II 2.
12) BGHZ 10, 16; 17, 199; BGHSt 33, 66.
13) BGHSt 33, 67.

이었는가에 따라 결정되어야 한다. 행위상황 또는 위험에 대한 인식이 용이했을 상황일수록 과실비난의 정도는 높아진다. 행위의 책임내용에 대한 평가에 있어 중과실 여부는 행위자 개인의 척도에 따라 판단해야 한다. 즉 행위자 스스로가 자신의 행위가 경솔하다고 느낄만한 행위상황임을 인식해야 한다. 대법원은 이에 대한 판단은 사회통념에 따라야 할 것이라고 한다.[14] 중과실은 구성요건표지일 뿐 아니라 양형에도 직접적 영향을 줄 수 있는 중요한 요소이다.

형법은 중실화(형법 제171조), 중과실교통방해죄(형법 제189조 제2항), 중과실장물죄(형법 제364조) 등을 규정한다.

📖 관련판례

[중과실을 인정한 판례]

① 대판 1988.8.23, 88도855 : 피고인이 약 2.5평 넓이의 주방에 설치된 간이온돌용 보일러에 연탄을 갈아 넣음에 있어서 연탄의 연소로 보일러가 가열됨으로써 그 열이 전도·복사되어 그 주변의 가열접촉물에 인화될 것을 쉽게 예견할 수 있었음에도 불구하고 그 주의의무를 게을리 하여 위 보일러로부터 5 내지 10센티미터쯤의 거리에 가연물질을 그대로 두고 신문지를 구겨서 보일러의 공기조절구를 살짝 막아놓은 채 그 자리를 떠나버린 사안에서 대법원은 "형법 제171조가 정하는 중실화는 행위자가 극히 작은 주의를 함으로써 결과발생을 예견할 수 있었는데도 부주의로 이를 예견하지 못하는 경우를 말하는 것이므로 피고인의 행위는 중실화죄에 해당한다"고 판시했다.

② 대판 1997.4.22, 97도538 : 피고인이 84세 여자 노인과 11세의 여자 아이를 상대로 안수기도를 함에 있어서 그들을 바닥에 반듯이 눕혀 놓고 기도를 한 후 "마귀야 물러가라", "왜 안 나가느냐"는 등 큰 소리를 치면서 한 손 또는 두 손으로 그들의 배와 가슴 부분을 세게 때리고 누르는 등의 행위를 여자 노인에게는 약 20분간, 여자 아이에게는 약 30분간 반복하여 그들을 사망케 한 사안에서, 고령의 여자 노인이나 나이 어린 연약한 여자 아이들은 약간의 물리력을 가하더라도 골절이나 타박상을 당하기 쉽고, 더욱이 배나 가슴 등에 그와 같은 상처가 생기면 치명적 결과가 올 수 있다는 것은 피고인 정도의 연령이나 경험 지식을 가진 사람으로서는 약간의 주의만 하더라도 쉽게 예견할 수 있음에도 그러한 결과에 대하여 주의를 다하지 않아 사람을 죽음으로까지 이르게 한 행위는 중대한 과실이라고 보아, 피고인에 대하여 중과실치사죄를 인정한다.[15]

---

14) 대판 1980.10.14, 79도305.

[중과실을 부정한 판례]

① 대판 1989.10.13, 89도204 : 호텔오락실의 경영자가 그 오락실 천정에 형광등을 설치하는 공사를 하면서 그 호텔의 전기보안담당자에게 아무런 통고를 하지 아니한 채 무자격전기기술자로 하여금 전기공사를 하게 하였더라도, 전기에 관한 전문지식이 없는 오락실경영자로서는, 시공자가 조인터박스를 설치하지 아니하고 형광등을 천정에 바짝 붙여 부착시키는 등 부실하게 공사를 하였거나 또는 전기보안담당자가 전기공사사실을 통고받지 못하여 전기설비에 이상이 있는지 여부를 점검하지 못함으로써 위와 같은 부실공사가 그대로 방치되고 그로 인하여 전선의 합선에 의한 방화가 발생할 것 등을 쉽게 예견할 수 있었다고 보기는 어려우므로 위 오락실경영자에게 위와 같은 과실이 있었더라도 사회통념상 이를 화재발생에 관한 중대한 과실이라고 평가하기는 어렵다.

② 대판 1992.3.10, 91도3172 : 경찰관인 피고인들은 동료 경찰관인 갑 및 피해자 을과 함께 술을 많이 마셔 취하여 있던 중 갑자기 위 갑이 총을 꺼내 을과 같이 총을 번갈아 자기의 머리에 대고 쏘는 소위 "러시안 룰렛" 게임을 하다가 을이 자신이 쏜 총에 맞아 사망한 경우 피고인들은 위 갑과 을이 "러시안 룰렛"게임을 함에 있어 갑과 어떠한 의사의 연락이 있었다거나 어떠한 원인행위를 공동으로 한 바가 없고, 다만 위 게임을 제지하지 못하였을 뿐인데 보통사람의 상식으로서는 함께 수차에 걸쳐서 흥겹게 술을 마시고 놀았던 일행이 갑자기 자살행위와 다름없는 위 게임을 하리라고는 쉽게 예상할 수 없는 것이고 (신뢰의 원칙), 게다가 이 사건 사고는 피고인들이 "장난치지 말라"며 말로 위 갑을 만류하던 중에 순식간에 일어난 사고여서 음주만취하여 주의능력이 상당히 저하된 상태에 있던 피고인들로서는 미처 물리력으로 이를 제지할 여유도 없었던 것이므로, 경찰관이라는 신분상의 조건을 고려하더라도 위와 같은 상황에서 피고인들이 이 사건 "러시안 룰렛"게임을 즉시 물리력으로 제지하지 못하였다 한들 그것만으로는 위 갑의 과실과 더불어 중과실치사죄의 형사상 책임을 지울 만한 위법한 주의의무위반이 있었다고 평가할 수 없다.

(2) 업무상 과실

업무란 사람이 사회생활상의 지위에 기하여 계속·반복하여 행하는 사무를 말한다. 업무자에게는 업무내용과 관련된 위험에 대한 인식과 회피가능성이 높을 뿐 아니라 그 업무수행상 특히 무거운 주의의무가 부과되므로, 이에 대한 위반은 보통의 주의의무위반의 경우보다 중하다. 따라서 업무상 과실은 불법 및 책임이 가중되어 보통의 과실에 비해 중하게 처벌된다.16)

---

15) 그 밖에 중과실을 인정한 판례로 대판 1993.7.27, 93도135.
16) 책임에 관련 없이 구성요건 단계에서의 강화된 주의의무위반으로 제한하는 견해로 신동

업무상 과실에 있어서는 개별 행위에 대한 행위자의 위험인식능력이나 회피가능성이 아닌 업무담당자로서 갖추어야 할 능력이 판단기준이 된다. 따라서 행위자가 업무상 요구되는 주의의무를 이행할 능력이 없었더라도 과실은 인정될 수 있다. 예컨대 복어조리기능사 자격이 없는 사람이 복어전문요리점에서 요리를 하다가 독을 제대로 제거하지 못하여 사망의 결과를 유발한 경우에, 복어요리를 안전하게 할 능력이 없었지만 고객의 안전을 위해 나름의 최선의 노력을 다했다고 해서 과실이 부정되는 것은 아니다. 이러한 능력이 없는 사람이 그 업무를 담당했다는 점에서 이미 과실의 '구성요건'이 충족되며, 행위자가 위험을 인식하고 이에 대한 회피능력이 없음을 적어도 알 수 있었다는 사실로 과실'책임'이 인정되는 것이다.

형법은 업무상 실화(형법 제171조), 업무상 과실폭발성물건파열(형법 제173조의2 제2항), 업무상 과실교통방해죄(형법 제189조 제2항), 업무상 과실치사상(형법 제268조), 업무상 과실장물취득죄(형법 제364조)의 규정을 두고 있다.

📖 **관련판례**

대판 1986.8.19, 86도915 : 자전거 전용통로에 도시가스배관, 철도행단흉관 압입공사를 하기 위하여 너비 약 3미터, 깊이 약 1미터, 길이 약 5미터의 웅덩이를 파두어 야간에 그곳을 지나던 통행인이 위 웅덩이에 떨어져 상해를 입었다면 동 공사현장 감독에게는 공사현장의 보안관리를 소홀히 한 주의의무위반이 있다.

II. 과실범의 불법구성요건

과실범도 고의범과 다를 바 없이 구성요건, 위법성, 책임으로 이루어진다. 그중 과실범의 불법구성요건은 객관적 주의의무위반의 행위(행위반가치), 구성요건적 결과의 발생(결과반가치), 인과관계 및 객관적 귀속의 요소가 갖추어짐으로써 성립한다. 여기에는 특히 주의의무위반 관련성이 인정되어야 한다. 과실범의 불법구성요건은 소극적 요소와 적극적 요소로 나눌 수 있다.

① 소극적 요소란 고의의 부존재를 의미한다. 일반적으로 고의를 범죄사실에 대한 인식과 의도로 정의한다면, 과실은 범죄사실을 알지 못했거나(인식 없는 과실) 알

운, 233면.

았더라도 결과를 의도하지 않은 경우(인식 있는 과실)이다. 인식 없는 과실에서 구성요건해당성에 대한 부지는 과실범에 있어서 특유한 심리적 표지이다. 이러한 표지는 기술적·규범적 구성요건표지뿐 아니라 정당화상황에 관련해서도 나타날 수 있다. 즉 고의를 배제하는 결과의 원인이 된 모든 행위자의 잘못된 표상은 인식 없는 과실에 따른 답책성의 근거가 될 수 있다.[17]

행위상황에 대한 확실한 인식이 있는 상태에서 행위로 나아가는 행위자에게는 결과에 대한 의도가 추정되므로, 여기에 과실은 인정될 수 없다. 따라서 인식 있는 과실은 결과발생가능성에 대한 인식이 불확실한 경우에만 인정된다. 의적 요소는 고의성립에 무관한 것으로 보는 소수설의 견해와 달리 인식과 더불어 의도를 고의의 요소로 보는 일반적 견해에 따르면, 미필적 고의와 인식 있는 과실에는 공통적 요소로 낮은 정도의 인식이 존재하므로 양자를 구분할 수 있는 것은 결과에 대한 의지방향이라고 한다. 이에 따르면 결과를 원하지 않았거나 결과의 미발생을 신뢰한 경우에 인식 있는 과실이 성립된다.

② 결과의 발생만으로 과실범의 죄책이 성립되는 것은 아니다. 고의범에서와 마찬가지로 과실범의 불법도 결과반가치와 행위반가치의 결합으로 이루어진다. 이것이 과실범의 적극적 요소이다. 행위반가치는 주의의무의 위반을 요건으로 하며 이것은 다시금 예견가능성과 회피가능성을 전제로 한다. 즉 행위자에게 주의의무를 위반할 경우 법익침해결과가 발생할 가능성이 있음이 예견되어야 하며, 반대로 주의의무에 충실할 경우 결과의 발생은 회피가능한 것이어야 한다.

1. 객관적 주의의무의 위반

과실범의 성립은 행위자가 객관적으로 요구되는 주의의무를 충실히 이행했더라면 위험의 인식 및 결과의 회피가 가능했었을 것이 전제가 된다. 따라서 주의의무를 다하더라도 동일한 결과가 발생될 수밖에 없는 상황이라면, 현실적으로 주의의무위반에 따른 결과가 발생되었더라도 과실범의 불법은 성립되지 않는다.[18] 여기에서 회피가능성을 외적 의무, 객관적 예견가능성을 내적 의무라 할 수 있다.[19]

---

17) Baumann/Weber/Mitsch, § 22 Rdnr. 7.
18) Baumann/Weber/Mitsch, § 22 Rdnr. 49.

1) 주의의무의 발생근거

(1) 법규범 및 생활관계규범

주의의무의 발생근거로서 가장 직접적이며 명백한 것은 법규범이다. 예컨대 도로교통규칙에서 제시되는 신호 및 속도준수의무에 관한 규정 등은 사회구성원 누구에게나 적용되는 주의에 관한 명령을 의미한다. 그 밖에 법규범은 아니더라도 직업생활 영역 내에서의 업무상의 내규, 근무지침, 안전수칙 등도 주의의무의 발생근거가 된다.

(2) 인수책임(Übernahmefahrlässigkeit)

자신의 능력범위의 한계에 이르거나 초과하는 위험을 인수하는 경우에 행위자는 이 위험을 통제할 수 있을 것인지 여부에 관해 신중한 검토를 거쳐야 한다. 위험을 자신의 지배영역 안으로 인수하고 난 이후에는 자신의 능력을 최대한 발휘했다고 하더라도 법익침해의 결과가 발생했을 때에는 적어도 과실책임은 벗어날 수 없다.

> 예 갑은 심하게 다쳐 이물질까지 환부에 박혀있는 환자 을을 의사가 아닌 종교적 건강증진기도회의 회원에게 데리고 갔다. 그는 자신의 종교적 지식을 활용하여 최선을 다해 치료와 기도를 병행했으나 혈액감염으로 을은 사망하고 말았다.[20]

이 사례에서 갑은 자신의 능력범위에서 최선을 다하지 않았다는 데 과실이 있는 것이 아니라, 자신의 지식과 자신이 알고 있는 방식으로 환자를 살릴 수 있다고 믿었다는 데 과실이 인정되는 것이다. 이러한 인수과실은 원인에 있어서 자유로운 행위(actio libera in causa)의 한 하위사례로 취급이 가능하다.[21]

> 예 1 자동차로 출퇴근하는 갑이 간밤에 내린 비가 얼어 노면에 빙판이 형성되어 있음을 알고도 자신의 운전실력을 믿고 자동차를 몰고 나왔다. 운전 도중 신호등 앞에서 시간적 여유를 두고 브레이크를 밟았으나 빙판에 차가 미끄러지는 바람에 추돌사고를 냈다.(객관적 회피불가능의 상황)

> 예 2 초보운전자인 을은 비가 내리는 저녁에 좌회전을 하던 중 감속을 적시에 하지 못하여 미

---

19) Jescheck/Weigend, § 55 I 2 a).
20) RGSt 59, 355.
21) Baumann/Weber/Mitsch, § 22 Rdnr. 61.

끄러지는 바람에 옆에 달리던 자동차와 충돌을 일으켰다. 웬만한 운전자라면 능히 피할 수 있는 결과였다.(개인적 회피불가능의 상황)

위 두 사례에서 구성요건적 행위만을 놓고 평가한다면 갑의 행위는 불법영역에서, 을의 행위는 책임영역에서 가벌성이 부정된다. 그러나 가벌성이 부정되는 결과는 만족스러운 것이 아니다. 원인에 있어서 자유로운 행위는 대체로 범죄를 의도한 행위자 스스로가 책임능력을 탈락시킨 경우에 책임을 인정하기 위한 법형상으로 사용된다. 그런데 이러한 법형상의 확대적용 가능성을 고려해 볼 수 있다. 말하자면 결과를 직접 발생시킨 구성요건적 행위에는 책임을 물을 수 없으나, 그 행위 이전의 단계에서 책임을 물을 수 있는 원인행위가 있었던 모든 사례에 적용할 수 있는 것으로 볼 수 있을 것이다. 즉 원인설정행위가 추후의 구체적 범죄를 염두에 둔 것인지 여부와 상관없이 그 자체에 책임만 인정된다면 전체 행위에 대한 책임이 인정되는 것으로 평가해야 한다.

위의 두 사례에서 운전을 시작하고 난 이후의 시점에는 행위의 답책성을 물을 수 없으나, 갑과 을은 각각 행위 이전에 운전에 따른 위험성을 신중히 고려하여 운전석에 앉는 행위 자체를 포기했어야 한다. 이러한 책임 있는 원인설정행위를 포기했다면 결과는 발생되지 않았을 것이다. 이를 포기하지 않았다는 점에 주의의무위반이 인정된다. 갑의 경우에는 숙달된 운전실력으로 인해 책임도 인정된다. 운전이 미숙한 을에게도 자신의 운전미숙을 고려하지 않고 운전을 결심했다는 점으로 인해 이미 책임이 인정되기는 마찬가지이다.

(3) 감독의무(Überwachungspflicht)

자신의 소관업무 혹은 작업의 일부를 제3자에게 위임한 경우에 감독의무가 발생한다. 이렇게 자신의 과제를 제3자로 하여금 대신 실행하게 하는 경우에 대행자의 선별, 그에 대한 지시·감독에 있어 생활관계 혹은 거래관행상 요구되는 주의를 다한 경우에는 과실책임에서 벗어날 수 있다.

> 예 외과의사 갑은 위암환자인 을에 대해 종양제거수술을 시행했다. 수술은 성공적으로 진행되었으나 소형핀셋이 환부에 빠져있는 줄 모르고 수술부위를 봉합했다. 핀셋이 머문 자리에 을은 어찌할 수 없는 심한 통증을 느끼게 되어 이를 갑에게 호소했다. 갑은 재차 개복수술을 할 수밖에 없었고, 이를 통해 갑은 자신의 소중한 핀셋을 되찾았다.[22]

이 사례에서 수술도구의 준비 및 사후점검은 간호사 병의 의무였다고 하더라도 수술책임자로서 갑은 병에게 수술도구가 환부에 떨어지거나 분실되지 않도록, 혹은 수술이 끝난 후 개수를 파악하여 늦어도 봉합하기 이전에는 이상여부를 보고하도록 교육·감독해야 할 의무가 있다. 이를 소홀히 한 갑에게는 주의의무위반에 따른 과실이 인정되어야 한다.

성수대교 붕괴사고에서 교량 건설회사의 트러스 제작 책임자, 교량공사 현장감독, 발주 관청의 공사감독 공무원 등에게 업무상 과실치사상, 업무상 과실일반교통방해, 업무상 과실자동차추락죄 등의 유죄를 인정한 판례도 이와 같은 맥락에서 이해할 수 있다.23)

(4) 조회의무

행위자에게 자신의 행위에 따를 위험성이 의심스러운 경우에는 결과발생가능성 여부에 대해 가능한 한 신중한 검토 및 조회를 해야 한다.

치과의사 갑은 환자 을이 자신의 심장에 무언가 이상이 있다는 말을 했음에도 불구하고 이를 확인하지 않은 채 염화에틸렌 마취제를 사용하여 전신마취를 한 후 발치를 했다. 그로 인해 발생한 후유증에 대해 을은 우선 치료를 받았으나 결국 사

---

22) BGH NJW 1955, 1487.

23) 대판 1997.11.28, 97도1740 : "피고인은 이 사건 트러스를 설계도대로 정밀하게 제작하도록 지휘·감독할 직접적이고 구체적인 업무상의 주의의무가 있음에도 불구하고, (…) 트러스의 제작에 참여하는 자들을 제대로 지휘·감독하지 못함으로써, (…) 용접불량이 되게 하였고, (…) 무리하게 트러스 제작 공기 단축을 독려하고 감독을 소홀히 하여 위와 같은 부실용접을 방치하였으며, 그리고 당시 동아건설 주식회사의 현장소장인 피고인 2는 (…) 시공하는 교량의 공법과 구조 등을 숙지하여 공사를 지휘하고 시공에 사용되는 자재의 재질이나 규격이 설계도대로 제작되어 정확한지 여부 등을 최종적으로 확인·점검할 의무가 있고 또한 현장소장에게 요구되는 통상의 주의를 기울였다면 이 사건 트러스의 제작상의 잘못을 발견할 수 있었음에도 불구하고, (…) 이를 소홀히 하여 시공상의 잘못을 방치하게 하였다. 한편 당시 이 사건 교량건설에 대한 발주청인 서울특별시의 현장감독공무원이었던 피고인 1, 3, 4는, (…) 트러스를 제작함에 있어 특별시방서상 요구되는 자격을 갖춘 용접공이 용접을 실시하는지 여부, 각 트러스가 설계도면 및 특별시방서대로 용접, 제작, 조립되는지 여부 등을 (…) 확인하는 등 현장감독을 철저히 할 구체적인 주의의무가 있음에도 불구하고 용접공의 자격확인, 방사선검사 등을 통한 용접공사, 가조립공사, 시공과정에서의 철저한 현장확인 등을 하지 아니하였다."

망하게 되었다면[24] 의사에게 과실이 인정된다.

2) 주의의무의 판단기준 및 판단대상

(1) 객관설

법규범은 개인적 능력에 따라 차별적으로 적용되어서는 안 되며 누구에게나 보편적으로 적용되는 일반원칙이어야 한다는 입장에서, 일반인 혹은 평균인을 주의의무위반의 판단기준으로 삼아야 한다는 견해이다.[25] 평균인표준설이라고도 하는 이 견해는 행위자가 속한 집단의 사려 깊은 사람이 행위자의 입장이었다면 결과의 회피가 가능했었을 것인가를 묻는다. 즉 여기서의 판단기준이 되는 것은 단순한 평균인이 아닌 행위자가 속한 생활권에서의 신중하고 조심성 있는 사람이다.

교통사고 현장에서 응급구조를 하고자 하는 사람이 의사라면 일반적으로 의사에게 기대되는 정도, 법대학생이라면 법대학생으로서, 가정주부라면 가정주부로서 일반적으로 기대되는 정도의 주의의무만을 이행하는 것으로 족하다. 행위자의 개인적 주의능력이 이 기준에 미달하는 경우에는 위법성은 인정되나 개인적 능력에 따른 회피불가능성이 인정되는 경우 책임이 조각될 수 있다. 이 견해는 이러한 사례에서 위법성을 인정함으로써 보안처분의 가능성은 확보된다는 장점이 있다.[26]

(2) 주관설

주관설은 법규범은 개인에게 불가능한 것을 요구할 수 없다는 입장에서 행위자 개인의 주의능력의 정도를 판단기준으로 삼는다. 따라서 행위자가 자신의 능력범위에서 가능한 주의의무를 이행하지 않았을 경우에만 과실의 불법이 성립한다고 본다.[27] 이 견해에 따라 주관적 주의의무위반을 과실범의 주관적 구성요건요소로 보게 되면, 고의가 주관적 구성요건요소가 되는 고의범과 구성요건단계에서 범죄체계상의 논리구조가 같아지게 된다.[28]

법규범은 개인에게 불가능한 것을 요구할 수 없다는 주관설의 기본이념에는 공감이 가나, 이러한 생각이 극단으로 흐르게 되면 모든 국민에게 평등하게 적용되어

---

24) BGHSt 21, 59.
25) 김/박/안/원/이, 130면.
26) 임웅, 535면.
27) 김일수, 한국형법 II, 398면.
28) 김일수/서보학, 321면.

야 할 법규범은 객관성을 잃고 주관화·상대화될 수밖에 없다. 각 개인의 능력에 맞는 상대적 법규범이 가능하다면 가장 이상적인 법규범이 되겠으나 이것은 거의 불가능할 뿐 아니라 규범의 객관성의 상실은 필연적으로 법적 안정성의 훼손에로 연결될 위험성마저 안고 있다. 책임과는 달리 위법성은 행위에 대한 일반적·객관적 금지 혹은 명령을 의미하며, 따라서 과실범에 있어서도 불법구성요건단계에서의 과실판단은 객관적 척도에 의존할 수밖에 없다.29) 주관적 척도를 따를 경우 개인적 능력이 평균인의 수준을 초과하는 사람에게는 상대적으로 높은 과실범처벌가능성의 부담이 주어진다. 그러므로 과실범의 불법성립 여부를 위한 판단에 있어서 개인적 주의능력의 정도와는 상관없이 평균인에게 요구되는 정도의 주의의무를 다했는지 여부만이 중요하고, 다만 개인의 능력 여하는 책임단계에서 고려되어야 할 요소로 이해해야 할 것이다.

(3) 행위자의 특수지식

주의의무는 개별적 사례에서 개인적 특성이나 능력과는 상관없이 객관적으로 판단되어야 하지만 행위자의 특수지식이나 능력은 불법구성요건 단계에서 고려되어야 한다. 행위자의 특수지식이나 능력은 법익보호를 위해 투입되어야 한다는 것은 당연하다. 그러나 그 정도에 있어서 항상 최대한을 요구할 수 있는 것은 아니다. 주관설에 의하면 행위자 개인의 능력에 상응하는 정도의 주의의무가 요구되는 데 비해, 객관설에 의하면 과실범 규정도 모든 국민에게 평등하게 적용되는 일반규범이어야 하므로 행위자가 특수능력이나 지식을 가졌더라도 평균인 이상의 능력을 발휘할 필요가 없으므로 자신의 능력을 다하지 않았더라도 과실범책임은 지지 않을 수 있게 된다.

객관설과 주관설의 극단을 회피하고 각 장점만을 취하고자 하는 취지에서 회피가능성의 하한선은 객관화하되 상한선은 개별화(주관적 기준)한다는 절충적 견해도 제시된다.30) 말하자면 평균인 이하의 주의능력자에게도 최소한 평균인의 주의능력을 요구함으로써 그 하한선을 평균인의 능력으로 설정하되, 평균인 이상의 주의능

---

29) 이용식, 과실범에 있어서 주의의무의 객관적 척도와 개인적 척도, 서울대법학 제39권, 1998, 40면 이하.

30) Kuhlen, Fragen einer strafrechtlichen Produkthaftung, 1989, S. 85; Roxin, AT I, § 24 Rdnr. 50 f; Sch/Sch/Cramer/Sternberg–Lieben, § 15 Rdnr. 118 f, 133 ff.

력이 있는 자에게는 평균인의 수준에 해당하거나 이를 넘어서는 주의를 기울였다고 하더라도 자신의 능력범위 안에서 이를 최대한 활용하지 않아 결과가 발생된 경우 과실의 불법이 인정되어야 한다는 것이다. 이점이 개인적 능력이 아무리 뛰어나더라도 평균인 정도의 주의 이상을 발휘할 필요가 없는 것으로 인정하는 객관설과의 차이이다.

이 견해는 법익보호에 최대한 충실을 기한다는 장점은 있다. 그럼에도 이 견해는 주의의무의 상한선의 설정에 주관설을 적용한다는 점에서 객관적·일반적인 행위규범을 의미하는 불법의 관점에 부합하지 않는다는 점 등 주관설에 주어지는 비판이 그대로 적용될 수밖에 없다. 또한 법익침해를 방지하기 위해 행위자 개인의 능력을 최대한 발휘해야 한다는 것은 도덕적 요청으로는 가능하나 최후수단으로서의 형법적 요청이라고는 할 수 없다는 점도 지적 되지 않을 수 없다.31)

과실판단의 객관화 원칙을 고수하더라도 그 객관성은 반드시 절대적일 것을 고집할 필요는 없다. 구체적 사례에 따라서는 객관적 과실척도에 주관적 요소를 첨가함으로써 척도가 주관적 방향으로 조정될 수도 있다. 또한 예컨대 새로운 수술기술이 개발되었을 때 처음에는 소수의 외과의사만이 이 기술을 활용할 수 있겠지만 이 능력이 곧 모든 외과의사에게 보편적으로 요구되는 것이 된다면 이는 바로 새로운 객관적 주의능력의 한 요소로 고착된다. 즉 과실판단에서의 주관적 요소가 객관화되는 것이며, 결국 결과적으로는 척도의 주관화가 이루어지는 것이다.

웃자란 가로수에 의해 도로교통표지가 가려져 있을 뿐 아니라 우측에서 우선권을 갖고 진입하는 차량이 비교적 늦게 시야에 들어온다는 사실을 잘 아는 동네주민은 초행의 운전자에 비해 상대적으로 높은 주의가 요구된다. 교통관여자의 평균 이상의 회피가능성은 위법성판정에서 고려되어야 한다.

(4) 객관적 예견가능성

주의의무를 다하지 않을 경우의 결과발생이 처벌대상이 되기 위해서는 행위자가 속한 생활권에서의 신중하고 사려 깊은 사람에게 객관적으로 예견이 가능해야 한다. 독일판례는 예견가능성을 일괄적으로 책임영역에서 검토하되32) 객관적 예견가능성과 개인적 예견가능성을 구분한다.33) 그러나 주의의무의 판단척도에서 객관설

---

31) 임웅, 536면.
32) OLG Stuttgart JZ 1980, 618.

을 따르는 입장이라면 객관적 예견가능성은 불법구성요건에서 다루어져야 한다.[34]

예견가능성 없이는 회피가능성도 있을 수 없다. 그러나 예견가능성이 있더라도 회피가능성이 없을 수 있다. 즉 예견가능성은 회피가능성의 필요조건이다. 예견가능성은 위험에 대한 인식가능성으로서, 쉽게 말해 '알 수 있었다'라는 의미이다. '알지 못했다'라는 것이 고의를 배제한다면 '알 수 없었다'라는 것은 과실을 배제한다.

결과범에서는 행위반가치가 결과뿐 아니라 전체적 결과야기 과정에 관련하여 형성되는 것이므로, 예견가능성은 결과에는 물론이고 본질적인 인과과정에도 이루어져야 한다. 고의에서도 모든 세부적 인과과정에 대한 인식이나 예견을 요구하는 것이 아니므로, 대략적이고 본질적인 인과과정에 대한 예견이 가능했다는 것으로 과실은 인정된다.[35]

3) 객관적 주의의무의 제한

(1) 허용된 위험

현대사회에서 어느 정도의 위험이 결부되어 있는 행위도 더 큰 이익을 위해 일정한 요건하에 허용되어야 하는 경우가 있다. 이러한 허용된 위험(erlaubtes Risiko)의 행위는 사회적 이익에 따른 요구에 의해 이에 결부된 위험의 실현가능성에도 불구하고 허용되는 것이다. 고의범에서 허용된 위험은 독자적 위법성조각사유는 아니더라도 개별적 정당화사유에 공통으로 적용되는 구조원리로 보는 견해가 있다. 허용된 위험의 범위에서 행위자에게는 법익침해권한이 아닌 행위의 허용만이 인정되지만, 법익이 침해되었더라도 정당화는 인정된다는 것이다. 다만 행위상황의 불확실성으로 인해 행위조건에 대한 행위자의 사려 깊은 검토가 요구된다고 한다.[36]

그러나 고의범에서도 허용된 위험은 객관적 귀속의 한 척도로 이해하는 것이 일반적 견해이며, 특히 과실범의 영역에서는 생활관계에서 요구되는 주의의무가 준수되는 범위에서의 허용된 위험행위는 이미 구성요건해당성이 배제된다고 보아야 한다. 생활관계 혹은 거래관행에 적합한 행태는 과실행위의 구성요건적 행위불법 혹은 결과불법을 사후적으로 조각하는 허용규범에 상응하는 것이 아니라, 이러한

---

33) RGSt 54, 349; BayObLG NJW 1998, 3580.
34) Gropp, § 12 Rdnr. 46.
35) Baumann/Weber/Mitsch, § 22 Rdnr. 43.
36) Jescheck/Weigend, § 36 I 1.

행위에는 이미 의무위반이 존재하지 않으며 따라서 과실구성요건의 행위반가치가 존재하지 않는다고 할 수 있다.[37] 따라서 허용된 위험은 구성요건해당성을 배제하는 사유로서 객관적 주의의무를 제한하는 기능을 갖는 것으로 본다.[38]

(2) 신뢰의 원칙

객관적 주의의무를 제한하는 사유의 하나로 신뢰의 원칙이 있다. 신뢰의 원칙(Vertrauensgrundsatz)이란 특히 도로교통에 있어서 스스로 교통규칙을 준수하는 사람은 다른 교통관여자도 규칙을 준수할 것을 신뢰하여도 좋으며, 따라서 다른 교통관여자의 적절치 못한 행동으로 인하여 발생된 결과에 대해서는 책임을 지지 않는다는 원칙이다. 이는 독일 제국재판소가 1935년에 처음 인정한 이래[39] 독일의 학설과 판례에 의해 지속적으로 발전되어 현재는 일반적으로 인정되는 원칙이 되었으며, 우리나라에서도 1957년에 처음으로 대법원이[40] 이를 인정한 이후 현재는 도로교통의 범위를 넘어서 사회 여러 분야에서 폭넓게 적용되고 있다.

도로교통에 있어 신뢰의 원칙을 적용한 일반적 판례를 들면 다음과 같다. "고속도로를 운행하는 자동차의 운전자로서는 일반적인 경우에 고속도로를 횡단하는 보행자가 있을 것까지 예견하여 보행자와의 충돌사고를 예방하기 위하여 급정차 등의 조치를 취할 수 있도록 대비하면서 운전할 주의의무가 없다. 다만 고속도로를 무단횡단하는 보행자를 충격하여 사고를 발생시킨 경우라도 운전자가 상당한 거리에서 보행자의 무단횡단을 미리 예상할 수 있는 사정이 있었고, 그에 따라 즉시 감속하거나 급제동하는 등의 조치를 취하였다면 보행자와의 충돌을 피할 수 있었다는 등의 특별한 사정이 인정되는 경우에만 자동차 운전자의 과실이 인정될 수 있다."[41]

⚖ 관련판례

대판 1984.4.24, 84도185 : "사고장소는 교통정리가 행하여지고 있지 아니하는 교차로로서 도로교통법 제21조 제3항에 의거하여 위 사고택시는 이미 다른 도로로부터 위 교차로에 진입하고 있는 위 트럭이 있었으므로 위 트럭에 진행의 우선권이 인정되어 그 진행을 방해

37) Jescheck/Weigend, § 56 III.
38) 김일수/서보학, 325면; 임웅, 537면; 손동권/김재윤, [§ 20] 29.
39) RGSt 70, 71.
40) 대판 1957.2.22, 4289형상330.
41) 대판 2000.9.5, 2000도2671.

하여서는 아니 된다 할 것이고 이와 같은 우선권은 판시 트럭이 통행하는 도로의 노폭이 그
차의 좌측에서 교차하려던 사고택시의 노폭이 소론과 같이 다소 넓었다 하더라도 위 판시와
같은 사정 아래 서행하며 먼저 진입한 트럭에게는 변동이 없다 할 것이므로 이와 같은 취지
에서 위 교차로의 우선통행권이 있는 피고인의 트럭이 교차로의 상당부분을 통과한 피고인
에게 그 통행의 우선순위를 무시하고 과속으로 진입교행하여 오는 차량이 있을 것을 예상하
여 미연에 방지할 주의의무가 없다."[42)

가) 신뢰의 원칙의 적용범위의 확장

신뢰의 원칙은 주로 도로교통의 분야에서 적용되지만, 그 밖에도 특별한 주의가
요망되기 때문에 상호신뢰를 전제로 공동작업이 이루어지는 분야라면 산업, 의료,
금융, 행정 등 어디에도 적용될 수 있다.[43) 쉬운 예로 의료현장을 들 수 있다. 하나
의 수술에 서로 전공분야가 다른 여러 명의 의사가 관여할 수 있다. 이때 자신의
주의의무를 충실히 이행하는 의사는 다른 모든 관여의사가 각자에게 주어진 주의
를 다하고 있을 것을 신뢰하는 것으로 족하고, 혹시 있을지 모르는 상대방의 과실
여부를 미리 염려하여 확인해야 할 의무는 없다.[44) 다만 공동작업의 구성원이 수

---

42) 이 밖에 ① 상대방 차량이 중앙선을 넘지 않을 것을 신뢰한 경우 대판 1995.5.12, 95
도512; 대판 1992.7.28, 92도1137; 대판 1989.4.11, 88도1678; 대판 1982.4.13, 81도
2720, ② 무모하게 추월하지 않을 것을 신뢰한 경우 대판 1984.5.29, 84도483, ③ 상
대방이 신호를 지킬 것을 신뢰한 경우 대판 1985.1.22, 84도1493, ④ 자동차와 자전거
가 관련된 경우로서 대판 1984.9.25, 84도1695; 대판 1983.2.8, 82도2671; 대판
1980.8.12, 80도1446, ⑤ 자동차와 보행자가 관련된 경우로서 대판 1993.2.23, 92도
2077; 대판 1987.9.8, 87도1332; 대판 1985.9.10, 84도1572; 대판 1980.5.27, 80도842;
대판 1975.9.23, 74도231 : 이 사례에서 대법원은 운전자의 과실을 인정했다. "제한시
속 100킬로미터로 자동차를 운행할 수 있도록 허용된 고속도로에서의 운전이라 해도
주위가 어두운 야간에 가시거리 60미터의 전조등을 단 차를 조정운전하는 특수상황아
래에서는 운전사가 제한시속 100킬로미터를 다 내어 운행함은 60미터 앞에 장해물이
있음을 발견하고 급정차조치를 하여도 충돌을 면할 수 없는 과속도가 되므로 이러한
경우에 운전자는 사고방지의무를 다하지 못한 업무상 과실책임을 면치 못한다."
43) 앞의 중과실 부분에서 언급된 사례로서 대판 1992.3.10, 91도3172.
44) 대판 1976.2.10, 74도2046 : 약사가 의약품을 판매하거나 조제함에 있어서 약사로서는
그 의약품이 그 표시포장상에 있어서 약사법 소정의 검인, 합격품이고 또한 부패·변질·
변색되지 아니하고 유효기간이 경과되지 아니함을 확인하고 조제판매한 경우에는 우연
히 그 내용에 불순물 또는 표시된 의약품과는 다른 성분의 약품이 포함되어 있어 이를
사용하는 등 사고가 발생하였다면 특히 그 제품에 불순물 또는 다른 약품이 포함된 것

평적 관계가 아닌 수직적 관계로 이루진 경우에는 감독자는 피감독자의 과실에 책임을 져야 한다.[45]

나) 신뢰의 원칙의 제한

신뢰의 원칙은 행위자 스스로가 주의의무규칙을 준수함을 전제로 한다. 따라서 ① 자신이 규칙을 위반한 경우에는 신뢰의 원칙은 적용될 여지가 없다.[46] 다만 행위자 스스로가 규칙을 위반한 사실이 있더라도 이것이 결과발생의 본질적 원인이 아니라면 결과에 대한 과실책임으로부터 벗어날 수 있다.[47] ② 상대방의 규칙위반을 인식한 경우에도 신뢰의 원칙이 적용되지 않는다. 따라서 상대방 차량이 이미

을 간단한 주의를 하면 인식할 수 있고 또는 이미 제품에 의한 사고가 발생된 것이 널리 알려져 그 의약품의 사용을 피할 수 있었던 특별한 사정이 없는 한 관능시험 및 기기시험까지 하여야 할 주의의무가 있다 할 수 없고 따라서 그 표시를 신뢰하고 그 약을 사용한 점에 과실이 있었다고는 볼 수 없다.

45) 손동권/김재윤, [§ 20] 38 이하; 임웅, 540면 이하. 관련판례로 대판 1994.12.9, 93도2524; 대판 1998.2.27, 97도2812.

46) 대판 2012.3.15, 2011도17117 : 피고인의 택시가 차량 신호등이 적색 등화임에도 횡단보도 앞 정지선 직전에 정지하지 않고 상당한 속도로 정지선을 넘어 횡단보도에 진입하였고, 횡단보도에 들어선 이후 차량 신호등이 녹색 등화로 바뀌자 교차로로 계속 직진하여 교차로에 진입하자마자 교차로를 거의 통과하였던 갑의 승용차 오른쪽 뒤 문짝 부분을 피고인 택시 앞 범퍼 부분으로 충돌한 점 등을 종합할 때, 피고인이 적색 등화에 따라 정지선 직전에 정지하였더라면 교통사고는 발생하지 않았을 것임이 분명하여 피고인의 신호위반행위가 교통사고 발생의 직접적인 원인이 되었다고 보아야 한다.

47) 대판 1970.2.24, 70도176 : 피고인은 화물자동차를 진행하던 중, 우측의 손수레를 피하여 도로 중앙선을 약간 침범하여 진행하고 있었던 바, 뒤따르던 택시가 손수레를 피하여 중앙선을 침범하여 진행 중인 피고인의 화물자동차를 좌측으로 추월하여 반대방향의 노선으로 진입하여 나아가다가 반대방향에서 자전거를 타고오던 피해자를 직근거리에서야 발견하고, 이를 피하려고 급좌회전하다가 자전거를 충격하여 피해자를 넘어뜨린 상황에서 이런 사태를 전혀 알지 못 하고 계속 진행 중인 피고인의 화물자동차의 좌측 뒷바퀴에 치어 즉사하게 한 사례에서 본 사고는 오로지 택시운전기사가 본건 사고장소와 같은 추월을 금지한 곳에서는 앞에서 가고 있는 피고인의 차량을 추월하지 말아야 할 주의의무에 위배하여 무모하게 그를 추월하려고 한 과실에 기인하여 발행하였다할 것이고, (...) 위 손수레와 안전간격을 유지하면서 중앙선을 약간 침범하여 자동차를 운행 중이던 피고인에게는 중앙선을 침범하였다는 점에서 본건 사고예방에 관한 주의의무의 존부와는 직접적으로 아무런 관계가 없는 도로교통법 제11조의 소정규정을 위반한 점에 관한 책임이 있음은 별론으로 하고, 후방에서 오는 차량의 동정을 살펴 동 차량이 무모하게 추월함으로써 야기될지도 모르는 사고를 미연에 방지하여야 할 주의의무까지 있다고는 볼 수 없다.

중앙선을 침범하고 있다는 사실48) 혹은 음주운전을 하고 있음을 인식한 경우나 고속도로를 무단횡단하는 자를 발견한 경우에는49) 자신이 규칙을 준수하고 있다는 것만 주장할 것이 아니라 자신에게 가능한 방어조치를 취해야 한다. ③ 상대방에 대한 신뢰가 상당하지 않은 경우에도 신뢰의 원칙은 제한된다. 예를 들어 장애인, 노약자, 어린이, 만취자 등 정상적인 성인에게 요구되는 주의능력이 결여되었음이 확실시되는 상대방에 대해서는 규칙을 준수할 것을 기대할 수 없다.50) 만일 앞의 자동차가 졸음운전 혹은 음주운전임이 명백할 정도로 비정상적인 운행을 한다면 안전거리를 확보한다든가 추월함에 있어 충분한 간격과 시야를 확보하는 등 통상 이상의 주의를 기울여야 한다.

또한 도로상의 특성으로 인해 초행자의 경우에 본의 아니게 교통규칙을 위반하는 사례가 잦은 장소에서는 이러한 지역적 특성을 아는 사람이라면 앞의 차량이 교통규칙을 위반할 가능성이 있음을 염두에 두고 방어운전을 해야 한다. 이러한 경우 행위자는 경험에 의해 위험에 대한 예견가능성을 갖고 있으므로 법질서는 그에게 회피가능성을 기대할 수 있기 때문이다.

2. 결과발생, 인과관계, 객관적 귀속

형법은 과실의 미수범처벌규정을 두고 있지 않다. 부주의한 행위로 자칫 법익을 침해할 뻔 했으나 요행히 그 결과가 발생되지 않은 상황은 현실에서 흔히 접할 수 있으나, 과실의 불법이 고의에 비해 현저히 낮은 데다 결과마저 발생되지 않은 상황에 대해서는 굳이 형법이 관여할 의미가 없을 것으로 보인다. 또한 과실의 거동범 성립도 이론적으로는 가능하나 이에 관한 처벌규정도 존재하지 않는다.51) 따라

48) 대판 1986.2.25, 85도2651 : 침범금지의 황색중앙선이 설정된 도로에서 자기차선을 따라 운행하는 자동차의 운전수는 반대방향에서 오는 차량도 그쪽 차선에 따라 운행하리라고 신뢰하는 것이 보통이고 중앙선을 침범하여 이쪽 차선에 돌입할 경우까지 예견하여 운전할 주의의무는 없으나, 다만 반대방향에서 오는 차량이 이미 중앙선을 침범하여 비정상적인 운행을 하고 있음을 목격한 경우에는 자기의 진행전방에 돌입할 가능성을 예견하여 그 차량의 동태를 주의 깊게 살피면서 속도를 줄여 피행하는 등 적절한 조치를 취함으로써 사고발생을 미연에 방지할 업무상 주의의무가 있다고 할 것이다.
49) 대판 1981.3.24, 80도3305.
50) 신동운, 243면.

서 과실범은 결과범을 원칙으로 하게 되므로 과실범성립을 위해서는 작위 또는 부작위에 의한 구성요건적 결과의 발생이 요건이 된다. 살인죄, 상해죄, 재물손괴죄 등과 같은 침해범 혹은 결과범인 경우에는 해당 결과가 존재해야 하며 구체적 위험범인 경우에는 특정 위험이 발생되어야 한다.

결과범이 성립하려면 행위와 결과 사이에 인과관계가 인정되어야 한다. 고의범에서의 인과관계는 기수에서 미수를 구분해 내는 표지이나 과실범에서는 과실범 자체의 성립 여부에 관한 표지가 된다. 과실범에서의 인과관계 판단을 위해서는 주의의무위반에 따른 자연과학적 인과성뿐 아니라 객관적 귀속 판단조항에 따른 규범적 검토가 이루어져야 한다. 여기에서 핵심적 의미를 가지는 것이 위법관련성이며 이것은 다시금 주의의무위반관련성과 규범의 보호목적관련성의 두 가지 하위개념으로 이루어진다.

1) 주의의무위반관련성

결과의 발생에는 주의의무위반관련성(Pflichtwidrigkeitszusammenhang)이 있어야 한다. 즉 주의의무위반에 따른 결과의 발생을 전제로 하되 주의의무를 성실히 이행했더라도(의무합치적 대체행위) 동일한 결과가 발생되었을 상황이라면 주의의무위반관련성은 부정된다.52)

> 예 의사 갑은 환자 을을 진찰하고 유효기간을 일주일로 명기한 처방전을 발급해 주었다. 을은 일주일이 지나도 병세가 호전되지 않으므로 뒤늦게 약국을 찾아가 약사 병에게 처방전을 제시하자 병은 유효기간을 확인하지 않은 채 약을 조제해 주었다. 을은 이 약을 복용한 후 병세가 급히 악화되었다.

이 사례에서는 앞에서 언급한 과실범의 모든 객관적 요건은 존재한다. 그러나 만일 병이 처방전의 유효기간을 확인하고 의사로부터 새로운 처방전을 받아올 것을 요청했다고 하더라도, 을의 상태가 이전과 전혀 달라진 바가 없으므로 갑은 동일한

---

51) 결과발생을 요건으로 하지 않는 위증죄의 과실범을 처벌하는 입법례로 독일형법 제163조 제1항이 있다.
52) 이에 대해 과거에는 금지된 행위를 한 자는 이에 따른 모든 결과에 책임을 져야 한다는 결과발생책임이론(versari in re illicita)이 제기되었으나 이는 이미 극복된 이론으로서 현재는 추종자가 없다.

처방전을 발급할 것이 확실하게 기대되는 상황이라면 실제로 발생된 결과는 병의 과실에 기인한 것은 아니다. 이런 경우에 주의의무위반관련성은 부정된다.

> **관련판례**
>
> 대판 1990.12.11, 90도694 : 응급환자가 아닌 난소종양환자의 경우에 있어서 수술주관의사 또는 마취담당의사인 피고인들로서는 난소종양절제수술에 앞서 혈청의 생화학적 반응에 의한 검사 등으로 종합적인 간기능검사를 철저히 하여 피해자가 간손상 상태에 있는지의 여부를 확인한 후에 마취 및 수술을 시행하였어야 할 터인데 피고인들은 시진, 문진 등의 검사결과와 정확성이 떨어지는 소변에 의한 간검사 결과만을 믿고 피해자의 간상태를 정확히 파악하지 아니한 채 할로테인으로 전신마취를 실시한 다음 이 사건 개복수술을 감행한 결과 수술 후 22일만에 환자가 급성전격성간염으로 인하여 사망한 경우에는 피고인들에게 업무상 과실이 있다 할 것이다. 혈청에 의한 간기능검사를 시행하지 않거나 이를 확인하지 않은 피고인들의 과실과 피해자의 사망 간에 인과관계가 있다고 하려면 피고인들이 수술 전에 피해자에 대한 간기능검사를 하였더라면 피해자가 사망하지 않았을 것임이 입증되어야 할 것인데도(수술 전에 피해자에 대하여 혈청에 의한 간기능검사를 하였더라면 피해자의 간기능에 이상이 있었다는 검사결과가 나왔으리라는 점이 증명되어야 할 것이다) 원심은 피해자가 수술당시에 이미 간손상이 있었다는 사실을 증거 없이 인정함으로써 채증법칙위반 및 인과관계에 관한 법리오해의 위법을 저지른 것이다.

위와 같은 사례에서 만일 피고인들이 요구되는 의무합치적 행위로서 간기능검사를 했더라면 사망의 결과는 회피될 수 있었음이 확실하다면, 발생된 결과는 주의의무위반에 의한 것이라 할 수 있으므로 주의의무위반관련성은 인정된다. 하지만 간기능검사를 했더라도 할로테인에 의한 전신마취를 결정하게 될 수밖에 없는 상황이었다면 주의의무위반관련성은 부정되어야 한다.

예컨대 갑이 트럭을 도로의 중앙선 위에 왼쪽 바깥 바퀴가 걸쳐진 상태로 운행하던 중, 맞은편에서 갑이 진행하던 차선 위를 달려오던 승용차 운전자가 급히 자기 차선으로 들어갔다가 갑의 트럭과 교행할 무렵 다시 갑의 차선으로 들어와 그 차량의 왼쪽 앞부분으로 트럭의 왼쪽 뒷바퀴 부분을 스치듯이 충돌하고, 이어서 트럭을 바짝 뒤따라가던 차량을 들이받은 경우, 설사 갑이 중앙선 위를 달리지 아니하고 정상 차선으로 달렸다 하더라도 사고는 피할 수 없었을 것이라면 그가 사고 직전에 트럭의 왼쪽 바퀴를 중앙선 위에 올려놓은 상태에서 운전한 것만으로는 주

의의무위반관련성은 인정되지 않는다.53)

　요구되는 의무합치적 대체행위를 했더라면 구성요건적 결과의 회피가능성이 인정될 수 있을 경우가 문제된다. 즉 의무합치적 대체행위를 했다고 가정할 때 결과회피의 확실성에는 미치지 못하고 단지 그 가능성 정도가 추정되는 경우에 있어서 ① in dubio pro reo의 원칙에 따라 무죄가 추정되어야 한다는 견해와 ② 주의의무위반이 주의의무를 이행했을 경우에 비해 객관적 위험의 증대를 가져왔고, 이로써 결과발생의 개연성이 높아졌다면 객관적 귀속이 인정되어야 한다는 위험증대이론이 대립된다. 위험증대이론은 행위자가 의무합치적 주의를 기울였다면 결과는 확실히 발생하지 않았을 것이라는 확인을 요하지 않고, 주의의무위반이 결과발생의 위험을 높였다는 사실만으로 행위자에게 결과는 귀속되어야 한다고 한다. 해당 주의의무가 위험을 감소시킬 수 있을 것인지에 대해 불확실한 경우에도 주의의무는 존중되어야 하므로, 행위자의 행위를 통해 보통의 위험보다 그 정도가 높아진 경우에는 이미 결과에 대한 객관적 귀속이 인정되어야 한다는 것이다.54)

　그러나 주의의무위반이 존재한다는 사실이나 위험이 증대되었다는 사실만으로는 결과귀속을 인정하기에는 충분하지 않다. 결과귀속을 위해 본질적으로 중요한 것은 행위자에 의해 형성된 위험이 결과를 실현했는지 여부이다. 이러한 관점에서 주의의무를 다 하더라도 결과의 회피가 확실하지 않은 경우에도 결과귀속을 인정하는 위험증대이론은 과실결과범을 위험범으로 변질시킬 우려가 있음을 지적할 수 있다.55)

　위험증대이론을 지지하는 입장에서는 이에 대해 위험증대이론도 위법한 과실행위가 허용된 위험성의 정도를 초과했음이 입증되는 경우에 한해서 결과에 대한 과실책임을 묻는다고 변론한다.56) 그러나 이런 정도의 상황이라면 'in dubio'의 상황도 아니고 위험이 단순히 증대에 그친 상황도 아니다. 위험이 곧바로 결과로 연결되고 실현된 상황이다. 결론적으로 의무합치적 대체행위를 했다면 결과회피의 가

---

53) 대판 1991.2.26, 90도2856.
54) Jescheck/Weigend, § 55 II 2 b) aa); Lackner/Kühl, § 15 Rdnr. 44; Roxin, AT I, § 11 Rdnr. 72 ff; ZStW 1974, 430 ff; 1978, 217 ff.
55) 김일수/서보학, 120면; 이재상/장영민/강동범, § 14-31; Sch/Sch/Cramer/Sternberg-Lieben, § 15 Rdnr. 179a.
56) 손동권/김재윤, [§ 20] 23.

능성 정도가 추정되는 일반적 사례에서는 in dubio pro reo의 원칙에 따라 무죄가 추정되어야 한다는 견해가 타당하다. 대법원도 역시 이 입장을 취하는 것으로 볼 수 있다.[57)58)]

2) 규범의 보호목적관련성

규범의 보호목적관련성은 주의의무위반관련성과 더불어 과실범의 위법관련성의 하나의 하위개념이다. 주의의무위반에 의해 결과가 발생되었고 이로써 하나의 과실범 구성요건의 외형을 갖추게 되었다 하더라도, 결과는 규범의 보호목적을 침해하는 것일 때 한하여 객관적 귀속이 가능하다. 즉 과실범의 불법성립을 위해서는 주의의무위반의 행위와 결과를 통한 구성요건의 외형충족이라는 형식적 요건 외에 규범을 통해 특정 법익을 보호하고자 하는 입법자의 목적에 위배되는 실질적 요소가 있어야 한다는 것이다.

> 예 환자의 상태가 위급하다고 생각한 의사는 특정 수술을 개시하기 전에 며칠이 소요되는 정밀검사를 해야 한다는 의료법상의 규정을 무시하고 바로 수술에 들어갔으나 환자는 사망하고 말았다. 정밀검사를 하더라도 해당 수술을 해야 한다는 결정에는 변함이 없었을 뿐 아니라 수술을 한시라도 지체하면 환자의 생명이 그만큼 더 위태로운 상황이었다.

위의 사례에서 의사는 의료법상의 규정을 무시함으로써 객관적으로 주의의무를 위반했으며, 만일 환자가 수술을 하기 전까지는 생명을 부지할 수 있었던 상황이라면 주의의무위반관련성도 인정된다. 그러나 여기에서 규범의 보호목적이 문제된다.

만일 의료법상의 규정을 따랐더라면 환자는 적어도 검사에 소요되는 며칠간은 생명을 연장할 수 있었다. 그러나 정밀검사에 관한 의료법상의 규정은 수술의 성공가능성을 가능한 한 높이고자 하는 데 목적이 있는 것이지, 이에 소요되는 기간만큼 환자의 생명을 연장하는 데 목적이 있는 것이 아니다. 여기에서 형식적으로 규범위반에 따른 결과는 발생했더라도 실질적으로 규범의 보호목적이 침해된 사실은 존재하지 않는다.[59)]

행위자가 법익침해에 관여를 했다고 하더라도 결과의 주된 원인이 침해법익의

---

57) 대판 1990.12.11, 90도694; 대판 1995.9.15, 95도906; 대판 1996.11.8, 95도2710.
58) 김성돈, 491면 이하.
59) 같은 취지로 김성돈, 493면; Sch/Sch/Cramer/Sternberg－Lieben, § 15 Rdnr. 168.

주체 스스로가 자신의 법익을 위험에 방치하였거나 위험에 빠뜨린 데 있는 경우에
도 행위자의 행위는 규범의 보호목적 범위 밖에 있다고 할 것이다.

이와 관련하여 독일의 한 판례를 예로 들 수 있다. 갑과 을은 모두 심하게 술에
취한 상태에서 오토바이 경주를 하던 중 을은 자기 스스로 넘어지는 바람에 크게
다쳐 병원으로 옮겼으나 사망하고 말았다. 경주를 하자는 제의를 누가했는지에 상
관없이 을이 자의로 그리고 자기책임하에 이에 응할 것을 결심했다면 그 결과에
대한 책임은 전적으로 본인에게 있다고 할 것이다. 법익 주체가 스스로 위험에 빠
뜨리는 이러한 법익은 법질서의 보호대상이 되지 않는다. 따라서 이러한 법익의 침
해결과는 규범의 보호목적과는 무관한 것이어서 갑에게는 과실책임마저도 인정되
지 않는다.[60]

📖 **관련판례**

① 대판 1991.2.12, 90도2547 : 자기 집 안방에서 취침하다가 일산화탄소(연탄가스) 중독
으로 병원 응급실에 후송되어 온 환자를 진단하여 일산화탄소 중독으로 판명하고 치료한 담
당의사에게 회복된 환자가 이튿날 퇴원할 당시 자신의 병명을 문의하였는데도 의사가 아무
런 요양방법을 지도하여 주지 아니하여, 환자가 일산화탄소에 중독되었던 사실을 모르고 퇴
원 즉시 사고 난 자기 집 안방에서 다시 취침하다 재차 일산화탄소 중독을 입은 것이라면,
위 의사에게는 그 원인 사실을 모르고 병명을 문의하는 환자에게 그 병명을 알려주고 이에
대한 주의사항인 피해장소인 방의 수선이나 환자에 대한 요양의 방법 기타 건강관리에 필요
한 사항을 지도하여 줄 요양방법의 지도의무가 있는 것이므로 이를 태만한 것으로서 의사로
서의 업무상 과실이 있고, 이 과실과 재차의 일산화탄소 중독과의 사이에 인과관계가 있다
고 보아야 한다.
② 대판 1989.9.12, 89도866 : 자동차의 운전자가 그 운전상의 주의의무를 게을리 하여
열차건널목을 그대로 건너는 바람에 그 자동차가 열차좌측 모서리와 충돌하여 20여 미터
쯤 열차 진행방향으로 끌려가면서 튕겨나갔고 피해자는 타고 가던 자전거에서 내려 위 자동
차 왼쪽에서 열차가 지나가기를 기다리고 있다가 위 충돌사고로 놀라 넘어져 상처를 입었다
면 비록 위 자동차와 피해자가 직접 충돌하지는 아니하였더라도 자동차 운전자의 위 과실과
피해자가 입은 상처 사이에는 상당한 인과관계가 있다.[61]

---

60) BGHSt 7, 112.
61) 이 판례에 대해 객관적 귀속의 기준으로서 규범의 보호목적에 비추어 결과귀속은 부정되
    어야 한다는 견해로 김일수, 상당인과관계와 객관적 귀속, 법률신문 제1936호, 1990.5,
    15면; 손동권/김재윤, [§ 20] 27.

3) 피해자 혹은 제3자의 과실이 관련되는 경우의 객관적 귀속문제

행위자의 객관적 주의의무위반에 의해 결과가 발생된 사례에서 피해자에게도 주의의무위반이 있는 경우에 행위자에 대한 결과의 귀속에는 변함이 없다고 할 것인지에 대해 다툼이 있을 수 있다. 이 경우에 피해자에게도 주의의무의 위반은 있으나 피해자가 주의를 기울였다고 해도 결과는 동일했을 상황이라면 행위자의 과실책임은 인정된다고 해야 할 것이다.

> 예 화물차 운전자 갑이 규정속도를 초과하여 급히 좌회전하는 바람에 미끄러지며 보행자 을을 치어 중상을 입게 했다. 그런데 을은 보행자 신호가 적신호였음에도 불구하고 도로를 횡단하고자 차도로 뛰어든 순간이었다.

위 사례에서 을이 규정대로 신호를 대기하며 기다리고 서 있었을지라도 동일한 결과는 피할 수 없는 상황이었다면 을의 과실이 갑의 결과귀속에 영향을 주지 못한다. 결과는 갑의 의무위반으로 창출된 위험에 기인한 것이기 때문이다. 피해자가 자신의 주의의무를 다했을 경우에는 사고가 차도가 아닌 인도에서 발생했을 것이라는 차이는 발생하겠으나 이러한 정도의 차이는 구체적 사안의 평가에서 본질적 의미를 갖지 못한다.[62]

행위자의 과실이 결과로 연결되었으나 여기에 제3자의 과실이 개입된 상황에서, 행위자가 주의의무에 충실했다고 하더라도 동일한 결과가 발생되리라고 추정되는 경우에도 행위자 과실의 인과관계 및 객관적 귀속은 변함없이 인정된다.[63] 예컨대 고속도로 상에서 연쇄추돌 사고가 발생한 경우 자신이 앞차와의 안전거리를 확보하지 않아 앞차를 추돌하게 되었다면 이로써 인과관계 및 객관적 귀속은 인정된다. 여기에 제3자의 과실이 개입되었다는 변명, 즉 자신이 안전거리를 지켰다고 하더라도 자신을 좁은 간격을 두고 뒤따르던 차가 그 뒤차의 추돌에 의해 어차피 자신의 차를 들이받게 되어 결국 동일한 결과가 발생되었을 것이라는 변명은 인과관계 확정에 아무런 영향을 주지 못하는 가설적 인과관계에 의존한 것에 불과하다.[64]

---

62) Jordan, GA 1997, 349; Wessels/Beulke, Rdnr. 686.
63) Wessels/Beulke, Rdnr. 687.
64) BGHSt 30, 228.

3. 주관적 구성요건

과실범에서의 주관적 주의의무위반은 책임영역에 속하는 것이므로 과실범에서의 주관적 구성요건은 존재하지 않는 것으로 보는 것이 일반적 견해이다. 이와 관련하여 적어도 인식 있는 과실에서는 허용되지 않은 위험에 대한 인식과 결과의 불발생에 대한 신뢰에 주관적 구성요건이라 할 요소가 존재하지만, 인식 없는 과실에서는 이러한 객관적 구성요건의 표지나 요건에 대한 표상이 없으므로 주관적 구성요건은 성립할 여지가 없다는 견해가 있다.[65] 이러한 일반적 견해에 대한 제한적 견해도 결국은 과실범에서의 주관적 구성요건의 성립을 부정하는 입장에 포함된다고 할 수 있다.

반면 발생된 결과의 요건으로서 요구되는, 허용되지 않은 위험에 대한 인식에 과실범의 주관적 구성요건이 존재한다는 견해는 이와 입장을 달리 하는 것이다. 모든 과실범에 허용되지 않은 위험에 대한 인식이 있음을 전제로 하는 이 견해에 따르면, 행위상황에 대한 인식의 유무와 관계없이 과실범에서는 주의의무위반에 주관적 구성요건이 존재하며 그 대상은 행위상황이 아니라 위험요소라고 한다.[66]

과실범의 상당수는 허용되지 않은 위험에 대한 인식이 있는 것이 사실이나, 위험에 대한 인식이 과실범의 절대적 요건이라 할 수 있는 것은 아니어서 인식 없는 과실범도 충분히 성립이 가능하다. 말하자면 외부세계와의 내면적 관련성이 존재하지 않아서 주관적 구성요건은 성립할 여지가 존재하지 않는 과실의 형태가 가능한 것이다. 이때 위험에 대한 인식의 결여를 인식의무불이행이라는 정신적 요소로 무리하게 대체할 수 있는 것도 아니다.[67] 결론적으로 과실범에서의 주관적 구성요건은 존재하지 않는 것으로 보는 일반적 견해가 타당하다.

---

65) Roxin, AT I, § 24 Rdnr. 66 f.
66) Struensee, JZ 1987, 62.
67) Roxin, AT I, § 24 Rdnr. 68 f; vgl. Herzberg, JZ 1987, 536 ff.

4. 과실범에서의 위법성

1) 고의범과의 동일성

과실범에서도 고의범에서와 마찬가지로 구성요건의 충족은 위법성을 징표한다. 또한 정당화사유가 존재함으로써 위법성이 조각되는 것도 고의범의 경우와 동일하다. 즉 고의 없이 구성요건을 충족시켰으나 정당방위의 객관적 요건이 갖추어진 상황이었고 이에 대한 인식도 있었다면 그 행위에는 정당성이 인정된다. 예컨대 부당하게 주먹으로 공격해 오는 상대방에 대해 단지 위협만 할 목적으로 칼을 꺼내 휘두르다가 상해를 입힌 경우, 과실치상행위는 정당방위로서 위법성이 조각된다. 그 밖에 응급환자를 병원으로 옮기는 과정에서 교통규칙을 위반하여 차를 몰다가 사고를 유발한 경우(긴급피난), 백화점 직원이 절도범을 체포하다가 넘어뜨려 중상을 입힌 경우(정당방위 혹은 자구행위), 운전자가 과다한 약물복용으로 인해 정상적인 운전에 지장이 있다는 것을 알면서 동승을 요구하여 함께 타고 가던 중 교통사고로 동승자가 다친 경우(피해자의 승낙) 등 과실범의 정당화는 모든 일반적 정당화사유에 적용될 수 있다.

정당방위 유사상황이기는 하지만 일부 요건이 결여되어 정당방위가 적용되지 않는 상황이라면 과실행위의 불법성이 인정되어야 하는 것은 당연하다. 그러나 경우에 따른 책임감면의 가능성은 존재한다(형법 제21조 제2, 3항).

2) 주관적 정당화요소의 필요성 여부

과실범에게 위법성조각사유를 적용하기 위해서 주관적 정당화요소가 필요한 것인지에 대해서 견해가 일치하지 않는다. 예컨대, 갑이 주차를 하다가 잘못하여 앞에 주차되어 있는 차를 들이받았다고 하자. 피해차량의 운전자는 차안에 매복해 있다가 마침 지나가는 행인을 총으로 쏘려는 순간이었다. 이 접촉사고로 을의 범행계획은 실패했다.

이 경우에 객관적으로 존재하는 정당화상황이 결과반가치를 상쇄한다는 점에는 의문의 여지가 없다. 다만 과실의 경우에도 행위상황에 대한 인식 및 정당화 행위의사라는 주관적 정당화요소가 결여되면 과실행위의 정당성이 인정될 수 없다는 견해(필요설)와[68] 주관적 정당화요소 없이도 정당성이 인정된다는 견해로(불필요

설)[69] 나뉜다. 불필요설은 앞의 사례에서 갑에 대해 정당성을 인정함으로써 바로
불가벌의 결론에 이른다. 필요설은 이론적으로 위법성은 인정되나 우연방위의 불
법은 불능미수에 상응하고, 다만 갑의 행위는 고의가 아닌 과실에 의한 것인데 과
실의 미수범처벌규정이 없으므로 결국은 불가벌이라는 결론에 이르게 된다.

객관적 정당화요소의 존재로 결과반가치는 소멸되고 행위반가치만 남은 경우는
미수의 불법상황이다. 그런데 행위불법은 위험인식을 전제로 하는 고의에 의해 성
립되는 것이며 과실에는 이러한 고의가 존재하지 않으므로 과실에 의한 미수는 처
벌대상이 되지 않는다. 따라서 과실범에서는 행위불법 상쇄를 위한 주관적 정당화
요소가 무의미하다. 그러므로 이와 같은 상황에서는 이미 이론적으로 위법성이 성
립되지 않는 것으로 보아야 한다.[70]

5. 과실범에서의 책임

과실범에 있어서도 책임비난의 근거는 고의범의 경우처럼 구성요건에 해당하고
위법한 행위에 대한 타행위가능성이다. 다만 과실범에서의 특수성은 행위자의 개
인적 능력에 따라 객관적 주의의무에 대한 인식이 가능했는가 그리고 이에 따른
주의의무의 요구를 이행할 수 있었는가에 대한 평가가 추가된다는 점이다.(=주관
적 기준)

1) 주관적 주의의무의 내용 및 전제

주관적 주의의무위반은 과실범의 책임요소이다. 이것은 객관적 주의의무의 인식
가능성과 이행가능성을 내용으로 하며 이들은 다시금 책임능력, 위법성인식, 기대
가능성을 전제로 한다. 따라서 과실범에서도 책임인정을 위해서는 우선 책임능력
이 확인되어야 한다. 책임능력이 없는 자도 구성요건실현을 인식하고 객관적 주의
의무를 위반할 수 있으나, 행위자가 개인적으로 주의의무를 준수할 능력이 없었다

---

68) 김일수/서보학, 331면; 손해목, 742면; 이정원, 416면; 임웅, 547면.
69) 김/박/안/원/이, 136면; 박상기, 289면; 배종대, [156] 36; 손동권/김재윤, [§ 20] 42;
    신양균, 주관적 정당화요소에 대한 검토, 성시탁 화갑논문집, 1993, 239면; 이재상/장영
    민/강동범, § 14-34; 진계호, 270면.
70) 제20절 I. 참조.

면 과실범의 책임도 물을 수 없다.

주관적 주의의무의 범위에는 구성요건적 결과와 인과관계에 대한 예견가능성이 포함된다. 인식 있는 과실의 경우에는 행위자가 결과의 미발생을 신뢰했다고 하더라도 적어도 행위상황의 위험성은 인식을 했기 때문에 인과관계에 대한 예견가능성은 쉽게 인정될 수 있다. 도로교통, 의료, 산업현장 등 대부분의 생활현장에서 약간의 방심도 중대한 결과로 연결될 수 있다는 예견은 누구에게나 가능하며, 이러한 상황에서 무의식적 과실은 언제라도 발생할 수 있다. 이런 경우에 결과에 대한 예견가능성이 있었는지를 확인하는 것은 현실적으로 쉽지 않으나 행위자의 교육정도, 지식수준, 경험, 특수지식 등 개인적 능력에 따라 평가할 수밖에 없다.

과실책임은 책임능력에 이어 위법성의 인식과 금지착오에서의 회피가능성을 요구한다. 자신의 법규위반행위의 법적 의미를 알지 못했고 또한 알 수 없었던 경우에는 금지착오의 회피가능성은 부정되며 따라서 과실책임도 부정된다. 과실책임을 위해 위법성의 인식이 전제되지만, 구체적 사례에서 위법성인식이 결여되었다고 해서 무조건 책임이 배제되는 것이 아니다. 특히 도로교통에서 무의식적으로 규정속도를 초과하거나 신호를 지키지 않는 경우처럼 인식 없는 과실이 빈번히 발생될 수 있다. 이런 경우 행위자의 연령이나 사회적 지위, 지적 능력 등에 비추어 위험을 인식했어야 하고 인식할 수 있었다면 책임은 인정되어야 한다.[71]

행위자가 행위의 의무위반성에 대한 인식은 가졌더라도, 이를 예외적으로 허용하는 반대규범이 있는 것으로 오인한 경우는 인식 있는 과실에 해당한다. 이런 경우에도 책임인정은 개인의 능력에 따른 기대가능성 여부의 판단에 좌우되는 것이다. 고의범에서와 마찬가지로 과실범에서도 책임비난을 위해서는 객관적 주의의무를 이행할 기대가능성이 있어야 한다. Leinenfänger[72]사건에서의 행위자에게는 책임능력도 있고 위험에 대한 인식 및 결과에 대한 예견가능성까지 있었으나 객관적 주의의무이행에 대한 기대가능성이 결여되었기 때문에 과실책임이 조각된다.

---

71) Jescheck/Weigend, § 57 I 2. 이것은 과실범에서의 주관적 구성요건의 경우에 인식의 결여를 인식의무로 대체하여 이를 주관적 구성요건이라고 주장할 수 없다는 것과 의미가 다르다.

72) RGSt 30, 25. 중병을 앓는 아들이 자기를 병원으로 데려가지 말아달라는 간청을 했고, 바로 얼마 전 같은 병원에서 숨진 자기 부인 때문에 아들을 병원으로 옮기는 데 망설였던 아버지에게 과실의 부작위를 부정한 판례로, RGSt 36, 78.

과실범에서의 규범합치적 행위에 대한 기대불가능성은 고의범에서보다 광범위하게 인정되는 면책사유라 할 수 있다. 다만 면책의 근거로서 위법성의 객관적 영역에서의 주의의무의 한계를 제한한다는 견해,[73] 주관적 주의의무를 제한한다는 견해,[74] 초법규적 책임조각사유로 보는 견해[75] 등이 제시되나 기대불가능성은 행위자 개인에게 주어진 주의의무를 제한하기 때문인 것으로 이해해야 한다.[76]

2) 주관적 주의의무위반의 판단척도

주관적 주의의무위반의 판단척도는 행위자가 속한 사회집단의 사려 깊은 평균인이 아닌 행위자 개인이다(행위자표준설, 주관설). 행위자 개인의 지식, 능력, 경험 등을 제대로 활용하더라도 결과에 대한 예견가능성 및 회피가능성이 부정되어야 하는 경우에는 과실책임은 인정되지 않는다.

자신의 능력을 넘어서는 위험한 행위를 인수한 자에게는 인수책임(引受責任 : Übernahmeverschulden)이 인정된다. 따라서 예컨대 자신이 가지고 있는 의료지식으로는 환자에 대한 수술이 매우 어렵다는 사실을 인식했음에도 불구하고 수술을 개시하여 결국 수술에 실패한 의사의 경우에는, 자신의 능력으로 감당하지 못할 위험이 예견되는 행위를 인수했다는 데 이미 책임비난이 주어진다. 이때의 책임비난을 위해서는 행위자가 자신이 인수하는 위험을 감당할 능력이 없음을 인식했어야 한다. 그 위험을 감당할 능력이 있는지 조차에 대해서 스스로 판단할 가능성이 없었다면 책임은 조각되어야 한다.[77] 또한 예컨대 처음의 예상과는 달리 수술이 복잡해지고 범위가 확장되는 바람에 수술이 몇 시간이나 더 연장되어 의사가 과로로 인해 과실을 범한 경우에 과실책임은 조각되어야 할 것이다.[78]

인수책임은 책임비난이 시간적으로 앞당겨진다는 점에서 원인에 있어서 자유로운 행위에 유사하다. 다만 원인에 있어서 자유로운 행위에서는 행위자가 스스로 자

---

73) H. Mayer, S. 141; Henkel, Zumutbarkeit und Unzumutbarkeit als regulatives Rechtsprinzip, FS－Mezger, 1954, S. 286.
74) Jescheck/Weigend, § 57 IV.
75) Bockelmann/Volk, S. 168; Stratenwerth, Rdnr. 1132; Welzel, S. 183.
76) 임웅, 550면은 위의 세 가지 견해 모두에 부분적 타당성을 인정한다.
77) Jescheck/Weigend, § 57 II 3; Kühl, § 17 Rdnr. 91; Tröndle/Fischer, § 15 Rdnr. 16.
78) Sch/Sch/Cramer/Sternberg－Lieben, § 15 Rdnr. 198.

신의 책임능력을 배제한 후 구성요건행위를 하는 데 비해 인수책임에 있어서는 책임능력은 있으나 요구되는 주의의무를 이행할 능력이 없다는 점이 다르다.[79]

6. 기타 관련문제

1) 과실범의 미수

미수는 범죄 실행착수 시점에서 행위자의 구성요건 실현의사로서의 고의를 전제로 한다. 고의가 지적 요소로 완성된다는 견해에 따르면 적어도 인식 있는 과실의 경우에는 이러한 구성요건 실현의 가능성 인식으로 미수의 성립도 가능하다는 견해가 있을 수 있다.[80] 그러나 의적 요소를 함께 요구하는 일반적 견해를 따른다면 이마저도 불가능하다. 고의의 지적 요소만을 요구하는 견해도 단순한 결과발생가능성의 인식으로 족한 것이 아니라 이를 바탕으로 한 범행에의 결심을 요건으로 한다면 과실범의 미수는 성립할 수 없다.

2) 과실범의 공범

교사나 방조 역시 고의를 요건으로 하므로 과실에 의한 공범은 성립되지 않는다. 독일형법 제26조, 제27조가 교사 또는 방조범의 성립을 위해 명시적으로 고의를 요구하는 데 비해 우리 형법 제31조, 제32조에는 고의가 명시되지는 않았으나 고의가 전제되는 것으로 당연해석되어야 한다. 따라서 과실에 의한 공범은 성립되지 않는다. 과실범의 공범 또한 성립되지 않는 것은 마찬가지이다. 정범의 과실을 배후의 인물이 자신의 범행에 이용한 경우에는 외형적으로 교사 또는 방조의 형태를 띠지만 이는 간접정범에 해당하는 문제이다.

다만 문제가 되는 것은 공동정범이다. 판례는 과실의 공동정범을 지속적으로 인정하고 있다.[81] 이에 따른다면 여러 사람이 공동의 과실로 하나의 결과를 발생시켰을 때 각자는 범행의 전체에 대해 책임을 져야 한다. 그러나 공동정범은 행위자 간의 공동의 의사형성을 전제로 하여 이루어지는 개념이므로, 공동의 의사형성이

---

79) Jescheck/Weigend, § 57 II 3.
80) Jakobs, 25/28; Jescheck/Weigend, § 54 IV.
81) 대판 1997.11.28, 97도1740; 대판 1994.5.24, 94도660; 대판 1982.6.8, 82도781; 대판 1979.8.21, 79도1249.

없는 과실의 경우에는 공동정범이 아닌 동시범이 인정되어야 한다.

한 사람의 과실을 이용해서 다른 사람이 고의범죄를 행한 경우에도 과실행위자가 어느 정도까지 책임을 져야 할지에 대해서 문제가 발생하기는 하나, 이는 과실범의 단독정범으로서의 문제이지 공범이나 공동정범의 문제는 아니다. 예컨대 약사 갑이 안전수칙을 무시하고 독약을 소홀히 보관하는 것을 주시하던 범인 을이 독약을 손쉽게 훔쳐 타인을 독살하는 데 사용한 경우, 약사의 부주의와 사망결과 사이에 인과관계가 인정되며 범인 을에게 결과에 대한 객관적 귀속도 인정된다. 즉 갑은 과실범의 단독정범, 을은 고의살인범의 단독정범이 된다.

이 사례에서 약사의 주의의무위반에는 이미 구성요건적 결과의 발생위험이 내재된 경우로서 의무위반자는 과실범의 책임을 져야 한다. 약국에서 독약을 훔치는 사람이라면 이를 자살이나 타살에 이용할 것이 거의 분명하므로 약사에게는 이에 대한 보관상의 특별한 주의가 요망되는 것이다. 통상적으로 약사라면 이러한 결과는 충분히 예상했어야 하므로 결과에 대한 책임을 면치 못한다.[82]

자신의 주의의무위반이 다른 고의범에 의해 악용될 소지가 없지 않으나 특히 자신의 특수지식에 따르면 확연히 높은 예견가능성이 인식되는 경우에도 결과는 동일하다.

> 예 1 약사 갑은 중환자에게 투여하면 직접 생명을 단축시킬 수 있는 독한 진통제를 중환자인 을의 요청에 따라 조제해 주었다. 갑은 을과의 평소의 대화내용으로 을이 진통제를 어떻게 사용할 것인지 예견할 수 있었다.

> 예 2 어머니 갑은 혼외(婚外)의 자를 임신한 자기 딸 을이 자기 집에서 현재 출산하는 동안 현장을 떠났다. 을은 출산 직후 영아를 살해했다. 갑은 이러한 결과를 충분히 예견할 수 있었으므로 부작위에 의한 과실치사가 인정된다.[83]

---

82) 병원에 수용되어 치료를 받던 위험한 성범죄자가 의사로부터 사용을 허락받은 출입구를 이용하여 밖으로 나가 성범죄를 저지른 경우 독일판례는 의사에게 과실의 간접정범을 인정한다(LG Göttingen NStZ 1985, 410). 문제의 출입구는 정상적 사용으로는 병원역내를 벗어나지 못함에도 불구하고 성범죄자는 병원역외로 나가 술을 마시고 들어오는 등 이 출입구를 오용하는 사실을 의사는 알고 있었으며 그렇다면 이에 상응하는 조치를 취했어야 한다는 것이다.

83) RGSt 64, 316(319).

제 37 절 결과적 가중범

I. 서설

1. 의의

고의의 기본범죄행위가 원래 행위자가 의도했던 결과를 초과하여 의도하지 않았던 중한 결과를 발생시킨 경우 결과에 따라 형이 가중되는 범죄유형을 결과적 가중범(erfolgsqualifizierte Delikte)이라고 한다. 형법 제15조 제2항은 '결과로 인하여 형이 중한 죄에 있어서 그 결과를 예견할 수 없었을 때에는 중한 죄로 벌하지 않는다'고 규정한다. 이는 결과적 가중범으로서의 가중처벌을 위해서는 중한 결과에 대한 예견가능성을 중심으로 한 과실범의 성립요건을 갖출 것이 전제가 됨을 의미한다.

결과적 가중범은 고의에 의한 기본구성요건과, 과실 또는 예외적으로 고의에 의한 가중구성요건의 결합으로 성립되는 범죄구조를 취한다. 즉 기본구성요건은 고의에 의한 것임을 원칙으로 하는 데 비해 가중구성요건은 과실에 의한 것임을 원칙으로 하되 예외적으로 고의에 의한 경우도 성립될 수 있다.

결과적 가중범과 구별되는 개념으로 고의·과실 결합형(Vorsatz−Fahrlässigkeits−kombination)이 있다. 독일형법에서 인정되는 고의·과실 결합형식이란 범죄성립을 위해서 행위에 대해서는 고의가 전제가 되나 이에 따른 법익의 침해 혹은 위험발생과 같은 결과에 관해서는 과실로도 충분한 범죄유형을 말한다. 이 경우 "행위에 관해서는 고의가 전제되나 이에 따른 특별한 결과에 대해서는 과실로 족한 구성요건이 실현된 경우 본 법률의 의미에서 그 행위는 고의에 의한 것"이라는 독일형법 제11조 제2항의 규정에 따라 과실요소가 포함되어 있음에도 불구하고 전체적으로 하나의 고의범죄가 인정된다.[1] 이 규정은 다음의 두 가지 의미를 갖는 것으로 볼 수 있다. 첫째는 보통의 과실범에서는 부정된다고 할 미수의 성립가능성을 확보한다는 것이고, 둘째로 이러한 구성요건의 공범의 가벌성을 위해서는 고의의 행위가 전제된다는 점이다.[2]

---

1) 폭약전문가에 의한 폭발결과, 업무상 기밀누설, 도로교통상의 위해발생 등을 예로 들 수 있다. Sch/Sch/Eser, § 11 Rdnr. 73 f.
2) Baumann/Weber/Mitsch, § 8 Rdnr. 72 ff.

이를 진정한 의미의 고의·과실 결합형식이라고 한다면 결과적 가중범은 부진정 고의·과실 결합형식(uneigentliche Vorsatz—Fahrlässigkeitskombination)이라 할 수 있다.[3] 결과적 가중범에서는 고의의 기본구성요건은 그 자체로 가벌성이 인정되고 결과의 발생에 따라 형벌이 가중되는 데 비해 진정한 의미의 고의·과실 결합형식 에서는 행위의 고의부분만으로는 독자적 가벌성이 인정되지 않으며 가벌성은 오히 려 과실부분에 종속된다(독일형법 제308조 제5항, 제315조 제5항 등).[4]

2. 결과적 가중범의 종류

1) 진정결과적 가중범

진정결과적 가중범은 고의의 기본범죄를 전제로 하되 가중적 구성요건은 고의가 아닌 반드시 과실에 의한 것임을 요건으로 하는 경우이다. 만일 가중적 결과가 고 의에 의해 발생되었다면 이에 대해서는 진정결과적 가중범 규정은 적용될 수 없고 다른 고의범 혹은 결합범규정의 적용가능성만이 남게 된다.

상해치사죄를 예로 들자면, 행위자가 상대방에게 상해를 가하면서 사망의 결과 에 대해 적어도 미필적 고의를 가졌다면 바로 살인죄가 적용되고 결과적 가중범으 로서의 상해치사죄는 적용될 여지가 없다. 이와 같은 예로 폭행치사죄(형법 제262 조), 유기치사상죄(형법 제275조), 체포·감금치사상죄(형법 제281조), 강간치사상죄 (형법 제301조, 제301조의2), 강도치사상죄(형법 제337조, 제338조) 등이 있다. 강간범 이 상해의 고의도 함께 가진 경우에는 결과적 가중범으로서의 강간치상죄가 아닌 결합범으로서 강간상해죄가 적용된다.

2) 부진정결과적 가중범

부진정결과적 가중범은 고의의 기본범죄를 전제로 하는 것은 진정 결과적 가중범 과 동일하나, 가중적 구성요건에 있어서는 과실에 의한 경우뿐 아니라 고의에 의한 경우에도 성립되는 범죄이다. 이것은 고의에 의한 가중구성요건의 경우, 결과적 가 중범을 인정하지 않는다면 각각 고의의 기본구성요건과 가중구성요건의 상상적 경

---

3) Jescheck/Weigend, § 54 III 2.
4) Jescheck/Weigend, § 26 II 1 a); Wessels/Beulke, Rdnr. 693.

합을 인정할 수밖에 없는데, 이런 경우 구성요건에 따라서는 결과적 가중범을 적용하는 경우보다 법정형이 낮아질 수 있다는 불합리성을 교정하고자 하는 목적에 기인한다.[5]

만일 현주건조물방화치사죄(형법 제164조 제2항)를 진정결과적 가중범이라고 규정한다면, 건조물에 방화를 하는 범인이 그 행위로써 사람을 살해할 의도가 있었을 경우 현주건조물방화치사죄는 적용이 배제되어 현주건조물방화죄(형법 제164조 제1항)와 살인죄(형법 제250조 제1항)의 상상적 경합으로 처벌되어야 하고, 이때는 중한 죄 일죄만이 적용되므로 살인죄의 형량만이 적용된다. 반면 범인에게 살인의 고의가 없었다면 진정결과적 가중범으로서의 현주건조물방화치사죄가 적용되는데, 형법 제164조 제2항의 최저형량이 7년인 데 비해 살인죄의 최저형량은 5년으로서 살인고의가 없는 경우가 있는 경우보다 형량이 부당하게 높아지게 된다. 따라서 현주건조물방화치사죄의 경우, 이를 진정결과적 가중범이 아닌 부진정결과적 가중범으로 인정하여, 중한 결과에 대해 과실이 아닌 고의가 있는 경우에도 본죄의 적용을 가능하게 함으로써 위의 형의 불균형 문제를 해소할 필요가 있는 것이다.

행위자가 살인의 고의를 가지고 현주건조물에 방화하여 의도한 결과가 발생되었다면, 부진정결과적 가중범으로서 현주건조물방화치사죄와 이와 별도의 고의범으로서의 살인죄가 동시에 충족된다. 이 경우 죄수문제에 있어서 판례는 고의범이 결과적 가중범에 비해 중하다면 양자의 상상적 경합을, 반대로 결과적 가중범이 중하다면 그 죄 일죄만을 인정한다는 태도를 보인다.[6] 그러나 양 구성요건이 항상 보충 혹은 흡수관계 등의 관련성을 갖는 것은 아니므로 서로 독립성을 갖는 것으로 보는 것이 타당하며, 따라서 양자 간의 형의 경중을 따질 것이 아니라 항상 상상적

---

5) 신동운, 255면.

6) ① 대판 1996.4.26, 96도485 : 현주건조물방화치사상죄는 그 전단이 규정하는 죄에 대한 일종의 가중처벌 규정으로서 과실이 있는 경우뿐만 아니라, 고의가 있는 경우에도 포함된다고 볼 것이므로 사람을 살해할 목적으로 현주건조물에 방화하여 사망에 이르게 한 경우에는 현주건조물방화치사죄로 의율하여야 하고 이와 더불어 살인죄와의 상상적 경합범으로 의율할 것은 아니며, 다만 존속살인죄와 현주건조물방화치사죄는 상상적 경합범 관계에 있으므로, 법정형이 중한 존속살인죄로 의율함이 타당하다.

② 대판 1998.12.8, 98도3416 : 피고인들이 피해자들의 재물을 강취한 후 그들을 살해할 목적으로 현주건조물에 방화하여 사망에 이르게 한 경우, 피고인들의 행위는 강도살인죄와 현주건조물방화치사죄에 모두 해당하고 그 두 죄는 상상적 경합범관계에 있다.

경합관계를 인정하는 것이 옳다.[7)]

부진정결과적 가중범의 예로 현주건조물일수치사상죄(형법 제177조 제2항), 교통
방해치상죄(형법 제188조), 중상해죄(형법 제258조), 중손괴죄(형법 제368조 제1항) 등
이 있다.

3. 결과적 가중범의 불법내용과 책임원칙

결과적 가중범은 외형상 고의의 기본구성요건과 과실의 가중구성요건의 상상적
경합의 형태를 취한다. 따라서 양 구성요건 중에서 형량이 중한 죄의 형량의 범위
에서 처벌함이 마땅하나 현행법은 그보다 무척 중하게 처벌하고 있다. 예컨대 형법
은 강도상해·치상(형법 제337조)의 경우 무기 또는 7년 이상의 징역을 인정한다.
이것은 3년 이상의 유기징역에 해당하는 강도(형법 제333조)와 최고 벌금형이 인정
되는 과실치상(형법 제266조 제1항)을 합한 것보다 훨씬 높은 형량이다.[8)] 이것은 책
임원칙에 위배된다고도 할 수 있는 현상이다.

본연의 책임보다 중하게 처벌하는 결과적 가중범의 당위성의 근거는 결과적
가중범의 불법내용은 고의범과 과실범의 불법의 단순한 합산을 넘어서는 독자적
불법내용을 갖는 것이라는 점에서 찾을 수 있다. 즉 이 범죄형태의 불법의 핵심
은 기본구성요건에서 도출되는 전형적이고 특수한 위험의 실현에 존재한다고 할
수 있다. 결과적 가중범의 기본범죄에 착수한 행위자는 이 기본범죄의 위험성에
직접적으로 결부된 가중적 결과에 대한 예견을 할 수 있었고(직접성의 원칙), 그
범위에 존재하는 주의의무의 위반으로 중한 결과가 발생되었다면 단순한 과실범
의 정도를 초과하는 행위불법과 결과불법이 성립하는 것으로 본다. 기본구성요건
에 내재하는 위험이 중한 결과의 형태로 구체화되는 결과적 가중범의 특수성을
감안한다면 기본구성요건에 대한 착수만 있는 경우에도 항상 가중적 형량이 고려

---

7) 손동권/김재윤, [§ 21] 6; 신동운, 256면; 임웅, 555면
8) 이러한 현상은 독일형법에서도 크게 다르지 않다. 예컨대 독일형법상 과실치사(독일형법
   제222조)의 형량은 5년 이하의 자유형 혹은 벌금형이며 고의의 고살(故殺)(독일형법 제
   212조)의 경우에도 5년 이상의 자유형이며 강도(독일형법 제249조)는 1년 이상의 자유
   형인데 비해 강도치사(독일형법 제251조)의 경우에는 종신형 혹은 10년 이상의 자유형
   으로서 각각의 기본범죄와 가중적 범죄의 형량을 단순히 합산한 것보다 높게 나타난다.

될 수 있다.9) 가중적 결과에 대한 직접적인 고의는 없었다고 하더라도 이에 대한 예견가능성으로 인해 기본구성요건의 고의가 중한 결과에도 미친 것으로 이해되는 것이다.

기본범죄가 중한 결과를 야기할 수 있는 위험을 이미 내포하고 있을 경우, 과실의 가중적 결과는 고의의 기본범죄에 직접적으로 관련된 것으로서 단순 과실범에 비해 행위불법이 증대되는 것으로 풀이하는, 이러한 직접성의 원칙이론 외에 중과실에 의한 해결방법도 제시된다. 이것은 가중적 결과는 단순과실이 아니라 중과실이므로, 혹은 중과실일 때 한해서 가중처벌되어야 한다는 견해이다.10) 이렇게 함으로써 책임원칙과 조화를 이룰 수 있다는 것이다. 그러나 중과실의 요건만으로 이 범죄형태의 가중처벌의 문제점을 모두 해결할 수 있는 것은 아니다. 앞에서 언급한 직접성의 원칙의 엄격한 적용 및 입법적 해결방안이 병행되어야 할 필요성이 있다.11)

II. 결과적 가중범의 구성요건

1. 기본범죄행위

결과적 가중범의 성립을 위해서는 고의의 기본범죄가 전제된다. 기본범죄는 반드시 고의에 의한 것이어야 하며, 실행에 착수한 이상 그 자체로는 기수에 이르지 않아도 전체로서의 결과적 가중범은 성립할 수 있다(다수설).

예컨대 강간치상죄, 강도치상죄의 경우 기본범죄인 간음 또는 절도가 기수에 이르지 못했더라도 치상이라는 중한 결과가 발생했다면 결과적 가중범은 성립한다. 다만 이 경우 다수설과 판례는12) 강간치상죄(형법 제301조)처럼 적어도 법조문이 결과적 가중범의 주체에 기본범죄의 미수범을 포함하는 경우에는 전체범죄의 미수가 아닌 기

---

9) Ulsenheimer, Zur Problematik des Rücktritts vom Versuch erfolgsqualifizierter Delikte, FS-Bockelmann, 1979, S. 413 ff, 416 f.
10) 김일수/서보학, 338면; 허일태, 결과적 가중범과 책임주의, 김종원 화갑기념논문집, 235면. 비판적 견해로 김일수, 한국형법 II, 446면; 배종대, [157] 6.
11) 이재상/장영민/강동범, § 15-5.
12) 대판 1984.7.24, 84도1209.

수를 인정하는데, 여기에는 의문의 여지가 있다. 반면에 행위 주체를 '~의 죄를 범한 자'로 규정한 경우에는 명백히 기본구성요건의 기수범에 한정한다는 의미이므로 이러한 규정에 있어서 행위자의 행위가 기본구성요건의 기수에 이르지 못 했다면 가중적 결과가 발생했더라도 전체범죄의 기수는 부정되는 것이 당연하다.13)

2. 중한 결과의 발생

과실에 의한 중한 결과가 발생되어야 한다. 단, 부진정결과적 가중범의 경우에는 중한 결과에 고의가 있어도 결과적 가중범은 성립한다. 중한 결과의 발생은 이 범죄형태의 본질적 불법내용을 형성하는 것이다. 침해범에서의 침해뿐 아니라 위험범의 경우 위험발생도 여기서 말하는 결과에 해당한다.

3. 인과관계와 객관적 귀속

중한 결과로서의 가중적 구성요건은 구성요건요소의 하나이므로, 고의의 기본범죄행위와 중한 결과 사이에 인과관계가 인정되어야 한다. 판례와14) 소수설은15) 인과관계와 객관적 귀속의 이분구조를 지양하고 상당인과관계설에 의한 일원적 인과관계 확정방식을 취하고자 한다. 그러나 일반적 범죄형태에서 합법칙적 조건설과 객관적 귀속론을 취하는 입장이라면 여기에서 특별히 상당인과관계를 적용할 이유는 없을 것으로 보인다. 따라서 합법칙적 조건설에 따라 인과관계가 확정된 이후 객관적 귀속 여부를 검토한다. 객관적 귀속의 평가에 있어서도 객관적 귀속의 일반적 척도가 적용되지만, 여기에서는 특히 기본범죄에 내재된 전형적 위험이 다른 우연의 개입 없이 중한 결과의 직접적 원인이 되어야 한다는 관점에서 직접성의 원

---

13) 오영근, 144면 이하; 대판 1995.4.7, 95도94 : 형벌법규는 그 규정내용이 명확하여야 할 뿐만 아니라 그 해석에 있어서도 엄격함을 요하고 유추해석은 허용되지 않는 것이므로 성폭력범죄의 처벌 및 피해자보호 등에 관한 법률 제9조 제1항의 죄의 주체는 "제6조의 죄를 범한 자"로 한정되고 같은 법 제6조 제1항의 미수범까지 여기에 포함되는 것으로 풀이할 수는 없다.

14) 대판 1956.7.13, 4289형상129; 대판 1967.2.28, 67도45; 대판 1968.4.30, 68도365; 대판 1968.5.21, 68도419; 대판 1996.7.12, 96도1142.

15) 남흥우, 179면; 배종대, [159] 3; 유기천, 161면.

칙이 추가적으로 고려되어야 한다.

📘 관련판례

[인과관계를 인정한 판례로]

① 대판 1983.1.18, 82도697 : 피고인이 1981.4.8 피해자의 뺨을 2회 때리고 두 손으로 어깨를 잡아 땅바닥에 넘어뜨리고 머리를 시멘트벽에 부딪치게 하여서, 피해자가 그 다음날 부터 머리에 통증이 있었고 같은 달 16일 의사 3인에게 차례로 진료를 받을 때에 혈압이 매우 높았고 몹시 머리가 아프다고 호소하였으며 그 후 병세가 계속 악화되어 결국 같은 해 4.30 뇌손상(뇌좌상)으로 사망하였다면, 피해자가 평소 고혈압과 선천성혈관기형인 좌측전 고동맥류의 증세가 있었고 피고인의 폭행으로 피해자가 사망함에 있어 위와 같은 지병이 사 망결과에 영향을 주었다고 해서 피고인의 폭행과 피해자의 사망 간에 상당인과관계가 없다 고 할 수 없으며, 피고인이 피해자를 폭행할 당시에 이미 폭행과 그 결과에 대한 예견가능 성이 있었다 할 것이고 그로 인하여 치사의 결과가 발생하였다면 이른바 결과적 가중범의 죄책을 면할 수 없다. ② 대판 1995.5.12, 95도425 : 피고인이 피해자를 호텔 객실에 감 금한 후 강간하려 하자, 피해자가 완강히 반항하던 중 피고인이 대실시간 연장을 위해 전화 하는 사이에 객실 창문을 통해 탈출하려다가 지상에 추락하여 사망한 경우 피고인의 강간미 수행위와 피해자의 사망과의 사이에 상당인과관계가 있으므로 강간치사죄가 인정된다. ③ 대판 1990.10.16, 90도1786 : 피고인들이 공동하여 피해자를 폭행하여 위협을 느낀 피해 자가 화장실 창문 밖으로 숨으려다가 실족하여 떨어짐으로써 사망한 경우에는 피고인들의 위 폭행행위와 피해자의 사망 사이에는 인과관계가 있다고 할 것이므로 폭행치사죄의 공동 정범이 성립된다. ④ 대판 1996.7.12, 96도1142 : 폭행 또는 협박으로 타인의 재물을 강 취하려는 행위와 이에 극도의 흥분을 느끼고 공포심에 사로잡혀 이를 피하려다 상해에 이르 게 된 사실과는 상당인과관계가 있다 할 것이고 이 경우 강취 행위자가 상해의 결과의 발생 을 예견할 수 있었다면 이를 강도치상죄로 다스릴 수 있다. ⑤ 대판 1996.5.10, 96도529 : 피해자가 계속되는 피고인의 폭행을 피하려고 도로를 건너 도주하다가 차량에 치여 사망 한 경우 상해행위와 피해자의 사망 사이에 상당인과관계가 있으므로 상해치사죄가 인정된 다. ⑥ 대판 1991.10.25, 91도2085 : 아파트 안방에 감금된 피해자가 가혹행위를 피하려 고 창문을 통하여 아파트 아래 잔디밭에 뛰어 내리다가 사망한 경우, 중감금행위와 피해자 의 사망 사이에 인과관계가 있어 중감금치사죄가 성립된다.

[인과관계를 부정한 판례로]

대판 1982.11.23, 82도1446 : 강간을 당한 피해자가 집에 돌아가 음독자살에 이르게 된 원인이 강간을 당함으로 인하여 생긴 수치심과 장래에 대한 절망감 등에 있었다 하더라도 그 자살행위가 바로 강간행위로 인하여 생긴 당연의 결과라고 볼 수는 없으므로 강간행위와 피해자의 자살행위 사이에 인과관계를 인정할 수는 없다.

4. 예견가능성

　형법 제15조 제2항은 "그 결과의 발생을 예견할 수 없었을 때" 중한 죄로 벌하지 않는다고 규정함으로써 결과에 대한 예견가능성을 가중처벌을 위한 하나의 요건으로 명시하고 있다. 하지만 여기서의 예견가능성의 개념은 예견가능성에 한정되는 것이 아니라 이를 중심으로 한 모든 과실의 성립요건을 포괄하는 개념으로 해석해야 한다.16) 따라서 여기에는 구성요건으로서의 객관적 주의의무위반, 책임요소로서의 주관적 주의의무위반, 기대가능성 등이 포함되는 것으로 볼 수 있다.

📖 관련판례

[예견가능성을 인정한 판례로]

대판 1985.1.15, 84도2397 : 강도치상죄에 있어서의 상해는 강도의 기회에 범인의 행위로 인하여 발생한 것이면 족한 것이므로, 피고인이 택시를 타고 가다가 요금지급을 면할 목적으로 소지한 과도로 운전수를 협박하자 이에 놀란 운전수가 택시를 급우회전하면서 그 충격으로 피고인이 겨누고 있던 과도에 어깨부분이 찔려 상처를 입었다면, 피고인의 위 행위를 강도치상죄에 의율함은 정당하다.

[예견가능성을 부정한 판례로]

대판 1993.4.27, 92도3229 : 피해자가 피고인과 만나 함께 놀다가 큰 저항 없이 여관방에 함께 들어갔으며, 피고인이 강간을 시도하면서 한 폭행 또는 협박의 정도가 강간의 수단으로는 비교적 경미하였고, 피해자가 여관방 창문을 통하여 아래로 뛰어내릴 당시에는 피고인이 소변을 보기 위하여 화장실에 가 있는 때이어서 피해자가 일단 급박한 위해상태에서 벗어나 있었을 뿐 아니라, 무엇보다도 4층에 위치한 위 방에서 밖으로 뛰어내리는 경우에는 크게 다치거나 심지어는 생명을 잃는 수도 있는 것인 점을 아울러 본다면, 이러한 상황 아래에서 피해자가 강간을 모면하기 위하여 4층에서 창문을 넘어 뛰어내리거나 또는 이로 인하여 상해를 입기까지 되리라고는 예견할 수 없다고 봄이 경험칙에 부합한다.17)

---

16) 손동권/김재윤, [§ 21] 19; 임웅, 558면; 정성근/박광민, 444면.
17) 이 판례는 결과적 가중범을 인정한 대판 1995.5.12, 95도425의 판례와 사안이 유사하

5. 주관적 요소의 이중구조

결과적 가중범은 고의의 기본범죄와 과실의 중한 결과의 주관적 결합으로 완성된다. 기본범죄에 고의가 결여되었다면 중한 결과의 과실범만 성립하며, 중한 결과에 예견가능성의 결여 등으로 과실이 부정되면 고의의 기본범죄만 성립된다.

III. 관련문제

1. 결과적 가중범의 공동정범 및 공범의 성립가능성

1) 결과적 가중범의 공동정범

공동정범은 기능적 행위지배를 요건으로 성립되는 정범형태이다. 그리고 기능적 행위지배는 공동의 범행의사, 곧 고의를 전제로 한다. 그런데 결과적 가중범에서의 가중적 결과는 과실에 의한 것임을 원칙으로 한다면, 과실의 공동정범은 개념상 성립할 수 없으므로 결과적 가중범의 공동정범도 부정되는 것이 원칙이다. 즉 고의의 기본범죄의 범위에서는 공동정범의 성립이 가능하나, 과실범의 구성요건의 범위에서는 범행관여자 각자의 과실 여부에 따라 개별적 책임을 묻는 데 그칠 수밖에 없다. 이에 대해 공동의 주의의무위반이 있는 경우 전체 범죄의 공동정범이 성립한다는 견해도 있으나,[18] 주의의무위반은 고의에 배타적인 과실을 성립시키는 본질적 고유개념으로서 고의를 전제로 하는 공동정범의 성립근거는 결코 될 수가 없으며, 공동의 과실이 있는 경우에는 과실범의 동시범이 인정될 가능성밖에는 없다고 해야 할 것이다.

나 여기에서는 피해자가 자의로 여관방에 함께 따라 들어갔다는 차이점이 결론에 크게 작용한 것으로 보인다. 그 밖의 참조판례로 대판 1990.9.25, 90도1596; 대판 1985.4.3, 85도303.

[18] 이재상/장영민/강동범, § 15-14; 이형국, 394면; 정성근/박광민, 445면. 특히 손동권/김재윤, [§ 21] 34에서는 범행관여자가 기본범죄에 공동으로 가담했다는 의미를 살리기 위해서라도 결과적 가중범의 공동정범은 인정되어야 한다고 한다. 그러나 여기서 동시범을 인정하더라도 그 의미는 충분히 평가되며 그 밖에 문제될 것은 없을 것으로 보인다.

> **📖 관련판례**
>
> 대판 2002.4.12, 2000도3485 : 결과적 가중범의 공동정범은 기본행위를 공동으로 할 의사가 있으면 성립하고 결과를 공동으로 할 의사는 필요 없는바, 특수공무집행방해치상죄는 단체 또는 다중의 위력을 보이거나 위험한 물건을 휴대하고 직무를 집행하는 공무원에 대하여 폭행·협박을 하여 공무원을 사상에 이르게 한 경우에 성립하는 결과적 가중범으로서 행위자가 그 결과를 의도할 필요는 없고 그 결과의 발생을 예견할 수 있으면 족하다.[19]

이에 대해 판례는 기본범죄에 대한 공동의 의사 또는 행위의 공동만 있으면 결과적 가중범의 공동정범은 성립하며 결과를 공동으로 할 필요는 없다는 입장을 견지하고 있다. 다만 과실범성립요건으로 결과에 대한 예견가능성은 요구하고 있다. 그러나 결과적 가중범의 공동정범을 인정한다는 것은 과실범의 법리에 어긋나는 태도이다.

2) 결과적 가중범의 공범

일반적 과실범의 경우에는 공범의 성립은 불가능하지만, 다수설은 결과적 가중범에 있어서는 적어도 기본구성요건만큼은 고의범이라는 특수성으로 인해 전체로서의 결과적 가중범죄의 공범성립이 가능한 것으로 본다. 다만 교사 혹은 방조는 고의로써만 가능하므로 고의의 기본구성요건에 대해서만은 공범에게 고의가 있을 것이 요구된다. 또한 가중적 결과에 대해서는 공범자 스스로에게 과실이 있어야 한다.[20]

---

19) 대판 2000.5.12, 2000도745; 대판 1978.1.17, 77도2193; 대판 1993.3.24, 93도1674; 대판 1996.12.6, 96도2570. 결과에 대한 예견가능성마저도 불필요하다고 인정한 판례로 대판 1984.2.14, 83도3120 : "공범자 중의 1인이 설사 범죄실행에 직접 가담하지 아니하였다 하더라도 다른 공모자가 분담실행한 공모자가 실행한 행위에 대하여 공동정범의 책임이 있다 할 것이며, 공범자 중 수인이 강간의 기회에 상해의 결과를 야기하였다면 다른 공범자가 그 결과의 인식이 없었더라도 강간치상죄의 책임이 있다."
20) 김일수/서보학, 344면; 배종대, [160] 2; 이재상/장영민/강동범, § 15-15; 이형국, 연구 II, 688면; 임웅, 562면; 정성근/박광민, 446면.

2. 결과적 가중범의 미수

1) 결과적 가중범의 미수의 유형과 중지미수의 가능성

(1) 결과적 가중범의 미수형태

이론적으로 가능한 결과적 가중범의 미수의 형태는 ① 기본구성요건의 미수와 가중적 결과가 고의 없이 과실에 의해 발생한 경우(erfolgsqualifizierter Versuch), ② 기본 구성요건의 미수와 고의에 따른 가중적 결과가 발생한 경우, ③ 기본구성요건의 미수와 고의의 가중적 결과가 미발생인 경우 등의 세 가지로 나눌 수 있다.[21] ②와 ③의 사례에는 가중적 결과에 대한 고의가 있었다는 본질적 공통점에 의해 일반적으로는 이들을 구분하지 않고 통틀어 고의 있는 결과적 가중범의 미수(Versuch der Erfolgsqualifikation; Versuch eines erfolgsqualifizierten Delikts)라고 칭하기도 한다.

현행 형법상의 결과적 가중범의 규정은 그 미수범 처벌가능성과 관련하여 몇 가지 유형으로 분류할 수 있다. ① 형법 제301조의 강간 등 치상죄나 제301조의2의 강간 등 치사죄의 경우처럼 강간 등의 기본범죄의 기수범뿐 아니라 그 미수범도 행위주체로 포함시킴으로써, 기본범죄인 강간 또는 강제추행이 미수에 그쳤더라도 가중적 결과가 발생하면 가중적 구성요건의 기수범으로 처벌할 수 있는 가능성이 확보되어 있는 형태가 있다. 이와 같은 유형에는 특수공무방해치사상죄(형법 제144조 제1항, 제2항, 제143조), 체포·감금치사상죄(형법 제281조 제1항, 제280조) 등이 포함된다. ② 강도치상죄(형법 제337조), 강도치사죄(형법 제338조)의 경우처럼 미수범의 처벌규정(형법 제342조)을 별도로 두는 형태이다. 이 경우 기본범죄인 강도가 미수인 경우에 전체범죄를 기수로 볼 것인지 미수로 볼 것인지에 대해 견해는 일치하지 않을 수 있다. ③ 상해치사죄(형법 제259조), 현주건조물방화치상죄(형법 제164조 제2항)처럼 기본범죄의 미수범처벌 규정만을 두고 있으며 결과적 가중범의 미수범 처벌규정이 없는 경우로서, 여기서는 기본범죄가 미수인 경우에도 결과적 가중범이 성립한다고 볼 것인지의 여부가 문제된다.[22]

---

21) NK-Paeffgen, § 18 Rdnr. 109는 여기에 기본구성요건의 기수와 고의의 가중적 결과가 미발생인 경우를 추가한다.
22) 결과적 가중범의 유형별 분류에 대해서 자세한 것은 변종필, 비교형사법연구 제6권 제1호, 2004, 352면 이하 참조.

이처럼 결과적 가중범의 입법형태에 일관성이 없는 만큼 그 미수범의 성립가능성 여부도 일률적으로 획정할 수 없다. 예컨대 고의범과 과실범의 결합형태로서의 결과적 가중범은 전체로서 과실범이며 과실범의 미수는 성립이 불가능하므로 결과적 가중범의 미수 역시 그러하다든가, 기본범죄는 미수라고 하더라도 가중적 결과가 발생하면 전체범죄는 기수로 인정되어야 한다는 등의 학설과 판례에서의 일반적 원칙은 어떠한 형태의 구성요건에나 고루 적용되는 것으로 보아서는 안 된다.

(2) 결과적 가중범의 '중지'미수의 가능성

갑이 을에게 강도의 고의로 폭행을 가하여 "상해가 발생된 상태에서 을이 돈을 빼앗기지 않기 위해 갑을 뿌리치고 도망을 갈 때, 갑은 을을 능히 따라가 붙잡을 수 있었으나 이를 포기한 경우, 강도치상죄의 중지미수의 성립 여부가 문제된다. 적어도 외형상의 자의에 의한 범행중단이 있기 때문이다. 하지만 기본구성요건의 시도를 통해서 기본구성요건은 충족되지 않았더라도 가중적 결과가 발생한 이상 장애미수가 아닌 중지미수의 가능성은 부정되어야 할 것이다. 중한 결과의 구성요건적 위험이 실현되었다고 해서 결과적 가중범에서는 중지미수가 존재할 수 없다고 곧바로 단정할 수 있는 것은 아니나, 결과적 가중범의 구성요건의 본질적 부분은 특수한 위험을 내포한 부분행위와 중한 결과의 결합으로 완성되었다고 본다면, 이 범위에서는 중지미수는 개념적으로 불가능한 것으로 볼 수밖에 없다. 전체 구성요건의 기수를 위한 모든 요소가 충족되지는 않았으므로 형식적으로 보아 아직 미수의 단계로 볼 수 있는 사안이라도, 형벌가중적 특수한 위험의 실현이라는 관점과 결과적 가중범의 규범의 보호목적 관점에서 보면 이 미수의 사례에는 이미 실질적 기수의 범죄가 존재하는 것이다.

강도라는 기본구성요건만이 시도되었다고 하더라도 이를 통해서 치상이라는 가중적 결과가 이미 발생된 이상 범인은 자신으로부터 형성된 위험을 제거할 수 없는 상황에 이른 것이다. 기본구성요건의 부분행위의 중지미수가 전체 결과적 가중범 구성요건의 중지미수로 인정될 수 있다면 결과적 가중범의 취지와 목적은 훼손될 수 있다. 또한 중지미수라는 법형상의 본질적 기능 중의 하나가 실행에 착수한 범인으로 하여금 스스로 결과발생을 방지하게 하는 예방적 기능이라고 한다면, 이러한 기능은 중한 결과가 발생됨으로써 이미 실현이 불가능해진다. 기본구성요건의 위험이 이미 특별한 결과불법을 야기한 경우, 바로 그 결과불법의 결여가 중지미수의 불가벌사유로서 전제가 되는 이상 그러하다.[23] 결론적으로 결과적 가중범의 중지미수의 가능성은 부정되어야 할 것이다.

2) 결과적 가중범의 유형에 따른 미수의 가능성에 대한 이론적 검토

(1) 가중적 결과에 고의가 있었던 경우

가중적 결과에 대한 고의가 있었으나 그 결과가 발생되지 않은 사례(Versuch der Erfolgsqualifikation; Versuch eines erfolgsqualifizierten Delikts)는 미수의 일반적 원칙에 따라 전체구성요건의 미수로 취급하면 될 것이다. 독일의 판례와[24] 학설의 지배적 견해도[25] 고의 있는 결과적 가중범의 미수는 가능한 것으로 본다. 다만 진정결과적 가중범인 경우에는 결과의 발생은 고의에 의한 것이어서는 안 된다는 제한은 이미 범죄구조상 당연히 필요하다. 예를 들어 상해치사의 경우 살인고의가 있었다면 바로 살인죄가 적용되기 때문이다. 즉 범인이 적어도 살인의 미필적 고의를 갖고 칼을 휘둘렀으나 상대방이 이를 피한 경우에는 상해치사미수가 아닌 살인미수만 인정된다.[26]

고의의 결과적 가중범에 있어서도 미수범으로서의 처벌가능성을 위한 전제로 기본구성요건이 충족되어야 할 것인가 하는 문제에 대해서는 논란의 여지가 있다.[27] 입법형태에 따라 다음의 두 가지 유형으로 나누어 생각해 볼 수 있다.

우선 중상해의 고의로 행위했으나 결과는 그에 못 미치는 단순상해의 결과가 발생한 경우, 형법은 중상해 미수범 처벌규정을 따로 두고 있지 않으므로 단순상해죄의 기수로 처벌되고, 단순상해의 결과조차 발생하지 않았다면 중상해 미수가 아닌

---

23) 독일의 일부학설의 견해는 결과적 가중범의 중지미수를 인정하는 것 자체는 불만족스러우나 독일형법 제24조의 법문은 이를 인정하는 것으로 보아야 한다는 입장을 보인다. Küper, Der Rücktritt vom erfolgsqualifizierten Versuchs, JZ 1997, 231.
24) BGHSt 10, 309; 21, 194.
25) 이상돈, § 10－88 이하; Baumann/Weber/Mitsch S. 487; Lackner/Kühl, § 18 Rdnr. 10; LK－Schroeder, 10. Aufl., § 18 Rdnr. 40 f; Otto, Der Versuch des erfolgsqualifizierten Delikts, Jura 1985, 671; Schmidhäuser, AT StudB, S. 381; Wessels/Beulke, Rdnr. 617.
26) 이러한 사례에서 상해미수의 성립가능성을 우선은 인정하되 죄수론의 영역에서 배제하는 사고도 가능하다.
27) 기본구성요건의 미수범 처벌이 전제되어야 한다는 견해로 LK－Schroeder, 10. Aufl. § 18 Rdnr. 40.

단순상해의 미수범으로 처벌된다고 보는 것이 타당하다.[28] 반면에 미수범이 처벌
되는 인질치사상죄(형법 제324조의5)나 강도치사상죄(형법 제342조)의 경우, 가중적
결과에 고의가 있었으나 (엄밀히 말해 결합범이 되는 경우) 기본범죄조차도 성립되지
않았더라도 미수범 처벌이 가능할 것인가에 대해서는 견해가 일치하지 않는다.

이에 대해 독일의 학설과[29] 판례는[30] 기본구성요건과 가중적 결과 사이에 귀속
가능성이 존재하는 한 가벌성은 인정된다고 보고 있다. 미수의 경우에는 범죄의 본
질적 구조상 모든 구성요건의 표지가 완전히 충족될 필요가 없다는[31] 미수론의 원
칙에 입각하여 고찰하더라도 기본구성요건의 기수는 가벌성의 전제로서 요구될 필
요가 없다는 견해가 타당하다.

(2) 고의 없는 결과적 가중범의 미수(erfolgsqualifizierter Versuch)

가) 기본구성요건의 미수에 대한 처벌규정이 존재하지 않는 경우

예컨대 갑이 강도의 의사로 행인 을에게 총으로 위협을 가하였으나 을이 이에
반항하자 총기로 상대방의 머리를 친다는 것이 잘못되어 격발이 되는 바람에 을
은 실탄에 맞아 사망하고 갑은 재물을 절취하기도 전에 목격자들에 의해 체포된
경우를 생각해 볼 수 있다. 이때 갑이 계획했던 강도는 미수범 단계를 벗어나지
못했으나 강도의 수단으로서의 폭행·협박행위를 통해 이미 형법 제338조 제2문
의 사망결과는 야기되었다. 이처럼 고의 없이 가중적 결과는 발생되었으나 기본구
성요건이 미수에 그친 사례의 경우에 있어서 미수범성립가능성이 완전히 배제되
어야 하는 것은 아니라고 전제한다면, 전체구성요건의 미수범성립가능성은 기본
구성요건의 미수의 가벌성이 인정되는지 여부에 따라 분리검토가 이루어져야 할
것이다.

우선 강도치상죄의 경우처럼 기본구성요건의 미수가 처벌되는 경우라면 전체범
죄의 미수범성립가능성은 존재한다. 이와 달리 낙태치상의 경우에서와 같이 기본
구성요건의 미수에 대한 처벌규정이 없는 경우에는 전체구성요건의 미수는 처음부
터 성립될 수 없다고 해야 한다. 만일 이 경우에 결과적 가중범의 미수를 인정한다

---

28) 임웅, 형법각론, 62면
29) Sowada, Das sog. 'Unmittelbarkeits'−Erfordernis als zentrales Problem erfolgs−
    qualifizierten Delikte, Jura 1995, 649 ff; Wessels/Beulke, Rdnr. 617.
30) BGHSt 7, 39; BGH NJW 1977, 204.
31) Vgl. Roxin, AT II, § 29 Rdnr. 320.

면, 여기서는 결과적 가중범이란 범죄유형은 중한 결과로 인해 처벌을 단순히 '가중'하는 데 그치는 것이라는 본질을 벗어나 가벌성 자체를 '성립'시키는 기능을 하는 것으로 변질되기 때문이다.[32] 따라서 예컨대 낙태를 시도했으나 낙태에는 이르지 못한 채 임부에게 상해만 유발시킨 경우에는 낙태치상미수죄가 아닌 과실치상죄만 인정되어야 한다.[33]

나) 기본구성요건의 미수에 대한 처벌규정이 존재하는 경우

i) 기본구성요건의 결과관련성과 행위관련성에 따른 해결방안

이 점에 대해서는 기본구성요건의 가중적 결과에 대한 결과관련성 혹은 행위관련성 여부에 따른 해결방안을 고려해 볼 수 있다. 즉 개별 결과적 가중범에서 가중구성요건의 불법이 기본구성요건의 행위와 관련되는 것인지 결과에 관련되는 것인지에 따라서 미수범성립 여부가 결정되어야 한다는 것이다.[34] 말하자면 가중적 결과가 기본구성요건의 '결과'를 전제로 한다면 결과적 가중범의 미수는 개념적으로 배제되는 반면, 가중적 결과가 기본구성요건의 '행위'에 결부되는 것이라면 결과적 가중범의 미수는 논리적으로 가능한 것으로 볼 수 있다.[35]

예를 들어 형법 제281조 제1항 2문(체포 · 감금치사죄)은 자유박탈에 의한 피해자의 사망을 요구한다. 여기서 가중성은 생명이라는 보호법익에 대한 특수한 위험과 결부되지 않은 자유박탈'행위'에 관련되는 것은 아니고 자유박탈의 상태, 곧 그 결과에 관련되는 것이다. 다시 말해 피해자는 자유를 박탈하려는 행위자의 '행위' 때문에 사망한 것이 아니라, 자유가 박탈된 '결과' 때문에 사망한 것이다. 이로써 최종 결과는 기본구성요건의 결과에 관련되는 것이고, 이러한 경우 결과적 가중범의

---

32) Jakobs, 25/26; LK－Schroeder, 10. Aufl., 1985, § 18 Rdnr. 38; LK－Vogler, Vor § 22 Rdnr. 73; Roxin, AT II, § 29 Rdnr. 323; Sch/Sch/Cramer/Heine, § 18 Rdnr. 9; Sch/Sch/Eser, § 239 Rdnr. 14; Wolter, Der "unmittelbare" Zusammenhang zwischen Grunddelikt und schwerer Folge beim erfolgsqualifizierten Delikt, GA 1984, 445.

33) 정영일, 179면.

34) 이에 대해 자세한 것은 성낙현, 결과적 가중범의 미수에 관한 한국과 독일형법의 비교, 비교형사법연구 제8권 제1호, 2006, 163면 이하.

35) 부분적으로는 기본구성요건행위에 결부된 특별한 위험이 가중적 결과에서 실현되었는지 여부에 따른다; Ulsenheimer, Zur Problematik des Versuchs erfolgsqualifizierter Delikte, GA 1966, 266 ff; ders., Zur Problematik des Rücktritts vom Versuch erfolgsqualifizierter Delikte, FS－Bockelmann, 1979, S. 414.

미수는 성립이 불가능하다고 할 것이다. 형법은 입법적으로도 본죄의 미수범처벌을 인정하지 않고 있다. 방화치사죄, 중상해죄 혹은 상해치사의 경우도 이와 유사하다.

　반면에 가중적 결과가 기본구성요건의 실행행위와 관련되는 범죄의 형태에서는 그 미수의 성립이 가능하다. 대표적 예로서 강간치사죄를 들 수 있다. 이러한 범죄상황에서 피해자가 사망했다면 이는 간음이나 그 밖의 성행위라고 하는 기본구성요건적 결과에 기인한 것이 아니라 피해자의 반항을 억압하기 위한 폭력행위에 의한 것이라 할 수 있다. 이처럼 결과적 가중범의 불법이 기본구성요건적 '결과'가 아닌 그 수단으로서의 폭력'행위'에 관련되는 것으로 보아야 하는 경우에는 고의 없이 발생된 중한 결과에 대해 결과적 가중범의 미수가 인정될 수 있다.

　정리하자면, 기본구성요건의 결과가 있어야만 이를 토대로 그 연장선에서 가중적 결과의 발생이 가능한 경우에는, 기본구성요건의 기수 없이는 가중적 결과도 발생할 수 없으므로 결과적 가중범의 미수는 이론적으로도 성립이 불가능하다. 반면에 강도 혹은 강간치사상의 경우처럼 기본구성요건의 결과 없이 그 행위만으로 가중적 결과의 발생이 가능한 경우에는, 기본구성요건은 기수에 이르지 못했더라도 가중적 결과가 발생함으로써 결과적 가중범의 미수는 성립이 가능한 것으로 볼 수 있다.

ii) 다수설의 입장

　강간치사상죄의 경우 판례와[36] 다수설은, 본죄의 행위주체는 강간죄, 준강간죄 등의 죄를 범한 자로서 기본범죄는 기수에 이를 것을 요하지 않으므로 미수범인 경우도 이에 해당하는 것으로 판단하여,[37] 강간은 미수에 그쳤다고 하더라도 상해의 결과가 발생되었다면 이것으로 전체범죄의 기수를 인정하고자 한다. 그런데 강

---

36) 대판 1988.11.8, 88도1628 : 피고인은 피해자의 반항을 현저히 곤란하게 할 정도의 폭행 또는 협박을 가하기 시작하여 실행에 착수했으나 피해자의 완강한 반항으로 강간의 목적을 달하지 못한 채 상처를 입혔다고 봄이 상당하며 피고인이 강간목적의 행동을 더 못하게 된 것이 피고인 스스로 중지한 것으로 본다고 하더라도 일단 실행에 착수한 후 피해자에게 상처를 가한 이상 강간치상죄를 구성함에는 변함이 없다. 강간이 미수에 그친 경우라도 강간의 수단이 된 폭행에 의하여 피해자가 상해를 입었으면 강간치상죄가 성립하는 것이며 또한 그 미수에 그치게 된 것이 피고인이 자의로 실행에 착수한 행위를 중지한 경우이든 실행에 착수하여 행위를 종료하지 못한 경우이든 가릴 바가 못 된다.

37) 김일수/서보학, 형법각론, 171면; 이재상, 형법각론, § 11-35; 임웅, 형법각론, 175면 이하; 대판 1984.7.24, 84도1209; 대판 1988.8.23, 88도1212; 대판 1988.1.8, 88도1628.

간치상죄의 미수범 처벌규정이 형법에는 존재하지 않으나 특별법인 '성폭력범죄의
처벌 등에 관한 특례법'에서는 특수강간치상죄(법률 제8조)와 특수강간치사죄(법률
제9조)의 미수범처벌규정(법률 제15조)을 두고 있다.

  이에 관해서, 이러한 입법규정에도 불구하고 결과적 가중범의 미수는 성립될 수
없으므로 미수범의 처벌가능성은 결합범인 특수강간상해죄와 특수강간살인죄에만
한정되고, 치상·치사의 경우는 제외되는 것으로 보아야 한다는 견해와,[38] 입법자
의 취지를 살려 기본범죄인 특수강간은 미수에 그쳤으나 치사상의 결과가 발생한
경우에 전체 범죄의 미수가 성립되고, 기본범죄와 가중적 결과가 모두 충족된 경우
에 기수가 인정된다는 견해가 대립된다.[39] 전자의 견해는 가중적 결과의 부분은
과실범이므로 과실의 미수가 성립되지 않는다는 원칙에 충실한 태도라 할 수 있다.
그러나 범인이 적어도 기본범죄에 대해서는 고의를 갖고 실행에 착수했으나 그 결
과반가치는 발생되지 않았고 가중적 결과가 최소한 과실로 야기되었다면, 전체 범
죄행위에서 부분적으로나마 미수범의 요소는 존재하는 것이다. 따라서 후자의 견
해가 비교적 합리적이라 할 수 있다.

  예전에는 결합범인 강도상해·살인죄의 미수범 처벌규정만 있고 결과적 가중범
인 강도치사상죄의 미수범 처벌규정이 없었으나, 현행 형법 제342조는 기존의 '제
340조 중 사람을 사상에 이르게 한 죄는 예외로 한다'는, 곧 결과적 가중범은 미수
범 처벌에서 제외한다는 의미의 단서규정을 삭제함으로써[40] 이를 처벌대상에 포함
시키고 있다. 그럼에도 불구하고 다수설은 결과적 가중범의 미수를 처벌하는 입법
에 잘못이 있는 것으로 판단하며, 판례 또한 법개정 이후에도 결과적 가중범의 미
수의 처벌가능성을 부정하고 있다.[41] 강도죄와 상해죄의 결합범인 강도상해죄의
경우에는 강도가 미수이건 기수이건 상해의 발생 여부에 따라 전체범죄의 미수와
기수가 결정되는 것으로 보아, 중한 결과가 발생한 이상 기본범죄는 미수이더라도

38) 김일수/서보학, 형법각론, 174면.
39) 이용식, 68면 이하; 임웅, 형법각론, 178면.
40) 단서삭제의 이유에 대해서는 형법개정법률안제안서에 근거한 김성돈, 516면 각주 121)
    참조.
41) 대판 1995.4.7, 95도94; 김일수/서보학, 형법각론, 339면; 박상기, 형법각론, 295면; 배
    종대, [160] 14; 배종대, 형법각론, [68] 10; 오영근, 형법각론, 18/67; 이재상, 형법각
    론, § 17-51.

전체범죄의 기수가 인정된다고 해야 하는 데[42] 반해, 결과적 가중범인 강도치상의 경우 기본범죄가 미수라고 해서 중한 결과가 발생했음에도 불구하고 전체범죄를 미수범으로 보는 것은 균형이 맞지 않는다는 것이 이유이다.[43] 그러나 여기에서 양자 간의 균형을 논하기 전에, 강도상해죄의 경우에는 강도가 미수이더라도 상해가 발생한 이상 전체범죄의 기수가 인정되어야 한다는 견해가 과연 타당한 것인지에 대해 우선 의심을 품어야 할 것이다.

미수가 처벌되는 강도상해·치상죄와 강도살인·치사죄(형법 제337조, 제338조, 제342조)의 경우 각각의 구성요건은 "강도"가 사람을 상해하거나 상해에 이르게 했을 것을 요구한다. 여기서 행위주체는 일반적 어의상 강도범으로서의 가벌성 요건을 갖춘 사람을 이르는 것으로 해석되어야 한다. 그러나 강도의 실행행위가 착수에 이른 이상 미수·기수를 가리지 않는다고 하는 다수설은 판례의 견해를 비판 없이 따른 결과로 보여진다.[44] 이러한 견해의 결과만을 놓고 보면, 이는 강도라는 기본구성요건과 상해라는 추가적 구성요건적 결과가 함께 발생된 경우와, 상해만 발생하고 강도의 구성요건은 충족되지 않은 경우의 불법의 정도에 차이가 없는 것으로 인정하겠다는 의미가 된다. 다수설은 강도상해의 경우 소유권에 비해 상대적으로 중한 신체의 완전성이라는 법익의 침해 여부에 따라 전체범죄의 기수·미수가 결정되어야 함을 하나의 이유로 드는 것으로 보이나, 이는 설득력이 없다. 상해의 불법에 비해 재물강취의 불법이 무시되어도 좋을 만큼 낮은 것이라면, 강도의 고의로 협박을 했으나 재물강취에는 실패한 경우를 위한 강도의 미수범 처벌규정이 존재할 이유가 없고, 이런 경우 폭행 또는 협박으로 처벌하는 데 그쳐야 할 것이다.

현행법은 강도치사상의 미수범처벌규정을 두고 있는데, 그렇다면 어떠한 사례가 이에 해당되는지를 생각해 보아야 한다. 과실에 의한 가중적 결과의 미수는 이미 개념상 존재하지 않는 것이고, 단지 고의에 의한 기본구성요건의 미수만이 가능하다면 강도의 목적으로 행사한 폭행 또는 협박으로 인해 상해 또는 사망의 결과가 발생되었으나 재물의 강취에는 실패한 경우가 본 규정에 해당하는 사례라 할 것이다.[45]

42) 대판 1982.5.25, 82도494; 대판 1985.10.22, 85도2001.
43) 김성돈, 516면.
44) 대판 1988.2.9, 87도2492; 대판 1985.10.22, 85도2001; 대판 1982.5.25, 82도494.
45) 김일수, 한국형법 III, 608면; 이정원, 형법각론, 350면; 임웅, 형법각론, 329면.

iii) 결론

결과적 가중범의 미수가능성에 관해 우리의 다수설은 이론상 결과적 가중범을 전체로서의 과실범으로 보아 이에 대한 미수범성립을 일괄적으로 부정하려는 경향을 보인다.46) 심지어 결과적 가중범의 미수를 처벌하는 규정에 해당하는 사례에 대해서조차 그 미수범의 성립을 인정하지 않으려는 태도마저47) 읽을 수 있다. 그러나 개념상 하나의 범주에 속하는 결과적 가중범이라도 그 행위형태와 구조에 따라 유형별 분류가 가능하고 그 유형별 특수성에 따라 미수범성립이 가능한 범죄형태는 얼마든지 존재할 수 있음을 유념해야 한다.

중한 결과에 고의가 있는 경우의 결과적 가중범의 미수는 미수의 일반적 원칙에 따라 전체구성요건의 미수로 취급하는 것으로 해결이 가능하다. 고의 없는 결과적 가중범의 미수의 경우는 가중처벌적 미수를 항상 인정하거나 항상 부정하는 획일적 해결방법보다는, 각각의 구성요건의 구조에 따라 가중적 결과가 그 기초가 되는 기본구성요건의 결과에 기인하는 것인가 아니면 이미 구성요건행위에 기인하는 것인가에 따라 결정하는 것이 논리적이다. 즉 중상해, 상해치사죄, 현주건조물방화치사상죄처럼 가중적 결과가 기본범죄의 '결과'에 결부되는 경우에는 결과적 가중범의 미수는 개념적으로 성립이 부정되는 반면, 강간치사상죄나 강도치사상죄처럼 기본범죄의 '행위'에 결부되는 경우는 결과적 가중범의 미수가 적어도 이론적으로는 가능하다.

실제의 불법내용에 비해 비교적 과도한 형벌가중을 부담지우는 결과적 가중범의 규정 자체가 책임원칙의 관점에서 회의적인 마당에, 고의 없는 결과적 가중범의 경우 기본범죄가 미수에 그쳤더라도 가중적 결과가 발생한 이상 전체범죄의 기수로 인정하자는 태도는 더더욱 책임원칙에 명백히 위배되므로 합당하지 않다.48) 기본범죄가 미수인 경우와 기수인 경우는 전체불법내용에 엄연한 차이가 있으므로 이에 대해서는 차별적 평가가 이루어져야 하는 것이 당연하다.

---

46) 신동운, 546면.
47) 김일수/서보학, 346면.
48) 같은 견해로 이상돈, § 10 – 81; 정영일, 178면.

제 2 장

부작위범론

제 38 절 부작위범론

I. 서론

1. 의의

법익보호를 목적으로 하는 형법은 법익을 침해하거나 위해를 가하는 적극적 행위를 하지 말 것을 명령한다. 법문은 대체로 살인하지 말라, 절도하지 말라, 공무원은 뇌물을 받지 말라 하는 형식으로 형성된다. 이것은 대부분의 법익침해가 적극적 행위를 통해서 이루어짐을 의미한다. 그러나 경우에 따라서는 소극적 부작위를 통해서도 법익침해는 이루어질 수 있다. 예컨대 어머니가 아기에게 젖을 먹이지 않거나, 아기가 혼자 노는 방에 놓인 극약을 치우지 않는다거나 혹은 물에 빠진 아들을 구하지 않는 등 특정의 보호해야 할 사람을 보호하지 않거나 심각한 위험에 방치함으로써 그의 생명을 침해할 수 있다. 법질서는 일정한 법익을 보호할 의무가 있는 자는 그 법익에 위험이 발생되었을 경우 그에게 주어진 가능성의 범위에서 법익침해를 방지하기 위해 적극적으로 노력할 것을 기대한다. 부작위범은 법익침해의 방지를 위해 기대되는 바로 이 행위를 하지 않음으로써 성립되는 범죄형태이다. 따라서 부작위는 단순한 무위(無爲 : Nichtstun)가 아니라 법질서에 의해 기대되는 무엇을 행하지 않는 것이다. 이러한 관점에서 부작위범죄에 있어서 부작위는 작위에 의한 구성요건실현에 상응해야 한다는 요건이 필요하다.

부작위의 범죄체계상의 지위는 객관적 구성요건에 속하는 것으로서 과실, 착오, 미수 등 객관적 구성요건에 관련되는 모든 이론적 문제와 결부될 수 있다.

2. 부작위와 작위의 구분

부작위는 작위범과 성립요건이 다르며 작위범에 비해 불법 및 책임의 정도가 상대적으로 낮기 때문에 부작위범에 대해서는 임의적 감경을 인정하는 입법례도 존재한다.[1] 우리 형법은 이러한 별도의 규정은 두고 있지 않지만 적어도 양형에서는 충분히 고려되어야 할 사유임에는 분명하므로, 가벌성 심사에서 행위가 작위인지 부작위인지의 여부는 명백히 구분되어야 한다.

1) 부작위와 작위의 구분에 관한 견해

보통의 경우 작위와 부작위는 어렵지 않게 구분될 수 있다. 적극적인 신체거동을 통해 외부세계에 변화를 인과적으로 야기하거나 또는 일정한 방향으로 유도한 경우는 작위이며, 의지적으로 조종가능한 신체거동을 취하지 않고 외부세계의 변화가 스스로 진행되도록 방치하여 법익침해의 결과가 발생된 경우라면 부작위라고 할 것이다. 하지만 작위와 부작위의 요소가 결합하여 결과가 유발되는 사례가 드물지 않다. 특히 과실범의 경우에 그러하다. 예컨대 야간에 전조등을 켜지 않은 채 자전거를 타다가 행인을 치어 다치게 한 경우에[2] 전조등을 켜지 않았다는 부작위와 그 상태에서 자전거를 탔다는 작위의 요소가 공히 존재한다. 또한 염소털 가공 공장에서 염소털을 사전에 소독을 해야 함에도 불구하고 소독을 하지 않은 채 직원들에게 가공을 맡겨 직원 중 일부가 세균감염으로 사망하게 된 경우도[3] 이와 유

---

1) 독일형법 제13조 제2항; 오스트리아 형법 제35조.
2) RGSt 63, 392.
3) RGSt 63, 211.

사하다.

이러한 경우 구성요건적 결과가 작위에 의한 것인지 부작위에 기인한 것인지의 문제가 발생된다. 이에 대한 해결방법에 대해서는 크게 두 가지의 견해가 제시된다. 첫째는, 이것은 사실관계에 관한 문제가 아니라 법적 비난 혹은 사회적 행위의 미의 중점이 작위와 부작위 중 어디에 있는지에 대한 규범적 평가의 문제로 보는 견해이다(규범적 평가설).4) 다만 의심이 있는 경우에는 작위로 본다.5) 이에 따르면 염소털사건에서는 가공을 맡겼다는 작위가 아니라 소독을 하지 않았다는 점에 사회적 행위의미의 중점이 있다고 할 것이므로 부작위범이 인정된다.6) 따라서 만일 부작위범의 요건인 보증인지위 등이 결여되면 불가벌의 결론에 이를 수 있다.

두 번째 견해는, 우선 작위의 결과에 대한 인과성 여부에 따라 작위 혹은 부작위가 결정되어야 한다는 것이다(작위우선의 원칙).7) 즉 적극적 동력의 투입이 결과의 원인이 되었다면 항상 작위범이 인정되어야 한다는 것으로서, 이에 의하면 위의 사례들에서 전조등 없이 자전거를 탔다는 작위 혹은 염소털을 소독하지 않고 가공을 맡겼다는 작위가 결과로 연결되었으므로 작위범이 인정된다. 이 견해는 ① 규범적 평가설은 순환논리에 빠지게 되며, ② 어디에 법적 비난의 중점이 존재하는지에 대한 평가가 항상 용이하고 명료한 것이 아니며, ③ 명백히 작위범이 인정되어야 할 사례에 부작위범이 인정되거나, 혹은 어떠한 결론에 이르기까지 혼란에 빠질 수 있다는 점에 대한 비판적 시각에서 출발한 것이라 할 수 있다.8)

사실 하나의 작위가 구성요건을 충족시켰다면 이에 부수적으로 존재하는 부작위에 대해서는 보증인지위나 의무 등과 같은 별도의 법적 평가를 내릴 필요가 없다. 이런 경우 부작위는 작위에 대해 보충적 성격만을 갖기 때문이다. 따라서 작위와 부작위의 결합으로 구성요건이 실현된 경우에는 일반적 원칙에 따른 작위의 처벌요건을 우선 검토하고, 이것이 부정되는 경우에 부작위에 의한 처벌요건을 검토하는 것이 당연하다.9) 판례도 이러한 입장에 있는 것으로 볼 수 있다.

---

4) 신동운, 122면; 임웅, 564면; Sch/Sch/Stree, Vor. §§ 13 ff Rdnr. 153; Wessels/Beulke, Rdnr. 700; BGHSt 6, 59.
5) Arth. Kaufmann, FS−Eb. Schmidt, 1961, S. 212; Spendel, FS−Eb. Schmidt, S. 194.
6) Mezger, Strafrecht, XIX.
7) 이재상/장영민/강동범, § 10−4.
8) Roxin, AT II, § 31 Rdnr. 79 ff.
9) 배종대, [162] 6 이하; 손동권/김재윤, [§ 22] 10; LK−Weigend, § 13 Rdnr. 7; MK−

관련판례

대판 2004.6.24, 2002도995(보라매병원사건) : "어떠한 범죄가 적극적 작위에 의하여 이루어질 수 있음은 물론 결과의 발생을 방지하지 아니하는 소극적 부작위에 의하여도 실현될 수 있는 경우에, 행위자가 자신의 신체적 활동이나 물리적·화학적 작용을 통하여 적극적으로 타인의 법익 상황을 악화시킴으로써 결국 그 타인의 법익을 침해하기에 이르렀다면, 이는 작위에 의한 범죄로 봄이 원칙이고, 작위에 의하여 악화된 법익 상황을 다시 되돌이키지 아니한 점에 주목하여 이를 부작위범으로 볼 것은 아니며, 나아가 악화되기 이전의 법익 상황이, 그 행위자가 과거에 행한 또 다른 작위의 결과에 의하여 유지되고 있었다 하여 이와 달리 볼 이유가 없다."10)

2) 결론

부작위는 작위에 대해 보충적 지위에 있다는 점을 감안하면 작위우선의 원칙에 장점이 있다. 그러나 이 원칙만으로는 모든 사례에서 작위와 부작위가 합리적으로 구분될 수 있는 것은 아니다. 예컨대 우물에 빠진 사람을 구하기 위해 밧줄로 끌어올리다가 원수인 것을 알고 놓아버린 행위는 작위에 의한 고의살인이 되며, 구조대원이 위난에 처한 상대에게 도달하기 전에 구성요건적 결과가 발생한 경우에는 부작위가 인정되어야 하는데, 이러한 결론은 앞의 어떤 견해를 적용하든 동일하다. 그러나 소생불가능한 환자의 심폐기를 의사가 끄는 행위에는 행위의미의 중점이 구조행위의 중단에 있다는 점을 고려하여 부작위가 인정되어야 하며, 동일한 행위라도 의사가 아닌 유산상속을 노리는 상속인에 의한 것이라면 작위에 의한 고의살인이 인정되어야 한다. 바로 이러한 경우는 행위 의미에 대한 규범적 평가가 보충되어야 하는 사안이다.

이러한 사례 외에도 일반적으로 작위범으로 볼 수 있는 사안도 법적 평가에 따르면 실질적으로는 가벌성의 근거가 부작위의 요소에 존재하는 경우도 흔히 나타난다. 운전 도중 차도를 무단횡단하는 보행자를 치어 중상을 입힌 경우를 들 수 있

Freund, § 13 Rdnr. 8 ff; Roxin, AT II, § 31 Rdnr. 78 ff; Samson, FS−Welzel, 1974, 589 ff.
10) 같은 입장의 판례로 대판 1996.5.10, 96도51; 대판 1993.12.24, 92도3334; 대판 1972.5.9, 72도722; 대판 1971.8.31, 71도1176.

다. 이러한 사례라면 일반적으로는 신체의 거동을 통해 나타난 결과로서 작위범으로 볼 수 있으나, 자동차 운전 자체는 허용된 위험으로서 그 신체동작에 따른 결과의 객관적 귀속은 성립되지 않는다. 그렇다면 이 사안에서 법적으로 의미 있는 부분은 자동차 운전이 아닌 고의이든 과실이든 사고발생 당시의 행위자의 태도에 국한된다. 즉 보행자를 발견한 시점 이후에 감속을 하거나 핸들을 돌리는 등의 행위를 할 수 있었음에도 불구하고 이를 행하지 않았다면 이 사고는 엄밀히 말해 부작위에 의한 것이라 할 수 있다. 그러나 실제에 있어 이러한 사례는 부작위로 평가되지는 않는다. 이 같은 경우에는 작위와 부작위의 구분을 위해 중요한 것은 진행경과의 유형이 아닌 결과이며, 또한 운전과 같이 인간에 의해 조종가능한 기계적 행위는 단계별로 세분화될 수 있는 것이 아니라 시작에서 종료시까지 전체로서 하나의 작위로 평가되어야 하기 때문이다.[11] 즉 규범적 평가에는 한계가 있는 것이다.

결론적으로 말해 작위와 부작위의 구분에 있어서는 작위우선의 원칙을 주로 하되 규범적 평가에 의한 보충이 필요하다고 할 수 있다.

3. 부작위범의 종류

부작위범은 진정부작위범과 부진정부작위범으로 나눌 수 있는데, 양자의 구분에 관련한 학설로서 실질설과 형식설이 있다.

1) 실질설

실질설은 범죄란 원래 법익침해에 지향된 행위이지만 부작위 범죄 중 타인의 주관적 법익침해와는 관계없이 단순한 법규명령을 작위로 이행하지 않음으로써 성립되는 범죄가 존재하는데 이를 진정부작위범이라 하고, 그에 비해 범인이 부작위에 머물렀을 뿐 아니라 이로써 일반적으로 작위를 통해 초래되는 법익침해의 결과를 야기시킨 경우로서 원래 작위범의 성격을 갖는 것으로 평가할 수 있는 경우를 부진정부작위범으로 분류한다.[12]

---

11) Frister, 22/7 참조.
12) Luden의 분류로서 Jescheck/Weigend, § 58 III 1. 참조. 현재 독일의 다수설과 판례가 취하는 입장이며 우리나라에서는 소수설이다. 박상기, 308면; 이정원, 435면; 조준현,

법규에 의해 요구(명령)된 행위를 취하지 않음으로써 완성되는 진정부작위범의 경우에는 대체로 요구된 행위를 취함으로써 법질서가 회피하고자 하는 부정적 결과가 방지되겠지만, 이러한 형태의 진정부작위범에서는 결과의 방지뿐 아니라 결과방지의 의무도 구성요건표지가 아니다. 예컨대 독일형법 제323c조의 구조의무불이행죄는 사고를 당한 자에 대해 최선의 구조의무를 다할 것만을 요구할 뿐 그 결과가 어떠했는지는 묻지 않는다.[13] 여기서의 의무란 결과의 발생을 막아야 한다는 적극적 의미가 아니라 자신이 할 수 있는 최선을 다하는 것으로 족하다는 소극적 의미로 이해해야 하는 것이다. 이런 의미에서 진정부작위범은 순수거동범의 상대적 개념이다. 말하자면 진정부작위범의 경우 결과에 상관없이 형식적으로 요구된 작위를 행함으로써 범죄성립에서 벗어나게 되고, 순수거동범의 경우 결과여하와는 상관없이 법문이 제시한 형식적 작위를 함으로써 범죄가 성립된다.

반면에 부진정부작위범에서는 결과의 발생은 구성요건요소가 되며, 결과방지의무를 이행하지 않은 보증인은 발생된 결과에 대해 책임을 져야 한다. 이로써 부진정부작위범은 결과범의 상대적 개념이 된다. 예컨대 과실로 교통사고를 유발한 사람은 더 큰 결과의 발생을 방지해야 할 의무가 있으므로 피해자의 구조를 위해 최선을 다해야 한다. 만일 이를 게을리하여 피해자가 사망한다면 고의살인의 죄책을 질 수 있다.

즉 부진정부작위범에서는 형식적 작위만으로써 범죄성립에서 벗어나는 것이 아니라, 작위라는 수단이 실질적으로 결과의 방지라는 효과로 연결되어야 한다. 이에 결과범이 상대적 개념이 된다는 말은, 결과범에서는 형식적 행위만으로 범죄가 성립되는 것이 아니라, 이를 위해서는 행위가 실질적으로 결과를 유발해야 한다는 의미이다.

2) 형식설

형식설은 양자를 외형적·형식적 기준에 따라 구분하고자 한다. 여기에는 첫째, 부작위범죄성립요건이 규범에 제시되어 있는 경우를 진정부작위범, 규범의 범위 밖에서의 판례나 이론으로 형성되거나 보충되는 경우를 부진정부작위범으로 나눈

298면.
13) BGHSt 17, 172.

다는 견해와, 둘째, 명령규범(Gebotsnorm)을[14] 어김으로써 성립되는 범죄를 진정 부작위범, 금지규범(Verbotsnorm)을 어김으로써 성립되는 것을 부진정부작위범으로 분류하는 견해가 있다. 곧 진정부작위범은 형법각칙의 한 구성요건이 명문으로 요구하는 행위를 하지 않음으로써 그 구성요건이 충족되는 경우이고, 부진정부작위범은 원래 부작위가 요구되어 있는 구성요건이 작위로써 충족되는 경우라는 것이다.

후자가 현재 우리나라의 다수설의 입장이나[15] 각 규범의 실질적 내용상의 특성을 고려하지 않는다는 점에는 의문이 제기될 수 있다.[16] 이 견해에 의하면 법규가 금지규범의 형태이든 명령규범의 형태이든 어찌 되었건 요구되는 행위를 하지 않음으로써 범죄가 성립된다는 점에는 차이가 없다. 다만 그 요구되는 행위가 명령규범이냐 금지규범이냐에 따라 부작위의 진정·부진정성이 나뉠 뿐이다. 이런 식의 구분이라면 굳이 진정·부진정부작위를 나눌 의미가 없다.

3) 결론

양자의 구분은 가벌성심사에서 본질적 문제가 되는 것은 아니다. 하지만 이론적으로나마 양자를 구분하고자 한다면 구분하는 의미를 되새겨야 할 것이다. 예를 들어 중병을 앓는 아기를 치료하지 않아 죽게 한 경우나, 남의 주거에 무단침입하여 퇴거명령을 받고도 퇴거하지 않은 경우는 모두 요구된 행위를 하지 않아 범죄가 성립된다는 점에 차이가 없다. 감염병의 예방 및 관리에 관한 법률 제11조의 규정상 감염병 관련의 이상을 발견한 의사는 소속 의료기관의 장이나 관할 보건소장에게 소정의 절차에 따라 단순히 신고함으로써 죄책에서 벗어난다. 신고의무와는 별도의 감염병 확산 등과 같은 결과는 죄책에 아무런 영향을 주지 않는다. 이와 달리

---

14) 형법상 명령규범의 예로는 전시군수계약불이행죄(형법 제103조), 다중불해산죄(형법 제116조), 전시공수계약불이행죄(형법 제117조), 집합명령위반죄(형법 제145조 제2항), 퇴거불응죄(형법 제319조 제2항), 불고지죄(국가보안법 제10조), 요부조자 신고 불이행죄(경범죄 처벌법 제3조 제1항 제6호), 공무원 원조불응죄(동법 동조항 제29호), 감염병환자 신고 불이행죄(감염병의 예방 및 관리에 관한 법률 제11조 제1항) 등이 있다.

15) 배종대, [162] 4; 신동운, 126면; 오영근, 165면; 김/박/안/원/이, 76면; 이재상/장영민/강동범, § 10-8; 이형국, 397면; 임웅, 565면 이하; 정성근/박광민, 453면. 절충적 입장으로 김일수/서보학, 353면.

16) Jescheck/Weigend, § 58 III 3.

중병을 앓는 아기를 자기 나름대로는 치료하고자 최선의 노력은 했으나, 객관적으로 볼 때 적절한 방법이 아니어서 결국 아기가 사망했다면 보호자에게는 살인죄의 죄책이 인정될 수 있다. 반대로 아기에게 중병이 있다는 사실조차 몰라서 방치한 결과 사망했다면 부작위와 결과의 발생이 존재하더라도 고의살인의 구성요건은 성립하지 않는다.

하나의 구성요건에 의해 단순히 일정한 작위의 의무만이 부과되는 것인지, 작위를 지나 결과방지의 의무까지 부과되는 것인지에 따라 부작위의 불법내용이 달라지고, 이에 따라 구체적 상황에서 행위자가 보여준 객관적 행위에 대한 법적 평가가 달라질 수 있다. 따라서 각 규범의 실질적 내용상의 특성을 고려하여 진정·부진정부작위범을 나누는 것이 합당하다. 우리나라의 다수설은 우리 형법에는 독일형법 제323c조와 같은 순수한 부작위만을 처벌하는 일반적 규정이 없다는 점을 하나의 근거로 제시하나, 이는 실정법 현실과는 관계없는 순 이론상의 문제이다.

II. 부진정부작위범의 구성요건

부작위범의 성립을 위해서는 구성요건, 위법성, 책임 등 작위범에서와 동일한 범죄체계적 요건이 필요하다. 객관적 구성요건에는 구성요건상황과 결과발생, 요구된 행위의 부작위, 행위가능성, 인과관계 및 객관적 귀속 등이 전체 부작위범에 공통적으로 요구되며, 부진정부작위범의 경우에는 별도로 보증인지위와 부작위의 동가치성이 추가적으로 요구된다.

1. 객관적 구성요건

1) 구성요건상황과 결과발생

부작위범의 성립을 위해서는 결과발생의 방지를 위해 일정한 작위가 요구되는 객관적 상황이 전제된다. 진정부작위범의 경우 그러한 구성요건상황은 법문이 구체적으로 제시해 준다. 예컨대 폭행 등의 행위를 할 목적으로 다중이 집합하여 그를 단속할 권한이 있는 공무원으로부터 3회 이상의 해산명령을 받은 상황(형법 제116조), 또는 전쟁, 천재 기타 사변에 있어서 국가 또는 공공단체와 체결한 식량 기타 생활필수품의 공급계약을 이행해야 할 상황 등(형법 제117조)이 그것이다. 그렇지 않은 부진정부작위범의 경우에는 해당 구성요건적 결과가 발생할 위험이 형성된 것으로 구성요건상황은 성립된 것으로 볼 수 있다. 그 위험발생의 구체적 상황이나 종류는 불문한다.

부진정부작위범의 기수를 위해서는 구성요건상황이 결과의 발생으로 연결되어야 한다.

2) 요구된 행위의 부작위

부작위범의 구성요건에는 구성요건상황에서 요구된 행위의 불이행이 포함된다. 진정부작위범의 경우에는 요구된 행위가 무엇인지에 대해 법문이 상세히 제시하고 있으나, 부진정부작위범의 경우에는 그렇지 않으므로 개별적인 사례에서 구체적으로 어떤 행위가 요구되는지 우선 확정되어야 한다. 범죄가 발생했다는 신고를 받고도 현장에 출동하지 않은 경찰관이나 교통사고를 유발하여 상대방에게 중상을 입힌 사람이 응급조치를 취하지 않고 현장을 떠난 경우라면 요구된 행위의 부작위가 인정되는 데 문제가 없다. 고속도로에서 교통사고발생에 관련된 자가 자신이 취할 수 있는 유일한 방법으로 병원 혹은 119구조대에 전화로 연락했으나 구조인력의 현장 접근이 늦어져 환자가 사망한 경우처럼, 행위자가 자신에게 주어진 가능성의 범위에서 결과의 방지를 위해서 최선을 다했다면 그 노력에 따른 효과가 없을지라도 적어도 고의에 의한 부작위는 결여된다.17) 그러나 주관적으로는 결과방지를 위해 최선의 노력을 다 기울였다고 인식하더라도 그 노력이 객관적으로 현실적인 방법이 아니었거나 불충분한 조치로 평가된다면 과실의 부작위가 검토될 여지는 있다.

요구된 행위는 우선 평균인에게 가능한 것이어야 하며(일반적 가능성), 개별적 사례에서 행위자 개인에게 물리적 · 현실적으로 가능한 것이어야 한다(개별적 가능성). 즉 작위가능성이 부작위범의 불법성립의 한 요건이 되는 것이다. 수영할 줄 아는 사람에게만 구조행위가 가능한 상황에서 수영할 줄 모르는 사람이 구조행위를 하지 않은 경우에 부작위의 불법은 성립하지 않는다.18) 그러나 작위가능성은 행위자 스스로의 해결능력에 한정되는 것은 아니다. 자신이 의사가 아니라서 환자를 직접

---

17) 배종대, [163] 3.
18) 배종대, [163] 3.

치료할 수 없더라도, 의사에게 연락하거나 또는 타인에게 도움을 청함으로써 환자를 구할 수 있을 것이다. 이러한 가능성을 행사하지 않은 경우에는 부작위의 불법은 성립한다.

부작위범의 불법을 위해 작위의 일반적·개별적 가능성이 요건이 된다는 점에는 거의 견해가 일치하나, 다만 어떠한 경우에 이 가능성을 인정할 것인가에 대해서는 다양한 견해가 제시된다. 부작위범에게 결과발생방지를 위한 객관적 가능성이 주어진 것으로 족하다는 견해와[19] 객관적 가능성뿐 아니라 행위자가 자신에게 주어진 결과방지를 위한 수단을 인식할 수 있어야 한다는 견해,[20] 더 나아가서는 책임능력을 요구하는 견해도 있다.[21] 행위자의 결과방지의 수단에 대한 인식은 주관적·정신적 요소이므로 객관적 행위상황의 요소라 하기보다는 고의성립요소로 보아야 할 것이다. 따라서 객관적 구성요건의 범위에서는 결과발생방지를 위한 객관적 가능성이 주어진 것으로 족하다고 보는 것이 타당하다.

3) 인과관계와 객관적 귀속

(1) 인과관계

부작위범의 경우에도 적어도 결과범에서는 부작위와 결과 사이에 인과관계가 당연히 인정되어야 한다. 그러나 여기서의 인과관계는 작위범의 경우처럼 동력의 투입을 통한 외부세계의 변화라는 식의 물리적 관점뿐 아니라 이를 전제로 하여 행위자가 자신에게 주어진 가능한 행위를 취했더라면 결과는 방지되었을 것인가라는 규범적 관점에서의 이해가 함께 이루어져야 한다. 독일의 판례는 작위범에서의 조건설의 공식(conditio-sine-qua-non)을 여기에서도 상응되게 적용한다. 즉 기대되는 행위가 있었다면 거의 확실하게(확실성에 근접한 개연성) 결과를 방지할 수 있었다고 할 경우에 인과관계가 인정된다.[22] 작위범의 경우에는 예컨대 범인이 총을 쏘지 않았다면 피해자는 최소한 그 시점에 그 형태로 사망하지 않았을 것이라는 것은 확

---

19) Sch/Sch/Stree, Vor §§ 13 Rdnr. 143; SK-Rudolphi, Vor § 13 Rdnr. 3; Wessels/Beulke, Rdnr. 709.

20) Jescheck/Weigend, § 59 II. 2.

21) Honig, FS-Frank, Band I, S. 191.

22) RGSt 15, 153 f; 51, 127; 75, 50; 75, 374; BGHSt 6, 2; 7, 214; BGH NStZ 1981, 218; BGH NJW 1987, 2940. 제조물책임에 관한 판례로 BGHSt 37, 126.

실하다. 하지만 부작위범에서는 구조행위를 했더라면 결과가 방지되었을 것인지에 대해서는 작위범에서와 같은 수준으로 확신할 수 없다. 여기서는 가설적 인과관계에 대한 인간의 추정능력의 한계에 따른 어느 정도의 개연성은 인정되어야 하며,[23) 특히 "in dubio pro reo"의 원칙이 적용될 공간이 상대적으로 넓어진다.

📖 **관련판례**

3층 건물의 다락방에서 살고 있는 갑의 집에 어느 날 밤 원인 모를 화재가 발생되었다. 갑은 각각 6개월과 두 살짜리 아기를 팔에 안은 채 창문을 열고 구조를 요청하자 여러 명의 동네 주민들이 창문 아래에 모여 들었다. 그 중 체격이 건장한 3명의 젊은 남자가 팔을 벌리고 아기를 던지라고 요구했다. 갑은 창문 밖이 어두워 사실 확인을 할 수 없었고 바닥은 아스팔트이므로 아기를 잘못 받으면 생명이 위험할 수 있음을 염려하여 차마 던지지 못하고 있는 사이 불길이 급격히 번지자 자기 스스로가 살기 위해서는 아기를 돌볼 여유가 없다고 생각하여 아기를 창문 옆에 내려놓고 6.5m 높이에서 아래로 뛰어 내렸다. 갑이 뛰어 내리자 밑에서 대기하던 젊은 남자들은 옆으로 피해 갑은 바닥에 머리를 부딪쳐 상처를 입은 채 정신을 잃었다. 소방대가 뒤늦게 도착했으나 두 아기는 화염 속에서 끝내 숨졌다.[24)

위 사례에서 갑에게 부작위에 의한 과실치사를 인정하기 위해서는, 아기를 밑으로 던졌다면 생명을 구할 수 있었을 것이라는 확실성에 근접한 개연성이 있어야 한다. 그러나 이에 대한 객관적 가능성도 낮았을 뿐 아니라 갑이 주관적으로 인식할 수 있는 가능성은 이보다 훨씬 낮은 것이었다 할 수 있다. 따라서 이러한 사례에서는 부작위의 인과관계는 부정되어야 한다.

(2) 객관적 귀속

인과관계가 확인되면 일반적 객관적 귀속의 척도에 따라 객관적 귀속가능성이 검토되어야 한다. 부작위범에서는 부작위자의 행위와 결과 사이에 현실적 인과관계가 존재하는 것은 아니므로, 현실적 인과관계를 객관적 귀속의 기초로 삼는 위험증대이론은 여기에서는 입지가 좁아진다.[25)

---

23) 임웅, 582면.
24) BGH Dallinger MDR 1971, 361 f.
25) Jescheck/Weigend, § 59 III 4.

(3) 의무위반관련성

부작위범의 객관적 구성요건을 위해서는 기대된 행위의 부작위와 구성요건적 결과발생 사이의 인과성만으로는 부족하고 양자 간에 의무위반관련성이 있어야 한다. 요구된 구조행위를 함으로써 구성요건결과가 회피되거나 법익침해의 정도를 줄일 수 있었을 것으로 추정될 경우에 한하여 부작위의 의무위반관련성이 인정된다. 주의의무를 기울인 행동을 했더라도 동일한 결과가 발생되었을 것이라면 의무위반관련성과 함께 객관적 귀속이 부정된다고 할 수 있다.[26]

> 예 자기 집 인근의 건축공사에 불만을 품은 주민이 토목공사장 주변에 시설업체가 설치한 보호대를 야간에 치운 결과 행인이 미끄러지는 사고가 발생했을 때 위 행위자가 보호대뿐 아니라 법률상 설치의 의무가 있는 경고등이 있었더라면 이마저도 치웠을 것으로 추정된다면 경고등을 설치하지 않은 것은 사고의 원인이라고 할 수 없다.[27]

2. 주관적 구성요건

고의의 부작위범이 성립하려면 행위자에게 작위범에서와 같은 고의가 인정되어야 한다. 일반적 고의 외에 목적이나 초과주관적 구성요건 등이 요구되는 구성요건에서는 이러한 요소도 갖추어야 한다. 이러한 요소가 결여된 상태에서는 과실의 부작위범 성립가능성만이 남게 된다.[28]

III. 부진정부작위범의 동치성(同置性)

작위범에서는 결과의 발생을 야기했다는 사실이 객관적 귀속의 기초와 한계가 될 수 있으나, 부진정부작위범에서는 결과의 발생을 방지할 가능성이 있었다는 사실만으로는 모든 행위능력자에게 법익침해에 대한 불법의 책임부담을 인정하기에 부족하다. 법익침해를 방지할 가능성만을 전제로, 언제 어디서라도 법익보호를 위해 투입되고 이행되어야 할 형법적 의무는 인정될 수 없기 때문이다. 그렇지 않으면 부작위에 대해서는 그야말로 한계가 막연한 책임부담이 이루어질 수밖에 없을 것이다.

26) 허일태(역), 355면.
27) OLG Hamm NJW 1959, 1551.
28) 손동권/김재윤, [§ 22] 19; 오영근, 175면.

따라서 형법은 능동적 작위를 통해서 타인의 법익을 침해하는 행위를 금지하는 것을 원칙으로 하고, 부작위에 의한 법익침해는 예외적으로만 처벌한다. 나아가 능동적 작위를 통해 법익을 침해위협으로부터 보호하지 않음으로써 성립되는 이러한 부작위범죄에는 이에 상응하는 특별한 요건과 제한을 요구한다. 이것이 부진정부작위범의 동치성(同置性 : Gleichstellung)의 요구이며, 여기에는 ① 보증인지위와 ② 행위양태의 동가성(同價性 : Gleichwertigkeit)의 두 가지 요소가 포함된다.

1. 보증인지위

1) 의의와 일반요건

하나의 법익에 대해서 특정한 사람이 이를 위험으로부터 보호하여야 할 특별한 의무를 지게 될 때, 이 사람을 보증인이라 한다. 형법 제18조가 규정하는 위험발생을 방지할 의무가 있거나 자기 행위로 위험발생을 야기한 자가 한 예에 해당한다. 다른 모든 일반인은 보증인이 보호해야 할 법익에 대한 위험발생시 보증인이 능동적으로 대처하여 보호할 것을 신뢰할 수 있다. 동일한 상황이라도 보증인이 아닌 경우에는 법익침해를 방지하지 않았더라도 그 결과에 대한 하등의 책임을 지지 않는다. 보증인지위가 없는 사람은 부진정부작위범의 주체가 되지 못하므로 부진정부작위범은 진정신분범의 성격을 띠게 된다. 보증인지위는 이러한 범죄형태에 있어서 기술되지 않은 구성요건요소이다.

보증인지위는 다음과 같은 일반요건을 갖추어야 한다. 첫째, 법적으로 보호되는 법익의 주체는 법익을 침해위협으로부터 보호할 권한이 있으나 스스로 법익을 보호할 능력이 결여되어 외부의 도움이 필요해야 한다. 피해자에게 스스로 자신의 법익을 보호할 가능성이 있다면 그는 침해발생에 대해 스스로 최후의 결정을 할 수 있으며, 이로써 보증인의 무위(無爲)에는 형법적 비난의 근거가 없다. 둘째, 부작위자에게 일반통념적 혹은 형식적인 행위명령이 아닌 법질서로부터 법익보호에 대한 명령이 주어져 있을 것이 요구된다. 이러한 의미에서의 법익보호의 의무가 없는 자는 부작위로 처벌되지 않는다. 셋째, 부작위자는 위의 두 가지 전제 조건하에서 법익침해의 결과발생과 관련하여 최후의 그리고 책임 있는 결정을 내릴 수 있는 현실적 가능성이 있어야 한다.[29]

2) 보증인지위와 보증인의무의 체계상의 지위

결과방지를 위한 책임을 부여하는 보증인지위의 기초는 법적 의무에 한정된다. 법적 의무가 아닌 윤리적 혹은 도덕적·종교적 작위의무 따위는 보증인지위를 발생시키지 않는다. 보증인지위를 통해 보증인의무가 발생한다. 부진정부작위범에서 보증인의무는 일반인 모두에게 보편적으로 주어지는 것이 아니라 보증인에게만 그의 신분적 요건에 의해 특별히 주어지는 것이다. 반면에 모든 사람에게 적용되는 법의무에 관련한 구성요건으로서의 진정부작위범(예: 경범죄처벌법 제3조 제6호의 도움이 필요한 사람 관련 신고불이행, 제29호의 공무원 원조불응, 국가보안법 제10조의 불고지죄 등)의 구성요건상황에서는 보증인의무가 도출되지 않는다. 이러한 상황에서 발생하는 작위의무는 당사자의 신분에 의한 것이 아닌, 객관적 상황에서 기인한 형식적 의무일 뿐이다. 보증인지위와 보증인의무의 지위에 대해서는 견해의 대립이 있다.

(1) 위법성요소설

보증인지위와 보증인의무가 모두 위법성요소에 해당한다는 견해이다. 부진정부작위범의 구성요건은 위법성을 징표하지 못하고, 결과의 발생을 방지할 작위의무가 있는 자가 부작위로서 그 의무를 위반했을 때 비로소 부작위행위의 위법성이 인정된다고 한다. 이에 따르면 보증인지위가 없는 자의 부작위도 일단은 구성요건해당성이 인정되어야 하므로 이는 구성요건해당성을 불필요하게 확장하는 부당함이 있다.

(2) 구성요건요소설(보증인설)

부진정부작위범의 성립을 위해서는 결과의 발생을 방지해야 할 법적 지위가 전제가 되며, 이러한 보증인지위에 있는 자의 작위의무 불이행만이 작위범에 상응하는 가치를 가지게 되므로 보증인지위와 보증인의무가 모두 구성요건요소에 해당한다는 견해이다.[30] 이 견해에 따를 때 부진정부작위범은 진정신분범으로 해석되는데 그 결론은 타당하다. 하지만 보증인지위와 보증인의무 각각에 대한 인식 및 착오에 관련한 차이점을 간과하고 동일하게 구성요건요소로 본 것은 잘못이다.[31]

---

29) 성낙현, 부진정부작위범에서의 보증인지위, 영남법학 제34호, 2012.6, 225면.
30) 김성천/김형준, 162면.
31) 이상돈, § 12-80은 보증인의무를 구성요건요소로 보되 이에 관련한 착오는 법률의 착오가 되는 것으로 이해한다.

(3) 이분설

보증인지위는 구성요건요소로, 보증인의무는 위법성요소로 보는 입장으로서 다수설이며[32] 타당하다. 우선 보증인지위는 객관적인 신분요건에 의해 주어지는 것으로서 구성요건요소에 해당한다는 것은 당연하다. 따라서 이에 대한 인식의 결함이 있는 경우에는 고의가 조각될 수 있는 구성요건착오에 해당한다.

반면에 보증인의무에 대한 인식은 작위범에서의 부작위의무에 대한 인식에 상응하는 것이다. 즉 작위범에서는 금지규범에 대한 인식을 통해서 위법한 행위를 하지 말아야 한다는 의무에 대한 인식이 형성되고, 이것이 책임의 핵심내용이 된다. 따라서 이에 대한 착오가 있는 경우에는 고의와는 상관없이 책임인정 여부만이 문제된다. 이에 상응하여 부작위범에서 행위자에게 자신의 보증인지위에 대한 인식까지는 있었으나 보증인의무에 대한 인식이 결여되었다면 이것은 바로 작위의 명령규범에 대한 인식결여를 의미한다. 그렇다면 이는 금지착오로 취급되어야 하는 사안이다. 보증인의무에 관한 착오가 금지착오라면 보증인의무는 위법성요소이다.

3) 보증인지위의 발생근거

형법 제18조는 위험의 발생을 방지할 의무가 있거나 자기의 행위로 인하여 위험발생의 원인을 야기한 자에게 보증인지위가 있음을 인정한다. 그중 선행행위(先行行爲 : Ingerenz)가 보증인지위 발생의 한 근거가 됨은 확실하지만 언제 위험발생을 방지할 의무가 성립되는지에 대해서는 별도의 규정이 존재하지 않는다. 이에 대해 학설은 형식설과 실질설로 나뉜다.

(1) 형식설

가) 이론의 내용

법령, 계약, 선행된 위험행위, 밀접한 생활관계, 조리 등에 의해서 보증인지위가 발생한다고 보는 입장이다. 이를 법원설(法源說 : Rechtsquellenlehre)이라고도 한다.

i) 법령

법령상의 명령에 의해 작위의무가 발생한다. 법령은 형법에 국한되지 않고 사법

---

32) 김신규, 229; 김일수/서보학, 359면; 서거석/송문호, 157면; 손동권/김재윤, [§ 22] 26; 손해목, 793면; 이용식, 71면; 이형국, 410면; 임웅, 573면; 정성근/박광민, 460면. 이와 달리 보증인의무는 보증인지위의 규범적 내용에 지나지 않는다는 견해로 이정원, 447면.

및 기타 공법 등 모든 법령이 이에 해당한다. 예로 민법상의 작위의무로 친권자 보호의무(민법 제913조), 친족 간 상호부양의무(민법 제974조), 부부간의 부양의무(민법 제826조)가 있으며, 그 밖에 작위의무의 근거가 되는 공법상의 법령으로는 의사의 응급의료의무(응급의료에 관한 법률 제6조), 도로교통법상의 운전자의 구호의무(도로교통법 제50조) 등이 있다.

ii) 계약

계약을 통해 일정한 의무를 인수한 경우에 작위의무가 발생한다. 고용계약에 따른 관리감독의무, 의사나 간호사의 환자에 대한 치료·간호의무, 유치원교사 또는 보모의 어린이에 대한 지도·보호의무 등을 예로 들 수 있다.

iii) 선행(先行)행위

이것은 형법 제18조가 보증인지위의 성립근거로 명시적으로 제시하는 사항이다. 선행행위란 위험발생의 원인을 야기한 행위로서 이러한 행위를 한 자는 그 위험이 구성요건적 결과로 구체화되는 것을 방지할 작위의무를 진다. 예컨대 과실에 의한 교통사고로 타인을 다치게 한 경우에는 피해가 더 커지지 않도록 최선의 구호를 해야 할 의무가 발생한다. 이때 구호조치를 취했더라면 사망에는 이르지 않았을 환자를 방치한 결과 사망에 이르렀다면 과실이 아닌 부작위에 의한 고의살인의 죄책을 질 수 있다.

선행행위가 보증인지위의 성립근거가 되기 위해서는 특정 결과에 대한 인과성만으로는 부족하고 우선 선행행위자에게 객관적 귀속이 가능해야 한다. 나아가 객관적 귀속이 가능하더라도 선행행위가 법으로 명령된 것이었다면 선행행위자에게는 이에 따른 후속적 결과를 방지할 의무는 없다. 선행행위가 법의 명령이 아니라 단지 법적으로 허용된 것인 경우에도 역시 보증인지위의 성립은 원칙적으로 부정되어야 한다. 자체로는 합법적인 선행행위가 설혹 제3자의 범행에 도움이 되었다고 하더라도 능동적 방조행위에 뒤따르는 부작위로부터는 방조에 의한 답책성 그 자체를 넘어서는 다른 책임은 발생하지 않는다고 해야 한다.[33]

선행행위는 반드시 위법한 행위에 한정할 필요가 없다는 견해가 있으나[34] 선행행위는 유책한 행위여야 할 필요까지는 없다 하더라도 의무에 반하는 위험한 행위

---

33) 성낙현, 앞의 논문, 233면.
34) 오영근, 169면.

로 한정되어야 한다.[35] 그렇지 않으면 정당방위로 상대방에게 상해를 가한 후 구호하지 않아 사망한 경우 살인죄가 인정되어야 하기 때문이다. 또한 자신의 행위에 기인한 모든 위험에 대해서 보증인의무가 인정되어야 한다면 부작위 구성요건은 범위를 한정하기 어려워질 수 있다. 이러한 이유에서도 선행행위는 의무위배적인 것이어야 한다는 제한은 필요하다. 그리고 그 의무위반은 규범의 보호목적을 침해하는 것이어야 한다. 또한 선행행위는 법익침해의 상당한 위험을 야기한 것이어야 한다.

📖 관련판례

① 대판 1982.11.23, 82도2024 : 피고인이 미성년자를 유인하여 포박 감금한 후 단지 그 상태를 유지하였을 뿐인데도 피감금자가 사망에 이르게 된 것이라면 피고인의 죄책은 감금치사죄에 해당한다 하겠으나, 나아가서 그 감금상태가 계속된 어느 시점에서 피고인에게 살해의 범의가 생겨 피감금자에 대한 위험발생을 방지함이 없이 포박감금상태에 있던 피감금자를 그대로 방치함으로써 사망케 하였다면 피고인의 부작위는 살인죄의 구성요건적 행위를 충족하는 것이라고 평가하기에 충분하므로 부작위에 의한 살인죄를 구성한다.

② 대판 1992.2.11, 91도2951 : 피고인이 조카인 피해자(10세)를 살해할 것을 마음먹고 저수지로 데리고 가서 미끄러지기 쉬운 제방 쪽으로 유인하여 함께 걷다가 피해자가 물에 빠지자 그를 구호하지 아니하여 피해자를 익사하게 한 것이라면 피해자가 스스로 미끄러져서 물에 빠진 것이고, 그 당시는 피고인이 살인죄의 예비 단계에 있었을 뿐 아직 실행의 착수에는 이르지 아니하였다고 하더라도, 피해자의 숙부로서 익사의 위험에 대처할 보호능력이 없는 나이 어린 피해자를 익사의 위험이 있는 저수지로 데리고 갔던 피고인으로서는 피해자가 물에 빠져 익사할 위험을 방지하고 피해자가 물에 빠지는 경우 그를 구호하여 주어야 할 법적인 작위의무가 있다고 보아야 할 것이고, 피해자가 물에 빠진 후에 피고인이 살해의 범의를 가지고 그를 구호하지 아니한 채 그가 익사하는 것을 용인하고 방관한 행위(부작위)는 피고인이 그를 직접 물에 빠뜨려 익사시키는 행위와 다름없다고 형법상 평가될 만한 살인의 실행행위라고 보는 것이 상당하다.

---

35) 배종대, [164] 17; 신동운, 149면; 안동준, 209면; 이재상/장영민/강동범, § 10－33; 임웅, 575면; Baumann/Weber/Mitsch, § 15 Rdnr. 68; Gropp, § 11 Rdnr. 33; Jescheck/Weigend, § 59 IV 4 a); Lackner/Kühl, § 13 Rdnr. 11; Schmidhäuser, AT LB, S. 673 f; Sch/Sch/Stree, § 13 Rdnr. 35.

iv) 밀접한 생활관계

법령, 계약, 선행행위 외에 밀접한 생활관계라는 범위도 보증인지위를 발생시키는 요소로 나중에 추가적으로 인정되었다.[36] 예컨대 사실혼 혹은 동거와 같은 생활관계나 등산대, 탐험대 등의 위험공동체에 속한 구성원들은 다른 구성원이 위험에 처했을 때 서로 구호할 의무를 지게 된다.[37]

v) 조리

일반적 견해는 조리(條理), 신의성실의 원칙, 사회상규 등도 작위의무의 성립근거가 될 수 있음을 인정한다.[38] 판례도 이에 대해 긍정적 입장을 취하고 있다.[39] 그러나 조리나 신의칙 혹은 사회상규 등은 명확하거나 구체적인 내용을 담는 개념이

---

36) Jescheck/Weigend, § 59 IV 2.

37) 배종대, [164] 19; BGHSt 2, 153; 19, 169.

38) 김일수/서보학, 360면; 손해목, 797면.

39) ① 대판 1998.12.8, 98도3263 : 사기죄의 요건으로서의 기망은 널리 재산상의 거래관계에 있어 서로 지켜야 할 신의와 성실의 의무를 저버리는 모든 적극적 또는 소극적 행위를 말하는 것이고, 이러한 소극적 행위로서의 부작위에 의한 기망은 법률상 고지의무 있는 자가 일정한 사실에 관하여 상대방이 착오에 빠져 있음을 알면서도 이를 고지하지 아니함을 말하는 것으로서, 일반거래의 경험칙상 상대방이 그 사실을 알았더라면 당해 법률행위를 하지 않았을 것이 명백한 경우에는 신의칙에 비추어 그 사실을 고지할 법률상 의무가 인정되는 것이다. 따라서 임대인이 임대차계약을 체결하면서 임차인에게 임대목적물이 경매진행중인 사실을 알리지 아니한 경우, 임차인이 등기부를 확인 또는 열람하는 것이 가능하더라도 사기죄가 성립한다.

② 대판 1996.7.30, 96도1081 : 사기죄의 요건으로서의 기망은 널리 재산상의 거래관계에 있어 서로 지켜야 할 신의와 성실의 의무를 져버리는 모든 적극적 또는 소극적 행위를 말하는 것인바, 거래의 상대방이 일정한 사정에 관한 고지를 받았더라면 당해 거래에 임하지 아니하였을 것임이 경험칙상 명백한 경우 그 거래로 인하여 재물을 수취하는 자에게는 신의성실의 원칙상 사전에 상대방에게 그와 같은 사정을 고지할 의무가 있다고 할 것이므로 이를 고지하지 아니한 것은 고지할 사실을 묵비함으로써 상대방을 기망한 것이 되어 사기죄를 구성한다.

③ 대판 2000.1.28, 99도2884 : 특정 시술을 받으면 아들을 낳을 수 있을 것이라는 착오에 빠져있는 피해자들에게 그 시술의 효과와 원리에 관하여 사실대로 고지하지 아니한 채 아들을 낳을 수 있는 시술인 것처럼 가장하여 일련의 시술과 처방을 행한 의사에 대하여 신의성실의 의무위반에 따른 사기죄의 성립이 인정된다.

같은 취지의 판례로 대판 1999.2.12, 98도3549; 대판 1998.4.14, 98도231; 대판 2006.1.26, 2005도1160; 대판 2004.6.11, 2004도1553.

아니므로, 이를 작위의무의 성립근거로 인정하게 되면 그 인정범위가 부당하게 확대되거나 한계가 불투명해질 수 있으므로 이는 지양되어야 한다.[40]

나) 비판

형식설은 사실관계를 충분히 고려하지 않고 형식적 법률관계에만 의존하는 경직성으로 인해 작위의무발생의 합리적 경계를 정하는 데 한계가 있다. 즉 계약이라는 부작위범 성립근거에 관련하여서도, 이 견해에 따르면 현실적 사실관계를 구체적으로 고려하기보다는 단순히 형식적 계약에 의해 행위의무가 발생하는 것으로 이해한다. 그러나 현실적으로 간병인을 구하는 갑이 을과 이에 대한 계약을 체결했다고 해서 바로 을에게 환자에 대한 보호의무가 발생하는 것이 아니라 실제로 현장에 나타나서 환자에 대한 보호의무를 인수함으로써 비로소 작위의무는 발생하는 것으로 보아야 할 것이다.[41] 따라서 형식적 계약체결만으로 작위의무의 발생을 인정하고자 하는 사고는 만족스러운 것이라 할 수 없다.

(2) 실질설(기능설)

형식설은 보증인의무의 성립을 위한 형식적 요건을 제시할 뿐 내용적 근거를 기반으로 하는 것은 아닌 데 비해 실질설은 실질적 기준에 따라 보증인의무의 성립요건이 확정되어야 한다는 견해이다.[42] 이에 따르면 보증인의무는 ① 일정한 법익을 외부의 위험으로부터 보호하는 보호기능(보호의무 : Obhutspflicht)과 ② 자기 지배영역의 일정한 위험원으로부터 위험이 외부로 작용하는 것을 차단하는 감시·감독기능(안전의무 : Sicherungspflicht)을 담당하기 위해 발생하는 것으로 본다. 따라서 이를 기능설(Funktionenlehre)이라고도 칭한다. 물론 다른 사람의 사나운 개를 당분간 맡아 사육하는 경우처럼 보호의무와 안전의무가 동시에 형성되는 경우도 있을 수 있다.

모든 결과방지명령에 대한 침해가 부진정부작위범의 구성요건을 충족하는 것은 아니라는 점에서 출발하는 실질설에 따르면, 부진정부작위범의 쓰여지지 않은 구성요건은 ① 능동적 법익침해가 처벌되는 작위범 구성요건이 필요하며, ② 법익침

---

40) 김성천/김형준, 163면; 손동권/김재윤, [§ 22] 34; 오영근, 170면 이하; 진계호, 180면; 차용석, 307면.
41) Gropp, § 11 Rdnr. 19.
42) Armin Kaufmann, Die Dogmatik der unechten Unterlassungsdelikte, 1959, S. 283 ff; Sch/Sch/Stree, § 13 Rdnr. 9.

해의 회피를 목적으로 하는 결과방지명령이 존재해야 하며, ③ 결과방지명령에 대한 위배가 당벌적이어야 한다는, 곧 불법내용과 책임내용이 능동적 법익침해에 적어도 근접하게 상응해야 한다는 3가지 전제를 갖는다.[43]

실질설에서 보증인의무의 성립근거를 보호의무와 안전의무로 양분함에 따라 특별한 법적 의미가 발생할 수 있다. 즉 보증인으로서 다른 사람의 범죄행위를 저지하지 않은 경우에 보호의무 보증인은 원칙적으로 부작위범이 되고, 자신이 감시·감독해야 하는 사람의 범죄를 저지해야 할 안전의무 보증인은 원칙적으로 부작위에 의한 방조범이 된다는 차이가 있을 수 있다.[44] 이에 의심이 있는 경우에는, 부작위가 타인의 범행을 자신의 것으로 인정하고자 하는 정범의사의 표현인지 내면적 관여의사 없이 단순한 방조의사로 사건진행을 외부적 운명에 맡겼는지에 따라 결정되어야 한다.[45]

가) 일정한 법익에 대한 보호의무

임의의 법익 주체자가 어떠한 위험으로부터 그 법익을 보호할 수 없는 처지에 놓였을 때 공동체의 보호기능은 그 누군가를 법익주체를 대신하여 그 법익을 보호하도록 불러 세우게 된다. 이러한 상황에서 해당 법익에 대한 위험에 직접 관련 있는 행위를 하지 않았음에도 이를 절대적으로 보존해야 할 의무를 부여받은 사람이 보호의무 보증인이다.[46] 보호의무를 발생시키는 요건에 대해서 학설의 견해가 완전히 일치하지는 않으나 일반적으로 다음과 같은 항목이 인정된다.

i) 특별한 법령

배우자, 가족 등 법률에 기초를 둔 밀접한 자연적 결합관계로 맺어진 사람들 사이에는 상호 간의 생명, 신체, 자유 및 적어도 부분적인 재산적 법익을 보호해야 할 의무를 진다. 민법상의 친권자의 자녀에 대한 보호의무(민법 제913조), 부부간의 부양의무(민법 제826조), 자의 특유재산관리의무(민법 제916조), 피성년후견인의 복리와 의사존중의무(민법 제947조), 친족 간 상호부양의무(민법 제974조) 등 법령이

---

43) 성낙현, 앞의 논문, 221면.
44) Gropp, § 11 Rdnr. 22; Sch/Sch/Cramer/Heine, Vor § 25 Rdnr. 104, 106.
45) BGH JR 1993, 159.
46) Rudolphi는 이를 1차적 보증인지위라 하고, 이를 보증인의 선행행위에 종속되어 성립하는 경우인 2차적 보증인지위와 구분한다; Die Gleichstellungsproblematik der unechten Unterlassungsdelikte und der Gedanke der Ingerenz, 1966, S. 106 ff.

정한 관계뿐 아니라, 법령상의 규정이 없더라도 사실혼 관계의 부부나 동거자, 약혼자, 사생자와 실부(實父) 사이 등과 같은 밀접한 자연적 결합관계에서도 보호의무는 발생한다. 이 경우 형식설을 충실히 적용하여 보증인지위의 발생을 부정하는 것이 객관성 있는 법적용으로서의 장점이 있을 수 있다. 하지만 독일형법 제323c조와 같은 일반적 구조의무위반죄를 인정하지 않는 우리의 법현실과 보편적 정서를 감안한다면 위와 같은 경우 일반적으로 부조의무를 인정하는 것이 합리적이다.[47]

별거 중인 부부 간에 상호 신뢰 및 의존관계가 단절되었다면 보증인지위를 부정해야 하겠으나,[48] 다만 별거라는 외형적 요건만으로 획일적으로 보증인의무의 인정 여부를 결정할 것이 아니라 개별적 사례에서의 별거의 성격에 따라 판단하는 것이 바람직하다.[49] 별거는 일시적일 수도 있고 추후에 신뢰가 회복될 가능성이 있음을 염두에 둬야 하기 때문이다.

ii) 긴밀한 공동체

일정한 공동의 목적을 위해 결합된 결합체로서 공동의 목적지향에 따른 신뢰관계에 특정 위험상황에서의 상호조력과 배려를 통한 안전보장이 포함되는 것으로 볼 수 있는 관계를 말한다. 등산대원, 탐험대, 합숙단체 등과 같은 생활공동체나 위험공동체의 구성원 상호 간에는 보증인지위가 인정된다. 단, 보증인지위는 자의에 의한 연대관계를 전제로 하는 것이라 할 수 있으므로, 외적 강제에 의해 결연된 교도소의 재소자들, 군대내무반의 동료들 간에는 자의적 연대관계의 결여로 보증인적 지위는 존재하지 않는다.[50] 또한 노숙자들 간의 공동거주, 마약흡입동료 등과 같은 단순한 우연에 따른 관계에서도 마찬가지이다.

iii) 보호의무의 인수

상대방으로부터 위험을 자의로 인수한 경우에 보호보증인 지위가 발생한다. 의식불명의 환자에 대해서 보호자의 승낙을 받아 중대한 수술을 하는 경우처럼 상대방의 이익을 위해서 제3자로부터 위험을 인수하는 경우도 이에 해당한다. 치료업무나 간호업무를 인수한 의사나 간호사는 환자에 대한 보증인지위를 갖게 되며, 탁아

---

47) 임웅, 577면.
48) 김일수/서보학, 363면; 임웅, 577면 각주 130); 정성근/박광민, 463면.
49) 손동권/김재윤, [§ 22] 35.
50) 김일수/서보학, 364면.

업무나 탐사안내업무 등을 맡은 경우에도 피보호자에게 위험이 발생하지 않도록 해야 할 의무가 있다.[51] 보호의무의 인수의 경우에는 특히 피인수자가 보증인을 신뢰한 나머지 다른 보호대책을 포기함으로써 오히려 더 큰 위험에 처해지게 된 경우 보증인의 형사책임은 구체화된다.

　의무의 인수는 대체로 계약을 통해서 이루어지는 것이 보통이다. 다만 보증인의무의 인정 여부는 계약체결 등의 사법상 효력유무에 좌우되는 것이 아니라 당해 보호의무를 실제로 인수했는지 여부에 따라 결정되어야 한다. 따라서 형식적 계약은 체결되었더라도 현실적 의무인수가 이루어지지 않은 경우에는 보증인의무는 아직 발생되지 않았다고 할 수 있다. 예컨대 위험한 화학실험을 지도하겠다는 약속을 한 강사가 실험실에 도착하는 것이 늦어지자 학생들끼리 실험을 하다가 폭발사고가 난 경우에 강사에게는 보증인으로서의 책임은 인정되지 않는다. 반대로 계약기간이 만료된 이후에도 현실적으로 이행해야 할 의무가 잔존하는 한 보증인의무는 지속될 수 있다.[52]

　일방적으로 보호의무를 인수함으로써도 보증인의무는 발생할 수 있다. 그러나 예컨대 자기 집 앞에 쓰러져 있는 환자를 구조하기 위해 자기 집으로 들여 온 것만으로는 보호의무의 발생근거가 되지 않는다. 다만 환자에게 자신이 구조행위를 하지 않았을 경우보다 나쁜 결과가 발생되는 것은 막아야 할 의무가 생긴다. 즉 행위자가 아닌 다른 사람이라면 누구라도 신속히 병원으로 옮겨 구조의 가능성을 높였을 텐데 행위자가 이를 지체하여 치료를 상대적으로 어렵게 만들었다면 이에 대해서는 보증인으로서의 책임을 져야 한다.

　인수된 의무는 제3자에게 양도되거나 위임될 수 있다. 허용된 의무양도를 통해서 그때까지의 보증인은 의무로부터 벗어난다.[53] 다만 이때에도 의무양도인은 의무양수인의 보호의무이행을 감독할 의무는 남는다.[54]

iv) 직무관련 보증인지위

　공무원이나 법인의 기관 등은 자신의 직무와 관련하여 국가 혹은 법인의 일정

---

51) 식당주인도 술에 만취한 고객을 직접적 교통사고 위험에서 보호해야 할 의무를 진다. BGHSt 26, 35, 39.
52) 이재상/장영민/강동범, § 10-31; Jescheck/Weigend, § 59 IV 3 c).
53) Jescheck/Weigend, § 59 IV 3 c); BGHSt 19, 286.
54) 신동운, 144면.

법익을 보호해야 할 보증의무를 진다. 예컨대 시청위생담당과장은 요식업소의 청결검사 등을 통해 식중독 발생을 막을 의무가 있으며, 담당 소방관은 관내의 건물에 대해 규정에 따른 화재안전점검을 통해 화재위험요소를 제거해야 할 의무를 진다. 이러한 특수한 직무관련성이 존재하지 않는 경우에는 공무원이라도 일반적 국가의 법익 혹은 일반국민의 법익을 보호할 의무는 당연히 없다. 이런 경우 위해법익의 당사자에게 정당방위나 긴급피난의 권한이 인정될 수 있다.[55]

나) 위험원에 대한 안전의무

안전의무 보증인의 기능이란 구체적인 위험원에서 야기되는 위험으로부터 임의의 법익에 대한 침해결과를 방지하는 것이다. 일반적 보증인기준을 적용한다면 여기에는 위험원으로부터 오는 침해위협에 무방비 상태로 위험을 당하고 있는 잠재적 피해자와 구체적 위험원을 지배하는 자로서의 부작위자가 존재해야 한다. 여기에는 대체로 다음의 세 가지로 분류되는 하위그룹이 포함된다.[56]

첫째로 모두에게 자신의 지배영역에 있는 동산이나 부동산으로부터 제3자에 대한 위험이 발생하지 않도록 이를 관리할 의무가 있다. 둘째로 부작위자의 조종영역에 있는 사람들에 대해서도 이와 동일한 관리의무가 있다. 마지막으로 거의 일치된 견해에 따르면, 자신에 의해 인과과정이 시작된 경우 이 경과에서 구성요건적 결과가 발생하지 않도록 해야 할 의무가 있다.[57]

i) 위험원에 대한 감시의무

공동체생활에서는 누구나 자신의 지배영역 내에서의 물건이나 시설 등 위험원으로부터 위험이 발생하지 않도록, 혹은 그 위험이 타인의 법익에 작용하지 않도록 감시해야 할 의무를 진다. 이것은 자의에 의한 위험인수나 선행행위와는 별개의 독립적 개념이다. 물론 자의적 위험인수와 중복되는 사례도 있을 수 있으나 이와 관계없이 보증인의무는 성립될 수 있다. 이러한 보증인의무는, 공동체는 구성원 각자가 자신의 지배영역에서의 잠재적 위험에 대해서는 이것이 구체화되지 않도록 스스로 통제할 것을 신뢰한다는 점에서 기인한다.

이에 따라 건물이나 택지를 소유하고 있는 자는 계단이나 기와 또는 웅덩이 등

---

55) 손동권/김재윤, [§ 22] 36.
56) Roxin, AT II, § 32 Rdnr. 107.
57) 성낙현, 앞의 논문, 229면.

의 위험요소로부터 타인의 법익이 침해되지 않도록 관리해야 하며, 축구장, 스키
장, 테니스장, 주유소 등을 운영하는 자는 안전관리 혹은 방화설비 등의 책임이 있
다. 사나운 동물이나 인화물질을 취급하는 자에게도 이에 따른 위험발생을 방지할
의무가 있다. 나아가 자신의 별장이 범죄에 이용하기 좋은 특수성을 가진 경우, 타
인이 이를 범죄에 이용하지 못 하도록 감시할 의무를 진다.58)

ii) 제3자에 대한 감시 · 감독 의무

누구라도 타인의 범죄행위에 대해서는 책임을 지지 않는 것이 원칙이나, 경우에
따라서는 특별한 신분상의 지위나 관계로 인해 제3자가 다른 사람의 법익을 침해
하지 않도록 감시 · 감독을 해야 할 의무가 발생할 수 있다. 물론 이것 역시 법령에
의한 경우 등 다른 보증인의무 발생근거와 중복되는 사례가 있을 수 있으나 자의
적 위험인수나 선행행위와는 별개의 독립적 개념이다.

부모 혹은 양육권자는 자신의 미성년자인 피보호자가 범죄를 저지르지 않도록
감시해야 할 의무가 있다. 예컨대 다량의 총기와 실탄을 보관하는 부모는 자식이
이를 총기난사에 사용하지 못하도록 주의를 기울여야 한다. 자식의 심리적 비정상
성을 인식할 수 있었던 부모가 이를 방치하여 결국 총기난사로 연결되었다면 부모
는 부작위에 의한 과실치사의 책임을 질 수 있다.59) 군인이나 경찰 또는 공무원의
경우 상급자는 하급자에 대한 감시 · 통제의 의무를 진다.60) 교도소에서 교도관은
재소자에 대해서, 교장은 교사에 대해서, 교사는 학교영역에서 학생에 대해서 감독
의 의무를 진다.

iii) 의무에 반하는 위험한 선행(先行)행위(Ingerenz)

타인의 법익을 침해할 수 있는 위험을 발생시킨 자는 이 선행행위로 인한 위험
이 구성요건적 결과로 연결되지 않도록 해야 할 의무가 있다. 과실에 의한 교통사
고의 유발이 선행행위의 대표적이고 전형적인 예이다. 선행행위가 단순히 위험의

---

58) BGHSt 30, 396; BGH NJW 1993, 76.
59) 2009년 독일 Winnenden에서 발생한 총기난사사건에서 미성년자인 범인의 아버지는 집
    에 16자루의 총기와 수천발의 실탄을 보관하고 있었으며, 아들의 심리적 이상을 인식할
    수 있었다면 아들의 행위결과에 책임이 전혀 없다고 할 수 없다. 성년인 아들의 범죄에
    대한 아버지의 보증의무에 대해서는 견해가 일치하지 않는다. Jescheck/Weigend, § 59
    IV 4 c); KG JR 1969, 27.
60) 독일은 이를 독일형법 제357조, 독일 군형법 제41조 등에서 이미 법령으로 정하고 있
    다.

원인을 야기한 것만으로는 보증인지위가 성립되지 않는다. 형식설에서도 언급한 바와 같이 선행행위는 ① 의무에 반하는 위험한 행위이며, ② 그 의무위반은 규범의 보호목적을 침해하는 것이어야 하며,[61] ③ 선행행위는 법익침해의 상당한 위험을 야기한 것이어야 한다는 요건을 필요로 한다.[62]

의무에 반하는 선행행위는 스스로의 위법성을 전제로 한다. 선행행위가 법으로 명령되거나 요구된 것이라면 행위자에게 그 후속적 결과를 방지할 의무는 따르지 않는다. 여기서의 행위 자체는 법익침해의 위험성이 결부된 것이지만, 행위자는 이를 통해서 법질서가 요구한 의무를 이행한 것이라 할 것이므로 결과에 대한 책임도, 결과방지의무도 성립하지 않는다. 따라서 정당방위에 의해 상대방에게 상해를 가한 경우에는 그를 구호할 의무는 발생하지 않는다.[63]

선행행위가 단지 법에 의해 허용된 것인 경우에도 역시 보증인의무의 성립은 원칙적으로 부정되어야 함은 형식설에서 이미 언급한 바와 같다. 다만 여기에서 공격적 긴급피난은 하나의 예외로 인정될 수 있다. 위난을 벗어나기 위해 그 위난과 관계없는 무고한 제3자의 법익을 침해하는 행위 자체는 의무위배적이지 않으나, 긴급피난자는 이로 인한 후속적 결과를 가능한 한 최소한으로 줄여야 할 의무는 있다. 긴급피난의 피해자와 법질서는 행위자의 이러한 의무이행을 기대할 수 있기 때문이다.[64]

자기 스스로는 교통규칙을 준수했으나 상대방이 자신의 단독과실로 다친 경우에도 의무에 반한 행위에 따른 결과가 아니므로 보증인지위가 발생하지 않는다.[65]

📖 **관련판례**

대판 2002.5.24, 2000도1731 : 교통사고의 결과가 피해자의 구호 및 교통질서의 회복을 위한 조치가 필요한 상황인 이상 그 의무는 교통사고를 발생시킨 당해 차량의 운전자에게

---

61) 이재상/장영민/강동범, § 10 - 33; 허일태(역), 361면.
62) 신동운, 149면.
63) 성낙현, 보증인지위의 성립근거로서의 선행행위의 요건, 법조, 통권 688호, 2014.1, 132면.
64) 성낙현, 앞의 논문, 133면.
65) 김일수/서보학, 366면; 박상기, 314면; Baumann/Weber/Mitsch, § 15 Rdnr. 64 ff; Haft, S. 177; BGHSt 25, 221.

그 사고발생에 있어서 고의·과실 혹은 유책·위법의 유무에 관계없이 부과된 의무라고 해석함이 상당할 것이므로, 당해 사고에 있어 귀책사유가 없는 경우에도 위 의무가 없다 할수 없고, 또 위 의무는 신고의무에만 한정되는 것이 아니므로 타인에게 신고를 부탁하고 현장을 이탈하였다고 하여 위 의무를 다한 것이라고 말할 수는 없다.

위 판례가 인정하듯이 도로교통법 제54조 제1항, 제2항의 규정은 교통사고발생시 운전자 등에게 직접 교통사고로 인한 사상자의 구호와 같은 필요한 조치를 신속히 취하게 하고, 또 신속한 신고를 통해 경찰관으로 하여금 피해자의 구호, 교통질서의 회복 등을 위한 적절한 조치를 취하게 하기 위한 목적의 특별규정으로 이해해야 한다.[66]

피해자 자신이나 제3자의 책임이 개입되는 경우에는 선행행위의 상당한 위험창출은 부정되므로 보증인지위가 성립되지 않는다. 따라서 손님이 술을 과다하게 주문해서 마셨다는 이유만으로 손님이 귀가 도중 자기 또는 타인의 잘못으로 다쳤을 경우와 관련하여 음식점 주인에게 보호의무가 생기는 것은 아니다.[67] 다만 만취된 상태에서 차를 몰려고 하는 것을 알았다면 그것은 만류해야 한다.

(3) 결론

전통적 형식설과 현대적 실질설이 대립되는 상황에서[68] 형식설은 작위의무의 명확한 내용 및 한계를 정할 수 없을 뿐 아니라 가벌성의 공백을 허용할 위험성이 있는 반면, 실질설은 부진정부작위범의 인정범위를 필요 이상으로 넓힐 수 있다는 단점이 있으므로 양자를 절충해야 한다는 견해가 우세하다.[69] 사실상 두 학설의 관계로 본다면 실질설이 형식설을 포함하는 것이라 할 수 있을 정도로 양자는 대부

---

66) 배종대, [164] 18; 임웅, 575면.
67) 참조할 만한 판례로서 대판 2011.11.24, 2011도12302 : 피해자가 피고인의 지배 아래 있는 주점에서 3일 동안 과도하게 술을 마시고 추운 날씨에 난방이 제대로 되지 아니한 주점 내 소파에서 잠을 자면서 정신을 잃은 상태에 있었다면, 피고인은 주점의 운영자로서 피해자의 생명 또는 신체에 대한 위해가 발생하지 아니하도록 피해자를 주점 내실로 옮기거나 인근에 있는 여관에 데려다 주어 쉬게 하거나 피해자의 지인 또는 경찰에 연락하는 등 필요한 조치를 강구하여야 할 계약상의 부조의무를 부담하므로 유기치사죄가 인정된다.
68) 독일에서는 실질설이 압도적인 다수설이지만 Baumann/Weber/Mitsch, § 15 Rdnr. 51 은 이에 대해 회의적이다.
69) 김일수/서보학, 361면.

분의 범위에서 내용이 일치하며, 양자 간에 본질적 차이가 있는 것도 아니므로 이 것은 옳고 그름의 판단대상이 아니다. 그러나 두 가지 견해를 단순히 병렬시키는 것은 물론이거니와 하나의 견해를 기초로 하여 다른 하나로 이를 보충하는 방법은 일관성 상실에 따른 혼란만 가져올 우려가 크다. 오히려 어느 하나의 학설을 취하 되 그 단점을 보완하면서 완성도를 높여 가는 것이 바람직할 것으로 판단된다. 그 렇다면 경직되고 탄력성이 부족한 형식설보다는 유연성을 바탕으로 개별적 상황에 합리적으로 적응할 수 있는 실질설에 장점이 있다.

보호의무와 안전의무라는 비교적 확고한 범주를 기초로 하여 개별적 사안에서 행 위자에게 이 두 가지 의무 중 어느 하나를 인정해야 할 것인가를 검토하여 가부 간 의 판단을 하는 것이 합리적이다. 경우에 따라서는 보호의무와 안전의무에서의 현재 인정되는 항목 외에 다른 항목이 발견되어 추가될 수도 있을 것이다.

4) 보증인지위 발생원인의 경합과 의무충돌

자동차를 운전하던 아버지가 사고를 유발하여 동승한 가족들에게 중상을 입게 한 경우처럼 하나의 사례에서 두 가지 이상의 보증인지위 발생원인이 동시에 결부 될 수 있다. 이러한 경합관계는 별도의 새로운 법적 문제를 야기하는 것은 아니고, 다만 행위자의 구조행위에 대한 기대가능성을 증대시킬 따름이다. 반면에 두 명의 아들이 물에 빠졌으나 둘을 모두 구조하는 것은 물리적으로 불가능한 경우처럼 동 시에 이행할 수 없는 두 가지 이상의 의무가 중복되는 경우에는 의무충돌의 예에 따라 해결되어야 한다.[70]

2. 행위양태의 동가치성

작위범에서는 능동적 작위를 통한 구성요건적 결과의 유발이 객관적 귀속의 기 초가 된다. 부진정부작위범에서는 이러한 작위에 상응하는 보증인의무위반의 부작 위, 곧 결과발생의 방치가 객관적 귀속의 기초가 된다. 그런데 결과범에는 살인, 상 해, 재물손괴 등과 같이 행위의 방식이나 수단은 불문하고 결과의 발생만으로 객관 적 귀속의 기초가 되기에 족한 단순결과범이 있는가 하면, 특정한 행위양태를 통해

---

70) Jescheck/Weigend, § 59 IV 5.

서 결과가 발생되어야만 구성요건해당성이 인정되는 구성요건들이 있다. 예컨대 사기죄는 재산상의 침해라는 결과가 발생하되 행위자의 기망에 의한 착오를 통해서 발생되어야 한다. 이러한 방법이 아닌 다른 방법을 통해 재산침해의 결과가 발생했다면 절도, 강도 혹은 횡령 등 다른 범죄는 될 수 있을지 몰라도 사기죄에는 해당하지 않는다.

단순결과범에서는 결과를 방지할 의무 있는 자가 그 가능성이 있음에도 불구하고 이를 저지하지 않아 결과가 발생됨으로써 부작위범으로서의 구성요건적 불법은 완성되나, 특별한 행위양태를 요구하는 구성요건에서는 결과의 발생에 뿐 아니라 특수 행위양태에도 고유한 행위반가치가 내재하는 것이므로, 이러한 구성요건이 부작위로 충족되기 위해서는 부작위를 통해 이러한 행위반가치가 실현되어야 한다. 이것이 부작위범의 동치성의 제2요소로서의 동가성(同價性 : Gleichwertigkeit)[71] 혹은 상응성이다. 즉 여기서의 동가성은 부작위범이 내용적으로 불법의 정도에서 작위범에 상응해야 함을 의미하는 것이 아니라 외형적 행위정형성에서의 상응성을 의미하는 것이다. 독일형법 제13조는 이를 명문으로 규정하고 있는 반면 우리 형법 제18조는 그렇지 않다. 그러나 부작위범에서의 동가성은 당연한 요구라고 할 수 있다.[72]

부작위범의 동가치성 조항은 단순결과범에서는 적용할 필요성이 없으므로[73] 그 적용범위는 행위정형성을 요구하는 구성요건, 즉 행위관련적 구성요건에 한정된다고 할 수 있다.[74]

---

71) 신동운, 150면.
72) 대판 1997.3.14, 96도1639 : 형법상 부작위범이 인정되기 위하여는 형법이 금지하고 있는 법익침해의 결과발생을 방지할 법적인 작위의무를 지고 있는 자가 그 의무를 이행함으로써 결과발생을 쉽게 방지할 수 있었음에도 불구하고 그 결과의 발생을 용인하고 이를 방관한 채 그 의무를 이행하지 아니한 경우에, 그 부작위가 작위에 의한 법익침해와 동등한 형법적 가치가 있는 것이어서 그 범죄의 실행행위로 평가될 만한 것이라면, 작위에 의한 실행행위와 동일하게 부작위범으로 처벌할 수 있다. 대판 2005.7.22, 2005도3034; 대판 2006.4.28, 2003도4128; 대판 2003.12.12, 2003도5207; 대판 1992.2.11, 91도2951.
73) Baumann/Weber/Mitsch, § 15 Rdnr. 77; Maurach/Gössel/Zipf, AT II, § 46 Rdnr. 54; Schünemann, ZStW 96 (1984), 287.
74) Kühl, § 18 Rdnr. 123; SK－Rudolphi, § 13 Rdnr. 18.

IV. 위법성

1. 의무충돌

부작위범에 있어서도 구성요건해당성은 결과발생의 방치의 위법성을 징표한다. 또한 정당화사유로 인해 이러한 위법성 징표기능이 배제되는 것도 작위범의 경우와 같다. 예컨대 화재가 발생한 호텔에서 인명을 구하느라 자신이 보관하던 고객의 귀중품이 소각되는 것을 방지하지 못한 경우, 혹은 병원에서 환자를 구하느라 값비싼 의료장비와 약품을 구하지 못한 병원직원의 경우에 우월한 이익을 보호하기 위해 희생된 낮은 가치의 이익에 대해서는 정당성이 인정된다. 이런 경우 이익충돌 혹은 의무충돌의 법리가 적용된다. 하나의 법익침해를 방지하기 위해서는 이보다 더 큰 법익이 희생되어야 하는 경우라면, 더 큰 법익을 선택하여야 한다. 즉 우선 순위 의무를 이행하느라 차순위 의무를 이행하지 못한 경우에 이 이행되지 못한 의무(부작위)는 우월이익의 원칙에 따라 위법성이 조각된다.[75]

상충되는 법익이 동등한 가치를 가지는 경우에 문제가 될 수 있다. 예컨대 아들 갑과 을이 동시에 물에 빠졌는데 아버지가 최선을 다했으나 갑만 구조하는 데 그친 경우, 법질서는 수범자에게 불가능한 것을 요구할 수는 없는 것이므로 을을 구하지 못했다는 부작위 부분에 대해 이를 위법하다고 할 수 없다. 다만 이 사례에서 을은 행위자의 아들이고 갑은 아들의 친구였던 경우에도 인간의 생명은 절대적으로 동등한 가치를 갖는 것이라고 보아 정당성을 인정하는 견해도 있으나,[76] 보증인지위가 부작위범의 구성요건요소가 된다는 점을 무시할 수 없다면 부작위의 법적 의미는 전자의 사례와 동일하다고 할 수 없다. 따라서 이 경우 위법성은 인정되지만 적법행위에 대한 기대가능성의 결여로 인한 책임조각의 가능성만은 있다고 하겠다.[77]

주체가 서로 다른 두 개의 동등한 법익에 대해 하나의 작위의무와 부작위의무가 충돌되는 경우는 본질적 의미의 이익충돌 상황이 아닌 정당화적 긴급피난 상황으

---

75) Gropp, § 11 Rdnr. 56.
76) Kühl, § 18 Rdnr. 137; Joecks, § 13 Rdnr. 54; SK – Rudolphi, Vor § 13 Rdnr. 29.
77) 손동권/김재윤, [§ 22] 59.

로서 부작위의무가 우선하는 것으로 보아야 한다. 의사가 이미 갑에게 부착되어 있던 인공심폐기를 떼어 새로이 입원한 을에게 부착하여 갑이 사망한 경우에 갑의 사망결과에 대해서 작위에 의한 살인죄의 위법성은 인정되어야 한다. 다만 의사의 행위가 을의 생명을 구하기 위한 유일한 수단이었다면 여기에서도 책임조각의 가능성은 남는다.[78]

2. 보증인의무의 체계상의 지위

이미 앞의 이분설에서 언급한 바와 같이 보증인지위는 객관적 구성요건요소의 하나인 데 비해 여기에서 발생되는 보증인의무는 위법성 요소로 이해된다. 이런 견해는 보증인의무가 존재론적으로 위법성 요소로서의 성격을 갖추었기 때문이 아니라, 오히려 이에 대한 착오 혹은 인식의 결여를 사실의 착오와 구별되는 법률의 착오로 취급하기 위한 목적에서 나온 결론이라고 볼 수 있다.[79]

V. 책임

부작위범에서도 행위자의 위법성에 대한 인식으로 책임비난이 성립된다. 즉 부작위범의 책임인정을 위해서 행위자는 법적으로 해당 작위의무를 이행하지 않으면 안 된다는 사실을 인식해야 한다. 작위범에서 적용되는 책임배제사유 혹은 면책사유가 부작위범에서도 동일하게 적용된다. 다만 행위자가 스스로를 책임무능력의 상태에 빠뜨린 경우 원인에 있어서 자유로운 행위 대신에 원인에 있어서 자유로운 부작위(omissio libera in causa)가 적용될 수 있다.

1. 기대가능성

자신의 생명에 대한 위협 때문에 아들을 위험에서 구하지 못한 아버지에게 면책사유가 인정된다. 독일형법 제323c조는 자기 자신에게 현저한 위험이 발생되지 않

---

78) 손동권/김재윤, [§ 22] 58 참조.
79) 아래 V. 2. 참조.

고 타인의 중대한 의무도 침해하지 않는 범위에서 가능한 조력을 요구하고 있다. 이것은 누구에게나 적용되는 일반적 구조의무에 관한 규정이기는 하지만 부진정부작위범에서도 이러한 기대가능성의 요건에 의한 작위의무의 제한은 필요하다. 그렇지 않으면 가벌적 작위의무의 범위가 너무 넓어질 수 있기 때문이다. 따라서 적법행위에 대한 기대가능성이 부정되는 곳에서 부작위범의 면책은 인정될 수 있다. 또한 긴급상황에서 자신의 정당한 개인적 이해관계에 따라 자기 형을 구하는 대신 친구를 구한 행위는 독일 입법상의 면책적 긴급피난의 요건은 갖추지 못했더라도 기대불가능성으로 인해 면책은 가능하다. 작위의무를 이행함으로써 자신의 형사처벌의 위험성이 발생하는 경우도 기대가능성이 부정되는 전형적인 사례이다. 하지만 자신의 선행행위에 따른 작위의무가 발생한 경우는 예외이다.

2. 금지착오

작위범에서는 금지규범에 대한 착오로(Verbotsirrtum) 책임이 조각될 수 있는 데 비해 여기서는 명령규범(Gebotsnorm)에 대한 착오가 책임조각사유가 된다. 그러나 양자 간에 본질적 의미의 차이가 있는 것은 아니며 오히려 명령규범의 착오는 금지착오의 한 유형일 뿐이다. 여기서 중요한 것은 보증인지위의 착오는 사실의 착오로서 고의에 관련한 문제임에 비해, 보증인의무에 관한 착오는 고의와 관계 없는 단지 책임인정 여부에 관련한 문제가 된다는 점이다.

예컨대 어린이들을 인솔하여 물가에 소풍을 나온 유치원 교사가 물에 빠진 어린이를 구하지 않은 경우에 다음의 두 가지 사례는 법적 성격을 달리한다. ① 물에 빠진 어린이가 제복을 입고 있지 않아서 자신의 유치원에 속한 어린이가 아닌 줄 알았던 경우에는 교사가 자신의 보증인지위에 착오를 일으킨 경우이다. ② 자신의 유치원 소속인 줄은 알았으나 자기보다는 당해 구역의 안전요원에게 우선적 구조의무가 있는 것으로 알고 그에게 구조를 미룬 경우에는 고의는 인정되지만 착오의 회피가능성 또는 정당한 이유 여하에 따라 책임인정 여부가 결정되어야 하는 상황이다. 즉 이러한 유형의 착오에 대해서는 이러한 법적 취급이 가장 합리적이므로 보증인의무는 위법성 요소가 되는 것이다.

금지착오에 따른 면책가능성의 인정범위는 작위범에 비해 부작위의 경우에 상대적으로 넓다고 볼 수 있다. 작위범은 금지된 무엇을 하는 것이고, 부작위범은 요구된 무엇을 하지 않는 것이다. 법질서가 무엇을 금지하고 있는지에 대해서보다는 비교적 파악이 용이한 데 비해, 구체적 상황에서 법질서가 무엇을 요구하고 있는지, 그리고 요구의 대상은 누구이며 무엇인지에 대한 판단이 상대적으로 어려울 수 있기 때문이다.[80]

VI. 고의 부작위범의 미수

일반적 견해에 따르면 고의의 부작위범에서의 미수는 가능하다. 따라서 보증인이 작위의무를 이행하지 않음에도 결과가 아직 발생되지 않았거나 혹은 발생된 결과가 보증인에의 객관적 귀속이 부정되는 경우에 만일 그 구성요건의 미수가 처벌되는 경우라면 부진정부작위범의 미수범처벌가능성을 검토해야 한다. 다만 진정부작위범의 경우 의무발생 이후 이를 이행하지 않는 상태는 이미 기수를 의미하는 것이므로 불능미수의 형태로만 가능하다.[81]

1. 미수의 요건

1) 범행결의

작위범에서와 마찬가지로 부작위범에서도 미수의 성립을 위해서는 범행결의가 필요하다. 다만 작위범에 비해 부작위의 범행결의는 다소의 추가적 요소를 포함한다. 작위범에서의 범행결의는 능동적 행위를 통한 범죄실현으로 연결되지만 부작위범에서는 소극적으로 결과가 발생되도록 사건의 경과를 방임하겠다는 데 연결된다. 여기에서 행위자에게는 소극적 무위로써 결과의 발생이 가능하다는 점과 자신에게 이를 방지할 가능성이 주어졌다는 데 대한 인식이 있어야 하며, 보증인지위의 성립의 근거가 되는 행위상황에 대한 인식이 있어야 한다.[82] 해당 구성요건에 고의에 관련한 특별한 요건이 존재하지 않는 한 미필적 고의로 족하다.

---

80) Jescheck/Weigend, § 60 I 3. 참조.
81) Jescheck/Weigend, § 60 II 1. 부작위의 불능미수의 가벌성에 대해 부정적 입장으로 SK‒Rudolphi, Vor § 13 Rdnr. 55.
82) Kühl, § 18 Rdnr. 143.

2) 구성요건실현을 위한 착수

부작위범에서도 실행착수는 미수범성립을 위한 불가결의 요소가 된다. 법익보호의 관점에서 본다면, 보증인의 작위의무를 부작위를 통해서 위반해서는 안 된다는 법질서의 현재적 요구가 발현되는 시점부터 부작위범의 미수는 성립된다고 할 수 있다. 즉 고의 부작위범의 착수시점은 구체적 위험상황에서 의무침해가 개시된 시점이라 하겠다. 그러나 결과발생의 방지를 위해 보증인이 능동적 노력을 투입해야 할 정도로 법익침해의 위험이 구체화된 시점을 찾는다는 것은 현실적으로 단순한 문제가 아니다. 그 시점을 정하는 문제에 관해서 다음의 견해들이 제시된다.

(1) 최초의 구조가능성 시점

보증인이 자신에게 주어진 최초의 구조가능성을 지나치는 순간이 부작위범의 착수시점이 된다는 견해이다. 추후의 구조가능성 여부 혹은 보증인의 이에 대한 인식 여부는 묻지 않는다. 이에 따르면 아기를 아사시킬 결심을 한 어머니가 첫 번째 수유를 거를 때 착수가 인정된다. 이 견해는 법익보호에 가장 충실한 반면 심정형법에 근접할 정도로 보증인의 가벌성의 범위가 지나치게 확장되는 단점이 있다.[83] 어머니가 첫 번째 수유를 거르더라도 아기의 생명은 현저한 위험증대를 겪지 않고 안전하게 보호될 가능성이 충분히 존재한다면 아직은 가벌성을 인정할 단계는 아닌 것이다.[84]

(2) 최후의 구조가능성 시점

행위자가 자신의 표상에 따른 최후의 구조가능성을 지나치는 시점을 착수시점으로 보아야 한다는 견해가 있다. 물론 이 시점에는 의문의 여지없이 구성요건실현을 위한 직접적 개시가 존재한다고 할 수 있다. 그러나 법질서는 보증인의무로써 궁극적인 법익침해 결과의 방지만을 요구하는 것이 아니라 침해에 근접한 위험의 방지도 요구한다는 점을 염두에 두어야 한다. 또한 이 견해를 따르면 중지미수의 가능성은 완전히 배제되거나 극히 제한될 수밖에 없다.[85] 따라서 착수시점은 이보다 시간적으로 앞선 것이어야 한다.

---

83) LK-Hillenkamp, § 22 Rdnr. 143 참조.
84) Baumann/Weber/Mitsch, § 26 Rdnr. 57.
85) Baumann/Weber/Mitsch, § 26 Rdnr. 57.

(3) 위험의 현저한 증대 시점

따라서 부작위범의 착수시점을 행위자의 관점에서 보아 구성요건적 결과의 발생이 근접한 시점 혹은 보호법익에 대한 위험이 지속적 방치경과에서 현저히 증대된 시점으로 보는 견해가 타당하다.[86] 이 견해에 따를 때 수영을 못하는 피보증인이 물에 빠진 경우라면 법익에 대한 직접적 위험이 발생된 경우로서 이때는 최초의 구조가능성을 지나치는 순간을 착수시점으로 볼 수 있다. 이와는 달리 결과발생의 위험이 임박하지 않은 사례에서는 위험성이 구체화되는 단계 혹은 구조가능성을 종국적으로 포기하는 순간이 착수시점이 된다. 가령 술에 취한 사람이 선로에 누워 잠이 들어 있을 때, 기차가 1시간 후에나 오는 경우라면 안전책임자가 그를 즉시 구조하지 않더라도 아직 착수는 인정되지 않는다. 그러나 두 시간 이후에 돌아올 생각을 하며 자리를 뜨는 순간 착수가 인정된다.

2. 중지미수

작위범에서는 실행에 착수한 경우라도 미종료미수(착수미수)인 경우에는 단순한 무위로 중지미수가 성립될 가능성이 있으나, 부작위범에서는 중지미수를 위해서 항상 적극적 행위를 통한 결과방지 노력이 있어야 한다.

부작위범에서의 미종료미수는 행위자가 지금까지 결과발생의 방지를 위해 필요한 것으로 표상한 행위를 이제라도 취함으로써 법익은 보호될 수 있는 상황이며, 종료미수는 그러한 행위만으로는 더 이상 법익보호에는 충분하지 않고 그 이상의 행위가 요구되는 상황이라고 할 수 있다. 어머니가 아기를 아사시키려고 한 경우 몇 차례 수유를 거르기는 했으나 지금이라도 정상적 수유로 건강에 큰 지장을 초래하지 않을 수 있는 단계가 전자의 예이며, 이미 건강상태가 나빠져 정상적 수유의 재개만으로는 부족하고 특별한 의료적 조치가 요구되는 경우가 후자의 예이다. 즉 부작위범의 경우에는 미종료미수이건 종료미수이건 중지미수의 성립을 위해서는 결과방지를 위한 특정의 적극적 행위가 요구된다.

자신의 부작위로 인해 증대된 위험을 만회하기 위한 적극적 노력을 하더라도 발

---

[86] 김성천/김형준, 329면; 김일수/서보학, 385면; 손동권/김재윤, [§ 22] 67; 이형국, 278면; 임웅, 585면; 정성근/박광민, 471면; 진계호, 202면.

생될 수 있는 법익침해 결과에 대해 종료미수의 행위자는 그에 대한 위험부담을 져야 하지만, 미종료미수의 경우에는 그럴 필요가 없으므로 양자는 구분이 되어야 한다는 견해가[87] 있다. 그러나 부작위범에서의 중지미수를 위해서는 어차피 적극적 행위에 의한 결과방지의 노력은 동일하게 요구되는 것이므로 양자를 구분할 필요가 없다는 견해가[88] 타당하다.

실행착수와 기수가 시간적으로 분리될 수 있는 경우에만 중지미수가 물리적으로 가능하다. 예컨대 물에 빠진 아들을 구하지 않고 현장을 떠났다가 다시 돌아와 구조한 경우에 중지미수가 성립한다.

VII. 공범

부작위범에서의 공범성립가능성에 관련해서는 작위를 통한 부작위범죄에의 관여와 부작위에 의한 작위 혹은 부작위범죄에의 관여형태로 나눌 수 있다.

1. 부작위범죄에의 관여

작위를 통한 부작위범죄에의 관여는 가능하다. 결과발생을 방지할 작위의무 있는 보증인에게 부작위를 결의하게 함으로써 교사범이 성립하며, 보증인의 범행결의를 강화함으로써 방조범이 성립한다. 이 경우 교사나 방조행위는 작위에 의한 것이므로 보증인의무는 문제되지 않는다. 이러한 범행가담형태에 있어서 공범이 아닌 작위정범의 성립을 인정하는 소수설적 견해가 있으나 부정되어야 한다.[89]

부작위범 사이의 공동정범이 성립될 수 있으며, 작위로 부작위범죄에 관여함으로써 간접정범도 성립될 수 있다. 부작위범들 중 다수가 이행가능한 공동의 작위의무를 함께 이행하지 않음으로써 공동정범이, 작위의무자의 배후에서 강제 혹은 기망으로 그의 의무를 이행하지 못하게 함으로써 간접정범이 각각 성립한다. 후자의

---

87) Sch/Sch/Eser, § 24 Rdnr. 30; LK—Jescheck, § 13 Rdnr. 49.
88) Freund, 8/67; Haft, S. 235; Herzberg, MDR 1973, 89, 93; Jakobs, 29/116; NK—Zaczyk, § 24 Rdnr. 47; Roxin, AT II, § 30 Rdnr. 138; SK—Rudolphi, Vor § 13 Rdnr. 56.
89) 손동권/김재윤, [§ 22] 73.

경우에서 배후의 범인은 우월한 의사와 작위를 통해 행위지배를 하는 정범이 된다.

반면에 부작위에 의한 간접정범의 성립가능성은 부정된다. 자기 어린애가 남의 집의 물건을 파손할 것을 알고도 내버려 둔 부모는 부작위범의 직접정범이 된다.

작위범과 부작위범 간의 공동정범도 가능하다. 교도관 갑이 구금자에게 도망갈 수 있는 열쇠를 넘겨주는 것을 본 교도관 을이 이를 암묵적으로 묵인한 경우를 예로 들 수 있다. 물론 이때 을이 공동정범의 의사로 묵인한다는 의사방향이 중요하다.

2. 부작위에 의한 작위 혹은 부작위범죄에의 관여

부작위에 의한 범죄관여형태에 있어 우선 부작위에 의한 교사는 불가능하다. 교사범의 성립을 위해 정범에게 심리적 작용을 통해 범행결의를 야기해야 할 것이 전제가 되는데, 부작위로는 정범 스스로의 범행결의조차 방지하지 못하기 때문이다. 부작위의 이러한 기능성 정도로는 교사범의 행위불법 달성에 미치지 못한다 할 것이다.[90]

그러나 방조범에게 보증인의무가 있는 한 부작위에 의한 방조는 가능하다. 고의 작위범으로서의 범행지배를 행사하는 정범의 행위를 억제해야 할 지위에 있는 보증인이, 이를 억제하지 않음으로써 그 범행에 기여하는 것은 부작위에 의한 방조가 된다. 예컨대 재소자의 관내에서의 상습적 절도행위를 알고도 묵인한 교도관은 부작위에 의한 절도의 방조범이 된다.

VIII. 해석론과 입법론

형법 제18조의 "위험의 발생을 방지할 의무가 있거나 자기의 행위로 인하여 위험발생의 원인을 야기한 자가 그 위험발생을 방지하지 아니한 때에는 그 발생된 결과에 의하여 처벌한다"는 규정에서 '위험의 발생을 방지할 의무'는 보증인의무를, '위험발생의 원인야기'는 선행행위를 의미한다.

'그 발생된 결과에 의하여 처벌한다'함은 궁극적으로 작위범과 같이 처벌한다는 의미로 해석된다. 그러나 능동적 행위를 통해서가 아니라 존재론적 무위에 의해 결

---

90) Jescheck/Weigend, § 64 II 6.

과를 발생시킨 부작위범의 불법 및 책임의 정도는 작위범의 경우와 항상 동일하다
고 할 수 없으며 대체적으로 작위범에 비해 낮다고 할 수 있다. 따라서 부작위범의
경우 독일형법 제13조 제2항과 같은 임의적 감경규정을 두는 것이 바람직하다.[91]
　부작위범의 인정범위를 명확히 제한하기 위해 부작위가 작위에 의한 구성요건실
현에 상응해야 한다는 상응성의 요건도 명문화할 필요성이 있다. 또한 우리나라보
다 일반적으로 개인주의 성격이 강한 독일(독일형법 제323c조)이나 오스트리아(오스
트리아형법 제95조), 프랑스(프랑스형법 제223－6조 제2항) 등에서도 인정되고 있는 일
반적 구조의무규정의[92] 입법화를 통해 사회적 연대성을 강화하는 것도 현실적으로
요구되는 바이다.

---

91) 신동운, 151면.
92) 임웅, 586면.

제 3 장

미수범론

제 39 절 미수론의 기본개념

고의기수범 외에 실행착수 이후 행위의 미종료 혹은 결과의 미발생으로 범행이 완성되지 않은 미수범도 형법의 대상이 됨은 형법 제25조 이하의 규정을 통해 알 수 있다. 여기서의 실행착수는 미수범과 그 이전 단계인 예비를 구분하는 기준이 되며, 결과의 미발생은 미수와 기수를 구분하는 기준이 된다. 미수범은 이론적으로 과실범 등 특수한 예외를 제외하고 원칙적으로 각칙의 모든 구성요건에 관련될 수 있다. 하지만 입법자는 미수범이 처벌되는 구성요건을 제한적으로 인정하고 있다. 미수범은 그 자체로 독립된 구성요건이 아니라 살인미수, 상해미수, 강도미수 등과 같이 기존의 특정 구성요건에 결부하여서만 성립되는 종속적 개념이다.

I. 범행완성의 단계

행위자가 범죄의사를 형성하고 이를 행위로 외부세계에 표시하여 자신이 원했던 결과가 발생함으로써 하나의 범행이 완성된다. 즉 범죄의 완성은 범행결의 – 예비·

음모 - 실행착수(미수성립) - 기수 - 종료의 단계를 거치게 된다.

① **범행결의** : 범죄를 실행하려는 의사의 전반을 의미하는 것으로서 여기에는 범행에 대한 착상, 구체적 범행결심, 실행계획의 구상 등이 포함된다. 개인의 자유를 기초로 하는 법치주의국가 사상에 의하면 생각은 개인의 자유로 보장되어야 하는 것이므로(cogitationis poenam nemo patitur)[1] 외부에 표시되기 이전의 생각에는 형법이 개입할 여지가 없다. 나아가 범행결의라고 할 수 있기 위해서는 범죄로 처벌될 수 있는 내용에 대한 결심이어야 한다. 환각범 등은 여기에서도 이미 제외된다.

두 사람 이상의 결의인 경우라면 생각은 외부에 표시된 것이라고 할 수 있다. 이것은 범행약속이 되어 여기에는 형법 제31조 제2항(기도된 교사)에 의한 처벌가능성이 생겨난다.[2]

② **예비·음모** : 넓은 의미의 범행의사의 외부적 표현형태라고 할 수 있다. 그중 예비란 강도를 위한 흉기구입, 범행장소의 사전 탐색 등과 같이 실행착수에는 이르지 않은 범죄실현을 위한 준비이며, 음모란 두 사람 이상이 공동의 범죄실현을 위해 모의하는 것을 말한다.

예비·음모는 법익침해의 위험성과는 아직 상당한 거리가 있고, 특히 예비행위의 의미나 목적에 대해 제3자가 확정하기 어려운 단계로서 불가벌이 원칙이다. 다만 이것이 중대한 법익침해에 관련되는 경우에는 형법 제28조에 따라 예외적으로 처벌될 수 있다. 내란죄(형법 제90조), 외환죄(형법 제101조), 폭발물사용죄(형법 제120조), 방화죄(형법 제 175조), 일수죄(형법 제183조) 등이 이에 해당되는데, 이것은 법익의 중대성에 비추어 실행에 착수하기 전에 미리 법익침해를 방지하려는 입법자의 의도라 할 수 있다.

③ **실행착수** : 범행결의를 한 자의 구성요건실현을 위한 직접적 개시를 뜻하며, 범인의 전체 범행계획에 따르면 법익에 대한 직접적 위해가 결부되어 있는 행위이다. 따라서 실행에 착수한 이상 결과가 발생되지 않더라도 범죄의사의 표시와 위험성의 실현으로 더 이상 존재론적 무(無)로 돌릴 수 없다.

④ **미수** : 실행에 착수한 이후 행위 자체를 종료하지 못했거나, 종료는 했더라도

---

1) 생각으로는 누구도 처벌되지 아니한다.
2) 구성요건 성립을 위해 단순한 외부적 행위가 아닌 내면적 심리상태가 중요한 표현범인 경우(위증죄 등) 내면적 의사의 표현으로써 이미 구성요건이 충족될 수 있다.

의도했던 결과가 발생되지 않은 경우이다(형법 제25조 제1항). 행위자의 범행계획에 비추어 볼 때, 행위자의 행위로 인해 우연이나 방해가 개입되지 않으면 중간단계를 거치지 않고 직접 구성요건적 결과로 연결될 수 있는 조건이 갖추어졌다는 점에서 예비와 구별된다. 예비·음모에 비해 미수는 그 가벌성의 범위가 크게 확장된다. 그러나 모든 구성요건의 미수가 다 처벌되는 것은 아니며, 처벌되는 경우에도 임의적·필요적 감면이 가능하다.

⑤ **기수** : 형식적으로 구성요건이 충족되면 행위는 기수가 된다. 미수와 기수는 가벌성의 범위와 형량에서 근본적 차이가 있다. 기수시점 이후에는 중지미수가 불가능하며 교사도 성립될 수 없다. 그러나 사후방조(事後幇助)나 범죄비호는 가능하다.

⑥ **범죄행위종료** : 범죄의 기수가 성립된 후 보호법익의 침해가 실질적으로 이루어졌을 때를 말한다. 살인죄나 재물손괴죄 같은 즉시범의 경우에는 기수와 함께 종료가 동시에 이루어지지만, 계속범의 경우에는 양자 간에 시간적 간격이 존재할 수 있다. 예컨대 체포·감금죄의 경우 체포·감금이 이루진 시점에 기수가 인정되나, 이러한 위법한 상태가 해제되는 시점에 범죄는 종료된다. 계속범 외에도 목적범인 경우 목적까지 이루어진 때가 종료시점이 되며, 상해죄에서도 반복에 의한 상해일 경우 첫 가격으로 기수, 마지막 가격으로 종료가 되는 것으로 엄밀히 구분할 수 있다.

기수로부터 종료를 구분해야 할 이유는 종료시점이 공소시효의 기산점이 된다는 데 있다(형소법 제252조 제1항). 또한 기수 이후에 교사범의 성립은 이미 불가능하나 기수 이후 종료 이전까지는 방조범 혹은 범죄비호는(은닉, 증거인멸 등) 가능하다. 예컨대 갑이 을을 감금한 후 병으로 하여금 감시하게 한 경우 병은 방조범이 된다. 이 시점에 가중적 구성요건의 실현도 가능하다. 승계적 공동정범도 가능하다는 견해도 있으나3) 이는 획일적으로 단언할 수 있는 문제는 아니다.

II. 미수범의 처벌근거

게르만 민족법이 몇몇 전형적인 미수범 처벌규정을 인정한 데 비해 카롤리나 형법전은 미수범에 대해 상당히 높은 수준의 정의를 내리고 있었다. 카롤리나 형법전

---

3) Haft, S. 211.

은 미수에 있어서의 고의라는 주관적 요건 및 실행착수라는 객관적 요소, 미수범의
감경사유, 중지미수의 추가적 요건 등을 인정하고 있었다. 이때까지는 미수범의 가
벌성에 관하여 범인이 가졌던 악의를 처벌한다는 의미를 담는 규정을 두고 있었다.
그러나 이러한 가벌성의 근거에 관한 사고는 19세기에 들어 자유법치국가 사상에
의해 극복되었다. 즉 범인의 악의가 아닌 범행시도로 실현된 법익침해의 위험성이
미수범의 가벌성의 근거로서 전면에 나서게 된 것이다.[4]

　미수범에서의 가벌성의 근거에 대해 객관설과 주관설이 대립되었으나, 현재는
순수한 객관·주관설의 형식적 외형은 소멸되고 내용적으로 합일화된 것으로 평가
할 수 있다.

1. 객관설

　고전적 범죄체계의 기초에서의 객관설(objektive Theorie)은 구성요건을 통해 보
호되는 행위객체에 대한 객관적 위험 혹은 구성요건적 결과실현에 근접한 위험이
미수범의 가벌성의 근거가 된다는 입장이다.[5] 예비, 미수, 기수 등 모든 범행단계
에는 공통적으로 범죄의사로서의 동일한 고의가 있는데, 미수를 예비와 구별하여
처벌하는 근거는 주관적 범죄의사가 아닌 보호법익에 대한 실행착수행위에 따른
객관적 위험이라는 것이다. 또한 미수와 기수에도 공통의 범죄의사가 있으나, 미수
와 기수는 법익침해 위험의 정도가 다르므로 미수는 상대적으로 감경되는 것은 당
연하다고 한다. 이 견해의 관점에서 객관적 위험이란 결과반가치 발생의 개연성에
존재하는 것이므로, 이 견해를 충실히 따른다면 이러한 개연성이 절대적으로 존재
하지 않는 불능미수에 대해서는 가벌성을 부정해야 할 것이다.

　객관설이라고 해서 모든 주관적 요소를 배제하는 것은 아니다. 여기에서도 행위
자의 고의 혹은 범행계획과 같은 모든 주관적 요소도 미수범의 가벌성의 근거로서
절대적 요소로 인정한다.[6] 즉 이는 미수범과 기수범에 공통으로 존재하는 요소인

---

4) Haft, S. 212; Jescheck/Weigend, § 49 I.
5) Frank, § 43 Anm. I; v. Hippel, Bd. II, Das Verbrechen, Allgemeine Lehren, 1930,
　 S. 403 f; v. Liszt/Schmidt, AT I, 26. Aufl. 1932, S. 302; Spendel, ZStW 65 (1953),
　 522.
6) Roxin, AT II, § 29 Rdnr. 26.

것이다.

과거의 구객관설은 절대불능과 상대불능을 구별하여, 전자에는 가벌성을 부정하는(불가벌적 불능범) 반면 후자를 가벌적 미수로 인정하는 방식을 취했다. 그러나 절대불능과 상대불능의 구별은 현실적으로 매우 어렵고 실용적이지도 못하다는 이유로 현재 그 추종자를 찾기 어렵다.

이에 비해 미수범의 가벌성을 위해서도 특별한 사안반가치가 요구되는 것으로 보는 신객관설은 구성요건적 결과를 야기할 만한 구체적 위험이 없으면 미수범으로서의 가벌성은 부정되어야 한다고 판단한다. 즉 과거의 상당인과관계설과 오늘날의 객관적 귀속이론에서 정하는 위험이 존재하는 경우에만 가벌적 미수가 인정된다고 보는 것이다. 범인의 목표와 그의 특수지식을 알고 있는 통찰력 있는 평균인의 관점에서 행위당시의 사전적 평가에 따를 때, 결과의 발생이 가능한 것으로 판단되는 사안에 가벌성의 근거로서의 위험은 존재한다. 구체적으로 말해 그 관찰자가 행위자의 행위를 위험한 것으로 판단하여 "위험하니 그만 둬!"라고 말해야 하는 경우에 가벌적 미수가 인정되며, 실현가능성이 희박한 시도를 하는 것으로 판단하여 "이런 멍청한 인간"이라고 말할 수 있는 경우에는 위험의 결여로 가벌성이 부정된다고 할 수 있다.[7]

> 객관설의 범위에서의 구성요건흠결이론(die Lehre vom Mangel an Tatbestand)은 객관적 구성요소로서의 결과가 발생되지 않은 경우에만 가벌성 여부가 검토되어야 할 미수가 인정되며 그 외의 다른 구성요건적 요소가 결여된 경우, 예컨대 절취한 물건이 타인의 것이 아니었거나 살해의 의도로 총을 쏜 대상이 사람이 아닌 경우에는 미수가 아닌 그 자체로서 구성요건이 흠결되어 가벌성이 부정되는 사례일 뿐이라고 한다.[8]

2. 주관설

순 주관설(rein subjektive Theorie)은 법적대적(法敵對的) 의사만으로 미수범의 처벌근거가 성립된다는 입장이다. 이 견해는 미수범으로서의 가벌성의 범위를 예비영역 및 불능미수에까지 확장하게 되며, 또한 미수와 기수에는 모두 법적대적 의사

---

7) Roxin, AT II, § 29 Rdnr. 27; v. Hippel, Bd. II, Das Verbrechen, 1930, S. 403.
8) Roxin, AT II, a.a.O.; Sch/Sch/Eser, Vor § 22 Rdnr. 19. 이에 대해 자세한 것은 아래 제 42 절 I. 3. 참조.

가 있으므로 차등 취급할 수 없다는 점에서 불합리하다. 또한 미수범의 가벌성을 위해서 실행의 착수라는 객관적 요소를 요구하는 형법 제25조 제1항에도 부합하지 않는다.

이에 비해 객관적 주관설(objektiv–subjektive Theorie)은 법적대적 의사의 표출에 가벌성의 근거가 존재한다고 본다. 여기에서는 이러한 의사의 표출에 따라 실현된 행위반가치만으로 가벌성 인정에는 족하며 이에 관련한 보호객체의 객관적 위험성은 중요하지 않다. 이 견해에 따르면 여전히 사태반가치는 불필요하다.

객관적 주관설은 순 주관설에 비해 객관적 요소가 가미되기는 했다 하더라도 여전히 심정형법으로 흐를 위험이 있으며, 무엇보다 미수범으로서의 가벌성의 범위가 질적·양적으로 부당하게 확장된다. 예컨대 낙태의 효능이 전혀 없는 약을 낙태의 의도로 복용하거나[9] 독성이 전혀 없는 약을 이용해 타인을 독살하려고 시도한 경우에 낙태 및 살인미수가 각각 인정되어야 하며(질적 확장), 추후에 사기에 사용할 의도로 위조문서를 작성한 순간[10] 이미 사기미수가 인정되어야 한다(양적 확장).

3. 절충설

주관설에 바탕을 두되 객관적 요소에 의해 보완하고자 하는 견해로서 이 중 대표적인 것은 인상설(印象說 : Eindruckstheorie)이다. 객관과 주관, 의사불법과 위험불법을 절충하고자 하는 이 견해에 따르면, 미수범은 법적대적 의사를 행위로써 외부에 표출하여 법질서의 효력에 대한 일반인의 신뢰 혹은 법적 안정감 및 법적 평화를 침해했다는 법동요적(法動搖的) 인상을 주었기 때문에 처벌된다.[11] 모든 가벌적 미수에 존재하는 것은 아니라 할 위험을 판단기준으로 삼는 것이 아니라, 일반인이 행위로부터 받은 인상을 그 판단기준으로 한다는 것이다. 법동요적 인상이라는 판단기준을 통해서 예비와 미수, 미수와 기수, 단순 장애미수와 불능미수(불가벌적 불능범) 및 미신범 등에 대해 가벌성의 한계 및 정도의 관점에서 합리적으로 구

---

 9) RGSt 1, 439, 441.
10) RGSt 51, 341, 343.
11) Maurach/Gössel/Zipf, AT II, § 40 Rdnr. 40 ff; Roxin, JuS 1979, 1; Sch/Sch/Eser, Vor § 22 Rdnr. 23; SK–Rudolphi, vor § 22 Rdnr. 13 f. 이에 대한 비판으로 Roxin AT II, § 29 Rdnr. 47 ff.

별할 수 있다는 장점이 있다.

그러나 이에 대해서는, 미수범의 가벌성의 근거에 관한 이론으로서 미수범에 고유한 요소를 담지 못하고 단지 가벌적 행위와 불가벌적 불능범을 구별하는 기능에 한정되며, 그것마저도 제대로 기능을 못한다는 비판이 따를 수 있다. 즉 범행준비가 종료된 이후 그리고 착수 이전의 단계에도 때에 따라서는 동요적 인상은 충분히 가능할 수 있기 때문이다. 이러한 비판에도 불구하고 현재 독일과 우리나라의 다수설이다.12)

제 40 절 미수의 체계와 성립요건

I. 미수범의 입법체계

형법은 장애미수(형법 제25조), 중지미수(형법 제26조), 불능미수(형법 제27조)의 세 가지 형태를 인정하고 있다. 그중 장애미수를 기본형으로 하여 중지미수와 불능미수는 각각 특수한 추가적 요건을 필요로 한다. 장애미수는 임의적 감경사유가 되며, 중지미수는 필요적 감면, 불능미수는 임의적 감면사유로 규정된다. 미수의 일반적 성립요소로는 첫째, 주관적 요건으로 구성요건실현을 위한 고의(범행결의), 둘째, 객관적 요건으로 실행착수, 그리고 소극적 요건으로서 결과의 미발생의 세 가지 요건을 갖추어야 한다.

II. 기본구조로서의 장애미수

1. 성립요건

형법 제25조는 표제를 미수범으로 하고 있는데, 그 법문의 내용은 강학상의 장애미수의 개념에 해당하는 것이다. 따라서 '미수' 앞에 특별한 수식어가 붙지 않은

---

12) 김성천/김형준, 322면; 김일수/서보학, 377면 이하; 배종대, [107] 5; 손동권/김재윤, [§ 23] 9; 안동준, 177면; 이정원, 263면; 임웅, 368면; 조준현, 253면.

경우에는 세 종류의 미수형태를 모두 포괄하는 광의의 미수범 개념으로 이해할 수도 있으나, 입법형태에 비추어 본다면 장애미수를 의미하는 협의의 개념으로도 이해할 수 있다.

미수범의 가벌성심사에서는 기수범의 경우와는 반대로 객관적 구성요건에 앞서 주관적 구성요건의 충족 여부를 먼저 검토하는 것이 합리적이다. 구체적 결과가 발생되지 않은 상황에서 구성요건실현을 위한 실행착수 여부를 논하는 것은 범인이 어떠한 구성요건을 실현하고자 했는지 그 의도를 확정하고 난 이후에 비로소 의미가 있기 때문이다.

1) 주관적 구성요건

(1) 고의 혹은 범행결의

고의기수범은 범행결의, 준비단계, 실행행위, 기수의 순서로 진행된다. 범행결의는 착수시점에 기수의 고의로 변환되어야 하며, 고의의 내용에 상응하는 결과가 발생됨으로써 완성된다. 미수범의 경우에도 범행결의로부터 시작되나 마지막의 기수 부분만은 결여된다. 이와 관련하여 미수범에서의 주관적 구성요건은 흔히 고의 대신 범행결의로[1] 지칭된다.

범행결의와 고의의 관계에 대해서는 다양한 견해가 존재한다. 기존의 일반적 견해에 따르면, 범행결의는 고의뿐 아니라 절도죄에서의 불법영득의사 등과 같은 주관적 요소를 포함하는 넓은 개념으로서 범행결의와 고의는 동일한 개념은 아니다. 반면에 새로운 견해에 따르면 오히려 고의가 범행결의와 행위상황의 인식 및 부수적인 주관적 요소를 포함하는 상위개념이라고 한다.[2] 다만 고의는 실행행위가 끝난 시점을 기준으로 존재가 확인될 수 있는 것으로서 실행행위가 종료되지 않은 시점의 고의는 엄밀히 말해 착수고의일 뿐 기수고의는 아니라는 것이다.

이 견해는 미종료미수의 단계에서 결과가 발생된 경우에 기수의 고의를 명백히 배제할 수 있는 장점이 있다. 예컨대 갑이 을을 목격자가 없는 깊은 바다로 데리고

---

1) Kühl, JuS 1980, 120, 124; Lackner/Kühl, § 22 Rdnr. 1; Roxin, GS—Schröder, 1978, S. 145 ff; SK—Rudolphi, § 22 Rdnr. 1; Wessels/Beulke, Rdnr. 596.

2) Frisch, Tatbestandsmäßiges Verhalten und Zurechnung des Erfolgs, 1988, S. 602 ff; Gropp, § 9 Rdnr. 62 ff; Herzberg, ZStW 85 (1973), 882 ff.

나가 살해할 목적으로 바다낚시를 하자고 꾀어 배에 태우는 과정에서 을이 미끄러지는 바람에 머리를 다쳐 사망한 경우, 갑에게 살인기수의 고의는 인정되지 않는다. 실제로 이 경우는 살인미수와 과실치사의 상상적 경합에 해당하는 사례로서 이 견해는 합리적 결론에 이르게 된다.3)

고의를 위해 필요한 행위상황에 대한 인식도 현실적 결과발생의 위험에 대한 인식을 의미하는 것이다. 이러한 인식은 범행결의나 앞의 사례에서 피해자를 배에 태우는 단계에는 존재하지 않는다. 그러나 고의에는 반드시 이미 발생된 객관적인 것만 포함되는 것이 아니라 목적이나 의지도 포함될 수 있는 것이라면 범행결의가 고의를 포함한다는 견해가 무난하다는 입장도 있다.4)

범행결의라는 용어는 미수범에 고유한 특수 요소를 포함하는 것으로서 고의와 구별되는 개념이라는 혼란을 야기할 우려가 있으므로 이 용어의 사용은 삼가야 한다는 견해가 타당하다.5) 사실상 범행결의는 고의의 기초 혹은 출발점은 되지만 가벌성의 직접적 근거가 되는 주관적 요건은 아닌 것으로서 예비단계 혹은 그 이전의 행위자의 범행에 지향된 내면적 상태일 뿐이다. 행위상황에 대한 인식 및 결과에 대한 예견가능성, 결과실현의사 등을 내용으로 하는 고의는 실행착수시점을 기준으로 확정되어야 한다. 착수시점에 추후의 결과발생여부와 관계없이 동일한 기수의 고의가 존재해야 한다. 결과적으로 행위자가 예견한 결과가 발생되지 않았다는 사실은 우연에 불과하므로, 결과발생의 여부는 미수범의 고의성립요건에 아무런 영향을 주는 것은 아니다.

결론적으로 말하자면, 범행결의와 고의의 관계가 중요한 것이 아니라 오직 중요한 것은 미수범의 전체적 주관적 구성요건은 기수범의 그것과 전혀 다를 바가 없으며, 또한 범행결의라는 용어가 기수범에 구별되는 미수범에만 고유한 용어는 아니라는 점이다.

(2) 고의의 요건

가) 고의의 필요성

형법 제25조 규정은 고의를 명문으로 요구하고 있지는 않으나, 과실에 의한 미

---

3) 앞의 제17절 III. 3. 참조.
4) Roxin, AT II, § 29 Rdnr. 66.
5) Baumann/Weber/Mitsch, § 26 Rdnr. 24.

수범은 성립되지 않으므로 모든 미수범에 고의는 당연히 요구되는 것으로 해석되어야 한다. 다만 고의성립을 위해서는 미수에 그치겠다는 의사로는 부족하다. 즉 함정수사 등에서 볼 수 있는 미수의 고의는 불가벌이다.

나) 궁극적 범행결의

행위시에 기수에 이르고자 하는 행위자의 궁극적 결의가 있어야 한다. 몇몇 사례에서 궁극적 범행결의의 존재 여부와 관련한 문제가 발생될 수 있다.

i) 단순한 행위경향성(Tatgeneigtheit)

범인이 궁극적 범행결정은 뒤로 미룬 채 단순히 범행에 대한 생각만 머릿속에 담고 있는 단계이다. "조건부 결의(bedingter Entschluß)"라고도 하는 단순한 행위경향성은 미필적 고의와 엄격히 구별된다. 두 가지 경우에서 모두 범인은 결과발생을 불가능하지 않은 것으로 본다는 점에서 동일하다. 그러나 단순한 행위경향성에서는 범인이 자신의 후속행위를 아직 결심하지 않음으로써 결과발생의 불확실성의 정도가 현저히 높다는 차이가 있다.[6]

독일의 판례도 같은 의미에서 범인이 행위수행을 외부적 상황의 존재 여부에 종속시키는가, 혹은 후속행위를 취할 것인지의 여부를 전혀 정하지 않았는가에 따라 구분한다. 전자의 경우에 고의가 인정되며 후자의 경우에는 고의는 부정된다.[7]

ii) 인식된 불확정적 사실관계에 관련한 범행결의

범인은 범행을 실행하고자 결심했으나 범행수행을 위해 요구되는 모든 상황을 다 알지는 못하므로 범행이 성공할지의 여부에 대해서는 확신을 못하는 경우이다.

iii) 중지미수의 유보를 둔 범행결의

범행은 결심했으나 특별한 상황이 도래할 경우에는 범행의 실행을 포기하고자 하는 경우이다.

다수설의 견해에 의하면 i) 사례에서의 단순한 행위경향성만으로는 무조건적 범행결의의 성립에 부족하므로 고의는 부정되는 반면, ii)와 iii)의 사례에서는 고의가 인정된다.

---

6) RGSt 68, 341: 범인은 권총을 꺼내 자신의 장인에게 협박하기 위해 들이댔다. 행위 당시 범인은 자신을 억제하지 못하고 상대방을 쏠 가능성을 예상했다. 다만 이에 대해 제국재판소는 결과뿐 아니라 후속적으로 필요한 살인행위도 단지 조건부로만 예견할 수 있었다는 이유로 살인고의를 부정했다.

7) BGHSt 12, 309 f; 21, 17 f, 268.

다) 구성요건에 해당하는 객관적 사실의 인식과 의도

구성요건이 제1급 혹은 제2급 직접고의를 요구한다면 미수범에서도 이에 해당하는 고의가 있어야 한다. 그 밖의 경우에는 미필적 고의로 충분하다.

라) 특수 주관적 구성요건요소

목적범의 경우에는 목적(예: 형법 제225조의 공문서 위조의 행사목적, 형법 제242조의 음행매개의 영리목적) 혹은 절도죄에서의 불법영득의사 등이 있어야 한다. 착오 등 특별한 이유로 인해 이러한 요건이 결여되면 주관적 구성요건이 충족되지 않아 미수도 성립하지 않는다.[8]

2) 객관적 구성요건

(1) 실행착수

미수범의 객관적 구성요건의 첫 번째 요소는 실행착수이다. 실행착수 이전은 예비·음모의 단계이므로 이것은 예비와 미수를 구분하는 객관적 경계가 된다. 실행착수란 일반적으로 구성요건실현을 위한 직접적 개시로 정의된다. 더 이상의 중간단계 없이 바로 구성요건실현에로 연결될 행위를 취하는 것을 직접적 개시라 한다.[9] 그러나 구체적 사례에서 언제 직접적 개시를 인정할 것인가에 대해서는 다양한 견해가 대립되며, 개별적 범죄유형에 따라 착수가 인정되는 시점은 달라질 수 있다.

가) 객관설

직접적 개시의 인정 여부는 구성요건에 해당하는 행위의 객관적·외부적 상황에 따라 결정되어야 한다는 입장으로서 여기에는 또 다음과 같은 다양한 견해들이 존재한다.

i) 형식적 객관설(formell−objektive Theorie)

법정 구성요건에 기술된 행위와 밀접한 공간적·시간적 관련성이 있는 행위만이 실행의 착수로 인정된다는 입장이다. 이에 따르면 행위자가 구성요건적 정형성을

---

8) RG JW 1932, 3087 : 우체국 공무원이 편지의 내용물을 보고 영득할 만한지 결정하기 위해 편지를 개봉한 사례에서도 절도의 주관적 구성요건은 부정된다. 행위자의 영득의사는 아직 존재하지 않기 때문에 개봉행위는 실행의 착수가 아닌 단순한 준비행위이다.
9) Jescheck/Weigend, § 49 III 2; BGHSt 31, 178.

띠는 행위를 하거나 이미 구성요건의 일부를 실현하는 행위를 할 때 실행착수가 인정되는 반면, 구성요건실행행위 자체는 아니면서 다만 이를 가능하게 하거나 용이하게 하는 행위의 단계는 예비에 해당한다.[10] 남을 협박하기 위해 협박문을 작성한 행위는 아직 착수가 아니며, 이를 송부함으로써 비로소 직접적 개시가 이루어진다. 실행착수의 행위양태는 개개 구성요건에 기술된 문언에 따라 결정이 가능하다고 보는 이 견해에 의하면, 예컨대 절도에서는 재물을 잡을 때, 살인에서는 총을 꺼내거나 겨눌 때가 아닌 방아쇠를 당길 때 실행착수가 존재한다.

이러한 입장은 죄형법정주의에 가장 충실하다는 장점이 있으나, 각 구성요건에서의 행위의 다양성 때문에 구성요건 실행행위의 정형성을 정하는 데 문제가 있다는 점, 하나의 사건경과에서 착수로 인정되는 시점이 뒤로 늦춰지고 이에 따라 가벌성의 범위가 부당하게 한정될 수 있다는 점, 간접정범의 착수를 설명하기 어렵다는 등의 단점으로 인해 오늘날 지지자를 찾기 어렵다.

ii) 실질적 객관설

가벌적 미수범의 영역을 형식이 아닌 구성요건과 실행행위의 실제적 성질과 내용에 따라 실질적으로 판단하고자 하는 입장이다. 어떠한 구성요건실현행위이든 정형적 방법을 통할 필요가 없고, 어떤 행위를 하더라도 그 구성요건이 보호하는 법익에 대한 제1의 침해 내지 현실적 위험성이 발생했을 때 착수를 인정한다.

(a) 법익위해설 : 실질적 객관설의 입장에서 형식적 객관설을 수정하는 이론의 하나로서 법익위해설이 있다. 이것은 법익의 위해가 실질적으로 이루어진 경우에 구성요건실현의 직접적 개시가 인정된다는 것이다.

그러나 이러한 기준은 실용적 도구가 되지 못한다. 첫째, 법익에 대한 위해가 곧 구성요건이 요구하는 결과인 경우에는 이 기준을 적용할 수 없다. 즉 위험범의 경우 법익에 대한 위해가 발생한 경우에는 이 범죄는 미수가 아니라 이미 기수이기 때문이다. 둘째, 가벌적 불능미수는 충분히 존재할 수 있음에도 불구하고 위해가 결코 발생할 수 없는 불능미수의 경우 이 공식에 따르면 미수범처벌이 전면적으로 불가능하게 된다. 셋째, 이 견해도 범행경과 속에서 실질적으로 실행의 착수를 인정할 수 있는 한계를 정하는 데 도움이 되지 못한다는 점을 지적할 수 있다. 범행

---

10) RGSt 70, 151.

이 범행결의, 준비, 착수 등의 경과를 거치면서 법익에 대한 위해는 증대된다. 준비단계에서만 하더라도 예컨대 흉기를 마련하여 차를 타고 현장에 도착하여 담에 사다리를 걸치는 등의 그 절차가 진행됨에 따라 단계별로 위험성은 증대된다.

이 견해가 쓸모가 있기 위해서는, 법익에 대한 위해성이 양적으로 증대되는 경과속에서, 실행의 착수를 인정할 수 있는 질적으로 구별되는 한계를 찾아낼 수 있어야 한다. 그러나 이에 대한 해결책을 제공하지 못한다.

(b) Frank공식 : 실질적 객관설의 범위에서 Frank는, 실행의 착수는 자연스런 관념으로 보아 구성요건적 행위와 필연적으로 결합되어 있어 구성요건적 행위의 구성요소로 보여지는 모든 행위에서 찾을 수 있다고 설명한다.[11]

이에 따르면 절도죄에서 서랍을 여는 행위, 주거침입죄에서 출입문 손잡이를 잡는 행위에 착수가 인정된다. 이 견해는 형식적 객관설의 구성요건에 묘사된 행위와의 밀접한 관련성을 "자연스런 관념"으로 보완하고자 하는 시도였으나 이 견해도 실익을 가져다주지는 못한다. 말하자면 이에 의하더라도 살인의 고의를 가진 행위자가 사다리를 담에 걸치는 행위, 피해자의 집에 침입하는 행위, 피해자에게 흉기를 휘두르는 행위 중 "자연스런 관념"으로 볼 때 살해행위의 일부라고 볼 수 있는 행위가 어느 것인지를 가려줄 기준을 찾기가 어렵다.

결국 이 견해는 자연스런 관념이라는 개념의 불확정성, 법익침해의 일부 혹은 현실적 위험성 등에 관한 개념의 불확정성으로 인해 구체적 사례에서 실행착수를 가려낼 상세하고 보편타당한 구별기준을 제시하지 못하는 것이다.

(c) 최후(중간)행위설 : 실행의 착수는 구성요건적 행위에의 밀접한 결합을 요건으로 하므로 구성요건적 결과실현 이전의 범위에서의 최후의 행위만이 직접적 개시가 된다고 보는 견해이다.[12]

이 견해에서의 핵심적 의미는 구성요건적 결과실현과 밀접한 시간적·공간적 관련성이 있는 행위만을 실행의 착수로 볼 것이라는 데 있다. 착수와 구성요건실현 사이에 비구성요건적 중간행위가 개입되어야만 하는 경우에는 개시의 직접성이 결여된다.

---

11) Frank, § 43 Anm. II 2 b.
12) LK−Hillenkamp, § 22 Rdnr. 77, 85; Rudolphi, JuS 1973, 20; SK−Rudolphi, § 22 Rdnr. 9.

따라서 협박문을 작성한 것으로는 실행착수가 되지 않고 구성요건실현 이전의 최후행위인 송부행위에 비로소 착수가 인정된다. 물론 글자 그대로 항상 구성요건 이전의 최후행위만을 착수로 인정해야 한다는 의미는 아니다. 만일 범인이 타인을 독살하기 위해 커피에 몰래 독약을 타 놓고 긴장된 나머지 물을 한 잔 마신 경우에, 구성요건적 결과실현과 아무런 인과적 관련이 없는 물 마시는 행위는 배제하고 독약을 탄 행위가 살인행위 이전의 마지막 행위가 된다.

나) 주관설

실행행위 시작 시점의 행위자의 의사에 따라서만 착수 여부를 결정하고자 하는 입장이다. 이에 따르면 예비와 미수의 분기점에서 행위자가 범행을 할 것인가의 여부에 관하여 최후의 결정적인 판단을 내릴 때 실행행위는 시작된다고 한다.[13] 독일의 다수의 판례는 실행착수 여부는 행위자가 스스로 "이제 시작이다"라고 말할 수 있는 시점을 기준으로 해야 한다고 함으로써 적어도 외형적으로는 주관적 기준을 취한다.[14]

주관설 중 극단적 주관설은 범죄의사를 확인시켜줄 수 있는 객관적 · 외부적 행위가 있을 때 착수가 성립되는 것으로 본다.[15] 그러한 행위의 구성요건적 정형성 여부나 법익에 대한 객관적 위험성 등은 불문한다. 이에 따르면 남의 금고를 털기 위해 불법으로 복제한 금고열쇠를 들고 건물 안으로 들어가는 행위로 이미 착수는 인정된다.[16]

주관설의 취지에 따라 착수의 요건으로 범의표현을 강조하면 예비행위에도 범의표현이 있으므로 착수를 인정해야 할 것이다. 그렇게 되면 가벌적 미수의 범위가 부당하게 넓어지게 된다. 그렇다고 이를 회피하기 위해 예비행위를 실행착수로 인

---

13) Bockelmann, JZ 1954, 468.
14) BGHSt 41, 286; 48, 36; BGH NStZ 2001, 415; BGH NStZ 1987, 20; BGH NJW 2005, 1590; Hardtung, NStZ 2003, 261 f; Sowada, Jura 2003, 551.
15) 주관설 입장에서의 판례로 대판 1969.10.28, 69도1606 : 피고인은 대한민국의 국가적 기밀에 속하는 사항의 탐지, 수집을 하라는 반국가단체의 지령을 받고 그 목적 수행을 위하여 남한에 상륙하여 잠입하였으나 수사기관에 발각되어 그 목적을 달하지 못하였다는 것인바 국가적 기밀을 탐지 수집하기 위하여 그러한 행위를 할 수 있는 대한민국 지배 지역 내에 잠입하였다면 이는 그 기밀의 탐지나 수집 행위에 착수한 것이라고 볼 것이다.
16) 김일수/서보학, 380면.

정하지 않는다면 예비와 착수의 구별이 어려워진다. 이러한 모순을 주관설은 피하기 어렵다.[17]

또한 주관설은 행위자의 표상이라는 판단기준을 끌어들임으로 인해 행위의 시작과 구성요건실현 사이의 체계적 관련성이 해체된다. 즉 행위자의 표상 여하에 따라 가벌적 미수의 범위가 일관성 없이 확장되거나 축소될 수 있다. 따라서 일부 판례는[18] 행위자의 표상의 기준을 행위자에게 맡길 것이 아니라 자연스런 관념에 따라 평가해야 한다는 입장을 보인다. 그러나 이러한 방법은 미수범위의 불확정성은 개선하지 못하고 주관설에 규범적 성격만 부여할 뿐이다.[19]

다) 개별적 객관설(individuell−objektive Theorie)

객관설의 한계는 행위자의 의도, 범행에 대한 표상이나 전체범행계획 등 행위자의 주관적 관점을 도외시한 데서 나타난다. 따라서 실질적 객관설이 제시하는 실행착수의 판단기준은 주관적 관점에서의 보충이 불가피한 것이다. 독일 형법 제22조는 "범행에 대한 자신의 표상에 따라 구성요건실현을 직접적으로 개시한 자"를 미수범으로 규정함으로써 미수범성립에 주관적·객관적 요건이 모두 요구됨을 명백히 밝히고 있다. 주관설과 객관설을 혼합적으로 절충하고자 하는 입장으로서의 개별적 객관설에 따르면, 행위자의 주관적인 전체범행계획에 비추어 봤을 때 범죄의사의 표현이라 볼 수 있는 행위로 인해 구성요건적 보호법익에 대한 직접적 위험 발생에 이르렀을 때 실행착수가 인정된다.

개별적 객관설은 예비와 착수의 구분은 행위자의 행위에 대한 표상, 곧 주관적 요소에서 출발한다. 단계별로 진행되는 행위경과는 행위자의 범행계획을 통해서만 그 의미를 이해 할 수 있으며, 또한 하나의 행위가 착수에 해당되는지에 대해서는 범인이 언제 그리고 어떤 방식으로 구성요건실행행위를 시작하고자 했는지에 따라 결정될 수 있기 때문이다. 이 학설은 나아가 미수를 구성요건실현에 직접 연결되는 바로 이전 단계에 한정함으로써, 그 이전의 단계로 필요 이상으로 깊이 소급되는 것을 막는다. 이것은 객관적 요소에 의한 보충적 제한이다. 이 견해는, 우리 형법에는 상응하는 명문규정이 없는, 독일의 실정법에 결부된 것이기는 하지만 미수인정

17) 이재상/장영민/강동범, § 27−27.
18) BGHSt 9, 62, 64.
19) Gropp, § 9 Rdnr. 35.

여부에 관한 다른 어떠한 이론보다 상대적으로 합리성이 있다고 할 수 있다.[20]

구성요건적 행위 혹은 그 일부를 실현하는 경우는 착수의 범위를 가장 좁게 보는 형식적 객관설에서조차 인정할 만큼 실행착수가 인정되는 가장 확실한 상황으로서, 개별적 객관설에서도 당연히 착수는 인정된다. 이는 다행위범이나 결합범에서도 동일하게 적용되므로, 예컨대 강요죄(형법 제324조)에서는 폭행·협박이 이루어지는 순간, 사기죄에서는 기망이 이루어지는 순간에 착수가 인정된다.[21]

📖 **관련판례**

① 대판 1986.12.23, 86도2256 : 절도죄의 실행의 착수시기는 재물에 대한 타인의 사실상의 지배를 침해하는 데 밀접한 행위가 개시된 때라 할 것인바 피해자 소유 자동차 안에 들어 있는 밍크코트를 발견하고 이를 절취할 생각으로 공범이 위 차 옆에서 망을 보는 사이 위 차 오른쪽 앞문을 열려고 앞문손잡이를 잡아당기다가 피해자에게 발각되었다면 절도의 실행에 착수하였다고 봄이 상당하다.[22]

② 대판 1985.4.23, 85도464 : 노상에 세워 놓은 자동차 안에 있는 물건을 훔칠 생각으로 자동차의 유리창을 통하여 그 내부를 손전등으로 비추어 본 것에 불과하다면 비록 유리창을 따기 위해 면장갑을 끼고 있었고 칼을 소지하고 있었다 하더라도 절도의 예비행위로 볼 수는 있겠으나 타인의 재물에 대한 지배를 침해하는 데 밀접한 행위를 한 것이라고는 볼 수 없어 절취행위의 착수에 이른 것이었다고 볼 수 없다.

구성요건적 행위 이전의 단계에서도 행위가 구성요건실현에 직접 연결되는 것이라면 착수로 인정될 수 있다. 여기에서는 다만 시간적·공간적 밀접성이 요건이 된다.

실행착수 여부는 객관적 행위보다는 행위자의 범행계획 여부에 종속될 수 있다. 삼촌을 독살하고자 하는 조카가 조만간 방문하게 될 삼촌의 커피에 몰래 탈 생각으로 독을 입수했다면, 범행계획에 비추어 판단할 때 독을 구한 행위 자체는 아직 착수가 아니다. 적어도 실제로 방문한 삼촌에게 커피를 대접하면서 삼촌과의 대화

---

20) 김성천/김형준, 327면; 박상기, 339면; 손해목, 851면; 신동운, 480면 이하; 안동준, 181면; 이재상/장영민/강동범, § 27 – 28; 이정원, 268면 이하; 이형국, 276면; 임웅, 363면; 정성근/박광민, 383면.
21) 임웅, 364면; 대판 1984.12.26, 84도2433; 대판 1983.3.8, 83도145.
22) 같은 결론으로 대판 2009.9.24, 2009도5595; 대판 2001.7.27, 2000도4298; 대판 1987.1.20, 86도2199; 대판 1985.4.23, 85도464; 대판 1984.3.13, 84도71.

내용에 따라 그 커피 잔에 독을 타는 순간에 이르러야 착수라 볼 수 있다.[23] 즉 객관설에 의할 때 객관적 행위정형성으로 인해 착수가 인정될 수 있는 행위라도, 행위자의 범행계획을 고려한다면 착수범위에서 벗어날 수 있는 행위도 존재할 수 있는 것이다.

라) 개별적 범죄유형에 따른 착수시기

i) 부작위범에서의 착수

부작위범 중에서 부진정부작위범은 결과를 요구하는 결과범이므로 결과발생에 의해 기수가 되며, 그 이전에는 미수범성립이 가능하다. 부작위범의 경우 적극적 행위로 결과를 방지할 가능성이 있는 보증인이 이를 이행하지 않아 결과가 발생함으로써 기수에 이른다. 부작위범에서의 대부분의 경우는 보증인에게 당장 적극적 결과방지 행위를 취하지 않아도 결과방지의 기회가 즉시 상실되지 않고 존속될 수 있는 어느 정도의 시간적 범위가 주어질 수 있다. 그 범위 안에서 최초의 결과방지 가능성을 지나치더라도 별다른 변화 없이 법익을 보호할 수 있는 기회는 여전히 존재할 수 있다. 실제로 보증인이 최초의 가능성을 지나친 이후에 추후의 행위로 심각한 위험 없이 법익을 보호했다면, 그의 행위에는 형법적으로 문제될 것이 없다. 따라서 최초의 가능성은 부작위범에서 미수의 판단기준이 되지 못한다.

최후의 결과방지 가능성을 지나치는 시점은 의문의 여지없이 착수시점에 해당한다. 오히려 이 시점은 결과발생에 거의 맞닿은 시점이라고 볼 수 있으므로 실행착수를 훨씬 지난 시점에 해당할 경우라고 보는 것이 옳다. 만일 이 시점을 착수시점으로 본다면 중지미수의 가능성은 극히 제한된다. 따라서 부작위의 착수시점은 합목적적으로 결정할 필요성이 있다. 즉 최후의 결과방지가능성 이전의, 보호법익에 대한 위험이 지속적 부작위로 인해 현저히 증대되는 시점이라고 해야 한다.[24]

ii) 공동정범, 간접정범 및 공범

공동정범의 경우 객관적으로는 여러 명의 관여자가 행위를 분담하지만 주관적으로는 하나의 단일한 범행계획으로 연결된 구조를 띠는 것이므로, 개개인의 개별적 행위가 아닌 전체 범행계획이 기준이 되어야 한다.

---

23) Baumann/Weber/Mitsch, § 26 Rdnr. 54.
24) Baumann/Weber/Mitsch, § 26 Rdnr. 57. 우리나라의 다수설이라 할 수 있다. 임웅, 366면. 최초의 위험발생시점을 착수시점으로 보는 견해로 오영근, 311면 각주 1).

간접정범의 경우 실행의 착수시점에 대해서는 이용자가 피이용자에게 작용을 가하는 시점이라는 견해,[25] 피이용자의 실행행위 시점이라는 견해,[26] 피이용자가 선의인 경우에는 이용자의 피이용자에 대한 작용시점이며 피이용자가 악의인 경우에는 그의 실행행위시점이라는 견해[27] 등이 있다. 늦어도 피이용자가 실행착수에 이르는 시점에는 간접정범의 착수가 인정된다. 그러나 이보다 이른 시점에 간접정범의 착수가 인정될 수 있다. 즉 간접정범의 착수시점은 이용자가 더 이상의 작용을 가하지 않더라도 사건경과가 피이용자에 의해서 자동적으로 진행될 수 있는 단계, 곧 피이용자가 이용자의 지배영역을 벗어나는 시점(Aus−der−Hand−Geben des Geschehens)이라고 해야 한다.[28] 이 시점은 행위자가 결과의 발생을 방지하기 위해서는 피이용자의 행위를 저지하는 등의 적극적·능동적 노력이 소요되는 시점이다. 피이용자의 선의 혹은 악의를 구분하는 견해와 결론에서 대체로 일치한다. 그러나 피이용자의 선의 여부가 이용자의 착수여부를 결정하는 본질적 요소는 아니다.

교사범 및 방조범의 경우에는 공범종속성의 원칙에 따라 정범의 실행착수시점을 기준으로 해야 한다.

iii) 결합범

강도죄, 공갈죄, 강도살인죄 등과 같이 두 개 이상의 독립적 구성요건이 결합하여 전체로 하나의 구성요건을 이루는 결합범의 경우, 개별적 객관설에 따르면 전체 구성요건에 대한 고의로 제1의 구성요건에 대한 직접적 개시가 이루어지는 시점이 착수시점이 된다. 존속살해죄, 특수절도죄(형법 제331조 제2항) 등과 같은 가중구성요건에서도 기본구성요건의 개시시점에 착수가 인정된다. 특히 폭행 이전에 절도가 선행되어야 하는 준강도죄의 경우처럼 개별적 구성요건 간에 시간적 순서가 중

---

25) 손해목, 854면; 안동준, 182면; 유기천, 182면; 임웅, 365면; 정영석, 205면; Baumann/Weber/Mitsch, § 29 Rdnr. 155; Bockelmann/Volk, § 22 II 3 b; Herzberg, MDR 1973, 89, 94; Jakobs, 21/105.
26) 신동운, 683면; 이형국, 277면.
27) 김종원, 8인 공저, 284면; 배종대, [109] 19; 정성근/박광민, 384면; 진계호, 495면; Blei, S. 261 f; Kohlrausch/Lange, Vor § 43 Vorbem. II 3; Welzel, S. 191.
28) 김성천/김형준, 331면; 손동권/김재윤, [§ 23] 29; Jescheck/Weigend, § 62 IV 1; LK−Vogler, § 22 Rdnr. 104; Roxin, FS−Maurach, S. 227 ff; SK−Rudolphi, § 22 Rdnr. 20a; Tröndle/Fischer, § 22 Rdnr. 24; Wessels/Beulke, Rdnr. 613 f; BGHSt 30, 365; 43, 177; BGH NStZ 2000, 589 f.

요한 경우에는 가장 선행되어야 할 구성요건이 개시된 시점이다.

iv) 격리범(隔離犯)

격리범(또는 이격범)이란 실행행위와 결과발생 간에 시간적·공간적 간격이 있는 경우를 말한다. 예컨대 일주일 후에 돌아올 피해자의 집에 몰래 들어가 그가 마시는 술병에 독약을 혼입하는 경우, 개봉과 함께 폭발할 폭발물을 우송하는 경우 등이다. 주관설에 의하면 범의가 표출되는 행위시점이, 객관설에 의하면 법익침해의 위험이 현실적으로 구체화되는 시점, 바로 배송된 폭발물이 언제라도 개봉될 수 있는 시점이나 피해자가 술을 마시려는 시점이 착수시기가 된다. 여기에서도 절충적 입장에 따라 행위경과가 행위자의 손을 떠난 시점, 즉 결과발생의 방지를 위해서는 능동적 노력이 요구되는 시점으로 보아야 한다.

v) 원인에 있어서 자유로운 행위

원인에 있어서 자유로운 행위의 착수시점은 이것의 가벌성의 근거에 대한 견해와 결부될 수밖에 없다. 예컨대 원인설정행위에 가벌성의 근거가 존재한다는 견해에 의하면 실행착수시점도 이와 일치하는 것으로 보는 것이 당연할 수 있다.[29] 그러나 이에 대해서는 구성요건적 정형성과 동떨어진 원인행위에 실행착수를 인정하는 것은 무리라는 반론이 가능하다.[30] 이와 관련하여 원인설정행위가 나중의 구성요건행위와 동기의 연속성에 의해 연결되었는지 여부에 따른 합리적 교정을 고려할 수도 있다.[31]

반면에 가벌성의 근거가 원인행위와 실행행위의 불가분적 관련성에 있다고 보는 입장에서는 착수시기는 구성요건해당행위의 개시시점이 된다.

실행착수는 구성요건의 정형성을 떠나서는 생각할 수 없으므로 가벌성의 근거에 관한 견해에 구속됨이 없이 구성요건 실행행위시를 착수시기로 보는 견해가 우리나라의 다수설이다.[32]

vi) 과실범과 결과적 가중범의 미수

형법에는 과실범에 대한 미수범 처벌규정이 존재하지 않는다. 그 이유 중의 하나는, 우선 미수는 실행착수를 전제로 하고 이것은 다시금 고의를 전제로 하는데, 과

---

29) Roxin, AT I, § 20 Rdnr. 60.
30) 이재상/장영민/강동범, § 23－39; Hettinger, GA 1989, 14.
31) 앞의 제32절 V. 참조.
32) 김성천/김형준, 277면; 오영근, 266면; 임웅, 314면. 앞의 제32절 V. 참조.

실은 고의가 결여된 범죄유형이므로 과실의 미수는 이론적으로 성립되지 않는다는
데 있다.

하지만 고의의 기본구성요건과 과실의 가중구성요건의 결합으로 이루어지는 결
과적 가중범의 미수가능성은 문제가 다르다. 이에 관해 우리의 다수설은 이론상 결
과적 가중범을 전체로서의 과실범으로 보아 이에 대한 미수범성립을 일괄적으로
부정하거나, 나아가 결과적 가중범의 미수범 처벌규정이 존재하는 부분에서조차
그 미수범의 성립을 인정하지 않으려는 입장을[33] 취하는 경우도 있다. 그러나 다
양한 형태를 내포하는 결과적 가중범은 그 행위형태와 구조에 따라 유형별 분류가
가능하고, 그 유형별 특수성에 따라 미수범성립이 가능한 범죄형태도 가능하다는
점이 간과되어서는 안 된다.

특히 고의 없는 결과적 가중범의 미수의 경우는 가중처벌적 미수를 항상 인정하
거나 항상 부정하기 보다는, 각각의 구성요건의 구조에 따라 구분할 필요가 있다.
고의 없이 가중적 결과가 발생했을 경우 그 기본구성요건의 미수범 처벌규정이 없
을 때에는 해당 결과적 가중범의 미수범성립은 이론적으로 배제된다. 하지만 기본
구성요건의 미수범처벌규정이 있는 경우에는, 가중적 결과의 기초로서의 기본구성
요건의 전형적 위험이 최종 결과에 대해 결과관련적인가 행위관련적인가에 따라
구분하는 방법이 논리적이다. 요컨대 중상해, 상해치사죄, 현주건조물방화치사상죄
처럼 가중적 결과가 기본범죄의 '결과'에 결부되는 경우에는 결과적 가중범의 미수
는 개념적으로 성립이 부정된다. 여기서는 기본구성요건의 기수 없이 가중적 결과
가 나타날 수 없기 때문이다. 반면 강간치사상죄나 강도치사상죄처럼 가중적 결과
가 기본범죄의 '행위'에 결부되는 경우, 다시 말해 강간이나 강도라는 기본구성요건
이 기수에 이르지 않더라도 그 수단인 폭행으로 치사상이라는 가중적 결과가 발생
될 수 있는 경우에는 결과적 가중범의 미수가 적어도 이론적으로는 가능하다.

또한 고의 없는 결과적 가중범의 일부에 대해서 기본범죄가 미수에 그쳤더라도
가중적 결과가 발생한 이상 전체범죄의 기수로 인정해야 한다는 태도는 책임원칙
에 어긋나므로 합당하지 않다. 기본범죄가 미수인 경우와 기수인 경우는 전체불법
내용에 엄연한 차이가 있는데 이를 무시하고 동등하게 취급한다는 것은 이치에 맞
지 않는다.[34]

---

vii) 거동범의 미수

미수범은 결과발생을 요구하는 결과범에 한하는 것이 원칙이므로, 형식적 행위만으로 객관적 구성요건이 충족되며 결과발생을 요구하지 않는 거동범에서의 미수범성립은 원칙적으로 부정된다. 모욕죄처럼 범행의사가 신체거동으로 표출되는 순간 구성요건이 동시에 충족되는 경우에는 미수가 성립할 여지가 없다. 그러나 같은 거동범이라도 실행행위를 시간적 경과에 따라 단계로 구분될 수 있는 경우에는 미수가 가능하다.[35] 예컨대 남의 집 문으로 침입하려다 저지당한 경우, 혹은 신체의 일부만이 침입된 경우에는 주거침입죄의 미수범 인정이 가능하다.[36] 형법 제322조는 주거침입의 미수범을 처벌한다.

(2) 결과의 미발생

미수범에서의 두 번째 객관적 요건은 결과의 미발생이다. 즉 범죄가 실행착수 이후 결과가 발생되지 않음으로써 완성되지 않아야 한다. 결과의 미발생은 미수와 기수의 분계점이 된다.

결과의 발생이란 입법자가 정한 객관적·형식적 법익침해결과를 의미하며 행위자가 개인적으로 의도했던 목적을 성취했는지 여부는 묻지 않는다. 예컨대 행위자가 돈이 들어 있을 것으로 짐작하여 피해자에게 폭행을 가하여 가방을 강취했으나, 집에 와서 보니 자신에게는 쓸데없는 책들만 들어 있었더라도 강도의 결과는 발생했으므로 강도기수이며, 미수의 가능성은 배제된다.

결과불발생의 원인은 불문한다. 수단이나 객체의 착오에 의한 경우뿐 아니라, 실

---

34) 제37절 III. 2. 참조.
35) 손동권/김재윤, [§ 23] 34.
36) 판례는 이에 대해 기수를 인정한다. 대판 1995.9.15, 94도2561 : 주거침입죄는 사실상의 주거의 평온을 보호법익으로 하는 것이므로, 반드시 행위자의 신체의 전부가 범행의 목적인 타인의 주거 안으로 들어가야만 성립하는 것이 아니라 신체의 일부만 타인의 주거 안으로 들어갔다고 하더라도 거주자가 누리는 사실상의 주거의 평온을 해할 수 있는 정도에 이르렀다면 범죄구성요건을 충족하는 것이라고 보아야 하고, 따라서 주거침입죄의 범의는 반드시 신체의 전부가 타인의 주거 안으로 들어간다는 인식이 있어야만 하는 것이 아니라 신체의 일부라도 타인의 주거 안으로 들어간다는 인식이 있으면 족하다. 야간에 타인의 집의 창문을 열고 집 안으로 얼굴을 들이미는 등의 행위를 하였다면 피고인이 자신의 신체의 일부가 집 안으로 들어간다는 인식하에 하였더라도 주거침입죄의 범의는 인정되고, 또한 비록 신체의 일부만이 집 안으로 들어갔다고 하더라도 사실상 주거의 평온을 해하였다면 주거침입죄는 기수에 이르렀다.

행착수에는 이르렀으나 실행행위 자체를 종료하지 못한 경우도(미종료미수) 이에 해당된다. 단, 결과의 불발생은 타율적 사유에 의할 것이 요구된다. 자의에 의해 결과가 발생되지 않은 경우에는 장애미수가 아닌 중지미수의 가능성이 검토되어야 하기 때문이다. 형식적 결과가 발생되었더라도 행위와 결과 사이에 인과관계가 부정된다거나 객관적 귀속이 부정되는 경우에는, 기수는 부정되고 미수범의 가능성만이 존재한다.

2. 처벌

미수범은 형법각칙에 특별한 규정이 있을 때에만 예외적으로 처벌된다. 독일형법은 미수범처벌에 관하여, 제12조에서 경죄와 중죄를 구분하고 제23조 제1항에서 중죄의 미수는 항상 처벌되며 경죄의 미수는 명시적 규정이 있을 때에 한해서 처벌한다고 하는 입법형태를 취한다. 우리 형법 제25조 제2항은 장애미수에 대해 기수범보다 감경할 수 있다고 규정함으로써 임의적 감경을 인정하고 있다.

제 41 절 중지미수

I. 의의

1. 개념

형법 제26조에 따르면 중지미수(Rücktritt vom Versuch)란 범인이 실행에 착수한 행위를 자의로 중지하거나 그 행위로 인한 결과의 발생을 방지한 때를 말하며, 이 경우에 형은 감경 또는 면제된다. 우리 형법이 이렇게 중지미수에 대해 필요적 감면을 인정하는 데 비해, 독일형법 제24조와 오스트리아 형법 제26조는 중지미수에 해당하는 구성요건에 대해서는 불가벌을 인정한다. 즉 입법례에 따라 정도의 차이는 있으나 대체로 중지미수에 관하여 처벌배제라는 공통의 사고에서 출발한다.

2. 법률효과와 그 법적 성격

처벌배제의 법적 성격에 대해서는 인적 처벌소멸사유(persönlicher Strafaufhe-bungsgrund)라는 견해와 면책사유라는 견해로[1] 나뉜다. 처벌소멸사유는 인적 처벌조각사유(persönlicher Strafausschließungsgrund)와 구별된다. 처벌조각사유란 행위가 구성요건에 해당하며 위법성과 책임이 인정되어 범죄로 인정되지만 행위자의 특별한 신분적 관계를 감안하여 처벌만을 면제하게 하는 사유이다. 이러한 혜택은 예컨대 친족상도례(형법 제344조, 제328조)에서의 직계혈족, 배우자, 동거친족 등 법문이 제한적으로 명시하는 자에게만 해당한다. 반면에 인적 처벌소멸사유란 이미 가벌성이 성립된 범죄행위 이후의 행위자의 태도에 의해 사후적으로 가벌성을 소멸시키는 사유이다. 독일의 다수설은 중지미수를 이에 해당하는 것으로 본다.[2]

중지미수의 경우 범인은 우선 가벌성의 모든 조건을 실현했으나 행위 이후의 행동에 의해서 가벌성은 배제된다. 즉 중지미수가 인정된다고 하더라도 이에 의해 이미 성립된 구성요건해당성이나 위법성에 아무런 영향이 없으며 또한 책임도 어느 정도는 상쇄되지만 배제에는 이르지 않는 수준이다. 따라서 중지미수의 불가벌사유는 면책이 아닌 인적 처벌소멸사유로 보는 것이 타당하다. 그러므로 중지미수는 미수행위의 구성요건, 위법성, 책임 등 범죄체계론적 가벌성의 전체적 요건이 완성된 이후에 검토되는 것이 원칙이다.[3]

중지미수에 필요적 감면을 인정하고 있는 우리 형법상 처벌이 완전히 소멸되는 경우뿐 아니라 감경에 그치는 경우도 존재할 수 있음이 감안되어야 한다.

---

1) 김일수/서보학, 395면; Haft, S. 224; Roxin, FS-Heinitz, 251, 273; SK-Rudolphi, § 24 Rdnr. 1 ff, 16.
2) 허일태(역), 300면; Baumann/Weber/Mitsch, § 12 Rdnr. 23, § 27 Rdnr. 5; Jescheck/Weigend, § 51 VI 1; § 52 II. 2; Maurach/Gössel/Zipf, § 41 Rdnr. 103; Otto, 19/5; Sch/Sch/Eser, § 24 Rdnr. 4; Stratenwerth/Kuhlen, 11/71; Tröndle/Fischer, § 24 Rdnr. 2.
3) Kühl, § 16 Rdnr. 8.

3. 법률효과의 법적 근거

1) 형사정책설

중지미수의 경우 일단 실행에 착수한 이상 적어도 미수범의 불법 및 이에 따른 가벌성은 실현되었으므로, 행위자 스스로가 결과발생을 막았더라도 처음부터 실행착수가 없었던 것과 동일하게 취급할 수 없으나, 형사정책적 이유로 필요적 감면을 인정한다는 입장이다. 여기에는 다음과 같은 다양한 견해가 존재한다.

(1) 황금의 다리이론(Theorie von der geldenen Brücke)[4]

중지미수규정은 행위자에게 실행에 착수는 했더라도 결과발생을 방지하면 처벌을 면한다는 가능성을 부여함으로써, 범죄의 기수에 이르는 것을 스스로 포기하고 합법의 세계로 되돌아 갈 수 있는 충동을 주기 위한 규정으로 이해하는 입장이다.

이에 대해서는 ① 행위자에게 중지미수 규정에 대한 인식이 없을 때에는 이 개념이 효과적으로 작용할 수 없고, ② 우발범이나 계획범을 비롯하여 대부분 행위자가 행위시에 이러한 고려를 하지 않으므로 큰 영향이 없으며, ③ 특히 전면적 불가벌을 인정하는 독일 형법과는 달리 필요적 감면사유만을 인정하는 우리 형법에서는 이 이론의 의미는 상대적으로 크지 않다는 지적이 가능하다.

(2) 공적설(보상설)

중지미수는 스스로 법적대적 의사를 포기하고 합법으로 돌아옴으로써 일반인의 법에 대한 신뢰감을 회복시켰을 뿐 아니라 착수에 따른 불법을 상당부분 상쇄했다는 점에서 그 공적을 보상하기 위한 규정이라는 견해이다. 은사설(恩赦說 : Gnadentheorie) 이라고도 한다. 독일 실정법에 따르면 여기에서 자의성과 진지성으로 족하며, 범행포기에 있어서 특별한 윤리적 가치가 요구되는 것은 아니다.

(3) 형벌목적설

행위자가 이미 실행에 착수한 범행으로부터 기수의사를 포기하고 스스로 물러섬으로써 법적대적 의사는 실현되지 않았을 뿐 아니라 이에 따라 법익침해가 이루어지지 않았으며, 더욱이 자의적 범행포기로 개선·교화조치가 필요 없으므로 일반예방이나 특별예방의 관점에서 처벌의 이유와 목적이 존재하지 않는다는 견해이다.

---

4) v. Liszt와 Feuerbach 등이 기초하여 독일제국법원(RGSt 6, 341; 73, 60)과 초기 독일 연방대법원(BGHSt 6, 87)이 취했던 입장이었다.

그러나 이에 대해서 중지미수가 대체로 우연한 외부적 상황에 기인하는 것을 감안
한다면 착수시점의 기수에 대한 고의는 그대로 인정되어야 하며, 범행을 중단했더
라도 행위와 행위자의 위험성이 전혀 감소되지 않는다는 반론이 제기될 수 있다.

따라서 형벌목적설은 공적설과의 결합을 통해, 행위자는 자체로 처벌되어야 할
행위를 했으나 자의에 의해 합법에로 회귀한 경우에 예외적으로 형벌로부터는 보
호되어야 한다는 방향으로 변화를 꾀한다.[5]

2) 법률설

(1) 불법소멸 · 감소설

고의로 성립되는 행위불법은 중지의사로 소멸되거나 감소되며, 결과발생의 방지
로 인해 법익침해로 성립되는 결과불법이 소멸 또는 감소된다는 설명이다. 그러나
이에 대해서는 정당화사유가 아닌 다른 이유로는 이미 발생된 불법이 소멸되거나
감소될 수 없으며, 만약 불법이 소멸되었다면 형의 감면이 아닌 무죄판결에 이르러
야 한다는 비판이 따른다.[6]

(2) 책임소멸 · 감소설

자의에 의한 범행중지로 책임이 소멸 또는 감소되었기 때문에 형벌감면의 혜택이
주어진다는 설명이다. 이 견해에는 책임개별화의 원칙에 따라 여러 명의 공범자 중
범행을 중단한 당사자의 책임감경 · 감소만을 인정함으로써 중지효과의 개별화를 기
할 수 있는 장점이 있다고 한다.[7] 그러나 이에 대해서도 불법소멸 · 감소설과 유사
하게 책임도 어느 정도는 상쇄되지만 배제에 이를 수준은 아니며 또한 책임이 소멸
되었다면 형의 감면이 아닌 무죄판결에 이르러야 한다는 비판이 따르는 것은 당연
하다.[8]

3) 결합설

중지미수의 법률효과의 법적 근거에 관한 다양한 견해가 제시되었으나 그중

---

5) Jescheck/Weigend, § 51 I 4 참조.
6) 김일수/서보학, 396면; 오영근, 318면.
7) 임웅, 380면.
8) 김일수/서보학, 396면; 오영근, 318면. 신동운, 495면은 행위 · 책임동시존재의 원칙에
   위배됨을 지적한다.

어느 것도 단독으로는 이를 완벽하게 설명하지는 못한다.9) 따라서 대다수의 학자들은 위 견해들의 조합을 통해 이를 설명하고자 한다. 여기에서는 형사정책설을 기초로 하되 황금의 다리이론에 주어지는 비판을 고려하여, 이를 실체형법이론상의 범죄성립요건, 즉 법률설로 보충하고자 하는 견해가 주류를 이루는 것으로 볼 수 있다.10)

4) 결론

중지미수의 법적 효과는 형벌목적과 책임의 결합으로 설명할 수 있다. 중지미수가 인정된다고 하더라도 이에 의해 이미 성립된 미수범으로서의 위법성에는 아무런 영향이 없으며, 책임만이 어느 정도 감소에 이르되 배제에는 이르지 않는 수준이다. 이때 책임감소의 수준이 형벌목적의 관점에 비추어 형벌부과의 필요성의 하한선에도 미치지 못 할 정도로 뚜렷한 경우라면 형면제가 인정되지만, 그 정도에는 이르지 못 하는 경우에는 형의 감경에 그치는 것으로 볼 수 있다. 따라서 중지미수의 필요적 감면은 면책의 이유가 아닌 인적 처벌소멸·감경사유에 의한 것으로 보는 것이 타당하다.11)

II. 중지미수의 성립요건

중지미수가 성립하기 위해서는 장애미수의 요건 외에 주관적 요건으로 중지의사가 요구된다. 실행에 착수하여 결과발생을 위한 모든 요건을 완료하지 않은 단계(미종료미수 또는 착수미수)에서는 자의에 의한 실행행위의 중지만으로 족하며, 결과발생을 위한 모든 요건을 이미 완료한 단계(종료미수 또는 실행미수)에서는 결과의 발생을 방지하기 위한 자의에 의한 노력이 있어야 한다. 두 가지 사례 모두에서 결과가 발생되지 않아야 한다.

---

9) Kühl, § 16 Rdnr. 4; Tröndle/Fischer, § 24 Rdnr. 2.
10) 임웅, 381면 이하 참조.
11) 유사한 견해로 손동권/김재윤, [§ 24] 10.

1. 주관적 요건

1) 중지의사의 자의성

(1) 결과발생의 회피의사

중지미수의 주관적 요건으로서의 범행중지의사는 자의에 의한 것이어야 한다. 중지의사의 자의성은 다시금 행위자가 자신의 범행을 포기함으로써 결과의 발생을 회피하고자 하는 의사가 전제되어야 한다. 나아가 결과의 불발생은 행위자 자신의 공적으로 평가되는 것이어야 한다. 예컨대 타인을 살해하기 위해 그가 마시려는 커피에 독을 타 놓은 행위자가 자신의 행위를 후회는 했지만 별다른 결과방지행위를 하지 않고, 단지 피해자가 맛이 이상하다고 생각하여 마시지 않기를, 혹은 제3자가 실수로 커피를 엎지르기만을 바라는 경우에는 결과야 어떠하든 중지의사는 인정되지 않는다.

객관적으로 불능미수였거나 혹은 어떠한 이유에서든 결과를 발생시킬 수 없던 시도였던 경우라도, 자신의 범행시도에 아직 성공가능성이 있다고 여기는 행위자가 범행포기를 결심하고 이를 위해 적절하다고 생각하는 행위를 했다면 중지의사는 확인된다. 그러나 자신의 행위가 결과발생에 아무 효과가 없었다는 사실을 알아차리거나 혹은 객관적으로는 효과가 있더라도 자신만은 효과가 없는 것으로 잘못 인식한 경우에는 그 순간 중지의사는 부정된다. 예컨대 돈이 많이 들어 있을 것으로 예상하고 금고를 열었으나 돈이 없던 경우 혹은 금고 내부의 쉽게 열 수 있는 다른 칸에 돈이 들어 있으나 행위자가 이를 전혀 인식할 수 없어 더 이상 취할 후속조치가 없다고 생각하여 현장을 떠난 경우에는 중지미수는 성립할 수 없다.

(2) 실패된 시도가 아닐 것

중지의사의 자의성은 범행시도가 실패하지 않았을 것을 전제로 한다. 실패한 시도(fehlgeschlagener Versuch)는 객관적 결과유발가능성이 결여된 경우뿐 아니라 주관적 인식으로도 성립이 가능하다. 예컨대 단 한 발의 실탄을 가진 행위자가 타인을 향해 총을 쏘았으나 빗나간 경우에서처럼 범인에게 객관적으로 주어졌던 유일한 행위가능성이 무위로 끝났을 경우뿐 아니라, 실제로는 실탄이 더 있으나 마지막 실탄을 쏜 것으로 오인한 경우도 실패한 시도(미수)에 해당한다.[12]

---

12) Roxin, AT II, § 30 Rdnr. 36, 77 f.

행위자에게 부여되었던 유일한 행위가능성이 효과 없이 소진된 경우에는 의문의 여지없이 실패된 범행시도로서 자의성(Freiwilligkeit)이 부정된다. 범인이 포기할 범행결의를 더 이상 갖지 못하기 때문에 범행결의의 포기가 부정되거나, 재시도의 가능성이 없기 때문이다. 어떠한 경우이건 필요적 감면이 인정되는 중지미수는 배제된다.

반면에 제1의 부분행위가 실패한 이후에도 계속적인 행위가능성이 범인에게 주어져 있는 상황에서는, 우선 동일한 행위의 중첩을 통해서만 결과에 이르는 경우를 제외하고는 제1의 부분행위는 독립적 행위로 보아야 한다는 견해가 있다.[13] 이 견해는 예컨대 몽둥이로 여러 번 가격함으로써 살인의 결과에 이를 수 있는 경우에는 제1의 가격은 단독의 행위로 의미가 없고 결과가 발생할 때까지의 한 묶음으로의 가격행위를 하나의 전체행위로 이해하는 것이다. 이때의 제1의 가격행위가 결과에 이르지 못했더라도 실패된 시도는 아니다. 반면에 살인의도를 가지고 몽둥이로 상대방의 머리를 쳤으나 몽둥이가 약해서 부러진 경우, 행위자는 계속해서 주먹으로 치거나 목을 조를 가능성이 있음에도 범행을 포기했다면, 제1의 행위는 단독적 행위로 이해되어 그 행위가 실패한 이상 이미 중지미수가 성립될 수 없는 실패된 범행시도에 해당한다는 것이다.

이 부분과 관련하여 예전의 독일판례는 실패된 시도 여부는 범인의 전체범행계획에 따라 결정해야 한다는 입장을 취했었다. 이에 따르면 행위자가 사전에 제1의 행위의 실패가능성을 염두에 두고 후속행위를 고려한 경우라면, 이 제1의 부분행위는 독립적인 범행시도가 아니므로 아직은 실패된 종료미수가 아니다. 몽둥이가 부러진 이후에 취할 수 있는 후속행위 전체를 합일적 시도로 보게 되므로, 이러한 종료되지 않은 시도로부터 중지미수는 가능하다. 반대로 행위자가 제1의 행위의 성공가능성을 확신한 나머지 후속행위는 전혀 고려하지 않았다면 제1의 부분행위는 독립적으로 고려되어야 하며, 따라서 이것이 실패되면 실패된 시도로서 중지미수의 가능성은 사라지게 된다.[14]

이에 대해서는 부분 행위의 실패가능성을 염두에 둘 정도로 치밀하게 결과에 도달하려는 범인이, 제1행위의 실패 이후를 생각하지 않는 단순한 범인보다 더 두터

---

13) Geilen, JZ 1972, 335.
14) BGHSt 10, 129; 21, 319; 22, 176.

운 보호를 받는다는 것은 부당하다는 비판이 가능하다. 따라서 부분행위들이 자연스러운 행위단일성에 포함되는 경우에는 이들을 총괄하여 하나의 전체행위로 파악하는 것이 합리적이다. 여기에는 시도행위의 반복을 통해서 불법내용이 단순히 양적으로만 증가하고 단일한 동기상태(einheitliche Motivationslage)로 연결될 것이 전제가 된다.[15] 이에 따라 하나의 부분행위가 실패했더라도 후속적 시도가능성이 존재하는 한, 그 자체로는 실패된 시도는 아니므로 아직 자의에 의한 범행포기는 가능한 상태라 할 수 있다.

2) 자의성의 판단기준

(1) 심리학적 이론

행위중지의 자의성 여부는 행위자의 심리적 상태를 판단기준으로 하여, 심리적 강제 없이 범행을 중단하게 되었다면 그것은 자의적이며, 범행중단의 동기가 자유의사를 억제하는 심리적 압박에서 연유되었다면 자의성은 부정되는 것으로 판단해야 한다는 입장이다. 이 견해는 아래의 몇 가지의 세부적 견해로 나뉜다.

가) 객관설

범행포기가 범행수행상의 외부적 장애에 의한 것이라면 자의성은 부정되어 결국 장애미수에 해당되며, 외부적인 장애가 없었음에도 불구하고 내면적 동기에 의한 범행포기라면 자의성이 인정되어 중지미수에 해당한다는 견해이다. 이에 대해서는 예컨대 평소에 열려져 있던 대문이 닫혀 있자 잠겨있는지 여부도 확인하지 않고 절도를 포기하는 경우처럼, 내면적 동기는 외부사정에 종속되는 경우가 많으므로 양자를 엄격히 구분하기가 어렵고, 다른 한편으로는 행위자의 내면적 태도에 중점을 두게 되면 행위자가 주관적 착오에 의해 범행을 중단한 경우가 모두 중지미수에 해당되어야 하므로 중지미수의 인정범위가 넓어진다는 비판을 받게 된다.[16] 사실은 빈집이지만 집주인이 잠시 집을 비우면서 불을 켜 놓아 사람이 현존하는 것으로 오인하여 범행을 포기한 경우라면 객관설은 중지미수를 인정해야 할 것이다.

---

15) SK-Rudolphi, § 24 Rdnr. 14.
16) 김일수/서보학, 398면; 배종대, [114] 3; 손동권/김재윤, [§ 24] 12; 이재상/장영민/강동범, § 28-16; 임웅, 383면; 하태훈, 355면.

나) 주관설

후회, 동정, 연민 등 윤리적 동기에 의한 범행중단의 경우가 중지미수에 해당되며, 그 밖에 용기상실, 발각될 경우의 처벌에 대한 공포감, 범행성공 이후의 이해타산, 공범자의 비신뢰성, 외부적 상황변화 등에 따른 중지의 경우 등은 모두 장애미수에 해당하는 것으로 보는 입장이다. 그러나 자의성과 직접적 관계가 없는 윤리성을 판단척도로 삼을 이유가 없으며, 더구나 그렇게 함으로써 자의성의 범위가 부당하게 좁아진다는 이유에서 오늘날 이 견해의 추종자가 없는 것이 당연하다.

다) 절충설

일반사회통념상 혹은 경험칙상 외부적 장애라고 할 수 있는 요인에 의한 중단의 경우에는 장애미수이고, 이러한 외부적 장애라고 할 수 없는 사정에 따른 범행중지에는 중지미수가 인정된다는 입장이다. 현재 우리나라의 다수설이며[17] 판례도 이 입장을 견지하고 있다.

📖 **관련판례**

대판 1985.11.12, 85도2002 : 중지미수라 함은 범죄의 실행행위에 착수하고 그 범죄가 완수되기 전에 자기의 자유로운 의사에 따라 범죄의 실행행위를 중지하는 것으로서 장애미수와 대칭되는 개념이나 중지미수와 장애미수를 구분하는 데 있어서는 범죄의 미수가 자의에 의한 중지이냐 또는 어떤 장애에 의한 미수이냐에 따라 가려야 하고 특히 자의에 의한 중지 중에서도 일반사회통념상 장애에 의한 미수라고 보여지는 경우를 제외한 것을 중지미수라고 풀이함이 일반적이다.

대법원은 피해자를 강간하려다가 피해자의 다음번에 만나 친해지면 응해 주겠다는 간곡한 부탁으로 인하여 범행을 포기하고는 피해자를 자신의 차에 태워 집에까지 데려다 준 사례에서, 피해자의 간곡한 부탁은 사회통념상 범죄실행에 대한 장애라고 여겨지지 않는다고 보아 피고인의 행위의 중지미수를 인정하였다.[18]

반면 피해자를 강간하려고 작은 방으로 끌고 가 옷을 강제로 벗기고 추행을 하

---

17) 배종대, [114] 5; 손동권/김재윤, [§ 24] 14; 오경식, 범행중지의 자의성과 공동정범의 행위귀속, 법정고시 1996.10, 81면; 유기천, 260면; 이재상/장영민/강동범, § 28-19; 이형국, 289면.
18) 대판 1993.10.12, 93도1851.

던 중 피해자가 수술한 지 얼마 안 되어 배가 아프다면서 애원하는 바람에 그 뜻을 이루지 못한 사례에서는 중지미수를 부정하였다.[19) 대법원은 강도행위로 이미 공포상태에 빠진 피해자에 대한 강간의 실행에 착수한 피고인들이 간음행위를 중단한 것은 피해자를 불쌍히 여겨서가 아니라 피해자의 신체조건상 강간을 하기에 지장이 있다고 본 데에 기인한 것이므로, 이는 일반의 경험상 강간행위를 수행함에 장애가 되는 외부적 사정에 의하여 범행을 중지한 것에 지나지 않는 것으로서 자의성이 결여되었다고 본 것이다.

라) Frank공식

행위자가 결과에 이를 수 있지만 하고 싶지 않아서 그만둔 경우에 중지미수, 결과에 이르고 싶었지만 할 수 없어서 그만둔 경우에는 장애미수가 각각 인정된다는 공식이다. Frank는 행위자가 구성요건실현 가능성에 대해 뚜렷한 판단을 할 수 없던 경우의 일부에 자의성을 부정하기 위한 척도로 이를 제시했다. 즉 범행이 발각될 가능성 때문에 범행을 중단했더라도, 발각이 되면 어차피 범행은 완수할 수 없는 것으로 생각하여 그만둔 것이라면 자의성은 부정되지만, 발각은 처벌로 연결될 것이라는 두려움으로 그만두었다면 자의성은 인정된다는 것이다.

이 공식은 오늘날에도 독일의 판례 및 학설에서 많은 지지를 얻고 있다.[20) 중지

---

19) 대판 1992.7.28, 92도917.

그 밖에 자의성을 부정한 판례로 ① 대판 1997.6.13, 97도957 : "피고인이 장롱 안에 있는 옷가지에 불을 놓아 건물을 소훼하려 하였으나 불길이 치솟는 것을 보고 겁이 나서 물을 부어 불을 끈 것이라면, 위와 같은 경우 치솟는 불길에 놀라거나 자신의 신체 안전에 대한 위해 또는 범행 발각시의 처벌 등에 두려움을 느끼는 것은 일반 사회통념상 범죄를 완수함에 장애가 되는 사정에 해당한다고 보아야 할 것이므로, 이를 자의에 의한 중지미수라고는 볼 수 없다."

이 판례에 대한 비판적 평석으로 하태훈, 중지미수의 성립요건, 형사판례연구, 제7권, 1997, 60면 이하.

② 대판 1999.4.13, 99도640 : 범죄의 실행행위에 착수하고 그 범죄가 완수되기 전에 자기의 자유로운 의사에 따라 범죄의 실행행위를 중지한 경우에 그 중지가 일반 사회통념상 범죄를 완수함에 장애가 되는 사정에 의한 것이 아니라면 이는 중지미수에 해당한다고 할 것이지만, 피고인이 피해자를 살해하려 그의 목 부위와 왼쪽 가슴 부위를 칼로 수 회 찔렀으나 피해자의 가슴 부위에서 많은 피가 흘러나오는 것을 발견하고 겁을 먹고 그만두는 바람에 미수에 그친 것이라면, 위와 같은 경우 많은 피가 흘러나오는 것에 놀라거나 두려움을 느끼는 것은 일반 사회통념상 범죄를 완수함에 장애가 되는 사정에 해당한다고 보아야 할 것이므로, 이를 자의에 의한 중지미수라고 볼 수 없다.

의 계기가 피해자의 설득이나 애원 등과 같은 외부적 요인에 기인해도 상관없으나, 다만 범인이 범행결의의 주체자로서 내적·외적 강제 등 어느 것에도 영향을 받지 않고 자기에게는 실현이 가능한 것으로 여겨지는 범죄행위를 포기함으로써 자의성 은 인정된다는 견해도[20] 이와 맥을 같이 하는 것으로 볼 수 있다.

독일판례는 이 공식의 기초에서, 범인이 피해자가 잠깐의 시간적 여유를 얻기 위 해 자발적으로 성행위에 응해주겠다는 거짓 약속을 한 경우, 약속에 상관없이 성행 위를 강제할 수 있었음에도 불구하고 폭행행위를 중단했다면 중지미수가 성립된다 고 본다. 다만 범행은 종국적으로 포기되어야 하며, 피해자가 약속을 어길 경우에 즉시 폭행하겠다고 생각했다면 중지미수는 부정된다.[22]

Frank공식은 자의성을 실행행위의 가능성에 대한 인식과 혼동하고 있으며, 범행 실현가능성을 주관적 혹은 객관적 기준에 따라야 할 것인지에 대해 명백한 기준을 제시하지 못 한다는 비판이 주어진다.[23] 또한 이 공식은 행위자의 주관에 치중하 는 견해로서 행위자의 주장에 따라 결론이 왜곡될 위험이 있음을 지적하는 견해가 있으나,[24] 재판이란 객관적 사실관계의 검토를 토대로 행위자의 심리상태를 추정 할 문제이지 전적으로 행위자의 진술에만 의존하는 것은 아니므로 이를 우려할 바 는 아니라고 하겠다.

(2) 규범적 이론

심리학적 이론들이 중지미수의 법률효과의 이성에 부합하지 않고 실무적 적용상 의 문제점을 노출한다는 데 대한 반응으로 규범적 이론이 제시되었다.[25] 여기서는 중지미수의 자의성이란 예컨대 피해자의 승낙에서의 자의성 혹은 기타 형법적 용 어로서의 자의성과는 다른 특수한 의미내용을 담고 있는 것이며, 더구나 순수한 전 법적(前法的) 심리적 내용만을 담고 있는 것은 아니라고 이해한다. 규범적 이론은 중지미수의 자의성개념에서 지금까지 언급된 행위자의 심리적 상관관계를 전혀 도 외시할 수는 없으나, 자의성 인정 여부는 본질적으로 범행을 중지할 때의 행위자의

---

20) 우리나라에서 이를 지지하는 견해로 임웅, 386면.
21) 허일태(역), 310면; BGH NStZ 1992, 536; BGH NJW 1993, 2125.
22) BGHSt 7, 296.
23) 이재상/장영민/강동범, § 28 – 18.
24) 배종대, [114] 6.
25) Roxin, AT II, § 30 Rdnr. 365 ff.

내심의 태도 그 자체에 따라 결정되는 것이 아니라 그 내심의 태도에 대한 규범적 평가에 따라야 할 문제라고 보는 것이다.

가) 범죄자의 이성(Verbrechervernunft)

이것은 결과의 실현은 가능할지라도 발각되어 처벌될 위험이 매우 높아진 상황에서, 범인이 이성적으로 판단하여 범죄를 포기한 경우라면 중지미수는 부정되어야 한다는 독일판례에서[26] 발단이 된 견해이다. 이 견해는 일반인은 법을 준수한다는 일반의지를 갖는다면, 특별의지에 지배되는 범죄자는 범죄자로서의 이성을 갖는 존재라는 데에서 출발한다고 설명할 수 있다. 행위자가 범죄자로서 발각되어 처벌될 가능성, 피해자와의 관계, 범행 성공에 따른 득실 등을 냉철하게 평가하여 범죄자 이성에 따른 중지를 결심했다면 자의성은 부정되어야 하나, 피해자에 대한 동정, 뉘우침 등 양심에 따른 판단에서 범행중지를 결심했다면 이것은 비이성적 범행중지로서 이때는 자의성이 인정된다는 것이다.

나) 형벌목적론

Roxin은 형벌목적론과 범죄자 이성론을 결합하여, 합법성에의 회귀목적으로 범행을 중단한 경우에는 형벌목적의 관점에서 볼 때 형벌을 부과할 필요성이 없어지게 되며, 단 합법성에의 회귀목적이 인정되기 위해서 행위자의 범행중지행위는 범죄자의 이성이라는 측면에서 볼 때 비이성적인 사유에 의한 것이어야 한다고 설명한다.[27] 이에 따르면 외부적 상황변화, 발각의 위험, 범죄에 따른 이해득실관계 등과 같은 장애요인 없이 정신적 동요 등 내면적 이유에 의해서 중단한 경우, 범죄자 이성의 관점에서 본다면 비이성적 판단에 의한 포기이기 때문에 자의성이 인정된다.

이 경우에도 중지미수의 인정을 위한 또 하나의 요건으로 범행의사의 종국적인 포기가 요구된다. 이 요건이 결여되었다는 것은 추후의 더 유리한 기회에 범행을 하기 위하여 현재의 범행을 일시 중지한다는 의미이며, 이것은 단순한 범행의 연기일 뿐 합법성에로의 회귀가 아니기 때문이다.[28]

---

26) BGHSt 9, 48, 52 f.

27) Roxin, AT II, § 30 Rdnr. 355; Roxin, FS-Heinitz, S. 269.

28) 하태훈, 앞의 논문, 71면. 반면에 현재로서는 범행을 포기하지만 장차 기회가 오면 재차 시도하거나 다른 범죄를 행하겠다는 유보에는 행위자의 법적대적 의사가 존재하는 것으로 추정이 될 수 있으나, 당해의 시도된 구체적 범죄의 중지미수 성립가능성을 완

(3) 결론

중지미수의 자의성 여부는 범인의 내면적 요소에 관한 문제이므로 객관적인 몇몇 척도에 따라 간단하게 판단할 수 있는 문제는 아니다. 이에 대한 올바른 판단을 위해서는 객관적 상황으로부터 유추되는 범인의 심리적 상황에 대한 법적·규범적 평가가 이루어지지 않으면 안 된다. 따라서 규범적 이론을 바탕으로 하되 심리학적 이론으로 보완하는 것이 가장 합리적이다.[29]

2. 객관적 요건

중지미수의 객관적 요건으로 실행행위의 중지 혹은 실행행위로 인한 결과방지가 요구된다. 즉 실행행위가 종료되지 않은 경우에는 자의에 의한 행위계속의 포기로 족하며, 실행행위가 종료된 경우에는 능동적으로 결과의 발생을 방지해야 한다. 착수미수와 실행미수는 각각의 경우 중지미수를 위한 전제와 현실적 가능성에서 차이가 있으므로, 양자를 구분할 현실적 의미가 있다.

1) 착수미수와 실행미수의 구분

착수미수(미종료미수 : unbeendeter Versuch)란 실행에 착수했으나 실행행위 그 자체를 종료하지 못한 경우를 말한다. 예를 들어 살인의 의도로 목을 조르기 시작했으나 사망 이전에 멈춘 경우 혹은 같은 의도로 몽둥이로 한두 번 가격한 이후 그만둔 경우이다. 실행미수(종료미수 : beendeter Versuch)란 행위자가 자신의 표상에 따른 결과발생에 필요한 모든 행위를 종료한 상태로서, 상대방이 마실 음료수에 치사량의 독약을 타 놓은 경우 혹은 자동차에 시한폭탄을 부착한 후 시간을 작동시켜 놓은 상태를 말한다.

형법은 착수미수와 실행미수를 구별하기는 하나 처벌규정에는 구별을 두지 않는다. 그렇다고 하더라도 중지미수에 이를 가능성과 전제에서의 차이로 인해 양자의 구별은 필요하다.

전히 차단하는 것은 아니라는 판례로 BGHSt 33, 142, 145; BGH JZ 1988, 518.
29) 유사한 입장으로 신동운, 497면.

2) 양자의 구분에 관한 학설

(1) 주관설

가) 범행계획설(Tatplankriterium)

이에 따르면 종료미수와 미종료미수는 범인의 범행계획에 따라 결정된다. 범인이 자신의 계획을 충족한 경우에 시도는 종료된다. 예컨대 두 알의 독약으로 상대방을 살해할 수 있을 것으로 믿은 행위자가 실제로 피해자가 마실 커피에 두 알을 몰래 탄 경우에 시도는 종료된다. 현실적으로 그 분량의 독약이 치사량에 못 미치더라도 중지미수를 위해서는 행위자는 결과방지를 위한 적극적 노력을 해야 한다. 반면에 계획으로는 두 알을 혼입하려 했으나 한 알을 혼입한 상태라면 중지미수의 가능성은 존재한다. 그 한 알이 사실은 치사량을 초과하는 것이라도 피해자가 사망하기 이전이라면 그러하다. 다만 피해자가 커피를 마시고 사망했다면 중지미수는 더 이상 고려할 필요가 없는 것은 당연하다. 결과가 발생이 된 이상 자신의 표상에 의하면 시도는 종료되지 않았다는 행위자의 주장은 아무런 현실적 의미가 없다.

이 견해는 범행계획의 윤곽을 뚜렷하게 잡은 행위자에게 불리하게 작용한다. 반대로 범행계획이 모호하거나 추상적일수록 시도는 이에 미치지 못할 가능성이 커지기 때문에, 범행계획의 폭을 넓게 잡거나 윤곽을 확고하게 잡지 않은 행위자에게는 유리하게 작용한다. 이러한 부당함으로 인해 이 견해는 더 이상 받아들여지지 않는다.[30]

나) 실행행위종료시 기준설(시계설 : 視界說)

범행계획설이 실행착수시점의 범행계획을 기준으로 하는 것이라면, 이것은 행위를 중지하는 시점의 행위자의 결과발생가능성에 대한 표상, 즉 자신이 이미 행한 바로써 결과의 발생이 가능할지에 대한 평가에 따른다. 결정시점의 유연성으로 인해 행위상황의 변화에 따라 (현저한 시간적 간극이 존재하지 않는 한) 행위자의 시계 (視界 : Rücktrittshorizont)도 유연하게 변화될 수 있다.

행위자가 우선 자신의 표상에 따른 결과발생을 위한 모든 조건을 갖춘 이후라도 그것으로는 결과발생에 부족하다는 사실을 알았을 경우 아직 후속행위의 가능성이 남아 있다면 그 시도는 미종료이다.[31] 따라서 처음의 계획에 따라 두 알의 독약을

---

30) Gropp, § 9 Rdnr. 56 ff.

혼입했으나, 이것이 실제로 치사량에 못 미치고 행위자가 이 사실을 알았다면, 이 순간 후속행위를 포기함으로써 중지미수에 이를 수 있다. 이 견해는 범행계획에 의해 부당한 혜택이 주어지거나 반대로 중지미수의 가능성이 부당하게 제한되는 것을 막을 수 있는 장점이 있다.

다) 개별행위설(Einzelaktstheorie)**과 전체범행계획설**(Gesamtbetrachtungslehre)[32]

앞의 범행계획설과 시계설이 시도의 시작과 중지 혹은 제1행위 이후 제2, 제3의 가능성을 시간의 흐름에 관련한 종적 개념으로 접근한 것이라면, 개별행위설과 전체범행계획설은 행위자에게 주어진 시도가능성이 동시에 존재하는 횡적 개념으로 접근한다.

예컨대 행위자가 서로 크기가 다른 5개의 돌멩이를 준비하고 있다가 그중 하나를 선택하여 피해자를 향해 던졌으나 빗나간 경우, 개별행위설의 견해에 의하면 각각 독립성을 가지며 동시에 존재하는 5개의 가능성 중에서 제1의 부분행위가 실패로 끝났으므로 중지미수가 더 이상 불가능하게 된다. 이러한 부당한 결과를 전체범행계획설은 마지막 부분행위 이후에 행위자가 결과발생이 아직 가능하다고 믿음에도 불구하고 행위를 포기했다면 중지미수는 가능한 것으로 인정함으로써 수정한다. 즉 제2 혹은 제3의 시도가능성을 인식하는 이상 미종료미수는 인정된다.

혹은 살인하기 위해 각목으로 상대방을 가격을 하던 중 이것이 부러졌을 때, 손이나 끈으로 목을 조를 가능성이 있음을 인식했으나 그만둔 경우에도 제1부분행위의 실패 여부와 관계없이 미종료미수의 중지미수는 인정되어야 한다. 행위자가 실행착수시점에 제1행위의 실패가능성을 고려하여 제2행위를 염두에 두었는지는 중요하지 않다. 단, 이전의 실패했던 부분행위와 아직 주어져 있는 시도가능성이 시간적·공간적 밀접성에 의한 단일한 생활경과 혹은 자연스런 행위단일성에 포함되어야 한다.[33]

(2) 객관설

객관적으로 결과를 발생시킬 수 있는 조건을 갖춘 이상 행위자의 이에 대한 인식여부와는 관계없이 실행행위는 종료되었다고 보는 견해이다. 그러나 객관적 결

---

31) Gropp, § 9 Rdnr. 59 ff.
32) Wessels/Beulke, Rdnr. 629 f.
33) BGH NJW 1994, 1670; Haft, NStZ 1994, 536.

과발생가능성에도 불구하고 결과가 아직 발생되지 않은 상태에서는 실행의 중지만
으로, 혹은 결과를 방지하기 위한 적극적 노력으로 중지미수가 인정되어야 할 가능
성은 충분히 존재할 수 있다면 이 견해는 부당하다.[34]

(3) 절충설

행위자의 범행계획 및 행위 당시의 객관적 사정, 이에 대한 행위자의 인식 등을
종합하여 결과발생을 위한 모든 조건이 갖추어졌을 때 실행행위의 종료를 인정하
는 견해이다. 우리나라의 다수설의 입장이다.[35]

(4) 결론

중지미수의 경우 결과가 발생되지 않았다는 객관이 확정된 상태에서 이에 대한
추가적 평가의 대상으로 남는 것은 행위자의 주관뿐이다. 이를 전제로 하여 행위자
스스로가 자신에게 가능한 것으로 믿은 범죄행위를 자의로 포기하였다는 데 긍정
적 법률효과를 인정할 근거가 있다고 본다면, 주관설의 입장을 따라야 한다.[36] 주
관설 중에서도 전체범행계획설이 가장 합리적이다. 이 이론에는 객관적 요소를 고
려하는 부분이 있으나 주관설을 기초로 하여 미종료미수의 인정의 범위를 제한적
으로 확대한 이론이라고 볼 수 있다.

3) 결과방지

(1) 미종료미수의 중지

종료미수와 미종료미수 사이의 구분은 객관적 상황이 아닌 행위자의 주관에 따
라야 하므로, 범인이 자신의 표상에 따른 결과발생을 위한 모든 조건을 아직 완료
하지 않은 상태에서는 범행계속을 자의로 포기함으로써 중지미수에 이르게 된다.
범행의 포기는 고의에 상대적인 개념으로서 범행실현의 반대방향으로의 결의를 의
미한다. 따라서 이것은 결과실현의 가능성에 대한 표상을 전제로 하는 것이다. 바
꿔 말하면 자신의 노력으로 결과를 유발할 가능성이 없다고 믿는 행위자에게는 포

---

34) 김일수/서보학, 402면; 이재상/장영민/강동범, § 28-29.
35) 권오걸, 444면; 김/박/안/원/이, 279면; 김일수/서보학, 403면; 배종대, [114] 15; 안동
준, 192면; 오영근, 324면; 임웅, 390면; 정성근/박광민, 397면.
36) 손동권/김재윤, [§ 24] 25; 신동운, 503면; 이재상/장영민/강동범, § 28-31; Jecheck/
Weigend, § 51 II 2; Kühl, § 16 Rdnr. 24; Maurach/Gössel/Zipf, AT II, § 41 Rdnr.
22; Puppe, NStZ 1986, 14; Welzel, S. 196.

기할 범행결의가 존재하지 않는다. 행위자의 시도가 객관적으로 결과발생에 전혀 효과가 없더라도, 행위자가 이런 사실을 알지 못하는 경우에 한하여 중지미수의 가능성은 존재한다.

이와 관련한 그 밖의 착오는 다음과 같이 구분할 수 있다. 우선 행위자가 사실과는 달리 이미 결과발생에 필요한 모든 것을 다 행했다고 오인한 경우에는 종료미수가 인정된다. 이런 경우 범인은 적극적 결과방지행위를 통해서만 중지미수에 이를 수 있다. 반대로 범인이 필요한 모든 행위를 다하지 않았다고 오인한 경우에는 결과의 발생유무에 따라 구분되어야 한다.

첫째로, 결과가 발생하지 않았다면 주관적 출발점에 상응하여 미종료미수의 중지미수가 가능하다. 단, 범인이 모든 행위를 다하지 않았다고 확실히 믿은 경우에만 미종료미수가 존재한다. 이에 대해 의심이 있었을 때, 즉 지금까지의 적극적 시도행위가 완전하지는 않더라도 기에 기하여 이미 결과의 발생가능성이 있다고 믿은 때에는 이미 시도는 종료되었으며, 여기서의 중지미수는 그 반대의 적극적 행위를 통해서만 가능하다.[37] 둘째로, 결과가 나타났을 때에는 다수설의 견해에 의하면 미수가 아닌 기수가 존재하므로 중지미수는 이미 배제되는 것이 원칙이다. 이 경우에도 인과과정의 본질적 상위 등의 이유로 주관적 구성요건과 객관적 구성요건 사이에 일치(Kongruenz)가 부정되거나 객관적 귀속이 부정되는 경우에는 중지미수의 가능성은 존재한다.

(2) 종료미수의 중지

시도행위가 종료에 이른 경우에는 단순한 부작위가 아닌 적극적이고 진지한 결과방지의 노력을 통해서만 중지미수에 이를 수 있다. 자신의 행위에 의해 상해를 입은 피해자를 응급조치하여 병원으로 호송하는 등의 결과방지에 실질적 효과가 있는 행위를 해야 한다. 따라서 긍정적 결과를 위한 단순한 기도행위 또는 미신적 행위로는 부족하다. 경찰관, 의사, 이웃주민 등 타인의 협조에 의한 결과방지의 경우라도 진지한 노력으로 이들의 협조를 구했다면 중지미수는 인정된다. 반면에 이웃이나 행인에게 병원이나 소방서에 연락해 줄 것을 부탁하고 자신은 도망친 경우에는 진지성은 부정된다.

결과의 미발생은 행위자의 결과방지노력과 인과관계가 있어야 한다. 예컨대 심

---

37) BGH NJW 1983, 765.

하게 다친 피해자를 누군가가 발견하여 구조해주기를 바라며 한적한 장소에 뉘어 놓고 현장을 떠난 경우에는 결과 여부에 상관없이 중지미수는 부정된다. 여기서는 결과방지노력과 결과의 미발생 사이의 인과관계가 부정되거나, 혹은 범행고의에 상대적인 범행포기결의 또는 구조고의가 부정된다.[38] 범인이 자신의 미수행위에 대한 경찰수사에 혼선을 빚게 하기 위해 거짓신고를 했는데, 이것이 경찰의 구조의 계기가 된 경우에는 구조고의와 함께 자의성이 결여된다.[39]

예전의 독일판례는 중지미수를 위해, 행위자가 기존의 인과경과를 변경하는 새로운 인과경과를 작동시킴으로써 결과방지의 한 원인이 되면 그것으로 족하다고 평가했다. 행위자에게 그 이상의 노력이 가능했는지 여부는 묻지 않는다. 결과의 방지를 위해 그 기회를 연 것으로 족하다는 견해로 이를 기회개방설 (Chanceneröffnungstheorie)이라 한다.[40] 반면에 다수설은 행위자가 결과방지 노력을 가하여 결국 결과미발생의 한 원인이 되었더라도 그 이상의 최선의 노력이 가능했음에도 불구하고 이를 이행하지 않은 경우에는 중지미수가 인정되기에 부족하다는 입장을 취한다. 자신에게 주어진 가능성을 최대한 발휘해야 한다는 견해로 최선이행설(Bestleistungstheorie)이라 한다.[41]

살인의 미필적 고의로 자기 아내에게 중상을 입힌 범인이 아내를 병원 앞까지 옮긴 후, 자신의 범행을 숨기기 위해 병원 입구 95미터 앞에서 피해자를 내려 걷게 하였으나 곧 실신하여 쓰러지자 다른 사람이 이를 발견하여 구조한 사례에서, 전자에 의하면 중지미수가 인정되나 후자에 의하면 부정되어야 한다.

위 두 견해 간에 상당한 다툼이 있으나 생각건대 중지미수의 인정을 위해 범행포기의 자의성과 진지한 노력, 인과관계, 결과의 미발생이라는 요건으로 충분한 것으로 보아야 한다면 전자의 견해를 따를 만하다.[42] 위의 사례에서 결과방지노력의 진지성이 부족함으로 인해 중지미수의 인정에 의심의 여지가 있을 수 있다. 그러나 진지성의 부족으로 인해 결과방지에 실패한 경우 그 결과를 행위자의 부담으로 돌

---

38) BGHSt 31, 49; BGH NJW 1990, 3219.
39) Roxin, AT II, § 30 Rdnr. 213.
40) BGH NJW 1985, 813; BGH NJW 1986, 1001; Sch/Sch/Eser, § 24 Rdnr. 59; SK-Rudolphi, § 24 Rdnr. 27; 허일태(역), 311면.
41) BGHSt 31, 46, 49; Herzberg NJW, 1989, 867; Jakobs, ZStW 104 (1992), 89; Lackner/Kühl, § 24 Rdnr. 19b.
42) 같은 견해로 신동운, 508면.

리는 것으로 공평성에 충분하다고 판단된다.

(3) 결과의 미발생

행위자의 결과방지노력은 결국 결과의 미발생으로 연결되어야 한다. 행위자의 결과방지노력에도 불구하고, 예컨대 피해자를 병원으로 옮기는 과정에서의 교통혼잡이나 의사의 부재 등 제3의 원인에 의해 사망결과가 발생하였을 때에는 기수가 인정될 수밖에 없다. 단, 발생된 결과가 행위자에게 귀속되지 않는 경우에는 예외이다. 이를테면 범인이 피해자를 병원으로 옮기던 중 교차로에서 신호를 무시한 화물차에 의해 차가 전복되어 피해자가 사망한 경우, 그 결과는 화물차 운전자에게 귀속된다. 자동차의 운전은 이미 일반적으로 위험한 행위이며, 특히 신호위반의 경우 내재적 고도의 위험이 현실화된 것으로 볼 수 있다. 피해자가 이미 상처를 입었다는 사실이 이 위험을 가중시킨 것은 아니다.

결과의 발생이 객관적으로 불가능한 불능미수의 사례에서, 행위자가 결과의 발생가능성을 믿고 있었고 결과의 발생을 방지하기 위한 진지한 노력을 했다면 중지미수는 인정되어야 한다. 결과방지노력과 결과미발생 사이의 인과관계를 중지미수의 필수요건으로 봐야 한다는 시각에서 결과의 미발생은 행위자의 공적이라 할 수 없으므로 중지미수의 혜택은 부정되어야 한다는 견해가 있지만,[43] 여기에는 자의에 의한 범행포기, 결과방지를 위한 진지한 노력 그리고 결과의 미발생으로 중지미수의 혜택을 누릴 수 있는 요건은 충분히 갖추었다고 보는 것이 타당하다.[44]

3. 처벌규정

중지미수에 해당하면 그것이 미종료미수로부터의 중지미수이든 혹은 종료미수로부터의 중지미수이든 구별 없이 통일적으로 필요적 감면이 인정된다(형법 제26조). 형의 면제와 감경은 차이가 크므로 양자는 엄격히 구분되어야 하나, 중지미수가 미종료미수 혹은 종료미수에서 출발했는지 여부는 이 구분에서 결정적인 역할을 하

43) 김종원, 8인 공저, 295면; 유기천, 264면. 하태훈, 369면 이하 참조.
44) 권오걸, 448면; 김일수/서보학, 404면; 박상기, 353면; 배종대, [114] 22; 신동운, 508면; 안동준, 194면; 오영근, 326면 이하; 이재상/장영민/강동범, § 28-39; 이형국, 291면; 임웅, 392면; 정성근/박광민, 399면; 조준현, 261면.

는 것은 아니라고 보여진다. 오히려 중지한 범죄의 성질, 경중, 중지동기, 중지시까지의 피해상황과 중지에 따른 공적의 비교 등에 따라 법관이 구체적으로 결정할 문제이다.

중지 이전의 행위가 이미 다른 구성요건의 가벌성을 충족시킨 경우에 독일처럼 중지미수를 완전히 불가벌로 인정하는 법제에서는 중지미수에 해당하는 구성요건 자체만 불가벌일 뿐이며, 타 구성요건에는 아무런 영향을 주지 않는다. 반면 중지미수를 필요적 감면규정으로 하는 우리 법제에서는 법조경합이 적용되는 경우와 상상적 경합이 적용되는 경우로 나누어 생각할 수 있다.

예컨대 살인고의에 의한 행위가 중지미수가 되었더라도 상해기수는 성립할 수 있다. 이런 경우는 법조경합의 관계로서 경죄 기수는 중죄 미수에 흡수되는 것으로 보아 살인미수죄만으로 처벌된다(법조경합의 보충관계). 독일형법에서는 살인죄의 중지미수는 불가벌이므로 상해기수죄로의 처벌만이 남는다.

상상적 경합은 원래 각각 독립적으로 처벌될 수 있는 범죄의 집합체인데, 그 중 가장 중한 하나의 범죄의 형량에 나머지 범죄를 포함시키는 경우이다. 중지미수가 이런 상상적 경합관계에 관련된 경우에는 형법 제40조가 적용된다.

III. 관련문제

1. 공동정범의 중지미수

하나의 범행에 두 사람 이상의 행위자가 정범으로 가담하는 공동정범의 형태의 경우, 각자의 실행분담은 실제적으로는 전체범행의 일부에만 해당한다고 하더라도 결과적으로 공동정범자 각자는 전원이 야기한 전체의 결과를 자신의 책임으로 부담해야 한다. 따라서 공동정범자 중의 1인이 자기 홀로 범행에서 이탈한 것으로는 중지미수에 이르지 못하고, 모든 공동정범의 행위를 중지시키거나 전체 결과를 방지해야만 중지미수가 성립한다.[45]

---

45) ① 대판 2005.2.25, 2004도8259 : 다른 공범의 범행을 중지하게 하지 아니한 이상 자기만의 범의를 철회, 포기하여도 중지미수로는 인정될 수 없는 것인바(대법원 1969. 2. 25. 선고 68도1676 판결 참조), 기록에 의하면, 피고인은 원심 공동피고인과 합동하여 피해자를

반대로 공동정범자 중 1인의 단독적 노력으로 전체결과를 방지한 경우 그 공적
은 해당 개인에게만 인정된다. 중지미수의 법률효과는 인적 처벌소멸사유이기 때
문이다.[46] 이때 타 공동정범자에게는 장애미수가 인정된다.

2. 공범의 중지미수

공범의 경우도 중지미수가 인정되려면 공동정범과 마찬가지로 전체범행이 중지
되어야 하며, 가담자 한 사람이 자신의 범행기여부분을 중지한 것만으로는 부족하
다. 즉 교사자는 피교사자의 실행을 중지시켜야만 교사의 중지미수범이 된다. 이때
피교사자(정범)가 교사자의 설득에 따라 자의로 범행을 포기한 경우에는 스스로도
중지미수가 인정되지만, 교사자의 강압에 의해 실행계속에 실패했거나 피교사자(정
범)가 설정한 인과과정을 교사자가 단절시켰다면 피교사자에게는 장애미수가 인정
된다. 반대로 피교사자가 실행에 착수한 범행을 자의로 중지했거나 결과발생을 방
지한 경우 그에게는 중지미수가 인정되나, 교사자는 장애미수로 처벌된다. 이와 같
은 관계는 방조범에게도 동일하게 적용된다.

텐트 안으로 끌고 간 후 원심 공동피고인, 피고인의 순으로 성관계를 하기로 하고 피고인
은 위 텐트 밖으로 나와 주변에서 망을 보고 원심 공동피고인은 피해자의 옷을 모두 벗기
고 피해자의 반항을 억압한 후 피해자를 1회 간음하여 강간하고, 이어 피고인이 위 텐트
안으로 들어가 피해자를 강간하려 하였으나 피해자가 반항을 하며 강간을 하지 말아 달라
고 사정을 하여 강간을 하지 않았다는 것이므로, 앞서 본 법리에 비추어 보면 위 구OO이
피고인과의 공모 하에 강간행위에 나아간 이상 비록 피고인이 강간행위에 나아가지 않았
다 하더라도 중지미수에 해당하지는 않는다고 할 것이다.

② 대판 1969.2.25, 68도1676 : 피고인이 안OO 중위와 범행을 공모하여 동 중위는 엔진오
일을 매각 처분하고, 피고인은 송증정리를 하기로 한 것은 사후에 범행이 용이하게 탄로
나지 아니 하도록 하는 안전방법의 하나이지, 위 중위가 보관한 위 군용물을 횡령하는 데
있어 송증정리가 없으면, 절대 불가능한 것은 아니며, 피고인은 후에 범의를 철회하고 송
증정리를 거절하였다 하여도 공범자인 위 중위의 범죄 실행을 중지케 하였다는 것이 아님이
원판결 및 1심 판결에 의하여 확정된 사실이므로 피고인에게 중지미수를 인정할 수 없다.

46) 책임개별화의 원칙을 제시하는 견해도 있으나(김일수/서보학, 545면; 임웅, 364면) 중지
미수는 구성요건해당성, 위법성에는 물론 영향을 주지 않으며 책임도 어느 정도 감경은
하지만 조각시키는 것은 아니므로 책임개별화 원칙은 처벌면제를 설명하지 못한다. 따
라서 인적 처벌소멸사유를 인정하는 것이 합리적이다.

제 42 절 불능미수

I. 개념과 의의

1. 불능미수의 개념

불능미수(불능미수 : untauglicher Versuch)란 행위자의 표상과는 달리 실행수단이나 대상의 착오로 인해 객관적으로 결과발생은 불가능하나, 행위의 위험성으로 인해 불법의 한 유형을 형성했다고 볼 수 있는 행위형태이다(형법 제27조). 형법은 이를 임의적 감면규정으로 정하고 있다. 감기약을 독약으로 오신하여 이로써 타인을 독살하려고 한 경우가 수단의 착오이고,[1] 이 약을 임부가 아닌 자에게 낙태의 의도로 투여한 경우 혹은 이미 사망한 대상자에 대해 살해의도로 총을 쏜 경우가 대상의 착오에 해당한다.

2. 구별되는 개념

1) 불능범

가벌적 불능미수와 구별되어야 할 개념으로 불가벌적 불능범이 있다. 이것은 고의에 의해 표출된 행위가 있고 결과발생의 가능성이 없다는 점에서 불능미수와 동일하나, 다만 여기에서는 위험성마저 결여됨으로 인해 형법적 가치로 보아 실행착수 이전의 상태라고 볼 수 있는 형태를 말한다. 곧 불능범은 형법적 의미가 없는

---

1) 대판 1984.2.14, 83도2967 : 농약유제 3호는 동물에 대한 경구치사량에 있어서 엘.디 (LD) 50이 킬로그램당 1.590밀리그램이라고 되어 있어서 피고인이 사용한 위의 양은 그 치사량에 현저히 미달한 것으로 보이고, 한편 형법은 범죄의 실행에 착수하여 결과가 발생하지 아니한 경우의 미수와 실행수단의 착오로 인하여 결과발생이 불가능하더라도 위험성이 있는 경우의 미수와는 구별하여 처벌하고 있으므로 원심으로서는 이 사건 종사소독약유 제3호의 치사량을 좀 더 심리한 다음 피고인의 소위가 위의 어느 경우에 해당하는지를 가렸어야 할 것임에도 불구하고 원심이 이를 심리하지 아니한 채 그 판시와 같은 사유만으로 피고인에게 형법 제254조, 제250조 제1항, 제25조의 살인미수의 죄책을 인정하였음은 장애미수와 불능미수에 관한 법리를 오해하였거나 심리를 다하지 아니함으로써 판결에 영향을 미친 위법을 범하였다 할 것이다.

행위로서 불가벌이다.

형법은 학술적 용어상의 가벌적 불능미수의 내용을 담는 제27조의 표제를 불능범으로 달고 있는 데서 문제가 발생한다. 독일형법 제23조 제3항은 행위자가 대상이나 수단에 대한 심한 무지로 인해 자신의 시도가 결코 기수에 이를 수 없다는 사실을 인식하지 못한 경우에는 형을 면제하거나 재량에 의해 감경할 수 있게 하고 있다. 이 조항은 불능미수와 불능범을 일단 모두 포괄하되 객관적 사안의 판단에 따라 양자를 구분한다는 태도이다.

우리나라에서는 '불능범'을 불가벌적 불능범, '불능미수'는 가벌적 불능범으로 구분해야 한다는 견해와 법조의 표제가 불능범으로 되어 있는 이상 이를 가벌적 불능미수와 동일한 개념으로 이해해야 한다는 견해가[2] 엇갈린다. 생각건대 형법은 제25조의 결과발생이 가능한 장애미수와 제27조의 결과발생이 불가능한 장애미수의 두 종류를 구분하고 있고, 독일형법처럼 가벌성 유무에 관계없이 우선 결과발생이 불가능한 장애미수를 모두 법문에 포함하는 것이 아니라 위험성에 의해 가벌성이 인정되는 경우만을 구별하여 규정하고 있다는 점에서 불능미수와 불능범의 개념도 이에 상응하여 구별되어야 할 것이다.[3]

2) 환각범

행위자가 자신의 행위에 대한 처벌규정이 없음에도 불구하고, 주관적 판단에 의해 처벌되는 것으로 믿은 경우를 말한다. 실제로는 처벌되는 행위를 하면서 처벌되는 행위가 아닌 것으로 믿은 금지착오의 경우와 반대되는 사례로서 이를 반전(反轉)된 금지착오라고도 한다. 예컨대 자살을 시도하면서 처벌될 것으로 믿는다거나 물에 빠진 제3자를 구조하지 않으면 처벌되는 것으로 믿는 경우이다.[4] 불능미수는 존재하지 않는 객관적 구성요건을 존재하는 것으로 믿는 것인 반면, 환각범은 존재하지 않는 처벌규범을 존재하는 것으로 믿는 것이라는 차이가 있다. 즉 불능미수는 사

---

2) 배종대, [117] 2; 성시탁, 불능미수, 김종원 화갑논문집, 404면; 이정원, 282면 각주 33).

3) 이재상/장영민/강동범, § 29 - 2. 다만 형법의 표제와 학설상의 용어는 어떠한 형식으로든 일치시켜야 할 필요가 있다.

4) 부진정부작위범에서의 환각범은 존재하지 않는 보증인지위에 관한 착오로 이루어지는 것이 보통이다.

실에 관련한 착오이며, 환각범은 규범에 관련한 착오이다.

규범적 구성요건표지에 관련한 착오의 경우 양자의 구분이 실제로 어려워질 수 있다. 이때는 착오가 사실관계에 관련된 경우는 불능미수이며, 법적 효력범위에 관련된 경우는 환각범에 해당하는 것으로 구분할 수 있다.[5]

3) 미신범

비현실적인 미신 혹은 주술의 수단 등 결과발생과는 자연과학적 인과성이 전혀 없는 방법을 통해 범행을 시도하는 행위로서, 범의의 표현은 있으나 객관적 위험성이 존재하지 않는다는 점에서 불가벌적 불능범의 한 유형에 속하는 것으로 볼 수 있다.

3. 구성요건 흠결이론

앞에서 언급한 바와 같이 이 견해(Lehre vom Mangel am Tatbestand)[6]는 객관적 구성요건요소 중 행위자가 설정한 인과과정의 최종작품으로서의 결과가 흠결된 경우만이 미수에 해당하고, 그 밖의 다른 객관적 구성요건요소가 흠결된 경우에는 가벌성이 배제되는 불능범에 해당하는 것으로 구분한다. 예컨대 신분범에서 주체로서의 신분의 결여, 착오로 인한 객체 혹은 수단의 흠결 등이 있는 경우 구성요건 자체가 성립되지 않는다는 입장이다. 이 견해를 우리 형법에 적용한다면 구성요건적 결과가 발생되지 않은 경우에는 가벌적 불능미수가 인정되고 다른 객관적 구성요건요소가 흠결된 경우에는 불가벌적 불능범(혹은 구성요건조각)이 인정된다. 그러나 이 견해는 양자의 구분에 있어서 수단 또는 대상의 흠결 여부가 아닌 위험성 여부를 기준으로 하는 우리 형법 제27조의 법문에는 일치하지 않는다.[7]

---

5) Jescheck/Weigend, § 50 II 2.
6) Frank, § 43 Anm. I; Maurach/Gössel/Zipf, AT II, § 40 Rdnr. 126, 128.
7) 박상기, 359면; 배종대, [118] 5; 손동권/김재윤, [§ 25] 4; 오영근, 335면; 이재상/장영민/강동범, § 29−5; 임웅, 415면. 독일의 경우도 이와 유사하다. Jescheck/Weigend, § 50 I 3.

II. 불능미수의 성립요건

1. 주관적 성립요건

장애미수의 경우와 동일한 주관적 요건이 필요하다.

2. 객관적 성립요건

1) 착수

구성요건실현을 위한 착수가 있어야 한다. 법적대적(法敵對的) 의사의 형성만으로는 처벌될 수 없고, 이 의사의 외부적·객관적 표현이 이루어져야 한다. 불능미수에 있어서도 이것은 예비와 미수의 분계점이 된다. 이것은 단순한 형식적·객관적 한계점이다. 실질적 한계기준으로 행위자의 결과발생가능성에 대한 표상은 당연히 요구되는 것이기는 하나, 이는 주관적 구성요건에서 이미 평가되어야 하는 대상이며 착수라는 객관적 요소에 포함되는 것은 아니다.

2) 법익평온상태의 교란

착수행위는 법질서의 존재와 신뢰에 대한 교란의 효과를 가져올 수 있는 최소한의 적격성을 가져야 한다. 결과발생의 객관적 가능성이 없다는 것만으로는 이 요소가 궁극적으로 부정되지 않는다. 여기에서는 행위 자체의 위험성 여부에 따른 규범적 판단이 이루어져야 한다.

3) 결과발생의 불가능

이것은 불능미수와 장애미수의 구별요소가 된다. 결과발생의 가능성이 조금이라도 있는 경우에는 불능미수는 처음부터 고려대상에서 제외되고, 장애미수의 가능성만이 있을 따름이다. 결과발생의 불가능의 원인에 대해서 형법 제27조는 예시적으로 수단이나 대상의 착오를 제시하나, 이에 한정되는 것은 아니다.

(1) 실행수단의 착오

치사량에 현저히 미달하는 독약으로 살인을 시도하는 경우처럼 객관적으로 결과를 발생시킬 수 없는 수단을, 행위자는 가능한 수단으로 믿고 실행하는 경우이다. 이 경우는 갑을 쏘고자 했는데 을이 맞은 경우인 방법의 착오와는 구별된다. 이 경우는 불능미수가 아니라, 학설에 따라 갑에 대한 살인미수와 을에 대한 과실치사의 상상적 경합(구체적 부합설) 혹은 을에 대한 살인고의기수가(법정적 부합설) 인정되는 사례이다.

(2) 대상의 착오

빈 호주머니에 소매치기의 의사로 손을 넣은 경우 혹은 임부가 아닌 부녀에게 낙태약을 몰래 먹인 경우, 침대 속의 인형을 자기가 살해하려는 사람으로 알고 총을 쏜 경우가 이에 해당한다. 이 사례는 구성요건 착오의 하나인 객체의 착오와 구별된다. 갑으로 알고 총을 쏘았으나 실제 을이었던 경우와 같은 객체의 착오는 을에 대한 살인고의기수가 인정되는 사례이다.

불능미수의 경우에는 현실적 객체에 행위자가 표상하는 구성요건이 실현될 수 없는 상황인 반면, 객체의 착오는 단순한 객체의 동질성에 관한 착오일 뿐 객체에 결과가 발생함으로써 구성요건이 성립되는 데는 아무런 지장이 없는 경우이다.

이런 의미에서 수단의 착오와 대상의 착오는 모두 반전된 구성요건착오(umgekehrter Tatbestandsirrtum)로 볼 수 있다.

(3) 행위주체의 착오

형법 제27조는 결과발생불가능의 사유로 행위주체의 착오는 명시하지 않고 있다. 이로 인해 구성요건이 특별히 요구하는 주체로서의 성격이 결여되었지만, 이에 대한 인식 없이 혹은 잘못된 인식으로 행위를 한 경우도 불능미수에 해당할 수 있을지에 대해서 견해의 다툼이 있다. 이를테면 공무원 신분을 아직 취득하지 못했거나 이미 상실한 자가 자신이 공무원이라 믿고 뇌물을 받는 경우이다. 이러한 사례의 법적 취급에 대해 다음과 같은 견해가 제시된다.

가) 불능미수범설

행위자 적격을 근거 짓는 특수 신분요소는 진정 객관적 구성요건요소이기 때문에,[8] 이에 대한 착오는 반전된 구성요건착오로 취급되어야 한다는 입장에서 독일

---

8) BGHSt 8, 321, 323.

의 다수 학자들은 이를 가벌적 불능미수로 분류한다(독일의 다수설).[9]

나) 환각범설 및 구성요건흠결설

진정신분범에서의 법적 의무는 실제로 그 의무가 주어진 사람에 의해서만 침해될 수 있기 때문에, 행위자가 자신에게 그 의무가 주어진 것으로 오인하더라도 객관적으로는 그렇지 않다면 이를 처벌할 구성요건이 존재하지 않는 것이므로, 결과적으로 환각범의 한 종류에 해당한다는 입장이다. 따라서 이러한 사안에서는 구성요건흠결설이 부분적으로 되살아나는 것으로 볼 수 있다.[10]

다) 불능미수 부정설

진정신분범에서의 불법은 일정한 신분에 의해 주어진 법적 의무의 침해를 통해서만 성립되는 것이므로, 이러한 신분이 객관적으로 결여된 경우에는 미수범으로서의 행위반가치마저 부정되어야 하고, 또한 주체의 착오에 대해 언급하고 있지 않는 형법 제27조 규정을 적용하여 불능미수를 인정한다면 이는 행위자에게 불리한 유추적용을 의미하는 것이 되어 부당하다는 견해이다. 우리나라의 다수설의 입장이다.[11]

라) 결론

가벌성 유무에 관계없이 우선 결과발생이 불가능한 장애미수를 일단 불능미수에 포함시키는 독일형법과는 달리, 위험성에 의해 가벌성이 인정되는 경우만을 구별하여 불능미수범으로 규정하고 있는 우리 형법의 입장에서는 주체의 착오는 처음부터 처벌대상에서 제외된다고 해석하는 것이 입법취지에 상응하는 것으로 볼 수 있다. 그 근거는 구성요건흠결에 있다고 볼 것이므로, 결국 환각범설도 내용면에서 이와 일치한다. 그리고 이들은 모두 불능미수부정에 연결되는 것으로서 내용과 결론에서 일치하는 불능미수부정설도 독립적 지위를 갖는 견해의 제목은 아니다.

---

9) Eser, Strafrecht II, Nr. 36A Rdnr. 45; Lackner/Kühl, § 22 Rdnr. 13; Maurach/Gössel/Zipf, AT II, § 40 Rdnr. 175; Sch/Sch/Eser, § 22 Rdnr. 75 f; SK – Rudolphi, § 22 Rdnr. 28; Tröndle/Fischer, § 22 Rdnr. 28. 우리나라에서는 박상기, 362면; 이정원, 298면 이하; 이형국, 298면.

10) AK – Zielinski, §§ 15, 16 Rdnr. 35; Jakobs, 25/43; Schünemann, GA 1986, 318; Stratenwerth, Rdnr. 698; Welzel, S. 194.

11) 김성천/김형준, 356면; 김일수/서보학, 389면; 손해목, 905면; 신동운, 525면; 이재상/장영민/강동범, § 29 – 15; 임웅, 398면; 하태훈, 불능미수, 형사법연구 제4호, 1991, 79면. 이 문제를 논의할 실질적 가치가 없다고 보는 견해로 손동권/김재윤, [§ 25] 9.

3. 위험성

불능미수가 불가벌적 불능범과 구별되기 위해서는 위험성이 있어야 한다. 불능미수는 결과발생이 불가능함을 전제로 하므로 결과발생가능성의 정도는 위험성과 전혀 무관한 것이라 할 수는 없겠으나, 위험성의 본질적 판단기준이 될 수 없다.[12]

1) 객관설

미수범의 처벌근거를 주관적 범죄의사가 아닌 구성요건적 결과실현에 근접한 위험으로 보는 객관설에 의하면 불능미수에도 행위반가치뿐 아니라 법익침해위험의 상태가 요구된다.

(1) 구객관설(절대적·상대적 불능 구별설)[13]

법관의 사후적 평가(ex post)에 따라 절대적 불능인 경우에 위험성이 부정되지만 상대적 불능의 경우에는 위험성이 인정되어야 한다는 견해이다. 절대적 불능이란 결과발생이 개념상 항상 불가능한 경우인 데 비해, 상대적 불능은 일반적으로는 결과발생이 가능하지만 개별적 사례에서의 특수한 사정에 따라 결과발생이 불가능한 경우이다. 이를테면 시체에 대한 사격은 객체에 대한 절대불능,[14] 총알을 능히 막

---

12) ① 대판 1990.7.24, 90도1149 : 피고인이 원심 상피고인에게 피해자를 살해하라고 하면서 준 원비-디 병에 성인 남자를 죽게 하기에 족한 용량의 농약이 들어 있었고, 또 피고인이 피해자 소유 승용차의 브레이크호스를 잘라 브레이크액을 유출시켜 주된 제동기능을 완전히 상실시킴으로써 그 때문에 피해자가 그 자동차를 몰고 가다가 반대차선의 자동차와의 충돌을 피하기 위하여 브레이크 페달을 밟았으나 전혀 제동이 되지 아니하여 사이드브레이크를 잡아당김과 동시에 인도에 부딪치게 함으로써 겨우 위기를 모면하였다면 피고인의 위 행위는 어느 것이나 사망의 결과발생에 대한 위험성을 배제할 수 없다 할 것이므로 각 살인미수죄를 구성한다.

② 대판 1986.11.25, 86도2090, 86감도231 : 소매치기가 피해자의 주머니에 손을 넣어 금품을 절취하려 한 경우 비록 그 주머니 속에 금품이 들어있지 않았었다 하더라도 위 소위는 절도라는 결과 발생의 위험성을 충분히 내포하고 있으므로 이는 절도미수에 해당한다.

③ 대판 2007.7.26, 2007도3687 : 불능범은 범죄행위의 성질상 결과발생 또는 법익침해의 가능성이 절대로 있을 수 없는 경우를 말한다. 일정량 이상을 먹으면 사람이 죽을 수도 있는 '초우뿌리'나 '부자' 달인 물을 마시게 하여 피해자를 살해하려다 미수에 그친 행위가 불능범이 아닌 살인미수죄에 해당한다.

13) Feuerbach, Mittermaier, Abegg, Berner 등이 주장했다.

아낼 수 있는 방탄차량 안에 있는 자에 대한 사격은 객체에 대한 상대불능이며, 절대적으로 무해한 종합비타민제로 낙태를 시도하는 경우는 수단의 절대불능,15) 치사량 미달의 독약에 의한 살인시도는 상대적 불능으로 분류할 수 있다는 것이다.

이 견해의 치명적 단점은 이론적으로나 현실적으로나 절대적 불능과 상대적 불능을 항상 명백히 구별할 수 있는 것은 아니라는 점이다. 즉 방탄차량의 경우 총알이 관통될 가능성이 없다면 절대불능이라고 해야 할 것을 상대적 불능으로 본다는 것도 불만일 뿐더러, 이 견해는 구체적 사정에 의한 판단이 아닌 추상적 결과발생가능성에 대한 판단을 내용으로 하므로 확인사살의 경우 이미 피해자가 사망했다는 것이 구체적 사실이었더라도 행위 당시 추상적인 생존가능성이 인정되면 상대적 불능이 인정될 수 있다는 점도 문제가 된다.

그러나 우리의 판례에 있어서는 "혼입한 농약의 분량으로 보아 사람을 사망에 이르게 할 정도는 아니더라도 위 농약의 혼입으로 결과가 발생될 위험성이 절대로 없다고 단정할 수 없다"는 근거로 피고인에게 살인미수 등의 죄책을 인정한 판례를16) 비롯하여 구객관설에 따른 다수의 판례를 볼 수 있다.17)

(2) 신객관설(구체적 위험설)18)

행위당시(ex ante) 사정을 기초로 재판관의 객관적 평가 혹은 통찰력 있는 관찰자의 일반경험칙상의 평가에 의할 때 구체적 위험이 있다고 인정될 경우 불능미수

---

14) RGSt 1, 451.
15) BGHSt 43, 217.
16) 대판 1973.4.30, 73도354.
17) ① 대판 1984.2.28, 83도3331 : 이 사건 농약의 치사추정량이 쥐에 대한 것을 인체에 대하여 추정하는 극히 일반적·추상적인 것이어서 마시는 사람의 연령, 체질, 영양 기타의 신체의 상황 여하에 따라 상당한 차이가 있을 수 있는 것이라면 피고인이 요구르트 한 병마다 섞은 농약 1.6cc가 그 치사량에 약간 미달한다 하더라도 이를 마시는 경우 사망의 결과발생가능성을 배제할 수는 없다고 할 것이다.
    이에 대해서는 주관적 위험설의 입장이라고 보는 견해도 있다. 임웅, 410면.
    ② 대판 1985.3.26, 85도206 : 불능범은 범죄행위의 성질상 결과발생의 위험이 절대로 불능한 경우를 말하는 것인바 향정신성의약품인 메스암페타민 속칭 "히로뽕" 제조를 위해 그 원료인 염산에 페트린 및 수종의 약품을 교반하여 "히로뽕" 제조를 시도하였으나 그 약품배합미숙으로 그 완제품을 제조하지 못하였다면 위 소위는 그 성질상 결과발생의 위험성이 있다고 할 것이므로 이를 습관성의약품제조미수범으로 처단한 것은 정당하다.
18) 주장자로서 v. Liszt, Birkmeyer, v. Lilienthal, v. Hippel 등이 있다.

가 인정된다는 입장이다.[19] 실제로는 위험성이 없으나 행위자와 일반인이 모두 위험성의 존재를 오인할 수 있는 경우에는 불능미수의 위험성이 긍정된다. 예컨대 행위자가 피해자를 독살하려고 준비한 독약병에서 이 사실을 아는 제3자가 몰래 독약을 제거하고 외양이 유사한 무해한 약으로 대체한 경우, 구객관설에 따르면 절대불능이 인정되는 반면, 신객관설에서는 약사나 의사를 포함한 일반인이나 행위자가 모두 진짜 독약으로 오인할 수 있다는 점에서 가벌적 불능미수가 인정된다.

행위자의 인식과 일반인의 인식이 일치하지 않는 경우에는 일반인의 지식을 기초로 하되 행위자의 특수한 지식이 있는 경우 이를 우선적 판단자료로 삼는다. 이러한 경우는 두 가지 사례로 나누어 생각해 볼 수 있다. 첫째로 객관적 위험성이 없는 사례에서 일반인은 오인이 없으나 행위자만 위험성이 있는 것으로 오인한 경우와, 둘째로 객관적 위험성이 있으나 일반인은 이를 인식하지 못하는 반면 행위자만은 특수지식으로 이를 인식할 수 있었던 경우이다. 전자의 경우, 즉 일반인이 보기에는 무해한 소화제를 행위자만은 이를 독약으로 인식했거나 혹은 소화제라고 하더라도 많이 복용하면 사람이 죽을 수 있다고 생각하고 상대를 독살하기 위해 투여하는 행위에는 객관적 위험의 결여로 불가벌의 불능범이 된다. 그러나 일반적으로는 무해하나 특이체질의 피해자가 복용할 경우 극심한 알레르기 현상을 일으킬 수 있는 약을 피해자가 당장 마실 것으로 예상한 양주병에 혼입했으나, 피해자가 장기간의 예정으로 출장을 떠남으로 인해 뜻을 이루지 못한 경우와 같은 후자의 경우에는, 결과는 발생이 불가능하더라도 행위자의 인식에 존재하는 위험성으로 인해 가벌적 불능미수가 된다.

이에 대해서는 행위자의 인식과 일반인의 인식이 일치하지 않을 경우 무엇을 판단기준으로 할 것인지가 명확하지 않으며, 일반인의 인식을 기초로 하되 행위자의 특수지식을 고려한다는 견해에도 실질이 결여되어 있다는 비판이 제기된다. 또한 일반인에 비해 행위자의 인식수준이 높은 경우에는 불능미수의 착오문제는 발생되지 않으며, 불능미수의 문제는 오직 그 반대의 경우에만 발생한다는 점도 지적된다.[20]

---

19) 김일수/서보학, 391면 이하, 532면; 김/박/안/원/이, 291면; 김종원, 형사법강좌 II, 628
면; 박상기, 362면 이하; 배종대, [118] 23; 오영근, 340면; 이재상/장영민/강동범, §
29-20.

2) 주관설

(1) 순 주관설

법적대적 의사를 미수범의 처벌근거로 보는 주관설에 따르면 불능미수에 있어서도 법적대적 의사의 표출행위만 중요하고 법익침해의 위험상태와 관련한 행위의 객관적 성격 여하는 중요하지 않게 된다. 이에 따르면 행위자가 범의의 표출행위를 했다는 것은 이미 최소한 아주 낮은 정도일지라도 그 결과발생가능성을 믿었다는 의미이므로, 행위자의 인식내용에 위험성은 존재하는 것이다. 객관적 위험성과는 상관없이 행위자의 범의가 확인된 이상 가벌성이 확보된 불능미수에 해당한다는 것이다. 단, 미신범은 객관적 구성요건해당성이 부정되므로 예외가 된다. 이 견해는 구체적·추상적 결과발생가능성이 없음에도 행위자가 그 가능성을 오신한 사례를 일단 불능미수에 포함시킨 후, 처벌의 면제 혹은 감경 여부만 결정하고자 하는 독일 형법 제23조 제3항의 규정에 상응하는 태도이다.[21]

순주관설은 객관적인 면을 도외시함으로써 심정형법으로 흐를 위험이 있으며, 미수범으로서의 처벌범위가 질적으로나 양적으로 부당하게 확대된다는 점이 주된 비판의 대상이 된다. 그리고 이 견해에서도 미신범을 마땅히 불능미수에서 제외시켜야 할 것이라면, 그 논거를 설명하기가 쉽지 않다는 점에서 비판이 가능하다. 미신범에도 법적대적 의사는 있기 때문이다.

(2) 추상적 위험설(주관적 위험설)

위험성 판단의 기초를 행위 당시의 행위자의 인식에 두되, 그 판단 주체는 평균인이 되어야 한다는 입장이다. 행위자의 인식이 객관적으로 실현되었을 것을 가정하고, 이 사정에 대한 일반인의 평가에서 위험성이 인정된다면 가벌적 불능미수가 된다는 것이다. 이에 따르면 낙태를 하기 위해 준비해 둔 약이 누군가에 의해 무해한 소화제로 바뀐 사실을 모르고 낙태를 시도한 경우에는, 행위자의 인식대로 그것이 실제로 낙태약이었다면 결과발생이 가능했을 것이기 때문에 그 위험성으로 인해 불능미수가 인정된다. 이와 달리 비눗물로 낙태가 가능한 것으로 믿고 행위한

---

20) 임웅, 409면.
21) 그러나 독일의 판례와 다수설은 불가벌인 단순한 악의의 표현과 가벌적 불능미수의 구별에 인상설을 따른다. Tröndle/Fischer, § 23 Rdnr. 7.

경우에는, 행위자의 인식이 객관적으로 실행된다고 하더라도 위험성은 부정되므로 불능범이 된다. 현재 많은 지지자가 있으며[22] 부분적으로 이 입장에 입각한 판례도 볼 수 있다.[23]

이 견해의 적용으로 "결과발생이 불가능하더라도 위험성이 있는 때에는 처벌한다"는 형법 제27조 규정의 모순을 해석론적으로 해소할 수 있는 가능성을 찾을 수 있다고 하겠다. 말하자면 결과발생이 불가능하면 그것으로 위험성은 발생하지 않는데 그중에서 위험성이 있는 사례를 선별하여 처벌한다는 것은 외형상 모순임에 틀림없다. 이 법문은 판단기초와 판단주체를 분리하는 주관적 위험설의 적용에 따라 일반인의 인식으로는 위험하지 않지만 행위자의 인식으로는 위험한 경우로 해석함으로써 외형적 모순을 어느 정도 완화할 수 있다.

3) 인상설

법적대적 의사를 행위로써 외부에 표출하여 법질서의 존재와 효력에 대한 일반인의 신뢰 혹은 법적 안정감 등을 침해했다는 인상을 주었을 때 위험성이 인정되어 불능미수의 가벌성이 나타난다는 입장이다.[24] 그러나 이것은 위험성에 대한 순환논리적 서술에 지나지 않으며, 위험성의 구체적 판단방법을 제시하는 것은 아니다.[25] 또한 특정한 인상을 요건으로 가벌적 미수를 인정함으로써 미수범의 처벌범위가 넓어진다는 점도 이 견해가 안고 있는 단점으로 지적된다.[26] 이 견해는 독일에서의 다수설이기는 하나 불능미수의 요건으로 위험성을 요구하지 않는 독일형법과 달리 이를 법문상 명백히 요구하는 우리 형법에는 맞지 않는 이론이라고 볼 수 있다.

---

22) 김성돈, 436면; 이건호, 168면; 임웅, 410면 이하; 정성근/박광민, 410면; 정영석, 225면; 진계호, 525면; 황산덕, 240면. 신동운, 530면 이하는 판단주체를 평균적 일반인이 아닌 과학적 일반인으로 대체하는 강화된 구체적 위험설을 지지한다.
23) 대판 1978.3.28, 77도4049 : 행위의 위험성을 판단하려면 피고인이 행위당시에 인식한 사정 즉 원심이 인정한 대로라면 에페트린에 빙초산을 혼합하여 80-90도의 가열하는 그 사정을 놓고 이것이 객관적으로 제약방법을 아는 일반인(과학적 일반인)의 판단으로 보아 결과발생의 가능성이 있느냐를 따졌어야 할 것이다. 또한 대전지법 1996.4.26, 95고합428 참조.
24) 손해목, 914면; 이정원, 305면 이하.
25) 임웅, 411면.
26) 이재상/장영민/강동범, § 29-23.

4) 결론

불능미수는 결과발생의 가능성이 없는 사례이고, 또한 결과가 발생되지 않은 상황에서의 가벌성의 문제이기 때문에, 결국 범인의 내면의 상태가 주된 처벌대상이 되어야 한다. 그렇다고 객관적 요소를 완전히 도외시한다면 결국 주관설에 귀착하게 되어 부당하다. 따라서 순주관설은 위험성판단의 기준으로서는 배제되어야 하며, 구객관설이나 인상설도 합목적적 관점에서 설득력이 없어진다.

마지막으로 구체적 위험설(신객관설)과 추상적 위험설이 남게 된다. 그 중에서, 위험성판단의 기초를 행위자의 주관에 두되 이를 일반인의 시각에서 판단하게 함으로써 주관과 객관의 적절한 조화를 이룰 수 있다는 점에서, 추상적 위험설이 적어도 이론적인 면에서는 합리성이 돋보이는 견해라 할 수 있다.[27] 그러나 실무에서 양자의 이론 중 어느 것을 적용하느냐에 따라 결론이 달라질 사례는 그야말로 흔치 않을 것으로 보인다.

III. 처벌

형법 제27조는 "실행의 수단 또는 대상의 착오로 인하여 결과의 발생이 불가능하더라도 위험성이 있는 때에는 처벌한다. 단 형을 감경 또는 면제할 수 있다."라고 규정한다. 이는 제시된 원인 등으로 인하여 결과발생가능성이 없을 뿐 아니라 규범적 의미에서의 위험성마저도 없는 경우에는 이 조문에 해당되지 않는 불능범이며, 그러한 위험성이 있는 경우에는 처벌하되 형의 감경 또는 면제의 가능성이 있는 것으로(임의적 감면) 해석해야 한다.[28] 객관적 관점에서 볼 때 행위자의 무지 또는 착오의 정도가 아주 심한 경우에 형의 면제까지 가능할 것으로 볼 수 있다.

---

27) 김성천/김형준, 360면. 형감경의 불능미수는 구체적 위험설, 형면제의 불능미수는 추상적 위험설에 따르는 방식으로 절충하는 견해로 손동권/김재윤, [§ 25] 18.
28) 신동운, 535면.

제 43 절 예비죄

I. 개념과 의의

1. 개념

예비죄란 실행착수에 이르기 이전의 범행실현의 목적으로 이루어지는 준비행위를 뜻한다. 강도 또는 살인을 위한 흉기입수, 폭발물 조립, 범행대상의 물색, 범행장소의 사전답사 등이 이에 해당한다.

예비는 범의를 외부적으로 표출하는 객관적 행위로서 이미 범행결의를 지나친 단계이지만 구성요건실현의 직접적 개시의 성격을 갖추지 못한 단계로서 미수와 구별된다.

2. 예비와 음모의 구분

음모도 넓은 개념의 범행준비에 해당하지만, 이는 특히 2인 이상의 공동의 범행결의라는 특수성을 갖고 있다. 음모에서 2인 이상의 범인 사이에 범죄실행의 합의가 있다고 하기 위해서는 단순히 범행의사를 외부에 표시·전달하는 것만으로는 부족하다. 즉 객관적으로 보아 특정한 범죄의 실행을 위한 준비행위라는 것이 명백히 인식되고, 그 합의에 실질적인 위험성이 인정될 때에 비로소 음모죄가 성립한다고 할 것이다.[1] 따라서 수회에 걸쳐 '총을 훔쳐 전역 후 은행이나 현금수송차량을 털어 한탕 하자'는 말을 나눈 정도만으로는 강도음모를 인정할 수 없다.

---

1) 대판 2015.1.22, 2014도10978 : 음모는 실행의 착수 이전에 2인 이상의 자 사이에 성립한 범죄실행의 합의로서, 합의 자체는 행위로 표출되지 않은 합의 당사자들 사이의 의사표시에 불과한 만큼 실행행위로서의 정형이 없고, 따라서 합의의 모습 및 구체성의 정도도 매우 다양하게 나타날 수밖에 없다. 그런데 어떤 범죄를 실행하기로 막연하게 합의한 경우나 특정한 범죄와 관련하여 단순히 의견을 교환한 경우까지 모두 범죄실행의 합의가 있는 것으로 보아 음모죄가 성립한다고 한다면 음모죄의 성립범위가 과도하게 확대되어 국민의 기본권인 사상과 표현의 자유가 위축되거나 그 본질이 침해되는 등 죄형법정주의 원칙이 형해화될 우려가 있으므로, 음모죄의 성립범위도 이러한 확대해석의 위험성을 고려하여 엄격하게 제한하여야 한다. 대판 1999.11.12, 99도3801.

예비와 음모의 관계에 대해서는 음모를 예비의 일종으로 보거나 예비와 음모는 항상 동일하게 취급되므로 양자의 구분의 필요성이 없다는 견해,[2] 음모를 예비에 선행하는 범죄발전의 한 단계로 보는 견해,[3] 시간적 선후관계보다는 예비는 물적 준비단계, 음모는 2인 이상의 공동의 심리적 준비단계로 구분해야 한다는 견해[4] 등이 제시되는데 마지막 견해에 타당성이 있다.

3. 처벌

형법 제28조는 '범죄의 음모 또는 예비행위가 실행의 착수에 이르지 아니한 때에는 법률에 특별한 규정이 없는 한 벌하지 않는다'는 소극적 규정형식을 취하고 있다. 이처럼 낮은 소극적 형태를 취하는 이유로는 첫째, 예비단계는 아직 구성요건실현과 거리가 멀어 위험성이 적으므로, 실제로 구성요건실현으로 연결되었을 경우 침해법익이 매우 중대한 경우에 제한하여 처벌하는 것이 합리적이며, 둘째, 예비단계는 착수 이전의 단계로서 행위정형성이 결여되어 행위만으로는 범의의 입증이 어려울 경우가 많다는 점을 들 수 있다.

예비죄는 처벌되지 않는 것이 원칙이나 특별 규정으로 예외적으로 처벌할 수 있는 것이다. 다만 예비죄를 처벌하고자 하는 경우에도 이에 대한 법정형을 함께 규정하고 있어야 하며, 그렇지 않고 단지 예비죄를 처벌한다는 규정만으로는 처벌이 허용될 수 없다.[5]

---

2) 임웅, 370면.
3) 대판 1986.6.24, 86도437 : 일본으로 밀항하고자 공소외인에게 도항비로 일화 100만엔을 주기로 약속한 바 있었으나 그 후 이 밀항을 포기하였다면 이는 밀항의 음모에 지나지 않는 것으로 밀항의 예비정도에는 이르지 아니한 것이다. 정성근/박광민, 365면; 정영석, 216면. 형법 제28조는 음모 또는 예비라고 하지만 각칙은 모두 예비 또는 음모의 순서로 배열하므로 조문상의 배열순서는 시간적 선후관계와는 관련이 없는 것으로 봐야 한다.
4) 박상기, 333면; 배종대, [120] 5; 백형구, 예비죄, 고시연구 1988.5, 84면; 신동운, 551면; 오영근, 345면; 이재상/장영민/강동범, § 30-3; 이정원, 306면.
5) 대판 1977.6.28, 77도251 : 형법 제28조에 의하면 범죄의 음모 또는 예비행위가 실행의 착수에 이르지 아니한 때에는 법률에 특별한 규정이 없는 한 처벌하지 아니한다고 규정하고 있어 범죄의 음모 또는 예비는 원칙으로 벌하지 아니하되 예외적으로 법률에 특별한 규정이 있을 때 다시 말하면 음모 또는 예비를 처벌한다는 취지와 그 형을 함

형법은 내란죄, 외환유치죄, 간첩죄, 도주원조죄, 방화죄, 일수죄, 교통방해죄, 통화위조죄, 유가증권위조죄, 살인죄, 국외이송목적 인신매매죄, 강도죄 등 중대한 범죄에 대한 예비행위를 처벌하고 있다.

II. 예비죄의 법적 성격

1. 기본범죄와의 관계

1) 기본범죄의 수정적 구성요건(발현형태설)

예비죄란 독립된 범죄유형이 아니라, 미수 이전의 단계까지 가벌적 구성요건의 영역이 확장된 형태라는 견해이다. 형법이 예비죄의 규정에서 "~죄를 범할 목적으로 예비한 자"라는 종속형식을 취한다는 점에서도 예비죄는 기본구성요건에 종속된 구성요건의 초기의 일부분으로 해석할 수 있다고 한다(우리나라 다수설).[6]

2) 독립범죄설

예비죄를 기본범죄에서 독립된 독자적 불법실체를 형성하는 범죄형태로 보는 입장이다. 형법이 미수범 규정에서는 "본죄의 미수범은 처벌한다"는 형식을 취하는 것과는 달리, 예비죄 규정은 "~할 목적으로 예비·음모한 자는" 등의 형식을 취한다는 것은 이를 하나의 독자적 구성요건으로서 규정한 것이라는 견해에[7] 공감한다.

3) 이분설

입법례에 따라 구성요건에 종속된 예비죄의 형태와 준비행위의 내용을 독자적으

께 규정하고 있을 때에 한하여 이를 처벌할 수 있다고 할 것이므로 위 부정선거관련자 처벌법 제5조 4항에 '예비·음모는 이를 처벌한다'라고 규정하였다 하더라도 예비·음모는 미수범의 경우와 달라서 그 형을 따로 정하여 놓지 아니한 이상 처벌할 형을 함께 규정한 것이라고는 볼 수 없고 또 동법 제5조 4항의 입법취지가 동법 제5조 1항의 예비·음모죄를 처벌한 의도이었다 할지라도 그 예비·음모의 형에 관하여 특별한 규정이 없는 이상 이를 본범이나 미수범에 준하여 처벌한다고 해석함은 피고인의 불이익으로 돌아가는 것이므로 이는 죄형법정주의의 원칙상 허용할 수 없다 할 것이다.

6) 김성돈, 458면; 신동운, 553면; 정성근/박광민, 368면.
7) 김일수/서보학, 407면; 조준현, 273면.

로 열거하는 규정의 경우처럼 독립된 예비죄의 형태가 각각 구분될 수 있다는 견해이다. 예컨대 독일처럼 몇몇 이러한 특수 구성요건을 두고 있는 법제에서는 이러한 주장이 가능할지 모르나 우리 형법과는 무관하다고 할 수 있다.

4) 결론

예비죄를 기본범죄의 수정형식으로 보는 것이 가장 무리가 없고 자연스런 사고라고 볼 수 있으나, 독립범죄설에 논리적·현실적 장점이 있다. 생각건대 미수는 기본범죄의 직접적 개시라는 점에서 구성요건의 초기일부로서 기본구성요건에의 종속성이 강하나, 예비는 기본구성요건과 거리가 있음으로 인해 오히려 미수에 비해 독립성이 강한 것으로 볼 수 있다. 형법이 예비의 형태를 띠는 특정행위를 처벌하는 경우에는 그 행위에 고유의 불법유형의 정형성뿐 아니라 자체적인 착수와 종료(기수) 등을 포함한 독자적 구성요건 및 형식내용을 구비한 것으로 이해할 수 있는 것이다. 이를테면 자살교사를 처벌한다는 형법 제252조 제2항의 규정은 임의의 범죄에 대한 교사의 한 형태로서의 교사범을 처벌한다는 의미가 아니라, 타인에게 자살을 교사하는 행위 그 자체가 동 조항이 특정하는 구성요건적 행위이므로 처벌한다는 의미로 이해해야 하는 것이다. 이와 같은 이치로 예비행위도 기본구성요건의 종속행위가 아니라 그 자체로 독립적 구성요건행위로 이해해야 한다. 예비를 독립범죄로 이해함으로써 예비의 중지에 관한 문제도 비교적 명료하게 해결될 수 있다.

2. 예비죄의 실행행위성

예비죄를 기본범죄의 수정형태로 이해하는 입장에서는 예비죄의 실행행위성의 인정가능성 여부와 관련하여 긍정설과 부정설로 나뉜다. 긍정설은 예비죄는 수정적 구성요건이기는 하지만 이것도 구성요건임에는 틀림없으므로 실행행위성을 인정할 수 있으며, 실행행위의 상대적·기능적 성격을 이해한다면 기본범죄에만 실행행위성이 인정되는 것으로 한정할 필요가 없다는 입장으로서 다수설이다.[8]

이에 비해 부정설은 실행행위는 기본구성요건의 실행행위에만 한정되고, 무정형·

---

8) 백형구, 앞의 논문, 80면; 손해목, 824면; 안동준, 206면; 이재상/장영민/강동범, § 30 - 12; 정성근/박광민, 369면; 차용석, 예비죄, 고시계 1985.5, 72면.

무한정의 예비행위는 실행행위의 전단계 행위로서 실행행위성을 인정할 수 없다는
설명이다. 더구나 발현형태설의 입장에서 예비행위의 실행행위성을 인정한다는 것
은 논리상의 모순이라고 한다.9)

예비죄의 법적 성질을 독립범죄로 이해하는 입장에서는 예비죄의 실행행위성은
당연히 긍정된다.

III. 성립요건

예비죄의 성립을 위해서는 주관적 요건으로서 예비행위 자체에 대한 고의 및 기
본범죄에 대한 목적, 그리고 객관적 요건으로 외부적 준비행위가 요구된다.

1. 주관적 요건

과실에 의한 예비죄 또는 과실범의 예비죄는 성립이 될 수 없으므로 고의가 필
요하다. 다만 고의의 구체적 내용에 대해서는 견해가 일치하지 않는다.

1) 고의

(1) 실행의 고의

예비의 고의는 곧 기본구성요건의 고의를 의미하며 예비·미수·기수는 단일한
고의로 연결된 일련의 행위발전단계일 뿐 각 단계에 고유한 고의가 있는 것은 아
니라는 견해이다.10)

(2) 예비의 고의

예비죄에서 요구되는 고의란 기본범죄의 구성요건적 행위와는 구별되는 예비행위
자체에 대한 인식이어야 한다는 견해이다.11) 이를 위한 논거로 예비죄의 규정이 "~
죄를 범할 목적으로"라고 하는 목적범의 형식을 취하고 있다는 점과, 예비행위 자체
에 대한 독자적 고의가 인정되어야만 예비로 그친 행위의 책임을 물을 수 있다는 점

---

9) 신동운, 554면; 오영근, 347면; 이형국, 269면; 임웅, 373면.
10) 박상기, 335면; 이형국, 263면; 정성근/박광민, 375면.
11) 김일수/서보학, 408면 이하; 배종대, [122] 2; 손동권/김재윤, [§ 26] 13; 손해목, 827면;
    이재상/장영민/강동범, § 30－15; 임웅, 373면; 차용석, 예비죄, 고시계 1985.5, 70면.

등이 제시된다. 이러한 논거는 타당하며, 더구나 예비죄를 하나의 독립범죄로 보는 입장이라면 예비행위 자체에 대한 고의로 이해되어야 한다.

2) 기본범죄를 범할 목적

예비죄에 있어서는 예비행위 자체에 대한 고의를 지나 초과주관적 요소로서 기본범죄에 대한 목적이 있어야 한다. 즉 예비행위는 궁극적으로 기본범죄를 실현하기 위한 전제라는 행위자의 인식이 요구된다. 별도의 후속행위가 없더라도 당해 행위만으로 목적이 달성될 수 있는 단축된 결과범(kupierte Erfolgsdelikte)과 달리, 예비죄에 있어서는 예비행위 이후 기본구성요건실현을 위한 별도의 행위가 따라야만 그 목적이 실현될 수 있는 불완전한 2행위범(unvollkommen zweiaktige Delikte)에 해당한다. 기본구성요건에 대한 목적에는 강한 정도의 의적 요소가 요구되며, 이는 다시금 확정적 인식을 전제로 하는 것이므로 미필적 인식으로는 부족하다 하겠다.[12]

2. 객관적 요건

1) 외부적 준비행위

예비죄의 성립을 위해서는 외부적 준비행위가 있어야 한다. 수단과 방법에는 제한이 없으며 정형성 또한 요구할 수는 없으나, 다만 기본범죄와의 시간적·공간적 연관성과 범죄실현에 상당한 행위로서의 위험성이 있어야 한다. 따라서 단순한 범행계획에 대한 의사표시나 발설 따위는 준비행위라 할 수 없다. 외부적 준비행위에는 범행도구의 입수, 사전답사, 범행대상의 물색 등의 물적 예비와 범행에 필요한 정보입수, 알리바이 조작, 장물처분 경로 확보 등을 위해 보조인력을 섭외·조정하는 등의 인적 예비가 포함된다.

---

12) 배종대, [122] 3; 손동권/김재윤, [§ 26] 14; 이재상/장영민/강동범, § 30 – 16; 임웅, 374면. 미필적 인식으로 족하다는 견해로 백형구, 앞의 논문, 81면; 차용석, 앞의 논문, 70면.

2) 자기예비와 타인예비

범인이 단독 혹은 공동으로 자신의 범행을 위한 실행행위를 준비하는 경우(자기예비)뿐 아니라 타인의 실행행위를 위한 준비행위인 타인예비도 예비죄로 처벌할 수 있을지가 문제된다. 이에 대해서는 타인예비에도 법익침해의 위험성은 존재하는 만큼 예비죄로 처벌해야 한다는 긍정설과,[13] 타인예비는 예비죄에 포함될 수 없다는 부정설이 대립된다.[14] 부정설의 논거로는 ① 타인예비에서의 법익침해 위험성은 자기예비의 경우와 동일하다고 할 수 없으며, ② 타인예비를 인정하게 되면 정범인 타인의 범행진행에 따라 예비자는 정범의 단계와 공범의 단계 사이에서 불확정적인 지위에 놓이게 되는 부당함이 발생된다는 점 등이 제시된다. 부정설의 논거에 설득력이 있으며, 무엇보다 예비죄의 처벌 자체가 이미 예외적인 것인 만큼 그 인정범위는 엄격히 제한되는 것이 합당하다고 할 것이다.

> **관련판례**
>
> 대판 1976.5.25, 75도1549 : 타인의 범죄를 방조한 자는 종범으로 처벌한다는 규정의 타인의 범죄란 정범이 범죄를 실현하기 위하여 착수한 경우를 말하는 것이라고 할 것이므로 종범이 처벌되기 위하여는 정범의 실행의 착수가 있는 경우에만 가능하고 정범이 실행의 착수에 이르지 아니한 예비의 단계에 그친 경우에는 이에 가공하는 행위가 예비의 공동정범이 되는 경우를 제외하고는 이를 종범으로 처벌할 수 없다고 할 것이다. 왜냐하면 범죄의 구성요건 개념상 예비죄의 실행행위는 무정형·무한정한 행위이고 종범의 행위 또한 그러한 것이며 형법 제28조에 의하면 범죄의 음모 또는 예비행위가 실행의 착수에 이르지 아니한 때에는 법률에 특별한 규정이 없는 한 벌하지 아니한다고 규정하여 예비죄의 처벌이 가져올 범죄의 구성요건을 부당하게 유추 내지 확장해석하는 것을 금지하고 있기 때문에 형법각칙의 예비죄를 처단하는 규정을 바로 독립된 구성요건 개념에 포함시킬 수는 없다고 하는 것이 죄형법정주의의 원칙에도 합당하는 해석이라 할 것이기 때문이다. 따라서 형법전체의 정신에 비추어 예비의 단계에 있어서는 그 종범의 성립을 부정하고 있다고 보는 것이 타당한 해석이라고 할 것이다.

---

13) 차용석, 앞의 논문, 68면 이하.
14) 박상기, 335면; 배종대, [122] 6; 신동운, 563면; 오영근, 349면 이하; 이재상/장영민/강동범, § 30 - 19; 임웅, 375면; 이형국, 263면; 정성근/박광민, 371면.

3) 기타 요건

예비행위가 기본범죄의 실행착수 단계에 이르게 되면 예비는 기본범죄에 흡수되므로 독자적 예비죄가 성립되기 위해서는 착수 이전의 단계이어야 하며, 또한 해당 예비죄에 관한 처벌규정이 존재할 것이 요구된다.

IV. 예비죄의 중지미수

1. 의의

예비의 중지란 원래 예비행위를 종료하기 이전에 자의로 중단하는 경우를 이르나,[15] 예비행위를 종료한 이후 실행착수를 자의로 포기하는 경우도 포함해서 생각할 수 있다. 살인을 위해 필요하다고 생각되는 도구들을 완비했으나 착수를 포기했거나, 혹은 특히 도구들을 준비하던 중 아직 완비되지 않은 상태에서 범행을 포기한 경우 살인예비죄의 기수가 아닌 그 중지미수를 인정할 수 있을 것인지가 문제된다.

2. 학설의 대립

1) 중지미수 부정설

(중지)미수는 개념상 실행착수를 전제로 하는 것인데 예비는 착수 이전의 단계이므로 예비의 중지미수는 개념 자체가 성립되지 않는다는 입장으로서, 판례는 지속적으로 이를 견지하고 있다.[16] 후술하는 바의 긍정설에서 지적하는 형의 불균형의 문제는 자수에 이른 경우에만 예비죄 자수규정을 유추적용(필요적 감면규정)하는 정도로 해소할 수 있다는 견해와,[17] 예비를 처벌하는 범죄에 있어서는 중지미수에

---

15) 반대로 이 사례는 예비의 중지에 포함시킬 필요가 없다는 견해로 오영근, 330면.
16) 대판 1999.4.9, 99도424 : 중지범은 범죄의 실행에 착수한 후 자의로 그 행위를 중지한 때를 말하는 것이고 실행의 착수가 있기 전인 예비음모의 행위를 처벌하는 경우에 있어서 중지범의 관념은 이를 인정할 수 없다. 대판 1991.6.25, 91도436; 대판 1966.4.21, 66도152. 이재상/장영민/강동범, § 30-24.

따른 형의 면제를 허용하지 말아야 한다는 견해가 제시된다.[18)

2) 중지미수 긍정설

부정설을 따를 경우 나타나는 형의 불균형을 피하기 위해서 예비죄의 경우에도 중지미수규정을 준용해야 한다는 입장이다. 즉 예비를 거쳐 실행착수에 이른 이후에 범행을 중지하는 경우에는, 예비는 미수ㆍ기수에 대해 법조경합의 보충관계가 되며 미수는 기수에 대해 보충관계가 되는 원칙에 따라 예비를 포함한 전체범죄가 필요적 감면규정에 해당하게 된다. 그런데 실행착수 이전의 예비단계에서 범행을 중단한 경우에는 예비의 중지미수를 부정하는 견해에 따르면 예비죄의 가벌성은 그대로 인정될 수밖에 없다. 따라서 착수 이후에 중지하는 경우보다 예비단계에서 중지하는 경우 형이 더 무겁게 되는 형의 불균형의 문제가 나타난다.

긍정설의 입장에서도 예비의 형이 중지미수보다 무거울 때 한하여 중지미수 규정이 준용되어야 한다는 견해와[19) 범행을 어느 단계에서 중지했느냐에 따라 그 중지한 단계에 정해진 형벌을 감면해야 한다는 견해로 나뉜다. 후자의 견해가 간명하면서도 형평성의 원칙에 부합한다는 점에서 장점이 있다.

여기에서도 예비죄의 독립적 범죄유형적 성격을 인정하게 되면, 예비 자체가 하나의 독자적 구성요건이 되며 따라서 예비라는 독립적 영역에서 착수, 종료, 중지미수는 당연히 가능하다는 결론에 명료하게 이를 수 있다.

V. 예비죄의 공동정범 및 공범

1. 공동정범

2인 이상이 공동하여 기본범죄를 실현하고자 하였으나 가벌적 예비단계에 그치게 된 경우 공동정범의 인정여부가 문제될 수 있다. 예비죄의 실행행위성을 부정하는 입장에서는 공동정범은 인정될 수 없고, 기껏해야 음모죄의 인정에 그칠 수밖에

---

17) 김일수/서보학, 411면.
18) 남흥우, 207면.
19) 김종원, 8인 공저, 298면; 박상기, 356면.

없다. 그러나 예비죄의 구성요건이 설정되어 있는 한 실행행위성도 당연히 인정되어야 하며, 따라서 그러한 행위를 2인 이상이 공동으로 한 경우에 공동정범이 인정되는 것도 당연하다. 다수설 및 판례의 입장이다.[20]

2. 공범

1) 예비죄의 교사범

정범에게 특정 범죄에 대한 교사·방조를 했으나 정범의 행위가 가벌적 예비에 그친 경우 교사·방조범의 성립 여부에 관한 문제이다. 이 경우에 교사자가 피교사자의 행위가 실행 착수에 이르지 못할 것을 예견했던 경우라면 교사의 고의는 배제되므로 크게 문제될 것이 없다. 반면 정범의 행위가 기수에 이를 것을 기대했으나 가벌적 예비에 그친 경우에는 형법 제31조 제2항의 규정에 따라 효과 없는 교사로서 음모 또는 예비에 준하여 처벌된다.[21] 즉 교사의 경우는 입법적으로 해결이 되며, 다만 방조범만이 문제로 남게 된다.

2) 예비죄의 방조범

(1) 공범설

예비행위의 실행행위성을 인정하는 견해의 바탕에서 공범종속성설을 적용한다면, 정범에 대한 예비죄의 가벌성이 인정되는 이상 방조자에게도 예비죄의 방조범으로서의 가벌성은 당연히 성립된다는 결론에 이른다. 또한 예비와 미수의 구별은 가벌적 행위의 한계를 정하는 문제로서 공범성립의 여부에는 영향을 주지 않는다는 것이다.[22]

(2) 불가벌설

예비죄의 실행행위성을 부정하는 입장에서는 예비죄의 공범성립에 대해서 부정적일 수밖에 없다. 예비죄의 처벌 자체에 이미 사회통념상 법감정에의 불합치적 의미가 있는데, 이에 대한 방조마저 처벌하는 것은 지나친 처사라는 설명이다. 현재

---

20) 대판 1976.5.25, 75도1549.
21) 임웅, 376면.
22) 김일수/서보학, 413면; 안동준, 210면; 염정철, 356면; 차용석, 예비죄, 고시계 1985.5, 75면.

다수설23) 및 판례가 지속적으로 견지하는 입장이다.24)

(3) 결론

예비의 실행행위성을 인정하는 입장이라면 예비죄의 교사범 및 방조범의 가벌성도 긍정하는 것이 논리일관적이다. 이에 대해 부정설이 제시하는 바의 ① 예비죄는 구성요건적 정형성의 면에서는 완전하지 못하며, ② 기도된 교사와는 달리 기도된 방조는 그 불법의 낮은 정도에 의해 처벌하지 않는 형법의 취지 및 형법의 보충성의 원칙을 감안한다면, 예비죄의 방조범 성립에 반드시 집착할 필요는 없을 것이라는 논거도 이론적으로는 설득력이 있다. 그러나 방조범의 불법의 정도가 낮아 처벌범위가 이미 제한되어 있기 때문에, 예비의 방조를 인정하는 경우 처벌범위가 확장될 것이라는 부정설의 입장에서의 우려는 괜한 것이라 할 수도 있다.

나아가 공동정범의 성립은 인정하면서도 방조범만을 선별적으로 부정하는 판례의 태도에도 의문이 간다. 이러한 태도라면 현실적으로 예비의 방조범이 성립한 경우 법원은 행위 또는 행위자에 대한 감정에 따라 공동정범을 인정하거나 무죄를 선고해야 할 것이다. 두 가지의 경우 모두 부당할 수도 있을 것이다.

---

23) 박상기, 336면 이하; 배종대, [123] 5; 손동권/김재윤, [§ 26] 23; 손해목, 836면; 오영근, 352면 이하; 이재상/장영민/강동범, § 30−23; 이형국, 연구 II, 490면; 임웅, 376면; 정성근/박광민, 375면.

24) 대판 1976.5.25, 75도1549; 대판 1978.2.28, 77도3406; 대판 1979.11.27, 79도2201.

제 4 장

정범 및 공범론

제 44 절 범죄참가형태, 범죄관여의 요건과 가벌성의 근거

I. 범죄참가형태

1. 의의

형법각칙의 규정은 몇몇 집단범(예 : 형법 제115조의 소요죄에서의 "다중이 집합하여~" 등)을 제외하고는 "~한 자는 처벌한다"라는 형식을 취함으로써 단독범을 전제로 기술하고 있다. 그러나 실제에 있어서 순수하게 한 사람에 의한 범죄보다는 여러 명이 관여되는 범죄가 일반적이다. 최종적으로 한 명의 행위자가 단독범으로 처벌되는 사례일지라도 실제로는 그 이외의 여러 사람이 관여되는 것이 보통이다. 이때 처벌되는 범죄자 이외의 관여자들은 범행에 직접 혹은 간접적으로 관련은 되나 범죄성립요건의 일부가 결여되거나 혹은 단지 인과관계나 객관적 귀속이 부정되어 처벌범위에서 벗어날 뿐이다.

그런데 범행관여자들 중 두 명 이상에게 가벌성이 확정되는 경우에는 모든 사례에서 동일하게 처벌할 수 있는 것이 아니고, 범행기여의 정도에 따른 차별적 취급이 필요하다. 이 경우 어떠한 기준에 따라 범행기여의 정도를 구분할 것이며, 구분 결과에 대해 각각 어떤 차별적 취급을 할 것인가가 문제된다. 이에 관한 논의가 공범론이다.

형법은 범죄참가형태로서 정범, 교사범, 방조범의 세 가지 형태를 인정하고 있다. 1810년의 프랑스 형법(Code Penal)에서 유래하여, 1851년의 프로이센 형법, 1871년의 독일 제국형법을 거쳐 오늘날 우리 형법에서도 큰 이의 없이 적용되고 있다.

2. 용어의 문제

현재 형법학에서의 공범에 관한 용어의 사용현황은 매우 혼란스럽다. 우선 최광의, 광의, 협의로 나누는 형식이 있다. 최광의의 공범은 하나의 범죄에 2인 이상이 관여한 모든 경우를 지칭하는 개념으로 여기에는 임의적 공범과 필요적 공범이 포함되며, 그중 공동정범과 교사·방조범을 포함하는 임의적 공범을 광의의 공범, 여기에서 공동정범을 제외한 교사범·방조범만을 협의의 공범으로 인정한다.

• **최광의의 공범개념의 내용적 체계** •

그러나 이론적 관점에서 본다면 정범은 전체 구성요건을 주체적으로 단독으로 실현하거나(단독·직접정범), 구성요건 행위를 타인을 통해서 실행하거나(간접정범), 협력을 통해서 그 일부를 수행하는 경우이며(공동정범), 공범이란 구성요건실행의 범위를 벗어난 범죄 참가형태로서 교사범과 방조범이 이에 해당한다. 즉 정범과 공

범은 확연히 서로 배타적인 개념인 것이다. 그렇게 본다면 광의의 공범개념에 공동정범 혹은 동시범이라는 정범개념이 포함되는 것으로 이해하는 견해는 매우 부자연스럽다.

광의의 공범설을 취하는 입장에서는 독일형법이 직접·간접정범에 대한 규정(독일형법 제25조 제1항)과 공동정범(같은 조 제2항), 교사범(제26조)과 방조범(제27조)의 규정을 도식적으로 정비한 데 비해, 우리 형법은 제2장 제3절의 제목을 공범으로 달고 여기에 공동정범과 간접정범 그리고 교사범, 종범을 포함하고 있으며, 특히 형법 제30조에 직접·단독정범에 대한 언급 없이 공동정범만을 규정하고 있는 입법현실의 차이를 지적할 수 있다. 그러나 이러한 입법현실은 이론상의 구분에 영향을 줄 수 있는 것은 아니다. 오히려 형법의 절의 제목을 정범과 공범으로 수정하는 것이 바람직하다.[1]

3. 범죄참가의 전제조건

범죄참가의 가벌성을 위해서는 다음의 요건이 갖추어져야 한다.

① 구성요건에 해당하며 위법한 본범(Haupttäter)의 행위가 있어야 한다. 본범에는 가벌성이 인정되는 한 미수범도 포함된다.

② 본범의 행위 및 공범의 행위는 고의에 의한 것이어야 한다. 독일형법 제26조와 제27조는 각각 이를 명시하고 있는 데 비해 우리 형법은 이를 명시하고 있지는 않으나 당연한 요구라고 해야 한다. 공동정범의 경우에도 모든 참가자의 고의가 요구된다. 하지만 간접정범의 경우에는 구성요건 실행행위자의 고의는 항상 요구되는 것은 아니다.

③ 본범의 범행이 종료(Beendigung)되기 이전이어야 한다. 기수(Vollendung) 이후에는 적어도 방조범의 성립은 가능하나, 구성요건실현을 지나 범행이 실질적으로 종료된 이후에는 모든 공범의 성립가능성은 배제된다.

---

1) 이재상/장영민/강동범, § 31 – 2.

II. 범죄참가형태의 체계

1. 단일정범체계(Einheitstäterbegriff)

구성요건실현에 기여한 사람 모두를 그 기여의 정도나 의미를 불문하고 일괄적으로 정범으로 취급한다는 입장이다. 여기에서는 행위와 결과 사이의 인과성만이 판단기준이 되며, 기여의 방법과 중요성은 양형에서 고려될 뿐이다. 여기에서 개별적 책임의 정도만이 중요하고 정범과 공범의 구분에 관한 이론적 문제는 적용되지 않는다. 이 방식은 공범과 정범의 까다로운 구분에 구애될 필요가 없어 간명하고 실용적이며, 가벌성의 공백을 줄일 수 있다는 장점이 있다. 따라서 독일의 질서위반법(Ordnungswidrigkeitengesetz) 제14조나 오스트리아 형법 제12조가 이 방식을 채택하고 있다.

그러나 이 방식에 따르면 전체적 행위기여를 법익침해의 인과성의 관점에서만 파악하게 됨으로써 개별적 구성요건에서의 특수행위불법의 의미가 퇴색된다는 점, 신분범에 있어서 신분의 결여로 행위자 적격이 없거나 직접 자기 손으로 실행행위를 해야만 정범성이 성립되는 자수범(自手犯)에서 자수적(自手的) 행위를 하지 않더라도 인과관계만 성립시키면 정범으로 인정되어야 하는 부당함이 따른다는 점, 또한 모든 범죄참가형태의 미수범이 정범의 미수범으로 처벌되어야 하므로 가벌성이 부당하게 확장될 염려가 있다는 점에서 수용하기 어렵다.[2] 무엇보다 이 방식의 막연한 기준 때문에 특별형법이 아닌 일반형법의 적용에서는 법치국가원칙에 적합하지 않다고 할 수 있다.[3]

2. 이원적 관여체계

하나의 범죄행위에 다수인이 참여한 경우 공범과 정범으로 구분하는 방식이다. 형법은 정범 그리고 공범으로서의 교사범과 종범을 구분함으로써 이 형식을 취하고 있다. 정범과 공범의 구별이 까다롭다고 하더라도 행위의 가벌성은 구성요건실현의 관

---

2) Jakobs, 21/6; Jescheck/Weigend, § 61 II. 1; Roxin, AT II, § 25 Rdnr. 3.
3) Roxin, AT II, § 25 Rdnr. 2 f.

점에 입각하여 판단해야 한다는 점에서 이는 생략되어서는 안 된다.

정범과 공범의 구분의 필요성은 고의범에만 있다. 과실범에서는 구별의 실익이 없다. 주의의무위반에 의해 객관적으로 귀속가능한 방법으로 구성요건실현에 기여하는 자는 모두가 과실범의 정범으로 이해되어야 하기 때문이다.[4]

III. 제한적 정범개념과 확장적 정범개념

1. 제한적 정범개념(객관설)

제한적 정범개념(restriktiver Täterbegriff)은 정범은 구성요건 해당행위를 직접 실행한 자이며, 구성요건 행위 이외의 행위로 타인의 구성요건 행위에 단순 가공만 한 자는 공범(교사범, 방조범)이라고 파악하는 개념이다. 이에 따르면 범죄참가자 중 원래의 처벌대상이 되는 것은 정범에 한정되는 것이 원칙이다. 따라서 자기 자신의 범행을 스스로 실행하지 않은 교사범이나 방조범은 특별한 처벌규정이 없는 한 불가벌이어야 한다. 이런 관점에서, 공범에 대한 처벌규정을 둔 것은 예외적인 처벌확장사유라고 한다.

구성요건적 행위가 이에 대한 지원행위와 이미 객관적 의미에서 다르다고 인정된다면 정범과 공범은 객관적 기준에서 이미 구분된다는 의미가 된다(객관설). 그중 형식적 객관설(formell-objektive Theorie)에[5] 따르면, 전체 범행경과의 시각에서 평가될 수 있는 행위자의 범행기여의 중요성 여부와는 상관없이 단지 구성요건에 서술된 행위를 완전히 혹은 적어도 부분적으로 충족시킨 자가 정범이며, 그렇지 않고 단순히 인과적 범행기여에 그친 자는 공범일 수밖에 없다. 형식적 객관설은 공동정범의 경우 실제로 구성요건 해당행위의 일부를 수행한 자에 대해서만 정범성이 인정될 수밖에 없고, 더구나 구성요건 해당행위의 수행이 전혀 없는 간접정범의 경우에는 정범을 인정하기가 매우 곤란하다는 단점이 있다.

이러한 단점을 보완하는 것이 실질적 객관설(materiell-objektive Theorie)이다.[6]

---

4) Baumann/Weber/Mitsch, § 28 Rdnr. 13; Jescheck/Weigend, § 61 VI.
5) Vgl. Hillenkamp, 32 Probleme aus dem Strafrecht AT, S. 115 f.
6) Vgl. Hillenkamp, a.a.O., S. 116; Kühl, § 20 Rdnr. 25.

이 견해는 행위기여의 위험성이 상대적으로 높은 경우를 정범, 그 반대의 경우를 공범으로 나눈다. 범행지배를 정범성의 판단기준으로 잡는다는 점은 객관설의 성격을 띠는 것이며, 직접적인 구성요건실현행위가 아니더라도 정신적으로 범행지배를 함으로써도 정범성이 성립될 수 있다고 보는 점은 실질설의 성격이라 할 수 있다.

객관설은 죄형법정주의에 충실하다는 것이 상대적 장점이라고 할 수 있다. 그러나 이에 의할 때 직접·단독정범과 공범의 구별은 비교적 용이하나 간접정범과 공동정범의 구별에는 어려움이 발생한다. 이를 실질적 객관설이 보완한다고는 하지만 이것 역시 범죄행위의 모든 중요한 요소를 잡아내는 데에는 한계가 있다. 개별적 범행기여의 위험성은 객관성만으로 평가가 가능한 것이 아니라, 관여자의 전체 범행계획이 함께 고려될 때 가능하기 때문이다. 가령 갑이 을의 지시에 따라 삼촌이 마실 커피에 독을 탔고 이를 을이 삼촌에게 건네주었다면 갑은 종범, 을은 정범이 되지만, 을이 갑의 독자적 행위에 대한 사정을 알지 못한 경우에는 갑은 간접정범이 되고 을은 무죄이다. 객관적 상황은 동일하더라도 주관적 요소의 변화에 따라 정범성 여부는 달라질 수 있는 것이다.[7]

2. 확장적 정범개념(주관설)

확장적 정범개념(extensiver Täterbegriff)은 어떠한 형태로든, 곧 범행기여분의 구성요건 정형성 여부와 관계없이, 궁극적 구성요건실현에 가공한 자는 모두 정범으로 이해하는 개념이다. 여기서 정범성 인정을 위해 중요한 것은 오직 행위기여와 결과 사이의 인과성뿐이다. 이러한 이해는 인과성이 인정되는 한 결과에 대한 조건의 가치를 동등하게 평가하는 조건설을 기초로 하는 것으로서 이점에서는 단일정범개념의 사고와도 일치한다.

이러한 사고의 기초에서는 결과발생에 원인을 제공한 이상 모두 정범으로서 형량에 있어서도 동일하게 처벌되는 것이 원칙이다. 그러나 형법은 특히 종범을 정범에 비해 가볍게 처벌하는 규정을 두고 있다. 이에 대해서 이 견해는 이를 공범에 대한 처벌제한사유로 파악하게 된다.

이 견해에 의하면 범행기여와 결과 사이의 인과성만 인정되면 모두 정범으로 처

---

7) Jescheck/Weigend, § 61 III 3.

벌되어야 하므로 정범과 공범을 구별할 필요가 없다. 그러나 법률이 양자를 구별하고 있는 현실에서는 이를 구별해야 할 것이고, 그렇다면 객관적 요소만으로는 정범에서 공범을 구별해 낼 수 없으므로 양자의 구별기준으로 주관적 요소를 찾지 않으면 안 된다. 따라서 확장적 정범개념은 필연적으로 주관적 공범설에 결부된다.

확장적 정범개념은 스스로 구성요건 해당행위를 하지 않는 간접정범이나 공동정범에 있어서도 인과성만으로 이를 가벌성의 영역에 포함시킬 수 있으므로, 형사정책상 유리한 결과를 도출하는 장점이 있음은 단일정범개념의 경우와 동일하다. 그러나 교사범과 방조범에도 결과에 대한 인과성은 인정되므로 단순히 이 요건만으로 이를 정범으로 인정해야 한다면 정범과 공범의 구별이 불분명하게 되어, 죄형법정주의 원칙뿐 아니라 현행형법의 입장에도 배치된다.

특히 자수범(自手犯)이나 신분범에서는 누구나가 정범이 될 수 있는 것이 아니라, 행위주체로서의 특정한 요건을 갖춘 사람에게만 한정된다. 그런데 여기에 확장적 정범개념을 적용하면 이러한 요건이 결여된 자에게도 정범성이 인정될 수 있으므로, 결과적으로 이 구성요건에서의 입법자의 특별한 의도가 무색해진다. 다만 우리 형법에 의하면 신분 없는 자도 신분 있는 자의 범행에 가담함으로써 공범으로서의 처벌은 가능한데, 이는 처벌확장사유로서 확장적 정범개념과 내용이 일치하는 것은 아니다.

3. 결론

제한적 정범개념과 확장적 정범개념은 서로 상반되는 장단점을 안고 있어 어느 하나만으로는 정범과 공범의 구별문제를 원만히 해결할 수 없다. 따라서 이 문제에 대해서는 더욱 다양한 시각에서의 접근이 필요하다.

IV. 정범과 공범의 구별

형법각칙의 모든 구성요건은 단독·직접정범을 전제로 하여 기술되어 있다. 그러나 실제로 같은 정범이라도 간접정범, 공동정범 혹은 동시범과 같은 다양한 형태로 나타날 수 있는데, 이러한 정범의 특수형태들은 단독·직접정범에 상대적으로 보충적 의미를 가진다. 나아가 범죄에는 정범의 형태뿐 아니라 공범의 형태로도 기여할 수 있는데, 공범은 독자적 의미보다는 정범에 종속하여 존재하는 개념으로 이해된다. 즉 정범 없이는 공범의 개념은 존재할 수 없는 것이다(정범개념의 우위성).

공범도 나름대로의 불법내용과 체계를 갖추고 있으나 정범에 대해서는 종속적인 것이므로 하나의 범죄에 두 사람 이상이 관여한 경우에는 각자에 대해서 정범성 여부를 판단해야 할 필요성이 있다. 형법도 정범과 교사범 그리고 종범을 구분하므로 정범과 공범의 구분은 현실적 문제이다. 특히 외형상 유사한 간접정범과 교사범, 그리고 공동정범과 방조범의 구분이 문제된다.

1. 정범과 공범의 의미

정범이란 자신의 범죄행위를 스스로(직접정범) 혹은 타인을 통하여(간접정범) 범한 자를 말한다. 여러 명이 범죄를 공동으로 범하면 각자를 정범(공동정범)으로 처벌한다.

공범이란 타인으로 하여금 타인 자신의 범죄행위를 고의로 실행하도록 결의하게 한 자(교사범) 혹은 타인의 범죄행위에 고의로 협력을 가한 자(방조범)를 말한다.

2. 정범과 공범의 구별에 관한 이론

1) 객관설

(1) 형식적 객관설

구성요건실현의 정도에 따른 구분으로서 구성요건 실행행위의 전부 또는 일부를 자기 스스로 행한 자가 정범, 예비행위나 보조행위로써 구성요건실현에 기여만 한 자는 공범이 된다는 견해이다. 예컨대 갑과 을이 모의하여 갑은 상점에 들어가 주인을 협박하여 금품을 강취하고 을은 밖에서 자동차를 대기하고 있다가 갑과 함께 도망친 후 금품을 나누어 가졌다면, 이 견해는 협박과 재물강취를 한 갑을 강도의 정범으로, 을은 공동정범이 아닌 방조범으로 인정하게 된다. 이것은 제한적 정범개념에 상응하거나 그 기초에 선 이론으로서[8] 이에 따르면 구성요건행위 없이 범행

---

8) Herzberg, JuS 1974, 719, 722.

야기 혹은 범행의 지원에 그치는 공범에 대한 처벌규정은 형벌확장사유가 된다.

이 견해는 행위자의 주관적인 면을 도외시하고 단지 행위의 외형에만 의존하므로 객관적이며, 정범과 공범의 구분을 위해 각칙상 기술된 구성요건적 정형성을 기준으로 하므로 형식적이라 할 수 있다.[9] 우선 조건설에 부합하지 않는다는 이유에서 부정적이라 할 수 있는 이 견해에 따르면 앞의 사례에서 공동정범이 인정되어야 할 을에게 방조범이 인정되어야 한다는 점에서 그 단점이 즉시 드러나며, 나아가 구성요건적 행위를 직접 수행하지 않는 간접정범의 정범성을 설명하기 어렵다는 한계가 있어 실용적이지 못 하다.

(2) 실질적 객관설

결과에 대한 원인성의 정도에 따라 직접 구성요건적 실행행위를 하지 않은 경우에도 정범을 인정하고자 하는 수정론이다. 여기에는 몇 가지 하위이론들이 포함된다.

가) 필연설(Notwendigkeitstheorie)

구성요건실현에 필요불가결한 행위를 한 사람은 정범, 그렇지 않은 부분에 관여한 자는 공범으로 분류하는 견해이다. 이는 인과관계론의 원인설에 근거를 두는 이론이라 할 수 있다. 따라서 여기에는 주된 원인과 종된 원인 및 원인과 조건의 구별이 쉽지 않다고 하는 원인설에 주어지는 비판이 그대로 적용될 수밖에 없다. 또한 이 견해에 의하면 공동정범과 방조범의 구별은 비교적 용이할지 모르나 간접정범과 교사범의 구별은 어렵다. 왜냐하면 타인에게 범행결의를 하도록 하는 행위가 결과를 위해서는 필수불가결한 요소라 해야 한다면, 이 견해에 따를 때 교사범은 정범이 되어야 하기 때문이다.

나) 동시설

동시설은 범죄행위 수행 중에 동시에 관여한 자가 공동정범, 그 이전에 관여한 자는 공범이라고 한다. 범행에 동시에 관여한 자가 아무래도 사태의 장악을 통해 정범이 될 가능성이 높긴 하나 항상 그러한 것은 아니며, 또한 이 견해에 의할 때 간접정범의 정범성을 인정하기 어렵고, 나아가 사전공모에만 가담한 자나 배후의 지휘자는 항상 방조범이 인정될 수밖에 없다는 점 등에서 이 견해는 만족스럽지 못하다.

---

9) Baumann/Weber/Mitsch, § 29 Rdnr. 35.

다) 우위설

범행가담자의 행위가 동등한 관계에서의 협동적인가 종속적인가에 따라 공동정범과 방조범으로 구분하고자 한다. 이 견해는 범행지배설의 기초가 되었다는 점에서 의의가 있으나, 자체로는 우위와 종속의 판단이 매우 신축적이며 추상적이어서 정범과 공범의 구분에 실질적 도움이 되지는 않는다.

(3) 객관설의 결론

행위자의 주관적 의도와 전체 범행계획을 도외시하고 단순히 외부적 행위형태만으로 범죄행위의 위험성의 요점을 찾아내기 어렵고, 따라서 정범과 공범을 구분하기는 어렵다.

2) 주관설

정범과 공범의 구별이론으로서의 주관설은 조건설의 산물이라 할 수 있다.[10] 이 견해는 결과에 대한 원인으로서의 조건들이 등가적이라면, 정범과 공범의 구분에 있어서도 범행기여의 정도는 중심적 역할을 하지 못한다는 이해에서 출발한다. 이에 따르면 구성요건적 정형성과 거리가 먼 행위로도 정범성이 인정될 수 있으므로 간접정범이나 공동정범의 경우는 행위의 구성요건적 밀접성만으로 정범성 여부가 판단되어서는 안 된다. 즉 모의에만 가담하거나 실행행위자에 대한 경호 등 구성요건적 행위가 아닌 그 주변행위만으로도 정범성은 인정될 수 있다는 것이다. 따라서 행위의 객관성만으로는 정범과 공범의 구별이 어렵다면 판단기준으로 남는 것은 주관적 요소뿐이라고 한다.

예컨대 앞에서 예로 들었던 갑과 을의 강도사례에서 각자의 범행에 기여한 행위의 외형이 아닌 의사방향에 의해 정범성 여부는 판단되어야 한다. 즉 을은 구성요건적 정형성의 행위는 하지 않았더라도 행위를 자신의 행위로서 수행했다면 공동정범이 되고, 갑의 행위를 단지 보조하겠다는 생각이었다면 방조범이 된다.

주관설에서 보편적이며 주축이 되는 견해는 의사설이지만 의사설의 부분적 결점을 보완하기 위한 대안으로 이익설이 제시된다.

---

10) 주관설은 Köstlin과 v. Buri가 기초하고 미수범에서의 주관설과 마찬가지로 독일제국재판소가 초창기부터 적용했다(RGSt 2, 162; 3, 182); Baumann/Weber/Mitsch, § 29 Rdnr. 38.

(1) 의사설

행위자가 범죄를 자기 자신의 것으로 인식하여 수행하고자 하는 경우에 정범이 되고, 타인의 범죄로서 수행하려는 경우에 공범이 된다는 입장이다. 즉 정범의사 (animus auctoris)로 행위한 자가 정범, 공범의사(animus socii)로 행위한 자가 공범이라는 것이다.

의사설은 독일의 판례와 학설에서 많은 지지를 얻었었으나,[11] 정범의사와 공범의사에 대한 개념정립이 어려울 뿐 아니라 정범성과 공범이라는 개념을 쉽게 혼동할 수 있는 개념으로 만들어 순환논리에 빠진다는 단점이 지적된다.[12]

특히 미혼모가 아기를 분만한 직후 자신의 언니에게 아기를 살해해 달라고 부탁하자 언니가 아기를 욕조에 넣어 익사시킨 사례에서, 언니는 자기 범죄가 아니라는 의사로 행했으므로 방조범이고 범행을 자신의 것으로 인식한 것은 미혼모라고 보아 그녀가 정범이라는 부당한 결론에 이른 사실을[13] 계기로 이 이론에 대한 재평가가 이루어지기 시작했다. 그러나 그 후 독일연방대법원도 당시 의사설의 입장에서 구 소련에서 망명한 정치인을 소련정보기관의 지시에 의해 살해한 사건에 대해, 이는 정보기관의 범행이며 실행행위 수행자는 자신의 정보기관의 지시에 따랐을 뿐이므로 방조범에 지나지 않는다는 결론을 내렸다.[14]

(2) 이익설

자신의 이익을 위해 행위를 한 자는 정범, 타인의 이익을 위해 행위한 자는 공범이라는 견해이다. 이것은 독일제국재판소가 행위자의 의사가 정범의사인가 공범의사인가 하는 질문을, 행위결과에 대한 특별한 관심이 있었는가라는 질문으로 대체하여 판단한 데서 비롯된다.

그러나 예컨대 촉탁살인죄(형법 제252조 제1항), 촉탁낙태죄(형법 제269조 제2항) 등 이타적 행위가능성이 이미 포함된 구성요건도 있을 뿐 아니라 이타적 절도나 제3자의 이익을 위한 사기(형법 제347조 제2항), 공갈(형법 제350조 제2항) 등과 같은 범행에도 정범이 배제될 이유가 전혀 없는데 이익설은 이타적 범죄에서 정범이 될 수 있는 가능성을 배제한다는 단점이 있다.

---

11) Baumann, NJW 1962, 374.
12) Baumann/Weber/Mitsch, § 29 Rdnr. 40; Welzel, § 15 IV 2 b.
13) 이른바 욕조사건; RGSt 74, 84.
14) Stachynskij 사건; BGHSt 18, 87.

앞의 욕조사건도 독일제국재판소가 엄밀히 말해 주관설 중에서도 이익설을 잘못 적용한 대표적 사례이다.

3) 범행지배설

순 객관설이나 순 주관설은 모두 정범성을 근거짓거나 정범과 공범의 판단기준을 제시하기 어려우므로 양자는 모두 부정되어야 한다. 이에 따라 양자의 장점만을 찾아 합일화하는 작업이 필요하다는 관점에서 범행지배설은 객관적 기준과 주관설에서의 특히 이익이라는 기준을 공통의 요소로 하는 범행지배라는 개념으로 공범과 정범을 구별하고자 한다. Lobe가 기초를 세우고 Roxin이 발전시킨[15] 이 견해의 기초는 제한적 정범개념과 실질적 객관설이다.

구성요건적 결과에 인과성을 제공한 것만으로 정범성이 인정되는 것이 아니라 법정 구성요건적 정형성을 요건으로 한다는 점에서 제한적 정범개념에서 출발하는 것이라 할 수 있다.[16] 또한 형식적 객관설이 정범요건으로 각칙구성요건의 구성요건 실행행위의 범주를 벗어나지 못한 것과는 달리, 행위기여의 객관적 성격을 실질적으로 평가하여 차등적 의미를 부여한다는 점에서 이는 실질적 객관설에서 파생된 이론이라고 볼 수 있다.[17]

여기에서 범행지배란 고의에 의해 포괄되는 구성요건적 사건진행의 장악, 혹은 의사에 따른 사건진행의 지배적 조종을[18] 의미한다. 즉 자신의 의사에 따라 사건을 진행시키거나 중단시킬 수 있는 자에게 범행지배가 존재하며, 이 경우에 사태의 중심인물로서 정범이 된다.

이러한 범행지배는 단독·직접정범인 경우 실행행위지배(Handlungsherrschaft)로[19] 표현된다. 간접정범의 경우에는 인식 및 의사의 지배(Wissens-, Willensherrschaft)로 정범성이 성립한다. 즉 우월한 인식과 의사를 가진 간접정범은 타인의 배후에서 그를 자신의 범행도구로서 조종함으로써 자신의 범행을 완성한다. 공동정범은 분업적 역할 분담에 의한 기능적 행위지배로써 범행을 완성하는 자이다.[20]

---

15) Jescheck/Weigend, § 61 V 1.
16) Jescheck/Weigend, a.a.O.
17) Baumann/Weber/Mitsch, § 29 Rdnr. 48 f 참조.
18) Samson, Strafrecht II, S. 72.
19) Roxin, Täterschaft und Tatherrschaft, 8. Aufl., 2006, S. 127.

따라서 정범은 범행의 핵심적 형성주체로서 독자적으로 혹은 공동으로 형성한 행위지배를 갖고 자신의 의사에 따른 조종을 통해 구성요건을 추진·완성·통제하는 자이며, 공범은 자신의 행위지배 없이 사건진행의 주변인물로서 범행을 야기하거나 보조하는 자로 정의된다.[21]

범행지배설은 정범의 구성요건관련성을 구성요건 실행행위에만 한정하는 것이 아니라, 구성요건 행위를 스스로 수행하지 않더라도 이에 대한 지배가능성으로 정범성을 인정함으로써 정범성의 구성요건관련성의 요구를 충족시킨다. 현재 우리나라와 독일에서의 통설이며 가장 타당한 이론이라 할 수 있다. 그러나 범행지배만으로는 모든 범죄의 정범성을 인정할 수 있는 것은 아니다. 예컨대 의무범에서는 특정 의무가 주어진 자만이 구성요건을 충족시킬 수 있고 그러한 의무가 침해됨으로써 범죄가 성립하게 되므로, 여기에서는 정범성을 위해 범행지배라는 요건 외에 의무의 존재라는 요건이 추가로 요구된다. 범행지배는 정범표지의 필요조건이지 충분조건은 아닌 것이다.[22]

일찍이 목적적 행위지배(finale Tatherrschaft)라는 개념을 사용한 Welzel[23]도 목적적 행위론의 입장에서 정범성의 인정을 위해서는 목적적 행위지배일 것을 요구했다. 바로 목적이 있으면 정범이며, 그렇지 않으면 공범으로 분류한 것이다. 그런데 목적적 행위론에서의 목적은 고의를 뜻하며 공범에도 고의는 있어야 하므로 목적에 따른 정범과 공범의 엄격한 구별은 불가능하며, 또한 주관에 심하게 치우치는 경향이 있다고 하겠다.[24]

---

20) Roxin, AT II, § 25 Rdnr. 38, 45, 188.
21) Bockelmamm/Volk, AT S. 177; Herzberg, Täterschaft, S. 8; Jakobs, 21/35 ff; Maurach/Gössel/Zipf, AT II, § 47 Rdnr. 84 ff; Kühl, § 20 Rdnr. 26 ff; Rudolphi, FS—Bockelmann, S. 372 ff. 이에 대해 비판적 견해로 Baumann/Weber/Mitsch, § 29 Rdnr. 54 ff.
22) 김일수, 한국형법 II, 285면.
23) Welzel, ZStW 58 (1939), S. 539.
24) 이와 유사하게 주관적 요소에 치중하는 견해로 Baumann/Weber/Mitsch, § 29 Rdnr. 59 f.

제 45 절　정범론

I. 서론

1. 정범의 여러 형태

형법상 인정되는 정범의 형태로는 단독 · 직접정범, 공동정범(형법 제30조), 간접
정범(형법 제34조), 합동범(형법 제146조 : 특수도주, 형법 제331조 제2항 : 특수절도, 형
법 제334조 제2항 : 특수강도), 동시범(형법 제19조, 형법 제263조 : 상해동시범 특례) 등
이 있다. 이에 비해 공범의 형태로는 교사범(형법 제31조)과 방조범(형법 제32조)의
두 종류가 있다.

1) 단독 · 직접정범

가장 기초적인 범죄관여형태로서 1인의 행위자가 스스로 위법하고 유책한 구성
요건을 실현하는 경우이다. 형법 각칙의 구성요건은 일반적으로 단독 · 직접정범에
의한 행위를 전제로 기술되어 있으며, 독일형법 제25조가 제1항에 단독 · 직접정범
및 간접정범, 제2항에 공동정범을 규정한 것과는 달리 우리의 형법총칙에는 이에
대한 별도의 규정은 없다.

2) 공동정범

2인 이상의 행위자가 기능적 행위분담을 통해 공동의 구성요건을 실현하는 경우
이다. 공동의 의사에 따른 행위분담으로 인해 각자의 개별적 범행기여 부분은 다른
모든 구성원에게 서로 귀속이 된다.

3) 간접정범

행위자가 스스로 구성요건행위를 수행하지 않고 타인을 도구로 이용하여 수행하
게 함으로써 구성요건을 실현시키는 경우이다.

4) 동시범

다수의 범인이 다른 사람과 공동의 의사 없이 각자 독립적으로 자신의 범행으로서 행위한 결과, 하나의 공통된 구성요건이 실현되고 동일한 법익이 침해된 경우이다. 예컨대 갑과 을이 서로 의사연락 없이 각자가 병의 음료수에 독을 혼입하여 두 사람의 독약에 의해 병이 사망한 경우, 갑과 을은 공동정범이 아닌 동시범이다. 이 경우에 동시적 행위의 결합으로 동일한 법익이 침해되는 결과가 발생되었으나, 각자는 독자적으로 자신의 범행을 행한 것이고 행위의 시간적 · 공간적 동시성은 우연에 의한 것일 뿐이다. 형법 제19조는 이런 경우 결과발생의 원인된 행위가 판명되지 않았다면 각자를 미수범으로 처벌한다고 정한다. 다만 결과가 상해의 결과로 나타난 경우에 한해 공동정범의 예에 의한다는 특례규정이(형법 제263조) 있다.

과실범에서는 합의에 의한 과실이란 있을 수 없으므로, 공동의 주의의무를 지는 사람들이 저마다 주의를 소홀히 하여 법익침해 결과가 발생한 경우 과실범의 공동정범이 아닌 동시범이 인정되어야 한다. 따라서 동시범은 과실범에서 상대적으로 흔히 나타나는 형상이라 할 수 있다.

2. 정범의 요건

1) 자신의 범행

공동정범과 간접정범의 경우 행위자 단독의 범행기여로 범죄가 완성되는 것이 아니라 타인의 범행기여의 도움을 통해서 완성된다. 이 경우 특정 범행관여자를 정범으로 처벌하기 위해서는 타인의 협력에 의해 성립된 전체결과물로서의 범죄가 당사자 자신의 범죄여야 한다. 여기에는 개별적 사례에서 각각 문제되는 각칙의 해당 구성요건이 절대적인 판단자료가 된다. 만일 행위자에게 정범 성립을 위해 구성요건상 요구되는 표지가 결여되면, 당사자에게 범행은 자신의 것이 될 수 없다. 이 경우에는 단독정범뿐 아니라 간접정범이나 공동정범도 성립될 수 없다.

또한 구성요건이 단독 · 직접정범의 형태로만 충족될 수 있는 경우에는 간접정범이 성립할 수 없으며, 스스로의 구성요건행위의 실행이 없는 한 공동정범도 성립할 수 없다. 자수범이 이에 해당한다. 예컨대 위증죄(형법 제152조)는 법률에 의해 선서한 증인만이 거짓진술로써 범할 수 있다. 이러한 상황에 있지 아니한 자는 본죄의 정범이 될 수 없다. 곧 위증죄는 단독·직접정범의 형태로만 가능하며, 그 밖의 관여자에게는 범행이 자신의 것이 될 수 없어 교사 혹은 방조만이 가능하다.

2) 단독정범의 가능성

모든 정범형태는 행위자가 해당 구성요건의 단독정범이 될 수 있어야 함을 전제로 한다. 이 가능성이 결여되면 공동정범이나 간접정범 혹은 동시범도 성립되지 않는다.[1]

(1) 신분범

법정 구성요건이 요구하는 행위주체로서의 적격성을 갖춘 자만이 정범이 될 수 있는 경우를 신분범이라 한다. 그중 진정신분범은 행위자가 구성요건상 요구된 신분을 갖추지 못한 경우에 행위 주체로서의 성격이 결여되어 범죄가 성립되지 않는 범죄를 이른다. 이러한 성격의 신분을 구성적 신분이라고 하며 공무원수뢰죄, 배임죄 등이 이에 속한다. 공무원 혹은 중재인의 신분을 가진 자만이 수뢰죄(형법 제129조)를 범할 수 있으며, 타인의 사무를 처리하는 자만이 배임죄(형법 제355조 제2항)를 범할 수 있다.

부진정신분범은 신분이 기본구성요건의 성립 여부에 관여하는 것이 아니라 단지 가중 혹은 감경구성요건해당성 여부에만 관여하는 경우이다. 존속살해죄(형법 제250조 제2항)에서 직계비속의 신분(가중적 구성요건)이나 영아살해죄(형법 제251조)에서 직계존속의 신분(감경적 구성요건)이 이에 속한다. 이때의 신분을 가감적 신분이라 한다.

진정신분범의 원리상 해당 신분요건을 갖추지 못한 자는 어떠한 형태든 정범이 되지 못하는 것이 원칙이다. 그러나 신분이 없는 자라도 신분이 있는 자의 범죄에 가공한 경우에 형법 제33조 본문의 규정에 의해 교사범이나 방조범 등 공범이 될 수 있음은 물론이고, 정범의 한 형태로서 적어도 공동정범은 될 수 있다. 간접정범의 성립여부에 대해서는 다툼이 있다.[2]

(2) 부작위범

부작위범의 경우에도 정범성립에 약간의 제한이 따른다. 보증인지위를 갖지 않

---

1) Baumann/Weber/Mitsch, § 29 Rdnr. 13.
2) 아래 본절 V. 5. 4) 참조.

아 단독으로는 부작위범의 정범이 될 수 없는 경우에는 부작위범의 공동정범도 될 수 없다. 보증인지위를 갖는 2인 이상이 공동의 의무위반으로 결과를 발생케 한 경우에는 각자에게 공동정범이 인정되지만, 그중 1인에게 보증인지위가 결여되었다면 그에게는 의무위반의 공동성이라 할 만한 실질적 내용이 갖춰질 수 없으므로, 형법 제33조 본문의 규정에도 불구하고 공동정범은 부정된다.

(3) 목적범

특수 주관적 구성요건으로 특정한 목적이나 의도를 요구하는 구성요건에서 해당 목적을 갖지 않은 행위자는 단독정범뿐 아니라 공동정범도 될 수 없다.[3] 예컨대 농장의 일꾼이 자기 주인의 지시에 따라 자기 혹은 제3자를 위한 영득 의사 없이 타인의 거위를 몰아 온 경우에는 주인이 단독의 간접정범이 되며, 행위자는 공동정범이 아닌 방조범에 해당한다. 만일 행위자에게 타인을 위한 영득의 의사가 있었다면 공동정범이 성립될 수 있다.[4]

3) 정범형태로서의 참가가능성

이미 언급한 바와 같이 구성요건 중에는 단독·직접정범의 형태로만 충족될 수 있으며, 간접정범이나 자수적 실행 없는 공동정범의 형태로는 충족될 수 없는 자수범과 같은 유형이 있다. 위증죄의 경우처럼 구성요건이 요구하는 상황을 갖춘 사람에 의해서만 구성요건이 충족될 수 있는 경우에 그 밖의 타인은 어떠한 범행기여를 한다고 하더라도 간접정범이나 공동정범이 될 수 없고 공범이 성립되는 데 지나지 않는다.

II. 공동정범

1. 의의

공동정범이란 2인 이상이 공동하여 죄를 범하는 경우를 말한다(형법 제30조). 공동의 전체 범행계획을 수립한 2인 이상이 동등한 자격에 의한 기능적 역할분담을

---

3) Kühl, § 20 Rdnr. 101.
4) Baumann/Weber/Mitsch, § 29 Rdnr. 16.

통해서 특정 범죄를 공동으로 완성하는 경우를 전형적 공동정범 형태로 볼 수 있다. Brutus 일당이 Caesar를 여러 차례 칼로 찔러 살해한 경우처럼 다수의 범행 참가자 모두가 하나의 결과발생에 필요한 구성요건 정형적 행위를 실행한 경우라면, 각자가 정범이 되는 데에는 의문의 여지가 없으므로 여기에는 군이 형법 제30조가 개입될 이유가 없다. 본조는 예컨대, 갑은 상대방의 반항을 억압하고, 을은 금품을 강취하고, 병은 차량을 대기하고 있다가 함께 도주함으로써, 하나의 강도범죄를 완성하는 경우를 염두에 둔 것이라 할 수 있다.

위 사례에서 각자는 서로 다른 부분행위, 경우에 따라서는 구성요건 정형성을 벗어난 행위의 일부만을 수행했더라도, 그것이 공동의 범행계획에 따른 것인 이상 각자에게는 전체범행에 대한 행위지배가 인정된다. 개개인의 행위기여는 분업과 기능적 역할분담의 원리에 근거하여 하나의 전체로 완성되며, 전체적 결과는 행위실행과 구성요건실현의 공동주체로서의 관여자 모두에게 전체귀속된다. 앞의 사례에서 을은 자신의 폭행 없이 물건만을 절취했지만, 공동의 결정에 의해 자신이 해야 할 행위로서의 폭행 또는 협박을 갑에게 맡겼고 또한 갑이 그렇게 해줄 것을 신뢰했으므로 갑의 행위는 을에게도 귀속되는 것이다. 이것은 밖에서 대기하던 병에게도 동일하게 적용된다.

일부실행·전부책임의 원칙에 따라 공동정범자 모두에게 행위전체를 각자가 실현한 것으로 인정함으로써 이들에게 인정되는 불법의 합산은 각자가 실제로 실현한 불법의 정도를 초과한다. 따라서 공동정범 규정에는 가중평가의 성격이 들어 있다고 하겠다. 그러나 이는 다른 시각에서 보면, 공동정범자들은 자신들에게 인정될 불법의 양을 기능적 행위분담을 통해 적은 에너지를 투입하여 손쉽게 실현시킨 것이라고 이해할 수 있다.

2. 구별되는 개념

① 간접정범 : 공동정범은 2인 이상이 비구성요건적 행위가 포함되더라도 직접적 실행행위지배를 하는 데 비해, 간접정범은 직접적 실행지배 없이 우월한 의사지배에 의한 범행수행의 형태이다. ② 교사범 : 피교사자가 실행행위의 전부를 수행하여 교사범에게는 실행행위 분담이 없다는 점에서 공동정범과 구분된다. ③ 종

범 : 특히 방조범이 실행행위 분담이 있다는 점에서 외형상 공동정범과 가장 유사하나 종범의 실행분담에는 범행지배가 결여된 단순보조자라는 점에서 차이가 난다. ④ 동시범 : 두 사람 이상의 동시 실행지배가 있다는 점에서 공동정범과 공통적이나, 동시범에는 공동의 의사형성이 없다는 점이 다르다. ⑤ 합동범 : 특수도주(형법 제146조), 특수절도·강도(형법 제331조 제2항, 제334조 제2항) 등에서 2인 이상이 합동하여 행하는 범죄를 말한다. 합동범은 동시범과 달리 공동의 범행의사형성이 있으므로 공동정범의 일종이라고 볼 수 있다. 다만 학설에 따라 행위자 모두가 동시에 현장에 있어야 한다는 제약이 따를 수 있다. ⑤ 공동정범이란 단독으로도 실현가능한 구성요건을 2인 이상이 공동으로 실현하는 임의적 공동정범을 원칙으로 하므로, 범죄단체조직죄(형법 제114조), 다중불해산죄(형법 제116조)와 같이 구성요건의 성격상 이미 2인 이상의 행위공동이 전제되는 필요적 공동정범과는 구별된다.

3. 공동정범의 본질론

형법 제30조는 공동정범을 2인 이상이 공동하여 죄를 범하는 것으로만 정의할 뿐 무엇을 공동으로 해야 하는 것인지에 대해서는 구체적으로 설명하고 있지 않다. 공동정범에 있어 공동의 대상이 무엇인지에 대해서 범죄공동설과 행위공동설이 대립된다.

1) 범죄공동설

공동정범은 특정한 범죄 혹은 하나의 구성요건을 2인 이상이 공동으로 실현함으로써 성립하는 것이라고 한다. 이에 따르면 공동정범은 하나의 특정한 구성요건에 대한 고의의 공동을 전제로 하므로 공동정범의 성립은 고의범에 한정되며, 과실범과 과실범 혹은 고의범과 과실범의 공동정범은 부정된다. 또한 이때의 고의는 동일한 구성요건에 관한 것이어야 하므로, 예컨대 두 사람이 동일한 객체에 대해 동시에 공격을 가했더라도 한 사람은 살인의 고의, 다른 사람은 상해의 고의를 가지고 행위를 한 경우에는 공동정범이 아닌 동시범이 인정되어야 한다.[5]

2) 행위공동설

특정 범죄개념을 떠나서 사실적 행위의 공동을 통해 자신의 범죄를 실현한 자들이 공동정범이라는 설명이다. 여기서의 전법률적(前法律的)·자연적 의미의 행위는 구성요건과 관계가 없어도 상관이 없으므로 구성요건 외적 행위의 공동으로도 공동정범의 성립에는 충분하다. 이에 따르면 범행참가자가 서로 다른 구성요건적 고의를 가진 경우 수죄에 걸친 공동정범이 인정될 뿐 아니라, 고의범과 과실범 간의 공동정범, 과실범의 공동정범도 성립이 가능하다. 이러한 주장의 배경에는 다수의 대법원 판례가 있다. 판례는 특히 과실범의 공동정범을 인정하기 위한 논거로 행위공동설을 취하고 있으며, 대법원은 대판 1962.3.29, 4294형상598 판례 이후 이 입장을 지속적으로 견지하고 있다.[6]

> 📖 **관련판례**
>
> 대판 1962.3.29, 4294형상598 : 형법 제30조에 「공동하여 죄를 범한 때」의 「죄」는 고의범이고 과실범이고를 불문한다고 해석하여야 할 것이고 따라서 공동정범의 주관적 요건인 공동의 의사도 고의를 공동으로 가질 의사임을 필요로 하지 않고 고의행위이고 과실행위이고 간에 그 행위를 공동으로 할 의사이면 족하다고 해석하여야 할 것이므로 2인 이상이 어떠한 과실행위를 서로의 의사연락 아래 하여 범죄되는 결과를 발생케 한 것이라면 여기에 과실범의 공동정범이 성립되는 것이다. (...) 경관의 검문에 응하지 않고 트럭을 질주함으로써 야기된 것인 바 (...) 피고인은 원심 공동 피고인과 서로 의사를 연락하여 경관의 검문에 응하지 않고 트럭을 질주케 하였던 것이므로 피고인은 본건 과실치사죄의 공동정범이 된다.[7]

---

5) 임웅, 439면 이하 참조.

6) 이와 달리 기능적 행위지배를 요구하는 판례로 대판 2013.1.10, 2012도12732 : 형법 제30조의 공동정범이 성립하기 위하여는 주관적 요건인 공동가공의 의사와 객관적 요건으로서 그 공동의사에 기한 기능적 행위지배를 통하여 범죄를 실행하였을 것이 필요하고, 여기서 공동가공의 의사란 타인의 범행을 인식하면서도 이를 제지함이 없이 용인하는 것만으로는 부족하고 공동의 의사로 특정한 범죄행위를 하기 위하여 일체가 되어 서로 다른 사람의 행위를 이용하여 자기의 의사를 실행에 옮기는 것을 내용으로 하는 것이어야 한다. 한편, 공동정범의 본질은 분업적 역할분담에 의한 기능적 행위지배에 있다고 할 것이므로 공동정범은 공동의사에 의한 기능적 행위지배가 있음에 반하여 종범은 그 행위지배가 없는 점에서 양자가 구별된다. 대판 2013.6.27, 2013도3246. 행위공동설을 따르는 입장으로 이재상/장영민/강동범, § 33 – 8; 정영일, 394면.

3) 평가

위의 두 가지 견해를 비교해 본다면 범죄공동설은 비교적 책임원칙에 충실한 반면 형사정책적 목적달성에 소홀한 단점이 있고, 행위공동설은 그 반대의 입장에 있다. 따라서 서로 극단적인 하나의 견해만으로는 공동정범의 성립범위를 합리적으로 한정하기에는 부적당하다.[8) 각각의 견해는 공동정범에 대한 하나의 외형상의 정의는 제시하지만, 이론 내부적 관점에서는 왜 그래야 하는지에 대해 설득력 있는 충분한 이유를 제시하지 못하고 있다.

특히 공동정범을 인정하기 위해 대법원이 의존하고 있는 행위공동설에 의문의 여지가 있다. 행위공동이 있다고 해서 반드시 공동정범이 성립하는 것도 아니고, 반대로 공동정범이 성립하기 위해 반드시 행위공동이 있어야 하는 것도 아니다. 말하자면 타인의 절도를 돕기 위해 담을 넘는 것을 도와준다거나 남의 거위를 다른 범인과 함께 몰아 왔다고 하더라도, 어떠한 영득의사도 없이 행했다면 행위의 공동이 있음에도 불구하고 정범이 아닌 공범에 지나지 않는다. 반대로 앞의 강도사례에서 그 전체행위는 현장에는 나타나지도 않은 정(丁)의 구상과 기획 및 지휘에 따른 것으로서, 그가 범행대상의 선정, 범행도구 입수, 각자의 행동지침, 범행성공 후의 이득분배 등에 대한 구체적 구상을 했다면, 구성요건적 행위의 공동은 없더라도 공동정범이 되기에 충분한 요건을 갖췄다고 볼 수 있다. 행위공동은 공동정범성립의 절대적 필요조건이나 충분조건이 되는 것이 아니다.

공동정범의 본질에 관한 행위공동설은 독일 형법에는 알려지지 않은 이론이다. 공동정범은 구성요건실현을 위한 공동의 의사형성과 기능분담에 의해 구성요건을 실제로 실현하려는 자들이다. 의사형성과 기능분담에 의한 실현행위 모두가 구성요건 지향적이어야 한다. 이러한 관점에서 공동정범의 본질의 문제는 행위지배설에서 (기능적) 범행지배설로 대체되어야 한다.

---

7) 같은 취지의 판례로 대판 1994.3.22, 94도35; 대판 1978.9.26, 78도2082; 대판 1979.8.21, 79도1249; 대판 1982.6.8, 82도781.
8) 배종대, [130] 4; 손동권/김재윤, [§ 29] 6.

4. 공동정범의 성립요건

기능적 범행지배에 의한 공동정범의 성립을 위해 주관적 요소로서의 공동의 의사형성과 객관적 요소로서 공동의 행위실행이 있어야 한다.

1) 주관적 요건

(1) 공동의 범행의사

공동정범이 성립되려면 우선 가담자 모두의 동등한 자격에 의한 기능적 역할분담을 통해서 하나의 범행을 공동으로 실현하고자 하는 공동의 범행결의가 있어야 한다. 공동의 범행결의는 구성요건적 고의를 전제로 하는 것이며, 특별한 요건이 요구되지 않은 한 각자의 고의는 제1급·제2급 직접고의 혹은 미필적 고의 등 서로 종류를 달리해도 상관없다.[9] 이것은 기능적 범행지배에 의한 분업적 범죄가공의 조합으로 완성된 전체범죄에 있어, 각자의 부분적 행위를 하나의 전체행위로 결합시키는 역할을 한다. 즉 의적 요소와 지적 요소를 포괄하는 공동의 범행의사는 서로 다른 사람의 행위를 이용하여 자신의 범행을 완성하고자 하는 의사로서, 공동정범은 외형상 상호간접정범의 유사형태라고도 할 수 있다.[10]

공동의 범행의사가 결여되면 범죄가담자 각자는 동시범에 불과하게 되어 각자는 자신의 범행기여분에 대해서만 책임을 지게 된다. 이때 자신의 범행기여분을 초과하는 다른 구성요건이 발생된 경우 그 원인행위가 판명되지 않았을 때에는 결과의 발생에도 불구하고 각자는 미수범으로 처벌된다(형법 제19조).

가) 동일한 구성요건에 대한 범행의사

공동의 범행의사라 할 수 있기 위해서는 각 의사는 하나의 구체적인 동일한 구성요건에 관련된 것이어야 한다. 예를 들어 갑은 A를, 을은 B를 각자 독립적으로 살해하기로 한 결의로는 공동정범이 성립되지 않는다. 이런 경우 각자는 자신의 행위에 대한 단독정범일 뿐이다. 단 이러한 각자의 행위가 후속적 공동목표를 달성하기 위한 중간단계인 경우에는 의미가 다르다.

---

9) RGSt 59, 246; Tröndle/Fischer, § 25 Rdnr. 10.
10) Baumann/Weber/Mitsch, § 29 Rdnr. 77.

나) 의사형성의 방법

공동의 의사형성은 양해의 정도로 족하다. 의사의 연락도 반드시 명시적이어야 하는 것은 아니고 묵시적 방법으로도 족하며, 한 사람의 범행계획에 다른 사람이 나중에 개입하여 이를 수정하거나 보태어 이를 공동행위의 기초로 삼는 경우에도 공동정범은 성립한다.[11] 의사형성은 공동정범자 모두가 모인 자리에서 동시에 이루어져야 하는 것은 아니며, 의사연락은 간접적 혹은 순차적으로 이루어져도 상관 없다.[12]

다) 편면적 공동정범

공동정범은 하나의 범행을 공동으로 실현하고자 하는 지적·의적 공동의 범행결의를 전제로 하므로, 이러한 의사가 범행관여자 상호 간에 존재하지 않고 일방에만 존재한다면 이는 이미 공동정범의 성립요건이 결여되었음을 의미한다.[13]

---

11) Kühl, § 20 Rdnr. 104.

12) ① 대판 1994.9.9, 94도1831 : 공모공동정범에 있어서 공모는 법률상 어떤 정형을 요구하는 것은 아니고 2인 이상이 공모하여 범죄에 공동가공하여 범죄를 실현하려는 의사의 결합만 있으면 되는 것으로서, 비록 전체의 모의과정이 없었다고 하더라도 수인 사이에 순차적으로 또는 암묵적으로 상통하여 그 의사의 결합이 이루어지면 공모관계가 성립한다 할 것이고, 이러한 공모가 이루어진 이상 실행행위에 직접 관여하지 아니한 자라도 다른 공범자의 행위에 대하여 공동정범으로서의 형사책임을 지는 것이다.
② 대판 1995.9.5, 95도577 : 범인도피죄는 범인을 도피하게 함으로써 기수에 이르지만 범인도피행위가 계속되는 동안에는 범죄행위도 계속되고 행위가 끝날 때 비로소 범죄행위가 종료된다고 할 것이고, 공범자의 범인도피행위의 도중에 그 범행을 인식하면서 그와 공동의 범의를 가지고 기왕의 범인도피상태를 이용하여 스스로 범인도피행위를 계속한 자에 대하여는 범인도피죄의 공동정범이 성립한다고 할 것이다. 원심판시와 같이 피고인 2, 원심공동피고인 1, 2가 서로 공모하여 위 원심공동피고인 2가 이 사건 사고를 낸 운전사인 양 수사관서에 허위신고한 후 진범인 원심 공동피고인 3이 자수하기 전에, 피고인 1이 이러한 사실을 인식하면서, 위 원심공동피고인 2와 3을 만나 판시와 같은 행위를 하였다면, 비록 동 피고인이 다른 공범자들과 사전에 범인도피의 공모를 하지 아니하였다고 하더라도 그들과 공동의 범인도피의 범의를 가지고 기왕의 범인도피상태를 이용하여 스스로 범인도피의 실행행위를 계속한 것으로서 범인도피죄의 공동정범이 성립된다고 할 것이다.

13) 대판 1985.5.14, 84도2118 : 공동정범은 행위자 상호간에 범죄행위를 공동으로 한다는 공동가공의 의사를 가지고 범죄를 공동실행하는 경우에 성립하는 것으로서, 여기에서의 공동가공의 의사는 공동행위자 상호간에 있어야 하며 행위자 일방의 가공의사만으로는 공동정범 관계가 성립할 수 없다 할 것인바, 원심이 인정한 싸움의 경위와 내용

예컨대 화물차에서 상품을 내려 수퍼마켓으로 옮기는 을의 물건을 훔치려는 갑의 의도를 아는 병이, 의도적으로 을의 관심을 딴 데로 유도함으로써 갑의 행위를 도왔으나 갑은 이를 알지 못했다면, 병은 갑의 방조범이 될 뿐 공동정범은 되지 않는다.

(2) 기타 관련문제

가) 초과행위

한 공동정범자가 공동의 범행계획의 범위를 벗어나는 행위를 한 경우에 이 행위가 다른 공동정범자에게도 귀속되어야 하는지가 문제된다. 공동정범의 불법은 공동정범 자체에서 나오는 것으로서, 이것은 교사범 혹은 방조범의 불법이 타인, 곧 정범의 범죄에 종속되어 성립되는 것과는 구별되는 것이다.

이는 공동정범의 경우 인식과 용인에 따른 공동의 계획에 의한 각자의 부분범행은 모든 공동정범자에게 상호귀속되지만, 귀속의 범위는 공동결의의 범위에 한정된다는 의미이다. 따라서 공동결의의 범위를 초과한 부분은 당사자에게만 귀속되며 다른 공동정범자에게 귀속되지 않는다.

가령 갑과 을이 공동으로 병에게 폭행을 가한 후 갑은 이 기회에 병의 지갑을 탈취했으나 을은 폭행에만 관심이 있었을 뿐 재물에는 관심이 없었다면, 갑은 강도, 을은 공동정범에 의한 폭행과 강도의 방조범의 상상적 경합에 해당한다. 단, 공동의 범행 도중 원래의 범행계획의 초과나 변경이 발생한 경우 이에 대해 상호간의 명시적 혹은 묵시적 동의가 있으면 결과는 모두에게 귀속된다. 이를테면 공동정범자들이 절도를 계획하면서 만일 타인의 반항이나 방해가 있으면 폭행을 사용할 수도 있다는 암묵적 동의가 있던 경우라면, 한 사람의 폭행으로 모든 공동정범자는

에 의하면 피고인과 원심상피고인의 각 범행은 우연한 사실에 기하여 우발적으로 발생한 독립적인 것으로 보일 뿐 양인 간에 범행에 관한 사전모의가 있었던 것으로는 보여지지 않고, 또 원심상피고인이 피고인의 범행을 목격하고 이에 가세한 것으로는 인정되나 피고인이 원심상피고인의 가세사실을 미리 인식하였거나 의욕하였던 것으로 보기 어려우며, 범행내용에 있어서도 피고인의 위 (1) 범행에는 원심상피고인이 가담한 사실이 없고, 원심상피고인의 위 (2), (3) 범행에는 피고인이 이에 가담한 사실이 없을 뿐만 아니라 그 과정에서 피고인과 원심상피고인사이에 암묵적으로라도 공동실행의 의사가 형성된 것으로 보기도 어려우니, 피고인을 상해치사죄의 공동정범으로 볼 수 없다.

강도의 공동정범이 된다.

나) 승계적 공동정범

i) 의의 및 공동정범의 성립가능성

공동정범은 실행착수 이전에 이미 공동의 범행결의가 존재하는 것(예모적 공동정범 : Komplott)이 일반적이지만, 한 사람의 범행이 착수시점을 지난 이후(우연적 공동정범) 혹은 구성요건의 일부 종료 후에 다른 사람이 이에 가담함으로써도(승계적 공동정범) 공동정범이 성립할 수 있다. 이에 대해서는 공동정범의 성립은 실행행위 이전 혹은 늦어도 실행착수시에 공동의 범죄실행의사를 전제로 하기 때문에 그 시점 이후의 가담으로는 공동정범이 성립될 수 없으므로 후행자는 방조범에 지나지 않는다는 부정설이 있으나, 공동의 범행결의는 단독정범의 고의와는 달리 반드시 늦어도 실행착수시에는 존재해야 할 필요는 없는 것으로 보는 것이 옳다. 이러한 승계적 공동정범의 가능성은 범행의 실행착수 직후부터 발생하여 적어도 형식적 기수 이전까지는 존속한다. 예컨대 갑이 단독으로 절도에 착수했으나 혼자서는 현장에서 물건을 옮길 수 없어 을을 불러 함께 옮긴 후 이를 공동으로 처분한 경우에도 공동정범은 성립된다. 이 경우에 적어도 묵시적 양해를 통해 공동의 범행계획의 실현이 있다고 할 수 있다.

다만 형식적 기수 이후 그리고 실질적 종료 이전의 시점에 승계적 공동정범의 성립이 가능하다고 볼 것인지의 여부가 문제이다. 즉 물건을 절취하여 도망하는 사람을 도와 자기 집에 잠시 숨게 하여 추적자를 따돌리고 도품을 안전하게 확보하게 한 행위가 절도의 공동정범인지 아니면 범인은닉죄(형법 제151조 제1항)에 해당하는지가 문제된다.

승계적 공동정범의 범위를 비교적 넓게 인정하는 독일의 판례는 기수와 종료 사이에 공동정범 혹은 방조범의 성립가능성을 인정하고, 행위자의 의사방향에 따라 절도 혹은 범인은닉죄를 구분한다.[14] 말하자면 행위자가 절도에 가담하고자 했다면 절도의 공동정범, 범인을 은닉하여 처벌을 방해하고자 했다면 범인은닉죄를 적용한다는 것이다. 그러나 이에 대해서는 행위자의 의사방향을 확정하기가 어려울 뿐 아니라, 공동정범의 가능성의 범위를 정함에 있어 일반적 범죄성립의 개념인 형

---

14) Baumann/Weber/Mitsch, § 29 Rdnr. 107; Roxin, AT II, § 25 Rdnr. 221; RGSt 71, 193; OGHSt 3, 3.

식적 기수가 아닌 그 이면의 실질적 종료 이전까지 확장하는 것은 옳지 않다는 비판이 가능하다. 만일 그렇게 하면 후행자에게 경우에 따라서는 필요 이상으로 중하게 처벌되는 효과가 따를 수 있으므로 죄형법정주의원칙에 위배된다는 우려에서의 타당한 비판이다.

따라서 승계적 공동정범의 성립은 형식적 기수 이전까지로 한정하는 것이 바람직하다. 단, 체포·감금죄와 같은 계속범인 경우에는 기수 이후라도 종료 이전까지는 그 위법한 상태를 존속시키거나 강화하는 범행기여로 정범으로서의 불법은 충족되므로 공동정범은 성립한다고 볼 수 있다. 실질적 종료 이후에는 더 이상 공동정범은 성립될 수 없다.15)

ii) 공동정범의 인정범위의 제한

승계적 공동정범에서의 다른 하나의 본질적 문제는 다행위범 혹은 결합범과 같은 범죄형태에서 후행자의 범행가담 이전에 이미 선행자에 의해 완료된 일부 중한 구성요건을 후행자에게 귀속시킬 수 있는지 여부이다. 예컨대 갑이 피해자에게 폭행을 통하여 반항을 억압한 상태에서 을을 불러 물건을 함께 절취하여 나누어 가진 경우에 갑에게는 의문의 여지없이 강도가 인정되나, 강도의 한 구성요소로서의 폭행을 가하지 않은 을에게도 강도의 공동정범을 인정할 것인지에 대해서는 약간의 다툼이 있다. 이에 대해 갑에 의한 지금까지의 행위상황에 대한 인식이 있는 상태에서 을이 이를 용인하고 범행에 가담했다면, 그 용인은 전체 범행에 대한 용인으로서 자신의 범행가담 이전의 불법까지도 귀속시키는 효력을 갖는다는 적극설의 견해가 있다.16)

그러나 현재 독일의 다수설은 타인의 범행에 뒤늦게 가담한 자는 가담 이후의 행위에 대해서만 책임을 진다는 소극설의 입장을 취한다.17) 소극설을 뒷받침하는

---

15) BGH NStZ 1984, 548; BGH NJW 1985, 814.

16) BGHSt 2, 346; BGH JZ 1981, 596. 독일 제국재판소는 선행자의 단독의 불법은 후행자에게 귀속되어서는 안 된다는 부정설(소극설)의 입장이었으나 초기 독일연방법원은 이 판례를 번복하여 긍정설의 입장을 취했다.

17) Baumann/Weber/Mitsch, § 29 Rdnr. 107; Eser, Strafrecht II, Fall 40, Rdnr. 16 ff; Freund, § 10 Rdnr. 160; Herzberg, Täterschaft und Teilnahme, 1977, 4. Teil, III. 2; Jakobs, 21/60; Jescheck/Weigend, § 63 II 2; Kühl, § 20 Rdnr. 129; Sch/Sch/Cramer/Heine, § 25 Rdnr. 91. 배종대, [131] 11; 손동권/김재윤, [§ 29] 23; 이재상/장영민/강동범, § 33-20; 임웅, 445면; 정성근/박광민, 536면; 하태훈,

논거는 다음과 같다. ① 후행자가 선행자의 선행행위를 인식하고 이를 용인했더라도 여기에는 공동의 범행결의는 결여된다. 추후의 용인으로는 항상 미래지향적이어야 하는 범행결의가 소급되어 성립될 수 없다. ② 공동의 실행행위가 없고 선행행위와 후행자의 범행기여에 인과성이 없다면 공동정범은 성립되지 않는다. ③ 후행자는 선행자의 행위에 대한 지배가능성을 갖지 못한다.

이상의 소극설의 논거는 타당하며, 소극설은 무엇보다 책임개별화의 원칙에도 부합하는 견해이다. 이미 다른 두 명의 범인으로부터 강간을 당하여 반항할 능력이 없는 피해자에게 폭력의 행사 없이 간음한 경우에는 선행자의 행위를 용인하고 이를 이용했다고 하더라도 강간의 공동정범이 아닌 준강간죄(형법 제299조)가 인정되어야 한다.[18] 이점에 있어 대법원도 소극설의 입장을 취한다.

📖 **관련판례**

대판 1982.6.8, 82도884 : 공소외 1이 이미 1981.1월 초순경부터 그 제조행위를 계속하던 도중인 1981.2.9경 피고인이 비로소 공소외 1의 위 제조행위를 알고 그에 가담한 사실이 인정될 뿐인바, 이와 같이 연속된 제조행위 도중에 공동정범으로 범행에 가담한 자는 비록 그가 그 범행에 가담할 때에 이미 이루어진 종전의 범행을 알았다 하더라도 그 가담 이후의 범행에 대하여만 공동정범으로 책임을 지는 것이라고 할 것이니, 비록 이 사건에서 공소외 1의 위 제조행위 전체가 포괄하여 하나의 죄가 된다 할지라도 피고인에게 그 가담 이전의 제조행위에 대하여까지 유죄를 인정할 수는 없다고 할 것이다.[19]

---

2) 객관적 요건

(1) 공동의 실행행위

범행지배설에 따르면 공동정범의 인정을 위해서는 공동의 실행행위가 있어야 한다. 주관적 공범설이 인정하는 바의 계획, 준비, 지원, 교사 등 인과적 관점에서 범행결과를 공동으로 야기하는 정도로는 부족하며,[20] 적어도 전체범행에서의 본질적

442면.

18) BGH NStZ 1985, 70. 독일형법 제177조 제2항(다수의 공동에 의한 강간죄)과 제179조(준강간죄)는 형량에서 차이가 난다.

19) 같은 취지로 대판 1997.6.27, 97도163.

20) Jescheck/Weigend, § 63 III 2.

부분행위를 공동으로 수행해야 한다.

공동정범은 반드시 구성요건적 정형성을 띠는 행위를 수행함으로써만 성립되는 것은 아니다. 기능적 역할분담에 의해 구성요건적 행위는 아니더라도 전체적 범죄성립을 위해서 본질적 의미를 가지는 행위를 수행함으로써 공동정범이 성립될 수 있다. 따라서 여러 명이 공동하여 강도를 행하는 경우에서 단순히 망을 보는 행위나[21] 혹은 타인이 절취한 물건을 운반하는 행위도 전체범죄에서 본질적 기능에 해당하는 한 공동정범의 행위가 될 수 있다.[22] 즉 전체범죄에서 본질적 부분행위의 공동실행은 공동정범의 객관적 영역에서 필요·충분조건이다.

범행기여의 본질성은 전체 범행계획에 의할 때 결과실현에 불가결한 역할을 담당한 경우에 인정된다.[23] 따라서 물건을 훔쳐오면 단순히 매각처분을 도와주겠다는 의사표시만으로는 본질적 범행기여가 되지 않는다.[24] 무기나 기타 범행도구를 공여하는 행위만으로도 부족하다. 이러한 행위로써는 구체적 실행행위의 양태가 확정되는 것이 아니기 때문이다.

실행행위의 공동은 반드시 공간적·시간적 공동을 요구하는 것은 아니다. 기획·구상의 단계에서 중요한 역할을 담당한 자는 현장에서의 실행행위에 참여하지 않

---

21) 대판 1986.7.8, 86도843 : 두 사람이 공모 합동하여 다른 사람의 재물을 절취하려고 한 사람은 망을 보고 한 사람은 기구를 가지고 출입문의 자물쇠를 떼어내거나, 출입문의 환기창문을 열었다면 특수절도죄의 실행에 착수하였다 할 것이다. 같은 취지의 판례로서 대판 1971.4.6, 71도311; 대판 1968.4.30, 68도407.

22) 대판 1961.11.9, 4294형상374 : 수인이 공모하여 각자 그 범죄의 실행행위의 각 일부를 분담한 경우에 그 분담실행의 행위는 공모자 전원의 의사를 수행한 것으로서 공모자 전원이 그 책임을 지어야 한다는 것이므로 본건에 있어서 피고인의 전설시 공술내용에 의하면 피고인은 공소외 1과 공모하여 동 공소외 1은 축산어업조합 창고에 침입하여 천초를 절취하고 피고인은 그를 운반하여 양여 또는 보관한 것으로서 피고인의 소위는 공소외 1과 같이 야간 건조물 침입 절도의 죄책을 지어야한다 할 것인데 원심이 이를 장물죄로 문죄하였음은 중대한 사실 오인이 아니면 법령의 적용에 착오가 있어 판결에 영향을 미치는 위법이 있다 할 것이다.
   독일문헌으로 참조할 것은 Sch/Sch/Cramer/Heine, § 25 Rdnr. 66.

23) 이재상/장영민/강동범, § 33 – 34.

24) 대판 1975.2.25, 74도2228 : 피고인이 제3자에게 "황소를 훔쳐오면 문제없이 팔아주겠다"고 말한 것은 제3자가 황소를 절취하여 오면 이 장물에 관하여 매각 알선을 하겠다는 의사표시를 한 것이라고 볼 수 있을 뿐 피고인이 바로 제3자의 황소절취행위를 공동으로 하겠다는 이른바 공모의 의사를 표시한 것이라고 볼 수는 없다.

아도 공동정범은 성립될 수 있다. 전체범행을 구상하여 필요에 따라 입수한 정보를 바탕으로 동료들에게 각자가 분담할 역할을 지정해 주고 행위종료 이후의 대책까지도 마련한 자는 그로써 이미 범행지배를 갖는 것으로 볼 수 있다. 예비나 준비단계에서의 행위공동만으로는 공동정범이 성립되지 않는 것이 원칙이라는 견해가 있을 수 있으나, 이러한 전체범행을 구상한 자의 행위는 구성요건 이전의 단계에 한정되어 있더라도 정범이 인정되는 데는 어려움이 없다.

시간적 공동에도 구애받을 필요가 없으므로 다른 공동정범자들이 현장에서 실행행위를 하는 시점에 전체행위의 구상자는 그들과 연락을 유지할 필요 없이 여행을 즐기거나 영화를 관람하고 있어도 무방하다. 조직범죄단체의 수괴의 경우가 현실적 예에 해당한다. 수괴의 지시가 이에 복종하여 범죄를 수행해야 하는 부하들에 대해 의사결정의 자유를 구속하는 정도에 이르면 간접정범이 되겠으나, 그 정도에 이르지 않는 범위에서는 공동정범이 된다.

(2) 공모공동정범

공모공동정범이란 2인 이상의 범행모의에는 가담한 자 중에서 공동의 실행행위는 하지 않은 자를 말한다. 실행행위의 분담이 있는 자에게만 공동정범이 성립한다는 입장에서의 공동정범을 실행공동정범이라 칭한다면, 공모공동정범은 이에 대한 상대적 개념이라 할 수 있다. 이는 현장에 나타나지 않고 배후에서 범행을 계획하고 조종만 하는 조직범죄단체의 거물급 수괴를 정범으로 처벌하기 위한 필요에 의해 일본판례가 인정하기 시작한 개념이다. 현장에서 실행행위를 한 하수인들은 정범으로 처벌되는 데 비해 그보다 죄책이 더 클 수 있는 수괴는 정범이 아닌 공범으로 처벌되어야 한다는 것은 부당하다는 입장이었던 것이다. 일본판례는 처음에는 사기, 공갈, 횡령, 배임 등 지능범에만 적용하였으나 현재는 살인, 절도, 강도, 방화 등과 같은 실력범에도 적용하고 있다.[25] 우리 판례도 이를 폭넓게 수용하고 있다.[26]

---

25) 이재상/장영민/강동범, § 33 – 36.
26) 대판 2017.1.12, 2016도15470 : 공모자 중 구성요건에 해당하는 행위 일부를 직접 분담하여 실행하지 않은 사람도 전체 범죄에서 그가 차지하는 지위, 역할이나 범죄 경과에 대한 지배나 장악력 등을 종합해 볼 때, 단순한 공모자에 그치는 것이 아니라 범죄에 대한 본질적 기여를 통한 기능적 행위지배가 존재하는 것으로 인정되는 경우 이른바 공모공동정범으로서의 죄책을 질 수 있다. 대판 2017.10.26, 2017도8600; 대판

하지만 현재 우리가 이해하고 있는 공동정범 이론이 알려지기 이전에 특정 부류의 범죄자를 공동정범의 처벌범위로 끌어들이기 위한 현실적 목적에서 편법적으로 인정되어 온 공모공동정범개념은 책임원칙에 위배될 뿐 아니라, 2인 이상이 공동하여 죄를 범할 것을 요건으로 하는 형법 제30조의 명문규정에도 부합하지 않는다는 문제점을 안고 있다. 공모공동정범의 인정여부에 관한 긍정설과 부정설의 이론내용은 다음과 같다.

가) 긍정설

① 공동의사주체설은 2인 이상이 모의하여 공동범행의 합의에 이름으로써 공모가담자는 모두 일심동체의 공동의사주체가 되어, 그중 일부만이 실행행위를 하더라도 실행행위를 하지 않은 공모자도 행위주체로 인정된다는 견해이다. 다수의 대법원 판례도 이 입장을 취하고 있다.[27]

관련판례

대판 2004.12.10, 2004도5652 : 2인 이상이 범죄에 공동 가공하는 공범관계에서 공모는 법률상 어떤 정형을 요구하는 것이 아니고, 2인 이상이 공모하여 어느 범죄에 공동 가공하여 그 범죄를 실현하려는 의사의 결합만 있으면 되는 것으로서, 비록 전체의 모의과정이 없었다고 하더라도 수인 사이에 순차적으로 또는 암묵적으로 상통하여 그 의사의 결합이 이루어지면 공모관계가 성립하고, 이러한 공모가 이루어진 이상 실행행위에 직접 관여하지 아니한 자라도 다른 공모자의 행위에 대하여 공동정범으로서의 형사책임을 지는 것이고, 이와 같은 공모에 대하여는 직접증거가 없더라도 정황사실과 경험법칙에 의하여 이를 인정할 수 있다.[28]

---

② 간접정범유사설은 공모에 가담한 자는 직접 자신의 실행지배는 없다고 하더

2016.8.30, 2013도658; 대판 2011.1.27, 2010도11030.

27) 대판 1983.3.8, 82도3248 : 공모공동정범은 공동범행의 인식으로 범죄를 실행하는 것으로 공동의사주체로서의 집단 전체의 하나의 범죄행위의 실행이 있음으로써 성립하고 공모자 모두가 그 실행행위를 분담하여 이를 실행할 필요가 없고 실행행위를 분담하지 않아도 공모에 의하여 수인 간에 공동의사주체가 형성되어 범죄의 실행행위가 있으면 실행행위를 분담하지 않았다고 하더라도 공동의사주체로서 정범의 죄책을 면할 수 없다. 같은 취지로 대판 1983.10.11, 83도1942; 대판 1988.3.22, 87도2539.

28) 특히 이 판례는 배종대, [131] 33의 지적대로 법치국가원칙의 훼손마저 우려되는 판례이다. 같은 취지 대판 2006.2.23, 2005도8645; 대판 2006.4.14, 2006도638.

라도 타인의 행위를 이용하여 자신의 범행을 실현했다는 점에서 간접정범에 유사하다는 입장이다. 단, 본래의 간접정범은 일방이 다른 사람을 전적으로 도구로 이용하는 데 비해 여기서는 상호 간에 다른 가담자를 도구로 사용한다는 점에서 차이가 있다고 한다. 대법원 판례 중에는 이 입장을 취하는 것도 있다.29)

③ 적극이용설은 공모를 통해 타 가담자로 하여금 범행을 수행하게 한 경우에는 그를 자신의 범행에 이용한 것이고, 그중 공범자를 이용하는 행위가 실행행위에 동등한 가치를 가지는 정도에 이른다고 할 정도로 적극적인 경우에는 자신의 실행행위가 없더라도 공모가담 자체로 정범이 성립된다는 입장이다. 다만 적극이용이 인정되기 위해서는 모의가 의사연락의 정도를 넘어서 상호구속의 성격이 있어야 한다.

나) 부정설

학설에서의 지배적 견해는 공모공동정범개념을 부정한다.30) 앞에서 언급한 바와 같이 공동정범이 성립되기 위해서는 인과적 관점에서 범행결과를 공동으로 야기하는 정도로는 부족하며, 적어도 전체범행에서의 본질적 부분에 대한 객관적 실행행위의 공동이 있어야 한다. 그런데 이러한 요소가 결여되었음에도 불구하고 공모에 가담했다는 이유만으로 공동정범으로 처벌해야 한다는 사고는 행위책임의 원칙과 책임개별화의 원칙에 위배되며, 연대책임을 묻는 결과로 연결된다는 것이다. 더구나 공동실행의 사실을 공동정범의 객관적 요건으로 요구하는 형법 제30조의 규정에도 어긋나는 것으로 볼 수 있다.

다) 결론

현장에 나타나지 않은 조직범죄단체의 수괴를 처벌해야 하는 현실적 필요성은 이해가 가나, 그렇다고 해서 공모공동정범개념을 인정하다 보면 공모에는 가담했더라도 교사범 혹은 방조범으로서의 범행기여밖에 하지 않은 사람도 정범의 처벌

---

29) 대판 1988.4.12, 87도2368 : 공모공동정범이 성립되려면 두 사람 이상이 공동의 의사로 특정한 범죄행위를 하기 위하여 일체가 되어 서로가 다른 사람의 행위를 이용하여 각자 자기의 의사를 실행에 옮기는 것을 내용으로 하는 모의를 하여 그에 따라 범죄를 실행한 사실이 인정되어야 하고, 이와 같이 공모에 참여한 사실이 인정되는 이상 직접 실행행위에 관여하지 않았더라도 다른 사람의 행위를 자기의사의 수단으로 하여 범죄를 하였다는 점에서 자기가 직접 실행행위를 분담한 경우와 형사책임의 성립에 차이를 둘 이유가 없다. 그 밖에 대판 1994.10.11, 94도1832; 대판 1993.3.23, 92도3327; 대판 1989.6.27, 88도2381.
30) 다수설로 김일수/서보학, 455면; 정영일, 402면.

범위에 포함될 수 있는 부당함이 따른다.

또한 공모공동정범설이 추구하는 목표는 기능적 행위지배설로도 충분히 달성할 수 있는 것이다. 예컨대 조폭수괴가 현장에 나타나지 않았더라도 범행을 기획하여 하수인에게 구체적 업무분장이라도 했다면, 그리고 이러한 행위가 전체범행에서 본질적 기능에 해당한다면, 이는 행위의 공동으로 인정되어 공동정범으로의 처벌이 가능하다. 그의 행위에 이러한 요소마저 없다면 간접정범 혹은 교사·방조범으로 처벌가능성을 물어야 할 것이다. 이런 경우 형법 제34조 제2항의 가중적 처벌규정이 있으므로 굳이 정범처벌에 집착해야 할 필요가 없다. 공모공동정범이론은 이제는 형법역사의 뒤안길로 물러나야 할 개념이며, 이에 관한 판례의 태도도 바뀌어야 할 것이다.

5. 관련문제

1) 공동정범과 신분

진정신분범의 경우에는 비신분자가 단독으로는 정범이 되지 못하는 것이 원칙이나, 형법 제33조 본문의 규정에 따라 비신분자라도 신분자의 범행에 가공을 함으로써 공동정범이 인정될 수 있다. 따라서 공무원이 아닌 자도 공무원과 공동하여서는 수뢰죄의 공동정범이 될 수 있다.[31] 본 규정의 이러한 법적 성격을 일반적으로 위법연대성의 원칙이라 한다. 그러나 엄밀하게 따지자면 진정신분범에서의 신분이라는 표지는 정범적격을 위해 요구되는 구성요건의 하나인데, 이러한 요건이 결여된 비신분자에게도 신분자의 범행에 가공했다는 이유만으로 처벌범위를 확대한다는 것은 부당하다고 하지 않을 수 없다. 이 경우 비신분자의 처벌필요성에 대한 문제는 교사범 혹은 종범의 범위에서 해결이 되어야 할 것으로 보는 것이 타당하다.

부진정신분범에서의 신분은 구성요건의 성립 여부와는 관계없이 단지 형의 경중에만 영향을 주는 것으로서, 이러한 신분이 없는 자가 신분 있는 자와 공동하여 범행을 한 경우가 문제된다. 이때 다수설에 의하면 형법 제33조 단서의 규정에 의해

---

31) 이에 대해 결과관련신분범에 제한적으로 적용하고 행위자관련신분범인 의무범에는 적용을 배제해야 하므로 공무원 아닌 자는 수뢰죄의 공동정범이 될 수 없다는 견해로 김일수/서보학, 465면.

신분의 유무와는 상관없이 공동정범은 성립되나, 다만 신분 있는 자는 이를 규정한 특수구성요건, 신분 없는 자는 일반구성요건의 공동정범이 된다. 예컨대 갑과 그의 친구 을이 공동하여 갑의 아버지 혹은 혼외의 영아(孼兒)를 살해한 경우에 갑은 존속살해죄 혹은 영아살해죄의 공동정범, 을은 두 사례에서 모두 보통살인죄의 공동정범이 된다. 즉 가중구성요건의 경우 가중적 신분이 있는 자에게는 그 중한 구성요건이 적용되는 반면, 이러한 신분이 없는 자는 상대적으로 형이 가벼운 기본구성요건의 적용을 받게 된다. 이러한 원칙은 감경구성요건의 경우에도 동일하게 적용된다. 따라서 감경신분이 있는 자에게는 형이 감경되나, 신분이 없는 자는 이에 상대적으로 중하다고 할 수 있는 기본구성요건으로 처벌된다.

법문은 신분관계로 인해 형의 경중이 있는 경우 중한 죄로 벌하지 않는다고 표현하나, 입법자의 진의는 이러한 상황에서 항상 경죄의 적용만 받는 것으로 설정하고자 한 것은 아니라고 해석해야 한다. 형법 제33조 단서는 책임의 인정·조각·경중, 이에 따른 형의 경중 또는 인적 처벌조각사유 등은 해당 당사자에게만 적용되는 것을 원칙으로 한다는 책임개별화의 원칙을 담고 있는 것이다.

2) 공모이탈의 문제

범행공모에는 가담하였으나 실행행위가 기수에 이르기 전에 공모관계에서 이탈한 경우의 법적 취급에 관한 문제이다. 이 문제는 공모관계에서의 이탈시점이 다른 공모자의 실행착수 이전인 경우와 그 이후인 경우를 나누어 살펴볼 필요가 있다.

(1) 실행착수 이전

타 공모자의 실행착수 이전의 공모이탈인 경우에서도, 공모 도중에 이탈하는 경우와 공모종료 후 착수 이전에 이탈하는 경우는 법적 의미가 서로 다를 수 있다. 우선 공모 도중 이탈하는 경우에는 예비의 중지에 해당할 수 있으며, 일부 견해에 따르면 예비의 중지미수가 인정될 수 있다.[32]

예비와 음모는 항상 동일하게 취급되므로 양자를 구별할 실익이 없다는 견해도 있겠으나, 예비에는 단순한 심리적 작용단계인 범행결의와의 구별을 위해서 외적으로 표출되는 객관적 준비행위가 요구되어야 하는 반면, 음모는 2인 이상의 심리

---

32) 예비의 형이 중지미수의 형보다 무거운 때 한하여 형의 균형을 고려하여 예비죄에 중지미수규정을 준용해야 한다는 제한적 견해도 가능하다. 배종대, [133] 5 참조.

적 준비단계라는 점에서 객관적 구성요건범위에서 차이가 난다. 2인 이상의 공동의 범행모의라 할 수 있는 공모는 예비보다는 음모에 가깝다. 그런데 예비의 경우와 마찬가지로 음모도 기본구성요건실현을 위한 전단계로서 비독립적 범죄유형(발현형태설)으로 파악할 것이 아니라, 독립된 구성요건으로서 범죄유형으로서의 독자성을 인정한다면, 음모라는 독립된 영역 안에서 중지미수의 가능성은 충분히 인정될 수 있다. 따라서 음모의 중지미수는 이론적으로는 형면제의 중지미수에 해당한다고 할 수 있으나, 불법의 정도로 보아 가벌성을 논의할만한 실익은 없다고 하겠다.

공모종료 후 실행착수 이전에 이탈한 경우에는 공모공동정범설에서 주장하는 공동의사주체설이나 간접정범유사설의 입장을 충실히 적용한다면, 공모의 종료시까지 가담한 이상 공동정범이 인정되어야 할 것이다. 그러나 공모공동정범설을 따르고 있는 대법원도 실행착수 이전에 이탈한 자에 대해서는 공동정범의 책임이 배제될 뿐 아니라 명시적 이탈의사의 표시도 요구되지 않는 것으로 인정하고 있다.[33] 공모공동정범설에 의한다고 하더라도 공동정범은 공모로써 성립되는 것인 만큼 실행착수 이전에 공모관계에서 이탈함으로써 공동정범의 성립근거가 소멸될 뿐 아니라 이탈 이전의 가공과 이탈 이후의 타 공모자의 행위 사이에 인과관계가 없어지기 때문이라고 한다.[34]

---

33) ① 대판 1972.4.20, 71도2277 : 다른 동료와 함께 폭행을 가하던 중 피해자 (1)이 상해를 입고 약방으로 가는 것을 보자 자기의 잘못을 깨닫고 다른 공모자들이 또 동인에게 폭행을 하려는 것을 제지하는 한편 동인을 데리고 그곳에서 약 400미터 떨어진 약국으로 가서 응급치료를 받게 하던 사이 다른 공범자들만에 의하여 피해자 (2)에 대한 특수폭행치사의 결과가 발생된 사건에서 "소위 공모공동정범에 있어서는 범죄행위를 공모한 이상 그후 그 실행행위에 직접 가담하지 아니하더라도 다른 특별한 사정이 없는 한 다른 공모자의 분담실행한 행위에 대하여 공동정범의 죄책을 면할 수 없다고 함이 본원의 종래 판례이다(1948.1.2선고, 4281형상4판결). 그러나 공모자중의 어떤 사람이 다른 공모자가 실행행위에 이르기 전에 그 공모관계에서 이탈한 때에는 그 이후의 다른 공모자의 행위에 관하여 공동정범으로서 책임은 지지 않는다고 할 것이요, 그 이탈의 의사 표시는 반드시 명시임을 요하지 않는다고 할 것이다."라고 판시한다.

② 대판 1996.1.26, 94도2654 : 피고인에게도 그 범행에 가담하려는 의사가 있어 공모관계가 인정된다 하더라도 다른 조직원들이 각 이 사건 범행에 이르기 전에 그 공모 관계에서 이탈한 것이라 할 것이므로 피고인은 위 공모 관계에서 이탈한 이후의 행위에 대하여는 공동정범으로의 책임을 지지 않는다고 할 것이다. 동지: 대판 1995.7.11, 95도955.

반면 기능적 행위지배설에 의하면 구성요건실현을 위한 기능적 역할분담이 결여되는 한 공동정범은 부정되며, 기껏해야 예비 또는 음모만이 인정될 수 있다는 것이 당연한 귀결이다. 다만 실행착수 이전이라도 공모에 가담함으로써 발생된 자신의 범행기여도가 존속하는 경우에는 기여도를 제거해야만 죄책에서 자유로울 수 있다.[35]

(2) 실행착수 이후

다른 공모자가 실행에 착수한 이후에는 자기 스스로만 공범관계에서 이탈하는 것으로 공동정범의 책임에서 벗어날 수 있는 것은 아니다.[36] 공모공동정범을 부정하는 입장이라고 하더라도 공모에만 가담하고 실행행위에는 나아가지 않은 가담자라고 해서 처음부터 공동정범의 인정가능성이 배제된다고 볼 수는 없다. 공모가담 자체가 전체범행에서 본질적 기능을 하는 것일 수 있으므로 공모의 법적 성질에 대한 판단이 필요하다. 만일 이탈자가 범행을 구상하여 다른 사람에게 업무를 분장하는 역할을 담당했다면 그 자체가 이미 기능적 행위지배가 될 수 있다. 범해기여

---

34) 이재상/장영민/강동범, § 33 − 46.

35) 김일수/서보학, 449면; 신동운, 582면; 이재상/장영민/강동범, § 33 − 46. 다른 견해로 임웅, 456면 이하. 대판 2010.9.9, 2010도6924 : 공모공동정범에 있어서 공모자 중의 1인이 다른 공모자가 실행행위에 이르기 전에 그 공모관계에서 이탈한 때에는 그 이후의 다른 공모자의 행위에 관하여는 공동정범으로서의 책임은 지지 않는다 할 것이나, 공모관계에서의 이탈은 공모자가 공모에 의하여 담당한 기능적 행위지배를 해소하는 것이 필요하므로 공모자가 공모에 주도적으로 참여하여 다른 공모자의 실행에 영향을 미친 때에는 범행을 저지하기 위하여 적극적으로 노력하는 등 실행에 미친 영향력을 제거하지 아니하는 한 공모자가 구속되었다는 등의 사유만으로 공모관계에서 이탈하였다고 할 수 없다.

36) ① 대판 1984.1.31, 83도2941 : 다른 공모자가 이미 실행에 착수한 이후에는 그 공모관계에서 이탈하였다고 하더라도 공동정범의 책임을 면할 수 없는 것이므로 피고인 등이 금품을 강취할 것을 공모하고 피고인은 집 밖에서 망을 보기로 하였으나, 다른 공모자들이 피해자의 집에 침입한 후 담배를 사기 위해서 망을 보지 않았다고 하더라도, 피고인은 판시 강도상해죄의 공동정범의 죄책을 면할 수가 없다.
② 대판 2002.8.27, 2001도513 : 피고인이 공범들과 다단계금융판매조직에 의한 사기범행을 공모하고 피해자들을 기망하여 그들로부터 투자금 명목으로 피해금원의 대부분을 편취한 단계에서 위 조직의 관리이사직을 사임한 경우, 피고인의 사임 이후 피해자들이 납입한 나머지 투자금 명목의 편취금원도 같은 기망상태가 계속된 가운데 같은 공범들에 의하여 같은 방법으로 수수됨으로써 피해자별로 포괄일죄의 관계에 있으므로 이에 대하여도 피고인은 공범으로서의 책임을 부담한다.

도가 그 정도는 아니더라도 하나의 특별한 역할을 분담한 경우에 있어서도 자기만 그 역할을 이행하지 않는다고 해서 공동정범의 범위에서 벗어나는 것은 아니다. 어느 한 공동정범자의 실행착수는 모든 가담자의 착수로 인정되므로 이 시점 이후에는 공동정범의 성립 여부는 더 이상 논의의 대상이 되지 못하며, 각 가담자의 개별적 중지미수 인정 여부만이 관심의 대상으로 남을 뿐이다. 이때 중지미수가 인정되기 위해서는 자의로 결과발생을 방지하거나, 공동정범 전원으로 하여금 실행행위를 중지하게 해야 한다.[37]

3) 초과와 착오

(1) 초과

한 공동정범자가 공동의 범행결의의 범위를 벗어나는 초과행위를 한 경우 이 부분은 다른 공동정범자에게 귀속되지 않는다. 가령 갑과 을이 절도를 공모하여 병의 집에 들어가 물건을 절취하여 나오는 순간, 부재중일 것으로 예상했던 병이 갑자기 나타나자 이를 예견하지 못했던 갑은 즉시 도망하려 한 반면 을은 병을 주먹으로 쳐서 쓰러뜨렸다면, 갑에게는 절도만이 인정되나 을에게는 준강도가 인정된다. 다만 갑에게도 이러한 결과가 예견가능했고 그 결과를 용인한 경우라면 갑에게도 준강도가 인정된다.

가중적 구성요건이나 결과적 가중범의 경우도 동일하다. 즉 한 사람의 공동정범자에 의한 가중적 결과는 당사자에게만 귀속되는 것이 원칙이다. 다만 다른 공동정범자에게 가중적 결과에 대해 최소한 과실이 인정되는 경우, 곧 예견가능성이 있었던 경우에는 그에게도 결과는 귀속된다.[38] 이를테면 갑과 을이 병에게 혼을 내주자고 합의한 후 공동으로 가격하여 병이 쓰러진 후, 갑은 이것으로 충분하다고 생각하여 행위를 종료하려 했으나, 을은 쓰러진 병의 머리를 발로 한 번 더 차는 바람에 병이 사망했다면 상해치사의 책임은 을에게만 인정된다. 단, 을의 과격한 성

---

37) 배종대, [133] 4. 대판 2011.1.13, 2010도9927 : 피고인이 다른 공범들과 특정 회사 주식의 시세조종 주문을 내기로 공모한 다음 시세조종행위의 일부를 실행한 후 공범 관계로부터 이탈하였고, 다른 공범들이 그 이후의 나머지 시세조종행위를 계속한 경우, 피고인이 다른 공범들의 범죄실행을 저지하지 않은 이상 그 이후 나머지 공범들이 행한 시세조종행위에 대하여도 공동정범으로서의 죄책을 부담한다.

38) 독일형법 제18조는 이를 명문으로 규정하고 있다.

격을 잘 아는 갑에게 이 결과가 충분히 예상될 수 있었던 경우에는 그에게도 결과에 대한 책임이 인정된다.

위의 모든 사례에서 고의를 벗어나는 초과와 단순한 행위양태(樣態)의 차이는 구분되어야 한다. 갑과 을이 강도를 모의하면서, 갑은 단순히 흉기로 위협만 할 것은 예상했으나 을이 상대방을 우선 주먹으로 가격부터 한 경우에는, 갑과 을 사이의 행위양태에 대한 생각의 차이는 있었으나 이러한 차이는 강도의 공동정범을 인정하는 데에는 아무런 지장을 주지 않는다.

(2) 착오

착오의 경우에 대한 취급도 초과와 크게 다르지 않다. 공동정범은 동료의 행위에 대한 인식을 바탕으로 그의 행위를 자신에게 귀속시킨다는 데 대한 인용의 범위에서만 책임을 진다. 따라서 자신의 동료가 자신의 인식범위를 벗어나는 행위를 했다면, 그 부분에 대해서는 행위를 한 당사자만이 책임을 지게 된다. 예컨대 갑과 을이 절도를 모의하고 남의 집에 들어갔는데, 을은 갑에게 말은 하지 않았지만 처음부터 절도보다는 강간에 관심이 있었던지라 갑이 물건을 절취하는 동안 강간에만 전념하였다면 갑은 강간의 죄책은 지지 않는다.

공동의 범행계획보다 적게 실현한 경우에는 각자에게는 실현결과만큼의 죄책만이 인정된다. 따라서 강도를 모의하고 흉기까지 준비했으나 폭력을 사용하지 않고도 물건을 절취할 수 있었던 경우에는 강도의 공동정범이 아닌 절도의 공동정범이 인정될 따름이다. 단, 행위가 어디까지 나아갔느냐에 따라 강도미수와 강도의 예비·음모(형법 제343조)가 적용될 수 있으나, 이는 절도에 법조경합 혹은 상상적 경합관계에 놓인다.

하나의 착오가 단독정범으로서의 행위자에게 가벌성 판단의 면에서 중요하지 않은 착오라면, 이러한 성격은 모든 다른 공동정범자에게도 동일하게 적용된다. 이러한 중요하지 않은 착오의 대표적인 예가 객체의 착오이다. 공동정범자 중 한 사람이 어둠 속에서 갑을 을로 알고 을을 살해하고자 하는 의도로 살해한 경우, 모든 공동정범자의 갑에 대한 살인고의는 그대로 인정된다. 이러한 원칙은 공동정범자 각자가 다른 가담자가 맡은 범행부분에 대해서도 정범적격성을 가져야 한다는 점을 전제로 한다는 견해가 있다.[39] 이에 따르면 만일 공동의 재물손괴행위에 있어

---

39) Jescheck/Weigend, § 63 I 2.

서 한 행위자의 착오로 같은 공동정범자 중 한 사람의 재물을 손괴했다면 물건의 주인에 대해서는 재물손괴미수의 가능성만이 문제된다고 할 것이다.

그러나 객체의 착오가 공동정범자들 간의 약속된 사항의 범위를 초과하지 않았다면 이 착오는 모든 가담자에게 중요하지 않은 착오로 인정되어야 한다. 즉 갑과 을이 주거침입절도를 모의하면서 만일 발각될 경우 체포를 면하기 위해서는 추적자를 사살할 것을 합의하고 이를 실행에 옮기던 중, 도망가던 갑이 그의 뒤를 따라 도망하던 을을 추적자로 오인하고 총을 쏘았다면 그 총에 맞은 을에게도 살인미수의 공동정범이 인정되어야 한다.[40]

4) 과실범의 공동정범

2인 이상의 공동의 과실에 의해 구성요건이 실현된 경우에 각자를 공동정범으로 인정할 것인지가 문제된다. 과실범은 인식의 결여 혹은 적어도 결과발생에 대한 의도가 결여된 상태에서 성립되는 범죄형태이다. 반면에 공동정범은 2인 이상의 구성요건실현을 위한 인식과 의도에 의한 공동작업을 요건으로 하는 정범형태이다. 따라서 독일의 다수설은 과실범의 공동정범은 성립이 불가능한 것으로 보며,[41] 공동의 과실이 인정되는 경우에는 과실범의 동시범을 인정한다. 따라서 각자의 행위가 상호 간에 귀속되지 않는다.

우리나라와 일본의 판례도 과거에는 과실범의 공동정범을 부정하는 입장이었으나,[42] 일본판례가 이를 인정하는 방향으로 입장을 바꾼 후, 우리나라 대법원도 대판 1962.3.29, 4294형상598의 판례가 처음 과실범의 공동정범을 인정한 이래 이

---

40) BGHSt 11, 268. Baumann/Weber/Mitsch, § 29 Rdnr. 113; Jakobs, 21/45; Maurach/ Gössel/Zipf, AT II, § 49 Rdnr. 60; Sch/Sch/Cramer/Heine, § 25 Rdnr. 96; Streng, JuS 1991, 915. 반대견해로 Herzberg, JuS 1974, 721; Rudolphi, FS−Bockelmann, S. 380; Roxin, JA 1979, 519.

41) Baumann/Weber/Mitsch, § 29 Rdnr. 90; Jescheck/Weigend, § 63 I 3 a); LK− Roxin, § 25 Rdnr. 221; Maurach/Gössel/Zipf, AT II, § 49 Rdnr. 107; Tröndle/ Fischer, § 25 Rdnr. 10.

42) 대판 1956.12.21, 4289형상276 : 선박의 등화단속을 담당한 책임자가 있는 경우에 선장은 동 담당자를 지휘감독할 행정상의 책임은 있다 할 것이나 등화단속에 대한 직접책임은 없다 할 것이므로 위 책임자가 실화하였다 할지라도 선장에게 업무상 실화로써 문제할 수 없다.

입장을 지속적으로 고수하고 있다.

📖 **관련판례**

① 대판 1962.3.29, 4294형상598 : 형법 제30조에 「공동하여 죄를 범한 때」의 「죄」는 고의범이고 과실범이고를 불문한다고 해석하여야 할 것이고 따라서 공동정범의 주관적 요건인 공동의 의사도 고의를 공동으로 가질 의사임을 필요로 하지 않고 고의행위이고 과실행위이고 간에 그 행위를 공동으로 할 의사이면 족하다고 해석하여야 할 것이므로 2인 이상이 어떠한 과실 행위를 서로의 의사연락 아래 하여 범죄되는 결과를 발생케한 것이라면 여기에 과실범의 공동정범이 성립되는 것이다.43)
② 대판 1996.8.23, 96도1231 : 건물(삼풍백화점) 붕괴의 원인이 건축계획의 수립, 건축설계, 건축공사공정, 건물 완공 후의 유지관리 등에 있어서의 과실이 복합적으로 작용한 데에 있다고 보아 각 단계별 관련자들을 업무상 과실치사상죄의 공동정범으로 처단한 사례.44)

---

(1) 긍정설

가) 행위공동설

행위공동설에 따르면 특정한 범죄의 공동이 아닌, 행위를 공동으로 한다는 의사를 바탕으로 한 사실적 행위의 공동으로 공동정범은 성립하므로, 이 요건만 충족되면 과실범의 공동정범뿐 아니라 고의범과 과실범 간의 공동정범 또는 고의를 달리하는 구성요건 간의 공동정범도 가능하다.45) 이 이론대로라면 고층건물의 건축현장에서 아래에 사람이 있으리라는 생각이 없는 인부 두 명이 함께 각목을 아래로 던지는 바람에 사람이 맞아 다친 경우에도 과실범의 공동정범이 되는데, 이는 부당한 결론이다.

고의범에서와는 달리 과실범에서의 불법의 본질은 존재론적 사실로서의 행위에 있는 것이 아니라, 그 행위가 생활관계에서 요구되는 주의의무에 위반했느냐에 대한 평가에 있는 것이다.46) 이러한 존재론적 개념이 아닌 사후적 평가개념인 과실에서의 공동이란 개념적 모순이며, 사실행위에 대한 의사형성을 법적 행위에 대한

---

43) 이에 대한 비판적 평석으로 허일태, 과실범의 공동정범에 관한 연구, 동아법학 제11호, 1990, 97면. 앞의 행위공동설 부분 참조.
44) 대판 2009.6.11, 2008도11784 등 참조.
45) 이재상/장영민/강동범, § 33 - 23 각주 2).
46) 허일태, 앞의 논문, 105면.

의사형성으로 해석하는 오류를 범한다는 이 이론에 대한 비판은[47] 당연하다. 또한 고의범에서 범죄의사의 공동을 요구한다면 과실범에서도 사실행위에 대한 공동이 아닌, 범죄의사의 공동이 요구되어야 한다는 지적도 타당하다.[48]

나) 공동행위주체설

공동행위주체설은 공동의사주체설에 상대되는 개념으로서, 공동정범은 공모를 통한 공동의사 형성을 전제로 하되 실행행위의 분담을 추가적 요건으로 한다는 입장이다. 공동행위에 대한 합의로 공동행위주체가 성립되며, 이에 해당되는 각자의 실행행위의 분담으로 결과가 발생되었다면 고의 또는 과실을 불문하고 각자는 공동정범의 책임을 지게 된다는 것이다.[49] 이에 대해서는 입법적·이론적 근거가 확실치 않으며 개별책임이 아닌 단체책임이 인정될 수 있는 위험성을 안고 있는 이론이라는 비판이 제기된다.[50]

다) 과실공동·행위공동설

그 밖에 과실공동·행위공동설은 과실범의 공동정범에서는 공동의 의사는 필요하지 않고 의무의 공동과 구성요건적 결과를 위한 행위의 공동으로 충분하다는 견해이며,[51] 주의의무위반공동·기능적 행위지배설은 앞의 견해와 마찬가지로 의사의 공동은 필요하지 않으나, 공동의 주의의무위반과 결과발생을 위한 기능적 행위지배의 요건으로 과실범의 공동정범이 성립된다는 입장이다.[52]

(2) 부정설

공동정범은 공동의 범행결의를 요건으로 한다는 것을 전제로 한다면, 공동의 범행결의가 있을 수 없는 과실범에서는 공동정범의 성립이 불가능하다는[53] 입장이다.

그중 범죄공동설은 사실적 행위의 공동이 아닌, 동일한 고의를 요건으로 하는 범죄의 공동에 공동정범의 본질이 있다는 이해에서 출발한다. 이러한 입장에서 보면 2인 이상의 과실범에게는 행위의 공동은 있고 각자 독립적인 주의의무위반의 사실은 있을지 모르나, 고의가 일치하는 범죄의 공동에 대한 합의는 존재할 수 없으므

---

47) 배종대, [131] 15.
48) 전지연, 과실범의 공동정범, 형사법연구 제13호, 2000, 35면.
49) 유기천, 288면.
50) 임웅, 447면.
51) 이재상/장영민/강동범, § 33-32; 정성근/박광민, 553면.
52) 이에 대한 비판은 신동운, 603면.
53) Jescheck/Weigend, § 63 I. 3. a).

로 과실범의 공동정범이라는 것은 개념상의 모순이다. 따라서 과실범의 공동정범은 물론이고 고의범과 과실범 사이의 공동정범도 성립되지 않는다.[54] 이에 대해서는 행위공동설이나 범죄공동설이나 간에 입법상의 근거가 없는 것은 마찬가지이며 논증상의 지위에 우열이 정해진 것도 아니므로 양자 간의 선택은 해석자의 재량에 맡겨진 것이라는 지적이 있다고 한다.[55]

공동정범이라는 정범형태의 핵심적 요소는 기능적 행위지배에 있고, 기능적 행위지배란 전체범행계획을 근거로 한 상호 보완적 부분행위의 실행분담을 뜻하는 것이다. 즉 구성요건적 정형성을 띤 행위를 하지 않은 가담자에게도 정범성을 부여할 수 있는 근거가 되는 것은 전체범행계획이라는 공동의 의사형성이다. 그러나 과실범에는 논리적으로 공동의 의사형성은 존재할 수 없는 것이다. 이에 대해서는 과실범에 범행지배가 부정되어야 한다면, 과실범에는 공동정범뿐 아니라 단독정범의 성립도 부정되어야 한다는 비판이 제기된다고 한다.[56] 하지만 기능적 행위지배개념은 과실범에는 행위지배가 부정되어야 한다는 의미를 밝히는 것이 아니라, 공동정범자 각자는 전체범죄 중 일부만 담당하더라도 각자의 부분행위가 공동의 범행결의에 의한 것이라면 을의 범행기여분에 대해서도 갑의 기능적인 범행지배가 인정되는데, 과실범에는 바로 이러한 공동의 범행결의가 성립될 수 없다는 의미이다.

형법 제30조의 해석을 해석자의 재량에 일임된 것으로 볼 것이 아니라, 법치국가원리와 책임주의원칙에 입각하여 이 문제에 접근할 일이다. 이러한 관점에서 보면 공동정범의 본질은 공동의 범죄라는 작품을 형성하기 위한 의사의 형성과, 그 작품을 실현할 역할분담에 의한 공동의 기여에 있다고 할 수 있다. 공동정범은 공동의 범행에 대한 합의에 의해서 각자의 기능적 역할분담이 모든 구성원에게 상호 귀속되는 것이다. 부분실행·전부책임의 원칙은 바로 공동의 범행결의를 전제로 하는 것이며, 이는 다시금 고의를 전제로 하는 것이다. 과실범에서는 그와 같은 공동의 결의에 기초한 역할분담을 생각할 수 없으므로 과실범의 공동정범을 인정할 수가 없다.[57] 따라서 공동의 의사 없이 단지 동시적 공동의 행위에 기해서 일어난 결과발생에 있어서, 각자는 그들에게 객관적으로 귀속되는 범위 내에서 동시범으로

---

54) 남흥우, 31면; 박정근, 과실범의 공동정범, 사법행정 1972.9, 45면.
55) 김일수/서보학, 459면 참조.
56) 이재상/장영민/강동범, § 33 – 30.
57) Baumann/Weber/Mitsch, § 22 Rdnr. 74.

서의 정범으로 처벌될 수 있을 뿐이다. 결론적으로 형법상의 기본적 원리에 기하여 과실범의 공동정범은 인정될 수 없다고 해야 할 것이다.[58]

학설의 일부에서는 다수의 과실이 관련된 사례에서 인과관계 혹은 객관적 귀속의 문제가 결부될 경우, 이를 해결하기 위해 과실범의 공동정범이 인정되어야 할 필요성이 있다는 주장이 제기된다.[59] 건강침해요소가 있는 불량제품을 유통시킨 결과 실제로 한 소비자에게 건강침해의 결과가 발생된 경우, 제품의 개발·생산자, 이에 대한 검열의무를 위반한 책임자, 소비자가 스스로 주의할 것을 부당하게 신뢰한 판매자 등 여러 단계에 관련된 다수의 과실의 연대로 결과가 발생된 것으로 볼 수 있다. 이때 각자의 과실과 결과 사이에 인과관계는 인정되나 객관적 귀속은 부정되어야 하므로, 과실범의 공동정범을 인정하지 않고는 해당자의 가벌성을 근거짓기가 용이하지 않다고 한다.[60]

이러한 사례는 결과적 가중범과 유사성이 있는데, 가중적 결과는 과실에 의한 것임에도 불구하고 여기에 예외적으로 공동정범 혹은 공범의 성립이 가능하다고 보는 입장이라면,[61] 다수의 과실이 상호연대적·보충적으로 작용하여 하나의 결과를 발생시킨 경우에도 예외적으로 과실범의 공동정범을 인정함으로써 가벌성의 공백을 메울 수 있다는 결론에 이르게 된다.[62] 그러나 이에 대한 이론적 근거를 구성하기가 쉽지 않고, 이런 경우에도 과실범의 동시범은 충분히 인정될 수 있으므로 가벌성의 공백을 이유로 들어 법리의 근간을 흔드는 것은 합당하지 않다.

5) 공동정범의 미수

공동정범자 중 일부가 자신이 분담한 행위를 종료하지 못했더라도 타인의 범행기여로 범행이 기수에 이르렀다면, 모든 공동정범자에게 기수의 책임이 돌아간다. 따라서 공동정범자 중의 1인이 자기 홀로 범행에서 이탈한 것으로는 중지미수에 이르지 못하고, 중지미수를 위해서는 모든 공동정범의 행위를 중지 시키거나 전체

58) 허일태, 앞의 논문, 109면 이하.
59) Schaal, Strafrechtliche Verantwortlichkeit bei Gremienentscheidungen in Unterneh-men, 2001, S. 209 ff, 242 ff.
60) 김일수/서보학, 460면 이하.
61) Baumann/Weber/Mitsch, § 29 Rdnr. 90.
62) 김일수/서보학, 461면; 이용식, 과실범의 공동정범, 형사판례연구 제7호, 1999, 87면 이하 참조.

결과를 방지해야만 한다는 점은 이미 언급한 바와 같다.[63]

　　중지미수의 법률효과는 인적 처벌소멸사유이므로,[64] 공동정범자 중 1인의 단독적 노력으로 전체결과를 방지한 경우에 그 공적은 해당 개인에게만 인정된다. 이때 타 공동정범자에게는 장애미수가 인정된다.

6. 처벌

　　공동정범에 해당되는 각자는 그 죄의 정범으로 처벌된다. 갑, 을, 병이 강도를 모의하고, 현장에서 갑은 폭력으로 상대의 반항을 억압하는 사이, 을은 재물을 절취하여 함께 밖에서 대기하고 있던 병의 차로 도망간 경우, 각자는 전체 구성요건에서의 일부만을 실행했으나 공동의 범행결의와 기능적 행위지배로 각자는 하나의 완전한 강도죄의 정범이 된다. 공동의 범행결의가 있는 한 직접적 결과가 누구에 의한 것인지 그 원인된 행위가 판명되지 않더라도 결과는 각자에게 귀속된다는 점에서 동시범과 다르다.

　　일부실행·전부책임의 원칙이 인정된다고 하더라도 여기에서 전부라고 하는 것은 불법귀속에 한정되는 것이며, 모든 공동정범자의 책임까지 동일하다는 것은 아니다. 따라서 (인적) 책임조각사유나 처벌조각사유는 그 요건을 갖춘 해당 공동정범자에게만 차별적으로 적용될 수 있다.

---

63) 신동운, 608면. 대판 1986.1.21, 85도2339 : 범행당일 미리 제보를 받은 세관직원들이 범행장소 주변에 잠복근무를 하고 있어 그들이 왔다 갔다 하는 것을 본 피고인이 범행의 발각을 두려워한 나머지 자신이 분담하기로 한 실행행위에 이르지 못한 경우, 이는 피고인의 자의에 의한 범행의 중지가 아니어서 형법 제26조 소정의 중지범에 해당한다고 볼 수 없다. 대판 2011.1.13, 2010도9927.

64) 책임개별화의 원칙을 제시하는 견해도 있으나(김일수/서보학, 545면; 임웅, 364면) 중지미수는 구성요건해당성, 위법성에는 물론 영향을 주지 않으며 책임도 어느 정도 감경은 하지만 조각시키는 것은 아니므로 책임개별화 원칙은 처벌면제를 설명하지 못한다. 따라서 인적 처벌소멸사유를 인정하는 것이 합리적이다.

III. 합동범

1. 의의

합동범이란 2인 이상이 합동하여 특정 구성요건을 충족시킨 경우, 단독에 의한 경우에 비해 형이 가중되는 범죄형태를 이르는 것으로서 외형상 공동정범에 유사하다. 형법은 특수절도죄(제331조 제2항), 특수강도죄(제334조 제2항), 특수도주죄(제146조) 등 세 종류의 합동범을 인정하고 있고, 특별법상 인정되는 합동범으로는 성폭력범죄의 처벌 등에 관한 특례법 제4조의 특수강간죄, 특수강제추행죄, 준강제추행죄가 있다.

2. 법적 성질

1) 공모공동정범설

2인 이상이 합동하여 범죄를 행할 때는 단독에 의한 경우보다 위험성이 커지고 피해자의 방어가능성이 상대적으로 제한되는 것은 어떠한 구성요건에서나 동일하다 할 수 있다. 그런데 특히 절도, 강도, 도주의 경우에만 한하여 그런 행위를 합동범으로 규정하여 가중처벌하는 특별한 이유가 무엇인지에 대해서 여러 견해가 제시된다. 그중 공모공동정범설은 범행기여의 정도나 양태에 따라 교사범이나 방조범에 해당될 가능성으로 인해 총칙규정상 공동정범에 항상 해당되는 것은 아닌 공모공동정범을 총칙상의 공동정범에 포함시켜 처벌하기 위한 입법적 개념이라고 설명한다.

절도, 강도, 도주에 대해서는 특히 범죄집단의 배후에서 무형으로 범죄를 조종하는 인물을 공동정범으로 처벌해야 할 형사정책적 필요성이 있는데, 공모공동정범 개념에 의존하지 않고는 실행행위자의 개별적 행위와 관련한 배후인물의 구체적 행위의 사실관계를 파악하여 공동정범성을 입증하여 처벌하기란 실무적으로 크나큰 어려움이 따른다는 것이다. 이때 합동범을 공모공동정범으로 보게 되면, 행위의 공동에 대한 사실관계를 파악할 필요 없이 공모에 가담했다는 사실만으로 공동정범으로 처벌할 수 있는 실익이 있다는 것이다.[65)]

공모공동정범설은 합동범 규정에 의해 공모공동정범이라는 개념이 입법적 근거가 없는 것이라는 비판에서 벗어날 수 있다고 주장하나, 합동범이 공모공동정범을 포함한다는 입법자의 의도를 확인할 수 없을 뿐 아니라 오히려 공모공동정범 자체가 현재 우리가 이해하고 있는 공동정범의 이론적 근거에서 벗어나 있음을 부정할 수 없다. 또한 이 견해에서 말하는 형사정책적 필요성이라는 것도 왜 굳이 절도, 강도, 도주에만 국한되어야 하는지 그 이유를 알기 어렵다. 나아가 형사정책적 이유에 의해 실체법에 대한 해석을 달리한다는 사고는, 형법은 형사정책이 넘을 수 없는 한계라는 원칙에도 위배된다.[66)

그뿐 아니라 소극적 공모자까지 다 합동범의 범위에 포함시키는 이 견해는 합동범의 범위를 부당하게 확대시켜 교사범과 합동범의 한계를 불분명하게 하고, 책임개별화 원칙을 거스르고 연대책임을 묻는 결과가 된다는 점에서 부정되어야 한다.

2) 가중적 공동정범설

공동정범, 공모공동점범, 합동범은 모두 본질을 같이하는 공동정범이지만, 그중 합동범은 특정 구성요건에 한하여 집단범죄에 대한 특별한 형사정책적 대책의 필요에 따라 그 형을 가중하는 것에 불과하다는 입장이다. 곧 합동범이란 특정 구성요건에 따라 가중처벌되는 공동정범의 형태라는 것이다. 그렇다면 왜 유독 합동범을 규정한 세 종류의 범죄에서만 집단범죄로서의 악성이 강하고 가중처벌의 필요성이 있는지 의문이며, 또한 공동정범과 같은 의미라면 왜 2인 이상이 "공동하여"라고 하지 않고 "합동하여"라고 표현했는지에 대해서도 설명되지 않는다.[67)

이 견해에 따르면 현장에 있지 않은 행위자라도 공동정범으로서의 성질을 띠면 합동범으로 처벌될 수 있게 된다.

3) 현장설

현장설은 합동범을 일반적 공동정범의 개념보다 좁은 개념으로 이해하는 입장으로서, 시간적·장소적 협동에 의하여 수인이 가공하여 죄를 범할 때 구체적 위험성이

---

65) 김종수, 공모공동정범, 법조 1965.2, 20면 이하. 이에 대한 평가로 배종대, [133] 10 참조.
66) 배종대, [133] 10.
67) 이러한 의미에서인지는 명확하지 않으나 특정범죄 가중처벌 등에 관한 법률 제5조의4 제2항 등에서는 "공동하여"라는 표현을 사용한다.

증가한다는 이유로 인해 가중처벌 되는 범죄참가형태로 보는 입장이다. 입법상 합동범의 유래 역시 독일형법 제244조 제1항 제2호의 집단절도죄(Bandendiebstahl)에서 찾을 수 있다. 이는 강도 또는 절도를 위해 결성된 집단의 한 구성원이 다른 구성원과 공동하여 절도를 범하는 경우의 가중처벌규정이다. 이 규정에 '현장'이라는 명문은 들어 있지 않으나, 이에 대해 과거의 독일판례는 반드시 신체적 공동작업일 필요는 없으나 무리 중 적어도 2명의 구성원이 현장에서 시간적·장소적 공동작업을 했을 것을 요건으로 한다는 점을 밝힌다.[68] 이러한 판례의 입장에 따르면 기본구성요건의 공동정범으로서의 요건을 갖추었더라도 현장에 나가지 않은 구성원은 본 가중구성의 정범이 되지 않는다.[69]

하지만 이후의 판례에서는 시간적·장소적 공동의 요건은 불필요하며, 무리의 한 사람이 임의의 장소에 있는 다른 구성원과의 공조에 의한 공동작업을 하는 것으로 족하다는 입장을 밝힌 바 있다.[70] 이에 따르면 집단절도에 있어서의 불법가중의 본질은 구성요건실행의 사실적 행위의 위험성에 있는 것이 아니라, 집단절도에 대한 공모의 추상적 위험과 집단범죄로서의 실행행위의 구체적 위험에 있다고 할 것이다. 그리고 집단범죄로서의 특유의 위험성은 조직적 역할분담에 따른 공동작업에 있는 것이므로, 두 사람 이상의 현장에서의 동시존재 여부는 결정적 요소가 되지 않는다고 한다.[71] 이 판례의 견해는 집단절도죄의 성립범위를 넓게 잡음으로써 법익보호에 충실을 기하게 되며, 학설도 새로운 판례의 입장을 따르는 경향을 보인다.[72]

합동범의 법적 성질의 문제에 대해 우리의 입법연혁의 관점에서 접근할 필요가 있다. 위의 독일형법 규정을 토대로 제정되었다가 현재는 폐지된 도범 등의 방지와 처벌에 관한 법률은 제2조 제2호에 "2인 이상이 현장에서 공동하여 범한 때"라는 규정을 두었었는데, 이를 거쳐 현행 절도죄 등의 합동범이 제정되었다고 본다면 "2인 이상의 합동"이라는 의미는 "2인 이상의 현장에서의 공동"이라는 의미로 이해하는 것이 자연스럽다. 이러한 이해에 따르면 합동범은 공동정범에 비해 현격히 좁

---

68) BGHSt 25, 18; 33, 52; BGH NStZ 1996, 493; BGH NStZ 1999, 571.
69) Lackner/Kühl, § 244 Rdnr. 8; LK−Ruß, § 244 Rdnr. 11; Otto, Jura 1997, 471; SK−Hoyer, § 244 Rdnr. 36.
70) BGHSt 46, 321.
71) BGHSt 46, 335.
72) Sch/Sch/Eser, § 244 Rdnr. 26; Tröndle/Fischer, § 244 Rdnr. 21c ff.

은 의미가 된다.

이에 대해서는 현행 합동범 규정이 실제로 앞의 도범방지법의 문언을 이어 받은 것인지 확실하지 않으며, 또한 현장성에 지나치게 중점을 두게 되면 기능적 행위지 배로 공동정범이 인정되어야 할 범인이 단지 현장에 있지 않았다는 이유로 교사범 혹은 방조범으로 판단될 수 있고, 반대로 현장에서의 공동행위만 있으면 방조범도 합동범으로 처벌될 가능성도 있다는 비판이 가능하다.

그러나 현장설은 현재 다수설의 입장이라 할 수 있으며[73] 대법원도 대체로 현장 설의 입장을 취하는 것으로 볼 수 있다.

📖 **관련판례**

대판 1988.9.13, 88도1197 : "2인 이상이 합동하여"라 함은 주관적 요건으로서의 공모와 객관적 요건으로서의 실행행위의 분담이 있어야 하고, 그 실행행위에 있어서는 시간적으로 나 장소적으로 협동관계가 있음을 요한다. 피고인은 타인과 실행행위의 분담을 공모하고 그 들의 절취행위 장소부근에서 피고인이 운전하는 차량 내에 대기하여 실행행위를 분담한 사 실이 인정되고 다만 위 공소외인들이 범행대상을 물색하는 과정에서 절취행위 장소가 피고 인이 대기 중인 차량으로부터 다소 떨어지게 된 때가 있었으나 그렇다고 하여 시간적, 장소 적 협동관계에서 일탈하였다고는 보여지지 않는다.[74]

---

4) 현장적 공동정범설

가중적 공동정범설과 현장설을 절충하는 관점에서, 현장에서 실행행위를 분담하 되 공동정범의 성질을 띠는 경우에 합동범이 인정된다는 것이다. 현장설이 현장에 서 공동의 가공행위를 한 자를 모두 합동범으로 인정하는 것과는 달리, 여기서는 현장에서의 가공행위가 기능적 역할분담으로서 공동정범의 성격을 갖는 경우로 제 한한다는 점에서 구분된다. 즉 현장적 공동정범설에 의하면 현장에 동시에 존재하 는 공동정범이 합동범이다.[75]

---

73) 김성돈, 625면 이하; 배종대, [133] 21; 손동권/김재윤, [§ 29] 56; 신동운, 728면; 오 영근, 444면; 임웅, 462면; 정영일, 405면.
74) 그 밖에 대판 1998.5.21, 98도321; 대판 1969.7.22, 67도1117.
75) 권오걸, 532면; 김일수/서보학, 469면.

5) 결론

우리의 합동범 개념이 독일의 집단절도에서 연유하는 것이라는 추론은 가능하다고 하더라도 그 본질이 같은 것은 아니다. 즉 독일의 일반적 견해는 절도를 위한 패거리가 결성되어 구성원 중의 일부가 실행에 나아갔다는 것이 중요하며, 이에 공조한 다른 구성원의 정범성은 문제되지 않는다고 본다. 말하자면 배후의 인물이 교사범이어도 무방하며, 다만 그가 해당 집단의 일원이라면 현장에는 한 명이 존재하는 것으로 족하고, 집단의 일원이 아닌 경우에는 현장에 최소 두 명이 있어야 하나 그중 한 사람만 정범이면 된다.76)

합동범은 독일의 유사개념과의 관련성을 떠나서 우리 형법의 고유한 개념으로 이해해야 한다. 여기서는 현장성보다는 오히려 공동정범의 성격에 중점을 두어 가중적 공동정범의 개념으로 보는 것이 합리적이다. 현장성은 합동범 성립의 절대적 요소는 아니더라도, 이에 전혀 무관한 것은 아니다. 그렇다면 공동정범은 단독정범과 동일하게 처벌되어야 하는데 합동범에서 가중처벌되는 이유가 무엇인지에 대해 의문이 제기될 수 있다. 이에 대해 특정 구성요건에 한하여 집단범죄에 대응하기 위한 형사정책적 필요에 의해 가중처벌하고자 한 입법자의 추정적 의도를 이에 대한 유일한 근거로 내세울 수밖에 없다. 여기에는 다시금 형사정책적 필요성이 특정 구성요건에 한정되어야 하는 이유에 대해서 의문이 뒤따를 수 있다. 다수설인 현장설 혹은 현장적 공동정범설의 주장대로 바로 현장성을 가중처벌의 근거로 이해할 수도 있으나, 현장에서의 공동은 어느 구성요건에서든 위험성을 증대시키는데 굳이 특정한 구성요건에 한정하여 가중처벌 하는 이유를 찾기 어렵다는 점은 동일하다.

가중적 공동정범설을 주장한다고 하더라도 합동범이 반드시 공동정범이어야 한다는 원칙이 주어진 것은 아니라는 점에 유념해야 한다. 집단절도에서의 독일의 일반적 견해가 그렇듯이, 실행행위 수행자 갑과 을 중에서 을이 정범이 아니라고 해서 갑이 합동범에서 배제되어야 할 절대적 이유가 있는 것도 아니다. 결론적으로 말하자면 현재로서는 현장적 공동정범설이 가장 합리적 견해라 할 수 있겠으나, 합동범의 개념에 대한 해석론적 논의보다는 합동범의 존재의 현실적 필요성 여부를 놓고 입법론적으로 다루어야 할 문제이다.

---

76) Tröndle/Fischer, § 244 Rdnr. 22.

3. 합동범의 공동정범

1) 문제의 내용

합동범의 공동정범 성립 여부의 문제는, 예컨대 갑과 을이 현장적 합동범이고 병은 현장에 나가지 않았지만 기능적 행위지배가 인정되는 공동정범일 때 병에게 합동범의 공동정범이 인정될 수 있을까 하는 문제이다. 합동범과 공동정범이 된다면 병 역시 합동범으로서 특수절도죄로 가중처벌되어야 하나, 현장설의 경우처럼 현장성을 구성요건 성립의 절대적 요건으로 보는 입장을 따르면, 병은 단순절도의 정범과 특수절도의 교사 혹은 방조의 상상적 경합에 의해 처벌된다.

2) 학설의 대립

(1) 긍정설

가중적 공동정범설의 입장이라면 합동범을 공동정범과 동일한 개념으로 보게 되므로, 현장성 여부는 공동정범 성립에 결정적 역할을 하는 것은 아니다. 즉 기능적 행위지배로 공동정범이 인정되면 현장에 나가지 않은 자도 합동범의 공동정범이 된다. 이에 대해서는 현장성의 요건을 무시하고 공동정범을 인정하는 것은 법치국가원칙에 어긋난다는 비판이 가능하나,77) 이는 합동범에 대한 해석의 문제일 뿐이다.

현장적 공동정범설에 의하더라도 합동범의 공동정범은 성립이 가능하다. 합동범 자체는 현장성을 요건으로 하나, 기능적 행위지배는 공동정범의 현장성을 불가결한 요건으로 하지 않으므로 합동범에 대한 공동정범은 현장성 없이도 기능적 행위분담만으로 성립이 가능한 것이다.

(2) 부정설78)

현장에서의 합동행위를 합동범의 절대적 요건으로 보는 현장설에 의하면, 현장에 나아가지 않은 경우에는 합동범 자체뿐 아니라 합동범의 공동정범도 성립되지 않는

---

77) 배종대, [133] 27.
78) 강동범, 합동범의 공동정범, 형사법연구 제13호, 2000, 92면 이하; 신동운, 730면; 이재상, 형법각론, § 16-85; 이정원, 형법각론, 318면; 하태훈, 기능적 행위지배와 합동범, 고시계 1998.9, 95면.

다는 입장이다. 따라서 위 사례에서 병은 단순절도의 공동정범이 되는 것은 분명하고, 경우에 따라서 합동범의 공범 혹은 양자 간의 상상적 경합에 해당할 수 있다.

(3) 판례의 태도

대법원은 합동범의 공동정범을 부정하던 종전의 태도를[79] 변경하여 현재는 이를 긍정하는 입장을 취한다.

📖 **관련판례**

대판 1998.5.21, 98도321 : 3인 이상의 범인이 합동절도의 범행을 공모한 후 적어도 2인 이상의 범인이 범행 현장에서 시간적, 장소적으로 협동관계를 이루어 절도의 실행행위를 분담하여 절도 범행을 한 경우에는 공동정범의 일반이론에 비추어 그 공모에는 참여하였으나 현장에서 절도의 실행행위를 직접 분담하지 아니한 다른 범인에 대하여도 그가 현장에서 절도 범행을 실행한 위 2인 이상의 범인의 행위를 자기 의사의 수단으로 하여 합동절도의 범행을 하였다고 평가할 수 있는 정범성의 표지를 갖추고 있다고 보여지는 한 그 다른 범인에 대하여 합동절도의 공동정범의 성립을 부정할 이유가 없다고 할 것이다. 형법 제331조 제2항 후단의 규정이 위와 같이 3인 이상이 공모하고 적어도 2인 이상이 합동절도의 범행을 실행한 경우에 대하여 공동정범의 성립을 부정하는 취지라고 해석할 이유가 없을 뿐만 아니라, 만일 공동정범의 성립가능성을 제한한다면 직접 실행행위에 참여하지 아니하면서 배후에서 합동절도의 범행을 조종하는 수괴는 그 행위의 기여도가 강력함에도 불구하고 공동정범으로 처벌받지 아니하는 불합리한 현상이 나타날 수 있다. 그러므로 합동절도에서도 공동정범과 교사범·종범의 구별기준은 일반원칙에 따라야 하고, 그 결과 범행현장에 존재하지 아니한 범인도 공동정범이 될 수 있으며, 반대로 상황에 따라서는 장소적으로 협동한 범인도 방조만 한 경우에는 종범으로 처벌될 수도 있다.

---

79) 대판 1976.7.27, 75도2720 : 형법 331조 2항 후단 소정 합동절도에는 주관적 요건으로서 공모 외에 객관적 요건으로서 시간적으로나 장소적으로 협동관계가 있는 실행행위의 분담이 있어야 하므로 "갑"이 공모한 내용대로 국도 상에서 "을" "병" 등이 당일 마을에서 절취하여 온 황소를 대기하였던 트럭에 싣고 운반한 행위는 시간적으로나 장소적으로 절취행위와 협동관계가 있다고 할 수 없어 합동절도죄로 문의할 수는 없으나 공동정범에 있어서 범죄행위를 공모한 후 그 실행행위에 직접 가담하지 아니하더라도 다른 공범자의 죄책을 면할 수 없으니 "갑"의 소위는 본건 공소사실의 범위에 속한다고 보아지므로 "갑"은 일반 절도죄의 공동정범 또는 합동절도방조로서의 죄책을 면할 수 없다.

판시에서 나타나듯이 대법원은 실행행위에는 참여하지 않았더라도 전체범행에서 뚜렷한 기여를 한 배후의 조종자를 공동정범으로 처벌하기 위함을 판례변경의 이유로 제시한다. 즉 현장설의 기초에 선 대법원의 입장에서, 배후의 조종자에게 현장성이 결여되었다고 해서 단순절도의 공동정범이나 합동절도의 공범을 인정하여 그 불법을 낮추는 것은 부당하다고 보아, 합동범의 공동정범을 인정하는 결론을 도출한다.

(4) 결론

다른 공동정범을 합동범으로 실행행위를 하게 하는 기능적 역할을 담당한 자라면, 현장에서의 실행분담은 없었다고 하더라도 불법의 정도는 합동범에 비해 결코 낮다고 할 수 없다. 합동범의 가중요소는 책임부분이 아니라 위법성 부분이므로 합동범과 공모한 자는 위법연대성의 원칙에 따라 합동범의 공동정범이 된다는 것은 당연하며, 따라서 변경된 판례의 태도도 결론에서 타당하다. 다만 합동범에서의 현장성에 집착하지 않고 이를 공동정범과 동일한 개념으로 이해한다면(가중적 공동정범설), 대법원이 취하는 바의 기교적 절차를 거치지 않고도 명료한 결론에 이를 수 있다.

IV. 동시범

1. 의의

동시범(Nebentäterschaft)이란 다수의 행위자가 공동의 범행결의에 의한 결합 없이 상호 독립적 행위를 통해 하나의 구성요건을 공동으로 충족시켜 동일한 법익침해의 결과를 가져오는 것을 말한다. 다시 말해 각각 단독의 고의에 의한 2인 이상의 독립적 행위가 우연히 하나의 구성요건에 일치한 경우를 이르는 것이다. 예컨대 여우가 늑대를 꾀어 사냥꾼이 잠복하는 곳에 가도록 하여 사살 당하게 했다면 여우와 사냥꾼은 서로 의사연락이 없으므로 각각 단독정범이 되어 각자 자신의 행위부분에만 책임을 지게 된다.[80]

동시범에 있어서 원인된 행위가 분명한 경우에는 원인행위가 귀속되는 각자는

---

80) Graf zu Dohna, Übungen im Strafrecht und Strafrechtsprozeß, Nr. 36.

단독정범으로 처벌되는 것이 원칙이다. 하지만 여러 행위의 경합으로 결과에 대한 원인행위가 판명되지 않은 경우에는 각 행위는 형법 제19조의 규정에 따라 미수범으로 처벌된다. 다만 본조에서 경합되는 독립행위에는 동시의 행위인 경우뿐 아니라 이시(異時)의 경우도 포함하므로 동시범이라는 용어는 정확한 표현이 아니며, 오히려 형법 제19조가 표제어로 사용하는 독립행위의 경합이라는 의미로 이해해야 한다. 갑이 을에게 의도적으로 상해를 가했는데 의사인 병이 이를 치료하는 과정에서 과실을 범하여 을은 심한 후유증을 앓게 되었다면 그 결과는 이시의 독립행위의 경합에 의한 것이고, 또한 선행의 고의와 후행의 과실이 경합되는 경우라 할 수 있다.

외형상 동시범은 공동정범에 유사하나 공동의 범행결의가 없다는 점에서 본질적 내용상의 차이가 있으며, 타인을 목적 혹은 고의 없는 도구로 지배하는 것이 아니라는 점에서 간접정범과 다르다. 또한 각자가 자신의 범행으로서 행위를 한다는 점에서 방조범과 다르다.

동시범은 고의범에서보다는 오히려 과실범에서 비교적 자주 발생한다고 할 수 있다. 결함 있는 제품의 제조·유통·판매에 따른 소비자의 법익침해나 도로교통에서의 사고처럼 다수의 과실이 복합적으로 작용하여 하나의 법익침해 결과로 이어지는 경우는 일상생활에서 흔히 접할 수 있는 상황이다. 이 경우는 공동의 범행결의가 없으므로 공동정범은 성립되지 않고, 과실범의 동시범이 인정되는 것이 원칙이다.[81]

단독정범의 병렬관계에 지나지 않는 동시범의 법적 취급에 있어서는 특별할 것이 없다. 외형상 행위의 공동은 있다고 하더라도 공동의 범행결의가 없다면, 각자를 분리하여 자신의 고의에 따른 행위가 구성요건을 완전히 충족시켰는지 여부만 검토하면 된다. 즉 동시범은 단독정범으로서 전체 구성요건을 혼자서 충족해야만 성립된다.[82] 각 행위자에게는 자신의 범행기여분만 분리귀속된다. 특정 행위자의 범행기여가 전체범행에서의 결과발생에 비본질적 영향을 준 경우에는 결과발생에 본질적 기여를 한 당사자에게 결과가 귀속되는 데 지장을 주지 않는다. 예컨대 갑

---

81) Vgl. BGH NStZ 1992, 234.
82) 이러한 의미에서 동시범이라는 법형상에는 어떠한 도그마적 의미내용도 들어있지 않는 것으로 볼 수 있다. LK-Roxin, § 25 Rdnr. 223; Tröndle/Fischer, § 25 Rdnr. 11.

과 을이 독립하여 병의 음료수에 각자 치사량의 독약을 혼입하여 병을 살해한 경우 단독의 독약에 의한 경우보다 사망시간이 다소 앞당겨진 경우라면 각자를 동시범으로서의 단독정범으로 처벌하는 데 무리가 없다.

2. 형법 제19조의 해석

형법 제19조(독립행위의 경합)는 동시 또는 이시의 독립행위가 경합한 경우에 그 결과발생의 원인된 행위가 판명되지 아니한 때에는 각 행위를 미수범으로 처벌한다고 규정한다. 독일형법은 이와 같은 규정을 두고 있지 않은데 그 이유는 첫째, 동시범은 단독정범의 우연한 일치로서 특별한 법형상으로 인정할 필요가 없으며 둘째, 동시범의 행위의 중첩으로 결과는 발생되었으나 인과관계가 불명확한 사례에서는 '의심이 있는 경우 피고인에게 유리하게' 판단해야 한다는 원칙(in dubio pro reo)에 따라, 실행착수는 확인되지만 그 행위에 의한 결과는 아닌 것으로 추정하여 미수범을 인정하는 것은 지극히 당연한 것으로서, 법으로 명문화할 필요성이 없는 것으로 독일입법자는 받아들인 데 있다고 판단된다.

1) 적용요건

(1) 행위주체

법은 "독립행위가 경합한 경우에 (...) 각자를 미수범으로 처벌한다"고 규정하고 있으므로, 독립행위의 주체는 당연히 동일인이 아닌 2인 이상의 서로 다른 사람일 것이 요구된다. 행위 주체가 최소 2인 이상이어야 하므로 단독범의 경우에는 본조가 적용될 이유가 없다. 또한 독립행위라는 것은 행위자 간에 공동의 의사가 없음을 전제로 하는 것이다.

(2) 행위의 시간적 동시성

동시적 행위의 경합뿐 아니라 시간을 달리하는 행위의 경합으로도 본조의 적용가능성은 성립된다. 하지만 이시의 행위가 경합되었으나 원인이 불분명한 경우와 관련한 본조의 실제적 존재의미는 그다지 특별한 것은 아니다. 예컨대 갑은 병을 살해하되 자신의 행위를 은폐하기 위해 비교적 약효가 늦게 나타나는 독약을 점심식사 도중 그의 음료수에 혼입하여 마시게 했고, 이를 모르는 을 역시 유사한 독약을 저녁식사 중 병의 음료수에 몰래 타서 마시게 한 결과 그 다음날 새벽 무렵 병이 사망하게 되었을 때, 갑과 을의 독약이 각각 치사량에 이르는 것이라면 각자의 행위는 결과에 인과관계가 있을 뿐 아니라 객관적 귀속까지 문제될 게 없다. 행위의 경합으로 사망시간이 어느 정도 앞당겨졌다고 하더라도 이러한 사실은 객관적 귀속에 영향을 주지 않는다. 즉 각자 살인고의기수범으로 처벌되어야 할 사안으로 본조가 적용될 여지가 없다. 이와 달리 각자의 행위가 단독으로는 사망에 이르지 않을 것이나 행위의 경합으로 비로소 결과가 발생되었다고 한다면, 각자의 행위에 인과관계는 인정되나 객관적 귀속이 부정되어 굳이 형법 제19조가 아니더라도 각자는 미수범으로 처벌되어야 한다. 이 경우 각 독약의 효능, 치사량, 피해자의 신체적 반응 등에 대한 판단곤란으로 사망원인의 판명이 어려울 경우 본조의 적용으로 각자는 미수범으로서의 처벌이 인정된다. 본조는 'in dubio pro reo'의 원칙을 명문화 했다는 데 의미가 있다.

📖 관련판례

대판 2000.7.28, 2000도2466 : 시간적 차이가 있는 독립된 상해행위나 폭행행위가 경합하여 사망의 결과가 일어나고 그 사망의 원인된 행위가 판명되지 않은 경우에는 공동정범의 예에 의하여 처벌할 것이므로 2시간 남짓한 시간적 간격을 두고 (피고인이 의자에 누워있는 피해자를 밀어 땅바닥에 떨어지게 함으로써 이미 부상하여 있던 그 피해자로 하여금 사망에 이르게 한) 두 번째의 가해행위인 이 사건 범행을 한 후, 피해자가 사망하였고 그 사망의 원인을 알 수 없다고 보아 피고인을 폭행치사죄의 동시범으로 처벌한 원심판단은 옳다.[83]

---

(3) 객체의 동일성

독립된 행위는 하나의 동일한 객체에 지향되어야 한다. 독립된 다수의 행위가 각각 다른 객체에 지향된 경우는 이들을 굳이 동시범의 개념으로 묶을 필요가 없기 때문이다. 그러나 여기서의 객체의 동일성은 사실적 개념이 아닌 규범적 개념으로 이해해야 하므로, 각 행위자가 표상하는 구성요건의 객체로서 일치하기만 하면 된다. 이를테면 우연히 벌어진 패싸움 현장에서 도망가는 두 사람을 향해 갑과 을이 무차별적으로 총을 쏘아 그중 한 사람이 맞은 경우에도 결과의 행위주체가 누구인

---

83) 유사판례로 대판 1985.5.14, 84도2118 참조.

지 판명되지 않는 한 동시범은 성립한다.

(4) 구성요건의 동일성

동시범에서 구성요건은 반드시 일치할 것이 요구되지 않는다. 원인된 행위가 판명되는 경우에는 더욱 문제될 것이 없다. 예컨대 갑이 병에 대해 고의로 경미한 상해를 입혔는데 의사인 을이 과실로 중상해결과를 야기한 경우에 고의와 과실 간의 동시범마저 성립한다. 원인된 행위가 판명되지 않은 경우도 크게 다르지 않다. 갑은 일시적 혼수상태를 유발하기 위해, 을은 살인의 의도로 병의 음료수에 각각 유해물질을 탄 결과 병이 중태에 빠졌으나 그 원인을 알 수 없는 경우, 갑의 상해미수와 을의 살인미수의 동시범이 성립된다. 다만 결과가 상해이므로 형법 제263조의 상해동시범 특례규정이 적용될 수 있다.

(5) 원인된 행위의 불명

법문은 결과발생의 원인된 행위가 판명되지 않아야 할 것을 밝힌다. 이것은 결과의 발생을 전제로 한다. 그런데 여기서의 결과를 기수로 한정할 것이 아니라 미수도 포함되는 것으로 보아야 할지가 문제된다. 미수도 이론상 엄연한 형법적 결과이기 때문이다. 여기에서는 행위자들이 표상했던 구성요건이 불발하고 어떤 다른 구성요건도 충족되지 않은 경우와, 본래의 구성요건은 불발되었으나 보충적 구성요건이 충족된 경우로 나누어 생각할 필요가 있다.

우선 갑과 을이 도망가는 병을 향해 각자 살인고의로 총을 쏘았으나 모두 빗나간 경우 본조의 적용 없이 각자를 살인미수죄로 취급하면 될 것이다. 이와 달리 갑과 을이 병에 대한 살인고의로 폭행을 가했으나 비자의적 범행중단 후 원인이 불명한 상해의 결과가 발생한 경우에는 다음의 두 가지 취급가능성이 나타난다.

첫째는 살인미수와 상해(폭행치상)를 법조경합으로 보아 각자를 살인미수로 처벌하는 방법과, 둘째는 살인미수는 여기에서의 결과에서 제외되는 것으로 보아 객관적으로 발생된 결과에 한정하여 상해동시범으로 취급하는 방법이다. 미수도 형법상의 결과이기는 하지만, 만일 어떤 경우에서든 미수범의 동시범을 인정하여 여기에 형법 제19조를 적용한다면 미수범의 미수범으로 취급되는 결론에 이르게 될 수 있다. 이는 매우 부자연스러운 것으로 본다면 후자의 해결방안이 합리적이라 할 수 있다. 다만 여기서 1인의 단독행위였다면 당연히 살인미수가 적용되는데, 두 사람이 행위하여 원인을 알 수 없다고 해서 살인미수가 아닌 상해만 인정된다는 것은

불합리하다는 이견이 있을 수 있으나, 이는 'in dubio pro reo'의 원칙이 적용되어
야 할 사안에서의 당연한 결론이다.

　본조가 적용되기 위해서는 원인행위가 판명되지 않아야 한다. 원인행위가 판명
된 경우에는 그 행위의 주체자에 대해서만 형사책임을 물으면 된다. 원인행위에 대
한 입증책임은 검사에게 있고, 검사가 이를 입증하지 못한다면 결과는 발생되었더
라도 행위자 모두를 미수범으로 처벌해야 한다. 다만 경합된 독립행위와 결과 사이
의 인과관계만은 확인되어야 한다.

관련판례

대판 1984.5.15, 84도488 : 술에 취하여 몸을 잘 가누지 못할 정도의 위 피고인이 피고인
1의 가해행위에 가세하여 자기를 부축하고 있는 피해자의 얼굴을 7, 8회 때리는 등 폭행에
가담하였다고 함은 선뜻 납득하기 어렵다. (...) 상해죄에 있어서의 동시범은 두 사람 이상
이 가해행위를 하여 상해의 결과를 가져온 경우에 그 상해가 어느 사람의 가해행위로 말미
암은 것인지 분명치 않다면 가해자 모두를 공동정범으로 보자는 것이므로 가해행위를 한 것
자체가 분명하지 않은 사람에 대하여 동시범으로 다스릴 수 없다.

---

2) 상해동시범 특례

　"의심이 있는 경우 피고인에게 유리하게"라는 원칙은 굳이 명문화할 필요성마저
없을 정도로 지극히 당연한 원칙이다. 형법 제19조는 이를 명문화한 것이 의미라면
의미라 하겠다. 그러나 이에 대한 예외로 각칙상의 상해동시범 특례규정(형법 제263
조)이 있다. 이 규정에 따르면 행위가 형법 제19조의 모든 요건을 갖추었더라도,
다만 그 발생된 결과가 상해인 경우에는 행위자들은 미수범이 아닌 공동정범, 곧
기수범으로 처벌된다. 이 입법취지는 상해의 동시범이라는 위험한 범죄가 흔히 발
생됨에도 불구하고 검사가 원인된 행위를 입증하는 것은 현실적으로 어려우므로,
그 입증책임을 피고인에게 전환함으로써 형사정책적 목적을 달성하려는 데 있는
것으로 볼 수 있다.[84] 그러나 어떠한 경우라도 국가는 개인에게 자신의 무죄를 증
명해야할 의무를 떠넘겨서는 안 되고, 개인을 처벌하려는 국가가 그의 유죄를 증명

---

84) 배종대, [126] 5; 신동운, 163면.

해야 한다. 피고인에 대한 유죄증명이 어려운 경우에는 어떠한 현실적 필요성이 있더라도 그에 대한 처벌은 포기되어야 한다.

갑, 을, 병이 동시에 정에게 공격을 가하여 상해가 유발되었는데, 그 원인행위는 객관적으로 밝힐 수 없다고 하더라도 사실상 그 결과는 갑의 한정적 행위에 의한 것이었을 경우, 상해동시범 특례규정을 적용한다면 갑의 입장에서는 상해기수범으로 처벌된다고 하더라도 억울하지 않겠지만 을과 병에게는 자신의 책임을 초과하는 부당한 형벌이 된다. 따라서 이 특례규정은 사소한 형사정책적 이익을 위해 책임주의원칙 및 법치국가원칙을 훼손하는 규정이라는 점에서 매우 유감스러우며, 이에 대해서는 개정의 필요성이 있다고 하겠다. 그럼에도 불구하고 판례는 본 규정을 폭행치사상죄와 상해치사죄에까지[85] 적용하고 있다.

3) 처벌

원인된 행위가 판명되지 않은 경우, 이에 가담한 동시범에게 고의가 있었다면 해당 구성요건의 미수범이 처벌되는 경우에 한하여 미수범으로 처벌된다. 이는 인관관계가 확인되지 않은 경우의 책임개별화의 원칙을 따른 결과이다. 그 중 고의가 아닌 과실로 가담한 자에게는 과실의 미수가 적용되어야 하나, 과실의 미수는 처벌되지 않으므로 불가벌이다.

V. 간접정범

1. 개념 및 의의

간접정범(mittelbare Täterschaft)이란 타인을 도구로 이용하여 구성요건적 행위실행을 함으로써 범죄를 실현하는 자를 말한다. 직접정범에 대한 상대적 개념으로서의 간접정범은, 도구로서 실행행위를 수행하는 피이용자(범행매개자 : Tatmittler)를 배후에서 우월한 의사지배로 장악하여 자신의 의도대로 범행을 완성함으로써 전체범행은

---

85) 대판 1985.5.14, 84도2118; 대판 1981.3.10, 80도3321. 그러나 대판 1984.4.24, 84도372는 "형법 제263조의 동시범은 상해와 폭행죄에 관한 특별규정으로서 동규정은 그 보호법익을 달리하는 강간치상죄에는 적용할 수 없다"고 보아 그 적용을 부정한다.

배후조종자의 작품이 되는 것이다. 전체적 행위상황 및 사실관계와 피이용자의 종속적 지위 등에 대한 파악을 전제로 피이용자를 조종하여 자신의 범행의사를 계획적으로 실현하고자 하는 이용자의 지배적 역할 안에 정범적 적격성이 존재한다.

이러한 정범형태와 관련하여 독일형법 제25조 제1항은 '범죄를 스스로 혹은 다른 사람을 통하여 범하는 자는 정범으로 처벌된다'고 규정하여 정범의 두 가지 형태, 곧 직접정범과 간접정범의 법적 근거를 간단·명료하게 밝히고 있다. 이에 반해 우리 형법 제34조 제1항은 "어느 행위로 인하여 처벌되지 아니하는 자 또는 과실범으로 처벌되는 자를 교사 또는 방조하여 범죄행위의 결과를 발생하게 한 자는 교사 또는 방조의 예에 의하여 처벌한다"고 규정한다. 즉 우리 형법은 피이용자의 자격에 제한범위를 정하며, 간접정범으로서의 행위방식도 교사나 방조로 한정하고, 표제를 간접정범으로 제시하면서도 그 처벌은 정범이 아닌 교사 또는 방조범의 예에 의한다고 하는 점에서 독일의 입법례와 본질적인 차이가 있다. 적어도 이론상 간접정범의 본질을 독일형법에서의 그것과 동일한 것으로 이해해야 할 것임에도 불구하고, 이러한 법문상의 차이가 있음으로 인해 이는 아래에서 논의되는 바와 같이 해석론상의 다툼의 빌미가 될 수 있다.

2. 간접정범의 본질

간접정범은 자기가 직접 구성요건적 행위를 수행하는 것이 아니라는 점에서 직접정범과 구별되며, 외형상 오히려 교사범에 유사하여 정범과 공범의 중간영역에 위치하고 있다고 볼 수 있다. 또한 법문이 정범으로 처벌한다고 하지 않고 교사 또는 방조의 예에 따른다고 표현함으로써, 정범이 아닌 공범으로 파악할 여지가 존재한다. 이에 따라 간접정범의 본질을 정범으로 볼 것인지 공범으로 볼 것인지에 대해 견해가 대립된다.

1) 정범설

(1) 확장적 정범개념

범행기여의 구성요건 정형성 여부와 관계없이 궁극적 구성요건실현에 가공한 자는 모두 정범으로 이해하는 확장적 정범개념(extensiver Täterbegriff)에 있어, 정범성 인정을 위해 중요한 것은 오직 행위기여와 결과 사이의 인과성밖에 없다. 따라서 결과발생에 인과적으로 기여한 자는 모두 정범으로서 동일하게 처벌되는 것이 원칙인데, 형법이 공범을 정범과 구별하여 상대적으로 가볍게 처벌하는 것은 공범에 대한 처벌제한사유의 의미로 파악하게 된다.

이러한 이해에 따르면 간접정범은 스스로 구성요건 정형적 행위를 하지 않더라도 행위의 결과에 대한 인과성만으로 정범으로 인정된다.

(2) 범행지배설

고의에 의해 포괄되는 구성요건적 사건진행을 장악하거나 혹은 의사에 따른 사건진행을 지배적으로 조종하는 자를 정범으로 인정하는 범행지배설에 따르면, 구성요건 행위를 스스로 수행하지 않더라도 이에 대한 지배가능성으로 정범성이 성립된다. 공동정범에서는 구성요건의 정형적 행위를 하지 않는 자에게도 공동의 범행결의를 바탕으로 한 기능적 행위지배로 정범성이 인정되지만, 기능적 행위분담이 결여된 간접정범에서는 이를 피이용자에 대한 의사지배가 대체한다. 즉 행위상황에 대한 우월한 인식과 의사를 가진 자가 실행행위자의 배후에서 그를 자신의 범행도구로서 조종하여 의사지배의 산물로서의 범행을 완성함으로써 간접정범이 성립된다. 이때 피이용자에게 자신의 독자적 범행에 대한 목적 혹은 고의가 결여됨으로써 그는 이용자의 도구 또는 연장된 수족이 되며, 반대로 그에게 범행에 대한 자신의 의사지배가 인정되면 이에 반비례하여 배후의 이용자에게는 범행에 대한 의사지배가 결여된다. 이 경우에는 실행행위자가 정범이 되며 배후 이용자는 교사범이 된다.

2) 공범설

객관설의 입장에 서 있는 제한적 정범개념(restriktiver Täterbegriff)에 따르면 정범은 구성요건 해당행위를 직접 실행한 자만이 정범이 되며, 그 이외의 행위로 타인의 구성요건 행위에 단순 가공만 한 자는 공범(교사, 방조범)이 된다. 따라서 구성요건적 행위를 직접 실행하지 않고 타인을 도구로 이용하여 실행한 자는 정범이 아닌 공범이 된다는 것이다. 그리고 교사범이나 방조범은 특별한 처벌규정이 없는 한 불가벌이어야 하는데, 현존하는 공범에 대한 처벌규정은 예외적인 처벌확장사유라고 한다.

이와는 별도로 형법 제34조 제1항의 문언을 근거로 하여 간접정범을 공범으로 이해하는 견해가 있다. 본 조항은 특정인을 교사 또는 방조하여 범죄행위의 결과를 발생하게 한 자는 교사 또는 방조의 예에 의하여 처벌한다고 규정함으로써 간접정범으로서의 행위방식을 교사나 방조로 못박고 있으며, 그 처벌도 정범이 아닌 교사 또는 방조범의 예에 의한다고 하는 점을 논거로 제시한다. 이에 따르면 본 조항은 실행행위자 스스로는 특정한 이유로 처벌되지 않거나 과실범으로 처벌되는 자를 배후에서 조종하여 자신의 범행에 이용한 경우, 제한종속성설을 따를 때 나타나는 배후 이용자에 대한 가벌성의 공백을 메우기 위한 것이라고 한다.[86] 그러나 간접정범의 행위방식을 교사 또는 방조라고 한 것은 제한적 열거가 아닌 예시적 열거로 이해해야 하며, 교사 또는 방조의 예에 의하여 처벌한다는 것은 단지 그 형에 준한다는 의미이지 교사 또는 방조범 자체가 성립된다는 의미가 아닌 것으로 해석해야 한다.

3) 결론

독일에서도 이론사적으로 볼 때, 간접정범개념은 공범종속성의 요건 때문에 교사범으로서의 처벌이 불가능한 경우에 가벌성의 공백을 메우는 역할을 하는 개념으로 이해되었던 적도 있었다. 그러나 이러한 사고는 극복되어 오늘날 간접정범은 공범에 상대적 우위를 지니는 정범의 한 유형으로 이해되고, 심지어 종속성의 제한을 거쳐 배후의 이용자에게 교사범으로서의 처벌이 가능한 경우에도 정범성이 동시에 인정되는 한 상대적 우위의 간접정범이 인정된다.[87] 결론적으로 간접정범은 공범이 아닌 정범으로 이해해야 하는 것은 당연하므로[88] 공범설의 주장은 부정되어야 하며, 다만 해당 조항과 관련하여 입법자가 입법기술상 문장들을 매끄럽게 정돈하지 못한 점을 탓해야 할 것이다.

---

86) 신동운, 664면.
87) Jescheck/Weigend, § 62 I 1. 아래 3. 1) (5) 부분 참조.
88) 김일수/서보학, 431면; 박상기, 406면; 배종대, [136] 11; 손동권/김재윤, [§ 28] 3 이하; 손해목, 949면; 이재상/장영민/강동범, § 32 – 4; 임웅, 468면; 정성근/박광민, 505면; 진계호, 578면. 간접정범을 공범으로 이해하고자 하는 견해로 신동운, 626면 이하, 665면.

3. 간접정범의 성립요건

형법 제34조 제1항에 의하면 간접정범은 어느 행위로 인하여 처벌되지 않는 자 또는 과실범으로 처벌되는 자를 교사 또는 방조하여 범죄행위의 결과를 발생하게 함으로써 성립된다. 피이용자에게 완전한 정범성이 인정되는 경우라면 배후자에게 는 간접정범이 성립되지 않는다.

1) 간접정범의 성립유형

(1) 객관적 구성요건을 충족시키지 않는 범행매개자의 행위

피이용자가 특정한 행위를 한다고 할 때, 자기 스스로에게는 구성요건이 인정되 지 않고 오히려 배후의 이용자의 피해자가 되는 경우에 배후자는 간접정범이 된다. 예컨대 자살이나 자상은 행위자 자신에게는 구성요건적 행위가 아니다. 그러나 배 후자가 행위자를 강요하거나 기망하여 스스로 자살이나 자상하게 했다면 배후자는 간접정범이 된다. 다만 행위자로 하여금 스스로 자살하게 한 경우 배후자에게 완전 한 의사지배가 인정된다면 배후자는 단순살인죄의 간접정범이 되지만, 형법은 이러 한 경우 위계·위력에 의한 자살결의죄(형법 제253조)라는 특별 구성요건을 별도로 마련해 놓았으므로 이에 따라 처벌되며, 의사지배가 행위자, 곧 자살자에게 있는 경 우에는 배후인은 살인죄의 간접정범의 근거가 될 의사지배를 갖지 못하므로 형법 제252조 제2항의 자살관여죄의 직접정범이 된다.

(2) 구성요건적 고의가 없거나 경한 구성요건고의만 갖는 자

구성요건적 고의가 없는 범행매개자를 이용하여 자신의 범행을 완성하는 배후자 도 간접정범이 된다. 이 사례도 역시 범행매개자에게는 구성요건이 충족되지 않는 다는 점에서 넓게 보아 앞의 사례군에 포함되는 사례이나, 앞의 경우보다 오히려 보편적으로 발생할 수 있다는 점에서 다수의 학자들은 이를 구분한다. 행위상황에 대한 인식이 결여된 자를 조종하여 자신의 범행에 이용하는 경우로서, 구성요건착 오에 이미 빠진 자를 이용하는 경우와 그러한 착오를 배후자가 야기하여 이용하는 경우 모두가 해당한다. 예컨대 경찰서 보안과장이 사정을 모르는 부하를 이용해 가 짜음주운전보고서를 작성하게 하는 경우,[89] 혹은 의사가 사정을 모르는 간호사에

---

89) 대판 1996.10.11, 95도1706 : 피고인은 위 공소외 1의 음주운전을 눈감아주기 위하여

게 독약이 든 주사를 주어 환자를 살해하는 경우이다. 이때 간호사에게 과실이 있더라도 의사는 간접정범이 된다.[90]

(3) 신분 또는 목적은 없으나 고의 있는 도구

진정신분범에서의 신분은 범죄성립요소가 된다. 이러한 구성요건에서 신분 있는 자가 비신분자를 자신의 범행에 이용한 경우 간접정범의 성립 여부가 문제될 수 있다. 예컨대 공무원이 자기 처로 하여금 뇌물을 수령하게 하거나, 자신의 직권을 이용하여 비신분자로 하여금 허위공문서를 작성하게 하는 경우이다. 이때 비신분자에게 고의가 없던 경우라면, 그는 순수한 도구에 지나지 않으므로 배후인이 간접정범이 되는 데는 아무런 문제가 없다. 행위상황에 대한 인식이 있던 피이용자에게 고의가 인정되는 경우에 문제가 된다. 여기에는 간접정범 긍정설과 부정설로 나뉜다.

우선 간접정범 긍정설은[91] 피이용자에게 고의가 있는 한 배후자의 우월한 의사지배는 인정할 수 없으므로 간접정범이 부정되는 것이 원칙이나, 형법외적 의무의 위반에 불법의 본질이 존재하는 의무범적 신분범에서의 정범표지는 사실적 관점이 아닌 규범적·사회적 관점에서 판단해야 하는 것이므로 피이용자의 고의가 배후인의 정범성을 가로막는 요인은 되지 못한다고 한다. 이에 따르면 피이용자는 고의가 있으므로 무죄는 될 수 없고 적어도 방조범의 죄책은 인정되어야 한다.

그에 대한 위 음주운전자 적발보고서를 찢어버리고, 일련번호가 위 음주운전자 적발보고서와 일련번호가 동일한 가짜 음주운전 적발보고서를 위 공소외 1이 구해 오자, 이를 공소외 정00 순경에게 교부하여 그로 하여금 공소외 2에 대한 음주운전 사실을 적발하게 하고, 위 가짜 음주운전자 적발보고서에 위 공소외 2에 대한 음주운전 사실을 기재하도록 한 사실, 같은 해 7. 5. 위 경찰서 교통계사무실에서 주취운전자 음주측정처리부의 작성권자인 공소외 강00는 그 정을 모른 채 위 가짜 음주운전자 적발보고서를 근거로 이 사건 주취운전자 음주측정처리부의 일련번호 91-0146942호란에 위 공소외 1의 음주운전 사실이 아닌 위 공소외 2의 음주운전 사실을 기재한 후 날인을 하고, 같은 달 6. 동 경찰서 사무실에 위 음주측정처리부를 비치한 사실 등을 확정한 다음, 음주운전자 적발보고서에 고유번호를 부여한 의미가 피고인의 이 사건 행위와 같은 비리를 사전에 막고자 하는 의도에서 부여된 것이라는 점을 고려하여 볼 때, (...) 위 공소외 2가 음주운전으로 인하여 처벌을 받았는지 여부와는 관계없이, 피고인은 허위공문서작성 및 동 행사죄의 간접정범으로서의 죄책을 면할 수 없다.

90) 고의 없는 범행매개자를 이용한 행위로 간접정범을 인정한 판례로 대판 2002.6.28, 2000도3045; 대판 1983.5.24, 83도200.
91) 배종대, [136] 7; 손동권/김재윤, [§ 28] 16 이하 참조; 정성근/박광민, 509면; 조준현, 332면.

이러한 결론은 범행매개자를 어느 행위로 인하여 처벌되지 아니하는 자 또는 과실범으로 처벌되는 자로 한정한 제34조 제1항의 문언에 일치하지 않는다는 문제가 있다. 그러나 여기에서 문언에 충실을 기하고자 한다면 배후자의 행위 역시 교사 또는 방조에 한정되어야 하므로 결국 문언상의 간접정범의 실체는 존재하지 않게 된다. 따라서 여기에서는 합목적적 해석에 따르는 것이 그나마 타당하다 할 것이다.

부정설은 피이용자에게 고의가 인정됨으로써 상대적으로 배후자의 의사지배는 부정되어야 하며, 따라서 그는 간접정범이 아닌 교사범이 되고, 또 피이용자 역시 구성적 신분을 결하고 있으므로 스스로 정범이 될 수 없고 방조범이 된다고 한다.92) 그러나 교사범은 공범이고, 공범성립은 적어도 구성요건해당성과 위법성이 인정되는 정범의 존재를 전제로 하는데, 피이용자 역시 정범이 아닌 방조범이라고 한다면 정범 없는 공범들만이 존재하게 되어 이는 법리상의 모순이라 하지 않을 수 없다. 이에 대해 피이용자는 형식적으로는 방조범이나 사실상 정범이라는 반론이 있을 수 있으나93) 구성적 신분을 결한 이상 어떠한 의미로든 정범은 될 수 없다고 해야 할 것이다.

그 밖에 이용자와 피이용자를 공동정범으로 취급할 수 있을 것이라는 견해도 제시된다. 이러한 방법이 형법 제34조 제1항과 제33조 본문의 문언과 판례의 태도에 부합한다는 점을 이유로 든다.94) 물론 피이용자의 행위가 기능적 행위지배의 성격을 갖는다면 공동정범은 충분히 성립될 수 있다.95) 그러나 이것은 배후자의 의사지배와 피이용자의 행위지배 간의 상대적 비교에 따른 부차적 결과일 수는 있지만 원칙적 결과는 될 수 없다.

결론적으로 말하자면 의무범에 해당되는 진정신분범에서는 규범적 의무위반으로 배후자에게 규범적 범행지배를 인정함으로써 간접정범이 성립된다고 보는 것이 타당하다. 이때 피이용자에게는 방조범이 인정될 수 있다.96)

목적은 없으나 고의 있는 도구를 이용한 경우도 이에 상응한다. 갑이 자기가 부리는 일꾼 을을 시켜 이웃집의 거위를 몰아오게 한 사례에서 을이 자기영득 혹은

---

92) 임웅, 475면.
93) 임웅, 475면 각주 108) 참조.
94) 손동권/김재윤, [§ 28] 17.
95) 이재상/장영민/강동범, § 32 – 13.
96) Baumann/Weber/Mitsch, § 29 Rdnr. 127.

타인영득의 의사 없이 단지 주인이 시키는 일이기 때문에 행위를 했다면, 을에게는 주관적 구성요건의 한 부분이 결여되었기 때문에 정범이 될 수 없고 단지 방조범이 될 뿐이며, 의사지배가 인정되는 배후의 갑이 간접정범이 된다.[97] 그러나 이에 대해서도 을에게 초과주관적 요소로서의 목적은 결여되었더라도 행위상황에 대한 인식으로 고의는 인정되는 만큼, 배후자의 의사지배는 부정되고 따라서 간접정범이 아닌 교사범이 인정되어야 할 것이라는 견해도 제시된다.[98] 그러나 을에게 정범표지가 충족되지 않는 한 공범종속성설을 따를 경우 정범이 없는 공범은 성립될 수 없으므로 갑은 교사범이나 방조범은 될 수 없다.

> ### 📖 관련판례
>
> 대판 1997.4.17, 96도3376 : 범죄는 '어느 행위로 인하여 처벌되지 아니하는 자'를 이용하여서도 이를 실행할 수 있으므로(형법 제34조 제1항), 내란죄의 경우 '국헌문란의 목적'을 가진 자가 그러한 목적이 없는 자를 이용하여 이를 실행할 수도 있다고 할 것이다. 그런데 앞서 본 사실관계에 의하면, 피고인들은 12 · 12군사반란으로 군의 지휘권을 장악한 후, 국정 전반에 영향력을 미쳐 국권을 사실상 장악하는 한편, 헌법기관인 국무총리와 국무회의의 권한을 사실상 배제하고자 하는 국헌문란의 목적을 달성하기 위하여, 비상계엄을 전국적으로 확대하는 것이 전군지휘관회의에서 결의된 군부의 의견인 것을 내세워 그와 같은 조치를 취하도록 대통령과 국무총리를 강압하고, 병기를 휴대한 병력으로 국무회의장을 포위하고 외부와의 연락을 차단하여 국무위원들을 강압 외포시키는 등의 폭력적 불법수단을 동원하여 비상계엄의 전국확대를 의결 · 선포하게 하였음을 알 수 있다. 사정이 이와 같다면, 위 비상계엄 전국확대가 국무회의의 의결을 거쳐 대통령이 선포함으로써 외형상 적법하였다고 하더라도, 이는 피고인들에 의하여 국헌문란의 목적을 달성하기 위한 수단으로 이루어진 것이므로 내란죄의 폭동에 해당하고, 또한 이는 피고인들에 의하여 국헌문란의 목적을 달성하기 위하여 그러한 목적이 없는 대통령을 이용하여 이루어진 것이므로 피고인들이 간접정범의 방법으로 내란죄를 실행한 것으로 보아야 할 것이다.

---

97) RGSt 39, 39 f; RGSt 57, 294; Jescheck/Weigend, § 62 II 7; Sch/Sch/Cramer/ Heine, § 25 Rdnr. 18 f; Welzel, § 46 2 c. 다른 견해로 Roxin, AT II, § 25 Rdnr. 153 ff.

98) 임웅, 475면. 목적 없는 고의 있는 도구를 이용한 간접정범의 법형상 자체를 부정하는 견해로 김일수/서보학, 435면

(4) 범행매개자에게는 합법성이 인정되는 행위를 이용한 경우

타인의 정당방위 혹은 정당행위 등을 이용하여 자신이 의도한 구성요건적 결과를 야기한 경우에도 간접정범의 성립이 가능하다. 갑이 을을 살해하기 위해 을을 충동질하여 병을 공격하게 했고, 갑의 예상대로 다혈질인 병이 이에 대응하여 을을 살해했으나 병에게는 정당방위가 인정되는 경우, 갑에게는 간접정범에 의한 살인죄가 인정된다. 이때 갑은 을에 대해서 뿐 아니라, 병으로 하여금 정당방위에 의한 살인 외에 다른 선택가능성이 없는 상황에 이르게 함으로써 병에 대해서도 범행지배가 인정된다.[99]

갑이 경찰에 허위신고하여 무고한 을을 체포하게 하는 경우에도 간접정범에 의한 체포죄가 성립될 수 있다.[100] 이와 달리 을에게 객관적 혐의가 인정되지만 갑이 형사소추를 도울 목적이 아닌 다른 불순한 동기에서 신고를 했다면 신고 자체는 정당한 것이므로 갑에게 간접정범은 부정된다.

(5) 구성요건과 위법성은 인정되나 책임이 없는 자를 이용하는 행위

형사미성년자 혹은 정신이상자 등과 같은 형법상의 책임무능력자 등을 자신의 범죄에 이용한 배후자에게는 간접정범의 성립가능성이 존재한다. 그뿐 아니라 제한종속성설을 따를 경우 범행매개자에게 책임 없는 경우에도 구성요건과 위법성이 인정되는 한 배후자의 공범성립이 인정되므로, 교사범으로서의 가능성도 동시에 존재한다. 이 경우 간접정범 혹은 교사범을 인정할 것인지의 여부는 범행지배의 개념척도에 의존할 수밖에 없다. 정범성립요건으로서의 범행지배 혹은 의사지배를 사실적 개념이 아닌 규범적 개념으로 이해한다면, 규범적 관점에서 우월한 의사로 사건경과를 지배하는 자가 정범이 된다. 이러한 이해에 따르면 범행매개자가 자신의 행위의 법적 의미 혹은 위법성을 인식할 수 있었더라도 규범적 기준에 의한 책임무능력자라면 배후자는 간접정범이 된다. 따라서 12－13세의 어린이를 이용하여 자신의 절도 혹은 방화를 실현한 경우, 범행매개자의 지적·인식능력 여부와 상관없이 간접정범이 인정되어야 한다. 개별적 사례에서 행위자의 개인적 능력의 정도에 따른 차별적 취급은 실무상 어렵고 오히려 혼란을 야기할 우려가 있기 때문에, 입법자도 개인능력차를 고려하지 않고 일률적으로 14세 미만의 자를 책임무능력자

---

99) Jescheck/Weigend, § 62 II 3.
100) BGHSt 3, 6; 10, 307.

의 범위에 포함시킨 것으로 이해된다.101) 다만 피이용자가 완전한 책임무능력자가
아닌 한정책임능력자인 경우에는 배후자는 간접정범이 아닌 교사범이 된다.

피이용자의 행위가 강요된 행위인 경우에 배후자는 간접정범이 된다. 상관의 구
속력 있는 명령에 의한 행위도 이에 포함된다고 볼 수 있다. 회피할 수 없는 법률
의 착오에 빠진 자를 이용하는 경우에도 간접정범이 성립된다. 여기에는 피이용자
에게 착오를 일부러 유발하는 경우뿐 아니라 스스로 유발된 착오를 단순히 이용하
는 경우도 포함된다.102) 착오가 회피가능한 경우에는 심한 다툼이 있다.103) 그러나
회피가능한 법률의 착오인 경우 실행행위자의 책임은 감경이 될 수는 있어도 조각
에 이르지는 않는다. 따라서 행위자는 정범이 되고 배후자에게는 간접정범이 아닌
공범의 성립가능성만 남는다.104)

(6) 책임이 인정되는 자를 이용한 경우

간접정범은 스스로 처벌되지 않거나 과실범으로 처벌되는 자를 이용함으로써 성
립되는 것이기 때문에, 범행매개자에게 완전한 범죄가 성립되는 경우에는 배후자
에게는 간접정범이 부정되는 것이 원칙이다. 즉 정범의 배후에는 정범이 존재하지
않는다. 이와 관련하여 스스로 불법 및 유책성이 인정되는 범행매개자를 배후에서
조종하여 자신의 범행계획 실현에 이용하는 자를 정범으로 인정하고자 하는 개념
을 정범 배후의 정범(Täter hinter dem Täter)이라 한다.

가) 피이용자의 고의를 배제하지 않는 착오를 이용한 경우

갑은 A가 자신을 살해하기 위해 특정 시간과 장소에서 매복하여 자신을 기다린
다는 것을 알고, 자신의 원수인 을을 그 장소로 가게 하여 이를 갑으로 오인한 A로
하여금 총을 쏘게 한 경우, A에게는 형법적으로 의미 없는 객체의 착오만이 있을
뿐이므로 을에 대한 살인고의기수가 인정된다. 그러나 갑도 전체 행위경과에 대한
이해를 토대로 A를 계획적으로 자신의 범죄에 끌어들여 자신이 의도한 결과를 발

---

101) 이견으로 이재상/장영민/강동범, § 32 – 19; 임웅, 476면; 정성근/박광민, 511면; RGSt 61,
    267.
102) Jakobs, 21/96.
103) Kühl, § 20 Rdnr. 70 각주 106a 참조.
104) Bockelmann/Volk, AT S. 181; Jescheck/Weigend, § 62 II 5. 간접정범을 인정하는
    견해로 Maurach/Gössel/Zipf, AT II, § 48 Rdnr. 81; Roxin, FS – Lange, S. 178 ff;
    Sch/Sch/Cramer/Heinz, § 25 Rdnr. 38.

생케 하였으므로, 그에게 범행지배가 인정된다. 이로써 갑은 교사범이 아닌 간접정범이 된다.[105] 단, 갑과 A가 공동의 의사형성 없이 동일한 구성요건적 결과를 추구했다는 점에서 동시범의 성립가능성도 부정할 수 없다.[106]

나) 조직적 권력기구에 의한 경우

범죄조직의 의사결정에 따라 조직의 하수인이 실행정범으로 행위한 경우, 조직의 지시가 강요된 행위라고 할 정도로 행위자의 의사결정의 자유를 구속하지 않는 한 정범성은 인정된다. 그리고 그에게 존재하는 범행지배에 의해 방조범이 아닌 정범이 인정되더라도 배후의 조직은 조직지배에 의해 간접정범이 된다. 그러나 형법 제34조 제2항의 규정으로 조직범죄집단의 권력기구에 관련된 자들에 대해서는 가중처벌할 수 있는 가능성이 확보되어 있으므로, 정범 배후의 정범개념은 우리의 법현실에는 절실히 요구되는 개념은 아니라고 할 수 있다.[107]

(7) 과실범으로 처벌되는 자를 이용한 경우

범행매개자에게는 과실범에 해당되는 행위를 이용한 경우에도 배후자는 간접정범이 된다. 과실에 의한 재물손괴처럼 과실이 처벌되지 않는 피이용자의 행위를 이용한 경우도 당연히 해당된다. 배후자가 피이용자의 착오를 야기하든 피이용자 스스로의 착오를 악용하든 상관없다. 간호사가 자기 과실에 의한 착오에 빠져 있는 것을 이용하여 환자에게 잘못된 약을 투여하게 하여 살해하게 한 경우, 간호사에게는 업무상 과실치사죄가 인정되더라도 이를 이용한 의사는 살인죄의 간접정범이 된다.

2) 이용행위

법문은 간접정범의 행위로 교사 또는 방조를 적시하고 있다. 그러나 법률적 의미의 교사란 범행의사 없는 자에게 범행결의를 하게 하는 것이며, 방조란 범행의사를 가진 자의 범죄행위를 의식적으로 돕는 것을 말하므로, 본 법문에서 말하는 교사나 방조는 법률적 의미로 해석할 수 없으며, 단지 일반적 의미로 사주 또는 이용에 해당하는 것으로 보아야 한다. 다시 말해 간접정범의 행위로서의 교사란 피이용자에 대한 우월한 의사지배를 바탕으로 한 정신적 작용, 방조는 물리적 작용을 가하는

105) Baumann/Weber/Mitsch, § 29 Rdnr. 144.
106) 박상기, 421면 각주 2) 참조.
107) 신동운, 677면.

것으로 이해할 수 있다.

3) 착수와 기수

구성요건적 결과가 실현됨으로써 간접정범은 기수에 이른다. 간접정범으로서의 실
행착수가 있었으나 결과가 발생하지 않은 경우에 미수범의 성립이 가능하다.

간접정범의 경우 실행의 착수시점에 대해서는 이용자가 피이용자에게 작용을 가
하는 시점이라는 견해,[108] 피이용자가 실행행위를 개시하는 시점이라는 견해,[109]
피이용자가 선의인 경우에는 이용자의 피이용자에 대한 작용시점이며 피이용자가
악의인 경우에는 그의 실행행위시점이라는 견해가[110] 있다.

어느 견해에 의하더라도 늦어도 피이용자가 실행착수에 이르는 시점에는 간접정범
의 착수가 인정된다. 그러나 경우에 따라서는 이보다 이른 시점에 간접정범의 착수가
인정되어야 할 때가 있다. 즉 간접정범의 착수시점은 이용자가 더 이상의 작용을 가하
지 않더라도 행위가 피이용자에 의해서 자동적으로 진행될 수 있는 단계에서 피이용
자가 이용자의 지배영역을 벗어나는 시점(Aus-der-Hand-Geben des Geschehens)이
라고 해야 한다.[111] 이 시점은 행위자가 결과의 발생을 방지하기 위해서는 피이용자의
행위를 저지하는 등의 적극적·능동적 노력이 소요되는 시점이다. 피이용자의 선의 혹
은 악의를 구분하는 견해와 결론에서 대체로 일치한다. 그러나 피이용자의 선의 여부
가 이용자의 착수여부를 결정하기 위한 판단기준이 되는 것은 아니다.

---

108) 손해목, 854면; 안동준, 182면; 유기천, 182면; 임웅, 478면; 정영석, 205면;
Baumann/Weber/Mitsch, § 29 Rdnr. 155; Bockelmann/Volk, § 22 II 3 b;
Herzberg, MDR 1973, 89, 94; Jakobs, 21/105.
109) 신동운, 683면; 이형국, 277면.
110) 김종원, 8인 공저, 284면; 배종대, [109] 19; 정성근/박광민, 384면; 진계호, 495면;
Blei, S. 261 f; Kohlrausch/Lange, Vor § 43 Vorbem. II 3; Welzel, S. 191.
111) 김성천/김형준, 331면; 김일수/서보학, 439면; 손동권/김재윤, [§ 23] 28; Jescheck/
Weigend, § 62 IV 1; LK-Vogler, § 22 Rdnr. 104; Roxin, FS-Maurach, S. 227 ff;
Tröndle/Fischer, § 22 Rdnr. 24; SK-Rudolphi, § 22 Rdnr. 20a; Wessels/Beulke,
Rdnr. 613 f; BGHSt 30, 365; 43, 177; BGH NStZ 2000, 589 f.

4. 간접정범의 처벌

형법은 간접정범을 정범으로 처벌하지 않고 교사 또는 방조의 예에 의해 처벌한다. 즉 간접정범의 정범성은 인정하는 것으로 해석된다고 하더라도 그 형을 상대적으로 낮게 잡고 있는 것이다. 간접정범의 불법내용을 직접정범과 동일한 것으로 보아야 한다면 이러한 처벌방식에는 문제점이 없다고 하지 않을 수 없다. 더구나 간접정범의 행위형태를 교사형과 방조형으로 나누어, 방조형태에 해당하는 경우에는 필요적 감경(형법 제32조 제2항)을 인정하는 것은[112] 더욱 심각하다. 이 점에 대해서는 입법자가 간접정범의 불법의 정도를 직접정범에 비해 낮게 평가한 결과로 볼 수도 있다.[113] 그렇다면 교사형태의 간접정범에 비해 방조형태의 형이 낮아지는 것은 당연하다. 그러나 이것이 교사 또는 방조 그 자체가 아니라, 이러한 형식을 통한 간접정범이라면 실제 사례에서 방조형태에 의한 간접정범의 불법이 항상 상대적으로 낮다고 단정할 수 없는 문제이다. 이론상 간접정범을 정범으로 인정하는 데 무리가 없다면, 입법론적으로 이에 대한 처벌규정을 공범의 예에 따를 것이 아니라 정범의 범위에 포함시키는 것이 합리적이다.

그 밖에 간접정범의 미수의 처벌이 문제될 수 있다. 간접정범의 처벌을 교사·방조의 예에 의한다고 해서 간접정범의 미수의 경우 교사의 미수범이 적용되는 것이 아니라 바로 미수범 일반규정이 적용되어야 한다.

5. 관련문제

1) 부작위에 의한 간접정범의 가능성

부작위범을 도구로 이용한 간접정범은 성립이 가능하다. 보증인지위에 있는 자를 방해하여, 결과발생을 방지해야 할 의무를 이행하지 못하게 함으로써 결과를 발생시킨 경우에 배후자는 간접정범이 된다. 물에 빠진 어린이를 익사하게 하기 위해 그의 아버지의 관심을 딴 데로 돌려 구조하지 못하게 하는 경우를 들 수 있다.

반면에 부작위에 의한 간접정범은 생각하기 어렵다. 범행매개자에 대한 의사지

---

112) 신동운, 686면.
113) 박상기, 430면.

배는 적어도 특정한 능동적 행위가 투입되지 않고는 불가능하기 때문이다. 예컨대 중환자의 링거약을 즉시 보충해야 하는 간호사가 이를 잊고 있음을 알면서도 이를 지적하지 않고 내버려 둔 의사의 행위는 간접정범이 아닌 부작위범의 직접정범을 성립시킨다.

2) 과실의 간접정범

과실에 의한 간접정범의 성립은 불가능하다. 타인의 범행기여를 이용해 자신의 범행을 완성하고자 하는 간접정범은 피이용자에 대한 우월한 의사지배를 전제로 하며, 이것은 인식과 의도를 본질적 내용으로 하는 것이기 때문이다. 2인 이상의 공동의 과실이 작용하여 하나의 결과가 발생한 경우에는 과실범의 동시범이 인정될 수 있다.

3) 자수범(自手犯)

자수범이란 객관적 구성요건의 영역에서 행위자 스스로의 실행행위를 요구하는 범죄형태이다. 이러한 범죄형태의 경우에는 누군가를 우월한 의사지배로 조종하여 범죄를 꾀한다고 하더라도 직접적 실행행위를 하지 않는 자에게는 어떠한 형태의 정범도 성립되지 않으며, 이용자는 교사범이나 방조범이 될 가능성 밖에는 존재하지 않는 것으로 보는 것이 원칙이다. 자수범에 관련하여 다음과 같은 견해의 대립이 이루어진다.

(1) 부정설

자수범이란 간접정범의 형태로 범죄성립이 불가능한 범죄유형이라는 데 그 개념의 본질적 의미가 있다고 할 것인데, 현행법의 해석상 그러한 자수범의 존재 자체를 인정할 필요가 없다는 견해가 있었다.[114] 그러나 도주죄처럼 신체적 행위수행자에게만 특정한 행위반가치가 인정되는 고유한 범죄유형이 존재함은 부정할 수 없다.

---

114) 형법 제33조에 따라 신분 없는 자라도 신분자의 범행에 가공함으로써 진정신분범의 공동정범이 될 수 있으며, 형법 제34조는 간접정범을 교사 또는 방조의 예에 따라 처벌한다고 규정함으로써 여기에는 제33조가 적용되므로 결국 현행법상 자수범의 개념은 존재하지 않는다는 입장이다. 그러나 형법 제34조 제1항의 규정은 교사범 또는 방조범의 성립을 인정한 것이 아니라 형의 기준만을 제시하는 것이므로 이러한 주장은 근거가 없다고 할 것이다.

(2) 긍정설

가) 문언설 및 거동범설

문언설은 구성요건의 문언이 정범의 실행행위를 전제로 하는 것으로 해석될 때 자수범이 성립된다는 견해이다. 예컨대 갑이 사정을 모르는 을에게 병의 물건을 자신의 물건이라고 속이고 자신의 집으로 운반해 달라고 부탁한 경우에는 갑은 실행행위를 하지 않았더라도 절도범으로 인정된다. 이러한 경우는 자수범이 아니다. 하지만 교도관 갑이 수감자 을에게 심지어 최면을 걸어 도망가게 했더라도, 갑 스스로의 실행행위가 없는 이상 갑이 도주를 한 것으로 인정되지는 않는다(형법 제145조). 이러한 경우의 도주죄는 자수범이라는 것이다.

그러나 법문언의 표현방식은 다양하고 경우에 따라서는 목적적 해석에 따라 그 의미가 확인되어야 되어야 할 때도 있으며, 더구나 모든 법조문이 자수범 여부의 구별을 염두에 두고 기술되는 것은 아니므로 문언을 기준으로 이를 구분한다는 것은 현실성이 없다.

거동범설은, 단순거동범은 결과의 발생을 바라지 않고 신체거동만으로 범죄가 성립되므로 신체거동을 한 행위자가 자수범으로서 정범이 되며, 행위를 하지 않은 배후자에게는 간접정범이 성립될 여지가 없다고 설명한다. 거동범에 있어서 행위반가치가 불법의 핵심을 형성하는 것은 사실이지만, 거동범이라고 해서 모두 자수범이 되는 것은 아니다. 예컨대 갑이 정을 모르는 어린이를 시켜 남의 집 마당의 물건을 갖고 나오게 한 경우 절도죄뿐 아니라 간접정범에 의한 주거침입죄도(형법 제319조 제1항) 성립한다.

나) 진정자수범 · 부진정자수범 이분설

진정자수범에는 ① 성매매알선죄(성매매알선 등 행위의 처벌에 관한 법률 제4조, 독일형법 제181a조) 등과 같이 개별적 행위뿐 아니라 일정한 생활방식이 가벌성의 근거가 되므로 행위자의 직접적 행위 없이는 범행지배가 인정되지 않는 행위자형법적 범죄와 ② 현재는 폐지된 간통죄나 남성 간의 동성애 행위(독일 구형법 제175조) 등 법익침해는 없으나 윤리적 비난가능성이 가벌성의 근거가 되는 행위관련적 범죄가 포함되며,[115] 부진정자수범이란 고도의 일신전속적 의무를 위반함으로써 성

---

115) 배종대, [138] 11. 그러나 행위의 반윤리성 혹은 의무가 자수범의 기준이 되어야 하는 이유에 대해서는 의문이다.

립하는 범죄로서 여기에는 위증죄(형법 제152조)와 도주죄(형법 제145조) 등이 포함된다고 한다. 이러한 범죄는 일신전속적 의무가 없는 타인을 통해서는 범죄가 성립되지 않는다는 것이다.[116]

반면에 우리나라에서는 위증죄나 도주죄와 같이 신분자이든 비신분자이든 결코 간접정범의 형태로는 범죄가 성립될 수 없는 범죄유형을 진정자수범으로, 허위공문서작성죄(형법 제227조)[117]·허위진단서작성죄(형법 제233조) 등과 같이 신분자가 비신분자를 이용하여서는 간접정범이 될 수 있으나 그 반대의 경우에는 공범의 성립은 가능하나 간접정범은 될 수 없는 범죄유형을 부진정자수범으로 구분하는 견해가 있다.[118] 그러나 신분자가 비신분자를 이용하여 간접정범이 될 수 있는 범죄는 진정이든 부진정이든 자수범의 영역에서는 벗어난다. 우리가 이해하는 자수범이란 행위자 스스로의 실행행위 없이는 어떠한 형태의 정범도 성립되지 않는 범죄이기 때문이다. 또한 진정신분범에서 비신분자가 간접정범이 되지 못하는 이유는 구성요건이 요구하는 신분이 결여되었기 때문이지 해당 구성요건이 자수범이어서 그런 것은 아니다. 따라서 부진정이라는 수식어에는 아무런 의미가 없다.

다) 삼분설

자수범을 진정 및 부진정자수범으로 양분하는 대신 단순히 자수범에는 세 가지 유형이 존재한다는 견해로서 여기에는 ① 음주운전(도로교통법 제44조, 제148조의2)

---

116) Roxin의 분류로서 이재상/장영민/강동범, § 32 – 36 참조.
117) 대판 1992.1.17, 91도2837 : 예비군훈련을 받은 사실이 없음에도 불구하고 소속 예비군동대 방위병에게 위 날짜에 예비군훈련을 받았다는 내용의 확인서를 발급하여 달라고 부탁하자, 동인은 작성권자인 예비군 동대장에게 그 사실을 보고하여 그로부터 피고인이 예비군훈련에 참가한 여부를 확인한 후 확인서를 발급하도록 지시를 받고서는 미리 예비군 동대장의 직인을 찍어 보관하고 있던 예비군훈련확인서용지에 피고인의 성명 등 인적사항과 위 부탁받은 훈련일자 등을 기재하여 피고인에게 교부한 사건에서 (...) 공문서의 작성권한이 있는 공무원의 직무를 보좌하는 자가 그 직위를 이용하여 행사할 목적으로 허위의 내용이 기재된 문서초안을 그 정을 모르는 상사에게 제출하여 결제하도록 하는 등의 방법으로 작성권한이 있는 공무원으로 하여금 허위의 공문서를 작성하게 한 경우에는 간접정범이 성립되고 이와 공모한 자 역시 그 간접정범의 공범으로서의 죄책을 면할 수 없는 것이고(대판 1977.12.13, 74도1990; 대판 1986.8.19, 85도2728 각 참조), 여기서 말하는 공범은 반드시 공무원의 신분이 있는 자로 한정되는 것은 아니라고 할 것이다.
118) 임웅, 483면 참조.

등과 같이 정범의 성립을 위해 신체적 행위가 전제 되는 범죄, 즉 정범의 신체가 행위수단이 되어야 하는 범죄, ② 명예훼손죄(형법 제307조), 업무상 비밀누설죄(형법 제317조)처럼 신체적 행위는 아니더라도 적어도 일신상의 인격적 행위가 요구되는 범죄, ③ 위증죄(형법 제152조), 군무이탈죄(군형법 제30조) 등과 같이 소송법이나 기타 법률에 의해 정범 스스로의 행위가 요구되는 범죄가 포함된다는 것이다.119)

(3) 결론

자수범의 인정 여부에 관한 견해 중에서는 삼분설이 비교적 진보된 이론이라 할 수 있다. 실행행위를 스스로 하지 않고서는 간접정범 혹은 공동정범이 될 수 없는 범죄유형으로서의 자수범의 존재는 긍정되어야 한다.

4) 진정신분범

진정신분범에서의 신분은 범죄를 구성하는 요소이므로 이 신분이 없는 자의 행위는 구성요건을 성립시키지 못한다. 즉 신분이 없는 자는 단독으로는 정범이 될 수 없는 것이 원칙이다. 그러나 형법 제33조 본문의 규정에 의해 신분이 없는 자도 신분 있는 자의 범죄에 가공함으로써 공범 혹은 공동정범은 될 수 있다. 그렇지만 비신분자가 신분자를 도구로 이용하여 단독의 간접정범은 될 수 없다고 해야 한다. 이에 대해 간접정범의 처벌을 공범의 예에 의한다는 형법 제34조 제1항을 적용한다면 간접정범도 가능하다는 주장이 있을 수 있으나, 본 조항은 간접정범의 성립을 인정하는 것이 아니라 처벌만을 그에 따른다는 의미이므로 위 주장은 근거가 없다고 할 것이다.120)

의무범의 경우도 이와 크게 다르지 않다. 여기서는 특정 법익에 대한 보호의무를 지는 의무자만이 행위주체가 되며, 그는 의무 없는 자를 도구로 이용하여 간접정범이 될 수 있다. 의무 없는 자는 의무 있는 자를 도구로 이용한다고 하더라도 간접정범은 성립되지 않고, 공범만이 가능하다.

---

119) Herzberg가 제시한 견해로서 우리나라에서도 대체로 긍정적으로 받아들여지고 있다. 박상기, 87면; 배종대, [138] 13; 손동권/김재윤, [§ 28] 63; 이재상/장영민/강동범, § 32-38; 임웅, 482면 이하; 정성근/박광민, 522면. 이에 대한 비판으로 신동운, 693면.
120) 임웅, 480면 이하.

5) 간접정범의 착오

(1) 피이용자의 고의 혹은 책임능력에 대한 배후자의 착오

간접정범과 관련한 배후자의 착오는 크게 두 가지로 분류할 수 있는데, 첫째는 피이용자에게 사실은 고의 혹은 책임능력이 없음에도 불구하고 배후자가 이를 있는 것으로 오인한 경우이다. 가령 갑이 만 14세가 되지 않은 을을 15세가 넘은 것으로 알고 그로 하여금 절도를 하게 했다면, 갑은 교사를 한다고 생각했으나 실제로는 간접정범이 이루어진 사례가 된다. 여기에는 교사범의 미수가 인정되어야 한다는 견해뿐[121] 아니라, 객관적으로는 교사범에 상대적 우위의 간접정범과 주관적으로는 교사의 고의가 인정되므로 교사범의 기수가 인정되어야 한다는 견해도 가능하다.[122] 생각건대 갑은 자신의 행위에 대한 의사지배, 곧 간접정범성을 인식하지 못했으므로, 간접정범이 아닌 교사범으로 처벌하는 것이 행위자의 주관에 상응하는 불법의 정도에 따라 처벌한다는 보편적 법리에 합당하다.[123]

둘째는, 반대로 책임능력이 있는 피이용자를 배후자가 책임능력이 없는 것으로 오인한 경우이다. 이 경우 배후자는 간접정범의 고의로 행위하였지만 피이용자에게 책임능력이 있는 한, 객관적으로는 배후자의 행위를 의사지배에 의한 행위라고 보기 어렵다. 이러한 사례는 주관적 간접정범과 객관적 교사가 경합되는 상황이지만, 행위지배의 고의에는 교사의 고의가 포함되므로 교사의 미수가 아닌 교사의 기수범으로 처벌되어야 한다고 보는 것이 타당하다.[124] 이때 주관설을 따른다면 행위자의 내면적 불법에 상응한 처벌이 이루어져야 하므로 간접정범이 인정되어야 할 것이다. 그러나 행위자의 주관보다 객관적 불법이 낮은 경우에는 객관적 기준에 따라 불법의 정도가 확정되어야 한다.

---

121) Bockelmann, FS Gallas, S. 266; Blei, AT, S. 261; Maurach/Gössel/Zipf, AT II, § 48 Rdnr. 32 f.

122) Jescheck/Weigend, § 62 III 1 참조.

123) 김일수/서보학, 441면; 배종대, [138] 2; 이재상/장영민/강동범, § 32 – 29. '교사의 예에 따라' 처벌되는 간접정범을 인정하는 견해로 신동운, 649면, 677면.

124) 김일수/서보학, 441면; 배종대, [138] 2; 이재상/장영민/강동범, § 32 – 29; Jescheck/ Weigend, § 62 III 1; LK – Roxin, § 25 Rdnr. 147. 박상기, 424면은 피이용자에게 고의가 있는 경우 배후자에게는 간접정범의 미수가 인정된다고 한다. 교사에 의한 기수와 간접정범의 미수의 상상적 경합으로 보는 견해로 손동권/김재윤, [§ 28] 50.

(2) 피이용자의 실행행위에서의 착오

피이용자의 실행행위에서의 방법의 착오는 배후자에게도 방법의 착오로 인정된다. 가령 갑이 을로 하여금 병을 살해하라고 지시하였는데, 이를 거역할 수 없는 을은 현장에서 병을 향해 총을 쏘았으나 빗나가 옆의 정이 맞아 숨진 경우에 갑과 을 모두에게 방법의 착오가 인정된다.

반면 피이용자의 객체의 착오인 경우 그의 고의가 인정되는 경우에는 배후자에게도 마치 그가 직접 실행행위를 한 것과 같이 결과가 발생된 객체에 고의가 인정되어야 하나, 피이용자에게 고의가 부정되는 경우에는 배후자에게 방법의 착오가 인정될 수 있다는 견해가 있다.[125] 그러나 피이용자의 고의 여부에 따른 구분의 근거가 불분명하므로, 통설은 인간도구를 기계적 도구와 동등시하여 그의 고의 여부와 상관없이 도구에 의한 모든 객체착오는 배후자의 방법의 착오로 인정한다.[126]

위의 사례에서 을은 병이라고 생각하고 총을 쏘았으나 사실은 병이 아닌 정이었을 경우, 을에게는 객체의 착오이지만 갑에게는 방법의 착오인 것이다. 방법의 착오를 인정하더라도 여기에서 법정적 부합설을 취하게 되면 발생된 결과에 대해 배후자의 고의가 인정된다. 즉 갑은 정에 대한 살인고의기수로 처벌된다. 반면 구체적 부합설에 의하면 갑에게는 병에 대한 살인미수와 정에 대한 과실치사의 상상적 경합이 인정된다. 두 학설 모두 을에 대해서는 정에 대한 살인고의기수를 인정한다. 법정적 부합설은 고의의 인정범위를 부당하게 확장하므로 이 문제는 구체적 부합설에 의해 해결하는 것이 합당하다.

6. 특수교사 · 방조죄

형법 제34조 제2항은 자기의 지휘 · 감독을 받는 자를 교사 또는 방조하여 전항의 결과를 발생케 한 자는 교사인 때에는 정범에 정한 형의 장기 또는 다액에 2분의 1까지 가중하고, 방조인 때에는 정범의 형으로 처벌한다고 규정한다. 자신의 지위에 의하여 상대적으로 의사의 자유가 제한된 자를 자신의 범죄에 이용하는 행위

---

125) Jakobs, 21/106; Welzel, S. 75.
126) LK‒Schroeder, § 16 Rdnr. 14; Roxin, Täterschaft und Tatherrschaft, S. 215; SK‒Rudolphi, § 16 Rdnr. 30; Wessels/Beulke, Rdnr. 550.

에는 비난가능성이 상대적으로 높은 만큼, 이를 가중처벌하는 정신은 합당한 것이라 하겠다.

다만 본 조항의 법적 성격에 대해서는 ① 특수공범설, ② 특수간접정범설, ③ 특수공범 및 특수간접정범설 등의 견해가 대립된다. 본 조항은 구체적 행위형태는 공범의 형태이나 처벌은 공범으로서가 아닌 정범으로서 공범의 예에 의하게 되는 본조 제1항의 간접정범의 특수형태이므로, 간접정범과 공범이 모두 포함된다고 보는 다수설의 입장이 타당하다.

제 46 절 공범론의 기초이론

I. 공범의 처벌근거와 가별성의 요건

범죄참가형태를 광의와 협의로 나누는 입장에서의 협의의 공범은 교사범과 방조범을 의미한다. 정범이 자신의 범죄를 수행하는 자라면 공범은 타인(본범)의 범죄에 관여하는 자이다. 이들은 직접 구성요건적 행위를 실행하지 않으므로 범죄의 핵심인물이 아닌 주변인물에 지나지 않지만, 일정한 요건이 갖추어지면 본범에 종속되어 처벌된다. 이에 대한 법적 처벌근거는 형법 제31조, 제32조에서 찾을 수 있다. 그러나 이론상의 공범처벌근거에 대해서는 다양한 견해가 제시된다.

1. 공범의 처벌근거

1) 책임가담설(Schuldteilnahmetheorie)

책임가담설은 공범은 정범으로 하여금 유책한 범죄행위를 하게 했기 때문에 처벌되는 것으로 이해한다. 다시 말해 공범에 대해서는 그가 정범을 통해 하나의 범죄를 유발하여 궁극적으로 법익을 침해했다는 점보다는, 그 이전에 다른 사람을 유책한 범죄자로 만들었다는 데 가별성의 본질이 존재하고, 여기에 비난의 중점이 있다고 보는 것이다. 살인교사자가 직접 살인을 했다고 할 수 있을 정도로 그의 법익침해의 강도가 높지는 않다고 하더라도, 결국 교사자는 살인자를 만들어 낸 것이므로[1] 가벌성이 성립한다는 것이다. 이 이론은 공범자가 처벌되는 이유는 정범을 통해서 법익을 침해하기 때문이 아니라 그의 행위 자체가 정범에 대한 침해이기 때문이라는 사고에서 출발하는 것으로서, 이에 의하면 극단적 종속형식과 결론을 같이 하게 됨으로써 책임개별화 원칙이 아닌 책임연대의 결과로 연결될 우려가 있다. 이것은 제한종속형식을 취하고 있는 우리 실정법에도 어긋나는 이론이다.[2]

2) 불법가담설(Unrechtsteilnahmetheorie)

공범은 정범의 불법행위를 야기·촉진함으로써 정범의 사회일체성을 해체했다는데, 즉 정범의 평화로운 한 사회구성원으로서의 성격을 훼손함으로써 법적 평화를 교란했다는 점이 처벌의 이유가 된다는 것이다. 이는 책임가담설을 제한종속설에 의해 수정한 형태라고 할 수 있다. 불법가담설은 공범의 처벌요건으로 정범의 책임 유무는 따지지 않으므로 책임무능력자에 대한 교사도 성립이 가능하다. 그러나 이 견해는 적극적 불법가담 없이 소극적으로 타인의 범죄에 가담한 종범의 경우 처벌 근거를 설명하기 어렵다는 지적이 있다.

3) 순수야기설(reine Verursachungstheorie)

공범불법의 완전한 독자성에서 출발하는 순수야기설[3]은 정범의 불법과는 절연된 공범행위 자체의 고유한 행위반가치가 있다고 평가한다. 정범의 불법행위에 가담하거나 유발하는 행위 자체는 정범의 불법으로부터 독립하여 스스로 구체적 법익을 침해하는 고유의 기능을 가지므로, 정범을 통해 실현된 결과반가치는 별론으로 하더라도 공범의 행위반가치로 가벌성이 인정되기에 충분하다는 설명이다. 다시 말해 법익 존중의 요구를 정범만이 침해하고 공범은 이에 가담만 한 것이 아니라, 오히려 공범 스스로가 법익존중의 요구를 침해하는 것으로서 그의 행위에 나름대로 고유한 독자적 불법내용이 담겨 있는 것이며, 정범에의 종속성은 가벌성을 위한 전제조건의 한

---

1) H. Mayer의 정의로서 SK-Samson, Rdnr. 5 Vor § 26에서 인용.
2) 더구나 독일 형법 제29조는 명시적으로 공범의 처벌에 정범의 책임을 그 요건으로 하지 않기 때문에 이 이론은 독일에서는 더 이상 주장되지 않는다고 할 수 있다, SK-Samson, Vor § 26 Rdnr. 6; 전지연, 함정교사의 가벌성, 고시연구 1992.12, 109면 각주 11.
3) Lüderssen, Zum Strafgrund der Teilnahme, 1967, S. 117 ff; Schmidhäuser, LB AT 14/57.

종류일 뿐이라고 한다.

이 견해는 함정교사의 불가벌성을 논리적으로 설명할 수 있는 장점을 갖는다. 함정교사자는 타인을 실행에 착수는 하게 하지만 기수에 이르기 이전에 범행을 중단시키고자 하는 자, 곧 기수의 고의가 없는 자로서, 공범으로서의 독자적인 법익침해의 실질을 갖추지 못했으므로 처벌되지 않는다는 결론을 쉽게 도출할 수 있다. 또한 촉탁에 의한 살인죄가 가벌적 미수에 이른 경우, 정범의 가벌성과는 별도로 촉탁자인 피해자는 공범으로 처벌되지 않아야 한다. 순수야기설을 통하면 이 결론에도 논리적으로 도달할 수 있다.

그러나 이 견해는 출발에서 이미 공범독립성설에 의존하는 것은 아니나, 견해의 속성이 공범의 독자적 불법성을 강조하게 되므로 논리구조상 공범독립성설에 가까워지게 된다. 따라서 공범종속성설을 취하는 우리 실정법에는 부합하지 않는다고 할 것이다.[4]

4) 종속야기설(akzessorietätsorientierte Verursachungstheorie)

공범이 처벌되는 것은 타인의 책임 혹은 불법에 가담했기 때문이 아니라 정범을 통해서 법익을 침해했기 때문이라는 것이다. 이에 따르면 정범의 위법한 행위를 야기한 공범은 여기에 결속되며, 따라서 공범의 불법내용 또한 정범의 불법에서 도출되고 그에게 종속된다. 교사범은 정범에게 범행결의를 하게 함으로써 범행을 유발했고, 방조범은 정범의 범행을 촉진 혹은 지원함으로써 각각 그의 범죄에 결속된다. 정범에 의한 법익침해는 이를 함께 야기한 공범에게도 귀속되는 것이다. 이 이론은 순수야기설의 경우와는 반대로 종속성 사고를 전면에 둠으로써 공범의 불법을 정범의 불법에서 도출하고, 공범의 독자적 불법요소를 간과한다는 데 본질적 의미가 있다.[5] 현재 우리나라와 독일에서의 다수설이다.[6]

---

4) 김일수, 한국형법 II, 362면 이하.
5) LK-Roxin, Vor § 26 Rdnr. 17.
6) 김성천/김형준, 386면; 박상기, 373면; 배종대, [128] 18; 손해목, 1060면; 안동준, 224면; 이재상/장영민/강동범, § 31-49; 이정원, 320면; 이형국, 314면; 조준현, 320면; Baumann/Weber/Mitsch, § 30 Rdnr. 3, 6; Jescheck/Weigend, § 64 I 2; Kühl, § 20 Rdnr. 132; Maurach/Gössel/Zipf, AT II, § 50 Rdnr. 55 f; Rudolphi, GA 1970, 353, 365; Sch/Sch/Cramer/Heine, Vor § 25 Rdnr. 17.

만일 이 견해가 공범처벌과 관련하여 정범에 대한 종속성을 강조한다면, 함정교사의 경우 정범의 불법이 인정되는 한 교사자도 이에 종속되어 처벌되어야 한다는 결론에 이르러야 한다. 즉 종속야기설은 함정교사의 불가벌성을 설명하지 못한다는 한계가 있다.

5) 혼합야기설(gemischte Verursachungstheorie)

순수야기설과 종속적 야기설의 절충설로서의 혼합야기설은 앞의 양이론의 일면성을 회피하여, 공범의 가벌성의 근거를 부분적으로는 정범행위에서, 그리고 부분적으로는 공범 자신의 법익침해에서 도출한다. 공범은 정범의 불법행위를 종속적으로 야기했다는 데 결과반가치가 있을 뿐 아니라, 공범의 행위 자체에 그의 독자적 반가치가 공존한다는 것이다.[7] 공범은 타인의 불법에 고의적으로 기여함으로써 자신을 그 행위에 결속시키고 일체화시켰다는 데, 즉 타인의 불법에 자신을 일체화함으로써 간접적으로 구성요건적으로 보호되는 법익을 침해하였다는 데 공범 고유의 불법이 인정되어야 한다는 것이다.[8]

이 견해는 순수야기설과 종속야기설을 합일화함으로써 각각의 단점을 보완할 수 있다는 장점을 지닌다. 특히 종속야기설로는 설명될 수 없는 함정교사의 불가벌성을 순수야기설의 측면에서 설명이 가능하며, 실패한 교사의 경우 교사자를 예비·음모에 준하여 처벌한다는 형법 제31조 제3항의 규정도 순수야기설의 도움으로 설명이 가능하다. 왜냐하면 갑이 을을 교사하고자 했으나 이를 거절한 을에게는 아무런 불법이 존재하지 않으므로 을은 불가벌인 빈면 갑은 처벌되어야 하는데, 종속야기설에 의하면 갑에게도 가벌성은 부정되어야 하기 때문이다.[9]

반대로 순수야기설은 의무범의 경우에 의무 없는 자의 공범으로서의 처벌근거를 설명할 수 없으나, 정범과의 일체화에 가벌성의 일부를 인정하는 혼합야기설로는 그 설명이 가능하다.[10] 또한 공범의 독자적 불법성을 강조함으로써 공범독립성의 편향으로 치우칠 수밖에 순수야기설의 단점은 종속야기설로 보완할 필요가 있다. 그렇게 본다면 혼합야기설을 취하는 것이 바람직하다.[11]

---

7) LK‒Roxin, Vor § 26 Rdnr. 22.
8) 이 행위반가치는 인상설이 설명하는 불능미수의 행위반가치와 동일한 의미를 가진다.
9) 손동권/김재윤, [§ 30] 28.
10) Roxin, AT II, § 26 Rdnr. 23.

2. 공범처벌 요건으로서의 공범의 종속성

1) 공범종속성설과 공범독립성설

(1) 공범종속성설

공범종속성이란 객관주의적 범죄론의 관점에서 공범의 처벌 여부는 그의 행위만을 독립적으로 판단하여 결정되는 것이 아니라, 항상 정범의 행위에 의존하여 결정됨을 의미하는 것이다. 공범의 행위 그 자체는 범죄가 아니므로, 공범은 정범의 실행행위를 전제로 하여 그에 종속해서만 성립된다. 다른 한편으로 타인에게 범죄를 하도록 시켰다고 해서, 혹은 그의 범죄를 어떤 방식으로든 도왔다고 해서 무조건 공범으로 처벌된다고 할 수는 없다. 법률은 명확성의 원칙에 따라 공범으로서 처벌되는 요건을 명백히 밝혀야 한다. 이 요건의 범주에 속하는 공범종속성의 원칙은 공범처벌에 관한 보장구성요건의 법치국가적 제한장치라고 할 수 있다.[12]

(2) 공범독립성설

이와는 달리 주관주의적 범죄론에서의 공범독립성설은 공범의 가벌성은 정범의 가벌성과 관계없이 형성되어야 한다는 입장이다. 즉 정범의 실행행위가 아니더라도 교사 또는 방조행위 자체가 법질서에 반하는 의사의 표현으로서, 자체에 가벌성의 실체가 존재한다는 것이다. 이 입장에서는 공범종속성설은 공범의 처벌을 정범의 가벌성과 관련지어 판단한다는 점에서 책임개별화의 원칙 혹은 자기책임원칙에 반하는 것으로 비판할 수 있다.[13] 그러나 이 비판은 합리적 근거가 없다. 자기책임원칙의 취지는 개인을 국가형벌권으로부터 가능한 한 보호하고자 하는 데 있다면, 공범독립성설이 아닌 공범종속성설을 취할 때 이러한 취지가 오히려 효과적으로 달성되기 때문이다. 즉 전자에 의하면 정범의 가벌성 여부와 상관없이 공범이 처벌될 수 있는 데 비해, 후자에 의하면 정범의 불법행위가 전제될 때(제한종속형식) 비로소 공범의 처벌가능성이 나타난다.

(3) 결론

현행 형법도 "타인을 교사하여 죄를 범하게 한 자(형법 제31조 제1항)", "타인의

---

11) 김일수/서보학, 477면 이하; 손동권/김재윤, [§ 30] 28; 이용식, 82면; 임웅, 434면 이하; 정성근/박광민, 502면 이하; 진계호, 551면.
12) Kühl, § 20 Rdnr. 134.
13) 정영석, 232면; 진계호, 357면.

범죄를 방조한 자(형법 제32조 제1항)"라는 표현을 사용하여 공범의 죄는 정범의 죄를 전제로 하여 성립함을 인정하고 있으며, 처벌 또한 정범을 기준으로 한다. 또한 교사행위에 대해 피교사자가 범죄실행을 승낙은 했지만 실행에 나가지 않은 경우의 효과 없는 교사와, 교사행위에 대해 피교사자가 범죄실행 자체를 승낙하지 않은 실패한 교사에 대해(형법 제31조 제2 · 3항) 예비 · 음모에 준하여 처벌한다는 규정도 공범의 독립성을 인정하지 않는다는 취지로 이해할 수 있다.

무엇보다 구성요건적 행위의 정형성이 존재하지 않는 공범에게 독립적 가벌성의 근거를 인정하고자 하는 사고는 죄형법정주의에서 벗어날 우려가 있다는 점에서 공범독립성설은 부정되어야 한다. 공범종속성설이 현재 통설[14] 및 판례의[15] 입장이다.

2) 종속성의 정도

(1) 종속형식의 종류

공범의 정범에의 종속성을 인정하는 경우 정범이 범죄체계상, 어느 정도의 가벌성의 요건을 갖추었을 때 공범이 성립된다고 할 것인지가 문제된다. 종속성의 정도에 대해서 다음의 네 가지 종류의 형식이 제시된다.[16]

가) 최소한의 종속형식

정범의 행위가 구성요건에만 해당하면 위법성, 유책성 여부와 관계없이 공범이 성립한다.

---

14) 박상기, 374면; 배종대, [128] 4; 신동운, 623면; 이재상/장영민/강동범, § 31 – 39; 이정원, 322면; 임웅, 430면. 혼합적 야기설에 입각한 절충적 입장으로 김일수/서보학, 477면; 손동권/김재윤, [§ 30] 9; 오영근, 381면.

15) ① 대판 1998.2.24, 97도183 : 정범의 성립은 교사범의 구성요건의 일부를 형성하고 교사범이 성립함에는 정범의 범죄행위가 인정되는 것이 그 전제요건이 되는 것이다. ② 대판 1981.11.24, 81도2422 : 정범의 성립은 교사범, 방조범의 구성요건의 일부를 형성하고 교사범, 방조범이 성립함에는 먼저 정범의 범죄행위가 인정되는 것이 그 전제요건이 되는 것은 공범의 종속성에 연유하는 당연한 귀결이며, 따라서 교사범, 방조범의 사실 적시에 있어서도 정범의 범죄구성요건이 되는 사실 전부를 적시하여야 하고, 이 기재가 없는 교사범, 방조범의 사실 적시는 죄가 되는 사실의 적시라고 할 수 없다. ③ 대판 1979.2.27, 78도3113 : 방조죄는 정범의 범죄에 종속하여 성립하는 것으로서 방조의 대상이 되는 정범의 실행행위의 착수가 없는 이상 방조죄만이 독립하여 성립될 수 없다.

16) M. E. Mayer, 291.

나) 제한종속형식

정범의 행위가 구성요건에 해당하고 위법하기만 하면 공범이 성립된다. 책임은 반드시 요구되는 것은 아니므로 스스로는 책임조각이 되는 행위자를 배후에서 교사한 경우에도 교사죄는 성립한다. 독일형법 제26조는 타인으로 하여금 '고의에 의한 위법한 행위'를 결의하게 한 자를 교사범으로 규정하며, 제27조 제1항의 방조범도 같은 형식으로 규정하므로 독일은 실정법이 제한종속형식을 취한다고 할 수 있다.

다) 극단종속형식

정범의 구성요건 해당행위가 위법하고 유책해야 공범이 성립한다. 1943년까지 독일형법은 교사범은 정범의 '가벌적 행위(독일 구형법 제48조)', 방조범은 정범의 '범죄(독일 구형법 제49조)'를 요건으로 하고 있었으므로, 당시의 판례와 통설은 책임 없는 자에 대한 공범은 불가능한 것으로 이해했다. 당시의 법제하에서 극단종속형식을 따른 것은 당연한 귀결이었다.

라) 초극단종속형식

정범의 행위가 모든 가벌성의 조건까지 갖추어 완전한 범죄로서 처벌될 수 있을 때 공범이 성립한다.

(2) 평가

이상의 네 가지 종속형식 중에서 최소한의 종속형식과 초극단적 종속형식에 대해서는 더 이상 논의할 가치가 없을 것으로 판단되며, 다만 학설의 일부는 형법이 극단종속형식을 취하고 있다는 입장을 취한다. 그 이유는 첫째로 형법이 교사범의 경우 타인을 교사하여 죄를 범하게 한 자(형법 제31조), 방조범의 경우 타인의 범죄를 방조한 자(형법 제32조)로 표현한 것은 정범의 완전한 범죄를 요구한 것이며, 둘째로 처벌되지 아니하는 자를 이용하여 범죄를 실현한 경우에 교사·방조의 성립이 아닌 간접정범을 인정하되, 처벌만을 교사·방조의 예에 의한다고 한 것도 공범성립을 부정한 것이라는 해석이다.[17] 독일형법과 엄연히 다른 우리 형법에 대한 문언해석을 그리 한다면, 위와 같은 결론에 도달하는 것도 무리는 아니다. 그러나 이것은 문언해석에 한정할 것이 아니라, 종속성 문제의 본질적 의미와 실익이 어디에 있는가 하는 관점도 함께 고려하여 평가해야 할 문제이다.

제한종속형식의 실질적 의미는, 전면에서 행위하는 정범에게 정신이상, 강요된

---

17) 오영근, 383면 이하.

상태, 회피 불가능한 금지착오 등 개인적 책임조각사유가 있는 경우에 이를 알고 범행으로 조종한 배후자에게는 원칙적으로 간접정범을 인정하고, 공범성립가능성은 배제시키고자 하는 데 있다. 제한종속형식을 적용하면, 배후자가 정범의 개인적 책임조각사유를 알지 못하고 범의를 유발하여 범행으로 나아가게 한 경우에 배후자는 책임 없는 행위의 교사범이 된다.

의무범의 경우 의무 없는 자는 의무 있는 자를 도구로 이용하여 간접정범이 될 수 없다. 의무 없는 배후자가 책임조각사유를 가진 의무자를 조종하여 의무위반의 범죄를 하게 한 경우, 공범성립요건으로 정범의 유책성을 요구하는 극단종속형식을 취한다면 배후자는 처벌될 수 없다. 이때 제한종속형식을 취하면 적어도 교사범으로서의 처벌가능성은 확보할 수 있다. 자수적 구성요건행위를 하지 않는 한 간접정범이나 공동정범이 될 수 없는 자수범의 경우도 이와 유사하다. 예컨대 타인을 협박하여 위증 또는 도주케 한 배후자는 실행행위가 없으므로 간접정범이 될 수 없고 교사범의 가능성만 있을 뿐이다. 그런데 위증 또는 도주죄의 정범이 타인의 협박에 의해 책임이 조각되는 상황이라면, 극단종속형식을 취할 때 교사범으로서의 처벌가능성마저 사라지게 된다.[18]

즉 극단종속형식을 취한다는 것은 결국 정범의 개인적 책임조각사유의 효과를 공범에게까지 적용함을 의미하는 것으로서, 오히려 책임개별화의 원칙에 위배되며 따라서 가벌성의 공백을 가져오는 원인이 되므로, 이는 지양되어야 한다. 결론적으로 말하자면 구성요건적 행위의 범주 밖에 존재하는 공범의 처벌은 법치국가원칙상 구성요건적 정범의 불법을 전제로 해야 한다는 점에서 정범에 대한 종속성은 당연한 요구이며, 그 종속성의 정도는 부당한 가벌성의 공백을 합리적으로 피하기 위해 정범의 구성요건해당성과 위법성으로 제한되어야 한다.

II. 공범의 종류

1. 임의적 공범

임의적 공범이란 단독으로도 이루어질 수 있는 범죄에 2인 이상이 가담하는 경

---

18) Roxin, AT II, § 26 Rdnr. 33.

우를 말한다. 따라서 임의적 범죄참가형태이다. 여기에는 공동정범도 포함될 수 있으므로, 여기에서의 공범은 광의의 개념이라 하겠다.

2. 필요적 공범

구성요건실현에 최소 2인 이상의 가담이 요구되는 범죄형태(필요적 범죄참가형태)[19]를 이른다.

1) 종류

(1) 집합범

동일한 목표를 가지는 다수의 가담자가 동일한 방향으로 공동 작용을 하여 하나의 범죄가 완성되는 범죄형태이다. 모든 가담자에게 동일한 형이 부과되는 경우와 서로 다른 형이 부과되는 경우로 나뉜다.

가) 가담자 모두에게 동일한 형이 부과되는 경우

소요죄(형법 제115조), 해상강도죄(형법 제340조)및 합동범이 이에 해당한다. 그밖에 특수주거침입(형법 제320조), 특수손괴(형법 제369조) 등 '단체 또는 다중의 위력'이라는 표현이 들어간 구성요건들도 여기에 포함시키고자 하는 견해가 있다.[20] 그러나 예컨대 특수폭행죄(형법 제261조)는 현장에서의 행위자가 단체 또는 다중의 위력을 단지 보이는 것만으로 성립되는 범죄이지, 단체 또는 다중이 실제로 합동하여 실행행위를 해야 하는 것은 아니므로,[21] 행위자의 현장에서의 실행행위에 의해 이에 속한 구성원이 동시에 공범이나 공동정범이 되는 것은 아니다. 따라서 이러한 구성요건은 실행행위자가 단독의 행위주체가 되는 것을 전제로 한 것이라고 이해해야 하므로 집합범의 개념에는 부합하지 않는다.

나) 참가자의 지위, 역할, 기여정도에 따라 형이 상이한 경우

내란죄(형법 제87조), 반국가단체구성죄(국가보안법 제3조) 등이 이에 해당한다.

---

19) LK-Roxin, Vor § 26 Rdnr. 32.
20) 김일수/서보학, 480면.
21) 이재상, 형법각론, § 3-52.

(2) 대향범

다수의 가담자가 서로 다른 방향에서 타 가담자와 다른 역할을 수행함으로써 성립되는 범죄이다.

여기에는 도박죄(형법 제246조), 아동혹사죄(형법 제274조), 인신매매죄(형법 제289조) 등과 같이 쌍방 관여자의 법정형이 동일한 경우와, 뇌물죄에서 수뢰죄(형법 제129조)와 증뢰죄(형법 제133조), 낙태죄에서의 자기낙태(형법 제269조)와 의사 등의 동의낙태(형법 제270조), 배임수증죄(형법 제357조) 등 대향자 간의 법정형이 서로 다른 경우가 있다.

그 밖에 범인은닉 및 도피죄(형법 제151조), 촉탁·승낙에 의한 살인죄 및 자살관여죄(형법 제252조) 등과 같이 관여자 중 일방만이 처벌되는 경우가 있다. 음화판매죄(형법 제243조)에서도 매수자는 처벌되지 않는다.

2) 공범규정의 적용

필요적 공범에 대해서는 형법총칙의 공범규정은 특별한 의미가 없다. 총칙상의 공범규정은 임의적 공범을 전제로 한 것이며, 필요적 공범의 경우 각자에게 적용될 형벌은 각칙에 따로 규정되어 있기 때문이다.[22]

그러나 필요적 공범의 경우에도 외부에서 관여하는 자에게 공범규정을 적용할 것인지가 문제될 수 있다. 가령 내란죄(형법 제87조)와 같은 집합범의 경우 집단의 구성원이 아닌 자가 집단 외부에서 다양한 방법(정신적 혹은 물리적)으로 지원을 한 경우에는 적어도 교사범 또는 방조범은 성립이 가능한 것으로 평가할 수 있다. 이에 대해 본 구성요건의 경우 이미 가담자의 지위 및 역할을 세분하여 규정하고 있으므로 규정 범위 밖의 공범형태는 인정되지 않는다는 부정설이 있으나, 본 규정의

---

22) 대판 1985.3.12, 84도2747 : 소위 대향범은 대립적 범죄로서 2인 이상의 서로 대향된 행위의 존재를 필요로 하는 필요적 공범관계에 있는 범죄로 이에는 공범에 관한 형법총칙규정의 적용이 있을 수 없는 것이므로 피고인 (갑)이 피고인 (을)에게 외화취득의 대상으로 원화를 지급하고 피고인 (을)이 이를 영수한 경우 위 (갑)에게는 대상지급을 금한 외국환관리법 제22조 제1호, (을)에게는 대상지급의 영수를 금한 같은 조 제2호 위반의 죄만 성립될 뿐 각 상피고인의 범행에 대하여는 공범관계가 성립되지 않는다. 따름판례로 대판 2017.6.19, 2017도4240; 대판 2015.2.12, 2012도4842; 대판 2011.10.13, 2011도6287.

범위에 해당하는 자는 이미 내부가담자라고 보아야 할 것이다.[23]

대향범에 있어서는 우선 대향자 모두가 처벌되는 구성요건의 경우에는 대향자 이외의 자가 대향자 중 누구에게든 관여함으로써 공범이 성립될 수 있다. 배임수재(형법 제357조 제1항)의 방조 혹은 배임증재(같은 조 제2항)의 교사 등이 예가 될 수 있다. 신분범의 경우에는 형법 제33조 본문의 적용으로 공동정범도 가능하다. 대향자 중 일방만이 처벌되는 경우도 동일하다. 다만 이 경우 처벌되지 않는 대향자의 행위에 관여한 경우에는 공범은 성립되지 않는다. 구성요건조차 충족시킬 수 없는 자에 대한 공범은 애당초 불가능하기 때문이다.[24]

이와는 별도로 처벌되지 않는 대향자 스스로가 공범이 될 수 있을지가 문제된다. 예컨대 판매자만 처벌되는 음화반포죄(형법 제243조)에서 매수자가 단순히 매수만 한 경우에는 불가벌이나, 적극적으로 판매자를 교사 또는 방조한 경우라면 판매자에 대한 공범성립이 가능하다는 견해가 있다.[25] 이론적으로는 충분히 가능하나 형법의 보충성의 원칙을 고려한다면 이러한 경우까지 처벌할 이유는 없을 것으로 보인다.[26]

제 47 절 교사범

I. 개념 및 의의

교사(敎唆 : Anstiftung)란 아직 범행결의를 갖지 않은 타인에게 범행을 결의케 하여 이를 실행하도록 하는 것을 말한다. 교사범은 스스로 구성요건 실행행위를 하지 않고 타인을 매개로 하여 자신이 의도한 범행결과를 야기한 자이다. 교사범은 정범과 구별되는 협의의 공범의 한 형태이다.

반드시 구성요건적 정형성을 띠는 행위를 하지 않더라도 정범의 한 형태에는 해

---

23) 필요적 공범의 경우 외부에서 공동정범으로의 참여가 불가능하다고 보는 견해로 이정원, 324면.
24) 신동운, 720. 대판 2014.1.16, 2013도6969.
25) 김일수/서보학, 482면.
26) 임웅, 420면; 정성근/박광민, 492면.

당될 수 있다. 그중 공동정범은 적어도 특정한 실행행위의 부분분담을 통해 기능적 범행지배가 인정되는 정범형태이나, 교사범에게는 이러한 요소마저 존재하지 않는다. 교사범은 외형상 간접정범에 유사하지만, 간접정범에는 의사지배가 있는 반면, 교사범의 경우 스스로 의사지배를 가지는 정범을 전제로 하게 되므로 상대적으로 의사지배가 결여된다는 본질적 차이가 있다. 즉 교사범은 어떠한 형태든 범행지배가 없다는 점에서 정범과 구별된다.

같은 공범의 한 형태로서 방조범은 이미 범행결의를 가진 자의 행위를 실질적으로 돕는 자인 데 비해, 교사범은 실질적 도움 대신 범행결의 없는 자에게 범행결의를 하게 함으로써 그의 행위는 종료된다. 교사범은 범죄실행을 한 정범과 불법내용이 동일한 것으로 평가되어 정범과 동일하게 처벌된다.

II. 성립요건

1. 실행행위

교사범은 정범의 구성요건 실행행위(Haupttat)를 전제로 한다. 타인의 과실을 이용한 교사는 존재하지 않으므로 정범의 행위는 고의에 의한 것이어야 하며, 제한종속성설에 의한다면 위법성의 요건을 갖추어야 한다. 미수범도 본범이 될 수 있으므로, 정범은 최소한 실행착수에는 이르러야 한다. 정범의 실행착수로 교사범은 적어도 교사의 미수로 처벌이 가능하다. 단, 애당초 정범의 미수만을 염두에 둔 교사, 곧 미수의 교사는 처벌되지 않는다. 정범의 실행착수가 없으면 교사자는 형법 제31조 제2항의 효과 없는 교사로 예비·음모에 준한 처벌을 받게 된다.

2. 교사행위

정범의 실행행위는 배후자의 교사에 의한 것이어야 한다. 나아가 교사와 실행행위 사이에는 인과관계가 인정되어야 한다. 가령 갑이 을에게 내일 병을 살해하라고 교사했으나 을은 세월이 덧없이 흐른 후 다른 동기에 의해서 병을 살해했다면 교사와 실행행위 사이에 인과관계는 부정된다. 이 경우 갑에게는 형법 제31조 제2항이 적용될 수 있을 뿐이다. 교사행위는 그 밖에 다음의 요건들을 갖추어야 한다.

1) 범행결의(객관적 요건)

교사범의 범죄행위란 정범에게 범행을 결의케 하는 것이다. 즉 정범에게 심리적 작용을 가하여 구성요건적 행위에 대한 결의를 불러일으키는 데 교사의 본질이 존재한다. 따라서 이미 확고한 범행결의를 하고 있는 자(omnimodo facturus)[1]에 대해서는 더 이상 교사는 성립될 여지가 없다. 바로 교사자의 교사를 통해서 비로소 정범이 구체적 범행결의에 이르러야 한다. 아직 결심을 굳히지 않은 자에게 그 결심을 확고히 하게 하거나, 불완전한 범행계획을 구체화하게 하거나, 또는 피교사자의 결의와 다른 구성요건의 결의를 하게 함으로써 교사는 성립된다. 이미 일정한 범행결의를 가진 자에 대한 교사범 성립의 문제에 대해서는 다음의 몇 가지 유형으로 나누어 설명할 필요가 있다.

(1) 가중구성요건의 교사

기본구성요건의 고의를 가진 자에게 가중구성요건을 결의케 한 경우의 평가에 대해 견해가 일치하지 않는다.

> 예 갑과 을이 강도를 모의하는 것을 목격한 병은, 자신도 가담하고 싶지만 자신의 전과 사실 때문에 현장에는 함께 나가지 못하는 안타까움을 달래며, 갑과 을에게 몽둥이를 준비해 가라고 일러 주었다. 갑과 을은 현장에서 주인을 마주치게 되자 병의 조언에 따라 준비한 몽둥이로 그의 머리를 쳐 결국 사망하게 되었다.[2]

이 사안에서 독일연방대법원은 교사의 불법내용이 실행행위자들의 원래의 계획에 비해 현저히 증대되었다면, 교사범에게는 가중구성요건인 중강도의 교사(현 독일형법 제250조 제2항 제1호)가 인정되어야 한다는 결론을 내렸다.[3] 판례는 가중구성요건의 교사가 인정되기 위해서 교사자는 굳이 가중구성요건의 실현을 결의케 할 필요가 없으며, 위험한 실행행위의 방법을 알려주는 것만으로도 그 행위를 통해서 실현될 수 있는 구성요건에 대한 교사가 성립된다는 입장이다.

그러나 다수설의 견해는 이와 달리 갑과 을의 단순강도의 결의(형법 제333조)를

---

1) 라틴어로서 어떻게든(omnimodo) 이미 어떤 행위를 하려고 함(facturus).
2) BGHSt 19, 339.
3) 같은 결론으로 신동운, 644면.

특수강도의 결의(형법 제334조 제2항)로 바꾼 병에게 특수강도의 방조범만이 인정되어야 할 것이라고 한다.[4] 기본구성요건의 고의는 이미 정범들이 가지고 있었으므로 이에 대한 교사는 성립될 수 없고, 단지 이에 추가되는 부분에 대한 방조만이 가능하다는 입장이다. 가중구성요건은 다수의 독립적 구성요건의 결합체로 이해하여 필요에 따라 이들을 각각 분리할 수 있다고 이해하는 이 견해에 따르면, 예컨대 정범의 절도고의를 강도의 고의로 변경시킨 경우에는 강도의 방조 외에 폭행 또는 협박의 교사가 추가될 수 있다고 한다.

여기에서 가중구성요건과 독자적 변형구성요건은 구분해야 할 필요가 있다. 독자적 변형구성요건의 경우 여기에 포괄적으로 포함된 불법내용들을 개별적 구성요건 단위로 항상 물리적으로 면밀하게 분리해 낼 수 있는 것은 아니다. 요컨대 강도죄가 절도죄와 폭행·협박의 결합이라고 해서 절도죄와 폭행·협박의 각각의 불법을 산술적으로 합산한 것이 강도죄의 불법에 일치하는 것은 아니다. 오히려 전체구성요건으로서의 강도죄는 그의 고유한 불법내용을 갖는 것으로 보아야 한다. 극단적 예를 들자면 한 여성에 대해 강요의 고의를 가지고 있는 자에게 강간을 교사했다고 해서 간음의 방조의 죄책만을 인정할 수는 없는 일이다. 즉 독자적 변형구성요건에 해당하는 범죄의 경우, 그 부분구성요건 고의를 가진 자에게 이를 포함하는 별개의 변형구성요건을 교사했다면 그 변형구성요건에 대한 교사를 인정하는 것이 타당하다. 따라서 절도의 고의를 강도의 고의로 바꾸는 행위는 강도교사에 해당한다고 할 것이다.

단순강도와 특수강도의 관계와 같은 단순 가중구성요건의 경우는 다르다. 특수강도의 불법은 단순강도에 비교하여 고유한 것이 아니라, 오로지 단순강도의 불법을 제하고 남은 부분만큼만 추가된 것이라는 점에서 이들의 불법내용에 대해서는 산술적 가감을 통한 비교가 가능하다. 이때 그 추가된 부분에 한정된 교사를 한 사람에게는 그 한도에서만 책임을 물으면 된다. 따라서 단순강도의 고의를 특수강도의 고의로 바꾸는 행위는 특수강도의 방조범에 그친다.

---

4) Cramer, JZ 1965, 31 f; Eser, Strafrecht II, Nr. 43, Rdnr. A 8; Freund, § 10 Rdnr. 119; Gropp, § 10, Rdnr. 123; Sch/Sch/Cramer/Heine, § 26 Rdnr. 8. 우리나라에서는 박상기, 432면. 단, 가중적 구성요건이 기본구성요건 외에 다른 독자적 불법을 포함하는 경우에는 전체구성요건에 대한 교사를 인정한다.

기본구성요건을 교사했으나 가중적 결과가 발생한 경우에는 가중적 결과에 적어도 교사자의 과실이 인정될 때 한해서(형법 제15조 제2항) 가중결과에 대한 귀속이 이루어진다. 이때 엄밀히 따진다면 기본구성요건의 교사와 가중적 결과에 대한 과실범의 동시범이 인정된다고 할 것이나, 통설과 판례는 결과적 가중범의 교사를 인정한다.

교사자가 피교사자의 기존의 범행결의보다 오히려 불법내용을 축소시킨 경우는 교사가 성립되지 않는다. 이 경우에 적어도 방조의 가능성은 존재하는 것으로 볼 수 있다.

(2) 구성요건의 변경

특정 구성요건을 실현할 고의를 가진 자에게 전혀 성질을 달리하는 다른 구성요건으로 고의를 변경하게 하는 경우는 교사에 해당한다. 이를테면 특정인의 재물을 손괴하려는 자에게 상해를 결의하게 하거나, 방화의 고의를 가진 자에게 살해를 결의케 하는 경우, 각각 상해 또는 살인의 교사가 성립한다. 구성요건은 변경되더라도 범행객체 및 보호법익은 동일한 경우에도 마찬가지이다. 예컨대 본인이 보관하고 있는 타인의 금품을 횡령하고자 하는 자에게 사기를 권유하여 이를 실행케 한 경우에도 사기의 교사범이 성립한다. 횡령과 사기는 범죄유형을 달리 하는 별개의 구성요건이며, 이는 기존의 정범의 계획과는 구별되는 새로운 범죄이기 때문이다. 즉 이 경우는 동일한 구성요건의 범위에서 주어진 다양한 행위양태 중 어느 하나를 선택했다가, 이를 단순히 다른 행위양태로 변경하는 차원을 넘어서는 것이다.

(3) 본범의 변경

교사자가 마음속으로 갑을 본범으로 지목하였다가 을로 변경하거나, 갑에게 이미 교사를 끝낸 상태에서 이를 철회하고 을에게 새로이 교사를 한 경우에 교사내용에는 하등의 변화가 없더라도 을에 대한 교사는 성립한다. 행위자 없는 행위는 존재할 수 없는 만큼 행위자의 변경은 항상 행위의 변경으로 인정되어야 한다.[5]

(4) 범행객체의 변경

교사란 실행행위를 지배하는 것이 아니라, 계획을 지배하는 지적 요소에 본질이 있다. 이러한 이해에 따르면 계획을 형성하거나 여기에 자신의 의미를 부여하는 자가 교사범이며, 행위나 조언으로 이미 형성된 타인의 계획에 보조적인 지원을 하는

---

5) Roxin, AT II, § 26 Rdnr. 92.

자가 방조범이 된다. 타인의 범행에 개입하여 변화를 주더라도 계획의 동질성을 훼
손하지 않는 정도라면 교사가 아닌 방조에 그친다.[6] 예컨대 범행에 사용할 목적으
로 최고급 승용차를 훔치려는 자에게, 그러한 행위는 타인의 이목을 끌 수 있으므
로 평범한 중소형 승용차를 훔치는 것이 안전할 것이라고 일러주는 행위는 방조에
지나지 않는다. 이 정도의 변화라면 계획지배에는 이르지 않았다고 할 수 있기 때
문이다. 반면에 범행계획만 세워 놓고 무턱대고 실행에 착수하려는 범인에게, 효과
적 범죄수행을 위해서는 자동차를 우선 확보해야 할 것이라는 조언을 했다면 자동
차 절도의 교사범이 된다.

객체가 일신전속적 법익에 관련되는 것이라면 객체의 변경은 교사에 해당한다.
즉 갑을 살해하려는 A를 만류하고 을을 살해하게 했다면, 그것은 기존에 A가 가졌
던 계획과는 다른 새로운 계획, 그리고 다른 범행이 되기 때문에 을에 대한 살인교
사가 성립된다. 그러나 갑의 현금을 훔치려는 A를 만류하고 갑의 자동차를 훔치게
한 경우는 중요하지 않은 계획의 변경에 지나지 않으므로 방조범에 해당한다. 이때
갑의 현금이 아닌 을의 현금을 훔치도록 지시하여 피해자가 변경된다면 문제는 달
라질 수 있다는 견해도 있다. 대물적 변경이 아닌 대인적 변경의 경우 사회적 의미
가 다르기 때문이라고 한다.[7] 그러나 여기에서는 피해자의 관점이 아닌 행위의 관
점에 중점이 주어져야 할 것이다. 그렇다면 이 경우에도 방조범이 인정되어야 한다.

(5) 행위양태 혹은 동기의 변경

이미 구체적 범행을 결의하고 있는 자에 대해 행위양태나 동기를 변경하게 하는
행위는 교사가 아닌 방조에 해당한다. 예컨대 특정인을 총으로 살해하려는 범인에
게 총 대신 독약을 사용하게 한다든가, 대상자의 자동차에 시한폭탄을 장치하게 하
는 등의 행위양태의 변경은, 하나의 범행계획을 새로이 성립시키는 것이 아니라 기
존의 계획에 대한 비본질적 수정에 지나지 않는다. 또한 남의 자동차를 훔쳐서 자
기가 사용하려는 자에게 일단 이를 훔친 후 매각하여 사업자금으로 사용하도록 동
기를 변경하는 경우도 역시 방조에 해당한다.

---

6) Roxin, AT II, § 26 Rdnr. 95 ff.
7) Roxin, AT II, § 26 Rdnr. 98.

2) 교사의 수단

교사의 수단으로는 명령, 지시, 설득, 애원, 간청, 유혹, 매수 등 제한이 없으며 기망이나 강요를 통한 교사도 가능하나, 다만 배후자에게 의사지배가 인정될 정도에 이르는 것이 아니어야 한다. 의사지배가 인정되는 경우에는 교사범이 아닌 간접정범이 성립되기 때문이다. 명시적 행위뿐 아니라 묵시적 행위로도 교사는 가능하다. 그러나 교사행위는 정범에 대한 심리적 작용이 결여되어서는 성립될 수 없으므로 단순한 부작위는 교사수단이 될 수 없다. 부작위로는 정범에 대한 범행결의는커녕 정범 스스로의 범행결의를 억제 조차할 수 없는 것이어서 교사의 수단으로는 부족하다.8)

같은 이유로 과실에 의한 교사도 부정되어야 한다.9) 즉 구체적 범행을 결의케 할 의도 없이 무심코 한 말을 상대방이 범죄를 하라는 것으로 잘못 이해하여 범행으로 나아간 경우, 배후자에게 만일 이 결과에 대한 예견가능성이 있었다면 직접의 과실범이 인정되지만, 그렇지 않은 경우에는 죄가 성립되지 않는다. 반면 과실범을 교사하여 범죄를 실현케 한 경우라면 배후자는 간접정범이 된다.

교사를 통한 교사, 곧 연쇄교사(Kettenanstiftung)도 가능하다. 연쇄교사자의 한 사람으로서 본범의 행위에 대한 구체적 인식이 있는 한 다른 연쇄교사자가 누구인지 혹은 몇 명이나 되는지, 자신은 몇 번째에 해당하는지에 대해서 알아야 할 필요가 없다.10)

2인 이상이 공동으로 피교사자의 범행을 결의케 한 경우에는 공동교사가 성립하며, 교사자들 간에 공동의 의사연락이 없는 경우에는 동시교사(Nebenanstiftung)가 인정될 수 있다. 또한 교사자가 정범에 대해 직접 교사하지 않고 제3자를 도구로 이용한 경우에는 간접교사가 인정된다.11) 간접교사에 대해서는 이에 대한 명문규정이 없고 간

8) 김일수/서보학, 485면; 박상기, 432면; 배종대, [141] 3; 손해목, 1069면; 신동운, 637면; 이재상/장영민/강동범, § 34−7; Jescheck/Weigend, § 64 II 6; Sch/Sch/Cramer/Heine, § 26 Rdnr. 7.
9) 김일수/서보학, 485면; 배종대, [141] 3; 손해목, 1072면; 신동운, 639면; 이재상/장영민/강동범, § 34−8.
10) BGHSt 7, 237; Jescheck/Weigend, § 64 II 2 a); Sch/Sch/Cramer/Heine, § 26 Rdnr. 13. 본범과의 접촉이 있어야 교사가 성립된다는 견해로 Sippel, Zur Strafbarkeit der "Kettenanstiftung", 1989, S. 82.

접교사의 인정은 법적 안정성을 침해할 위험이 있다는 점을 들어 이를 부정하는 견해
가 있으나, 교사의 방법에 대한 규정상의 제한이 없으므로 직접교사이건 간접교사이
건 교사행위와 실행행위 사이에 인과관계가 인정되는 범위에서는 교사는 인정된다고
보는 것이 당연하다.12)

📖 **관련판례**

대판 1967.1.24, 66도1586 : 비록 피고인이 의사가 아니기 때문에 진단서를 작성할
수 있는 지위에 있지 아니하고, 또한 피고인이 의사인 공소외 2를 직접이건 간접이건
면담한 사실이 없다손 치더라도 피고인으로부터 교사를 받은 위의 공소 외 3이 피고인
이 교사한대로 의사 공소 외 2와 공모하여 허위진단서를 작성하였다면 형법 제33조에
의하여 피고인은 허위진단서작성의 교사죄의 죄책을 면할 길 없다 할 것이다. 위의 공
소 외 3이 의사가 아니라 하여 피고인의 본건 교사죄가 성립될 수 없는 것은 아니다.13)

---

3) 교사자의 고의(주관적 요건)

과실에 의한 교사는 그 자체로서는 불가벌이므로 교사범이 성립되기 위해서는
적어도 미필적 고의에 의한 교사가 이루어져야 한다. 교사자의 고의는 정범으로 하
여금 범행을 결의케 할 뿐 아니라, 그를 통해 특정한 범죄를 완성하고자 하는 의사
를 의미한다. 따라서 교사자의 고의는 이중의 구조를 갖는다. 교사자의 고의는 정
범에 의해 실현되는 범죄의 모든 객관적·주관적 구성요건에 지향되어야 한다. 다
만 범행결의행위와 관련해서 교사자는 미필적 고의를 갖는 것으로 족하며, 정범을
통해 실현될 범죄에 불법영득의사 혹은 목적과 같은 특수 주관적 구성요건이 요구
되는 경우에는 교사자가 정범에게 이러한 특수 주관적 요소가 존재한다는 사실을
아는 것으로 충분하다.

(1) 고의내용의 구체성

교사자는 구체적 고의를 가지고 있어야 한다. 즉 교사자의 고의에는 정범을 통해
서 실현될 행위와 이를 실현할 정범이 구체화되어 있어야 한다. 따라서 갑이 을에

---

11) BGHSt 8, 139.
12) 김일수/서보학, 490면; 손동권/김재윤, [§ 31] 38; 이재상/장영민/강동범, § 34 − 28.
13) 같은 취지의 판례로 대판 1974.1.29, 73도3104; 대판 1967.3.21, 67도123.

게 막연히 범행을 저지르도록 충동을 가하는 것으로는 교사가 되지 못한다. 혹은 조금 더 구체화하여, 아무 자동차에나 불을 지르라고 하거나 아무 은행이나 털라고 하여 을이 이를 행한 경우에도, 을에 의한 구체적 행위와 갑의 범행기여 사이의 가벌성이라는 관점에서의 관련성은 매우 희박하다. 이때 갑의 행위만으로는 그가 추후 정범을 통해 어떠한 구체적 행위를 유발하려고 했는지를 확정할 수 없으므로 을이 실현한 객관적 사실에 대한 고의가 있었다고 할 수 없다.[14)]

　그렇다고 해서 교사자는 실행행위의 시간, 장소, 행위양태 등 모든 세부적 요소까지 미리 인식하거나 예견해야 하는 것은 아니다. 이러한 세부적 요소들은 행위의 동질성을 훼손하지 않는 범위에서 사건의 진행경과에 따라 충분히 변경이 가능한 것이다. 교사자는 단지 행위의 본질적 요건 혹은 구체적 행위의 기본윤곽을 예견하는 것으로 족하다. 만일 교사자가 이러한 정도를 넘어서 세부적 지침까지 제시한다면, 어느 수준부터는 교사자가 아닌 간접정범 혹은 공동정범의 영역으로 넘어가게 된다.[15)]

📖 관련판례

대판 1991.5.14, 91도542 : 교사범이란 타인(정범)으로 하여금 범죄를 결의하게 하여 그 죄를 범하게 한 때에 성립하는 것이고 피교사자는 교사범의 교사에 의하여 범죄실행을 결의하여야 하는 것이므로, 피교사자가 이미 범죄의 결의를 가지고 있을 때에는 교사범이 성립할 여지가 없고, 또 막연히 "범죄를 하라"거나 "절도를 하라"고 하는 등의 행위만으로는 부족하다 하겠으나, 그렇다고 하더라도 타인으로 하여금 일정한 범죄를 실행할 결의를 생기게 하는 행위를 하면 되는 것으로서 교사의 수단·방법에 제한이 없다 할 것이며, 교사범의 교사가 정범이 그 죄를 범한 유일한 조건일 필요도 없다. (...) 피고인이 공동피고인 1, 2, 3 등이 절취하여 온 장물을 상습으로 19회에 걸쳐 시가의 3분의1 내지 4분의 1의 가격으로 매수하여 취득하여 오다가, 공동피고인 1, 2에게 일제 드라이버 1개를 사주면서 "공동피고인 3이 구속되어 도망 다니려면 돈도 필요할 텐데 열심히 일을 하라(도둑질을 하라)"고 말하였다면, 그 취지는 종전에 공동피고인 3과같이 하던 범위의 절도를 다시 계속하여 하라,

---

14) BGHSt 34, 63 : 갑이 외국으로 도망하려고 하나 돈이 없는 을에게 아무 은행이라도 털라고 하자 을이 자신의 권총을 사용하여 은행을 턴 사건에서 갑의 강도 및 중강도의 교사는 부정되었다. 교사자의 고의의 불확정성이 결론의 근거가 된다.

15) BGHSt 33, 66; Baumann/Weber/Mitsch, § 30 Rdnr. 61; Jakobs, 22/27; Jescheck/Weigend, § 64 II 2 b).

그러면 그 장물은 매수하여 주겠다는 것으로서 절도의 교사가 있었다고 보아야 할 것이고, 구체적으로 언제, 누구의 집에서, 무엇을 어떠한 방법으로 절도 하라고 특정하여 말하지 않았다고 하여 이와 같은 피고인의 말이 너무 막연해서 교사행위가 아니라거나 절도교사죄가 성립하지 않는다고 할 수는 없다. 이와 같이 교사범이 성립하기 위하여는 범행의 일시, 장소, 방법 등의 세부적인 사항까지를 특정하여 교사할 필요는 없는 것이고, 정범으로 하여금 일정한 범죄의 실행을 결의할 정도에 이르게 하면 교사범이 성립된다 할 것이다.

정범은 개별적·확정적인 한 개인으로 특정될 필요는 없고, 특정의 인적 범위가 확정되어 그중 1인 혹은 다수가 실행행위를 하게 됨으로써 족하다.16) 정범이 이러한 범위에서 특정된 이상 교사자는 그가 구체적으로 누구인지 알지 못하더라도 상관없다. 예컨대 자기 친구에게 부탁하여, 그로부터 실행행위 적임자로 추천받은 자라는 정도로 인식하는 것으로 족하다.

(2) 기수의 고의

절대다수설에 의하면 교사자의 고의는 정범을 통한 범죄의 기수에 지향되어야 하므로, 미수의 고의로는 교사죄가 성립하지 않는다. 피교사자를 실행착수로 유도하여 기수에 이르기 전에 현장범으로 체포할 생각으로 범행을 결의케 하는 함정교사(agent provocateur)의 경우, 피교사자에게는 고의와 실행착수로 가벌성이 인정될 수 있으나 배후자의 행위에는 교사의 고의가 인정되지 않는다.17)

함정교사의 가벌성 여부와 관련하여 ① 함정교사자는 범죄실행에 대한 인식을 가지고 있었기 때문에 형식적 의미의 교사는 존재하므로, 완전한 가벌성이 인정된다고 하거나,18) ② 경우에 따라서는 범행결의의 고의로 충분한 것으로 보아, 미수의 교사도 교사로서의 고의로 인정하여 교사의 미수와 같은 가벌성이 인정된다고 보는 소수설의 견해도 있다.19)

---

16) Joecks, Studienkommentar zum StGB, § 26 Rdnr. 18; Kühl, § 20 Rdnr. 189; Sch/Sch/Cramer/Heine, § 26 Rdnr. 18.
17) 대판 1992.10.27, 92도1377 : 함정수사는 본래 범의를 가지지 아니한 자에 대하여 수사기관이 사술이나 계략 등을 써서 범의를 유발케 하여 범죄인을 검거하는 수사방법을 말하는 것이므로, 범의를 가진 자에 대하여 범행의 기회를 주거나 범행을 용이하게 한 것에 불과한 경우에는 함정수사라고 말할 수 없다.
18) Heilborn, Der agent provocateur, 1901, S. 85 ff; H. Mayer, S. 336; Stratenwerth, MDR 1953, 717 ff.
19) 남흥우, 238면; 백남억, 303면; 김종원, 교사범(상), 고시계 1975.1, 39면.

우리나라와20) 독일에서의 절대 다수설21)은 이 함정수사를 주관적 구성요건의 범위에서 불가벌로 인정함으로써 이 문제는 해결된 것으로 본다. 함정수사의 불가 벌성을 통례적으로는 가벌적 교사범에게 요구되는 피교사자에 대한 범행결의의 고 의와 피교사자를 통한 범죄실행의 고의라는 "이중고의"가 함정교사자에게는 결여 되어 있다는 것으로 근거 짓는다. 그의 고의는 피교사자에게 범행결의를 불러일으 키는 데 한정되며 정범행위의 기수에는 미치지 않는다는 것이다. 더 나아가 함정교 사자가 실행행위의 기수에 대한 의도는 있었더라도 실질적 법익침해는 저지하고자 한 경우에도 교사에 의한 가벌성은 부정된다고 한다.22)

공범처벌 근거에 관한 이론 중 하나로서 종속적 야기설(akzessorietätsorientierte Verursachungstheorie)은 함정수사의 불가벌성을 논리적으로 설명할 수 없다. 공범의 불법이 실제로 정범의 불법 위에만 성립된다면, 함정교사자로서의 범행유발자는 그 자 체로 이미 자신에게 귀속되어야 하는 정범의 미수행위라는 형법적 불법을 야기 시켰 기 때문이다. 따라서 이 이론의 관점에서는 함정수사의 가벌성을 주장하는 견해가 가 능하다.23) 공범의 가벌성의 근거를 부분적으로는 정범행위에서, 그리고 부분적으로는 공범 자신의 법익침해에서 도출하는 혼합야기설에 의하면, 함정교사자가 처음부터 정 범행위를 통한 범행의 기수를 의도하지 않았다면 정범행위에 작용을 가한 행위 자체 는 구성요건적으로 보호되는 법익에 대한 침해에는 미치지 않으므로 불가벌이라는 결 론에 이른다.24)

독일연방대법원도 지속적인 판례를 통해서, 법치국가원칙은 형사사법기관에 범죄 를 유발하는 행위를 원칙적으로 불허해야 하나,25) 범죄와 무관한 사람에게 중대한

---

20) 신동운, 641면; 이재상/장영민/강동범, § 34 – 13; 정성근/박광민, 563면.
21) Blei, S. 284; Jakobs, 23/16; Herzberg, JuS 1983, 737; Küper, GA 1974, 335; Maurach/Gössel/Zipf, AT II, § 51 Rdnr. 28; Rudolphi, FS – Maurach, S. 65 ff; SK – Samson, § 26 Rdnr. 38; Tröndle/Fischer, § 26 Rdnr. 8.
22) Maurach/Gössel/Zipf, AT II, § 51 Rdnr. 35; Sch/Sch/Cramer/Heine, § 26 Rdnr. 16.
23) 함정교사자의 가벌성을 주장하는 입장에서 Stratenwerth는 살인을 교사한 자는 형법상 의 살인금지규범을 직접적으로 침해하지는 않지만 이 규정과 총칙의 교사범 규정과 관 련에서 나타나는 규범, 즉 타인에게 살인을 야기하는 것을 금지한다는 규범을 어긴 것 이라고 인정하여, 공범의 가벌성의 근거는 공범자 스스로가 형법각칙의 규정을 어겼다 는 데 있는 것이 아니라 그가 타인으로 하여금 이를 어기도록 야기했거나 이를 지원했 다는 데 있다고 주장한다. MDR 1953, 720.
24) 김일수, 한국형법 II, 367면 이하.

영향을 가하지 않는 한 특히 위험하고 진상을 판명하기 어려운 범죄행위의 단속을 위한 수단으로서의 첩자의 투입은 (법치국가원칙에 의해서 주어지는 특정한 한계가 지켜지는 범위에서는) 불가결한 것으로서 허용되어야 한다는 입장을 견지하고 있다.26)

함정교사와 관련하여 몇 가지 특수한 문제가 나타난다.

가) 결과범에서의 함정교사의 가벌성

함정교사자가 교사하는 구성요건이 결과범인 경우, 교사자에게는 구성요건적 결과에 대한 고의가 결여되었음을 근거로 불가벌성을 인정하는 데는 별다른 문제가 없다. 다만 일반적 견해가27) 함정교사의 불가벌의 한계를 형식적 기수시점으로 정하여 교사자가 단순한 미수에 그치려고 한 경우에는 불가벌이고, 정범행위의 기수를 예상한 경우라면 가벌성을 인정하는 반면, 함정교사자의 고의가 형식적 기수에는 이르더라도 실질적 완료를 포함하지 않는 경우에도 불가벌을 인정함으로써 불가벌성의 범위를 확장하고자 하는 견해가 있을 뿐이다.28)

후자의 견해에 따르면 피교사자를 체포하기 위해 그를 통한 재물절취는 이루어지도록 했으나, 현장에서 바로 체포하여 절도의 완료에는 이르지 못하게 한 경우에도 함정교사의 불가벌이 인정된다. 교사자가 절도범으로부터 도품을 탈환하기 위해 그를 행위실행 중에 체포하려 했는가 혹은 기수에 이른 직후에 체포하려고 생각했는가에 범죄성립이 좌우되는 것은 아니라고 보는 것이다. 이 견해는 결론적으로 함정교사자의 불가벌성 여부를 교사자의 실질적 법익침해 방지의도에 좌우되는 것으로 이해함으로써29) 불가벌성의 범위를 확장한다.30) 이 견해에 공감한다.

나) 추상적 위험범에서의 함정교사의 문제점

추상적 위험범은 거동범으로서 그 당벌성은 구성요건 해당행위가 특정한 법익에 작용하는 일반적 위험성에 의해서 나타난다. 그 구성요건행위는 특정의 위험을 야기하기에 적합한 전형적인 행위이면 족하고, 개별적 사례에서 법익의 위해가 실제로 발생했을 것에 대한 확정을 요구하지 않는다.31)

25) BGH StV 1981, 163; BGH NJW 1981, 1626; BGH StV 1984, 406.
26) BGH GA 1975, 333; BGH NJW 1980, 1761; 1981, 1626; BGH NStZ 1984, 78; BVerfGE 57, 284; BVerfG NStZ 1991, 445; BGHSt 32, 122 참조.
27) Franzheim, NJW 1979, 2014; Sch/Sch/Cramer/Heine, § 26 Rdnr. 20 참조.
28) LK-Roxin, § 26 Rdnr. 19.
29) Sch/Sch/Cramer/Heine, § 26 Rdnr. 20.
30) 전지연, 함정교사의 가벌성, 고시연구, 1992.12, 112면 이하도 같은 견해.

이를테면 추상적 위험범인 단순유기(형법 제271조 제1항)의 구성요건은 부조를 요하는 자를 보호할 법률상·계약상 의무 있는 자가 그 대상자를 생명이나 신체에 추상적 위험을 초래할 만큼 보호 없는 상태에 방치함으로써 기수에 이른다. 여기에는 범인이 행위 주체와 객체 그리고 자신의 행위와 그에 따른 결과에 대한 인식을 가지는 것으로 족하며, 자신이 유기하는 자의 생명 혹은 신체에 대한 위험발생을 의식적으로 야기시킨다는 사실이나 실제적 위험의 발생은 구성요건에 포함되지 않는다.32) 예컨대 독일의 무기관리법(WaffenG)33) 제53조는 추상적 위험범으로서 본 규정에 따라 사회의 안전에 대한 현저한 위험에 관련되는 무기의 구입이나 소지 혹은 처분은 그 자체로 기수범으로 처벌된다. 따라서 함정교사자가 이러한 구성요건적 행위를 교사했다면 그는 정범의 미수가 아닌 추상적 위험범의 기수를 원했다고 해야 한다.

그러나 추상적 위험범 혹은 추상적 위험범의 함정교사자의 가벌성에 대한 제한을 가하고자 하는 시도로서, 구성요건적 행위의 비위험성에 대한 반증이 가능한 몇몇 추상적 위험범의 사례에서는 함정교사는 불가벌이어야 한다는 견해가 제시될 수 있다.34) 사실 추상적 위험범의 처벌근거가 행위의 일반적 위험성에 존재하는 것이라면, 외형적 구성요건표지가 충족된 경우라도 야기자가 추상적 위험이 실현되지 않도록 적합한 조치를 취한 경우에 기수는 부정되어야 할 것이다. 이것은 행위당시에 절대적으로 위험하지 않은 행위는 목적적 축소를 통해 추상적 위험범의 적용영역에서 일반적으로 제외시키는 사고에 근거한다.35)

다) 위해불법의 관점에서의 함정수사의 가벌성

함정수사의 가벌성의 문제를 우선 행위표지로서 불법에 분류되는 의도(Willen)가 목표불법(Zielunrecht)의 의도인지 위해불법(Gefährdungsunrecht)의 의도인지를 구분하여 해결하고자 하는 견해가 제시된다. 이에 따르면 자신의 의도적 목적에 따라, 해당 법익을 보호하고자 하는 규범의 목적에 모순되는 불법사안을 초래하는 효과를 이미 발생시킨 자가 목표불법을 실현시킨 자이고, 그 자체로는 가치중립적인 의도

---

31) Jescheck/Weigend, § 26 II 2.
32) 이재상, 형법각론, § 6 – 14.
33) Waffengesetz.
34) Schröder, ZStW 81(1969), 15 ff.
35) LK – Roxin, § 26 Rdnr 74.

적 목적을 가지고 행위를 하지만, 경우에 따라서는 불법사안을 초래할 수 있는 위험이 내포되어 있는 상황에서 행위를 하는 자가 위해불법을 실현시킨 자이다.[36] 이러한 관점에서 고찰한다면 함정교사자는 정범을 통해 법익에 모순되는 불법사안이 초래되는 것을 저지하고자 했기 때문에, 자신의 의도적 목적에 근거하여 법익을 침해하는 행위는 하지 않았음이 확정된다.

이 견해는 이 점에서 함정교사자는 정범행위의 실질적 완료(materielle Beendigung), 즉 법익침해에 상응하는 불법사안의 초래에 이를 것을 원하지 않는다는 점을 가벌성 여부에 결정적인 요소로 보는 것은 정당하다고 인정한다.[37] 함정교사자는 정범행위의 기수를 원하지 않기 때문에 불가벌이라는 지배설의 일치된 주관적 출발점은 함정교사자가 실제로 자신의 의도적 목표에 비추어 볼 때 법익침해적으로 행위하지 않는 한 타당한 것으로 보고 있다.

그러나 이 견해는 그럼에도 불구하고 함정교사자가 법익위해의 관점에서는 법익침해적 행위를 할 수 있다는 점을 간과하고 있다는 점이 지적될 수 있다. 나아가 함정교사 행위에 불법이 존재하는지에 대해서는 일률적인 대답이 주어질 수 없으며, 사안별로 위해라는 관점에서 법익이 침해되었는가에 따라 결정되어야 한다는 비판이 가능하다. 하지만 이러한 견해에 따라 함정수사의 가벌성을 위해의 관점에서 고찰한다고 하더라도, 책임인정의 전제로서 결과에 대한 행위자의 고의성을 요구하게 된다면 결론에 있어서는 다수설과 크게 다르지 않다.[38]

라) 함정수사의 초과문제

교사자는 미수의 고의로 교사하였으나 피교사자의 행위가 기수에 이른 경우에 교사자의 법적 취급이 문제될 수 있다. 이때 실행착수를 교사하는 입장에서는 행위가 기수에 이를 수 있다는 예견은 충분히 가능한 것으로 볼 수 있으므로 적어도 과실범으로서의 처벌이 가능하다. 단, 해당 구성요건이 형식적 기수와 실질적 완료로 구분되는 경우에는, 정범의 행위가 형식적 기수에는 이르렀으나 실질적 완료에 이르지 않았고 교사자도 실질적 완료에 이르지 않을 것을 인식했다면 미수의 교사로

---

36) 이에 대해 Schmidhäuser, Vorsatzbegriff und Begriffsjurisprudenz, S. 25, 29; ders., FS-Engisch, S. 448.
37) Plate, ZStW 84, (1972), 306.
38) 자세한 것은 성낙현, 함정수사의 가벌성에 관한 실체법적·소송법적 논의, 형사정책연구 제9권 제4호, 1998, 91면 이하.

서 불가벌이나, 정범의 행위가 실질적 완료에 이른 경우에는 과실범처벌이 인정되어야 한다.[39]

3. 공범종속성

형법은 교사범을 타인을 교사하여 죄를 범하게 한 자로 규정하여 정범의 존재를 전제할 뿐 아니라, 실행한 자와 동일한 형으로 처벌한다고 하여 그 형 역시 정범의 형을 기준으로 하고 있다는 점에서 공범종속성설에 입각하고 있음을 알 수 있다. 즉 교사범은 정범에 종속하여 성립된다. 그중 제한적 종속성설에 따른다면 정범의 행위는 구성요건해당성과 위법성이 인정되어야 하며, 유책할 필요는 없다.

III. 교사의 착오

피교사자가 교사자의 의도와는 다른 결과를 발생시킨 경우를 교사의 착오라 한다. 교사의 착오문제는 피교사자가 교사의 내용보다 적게 실현했거나 초과실현한 경우, 그리고 피교사자가 스스로 착오를 일으킨 경우로 나누어 볼 수 있다.

1. 과소 혹은 초과실현의 경우

1) 교사내용보다 적게 실현한 경우

피교사자가 교사내용에 비해 적은 불법을 실현한 경우 교사자는 공범종속성의 원칙에 따라 피교사자의 실행범위 안에서만 책임을 진다. 단, 행위자가 실현한 불법이 교사된 구성요건과 동일한 구성요건적 불법에 포함되는 것이어야 한다. 강도상해(형법 제337조) 혹은 인질강도(형법 제336조)를 교사했으나 단순강도에 그친 경우, 혹은 살인을 교사했으나 살인미수에 그친 경우에 교사자는 단순강도 혹은 살인미수로 처벌된다. 그러나 강도를 교사했으나 절도에 그친 경우에는 통설은 절도의 교사뿐 아니라 실패한 강도교사의 죄책이 별도로 존재하는 것으로 본다. 이 경우에는 형법 제31조 제2항의 적용에 따라 강도의 예비·음모와 절도교사의 상상적 경

---

39) 신동운, 641면; 임웅, 488면 이하.

합이 이루어진다고 한다.[40] 공갈(형법 제350조)을 교사했으나 사기(형법 제347조)를 실행한 경우도 상황은 동일하나 공갈죄의 경우 예비·음모를 처벌하는 규정이 없고 양 구성요건의 형량이 동일하므로 교사자에는 사기의 교사죄만이 인정된다.

2) 초과실행의 경우

(1) 양적 초과

교사자가 의도한 구성요건과 피교사자에 의해 실행된 구성요건 사이에 보호법익과 행위양태의 유사성 및 공통성으로 인해 긴밀한 관련성이 있는데, 피교사자가 그 중 불법의 정도가 높은 구성요건을 실현한 경우, 교사자는 자신의 교사범위에 대해서만 책임을 지게 된다. 예컨대 절도를 교사했으나 피교사자가 강도를 실행한 경우에 교사자에게는 절도의 교사만이 인정되며 초과된 부분에 대해서는 책임을 묻지 않는다.

강도를 교사했으나 정범에 의해 강도치상과 같은 결과적 가중범이 발생한 경우, 교사자에게는 가중적 결과에 대한 예견이 가능했을 때에 한하여 결과의 귀속이 이루어진다.[41] 정범의 행위를 통한 결과반가치는 발생과 동시에 공범에게도 종속적으로 귀속되지만, 행위반가치는 이와는 달리 공범 자신의 과실을 전제로 하여 성립되기 때문이다.

(2) 질적 초과

피교사자가 교사된 범죄와 구성요건적 관련성이 없는 다른 유형의 범죄를 실행한 사례에서 그 결과는 교사자에게 귀속되지 않는다. 교사자는 형법 제31조 제2항에 따라 자신이 교사한 범죄의 예비·음모죄에 준하여 처벌될 뿐이다. 교사내용과

---

40) 비록 강도 구성요건이 절도의 일부를 포함하더라도 절도와 강도는 서로 독자적 변형구성요건임을 중시한다면 이러한 결론에는 의문의 여지가 없는 것은 아니다. 엄격히 따진다면 강도의 교사자는 강도예비·음모의 책임만 질 뿐 피교사자의 절도에 대해서는 책임이 없다고 보는 것이 옳다. 오영근, 397면 각주1)의 법조경합으로 강도예비·음모죄만이 성립한다는 견해가 다수설에 비해 결론에서 상대적으로 타당하다.

41) 대판 1993.10.8, 93도1873 : 교사자가 피교사자에 대하여 상해 또는 중상해를 교사하였는데 피교사자가 이를 넘어 살인을 실행한 경우 일반적으로 교사자는 상해죄 또는 중상해죄의 교사범이 되지만 이 경우 교사자에게 피해자의 사망이라는 결과에 대하여 과실 내지 예견가능성이 있는 때에는 상해치사죄의 교사범으로서의 죄책을 지울 수 있다. 같은 취지의 판례로 대판 1997.6.24, 97도1075.

실행된 행위의 불법의 경중의 순서와는 관계가 없다. 여기에서 오로지 중요한 것은 실행된 범죄가 교사자의 의도와 다른 것이어서 그 범죄에 고의가 없었다는 점이다. 교사된 범죄와 실행된 범죄가 법적 평가를 달리하는 경우는 물론이고, 양자의 법적 평가는 동일하더라도 사실상의 동질성이 결여된 경우에도 다른 범죄라고 할 수 있다. 즉 일자를 지정하여 살인을 교사했지만, 피교사자가 상당한 시일이 지난 후 다른 동기에 의해서 교사자가 지목한 사람을 살해한 경우에는, 교사와 실행행위 사이의 인과성이 결여되어 실행된 범죄는 교사내용의 범죄와 동일한 것이 아니다. 이러한 사례에서도 정범의 행위결과는 교사자에게 귀속되지 않는다.

2. 피교사자의 착오

1) 피교사자의 방법의 착오

피교사자의 방법의 착오는 교사자에게도 방법의 착오가 된다는 점에 대해서는 거의 이견이 없다. 따라서 이 경우 구체적 부합설에 의하면 의도했던 객체와 결과가 발생된 객체가 동가치이든 이가치이든 불문하고, 의도했던 객체에 대한 미수와 결과가 발생된 객체에 대한 과실의 상상적 경합이 인정된다. 반면 법정적 부합설에 의하면 이가치인 경우는 구체적 부합설과 결론이 같으나, 동가치인 경우에는 결과가 발생된 객체에 대한 고의가 인정된다. 그러나 법정적 부합설은 고의범위를 부당하게 확장시킨다는 점에서 문제가 있으며, 나아가 책임원칙에 충실을 기한다면 구체적 부합설을 취하는 것이 타당함은 이미 앞에서 서술한 바와 같다.

2) 피교사자의 객체의 착오

피교사자에게 객체의 착오가 발생한 경우, 다수설은 교사자에게는 방법의 착오를 인정한다. 따라서 교사자에게는 교사의 미수[42] 혹은 교사의 미수와 과실의 상상적 경합이 인정된다고 본다.[43] 독일 판례에서의 Rose-Rosahl 사건은[44] 교사를

---

42) Blei, S. 285; Stratenwerth, § 8 Rdnr. 98.

43) Bemmann, MDR 1958, 821; Hillenkamp, Die Bedeutung von Vorsatzkonkretisierungen bei abweichendem Tatverlauf, S. 63 ff; Jescheck/Weigend, § 64 II 4; LK-Roxin, § 26 Rdnr. 26; SK-Rudolphi, § 16 Rdnr. 30. 교사자에게도 객체의 착오가 성립되는 것으로 보아 고의 기수를 인정해야 한다는 견해로 신동운, 648면; 임웅, 493면 이하(죄질부합설).

받은 정범이 현장에 우연히 나타난 제3자를 교사자가 살해하라고 지정한 사람으로 오인하여 살해한 사건으로서 프로이센 상급법원(Preußisches Obertribunal)은 정범과 교사자를 모두 살인기수로 판정했다. 그 후 독일연방대법원도[45] 유사한 사례에서 사람인 행위객체에 대한 정범의 착오가 있는 경우, 이 착오가 교사자의 일반적 생활경험칙상 예견가능성의 범위를 벗어나는 경우가 아니고는 교사자에게는 가벌성 심사에 아무런 의미가 되지 않는다고 보아 교사자에 대하여 살인기수의 교사를 인정했다.

우리 형법 제31조 제1항과 마찬가지로 독일형법 제26조도 교사범은 정범과 동일하게 처벌한다. 이는 교사범은 범행현장에서는 격리되었지만, 정범에 심리적 작용을 가하여 정범의 범행을 유발시킴으로써 간접적으로 보호법익을 침해할 뿐 아니라, 정범의 범행에 따른 법익침해의 근원이 된다는 점에서 정범과 동일한 불법을 실현시킨 자라는 이해에 따른 것이라 할 수 있다. 위 판례는, 이러한 이해는 교사자가 정범에게 특정인에 대한 살해를 결의케 했으나 정범이 사람을 혼동한 경우에도 다르지 않다고 보는 것이다. 말하자면 살인죄에서의 보호법익으로서의 생명은 정범이 사람을 혼동하여 엉뚱한 사람을 살해하는 경우에도 혼동이 없는 경우와 마찬가지로 침해되며, 이것은 미수의 의미에서 법익이 단순히 위태화된 상태로 보아서는 안 된다는 것이다.[46]

형법은 교사범을 정범과 동일하게 처벌하고 있지만, 정범이 사람이라는 행위객체에 대해 착오를 가졌을 때 이 착오가 정범의 처벌가능성의 심사에 아무런 영향을 주지 못한다고 해서 교사자에게도 역시 아무 의미 없는 것으로 인정할 수는 없다. 왜냐하면 형법의 교사범처벌규정은 개별적인 범행관여자의 고의를 포함한 모든 조건이 갖추어졌을 때에만 적용될 수 있기 때문이다. 특히 정범과 교사자 간의 고의는 서로에게 자동적으로 종속되는 것으로 볼 수 있는 것은 아니다. 교사자는 정범의 고의에 대한 인식뿐 아니라 자기 스스로 범행기수의 고의를 가져야 한다.[47] 또한 고의에는 해당 객체의 동일성에 대한 표상이 요구되는 것이므로 공범은 스스로가 이 표상을 가져야 한다. 정범의 표상이 공범에게 자동적으로 귀속되는 것은

---

44) GA Bd. 7, 332 이하.
45) BGHSt 37, 214.
46) BGHSt 37, 217.
47) Jakobs, 23/16.

아니다.[48]

피교사자의 객체의 착오의 사례에서 교사자는 막연한 어느 한 사람을 죽이겠다는 고의를 가진 것이 아니라, 예컨대 갑이라는 특정인을 살해하겠다는 구체화된 고의를 가진다. 그에 비해 착오에 빠진 정범은 갑을 살해하겠다는 고의를 가졌었고 자신의 눈앞에 나타난 사람이 갑이라고 믿었었지만 실제로 그 사람이 갑이 아닌 이상, 범행 순간의 정범은 교사자의 고의와는 다른 고의를 가졌다고 해야 한다. 객관적으로 발생된 결과가 구성요건적 관점에서 볼 때 행위자가 행위 당시 자신의 행위로 인해 발생되리라고 기대한 결과와 일치한다면 그 결과에 대한 그의 고의성은 인정되어야 하는 것이므로,[49] 이런 경우 정범의 착오는 객체의 착오로서 가벌성에 아무런 영향이 없는 무시될 수 있는 착오이다. 그러나 정범의 고의의 내용은 교사자의 그것과는 다른 것이다. 그러므로 정범의 고의가 종속되지 않는 교사자는 정범과는 달리 취급될 수밖에 없다.

정범의 객체착오는 정범 자신의 가벌성 여부에는 물론 교사자에게도 아무런 영향을 주지 않는다는 입장에서는, 가령 교사자가 정범에게 특정인을 살해하라고 지시하면서 그 사람의 인상착의 등을 설명해 주고, 정범은 이 설명을 통해 현장에서 자신의 객체를 구별하게 된다면, 교사자의 생각은 범행장소에서의 사건과 일치한다고 한다. 즉 교사자는 정범이 자신의 설명에 부합되는 사람을 살해할 것이라고 믿으므로, 정범이 객체를 구별함에 있어 실수를 저질렀다면 교사자는 이 결과를 예견된 것으로 인정해야 한다는 것이다.[50] 이러한 견해를 적용한다면, 위의 예에서 정범이 엉뚱한 사람을 살해한 후 자신의 착오를 알아채고 다음 사람을 살해했는데 역시 잘못된 객체여서 다음 사람을 살해하는 일이 거듭된 경우, 교사자는 이 전체의 연쇄살인에 대한 교사자로서 책임을 져야만 한다. 이러한 부당한 결론은 회피되어야 한다는 하나의 이유만으로도 이러한 견해는 버리고, 다수설의 입장을 취해야 한다.[51]

예컨대 친구를 독살하려고 그에게 독이 든 술을 보냈는데 사정을 모르는 다른

---

48) 이 BGH의 판결을 법정적 부합설의 토대에서 적극적으로 지지하는 Puppe의 공범종속성 이론에 관한 견해로 GA 1981, 6면 참조.
49) 허일태(역) 140면.
50) Sch/Sch/Cramer/Heine, § 26 Rdnr. 19.
51) Binding, Normen und ihre Übertretung III, S. 214 Fn. 9).

동료가 먼저 이를 마시고 숨진 경우, 이 동료의 사망에 대해 행위자는 고의가 없었으므로 살인기수를 인정할 수 없다. 따라서 동료에 대한 과실치사와 친구에 대한 살인미수의 상상적 경합으로 보아야 한다.[52] 이 경우 행위자가 사건진행과정에서 현장에 있든지 그렇지 않든지는 방법의 착오를 인정하는 데 아무 상관이 없는 일이다.

피교사자의 객체의 착오사례에서 구체적 부합설을 무시하고 배후의 교사자에게 살인교사의 기수를 인정하는 결론은 부당하다. 교사자는 실제로 사망한 사람에 대한 살인고의는 갖지 않았으므로 만일 피교사자가 사람인 객체를 혼동할 수 있다는 가능성을 인식한 정도라면 발생된 결과에 대해서는 기껏 과실치사의 책임이 있을 뿐이며, 반대로 자신이 살해하고자 했던 객체는 죽지 않았으므로, 즉 자신의 구체적 범행고의는 실현되지 않았으므로, 이에 대해서는 교사에 의한 살인미수가 상상적 경합의 관계에 있다고 보아야 한다.

IV. 교사의 미수

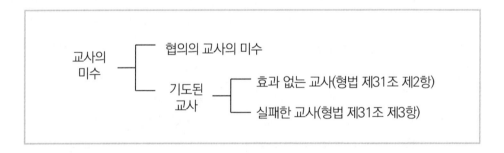

넓은 의미의 교사의 미수에는 좁은 의미의 교사의 미수와 기도(企圖)된 교사가 포함된다. 좁은 의미의 교사의 미수란 피교사자가 실행에 착수하였으나 미수에 그친 경우를 말한다. 이 경우는 교사자도 공범종속성의 원칙에 따라 정범인 피교사자와 동일하게 해당 구성요건의 미수범으로 처벌된다.

기도된 교사에는 효과 없는 교사와 실패한 교사가 포함된다. 그중 효과 없는 교

---

52) Jescheck/Weigend, § 64 II 4.

사란 교사를 받은 자가 범죄의 실행을 승낙하였지만 실행의 착수에는 이르지 아니한 경우를 말하는 것으로서, 이때에는 교사자와 피교사자는 음모 또는 예비에 준하여 처벌된다(형법 제31조 제2항). 실패한 교사는 교사를 받은 자가 범죄의 실행을 승낙하지 아니한 경우를 이르는 것으로서, 이 경우 교사자만은 음모 또는 예비에 준하여 처벌된다(형법 제31조 제3항). 실패한 교사에 대해서 법문은 교사를 받은 자가 범죄의 실행을 승낙하지 아니한 경우만을 언급하고 있으나, 교사자가 교사의 고의를 가지고 교사를 시도했으나 교사 자체가 성립되지 못하는 모든 경우를 다 포함하는 것으로 해석해야 하므로, 피교사자가 교사 이전에 이미 범행결의를 가지고 있던 경우도 이에 해당한다고 할 수 있다.

기도된 교사의 경우 공범종속성설을 따를 경우 정범이 적어도 실행착수에 이르러야 공범이 성립되므로 교사자는 처벌되지 않아야 하며, 공범독립성설을 취할 경우 피교사자의 실행착수 여부와 관계없이 교사자는 교사행위 자체로 미수범으로 처벌되어야 할 것이다. 그런데 형법이 이 경우 교사자를 음모 또는 예비에 준하여 처벌하는 것은 공범종속성설과 독립성설의 절충을 꾀한 입장이라고 볼 수 있다.[53)]

제 48 절 종범(방조범)

I. 의의

1. 종범의 개념

종범(Beihilfe)이란 타인의 범행을 촉진시키거나, 가능 또는 용이하게 하거나, 법익침해를 강화하는 자로서, 형법 제32조는 이를 종범으로 지칭하나 이론적으로는 흔히 방조범으로 일컬어진다.

종범은 직접적 범죄실행행위 없이 범죄에 간접적으로 관여한다는 점에서 교사범과 유사하지만, 교사범은 범행결의 없는 정범에게 범행결의를 야기하는 반면 종범

---

53) 김일수/서보학, 490면 이하; 배종대, [144] 7; 손동권/김재윤, [§ 31] 35; 이재상/장영민/강동범, § 34 - 32. 공범종속성설에 가까운 입장으로 해석하는 견해로 임웅, 492면.

은 스스로 범행결의를 한 자의 범행에 조력한다는 데 본질적 차이가 있다. 또한 공동정범은 공동의 범행의사를 기초로 한 기능적 행위지배가 있으나 종범에는 이것이 결여되어 있다.1) 그러한 점에서 종범은 정범에 비해 그 형이 필요적으로 감경된다(형법 제32조 제2항).

종범의 조력의 방법에는 제한이 없으므로 거동에 의한 물질적 방조뿐 아니라 언어에 의한 정신적 방조도 가능하다.2) 특히 격려와 용기를 주거나 필요한 정보를 제공하는 정신적 방조는 교사범과 경계를 접할 수 있는데, 양자는 범행결의의 존재 여부로 구분되어야 한다. 마찬가지로 외형상 공동정범에 유사한 물질적 방조는 기능적 행위지배 여부로 공동정범과 구분되어야 한다.3)

도주원조(형법 제147조), 아편흡식 등 장소제공(형법 제201조 제2항), 자살방조(형법 제252조 제2항) 등 방조행위가 특별 구성요건으로 규정된 경우가 있다. 이런 경우 행위의 외형은 특정한 본범의 행위에 대한 방조의 형태를 띠나, 여기서의 방조행위는 그 자체로 하나의 독립된 구성요건행위가 되므로 형법 제32조의 규정과는 아무런 관련성이 없다. 즉 법률에 의하여 구금된 자를 도주하도록 도와주는 행위는 어떠한 구성요건에 대한 종속적 방조행위가 아니라 그 자체가 하나의 구성요건적 행위이며, 이러한 행위를 한 자는 종범이 아닌 도주원조죄(형법 제147조)의 정범이 된다.

2. 종속성의 문제

형법은 종범을 타인의 범죄를 방조한 자로 규정하여 정범의 존재를 전제할 뿐

---

1) 대판 1989.4.11, 88도1247 : 공동정범의 본질은 분업적 역할분담에 의한 기능적 행위지배에 있으므로 공동정범은 공동의사에 의한 기능적 행위지배가 있음에 반하여 종범은 그 행위지배가 없는 점에서 양자가 구별된다.
2) 대판 1982.9.14, 80도2566 : 형법상 방조행위는 정범이 범행을 한다는 정을 알면서 그 실행행위를 용이하게 하는 행위로서 그것은 정범의 실행에 대하여 물질적 방법이건, 정신적 방법이건, 직접적이건, 간접적이건 가리지 아니한다 할 것인바, 피고인들이 정범의 변호사법 위반행위(금 2억 원을 제공받고 건축 사업허가를 받아 주려한 행위)를 하려한다는 정을 알면서 자금능력 있는 자를 소개하고 교섭한 행위는 그 방조행위에 해당한다. 또한 대판 1995.9.29, 95도456.
3) 앞의 대판 1989.4.11, 88도1247 참조.

아니라, 그 형 역시 정범의 형보다 감경한다고 하여 정범의 형을 기준으로 하고 있다는 점에서 공범종속성설에 입각하고 있음을 알 수 있다.[4] 그중 제한적 종속성설에 따른다면 정범의 행위는 구성요건해당성과 위법성이 인정되어야 하며 유책할 필요는 없다.

II. 성립요건

1. 방조행위

1) 방조행위의 방법

방조의 방법에는 제한이 없다. 정범의 범행을 촉진·가능·용이하게 하거나 법익침해를 강화하는 성격을 가진 것이라면 유형·무형, 정신적·물질적, 작위·부작위를 가리지 않는다. 즉 이미 범행을 결의한 자에게 추가적 조언을 하거나 용기를 북돋우는 행위, 범행도구나 장소를 제공하는 행위, 범행현장으로 이동시켜 주거나 현장에서 망을 봐주는 행위, 장물을 처리해 주겠다고 약속하는 행위 등이 전형적 방조행위에 해당한다. 부작위에 의한 교사가 불가능한 반면, 종범에게 보증인 의무가

---

4) ① 대판 1979.2.27, 78도3113 : 방조죄는 정범의 범죄에 종속하여 성립하는 것으로서 방조의 대상이 되는 정범의 실행행위의 착수가 없는 이상 방조죄만이 독립하여 성립될 수 없다.

② 대판 1976.5.25, 75도1549 : 형법 제32조 제1항의 타인의 범죄를 방조한 자는 종범으로 처벌한다는 규정의 타인의 범죄란 정범이 범죄를 실현하기 위하여 착수한 경우를 말하는 것이라고 할 것이므로 종범이 처벌되기 위하여는 정범의 실행의 착수가 있는 경우에만 가능하고 정범이 실행의 착수에 이르지 아니한 예비의 단계에 그친 경우에는 이에 가공하는 행위가 예비의 공동정범이 되는 경우를 제외하고는 이를 종범으로 처벌할 수 없다고 할 것이다. 왜냐하면 범죄의 구성요건 개념상 예비죄의 실행행위는 무정형·무한정한 행위이고 종범의 행위도 무정형·무한정한 것이고 형법 제28조에 의하면 범죄의 음모 또는 예비행위가 실행의 착수에 이르지 아니한 때에는 법률에 특별한 규정이 없는 한 벌하지 아니한다고 규정하여 예비죄의 처벌이 가져올 범죄의 구성요건을 부당하게 유추 내지 확장해석하는 것을 금지하고 있기 때문에 형법각칙의 예비죄를 처단하는 규정을 바로 독립된 구성요건 개념에 포함시킬 수는 없다고 하는 것이 죄형법정주의의 원칙에도 합당하는 해석이라 할 것이기 때문이다. 따라서 형법전체의 정신에 비추어 예비의 단계에 있어서는 그 종범의 성립을 부정하고 있다고 보는 것이 타당한 해석이라고 할 것이다.

존재하는 한 부작위에 의한 방조는 가능하다.[5]

방조행위 자체가 객관적으로든 주관적으로든 완결되지 않아도 종범성립에는 지장이 없다. 종범의 범행기여가 법익위해의 증대에 대해 인과성만 있으면 족하다. 다만 방조행위는 본범의 해당 구성요건과 직접적 관련성이 있어야 한다.[6]

2) 방조시기

방조행위의 시기는 정범의 실행행위 도중으로 제한되는 것이 아니므로 실행착수 이전이나[7] 이후에 모두 가능하며, 대부분의 정신적 방조는 실행착수 이전에 이루어지는 것이 보통이다. 나아가 범행의 기수 이후라도 완료 이전에는 가능하다. 체포 또는 감금된 자를 감시하는 경우, 현장에서 추격당하는 절도범을 돕기 위해 추적자를 방해하는 행위[8] 등은 방조행위에 해당한다. 기수와 완료가 시간적으로 구분되지 않는 상태범에서는 기수 이후에는 방조범이 성립되지 않는다. 범행이 완료된 이후라면 당연히 방조범이 성립되지 않는다. 완료 이후의 범인은닉 혹은 증거인멸행위 등은 방조범이 아닌, 독립된 구성요건으로서의 범인은닉죄(형법 제151조), 증거인멸죄(형법 제155조)의 정범이 된다.

3) 방조행위의 인과관계

종범성립을 위해 방조행위와 정범의 실행행위 사이에 인과관계가 요구되는 것인지에 대해 불필요설과 필요설로 견해가 나뉜다.

---

5) 대판 1985.11.26, 85도1906 : 종범의 방조행위는 작위에 의한 경우뿐만 아니라 부작위에 의한 경우도 포함하는 것으로서 법률상 정범의 범행을 방지할 의무 있는 자가 그 범행을 알면서도 방지하지 아니하여 범행을 용이하게 한 때에는 부작위에 의한 종범이 성립한다. 대판 1996.9.6, 95도2551; 대판 1997.3.14, 96도1639. BGHSt 14, 229; BGH NStZ 1985, 24.

6) 대판 1967.1.31, 66도1661 : 북괴간첩에게 숙식을 제공하였다고 하여서 반드시 간첩방조죄가 성립된다고는 할 수 없고 행위자에게 간첩의 활동을 방조할 의사와 숙식제공으로서 간첩활동을 용이하게 한 사실이 인정되어야 한다.

7) 대판 1997.4.17, 96도3377 : 종범은 정범의 실행행위 중에 이를 방조하는 경우는 물론이고 실행의 착수 전에 장래의 실행행위를 예상하고 이를 용이하게 하는 행위를 하여 방조한 경우에도 정범이 그 실행행위에 나아갔다면 성립한다. 대판 1983.3.8, 82도2873; 대판 1996.9.6, 95도2551; 대판 2004.6.24, 2002도995.

8) BGHSt 6, 248.

(1) 불필요설

우선 정범의 실행행위가 존재하는 한 방조행위는 막연한 위험을 야기·촉진 혹은 증대시켰다는 자체로 가벌성의 근거로 족하며, 양자 간의 인과성은 필요 없다는 불필요설의 견해가 있다(촉진설 : Förderungstheorie).9) 그러나 방조행위의 방법에 제한이 없는 만큼 여기서 인과관계의 요구마저 포기한다면 정범의 실행행위에 간접적으로 관여하거나 지원한 행위도 종범의 범위에 포함될 수 있다. 그렇게 되면 가벌적 방조와 불가벌의 기도된 방조행위의 구분이 모호해질 수 있으며, 경우에 따라서는 종범으로서의 가벌성의 범위가 무한정 넓어질 위험이 있다. 또한 공범의 처벌근거가 공범 자체의 행위에만 한정적으로 존재하는 것이 아니라 정범을 통해서 법익을 침해했다는 데 있다는 공범종속성설을 감안한다면, 종속의 개념에 방조행위와 정범의 행위 사이에 특정한 인과관련성이 결부된 것으로 이해해야 한다. 방조행위는 결과발생에 실질적으로 긍정적 영향을 주는 것으로 이해하는 것이 "타인의 범죄를 방조한 자"라는 법문의 자연스런 해석에도 일치한다. 따라서 인과관계가 필요하다고 보는 것이 합리적이며, 다수설의 입장이다. 다수설은 종범을 포함한 모든 공범에게 최소한의 요건으로 법익침해결과에 대한 인과적 범행기여를 요구한다.

다만 여기서의 인과관계는 인과관계이론에서 말하는 어느 한 종류의 인과관계에 부합하는 것이라고 볼 수 있을지에 대해서는 다툼이 있다. 예컨대 갑이 주거침입절도를 결심하자 친구인 을이 출입문의 잠금장치를 쉽게 해체할 수 있도록 전동드라이버를 빌려주었으나 갑은 막상 현장에서 이를 사용하지 않고도 절도에 성공한 경우, 일반적인 인과관계이론에 의하면 을의 방조와 범행결과 사이에 인과관계는 부정된다. 따라서 방조범의 인과성을 요구하는 견해에 따르면 방조는 부정되어 결국 불가벌의 방조미수에 해당하게 된다. 반면에 인과성 불필요설(촉진설)을 따르는 입장이라면 을의 행위가 정범행위를 촉진시켰는지 여부를 평가해야 하는데, 이에 대한 답을 구하기가 쉽지 않다. 이와 같은 사례에서 촉진설은 현실적 실효성이 없다고 할 수 있다.

이와 유사한 위험증대설(Risikoerhöhungstheorie), 즉 방조행위가 법익침해의 위험을 증대시킨 경우에 종범이 성립된다고 하는 견해도 부정되어야 한다. 확장적 정

---

9) Hillenkamp, AT-Problem, S. 155; Wessels/Beulke, Rdnr. 581; BGH NStZ 1985, 318.

범개념은 정범에서조차도 행위와 결과 사이의 인과관계만으로 정범이 성립한다고 하는데, 이에 의하면 정범의 인정범위가 너무 넓어지게 되어 부당하다. 위험증대설은 한발 더 나가 종범의 인정범위를 이보다 더 넓게 잡게 되어, 종범의 개념을 구체적 혹은 추상적 위험범의 개념으로 변질시키게 된다. 하나의 행위가 특정법익에 대한 위험을 증대시켰다는 사실은 무한정하게 인정될 수 있는 것이기 때문에, 이 견해는 형법의 보장적 기능을 훼손시키게 된다.

(2) 필요설

방조행위와 결과 사이의 인과성을 요구하는 견해로 결과야기설(Erfolgsverursa - chungstheorie)과 기회증대설(Chancenerhöhungstheorie)이 제시된다. 결과야기설은 방조행위와 결과 사이에 필요·충분조건으로서 자연과학적 인과성이 요구된다는 견해이다. 다만 그 관련성으로 절대적 제약공식(conditio sine qua non)에 상응하는 정도를 요구하는 것이 아니지만, 방조행위가 결과발생을 가능·용이·강화했다고 할 수 있을 정도의 합법칙적 관련성으로 족하다고 본다.10) 반면 인과적 위험증대설이라고도 하는 기회증대설은 종범성립을 위해서는 방조와 결과 사이의 단순한 자연과학적 관련성만으로는 부족하며, 특정 구성요건의 결과발생의 기회를 증대시켰어야 한다는 입장이다. 곧 인과관계뿐 아니라 규범적 평가를 통한 객관적 귀속이 가능해야 한다는 것이다.11)

두 견해의 차이는 위험감소의 경우에 확연히 나타난다. 즉 방조행위가 기존의 위험을 오히려 감소시킨 경우 결과야기설에 의하면 인과관계는 그대로 인정되므로 종범이 성립하는 데 비해,12) 기회증대설에 의하면 인과관계는 인정되더라도 객관적 귀속은 부정되므로 종범은 성립하지 않는다.13) 위험감소의 경우 객관적 귀속과 함께 종범성립을 부정하는 것이 합리적이므로 이 결론에 이를 수 있는 기회증대설을 취하는 것이 옳다고 판단된다.

이 견해의 범위에서도 앞의 전동드라이버 사례의 경우처럼 종범이 제공한 도구를 사용하지 않고 결과를 발생시킨 사례에서의 평가는 달라질 수 있다. 이 경우 물

---

10) 배종대, [146] 8; 이재상/장영민/강동범, § 35 - 11; 임웅, 502면.
11) 김일수, 한국형법 II, 351면; 손해목, 1095면; 신동운, 659면; 안동준, 259면; 이정원, 388면; Roxin, AT II, § 26 Rdnr. 210 ff.
12) 이재상/장영민/강동범, § 35 - 11.
13) Gropp, § 10 Rdnr. 148.

질적 방조의 관점에서는 인과관계가 확실히 부정되므로, 정신적 방조의 가능성만 남는다. 그런데 정신적 방조는 이를 부정할 만한 특별한 사유가 존재하지 않으므로 인정된다는 식의 소극적 평가가 아닌 적극적 평가방식으로 이루어져야 한다. 즉 정범에 대한 특별한 동기강화 혹은 그의 후퇴적 동기의 차단 등의 적극적 요소가 인정될 때 한해서 정신적 방조는 성립된다.[14]

4) 중립적 행위(neutrale Handlung)를 통한 방조

전형적인 직업적 행위 혹은 일상생활적 행위가 범죄를 돕는 결과로 연결되었을 때 이를 방조행위로 처벌할 수 있을 것인지 문제될 수 있다. 예컨대 기업체 간부가 탈세를 위한 위조서류를 자신의 여비서로 하여금 타이핑하게 하는 경우의 여비서의 행위, 독살에 사용할 것을 충분히 예견하면서 손님에게 극약을 판매하는 약사의 행위, 철물점 주인이 범행에 사용될 것을 알면서 손님에게 도끼를 파는 경우 등 자체로는 일상생활에서 지극히 자연스럽고 가치중립적인 행위일지라도, 자신의 행위가 직접 범죄에 관련되는 것이라는 사실을 인식한 경우에 종범으로서의 가벌성은 인정되어야 할 것이다. 아무리 전형적인 직업적인 행위라도 그 행위에 특정한 위험이 결부되었음을 인식한 이상 그 행위는 직업행위로서의 허용된 위험의 정도를 넘어선 것이라 평가할 수 있기 때문이다.[15] 행위자가 자신의 구체적 행위의 성격을 인식한 순간, 직업적 행위로서의 일상생활적 성격은 탈락하고 정범의 행위에 자신을 일체화한다는 의미로 바뀌게 된다.[16]

2. 고의

종범의 주관적 요건으로서의 고의는 교사범의 고의에 대체로 일치한다. 따라서 여기에서도 방조의 고의와 정범의 기수에 대한 고의의 이중고의가 요구된다. 우선 정범의 행위를 촉진 혹은 지원하는 기능을 가진 방조행위를 적어도 미필적 고의를

---

14) 손동권/김재윤, [§ 32] 11. 이에 소극적 견해로 이용식, 108면.
15) BGH NStZ-RR 1999, 184; BGH NStZ 2000, 34; Jescheck/Weigend, § 64 III 2 c); LK-Roxin, § 27 Rdnr. 17.
16) 반면 불가벌을 주장하는 견해로 Frisch, Tatbestandsmäßiges Verhalten und Zurechnung des Erfolgs, 1988, S. 295 ff; Jakobs, 24/13 ff.

가지고 수행해야 한다.17) 따라서 과실에 의한 종범은 성립되지 않는다. 문단속을 해야 할 의무 있는 자가 이를 이행하지 않아 절도범의 침입을 도우는 결과가 된 경우에 과실에 의한 종범은 배제되고, 경우에 따라 과실범의 정범이 될 수는 있다.18)

종범은 나아가 정범행위의 기수에 대한 고의를 가져야 한다. 정범의 기수를 방해할 목적으로 일부러 효능이 없는 도구를 제공한 경우에는 주관적 요건의 결여로 종범은 성립되지 않는다. 종범은 정범의 행위에 대해 특정 구성요건에 대한 인식을 바탕으로 그 본질적 내용을 파악하는 것으로 족하며, 구체적으로 세부적 사항까지 파악하고 있을 필요는 없다. 즉 종범은 자신이 방조하는 본범행위의 본질적 불법내용과 침해방향 정도를 파악하는 것으로 고의의 지적 요소는 성립하며, 그 구체화의 정도는 교사범의 경우에 비해 한층 완화되는 것으로 볼 수 있다.19)

간접방조 및 연쇄방조도 가능하며, 이 경우 종범은 정범의 실체에 대한 인식이 없어도 상관없다.20) 또한 종범과 정범 간에 범행 및 양자의 관련성에 대해 의사가 일치되어야 하는 것은 아니므로, 종범이 정범 모르게 그의 범행을 지원해 주는 경우에도 종범은 성립한다. 편면적 교사범이나 공동정범은 성립되지 않는 반면, 편면적 종범은 성립이 가능한 것이다.21)

---

17) 대판 2010.1.14, 2009도9963.
18) Jescheck/Weigend, § 64 III 2 d).
19) BGH NStZ 1990, 501; Kühl, § 20 Rdnr. 242.
20) 대판 1977.9.28, 76도4133 : 형법이 방조행위를 종범으로 처벌하는 까닭은 정범의 실행을 용이하게 하는 점에 있으므로 그 방조행위가 정범의 실행에 대하여 간접적이거나 직접적이거나를 가리지 아니하고 정범이 범행을 한다는 점을 알면서 그 실행행위를 용이하게 한 이상 종범으로 처벌함이 마땅하며 간접적으로 정범을 방조하는 경우 방조자에 있어 정범이 누구에 의하여 실행되어지는가를 확지할 필요가 없다 할 것이므로 위 판시와 같이 피고인이 외국상품을 위 00상사명을 위장 수입하여 수입하는 실수요자의 조세를 포탈케한 이상 그 실수요자가 실지 누구인지 그 소재나 실존유무를 확정하지 않았다 해도 방조범의 성립엔 아무런 지장이 없다고 할 것이다.
21) 대판 1974.5.28, 74도509 : 원래 방조범은 종범으로서 정범의 존재를 전제로 하는 것이다. 즉 정범의 범죄행위 없이 방조범만이 성립될 수는 없다. 이른바 편면적 종범에 있어서도 그 이론은 같다. 이 사건에서 볼 때 피고인은 스스로가 단독으로 자기 아들인 공소외인에 대한 징집을 면탈케 할 목적으로 사위(詐僞)행위를 한 것으로서 위 공소외인의 범죄행위는 아무것도 없어 피고인이 위 공소외인의 범죄행위에 가공하거나 또는 이를 방조한 것이라고 볼 수 없음이 명백하니, 피고인을 방조범으로 다스릴 수 없다고 한 원심판결은 정당하다.

3. 정범의 실행행위

정범의 실행행위는 기수에 이르거나 최소한 가벌적 미수에 이르러야 한다. 그래야만 적어도 방조미수로 처벌이 가능하다. 기도된 방조(효과 없는 방조, 실패된 방조) 혹은 미수의 방조에 대해서는 처벌규정이 없다. 정범의 행위는 고의를 전제로 한다. 과실범에 대한 방조는 자체로서는 불가벌이며, 다만 간접정범이 성립할 여지는 있다.22)

방조행위가 정범행위의 예비단계에만 관련된 사례에서 정범이 예비를 지나 적어도 기본구성요건의 실행착수에 이른 경우에는 방조가 성립한다는 데 문제될 것이 없다. 그러나 정범의 행위가 예비단계를 지나지 못한 경우에 예비의 종범성립 여부를 놓고 견해가 대립된다. 우선 예비의 성격에 관련하여 이를 하나의 독립된 범죄구성요건으로 파악하는 입장에서는, 예비의 방조는 적어도 이론적으로 충분히 성립이 가능하다. 반면 예비를 구성요건으로서의 독립성이 없는, 기본구성요건의 실행착수 이전의 한 범행단계에 지나지 않는 것으로 보게 되면, 이 단계에서의 방조는 효과 없는 방조로서 처벌규정의 부재로 불가벌이라는 결론에 이르게 된다. 대법원도 정범이 실행의 착수에 이르지 아니하고 예비단계에 그친 경우에는, 이에 가공한다 하더라도 예비의 공동정범이 되는 때를 제외하고는 종범으로 처벌할 수 없는 것으로 인정하며,23) 다수설도 이 입장을 취하고 있다.24)

사실 예비죄를 독립된 범죄구성요건으로 파악하는 입장이라고 하더라도, 교사범과는 달리 방조의 경우 미수범처벌규정이 없을 뿐 아니라 정범의 예비를 벗어나지 못한 단계에서의 방조는 그 자체의 불법의 정도가 매우 낮으므로 굳이 가벌성을 인정할 필요는 없다고 보겠다.25)

---

22) Jescheck/Weigend, § 61 VII 2; § 64 III 3.
23) 대판 1979.5.22, 79도552.
24) 손동권/김재윤, [§ 32] 21; 이재상/장영민/강동범, § 35－16; 대판 1979.2.27, 78도3113 : 방조죄는 정범의 범죄에 종속하여 성립하는 것으로서 방조의 대상이 되는 정범의 실행행위의 착수가 없는 이상 방조죄만이 독립하여 성립될 수 없다.
25) 배종대, [146] 12; 손동권/김재윤, [§ 32] 22; 손해목, 836면; 이정원, 391면; 진계호, 486면.

III. 처벌

종범은 형법 제32조 제2항에 의해 정범의 형에 비해 필요적으로 감경된다.[26] 종범은 교사범처럼 타인의 범행결의를 야기시키지 않고, 스스로 범행을 결의한 정범의 행위에 대해 범행지배 없이 단순 조력하는 데 그치므로 불법의 정도가 상대적으로 낮기 때문이다. 종범의 형은 정범의 형을 기준으로 하므로, 예컨대 정범의 행위가 미수 등으로 인해 낮아지는 경우에는 종범의 형은 이에 비례하여 한층 더 낮아질 수 있다.

자기의 지휘 감독을 받는 자로서의 정범의 행위를 방조한 자는 정범의 형으로 처벌된다(형법 제34조 제2항).

IV. 기타 관련문제

1. 방조범의 착오 및 초과

본범의 실행행위가 종범의 인식내용과 일치하지 않는 경우에 종범은 한편으로는 자신의 인식범위의 결과에 대해서만 책임을 지며, 다른 한편으로는 공범종속성에 따라 본범에 의해 실제로 실현된 결과에 대해서만 책임을 진다. 즉 교사범의 경우와 마찬가지로 종범에 대한 결과귀속에는 이중의 제한이 가해진다.

1) 착오의 경우

본범의 방법의 착오는 방조자에게도 방법의 착오로 인정되어야 한다. 본범의 객

---

26) 이에 대한 예외규정으로 간첩방조죄(형법 제98조 제1항), 밀수출입 및 관세포탈 방조죄 (관세법 제271조 제1항, 특가법 제6조 제7항) 등이 있는데 이 경우는 정범과 동일한 형이 부과된다.

대판 1986.9.23, 86도1429 : 형법 제98조 제1항의 간첩방조죄는 정범인 간첩죄와 대등한 독립죄로서 간첩죄와 동일한 법정형으로 처단하게 되어 있어 형법 총칙 제32조 소정의 감경대상이 되는 종범과는 그 실질이 달라 종범감경을 할 수 없는 것이므로 그 가중규정인 국가보안법 제4조 제1항 제2호의 반국가단체의 간첩방조죄에 대하여도 그 정범인 반국가단체의 간첩죄와 동일한 법정형으로 처단하여야 하고 종범감경을 할 수 없다.

체의 착오의 경우에는 이론대립이 있으나, 교사범의 경우와 마찬가지로 방조자에게는 방법의 착오가 인정되어야 한다.27) 따라서 구체적 부합설을 적용할 경우 예상했던 객체에 대한 미수와 결과가 발생된 객체에 대한 과실의 상상적 경합에 해당한다. 그런데 종범의 경우 미수범처벌 규정이 없으므로 과실에 의한 방조의 가능성만 남는데, 과실에 의한 방조는 이론상 성립이 되지 않으므로 경우에 따라 과실범의 정범으로서의 가능성만 남는다고 하겠다.

방조자가 본범의 책임능력에 관련하여 착오를 일으킨 경우에는 종범성립에 아무런 영향을 주지 않는다.28)

2) 초과의 경우

본범의 행위가 종범의 예상을 초과한 경우 중 양적 초과인 경우, 초과된 부분에 대해서는 방조범은 책임을 지지 않는다. 즉 절도를 예상하고 방조했으나 본범의 행위가 강도에 이른 경우, 또는 한 사람에 대한 살인을 예상했으나 본범이 두 사람 이상을 살해한 경우에 종범은 각각 자신이 예상했던 범위 내에서의 행위에 대한 방조의 책임만을 부담한다. 반대로 과소실행인 경우, 가령 종범은 강도의 의도로 방조했더라도 본범이 절도에 그친 경우라면 종범의 책임은 절도의 방조범에 한정된다. 본범의 질적 초과인 경우에는 종범은 아무런 책임을 지지 않는다. 예컨대 상해를 예상하고 방조했으나 본범은 재물손괴를 범한 경우, 종범은 재물손괴에 대해서는 고의가 없었으므로 이에 책임을 지지 아니하며, 고의가 있었던 상해의 방조는 미수에 해당하나 방조의 미수에 대해서는 처벌규정이 없다.

본범이 결과적 가중구성요건을 실현한 경우, 이에 대해 적어도 방조자의 과실이 인정되면, 즉 적어도 예견가능성이 있었던 경우에는 결과적 가중범의 종범으로 처벌이 가능하다. 초과의 경우에는 특히 방조자가 정범의 실행행위의 세부적 사항을 어느 정도 일임했는지에 따라 귀속의 정도가 달라질 수 있다. 말하자면 방조자가 적어도 주관적으로 본범의 행위를 세부적으로 제한하고 한정했을수록 그에 대한 결과귀속의 폭은 좁아진다고 하겠다.

---

27) 정범에 종속하여 객체착오를 인정하는 견해로 손동권/김재윤, [§ 32] 27.
28) 배종대, [148] 1.

2. 방조의 공범 및 공범의 방조

방조의 방조, 곧 연쇄방조도 결과적으로 본범의 행위에 대한 방조로서 성립이 가능하다.29) 연쇄방조는 본범행위를 지원 혹은 촉진했다는 점에 본질이 있으므로 그 순번은 중요하지 않으며, 다른 여러 연쇄방조 중의 하나라고 해서 형량이 감경되는 것도 아니다. 다만 이러한 행위가 종범으로 인정되기 위해서는 인과적 범행기여가 요구된다.

교사범에 대한 방조도 결과적으로 본범의 행위에 인과적 범행기여가 인정됨으로써 종범이 성립된다.30) 단, 기도된 교사에 대한 방조는 성립할 수 없다고 해야 하므로 적어도 본범이 실행착수에 이르러야 한다. 방조를 교사하는 행위도 결국 정범의 실행행위로 연결되는 한 정범에 대한 방조가 되어 종범은 성립한다.

3. 부작위에 의한 종범

종범은 스스로 결과를 방지해야 할 보증인 의무를 지니는 한 부작위를 통해 충분히 성립이 가능하다. 이는 부작위에 의한 교사가 성립되지 않는다는 점에서 구별된다. 행위지배를 가지는 고의로 행위하는 정범의 행위를 저지해야 할 의무 있는 자가, 이를 저지하지 않는 경우가 이에 해당한다.

보증인지위의 성립근거에 관한 학설 중 보호의무와 안전의무로 나누는 실질설에 의할 때, 보호의무의 보증인은 부작위의 정범이 되나 안전의무의 보증인은 부작위에 의한 종범이 성립되는 것이 원칙이다.31) 가령 물에 빠진 자기 아들을 구할 수 있음에도 불구하고 구조하지 않아 익사에 이르게 한 행위는 보호의무의 위배로서 부작위에 의한 살인의 정범이 되나, 수감자의 행동을 감시해야 할 의무 있는 교도관이 수감자의 절도 혹은 구타행위를 보고도 묵인한 경우에는 안전의무의 위배로서 종범의 죄책이 성립된다. 자신의 정부(情婦)가 자기 아내를 살해할 것을 알면서

---

29) 대판 1977.9.28, 76도4133.
30) 김일수/서보학, 496면; 배종대, [148] 3; 손해목, 1100면; 이재상/장영민/강동범, § 35 – 21; 정성근/박광민, 583면. 교사의 종범에 대한 불가벌설로는 남흥우, 268면; 황산덕, 287면.
31) 앞의 제38절 III. 1. 3) (2) 부분 참조.

저지하지 않은 경우에도[32] 부작위자는 종범의 죄책을 진다. 이러한 관계에 있어서 행위자가 사건의 경과를 더 이상 지배하지 못하게 되어 행위지배가 부작위자에게 이전되었다고 할 때, 그가 정범이 된다.

부작위의 정범을 작위로 방조함으로써도 종범은 성립된다. 예컨대 갑이 을을 방조하여 물에 빠진 을의 아들을 익사하도록 한 경우, 을은 부작위에 의한 살인죄의 정범이 되며 갑은 이에 대한 종범이 된다.

4. 죄수

하나의 본범행위에 대해 수개의 방조행위가 이루어진 경우, 가령 범행도구를 제공한 이후 범행에 긴요한 정보를 제공하고 현장에서 망까지 봐준 결과 하나의 본범이 완성되었다면, 이때에는 한 개의 종범만이 성립한다. 이는 교사의 경우도 마찬가지여서 여러 차례에 걸쳐 범행고의를 야기시켰더라도 하나의 교사만이 성립된다. 만일 하나의 본범에 수개의 교사와 방조행위가 기여되었다면 그 중 상대적으로 중한 하나의 교사죄만 성립되고 보충관계에 있는 방조행위는 이에 흡수된다. 이때 행위들 사이의 시간적 격차나 순서는 본질적인 것이 아니다.[33]

반면에 여러 명의 정범에 대한 방조를 했거나, 한 명의 정범에 대해 여러 개의 구성요건행위를 방조한 경우에는 수개의 종범이 인정된다.[34]

제 49 절 공범과 신분

I. 서론

신분이 범죄의 성립요소가 되거나 가중 혹은 감경의 요건이 되는 경우 신분이 없는 자가 이러한 범죄에 가담한 때의 법적 취급이 문제된다. 이에 대해 형법 제33

---

32) RGSt 73, 53.
33) Baumann/Weber/Mitsch, § 31 Rdnr. 41.
34) Baumann/Weber/Mitsch, § 31 Rdnr. 43.

조는 신분이 없는 자도 신분관계로 인해 성립될 범죄에 가공함으로써 공동정범, 교사범, 방조범이 될 수 있음을 규정하고, 그 단서에 신분관계로 인하여 형의 경중이 있는 경우에는 중한 형으로 벌하지 않는다고 밝히고 있다.

형법에서 입법론적으로나 해석론적으로 가장 많은 문제점을 안고 있는 부분 중의 하나가 형법 제30조 이하의 공범에 관한 규정들로서, 그중 특히 제33조 본문과 단서의 해석방법을 둘러싸고 많은 논란이 빚어지고 있으나, 어느 이론도 범행참가자의 범행기여도와 불법 및 책임에 상응하는 합리적 처벌방법을 논리적으로 설명하기 어렵다. 그 이유는 입법자가 공범종속성의 토대 위에서 최종적 과형은 각 참가자의 각각의 책임에 한정되어야 한다는 원칙에 충실하지 못했기 때문으로 보여진다. 다시 말해 해석론상의 문제는 입법상의 태생적 문제로 소급된다. 이러한 문제점은 공범이론에 관한 합리적 이해를 바탕으로 입법적으로 치유하는 것이 가장 효과적일 것으로 판단된다.

II. 신분의 의의 및 분류

1. 신분의 의의

형법상의 신분이란 범죄의 성립, 양형 또는 형벌부과 여부에도 영향을 미치는 사람의 지위 또는 상태를 말한다. 이와 관련하여 판례는 신분을 성별, 내외국인의 구별, 친족관계, 직업적 자격 등과 같은 관계뿐 아니라 널리 일정한 범죄행위에 관련된 범인의 인적 관계인 특수한 지위 또는 상태로 정의한다.[1]

특수 인적 표지(besondere persönliche Merkmale)라[2] 할 수 있는 신분의 개념은 성별·연령·심신상태·미혼모 등과 같은 정신적·육체적·법적 본질적 요소가 되는 인적 특수성질(persönliche Eigenschaft), 친족관계·특정 직업인(군인, 공무원, 법관, 의사)·타인의 물건의 수탁자 등과 같이 타인이나 제도 또는 사물과의 외적 관련성을 의미하는 인적 관계(persönliche Verhältnisse), 그리고 특수 성질이나 지위 외에 영업성·상습성 등과 같은 인적 상태(persönliche Umstände) 등으로 세분되기

---

1) 대판 1994.12.23, 93도1002.
2) 독일형법 제14조 제1항 제3호, 제28조.

도 한다.3)

인적 상태에는 반드시 계속성을 가지는 것뿐 아니라 일시적인 범인 특유의 일신상의 상태 등도 포함된다.4) 단, 행위관련 표지는 누구에 의해서든 범해질 수 있는 불법을 특성화하는 것이므로 이에 대해서는 일반적인 종속성의 원칙이 적용되며, 행위자 관련표지만 신분요소가 될 수 있으므로 양자는 구별되어야 할 필요가 있다. 하지만 사실상 두 개념 사이의 구분은 결코 용이하지 않으며 양자의 구분을 위한 합목적적 판단기준을 찾기도 쉽지 않다.5)

또한 주관적 표지는 행위자관련표지에, 객관적 표지는 행위관련표지에 상응하는 것이라 할 수 있는 것도 아니다. 예컨대 고의, 목적 등과 같은 주관적 구성요건 및 부진정 부작위범에서의 보증인의무6) 등은 행위관련표지로서 대체로 신분요소의 범위에서 벗어난다. 반면 독일형법상의 모살죄(謀殺罪)에서의 비열한 동기나 타 범행

---

3) Sch/Sch/Cramer/Heine, § 28 Rdnr. 12 ff.

4) 김일수/서보학, 498면; 배종대, [149] 4; 서거석/송문호, 397면; 손해목, 1103면; 이재상/장영민/강동범, § 36-2; 이형국, 367면; 정성근/박광민, 587면; Jescheck/Weigend, § 61 VII 4 a); Sch/Sch/Cramer/Heine, § 28 Rdnr. 14; Tröndle/Fischer, § 28 Rdnr. 6. 이와는 달리 신분개념에 계속성을 요구하는 견해로 권문택, 형사법강좌 II, 783면; 성시탁, 공범과 신분, 고시계 1978.2, 66면; 신동운, 700면; 오영근, 424면; 임웅, 509면 이하.

5) LK-Roxin, § 28 Rdnr. 23 ff. BGH는 그 자체로서 행위의 비난가능성을 높이거나 행위의 특별한 위험성으로 행위의 외적 현상을 특징짓는 경우는 행위관련적 요소로 분류한다. BGHSt 6, 262; "하나의 사례에서 형이 가중되는 이유가 행위자의 특별한 관계에 있는 것이 아니라 행위의 특별한 형상에 있는 것이라면 이러한 가중적 요소는 제28조 제2항에 해당하지 않는다." BGHSt, 8, 70, 72; "예컨대 집단적 밀매(bandenmäßige Schmuggelei)는 행위가중적 요소이지 행위자가중적 요소는 아니다. 순전히 일신적 상황이나 관계가 형벌가중의 근거가 될 때에만 제28조 제2항의 적용여부가 문제된다. 이 사례처럼 인적 요인보다는 행위적 요소에 비중이 클 때에는 제28조 제2항(구 제50조 제2항)은 적용되지 않는다." BGHSt 8, 205, 209에서도 이와 상응하게 '법률이 행위자뿐 아니라 행위 상황을 통해서 전체로서의 행위가 중하게 되는 것으로 인정하는 경우에는 개정전 제50조 제2항은 적용되지 않는다'고 했다. 이후에도 행위관련적 요소는 제28조가 적용되지 않는다는 입장은 견지되었다(BGHSt 17, 215, 217). BGHSt 8, 72는 한계사례에서 하나의 표지가 행위관련적 성격이 큰지 행위자관련적 성격이 더 큰지에 따라 결정이 되어야 한다고 한다; "재범(누범)은 행위자관련적이며 모살에서의 비열한 동기라는 요소는 제28조가 적용되지 않는다. 그것은 부분적으로는 행위자의 특성을 부여하는 데 일조를 하기는 하지만 일차적으로 행위를 특히 중한 범죄로 보이게 하는 것이기 때문이다."

6) 이 부분에 대해서 독일학설에서의 견해는 첨예하게 대립된다.

의 은닉의사 등은 행위자관련표지로서의 성격을 갖는다.[7]

이러한 신분의 개념 및 의의에 대한 논의의 근거는 독일형법 제28조와 제29조에서 찾을 수 있다. 본 규정들은 범인의 특성을 부여하는 인적 불법요소는 그 요소를 가지는 개인에게만 적용된다는 기본사조를 바탕으로, 종속성의 파기 혹은 완화에 본질적 목적을 둔다. 하나의 범행에 다수의 행위자가 관련된 경우에 그 가벌성을 각 행위자에 대해 개별적으로 인정하는 행위자관련요소의 경우도 마찬가지이다.[8] 따라서 독일형법 제26조와 제27조에서 확정된 공범종속성의 원칙은 동 제28조 제1항, 제2항을 통해서 그 종속성이 완화되고 동 제29조에 의해서 제한종속형식으로 파기되기에 이른다.[9]

구성요건의 성립과 형벌부과가 인적 상황에 좌우되는 것이라면 이 요소를 갖춘 자에게만 적용되어야 함은 당연하며, 따라서 가담자는 구성요건이 요구하는 인적 요건을 갖추었을 때 한해서 처벌되어야 한다. 다만 독일형법 제28조에 따르면 책임요소가 아닌 다른 요소에 의해서도 종속성은 파기될 수 있다.

2. 신분의 종류

신분의 종류를 나누는 방법으로는 신분이 범죄성립에 미치는 영향에 따라 구분하는 형식적 분류와, 신분의 법적 성질에 따라 위법신분과 책임신분으로 나누는 실질적 분류의 방법이 있다.

1) 형식적 분류에 의한 신분의 종류

(1) 구성적 신분

일정한 신분이 범죄성립의 요건이 되는 경우의 신분을 말한다. 즉 범죄성립을 위해 구성요건이 행위자의 특수한 신분을 요구하는 경우에는 여타의 객관적 구성요건요소가 충족되더라도 해당 신분이 결여된다면 범죄가 성립하지 않는다. 따라서 이런 경우의 신분을 구성적 신분이라고도 하며, 이를 요건으로 하는 범죄를 진정신

---

7) Jescheck/Weigend, § 61 VII 4 a).
8) Lackner/Kühl, § 28 Rdnr. 1; Sch/Sch/Cramer/Heine, § 28 Rdnr. 1
9) SK-Samson, § 28 Rdnr. 2.

분범(echtes Sonderdelikt)이라 한다. 예로서 수뢰죄(형법 제129조)에서의 공무원신분, 위증죄(형법 제152조)에서의 법률에 의해 선서한 증인신분, 횡령 및 배임죄(형법 제355조)에서의 타인의 재물을 보관하거나 사무를 처리하는 자로서의 신분을 들 수 있다. 이 경우 신분이 있음에도 불구하고 이를 인식하지 못한 경우에는 고의가 조각되며, 그 반대의 경우에는 불가벌의 환각범이 성립된다.

(2) 가감적 신분

신분이 없더라도 기본 범죄는 성립하지만 신분에 의해 가중 혹은 감경구성요건에 해당하는 경우의 신분을 말한다. 존속살해죄(형법 제250조 제2항)에서의 직계비속의 신분, 업무상 횡령죄(형법 제356조 제1항)에서의 업무상의 지위가 가중적 신분에 해당되며, 영아살해죄(형법 제251조)에서의 직계존속은 감경적 신분에 해당한다. 이러한 신분요소에 대한 착오는 고의의 조각에는 이르지 못하며, 형법 제15조 제1항의 적용을 받아 경한 죄로 처벌될 수 있는 데 그친다.

(3) 소극적 신분

신분은 원칙적으로 범죄를 성립시키거나 가감하는 기능을 하는 것인데, 경우에 따라서는 범죄성립을 오히려 방해하거나 형벌을 조각시키는 기능을 할 때도 있다. 이러한 경우의 신분을 소극적 신분이라 한다. 예컨대 일반인이 의료행위를 하면 의료법에 저촉이 되나 의사의 신분을 갖춘 자에게는 합법성이 인정된다. 또한 변호사의 신분은 변호사법 위반범죄의 불법을 조각시킨다. 이런 경우를 위법조각적 신분이라 한다. 그 밖에 형사미성년자, 범인은닉죄 등에서의 친족의 신분 등은 책임조각적 신분이며, 친족상도례에서의 친족의 신분은 형벌조각적 신분이 된다.[10]

2) 실질적 분류에 의한 신분의 종류

신분의 종류를 구성적·가감적 신분으로 나누는 전통적인 형식적 분류방식을 탈피하여 실질적 관점에서 위법신분과 책임신분으로 분류하는 방식으로서 현재 오스트리아 형법 제14조가 채택하고 있는 방식이기도 하다. 우리나라에서도 이러한 분류방식에 입각한 형법 제33조의 해석론이 제시된다.[11] 위법관련적 신분을 위법신

---

10) 이정원, 396면 이하.
11) 박양빈, 공범과 신분, 고시연구 1991.6, 43면 이하; 정성근/박광민, 590면; 차용석, 공범과 신분, 월간고시 1986.2, 35면 이하.

분, 책임관련적 신분을 책임신분으로 나누되, 위법신분의 경우 그 기능이 범죄구성
적이든 가감적이든 상관없이 이에 가공한 공범에 대해서는 형법 제33조 본문의 적
용을 통해 위법연대성이 인정되어야 하며, 책임신분인 경우에는 형법 제33조 단서
가 적용되어 책임개별화가 인정되어야 한다는 것이다. 즉 형법 제33조 본문은 위법
연대성을 표방하는 것이므로 정범에 의해 실현된 해당 구성요건의 신분이 위법관
련적 신분이라면 이에 가공한 공범은 스스로는 신분이 결여되었다고 하더라도 정
범의 위법성에 연대하여 공범으로서의 죄책을 지게 되며, 해당 구성요건의 신분이
책임신분인 경우에는 책임개별화 원칙을 표방하는 형법 제33조 단서가 적용되어
해당 신분을 갖춘 자에게만 신분에 따른 특별규정이 개별적으로 적용되어야 한다
는 입장이다.

    그러나 이에 대해서는 위법신분과 책임신분을 명백히 구분하기 어려우며,[12] 구
성적 신분과 가감적 신분의 형식적 분류에 따라 각각 위법연대성과 책임개별화를
적용하고자 하는 형법 제33조의 취지에 맞지 않는다는 비판이 가능하다.[13]

III. 형법 제33조의 해석

1. 타입법례와의 비교

    형법은 제33조에서 공범과 신분에 관한 규정을 두고, 제34조에서 간접정범과 특
수한 교사 · 방조범에 대한 형의 가중규정을 둔다. 형법 제33조의 공범과 신분에 관
한 규정은 독일형법 제28조와[14] 제29조[15] 그리고 우리의 현행법에 직접적 영향을

---

12) 사실 존속살해죄에서의 직계비속, 영아살해죄에서의 직계존속 등을 책임신분으로 보는
     견해도 있으나(정성근/박광민, 590면 참조) 이들은 오히려 위법관련적 신분으로 보는
     것이 타당하다.
13) 손동권/김재윤, [§ 33] 9; 이재상/장영민/강동범, § 36 – 6.
14) 제28조 [특별한 인적 요소]
     (1) 정범의 가벌성의 근거되는 특별한 인적 요소(제14조 1항)가 공범(Teilnehmer : 교사
     범, 방조범)에게 결여된 경우에 공범의 형은 제49조 1항에 따라 감경한다.
     (2) 법률이 특별한 인적 요소로 형이 가중, 감경 혹은 배제된다고 정하는 경우에 이 규정
     은 그 인적 요소가 존재하는 가담자(정범 혹은 공범)에게만 적용된다.
15) 제29조 [가담자의 독자적 처벌]

준 일본형법의 제65조의[16] 규정에 상응하나, 그 입법형태와 해석론에 있어서는 상당한 차이가 있다. 일본형법 제65조 제1항의 공범이라는 의미를 해석여하에 따라 협의의 공범으로 이해할 수 있는 여지가 있는 반면, 우리 형법은 "전 3조의 규정을 적용한다"고 하여 공동정범을 포함하는 광의의 공범으로 입법적으로 못박아 놓음으로써 이에 대한 해석론적 논란은 줄일 수 있으나, 다만 이 규정이 예외적 특별규정[17]이라는 견해와 당연규정[18]이라는 견해의 다툼이 있다. 생각건대, 신분으로 인하여 성립될 범죄에 비신분자가 가공하였다고 해서 공동정범의 성립을 인정한다는 것은, 위법신분요소가 없는 사람에게 타인의 이러한 요소를 끌어와 인정하는 결과가 되어 책임원칙에 반하는 것이다. 따라서 입법론적으로도 문제가 있다고 할 수 있는데[19] 이를 당연규정으로 보는 것은 무리이다. 해석론적으로 비신분자가 신분자와 함께 공동정범이 될 수 있는 범위를 목적론적으로 제한을 가하여, 행위자관련 신분범인 경우를 제외한 결과관련 신분범으로 한정할 필요성이 있다는 견해도 제기된다.[20]

제33조 본문에 간접정범도 적용되는지 여부의 문제에 대해 통설은 이를 부정한다. 비신분자가 신분자를 이용하여 구성요건을 실현했다고 하더라도 진정신분범의 간접정범은 성립되지 않는다고 보아야 할 것이다. 그 이유는 우선 문언상으로도 제33조 본문의 '전 3조'에는 간접정범이 포함되지 않았고, 나아가 비신분자도 신분자와의 가공에 의해서 공동정범은 성립된다는 의미로 해석할 수는 있을지라도[21] 비신분자가 단독으로 단독정범의 한 형태인 간접정범이 될 수 있다는 의미로 보기는 어렵기 때문이다.[22]

모든 범행참가자(Beteiligte)는 다른 가담자의 책임에 관계없이 본인의 책임에 따라서 처벌된다.
16) 제1항 : 범인의 신분으로 인하여 구성될 범죄행위에 가공한 때에는 그 신분 없는 자도 공범으로 한다. 제2항 : 신분으로 인하여 특히 형의 경중이 있을 때에는 그 신분 없는 자에게는 통상의 형을 가한다.
17) 이재상/장영민/강동범, § 36-11; 손동권/김재윤, [§ 33] 16; 박상기, 466면; 임웅, 515면; 임웅, 공범과 신분, 고시연구 1998.6, 103면.
18) 정성근/박광민, 596면.
19) 김일수, 횡령죄의 공범과 신분, 고시계 1996.4, 197면.
20) 김일수, 앞의 논문, 197면 이하.
21) 참조판례로는 대판 2012.6.14, 2010도14409.
22) 박상기, 466면; 배종대, [150] 7; 이재상/장영민/강동범, § 36-12; 이정원, 399면; 임

2. 형법 제33조 본문 및 단서의 해석론상의 학설대립

1) 진정·부진정신분범설과 본문·단서설의 대립

형법 제33조에 관한 해석론상 나타나는 문제점으로는 우선 그 본문을 신분 없는 자가 진정신분범의 범죄에 뿐 아니라 부진정신분범에 가공하여 공범이 될 수 있다는 의미로 해석할 수 있을 것인지에 관한 다툼을 들 수 있다. 이에 대해 다수설(진정·부진정신분범설)은[23] 제33조 본문이 신분관계로 인하여 성립될 범죄로 확정하므로, 범죄의 '성립'이 아닌 형벌 가감의 기능만을 가지는 부진정신분범은 본문이 아닌 별도의 단서규정에 해당한다고 한다. 즉 본문은 구성적 신분의 위법연대성의 원칙을, 단서는 가감적 신분의 책임개별화의 원칙을 표현한 것으로 이해한다. 이는 공범종속성설 중 제한 종속형식의 논리적 귀결에도 합치하는 것이라고 한다.

이에 대하여 소수설(본문·단서설)은 본문은 진정·부진정신분범의 포괄적 공범성립에 관한 규정이고, 단서는 특히 부진정신분범에 대한 과형규정이라고 한다. 제33조 단서는 부진정신분범의 과형에 관한 규정임이 명백하므로, 다수설의 견해처럼 본문에서 부진정신분범의 적용가능성을 배제한다면 부진정신분범의 공범성립규정이 없어진다는 불만이 있음을 소수설은 지적한다. 또한 다수설은 제33조의 본문과 단서로 나누는 조문구성방식이 항으로 나누는 입법형식과는 다르다는 차이를 도외시한 결과라는 점도 비판의 논거로 삼는다. 즉 일본의 형법은 진정·부진정신분범을 별개의 항으로 구분하여 규정하는 반면, 우리 형법은 본문에 양자를 다 포함시키고 단서에서 부진정부작위범의 형량을 제한하는 형태로 파악된다는 것이다.

다수설과 소수설을 비교하자면, 다수설은 범행가담자의 각각의 신분이 가지는 성질상의 차이를 인정하는 것과 달리, 소수설은 이러한 차이를 고려하지 않고 제33조의 본문에 진정·부진정신분범을 모두 포함시켜 가벌성의 범위를 넓게 확보한 후 그중 부진정신분범의 경우 처단형의 범위를 제한하고자 한다는 점에 실질적 차이가 있다.[24] 소수설은 이에 대해 형법 제15조 제1항이 "중한 죄로 벌하지 아니한

웅, 앞의 논문, 104면. 반대견해로 박양빈, 공범과 신분, 고시연구 1991.6, 48면; 신동운, 공범과 신분, 고시계 1991.12, 42면; 차용석, 공범과 신분, 고시연구 1986.5, 35면.
23) 용어는 신동운, 판례백선, 567면을 따름. 김종원, 공범과 신분, 법정 1976.1, 53면; 배종대, [150] 4; 손동권/김재윤, [§ 33] 12; 손해목, 1111면; 이재상/장영민/강동범, § 36-8; 이정원, 398면; 이형국, 370면.

다"라고 하여 죄의 성립 자체를 부정하는 데 비해, "중한 형으로 벌하지 아니한다"라고 한 제33조 단서의 입장은 비신분자가 부진정신분범에 공동정범으로 가공한 경우 신분자와 동일한 구성요건의 죄는 인정되지만 처단형만 통상의 형으로 제한됨을 밝히고자 한 것이라고 설명한다. 따라서 처와 친자가 함께 그 남편을 살해한 경우 처와 친자를 존속살해죄의 공동정범으로 인정한 대법원의 판례도[25] 소수설의 입장에서는 해석론적 타당성이 인정된다고 한다.[26] 그러나 그 이후의 판례는 다수설의 입장에서 과형이 아닌 범죄의 성립을 인정했다.[27] 이러한 판례의 태도는 범죄의 성립과 과형은 일치되어야 한다는 원칙에 부합한다는 점에서 긍정적이다.

소수설도 부진정신분범의 공범성립을 본문을 통해 인정하더라도 처단형은 단서를 적용하게 됨으로써 법효과에 있어서는 동일하게 된다. 즉 어느 학설을 취하든 과형은 일반적으로 일치하게 되나, 인정되는 죄명이 서로 달라지는 때에는 일반사면의 경우나 형의 가중 또는 감경 이전의 기본적 법정형에 따라 기간이 계산되는 공소시효와 관련해서는 실질적 차이가 있을 수 있다.[28]

2) 위법신분 · 책임신분 구별설

제3의 견해인 위법신분 · 책임신분 구별설은 신분을 위법신분과 책임신분으로 나누어, 본문은 가공자 모두에게 연대적으로 작용하는 위법신분에 관한 규정이며, 단서는 다른 참가자에게 영향을 주지 않고 개별적으로 작용하는 책임신분에 관한 규정으로 구분한다. 본문과 단서에서 각각 구성적 신분 혹은 가감적 신분의 여하를 가릴 필요가 없다고 주장한다.[29] 즉 가감적 신분이라도 위법신분이라면 본문이 적용되어 연대작용을 하게 되고 반대로 구성적 신분이라도 책임신분이라면 단서가 적용되어 개별적 작용을 하게 된다는 것이다.

---

24) 신동운, 판례백선, 567면 이하.
25) 대판 1961.8.2, 4294형상284; 대판 1961.12.28, 4294형상564.
26) 신동운, 판례백선, 569면.
27) 대판 1986.10.28, 86도1517 : 은행원이 아닌 자가 은행원들과 공모하여 업무상 배임죄를 저질렀다 하여도 이는 업무상 타인의 사무를 처리하는 신분관계로 인하여 형의 경중이 있는 경우이므로 그러한 신분관계가 없는 자에 대하여서는 형법 제33조 단서에 의하여 형법 제355조 제2항(배임죄)에 따라 처단하여야 한다. 대판 2009.1.30, 2008도8138.
28) 신동운, 707면.
29) 정성근/박광민, 593면.

이 견해는 종래의 견해가 구성적 신분은 곧 위법신분, 가감적 신분은 곧 책임신분이라는 획일적 공식의 경직성에 합리적 융통성을 부여한다는 장점도 있으나 이에 대한 비판으로 ① 이 견해의 기초가 되는 위법신분과 책임신분의 실질적 분류가 현실적으로 용이하지 않고, ② 구성적 불법 없는 구성적 책임신분범죄를 생각하기 어렵다는 점,[30] ③ 가중적 위법신분을 갖춘 정범에 가공한 비신분자에게 제33조 본문을 적용하여 가중적 범죄의 공범으로 처벌하게 되면, 신분관계로 인하여 형의 경중이 있는 경우 중한 형으로 벌하지 아니한다는 단서규정에 어긋난다는 점 등이 지적된다.[31]

3) 결론

다수설의 기초 위에서 위법·책임신분설의 이론적 장점을 최대한 살려, 본문을 구성적 신분의 위법연대성과 종속성의 강화를 위한 규정으로 보고, 단서는 가감적 위법신분의 연대해제 및 종속성의 완화와 가감적 책임신분의 책임개별화 원칙의 규정으로 이해해야 할 것으로 보는 견해[32]가 비교적 합리적이다.

4) 본문적용상의 개별적 문제

(1) 의무범 및 행위자관련 신분범의 제한적 적용

위와 같은 해석의 경우에도 구성적 위법신분의 연대성 원칙은 진정신분범 중 의무범이나 행위자관련 신분범의 경우에는 제한적으로 적용되어야 하며, 따라서 종속성은 완화되어야 한다. 의무범에서의 행위자요소는 구체적 범죄행위의 요소 이상의 의미를 담고 있기 때문이다. 이러한 범죄형태에서 신분을 가진 정범에게는, 비신분자에는 존재하지 않는 상승된 사회적 역할이 요구된다. 비신분자에게는 그러한 상승된 역할에 대한 요구가 존재하지 않으므로 양형에서 신분자와 동일한 부담이 주어져서는 안 된다.

만일 공무원 아닌 자가 공무원에게 뇌물수수를 교사했다면, 그는 형법 제129조와 제31조 제1항에 따라 수뢰죄의 교사범으로 정범인 공무원과 동일하게 처벌되어

---

30) 김일수, 한국형법 II, 423면 이하.
31) 임웅, 512면.
32) 김일수, 앞의 책, 426면.

야 하는 것이 법이 정한 원칙이다. 그렇지만 교사자는 정범을 통해서 구성요건을 실현했다고 하더라도 정범인 공무원이 공무원으로서 위임받은 특별한 의무를 침해한 바는 없는 것이다. 즉 정범이 자신의 상승된 특별한 불법을 실현시킨 사실과 비교하면, 교사범의 불법은 그 내용에서 엄연한 차이가 있다. 윤리적 가치척도에 따르면 의무의 침해는 사회적 역할에서 성립된 신뢰가치의 침해를 통한 특수한 불법을 포함한다. 공무원이 아닌 사람이 공무원범죄에 공범으로 가담을 했다고 하더라도, 그는 이러한 사회적 역할에까지 개입한 것은 아니다. 역할부담을 지는 자의 의무침해와 그 의무침해를 조장하거나 지원하는 행위 사이에는 질적인 차이가 있다. 비신분자가 아닌 공무원만이 향유하는 일신적 신뢰의 존부에 의해서 성립되는 이러한 질적 차이는 공무원범죄에 있어서 종속성의 완화를 정당화 한다. 따라서 비신분자는 신분자에 비해 제한된 형량의 범위에서 처벌되어야 한다.[33]

(2) 신분자가 비신분자의 범죄에 가공한 경우

반대로 공무원이 공무원 아닌 자를 교사하여 뇌물을 수수하게 한 경우에 행위공동설의 입장이라면 형법 제33조 본문의 적용이 가능하겠으나, 본문에서의 신분은 구성적 신분이므로 이 요건을 결한 정범의 경우에는 구성요건해당성 자체가 성립되지 않으므로, 공범종속성설에 따라 배후자에게도 공범이 성립되지 않는다. 다만 배후자는 신분 없는 고의 있는 도구를 이용했다는 점에서 간접정범의 성립은 가능하다.

(3) 신분 없는 자의 간접정범 성립가능성

형법 제33조 본문의 규정에 따라 신분 없는 자도 신분 있는 자의 행위에 가공함으로써 공동정범은 될 수 있으나,[34] 간접정범이 될 수 없다. 이를 긍정하는 견해도[35]

---

33) Vogler, FS-Lange, 1976, S. 279.
34) ① 대판 1993.7.13, 93도1341 : 발행명의인이나 직접 발행자가 아니라 하더라도 공모에 의하여 부정수표단속법 제2조 제2항 소정 범죄의 공동정범이 될 수 있다. ② 대판 1992.8.14, 91도3191 : 정부관리기업체의 과장대리급 이상이 아닌 직원도 다른 과장대리급 이상인 직원들과 함께 뇌물수수죄의 공동정범이 될 수 있다. ③ 대판 1983.7.12, 82도180 : 점포의 임차인이 임대인이 그 점포를 타에 매도한 사실을 알고 있으면서 점포의 임대차 계약 당시 "타인에게 점포를 매도할 경우 우선적으로 임차인에게 매도한다"는 특약을 구실로 임차인이 매매대금을 일방적으로 결정하여 공탁하고 임대인과 공모하여 임차인 명의로 소유권이전등기를 경료하였다면 임대인의 배임행위에 적극가담한 것으로서 배임죄의 공동정범에 해당한다.
35) 신동운, 공범과 신분, 고시계 1991.12, 45면; 유기천, 135면. 이와 관련하여 참조할 만한 판례로서 대판 1992.1.17, 91도2837 : 공문서의 작성권한이 있는 공무원의 직무를

있으나 결론적으로 부정하는 것이 타당하다. 요컨대 진정신분범에서의 신분은 범죄성립요소로서 이를 결한 자에게는 원칙적으로 범죄가 성립되지 않는다고 해야 하므로, 이에 대한 간접정범이나 공동정범도 성립되지 않는 것이 원칙이다. 그러나 이와 관련하여서는 공동정범은 성립한다는 예외적 특별규정이 있는 반면, 간접정범에 관해서는 이러한 규정이 없으므로 간접정범은 성립되지 않는다고 보아야 할 것이다.

5) 단서적용상의 개별문제

(1) 감경적 신분범의 경우

형법 제33조 단서의 "중한 형으로 벌하지 아니한다"라는 표현은 가중적 신분범인 경우에는 문제가 없으나, 감경적 신분범의 사례에서는 해석상의 혼란의 원인이 될 수 있다. 예컨대 자신의 존속을 살해하는 정범의 행위에 가담한 사례에서 정범은 피해자의 직계비속이라는 신분에 의해 존속살해죄로 가중처벌 되는 반면, 이러한 신분이 없는 공범은 중한 형으로 벌하지 아니한다는 규정에 따라 보통살인죄의 공범이 될 뿐이라는 것은 자명하다.

반대로 정범의 영아살해행위에 가담한 경우, 정범은 영아의 직계존속이라는 신분에 의해 형법 제251조의 감경규정의 적용을 받게 되며, 신분이 없는 공범자는 정범에 비해 상대적으로 중한 보통살인죄의 공범이 인정되어야 한다. 따라서 만일 공범의 형태가 교사범인 경우에는 정범의 형보다 무거워질 수 있다. 본 단서의 표현방식으로 인해 이러한 경우에도 공범자에게 감경구성요건이 적용되어야 하는 것으로 해석될 여지가 있으나, 이러한 해석은 책임개별화의 원칙에 반하므로 부정되어야 한다. 즉 부진정신분범에 있어서의 형의 가중 혹은 감경은 신분이 있는 자에게만 개별적으로 적용되며, 타 가담자로부터의 영향은 배제된다.[36]

보좌하는 자가 그 직위를 이용하여 행사할 목적으로 허위의 내용이 기재된 문서초안을 그 정을 모르는 상사에게 제출하여 결재하도록 하는 등의 방법으로 작성권한이 있는 공무원으로 하여금 허위의 공문서를 작성하게 한 경우에는 간접정범이 성립되고 이와 공모한 자 역시 그 간접정범의 공범으로서의 죄책을 면할 수 없는 것이고(당원 1977. 12.13. 선고 74도1990 판결, 1986.8.19. 선고 85도2728 판결 각 참조), 여기서 말하는 공범은 반드시 공무원의 신분이 있는 자로 한정되는 것은 아니라고 할 것이다.

36) 김일수/서보학, 505면; 배종대, [151] 2; 성시탁, 공범과 신분, 고시계 1978.2, 73면; 안동준, 266면; 이재상/장영민/강동범, § 36 – 17; 임웅, 518면; 정성근/박광민, 600면; 조준현, 346면.

단서는 신분 없는 자에게 신분 있는 자의 가중구성요건을 적용하지 말라는 의미에 한정되며, 전체 가담자들에게 적용될 구성요건 중 항상 가장 경한 구성요건을 적용하라는 의미는 아니다.

(2) 신분자가 비신분자의 범행에 가공한 경우

본문은 신분자의 범행에 비신분자가 가공한 경우만을 규율하는 데 비해 단서는 그 반대의 경우에도 적용된다. 단서는 책임개별화 및 종속성완화의 원칙을 본질로 하는 것이므로, 부진정신분범의 경우에는 범행에 가담한 신분자가 정범이든 공범이든 상관없이 다만 각자의 신분 여하에 따른 책임을 근거로 형벌을 부과하는 데 문제가 없기 때문이다. 따라서 갑이 을을 교사하여 자신(갑)의 아버지를 살해하게 한 경우에 정범인 을은 보통살인죄, 갑은 존속살해죄의 교사범이 된다. 만일 행위에 공동정범의 형태가 인정된다면 갑은 존속살해죄의 공동정범, 을은 보통살인죄의 공동정범이 된다. 이는 감경구성요건의 경우에도 마찬가지이다. 갑이 을을 교사하여 자신(갑)의 영아를 살해하게 한 경우 을은 보통살인죄의 정범, 갑은 영아살해죄의 교사범이 된다.

📖 **관련판례**

대판 1994.12.23, 93도1002 : 형법 제31조 제1항은 협의의 공범의 일종인 교사범이 그 성립과 처벌에 있어서 정범에 종속한다는 일반적인 원칙을 선언한 것에 불과하고, 신분관계로 인하여 형의 경중이 있는 경우에 신분이 있는 자가 신분이 없는 자를 교사하여 죄를 범하게 한 때에는 형법 제33조 단서가 형법 제31조 제1항에 우선하여 적용됨으로써 신분이 있는 교사범이 신분이 없는 정범보다 중하게 처벌된다.

---

3. 소극적 신분과 공범

1) 위법조각적 신분과 공범

위법조각적 신분자가 신분에 의해 위법성이 조각되는 범위 내에서의 행위를 했다면 그 자체로서 범죄가 성립하지 않으므로 이에 가공한 비신분자에게도 제한종속성의 원칙에 따라 범죄가 성립하지 않는다. 다만 신분에 의해 위법성이 조각되는 범위를 벗어나는 행위에는 위법성이 인정되는 것은 당연하다. 예컨대 의료인의 진료거부(의료법 제15조), 정보누설(의료법 제19조), 태아 성감별 행위(의료법 제20조) 등의 행위는 위법하므로, 이에 가공한 비신분자에게는 공범성립이 가능하다.

　신분자가 비신분자의 행위에 가공한 경우에는 모두에게 범죄가 성립된다. 의료인이 의료인 아닌 자로 하여금 의료행위를 하게 한 경우에는 비신분자는 무면허의료행위의 정범이 되며(의료법 제27조 제1항, 제87조 제1항 제2호), 신분자는 가공형태에 따라 공범 및 공동정범이 될 수 있다.[37] 이는 구성적 신분이 없는 자에게도 신분자의 행위에 가공함으로써 공범 및 공동정범이 성립될 수 있다는 형법 제33조의 취지를 반대해석한 결론이다. 판례에 있어서는 이러한 입장을 따르는 경우와[38] 그렇지 않은 경우가 있다.[39]

2) 책임조각적 신분과 공범

　책임조각적 신분자의 행위에 비신분자가 가공한 때에는 신분자는 책임조각으로 범죄가 성립하지 않지만, 공범성립요건으로 정범의 구성요건해당성과 위법성만을 요구하는 제한종속성설에 따르면 비신분자에게는 공동정범 혹은 공범이 성립될 수 있다. 이는 책임개별화의 원칙에도 부합하는 결론이다.

---

37) 신동운, 716면.
38) ① 대판 2001.11.30, 2001도2015 : 의료인이 의료인이나 의료법인 아닌 자의 의료기관 개설행위에 공모하여 가공하면 의료법 제66조 제3호, 제30조 제2항 위반죄의 공동정범에 해당되는 것이다. ② 대판 1986.7.8, 86도749 : 치과의사가 환자의 대량유치를 위해 치과기공사들에게 내원환자들에게 진료행위를 하도록 지시하여 동인들이 각 단독으로 전항과 같은 진료행위를 하였다면 무면허의료행위의 교사범에 해당한다. ③ 대판 1986.2.11, 85도448 : 의료인일지라도 의료인 아닌 자의 의료행위에 공모하여 가공하면 의료법 제25조 제1항이 규정하는 무면허의료행위의 공동정범으로서의 책임을 져야 할 것이다.
39) 대판 2004.10.28, 2004도3994 : 변호사 아닌 자가 변호사를 고용하여 법률사무소를 개설·운영하는 행위에 있어서는 변호사 아닌 자는 변호사를 고용하고 변호사는 변호사 아닌 자에게 고용된다는 서로 대향적인 행위의 존재가 반드시 필요하고, 나아가 변호사 아닌 자에게 고용된 변호사가 고용의 취지에 따라 법률사무소의 개설·운영에 어느 정도 관여할 것도 당연히 예상되는 바, 이와 같이 변호사가 변호사 아닌 자에게 고용되어 법률사무소의 개설·운영에 관여하는 행위는 위 범죄가 성립하는 데 당연히 예상될 뿐만 아니라 범죄의 성립에 없어서는 아니 되는 것인데도 이를 처벌하는 규정이 없는 이상, 그 입법 취지에 비추어 볼 때 변호사 아닌 자에게 고용되어 법률사무소의 개설·운영에 관여한 변호사의 행위가 일반적인 형법 총칙상의 공모, 교사 또는 방조에 해당된다고 하더라도 변호사를 변호사 아닌 자의 공범으로서 처벌할 수는 없다.

비신분자가 책임조각적 신분자를 의사지배로 조종하여 범죄를 실행시킨 경우에
는 간접정범이 성립되며, 신분자가 비신분자를 교사·방조하여 범죄를 실행케 한
경우 비신분자는 정범이 되며, 배후자에게는 책임개별화의 원칙에 따라 책임이 조
각된다. 가령 형사미성년자 갑이 성인에게 범죄를 종용하거나 그의 실행행위에 가
담했다면, 갑에게는 어떠한 경우라도 책임이 조각되어 스스로는 공동정범이나 공
범이 되지 않는다.[40)]

3) 형벌조각적 신분과 공범

형벌조각적 신분자의 범행에 비신분자가 가공한 경우, 신분자의 형벌조각사유는
비신분자의 범죄성립에 아무런 영향을 주지 않는다. 예컨대 갑이 자기 친족의 재물
을 훔치는 행위에 친구 을이 가담한 경우에 신분자인 갑에게도 범죄는 성립하나
단지 형사정책적 이유로 형벌만이 배제될 뿐이며, 이러한 사유는 을의 범죄성립 및
처벌과는 관련성이 없다.

갑이 을을 교사하여 자기(갑) 친족의 물건을 훔치게 한 경우에도 여전히 갑은 형
벌이 조각되는 구성요건의 교사자이므로 형벌이 조각되지만, 을은 보통의 절도범
으로 처벌된다. 이러한 사례에서 갑은 을을 범죄자로 만들었다는 점에서 가벌성이
인정되어야 한다는 견해가 있을 수 있으나, 공범의 처벌근거에서 종속야기 혹은 혼
합야기설에 따르면 범죄자를 만들어냈다는 사실만으로는 가벌성의 요건이 충족되
지 않는다고 해야 한다.

4. 입법론적 제안

공범(제한)종속성과 책임개별화라는 기본원리의 바탕 위에서 우리의 공범규정을
독일형법의 규정들과 비교해 본 결과 나타난 우리 입법상의 미비점에 대한 개선방
안에 대해 다음과 같은 제안이 가능하다.

① 형법 제33조에서 '전 3조를 적용한다'고 함으로써 비신분자의 경우에도 진정

---

40) 김일수/서보학, 508면; 배종대, [152] 3; 손동권/김재윤, [§ 33] 30; 손해목, 1116면; 이
   재상/장영민/강동범, § 36 − 21; 임웅, 520면; 정성근/박광민, 601면 이하. 이와 다른 견
   해로 김종원, 공범과 신분, 법정 1976.1, 57면.

신분범과의 가공을 통한 공동정범의 성립을 인정하는 현행법의 태도는 부당하다. 진정신분범에서의 신분요소는 범죄를 성립시키는 요소인데, 신분의 결여로 범죄마저 성립되지 않는 비신분자에게 공동정범으로서의 가벌성을 인정하는 것은 형벌범위의 부당한 확대라 하지 않을 수 없기 때문이다.[41] 따라서 진정신분범의 경우 비신분자는 신분자의 공동정범의 성립을 인정하지 않아야 할 것이며 다만 교사·방조범의 성립은 인정하되, 이 경우에도 필요적 감경규정을 두는 것이 합리적이다.

② 제33조 본문을 구성적 신분의 위법연대성과 종속성의 강화, 단서는 가감적 위법신분의 연대성해제 및 종속성완화와 가감적 책임신분의 책임개별화원칙을 표명하는 것으로 이해하는 것이 바람직하겠으나, 문언의 불명료성 때문에 해석상의 논란이 따른다. 특히 '중한 형으로 벌하지 아니한다'는 표현은 감경구성요건에 가담한 비신분자도 신분자와 마찬가지로 경한 형으로 처벌되는 것으로 해석할 수 있는 가능성까지 열어 놓고 있다. 따라서 '그 신분 없는 자에게는 통상의 형을 과한다'고[42] 하든지, 혹은 '법률이 특별한 인적 요소로 형이 가중, 감경, 배제된다고 정하는 경우에 이 규정은 그 인적 요소가 존재하는 참가자(정범 혹은 공범)에게만 적용된다'고[43] 표현함으로써 소극적 신분과 공범의 문제를 명백히 해야 할 것으로 보인다.[44]

③ 독일형법은 제29조의 책임개별화에 관한 일반조항을 두고 있다. 앞에서 이미 언급한 바와 같이 이러한 규정이 아니더라도 결과에서 달라질 것은 없으나, 일반원칙에서 나오는 귀결을 명백하게 명문화함으로써 세부적인 면에서 불필요한 해석상의 논란을 줄이는 것이 바람직할 것이다.

---

41) 배종대, [152] 6; 이재상/장영민/강동범, § 36 – 22; 손동권/김재윤, [§ 33] 33.
42) 일본형법 제65조 제2항.
43) 독일형법 제28조 2항.
44) 배종대, [152] 8; 손동권/김재윤, [§ 33] 33; 이재상/장영민/강동범, § 36 – 22.

제 4 편

죄수론

제 1 장   죄수론 일반
제 2 장   일죄와 수죄

제1장

죄수론 일반

제 50 절 죄수론 총설

I. 죄수(罪數)의 의의

형법각칙의 각 구성요건은 범인이 그 구성요건을 한 번 실현했을 때를 전제로 하여 이에 대한 양형의 범위를 제시하고 있다. 하나 또는 여러 개의 행위로 동일한 구성요건이 여러 번 충족되었거나(예컨대 하나의 교통사고를 유발하여 여러 사람이 다치게 된 경우) 여러 개의 구성요건이 충족된 경우(주간의 주거침입절도·강도의 경우)의 취급방법은 제시하지 않고 있다.[1] 실제 사례에서 행위자가 단순히 하나의 구성요건을 한 번 충족시키는 경우보다는 오히려 한 번의 범행기회에 여러 개의 구성요건을 동시에 충족시키는 경우가 더 흔히 발생하는 것으로 볼 수 있다. 이러한 사례에서 한 범죄자에게 인정되어야 할 범죄의 수가 하나인가 혹은 여러 개인가의 문제를 다루는 것이 죄수론이다.[2] 죄수의 문제는 실체법적으로는 형량에 관련하여,

---

1) Sch/Sch/Stree/Sternberg-Lieben, Vor §§ 52 Rdnr. 1.
2) 죄수론의 대안으로서, 행위의 동시 혹은 이시를 막론하고 행위자의 행위가 충족한 모든 구성요건들을 단순 합산하여 형량을 정하는 방법도 전혀 무리는 아니다.

소송법적으로는 공소의 효력 혹은 기판력 등과 관련하여 중대한 의미를 지닌다.

여러 개 혹은 여러 번의 구성요건이 충족된 경우에 이 모든 구성요건에 실제로 각각의 법률효과가 인정되어야 할 것인가에 대한 답을 구하고자 함을 본질로 하는 현재의 죄수론에 의하면, 여러 개의 죄(數罪)가 인정되는 경우에는 일죄의 경우에 비해 행위자에게 현저히 불리하게 작용하게 되므로, 이에 대한 심사는 엄격히 이루어져야 한다. 또한 일죄 혹은 수죄의 각각의 경우 형량을 어떻게 정할 것인가 하는 부분도 여기서 다루어지게 되므로, 이는 범죄론과 형벌론의 접점에 위치한다고 할수 있다. 형법은 제37조 이하에서 (실체적) 경합범과 상상적 경합을 규정하고 있다.

II. 죄수결정기준

1. 행위표준설

자연적 의미의 행위 수에 따라 죄수가 결정되어야 한다는 견해이다. 자연적 의미의 행위(Handlung im natürlichen Sinne)[3]란 형법적으로 중요한 인격의 표출로서, 작위범의 경우 의사에 따른 능동적 에너지 투입을 통한 신체거동이라고 한다.[4] 그러나 부작위에 의해서도 일정 구성요건이 충족될 수 있는 한 이것도 형법적 행위의 한 종류라고 해야 한다면, 이 견해에서의 행위개념 자체가 만족스럽지 못하다. 이 견해에 의하면 동시에 이루어지는 행위도 개별적 행위로 분리가 가능한 한 수개의 행위가 된다. 즉 양손으로 동시에 각각 서로 다른 사람을 밀어 넘어뜨렸다면 두 개의 행위에 의한 두 개의 폭행죄가 성립된다.[5]

또한 이에 따르면 다수의 자연적 의미의 행위가 투입되어야 하는 연속범, 접속범, 결합범 등은 수죄이며, 하나의 자연적 의미의 행위를 통해 여러 개의 결과가 발생된 경우의 상상적 경합은 과형상 일죄일 뿐 아니라 실질상 일죄로 인정된다. 이는 죄수판단을 위한 행위개념을 법적 의미가 아닌 자연적 의미로 받아들인 데

---

3) 이것은 자연스런 행위단일성(natürliche Handlungseinheit)의 의미와는 구별되는 것이다. Jescheck/Weigend, § 66 I 3.

4) BGHSt 1, 21에서도 "자연적 의미에서의 행위, 즉 의사표동이 있었는가"라는 표현을 사용하고 있다.

5) Roxin, AT II, § 33 Rdnr. 18.

따른 오류이다.[6]

2. 법익(결과)표준설

법익의 침해에 범죄의 본질이 있다고 이해하는 객관주의적 범죄론의 시각에서, 행위로 인하여 침해된 법익의 수 또는 결과의 수에 따라 죄수가 결정되어야 한다는 입장이다. 즉 여러 행위로 하나의 법익이 침해되면 일죄, 하나의 행위로 다수의 법익이 침해되면 수죄가 된다는 것이다. 다만 법익을 일신전속적 법익과 비전속적 법익으로 구분하여 단일한 행위를 통해 수개의 일신전속적 법익이 침해된 경우 각 법익 주체에 대해서 각각 별개의 범죄가 성립되지만(실체적 경합)[7] 비전속적 법익인 경우에는 전체 결과에 대해 단순일죄가 성립된다고 본다.[8] 이에 따르면 상상적 경합은 실질상 수죄이나 과형상 일죄가 된다. 하지만 오늘날 보편적 견해는 하나의 의사표동으로 심지어 수개의 고도의 일신전속적 법익이 침해되는 경우에도 행위단일성에 의한 일죄가 인정되어야 하는 것으로 본다.[9]

---

6) 판례도 정조에 관한 죄(대판 1982.12.14, 82도2442; 대판 1983.11.8, 83도2474), 간통죄(대판 1982.12.14, 82도2448), 공갈죄(대판 1958.4.11, 4290형상360) 등에 대하여는 원칙으로 행위표준설에 입각하고 있다. 박성철, 판례를 중심으로 한 포괄적 일죄와 과형상 일죄, 재판자료 제49집, 1990.9, 형사법에 관한 제문제(상), 486면.
7) 대판 1983.4.26, 83도524 : 상해를 입힌 행위가 동일한 일시, 장소에서 동일한 목적으로 저질러진 것이라 하더라도 피해자를 달리하고 있으면 피해자별로 각각 별개의 상해죄를 구성한다고 보아야 할 것이고 1개의 행위가 수개의 죄에 해당하는 경우라고 볼 수 없다.
8) 대판 1996.7.30, 96도1285 : 강도가 시간적으로 접착된 상황에서 가족을 이루는 수인에게 폭행·협박을 가하여 집안에 있는 재물을 탈취한 경우 그 재물은 가족의 공동점유 아래 있는 것으로서, 이를 탈취하는 행위는 그 소유자가 누구인지에 불구하고 단일한 강도죄의 죄책을 진다. 같은 취지로 대판 1981.5.26, 81도811; 대판 1983.4.26, 83도524. 비전속적 법익이라 할 수 있는 재산적 법익에 관한 범죄에 있어서는 관리의 수에 따른 죄수가 성립한다고 한다고 한 판례도 동일한 취지이다. 대판 1970.7.21, 70도1133.
9) BGHSt 1, 20; 6, 82; 16, 397.

3. 의사표준설

범죄의사에 범죄의 본질이 존재하는 것으로 보는 주관주의적 범죄론의 입장에서는 범죄의사의 수에 따라 죄수가 결정되어야 할 것이라고 한다. 이 범죄의사에는 고의뿐 아니라 과실도 포함되므로 하나의 고의 혹은 하나의 과실에 포함되는 모든 범죄에 대해서는 일죄가 인정되어야 하며, 여기에 행위의 수나 법익침해 결과의 수는 관계없다고 한다. 따라서 연속범의 경우에도 의사 단일성이 인정되는 한 이에 포섭되는 모든 행위는 일죄가 되며, 범죄의사가 수개이면 수개의 범죄가 인정된다.

폭행과 강간행위가 불과 1시간 전후로 이루어진 것이기는 하나, 강간의 범의를 일으킨 시점이 폭행 후의 다른 상해범행의 실행 중이었음이 인정되는 이상 폭행사실은 별개의 독립한 죄를 구성한다고 한 판례는[10] 수개의 범죄의사에 의한 수개의 범죄성립을 인정한 것이며, 피고인이 뇌물수수의 단일한 범의의 계속 하에 일정기간 동종행위를 같은 장소에서 반복한 경우 수회에 걸친 뇌물수수행위는 포괄일죄를 구성한다고 한 판례는[11] 의사단일성에 의한 일죄를 인정한 것으로 의사표준설에 따른 것이라 할 수 있다.

이 견해는 죄수결정에 있어서 행위자의 주관에 치중한 나머지 범죄의 객관적 정형성을 간과한다는 비판을 면할 수 없다.

4. 구성요건표준설

이는 충족된 구성요건의 수에 따라 죄수가 결정되어야 한다는 입장이다. 이 견해에서도 상상적 경합은 실질상 수죄이나 과형상 일죄로 취급되는 개념이 된다. 그러나 하나의 단일한 행위로 여러 개의 구성요건이 충족될 수 있고, 이 경우에 하나의 형벌만이 인정된다는 규정을 감안하면(형법 제40조, 독일형법 제52조) 구성요건의 수는 죄수결정의 유일한 기준은 될 수 없다고 할 것이다.

이 견해에 입각한 판례도 다수 볼 수 있으나,[12] 이 견해는 연속범이나 접속범의

---

10) 대판 1983.4.12, 83도304.
11) 대판 1982.10.26, 81도1409. 같은 취지로 대판 1999.1.29, 98도3584; 대판 2000.6. 27, 2000도1155; 대판 1983.3.8, 83도122.
12) ① 대판 2001.3.13, 2000도4880 : 원래 조세포탈범의 죄수는 위반사실의 구성요건 충

경우처럼 여러 행위의 반복으로 하나의 동일한 구성요건이 충족된 경우에 일죄인
지 수죄인지를 결정하지 못한다는 단점이 지적된다.

5. 결론

죄수결정과 관련한 판례의 입장이 어느 특정한 하나의 학설에 일관적으로 의존
하는 모습을 보이지 못하고 있는 것은 죄수가 절대적으로 어떤 단일한 기준에 의
해 결정될 수 없다는 현실을 단적으로 보여주는 것이라 할 수 있다. 즉 행위, 의사,
법익침해결과, 구성요건의 특수성 등 다양한 요소가 구체적 사례에서 절대적 혹은
상대적 판단기준으로, 또 경우에 따라서는 단독이나 공동의 혹은 부차적 판단기준
으로 작용할 수 있다. 다만 범죄의 개념적 기본단위는 구성요건해당성이므로 구성
요건표준설을 기본으로 하되, 행위의 수와 법익침해결과와 같은 객관적 요소 및 범
죄의사라는 행위자의 주관적 요소, 나아가서는 보호법익의 주체, 곧 피해자관계 등
에 대한 종합적 고려가 필요하다.

여기에는 전체 사건경과에 대한 자연스런 생활관념에 의한 평가가 따라야 한다.
물론 죄수결정에서 가장 기초가 되는 것은 자연적 의미의 행위의 수이다. 그러나 사

족 회수를 기준으로 1죄가 성립하는 것이 원칙이지만, 특정범죄 가중처벌 등에 관한
법률 제8조 제1항은 연간 포탈세액이 일정액 이상이라는 가중사유를 구성요건화 하여
조세범처벌법 제9조 제1항의 행위와 합쳐서 하나의 범죄유형으로 하고 그에 대한 법정
형을 규정한 것이므로, 조세의 종류를 불문하고 1년간 포탈한 세액을 모두 합산한 금
액이 특정범죄 가중처벌 등에 관한 법률 제8조 제1항 소정의 금액 이상인 때에는 같은
항 위반의 1죄만이 성립하고, 같은 항 위반죄는 1년 단위로 하나의 죄를 구성하며 그
상호간에는 경합범 관계에 있고, 같은 항에 있어서의 '연간 포탈세액 등'은 각 세목의
과세기간과 관계없이 각 연도별(1월 1일부터 12월 31까지)로 포탈한 세액을 합산한 금
액을 의미한다. ② 대판 1968.12.24, 68도1510 : 예금통장과 인장을 절취한 행위와 저
금환급금수령증을 위조한 행위는 각각 별개의 범죄구성요건을 충족하는 각 독립된 행
위라 할 것이므로 경합범이 성립한다. ③ 대판 1982.6.22, 82도938 : 조세포탈의 죄수
는 위반사실의 구성요건충족회수를 기준으로 하여 예컨대 소득세포탈범은 각 과세연도
의 소득세마다 법인세포탈범은 각 사업연도의 법인세마다, 그리고 부가가치세의 포탈범
은 각 과세기간인 6월의 부가가치세마다 일죄가 성립하는 것이 원칙이나 특정범죄 가
중처벌 등에 관한 법률 제8조는 연간포탈세액이 일정액 이상이라는 가중사유를 구성요
건화하여 조세범처벌법 제9조 제1항의 행위와 합쳐서 하나의 범죄유형으로 하고 그에
대한 법정형을 규정한 것이므로 위 법조에 해당하는 경우에는 일죄만이 성립한다.

람을 살해하기 위해 총을 쏘거나 목을 조르거나 혹은 음료수에 독을 타는 행위는 모두 복합적인 근육운동으로 이루어지는 것으로서, 단일한 의사의 표출이라고도 할 수 없고 단일한 신체거동이라고도 할 수 없다. 따라서 자연적 의미의 행위관점에서의 평가가 아닌 법적·사회적 의미에서의 행위관점에 따른 평가가 이루어져야 한다.[13] 하나의 사건이 외관상 여러 부분으로 구분될 수 있는 행위들로 구성된 경우라도, 각각의 부분행위가 단일한 의사결정에 포함되는 것이며 시간적·공간적으로 밀접한 관련성이 있어, 무관한 제3자가 보더라도 단일한 행위라고 할 수 있다면 그 전체행위는 단일행위가 될 수 있다.[14] 이를테면 동일인에 대한 여러 번의 사격, 경찰의 방해에 의해 절도고의가 잠시 중단되었으나 경찰의 방해가 종료된 이후 계속된 절도의 경우,[15] 동일인에 대해 시간적 격차를 두고 살해를 시도한 경우, 혹은 첫 번째 살해 시도가 실패하자 즉시 다른 방법으로 재차 시도한 경우[16] 등은 모두 행위단일성이 인정되는 사례이다.

즉 행위방법의 동일성, 시간적·공간적 관련성, 단일한 의사실현, 제3자의 관점에서 단일한 행위로 평가될 만한 경과에 해당되는 경우[17] 등의 요건을 갖추었을 때 전체행위에 대해 하나의 행위단일성이 인정된다. 이러한 행위단일성에 의해 하나의 구성요건이 충족된 경우에 일죄가 되며, 다수의 구성요건이 충족되거나 혹은 동일한 구성요건이 여러 번 충족된 경우에 원칙적으로 상상적 경합이 인정된다.

III. 수죄처벌의 원칙

1. 병과주의

병과주의(Kumulationsprinzip)란 행위자가 가벌성의 요건을 충족시킨 각 죄에 따르는 형을 모두 분리하여 정한 후, 동종의 형인 경우 이를 합산하고 이종의 형인 경우 이를 모두 집행하는 방법이다. 이에 따를 때 수개의 유기징역이 합산되는 경우

---

13) 이재상/장영민/강동범, § 37 – 7.
14) Jescheck/Weigend, § 66 I 3.
15) BGHSt 4, 219.
16) BGHSt 10, 129.
17) Kühl, § 21 Rdnr. 14.

흔히 인간의 평균수명을 훨씬 초과하는 형량이 선고될 수도 있다. 이러한 경우라면 유기형이 사실상 무기형으로 변질되는 것이다. 이는 때에 따라서 행위자의 실제 책임을 초과하는 과중한 형벌이 될 수 있으며, 이러한 사실의 반복으로 인해 오히려 형벌의 위하효과가 절감되는 부작용도 나타날 수 있다. 형법은 무기징역, 무기금고 이외의 이종의 형인 경우에 병과주의 채택하고 있다(형법 제38조 제1항 제3호).

2. 흡수주의

흡수주의(Absorptionsprinzip)는 수죄 중 가장 중한 죄에 정한 형을 적용하고, 이보다 경한 죄는 여기에 흡수시키는 방식이다. 형법은 상상적 경합의 경우와(형법 제40조), 실체적 경합에서 가장 중한 죄의 형이 사형, 무기징역, 무기금고인 경우에(형법 제38조 제1항 제1호) 흡수주의를 적용하고 있다. 이때 경한 죄에 정한 형의 범위가 좁을 경우에는 그 하한이 중한 죄에 정한 형의 하한보다 높은 경우도 있을 수 있다. 이 경우 비교적 중하게 처벌하기 위해 경한 죄의 하한을 기준으로 처벌하는 방식을 결합주의(Kombinationsprinzip)라고 한다. 형법은 이에 대한 명시적 규정을 두고 있지 않다.

3. 가중주의

가중주의(Asperationsprinzip)란 각 죄에 정한 형을 분리하여 확정한 후, 그중 가장 중한 죄에 정한 형을 가중하는 방식이다. 이때 전체형은 각각의 형의 총계를 초과하지 않을 것을 원칙으로 한다. 형법은 실체적 경합에서 각 죄에 정한 형이 사형, 무기징역, 무기금고 이외의 동종의 형인 경우 가중주의를 적용하고 있다(형법 제38조 제1항 제2호). 이 경우에 가장 중한 죄에 정한 형의 장기 또는 다액에 그 2분의 1까지 가중하되, 각 죄에 정한 형의 장기 또는 다액을 합산한 형기 또는 액수를 초과할 수 없다. 단, 과료와 과료, 몰수와 몰수는 병과할 수 있다.

제 2 장

일죄와 수죄

제 51 절 일죄

일죄(一罪)란 하나의 행위로 하나의 구성요건이 실현된 경우를 말한다. 예컨대 돌을 한 번 던져 행인을 한 번 맞춘 경우가 일죄의 가장 기본적인 형태라 할 수 있으나, 때에 따라서는 하나의 행위 혹은 여러 개의 행위로 여러 개의 구성요건이 충족되더라도 실체법상 하나의 구성요건만이 인정되는 경우도 존재한다. 즉 법조경합(특별관계, 보충관계, 흡수관계) 및 결합범, 계속범, 집합범, 접속범, 연속범 등의 포괄일죄는 단순일죄에 해당한다. 반면에 상상적 경합은 행위단일성으로 동시에 수개의 구성요건이 충족된 경우로서 실체법상 수죄에 해당하나, 다만 마치 하나의 구성요건만을 충족시킨 것처럼 처벌되므로 이를 과형상 일죄라고 한다.

I. 법조경합

1. 법조경합(法條競合)의 의의

법조경합은 포괄일죄와 함께 단순일죄의 한 유형에 해당한다. 법조경합이라 함은 하나의 행위가 외형상 여러 개의 구성요건을 실현하였지만, 하나의 대표적 구성요건이 단지 외견상의 충족에 지나지 않는 타구성요건을 배척함으로써 단순일죄가 인정되는 경우를 말한다. 여기에서 배척되는 구성요건의 불법 및 책임내용은 최종의 대표적 구성요건에서 빠짐없이 평가를 받게 되므로, 단순일죄를 적용하지 않으면 동일한 불법이 이중평가되어 부당하기 때문이다. 예컨대 존속살해행위는 외형상 형법 제250조 제1항과 제2항의 요건을 모두 충족시키나, 동 제2항은 제1항의 불법내용을 모두 포함하므로 실질적으로는 제2항 하나의 구성요건만이 충족된 것으로 보아 결국 존속살해죄의 단순일죄만을 인정하여 부족함이 없다.[1]

요컨대 하나의 행위에 적어도 두 개 이상 구성요건실현이 병립적으로 존재할 때, 이들 중 어느 하나도 다른 구성요건에 배제되거나 포함되지 않는 경우를 진정경합이라고 한다면, 법조경합은 이에 상대적으로 부진정경합 혹은 외형상 경합이라 할 수 있다.[2] 즉 법조경합은 하나의 행위에 여러 개의 구성요건이 관련될 경우, 그 중 하나가 다른 구성요건들을 흡수하거나 보충하는 등의 법조들 간의 내적 관련성으로 인해 대표적으로 하나의 법조만이 실질적으로 충족되는 것으로 정리되는 사안이므로, 이는 엄밀히 말해 사실상 경합의 관계가 아닌 법조단일(Gesetzeseinheit)의 관계인 것이다.

법조경합은 상상적 경합이 실질적으로 수개의 구성요건해당성이 인정된다는 점에서 차이가 있으나, 법적 취급에 있어서는 상상적 경합과 본질적 차이가 없다. 유

---

1) 대판 1998.3.24, 97도2956 : 상상적 경합은 1개의 행위가 실질적으로 수개의 구성요건을 충족하는 경우를 말하고 법조경합은 1개의 행위가 외관상 수개의 죄의 구성요건에 해당하는 것처럼 보이나 실질적으로 1죄만을 구성하는 경우를 말하며, 실질적으로 1죄인가 또는 수죄인가는 구성요건적 평가와 보호법익의 측면에서 고찰하여 판단하여야 한다. 같은 취지로 대판 1984.6.26, 84도782.
2) 이에 따라 법조단일(Gesetzeseinheit)이라는 개념의 사용이 늘고 있다. Haft, S. 265; Jescheck/Weigend, § 69 I; Kühl, § 21 Rdnr. 51.

일한 차이라면 법조경합에서는 배제된 구성요건은 판결주문이나 이유에서도 기재되지 않는다는 점이다. 법조경합의 양형에서는 배제된 죄에 정해진 형의 하한선이 지켜져야 함을 원칙으로 한다.3)

2. 법조경합의 종류

법조경합의 하위개념의 구분에 있어서는 이를 위한 법률적 규정이 없이 학설에 맡겨져 있는 만큼 이에 대해서는 상당한 다툼이 있으나, 통설은 그 종류로서 특별관계, 보충관계, 흡수관계를 인정하고 있다. 그중 특별관계와 보충관계는 하나의 단일한 행위에 의할 것이 요구되는 반면, 흡수관계는 수개의 행위로도 가능하다는 견해가 제시되나4) 그 타당성 여부는 의심스럽다 하겠다.

1) 특별관계

특별관계(Spezialität)는 행위자가 실현시킨 여러 개의 구성요건 중 하나의 구성요건이 다른 구성요건의 전체적 요소를 포함할 뿐 아니라 이에 추가하여 그 밖의 다른 특별한 표지를 담는 경우, 그 특별구성요건만이 대표적으로 적용되는 관계를 말한다.5) 충돌하는 구성요건들 사이에 특별규정과 일반규정의 관계가 성립되는 경우에 있어서는 '특별법은 일반법에 우선한다(lex specialis derogat legi generali)'는 원칙이 적용된다. 즉 특별구성요건의 실현은 동시에 일반 구성요건의 실현을 필수적으로 내포할 수밖에 없기 때문에 기본구성요건의 성립은 별도로 고려할 필요가 없게 되는 것이다.

특별관계는 대체로 기본적 구성요건과 가중·감경구성요건의 관계에서 인정된다. 보통살인죄에 대해 존속살해죄(가중)나 영아살해죄(감경)는 특별구성요건이므로, 이

---

3) Kühl, § 21 Rdnr. 51; Lackner/Kühl, Vor § 52 Rdnr. 29.
4) Haft, S. 265.
5) 대판 2012.8.30, 2012도6503 : 법조경합의 한 형태인 특별관계란 어느 구성요건이 다른 구성요건의 모든 요소를 포함하는 외에 다른 요소를 구비하여야 성립하는 경우로서, 특별관계에서는 특별법의 구성요건을 충족하는 행위는 일반법의 구성요건을 충족하지만 반대로 일반법의 구성요건을 충족하는 행위는 특별법의 구성요건을 충족하지 못한다. 기타 참조판례로 대판 2013.4.26, 2013도2024; 대판 2010.12.9, 2010도10451.

때 기본구성요건은 특별구성요건에 의해 배척된다. 단순폭행죄에 대한 특수폭행죄
나, 단순절도죄에 대한 특수절도죄도 같은 관계이다. 그 밖에 독자적 구성요건들
사이에서도 하나의 구성요건이 다른 구성요건을 포함하는 경우에 특별관계의 법조
경합은 인정된다. 즉 강도죄가 성립하면 절도나 협박에 대해서는 별죄가 성립하지
않는다.

절도죄와 횡령죄 혹은 강도죄와 공갈죄의 관계처럼 하나의 구성요건이 인정되는
한 다른 구성요건은 배제되어야 하는 택일관계(Alternativität)는 특별관계의 상대적
개념이라 할 수 있다. 법조경합은 하나의 구성요건이 다른 구성요건을 내포하는 관
계여야 하므로, 서로 배타적 관계에 있는 구성요건의 조합들은 논리적으로 법조경
합의 범위에 해당하지 않는다고 하겠다.[6]

2) 보충관계

보충법이란 다른 더 중한 구성요건의 적용이 없을 때에만 적용되는 형벌법규를
의미한다. 그리고 보충관계란 하나의 구성요건이 다른 구성요건의 보충적 관계에
있는 경우를 이르는 것으로서 '기본법은 보충법에 우선한다(lex primaria derogat
legi subsidiariae)'는 원칙에 따라 기본법이 적용될 경우 보충법은 이에 배척된다.
이는 법문의 명문규정에 의한 명시적(형식적) 보충관계와 여러 조문에 대한 의미관
련적 해석상 인정되는 묵시적(실질적) 보충관계로 나눌 수 있다.

형법상 명시적 보충관계의 예로는 외환유치죄(형법 제92조), 여적죄(형법 제93조),
모병이적죄(형법 제94조)에 대한 일반이적죄(형법 제99조)와, 현주건조물방화죄(형법
제164조), 공용건조물방화죄(형법 제165조), 일반건조물방화죄(형법 제166조)에 대한
일반물건방화죄(형법 제167조)를 들 수 있다.

묵시적 보충관계에는 경과범죄와 상대적으로 가벼운 침해방법이 포함된다.

① 그중 경과범죄(Durchgangsdelikte)란 범죄실현단계에 있어서 시간적으로 앞
선 단계의 범죄를 말하는 것으로서, 그 후속의 법익침해 단계의 범죄가 성립됨으로
써 경과범죄의 독자적 의미는 상실되어 불가벌적 사전행위가 된다. 미수에 대한 예
비, 기수에 대한 미수 및 예비행위가 이에 해당하며, 나아가 살인에 대한 상해죄,[7]

---

6) Jescheck/Weigend, § 69 II 1.
7) BGHSt 16, 122; BGHSt 22, 248.

침해범에 대한 구체적 위험범도 보충적 관계에 있다. 따라서 영아를 살해할 목적으로 유기한 경우에는 영아유기죄(형법 제272조)는 영아살해죄(형법 제251조)에 대한 경과범죄로서 보충적이라 할 수 있다.

② 동일한 범죄에 있어서 동일한 행위자에게 서로 다른 수개의 범죄참가형태가 인정되는 경우, 상대적으로 경한 참가형태는 중한 참가형태에 대해 보충적이다. 예컨대 교사를 했을 뿐 아니라 공동정범으로서의 행위까지 한 경우에는 공동정범만이 인정되며, 교사를 한 이후 방조까지 한 경우에는 교사범만이 인정된다.

마찬가지로 동일한 법익에 대해 수개의 침해행위가 인정되는 경우 상대적으로 위험한 행위에 대해 덜 위험한 행위는 보충적이다. 즉 침해행위에 대해 위해행위가 보충적이며, 구체적 위험에 대해 추상적 위험을 발생시키는 행위가 보충적이다. 또한 과실행위는 고의에 대해 보충적이다. 예컨대 갑이 과실에 의한 교통사고를 내어 을에게 중상을 입힌 후, 생명이 위독하나 구조가 가능할 것으로 알았음에도 불구하고 구조행위를 하지 않고 현장을 떠나는 바람에 을이 결국 사망했다면, 과실치사가 아닌 고의의 부작위에 의한 살인이 인정된다.[8] 행위자가 총을 두 발 쏘아 피해자를 살해한 경우, 한 발은 고의에 의한 것이고 다른 한 발은 과실에 의한 것이었다면 고의살인죄가 인정되어야 한다.[9]

3) 흡수관계

흡수관계(Konsumtion)란 하나의 구성요건이 다른 구성요건의 불법 및 책임내용을 완전히 포함하나 특별관계나 보충관계에 해당하지 않는 경우를 말한다. 하나의 구성요건이 다른 구성요건을 흡수하는 경우에는 전부법은 부분법을 폐지한다(lex consumens derogat legi consumptae)는 원칙의 적용으로 흡수하는 전부법만이 인정된다. 이는 관련구성요건들이 특별법과 기본법의 관계와는 달리 상하 혹은 주종관계에 있지 않다는 점에서 특별관계와 구별되고, 서로 다른 유형의 구성요건들 사이의 관계로서 특정한 논리적 관련성이 아닌 형사정책적 관련성의 문제라는 점에서 보충관계와 다르다. 흡수관계는 내용상 일부가 보충관계와 중복되는 등의 이유로

---

8) Jescheck/Weigend, § 69 II 2 a); Roxin, AT II, § 33 Rdnr. 211. 이러한 사례에서 BGHSt 7, 287(288 f)은 실체적 경합을 인정했다.
9) BGHSt 19, 199.

그 존재가치에 대해 논란이 있으나[10] 다수설은 이를 인정하고 있다. 여기에는 불가벌적 수반행위와 불가벌적 사후행위가 포함된다.

(1) 불가벌적 수반행위

하나의 주된 구성요건이 충족되는 과정에서 필연적인 것은 아니더라도 전형적 형태로 다른 구성요건이 수반적으로 충족되는 경우에 있어서(typische Begleittat), 수반되는 구성요건을 주된 구성요건에 비교할 때 그 가치의 상대적 경미성으로 인해 특별한 독립적 의미가 인정되지 않을 경우가 있다. 이때에는 이에 대한 별죄의 성립을 무시하고, 그 처벌은 주된 구성요건에 흡수되는 것으로 평가할 수 있다. 주된 구성요건의 충족을 위한 불가벌적 수반행위[11] 혹은 경과적 행위가 이에 해당한다. 예컨대 살인에 수반된 의복에 대한 재물손괴, 자동차 절도의 기회에 이루어진 휘발유의 소모(별도의 절도에 해당), 상해의 기회에 가해진 협박,[12] 타인의 편지를 개봉하는 행위를 통한 비밀침해(형법 제316조)에 수반된 재물손괴 등은 주된 범죄에 흡수되어 처벌된다.

그러나 이러한 경우에도 수반행위에 의해 특정의 구성요건이 충족된 것은 사실이므로 주된 행위와 수반행위의 비례 혹은 상관관계에 따라 상상적 경합이 인정될 여지는 있다. 즉 수반행위가 주된 행위와 비교할 때 통념적 범위를 초과하여 고유한 불법내용을 가지는 것으로 평가될 때에는 상상적 경합이 인정되어야 한다.

(2) 불가벌적 사후행위

가) 의의 및 성격

불가벌적 사후행위(straflose od. mitbestrafte Nachtat)란 이미 범해진 범죄에 의해 획득된 이익을 실현하거나 처분하는 행위 등이 외형상 특정 구성요건에는 해당될지라도, 이 사후적 구성요건의 불법내용은 주된 범죄의 구성요건에서 이미 평가가 되었기 때문에 이에 대해서는 별죄가 성립되지 않는 경우를 말한다.[13] 절취한 물

---

10) Maurach/Gössel/Zipf, AT II, § 55 Rdnr. 51.
11) 불가벌적 사전행위도 여기에 포함되는 것으로 보는 견해로 Baumann/Weber/Mitsch, § 36 Rdnr. 12; Geppert, Jura 1982, 418 (426); Gropp, § 14 Rdnr. 14; Haft, S. 267.
12) 대판 1976.12.14, 76도3375 : 피고인의 협박사실행위가 피고인에게 인정된 상해사실과 같은 시간 같은 장소에서 동일한 피해자에게 가해진 경우에는 특별한 사정이 없는 한 상해의 단일범의하에서 이루어진 하나의 폭언에 불과하여 위 상해죄에 포함되는 행위라고 봄이 상당하다.
13) 대판 2013.2.21, 2010도10500 : 일단 특정한 처분행위로 인하여 법익침해의 위험이 발

건을 매각, 소모, 손괴하는 행위 등을 예로 들 수 있다. 불가벌적 사후행위는 전형
적 수반행위가 아니라 가벌적 주된 범죄가 종료된 이후의 독립적 행위로서, 이른바
부진정 실체적 경합(unechte Realkonkurrenz)의 성질을 갖는다는 점에 특징이 있다.
이를 보충관계에 포함시키고자 하는 견해도 있으나,[14] 보충관계에서의 구성요건이
보충적 기능을 하는 데 특징이 있는 반면, 불가벌적 사후행위는 가벌적 주된 행위
를 바로 전제로 한다는 점에서 다르므로 양자는 구별하는 것이 타당하다.[15]

나) 요건 및 효과

① 사후행위는 기존의 침해를 심화하는 데 그쳐야 하며, 새로운 법익을 침해하
는 것이어서는 안 된다. 따라서 절도 또는 횡령으로 타인의 재물을 획득한 자가 그
물건을 소모하거나 매각하는 경우에는 재물손괴 혹은 장물죄의 구성요건해당성마
저 인정되지 않아 불가벌이나, 이를 이용하여 법익주체자 혹은 타인에 대한 사기를
범하는 경우에는 이미 침해된 법익과는 다른 새로운 법익이 침해되므로 별도의 사
기죄가 성립된다.[16] 이때의 사기죄는 절도죄와 실체적 경합의 관계에 놓인다.

생함으로써 횡령죄가 기수에 이른 후 종국적인 법익침해의 결과가 발생하기 전에 새로운
처분행위가 이루어졌을 때, 후행 처분행위가 선행 처분행위에 의하여 발생한 위험을 현
실적인 법익침해로 완성하는 수단에 불과하거나 그 과정에서 당연히 예상될 수 있는 것
으로서 새로운 위험을 추가하는 것이 아니라면 후행 처분행위에 의해 발생한 위험은 선
행 처분행위에 의하여 이미 성립된 횡령죄에 의해 평가된 위험에 포함되는 것이므로 후
행 처분행위는 이른바 불가벌적 사후행위에 해당한다.
그 밖에 불가벌적 사후행위를 인정한 판례로 대판 2016.2.19, 2015도15101; 대판 2010.5.27,
2010도3498.
14) Sch/Sch/Stree/Sternberg−Lieben, Vor §§ 52 ff Rdnr. 119 f; Stratenwerth, § 18
Rdnr. 18.
15) 배종대, [170] 10; 손동권/김재윤, [§ 35] 12; 손해목, 1130면; 이재상/장영민/강동범, §
38−14; Jescheck/Weigend, § 69 II 3 a); Roxin, AT II, § 33 Rdnr. 219.
16) ① 대판 1974.11.26, 74도2817 : 절취한 은행예금통장을 이용하여 은행원을 기망해서
진실한 명의인이 예금을 찾는 것으로 오신시켜 예금을 편취한 것이라면 새로운 법익의
침해로 절도죄 외에 따로 사기죄가 성립한다. ② 대판 1996.7.12, 96도1181 : 신용카드
를 절취한 후 이를 사용한 경우 신용카드의 부정사용행위는 새로운 법익의 침해로 보
아야 하고 그 법익침해가 절도범행보다 큰 것이 대부분이므로 위와 같은 부정사용행위
가 절도범행의 불가벌적 사후행위가 되는 것은 아니다.

② 피해자가 동일인이어야 한다.[17] 따라서 절도범인이 절취한 장물을 자기 것인 양 제3자에게 담보로 제공하고 금원을 편취한 경우에는 별도의 사기죄가 성립된 다.[18]

③ 주된 범죄자의 불가벌적 사후행위는 주된 범죄에 관여하지 않은 제3자의 가 벌성에 영향을 주지 않는 것이 원칙이다. 따라서 주된 범죄에 관여하지 않은 자가 주된 범죄자의 불가벌적 사후행위에 관여함으로써 독자적 공범으로서의 가벌성이 인정될 수 있다.

④ 사후행위가 주된 행위에 비해 더 중한 범죄에 해당되는 경우라도 사후행위의 불가벌성은 인정될 수 있다.[19] 예컨대 타인의 물건을 횡령한 자가 이를 다른 사람

---

17) Roxin, AT II, § 33 Rdnr. 220.

18) 대판 1980.11.25, 80도2310. 또한 대판 1992.3.10, 92도147 : 법인 대표자가 회사자금을 횡령하였다면 회사는 그에 상당하는 손해배상청구권 내지 부당이득반환청구권이 있는 것 이고 이는 곧 회사의 익금으로 보아야 하므로 회사 대표자가 회사자금을 인출하여 횡령 함에 있어 경비지출을 과다계상하여 장부에 기장하고 나아가 이를 토대로 법인세 등의 조세를 납부한 경우 국가의 조세수입의 감소를 초래하여 조세를 포탈하였다고 할 것이다. 위와 같은 조세포탈행위는 횡령범행과는 전혀 다른 새로운 법익을 침해하는 행위로서 이 를 횡령의 불가벌적 사후행위라고 볼 수 없다. 불가벌적 사후행위를 인정한 판례로 대판 2015.9.10, 2015도8592 : 갑 종친회 회장인 피고 인이 위조한 종친회 규약 등을 공탁관에게 제출하는 방법으로 갑 종친회를 피공탁자로 하여 공탁된 수용보상금을 출급받아 편취하고, 이를 종친회를 위하여 업무상 보관하던 중 반환을 거부하여 횡령하였다는 내용으로 기소된 사안에서, 피고인이 공탁관을 기망하여 공탁금을 출급받음으로써 갑 종친회를 피해자로 한 사기죄가 성립하고, 그 후 갑 종친회에 대하여 공 탁금 반환을 거부한 행위는 새로운 법익의 침해를 수반하지 않는 불가벌적 사후행위에 해당 할 뿐 별도의 횡령죄가 성립하지 않는다. 기타 참조판례로 대판 2014.12.11, 2014도10036; 대판 2013.4.11, 2012도15585; 대판 2012.9.27, 2010도16946; 대판 2012.6.28, 2012도2628; 대판 2012.5.24, 2010도3950; 대판 2010.11.11, 2010도10690; 대판 2010.4.29, 2010도1071.

에게 싼 값에 사라고 권유하여 매각한 경우에 후행위는 장물교사에 해당한다(형법 제362조 제1항, 31조 제1항). 이때 장물교사죄는 횡령죄(형법 제355조 제1항)에 비해 법정형이 높지만 불가벌적 사후행위로서 별죄로 인정되지 않는다.

　⑤ 주된 행위가 친고죄인 경우에 고소가 결여되었다든가 공소시효의 완성 등으로 처벌되지 않을 때에도 사후행위는 처벌되지 않는다. 그러나 주된 행위가 위법성 혹은 책임의 소멸(Schuldaufhebung)이나 감경으로 처벌되지 않는 경우에는 사후행위는 처벌될 수 있다. 예컨대 공격적 긴급피난 상황에서 위난을 벗어나기 위해 취한 타인의 재물을 위난이 종료된 이후에도 돌려주지 않고 사용하는 행위, 혹은 명정상태에서 절취한 도품을 술이 깬 이후에 매각하는 행위는 처벌된다.[20]

3. 법조경합의 취급

　법조경합관계에서 우선적 구성요건에 의해 배제된 구성요건은 형사제재를 위한 심사에서 배제되며, 판결주문에도 기재되지 않는다. 그러나 독일판례는 배제된 구성요건도 실현된 것은 사실이므로 우선적 구성요건에 의한 처벌이 배제되거나 이에 따른 형량이 현실에 못 미칠 경우 등의 사례에서 일정범위 내에서 형사제재에 영향을 줄 수 있어야 한다는 입장을 취하고 있다. 이에 대해 판례의 이러한 태도는 법조경합을 그 법률효과에 있어서 상상적 경합과 거의 동일한 것으로 만들고 있다는 비판이 제시될 수 있다.

　독일의 법조실무는 법조경합과 관련하여 ① 중지미수 혹은 소송조건의 결여와 같은 실체법적 혹은 절차법적 이유에 의해 우선적 구성요건에 의한 처벌이 이루어지지 않을 경우, 배제된 구성요건의 효력이 소생하여 독자적 처벌근거로서 작용함을 인정하며, ② 배제된 구성요건도 이중평가금지원칙에 위배되지 않는 한 양형에서 고려될 수 있음을 인정한다. 또한 ③ 선고형은 배제된 구성요건의 하한보다 낮아서는 안 된다는 원칙과 ④ 행위자가 배제된 구성요건에 의해서 처벌되지 않는다는 사실은 사후행위에만 가담한 자의 해당구성요건에 의한 가벌성을 방해하지 않는다는 원칙을 따른다.[21] 이러한 태도는 실무적 관점에서 뿐 아니라 이론적 관점

---

19) Roxin, AT II, § 33 Rdnr. 226.
20) Jakobs, 31/37.

에서도 합리성이 있다고 판단된다.

II. 포괄일죄

1. 포괄일죄의 의의

포괄일죄란 다수의 행위가 형식적으로는 다수의 구성요건을 실현했지만, 이 모든 구성요건들이 전체적으로 하나의 단일한 구성요건에 포괄되어 실제로 실체법상의 일죄가 성립되는 경우를 이른다. 행위는 다수이더라도 본래적 일죄에 해당한다는 점에서, 실질적으로 수개의 구성요건이 적용되어 수죄가 성립되나 과형상 일죄로 취급되는 상상적 경합과 구분된다.[22]

포괄일죄 중에서도, 하나의 구성요건에 여러 가지의 행위양태가 규정되어 있어 그중 하나의 행위양태가 충족됨으로써 하나의 완성된 구성요건이 성립되나, 두 가지 이상의 행위양태가 충족되더라도 일죄만이 인정되는 경우를 특히 좁은 의미의 포괄일죄라고 한다. 예컨대 장물죄(형법 제362조 제1항)의 경우 장물을 취득만하거나 운반만 하더라도 하나의 구성요건이 충족되지만, 장물을 취득한 자가 양도와 운반까지 하더라도 변함없이 장물죄 일죄만이 성립한다. 범인의 은닉과 도주(형법 제151조 제1항), 체포·감금죄(제276조 제1항)도 이 예에 해당한다.

2. 포괄일죄의 종류

넓은 의미의 포괄일죄에는 좁은 의미의 포괄일죄 외에 다음과 같은 범죄유형이 포함된다.

---

21) Roxin, AT II, § 33 Rdnr. 228.
22) 대판 1982.11.23, 82도2201 : 이른바 포괄일죄라는 것은 일반적으로 각기 따로 존재하는 수개의 행위가 당해 구성요건을 한번 충족하여 본래적으로 일죄라는 것으로 이 수개의 행위가 혹은 흡수되고 혹은 사후행위가 되고 혹은 위법상태가 상당 정도 시간적으로 경과하는 등으로 본래적으로 일죄의 관계가 이루어지는 것이므로 별개의 죄가 따로 성립하지 않음은 물론 과형상의 일죄와도 이 점에서 그 개념 등을 달리하는 것이다.

1) 결합범

결합범(zusammengesetztes Delikt)이란 개별적으로 독립된 구성요건 여러 개가 결합하여 하나의 고유한 범죄를 구성하는 경우를 말한다. 자체로 독립된 범죄구성요건인 폭행이나 협박과 절도가 결합하여 하나의 새로운 범죄인 강도죄가 성립되며, 강도와 강간이 결합하여 강도강간죄, 강도와 살인이 결합하여 강도살인죄가 성립된다.23) 통설은 이를 당연히 포괄일죄로 보는 데 비해, 사회적·형법적 행위표준설에 입각한다면 폭행과 절취가 결합한 자체로 하나의 강도행위만이 존재하므로 수 개의 행위의 결합을 전제로 하는 포괄일죄에는 해당하지 않는다는 소수설의 견해가 있다.24) 그러나 죄수판단의 기초가 되는 것은 구성요건행위라고 보아야 한다. 물론 구성요건행위의 수가 죄수결정의 절대적 기준은 된다고 할 수 없으나 적어도 하나의 구성요건실현으로 하나의 범죄가 성립되는 것을 원칙으로 할 수밖에 없기 때문이다. 그렇게 본다면 강도에는 폭행과 절취라는 적어도 두 개의 서로 독립적인 구성요건행위가, 강도살인죄(형법 제338조)에는 강도의 구성요건에 추가하여 또 다시 별개의 살인이라는 구성요건행위가 존재하므로 포괄일죄라고 하는 통설의 견해가 타당하다.25)

결합범은 전체 부분행위들의 결합으로 하나의 구성요건이 성립되는 것이므로 전체 구성요건의 고의가 있는 한 일부 행위에 대한 실행착수는 전체에 대한 착수가 되며, 일부에 대한 방조도 전체에 대한 방조가 된다. 따라서 강도강간죄(형법 제339조)의 경우 전체 구성요건의 고의를 가진 자라면 강도나 강간 중 어떤 부분에 실행착수를 하더라도 결과는 달라지지 않으나, 강도의 고의 없이 강간을 먼저 실행한 행위자가 나중에 강도의 범의를 일으킨 경우에는 강간죄와 강도죄의 실체적 경합이 인정된다.26) 이 경우 기수에 이르지 못한 부분에 대해서는 미수가 그대로 인정된다.

23) 대판 1983.6.28, 83도1210 : 절취의 범행 중에 죄적을 인멸할 목적으로 사람을 살해한 경우는 강도살인죄가 성립한다.
24) 임웅, 613면.
25) 김일수/서보학, 525면; 손동권/김재윤, [§ 35] 23; 이재상/장영민/강동범, § 38-24; 정성근/박광민, 623면.
26) 대판 1988.9.9, 88도1240 : 강도강간죄는 강도라는 신분을 가진 범인이 강간죄를 범하였을 때 성립하는 범죄이고 따라서 강간범이 강간행위 후에 강도의 범의를 일으켜 그 부녀의 재물을 강취하는 경우에는 강도강간죄가 아니라 강도죄와 강간죄의 경합범이

2) 계속범

계속범(Dauerdelikt)은 구성요건적 행위로 형성된 위법상태가 행위자의 의도에 따라 일정 기간 지속되는 범죄형태를 말한다. 위법상태가 초래됨으로써 기수에 이르고 이러한 상태의 종료와 함께 범죄도 종료된다. 체포·감금죄(형법 제276조)의 경우 체포 또는 감금하는 행위뿐 아니라 이 상태를 유지하거나 지속시키는 행위도 그 구성요건에 포함되며, 주거침입죄(형법 제319조)의 경우에서도 타인의 주거에 침입하는 행위뿐 아니라 그 장소에 불법적으로 체류하는 행위도 구성요건에 포함된다.

이러한 계속범의 경우 자연스런 행위단일성의 요건이 충족되는 범위에서 하나의 범죄가 이루어지는 것으로 볼 수 있으나, 자연스런 행위단일성은 죄수결정의 절대적 기준은 될 수 없다. 계속범의 경우 오히려 그 구성요건을 충족시키는 경과의 수에 따라야 한다. 즉 한 명의 피해자를 체포하여 일정한 장소로 끌고 가 일정 기간 감금했다가 풀어주는 하나의 경과는 여러 개의 단일행위의 결합으로 이루어졌다고 하더라도 하나의 체포·감금죄만을 성립시킨다. 이 경과에서 요구되는 다수의 개별행위들은 모두 단일구성요건에의 귀속성 때문에 행위단일성(Handlungseinheit)의 구성요소에 지나지 않는다.

3) 접속범

단독으로도 하나의 구성요건을 충족시킬 수 있는 행위가 동일한 법익에 대해 시간적 접속성을 가지고 여러 차례 반복되어 행해짐으로써 전체적으로 하나의 구성요건이 실현되는 경우이다. 예컨대 한 번의 기회에 쌀 10가마니를 하나씩 차례로 화물차에 실어 절도하는 경우, 혹은 1회의 가격으로도 상해의 결과가 발생하는 행위를 10회 반복하고 그만둔 경우이다. 단일한 범의하에 단일한 피해법익에 대해 동종의 행위가 시간적·장소적 밀접성을 갖고 반복적으로 행하여 졌다면, 동일한 구성요건적 불법을 단순히 누적적으로 강화한 데 지나지 않으므로 전체행위가 포괄

성립될 수 있을 뿐이나, 강간범이 강간행위 종료 전 즉 그 실행행위의 계속 중에 강도의 행위를 할 경우에는 이때에 바로 강도의 신분을 취득하는 것이므로 이후에 그 자리에서 강간행위를 계속하는 때에는 강도가 부녀를 강간한 때에 해당하여 형법 제339조소정의 강도강간죄를 구성한다.

일죄에 해당하는 것은 당연하다.27) 다만 접속범은 광의의 연속범의 특수한 형태로
볼 수 있을 것이다.28)

접속범으로 인정되기 위해서는 ① 피해법익의 동일성, ② 범의의 단일성, ③ 행
위양태의 동종성, ④ 시간·장소적 근접성의 요건을 갖추어야 한다. 특히 행위에
관련된 피해법익이 그 주체가 서로 다른 일신전속적 법익이거나 주체는 동일하더
라도 서로 다른 구성요건적 법익인 경우에는 피해법익의 동일성은 부정된다.

관련판례

대판 1990.6.26, 90도466 : 피고인은 자신이 주식을 매입한 다음 그 매입한 주식을
고가에 매도하여 차액에 따른 이익을 얻을 목적으로 단일하고 계속된 범의 하에 2000.
8. 1.경부터 2001. 2. 1.경까지 사이에 실제 매수의사가 없는 대량의 허수매수주문을
내어 매수잔량을 증가시키거나 매수잔량의 변동을 심화시켜 일반투자자의 매수세를 유
인하여 주가를 상승시킨 후 매수주식을 고가에 매도하고 허수매수주문을 취소하는 동일
한 방법으로 합계 7,542회에 걸쳐 168개 종목에 관하여 시세조종행위를 하였음을 알
수 있는바, 이는 동일 죄명에 해당하는 수 개의 행위를 단일하고 계속된 범의 하에서 일
정기간 계속하여 반복한 범행이라 할 것이고, 이 사건 범죄의 보호법익은 유가증권시장
또는 협회중개시장에서의 유가증권 거래의 공정성 및 유통의 원활성 확보라는 사회적
법익이고 각각의 유가증권 소유자나 발행자 등 개개인의 재산적 법익은 직접적인 보호
법익이 아닌 점에 비추어 위 각 범행의 피해법익의 동일성도 인정되므로, 원심이 이 사
건 각 범죄사실을 모두 포괄하여 법 제207조의2 제2호, 제188조의4 제2항 제1호 소
정의 시세조종행위금지위반죄의 일죄가 성립한다고 판단한 조치는 정당하다.29)

---

4) 연속범

(1) 의의

연속범(fortgesetzte Tat, fortgesetzte Handlung)30)이란 연속적으로 이루어진 수개

---

27) 신동운, 742면.
28) 임웅, 612면.
29) 같은 취지의 판례로 대판 2000.6.27, 2000도1155; 대판 1996.7.12, 96도1181; 대판
    1995.12.26, 95도2376; 대판 1995.3.10, 94도1075; 대판 1990.10.10, 90도1580.
30) 연속범은 신분범, 자수범, 부작위범 등과 같이 특수한 하나의 범죄유형이 아니라 행위의 연속이
    라는 의미에 지나지 않으므로 독일에서는 이를 fortgesetztes Delikt라 하지 않고 fortgesetzte

의 행위가 동일한 범죄에 해당하는 경우이다. 같은 창고에서 매일 쌀을 한 가마니씩 며칠 동안 절취하는 경우, 혹은 동일한 피해자에 대하여 수회에 걸쳐 기망행위를 하여 금원을 편취하는 경우가 이에 해당한다.[31] 연속된 행위들 사이의 시간적·장소적 관련성에 있어서는 접속범에서와 같은 긴밀성을 요하는 것은 아니라는 점에서 접속범과 차이가 있다. 다만 양자 간의 구별의 본질은 양적 차이일 뿐 질적 차이가 있는 것은 아니다. 따라서 접속범은 광의의 연속범에 해당한다고 할 수 있으며, 광의의 연속범에서 접속범을 제외한 부분이 협의의 연속범이 된다.

구형법 제55조는 연속한 수개의 행위로서 동일한 죄명에 해당하는 때에는 일죄로서 이를 처벌한다고 규정하고 있었으나, 현행형법은 이러한 규정을 두고 있지 않으므로 연속범의 법적 취급에 관한 견해는 일치하지 않는다. 즉 연속범을 접속범과는 구별되는 실체적 경합으로 보는 견해,[32] 원래 수죄이나 처분상 일죄라고 보는 견해,[33] 포괄일죄로 보는 견해[34] 등이 제시된다. 그러나 소송경제의 관점이나 행위자에게 유리하게 작용한다는 점을 감안한다면 포괄일죄를 인정하는 것이 바람직하다.

사실 연속범은 서로 독립적인 행위로 구성요건이 수차례 충족되는 경우이며, 전

Tat 혹은 fortgesetzte Handlung이라 표기한다. Baumann/Weber/Mitsch, § 36 Rdnr. 21; Jescheck/Weigend, § 69 V; Kühl, § 21 Rdnr. 26; Roxin, AT II, § 33 Rdnr. 248 ff; Tröndle/Fischer, Vor § 52 Rdnr. 25 ff.

31) 대판 2002.7.12, 2002도2029 : 사기죄에 있어서 동일한 피해자에 대하여 수회에 걸쳐 기망행위를 하여 금원을 편취한 경우, 그 범의가 단일하고 범행 방법이 동일하다면 사기죄의 포괄일죄만이 성립한다 할 것이고, 포괄일죄는 그 중간에 별종의 범죄에 대한 확정판결이 끼어 있어도 그 때문에 포괄적 범죄가 둘로 나뉘는 것은 아니라 할 것이고, 또 이 경우에는 그 확정판결 후의 범죄로서 다루어야 한다.

32) 이정원, 477면; 진계호, 420면. 신동운, 756면은 이를 과형상 일죄로 이해한다.

33) 황산덕, 299면.

34) 대판 1990.9.25, 90도1588 : 공무원인 이 사건 피고인들이 1987.7.15.부터 1988.12.28.까지 사이에 전후 17회에 걸쳐 정기적으로 동일한 납품업자로부터 신속한 검수, 검수과정에서의 함량미달 등 하자를 눈감아 달라는 청탁명목으로 계속하여 금원을 교부받아 그 직무에 관하여 뇌물을 수수한 것이라면, 공무원이 직무에 관하여 뇌물을 수수한다는 단일한 범의 아래 계속하여 일정기간 동종행위를 반복한 것이 분명하므로, 뇌물수수의 포괄일죄로 보아 특정범죄 가중처벌 등에 관한 법률에 의율 하여야 한다. 같은 취지로 대판 2005.11.10, 2004도42; 대판 1978.12.13, 78도2545; 대판 1981.3.24, 80도2832; 대판 1990.9.25, 90도1588.

체 행위에 대한 고의의 단일성도 아무런 문제없이 인정될 수 있는 것이 아니므로 사실상 수죄임에는 틀림없다. 그러나 이를 일죄로 취급하는 데에는 첫째로 소송경제적 이유가 작용하는 것으로 볼 수 있다. 즉 동일한 행위자에게 동일한 유형의 수개의 범죄가 인정될 때 각각의 행위에 대해 이를 분리하여 소송절차를 진행하는 것은 비경제적이고 의미 없는 노릇이라 하지 않을 수 없는 것이다. 둘째로 연속범은 하나의 생활영위책임의 범위에 존재하는 여러 개의 행위의 법적 취급에 관련하여서는 이를 유발한 생활영위태도를 전체적으로 하나의 처벌대상으로 파악하는 개념으로 이해할 수 있다.[35]

연속범이라는 법형상에 대해서는 법적 근거도 없고 이를 인정할 만한 실질적인 사유가 있는 것도 아님에도 불구하고 독일의 판례는 이를 오래 전부터 인정해 왔다. 그러나 독일의 학설에서는 논리적 판단에 따라 이러한 법형상의 존재는 부정되어야 한다는 목소리가 높아지고 있으며, BGHSt 40, 138의 판례는 사기죄(독일형법 제263조)와 성범죄영역(독일형법 제173, 174, 176조)에서는 접속범은 인정될 수 없다고 제한함으로써 실무에서도 연속범의 인정범위가 현저히 축소되었다고 할 수 있다.[36] 사실 연속범이라는 개념의 불명확성과, 이를 적용할 경우 행위자에게 유리한 점이 있기는 하나 양형 및 시효에서 나타나는 불공정성의 단점 등을 고려한다면 이러한 법형상의 존재가 의문스러운 것은 분명하다. 그럼에도 앞에서 언급한 소송경제적 이유 또는 행위자의 이익이라는 현실적 이유에 의해 연속범이라는 법형상은 특정한 요건을 전제로 지속적으로 인정되고 있다.

(2) 요건

가) 객관적 요건

① 행위양태의 동일성이 요구된다. 즉 각 행위의 객관적 행위불법이 동일한 것이어야 한다. 행위양태의 동일성을 위해서는 접속범에서의 정도는 아니더라도 어느 정도의 시간적·공간적 관련성이 전제된다. 따라서 피해자를 1회 강간하여 상처를 입게 한 후 약 1시간 후에 장소를 옮겨 같은 피해자를 재차 강간한 행위는 연속범으로 인정되지 않는다.[37]

---

35) 김일수/서보학, 527면.
36) Baumann/Weber/Mitsch, § 36 Rdnr. 21; Jescheck/Weigend, § 66 V 2.
37) 대판 1987.5.12, 87도694 : 피해자를 1회 강간하여 상처를 입게 한 후 약 1시간 후에 장소를 옮겨 같은 피해자를 다시 1회 강간한 행위는 그 범행시간과 장소를 달리하고

개별적 행위를 통해 침해된 법규범이 실질적으로 동일한 규범에 해당해야 하며, 행위양태 역시 내적으로나 외적으로나 동일한 표지내용을 담는 것이어야 한다. 따라서 절도와 강도, 절도와 횡령 사이에는[38] 연속범이 성립될 수 없으나, 강도와 중강도, 단순상해와 중상해 사이에는[39] 연속범이 성립할 수 있다.[40] 즉 구성요건의 범주가 서로 다른 경우가 아니라 동일한 범주에 속하는 경우에는 그중 가장 중한 범죄에 포괄되는 연속범이 인정될 수 있는 것이다.[41] 개별적 행위들 중 일부는 기수이고 일부는 미수인 경우에도 연속범은 인정될 수 있으나, 작위와 부작위범, 고의범과 과실범, 정범형태와 공범형태 사이에는 행위양태의 동일성이 없으므로 이는 부정된다.[42]

② 침해법익의 동일성이 요구된다. 이것은 결과반가치의 단일성의 요구이다. 연속범은 구성요건실현의 양적 증가에 불과한 경우에 인정되는 것이 원칙이므로, 서로 다른 일신전속적 법익이 침해된 경우에는 더 이상 구성요건실현의 양적 증가라고 할 수 없게 되어 연속범 성립은 배제된다. 따라서 서로 다른 사람에 대한 강요, 강간, 살인 등의 경우에는 연속범이 부정되어야 한다. 단, 자연스런 행위단일성

있을 뿐만 아니라 각 별개의 범의에서 이루어진 행위로서 형법 제37조 전단의 실체적 경합범에 해당한다. 본 판결에 대한 평석으로 허일태, 연속범의 죄수, 형사판례연구 제5호, 1997.8, 155면 이하.

38) BGH GA 1962, 78.

39) RGSt 57, 81.

40) Jescheck/Weigend, § 66 V 3 a).

41) 대판 1975.5.27, 75도1184 : 1974.9.5. 03:00부터 1974.9.26. 22:00까지 행한 3번의 특수절도 사실, 2번의 특수절도미수 사실, 1번의 야간주거침입절도 사실, 1번의 절도 사실들이 상습적으로 반복된 것으로 볼 수 있다면 이러한 경우에는 그중 법정형이 가장 중한 상습특수절도의 죄에 나머지의 행위를 포괄시켜 하나의 죄만이 성립된다고 보는 것이 상당하다.

42) 김일수/서보학, 528면; 손동권/김재윤, [§ 35] 33. 동일성 요건의 결여로 포괄일죄를 부정한 판례로 대판 2005.9.15, 2005도1952 : 수개의 범죄행위를 포괄하여 하나의 죄로 인정하기 위하여는 범의의 단일성 외에도 각 범죄행위 사이에 시간적·장소적 연관성이 있고 범행의 방법 간에도 동일성이 인정되는 등 수개의 범죄행위를 하나의 범죄로 평가할 수 있는 경우에 해당하여야 한다. 구 공직선거 및 선거부정방지법 상 금지되는 선전행위 등이 약 2개월 남짓한 기간에 걸쳐 서로 다른 장소에서 별개의 사람들을 대상으로 이루어졌고, 그 구체적인 행위 역시 서로 동일성이 인정된다고 보기 어려운 다양한 행위들이어서, 하나의 범죄로 평가할 수 있는 경우에 해당한다고 볼 수 없으므로 이를 포괄일죄로 본 원심의 판단은 위법하다.

(Begriff der natürlichen Handlungseinheit)의 개념에 따른다면 이 경우에도 연속범은 인정될 수 있으나, 자연적 행위단일성의 개념 자체는 부정되어야 한다.

이 개념에 따르면, 하나의 단일한 의사에 기한 여러 개의 행위양태를 제3자적 입장에서 자연적인 관찰방법으로 평가할 때, 전 행위과정이 객관적으로 단일하고 동종의 행위로 판단될 정도의 상호밀접성을 가진 경우에 자연적 행위단일성이 인정된다는 것이다.[43] 그러나 이 개념은 완전히 상이한 구성요건들이 조합된 사례들까지 기교적으로 실체적 경합 대신 상상적 경합을 인정하고자 하는 데 본질적 의미가 있는 것이라 할 수 있으며, 그 구체적 판단에 객관적이고 안정된 기준을 제시하지 못하여 그 적용에 자의성이 개입될 우려마저 있는 것이다. 특히 여러 개의 일신전속적 법익이 침해된 사례의 판결에서는 자연적 행위단일성의 개념을 부정하고, 각 개별행위에 대해서 행위반가치와 결과반가치뿐 아니라 행위의 책임내용도 별도로 검토되어 확정되어야 한다.[44]

나) 주관적 요건

연속범의 인정을 위해서는 객관적 요건 외에 주관적 요건으로서 고의의 단일성이 요구된다. 이는 각 행위의 인적 행위불법이 단일해야 함을 의미하는 것이다. 여기에서의 고의는 전체고의(Gesamtvorsatz)로 이해해야 한다. 이는 범행시간, 장소, 피해자의 신원, 범행방법 등을 포함한 전체결과에 대한 인식을 전제로 하여, 마지막 부분행위까지의 개별적 행위를 통해 순차적·점진적으로 전체적으로 단일한 하나의 결과를 실현하고자 하는 의도를 말한다.[45] 즉 제1의 부분행위 이전에 이미 전체적 범행계획이 수립되어야 한다. 이 입장을 취한다면 과실범의 경우에는 연속범의 성립이 불가능하다.

반면에 계속고의설(Fortsetzungsvorsatz)은 후행위의 범행결의가 선행위에 대한 연장으로 보여질 수 있는 정도로 족하다고 한다.[46] 즉 개별적 행위의 범행결의가

---

43) BGHSt 10, 230; BGH NStZ 1995, 46.
44) Jescheck/Weigend, § 66 V 3 b).
45) Jescheck/Weigend, § 66 V 3 c); Wessels/Beulke, Rdnr. 770 ff; BGHSt 19, 323; 23, 35; BGH NStZ 1985, 407.
46) 손동권/김재윤, [§ 35] 35; 이재상/장영민/강동범, § 38-35; Maurach/Gössel/Zipf, AT II, § 54 Rdnr. 78; Roth-Stielow, NJW 1955, 451; Sch/Sch/Stree/Sternberg-Lieben, Vor §§ 52 Rdnr. 52; SK-Samson/Günther, Vor § 52 Rdnr. 44.

심리적 연결관계로 관련성이 인정됨으로써, 전체적 개별행위를 하나로 연결하는 단일한 고의로 인정되기에 충분하다고 보는 것이다. 전체고의설은 계획적이고 치밀한 행위자에게만 특혜를 주는 단점이 있음은[47] 사실이다. 그러나 반면 계속고의설에 의하면 연속범의 인정범위가 넓어지게 되어 형사정책상 문제가 될 수 있다. 형법은 연속범에 대한 규정을 두지 않고 있으며, 더구나 판사에게 형식상의 수죄를 일죄로 포괄할 권한을 적극적으로 인정하지 않고 있다는 점을 감안한다면, 형식상 수죄를 이루는 행위들이 행위 이전의 전체 고의로 결속될 때 한해서 연속범이 인정되어야 한다는 제한은 필요할 것으로 판단된다. 판례는 계속고의설에 가까운 것으로 볼 수 있다.[48]

(3) 연속범의 법적 효과

연속범은 실체법상 포괄일죄로 인정된다. 동종의 구성요건이 수회 실현된 경우에는 특별히 문제될 게 없으며, 서로 다른 구성요건이 연결되는 경우에는 그 중 가장 중한 죄의 적용을 받게 된다. 동일한 구성요건의 기수와 미수가 연결된 때에는 기수의 죄에 의해서만 처벌된다.

연속범은 소송법상으로도 일죄로 취급되므로, 일부 행위에 대하여 연속범에 의한 판결이 있는 경우 그 기판력은 판결 이전의 모든 행위에 미친다.[49] 기판력이 미친 개별행위에 대해서는 공소가 제기되었을 것도 요하지 않으므로, 공소가 제기된 때에는 면소판결을 선고해야 한다.[50]

---

47) 이재상/장영민/강동범, § 38 – 35.
48) 대판 1978.12.13, 78도2545 : 돈을 준 장소나 기간이 일정하지 아니하고, 또한 그 돈을 건넨 전체의 기간이 길다 할지라도 그 범의의 계속성이나 시간적 접속성을 인정하는 데 지장이 되지는 아니한다. 그리고 그 돈을 건넬 때마다 그 부탁한 배상액결정사건 내용이 다르다 하여 피고인들의 범의의 단일성과 계속성을 부인하지는 못한다. 따라서 피고인들의 수뢰행위를 포괄적으로 1개의 죄로 처벌한 원심의 조치는 정당하다.
49) 이재상/장영민/강동범, § 38 – 36 이하.
50) 대판 1971.2.23, 70도2612 : 원심은 증거에 의하여 피고인 등이 1968.12.15.경부터 1969.1.25.까지 사이에 허가 없이 울주군 청량면 소재 성명 미상자 임야에서 고령토를 채취한 소위가 피고인 등의 단일 및 계속적인 의사로서 행하여진 행위로 인정한 조치에 아무런 위법이 없을 뿐 아니라, 위 시일 사이에 계속된 고령토 채취행위가 포괄되어 1죄를 구성한다고 단정하여 동 포괄 1죄의 1부분 즉 1968.12.15.부터 1969.1.5.경까지의 고령토 채취행위에 대하여 이미 벌금 10,000원에 처하는 재판이 확정되었으므로 포괄일죄의 다른 행위 즉 1969.1.6.부터 1969.1.25.까지의 고령토 채취행위에 대한

5) 집합범

집합범(Kollektivdelikt)이란 영업범, 상습범, 직업범과 같이 동종의 범행이 동일한 의사적 경향에 기해 거듭 반복되는 경우를 말한다. 영업범(Gewerbsmäßigkeit)이란 범행을 반복함으로써 지속적 수입원을 형성하는 경우이며(영업적 음란물판매행위, 무면허 의료행위 등), 상습범(Gewohnheitsmäßigkeit)은 범행의 반복으로 습벽이 형성된 경우(상습도박죄), 직업범(Geschäftsmäßigkeit)은 범행의 반복을 경제적 혹은 직업적 종사로 삼는 경우를 각각 뜻한다. 우리나라의 학설과51) 판례는52) 이러한 집합범에 대해 대체로 포괄일죄를 인정하고 있다.

독일제국재판소 판례가53) 집합범의 경우에 이를 각각의 개별적 행위로 분리하여 실체적 경합으로 취급한 이래, 독일연방대법원 판례54) 및 독일의 통설이55) 이 입장을 따르고 있다. 사실 같은 범죄행위라도 가령 비영업적으로 수회 반복한 자는 행위의 실체적 경합으로 중하게 처벌되는 데 비해, 영업적으로 거의 매일 반복한 자에게는 일죄만이 인정된다고 한다면 이것은 오히려 중한 범죄자에게 부당한 특혜를 주는 것이 되어 공평하지 않다고 할 것이다. 집합범을 포괄일죄로 인정하는 경우 법원에 의해 인지된 행위뿐 아니라 인지되지 않은 행위까지도 포함되어 처리

본건 공소제기는 확정판결이 있은 사건에 대한 것으로 인정하여 면소의 선언을 하였음은 정당하다.

51) 김일수/서보학, 530면; 배종대, [171] 12; 신동운, 743면; 임웅, 612면; 정성근/박광민, 623면; 조준현, 350면.

52) 대판 2001.8.21, 2001도3312 : 동일 죄명에 해당하는 수 개의 행위를 단일하고 계속된 범의 하에 일정기간 계속하여 행하고 그 피해법익도 동일한 경우에는 이들 각 행위를 통틀어 포괄일죄로 처단하여야 할 것인바, 약국개설자가 아님에도 단일하고 계속된 범의 하에 일정기간 계속하여 의약품을 판매하거나 판매의 목적으로 취득함으로써 약사법 제35조 제1항에 위반된 행위를 한 경우, 위에서 본 약사법의 관련 조항의 내용 및 법리 등에 비추어, 이는 모두 포괄하여 약사법 제74조 제1항 제1호, 제35조 제1항 소정의 일죄를 구성한다. 같은 취지의 판례로 대판 1992.9.25, 92도1671; 대판 1995.1.12, 93도3213; 대판 1996.4.23, 96도417; 대판 1970.8.31, 70도1393.

53) RGSt 72, 164.

54) BGHSt 1, 41; 26, 284 ff; BGH NJW 1953, 955.

55) Kohlrausch/Lange, Vor. II B 3a vor § 73; Lackner/Kühl, Vor § 52 Rdnr. 20; NK-Puppe, § 52 Rdnr. 29; Sch/Sch/Stree/Sternberg-Lieben, Vor §§ 52 ff Rdnr. 93 ff; SK-Samson/Günther, Vor § 52 Rdnr. 78; Stratenwerth, § 17 Rdnr. 15.

되는 것이며, 이러한 행위가 추후에 인지된다고 하더라도 이에 대해서는 소추가 불가능하다는 점도 불만스럽다고 할 수 있다.[56] 따라서 집합범의 경우는 경합범으로 취급하는 것이 합리적이다.[57]

3. 포괄일죄의 법적 효과

포괄일죄는 실체법상·소송법상 일죄로 인정되어 행위자는 일죄로 처벌된다. 세부적 내용은 연속범의 경우와 크게 다르지 않다. 행위경과 중 법의 변경이 있는 경우에는 최후의 법이 행위시법으로 적용된다. 포괄일죄의 일부분에 대해서 공범 및 공동정범의 성립이 가능하다. 다만 가담자 각자의 죄수는 행위자별로 분리검토 되어야 한다.

판례는 포괄일죄에 포함되는 일부행위에 대한 확정판결이 있는 경우에 포괄일죄의 성격이 계속 유지되는지 여부에 대해서는 확정판결의 대상이 된 행위가 별종의 범죄인지 동종의 범죄인지에 따라 구분한다. 즉 포괄일죄에 포함되는 일련의 행위 중 별종의 범죄에 대한 확정판결이 끼어 있는 경우에는 포괄적 범죄가 둘로 나뉘지 않지만,[58] 일련의 행위 중 동종의 죄에 대한 판결이 있는 경우에는 확정판결은 전후로 분리된다고 한다.[59]

포괄일죄의 부분행위에 대한 공소의 효력 및 판결의 기판력은 항소심 판결선고시까지의 다른 부분행위에 미치게 된다. 따라서 기판력이 미치는 개별행위에 대해 별도의 공소가 제기된 경우에는 면소판결을 내려야 한다.

---

56) Roxin, AT II, § 33 Rdnr. 278 f.
57) 같은 견해로 이재상/장영민/강동범, § 38-38; 이정원, 478면.
58) 대판 2002.7.12, 2002도2029 : 포괄일죄는 그 중간에 별종의 범죄에 대한 확정판결이 끼어 있어도 그 때문에 포괄적 범죄가 둘로 나뉘는 것은 아니라 할 것이고, 또 이 경우에는 그 확정판결 후의 범죄로서 다루어야 한다.
59) 대판 2000.2.11, 99도4797 : 원래 실체법상 상습사기의 일죄로 포괄될 수 있는 관계에 있는 일련의 사기 범행의 중간에 동종의 죄에 관한 확정판결이 있는 경우에는 그 확정판결에 의하여 원래 일죄로 포괄될 수 있었던 일련의 범행은 그 확정판결의 전후로 분리되고, 이와 같이 분리된 각 사건은 서로 동일성이 있다고 할 수 없어 이중으로 기소되더라도 각 사건에 대하여 각각의 주문을 선고하여야 한다.

제52절 상상적 경합과 실체적 경합

I. 상상적 경합

1. 개념 및 의의

상상적 경합(想像的 競合) 또는 관념적 경합(觀念的 競合 : Idealkonkurrenz, Tat - einheit)이란 하나의 행위로 여러 개의 구성요건을 충족시키거나 또는 동일한 구성요건을 여러 번 충족시키는 경우를 이른다. 하나의 폭발물로써 갑에 대한 살해, 을에 대한 상해, 병에 대한 재물손괴를 야기하거나(이종의 상상적 경합), 갑과 을에 대한 살해를 야기한 경우(동종의 상상적 경합)가 이에 해당한다. 이는 법조경합과 유사하나, 법조경합은 구체적 사안을 떠나서 해당 법조 구성요건들 사이의 보충 또는 흡수 등의 관계에 의해서 큰 구성요건에 포함되는 작은 구성요건은 실질적 의미가 상실되어 하나의 구성요건만이 남게 되는 부진정 경합이지만, 상상적 경합은 행위를 통해 실현된 구성요건에 대해 각각의 죄가 성립되는 진정경합이라는 점에서 본질적으로 구분된다.[1] 즉 상상적 경합은 실질적으로 수죄이나, 다만 이들이 하나의 단일한 행위를 통해서 야기되었다는 이유로 형법은 그중 가장 중한 하나의 구성요건만을 적용할 뿐이다(형법 제40조).[2]

상상적 경합이 수죄인가 혹은 일죄인가에 대해서 다툼이 있으나 형법 제40조는 이미 이를 "1개의 행위가 수개의 죄에 해당하는 경우"로 표현하여 수죄로 인정하고 있을 뿐 아니라 이에 대한 법률효과까지도 확정하여 제시하고 있으며, 이론적으로도 수죄인지 일죄인지 여부가 죄수론 이외의 다른 영역에 영향을 줄 요소도 전혀 없으므로 이에 대한 논의의 실익은 없다고 하겠다.[3] 자연주의적 행위개념에서

---

1) 대판 2000.7.7, 2000도1899 : 상상적 경합은 1개의 행위가 실질적으로 수개의 구성요건을 충족하는 경우를 말하고, 법조경합은 1개의 행위가 외관상 수개의 죄의 구성요건에 해당하는 것처럼 보이나 실질적으로 1죄만을 구성하는 경우를 말하며, 실질적으로 1죄인가 또는 수죄인가는 구성요건적 평가와 보호법익의 측면에서 고찰하여 판단하여야 한다.

2) 그러한 의미에서 "상상적"이라는 단어의 일반적 어의는 본 법형상의 실질적 내용에 부합하지 않으며 오히려 "관념적"이라는 용어가 적절하다고 판단된다.

3) 배종대, [172] 1; 손해목, 1142면; 이재상/장영민/강동범, § 39 - 2; 정성근/박광민, 631

출발한다면 결과는 여러 개일지라도 하나의 행위가 원인이 되었으므로 이를 실질
상 일죄라고 하겠으나, 규범적 관점에서 구성요건적 행위개념에 입각한다면 실질
적으로 여러 개의 형벌법규를 침해했으므로 평가대상이 되는 범죄는 수개이지만
단일행위에서 비롯된 것이므로 과형상 일죄라는 통설의 견해가 타당하다.[4]

2. 요건

1) 행위단일성(동일한 행위)

(1) 행위단일성의 의미

형법 제40조는 1개의 행위가 수개의 죄에 해당할 것을 요건으로 한다. 즉 행위
단일성(Handlungseinheit)[5]이 상상적 경합의 요건이 되는데, 그 의미는 자연적 의
미의 행위가 아닌 법적 의미 혹은 구성요건적 의미의 행위로 이해해야 한다. 자연
적 의미의 행위개념에 따르면 하나의 행위결의(Handlungsentschluß)가 하나의 의사
실행(Willensbetätigung) 속에서 현실화되었을 때 단일한 행위가 인정된다. 하나의
폭발물로 여러 사람의 법익을 침해한 경우에는 해당 법익이 일신전속적 법익이라
도 행위단일성이 인정되나, 총으로 여러 사람을 각각 쏘아 살해한 경우에는 여러
개의 의사실행과 여러 개의 행위가 인정된다. 이러한 자연적 의미의 행위개념은 행
위단일성의 판단기준이 될 수 없다.

법적 의미 혹은 구성요건적 의미의 행위개념에 따라 예컨대 강도의 경우처럼 범
죄구성요건실현이 여러 개의 개별행위를 요하는 경우에 여러 행위가 결합하여 전
체적으로 단일한 하나의 행위가 존재하는 것으로 인정되어야 하며, 부진정부작위
범에서도 여러 번의 구조가능성을 지나치더라도 결과가 한 번 발생했다면 하나의
부작위만 인정되어야 한다.

면; Jescheck/Weigend, § 67 I 2. 다른 견해로 임웅, 615면.
4) 대판 1961.9.28, 4294형상415 : 여러 사람이 함께 공무를 집행하는 경우에 이에 대하
   여 폭행을 하고 공무집행을 방해하는 경우에는 피해자의 수에 따라 여러 죄가 성립하
   는 것이 아니고 하나의 행위로서 여러 죄명에 해당하는 소위 상상적 경합관계에 있게
   되는 것이다.
5) 이는 상상적 경합을 의미하는 범행단일(Tateinheit)과 다른 개념이다.

(2) 실행의 동일성

상상적 경합을 위해서는 충족된 서로 다른 구성요건이 완전히 동일한 행위에 의할 것임은 요하지 않는다. 예컨대 자기 자동차로 다른 차를 들이받아 재물손괴와 상해를 동시에 유발한 경우에는 행위의 완전동일성, 곧 단일성으로 인해 해당 구성요건들에 대해 당연히 상상적 경합이 인정된다. 그러나 동일한 기회에 망치로 갑의 차의 유리창을 깬 후 옆의 을의 차에 대해서도 동일한 행위를 한 경우에도 상상적 경합은 인정된다. 이 경우 자연적 의미로는 서로 독립된 두 개의 행위가 있으나, 상상적 경합에서의 규범침해는 단일한 행위에 의할 것을 요구하는 것으로 볼 이유는 없으므로, 법적 의미의 행위개념에 따라 대부분적 동일성으로 상상적 경합을 인정하는 것이 합리적이다.

다만 대부분적 동일성이 인정되기 위해서는 시간적 제한이 따른다. 하나의 부분행위의 착수시점에서 종료시점 사이에 다른 부분행위가 이루어져야 한다. 따라서 살인의 예비행위와 살인행위는 상상적 경합이 될 수 없으나, 계속범에서의 위법상태가 지속되는 동안 이 계속범을 수단으로 하여 이루어진 다른 범죄에 대해서는 상상적 경합이 가능하다.[6] 그러나 계속범의 위법상태가 진행되는 동안 이러한 수단관계가 없이 이루어진 타 범죄는 실체적 경합에 놓인다. 예컨대 주거침입의 기회에 주거자에 대해 폭행을 한 경우에는 양죄는 별개의 행위에 의한 것으로서 실체적 경합으로 처벌된다.

결합범 또는 연속범에 있어서도 실행의 대부분적 동일성에 의해 행위단일성이 인정된다. 연속범의 경우 일련의 행위 중 어느 한 부분행위로 인해 동시에 충족된 타구성요건은 전체범죄와 상상적 경합이 되어 일죄를 구성한다. 결과적 가중범에 있어서도 마찬가지여서 현주건조물에 방화하여 사망 또는 상해의 결과가 발생한 때에는 현주건조물방화치사죄와 살인죄 또는 현주건조물방화치상죄와 상해죄의 상상적 경합이 가능하다.[7] 다만 판례는 행위자가 불을 놓아 자신의 아버지와 동생을

---

6) 대판 1983.4.26, 83도323 : 강간죄의 성립에 언제나 직접적으로 또 필요한 수단으로서 감금행위를 수반하는 것은 아니므로 감금행위가 강간미수죄의 수단이 되었다 하여 감금행위는 강간미수죄에 흡수되어 범죄를 구성하지 않는다고 할 수는 없는 것이고, 그때에는 감금죄와 강간미수죄는 일개의 행위에 의하여 실현된 경우로서 형법 제40조의 상상적 경합관계에 있다.

7) 대판 1998.12.8, 98도3416 : 피고인들이 피해자들의 재물을 강취한 후 그들을 살해할

동시에 살해한 사건에서 존속살해죄에 한하여 상상적 경합을 인정한다.[8]

(3) 범죄양태의 동일성

고의범과 과실범 사이에도 상상적 경합은 인정될 수 있다. 의도적으로 타인을 상해하는 과정에서 나타난 의도하지 않았던 제3자의 재물에 대한 손괴는 모두 상상적 경합의 범위에 속한다. 행위단일성의 기준은 부작위범에도 동일하게 적용되므로 수개의 부작위범들 간에도 상상적 경합은 가능하다. 수개의 작위의무가 침해된 경우 그 의무의 충족을 위해 하나의 작위가 필요·충분한 조건인 경우에는 성립된 각각의 부작위범들은 상상적 경합의 관계에 놓인다.[9] 하지만 서로 다른 작위의무를 수차례 불이행한 경우에는 실체적 경합이 인정되어야 한다.[10]

작위범과 부작위범 사이에는 실행의 동일성이 인정되지 않으므로 상상적 경합도 부정되어야 한다.[11] 여기에서 시간적 동시성은 상상적 경합의 성립 여부에 아무런 작용도 하지 않는다. 따라서 특정 작위의무를 이행하지 않으면서 별도의 작위에 의한 범행을 한 경우에는 부작위범과 작위범은 원칙적으로 실체적 경합으로 처벌된다.[12]

2) 수개의 규범의 침해

상상적 경합의 다른 하나의 요건은 단일한 행위에 의해 적어도 동일한 구성요건이 수회 실현되거나, 상이한 두 개 이상의 구성요건이 충족되어야 한다는 것이다. 이는 실질적으로 규범의 침해를 의미한다. 구성요건해당행위를 통해서만 규범은

목적으로 현주건조물에 방화하여 사망에 이르게 한 경우, 피고인들의 행위는 강도살인죄와 현주건조물방화치사죄에 모두 해당하고 그 두 죄는 상상적 경합범관계에 있다.
 8) 대판 1996.4.26, 96도485 : 형법 제164조 후단이 규정하는 현주건조물방화치사상죄는 그 전단이 규정하는 죄에 대한 일종의 가중처벌 규정으로서 과실이 있는 경우뿐만 아니라, 고의가 있는 경우에도 포함된다고 볼 것이므로 사람을 살해할 목적으로 현주건조물에 방화하여 사망에 이르게 한 경우에는 현주건조물방화치사죄로 의율하여야 하고 이와 더불어 살인죄와의 상상적 경합범으로 의율할 것은 아니라고 할 것이고(당원 1983.1.18, 82도2341 판결 참조), 다만 존속살인죄와 현주건조물방화치사죄는 상상적 경합범 관계에 있으므로, 법정형이 중한 존속살인죄로 의율함이 타당하다고 할 것이다.
 9) Baumann/Weber/Mitsch, § 36 Rdnr. 31.
10) Sch/Sch/Stree/Sternberg-Lieben, Vor §§ 52 Rdnr. 28.
11) 김일수/서보학, 534면.
12) Baumann/Weber/Mitsch, § 36 Rdnr. 31; Stratenwerth, § 18 Rdnr. 32.

침해될 수 있으므로, 불가벌적 예비행위는 여기에서 제외되며 적어도 가벌성이 인정되는 미수행위 이상이 존재해야 한다.[13]

　형벌 이외의 형사제재는 죄수론과 직접관련이 없으므로 해당 규범들은 불법과 책임 및 기타 실체법적 가벌성의 요건을 갖추어야 한다. 예컨대 하나의 행위로 서로 다른 두 개의 구성요건이 실현되었으나, 그중 하나의 구성요건에 대해서는 정당화사유가 인정되거나 책임이 조각되는 착오 등으로 인해 가벌성이 탈락하는 경우에는 상상적 경합이 논의될 여지가 없다. 가령 살인고의로 실행착수에 이른 이후 자의로 중지했으나 상해의 결과는 발생한 경우, 중지미수를 불가벌로 인정하는 법제에서는 상해기수의 단일한 죄책만이 남게 되며, 중지미수에 대해 필요적 감면을 인정하는 우리 법제에서는 법조경합에 의한 일죄로 다루어지게 되어 상상적 경합은 논외로 됨은 동일하다.

　하나의 폭발물로 동시에 여러 명을 다치게 한 경우가 동일한 구성요건이 수회 충족되는 사례의 대표적 예이다. 이때 만일 한 사람만이 다쳤다면 역시 상상적 경합은 논의되지 않는다. 이 사람의 상해로 인해 그의 가족이나 직장에 발생한 간접적 피해는 고려할 필요가 없다.

3. 연결효과에 의한 상상적 경합

　독일의 판례와[14] 다수설은[15] 서로 독립된 2개 이상의 행위가 존재할 때, 이 행위들이 각각 이들과 상상적 경합관계에 있는 제3의 행위로 연결되는 경우에는 원래 독립된 이들 행위에 대해서도 상상적 경합이 인정된다고 한다. 이를 연결효과 (Klammerwirkung)에 의한 상상적 경합이라 한다. 즉 서로 동일성이 없는 갑과 을이라는 두 개의 행위가 병이라는 제3의 행위와 공통적으로 상상적 경합의 관계에 있을 때 병을 매개로 하여 갑과 을도 상상적 경합으로 연결된다는 것이다. 예컨대 행

---

13) Baumann/Weber/Mitsch, § 36 Rdnr. 26.
14) RGSt 44, 223; 60, 241; BGHSt 3, 165; 23, 149; 31, 29; BGH NJW 1952, 795 f; BGH NStZ 1984, 262.
15) Geppert, Jura 1982, 370 f; Lackner/Kühl, § 52 Rdnr. 5; Maurach/Gässel/Zipf, AT II, § 55 Rdnr. 74 ff; Sch/Sch/Stree/Sternberg–Lieben, § 52 Rdnr. 14 ff; Tröndle/ Fischer, Vor § 52 Rdnr. 5 ff.

위자가 음주운전을(a) 하던 도중 갑의 차를 들이받은 후(b) 도망치다가 신호대기 중의 을의 차를 다시금 들이받은 경우(c)에 있어, (a)·(b), (a)·(c), (b)·(c)의 범죄는 실제로는 각각 실체적 경합에 놓이게 되나 이 모든 행위가 행위(a)로 연결되는 상태이므로 연결효과에 따라 (a)의 죄 일죄만이 성립된다는 것이다. (a)행위에 대한 이중평가를 피한다는 것이 연결효과를 인정하고자 하는 근본적인 이유이다. 다만 독일의 예전 판례는 연결하는 범죄의 불법이 연결 당하는 범죄보다 중해야 한다는 제한을 인정했으나,16) 그 이후의 판례에서는 이 제한조차 인정되지 않는다.17) 우리 대법원은 이러한 법형상을 명시적으로 언급은 하지 않으나 해당 사례에 있어서 이를 인정하는 결론에 이르고 있다.18)

앞의 예에서 음주운전은 도로교통법 제148조의2에 의해 1년 이상 3년 이하의 징역 또는 벌금형으로 처벌되는 데 비해 과실에 의한 재물손괴는 처벌규정이 없고 과실치상은 형법 제266조에 따라 벌금, 구류, 과료로 처벌되므로 위 제한을 인정하더라도 연결효과에 의한 상상적 경합이 인정된다.

그러나 연결효과를 인정한다는 견해에 대해서는 실제로 경합범에 해당하는 범죄가 제3의 행위로 연결되었다는 이유로 상상적 경합으로 취급하는 것은 부당한 특혜이며, 연결하는 행위와 연결 당하는 행위의 경중에 따른 제한도 합리적이지 못하다는 비판이 제기된다. 연결효과에 의한 상상적 경합을 인정하기 위해서는 적어도 연결하는 범죄의 불법이 연결 당하는 범죄보다 중해야 한다는 제한은 요구되어 마땅하다 할 것이다. 하지만 이보다는 결론에서 실질적 차이는 없을지라도, 독립적

---

16) BGHSt 1, 69; 3, 167; Jescheck/Weigend, § 67 II 3; 김일수/서보학, 535면.

17) BGHSt 31, 30; BGH StrVert 1983, 148. 죄의 경중의 판단은 해당 구성요건이 제시하는 추상적 형량이 아닌 구체적 사안에 따라야 한다는 입장으로 BGHSt 33, 7; BGH NStZ 1993, 133.

18) 대판 2001.2.9, 2000도1216 : 형법 제131조 제1항의 수뢰후부정처사죄에 있어서 공무원이 수뢰 후 행한 부정행위가 공도화변조 및 동행사죄와 같이 보호법익을 달리하는 별개 범죄의 구성요건을 충족하는 경우에는 수뢰후부정처사죄 외에 별도로 공도화변조 및 동행사죄가 성립하고 이들 죄와 수뢰후부정처사죄는 각각 상상적 경합 관계에 있다고 할 것인 바, 이와 같이 공도화변조죄와 동행사죄가 수뢰후부정처사죄와 각각 상상적 경합범 관계에 있을 때에는 공도화변조죄와 동행사죄 상호간은 실체적 경합범 관계에 있다고 할지라도 상상적 경합범 관계에 있는 수뢰후부정처사죄와 대비하여 가장 중한 죄에 정한 형으로 처단하면 족한 것이고 따로이 경합범 가중을 할 필요가 없다. 같은 취지의 판례로 대판 1983.7.26, 83도1378.

754 제 2 장 일죄와 수죄

행위에 대한 실체적 경합과, 연결하는 범죄의 경중을 비교하여 중한 형으로 처벌하자는 절충안이 나은 해결방안으로 판단된다.[19]

4. 상상적 경합의 법적 효과

1) 실체법적 효과

상상적 경합은 실질상 수죄이지만 과형상 일죄를 인정하는 것으로서, 해당되는 수개의 죄 가운데 가장 중한 죄에 정한 형으로 처벌된다(형법 제40조). 여기서의 형은 법정형을 의미하며 형의 경중의 판단은 형법 제50조가 정한 바에 따른다. 경합범의 경우 징역과 금고는 동종의 형으로 간주하여 징역형으로 처벌한다고 하는 형법 제38조 제2항은 명시적으로 (실체적) 경합범에 한정된 규정이므로, 상상적 경합에는 적용되지 않는 것으로 보아야 한다.[20]

동종의 상상적 경합인 경우에는 해당 구성요건이 일회가 아닌 수회 실현되었다는 사실을 가중적으로 고려하여, 그 구성요건이 정한 형의 범위에서 형량을 정하면 되지만, 이종의 상상적 경합인 경우에는 각각의 구성요건이 정한 형의 경중이 문제될 수 있다. 이와 관련하여 각 구성요건이 정한 형 중 가장 중한 형만 비교함으로써 족하다고 하는 중점적 대조주의와, 주형(主刑)의 전체를 비교해야 한다는 전체적 대조주의가 대립된다.

상상적 경합은 실질상 수죄로서 경한 죄의 양형범위가 좁아 상한은 중죄의 상한보다 낮지만 하한은 오히려 중죄의 하한보다 높을 경우에는 경한 죄의 하한이 적용되어야 하는 것이 당연하며, 경한 죄의 병과형이나 부과형도 적용될 수 있거나 혹은 적용되어야 하므로 전체적 대조주의가 합당하다. 즉 형의 상한뿐 아니라 하한에 있어서도 적용되는 형 중 가장 중한 형을 기준으로 해야 한다.[21] 그리고 이는

---

19) 이재상/장영민/강동범, § 39 − 14; SK − Samson/Günther, § 52 Rdnr. 19.
20) 대판 1976.1.27, 75도1543.
21) 대판 1984.2.28, 83도3160 : 형법 제40조가 규정하는 1개의 행위가 수개의 죄에 해당하는 경우에는 '가장 중한 죄에 정한 형으로 처벌한다'함은 그 수개의 죄명 중 가장 중한 형을 규정한 법조에 의하여 처단한다는 취지와 함께 다른 법조의 최하한의 형보다 가볍게 처단할 수는 없다는 취지 즉, 각 법조의 상한과 하한을 모두 중한 형의 범위 내에서 처단한다는 것을 포함하는 것으로 새겨야 할 것이다. 같은 취지의 판례로 대판 2006.1.27, 2005도8704; 대판 2012.6.28, 2012도3927.

추상적 법조문이 아닌 구체적 사안에 주어진 가중 혹은 감경요소를 평가하여 결정해야 한다.[22] 이렇게 보면 상상적 경합의 실체법적 효과는 단순 흡수주의가 아닌 결합주의(Kombinationsprinzip)의 결과이다.[23] 양형은 이 결합주의의 범위 내에서 가중적 효과를 고려하여 이루어질 수 있다.

2) 소송법적 효과

상상적 경합은 과형상·소송법상 일죄로서 소송법상 1개의 사건으로 인정된다. 따라서 상상적 경합관계에 있는 수개의 죄 중 일부에 대한 공소제기의 효력은 나머지 전체에 미치며, 부분행위에 대한 기판력이나 일사부재리의 원칙도 전체 행위에 대해 효력을 미친다.[24] 또한 상상적 경합에 해당되는 행위의 일부가 무죄 또는 공소기각에 해당될 경우에 이를 판결주문에 표시할 필요가 없고, 판결이유에서 그 이유를 설시하는 것으로 족하다.[25] 이는 상상적 경합의 일부행위에 대한 무죄판결을 인정하지 않는 독일의 입장과[26] 다른 부분이다.

상상적 경합은 서로 독립된 수개의 구성요건실현으로써 실질적으로는 수죄가 성립된 경우이므로, 판결이유에는 이에 해당되는 모든 범죄사실과 적용법조를 기재해야 하며, 무죄가 인정되는 일부 행위에 대해서는 그 이유를 설시해야 한다. 친고죄와 비친고죄 사이의 상상적 경합인 경우 친고죄의 고소취하는 비친고죄의 가벌성에 영향을 주지 않는다.[27]

---

22) Sch/Sch/Stree/Sternberg-Lieben, § 52 Rdnr. 37; Bockelmann/Volk, S. 260.
23) 이재상/장영민/강동범, § 39-19; Jescheck/Weigend, § 67 IV 2.
24) 대판 1990.1.25, 89도252 : 포괄일죄 상호간에는 상상적 경합관계에 있다고 보아야 할 것인바, 원심인정과 같이 그중 3인의 피해자들로부터 계불입금을 편취하였다는 공소사실에 대하여 확정판결이 있었다면 이 사건 공소사실에 대하여도 위 판결의 기판력이 미치게 된다고 할 것이다.
25) 대판 1983.8.23, 83도1288.
26) Jescheck/Weigend, § 67 IV 4.
27) 대판 1983.4.26, 83도323 : 형법 제40조의 소위 상상적 경합은 1개의 행위가 수개의 죄에 해당하는 경우에는 과형상 1죄로서 처벌한다는 것이고, 또 가장 중한 죄에 정한 형으로 처벌한다는 것은 경한 죄는 중한 죄에 정한 형으로 처단된다는 것이지, 경한 죄는 그 처벌을 면한다는 것은 아니므로, 이 사건에서 중한 강간미수죄가 친고죄로서 고소가 취소되었다 하더라도 경한 감금죄(폭력행위 등 처벌에 관한 법률 위반)에 대하여는 아무런 영향을 미치지 않는다.

II. 실체적 경합

1. 의의

경합범 혹은 실체적 경합이란 동일인에 의해서 이루어진 죄로서 판결이 확정되지 아니한 수개의 죄 또는 판결이 확정된 죄와 그 판결확정 이전에 범해진 죄를 이르는 것이다(형법 제37조). 이는 행위다수에 의한 수개의 범죄를 전제로 한다. 그러나 행위다수라는 요건만으로는 관련된 범죄들이 항상 실체적 경합에 이르는 것은 아니다. 수개의 행위에 의해 수개 혹은 수회의 구성요건이 실현된 경우라도 때로는 법조경합 혹은 포괄일죄에 해당될 수 있으며, 이때는 실체적 경합은 부정된다. 실체적 경합은 소송법적으로 해당 범죄들이 동일한 재판에서 함께 판결될 수 있는 가능성이 있을 것이 요건이 된다. 형법 제37조 전단의 '판결이 확정되지 아니한 수개의 죄'란 동시에 판결이 가능한 경우이고, 동조 후단의 '판결이 확정된 죄와 그전에 범해진 죄'는 그러한 가능성이 있었던 경우로서 경합범에 해당할 수 있다.

경합범은 실질상 수죄라는 점에서 상상적 경합과 동일하나, 행위단일성을 전제로 하는 상상적 경합과는 달리 수개의 행위를 전제로 한다는 점에서 구별된다. 또 법조경합은 하나 혹은 여러 개의 행위가 외견상 수개의 죄를 실현한 것으로 보이지만 구성요건들 간의 내부적 관계에 따라 실질적으로는 1개의 죄만이 실현된 것으로 인정된다는 점에서, 실질상 수죄인 경합범과 구별된다.

수죄인 경합범에 대해서는 성립된 죄에 정한 형을 단순 합산하여 처단하는 병과주의가 마땅하나, 예컨대 자유형의 경우 인간의 기대수명을 훨씬 초과하는 형량이 정해져야 하는 경우에는 실질적 유기형이 종신형으로 변질되는 등 형사정책적 관점에서 합리적이지 못한 부분이 있다. 이에 따라 형법은 경합범에 대해 병과주의보다는 가중주의를 원칙으로 하고 있다.

2. 경합범의 종류

1) 동종의 실체적 경합범과 이종의 실체적 경합범

동종의 실체적 경합이란 수차에 걸쳐 동일한 구성요건을 반복하여 실현한 경우를 말한다. 즉 수차에 걸쳐 여러 명을 살해한 행위, 서로 다른 기회에 여러 명에 대해 강도를 한 행위, 여러 대의 자동차에 순차적으로 방화를 한 행위 등이 이에 해당한다. 이종의 실체적 경합이란 수개의 행위로 서로 다른 구성요건을 실현한 경우를 이른다. 재물손괴를 범한 이후 강도, 상해 등으로 연결된 경우이다. 수개의 행위는 같은 기회에 이루어질 수도 있다. 예컨대 운전 중 부주의로 사고를 일으키고 도주를 한 경우 도로교통법의 사고발생시 조치의무위반(도로교통법 제54조)과 특정범죄 가중처벌 등에 관한 법률 제5조의3의 도주차량운전자 처벌규정은 상상적 경합에 해당할지라도 도로교통법의 안전운전의무위반죄(도로교통법 제48조 제1항)는 이들과 실체적 경합이 된다.[28] 또 사람을 살해하고 사체를 유기한 경우,[29] 강간 후 피해자를 살해한 경우도[30] 실체적 경합이 인정된다.

2) 동시적 실체적 경합과 사후적 실체적 경합

수개의 범죄에 대하여 판결이 확정되지 않아 동시에 판결을 받을 수 있는 경우를 동시적 경합범이라 하며(형법 제37조 전단), 금고 이상의 형으로 확정판결된 죄가 존재할 때, 이 죄와 확정판결 전에 범한 죄를 사후적 실체적 경합이라 한다(형법 제37조 후단). 즉 확정판결된 죄와 동시에 판결을 받을 가능성이 있었던 죄를 말한다.

---

28) 대판 1993.5.11, 93도49 : 차의 운전자가 업무상 주의의무를 게을리하여 사람을 상해에 이르게 함과 아울러 물건을 손괴하고도 피해자를 구호하는 등 도로교통법 (구)제50조 제1항의 규정에 의한 조치를 취하지 아니한 채 도주한 때에는, 같은 법 (구)제113조 제1호 소정의 제44조 위반죄와 같은 법 (구)제106조 소정의 죄 및 특정범죄 가중처벌 등에 관한 법률 위반죄가 모두 성립하고, 이 경우 특정범죄 가중처벌 등에 관한 법률 위반죄와 물건손괴 후 필요한 조치를 취하지 아니함으로 인한 도로교통법 제106조 소정의 죄는 1개의 행위가 수개의 죄에 해당하는 상상적 경합범의 관계에 있고, 위의 2개의 죄와 같은 법 제113조 제1호 소정의 제44조 위반죄는 주체나 행위 등 구성요건이 다른 별개의 범죄이므로 실체적 경합범의 관계에 있다.
29) 대판 1984.11.27, 84도2263.
30) 대판 1987.1.20, 86도2360; 대판 1970.4.28, 70도431.

3. 실체적 경합범의 성립요건

1) 실체법적 요건

실체적 경합의 본질적 요건은 수개의 행위를 통한 수개의 죄의 실현이다. 이들은 각각 충분조건이 아닌 필요조건이다. 실체적 경합이 성립되기 위해서는 우선 행위단일성이 인정되지 않는 사회통념상의[31] 수개의 행위가 있어야 한다. 법적 혹은 구성요건적 의미에서의 한 개의 행위로는 설사 수개의 범죄가 실현되었더라도 상상적 경합으로 처리된다.

다음으로 수개의 구성요건이 실현되어야 한다. 곧 서로 다른 두 개 이상의 구성요건 혹은 동종의 구성요건이 수회 실현되어야 한다. 단일한 구성요건이 충족된 경우에는 경합범은 처음부터 논의될 여지가 없다. 수개의 구성요건이 실현되었더라도 이들이 법조경합에 의해 일죄를 구성하는 경우에는 실체적 경합관계는 성립되지 않는다.

2) 소송법적 요건

(1) 동시적 실체적 경합

동일한 행위자에 의한 수개의 죄 모두에 대하여 판결이 확정되지 않아야 한다. 판결의 확정이란 판결이 통상의 불복방법에 의하여 다툴 수 없는 상태를 말한다.[32] 따라서 일죄만이 먼저 기소되어 확정되거나, 일죄만이 파기환송되고 나머지는 확정된 경우에는 동시적 경합범은 성립되지 않는다.[33]

확정판결 이전의 수개의 죄는 소송절차상 동시에 판결될 수 있어야 한다. 즉 이들 모두가 동일한 심판대상이 되어야 하므로, 분리 기소되어 심리 중에 있거나 일부만 기소가 되어서는 안 된다. 다만 수개의 죄 중 일부만 기소된 경우 항소심에서 추가기소에 의한 병합심리가 이루어진다면 경합범의 성립이 가능하다.[34]

---

31) 오영근, 486면.
32) 대판 1983.7.12, 83도1200 : 형법 제37조 후단의 경합범규정의 "판결확정전"의 의미는 판결이 상소 등 통상의 불복방법에 의하여 다툴 수 없게 된 상태가 되기 전을 말한다.
33) 대판 1974.10.8, 74도1301.
34) 대판 1972.5.9, 72도597 : 두 개의 공소사실들이 형법 제37조 전단 소정의 경합범 관계에 있는 경우 그 사실들에 대하여 병합심리를 하고 한 판결로서 처단하는 이상 형법 제38조 제1항 소정의 예에 따라 경합 가중한 형기 범위 내에서 피고인을 단일한 선고형으로 처단하여야 한다.

(2) 사후적 실체적 경합

현행 형법은 금고 이상의 형에 처한 판결이 확정된 죄와 그 판결확정 전에 범한 죄를 사후적 경합범으로 취급한다(형법 제37조 후단). 예컨대 갑이 순차적으로 A, B, C의 범죄를 범하여 그중 B죄에 대한 확정판결이 이루어졌다면 B죄와 그의 판결확정 이전에 범한 A죄는 사후적 경합관계에 놓인다. 그러나 판결확정 후의 범죄에 대해서는 경합관계가 인정되지 않으므로 A, B죄와 C죄 사이에는 경합관계는 발생하지 않는다. 다만 C죄가 B죄 이후에 이루어졌더라도 그것이 판결확정 이전이었다면 이에 대해서도 경합관계는 인정된다.

판결확정 이전의 죄와 이후의 죄 사이에는 경합범이 인정되지 않는다.[35] 따라서 A, B, C죄의 판결확정이 있은 후 D, F의 죄가 범해진 경우 D, F죄 사이에는 동시적 경합범이 인정될 수 있으나 A, B, C죄와 함께 경합범이 될 수는 없다. 다만 확정판결이 금고 미만의 형에 처하는 것이라면 이들 모든 범죄가 동시적 경합범으로 인정될 수 있다.[36] 즉 하나의 확정판결이 그 이전의 죄와 이후의 죄의 경합범관계를 단절시키는 작용을 하지 못한다면 이들 전체범죄에 대해서는 동시적 경합범으로서 하나의 형을 선고해야 할 것이다. 형법은 개정을 통해서 판결확정 전후의 범죄를 경합범관계로부터 단절시키는 원인을 금고 이상의 형에 처한 확정판결로 제한함으로써 동시적 경합범의 성립범위가 확대되었다고 할 수 있다.[37]

확정판결에 있어서는 확정판결이 있었다는 사실 자체가 중요하므로 집행유예나 선고유예의 판결이 확정된 때는 물론이며, 유예기간의 경과로 형의 선고가 실효되거나 일반사면이 있는 경우에도[38] 확정판결의 효력은 유지되며, 형집행종료 여부

---

35) 대판 1970.12.22, 70도2271.
36) 대판 2004.1.27, 2001도3178 : 2004. 1. 20. 법률 제7077호로 공포, 시행된 형법 중 개정법률에 의해 형법 제37조 후단의 "판결이 확정된 죄"가 "금고 이상의 형에 처한 판결이 확정된 죄"로 개정되었는바, 위 개정법률은 특별한 경과규정을 두고 있지 않으나, 형법 제37조는 경합범의 처벌에 관하여 형을 가중하는 규정으로서 일반적으로 두 개의 형을 선고하는 것보다는 하나의 형을 선고하는 것이 피고인에게 유리하므로 위 개정법률을 적용하는 것이 오히려 피고인에게 불리하게 되는 등의 특별한 사정이 없는 한 형법 제1조 제2항을 유추적용하여 위 개정법률 시행 당시 법원에 계속 중인 사건 중 위 개정법률 전에 벌금형에 처한 판결이 확정된 경우에도 적용되는 것으로 보아야 한다.
37) 최병각, 형법개정에 따른 경합범의 양형, 형사판례연구 제13호, 2005, 212면.
38) 대판 1995.12.22, 95도2446 : 사면법 제5조 제1항 제1호 소정의 '일반사면은 형의 언도

와도 무관하다.

판례는 상소 등 통상의 불복절차에 의하여 다툴 수 없게 된 시점을 확정판결의
시점으로 이해한다.[39] 그러나 사후적 경합범의 인정취지가 동시심판의 가능성이
있었던 범죄에 대해서 동시적 경합범처럼 취급하는 데 있으며, 기판력의 기준시점
이 최종의 사실심인 항소심 판결 선고시가 되는 만큼 판결확정의 시점을 항소심
판결 선고 이전으로 이해해야 한다는 견해도 제시된다.[40]

죄를 범한 시기는 죄의 기수시점이 아닌 종료시점이 기준이 되어야 한다. 따라서
계속범의 경우 위법상태가 종료되기 전에 확정판결이 있거나 연속범 등의 포괄일
죄의 진행 중에 확정판결이 있는 경우, 그 범죄는 확정판결 이후에 종료된 것이므
로 이에 대해서는 사후적 경합범이 성립되지 않는다.[41]

4. 실체적 경합범의 취급

1) 동시적 경합범의 경우

(1) 흡수주의

가장 중한 죄에 정한 형이 사형, 무기징역, 무기금고인 경우 가장 중한 죄에 정
한 형으로 처벌된다(형법 제38조 제1항 제1호). 이때 다른 형을 병과하거나 형을 가

의 효력이 상실된다'는 의미는 형법 제65조 소정의 '형의 선고는 효력을 잃는다'는 의
미와 마찬가지로 단지 형의 선고의 법률적 효과가 없어진다는 것일 뿐 형의 선고가 있
었다는 기왕의 사실 자체의 모든 효과까지 소멸한다는 뜻은 아니다. 따라서 확정판결의
죄에 대하여 일반사면이 있다 하더라도 일사부재리의 효력 등은 여전히 계속 존속하는
것이고, 확정판결이 있었던 사실에 의하여 그 전의 죄와 후의 죄 등이 형법 제37조 후
단의 경합범관계에 있었다고 하는 효과도 일반사면에 의하여 좌우되는 것은 아니라 할
것이다.

39) 대판 1983.7.12, 83도1200.
40) 이재상/장영민/강동범, § 39 – 31.
41) 대판 2002.7.12, 2002도2029 : 사기죄에 있어서 동일한 피해자에 대하여 수회에 걸쳐
기망행위를 하여 금원을 편취한 경우, 그 범의가 단일하고 범행 방법이 동일하다면 사기
죄의 포괄일죄만이 성립한다 할 것이고, 포괄일죄는 그 중간에 별종의 범죄에 대한 확정
판결이 끼어 있어도 그 때문에 포괄적 범죄가 둘로 나뉘는 것은 아니라 할 것이고, 또
이 경우에는 그 확정판결 후의 범죄로서 다루어야 한다.
동종의 죄에 관한 확정판결이 있는 경우로서 결론을 달리하는 판례로 대판 2000.2.11, 99
도4797.

중하는 것은 의미가 없기 때문에 가장 중한 형에 흡수시키는 것이다.

(2) 가중주의

형법은 경합범에서 가중주의를 원칙으로 하고 있다. 가장 중한 죄에 정한 형이 사형, 무기징역, 무기금고 이외의 동종인 경우, 가장 중한 죄의 장기 또는 다액에 그 2분의 1까지 가중하되 각 죄에 정한 형의 장기 또는 다액을 합산한 형기 또는 액수를 초과하지 않아야 한다(형법 제38조 제1항 제2호). 다만 과료와 과료, 몰수와 몰수는 병과할 수 있다(동호 단서). 징역과 금고는 동종으로 간주하여 징역형으로 처벌하며(동조 제2항), 유기의 자유형을 가중하는 경우에 50년을 초과할 수 없다(형법 제42조 단서). 경합범의 각 죄에 선택형이 규정된 경우에는 그 중에서 처단할 형종을 먼저 선택한 후, 경합범의 죄 가운데 가장 중한 죄에 정한 형의 장기 또는 다액을 기초로 가중형이 정해진다.[42]

가장 중한 죄의 상한이 정해지지 않은 경우에는 형법 제42조 본문에 따라 장기는 30년이 되며[43] 이에 2분의 1까지 가중할 수 있다. 가장 경한 죄에 정한 형의 단기가 가장 중한 죄에 정한 형의 단기보다 중한 경우에는 그 중한 단기를 하한으로 삼아야 한다(결합주의).[44]

(3) 병과주의

형법은 각 죄에 정한 형이 무기징역이나 무기금고 이외의 이종의 형인 때에만 예외적으로 병과주의를 적용한다(형법 제38조 제1항 제3호). 징역과 금고는 같은 자유형으로서 동종의 형으로 간주되며(동조 제2항) 유기자유형, 벌금, 과료, 자격정지, 구류는 서로 종류가 다른 형벌에 해당한다. 판례는 병과규정은 일죄에 대하여 무기징역이나 무기금고 이외의 이종의 형을 병과할 것을 규정한 때에도 적용되는 것이라고 해석하고 있다.[45]

2) 사후적 실체적 경합범의 경우

(1) 형의 선고

경합범 중 판결을 받지 아니한 죄가 있는 때에는 그 죄와 판결이 확정된 죄를 동

---

42) 대판 1959.10.16, 4292형상279.
43) 대판 1983.11.8, 83도2370.
44) 대판 1985.4.23, 84도2890.
45) 대판 1954.6.10, 4287형상210.

시에 판결할 경우와 형평을 고려하여 그 죄에 대하여 형을 선고한다. 이 경우 그 형을 감경 또는 면제할 수 있다(형법 제39조 제1항). 이와 관련하여 독일은 이미 판결확정된 범죄와 사후적 경합범에 대하여 하나의 전체형을 선고하는 방식을 취하며(독일형법 제55조 제1항), 오스트리아는 판결확정된 범죄와 사후적 경합범에 대하여 전체형을 정하고 사후적 경합범에 대하여 추가형을 선고하는 방식을 취한다. 그에 비해 우리 형법은 이미 확정판결이 이루어진 사안에 대한 재심리는 회피되어야 한다는 일사부재리의 원칙을 중시하는 태도로 판단된다.

개정 이전의 형법에 의하면 원래 동시적 경합범으로 다루어져야 할 사안이 피고인의 책임 없이 서로 다른 재판으로 분리되어 각각 선고가 되는 경우, 이를 감안하여 아무리 감경을 하더라도 동시적 경합범으로 기소된 경우에 비해 피고인에게 현저히 불리한 결과에 이를 가능성이 있었다. 이에 대해 개정형법은 임의적 감면규정을 추가하여 일사부재리의 원칙을 고수하면서 형평을 고려한 형의 선고를 가능하게 하고 있다.

범죄행위 중간에 확정판결이 있는 경우에는 판결 이전의 범죄와 그 이후의 범죄는 경합범이 되지 않으므로, 이들 범죄에 대해서는 각각 분리된 재판으로 주문을 달리하여 형이 선고되어야 한다.

(2) 형의 집행

경합범에 의한 판결의 선고를 받은 자가 경합범 중의 어떤 죄에 대하여 사면 또는 형의 집행이 면제된 때에는 다른 죄에 대하여 다시 형을 정한다(형법 제39조 제3항). 다시 형을 정한다고 하는 것은 행위에 대한 심판을 새로 한다는 의미가 아니라 형의 집행부분만을 다시 정한다는 의미이다. 이때 형의 집행에 있어서는 이미 집행한 형기를 통산한다(동조 제4항).

제 5 편

형벌과 보안처분

제 1 장   형벌
제 2 장   보안처분

제 1 장

형벌

제 53 절 형벌의 일반이론

I. 형벌의 의의

형법은 법률요건과 이에 따르는 법률효과를 규정하고 있다. 특정 행위를 통해 법률요건이 충족되면 이에 상응하는 법률효과가 따르게 된다. 이러한 법률효과를 넓은 의미에서 형사제재라고 한다. 국가는 일반 또는 개인을 범죄피해로부터 보호해야 할 의무가 있으며, 이를 이행하기 위해 위반의 경우 제재를 전제로 한 형법규범을 제시한다.

형법은 규범의 명령에 이성적으로 대응할 수 있는 이성적 인간을 전제로 한다. 이러한 이성적 대응능력은 형법적으로 책임능력을 의미하는 것이며, 책임능력을 전제로 주어지는 형사제재를 형벌이라 한다. 그러나 유책한 행위에 대해서만 주어지는 형벌만으로는 국가의 법익보호와 안녕질서유지의 의무는 만족스럽게 이행될 수 없다. 즉 행위자에게 책임능력은 결여되었으나 후속적 범죄위험성이 예견되는 경우, 책임능력의 전제 없이 행위자와 사회보호를 위한 제재수단이 필요한데 이를 보안처분이라 한다.

형법은 가별성의 요건이 충족되면 법률효과가 따르게 된다고 규정한다. 형법 제 1조 제1항의 규정에 따라 범죄의 성립과 이에 대한 법률효과는 법률규정을 전제로 해서만 가능하다. 곧 법률규정에 근거를 두지 않는 형사제재는 있을 수 없다. 그리고 형벌의 유일한 주체는 국가로서, 국가에 의한 공형벌(公刑罰)만이 가능하며 개인에 의한 사형(私刑)은 형벌이 아닌 또 하나의 범죄행위에 지나지 않는다.

II. 형벌의 종류

형법이 인정하는 형벌로는 사형, 징역, 금고, 자격상실, 자격정지, 벌금, 구류, 과료, 몰수의 9종이 있다(형법 제41조). 징역·금고·구류는 자유박탈을 내용으로 하는 자유형이며, 벌금·과료·몰수는 재산형, 자격상실·자격정지는 명예형이다. 따라서 형법상 인정되는 형벌의 종류는 생명형, 자유형, 재산형, 명예형으로 대별할 수 있다. 형벌은 단독으로 선고될 수 있는 주형(主刑 : Hauptstrafe)과 주형에 부가해서만 선고될 수 있는 부가형(Nebenstrafe)이 있다. 구형법은 형벌을 주형과 부가형으로 구분했었으나 현행법은 몰수형의 부가성만 인정하고 있다(형법 제49조).

제54절 형벌의 종류

I. 사형

1. 의의

사형은 범죄인의 생명을 박탈하여 사회에서 영구히 제거시키는 형벌로서 생명형, 또는 가장 중한 형벌이라는 의미로 극형이라고도 한다. 형법상 사형을 규정하고 있는 죄로는 내란죄(형법 제87조), 내란목적살인죄(제88조), 외환유치죄(제92조), 여적죄(제93조), 모병이적죄(제94조), 시설제공이적죄(제95조), 시설파괴이적죄(제96조), 간첩죄(제98조), 폭발물사용죄(제119조), 현주건조물등방화치사죄(제164조 제2항), 살인죄(제250조), 강도살인죄(제338조), 해상강도살인·치사·강간죄(제340조 제3

항) 등이 있다. 그 밖에 국가보안법, 군형법, 폭력행위 등 처벌에 관한 법률 등 특별법에도 사형범죄가 규정되어 있다.

형법에서 여적죄의 경우 사형이 절대적 법정형으로 규정되어 있으며, 그 밖의 경우는 상대적 법정형으로서 법관의 재량에 의해 사형 이외의 형이 부과될 수 있다. 사형이 절대적 법정형인 경우에도 작량감경에 의해 사형선고를 면할 가능성은 존재한다.

2. 사형존폐론

사형제도에 대해 이는 야만적이고 인간존재의 기초를 말살함으로써 존엄성을 침해하는 것이며, 오판시 회복이 불가능하며, 일반예방의 효과가 크지 않으며, 형벌목적을 달성하기 어렵다는 이유 등으로 이를 폐지해야 한다는 입장과,[1] 극악한 범죄인에 대해서는 사형으로써 응보되어야 함과 동시에 이로써 사회에서 완전히 제거되어야 한다는 것이 일반의 정의관념에 부합하며, 사형은 위하효과를 가진다는 이유로 존치되어야 한다는 주장이 대립된다.[2] 헌법재판소와[3] 대법원도[4] 사형제도

---

[1] 김일수/서보학, 559면; 배종대, [174] 17; 오영근, 500면 이하; 이정원, 495면; 임웅, 636면 이하; 허일태, 사형제도의 폐지를 위한 변론, 형사법연구 제16호 특집호, 2001, 77면 이하.

[2] 손동권/김재윤, [§ 37] 11; 유기천, 349면; 이재상/장영민/강동범, § 40 – 14; 정성근/박광민, 647면; 정영석, 302면; 황산덕, 307면.

[3] 헌법재판소 전원재판부 1996.11.28, 95헌바1 : 생명권 역시 헌법 제37조 제2항에 의한 일반적 법률유보의 대상이 될 수밖에 없는 것이나, 생명권에 대한 제한은 곧 생명권의 완전한 박탈을 의미한다 할 것이므로, 사형이 비례의 원칙에 따라서 최소한 동등한 가치가 있는 다른 생명 또는 그에 못지 아니한 공공의 이익을 보호하기 위한 불가피성이 충족되는 예외적인 경우에만 적용되는 한, 그것이 비록 생명을 빼앗는 형벌이라 하더라도 헌법 제37조 제2항 단서에 위반되는 것으로 볼 수는 없다.
모든 인간의 생명은 자연적 존재로서 동등한 가치를 갖는다고 할 것이나 그 동등한 가치가 서로 충돌하게 되거나 생명의 침해에 못지 아니한 중대한 공익을 침해하는 등의 경우에는 국민의 생명·재산 등을 보호할 책임이 있는 국가는 어떠한 생명 또는 법익이 보호되어야 할 것인지 그 규준을 제시할 수 있는 것이다. 인간의 생명을 부정하는 등의 범죄행위에 대한 불법적 효과로서 지극히 한정적인 경우에만 부과되는 사형은 죽음에 대한 인간의 본능적 공포심과 범죄에 대한 응보욕구가 서로 맞물려 고안된 "필요악"으로서 불가피하게 선택된 것이며 지금도 여전히 제 기능을 하고 있다는 점에서 정

는 존치되어야 한다는 태도를 취한다.

　이제 사형제도에 대해서는 인도주의적 관점에서 이를 폐지해야 한다는 견해가 절대적 지지를 얻는 경향을 보인다. 흉악범도 인간인 이상 그의 생명에도 절대적 가치가 인정되어야 한다는 점에 대해서는 이견이 있을 수 없다. 그러나 인간의 생명은 이를 단독으로 평가할 때는 항상 절대적 가치를 지니는 것이라 하겠지만, 사회구성원의 한 사람으로서의 범죄자가 침해한 다른 법익 혹은 그의 행위와 관련하여서는 상대적이며 비교적인 것이라 해야 한다.[5] 다시 말해 흉악범의 생명 혹은 그의 인간으로서의 존엄성만이 절대적으로 존중되어야 하는 것이 아니라, 그에 의해 무참하게 침해된 무고한 피해자의 생명 또는 국가공동체의 가치와 비교평가되어야 한다. 형법은 결과만을 놓고 형벌을 부과하지 않는다. 행위자가 자신의 행위에 대한 자연적·규범직 의미에 대한 평가를 기초로 하여 법질서의 요구에 응할 기능성이 있었음에도 불구하고, 즉 형벌이라는 제도를 능히 피할 수 있었음에도 불구하고 굳이 행위로 나아간 경우에만 처벌된다.

　또한 형벌에는 특별예방의 기능만 있는 것이 아니라 일반예방과 응보의 기능이 있음을 간과해서는 안 된다. 기왕에 침해된 피해자의 생명이 범죄자를 사형에 처한다고 해서 소생될 것이 아니라는 단순한 사고는 지양되어야 한다. 사형제도를 통해

　　당화될 수 있다. 따라서 사형은 이러한 측면에서 헌법상의 비례의 원칙에 반하지 아니한다 할 것이고, 적어도 우리의 현행 헌법이 스스로 예상하고 있는 형벌의 한 종류이기도 하므로 아직은 우리의 헌법질서에 반하는 것으로 판단되지 아니한다.

4) 대판 2006.3.24, 2006도354 : 사형은 인간의 생명 자체를 영원히 박탈하는 냉엄한 궁극의 형벌로서 문명국가의 이성적인 사법제도가 상정할 수 있는 극히 예외적인 형벌이라는 점을 감안할 때, 사형의 선고는 범행에 대한 책임의 정도와 형벌의 목적에 비추어 그것이 정당화될 수 있는 특별한 사정이 있다고 누구라도 인정할 만한 객관적인 사정이 분명히 있는 경우에만 허용되어야 한다. 같은 취지의 판례로 대판 2004.9.3, 2004도3538; 대판 2005.8.25, 2005도4178; 대판 2003.6.13, 2003도924.

5) 헌법재판소 전원재판부 1996.11.28, 95헌바1 : 형법 제250조 제1항이 규정하고 있는 살인의 죄는 인간생명을 부정하는 범죄행위의 전형이고, 이러한 범죄에는 그 행위의 태양이나 결과의 중대성으로 미루어 보아 반인륜적 범죄라고 규정지워질 수 있는 극악한 유형의 것들도 포함되어 있을 수 있는 것이다. 따라서 사형을 형벌의 한 종류로서 합헌이라고 보는 한 그와 같이 타인의 생명을 부정하는 범죄행위에 대하여 행위자의 생명을 부정하는 사형을 그 불법효과의 하나로서 규정한 것은 행위자의 생명과 그 가치가 동일한 하나의 혹은 다수의 생명을 보호하기 위한 불가피한 수단의 선택이라고 볼 수밖에 없으므로 이를 가리켜 비례의 원칙에 반한다고 할 수 없어 헌법에 위반되는 것이 아니다.

서 단 한 명이라도 잠재적 피해자의 생명이 구조될 수 있다면 그것은 가치 있는 일이다. 따라서 사형제도는 존치하되, 다만 그 운용에 지혜를 살려야 할 것이다.

II. 자유형

자유형이란 수형자의 신체적 자유를 박탈하는 형벌로서 여기에는 징역, 금고, 구류가 있다. 징역은 수형자를 교도소 내에 구치하여 정역에 복무하게 하는 형벌이며 (형법 제67조), 유기와 무기의 두 종류가 있다. 유기징역은 1개월 이상 30년 이하이나 50년까지 가중이 가능하며, 무기형은 종신형이지만 20년이 경과한 후에는 가석방이 가능하다(형법 제72조 제1항). 금고는 수형자를 교도소 내에 구치하되 명예를 존중한다는 의미에서 정역을 부과하지 않는 형벌이다(형법 제68조). 그러나 수형자의 신청에 따라 작업을 과할 수 있다(형의 집행 및 수용자의 처우에 관한 법률 : 형집행법 제67조). 구류는 수형자를 1일 이상 30일 미만의 기간 교도소에 구치하는 자유형으로서(형법 제46조) 정역을 부과하지 않지만 본인의 신청에 따라 작업을 과할 수 있다는 점은 금고와 같다(형집행법 제67조).

단기자유형에 대해서는 개선의 효과보다는 수형자를 범죄에 오염시키거나 부패시키고 전과자로의 낙인이 이루어지는 등 폐해가 많아 보호관찰부 집행유예 혹은 선고유예, 주말구금, 휴일구금, 벌금형, 피해원상복구제 등의 대체 및 개선방안이 논의되고 있다.6)

자유형은 정기형을 원칙으로 하나 소년법은 장기와 단기를 정하여 선고하는 상대적 부정기형을 인정하고 있다(소년법 제60조 제1항). 이는 죄형법정주의의 명확성의 원칙에 위배되지 않으며, 특히 소년범의 경우 자율적 개선 및 교화라는 특별예방의 목적실현에 긍정적 효과가 있는 것으로 평가된다. 절대적 부정기형은 죄형법정주의에 반하므로 허용될 수 없다.

III. 재산형

재산형이란 범죄인으로부터 일정한 재산을 박탈하는 형벌로서 벌금, 과료, 몰수

---

6) 김일수/서보학, 562면; 배종대, [175] 5; 이재상/장영민/강동범, § 40 – 25; 임웅, 640면.

가 있다. 독일의 경우 6월 미만의 단기 자유형을 선고해야 하는 경우에는 처음부터 자유형을 선고하지 않고 이를 벌금형으로 대체한다.[7]

1. 벌금형

벌금액은 5만원 이상이며 그 미만으로 감경할 수 있다(형법 제45조). 상한에는 제한이 없다. 벌금형은 일신전속성을 가지므로 제3자의 대납, 범죄인이 국가에 대해 가지는 채권과의 상계, 범죄인 이외의 자와의 공동연대책임, 상속은 원칙적으로 인정되지 않는다. 다만 재판확정 후 피고인이 사망한 경우 그 상속재산에 대하여 집행할 수 있으며(형사소송법 제478조), 법인이 그 재판확정 후 합병에 의하여 소멸한 때에는 합병 후 존속한 법인 또는 합병에 의하여 설립된 법인에 대하여 집행할 수 있다(형사소송법 제479조). 벌금을 납입하지 않은 자는 1일 이상 3년 이하의 기간 노역장에 유치하여 작업에 복무하게 한다(형법 제69조 제2항).

벌금형은 경제적 약자에 대해서는 경제적 손실이라는 의미에서, 일반인에게는 형벌이라는 의미에서 위하의 효과를 가지며, 자유를 구속하지 않는다는 점에서 단기자유형에서 나타나는 폐해가 없고 오판의 경우 회복이 가능하다는 장점이 있다. 반면에 형벌로서의 성격을 심각하게 고려하지 않는 경제적 강자에게는 위하력이나 개선의 효과가 없으므로, 범죄인의 경제력을 감안하지 않고 범죄사실에만 의존하여 벌금액이 일률적으로 책정된다면 형벌의 효과는 범죄인의 경제력의 차이에 의해 형평성을 잃을 수 있다는 단점이 있다.

현행 형법은 벌금액수를 범죄를 기준으로만 정하는 총액벌금제도를 취하고 있다. 이와 구별되는 일수벌금제도(日數罰金制度 : Tagessatzsystem)란[8] 범죄사실에 따라 일수를 정하고 여기에 피고인의 경제사정에 따라 산정된 일수정액(Höhe eines Tagessatzes)을 곱하여 벌금액을 정하는 방법을 이른다. 여기에는 범죄인의 경제상황을 면밀하게 조사해야 하는 현실적 번거로움이 있으나, 범죄인의 경제적 능력에

---

7) Baumann/Weber/Mitsch, § 34 Rdnr. 14, 독일에서 선고되는 형벌의 80% 이상이 벌금형이다.

8) 독일형법 제40조. 현재 우리나라에서는 일수벌금제 도입을 위한 활발한 논의는 진행 중이나 현실화되지는 않았다.

따른 형평성을 기할 수 있다는 점에서 총액벌금제도에 비해 상대적으로 우수한 방안이라 할 수 있다.

500만 원 이하의 벌금의 형을 선고할 경우에 형법 제51조의 사항을 참작하여 그 정상에 참작할 만한 사유가 있는 때에는 1년 이상 5년 이하의 기간 형의 집행을 유예할 수 있다(형법 제62조 제1항). 피고인이 벌금을 즉시 납부하기 어려운 사정이 있을 경우 납부기일을 연장하거나 분납을 허용하는 제도도[9] 도입할 필요성이 있다.

2. 과료

과료는 벌금과 재산형으로서의 기본적 성격은 일치하나, 상대적으로 경미한 범죄에 부과되는 것으로서 그 액수가 적다는 양적인 차이가 있을 뿐이다. 과료는 2천 원 이상 5만 원 미만으로 하며(형법 제47조) 과료를 납입하지 않을 경우 1일 이상 30일 미만의 기간 노역장에 유치하여 작업에 복무하게 한다(형법 제69조 2항). 과료를 선고할 때에는 납입하지 아니하는 경우의 유치기간을 정하여 동시에 선고해야 하며(형법 제70조), 과료의 선고를 받은 자가 그 일부를 납입한 때에는 과료액과 유치기간의 일수에 비례하여 납입금액에 상당한 일수를 제하게 되는 것은 벌금의 경우와 동일하다(형법 제71조). 과료는 형벌인 데 비해 과태료나 범칙금은 행정법상의 제재라는 점에서 구분되어야 한다.

3. 몰수

1) 의의 및 법적 성격

몰수(Einziehung)란 범죄의 반복을 방지하거나 범죄를 통해 이득을 얻지 못하게 할 목적으로 범죄행위와 관련된 물건을 박탈하여 국고에 귀속시키는 형벌이다(형법 제48조 제1항). 몰수의 대상이 된 물건을 몰수하기가 불가능한 때에는 그 가액을 추징한다(형법 제48조 제2항).[10] 추징하여야 할 가액은 몰수의 선고를 받았더라면 잃게 될 이득상당액을 초과할 수 없다.[11] 몰수의 일반규정인 형법 제48조는 임의적

---

9) 독일형법 제42조.
10) 대판 1977.9.13, 77도2028.

몰수를 규정하고 있어 몰수 여부는 원칙적으로 법관의 재량에 속하나,[12] 뇌물죄(형법 제134조), 국가보안법 제15조 등 필요적 몰수·추징을 정한 규정도 있다. 몰수형은 원칙적 부가형으로서 주형에 대하여 선고유예를 하는 경우에는 몰수형에 대해서도 선고유예가 가능하나,[13] 주형에 대한 선고유예 없이 부가형에 대해서만 선고유예는 할 수 없다.[14]

몰수의 법적 성질에 대해서 재산형벌이라는 견해, 형식적으로는 형벌이지만 실질적으로는 대물적 보안처분이라는 견해, 형벌과 보안처분의 성격을 모두 가진 것이라는 견해 등이 대립된다. 행위자나 공범의 물건에 대한 몰수는 재산형의 성격을 띠는 반면, 범죄방지를 위한 제3자의 물건에 대한 몰수는 대물적 보안처분의 성격을 띠는 것이라 할 수 있어 몰수는 형벌과 보안처분의 성격을 모두 포함하는 것으로 볼 수 있다.

2) 몰수의 대상

(1) 대물적 요건

범죄행위와 관련된 것만이 몰수대상이 되므로 범죄사실과 관련 없는 물건은 몰수할 수 없다. 판례에 따르면 여기서의 물건은 민법상의 물건 개념과는 달리 유체물에 한하지 않으며, 권리 또는 이익도 포함된다.[15]

가) 범죄행위에 제공하였거나 제공하려고 한 물건(형법 제48조 제1항 제1호)

범죄행위의 도구로 사용되었거나 사용하고자 했던 물건을 말한다. 예컨대 강도에 사용했거나 사용하려고 준비한 흉기 등이 이에 속한다. 범행에 기여할 의사 없이 제공되었는데 우연히 범행에 사용된 물건이나 관세법상 규정된 허위신고의 대

---

11) 대판 2017.9.21, 2017도8611 : 몰수하기 불능한 때에 추징하여야 할 가액은 범인이 그 물건을 보유하고 있다가 몰수의 선고를 받았더라면 잃게 될 이득상당액을 의미하므로, 추징하여야 할 가액이 몰수의 선고를 받았더라면 잃게 될 이득상당액을 초과하여서는 아니 된다.
12) 대판 1971.11.9, 71도1537.
13) 대판 1980.3.11, 77도2027 : 주형을 선고유예하는 경우에 부가형인 몰수나 몰수에 갈음하는 부가형적 성질을 띠는 추징도 선고유예할 수 있다. 같은 취지로 대판 1980.12.9, 80도584.
14) 대판 1988.6.21, 88도551.
15) 대판 1976.9.28, 76도2607.

상이 된 물건은16) 여기에서 제외된다.

나) 범죄행위로 인하여 생겼거나 이로 인하여 취득한 물건(동 제2호)

문서위조죄에서의 위조문서가 전단의 예에 해당되며, 도박을 통해 취득한 금품이나 불법벌채한 목재 등이 후단의 예에 해당한다.

다) 전2호의 대가로 취득한 물건(동 제3호)

장물을 매각하여 취득한 대금 등이 이에 속한다.

(2) 대인적 요건

범인 이외의 자의 소유에 속하지 아니하거나 범죄 후 범인 이외의 자가 정을 알면서 취득한 물건에 대해서만 몰수가 가능하다. 범인은 공범을 포함하는 개념이며,17) 범인 이외의 자의 소유에 속할 경우 몰수가 불가능하다는 것이므로 무주물, 소유자 불명의 물건, 금제품 등은 몰수가 가능하다. 범인 이외의 자의 소유에 속하는 물건일지라도 그 물건을 취득한 자가 그 물건이 형법 제48조 제1항 각호에 해당한다는 사실을 알고 있었던 경우에는 예외적으로 몰수대상이 된다.

3) 추징과 폐기

몰수대상이 된 물건을 몰수하는 것이 불가능한 때에는 그 가액을 추징하며(형법 제48조 제2항), 문서, 도화, 전자기록 등 특수매체기록 또는 유가증권의 일부가 몰수에 해당하는 때에는 그 부분을 폐기한다(형법 제48조 제3항). 몰수불능의 원인으로는 소모, 분실, 훼손, 양도 등 사실상 혹은 법률상의 원인이 모두 포함된다. 추징가액의 산정은 범행시를 기준으로 해야 한다는 견해가 있으나 판결선고시를 기준으로 해야 한다는 다수설과 판례의18) 입장이 타당하다. 몰수는 실질적으로 부가형의 성질을 띠므로 1심에서 추징이 선고되지 않은 때에는 불이익변경금지의 원칙에 따라 항소심에서도 선고될 수 없다.19)

---

16) 대판 1974.6.11, 74도352.
17) 대판 1971.7.27, 70도1290.
18) 대판 1991.5.28, 91도352.
19) 대판 1961.11.9, 4294형상572.

IV. 명예형

명예형에는 명예감정에 손상을 주는 치욕형과 명예를 내포하는 권리를 박탈하거나 제한하는 자격형이 있는데, 형법은 이 중 자격형만을 인정하고 있다. 여기에는 자격상실과 자격정지가 있다.

1. 자격상실

사형, 무기징역 또는 무기금고의 판결을 받은 자는 공무원이 되는 자격, 공법상의 선거권과 피선거권, 법률로 요건을 정한 공법상의 업무에 관한 자격, 법인의 이사·감사 등의 자격은 당연 상실된다(형법 제43조 제1항). 이는 별도의 선고를 요하지 않는 형벌선고에 따른 부대적 효력이다. 이 효력은 사면 혹은 가석방이 되더라도 복권이라는 별도의 사면조치가 없는 한 계속 유지된다.

2. 자격정지

자격정지는 일정 기간 동안 일정한 자격의 전부 혹은 일부를 정지시키는 형을 말한다. 유기징역 또는 유기금고의 판결을 받은 자는 그 형의 집행이 종료되거나 면제될 때까지 형법 제43조 제1항 제1호 내지 제3호에 기재된 자격이 당연 정지된다(형법 제43조 제2항). 자격정지는 이러한 당연정지 외에 자격정지를 위한 판결의 선고로서도 가능하다. 판결의 선고에 의한 자격정지는 1년 이상 15년 이하의 기간의 범위에서 가능하다(형법 제44조 제1항). 유기징역 또는 유기금고에 자격정지를 병과하는 경우의 정지기간의 기산점은 징역 또는 금고의 집행을 종료하거나 면제된 날이 된다(동조 제2항).

제 55 절 형법의 개념 · 과제 · 본질

I. 양형의 의의

형의 양정, 즉 양형(量刑)이란 구체적 사건에 있어 해당 구성요건의 법정형이 허용한 형량의 범위 내에서 가중·감경 사유 및 작량감경사유를 고려하여 구체적인 형의 종류(징역, 금고 혹은 벌금 등)와 양(벌금형의 액수 혹은 징역형의 기간 등)을 확정하는 절차를 말한다. 양형은 입법자와 법관의 공동작업으로 이루어진다. 우선 입법자는 추상적 불법의 유형을 정하고 이에 상응하는 매우 기초적인 형량의 한계를 제시하면, 법관은 이 한계의 범위 내에서 구체적 사례에 합당한 형량을 선택하게 된다. 입법자는 법관에게 대체로 넓은 재량의 범위를 허용하고 있다. 입법자는 법관이 선택할 수 있는 여러 종의 형벌을 제시하거나, 하나의 형종에서도 하한선 혹은 상한선만을 제시하는 경우가 일반적이다. 하한이 제시된 경우 법관은 법률이 허용하는 최고형량을 선고할 수가 있으며(유기징역의 경우 30년 혹은 가중사유가 있는 경우 50년까지) 반대로 상한만이 제시된 경우에는 법률이 허용하는 최저형량까지(유기징역의 경우 1개월까지) 선고할 수 있다(형법 제42조).

II. 양형의 절차

입법자에 의해 주어진 추상적 형벌의 범위에서 구체적 사안에 상응하는 실제적 형량이 정해지기까지는 다음의 단계를 거치게 된다.

1. 법정형

법정형이란 형법 각칙상의 구성요건에 규정된 형벌을 뜻한다. 형법 제250조 제1항이 정한 살인죄의 법정형은 사형, 무기 또는 5년 이상의 징역이며 과실치사의 법정형은 2년 이하의 금고 또는 700만원 이하의 벌금이다(형법 제267조). 앞의 예에서 보듯이 우리의 법정형은 대체로 법관에게 형의 양정에 비교적 폭넓은 선택가능성이 주어져 있는 상대적 법정형을 원칙으로 한다. 사형 이외에 다른 선택가능성이 없는 여적죄(형법 제93조)만은 예외적으로 절대적 법정형이다. 법정형이 양형의 가장 기초적 기준이 된다.

2. 처단형

처단형은 법정형에 법률상·재판상의 가중 또는 감경을 한 형벌범위이다. 예컨대 강도죄의 경우 법정형은 3년 이상의 유기징역으로 되어 있으므로 최고 30년의 유기징역이 선고될 수 있다. 이때 감경사유가 있는 경우에는 그 법정형은 그 2분의 1인 15년으로 감경된다. 즉 감경사유가 있을 때의 강도죄의 처단형은 이를 초과하지 못 한다. 반대로 가중사유가 있는 경우에는 그 처단형은 장기 50년이 된다. 가중·감경사유가 없을 때에는 법정형이 바로 처단형이 된다.

3. 선고형

선고형은 처단형의 범위 내에서 형종과 형량을 구체적으로 확정하여 피고인에게 선고하는 형을 말한다. 자유형의 경우 그 기간을 확정하여 선고하는 정기형을 원칙으로 하나, 소년범에 대해서는 장기와 단기를 정하여 선고하는 상대적 부정기형을 적용하고 있다(소년법 제60조).

III. 형의 가중 · 감경 · 면제사유 및 순서

1. 형의 가중 · 감경사유

법정형은 이에 가중 혹은 감경사유를 적용함으로써 처단형이 정해진다. 형의 가중에는 법률상의 가중만 인정되고 재판상의 가중은 허용되지 않는다. 그러나 감경의 경우에는 재판상의 감경도 허용된다.

법률상의 가중사유에는 경합범가중(형법 제38조), 누범가중(형법 제35조), 특수 교사·방조(형법 제34조 제2항) 등 일반적 가중사유와 상습범가중(형법 제264조, 제279조, 제285조, 제332조, 제351조 등), 특수강도 등 특수범죄(형법 제144조, 제278조 등)에 인정되는 특수적 가중사유가 있다.

법률상의 감경사유에는 필요적 감경사유와 임의적 감경사유가 있다. 심신미약(형법 제10조 제2항), 농아자(형법 제11조), 중지미수(형법 제26조), 종범(형법 제32조 제2항)은 필요적 감경사유이며, 임의감경사유에는 외국에서 받은 형의 집행으로 인한 감경(형법 제7조), 과잉방위(형법 제21조 제2항), 과잉피난(형법 제22조 제3항), 과잉자구행위(형법 제23조 제2항), 미수범(형법 제25조 제2항), 불능미수(형법 제27조 단서), 자수 또는 자복(형법 제52조 제1항)이 있다. 형법 제90조, 형법 제295조의2(피인취자 해방감경), 형법 제324조의6(인질 해방감경) 등은 특수적 감경사유이다.

법률상의 감경사유의 범위 밖에서 법원은 정상을 참작하여 형을 감경할 수 있다. 이를 작량감경이라 한다(형법 제53조). 법률상 감경이 이루어지고 난 후에도 작량감경은 가능하다.[20] 다만 형의 작량감경은 법률상의 감경에 관한 형법 제55조의 범위에서만 허용된다.[21]

2. 형의 면제사유

형의 면제는 범죄는 성립하지만 특정 사유로 인해 형벌만을 과하지 않는 것으로서 유죄판결의 일종이다. 그중 일반적 면제사유로는 외국에서 받은 형의 전부 또는 일부의 집행(형법 제7조), 과잉방위(형법 제21조 제2항), 과잉피난(형법 제22조 제3항), 과잉자구행위(형법 제23조 제2항), 중지미수(형법 제26조), 불능미수(형법 제27조 단서), 자수 또는 자복(형법 제52조 제1항)이 있다. 형법각칙상의 개별적 면제사유로는 친족 간의 특례조항(형법 제328조, 제329조, 제354조, 제361조, 제365조 제1항)이 있다.

3. 임의적 면제사유로서의 자수·자복

자수란 범인이 수사책임이 있는 관서에 자신의 범죄사실을 신고하여 그 처분을

---

20) 대판 1991.6.11, 91도985 : 법률상 감경사유가 있을 때에는 작량감경보다 우선하여 하여야 할 것이고, 작량감경은 이와 같은 법률상 감경을 다하고도 그 처단형의 범위를 완화하여 그보다 낮은 형을 선고하고자 할 때에 하는 것이 옳다.
21) 대판 1964.10.28, 64도454.

구하는 의사표시로서 이 경우에는 그 형을 감경 또는 면제할 수 있다(형법 제52조 제1항). 자복이란 피해자의 의사에 반하여 처벌할 수 없는 죄에 있어서 피해자에게 자신의 범죄사실을 고백하는 것으로서 그 효과는 자수의 경우와 같다(형법 제52조 제2항). 자수 또는 자복의 시기는 범행 발각 전후를 불문하나,22) 자발적이어야 하며 자백과는 구별된다.23)

4. 형의 가중·감경의 순서

한 개의 죄에 정한 형이 여러 종인 때에는 먼저 적용할 형을 정하고 그 형을 감경한다. 형을 가중·감경할 사유가 경합된 때에는 형법 제56조에 정한 순서에 의한다. 작량감경의 정도와 방법에 대해서는 명문규정이 없으나 법률상의 감경례에 준하는 것으로 해석할 수 있다.24) 다만 작량감경에서는 작량감경사유가 수개 있는 경우라도 거듭하여 감경할 수 없다.25)

IV. 양형의 조건과 기준

1. 양형의 기초

형의 종류 및 그 양을 확정하는 데 있어서는 형사정책적 목적이 간과될 수 없으나, 양형에서 우선의 기초가 되는 것은 행위자의 책임이다. 곧 책임은 가벌성의 근거임과 동시에 양형의 근거가 된다. 따라서 가벌성의 근거로서의 책임과 양형의 근거로서의 책임은 내용을 같이 하는 개념으로 이해할 수도 있으나 다수의 견해는 양자를 구분하고 있다. 말하자면 가벌성의 근거로서의 책임은 순수한 비난가능성

---

22) 대판 1997.3.20, 96도1167; 대판 1968.7.30, 68도754; 대판 1965.10.5, 65도597.
23) 대판 1982.9.28, 82도1965 : 자수라 함은 범인이 스스로 수사책임이 있는 관서에 자기의 범행을 고하고 그 처분을 구하는 의사표시를 하는 것을 말하고, 가령 수사기관의 직무상의 질문 또는 조사에 응하여 범죄사실을 진술하는 것은 자백일 뿐 자수로는 되지 않는다.
24) 대판 1964.10.28, 64도454.
25) 대판 1964.4.7, 63도10.

을 의미하는 데 비해, 양형책임은 행위자의 범행 전후의 태도에서의 중요한 요소에 대한 주관적 귀속까지도 포함하여 그에 대한 사회윤리적 비난의 정도를 판단하는 요소의 총체를 의미하는 것으로 이해한다.[26)]

양형의 기초로서의 책임과 예방적 관점에서의 형사정책적 목적을 어떻게 조화시킬 것인가에 대해 몇 가지 견해가 제시된다. ① 위가이론(位價理論 : Stellenwerttheorie) 혹은 단계이론(Stufentheorie)은 형량은 양형책임의 경중에 따라 결정되어야 하며, 형종은 범죄자 개인의 재사회를 위해 적합성의 관점에서 선택되어야 한다는 입장이다.[27)] 그러나 형량의 결정에 있어서도 특별예방의 관점은 도외시할 수 없으며,[28)] 무엇보다 이러한 방식이 모든 개별적 상황을 만족시킬 수 있는 것은 아니라는 점에서 비판의 소지가 있다. ② 유일점형벌론(Punktstrafentheorie)은 행위에 대한 모든 규범적 · 사실적 요소를 상세히 평가하면 이에 정확하게 상응하는 형량은 반드시 존재한다는 이론이다.[29)] 그러나 행위에 상응하는 형량은 존재할 수 있으나 이를 객관화하여 기계적으로 찾아낼 수 없는 한 이는 허구에 지나지 않는다. ③ 범위이론 혹은 재량여지이론(Spielraumtheorie)은[30)] 구체적 사안에서 책임에 상응하는 형량을 정확하게 판정해 낼 수는 없고, 다만 행위의 책임상쇄에 걸맞은 처벌범위 정도를 찾아낼 수 있을 것이라는 입장이다. 책임과 형벌 간의 부정합(不整合)의 공백공간은 행위자에 대한 특별예방의 관점에서 법관의 재량에 따라 형량을 강화하거나 완화함으로써 효과적으로 메워질 수 있다고 한다. 이것이 이론적으로 가장 합리적이라 하겠다.

2. 양형의 조건과 이중평가의 금지

형법은 양형에서 참작해야 할 조건으로 ① 범인의 연령, 성행, 지능과 환경, ② 피해자에 대한 관계, ③ 범행의 동기, 수단과 결과, ④ 범행 후의 정황을 제시하고

---

26) 이재상/장영민/강동범, § 41-25; Sch/Sch/Stree, § 46 Rdnr. 9a.
27) Horn, FS-Schaffstein, S. 241; SK-Horn, § 46 Rdnr. 33 ff.
28) 임웅, 660면.
29) Frisch, NJW 1973, 1345.
30) BGHSt 7, 32; 20, 266 f; 27, 3; Jescheck/Weigend, § 82 IV 6; LK-Gribbohm, § 46 Rdnr. 17 ff; Maurach/Gössel/Zipf, AT II, § 63 Rdnr. 12 ff.

있다(형법 제51조). 이는 예시적 열거로 보아야 한다. 책임과 형벌 사이의 불일치의 공간범위에서는 특별예방의 목적을 위해 필요한 사항은 충분히 참작될 가능성은 있다.

각칙상의 특정 구성요건에 해당하는 요소는 양형에서 다시 참작되어서는 안 된다. 예컨대 직계존속이 치욕을 은폐하기 위하거나 양육할 수 없음을 예상하거나 특히 참작할 만한 동기로 인하여 영아를 살해한 경우에는 보통살인죄보다 가벼운 영아살해죄(형법 제251조)가 적용된다. 행위가 해당 구성요건이 제시하는 요소 중 적어도 어느 하나를 충족시켰기 때문에 영아살해죄의 적용을 받게 되는 결과에 이르게 되는 것이다. 즉 보통살인죄에 비해 감경구성요건인 영아살해죄의 적용을 가능하게 한 요소는 양형에서 다시 평가되어서는 안 된다(이중평가의 금지). 독일형법 제46조 제3항은 이를 명시하는 반면 우리 형법은 이를 명시하고 있지 않으나, 그렇게 해석하는 것이 옳다.

3. 양형의 합리화

양형은 사법정의를 위해서 매우 중요한 요소 중의 하나이다. 동종 혹은 유사한 행위에 대해서 법관, 행위자 또는 기타 다른 조건에 따라 양형의 결과가 다양하게 나타난다면 법적 신뢰감은 훼손될 수밖에 없다. 따라서 양형절차를 가능한 한 객관화하여 양형상의 편차를 최소화 할 방안이 필요하다. 이에 따라 양형절차 이분제도, 판결전 조사제도, 양형기준표의 작성 및 활용방안 등이 논의되거나 실효단계에 이르고 있다.

제 56 절 누범

I. 의의

누범(Rückfall)이란 금고 이상의 형을 받아 그 집행을 종료하거나 면제를 받은 후 3년 내에 금고 이상에 해당하는 죄를 범한 경우를 말하며(형법 제35조 제1항), 누범의 형은 그 죄에 정한 형의 장기의 2배까지 가중한다(형법 제35조 제2항).

누범은 죄수론의 문제가[1] 아닌 양형의 문제에 속한다. 죄수론이 병렬적 관계에 있는 수개의 죄를 일죄로 볼 것인가 혹은 수죄로 볼 것인가에 관한 문제라면, 누범은 과거의 범죄행위 이후 일정기간 이내에 행해진 현재의 심판대상이 된 범죄에 대한 가중처벌에 관한 문제이기 때문이다.[2]

누범은 범죄를 반복하여 행한다는 점에서 상습범과 유사하지만 본질적 차이가 있다. 상습범은 습벽에 의해 동일한 범죄를 반복함으로써 성립되는 개념인 반면, 누범은 습벽 혹은 동일범죄의 반복이 아닌 전과만을 요건으로 한다. 즉 상습범은 습벽에 의한 행위자 책임이 가중되는 사유가 되는 것이고, 누범은 전범(前犯)의 처벌에서 나타나는 경고기능을 무시했다는 점에서 행위책임이 가중되는 사유이다. 상습범가중과 누범가중이 경합하는 경우에는 상습범에 대한 누범가중이 가능하다.[3]

II. 누범가중규정의 위헌성 여부와 책임주의

1. 누범가중규정의 위헌성 여부

누범을 가중처벌하는 것은 전과자라는 신분을 가진 자에 대한 불리한 차별대우로서 헌법상의 평등의 원칙에 반한다는 이의가 제기될 수 있다. 이에 대해 헌법재판소는 누범을 가중처벌하는 것은 전범(前犯)에 대한 형벌의 경고적 기능을 무시하고 다시 범죄를 저질렀다는 점에서 비난가능성이 많고, 누범가중처벌규정이 인간의 존엄성 존중이라는 헌법의 이념에 반하는 것도 아니며, 사회방위, 범죄의 특별예방 및 일반예방, 더 나아가 사회의 질서유지의 목적을 달성하기 위한 하나의 수단이기도 하므로, 이는 합리적 근거 있는 차별이어서 헌법상의 평등의 원칙에 위배되는 것은 아니라고 판시한다.[4]

---

1) 손해목, 1157면; 오영근, 471면.
2) 박상기, 528면; 손동권/김재윤, [§ 38] 26.
3) 대판 1982.5.25, 82도600 : 상습범 중 일부 소위가 누범기간 내에 이루어진 이상 나머지 소위가 누범기간 경과 후에 행하여 졌더라도 그 행위 전부가 누범관계에 있는 것이다. 같은 취지로 대판 1985.7.9, 85도1000.

또한 누범가중처벌규정이 일사부재리의 원칙에 반한다는 이의에 대해서도 헌법재판소는 "형법 제35조 제1항이 누범을 가중처벌하는 것은 전범에 대하여 형벌을 받았음에도 다시 범행을 하였다는 데 있는 것이지, 전범에 대하여 처벌을 받았음에도 다시 범행을 하는 경우에는 전범도 후범(後犯)과 일괄하여 다시 처벌한다는 것은 아님이 명백하므로, 누범에 대하여 형을 가중하는 것이 헌법상의 일사부재리의 원칙에 위배하여 피고인의 기본권을 침해하는 것이라고는 볼 수 없다"는 입장을 밝히고 있다.5) 이러한 헌법재판소의 견해는 합당하다.

2. 누범가중과 책임원칙

또한 누범가중이 심판의 대상이 된 당해행위만을 독립적으로 고려하지 않고 전범의 효과를 인정하여 이를 가중처벌하는 것은 책임원칙에 반할 수 있다는 우려에 대해, 다수설은 전범으로 이미 처벌을 받은 자가 이를 뉘우치지 않고 다시 범죄를 저지른 때에는 책임이 가중되어 강한 비난이 따르는 것은 당연한 결과라고 한다. 판례도 같은 입장이며, 이는 합당하다.6)

---

4) 헌법재판소 전원재판부 1995.2.23, 93헌바43. 같은 취지로 대판 1983.4.12, 83도420.
5) 헌법재판소 전원재판부 1995.2.23, 93헌바43.
6) 헌법재판소 2002.10.31, 2001헌바68 : 전범과 후범 사이에 범죄행위의 관련성을 요구하고, 전범으로 2회 이상의 징역형을 요구하는 위 조항의 누범요건은 폭력범죄로 인한 전판결의 경고가 실질적으로 동일한 폭력범죄를 억제할 것을 명하는 기능을 하는 경우에만 누범이 성립되도록 그 요건을 정하고 있어, 형법상의 누범조항과는 달리 단순한 범죄의 반복만으로 중대한 책임을 지우는 것이 아니라 이전의 반복된 폭력범죄로 유죄판결을 받고도 죄질이 중한 같은 폭력범죄를 저지른 경우에만 가중처벌을 하고 있다고 할 것이므로 그 요건에서 이미 책임원칙과 조화되도록 하고 있다. 나아가 폭력전과자들의 반복된 폭력행위, 그것도 조직적·집단적 폭력과 같이 그 위해가 심대하거나 흉기폭력과 같이 생명·신체에 중대한 손상을 초래하는 폭력범죄로부터 건강한 사회를 방위하고, 고질적인 폭력풍토를 시급히 쇄신하여야 할 현실적 필요성에서 제정된 폭력행위 등 처벌에 관한 법률의 입법배경을 고려하면, 위 조항이 정한 누범의 법정형이 책임원칙에 반하는 과잉처벌이라고 단정하기 어렵다.

III. 누범의 요건

1. 금고 이상의 형의 선고

누범이 인정되기 위해서는 전범과 후범 모두 금고 이상의 선고형이어야 한다. 이보다 가벼운 자격형, 벌금형,[7] 몰수형 등을 선고받은 때에는 처음부터 누범이 성립되지 않는다. 다수설은 사형이나 무기징역, 무기금고의 경우에도 누범이 될 수 없으나, 유기형으로 감형되거나 특별사면 혹은 형의 시효로 집행이 면제된 경우에는 누범이 될 수 있는 것으로 본다.[8] 형의 선고는 형법뿐 아니라 특별법에 의한 경우도 포함된다.

2. 형의 집행종료 또는 면제 후 3년 이내의 범죄

전범의 형의 집행이 종료되거나 면제된 이후 3년 이내에 새로운 범죄가 이루어져야 한다. 이 기간을 누범시효(Rückfallverjährung)라 한다. 형기의 만료 혹은 집행유예기간의 만료로써 형의 집행은 종료된다. 따라서 집행유예기간 중의 범죄에 대해서는 누범이 적용되지 않는다.[9] 형의 시효완성(형법 제77조), 특별사면에 의한 형의 집행면제(사면법 제5조), 외국에서 형의 집행을 받은 경우(형법 제7조) 형의 면제가 인정된다.

3. 금고 이상의 죄

언급한 바와 같이 후범 역시 금고 이상에 해당되는 선고형이어야 한다. 후범은 전범과 죄명이나 죄질이 동일할 필요는 없으며 고의범뿐 아니라 과실범도 포함되는 것으로 해석된다. 그러나 입법론적으로 이를 고의범에 한정해야 할 필요성은 있다고[10] 판단한다.

---

7) 대판 1983.9.14, 82도1702.
8) 박상기, 530면; 손동권/김재윤, [§ 38] 27; 이재상/장영민/강동범, § 42 – 18.
9) 대판 1983.8.23, 83도1600.
10) 이재상/장영민/강동범, § 42 – 23.

IV. 법적 효과

누범의 형은 그 죄에 정한 형의 장기의 2배까지 가중한다(형법 제35조 제2항). 유기자유형의 최장기는 30년이어서 이를 2배 가중하면 60년이 되나 형법 제42조 단서의 규정에 의해 50년을 초과할 수 없다. 누범은 하한까지 가중해야 하는 것은 아니므로[11] 그 처단형은 법정형의 단기와 가중된 장기의 2배 사이에서 정해지며 그 범위 내에서 선고형이 이루어진다. 그러나 누범에 대해서도 법률상·재판상의 감경이 가능하므로 법정형 이하의 선고형이 이루어질 수도 있다. 판결선고 후 누범인 것이 발각된 때에는 그 선고한 형을 통산하여 다시 형을 정할 수 있다. 단, 선고한 형의 집행을 종료하거나 그 집행이 면제된 후에는 예외로 한다(형법 제36조).

제57절 형의 유예제도

I. 선고유예

1. 의의

1년 이하의 징역이나 금고, 자격정지 또는 벌금의 형을 선고할 경우에 제51조의 사항을 참작하여 개전(改悛)의 정상이 현저한 때에는 그 선고를 유예할 수 있다(형법 제59조 제1항). 선고유예(Verwarnung mit Strafvorbehalt)란 경미한 범죄자에게 정상을 참작하여 일정기간 형의 선고를 유예하고, 그 기간이 무사히 경과하면 면소된 것으로 간주하는 제도이다. 형법상의 제재 중 가장 가벼운 제재에 해당하는 것으로서, 이는 단기자유형의 폐단을 배제하고 범죄자의 사회복귀를 돕는다는 특별예방의 목적을 위한 제도이다.

선고유예는 집행유예와 달리 형집행의 변형이 아니며, 선고할 형을 미리 정해 둔다는 점에서 순수한 보안처분도 아니며 고유한 종류의 형사제재라 할 수 있다.[1]

---

11) 대판 1969.8.19, 69도1129.
1) 이재상/장영민/강동범, § 43 – 17; Jescheck/Weigend, § 80 I 2.

2. 선고유예의 요건

1) 1년 이하의 징역이나 금고, 자격정지 또는 벌금의 형을 선고할 경우

벌금형 및 1년 이하의 징역이나 금고, 자격정지의 형을 선고할 경우에 선고유예가 가능하다. 1년 이상의 징역형이나2) 구류형에3) 대해서는 선고유예를 할 수 없다. 선고유예를 할 수 있는 형은 주형과 부가형을 포함한 처단형 전체를 의미하므로, 주형을 선고유예하는 경우에는 부가형인 몰수나 추징에 대해서도 선고유예가 가능하며,4) 부가형에 대해서만은 유예하지 않고 선고를 할 수도 있다.5) 그러나 반대로 주형에 대한 선고유예 없이 부가형에 대해서만 선고를 유예할 수는 없다.6) 형을 병과할 경우에도 형의 전부 또는 일부에 대하여 그 선고를 유예할 수 있다(형법 제59조 제2항).

2) 개전의 정상이 현저할 것

개전의 정상이 뚜렷하다는 것은 형을 선고하지 않더라도 재범의 위험성이 없다고 인정됨을 의미한다. 그 판단은 판결선고시를 기준으로 하며 형법 제51조의 양형조건이 판단의 기초가 된다. 피고인이 범죄사실을 부인한다고 해서 이 요건이 반드시 탈락하는 것은 아니다.7)

3) 자격정지 이상의 형을 받은 전과가 없을 것

선고유예는 가장 가벼운 형사제재로서 자격정지 이상의 전과가 없는 자에 대해서만 제한적으로 인정된다(형법 제59조 제1항 단서).

3. 선고유예의 효과

선고유예는 유죄판결의 일종으로서 범죄사실과 선고할 형을 정해야 한다. 선고유

---

2) 대판 1977.7.26, 77도1887.
3) 대판 1993.6.22, 93오1.
4) 대판 1980.12.9, 80도584.
5) 대판 1981.4.14, 81도614.
6) 대판 1988.6.21, 88도551; 대판 1979.4.10, 78도3098.
7) 대판 2003.2.20, 2001도6138.

예를 받은 날로부터 2년이 경과되면 면소된 것으로 간주된다(형법 제60조). 선고유예기간은 집행유예가 1년 이상 5년 이하의 기간의 범위에서 선택될 수 있는 것과는 달리 2년으로 고정된다. 면소판결은 범죄의 성립 여부와 관계없이 소송을 진행할 이익이 없는 경우 형벌권의 존재를 부정하는 형식재판의 일종이다.

4. 선고유예의 실효

형의 선고유예를 받은 자가 유예기간 중 자격정지 이상의 형에 처한 판결이 확정되거나 자격정지 이상의 형에 처한 전과가 발견된 때에는 유예한 형을 선고한다(형법 제61조 제1항). 이 경우의 선고유예의 실효(失效)는 필요적이다. 형법 제59조의2의 규정에 의하여 보호관찰을 명한 선고유예를 받은 자가 보호관찰기간 중에 준수사항을 위반하고 그 정도가 무거운 때에는 유예한 형을 선고할 수 있다(형법 제61조 제2항). 이 경우의 실효는 앞의 경우와 달리 임의적이다(유예된 형의 선고절차에 대해서는 형사소송법 제335조, 제336조 참조).

II. 집행유예

1. 의의 및 법적 성격

집행유예(Strafaussetzung zur Bewährung)란 유죄가 인정된 행위에 대하여 형을 선고하되, 일정기간 형의 집행을 유보하여 그 기간이 무사히 경과하면 형의 선고효력이 상실되도록 하는 제도를 말한다(형법 제62조 이하). 이는 특히 단기자유형의 폐단을 방지하고 범죄인의 원활한 사회복귀를 돕기 위한 형사정책적 목적에서 기인한 것이라 볼 수 있다. 집행유예가 형의 실질적 집행에 비해 예방효과 및 범죄인의 재사회화 효과가 뛰어나다는 확인을 통해 독일은 1953년부터 이를 형법에 도입하여 시행하기 시작했다.[8] 독일은 현재 전체 자유형의 70% 이상에 대해 집행유예를 선고하고 있는[9] 만큼 형사실무에서 그 의미는 매우 크다고 할 수 있다. 독일의 경우

---

8) Baumann/Weber/Mitsch, § 34 Rdnr. 7.
9) Statistisches Bundesamt. https://www.destatis.de/DE/Startseite.html.

집행유예의 판단에서부터 형면제의 확정까지 전과정을 법원이 관리하고, 집행유예에 관련하여 법관이 가지는 판단재량이 우리의 경우에 비해 상당히 폭이 넓다. 이는 현실의 특수성을 감안하여 제도의 효율을 높이는 데 도움이 된다고 할 수 있다.

집행유예의 법적 성질에 대해서는 형집행의 변형이라는 견해,[10] 제3의 형사제재라는 견해 혹은 독자적 형태의 제재수단이라는 견해[11] 등의 다양한 견해가 제시된다. 집행유예는 행위자의 책임을 요건으로 한다는 점에서 책임을 요건으로 하지 않고 행위자의 위험성으로부터 사회를 보호하기 위한 조치인 보안처분과는 본질적 차이가 있다. 반면 형을 선고는 하되 당장 집행하지는 않는다는 점에서 형벌 그 자체와도 구분된다. 그러나 형의 집행만을 유보했다는 점에서 형벌로서의 성격은 유지하는 것으로 볼 수 있다. 이러한 관점에서는 형집행의 변형에 지나지 않는 것으로 평가할 수 있을 것이다. 다만 현행형법은 집행유예의 경우 보호관찰, 사회봉사명령, 수강명령을 함께 부과할 수 있도록 하고 있다. 이에 따라 현행법상의 집행유예는 단순한 형의 유보라는 성격보다는 특별예방, 범죄자의 사회복귀, 범죄자로부터의 사회보호라고 하는 보안처분의 성격이 강해진다. 이를 종합적으로 판단하면 집행유예는 형벌과 보안처분의 복합적 성격을 가진 독립적 형사제재수단이라고 할 수 있다.

2. 집행유예의 요건

1) 3년 이하의 징역 또는 금고의 형

선고할 형이 3년 이하의 징역 또는 금고의 형인 경우에 한하여 집행유예가 가능하다. 따라서 벌금형의 경우에는 집행유예가 불가능하다. 벌금형에는 단기자유형의 폐해가 없기 때문에 큰 문제는 없을 수 있으나, 벌금을 낼 수 없는 경우 노역장 유치의 환형처분이 이루어질 가능성을 염두에 둔다면 벌금형에도 집행유예를 인정할 필요성이 있다는 견해가 있다.[12] 그러나 벌금형은 자유형에 비해 경미한 범죄에 부과되는 것인 만큼 집행유예가 아닌 벌금의 분납, 연기, 조건부 면제 등 벌금형

---

10) Lackner/Kühl, § 56 Rdnr. 2.
11) 김일수/서보학, 597면; LK-Gribbohm, § 56 Rdnr. 1.
12) 김일수/서보학, 598면; 박상기, 538면; 손동권/김재윤, [§ 39] 18.

자체 내에서의 해결방법을 찾을 수 있을 것이다.

2) 정상에 참작할 사유

집행유예를 위해서는 그 정상에 참작할 만한 사유가 있어야 한다. 이 사유의 본질은 형의 선고만으로도 형벌의 경고기능에 도달할 뿐 아니라, 재범의 위험성의 정도가 낮아 형벌의 집행이 굳이 필요하지 않을 것이라는 데 있다. 이때 판단의 기준시점은 선고유예의 경우와 마찬가지로 판결선고시가 된다.

3) 금고 이상의 형이 판결확정된 때부터 그 집행의 종료 또는 면제 후 3년 까지의 기간에 범한 범죄가 아닐 것

금고 이상의 형을 선고한 판결이 확정된 때부터 그 집행을 종료하거나 면제된후 3년까지의 기간에 범한 죄에 대하여 형을 선고하는 경우에는 집행유예는 배제된다(형법 제62조 제1항). 금고 이상의 형을 선고한 판결이 확정된 때란 실형의 선고를 의미한다.

다만 이 실형의 선고에 집행유예도 포함되는지 여부에 대해서는 다툼이 있다. 만일 여기에 집행유예가 포함되는 것으로 본다면 실형을 선고받은 경우는 물론이고 집행유예의 기간 중에 범한 범죄에 대해서는 재차의 집행유예는 불가능하게 된다(소극설). 집행유예의 선고는 형의 집행만을 유예할 뿐 형의 확정선고로 해석해야한다는 이유이다.13) 반면 다수설은 여기에는 실형의 선고만이 해당되며 집행유예의선고는 제외되는 것으로 해석한다. 이에 따르면 집행유예기간 중의 범죄에 대해서재차의 집행유예가 가능해진다(적극설). 본 조항 단서의 집행의 종료나 면제는 현실적 집행절차를 거쳤음을 전제로 하는 것인데 집행유예의 판결은 이와 무관하며, 또한 문맥이 명백하지 않을 때 피고인에게 유리하게 해석해야 한다면 실형의 선고에한정되는 것으로 제한해석해야 한다는 것이다.14)

대법원은15) "형법 제37조의 경합범관계에 있는 수죄가 전후로 기소되어 각각 별

---

13) 손동권/김재윤, [§ 39] 23. 대판 1989.4.11, 88도1155 : 형법 제62조 제1항 단서에서 "금고 이상의 형의 선고를 받아"라고 함은 실형만을 지칭하는 것이 아니므로 집행유예 기간 중에는 새로 판단할 사건의 범죄사실이 집행유예를 선고받은 범죄사실의 전후행 위인지를 막론하고 다시 집행유예를 선고할 수 없다
14) 김일수/서보학, 600면; 박상기, 539면; 배종대, [189] 12.

개의 절차에서 재판을 받게 된 결과 어느 하나의 사건에서 먼저 집행유예가 선고되어 그 형이 확정되었을 경우 다른 사건의 판결에서는 다시 집행유예를 선고할 수 없다면, 그 수죄가 같은 절차에서 동시에 재판을 받아 한꺼번에 집행유예를 선고받을 수 있었던 경우와 비교하여 현저히 균형을 잃게 되므로, 이러한 불합리가 생기는 경우에 한하여 위 단서 규정의 '형의 선고를 받아'라는 의미는 실형이 선고된 경우만을 가리키고 형의 집행유예를 선고받은 경우는 포함되지 않는다고 해석해야 한다"는 제한적 적극설(이른바 여죄설)의 입장을 취하고 있다.

본 조항의 법문이 명백하지 않아 어느 정도 다중해석의 범위가 존재하며 범죄자에게 유리한 방향으로 목적적 해석을 해야 한다면, 적어도 해석론의 입장에서는 적극설의 입장이 가능하다. 하지만 집행유예의 선고는 형의 집행만을 유예할 뿐 형의 확정선고로 보아야 한다는 소극설의 논거에 설득력이 있다. 적극설은 형벌의 경고 기능을 무시한 범죄자에게 필요 이상으로 관대한 사고라 할 수 있다. 범죄자에게 관대한 처사가 형사정책적 관점에서 항상 합리적인 것이라 할 수 있을지에 대해서는 신중한 검토가 필요하다고 하겠다.

3. 집행유예의 선고와 효과

위의 요건이 갖추어지면 1년 이상 5년 이하의 기간 형의 집행을 유예할 수 있다. 형의 집행을 유예하는 경우에는 보호관찰, 사회봉사 또는 수강명령을 부과할 수 있다(형법 제62조의2 제1항). 보호관찰의 기간은 집행을 유예한 기간으로 하며, 다만 법원은 유예기간의 범위 내에서 보호관찰기간을 정할 수 있다(동조 제2항). 사회봉사명령 또는 수강명령은 집행유예기간 내에 이를 집행한다(동조 제3항).

집행유예의 선고를 받은 후 그 선고의 실효 또는 취소됨이 없이 유예기간을 경과한 때에는 형의 선고는 효력을 잃는다(형법 제65조). 형의 선고가 효력을 잃는다 함은 선고된 형의 집행이 면제될 뿐 아니라 처음부터 형의 선고가 없었던 것과 같아진다. 그러나 형의 선고가 있었다는 기왕의 사실까지 없어지는 것은 아니므로 형의 선고로써 발생한 이제까지의 법률효과는 그대로 남는다.[16]

---

15) 대판 1989.9.12, 87도2365. 이후의 따름판례로 대판 2007.7.27, 2007도768; 대판 2007.2.8, 2006도6196.

4. 선고유예의 실효와 취소

집행유예의 선고를 받은 자가 유예기간 중 고의로 범한 죄로 금고 이상의 실형을 선고받아 그 판결이 확정된 때에는 집행유예의 선고는 효력을 잃는다(형법 제63조). 유예기간 중에 범한 범죄가 과실범인 경우 혹은 고의범이라도 금고 미만의 형 또는 집행유예가 선고되는 경우에는 집행유예는 실효되지 않는다. 집행유예가 실효되면 유예된 형이 집행된다.

집행유예의 선고를 받은 후 금고 이상의 형을 선고한 판결이 확정된 때부터 그 집행을 종료하거나 면제된 후 3년까지의 기간에 범한 죄라는 사실이(형법 제62조 제1항 단서) 발각된 때에는 집행유예의 선고를 취소한다(형법 제64조 제1항). 이때의 취소사유는 필요적 사유이다. 보호관찰이나 사회봉사 또는 수강을 명한 집행유예를 받은 자가 준수사항이나 명령을 위반하고 그 정도가 무거운 때에도 집행유예의 선고를 취소할 수 있다. 이 경우는 임의적 취소사유에 해당한다. 형의 집행유예를 취소할 경우에는 검사는 피고인의 현재지 또는 최후의 거주지를 관할하는 법원에 청구하여야 하며, 청구를 받은 법원은 피고인 또는 그 대리인의 의견을 물은 후에 결정을 하여야 한다(형사소송법 제335조).

제 58 절 가석방

I. 의의

가석방이란 징역 또는 금고의 집행 중에 있는 자의 행상이 양호하여 개전의 정이 현저한 때에 형기가 만료되기 이전에 조건부로 석방하여, 이 처분이 실효 또는 취소되지 않은 채 일정기간이 경과한 때에는 형의 집행을 종료한 것으로 인정하는 제도이다(형법 제72조, 제76조). 이는 충분한 개선이 이루어지고 재범의 위험이 없는 수형자에게 불필요한 형집행을 단축함으로써, 수형자의 자발적 개선을 촉진하고 사회에의 빠른 재적응을 돕기 위한 목적을 갖는 것이다.

---

16) 대결 1983.4.2, 83모8.

형법 제72조 제1항에 따라 가석방은 행정처분으로 이루어진다. 또한 가석방에 따르는 보호관찰도 가석방을 허가한 행정관청의 판단에 따라 생략될 수도 있다. 이에 대해 가석방제도의 실효성 및 법적 안정성 제고를 위해서는 이에 대한 처분은 사법기관에 위임되어야 한다는 지적이 있다.[1]

II. 가석방의 요건

1. 징역 또는 금고의 집행 중에 있는 자

가석방은 자유형이 집행 중인 자에 대해서만 허용되는 것이 원칙이다(형법 제72조 제1항). 다만 벌금형을 선고받았으나 이를 납부하지 않아 노역장에 유치된 경우에도 가석방은 허용되는 것으로 보아야 한다. 자유형에 비해 경미한 범죄에 인정되는 벌금형에 해당하는 범죄를 범한 자에게 가석방을 허용하지 않는다는 것은 형평의 원칙에 어긋나기 때문이다.

자유형의 경우에도 무기에 있어서는 20년, 유기에 있어서는 형기의 3분의 1을 경과해야 한다. 이때의 형기는 선고형을 의미하며, 사면 등에 의해 감형된 경우에는 감형된 형기를 기준으로 한다. 형기에 산입된 판결선고전 구금일수는 가석방에 있어서 집행을 경과한 기간에 산입한다(형법 제73조 제1항). 수개의 독립된 자유형이 선고되어 있는 경우, 각 형을 분리하여 계산하는 것보다는 이를 종합적으로 판단하는 것이 형사정책적 목적 및 가석방의 본래 취지에 부합하는 것이라 할 수 있다.

2. 행상이 양호하여 개전의 정이 현저할 것

이는 수형자가 자신의 과오에 대한 뉘우침의 정이 뚜렷하고 행상(行狀)이 양호하여 재범의 위험이 없다는 예측이 가능함에 따라, 잔여 형기의 집행이 무의미하다고 인정될 만한 정상을 말한다. 이에 대한 판단에 있어서는 무엇보다 특별예방적 관점이 기준이 되어야 하나, 다만 판단자의 주관이나 자의에 종속되지 않을 객관화 작업이 요구된다.

---

1) 김일수/서보학, 611면; 배종대, [191] 1.

3. 벌금 또는 과료의 병과가 있는 때에는 그 금액을 완납할 것

벌금이나 과료가 병과된 때에는 해당 금액을 완납해야 한다(형법 제72조 제2항). 벌금 또는 과료에 관한 유치기간에 산입된 판결선고 전 구금일수는 그에 해당하는 금액이 납입된 것으로 간주한다(형법 제73조 제2항).

III. 가석방의 기간 및 보호관찰

개정형법은 가석방의 기간은 무기형에 있어서는 10년으로 하고, 유기형에 있어서는 남은 형기로 하되, 그 기간은 10년을 초과할 수 없다고 명시한다(형법 제73조의2 제1항). 유기형의 경우 10년을 초과할 수 없다고 한 것은 유기형의 가석방 기간이 무기형의 경우보다 길어지는 것을 피하기 위한 취지로 보인다.

가석방된 자는 가석방 기간 중 보호관찰을 받는다(형법 제73조의2 제2항 본문). 이는 재범방지 및 사회복귀를 촉진하기 위한 필요적 처분이다. 다만 가석방을 허가한 행정관청이 수형자의 특성 등을 고려하여 보호관찰의 필요가 없다고 인정한 때에는 그러하지 아니하다(동조항 단서).

IV. 가석방의 효과

가석방의 처분을 받은 후 그 처분이 실효 또는 취소되지 아니하고 가석방기간을 경과한 때에는 형의 집행이 종료된 것으로 간주된다(형법 제76조 제1항). 형의 집행이 종료된 것으로 볼 뿐 형의 선고가 있었다는 사실마저 없어지는 것은 아니다. 가석방 기간 중에는 형의 집행이 종료된 것은 아니므로 이 기간 중의 범죄는 누범이 되지 않는다.[2]

V. 가석방의 실효·취소 및 그 효과

가석방기간 중 금고 이상의 형의 선고를 받아 그 판결이 확정된 때에는 가석방

---

2) 대판 1976.9.14, 76도2071.

처분은 효력을 잃는다. 단, 과실로 인한 죄로 형의 선고를 받았을 때에는 예외로 한다(형법 제74조). 가석방의 실효는 요건이 갖추어지면 자동적으로 발생하는 효과이다.

가석방의 처분을 받은 자가 감시에 관한 규칙을 위배하거나, 보호관찰의 준수사항을 위반하고 그 정도가 무거운 때에는 가석방처분을 취소할 수 있다(형법 제75조). 교정시설의 장은 형의 집행 및 수용자의 처우에 관한 법률 제122조제2항의 가석방 허가에 따라 수형자를 가석방하는 경우에는 가석방자 교육을 하고, 준수사항을 알려준 후 증서를 발급하여야 한다(동 시행령 제140조). 가석방의 취소는 실효의 경우와 달리 요건이 성립되더라도 취소권자의 임의적 결정을 거쳐서 나타나는 효과이다.

가석방이 실효되거나 취소된 경우에는 가석방 당시의 잔여 형기의 형이 집행된다. 이때 가석방 기간 중의 일수는 형기에 산입되지 않는다(형법 제76조 제2항).

제 59 절 형의 시효·소멸·기간

I. 형의 시효

1. 의의

형의 시효란 판결에 의한 형의 선고가 있었으나 그 형의 집행이 없이 일정기간이 경과하면 형의 집행이 면제되는 것을 말한다(형법 제77조). 공소시효도 형사시효에 해당하나, 이는 검사가 형사사건에 대해 일정 기간 기소하지 않아 그 기간의 경과로써 미확정상태의 형사소추권이 소멸되는 것을 내용으로 하는 것으로서 형의 시효와는 구별된다.

형의 시효를 인정하고자 하는 취지는 당해 형사사건에 대한 사회일반의 규범적 인식이 변할 수 있고, 형의 집행을 받지 않고 지내 온 기간의 평온상태를 존중할 필요가 있다는 데 기인한다.

2. 형의 시효기간 및 효과

형의 시효는 형을 선고하는 재판이 확정된 후 그 집행을 받음이 없이 다음의 기간을 경과함으로 인하여 완성된다. ① 사형은 30년, ② 무기의 징역 또는 금고는 20년, ③ 10년 이상의 징역 또는 금고는 15년, ④ 3년 이상의 징역이나 금고 또는 10년 이상의 자격정지는 10년, ⑤ 3년 미만의 징역이나 금고 또는 5년 이상의 자격정지는 7년, ⑥ 5년 미만의 자격정지, 벌금, 몰수 또는 추징은 5년, ⑦ 구류 또는 과료는 1년이다(형법 제78조). 형의 시효는 판결이 확정된 날로부터 기산되며 그 말일 24시에 종료된다(형법 제84조). 시효기산의 초일인 판결확정일은 시간을 계산하지 않고 1일로 산정한다(형법 제85조).

시효가 완성되면 형의 집행은 면제된다. 그러나 형의 선고 자체가 실효되는 것은 아니다.

3. 시효의 정지와 중단

1) 시효의 정지

시효는 형의 집행의 유예나 정지 또는 가석방 기타 집행할 수 없는 기간은 진행되지 아니한다(형법 제79조 제1항). "기타 집행할 수 없는 기간"은 천재지변이나 사변 등으로 형집행이 불가능한 경우를 말한다. 형10이 확정된 후 그 형의 집행을 받지 아니한 자가 형의 집행을 면할 목적으로 국외에 있는 기간 동안에도 시효는 진행되지 아니한다(동조 제2항). 정지사유가 소멸하면 잔여 시효기간이 계속하여 진행된다.

2) 시효의 중단

시효는 사형, 징역, 금고와 구류에 있어서는 수형자를 체포함으로, 벌금, 과료, 몰수와 추징에 있어서는 강제처분을 개시함으로 인하여 중단된다(형법 제80조). 압류물을 환가하여도 집행비용 외에 잉여가 없다는 이유로 집행불능이 된 경우에도 시효중단의 효력은 인정된다.[1] 시효가 중단되면 이미 경과한 시효의 효과가 시효

---

1) 대결 1992.12.28, 92모39 : 확정된 벌금형을 집행하기 위한 검사의 집행명령에 기하여

개시 시점으로 소급하여 상실된다. 즉 시효 중단의 경우에는 시효의 전기간이 다시금 경과되어야 시효가 완성된다.

II. 형의 소멸

형의 소멸이란 유죄판결의 확정으로 발생한 국가의 형벌 집행권이 소멸되는 것을 말한다. 이는 공소제기에 의한 재판에서의 유죄판결 이후에 그 집행권을 소멸시키는 것이라는 점에서 검사의 공소권 소멸과는 다르다.

형의 집행권을 소멸시키는 원인에는 형집행의 종료 및 면제, 선고유예기간 또는 집행유예기간의 경과, 가석방기간의 만료, 형의 시효의 완성, 범인의 사망 등이 있다. 집행유예기간의 경과는 집행의 면제뿐 아니라 형의 선고까지 없었던 것과 같은 효력을 나타낸다. 다만 형의 선고가 있었다는 기왕의 사실까지 없어지는 것은 아니다.[2]

형은 소멸되더라도 형의 선고에 따른 법률상의 효과, 곧 전과사실은 소멸되지 않아, 이는 당사자의 향후의 사회생활에 적잖은 부정적 요소로 작용할 수 있다. 따라서 범죄인이 이러한 전과사실에 구속됨이 없이 정상적 사회구성원으로서의 생활을 영위할 수 있게 하는 제도적 장치가 요구된다. 이러한 취지에서 형법은 형의 실효와 복권에 관한 규정을 마련하고 있으며, 형법 외의 사면법도 이와 같은 기능을 한다.

III. 형의 실효

징역 또는 금고의 집행을 종료하거나 집행이 면제된 자가 피해자의 손해를 보상하고 자격정지 이상의 형을 받음이 없이 7년을 경과한 때에는 본인 또는 검사의 신청에 의하여 그 재판의 실효를 선고할 수 있다(형법 제81조). 실효의 대상이 되는 형은 징역과 금고에 한정되며, 정한 기간의 경과로 자동적으로 실효되는 것이 아니

집달관이 집행을 개시하였다면 이로써 벌금형에 대한 시효는 중단되는 것인바(형법 제80조), 이 경우 압류물을 환가하여도 집행비용 외에 잉여가 없다는 이유로 집행불능이 되었다고 하더라도 이미 발생한 시효중단의 효력이 소멸하지는 않는다 할 것이고, 따라서 위 벌금형의 미납자에 대하여는 형사소송법 제492조에 의해 노역장유치의 집행을 할 수 있다.
 2) 대결 1983.4.2, 83모8.

라 본인 또는 검사의 신청에 따른 법원의 결정을 거쳐야 한다. 즉 실효의 선고는 그 사건에 관한 기록이 보관되어 있는 검찰청에 대응하는 법원에 대하여 신청하여야 한다(형사소송법 제337조 제1항). 이 신청에 의한 선고는 결정으로 하며(동조 제2항), 이 신청을 각하하는 결정에 대하여는 즉시항고를 할 수 있다(동조 제3항). 법원의 결정으로 실효의 선고가 이루어지면 형의 선고에 의한 법적 효과는 장래에 향하여 소멸된다.[3]

이를 보충하는 특별법인 형의 실효 등에 관한 법률 제7조는 다른 조건은 형법과 동일하되 3년을 초과하는 징역·금고는 10년, 3년 이하의 징역·금고는 5년, 벌금은 2년의 기간이 경과하면 자동적으로 실효되며, 구류·과료는 형의 집행을 종료하거나 그 집행이 면제됨으로써 그 형이 실효된다고 규정한다(동조 제1항). 하나의 판결로 수개의 형이 선고된 경우에는 각 형의 집행을 종료하거나 그 집행이 면제된 날부터 가장 무거운 형에 대한 제1항의 기간이 경과한 때에 형의 선고는 효력을 잃게 되고, 다만 징역과 금고는 동종의 형으로 보고 각 형기를 합산한다(동조 제2항).

IV. 복권(復權)

자격정지의 선고를 받은 자가 피해자의 손해를 보상하고 자격정지 이상의 형을 받음이 없이 정지기간의 2분의 1을 경과한 때에는 본인 또는 검사의 신청에 의하여 자격의 회복을 선고할 수 있다(형법 제82조). 복권선고를 위한 재판절차는 실효의 선고의 경우와 동일하다(형사소송법 제337조 제1항). 이 규정은 자격정지형의 경우 당사자의 사회생활에 결정적 장애요소가 될 수 있으므로, 그 기간이 만료되기 전이라도 일정한 조건하에 자격을 회복시켜 사회인으로서 정상적 생활을 영위할 수 있도록 돕고자 하는 취지에 의한 것이다.

V. 사면(赦免)

대통령에 의한 사면은 헌법이 규정하고 있다. 이에 따르면 대통령은 법률이 정하는 바에 의하여 사면·감형 또는 복권을 명할 수 있으며(헌법 제79조 제1항) 이에 관

---

3) 대판 1974.5.14, 74누2.

한 세부사항은 사면법이 규정하고 있다. 사면에는 일반사면과 특별사면이 있는데 그중 일반사면은 죄의 종류를 정하여 대통령령으로 행하는 것으로서(사면법 제8조), 이 경우는 국회의 동의를 얻어야 한다(헌법 제79조 제2항). 일반사면에 의해 형의 선고의 효력이 상실되며, 형의 선고 전이라면 공소권이 상실된다(사면법 제5조 제1항 제1호). 일반사면에 의한 선고효력의 상실은 형의 선고가 있었다는 사실 자체의 효과까지 소멸시키는 것은 아니다.[4]

특별사면은 형의 선고를 받은 특정인에 대해 대통령이 행하는 것이다. 특별사면은 형의 집행이 면제된다. 특별한 사정이 있는 경우에는 형의 선고의 효력을 상실케 할 수도 있다(동조항 제2호).

사면의 효력은 장래에 향하여 형의 선고의 효력을 상실하게 하거나 형의 집행이 면제되게 하는 데 한정되므로, 형의 선고에 의한 기성(旣成)의 효과는 사면, 감형과 복권으로 인하여 변경되지 않는다(동조 제2항).

---

4) 대결 1997.10.13, 96모33.

제 2 장

보안처분

제 60 절 보안처분의 기초이론

I. 보안처분의 의의

형벌은 엄격하게 책임을 근거로 하여 그 범위 내에서 비례적으로 부과되는 제재인 데 비해, 보안처분(Maßregeln der Besserung und Sicherung)은 책임이 아닌 행위자의 사회에 대한 위험성을 근거로 부과된다. 책임을 전제로 한 형벌만으로는 법익 일반을 보호하고 사회의 질서를 유지하는 데 한계가 있다. 알코올·마약 중독자의 행위 혹은 다양한 이유에서의 정신적 비정상성에 의한 행위에 대해서는 형벌을 부과하더라도 형벌 본래의 목적이나 취지는 제대로 달성될 수 없다. 이러한 경우의 형벌부과는 오히려 설상가상의 해악일 뿐 아무런 소용 가치가 없게 된다. 이 경우에 형벌 대신 일정한 조치를 통하여 위험성을 제거하고 개선함으로써 재사회화를 돕거나(Besserung), 이것이 불가능한 경우에는 적어도 행위자의 위험성으로부터 사회를 보호하고자 하는 것이(Sicherung) 보안처분의 목적이다.[1]

---

1) Baumann/Weber/Mitsch, § 35 Rdnr. 2; Gropp, § 15 Rdnr. 26; LK−Hanack, Vor §
   61 Rdnr. 39; SK−Horn, § 61 Rdnr. 2.

1893년 Carl Stooß가 마련한 스위스 형법예비초안이 각국의 현행보안처분의 모델이 되었으나 그 실질적 배경은 중세시절까지 거슬러 올라간다. 1794년의 독일 일반란트법이[2] 이미 이를 규정하고 있었으며, 1933년의 특별법을[3] 거쳐 현재의 일반형법에 도입되기에 이르렀다. 현재 대부분의 대륙법체계의 국가는 형법에 보안처분을 인정하고 있다. 형벌과 상호 보완적인 보안처분이 도입됨으로써 형사제재의 이원화가 이루어지게 되었다.[4]

II. 보안처분의 정당성 · 요건 · 비례성

1. 보안처분의 정당성

보안처분은 형벌과 구별된다고 하나 경우에 따라서는 형벌 못지않은 자유의 구속 및 해악성이 결부될 수 있다. 이러한 처분을 특히나 형법적 책임능력이 결여된 자에 부과하기 위해서는 정당성이 확보되어야 한다. 헌법이 모든 인간에게 보장한 자유는 공동체와 결부된 자유로서 공동체 내의 타인에게 심각한 위험을 발생시키지 않을 것을 전제로 하는 것이다. 따라서 공동체 혹은 타인에 대한 위험을 스스로 차단할 능력이 없는 자는 공공의 안전을 위해 자신의 자유에 대한 제한을 수용하지 않으면 안 된다. 다시 말해 자유란 개인의 신체적 · 정신적 능력 여하와 상관없이 무제한하게 인정될 수 있는 것은 아니다. 예컨대 운전면허가 없거나 음주상태에 있는 자에게는 자동차 운전은 금지되어야 하며, 의사자격증이 없는 자는 의료행위를 해서는 안 된다. 한 구성원에게 신체적 · 정신적 능력에 결함이 있으며 이 결함으로 인해 범죄의 위험성까지 예견되는 경우에는 일단 일정한 장소에 격리하여 사회를 보호하고, 나아가 의료적 조치 등을 통해 당사자의 결함을 개선하거나 완화하거나 적어도 무해화하는 것은 국가가 공동체에 대하여 가지는 고유의 의무라 할 수 있다.[5] 이러한 관점에서 보안처분의 정당성은 충분히 확보된다고 볼 수 있다.

---

2) Allgemeines Landrecht für die Preußischen Staaten von 1794.

3) "Gesetz gegen gefährliche Gewohnheitsverbrecher und über Maßregeln der Bes-serung und Sicherung" vom 24. 11. 1933(상습범규제법률).

4) Jescheck/Weigend, § 77 I 1; LK-Hanack, Vor § 61 Rdnr. 2; SK-Horn, § 61 Rdnr. 3.

2. 보안처분의 요건

보안처분도 형사제재의 하나인 만큼 이를 부과하기 위해서는 위법행위와 위험성
이라는 두 가지 요건이 갖춰져야 한다. 특정인에게 범죄적 위험성이 예견된다는 점
만으로 보안처분을 부과할 수 없다. 위법한 구성요건해당행위가 없는 한 어떠한 형
사제재의 부과도 허용되지 않는다. 위법행위는 형사제재로서의 보안처분의 준거점
이 될 뿐 아니라 위험성 판단의 기초로서의 의미를 갖는다.

위법행위의 주체자에게 책임능력이 인정된다면 형벌이 부과될 수 있다. 그렇지
않은 경우에는 적어도 범죄적 위험성이 인정될 때 한해서 보안처분을 부과할 수
있다. 보안처분은 행위자의 장래의 위험성으로부터 사회를 보호하고자 하는 것이
므로, 여기에서는 행위자의 장래행위에 대한 예측가능성이 결정적 역할을 한다고
할 수 있다. 이를 위해서는 행위자의 지금까지의 행위의 성질, 횟수, 인성, 인격형
성, 장래의 생활환경 등에 대한 종합적 검토가 필요하다. 보안처분은 장래에 대한
대응이므로 위험성의 판단시기는 행위시가 아닌 선고시가 기준이 되어야 한다.6)

3. 보안처분의 비례성의 원칙

형벌은 책임을 전제로 하여 책임의 범위 내에서 부과되는 것과 달리, 보안처분은
위험성을 전제로 하여 비례성의 원칙에 따른 제한을 받는다. 보안처분의 종류와 정
도를 정함에 있어서는 수단과 목적 사이의 균형을 염두에 두지 않으면 안 된다. 독
일형법 제62조는 행위자가 범한 행위, 장차 예상되는 행위, 그로부터 발생되는 위
험의 정도를 고려하여 그 비례를 벗어나는 보안처분은 부과될 수 없다고 명시하고
있다.

---

5) Jescheck/Weigend, § 9 II 1.
6) 임웅, 703면.

III. 보안처분의 집행방법

1. 일원주의

일원주의(Einspurigkeit : monistisches System)란 형벌과 보안처분을 모두 인정하되 필요에 따라 양자 중 어느 하나만을 적용하는 입장으로서 선택선고주의라고도 한다. 즉 형벌을 부과하여 이에 따른 목적이나 취지가 달성될 경우라면 형벌을 부과하나, 그렇지 않을 때는 보안처분을 부과하는 형식이다. 독일에서는 이에 대한 지지자가 다수 있었음에도 불구하고 무엇보다 책임원칙에 위배된다는 이유로 배척되었다. 현재 영국, 그리스, 스웨덴, 벨기에 등에서 채택되고 있다.

2. 이원중복집행주의

형벌과 보안처분을 동시에 선고하고 이를 모두 집행하는 제도이다. 형벌은 과거의 유책한 행위에 대한 응보이며, 보안처분은 미래지향적 사회방위의 기능을 가지는 것으로서 형사사법에 완벽을 기하기 위해서는 이 두 가지 모두가 요구된다는 사고에 기인한다. 이때 보안처분은 형벌의 보완수단에 지나지 않으므로 형벌을 보안처분에 앞서 집행하는 것을 원칙으로 한다. 보안처분은 형벌과 그 성질을 달리하므로 중복집행이 가능하다고 하나, 실제로 자유형에 버금가는 보안처분도 흔히 있을 수 있어 자칫 상표사기(Etikettenschwindel)에[7] 해당할 수 있다는 비판을 받게 된다. 프랑스, 이탈리아, 네덜란드가 이를 채택하고 있다.

3. 이원대체집행주의

대체주의는 형벌과 보안처분을 동시에 선고한 경우 형벌을 보안처분으로 대체하거나 보안처분을 먼저 집행한 후 그 기간을 형기에 산입하며, 보안처분의 종료 후 잔여 형기에 대해서는 집행유예의 가능성을 열어 두는 제도로서 일원주의와 이원주의의 절충형에 해당한다. 독일(제67조)과 스위스형법이 이를 취하고 있으며 우리

---

7) Kohlrausch, ZStW 44 (1924), 33.

나라의 치료감호 등에 관한 법률(치료감호법) 제18조도 이 원칙을 따르고 있다. 형벌과 보안처분이 병과된 경우에는 보안처분이 우선 시급하다고 보는 것이 당연하고, 보안처분에도 해악성이 있을 뿐 아니라 보안처분으로 형벌의 목적이 달성된 경우에는 굳이 형벌의 집행은 불필요하다는 점을 감안하면 이 제도가 가장 합리적인 것이라 할 수 있다.

제 61 절 보안처분의 실제

I. 보안처분의 종류

1. 대인적 보안처분

대인적 보안처분은 범죄적 위험성을 가진 행위자로부터 사회를 보호하기 위해 사람에 대해 이루어지는 처분을 말한다. 여기서는 자유를 박탈하는 보안처분과 자유를 제한하는 보안처분으로 나누기도 한다. 일정한 시설에 격리수용되는 것을 내용으로 하는 치료감호법의 치료감호처분이 전자에 속한다. 보호관찰 등에 관한 법률(보호관찰법)에서의 보호관찰이나 운전면허의 박탈, 직업금지, 선행보증, 거주제한, 위치추적을 위한 전자장치부착[1] 등 시설 외에서 이루어지는 처분이 후자의 예에 해당한다.

2. 대물적 보안처분

대물적 보안처분이란 범죄에 관련될 위험이 있는 물건에 대하여 내리는 안전조치를 말한다. 물건에 대한 몰수, 영업장 폐쇄, 법인의 해산명령 등이 이에 해당한다.

---

1) 대판 2009.9.10, 2009도6061, 2009전도13.

II. 현행법상의 보안처분제도

헌법 제12조 제1항 제2문은 누구든지 법률에 의하지 아니하고는 보안처분을 받지 아니한다고 명시함으로써 보안처분법정주의를 규정하고 있다. 우리나라의 보안처분 규정들은 치료감호법, 보호관찰법, 보안관찰법, 소년법 등 다수의 특별법에 산재되어 있다. 구 사회보호법에도 보호감호, 치료감호, 보호관찰의 세 종류의 보안처분을 인정하고 있었으나 2005년 법의 폐지와 함께 보호감호처분은 폐지되었고, 그중 보호관찰과 치료감호는 보호관찰법과 치료감호법 등을 통해 그 제도가 유지되고 있다.

1. 치료감호법

구 사회보호법의 대체입법이라 할 수 있는 이 법에서의 치료감호는 심신장애 또는 마약류·알코올 그 밖의 약물중독 상태 등에서 범죄행위를 한 자로서 재범의 위험성이 있고 특수한 교육·개선 및 치료가 필요하다고 인정되는 자에 대하여 적절한 보호와 치료를 함으로써 재범을 방지하고 사회복귀를 촉진하기 위한 목적으로 시행되는 보안처분이다(치료감호법 제1조).

치료감호는 ① 형법 제10조 제1항의 규정에 의하여 벌할 수 없거나 동조 제2항의 규정에 의하여 형이 감경되는 심신장애자로서 금고 이상의 형에 해당하는 죄를 범한 자, 혹은 ② 마약·향정신성의약품·대마 그 밖에 남용되거나 해독작용을 일으킬 우려가 있는 물질이나 알코올을 식음·섭취·흡입·흡연 또는 주입받는 습벽이 있거나 그에 중독된 자로서 금고 이상의 형에 해당하는 죄를 범한 자 중에서 치료감호시설에서의 치료가 필요하고 재범의 위험성이 있는 자를 그 대상으로 한다(동법 제2조 제1항). 정신분열증, 조울증, 주정성 정신질환 및 성격장애자 등이 그 대상이 될 수 있다.[2]

치료감호사건의 토지관할은 치료감호사건과 동시에 심리하거나 심리할 수 있었던 사건의 관할에 따른다(동법 제3조 제1항). 치료감호의 청구 및 집행의 지휘는 검사가 한다(동법 제17조). 검사는 치료감호대상자가 치료감호를 받을 필요가 있는 경

---

2) 대판 1983.6.28, 83감도226.

우 관할 법원에 치료감호를 청구할 수 있다(동법 제4조 제1항).

치료감호는 피치료감호자에 대하여 치료감호시설에 수용하여 치료를 위한 조치를 하는 것을 내용으로 하며(동법 제16조 제1항), 치료감호시설에의 수용은 15년을 초과할 수 없다. 다만, 제2조 제1항 제2호에 따라 피치료감호자를 치료감호시설에 수용하는 때에는 2년을 초과할 수 없다(동조 제2항). 치료감호와 형이 병과된 경우에는 치료감호를 먼저 집행하고 이때 치료감호의 집행기간은 형기에 산입한다(동법 제18조).

치료감호법상 ① 피치료감호자에 대한 치료감호가 가종료된 때, 혹은 ② 피치료감호자가 치료감호시설 외에서의 치료를 위하여 법정대리인등에게 위탁된 때 보호관찰이 개시된다(제32조 제1항). 이때의 보호관찰의 기간은 3년으로 하며(동조 제2항), 보호관찰기간이 만료되거나, 보호관찰기간 만료 전이라도 치료감호심의위원회의 치료감호의 종료결정이 있는 때, 혹은 피보호관찰자가 다시 치료감호의 집행을 받게 되어 재수용되거나 새로운 범죄로 금고 이상의 형의 집행을 받게 된 때 보호관찰이 종료된다(동조 제3항). 보호관찰기간이 만료된 때에는 피보호관찰자에 대하여 치료감호가 종료된다(동법 제35조 제1항).

2. 보안관찰법

보안관찰법은 1989년 개정법률을 통해 구사회안전법의 명칭이 개정된 법률로서 그 내용에 있어서도 일부 삭제 및 수정이 이루어졌다. 이 법에서의 보안관찰은 특정범죄를 범한 자에 대하여 재범의 위험성을 예방하고 건전한 사회복귀를 촉진하기 위하여 보안관찰처분을 함으로써 국가의 안전과 사회의 안녕을 유지함을 목적으로 한다(보안관찰법 제1조).

여기서의 보안관찰처분은 본법 제2조가 제시하는 보안관찰해당범죄(형법상 내란·외환죄, 군형법상 반란·이적죄, 국가보안법상의 특정범죄 등) 또는 이와 경합된 범죄로 금고 이상의 형의 선고를 받고 그 형기합계가 3년 이상인 자로서 형의 전부 또는 일부의 집행을 받은 사실이 있는 자를 그 대상으로 한다(동법 제3조). 이 대상자 중 보안관찰해당범죄를 다시 범할 위험성이 있다고 인정할 충분한 이유가 있어 재범의 방지를 위한 관찰이 필요한 자에 대하여는 보안관찰처분을 한다(동법 제4조 제1

항). 보안관찰처분을 받은 자는 이 법이 정하는 바에 따라 소정의 사항을 주거지 관할경찰서장에게 신고하고, 재범방지에 필요한 범위 안에서 그 지시에 따라 보안관찰을 받아야 한다(동조 제2항).

보안관찰처분은 검사의 청구에 의하여 보안관찰처분심의위원회의 의결을 거쳐 법무부장관이 행한다. 이때 법무부장관은 위원회의 의결보다 유리한 결정을 하는 때가 아닌 한 위원회의 결정을 따라야 한다(동법 제14조). 처분의 기간은 2년을 원칙으로 하나 법무부장관은 검사의 청구가 있는 때에는 보안관찰처분심의위원회의 의결을 거쳐 그 기간을 갱신할 수 있다(동법 제5조).

3. 보호관찰 등에 관한 법률

본법에서의 보호관찰처분은 재범방지를 위하여 체계적인 사회 내 처우가 필요하다고 인정되는 범죄자에 대하여 지도·원호를 함으로써 건전한 사회복귀를 촉진하고, 사회를 보호함을 목적으로 하는 보안처분이다.

그 대상자는 형법 규정에 의하여 보호관찰을 조건으로 형의 선고유예 혹은 집행유예의 선고를 받은 자, 형법 또는 본법 제25조의 규정에 의하여 보호관찰을 조건으로 가석방 또는 임시퇴원된 자, 소년법 제32조 제1항 제4호 및 제5호의 보호처분을 받은 자, 기타 다른 법률에 의하여 이 법에 의한 보호관찰을 받도록 규정된 자가 된다(보호관찰 등에 관한 법률 제3조 제1항). 보호관찰에 관한 사항을 심사·결정하기 위하여 법무부장관 소속하에 보호관찰심사위원회를 둔다(동법 제5조 제1항).

보호관찰은 법원의 판결이나 결정이 확정된 때 또는 가석방·임시퇴원된 때부터 개시되며(동법 제29조 제1항), 보호관찰기간이 경과한 때, 혹은 형법 제61조의 규정에 의하여 보호관찰을 조건으로 한 형의 선고유예가 실효되거나 형법 제63조 또는 제64조의 규정에 의하여 보호관찰을 조건으로 한 집행유예가 실효 또는 취소된 때 등에 종료된다(동법 제51조 제1항).

4. 소년법

소년법상 "소년"이란 19세 미만인 자를 말하며 인격형성기에 있다는 특성을 고려하여 성인과는 다른 처우가 필요하다. 소년부 판사는 심리 결과 보호처분을 할 필요가 있다고 인정하면 결정으로써 다음 중 어느 하나의 처분을 하여야 한다. ① 보호자 또는 보호자를 대신하여 소년을 보호할 수 있는 자에게 감호 위탁, ② 수강명령, ③ 사회봉사명령, ④ 보호관찰관의 단기 보호관찰, ⑤ 보호관찰관의 장기 보호관찰, ⑥ 아동복지법에 따른 아동복지시설이나 그 밖의 소년보호시설에 감호 위탁, ⑦ 병원, 요양소 또는 보호소년 등의 처우에 관한 법률에 따른 소년의료보호시설에 위탁, ⑧ 1개월 이내의 소년원 송치, ⑨ 단기 소년원 송치, ⑩ 장기 소년원 송치(소년법 제32조 제1항). 위의 각 처분 상호 간에는 그 전부 또는 일부를 병합할 수 있다(동법 제32조 제2항). 제1항 각 호의 어느 하나에 해당하는 처분을 한 경우 소년부는 소년을 인도하면서 소년의 교정에 필요한 참고자료를 위탁받는 자나 처분을 집행하는 자에게 넘겨야 한다(동 제5항). 소년의 보호처분은 그 소년의 장래 신상에 어떠한 영향도 미치지 아니한다(동 제6항).

　보안처분은 행위자의 책임에 상응하는 형벌부과로는 특별예방의 목적을 달성할 수 없을 경우, 그리고 구체적 상황에 부합하는 적절한 보안처분의 방법이 주어진 경우에 한하여 이루어져야 한다. 보안처분은 범죄자에 대한 윤리적 교육 혹은 이를 통한 인성의 개선이 아닌 재범방지가 궁극적 목적이 되어야 한다는 점이 간과되어서는 안 된다. 이러한 목적과 요건이 갖춰진 범위에서는 피처분자의 자유의 구속 혹은 어느 정도의 해악성은 정당화될 수 있다. 다만 피처분자의 인권을 최대한 보장하면서 특별예방의 형사정책적 목적을 실현하기 위해서는 처분 여부에 대한 심사 혹은 재범예측판단 등에 있어서 합리성을 기할 수 있는 과학적 방법이 연구되고 개발되어야 할 것이다.

판례색인

대결 1983.4.2, 83모8 790, 795

대결 1992.12.28, 92모39 794

대결 1994.12.20, 94모32 67

대결 1997.10.13, 96모33 797

대판 1954.6.10, 4287형상210 761

대판 1956.12.21, 4289형상276 623

대판 1956.7.13, 4289형상129 156, 470

대판 1957.2.22, 4289형상330 448

대판 1957.9.20, 4290형상228 47

대판 1958.4.11, 4290형상360 723

대판 1959.10.16, 4292형상279 761

대판 1960.2.17, 4292형상860 256

대판 1960.9.7, 4293형상411 256

대판 1961.4.15, 4290형상201 322

대판 1961.8.2, 4294형상284 711

대판 1961.9.28, 4294형상415 749

대판 1961.11.9, 4294형상374 613

대판 1961.11.9, 4294형상572 773

대판 1961.12.28, 4294형상564 711

대판 1962.3.29, 4294형상598 605, 623, 624

대판 1964.4.7, 63도10 778

대판 1964.10.28, 64도454 777, 778

대판 1965.7.20, 65도421 261

대판 1966.3.22, 65도1164 404

대판 1966.3.5, 66도63 259

대판 1966.4.21, 66도152 582

대판 1965.10.5, 65도597 778

대판 1965.11.23, 65도867 394

대판 1967.1.24, 66도1586 678

대판 1967.1.31, 66도1581 323

대판 1967.1.31, 66도1661 694

대판 1967.2.28, 67도45 470

대판 1967.3.21, 67도123 678

대판 1967.10.4, 67도1115 404

대판 1968.12.17, 68도1324 40

대판 1968.4.30, 68도365 470

대판 1968.4.30, 68도407 613

대판 1968.5.7, 68도370 256

대판 1968.5.21, 68도419 470

대판 1968.7.30, 68도754 778

대판 1968.12.24, 68도1510 725

대판 1969.10.28, 69도1606 534

대판 1969.2.25, 68도1676 562

대판 1969.7.22, 67도1117 632

대판 1969.8.19, 69도1129 784

대판 1970.2.24, 70도176 450

대판 1970.4.28, 70도431 757

대판 1970.7.21, 70도1133   723

대판 1970.8.31, 70도1393   746

대판 1970.9.22, 70도1206   382

대판 1970.12.22, 70도2271   759

대판 1971.2.23, 70도2612   745

대판 1971.3.9, 70도2406   321

대판 1971.4.6, 71도311   613

대판 1971.7.27, 70도1290   773

대판 1971.8.31, 71도1176   487

대판 1971.11.9, 71도1537   338, 772

대판 1972.4.20, 71도2277   619

대판 1972.5.9, 71도1178   410

대판 1972.5.9, 72도597   758

대판 1972.5.9, 72도722   487

대판 1973.1.30, 72도2585   411

대판 1973.4.30, 73도354   570

대판 1973.9.12, 73도1684   411

대판 1974.1.29, 73도3104   678

대판 1974.2.26, 73도2380   268, 417

대판 1974.5.14, 73도2401   250

대판 1974.5.14, 74누2   796

대판 1974.5.28, 74도509   698

대판 1974.6.11, 74도352   773

대판 1974.7.23, 74도1399   393

대판 1974.10.8, 74도1301   758

대판 1974.11.12, 74도2676   382

대판 1974.11.26, 74도2817   734

대판 1975.2.25, 74도2228   613

대판 1975.4.22, 75도727   203

대판 1975.5.27, 75도1184   743

대판 1975.9.23, 74도231   449

대판 1976.1.27, 75도1543   754

대판 1976.2.10, 74도2046   449

대판 1976.4.27, 75도115   325, 330

대판 1976.5.25, 75도1549   581, 584, 585, 693

대판 1976.5.25, 75도2564   74

대판 1976.6.8, 76도144   331

대판 1976.7.13, 75도1205   329

대판 1976.7.27, 75도2720   635

대판 1976.9.14, 76도2071   792

대판 1976.9.28, 76도2607   772

대판 1976.12.14, 76도3375   733

대판 1977.12.13, 74도1990   657

대판 1977.5.24, 76도3460   261

대판 1977.5.24, 77도412   116

대판 1977.6.7, 77도1107   338

대판 1977.6.28, 77도251   576

대판 1977.7.26, 77도1887   785

대판 1977.9.13, 77도2028   771

대판 1977.9.28, 76도4133   698, 702

대판 1977.9.28, 77도2450   377

대판 1978.1.17, 77도2193   474

대판 1978.2.28, 77도3406   585

대판 1978.3.28, 77도4049   573

대판 1978.9.26, 75도3255   66

대판 1978.9.26, 78도2082   606

대판 1978.11.14, 78도2388   331

대판 1978.12.13, 78도2545 741, 745

대판 1979.11.27, 79도2201 585

대판 1979.2.27, 78도1690 45

대판 1979.2.27, 78도3113 666, 693, 699

대판 1979.4.10, 78도3098 785

대판 1979.5.22, 79도552 699

대판 1979.8.21, 79도1249 463, 606

대판 1979.8.28, 79도1671 394

대판 1980.10.14, 79도305 437

대판 1980.3.11, 77도2027 772

대판 1980.5.20, 80도306 229

대판 1980.5.27, 80도842 449

대판 1980.8.12, 80도1446 449

대판 1980.11.25, 80도2310 735

대판 1980.12.9, 80도584 772, 785

대판 1981.11.24, 81도2422 666

대판 1981.3.10, 80도3321 642

대판 1981.3.24, 80도2832 741

대판 1981.3.24, 80도3305 451

대판 1981.4.14, 81도614 785

대판 1981.5.26, 81도811 723

대판 1982.1.12, 81도1811 165

대판 1982.1.19, 81도646 395

대판 1982.2.23, 81도2958 338

대판 1982.4.13, 81도2720 449

대판 1982.4.27, 82도285 735

대판 1982.5.25, 82도494 482

대판 1982.5.25, 82도600 781

대판 1982.6.8, 82도781 463, 606

대판 1982.6.8, 82도884 612

대판 1982.6.22, 82도938 725

대판 1982.9.14, 80도2566 692

대판 1982.9.14, 82도1439 115

대판 1982.9.28, 82도1965 778

대판 1982.10.26, 81도1409 724

대판 1982.11.23, 82도1446 471

대판 1982.11.23, 82도2024 500

대판 1982.11.23, 82도2201 737

대판 1982.12.14, 82도2442 723

대판 1982.12.14, 82도2448 723

대판 1983.1.18, 82도2341 751

대판 1983.1.18, 82도697 471

대판 1983.2.22, 81도2763 396, 398

대판 1983.2.8, 82도2671 449

대판 1983.3.8, 82도2873 694

대판 1983.3.8, 82도3248 331, 615

대판 1983.3.8, 83도122 724

대판 1983.3.8, 83도145 536

대판 1983.3.22, 81도2545 116

대판 1983.4.12, 83도304 724

대판 1983.4.12, 83도420 782

대판 1983.4.26, 83도323 750, 755

대판 1983.4.26, 83도524 723

대판 1983.5.24, 83도200 647

대판 1983.6.28, 83감도226 803

대판 1983.6.28, 83도1210 738

대판 1983.7.12, 82도180 713

대판 1983.7.12, 83도1200　　758, 760

대판 1983.7.26, 83도1378　　753

대판 1983.8.23, 83도1288　　755

대판 1983.8.23, 83도1600　　783

대판 1983.9.14, 82도1702　　783

대판 1983.10.11, 83도1942　　615

대판 1983.11.8, 83도2370　　761

대판 1983.11.8, 83도2474　　723

대판 1983.12.13, 83도2276　　409, 411

대판 1983.12.13, 83도2330　　41

대판 1983.12.13, 83도2543　　323, 423

대판 1984.1.24, 83도1873　　267

대판 1984.1.24, 83도2813　　203

대판 1984.1.31, 83도2941　　620

대판 1984.2.14, 83도2967　　563

대판 1984.2.14, 83도3120　　474

대판 1984.2.28, 83도3160　　754

대판 1984.2.28, 83도3331　　570

대판 1984.3.13, 84도71　　536

대판 1984.4.24, 84도185　　448

대판 1984.4.24, 84도372　　642

대판 1984.5.15, 84도488　　641

대판 1984.5.22, 83도3020　　256

대판 1984.5.29, 84도483　　449

대판 1984.6.12, 84도683　　261

대판 1984.6.26, 83도3090　　256

대판 1984.6.26, 84도782　　729

대판 1984.7.24, 84도1209　　469, 480

대판 1984.8.21, 84도1510　　363

대판 1984.9.25, 84도1611　　261

대판 1984.9.25, 84도1695　　449

대판 1984.10.10, 82도2595　　41

대판 1984.11.27, 84도2263　　757

대판 1984.12.26, 84도2433　　536

대판 1984.12.26, 84도2582　　297, 298, 338

대판 1985.1.15, 84도2397　　472

대판 1985.1.22, 84도1493　　449

대판 1985.3.12, 84도2747　　670

대판 1985.3.12, 84도2929　　257

대판 1985.3.26, 85도206　　570

대판 1985.4.3, 85도303　　473

대판 1985.4.9, 85도25　　387, 388

대판 1985.4.23, 84도2890　　761

대판 1985.4.23, 85도464　　536

대판 1985.5.14, 84도2118　　608, 639, 642

대판 1985.5.28, 81도1045　　45

대판 1985.6.25, 85도660　　180

대판 1985.7.9, 85도1000　　781

대판 1985.9.10, 84도1572　　449

대판 1985.9.10, 85도1370　　419

대판 1985.10.22, 85도1455　　257

대판 1985.10.22, 85도2001　　482

대판 1985.10.8, 83도1375　　111

대판 1985.11.12, 85도2002　　550

대판 1985.11.26, 85도1906   694
대판 1985.12.10, 85도1892   310
대판 1986.1.21, 85도2339   628
대판 1986.2.11, 85도448   716
대판 1986.2.25, 85도2651   451
대판 1986.5.27, 86도614   323
대판 1986.6.10, 85도2133   331
대판 1986.6.24, 86도403   49
대판 1986.6.24, 86도437   576
대판 1986.7.8, 86도749   716
대판 1986.7.8, 86도843   613
대판 1986.8.19, 85도2728   657
대판 1986.8.19, 86도915   439
대판 1986.9.23, 86도1429   700
대판 1986.9.23, 86도1547   229
대판 1986.10.28, 86도1406   393
대판 1986.10.28, 86도1517   711
대판 1986.11.11, 86도1862   268, 417
대판 1986.11.25, 86도2090, 86감도231   569
대판 1986.12.23, 86도1491   256
대판 1986.12.23, 86도2256   536
대판 1987.1.20, 86도2199   536
대판 1987.1.20, 86도2360   757
대판 1987.2.10, 86도2338   179
대판 1987.3.10, 86도42   45
대판 1987.3.24, 86도2673   378
대판 1987.5.12, 87도694   742

대판 1987.7.7, 86도1724   405
대판 1987.9.8, 87도1332   449
대판 1987.11.10, 87도1213   116
대판 1987.12.22, 86도1175   396
대판 1988.1.8, 88도1628   480
대판 1988.2.23, 87도2358   323, 423
대판 1988.2.9, 87도2492   482
대판 1988.2.9, 87도2564   180
대판 1988.3.22, 87도2539   615
대판 1988.3.22, 88도47   45
대판 1988.3.22, 87도2678   45
대판 1988.4.12, 87도2368   616
대판 1988.6.21, 88도551   772, 785
대판 1988.6.28, 88도650   193, 208
대판 1988.8.23, 88도1212   480
대판 1988.8.23, 88도855   437
대판 1988.9.9, 88도1240   738
대판 1988.9.13, 88도1197   632
대판 1988.11.8, 88도1628   480
대판 1988.11.8, 88도928   167
대판 1989.1.17, 88도580   171
대판 1989.2.28, 88도1141   397
대판 1989.4.11, 88도1155   788
대판 1989.4.11, 88도1247   692
대판 1989.4.11, 88도1678   449
대판 1989.6.27, 88도2381   616
대판 1989.8.8, 89도358   261
대판 1989.9.12, 87도2365   789
대판 1989.9.12, 89도866   166, 456

대판 1989.9.12, 89도889   315
대판 1989.10.13, 89도204   438
대판 1989.10.13, 89도556   156
대판 1989.11.14, 89도1426   338
대판 1989.11.28, 89도201   306
대판 1989.12.12, 89도2049   267
대판 1990.1.25, 89도252   755
대판 1990.3.27, 89도2036   337
대판 1990.6.26, 90도466   740
대판 1990.7.24, 90도1149   569
대판 1990.9.25, 90도1588   741
대판 1990.9.25, 90도1596   473
대판 1990.10.10, 90도1580   740
대판 1990.10.12, 90도1219   115
대판 1990.10.16, 90도1786   471
대판 1990.10.30, 90도1456   325, 326
대판 1990.12.11, 90도694   453
대판 1991.2.12, 90도2547   156, 166,
  456
대판 1991.2.26, 90도2856   454
대판 1991.5.14, 91도513   325
대판 1991.5.14, 91도542   679
대판 1991.5.24, 91도324   327
대판 1991.5.28, 91도352   773
대판 1991.5.28, 91도636   363
대판 1991.5.28, 91도80   269, 417
대판 1991.6.11, 91도985   777
대판 1991.6.25, 91도436   582
대판 1991.8.27, 91도1523   396

대판 1991.9.13, 91도1473   365
대판 1991.10.11, 91도1566   387
대판 1991.10.25, 91도2085   471
대판 1991.11.12, 91도801   116
대판 1992.1.17, 91도2837   657, 713
대판 1992.2.11, 91도2951   500, 511
대판 1992.3.10, 91도3172   438, 449
대판 1992.3.10, 92도147   735
대판 1992.3.10, 92도37   338
대판 1992.5.22, 91도2525   397
대판 1992.7.28, 92도1137   449
대판 1992.7.28, 92도917   551
대판 1992.7.28, 92도999   375
대판 1992.8.14, 91도3191   713
대판 1992.8.18, 92도1395   117
대판 1992.9.25, 92도1671   746
대판 1992.10.13, 92도1428   66
대판 1992.10.27, 92도1377   680
대판 1992.12.22, 92도2540   253, 279
대판 1993.1.15, 92도2579   156
대판 1993.2.23, 92도2077   449
대판 1993.3.23, 92도3327   616
대판 1993.3.24, 93도1674   474
대판 1993.4.27, 92도3229   472
대판 1993.5.11, 93도49   757
대판 1993.6.22, 93오1   785
대판 1993.7.13, 93도1341   713
대판 1993.7.27, 92도2160   315
대판 1993.7.27, 92도2345   332

대판 1993.7.27, 93도135　438
대판 1993.8.24, 92도1329　229, 256
대판 1993.10.8, 93도1873　686
대판 1993.10.12, 93도1851　550
대판 1993.12.24, 92도3334　487
대판 1994.2.8, 93도1483　111
대판 1994.3.22, 93도3612　180
대판 1994.3.22, 94도35　606
대판 1994.4.12, 94도221　45
대판 1994.4.15, 94도365　387
대판 1994.5.13, 94도581　365
대판 1994.5.24, 94도660　463
대판 1994.5.24, 94도930　58
대판 1994.9.9, 94도1831　608
대판 1994.10.11, 94도1832　616
대판 1994.11.8, 94도1657　335
대판 1994.12.9, 93도2524　450
대판 1994.12.22, 94도2511　180
대판 1994.12.23, 93도1002　704, 715
대판 1995.1.12, 93도3213　746
대판 1995.1.12, 94도2781　278
대판 1995.3.10, 94도1075　740
대판 1995.4.7, 95도94　470, 481
대판 1995.5.12, 95도425　156, 471, 472
대판 1995.5.12, 95도512　449
대판 1995.6.16, 94도1793　387
대판 1995.7.11, 94도1814　396
대판 1995.7.11, 95도955　619

대판 1995.7.28, 95도1081　395
대판 1995.7.28, 95도702　395
대판 1995.8.25, 95도717　395
대판 1995.9.15, 94도2561　541
대판 1995.9.15, 95도906　455
대판 1995.9.5, 95도577　608
대판 1995.9.15, 94도2561　541
대판 1995.9.29, 95도456　692
대판 1995.10.12, 95도1589　330
대판 1995.11.10, 95도2088　387
대판 1995.12.22, 95도2446　759
대판 1995.12.26, 95도2376　740
대판 1996.1.26, 94도2654　619
대판 1996.3.22, 95도2801　337
대판 1996.4.23, 96도417　746
대판 1996.4.26, 96도485　467, 751
대판 1996.5.10, 96도51　487
대판 1996.5.10, 96도529　471
대판 1996.5.28, 96도979　338
대판 1996.6.11, 96도857　375
대판 1996.7.12, 96도1142　470, 471
대판 1996.7.12, 96도1181　734, 740
대판 1996.7.30, 96도1081　501
대판 1996.7.30, 96도1285　723
대판 1996.8.23, 96도1231　624
대판 1996.9.6, 95도2551　694
대판 1996.9.6, 95도2945　256
대판 1996.9.24, 96도2151　337
대판 1996.10.11, 95도1706　646

대판 1996.11.8, 95도2710　455

대판 1996.12.6, 96도2570　474

대판 1997.1.24, 96도524　111, 115

대판 1997.3.14, 96도1639　511, 694

대판 1997.3.20, 96도1167　65, 68, 778

대판 1997.3.28, 95도2674　337

대판 1997.4.17, 96도3376　649

대판 1997.4.17, 96도3377　694

대판 1997.4.17, 96도3376　323

대판 1997.4.22, 97도538　437

대판 1997.6.13, 97도703　72

대판 1997.6.13, 97도957　551

대판 1997.6.24, 97도1075　686

대판 1997.6.27, 97도163　612

대판 1997.11.28, 97도1740　443, 463

대판 1997.12.9, 97도2644　45

대판 1998.1.20, 97도588　327

대판 1998.2.24, 97도183　666

대판 1998.2.27, 97도2812　450

대판 1998.3.24, 97도2956　729

대판 1998.4.14, 98도231　501

대판 1998.5.21, 98도321　632, 635

대판 1998.6.9, 98도980　180

대판 1998.6.18, 97도2231　57

대판 1998.9.22, 98도1854　156

대판 1998.11.27, 98도2734　47

대판 1998.12.8, 98도3263　501

대판 1998.12.8, 98도3416　467, 750

대판 1999.1.26, 98도3029　324

대판 1999.1.29, 98도3584　724

대판 1999.2.12, 98도3549　501

대판 1999.4.13, 99도640　551

대판 1999.4.23, 99도636　323

대판 1999.4.9, 99도424　582

대판 1999.6.11, 99도943　261

대판 1999.6.25, 99다8377　327

대판 1999.9.17, 97도3349　42

대판 1999.10.12, 99도3377　257

대판 1999.11.12, 99도3801　575

대판 2000.1.28, 99도2884　501

대판 2000.2.11, 99도4797　747, 760

대판 2000.2.25, 99도4305　337

대판 2000.3.28, 2000도228　256

대판 2000.4.21, 99도3403　47

대판 2000.4.25, 98도2389　220, 229

대판 2000.5.12, 2000도745　474

대판 2000.5.12, 98도3299　328

대판 2000.6.9, 2000도764　46

대판 2000.6.27, 2000도1155　724, 740

대판 2000.7.7, 2000도1899　748

대판 2000.7.28, 2000도2466　639

대판 2000.9.5, 2000도2671　448

대판 2000.10.27, 2000도4187　58

대판 2000.12.8, 2000도2626　45

대판 2001.2.9, 2000도1216　753

대판 2001.3.13, 2000도4880　724
대판 2001.5.15, 2001도1089　261
대판 2001.6.1, 99도5086　156
대판 2001.6.12, 2001도1012　327
대판 2001.7.27, 2000도4298　536
대판 2001.8.21, 2001도3312　746
대판 2001.9.25, 99도3337　49
대판 2001.11.30, 2001도2015　716
대판 2002.4.12, 2000도3485　474
대판 2002.5.24, 2000도1731　508
대판 2002.6.28, 2000도3045　647
대판 2002.7.12, 2002도2029　741,
　747, 760
대판 2002.8.27, 2001도513　620
대판 2002.11.26, 2002도4929　49
대판 2003.1.10, 2002도2363　67
대판 2003.2.20, 2001도6138　785
대판 2003.5.30, 2002도235　311
대판 2003.6.13, 2003도924　768
대판 2003.12.12, 2003도5207　511
대판 2003.12.26, 2003도5980　57
대판 2004.1.27, 2001도3178　759
대판 2004.2.12, 2003도6282　396
대판 2004.2.27, 2003도6535　66
대판 2004.2.27, 2003도7507　179
대판 2004.5.14, 2003도3487　66
대판 2004.6.10, 2001도5380　337
대판 2004.6.11, 2004도1553　501
대판 2004.6.24, 2002도995　487,

　694
대판 2004.7.9, 2004도2116　364
대판 2004.8.20, 2003도4732　335
대판 2004.9.3, 2004도3538　768
대판 2004.10.28, 2004도3994　716
대판 2004.12.10, 2004도5652　615
대판 2005.2.25, 2004도8259　561
대판 2005.7.22, 2005도3034　511
대판 2005.8.19, 2005도1697　396,
　397
대판 2005.8.25, 2005도4178　768
대판 2005.9.15, 2005도1952　743
대판 2005.11.10, 2004도42　741
대판 2006.1.26, 2005도1160　501
대판 2006.1.27, 2005도8704　754
대판 2006.2.23, 2005도8645　615
대판 2006.3.24, 2005도8081　297
대판 2006.3.24, 2006도354　768
대판 2006.4.14, 2006도638　615
대판 2006.4.27, 2005도8074　336
대판 2006.4.28, 2003도4128　511
대판 2007.2.8, 2006도6196　789
대판 2007.3.15, 2006도9418　297
대판 2007.4.26, 2007도1794　269
대판 2007.5.11, 2006도4328　336
대판 2007.7.26, 2007도3687　569
대판 2007.7.27, 2007도768　789
대판 2007.9.28, 2007도606　320
대판 2008.1.18, 2007도1557　327

대판 2008.10.9, 2008도5984　406

대판 2009.1.30, 2008도 8138　711

대판 2009.6.11, 2008도11784　624

대판 2009.9.10, 2009도6061, 2009전
　도13　802

대판 2009.9.24, 2009도5595　536

대판 2010.1.14, 2009도9963　698

대판 2010.11.11, 2010도10690　735

대판 2010.12.9, 2010도10451　730

대판 2010.4.29, 2010도1071　735

대판 2010.5.27, 2010도3498　734

대판 2010.9.9, 2010도6924　620

대판 2011.1.13, 2010도9927　621,
　628

대판 2011.1.27, 2010도11030　615

대판 2011.5.13, 2010도16970　256

대판 2011.9.29, 2011도6223　307

대판 2011.10.13, 2011도6287　670

대판 2011.11.24, 2011도12302　509

대판 2012.1.27, 2010도11884　309

대판 2012.3.15, 2011도17117　450

대판 2012.5.24, 2010도3950　735

대판 2012.6.14, 2010도14409　709

대판 2012.6.28, 2012도2628　735

대판 2012.6.28, 2012도3927　754

대판 2012.8.30, 2012도6503　730

대판 2012.8.30, 2012도7377　177

대판 2012.9.27, 2010도16946　735

대판 2013.1.10, 2012도12732　605

대판 2013.1.24, 2012도12689　362,
　364

대판 2013.2.21, 2010도10500　733

대판 2013.2.28, 2012도13737　45

대판 2013.4.11, 2012도15585　735

대판 2013.4.26, 2013도2024　730

대판 2013.6.13, 2010도13609　285

대판 2013.6.27, 2013도3246　605

대판 2014.1.16, 2013도6969　671

대판 2014.11.13, 2011도393　327

대판 2014.12.11, 2014도10036　735

대판 2015.1.15, 2013도15027　396

대판 2015.1.15, 2014도9691　387

대판 2015.1.22, 2014도10978　575

대판 2015.2.12, 2012도4842　670

대판 2015.2.12, 2014도11501　387

대판 2015.9.10, 2015도8592　735

대판 2016.2.19, 2015도15101　734

대판 2016.5.12, 2013도15616　337

대판 2016.8.30, 2013도658　615

대판 2017.1.12, 2016도15470　614

대판 2017.3.15, 2016도17442　156

대판 2017.6.19, 2017도4240　670

대판 2017.5.30, 2017도2758　337

대판 2017.6.19, 2017도4240　670

대판 2017.7.11, 2013도7896　328

대판 2017.9.21, 2017도8611　772

대판 2017.10.26, 2017도8600　614

서울고법 2004.10.20, 2004나16244
    338
서울고법 2005.5.31, 2005노502   299

대전지법 1996.4.26, 95고합428   573

헌재 1995.2.23, 93헌바43   782
헌재 1995.9.28, 93헌바50   57
헌재 1996.11.28, 95헌바1   767, 768
헌재 1998.4.30, 95헌가16   59

헌재 2000.1.27, 99헌마481   325
헌재 2000.6.1, 99헌바73   117
헌재 2002.10.31, 2001헌바68   782
헌재 2005.2.3, 2003헌바1   61
헌재 2010.7.29, 2008헌가19   333
헌재 2013.6.27, 2010헌바488   333
헌재 2015.9.24, 2015헌바35   72
헌재결 1996.2.16, 96헌가2, 96헌바7,
    96헌바13   71

사항색인

[ㄱ]

가감적 신분 601, 707
가석방 790
가석방의 기간 792
가석방의 실효 793
가석방의 요건 791
가액추징 771
가죽 끈 사건 180
가중구성요건 136
가중구성요건의 교사 673
가중적 구성요건 601
가중적 신분 707
가중주의 727
가중처벌 633
가치충전 57, 135
간접교사 677
간접정범 593, 599
　　과실 655
　　부작위 654
　　실행착수 시점 653
　　이용행위 652
　　처벌 654
간접정범유사설 615
간접정범의 본질
　　공범설 644

범행지배설 644
　　제한적 정범개념 644
　　확장적 정범개념 643
간접정범의 성립유형 646
　　고의 없는 도구 646
　　과실범으로서의 도구 652
　　구성요건 없는 도구 646
　　목적 없는 고의 있는 도구 647
　　신분 없는 고의 있는 도구 647
　　조직적 권력기구 652
　　책임 없는 도구 650
　　책임 있는 도구 651
　　합법적 도구 650
간접정범의 착오 659
　　피이용자의 착오 660
감경구성요건 137
감경적 구성요건 601
감경적 신분 707
감독의무 442
감응가능성 352
강요된 상황 409
강요된 행위 408
　　방어 불가능성 411
　　자초한 강제상태 411
　　폭력 409

협박   410

효과   412

강제폭력   409

개괄적 고의   208

개방적 구성요건   133

개별적 객관설   535

개별행위설   556

개별행위책임   341, 348

개인윤리적 책임개념   403

개인적 회피불가능   442

객관적 귀속의 척도   163

규범의 보호목적   167

위험감소   163

위험의 상당한 실현   164

위험창출   163

자기책임의 원칙   168

허용된 위험   164

객관적 귀속이론   161

일반적 귀속이론   161

객관적 예견가능성   440, 446

객관적 주의의무위반   440

객관적 주의의무의 제한   447

객관적 회피불가능   441

객체의 평가   355

거동범설   656

거동범의 미수   541

검찰청법   17

격리범   539

격투행위   256

결과 조기발생사례   212

결과관련신분범   617

결과귀책   20

결과반가치   8, 138, 228

결과발생책임론   452

결과범   88

결과야기설   696

결과적 가중범   465

결과관련성   479

공동정범   473

미수   475

불법내용   468

예견가능성   472

인과관계   470

주관적 요소   473

중한 결과   470

직접성의 원칙   468

책임원칙   468

행위관련성   479

결과적 가중범의 구성요건   469

결합범   93

결합주의   727, 755

경고기능   380

경과범죄   731

경과실   436

경과적 행위   733

경합범가중   776

경합범의 종류   756

경향범   171

계몽주의철학   9

계속고의설   744

계속범   739

계약   499

계획실현설   211

고의   171

고의 · 과실 결합형식   465

고의의 본질

　　의사설   174

　　의적 요소   175

　　인식설   174

　　지적 요소   175

고전적 범죄체계   80

공격방위   262

공격적 · 적극적 충동   418

공도부조리   110

공동의 범행의사   607

공동의사주체설   615, 625

공동정범   599

　　과실범   623

　　착오   622

　　초과   621

　　초과행위   609

공동정범과 신분   617

공동정범의 본질   604

　　범죄공동설   604

　　행위공동설   605

공동행위주체설   625

공모공동정범   614

공모이탈   618

　　실행착수 이전   618

　　실행착수 이후   620

공범

　　광의의 공범   587

　　최광의의 공범   587

　　협의의 공범   587

공범과 신분   703

공범독립성설   665

공범론   587, 661

공범의 종류   668

공범의사   596

공범종속성설   665

공범처벌근거   661

공적설   544

공형벌   766

과료   771

과실공동 · 행위공동설   625

과실범   429

　　공범   463

　　미수   463

　　위법성   459

　　주관적 구성요건   458

　　주관적 정당화요소   459

　　책임비난   460

과실범의 불법구성요건   439

과실범의 행위불법   431

과실의 등급   436

과실의 미수범   451

과실의 체계적 지위   430
  구성요건요소설   431
  새로운 이론   434
  위법성요소설   432
  이중적 지위설   432
  책임요소설   430
과잉방위
  양적 과잉방위   267
  질적 과잉방위   268
과잉피난   421
과형상 일죄   724, 737
관념적 경합   748
관청의 의사표시   396
교사범   671
  구성요건의   675
  기수의 고의   680
  동기의 변경   676
  범행객체의 변경   675
  본범의 변경   675
  행위양태의 변경   676
교사의 미수   690
교사의 수단   677
교사의 착오   685
  초과실행   686
  피교사자의 객체의 착오   687
  피교사자의 방법의 착오   687
교사자의 고의   678
교사행위   672
교회법   18

구객관설   569
구류   769
구성요건
  객관적 구성요건   135
  경고기능   129
  기초기능   128
  범죄구성요건   120
  보장구성요건   120
  보장기능   127
  불법구성요건   120, 121
  선별기능   127
  위법성 징표기능   129
  주관적 구성요건   136
  총체적 구성요건   120
구성요건 착오
  동가치 객체간의 착오   200
  이가치 객체간의 착오   201
구성요건 흠결이론   565
구성요건결여설   332
구성요건과 위법성의 관계   216
구성요건부합설   203
구성요건착오   199
구성요건착오 유추적용설   244
구성요건해당성   121
구성요건흠결이론   525
구성적 신분   601, 706
구체적 위험설   570
국가형벌권   16
국제법   50

권리남용설 264

규범의 보호목적관련성 455

규범적·심리적 판정방법 360

규범적 구성요건 요소 135

규범적 구성요건요소 196

규범적 구성요건표지 124

규범적 책임론 354

규범적응능력 346, 359

규제적 기능 25

규제적 원칙 403

규칙 – 예외의 관계 125

극단종속형식 667

금고 769

금제품 773

금지규범의 부지 387

금지착오 199, 383

기능설 502

기능적 역할분담 602

기대가능성 513

기대가능성의 착오 407

기대가능성의 판단기준 406

　　국가표준설 407

　　평균인 표준설 406

　　행위자 표준설 406

기도된 교사 690

기본법 731

기수고의 528

기술되지 않은 구성요건표지 134

기술적 구성요건 요소 135

기술적 구성요건표지 124

기판력 747

기회증대설 696

긴급구조 250

긴급피난 271

　　구조가능성 283

　　균형성 281

　　위난의 대상 법익 277

　　위난의 원인 277

　　위난의 판단시기와 척도 280

　　위난의 현재성 278

　　자율성의 원칙 283

　　적합성 284

　　필요성 281

긴급피난의 불가벌 사유 271

긴급피난의 정당화 원리 276

긴밀한 공동체 504

[ㄴ]

낙태 329

노동쟁의 행위 326

누범가중 776

누범가중과 책임원칙 782

누범가중규정의 위헌성 781

누범시효 783

[ㄷ]

다중 669

다행위범 94

단계이론   779
단독범   586
단순결과범   510
단순일죄   728
단일범   93
단일정범체계   589
단일한 동기상태   549
단일행위범   94
단체   669
단체책임   625
단축된 결과범   580
답책성   403
당벌성   9
당연정지   774
대상의 착오   567
대향범   670
대향자   671
도구   642
도범 등의 방지와 처벌에 관한 법률
   631
도의적 책임론   352
독립행위의 경합   637
독자적 변형구성요건   137
동가성   511
동가치성   510
동기설   45
동시범   600, 636
   객체의 동일성   639
   원인된 행위의 불명   640

처벌   642
동시설   594
동시적 실체적 경합   757
동종의 상상적 경합   748
동종의 형   727
동해보복의 원칙   18

[ㄹ]
란트평화령   20

[ㅁ]
면소판결   747
면책구성요건착오   416
면책규범   416
면책사유   356, 400
면책적 긴급피난   274, 412
   긴급피난 행위   414
   긴급피난상황   413
   면책의 제한   415
   자초위난   415
   주관적 요건   414
   특수한 의무지위   415
   효과   416
면책착오   416
명령복종행위   321
명시적(형식적) 보충관계   731
명예형   774
명정범죄   376
모살죄   59

모자보건법   329
목적범   170, 602
목적적 범죄체계   86
목적적 행위지배   598
목표불법   683
몰수   771
몰수의 대상   772
무주물   773
묵시적(실질적) 보충관계   731
문리해석   67
문언설   656
물질적 방조   692
미수범   523
　　결과의 미발생   541
　　고의의 요건   529
　　범행결의   528
　　주관적 구성요건   528
미수범의 입법체계   527
미수범의 처벌근거   523
　　객관설   524
　　객관적 주관설   526
　　구객관설   525
　　순 주관설   525
　　신객관설   525
　　인상설   526
미수의 교사   672
미신범   565
미종료미수의 중지   557
미필적 고의와 인식 있는 과실

개연성설   184
결과회피의도이론   186
결정설   188
신중설   188
용인설   179
의사설   178
　차단되지 않은 위험이론   187
미필적 위법성인식   381
밀접한 생활관계   501

[ㅂ]
반복처벌금지조항   344
반전된 개괄적 고의 사례   212
반전된 법률의 착오   386
발현형태설   577
방어적 긴급피난   284
방조
　중립적 행위   697
방조범   691
방조시기   694
방조행위의 방법   693
방조행위의 인과관계   694
방호방위   261
백지형법   73
벌금형   770
벌책성   346
범위이론   779
범인은닉   405
범죄공동설   604, 625

범죄자의 이성   553

범죄참가형태   586

범죄행위종료   523

범행결의   521

범행계획설   555

범행관여자   586

범행매개자   642

범행완성의 단계   521

범행지배   597

법가치   8

법규범   441

법령   498

법령상 요구된 행위   321

법령상 허용된 행위   324

법률상의 가중   776

법률요건   765

법률의 착오   198, 385

　　간접적 법률의 착오   388

　　직접적 법률의 착오   387

　　포섭착오   388

　　효력의 착오   388

법률의 착오의 회피가능성   390

법률효과   27, 765

법무지자   238, 382

법부지   397

법실증주의   82

법심정   8

법원성   41

법원조직법   17

법으로부터 자유로운 영역   272

법익   6

법익(결과)표준설   723

법익교량   282

법익보호임무   6

법익위해설   532

법인   110

　　과실책임설   116

　　무과실책임설   115

법인의 행위능력   111

법적 책임   343

법적대자   382

법정적 부합설   203

법조경합   729

법조경합의 종류   730

법조단일   729

법확증의 원리   249

법효과제한(지시)책임설   384

변형구성요건   136

병과주의   726

보안관찰법   804

보안관찰처분   804

보안처분   35, 798

　　적합성의 원칙   36

　　필요성의 원칙   36

보안처분의 비례성의 원칙   800

보안처분의 요건   800

보안처분의 집행방법

　　이원대체집행주의   801

이원중복집행주의   801

보장적 기능   26

보증인   496

보증인의무   497

보증인지위   497

   구성요건요소설   497

   위법성요소설   497

   이분설   498

보증인지위의 발생근거   498

   실질설   502

   형식설   498

보충관계   731

보충성의 원칙   9

보호관찰처분   805

보호법익   7, 26

보호의무   502, 658

보호의무의 인수   504

보호적 기능   25

보호주의   49

복권선고   796

복수단념서약   19

복합적 책임개념   401

본문·단서설   710

본범   588, 672

부가형   766

부분법   732

부분실행·전부책임의 원칙   626

부작위

   규범적 평가설   486

부작위범   484

   객관적 귀속   494

   공범   518

   구성요건   491

   금지규범   490

   금지착오   514

   기대가능성   513

   명령규범   490

   미수   515

   미수의 요건   515

   사회적 행위의미의 중점   486

   실질설   488

   위법성   512

   의무위반관련성   495

   의무충돌   512

   인과관계   493

   작위가능성   492

   작위우선의 원칙   486

   중지미수   517

   착수시점   516

   책임   513

   행위양태의 동가치성   510

   형식설   489

부작위범죄에의 관여   518

부정기형   769

부진정 실체적 경합   734

부진정경합   729

부진정부작위범의 동치성   495

부진정자수범   656

불가벌적 사후행위   733

불가벌적 수반행위   733

불능미수

　　결과발생의 불가능   566

　　구객관설   569

　　대상의 착오   567

　　법익평온상태의 교란   566

　　순 주관설   572

　　신객관설   570

　　실행수단의 착오   567

　　위험성   569

　　인상설   573

　　절대적·상대적 불능구별설   569

　　주관적 위험설   572

　　처벌   574

　　행위주체의 착오   567

불능범   563

불법가담설   662

불법소멸·감소설   545

불법통찰능력   365

불완전한 2행위범   580

비결정주의   350

비구성요건적 행위   603

비난가능성   85, 342

비신분자   617

비유형적 인과관계   148

비전문가층에 평행한 평가이론   196

뺑소니죄   757

[ㅅ]

사면   796

사물논리적 구조   86

사물변별능력   360

사실의 착오   198

사안반가치   525

사전책임   370

사형(死刑)   766

사형(私刑)   766

사형존폐론   767

사회상규   318

사회상규의 판단기준   336

사회상당성   335

사회상당성이론   335

사회의무성   284

사회적 책임론   353

사회적 행위론   101

사후고의   192

사후승낙   315

사후적 실체적 경합   757

살행수단의 착오   567

삼분설   657

상관의 명령   321

상당인과관계설   156

상대적 범죄개념   23

상대적 부정기형   361

상상적 경합의 요건

　　범죄양태의 동일성   751

　　수개의 규범침해   751

실행의 동일성　750
행위단일성　749
상습범　746
상태범　91
상해동시범특례규정　641
상호간접정범　607
상호연대적·보충적 작용　627
생명형　766
생물학적 판정방법　360
생활결정책임　349
생활관계규범　441
생활영위책임　348
선고유예　784
선고유예의 실효　786
선고유예의 요건　785
선행자　612
선행행위　499, 507
성격책임　349
세계주의　49
소극적 구성요건표지이론　130, 239
소극적 신분　707
소극적 책임요소　402
소극적 행위론　106
소년법　361, 805
소송경제적 이유　742
소추　17
속인주의　48
속죄금　18, 19
속죄형제도　18

속지주의　47
수정적 구성요건　577
수죄처벌의 원칙　726
순수야기설　662
습벽　781
승계적 공동정범　610
승낙능력　315
시간적 적용범위　39
시계설　555
시효의 정지　794
시효의 중단　794
신객관설　570
신고전적·목적적 합일체계　87
신고전적 범죄체계　83
신뢰의 원칙　448
신분　704
신분범　92, 601
부진정신분범　93
진정신분범　93
신의칙　501
실증주의　82
실질상 수죄　724
실질적 객관설　532, 590
실질적 범죄개념　24
실질적 불법인식　381
실질적 완료　682
실질적 위법성론　219
실질적 책임개념　348
실체법상 수죄　728

실체적 경합   756

실체적 경합범의 종류   756

   동시적 실체적 경합   757

   사후적 실체적 경합   757

   이종의 실체적 경합   757

실체적 경합의 요건

   소송법적 요건   758

   실체법적 요건   758

실체적 경합의 취급

   가중주의   761

   병과주의   761

   형의 선고   761

   형의 집행   762

   흡수주의   760

실체적 경합의 취급   760

실패된 시도   547

실패한 교사   690

실행미수   554

실행착수

   간접정범   537

   개별적 객관설   535

   결과적 가중범   539

   결합범   538

   부작위범   537

   원인에 있어서 자유로운 행위   539

   주관설   534

실행행위종료시 기준설   555

실행행위지배   603

심리적 책임론   354

심신미약자   362

심신상실자   362

심약적·소극적 충동   418

심정반가치   9, 343

[ㅇ]

안전의무   502

양벌규정   110

양심긴장의 의무   399

양심에 따른 심사   316

양심적 검토   232

양해   301

양형   775

양형기준표   780

양형의 기초   342

양형의 절차   775

양형의 조건   779

양형절차 이분제도   780

엄격고의설   238

엄격책임설   240, 383, 389

업무   329

업무상 과실   438

업무상과실   332

여적죄   767

여죄설   789

연결효과에 의한 상상적 경합   752

연속범   740

연쇄교사   677

연쇄방조   698

영아살해죄   618

영업범   746

예견가능성   429

예견의무   433

예모적 공동정범   610

예비죄

　　고의   579

　　공동정범   583

　　기본범죄의 목적   580

　　독립범죄설   577

　　발현형태설   577

　　수정적 구성요건   577

　　실행행위성   578

　　이분설   577

　　처벌   576

예비죄의 교사범   584

예비죄의 방조범   584

예비죄의 중지미수   582

　　긍정설   583

　　부정설   582

오상과잉방위

　　법적취급   421

완전명정죄   377

외형상 경합   729

욕조사건   597

우범소년   361

우연방위   227

우연적 공동정범   610

우위설   595

원인설   160

원인에 있어서 불법한 행위   263

원인에 있어서 자유로운 행위   367

　　가벌성의 근거   368

　　고의에 의한 경우   372

　　과실에 의한 경우   373

　　구성요건모델   368

　　위험발생의 예견   375

　　이중고의   371

　　입법비교   376

　　자의에 의한 심신장애   376

　　착수시점   374

　　책임능력의 동시존재원칙   369

　　효과   376

위가이론   779

위법성 인식의 계기   392

위법성과 불법   217

위법성과 책임   218

위법성인식의 등급   380

위법성인식의 분리가능성   379

위법성인식의 체계   381

위법성인식의 판단기준   398

위법성조각사유   220

위법성조각사유의 객관적 전제사실의

　　착오   237

위법성조각사유의 체계   222

　　목적설   223

　　연대성의 원칙   225

　　우월적 이익의 원칙   224

이익교량설   223

이익흠결의 원칙   224

위법신분   708

위법신분·책임신분 구별설   711

위법신분의 연대성 해제   718

위법연대성의 원칙   617, 710

위법조각적 신분   707

위법조각적 신분과 공범   715

위법한 명령   422

위증죄   601

위해불법   683

위험범

　구체적 위험범   90

　추상적 위험범   90

위험원에 대한 안전의무   506

위험증대이론   168, 454

유일점형론   779

유추보율의 역사   62

유추와 해석   62

유추허용조항   62

윤리적 책임   342

응보주의   29

의도적 고의   176

의무범   598

의무위반관련성   495

의무위반적 의사형성   355

의무의 충돌   288, 291

　논리적 충돌   289

　동가치적 의무의 충돌   292

실질적 충돌   289

이가치적 충돌   291

의무합치적 검토   232, 281

의무합치적 대체행위   452

의사자유   350

의사표동   723

의사표준설   724

이시의 독립행위   638

이원적 관여체계   589

이익설   10

이종의 상상적 경합   748

이중책임감소이론   418

이중평가의 금지   780

인간도구   660

인격적 행위론   104

인과과계

　누적인과과계   143

인과과정의 착오   207, 209

인과관계   141

　가설인과관계   143

　경합인과관계   143

　기본인과관계   142

　단절인과관계   144

　소급금지   149

　추월인과관계   144

　택일인과관계   143

인과관계 중단론   149

인과적 행위론   97

인상설   573

인수책임   441

인식 없는 과실   435

인식 있는 과실   435

인식근거설   125

인적 관계   704

인적 불법론   228

　　객관적 행위자 표지   140

　　결과·행위불법 이원론   140

　　일원론적·주관적 인적 불법론
　　140

인적 상태   704

인적 적용범위   50

인적 처벌소멸사유   543

인적 처벌조각사유   543

인적 특수성질   704

인적 행위불법

　　주관적 불법표지   140

일반범   92

일반법   730

일반사면   797

일반예방   345

일반조항   55

일사불재리의 원칙   782

일수벌금제도   770

일치(Kongruenz)   197

임의적 감경사유   777

임의적 공범   668

임의적 면제사유   777

입증책임   641

[ㅈ]

자격상실   774

자격정지   774

자격형   774

자구행위   294

　　과잉자구행위   299

　　법적 성질   294

　　수단   298

　　자구행위상황   296

　　정당방위와의 한계   296

　　청구권   295

　　효과   299

자기결정권   332

자기보호원리   248

자기예비   581

자복   777, 778

자살방조   692

자수규정   582

자수범   93

자수적 행위   589

자연스런 관념   533

자연스런 행위단일성   722, 743

자연적 의미의 행위   722

자유법치국가원리   341

자유형   769

자초위난   415

자초한 강제상태   411

작량감경사유   425, 775

장애미수   527

　　　실행착수　　531

　　　처벌　　542

재량여지이론　　31, 779

재산형　　769

재판상의 가중　　776

재판상의 감경　　776

적극이용설　　616

전부법　　732

전체고의　　744

전체범행계획설　　556

절대적 범죄개념　　23

절대폭력　　409

절차법　　17

접속범　　739

정당방위

　　　3단계이론　　265

　　　과단성　　257

　　　균형성　　260

　　　상당성　　258

　　　예방적 정당방위　　252

　　　예측방위　　253

　　　적합성　　259

　　　침해의 위법성　　254

　　　침해의 현재성　　252

　　　침해행위　　249

　　　필요성　　259

　　　행위균형성　　261

정당방위상황　　249

정당방위의사　　257

정당행위　　317

　　　기타 사회상규에 위배되지 않는 행위　　334

　　　법적 성질　　319

　　　업무로 인한 행위　　329

　　　입법구조　　318

정당화 사유　　222

정당화적 긴급피난　　274

정범개념

　　　실질적 객관설　　590

　　　형식적 객관설　　590

정범과 공범의 구별　　592

　　　동시설　　594

　　　범행지배설　　597

　　　실질적 객관설　　594

　　　우위설　　595

　　　의사설　　596

　　　이익설　　596

　　　필연설　　594

　　　형식적 객관설　　593

정범론　　599

정범배후의 정범　　651

정범의 요건　　600

정범의사　　596

정범적격　　617

정신적 방조　　692

정역　　769

제한고의설　　382

제한적 정범개념　　590, 644

제한종속형식   667

제한책임설   242, 383, 390

조리   501

조종능력   366

조회   399

조회의무   443

존속살해죄   618

종료미수   554

종료미수의 중지   558

종범의 착오   700

종범의 초과   701

종속성완화   718

종속야기설   663

종신형   769

죄수결정기준   722

죄수론   721

죄형법정주의   51

  명확성의 원칙   54

  소급효금지의 원칙   69

  유추적용금지의 원칙   61

  적정성의 원칙   75

  해석과 유추   63

주관적 구성요건   170

주관적 위법성론   220

주관적 정당화 요소   225

주관적 정당화요소 불필요설   227

주관적 정당화요소 필요설   228

주관적 정당화요소의 내용   230

주관적 주의의무위반   434, 460

판단척도   462

주의 깊은 검토의 의무   286

주의의무위반공동·기능적 행위지배설   625

주의의무위반관련성   452

주의의무의 발생근거   441

주의의무의 판단기준   444

주의의무의 판단대상   444

주체설   10

주형   766

중과실   436

중요설   158

중재인   601

중지미수   542

  개별행위설   556

  객관적 구성요건   531

  객관적 성립요건   566

  객관적 요건   554

  결과미발생의 인과관계   560

  결합설   545

  공동정범   561

  공범   562

  공적설   544

  구성요건 흠결이론   565

  규범적 이론   552

  범죄자의 이성   553

  법률효과   543

  불법소멸·감소설   545

  심리학적 이론   549

자의성의 판단기준   549

전체범행계획설   556

주관적 요건   547

중지의사의 자의성   547

책임소멸·감소설   545

처벌규정   560

프랑크공식   551

행위단일성   549

형벌목적론   553

형벌목적설   545

황금의 다리이론   544

증거인멸   405

지정고의   176

직무관련 보증인지위   505

직무집행행위   321

직업범   746

직접정범   593

진정·부진정부작위범   490

진정경합   729

진정신분범   601, 658, 706

진정자수범   656

질서위반법   589

집단범   586

집단절도죄   631

집합범   669

집행유예의 요건   787

집행유예의 취소   790

집행유예의 효과   789

징계행위   325

징역   769

[ㅊ]

착수고의   528

착수미수   554

책임가담설   661

책임개별화의 원칙   710

책임귀책   21

책임능력   359

책임능력 동시존재의 원칙   365

책임능력 판정방법   360

책임무능력의 입증   365

책임무능력자   361

책임배제사유   356, 400

책임비난의 대상   347

책임소멸·감소설   545

책임신분   708

책임원칙   340

책임의 근원   349

책임의 본질   354

책임조각적 신분   707

책임조각적 신분과 공범   716

책임조건   401

책임판단   343

책임표지   357

책임형법   15

책임형식   358, 430

처벌소멸사유   543

처벌제한사유   591

처벌확장사유   590

청구권보전수단   422

초과된 내적 경향범   171

초극단종속형식   667

초법규적 긴급피난   275

초법규적 책임조각사유   422

촉법소년   361

촉진설   695

총액벌금제도   771

최소침해의 원칙   259

최소한의 종속형식   666

최후(중간)행위설   533

최후의 수단   9

추급효   44

추상적 부합설   204

추상적 위험범   682

추상적 위험설   572

추정적 승낙

　　긴급피난설   312

　　법적 성질   312

　　사무관리설   313

　　성립요건   315

　　종류   314

　　효과   317

추징   773

치료감호법   803

치료행위   331

치욕형   774

침해범   89

침해법익의 동일성   743

[ㅋ]

카롤리나 형법전   20

카르네아데스의 널빤지   400

[ㅌ]

타인예비   581

택일관계   731

택일적 고의   192

특별관계   730

특별법   730

특별사면   797

특별예방주의   31

특수 인적 표지   704

특수간접정범설   661

특수공범 및 특수간접정범설   661

특수공범설   661

특수교사죄   660

특수주관적 불법요소   170

[ㅍ]

판결전 조사제도   780

판결확정된 범죄   762

판결환정   758

판례변경   40

팔조금법   22

편면적 공동정범   608

편면적 종범   698

평가객체   355

평균인표준설   444

평화금   18

폐기   773

폐쇄적 구성요건   134

포괄일죄   729

포괄일죄의 종류   737

포섭   63

표현범   171

프랑크공식   533

피이용자   642

피해원상복구제   769

피해자의 승낙   301

　　객체   306

　　승낙능력   307

　　승낙의 상대방   308

　　승낙의 시기   309

　　승낙의 표시방법   308

　　위법성 조각의 근거   304

　　주체   307

피해자의 지위   11

필연설   594

필요적 감경사유   777

필요적 공범   669

[ㅎ]

한정책임능력자   362

함무라비 법전   18

함정교사   663, 680

함정수사   683

합동교사   677

합동범의 법적 성질   629

　　가중적 공동정범설   630

　　공모공동정범설   629

　　현장적 공동정범설   632

합법과 불법에 관한 판단   384

합법칙적 조건설   153

행위개념   95

행위객체   7

행위경향성   530

행위공동설   605, 624

행위단일성   739

행위론   94

　　결합기능   97

　　분류기능   96

　　한계기능   96

행위반가치   138, 228

행위양태의 동일성   742

행위위반가치   8

행위자관련신분범   617

행위자형법   13

행위정형성   511

행위주체의 착오   567

행위표준설   722

행위형법   13

허용구성요건착오   237, 383

허용규범의 존재에 관한 착오   389

허용규범의 효력범위에 관한 착오   389

허용된 위험   447

허용착오   237, 389

현행범인 체포   324

형벌   765

형벌목적론   553

형벌목적설   544

형벌의 종류   766

형벌조각적 신분   707

형벌조각적 신분과 공범   717

형법의 과제·임무   5

형법의 기능   25

형사미성년자   360

형사소송규칙   17

형사소송법   17

형사제재   765

형식적 객관설   531, 590

형식적 기수시점   682

형식적 불법인식   382

형의 시효   793

형의 실효   795

혼합야기설   664

확신범   382

확장적 정범개념   591, 643

환각범   386, 564

황금의 다리이론   544

회피가능성   429, 447

회피가능한 불회피   106

효과없는 교사   672, 690

후행자   612

흡수주의   727

[F]

Frank공식   551

[K]

Karneades의 널빤지   400, 416

[V]

versari in re illicita   380, 452

저자약력

성 낙 현

영남대학교 행정학과 졸업
독일 Würzburg 대학교 법과대학 수학
독일 Kiel 대학교 법학 석사(LL. M) 및 법학 박사(Dr. jur.)
사법시험, 행정고등고시, 기타 국가고시 출제위원
독일 Freiburg Max-Planck 외국형법연구소 연구교수
독일 Regensburg 대학교 연구교수
영남대학교 법과대학장
경상북도 지방소청심사위원
대구고등검찰청 항고심사위원
경상북도교육청 소청심사위원
현재 영남대학교 법학전문대학원 교수

[저서 및 주요논문]
Zueignung der Unterschlagung (Dissertation, KIel), 1992
(역서) 독일형법의 이론과 연습, 1998
함정수사의 가벌성에 관한 실체법적 · 소송법적 논의, 1998
주관적 정당화요소의 성격과 기능, 2000
결과적 가중범의 미수에 관한 한국과 독일형법의 비교, 2006
개괄적 고의사례와 그 반전된 사례의 형법적 평가에 대한 재론, 2016
형사제재의 다양화 · 합리화와 사회봉사명령, 2017
Pufendorf의 귀속이론과 의무론, 2019

제3판
형법총론

초판발행   2010년 2월 20일
제3판발행   2020년 2월 24일

지은이   성낙현
펴낸이   안종만 · 안상준

편 집   윤혜경
기획/마케팅   장규식
표지디자인   이미연
제 작   우인도 · 고철민

펴낸곳   (주) **박영사**
                서울특별시 종로구 새문안로3길 36, 1601
                등록 1959. 3. 11. 제300-1959-1호(倫)
전 화   02)733-6771
f a x   02)736-4818
e-mail   pys@pybook.co.kr
homepage   www.pybook.co.kr
ISBN   979-11-303-3542-1   93360

정 가   48,000원